Donald Spoto

Alfred Hitchcock

Die dunkle Seite des Genies

Biografie

ERNST **KABEL** VERLAG

Die amerikanische Original-Ausgabe
erschien 1983 im Verlag Little, Brown and Company
unter dem Titel:
The Dark Side of Genius
The Life of Alfred Hitchcock

Aus dem Amerikanischen übertragen
von Bodo Fründt

Schutzumschlag: Design-Pit
Satz: IBV Lichtsatz KG, Berlin
Herstellung: Clausen & Bosse, Leck
ISBN 3-921909-92-9

Für Ned

Ein Freund
ist das Meisterwerk der Natur.

EMERSON

Inhalt

Es bedarf des ganzen Mitleids Gottes,
um auf den Grund der Dinge zu stoßen.

ENID BAGNOLD, *The Chalk Garden*

Vorwort

Alfred Hitchcock faszinierte mich schon vor über dreißig Jahren. Ich war damals noch ein Schuljunge, während er schnell zu einer internationalen Institution wurde. Er näherte sich in jenen Jahren, den frühen Fünfzigern, dem Höhepunkt seiner Popularität und bescherte uns jährlich einen Film – und gelegentlich sogar zwei. Und Teil des Vergnügens war es, seine kurzen persönlichen Auftritte in den Filmen zu erspähen, wie er schnell an einem der Hauptdarsteller als Passant vorbeiging oder neben ihm einen Zug bestieg. Dann wurde er, so, als wolle er seine ohnehin schon allgegenwärtige Präsenz noch bis mitten in unsere Wohnzimmer ausdehnen, auch noch der Moderator seiner eigenen wöchentlichen Fernseh-Serie. Wie er da auftauchte und fast ohne einen Gefühlsausdruck das extremste antisoziale Verhalten beschrieb, schien er mir ein Wesen aus einer anderen Welt zu sein, aus einem Land, wo Mord eine Routineangelegenheit war und Verrat die typische Reaktion einer Person auf die andere. Gleichzeitig schaute sein Gesicht auch noch aus Bücherregalen von Erzählungsbänden, die als Hitchcock-Anthologien vermarktet wurden. Seine Gegenwart reichte in alle Medien der Unterhaltung und Kommunikation hinein; kaum ein Monat verging ohne ein Hitchcock-Interview in der lokalen oder überregionalen Presse.

Zwanzig Jahre später – 1975, um exakt zu sein – traf ich ihn zum ersten Mal persönlich. Er lud mich dazu ein, ihm bei der Arbeit an *Familiengrab,* seinem 53. langen Spielfilm, zuzuschauen. Es sollte sein letzter werden. Ich stand kurz davor, ein Buch über seine Filme abzuschließen, und in den Drehpausen nahm er sich Zeit, einige technische Fragen für mich zu beantworten. Dann, ein Jahr später, nahm er freundlich Notiz von der Publikation *The Art of Alfred Hitchcock,* indem er mich zum Essen einlud. Zu diesem Zeitpunkt hatte er sich bereits als eine

Legende etabliert, und in mir hatte die Bewunderung für ihn ihren unerschütterlichen Platz gefunden. Die Bewunderung blieb auch ungetrübt während der folgenden Treffen und Mittagessen. Aber bei diesen Gelegenheiten diskutierten wir nur das, was Hitchcock zu diskutieren wünschte. In mir entstand der Eindruck, daß er Gespräche inszenierte wie seine Filme – nur das einschließend, was er einschließen wollte, und so wenig wie möglich über sich selbst enthüllend und so viel wie möglich über andere. Er war stets freundlich, aber in seinem Verhalten lag auch immer eine vorsichtige Kühle, so als fürchte er eine plötzliche Demaskierung seiner eigentlichen, sorgfältig verborgenen Gefühle. Das war, so lernte ich schnell aus anderen früheren Studien, ein Eindruck, den er auch immer auf Kollegen und Mitarbeiter gemacht hatte, die ihn schon seit Jahren kannten. Sehr leicht konnte sich diese bekannteste unter den populären Gestalten der kulturellen Szene in ein verborgenes Schnekkenhaus zurückziehen, wenn man Interesse an den tieferen und tiefsten Ebenen in seinem Werk zeigte oder sich für seinen Hintergrund oder sein Familien- und Innenleben interessierte, oder auch nur für ganz bestimmte längere Perioden seiner Karriere. Bei solchen Anlässen verstand er es, geschickt das Thema zu wechseln.

Als er 1980 gestorben war, erkundigte ich mich bei seiner Tochter Patricia Hitchcock-O'Connell – die auch für seine trauernde Witwe sprach – nach den Möglichkeiten zu einer autorisierten Biografie. Sehr höflich informierte sie mich von dem ausdrücklichen Wunsch ihres Vaters, keine zusätzlichen Recherchen oder Arbeiten über sein Leben mehr unternehmen zu lassen und daß daher die Familie an den Arbeiten zu einem solchen Buch weder aktiv teilnehmen noch etwas dazu beitragen werde. Das paßte natürlich genau zum Bild der obsessiven Verschwiegenheit Hitchcocks. Aber er war schließlich eine Gestalt von Weltruf, ein reicher und mächtiger Mann gewesen, seine Karriere hatte Millionen Menschen berührt, und ihre Existenz faszinierte immer noch und lud zum Nachdenken ein. Als ein Bewunderer seiner Kunst hatte ich mehr als ein Jahrzehnt Dutzende von Artikeln und Interviews gelesen und katalogisiert, in denen sich alarmierend widersprüchliche Statements über sein Leben fanden und große Lücken, die es zu füllen galt.

Und so begann ich. Als erstes mußte ich feststellen, daß Alfred Hitchcock ein notorischer Nicht-Briefeschreiber war und daß praktisch keine persönlichen Briefe sein Leben überdauert haben. Er führte auch keine Tagebücher oder Notizbücher – eine Tatsache, die seine tiefgehende Unfähigkeit, sich auszudrücken, reflektiert. Dieser Mangel an schriftlichen Originalquellen erschien zunächst als ein großes Hindernis. Aber im Verlauf der Betrachtung der Fakten stellte es sich heraus, daß in Wirklichkeit Hitchcocks Filme seine Notizbücher und Journale waren und daß seine schon fast manische Verschwiegenheit nur ein gezieltes Mittel war, um die Aufmerksamkeit davon abzulenken, was diese Filme wirklich waren: erstaunlich persönliche Dokumente. Als ich meine Arbeit weiterführte – zunächst in England, wo er sein halbes Leben verbrachte, und später in Amerika –, wendete ich mich zugänglichen Akten zu, Taufregistern, Gemeindeverzeichnissen, Schularchiven und den Archiven der Filmstudios, als auch den Menschen, die ihn beruflich und gesellschaftlich kennengelernt hatten, Künstlern, Schriftstellern und Schauspielern, die mit ihm gearbeitet hatten. Mit Ausnahme einiger weniger Personen und eines großen Filmstudios fühlten sich diese Menschen frei, nach seinem Tod Erinnerungen zusammenzufassen und Hinweise zu geben, die mich weiterführten. Allmählich ergab sich ein komplexes Bild – ein Bild, das mysteriöser war als jede der Geschichten, die er zu verfilmen gewählt hatte.

1

März 1979

Reporter und Fotografen, Filmfans, Autogrammjäger und Gäste drängelten sich schon den ganzen Nachmittag in der Empfangshalle des Beverly-Hilton-Hotels. Und ab 17.30 Uhr an diesem 7. März 1979 konnten die Empfangschefs und die anderen Angestellten in der Rezeption dann kaum noch ihrer normalen Tätigkeit nachkommen. Das Hotel an der Kreuzung des Wilshire und Santa Monica Boulevards in Beverly Hills, Kalifornien, war total ausgebucht. Selbst bei einem uninformierten Besucher hätte sich im Verlauf des Tages zunehmend das Gefühl einstellen müssen, daß hier ein wichtiges Ereignis bevorstand und daß man es für die Nachwelt festhalten wollte.

Meterhohe Stative mit starken Scheinwerfern waren im Verlauf des Nachmittags vom Hauptportal des Hotels bis hin zum Eingang des großen Ballsaales aufgestellt worden; kilometerlange schwere schwarze Kabel verbanden Generatoren mit elektronischen Kameras, mit Scheinwerfern, mit Schaltpulten; Tonbandmaschinen, Monitore und Mikrofone wurden ausgepackt und getestet. Aufnahmeleiter scheuchten Bühnenarbeiter und Elektriker. Junge Männer und Frauen vom Fernsehen dirigierten wie Polizisten den Verkehr in der Halle, und Mitglieder des Festbankett-Komitees nahmen letzte Änderungen an der Sitzordnung vor.

1500 Gäste wurden für die Festlichkeiten an diesem Abend erwartet. Millionen aber würden, dank moderner Technik, noch in dieser Woche eine Aufzeichnung des Ereignisses im Fernsehen verfolgen können. Im Ballsaal waren 150 Tische für ein Vier-Gänge-Menü gedeckt. Man hatte eine Bühne errichtet: im Vordergrund ein Rednerpult, dahinter riesige Fotos von Filmstars in den unterschiedlichsten dramatischen Situationen.

Punkt 18 Uhr fuhren dann, wie auf ein geheimes Zeichen, die ersten schweren Limousinen am Hotelportal vor. Die Menge der Neugierigen – in Schach gehalten von blaubemäntelten Wächtern und Absperrkordeln aus Samt – drängelten nach vorn, um auf die Parade der Auserwählten zu schauen, die hier für ein Abendessen eintrafen, das pro Person 300 Dollar kostete. Wie Knappen bei einem königlichen Bankett riefen einige Jugendliche aus der Menge die Namen der eintreffenden Gäste – eine Gala-Veranstaltung Hollywoods war schon immer Amerikas Ersatz für einen Auftritt königlicher Häupter. »Da kommt James Stewart!... Ingrid Bergman!... Cary Grant!« – und Charlton Heston, Jane Wyman, Olivia de Havilland, Barbra Streisand, Michael Caine, Mel Brooks, Walter Matthau, Diana Ross, Christopher Reeve... Die Gästeliste reichte von den altehrwürdigen Senioren Hollywoods bis zu den jungen Gesichtern aus populären Fernsehserien.

An diesem warmen Frühlingsabend verlieh das ›American Film Institute‹ seinen siebenten ›Life Achiviement Award‹, die Auszeichnung für ein Lebenswerk im Film. Gespannt warteten alle auf das Eintreffen des Preisempfängers, aber wie stets hatte er die Erwartungen seines Publikums in die Irre gelenkt. Gemütlich saß er bereits den ganzen Tag in einer Suite im 7. Stock des Hotels, in die er bereits ganz früh am Morgen eskortiert worden war.

Die Verantwortlichen des Filminstituts waren sehr besorgt, ob alles programmgemäß ablaufen würde. Daß die Wahl für die Auszeichnung auf Alfred Hitchcock gefallen sei, war schon im Herbst 1978 bekanntgegeben worden. Doch monatelang hatte er sich geweigert, sich an den Vorbereitungen zu beteiligen und der Presse Interviews zu geben. Auch hatte er es abgelehnt, bei der komplizierten Auswahl von Filmausschnitten aus seinen Filmen zu helfen oder dabei, besondere Ehreneinladungen an Kollegen und Schauspieler zu senden. Und schließlich hatte er es auch noch ausgeschlagen, den Verantwortlichen irgendwelche Hinweise zu geben, wie er gerne die Fernsehaufzeichnung gestaltet sehen würde. Während der Monate Januar und Februar hatte er sich zudem jeden zweiten Tag von Kopf bis Fuß ärztlich untersuchen lassen – beunruhigend oft im Vergleich zu seiner Gewohnheit der letzten vierzig Jahre, sich einmal wöchentlich einem Check-up zu unterziehen. Sein Durst auf harte Drinks war aber nach wie vor ungestillt. So war es schon verständlich, daß er sein ruhiges Privatleben nicht stören lassen wollte. Aber das hatte eben auch dazu geführt, daß er jegliche Beteiligung an diesem Ereignis, das ihn aus seiner Ruhe hätte bringen können, immer wieder vor sich hergeschoben hatte.

»Für ihn war dieser Abend so etwas wie sein Nachruf«, glaubt David Freeman, ein Autor, der in diesen Wochen mit Hitchcock gearbeitet hat, »und er wollte nicht an seiner Beerdigung beteiligt sein.« Zwar lebten bis auf einen noch alle der bisherigen Preisträger, aber für Hitchcock verband sich mit der Auszeichnung für sein Lebenswerk etwas Endgültiges, etwas, das ihn mit der unerwünschten Realität des Todes konfrontierte. Und das war eine Realität, die er schon immer, wie durch freundliche Beschwörung, mit all seinen Filmen hatte verscheuchen wollen. Er wollte durch nichts, auch nicht durch eine Hommage an seine Karriere, auf sein nicht mehr so weit entferntes Ende aufmerksam machen. »Er war damals 79 Jahre alt und hatte 150 Pfund Übergewicht«, sagt Freeman. »Er war an seinem Ende angelangt, und das wußte er auch. Aber andere Menschen sollten es nicht wissen.« Endlich, nur wenige Tage vor dem Festbankett, stimmte er zögernd zu, Journalisten zu empfangen und Fragen der Institutsverantwortlichen zu beantworten.

Am Morgen des 7. März las Alma Reville Hitchcock, seine Ehefrau und treueste Mitarbeiterin der vergangenen 53 Jahre, in der *Los Angeles Times,* daß man mit ihrer Anwesenheit bei der Feier nicht rechne, denn nach etlichen Schlaganfällen sei sie teilweise gelähmt und bettlägerig. Klein und zierlich wie sie war – sie hatte stets noch zierlicher gewirkt, wenn sie neben ihrem Koloß von Mann stand –, hatte ihre Krankheit ihr in der Tat viel von ihrer Energie geraubt. Aber wie schon seit Jahrzehnten mobilisierte sie auch diesmal wieder mit bemerkenswerter Starrköpfigkeit ihre körperlichen Reserven und entschloß sich auf der Stelle, bei der Feier dabeizusein. Am Nachmittag half ihr eine Krankenschwester beim Baden und Ankleiden. Lange bevor der Wagen bei ihr vorfuhr, um sie zu dem nur fünf Minuten entfernten Hotel zu fahren, war Alma Hitchcock für den Abend bereit.

Ihr Mann war schon Stunden vor ihr aufgebrochen. Alle waren sich nämlich einig gewesen, daß er seine Dankesrede schon einmal vorneweg am Nachmittag vor den Video-Kameras halten sollte. So war garantiert, daß genügend Zeit blieb, seine Worte zu redigieren, neu zu schneiden und in anderer Abfolge zu senden. Auch vermied man so das Risiko, daß sich am Ende des Tages bei Hitchcock nächtliche Erschöpfung einstellen könnte. Außerdem wußten alle Beteiligten, daß man Hitchcock vom Alkohol fernhalten mußte, wenn er überhaupt den Abend durchstehen sollte. Das gelang freilich nicht ganz. Obwohl alle sehr wachsam waren, lieferte doch ein Hotelpage ein Kistchen Champagner an der Tür zu seiner Suite ab. Und trotz der Proteste der Studiobosse, die ihn den ganzen Tag über abschirmten, ließ er das Geschenk hereinbringen und öffnete es.

Der erste Blick, den man an jenem Bankettabend von Hitchcock erhaschen konnte, zeigte ihn passenderweise auf einer Filmleinwand – es war ein Bild von Alfred Hitchcock, das ihn so zeigte, wie er vor einem Vierteljahrhundert ausgesehen hatte. Die Menschen im Ballsaal des Beverly Hilton und die, die fünf Abende später der landesweiten Fernsehübertragung zuschauten, sahen zum Auftakt einen ruhigen Herrn in seinen besten Jahren – geistig wach, aber reserviert, und eine Idee übergewichtig. Was er in seinem üblichen gemessenen, fast emotionslosen Tonfall sagte, waren zwar Auszüge aus einem schwarzweißen Filmausschnitt einer seiner älteren Fernsehshows, doch sie paßten genau zu dem Anlaß dieses 7. März.

»Guten Abend, meine Damen und Herren. Herzlich willkommen im finstersten Hollywood. Die Nacht bringt Stille in den Dschungel. Es ist so ruhig, daß man jeden Namen fallen hören kann. Die wilden Tiere haben sich schon an der Tränke versammelt, um ihren Durst zu stillen. Niemand braucht sich besonders zu beunruhigen. Nur der gefährliche Plauderer ist noch auf der Jagd von Tisch zu Tisch, und der gefleckte Rufmörder könnte hinter einer Topfpalme lauern...«

Von den dicht gefüllten Tischen im Internationalen Ballsaal stieg Gelächter auf. Dann, als Hitchcock in persona angekündigt wurde und langsam aus einer Tür nahe der Bühne trat, schwoll ihm eine Welle von Applaus entgegen. Aber es zeigte sich nicht der freundliche Fernsehconférencier, sondern ein verstörter und unkonzentrierter Mann, übergewichtig und auf unsicheren Füßen, der sich quälend langsam durch die Gesellschaft zu seinem Ehrentisch vorschleppte. Sein sichtliches Unbehagen legte sich nur für kurze Augenblicke, wenn er jemandem einen kurzen Blick zuwarf, den er kannte, oder seine Augen auf eine attraktive Frau fielen.

Er nahm Platz, Alma zu seiner Rechten, Cary Grant zu seiner Linken, und hatte für die anderen am Tisch nur ein ausdrucksloses Nicken: Ingrid Bergman, die Star dreier seiner Filme war; James Stewart, der wie Grant in vier Filmen mitgewirkt hatte; Sidney Bernstein, ein Freund schon zu Zeiten, als Hitchcock in London die ersten Schritte in die Filmindustrie tat; Lew Wasserman, der lange Zeit sein Agent war, und schließlich noch die Studiobosse der Gesellschaft, für die Hitchcock seine letzten sechs Filme gedreht hatte. Während des Essens richtete der Ehrengast seine wenigen sparsamen Bemerkungen ausschließlich an Alma. Er saß da und aß und beobachtete die anderen und antwortete nur kurz, wenn jemand am Tisch ihm eine Frage stellte. Wenn sich ein Gast seinem Tisch auch nur näherte, lehnte er sich zurück, als ob ihn eine tödliche Furcht gepackt hätte. Er vermittelte allen den Eindruck, daß er in Ruhe gelassen werden wollte, um nur den Ablauf des Abends zu verfolgen und die Damen zu bewundern.

Er und 1500 weitere Gäste wurden während des Essens so aufmerksam bedient, wie es die knappe Zeit zuließ, denn auch die Ehrenansprache, die übrigen Reden, die Filmausschnitte und die Verleihung der Auszeichnung mußten an diesem Abend noch für die Fernsehübertragung aufgezeichnet werden. Man konnte nicht einfach am nächsten Tag noch nachdrehen. Die Bühne mußte bereits am anderen Tag abgebrochen werden. Die überlebensgroßen Fotos würden verschwunden und alle Gäste wieder abgereist sein.

Um 20.30 Uhr war dann alles für die Fernsehshow bereit. Die Aufzeichnung begann. John Houseman, der eine lange Karriere als Produzent, Autor und Schauspieler hinter sich hatte, die sich einmal mit der Hitchcocks gekreuzt hatte, stellte Ingrid Bergman, Zeremonienmeisterin des Abends, vor. Sie legte ihr vorbereitetes Manuskript beiseite und lenkte das Programm mit bewundernswürdiger Spontaneität. Zwischen Ausschnitten aus Hitchcocks Filmen stellte sie immer wieder neue Schauspieler, Autoren und Regisseure vor, dazu den britischen Botschafter in den Vereinigten Staaten. Und jeder der Vorgestellten würdigte in feierlichen Worten das Genie des Filmemachers Alfred Hitchcock. Aber jedesmal, wenn sich dabei die Kameras auf Hitchcock richteten, um seine Reaktionen auf das Gesagte einzufangen, fand sich bei ihm keinerlei Reaktion, kein sichtbares Zeichen des Gefühls, nur ein ausdrucksloser Blick. Niemand hätte raten können, was sich hinter diesem leeren Blick verbarg. Er ließ kein Zeichen nach außen dringen. An diesem Abend verkörperte er im Extrem, was er für die Öffentlichkeit sein ganzes Leben lang gewesen war – ein Rätsel. In früheren Jahren hatte er noch mehr gescherzt, aber jetzt, mit den Gebrechen, die Arthritis, Herzbeschwerden und maßloses Essen und Trinken mit sich gebracht hatten, verbreitete er ein viel finstereres Bild.

Der desinteressierte, reservierte Ausdruck war allerdings keine Überraschung für jene Menschen, die irgendwann in ihrem Leben für einige Zeit mit ihm in Berührung gekommen waren. Sie wußten, daß Hitchcock ein Mensch war, dessen wahre Gefühle, Ängste und Wünsche, ja sogar seine normalen, tagtäglichen Reaktionen, nur schwer zu bestimmen waren und sich vor allem fast nie direkt äußerten. Alles an ihm und in ihm war kontrolliert, kalkuliert und so ausgelegt, mit dem geringsten Aufwand den größten Effekt zu erzielen. Und die tiefsten Schichten seines Innenlebens äußerten sich stets nur gebrochen in den verborgenen Winkeln und hinter den Schatten seiner Filmgeschichten, die diese Gefühle in einem Wechselbad gewalttätiger und zärtlicher Bilder ausdrückten.

Im Jahr 1979 hatte er seine kleine Sammlung von Anekdoten aus seinem Privatleben, die er der Presse gerne vorsetzte, bereits perfektioniert. Sie enthielt ein oder zwei Geschichtchen über die peinliche Sorgfalt, mit der er einen Film vorbereitete, und ein oder zwei Geschichten von Streichen, die er in seinen frühen Jahren gerne anderen spielte. Über seine Eltern, über seine Kindheit erzählte er praktisch nichts außer einer kleinen Anekdote, die eine feingesponnene Erklärung dafür lieferte, daß im Zentrum vieler seiner Filme ein Mann stand, der zu Unrecht eines Verbrechens beschuldigt wurde. Auch an diesem Abend erzählte er diese Anekdote. Aber seine Zunge war schon zu schwer, seine Geschichte zu sprunghaft. Die Fernsehleute mußten sich mit der Version begnügen, die sie bereits am Nachmittag aufgezeichnet hatten.

»Ich war ein wenig jünger als sechs, als ich etwas anstellte, für das meinem Vater eine Bestrafung angemessen erschien. Er schickte mich mit einer Notiz in der Hand zur nächsten Polizeiwache. Der Wachtmeister las sie und sperrte mich für fünf Minuten in eine Zelle. Dabei sagte er: ›Das machen wir mit ungezogenen kleinen Jungen.‹ Seither habe ich mich stets aufs äußerste darum bemüht, einer Verhaftung im Gefängnis aus dem Weg zu gehen. Und für euch, junge Menschen, lautet meine Botschaft: Paßt auf, daß ihr nicht im Gefängnis landet!«

Jahrzehntelang bestand Hitchcock darauf, daß diese kleine Episode aus seiner Kindheit sein Werk inspiriert habe, in dem die Motive der Angst vor dem Gefängnis und vor dem Eingesperrtsein immer wiederkehren, ein Werk, in dem der Terror autoritärer Instanzen daheim und in fremden Ländern herrscht. Darüber hinaus hüllte er seine frühen Jahre ins Dunkel. In den späteren Jahren kultivierte er dann stets das Bild vom biederen Bürger. Er gab sich als schlichter Mann, mit nur einer Frau, einer Tochter und einem Interesse. Aber ebenso wie das Band der Fernsehaufzeichnung dieses Tages war dieses Selbstporträt eine sorgfältig gestaltete Täuschung.

Alfred Hitchcocks vielschichtiger Charakter wies die gegensätzlichsten Züge auf. Zum einen war er der Schöpfer poetischer Bilder der Angst und der Überraschung, der seinerseits beidem sorgfältig aus dem Wege ging und der, nach Meinung vieler, einen Platz an der Seite von Kafka, Dostojewskij, Conrad und Poe verdient hätte. Zum anderen gab es Hitchcock, den besessenen Techniker, der das Handwerk des reinen Kinos betrieb, der mehr als ein halbes Jahrhundert sich darin übte, populäre, aber perfekte Filme herzustellen. Da war der schamlose Darsteller eines englischen Großbürgers. Aber es gab auch den Reklamespezialisten, der sich darauf konzentrierte, seine eigene Karriere zu promoten. Es gab Hitchcock, den bescheidenen Familienvater, der selbst dann, wenn er Erster Klasse reiste, immer noch wie die Inkarnation des Mittelstandsbürgers wirkte. Er war der, der mit leichter Hand und schwarzem Humor, mit Licht und Spiegeln zauberte. Er war der Chronist extremer Gefühlslagen. Er war der bullige, geschäftstüchtige Großunternehmer und der leidende Künstler.

Sein Leben bestand aus einer unaufhörlichen Jagd nach unübertrefflichen Mahlzeiten und exquisiten Weinen, nach Bequemlichkeit und nach Mitarbeitern. Aber es war auch die rastlose Suche nach der idealen Frauengestalt, die er verehren wollte, nach der perfekten Ergänzung für den frustrierten, fetten Jungen, als den er sich zeitlebens sah. Show-Mann und Künstler, düsterer Einzelgänger und unterhaltsamer Charmeur, empfindsamer Romantiker und harter Manipulateur – Hitchcock wurde zum Hort aller widersprüchlichen Züge in der Natur des Menschen. Seine Gefühle flossen in die überwältigenden Bilder, die er schuf. Seine unausgesprochenen Wünsche legte er den unterschiedlichsten Filmgestalten in den

Mund. Seine stärksten und wahrhaftigsten Impulse – jene, die im Dämonischen angesiedelt waren, und jene, die man dem Göttlichen zurechnet – entstammten abgewandelten Erfahrungen seines eigenen frustrierten und widersprüchlichen Lebens.

Daraus erklärt sich zum Teil, weshalb er so verschwiegen über dieses Leben war. Denn ein paar unachtsam preisgegebene Fakten hätten genügen können, jemanden auf diese Fährte zu setzen. Da war es schon besser, immer wieder dieselben Witze zu erzählen. Da schien es ratsamer, die einleuchtende psychologische Erklärung über die Gefängniszelle aus der Kindheit zu liefern. Und angeraten war es, den Eindruck eines strikt anständigen Berufs- und Privatlebens zu vermitteln, in dem alles so säuberlich geordnet war wie im Produktionsplan eines Films. Aber selbst das freundlichste Leben, das man sich vorstellen kann, läuft natürlich nie *so* ordentlich ab. Und Alfred Hitchcocks Leben wurde von Anfang an von Enttäuschungen und unliebsamen Überraschungen erschüttert. Manche Zeiten waren von Chaos und Grausamkeit gekennzeichnet.

2

1899–1920

Leytonstone, ein Bezirk im Londoner East End, liegt gute sieben Kilometer von der Innenstadt entfernt auf einem sanften Hügel zwischen Epping Forest und dem Fluß Lea. Der Vorort mit kleinen Läden und Häusern, die in der Mehrzahl zwischen 1870 und 1910 erbaut worden sind, vermittelte schon vor dem Ersten Weltkrieg einen Eindruck von Schäbigkeit und Niedergang. Dort, in einem typischen Einfamilienhaus – im Erdgeschoß der Laden, darüber die Wohnung –, wurde am Sonntag, dem 13. August 1899, das dritte Kind von William und Emma Hitchcock geboren.

Alfred Joseph Hitchcock, wie er getauft wurde, hat immer behauptet, daß seine Familie seit Jahrhunderten zu den Gemüsehändlern des East Ends gezählt habe und ebenso lange schon römisch-katholisch gewesen sei. Schon das ist eine seiner typischen Übertreibungen und Vereinfachungen. Sein Familienstammbaum läßt sich nämlich erst seit Mitte des 19. Jahrhunderts eindeutig verfolgen. Davor sind die Familiendokumente und Behördenregister weder vollständig noch verläßlich. Fest steht, daß am 22. Dezember 1851 Alfred Hitchcocks Großvater väterlicherseits, der Sohn eines gewissen Charles Hitchcock, eines Fischermanns aus Stratford, in der Gemeindekirche von West Ham, dem Zentrum der East-End-Markthändler, getraut wurde. Dieser Großvater hieß Joseph Hitchcock, gab seinen Beruf als ›Händler‹ an und arbeitete für seinen Vater Charles. Gemeinsam mit Verwandten und Freunden arbeiteten sie als Fischer und verkauften ihren Fang selbst. Die Braut bei dieser Hochzeit war eine Miß Ann Mahoney, ein Mädchen aus Stratford, die Tochter eines Tagelöhners namens Silvester Mahoney.

An dieser Hochzeit läßt sich einiges Besondere ablesen. Die in Irland geborene Braut war zur Zeit der Hochzeit arbeitslos. 1851 war ein schwieriges Jahr für Einwanderer, in dem sich offenbar nicht einmal eine Arbeit als Hausangestellte finden ließ. Außerdem war die Braut schreibunkundig. Die Heiratsurkunde ist nur mit einem Kreuz unterzeichnet, und der amtierende Priester Edward Cridge hat den Namen Miß Anns hinzugefügt. Der Bräutigam Joseph Hitchcock war anscheinend überhaupt der einzige bei dieser Hochzeitsversammlung, der schreiben konnte. Denn auch die Freunde der Familie, Trauzeugen waren die Brüder Cornelius und Michael Queenland, konnten nur mit einem Kreuz unterzeichnen und mußten ihren Namen von anderen Personen hinzuschreiben lassen. Noch interessanter ist freilich, daß Joseph Hitchcock seine Ann Mahoney nicht in einer katholischen Kirche heiratete, sondern ›nach den Bräuchen der anglikanischen Kirche‹.

Die römisch-katholische Bevölkerung in Essex bestand damals im allgemeinen nur aus Iren. Andererseits weisen die Register der katholischen Gemeinden von Stratford keine Familie Hitchcock auf. So scheint es sicher, daß nicht Joseph Hitchcock sich in einem anderen religiösen Bekenntnis trauen ließ, sondern daß die Braut außerhalb ihres Glaubens heiratete. Die Hitchcocks gehörten also zur Kirche von England. Es gibt zahlreiche Beispiele dafür, daß sich Katholiken in England in aller Stille anglikanisch trauen ließen, und oft hatte das seinen guten gesellschaftlichen Grund. Als sich Miß Mahoney mit Mr. Hitchcock anglikanisch trauen ließ, entledigte sie sich nämlich zumindest eines sozialen Stigmas.

Joseph und Ann Hitchcock, Alfreds zukünftige Großeltern, blieben in Stratford und zogen in ein kleines Häuschen in der Windmill Lane. Schnell wurde aus dem Paar eine Familie – eine ziemlich große Familie. Die beiden hatten neun Söhne und Töchter. Und als ihr jüngstes Kind geboren wurde, firmierte Joseph Hitchcock offiziell als ›Gemüsehandelsmeister‹. Der Titel ist kein Indiz für Erfolg oder Reichtum. In jenen Tagen zeigte er lediglich an, daß der Betreffende selbständig war und sich im Groß- und Einzelhandel von Gemüse betätigte. Am 4. September 1862 wurde der Hitchcock-Sohn William geboren, und einen Monat später unterschrieb seine Mutter die Geburtsurkunde – immer noch mit einem Kreuz. Sie konnte immer noch nicht ihren Namen schreiben. In Stratford war das keine Schande. Ganz im Gegenteil. Schreib- und Lesekunst waren dort eher Kennzeichen der unbeliebten englischen Oberschicht, oder man sah sie als Merkmale jener irischen Einwanderer der zweiten Generation an, die inzwischen sozial aufgestiegen waren und ihre irischen Wurzeln vergessen hatten.

Nicht alle Kinder der Hitchcocks blieben beim Familiengeschäft. Eines der Mädchen, Emma Mary, heiratete und wanderte nach Südafrika aus. Dort gründete sie mit ihrem Ehemann – er hieß passenderweise Cecil J. Rhodes, war aber nicht mit dem berühmten Finanzier verwandt – eine Familie. Der Hitchcock-Sohn John und seine Frau Sophie übernahmen zumindest für einige Zeit das Familiengeschäft, bis schließlich William, Alfreds späterer Vater, den Gemüsehandel führte. Nach 1880 betrieb er den Handel aus einem Laden in Forest Gate, das zum Distrikt West Ham, Essex, gehörte.

Zu dieser Zeit zeigte sich wieder der katholische Einfluß, der in der Verbindung von Joseph Hitchcock und Ann Mahoney keine Rolle gespielt hatte. Und er zeigte sich offenbar mit ganzem irischem Stolz. Emma Jane Whelan, Tochter schreibkundiger irischer Einwanderer der zweiten Generation, war in der John Street Nummer 4 in West Ham aufgewachsen. Ihr Vater, John Whelan, war, wie ihre Geburtsurkunde zeigt, nicht nur Ire und Katholik, sondern auch noch – und das machte ihn in seinen heimischen Gefilden doppelt unbeliebt – ein Polizist. Cockneys, die Arbeiterklasse des East End, haßten und verspotteten traditionell alle Polizisten. In ihnen sahen sie die Repräsentanten eines Systems, das darauf ausgerichtet war, die Armen und die Arbeiter auszubeuten und den Reichen und Privilegierten angenehme Lebensbedingungen zu ermöglichen. Dazu kam, daß Polizisten und Polizeikommissare damals regelmäßig ihre Macht mißbrauchten. Sie schüchterten die Leute von der Straße ein und waren bestechlich.

Im Alter von vierundzwanzig heiratete William Hitchcock also jene Emma Jane Whelan. Sie war ein Jahr jünger als er. Die beiden ließen sich in der Kirche des Hl. Antonius von Padua, Khedive Road, Upton, katholisch trauen. Der Priester, der die Trauung vollzog, Reverend Alfred McLaughlin, und die Trauzeugen William Wilfred Trench und seine Frau Mary Josephine gehörten zur örtlichen irischen Gemeinde. Von da an waren die Hitchcocks also wieder dem katholischen Glauben treu. Die Laxheit der Ann Mahoney Hitchcock wurde so korrigiert. Mrs. William Hitchcock und ihre Eltern, die Whelands, sorgten dafür, und dieser starke katholische Einfluß traf zumindest das jüngste ihrer drei Kinder. »Wir waren eine katholische Familie«, sagte Alfred Hitchcock Jahre später, »und in England ist das allein schon etwas Exzentrisches. Ich wurde streng religiös erzogen... Ich glaube zwar nicht, daß man mich einen katholischen Künstler nennen könnte, aber es kann schon gut sein, daß die Erziehung aus frühesten Kindertagen das Leben eines Mannes beeinflußt und seine Instinkte lenkt... Ich bin mit Sicherheit nicht antireligiös, vielleicht aber zuweilen etwas nachlässig in dieser Richtung.« Die Alchimie der Gefühle aus frühem Einfluß und ›Nachlässigkeit‹ des Erwachsenen sollte nicht nur in seinem späteren Werk ihre Spuren hinterlassen, sondern zeigte sich auch in den größten Problemen und Qualen seiner letzten Jahre.

William und Emma Hitchcock zogen zurück nach Stratford, um dort einen geeigneten Laden zu finden und eine Familie zu gründen. 1890, nach drei Ehejahren, wurde in ihrem Haus in der Louise Road Nummer 29 ein Sohn geboren, der nach seinem Vater William getauft wurde. Im selben Haus erblickte am 14. 9. 1892 das Mädchen Ellen Kathleen das Licht der Welt, das später alle nur Nellie nannten. 1896 zog die Familie in die High Road Nummer 517 nach Leytonstone um. Das bescheidene Gebäude mieteten sie von einem Gemüsehändler, der in die ruhigere Chichester Road abgewandert war. Im Jahr 1899, als Alfred Joseph geboren wurde, hatten die Hitchcocks ihr Geschäft schon etwas vergrößert. Hinter dem Laden, hinter den Gemüseregalen und Kisten und Kasten lag die Wohnung. Und wer nicht den kleinen Hinterausgang benutzte, der zu einem schmalen Häuserdurchgang führte, der mußte sich durch den Laden und das Gemüse zwängen, um in die Wohnung zu gelangen. Mitten in einem winzigen, unbesonnten Gärtchen stand die Toilette. Ungestörte Privatheit war in diesem Haus noch seltener als Stille oder gar anhaltende Sonnenstrahlen.

Das Leben in der High Road 517 war für die Eltern eine stetige Folge von Arbeitstagen. Für das jüngste Kind bedeutete es relative Einsamkeit. Der ältere Bruder und die ältere Schwester, zu denen Alfred nie irgendeine nähere Form der Beziehung finden sollte, gingen schon zur Schule. Der Vater arbeitete vom frühen Morgen bis zum späten Abend im Laden. Zusammen mit zwei bis drei Angestellten packte er mehrmals täglich frische Waren aus und verkaufte sie im Einzelhandel an Kunden aus Leytonstone oder ließ sie als Großhändler nach Covent Garden weiterschaffen. Geringes Einkommen und gute Kartoffelernten zu Beginn des Jahrhunderts machten Kartoffeln zur Haupthandelsware, aber auch zum täglichen Mittelpunkt der Mahlzeiten. Und wie bei vielen anderen englischen Familien der unteren Mittelklasse kamen auch bei den Hitchcocks immer wieder Kartoffeln als billige, zugleich nahrhafte, wenn auch etwas eintönige Mahlzeit auf den Tisch. Jeder, der später einmal mit Alfred Hitchcock speiste, weiß, daß bei ihm stets Kartoffeln zur Mahlzeit gehörten – es sei denn, er hielt gerade eine besonders strenge Diät. Hitchcock liebte Kartoffeln – gekocht, gebraten, zweifach gebraten. In späteren Jahren, als er schon Probleme mit seinen Zähnen hatte, gab es Kartoffelbrei.

William Hitchcock sen. war, glaubt man seinem jüngsten Sohn, ein typischer Cockney-Kaufmann, der sowohl im Leben als auch beim häuslichen Speiseplan auf Disziplin, Ordnung und Einfachheit bestand. Wie streng Alfred erzogen wurde und auch die Ambivalenz seiner Gefühle gegenüber dieser Erziehung zeigt die Geschichte von der Zelle in der Polizeiwache, die er jahrzehntelang der Presse, Kollegen, Autoren und Schauspielern erzählte. Wenn Hitchcocks Erzählung stimmt, dann muß sein Vater einen schon etwas merkwürdigen Hang zur Grausamkeit gehabt haben, ganz egal, um welches Vergehen des Sohnes es damals ging. Es ist auch möglich, daß hinter dieser Geschichte Alfreds Mutter steckte, und ihr Vater, die düstere Gestalt des Polizisten-Großvaters. Aber darüber läßt sich nur spekulieren. Jedenfalls bestand Hitchcock sein ganzes Leben darauf, daß dieser kleine Zwischenfall in seiner Kindheit ihm für den Rest seines Lebens einen Schrecken vor der Polizei eingejagt habe. Und er verwies auf das in seinem Werk immer wiederkehrende Motiv von einem unschuldig verhafteten und eingesperrten Mann, das er als einen Versuch deutete, dieses Kindheitstrauma zu vertreiben. Andererseits war Alfred Hitchcock auch sein Leben lang ein Meister im Legen falscher Fährten. Interviewpartnern erzählte er, was sie hören wollten: eine nette psychologische Erklärung, verbunden mit einer heiteren Anekdote, die eine von ihm gern benutzte Drehbuchkonstruktion erklärte. Genausogut konnte er die ganze Geschichte auch frei erfunden haben, bedenkt man seinen Cockney-Familienhintergrund, ein Umfeld, in dem man eben Polizisten nicht leiden konnte. »Eines muß man mir zugute halten«, sagte er später, »wenigstens wollte ich nie Polizist werden.«

Die Polizeigefängnis-Geschichte läßt sich also weder bestätigen noch widerlegen. Ihr mag ein Familienzwischenfall zugrunde liegen, irgendeine Bestrafung, die Hitchcock als Kind extrem erschien und die er in seiner Fantasie noch vergrößerte. Aber die Anekdote enthüllt auf jeden Fall, was er für seinen Vater *fühlte* und was wie ein Stachel in seinem Gedächtnis saß, wenn er an seine Kindheit dachte. Denn ist die Geschichte wirklich passiert, dann hat sich sein Vater merkwürdiger Erziehungsmethoden bedient. Wenn die Erzählung aber pure Fiktion ist, dann spiegelt sie doch den Eindruck, den ein Erwachsener von seinem Vater und seiner Kindheit hat. Zumindest spiegelt sie jene Angst- und Schuldgefühle, von denen Hitchcock die Leute glauben lassen wollte, daß er sie als Kind hatte ertragen müssen.

Schuld ist auch das beherrschende Thema in Hitchcocks Filmen. Dieses Thema entstammt freilich nicht nur einem komplexen Innenleben: Schuld ist eines der großen Themen in der Kunst und insbesondere in der Kunst und Literatur der Gegenwart. Wenn sich dieses Thema mit der Erfahrung bestimmter religiöser Traditionen verbindet, können sich Lebenssituation und Persönlichkeit von Menschen mit seltener Intensität aufladen. Mit so verschiedenen katholischen Künstlern wie dem Engländer Graham Greene und dem Japaner Shusaku Endo teilte Hitchcock die intuitive Erkenntnis, daß der Mensch – letztlich – nur *durch* Schuld vor dem Verderben befreit werden könne. Im Zustand der Verdammnis müsse er Vergebung und Erlösung willig annehmen oder Strafe ertragen und auf eine neue Chance hoffen. Diese Künstler unterscheiden sich wesentlich von der betont intellektuellen, betont gesunden Attitüde unserer Zeit, die darauf insistiert, daß es keinerlei spirituelle Schuld gibt. Diese Künstler widerstehen den Versuchen unserer modernen Ära, moralische Verantwortung lediglich als Verstoß gegen die guten Sitten zu betrachten, als Psychose oder als dumme Fehler in irgendeinem weniger gravierenden Zusammenhang. In Hitchcocks Familie ging es nicht, so scheint es, viel anders zu als in irgendeiner anderen Familie aus der Cockney-Arbeiterklasse. Mr. und Mrs. Hitchcock riefen ihren Jungen Fred, was er haßte. Und in der Schule nannte man ihn ›Cocky‹, was ihm noch mehr zuwider war. Sobald er sich selbst vorstellen konnte und nicht mehr darunter litt, wie ihn seine Eltern vorführten, nannte er sich ›Hitch‹. Und so stellte er sich schon vor, lange ehe er seine spätere Frau traf, der man immer zuschrieb, diesen Spitznamen erfunden zu haben.

Als Hitchcocks Vater vierzig wurde, ging es mit seiner Gesundheit bergab. Das führte dazu, daß die Mutter noch dominierender wurde, als es in East-End-Familien ohnehin schon üblich war. Unausweichlich wurde Alfreds Mutter zum Zentrum im Leben des Jungen, wobei Mrs. Hitchcock ihr jüngstes Kind mit übergroßer Zärtlichkeit umgab, aber auch mit einer zu dieser Zärtlichkeit heftig kontrastierenden Strenge, die ihrem irisch-katholischen Hintergrund entstammte. Einer Cousine zufolge war Emma Hitchcock ›eine fesch gekleidete, gesetzte Person, die mit ruhiger Stimme sprach und etwas Aristokratisches an sich hatte. Wenn es darum ging, eine Mahlzeit zuzubereiten, was eine ihrer Stärken war, legte sie größten Wert auf jedes Detail. Sie verließ nie ihr Zimmer, ohne perfekt und ordentlich gekleidet zu sein, und sie erledigte alles in Ruhe und mit Würde.‹

Hitchcock selbst bezog sich selten auf seine Mutter – außer in seinen Filmen –, und wenn er von ihr sprach, dann tat er es nur kurz und sehr allgemein. Wir wissen jedoch, daß sie auch später noch oft ihren Sohn in den Urlaub begleitete – auch als er schon erwachsen und verheiratet war. Und dann fühlte er sich mehr dazu getrieben, ihre Wünsche zu erfüllen, als sich um die seiner Frau zu bemühen.

In der Stadthalle von Leyton fanden am Wochenende Tanzveranstaltungen statt, und Alfred mußte dort die Anstandsdame für seine Schwester Nellie spielen. Das muß für beide nicht gerade erfreulich gewesen sein. Es begann, als sie fünfzehn und er acht Jahre alt war. Die Stunden für solcherlei Vergnügungen waren streng bemessen, und ihr Vater erwartete, daß sie zur vorgeschriebenen Zeit wieder zu Hause waren. Das Wichtigste für den Vater war, seine Kinder vor schlechtem Einfluß zu schützen. Aber wenn es auch der Vater war, der auf die Uhr schaute und die Regeln fürs gesellige Leben festlegte, so beanspruchte die Mutter doch mehr von der Zeit der Kinder.

Abend für Abend, wenn Alfred nach Hause kam, ob aus der Schule, von einem Tanz oder nur von einem Spaziergang auf der High Road, mußte er am Fußende des mütterlichen Bettes detaillierte Fragen über seinen Tagesablauf mit detaillierten Auskünften beantworten. »Das verlangte sie immer von mir. Das war ein Ritual. Ich erinnere mich oft dieser abenteuerlichen

Beichte«, erzählte er noch fünfzig Jahre später. Das Ganze wurde zu einer heiligen Tradition und währte noch in den Jahren fort, als er die Schule schon verlassen hatte und in der Londoner City arbeitete. Diese Übung zeigt etwas über die psychische Nähe zwischen Mutter und Sohn. Sie wirkt zugleich erdrückend, wie etwas zu Intimes, wie ein Interesse einer Mutter am Leben ihres Sohnes, das mehr einengt als befreit, das eher inquisitorisch ist als ermunternd – und sie ist die Quelle für Schuldgefühle äußerst skrupulösen und schon neurotischen Typs.

Andererseits, wie immer Emma Hitchcocks eigene Bedürfnisse möglicherweise gelagert waren, sie trafen und ergänzten sich doch mit denen ihres Sohnes. Wenn sie zuviel fragte, zuviel gab, dann könnte das auch die Reaktion auf Alfreds enorme Bedürfnisse und Unsicherheiten gewesen sein. Bedürfnisse und Unsicherheiten, die von Anfang an in seinem Kopf auf geheimnisvolle Weise vorhanden waren und für die seine Eltern, wie alle Eltern, nicht total und ausschließlich verantwortlich waren.

Wenn man ihn fragte, ob er sich über Dinge jemals geängstigt habe, antwortete Hitchcock schlicht: »Immer!« Und die Kürze der Antwort und die Hartnäckigkeit, mit der er dann jedesmal das Thema wechselte, geben Hinweise darauf, wie wahr diese Antwort war. Jede einfache Erklärung seiner dunklen Ängste, seiner tiefempfundenen Furcht, die alles auf einen Vorfall (oder eine Kette von Vorfällen) in seiner Kindheit zurückführen würde, müßte zugleich auch sein Talent erklären, das es ihm ermöglichte, reale, eingebildete, erwünschte und gefürchtete Erfahrungen in Kunst zu verwandeln. Aber die Psyche des Menschen ist nie so simpel. Doch zweifellos führte er selbst eine gehörige Portion dieser Ängste auf frühe Jahre zurück. »Angst? Sie hat mein Leben und meine Karriere beeinflußt. Ich erinnere mich an die Zeit, wo ich fünf oder sechs war. Es war Sonntagabend, die einzigen Stunden der Woche, in denen meine Eltern nicht arbeiten mußten. Sie steckten mich ins Bett und fuhren zum Hyde Park, um spazierenzugehen.« Damals war das eine ziemlich weite Entfernung von der High Road in Leytonstone. Zum Hyde Park dauerte es zu Beginn des Jahrhunderts mindestens eineinhalb Stunden in jeder Richtung mit der Straßenbahn und dem Zug. »Sie waren sich sicher, daß ich bis zu ihrer Rückkehr fest schlafen würde. Aber ich wachte auf, rief nach ihnen und bekam keine Antwort. Nichts als Dunkel um mich herum.

Zitternd stand ich auf und wanderte durch das leere, dunkle Haus. Schließlich landete ich in der Küche, fand ein Stück kaltes Fleisch und aß es auf, während ich meine Tränen trocknete.«

Wie beeinflußte dieser Vorfall Hitchcock? Sicherlich löste er bei ihm eine lebenslange Furcht davor aus, alleine oder im Dunkeln zu sein. Sicherlich war die Folge auch – denkt man an das East-End-Leben um die Jahrhundertwende, scheint das sehr verständlich – ein großer Schrecken, daß etwas Tödliches, Unerwartetes sich ereignet habe oder sich ereignen könnte. Daß etwa die Familie ihn verlassen haben oder er das Opfer von Einbrechern werden könnte. Aber diese Erinnerung zeigt auch, daß er – wenn auch unbewußt – die schützende Wirkung von Essen gegen Einsamkeit kannte – eine Gedankenverbindung, die in jüngster Zeit für Ärzte und Diätanhänger zur selbstverständlichen Wahrheit geworden ist.* Und den Zusammenhang zwischen Spannung und Essen stellte Hitchcock selbst in einer kuriosen Analogie her: »Angst kenne ich seit meiner Kindheit... Ich hasse Spannung, und deshalb würde ich nie jemandem gestatten, bei mir zu Hause ein Soufflé zu machen: Mein Backofen hat keine Glastür! Wir müßten vierzig Minuten warten, um herauszufinden, ob das Soufflé etwas geworden ist – und das ist länger, als ich es aushalten könnte!« Es ist in seinen Filmen so wie in seinem Leben: Das fundamentale Vergleichsbild für den Schrecken ist die perfekte Zubereitung einer Mahlzeit, und das grundsätzliche Anzeichen für psychisches Unbehagen ist körperliche Übelkeit.

Als gute Katholiken nahmen die Hitchcocks ihren Sohn regelmäßig zur Sonntagsmesse mit. Aber sie gingen, was merkwürdig scheint, nicht in die Gemeindekirche oder andere, die in bequemer Nähe lagen. Im nahen Leyton gab es die Sankt-Agnes-Kapelle des Waisenhauses in der Church Road, die an Sonntagen allen offenstand; in Walthamstow war in der Shernhall Street die Kirche Sankt Georg, und noch näher lag mitten in Leytonstone in der Vicarage Road die Sankt-Joseph-Kirche. Aber Mrs. Hitchcock ging in alle diese Kirchen nicht. Der junge Alfred mußte einige Meilen weit nach Stratford in die frühere Gemeindekirche seiner Mutter, Sankt Franziskus, fahren. Mutters

* Andererseits setzte Hitchcock Mangel an Essen nahezu immer mit einer Katastrophe gleich. Er erzählte oft, wie er unbemerkt seine Mutter einmal dabei beobachtet habe, wie sie eine Delikatesse gegen normales Obst zwischen seinem Weihnachtsstrumpf und dem seiner Schwester ausgetauscht habe.

ehemaliger Pfarrer und Mutters Kirche sollten sich um die spirituellen Bedürfnisse ihres Jungen kümmern.*

Die katholische Meßfeier in der Sankt-Franziskus-Kirche beeindruckte den Jungen stark. »Der zeremonielle Aspekt hat mich immer interessiert«, erinnerte er sich später. »Einmal habe ich einen Küster bestochen, damit ich während eines Hochamts Meßdiener sein durfte. Er ließ es mich machen. Aber sobald die Messe begann, fiel mir ein, daß ich ja nicht die Antworten des Meßdieners an den Priester gelernt hatte, nicht einmal einen Versuch in dieser Richtung unternommen hatte. Das war eben nur der kindliche Wunsch, auch einmal Teilnehmer einer Zeremonie zu sein.« (Später konnte Hitchcock seinem Wunsch frönen, Teilnehmer einer Show zu sein, ohne Dialoge lernen zu müssen: Die berühmten wortlosen Kurzauftritte Hitchcocks in seinen eigenen Filmen wurden zu einer seiner großartigen Methoden der Selbstreklame und zugleich ein universell geschätzter Spaß.) Wenn er auch später im Leben zugab, ›nachlässig‹ im Hinblick auf religiöse Gewohnheiten zu sein, so traute er sich das jedenfalls nicht, solange er in der Obhut der elterlichen Familie lebte.

Seit seinen frühesten Jahren war Alfred Hitchcock ein Einzelgänger und Zuschauer, immer eher ein Beobachter als ein Teilnehmer. Als Erwachsener konnte er sich nicht erinnern, ›jemals einen Spielgefährten gehabt zu haben‹. Bei Familientreffen saß er »ruhig, ohne etwas zu sagen, in einer Ecke. Ich schaute zu und beobachtete alles. So war ich immer, und so bin ich heute noch. Ich habe mich nie aufgedrängt. Ich war ein Einzelgänger – kann mich noch nicht einmal daran erinnern, jemals einen Spielgefährten gehabt zu haben. Ich spielte alleine, erfand meine eigenen Spiele«.

Diese Spiele müssen in der Hauptsache aus dem Studieren von Landkarten und dem Lesen von Fahrplänen bestanden haben. Manchmal las er Bücher – hauptsächlich Reiseliteratur. Und manchmal lief er durch die Straßen – meistens entlang der Piers und Kaimauern von London, wenn er seinen Vater bei Lie-

* Dort, in dieser Kirche, sah Hitchcock vielleicht zum ersten Mal die romantischen Statuen und Bilder des hl. Franziskus, wie er zu den wilden Vögeln mit sanfter Beredsamkeit predigte. Und vielleicht steckt dieser Kindheitseindruck auch hinter einem seltsamen Moment in *Der Fremde im Zug.* Da zeigt die Mutter ihrem Sohn, dem Mörder, ein groteskes Gemälde, das ihn an den Vater erinnert. »Aber ich habe versucht, den hl. Franziskus zu malen«, protestiert die Mutter.

fergängen begleitete. Als er acht war, war er schon mit fast jeder Pferde-Straßenbahn gefahren, die es in London gab. Und er war auf den Flußdampfern bis zur Themsemündung in Gravesend gelangt. Zu Hause legte er sich eine riesige Wandkarte an, auf der er täglich die Positionen fast jedes britischen Schiffes eintrug, das sich auf den Weltmeeren bewegte. Wenn er gerade einmal nicht diese Positionen vermerkte oder sie aus den Zeitungen ermittelte, blätterte er gewöhnlich in Magazinen herum oder amüsierte sich mit einem Buch, dessen Titel *Plotto* war. Dieses Buch bestand aus dreigeteilten Seiten, die sich beliebig übereinanderblättern ließen, so daß der junge Schriftsteller eigene Sätze erfinden und neu arrangieren konnte.

Am liebsten aber waren ihm Fahrpläne – ›als Literatur‹, wie er sagte. Vielleicht korrespondierten sie mit seiner Erziehung zu Ordnung und Sauberkeit. Alles geregelt und pünktlich. Vielleicht entsprachen sie aber auch einem Wunsch, woanders zu sein.

Als er sieben Jahre wurde, war es Zeit, an die Schule zu denken. Aber aus unerfindlichen Gründen verzögerte sich seine Einschulung. Ob dem eine Kinderkrankheit zugrunde lag oder irgendeine Angst, läßt sich nicht sagen. Allerdings wurde damals die Frage des Schuleintritts und des Entlassungsalters wesentlich flexibler gehandhabt als heutzutage. Alfred studierte also weiter zu Hause die Fahrpläne und überraschte seine Familie damit, daß er die der meisten britischen Eisenbahnlinien auswendig hersagen konnte.

Im Jahr 1906 kam in Leytonstone die elektrische Straßenbahn zu den Pferde-Bahnen. Und genau am Fuß der High Road entstand eine große, komplizierte Kreuzung der Straßenbahnlinien. An dieser Kreuzung sammelten sich die Menschen, während die Bahnen ankamen und abfuhren. Und die Kinder aus der Nachbarschaft standen gern dort, um die Ankunftszeiten und Verspätungen der einzelnen Wagen zu raten. Alfreds Vater benutzte für seine Lieferfahrten weiterhin einen Pferdewagen, und oft beluden Vater und Sohn ihn gemeinsam, stiegen auf und waren den ganzen Tag lang zu Kunden und Kaufleuten unterwegs. Sogar als immer mehr motorgetriebene Fahrzeuge durch die Londoner Straßen und Vororte ratterten, blieben viele bei ihrem Pferdewagen – ein Anachronismus, der ebenso unpraktisch und gefährlich war, wie man ihn heute für romantisch hält. In seinen Filmen ließ Hitchcock später solche Erinnerungen an seine Kindheit immer wieder auftauchen – auch dort, wo sie vor einem modernen Hintergrund lächerlich unpassend erscheinen konnten und sich in der Realität auch nicht mehr fanden. So wird in *Stage Fright* die Polizei, ganz im Sinne des Drehbuchs, durch den Pferdewagen eines Händlers aufgehalten. Und in *Die Vögel* rollen die Waren eines Gemüsehändlers vom Wagen über die Straße, als seine Pferde inmitten eines Feuers durchgehen.

Passives Beobachten des Lebens auf der Straße, Kinderspiele im Freien, eher zu beobachten als an ihnen teilzunehmen, sich als einsames Kind erfindungsreiche eigene Arten der Unterhaltung auszudenken – solcherlei Gewohnheiten halfen, ein aktives Innenleben zu entwickeln, ein reiches Fantasieleben aufkommen zu lassen. Aber gerade dieses äußerst aktive Innenleben machte es Alfred schwer, bei seinen Alterskameraden akzeptiert zu werden. Mit ihnen konnte er seine Ängste und Träume nicht teilen. In der Schule war er, ein sehr visuell orientiertes Kind, ein Außenseiter, zu einer Zeit, als die englische Gesellschaft ausgesprochen literarisch geprägt war. Dazu kam, daß er als Cockney-Kind Mitglied einer Untergruppe der Gesellschaft war (und als katholischer Cockney das Mitglied einer noch kleineren Untergruppe), die es ausdrücklich vermied, Gefühle zu artikulieren.

Aber der junge Hitchcock fand diese unausgesprochenen Gefühle in den literarischen Beschreibungen und Dialogen anderer Menschen. Das mag zum Teil erklären, warum er sich später immer dazu verpflichtet fühlte, Spezialisten im Dialogschreiben anzuheuern, die dann die Szenen in Worte faßten, die er bereits vollständig bis zum letzten Blick, zur letzten Geste und zum letzten Detail vor seinem geistigen Auge sah. Das könnte auch erklären, weshalb er ungern Briefe schrieb. Seine Briefe waren normalerweise kaum verständlich, sehr formell und sehr kurz. Seine natürliche Zurückhaltung, aber auch das Unvermögen, als katholischer Cockney Gefühle zu zeigen, ließen ihn später starke Emotionen verbergen, wobei die unterdrückten Gefühle dann in seinen Filmen natürlich zum Vorschein kamen. »Da hatte der Fantastiker freien Lauf«, sagte einer seiner Drehbuchschreiber.

Diese Zurückhaltung, gepaart mit Angst vor dem Körperlichen, war dafür verantwortlich, daß Alfred Hitchcock sich sowohl in jungen Jahren als auch auf seine alten Tage nie körperlich betätigte. »Ich gehe nie zu Fuß, wenn ich auch fahren kann. Meine Art Sport spielt sich oberhalb des Halses ab«, sagte er. »Ich beobachte lieber.« Und so ergab es sich ganz selbstverständlich, daß er Filmemacher wurde: Im Film konnte er alle Situationen kontrollieren, und zugleich befriedigte Film sein Verlangen, Zuschauer zu sein.

Leytonstone barst von jugendlichen Athleten. Die Cockney-Jungen spielten Cricket, Lacrosse und Football. Sie liebten die Radsport-Clubs. Alfred beteiligte sich nie an solchen Dingen. Er hatte seine Bücher, seine eigenen Spiele. Und seine Mutter war ihm eine nahe und stets vorhandene Gesellschafterin. Sein Leben verlief in sicheren, ruhigen und zurückgezogenen Bahnen – ohne Freunde. Dies verstärkte sich im Lauf der Jahre noch.

Gelegentlich ging die Familie aus – normalerweise, um ein Theater zu besuchen. Die Hitchcocks liebten das Theater, aber später gestand Hitchcock, daß ›wir eine sehr exzentrische kleine Gemeinde gewesen sein mußten‹. So ging er schließlich später selbst zu Premieren, allein. Je älter er wurde, desto häufiger ging er. Von den Theaterrängen bewunderte er die Schönheit, das Talent und die Art der Schauspieler und Schauspielerinnen. Das waren die Menschen, die er später selbst für seine Filme engagierte und die er dann zu üppigen Essen einlud, um in ihrer Welt, die für ihn vollendet und aufregend war, akzeptiert zu werden.

Eine von Hitchcocks frühesten Erinnerungen bezog sich übrigens auf ein Theaterstück, das er im Jahr 1905 gesehen hatte. Zu düsterer Orchesterbegleitung betrat der Bösewicht die in grünes Licht getauchte Bühne. Die Heldin dagegen verschönte ein rosafarbenes Licht. Hitchcock erinnerte sich an die einfache Schönheit, die die Theaterbühne produzieren konnte. »Ich erinnere mich des grünen Lichts – grün für die Auftritte von Geistern und Bösewichtern.«

Nicht alles, was es damals im Theater oder in Vaudeville-Shows zu sehen gab, waren Dramen, Shakespeare, historische Melodramen oder Premieren neuer Shaw-Stücke. Oft spielte man turbulente Komödien, die mit einem guten Schuß Spott über die Kirche und heftig vulgärem Vorstadt-Humor gewürzt waren. *Humanity*, ein kurzes Stück, das in Boulevard-Theatern zwischen 1900 und 1920 viel gespielt wurde, könnte Hitchcock gut in irgendeiner East-End-Version gesehen haben. Es enthält nämlich den Vorläufer einer der berühmtesten Szenen aus seinen britischen Filmen.*

In dem Stück endet der Streit zweier reicher Herren damit, daß das gesamte Mobiliar in mehreren elegant eingerichteten Zimmern zu Bruch geht. Zuschauer aus der Arbeiterklasse sahen diese Szene immer mit einer Mischung aus Staunen und Genugtuung: Ein Moment schockierender Profanität stellte sich ein und befriedigte den Zuschauerwunsch, zumindest ein kleines Chaos bei denen zu erleben, die doch angeblich ihnen überlegen sein sollten. Dieser Kontrast von besten Umgangsformen und nackter Schadenfreude, der im üblichen Vaudeville-Entertainment so deutlich war, spiegelt perfekt die Widersprüche der damaligen Gesellschaft und Hitchcocks persönlicher Welt. Als aufgewecktes Einzelkind, das von seiner Mutter verwöhnt wurde, war Hitchcock gefangen zwischen der viktorianischen Welt der privilegierten Oberschicht und dem angeborenen Mißtrauen eines Cockneys gegen eben diese Lebensart. Als Kind vom East End, das zwar nicht arm war, aber auch gesellschaftlich nicht respektiert wurde, war er dazu noch gefangen zwischen dem Wunsch nach Anerkennung und Luxus und dem sorgsam anerzogenen katholischen Sinn dafür, daß diese Anerkennung und dieser Luxus nicht ausreichten, um glücklich zu sein.

Gegen Ende des Jahres 1907 zogen die Hitchcocks von Leytonstone weg. Ihr ältester Sohn William, den eine Cousine als ›einen gut gewachsenen Mann, immer schick gekleidet‹ beschrieb, war soweit, ein eigenes Leben zu führen. Und nicht viel später sollte Nellie den ersten ihrer zwei Ehemänner heiraten. Das Zentrum der Geschäfte des Mr. Hitchcock, die inzwischen auch einen Fischhandel einschlossen, hatte sich mehr ins Herz der Cockney-Welt verlagert – nach Poplar, einer Gegend des East End, die in den kommenden zwei Weltkriegen unter schrecklichen Bombenangriffen zu leiden haben sollte. Der Umzug wirkte sich auch auf Alfreds Schulausbildung aus. Das Howrah House Convent in Poplar besaß einen soliden Ruf für die Erziehung von Jungen und Mädchen, und die Hitchcocks konnten sich die bescheidenen Schulgebühren leisten.

* Das Stück zählte zwischen 1910 und 1920 zu den Lieblingsstücken englischer Schuljungen, aber auch des Publikums überhaupt. Falls Hitchcock es wirklich gesehen hat, könnte es sehr gut Teile der Originalversion seines Films *Der Mann, der zuviel wußte* aus dem Jahre 1934 inspiriert haben. In diesem Film gibt es nämlich die berühmte komisch-gewalttätige Szene, in der Tische und Stühle in einer Kapelle zu Bruch gehen.

Leytonstone und Poplar waren beide ausgeprägte und stolze Gemeinden für die untere Mittelklasse. Aber ein Cockney zu sein, bedeutete in Poplar mehr als ein soziales Merkmal: Es war dort eine Frage der Persönlichkeit und der generellen Haltung dem Leben gegenüber. Poplar war kleiner und dichter bevölkert als Leytonstone. Der Umzug dorthin warf den Jungen mitten ins menschliche Leben mit all seinen Schattierungen hinein. Später konnte Hitchcock aus dieser Erfahrung heraus selbst die kleinsten Nebenrollen und die Bilderwelt seiner britischen Filme mit Leben erfüllen.

In den beiden ersten Umgebungen seiner Kindheit war er ein einfacher Mensch unter einfachen Menschen. Aber das Theater, die Schulbücher und Filmzeitschriften – und sehr bald das Kino selbst – zeigten ihm eine andere Welt, eine, die ihm nicht wirklich vertraut war: die Welt des Glamours und des Zaubers, die der Bildung und die gesellschaftlicher Eleganz. Das war eine Welt, nach der er sich immer sehnen würde, aber von der er sich immer ausgeschlossen fühlen sollte. Nach zwei Jahren in Poplar zog die Familie wieder um, diesmal ins nahe Stepney. Dort trat der Junge im Alter von elf Jahren in eine völlig neue und oftmals furchteinflößende Umgebung.

Das Sankt Ignatius College in Stamford Hill, London, war im Jahr 1894 von Jesuiten gegründet worden, die auch die Gemeindekirche selben Namens betreuten. Als Hitchcock, einer von 250 Schülern der Herbstklasse des Jahres 1910, aufgenommen wurde, hatte die Schule schon einen Ruf in den traditionellen Jesuiten-Tugenden wie Ordnung, Disziplin und einen strengen Stundenplan.*

Die Schulakten dieser frühen Jahre sind nicht mehr vollständig – nicht, weil die Verwaltung leichtfertig mit den Akten umgegangen wäre, sondern weil die Schule während der Bombenangriffe auf London evakuiert wurde und viele alte Unterlagen vernichtet wurden oder verlorengingen. Das Aufnahme-Register freilich hat alles überlebt, und ›Alfred Hitchcock, Sohn des William Hitchcock, Fischhändler‹ ist dort als Nummer 343 in Band 2 des Aufnahmeregisters aufgeführt. Außer dem Eintrittsdatum (5. Oktober 1910) und dem Abgangsdatum (25. Juli 1913) sind diesem Dokument nur noch zwei Dinge zu entnehmen. Das eine betrifft eine Schulauszeichnung, die er 1911 erhielt.

* Sankt Ignatius war nie, wie manchmal angenommen, ein Internat.

Das andere ist eine merkwürdige Diskrepanz zu seinem Geburtsdatum. Nach dem Aufnahmeregister wurde er am 13. August 1900 geboren. Es scheint so, als sei dies nicht ein Schreibfehler gewesen oder die Unachtsamkeit eines Sekretärs, der die Geburtsurkunde falsch abgeschrieben hatte. Offensichtlich ließen die Hitchcocks ihren Sohn in voller Absicht als Zehnjährigen und nicht als Elfjährigen einschreiben. »Der Grund dafür kann eigentlich nur gewesen sein«, sagte ein späterer Direktor der Schule, »daß der Junge aus irgendeinem Grund ein Jahr hinter seinen Klassenkameraden zurück war – sei es wegen einer Krankheit, oder weil er vielleicht zu spät in die Grundschule gekommen war.* Auf jeden Fall sollte er wohl nicht als Sonderfall auffallen – ein Älterer, von dem man annehmen konnte, daß er in den ersten Klassen etwas langsam gewesen sei. Da war es das leichteste, sein Alter zu fälschen.« Den wahren Grund für diese merkwürdige Fälschung wird man nicht mehr ermitteln können, aber dahinter könnte sehr gut die Cockney-Haltung stecken, um keinen Preis aufzufallen, die die Hitchcocks damals veranlaßte, Vorkehrungen dagegen zu treffen, daß man ihren Sohn zur Zielscheibe von Fragen oder Spott hätte machen können.

Alfreds erster Tag in Sankt Ignatius war ein Mittwoch. (Für die älteren Schüler hatte die Schule schon ein paar Tage früher begonnen.) Am Tag der Einschulung stand als erstes ein Kirchenbesuch auf dem Plan. Wie die Kinder schnell merkten, bestimmte dieser Schulbeginn die Atmosphäre für alles, was im Klassenzimmer und auf dem Schulhof folgte – und diese Atmosphäre ließ sich nicht gerade als fröhlich beschreiben. Die Kirche, ein viktorianisch-romanisches Gebäude, hat sich in den letzten hundert Jahren kaum verändert. Was die Jungen also sahen, nachdem sie in den Bau aus rotem Ziegelstein mit seinen zwei Türmen eingetreten waren, sich ihre Augen an das Dunkel im Inneren gewöhnt hatten und sie Gebete für den Erfolg des kommenden Schuljahrs sprachen, hätte leicht eine jede Gruppe lebhafter Kinder deprimieren können. Wie in vielen englischen katholischen Kirchen wirkte der Innenraum moderig und düster und vermittelte nicht gerade den Eindruck, daß religiöses Leben fröhlich mache.

* Wie schon erwähnt, hatten es die Hitchcocks in der Tat versäumt, Alfred im vorgeschriebenen Alter von sieben Jahren zur Schule anzumelden.

Vor den Schülern lag ein überladener Altarraum mit Seitenkapellen, dessen Wandmosaiken einen triumphierenden Christus mit ausdruckslosem Gesicht zeigten. Unter ihm, ordentlich aufgereiht, war die Versammlung der englischen Heiligen, Märtyrer und Kirchenväter des ersten Jahrhunderts dargestellt. Den Hauptaltar trennte eine Kommunionbank aus weißem Marmor von den Sitzreihen des Hauptschiffs. Der Altar war mit einem barocken Delirium aus Engelsfiguren verziert, und von der gotischen Altarrückwand lugten die Schutzpatronen der Jesuiten, der Heilige Ignatius und Franz Xavier, sowie der junge Aloisius Gonzaga, der sehr jung und sehr rein gestorben war und der den Schülern als Musterbeispiel an Frömmigkeit und vor allem Keuschheit (›der engelsgleichen Tugend‹, wie die Lehrer sie nannten) vorgeführt wurde. Entlang der rechten Seitenwand flackerten Opferkerzen, deren Schein gedunkelte Gemälde und weitere Heiligenstatuen unruhig beleuchtete. Der Kerzenschimmer hüllte die Kirche in weiches Licht wie in Traumbildern und warf überlebensgroße Schatten der Priester an die Wände, die zwischen den Reihen auf und ab gingen und die Jungen anhielten, mit durchgedrücktem Kreuz zu knien. Nur wenig Licht drang von draußen durch die schlichten grauen Fenster, die immer mit einem dichten Film fettiger Kerzenrauchablagerungen überzogen waren.

Die kerzenbeleuchtete Düsternis zur Rechten entsprach dem allgemeinen Bild katholischer Frömmigkeit englischer Prägung. Die linke Seite der Kirche war ein Abbild moralischer Strenge dieser Form der Religiosität. Dort reihten sich Beichtstühle mit spitz zulaufenden Türen, die jeweils den Namen eines Priesters trugen. ›Father Vaughan‹ lautete eines dieser Schilder im Jahr 1910, und ein anderes zeigte an, wo die Schüler Father Newdigate finden konnten – damals ein berühmter und einflußreicher Lehrer der Schule, ein gelehrter, ernster Mann, der seinen katholischen Familienstammbaum durch mehrere Jahrhunderte englischer Geschichte zurückverfolgen konnte.

Die Schüler in Sankt Ignatius waren zwischen zehn und siebzehn. Um in der Schule aufgenommen zu werden, mußten sie eine Aufnahmeprüfung ablegen, die nur die Besten bestanden: Nur ein Viertel der Bewerber wurde akzeptiert. Die Schulgebühr von drei Guineas würde heute, siebzig Jahre später, etwa sechzig englischen Pfund entsprechen. Einige begabte, aber weniger begüterte Jungen erhielten Stipendien. Für Alfred

Hitchcock weist das Aufnahmeregister kein von den Schulgebühren befreiendes Stipendium auf.

Die Jungen in der Klasse von Hitchcock hatten unter ihrem Klassenlehrer Newdigate ein sehr anstrengendes Pensum zu absolvieren. Auf dem Stundenplan standen Religion, Latein, Englisch, Französisch, Deutsch, Geschichte, Literatur, Geographie, Mathematik, Naturwissenschaft, Zeichnen, die Künste des Essayschreibens und der Rede sowie Chorgesang. Die Zeugnisse wiesen auch Zensuren für ›Führung‹ und ›Beteiligung am Unterricht‹ aus. Das war ein voller Stundenplan, und wer nicht damit Schritt halten konnte, wurde – manchmal zusammen mit seinen Eltern – in Father Newdigates Büro bestellt. Dort setzte man ihn davon in Kenntnis, daß sein Schulplatz in Sankt Ignatius ihm nicht sicher wäre, es sei denn, er würde sich schnell und gründlich den Anforderungen anpassen. Normalerweise hatte dieses kurze Gespräch mit dem Präfekten den gewünschten Erfolg. Falls nicht oder falls sich der Schüler schlechter Führung schuldig gemacht hatte oder seine Aufgaben mehrmals nicht ordentlich ausgeführt hatte, konnte die Strafe auf dem Fuße folgen. Die Disziplin in katholischen Schulen war schon immer Zielscheibe für liberales Unbehagen einerseits und konservativen Beifall andererseits. Daß dieser Erziehung – besonders im neunzehnten und in der ersten Hälfte des zwanzigsten Jahrhunderts und ganz besonders in Europa – die Philosophie zugrunde lag, ›wer mit dem Stock sparsam ist, wird das Kind verderben‹, ist eine bekannte Tatsache und auch jenen vertraut, die nicht weiter detailliert darüber gelesen haben (zum Beispiel in den Schriften von James Joyce). Selbst Schüler, die nur einmal einer Bestrafung für ein ernsteres Vergehen gegen die Schulregeln ausgesetzt waren, vergaßen die Prozedur normalerweise nie wieder. Aber ausgeschmückte literarische Schilderungen haben auch ein verzerrtes Bild des Bestrafungssystems entstehen lassen. Viele glauben, daß tägliche Prügel oder Stockschläge die Regel waren, wenn man nur eine winzige Frage des Lehrers falsch beantwortete. In Wahrheit wurde nur dann körperlich gezüchtigt, wenn sich schlechte Leistungen häuften oder ständig gegen die gute Führung verstoßen wurde. Ein älteres Buch für Jesuiten-Schulen kommentiert überlieferte Erziehungsmodelle und scheint zu zeigen, daß, zumindest im frühen zwanzigsten Jahrhundert, die Jesuiten die Disziplin mit einem gewissen trockenen Humor betrachteten:

Zur Frage der Bestrafung
Niemand, der Kinder kennt, wird die Bedeutung körperlicher Züchtigung unterschätzen. Sie ist gesund und englisch. In einem vor-reformatorischen Anleitungsbuch ist folgender solider Rat für Eltern und Erzieher im Hinblick auf unbotmäßige Kinder nachzulesen. Der Autor sagt: ›Sollte das Kind ein verhärtetes Herz haben, dann verzichte nicht darauf, es mit einem ordentlichen Stock zu züchtigen. Und sollte die Person schon älter sein und darauf nicht mehr ansprechen, dann empfiehlt es sich, zu ernsthafteren und härteren Maßnahmen zu greifen. Beim Essen sollte diese Person alleine sitzen, nur mit Brot und Wasser, und alle sollten sie wie einen Dieb oder Verräter behandeln. Ich würde auch keinen Eltern empfehlen, solch ein Kind ohne schwere Bestrafung oder Züchtigung weiter im Haus zu behalten.‹ (Aus: *Christliches Familienleben in vor-reformatorischen Tagen* von Kardinal Gasquet.)

Für leichtere Vergehen empfiehlt der Autor ›leichte Prügel‹. Heutzutage empfehlen wir nicht mehr solch spartanische Disziplin.

Die Regel für alle Jesuiten-Schulen
ist vortrefflich und sollte der Schulbehörde auch empfohlen werden. Sie lautet: Der Lehrer, der ein Kind bestraft, sollte niemals selbst diese Strafe ausführen. So können Befürchtungen über zu großes Ausmaß oder persönlichen Ärger erst gar nicht aufkommen. Erziehungsmaßnahmen sollten ruhig, ohne Ausnahmen und würdevoll vorgenommen werden – mit einem Wort ›gerecht‹.

Die Beherrschtheit des Lehrers
Geld zu haben, ist eine Sache; es zu verlieren, eine andere. Ebenso verhält es sich mit der Beherrschung. Verlust der Beherrschung bedeutet immer auch Verlust von Macht. Die große Kraft der Dampflokomotive stammt vom aufgestauten Dampf, der so wirkungsvoll zurückgestaut wird.

Der schrille, betäubende Ton der Dampfpfeife wird erzeugt, indem der Kessel Dampf abläßt, und signalisiert immer einen Verlust an Kraft. So steht es auch mit unserer Beherrschung. Ein amtierender Lehrer sollte immer ruhig, beherrscht, geduldig, korrekt und ausgewogen in Wort und Tat sein. Wenn eine wütende Amazone – ein aufgebrachter Elternteil – in die Schule stürmt, um dem Lehrer ›einmal gründlich ihre Meinung zu sagen‹, dann empfange sie mit Ruhe, Sicherheit und entlasse sie, nachdem alle Vorwürfe zurückgewiesen sind.

Die Lehrer, die diesen Ratschlägen folgten, müssen mit Sicherheit den jungen Hitchcock beeinflußt haben. Diese Bilder lassen sich nämlich Wort für Wort auf den Filmemacher Hitchcock übertragen, auf seine Art, im Privaten und am Drehort mit Schauspielern, Technikern und Kollegen umzugehen: ›Verlust der Beherrschung bedeutet immer auch Verlust von Macht. Die große Kraft der Dampflokomotive stammt vom aufgestauten Dampf, der so wirkungsvoll zurückgestaut wird.‹ Genau diese unbeteiligte Ruhe, dieses monotone Temperament verlieh Alfred Hitchcock jenes Benehmen und Erscheinungsbild – und jene Macht –, die ihn vom typischen, aufbrausenden Filmmogul so sehr unterschieden.

Landläufigen Vorstellungen und literarischen Übertreibungen zum Trotz war also die Disziplin, der der junge Alfred Hitchcock unterlag, nicht ungewöhnlich streng. »Die Disziplin war ganz in Ordnung«, erinnerte sich Pfarrer Robert Goold, einer von Hitchcocks Klassenkameraden. »Es ging nicht übermäßig streng zu. Verglichen mit der heutigen Zeit war man schon streng. Aber damals war das gesamte englische Leben streng – zu Hause, bei der Arbeit, auf der Straße und in der Öffentlichkeit –, und eben auch in der Schule. Ein Schlag mit dem Riemen auf die rechte Handfläche war weder ungewöhnlich noch eine besonders grausame Form der Bestrafung. Und ich glaube nicht, daß irgendeiner unter uns dachte, wir würden besonders schlecht behandelt. Wenn Bestrafungen vorgenommen wurden, geschah das nach gleichem und gerechtem Maß – und, genau wie es das Lehrbuch vorschrieb, nie durch den Lehrer, der die Strafe verhängt hatte. Das sorgte dafür, daß persönlicher Zorn die Strafe nicht über das angemessene Maß trieb.«

Andererseits besteht natürlich kein Zweifel, daß für viele Schüler (und besonders für die sensiblen, die man zu Hause möglicherweise nie gezüchtigt hatte) bereits nur der entfernteste Gedanke an die Möglichkeit körperlicher Züchtigung tödlichen Schrecken auslöste. Und Alfred Hitchcock erlebte genau diese Perspektive. Mehr als fünfzig Jahre später erzählte er einem Schüler in Sankt Ignatius:

Die Strafmethoden waren natürlich höchst dramatisch. Zuerst hielt der Klassenlehrer dem Schüler sein Fehlverhalten vor. Dann mußte sich der Schüler zu dem Priester begeben, der die Strafe vollzog. Es blieb dem Schüler überlassen, wann er dorthin ging, und natürlich schob er es zunächst auf. Aber dann, gegen Ende des Tages, ging er zu einem besonderen Raum, wo ein Priester oder Laienbruder, der die Strafe vollzog, auf ihn wartete. Das war immer ein wenig so, als wenn man zu einer Hinrichtung mußte. Ich halte das heute für eine schlimme Angelegenheit. Es war nicht so wie an anderen Schulen, wo die Jungen einen Stockschlag bekamen. Hier wurde eine Art Gummiriemen benutzt. Hatte man sich so schlecht benommen, daß man, sagen wir, zu zwölf Schlägen verurteilt worden war, dann mußte man die Bestrafung über zwei Tage verteilen, denn jede Hand hielt nur drei Schläge aus. Dann wurde sie taub.

In der Schule hagelte es Ermahnungen. Mahnungen wegen Faulheit und Frivolitäten waren in England damals an der Tagesordnung (wie eben körperliche Züchtigung als ›gesund und englisch‹ betrachtet wurde). Schon innerhalb der ersten vier Schulwochen lasen Alfred und seine Klassenkameraden religiöse Aufsätze, die sie auf den Ernst ihres Schülerdaseins vorbereiteten. Im November 1910 hörten sie folgende ernste Warnung: »In dieser Zeit, wo sich die Anzeichen von Frivolitäten wie Eislaufringen, Filmtheatern, Tanzpalästen um uns herum mehren, wird es möglicherweise Zeit, daß unsere Kirche sich als Repräsentantin der ernsthaften Seite des Lebens meldet.«

Vorträgen und Predigten wie dieser folgten üblicherweise Diskussionen über anständige Führung, und für Alfred wird es nicht leicht gewesen sein, die Ausflüge seiner Familie zu Orten des öffentlichen Amüsements zuzugeben oder zu leugnen. Das Familienleben der Hitchcocks war zwar mit Sicherheit nicht frivol zu nennen – es kreiste in der Hauptsache um das Geschäft des Vaters und seine sich verschlechternde Gesundheit. Aber die Familie besuchte Music Halls, und der Junge durfte sich die kurzen Filme ansehen, die mehrmals in der Woche in irgendwelchen Eispalästen vorgeführt wurden, während die meisten Filmtheater erst noch gebaut wurden. Falls er davon in der Schule berichtete, warnte man ihn mit Sicherheit vor dem ›Ungeist der Welt‹. Falls er es verschwieg und log, hatte er die Last der Sünde des Lügens zu tragen. »Wenn man von Jesuiten erzogen wurde wie ich, dann machen sich diese Dinge notwendig bemerkbar«, sagte er einmal. »Ich hatte schreckliche Angst vor der Polizei, vor den Jesuiten-Priestern, vor körperlicher Strafe, vor vielen Dingen. In dieser Angst liegen die Wurzeln meines Werkes... Wenn man meine Filme untersucht, dann wird man wohl wenige finden, wo das Böse die Oberhand gewinnt.«

Zur Pflichtlektüre, die 1910/1911 zu Alfred Hitchcocks Erziehung gehörte und seine Einbildungskraft beeinflußte, zählten Dickens' *Große Erwartungen*, *Zwei Städte* und insbesondere *Bleakhaus*, ein Roman, der sich in Hitchcocks Gedächtnis eingegraben haben muß. *Bleakhaus* ist mehr als nur ein Roman über politische Korruption und die Ungerechtigkeiten des Gerichtswesens (die der junge Dickens und seine Familie aus erster Hand kennengelernt hatten). *Bleakhaus* weist ein entschlossenes Mißtrauen gegen jede Art von öffentlicher Institution auf. Dieselbe zynische Attitüde zeigen Hitchcocks Filme, in denen Staatsmänner und Richter, Rechtsanwälte und Polizisten käuflich sind – Kleingeister, die Lust und Gier treiben und die kaum besser sind als die offenkundigen Verbrecher. Neben Dickens las man damals Walter Scotts *Ivanhoe* und die Tragödien von Shakespeare. Aus ihnen mußten lange Passagen auswendig gelernt und in der Klasse vorgetragen werden. Gleich nach den Weihnachtsferien sahen die Schüler zwei Vorstellungen des Stücks *Richard II.*, das die Oberstufenschüler aufführten, und in der Klasse wurde das Drama durchgenommen. Dieses Stück, das von Diebstahl, Kerker, Mord und Sühne handelt, versorgte die Klassenlehrer nicht nur mit hinreichendem Stoff für moralische Belehrungen, sondern half auch, Hitchcocks eigenen Sinn für das Drama als moralische Anstalt zu formen.

In seinem ersten Jahr in Sankt Ignatius muß sich Alfred vollständig dem Lernen gewidmet haben, denn die Auszeichnungsliste nennt A. Hitchcock aus der Klasse I B als dritten von sechs Schülern, die eine lobende Erwähnung erhielten. Diese Nachricht wurde am 24. Juli 1911 an seine Eltern gesandt und gelangte sogar an die Öffentlichkeit, als eine entsprechende Mitteilung im folgenden Monat im Kirchenblatt abgedruckt wurde. Die lobende Erwähnung bezog sich auf Hitchcocks Leistungen in Latein, Englisch, Französisch und Religion – die Hauptfächer, die der Klassenlehrer unterrichtete.

Im August 1911 erlebte Alfred Hitchcock seinen zwölften Geburtstag. Vier Tage vorher stieg die Temperatur in Greenwich auf 39 Grad, und die Arbeiter sanken an ihren Werkbänken zu Boden. Fußgänger fielen auf der Straße in Ohnmacht. Die Krankheitsfälle unter den armen Leuten verdreifachten sich über Nacht. Vielen Kindern erging es in diesem Sommer besonders schlecht, aber Alfred war zu Hause wohlauf, zufrieden mit seinen Büchern, seinen Spielen und seinem Schulpreis.

Im November gab der Jesuiten-Obere Father Donnelly bekannt, daß das Schulgebäude im kommenden Frühjahr beträchtlich erweitert werden sollte. Die Schüler wurden angehalten, für den Erfolg des Unternehmens zu beten. Bis es allerdings soweit sei, ermahnte er sie, bräuchten sie für das kommende

Schulhalbjahr alle ihre geistigen Kräfte: Sieben Dramen von Shakespeare standen in den nächsten drei Monaten auf dem Plan und größere Teile des amerikanischen Dichters Longfellow, dazu seine Übersetzung von Dantes *Göttlicher Komödie.*

Alfreds jungenhafter Körper nahm rasch an Gewicht zu. »Er war«, erinnerte sich Klassenkamerad Robert Goold, »ein ordentlicher Kloß von einem Jungen, mit einem gesunden, rosigen, freundlichen Gesicht und einem vertrackten Talent, sich in Schwierigkeiten zu bringen.« Wie vertrackt und in was für Schwierigkeiten, das sollte Goold erst ein Jahr später herausfinden. Aber von Anfang an erschien ihm Hitchcock als ein ›einsamer, dicker Junge, der einen anlächelte und musterte, als könne er einen glatt durchschauen‹. In diesem Schuljahr besuchten die Schüler Konzerte mit Musik von Bizet, Mozart und Johann Strauß, und das Winterhalbjahr begann mit dem gründlichen Studium des *Robinson Crusoe,* eines Buches, das sicherlich Alfreds Reisegelüsten entsprach. Zur Fastenzeit hielten die Jesuiten für Schüler und Gemeindemitglieder eine Reihe von Predigten und Vorträgen. Die erste, datiert Februar 1912, trug den Titel ›Schrecken der Sünde‹. Sie gibt einen guten Eindruck von dem moralischen Mißtrauen, den Obsessionen von Verbrechen und Sex, Sünde und Tod, die den geistigen Hintergrund Hitchcocks charakterisierten.

Ein wahrer Schrecken vor der Sünde ist der Menschheit insgesamt nicht von Natur aus eigen. Vor den Lastern der anderen graust es uns immer ausreichend; unsere eigenen sehen wir dagegen viel eher in einem freundlichen und gnädigen Licht. Die Verbrechen anderer erfüllen uns mit einer gewissen Angst, denn sie könnten und können in der Tat unsere persönliche Sicherheit gefährden. Nur wenige Menschen müssen von der übergroßen Sündhaftigkeit des Mordes und des Diebstahls oder auch des Brechens des sechsten und neunten Gebots erst überzeugt werden... Aber auch jenen Männern und Frauen, die es sehr wohl wissen müßten, gelingt es nicht immer, die Sünde ausreichend zu fürchten... Von uns wird erwartet, daß wir mehr als das von Natur Gegebene tun, und wenn wir nicht so handeln, dann werden wir, zu Recht, verdammt. Solange wir nur die weltliche Sicht des Lasters haben, gefährden wir unsere Seele und die Seelen anderer.

Dieser ersten Fastenpredigt – genau besehen ein moralischer Katalog für alle Hitchcock-Szenarien – folgten andere, die kaum fröhlicher oder positiver im Tonfall gehalten waren: Am 10. März hieß das wöchentliche Meditationsthema für die Schüler

›Die Sünde und Gottes Gerechtigkeit‹; am 17. März ging es um ›Die Sünde und die Herrlichkeit Gottes‹; am 24. März um ›Die Sünde und das Leiden Christi‹. Von da aus sollte für die Zuhörer ein direkter Weg zum Tode Jesu am Karfreitag und zur Osterfeier führen. Zur selben Zeit tauchte in Sankt Ignatius ein neues Buch auf, das sich großer Beliebtheit erfreute – *Gewissensfälle für Länder der englischen Muttersprache.* Ein amerikanischer Jesuit namens Father Slater hatte es verfaßt, und es wurde sofort als wichtiges Handbuch der praktischen Moral gelobt. Die Schule kaufte ein Dutzend Exemplare des Sieben-Shilling-Büchleins.

Solche moralischen Ansichten, die mit ihrer starken Betonung der Sünde typisch für das 19. Jahrhundert waren, wurden natürlich nicht nur von denen geäußert, die den strengen Regeln des englischen Katholizismus folgten. Schuljungen im ganzen britischen Reich hörten ähnliche Predigten, leicht abgewandelt, entsprechend der Konfession der jeweiligen Schule. Der britische Sinn für Anstand und ›gute Formen‹ verlangte selbst jenen ethisches Betragen ab, die sich nicht sicher waren, ob da wirklich ein richtender und verlangender Gott existierte. Und niemandem schien es in den Sinn zu kommen, daß authentische Freiheit und moralische Reife sich nicht aus Furcht vor Gott oder den Menschen herleiten, sondern aus dem Primat der Liebe. Künstler und Schriftsteller und sogar der Mann von der Straße merkten, wie sich die moralischen Werte sehr schnell änderten, und manche der alten Wahrheiten, was richtig und was falsch sei, wurden in Frage gestellt. Solche Fragen diskutierte man nicht nur in liberalen Clubs und in den Universitäten, sondern, unter dem schrecklichen Eindruck des Weltkriegs, auch in den bürgerlichen Wohnzimmern von Chelsea, Hampstead oder Holland Park.

Die offizielle englische Moral – falls es nicht zu verallgemeinernd ist, von einem gemeinsamen Nenner in einer so großen und sich ständig verändernden Kultur zu sprechen – war 1912 eine Moral, die auf der Bibel basierte, auf den Zehn Geboten, auf der lokalen Gesetzgebung und auf der allgemein akzeptierten Konvention, die triebhaften Seiten des Lebens, insbesondere den Sexualtrieb, zu unterdrücken. Anständige Menschen achteten den König, begingen keinen Diebstahl, keinen Mord, keinen Ehebruch. Sie hegten keine lüsternen Gedanken, logen nicht und tranken nicht – und sie verabscheuten nichts mehr als schlechte Tischmanieren. Man war sich darin einig, daß es mit einem Menschen unaufhaltsam abwärtsgehen mußte, hatte er nur einmal den ersten Schritt in eine verderbliche Richtung gesetzt.

Hinzu kommt, daß die Katholiken in England seit über 500 Jahren eine Minderheit waren. Eine Minderheit, die nicht nur darum kämpfte, sich abzugrenzen – hier fand sich die starke religiöse (und nicht nur soziale) Basis ihrer Moral –, sondern auch eine, die sich besonders heftig gegen Relativierung sittlicher Werte zur Wehr setzte. Zunächst waren die Katholiken mit offenem Haß und mit Verfolgung konfrontiert, später akzeptierte man sie zögernd. Aber immer hatte es in England etwas Beschämendes, Mitglied der katholischen Minderheit zu sein. (Selbst heutzutage sind Katholiken mancherorts eine unerwünschte Gesellschaft, die auch dem Geiste gefährlich werden könnte. So wurde der Katholik in England zu einem hartnäckigen Verteidiger seines Glaubens, manchmal auch zu einem bigotten, wie zum Beispiel im Falle Evelyn Waughs.) Nicht immer ist das Blut von Märtyrern notwendig, um den Boden des Kirchenlebens zu düngen: Ein wenig gesellschaftliche Ächtung reicht manchmal auch schon.

Und so sorgten Furcht vor der Sünde, moralische Rechtschaffenheit und die aufmerksame Beachtung jedes Pünktchens und Kommas der alten und neuen Gesetze dafür, die Reihen der Katholiken fest und geschlossen zu halten. Und diese Beharrlichkeit im Glauben, die in Predigten, Vorträgen und Zeitschriftenartikeln immer wieder bekräftigt wurde, sollte auch demonstrieren, daß englische Katholiken, nur weil sie Katholiken waren, nicht weniger englisch als andere Engländer waren. Das Einhalten aller sittlichen Gebote wurde durch Versprechen von Belohnungen bzw. Androhen von Strafen durchgesetzt, die sich schon hier im Erdenleben, oft sogleich, bemerkbar machten. Es sollte noch Jahre der Zweifel und Niederlagen brauchen, bis sich Priester frei fühlten, die gesellschaftliche Moral mit einem christlicheren Geist als diesem in Verbindung zu bringen.

Während also die Priester von den Kanzeln drohten und die Lehrer Strafen verhängten, gab es natürlich doch immer einige Jungen, die es reizte, gegen die Regeln zu verstoßen. Und in seinem letzten Schuljahr in Sankt Ignatius begann Alfred Hitchcock, seine Lehrer und seine Kameraden herauszufordern, die Regeln zu verletzen.

»Hitchcock entwickelte sich zum notorischen Eierdieb, der das Hühnerhaus der Priester, das auf der verbotenen Seite des kirchlichen Gartens stand, plünderte«, erinnerte sich Robert Goold. »Es machte ihm ungeheuren Spaß, die Eier erst zu stehlen und dann gegen die Fenster der Jesuiten-Quartiere zu werfen. Wenn dann ein wütender Priester herausgerannt kam und wissen wollte, wer die Fenster beschmutzt hatte, trug Cocky einen Unschuldsblick zur Schau, blickte zum Himmel auf und zuckte mit den Schultern. ›Ich weiß nicht, Father‹, sagte er. ›Es scheint, daß mal wieder Vögel vorbeigeflogen sind.‹ Das brachte ihm, auch bei den jüngeren Schülern, den Spitznamen Cocky* ein.« Der schlaue dicke Junge, der keine Freunde hatte, überwand, so scheint es, langsam seine Scheu. Er war schon ein abgefeimtes Bürschchen, dieser Junge, der lächelte und aussah, als könne er einen glatt durchschauen. Goold selbst wurde zum Opfer eines gefährlichen und grausamen Streichs.

Am frühen Nachmittag, zwischen einer Unterrichtsstunde und einer Studierstunde, durften die Schuljungen im Hof nahe der Kirche Pause machen. In einer solchen Pause wurde Goold, damals neun Jahre alt, plötzlich von Hitchcock und einem Komplizen von den anderen Jungen weggezerrt und in einen verbotenen Bereich, den Heizungskeller der Schule, geschleppt. Bevor er schreien oder sich zur Wehr setzen konnte – ohnehin ein nutzloses Unterfangen gegen zwei größere und stärkere Jungen –, war er auch schon an Händen und Füßen gefesselt. Nachdem er bewegungsunfähig war, setzten sie ihn einer sorgfältig geplanten psychologischen Tortur aus, die leicht in einer Katastrophe hätte enden können.

Sie zogen seine Hosen herunter, und Hitchcock trat mit einem schnellen Schritt hinter ihn. Goold hörte erst ein kratzendes Geräusch und dann, wie seine beiden Peiniger die Kellertreppe hochrannten. Der junge Goold muß geglaubt haben, man schieße auf ihn: Hinter seinem Rücken klang es wie Gewehrfeuer – aber es war nur eine Kette von Feuerwerkskrachern, die die beiden an seiner Unterwäsche befestigt und angezündet hatten. »Sie haben das geschickt gemacht, und ich erlitt keinerlei Verbrennungen«, erinnerte sich Goold. »Aber ich stand zitternd und weinend da, ich weiß nicht wie lange, bis mich

* cocky = verschmitzt, verschlagen.

schließlich jemand fand und befreite. Ich war natürlich zu eingeschüchtert, um zu erzählen, wer mir das angetan hatte. Ich fürchtete mich vor Rache, und sie wußten das. Ich würde sagen, Alfred Hitchcock hatte schon damals in der Schule einen Sinn für das Makabre.«

Nach der Schulzeit in Sankt Ignatius haben sich Hitchcock und Goold nie mehr gesehen, obwohl beruflich gesehen ein späterer Kontakt hätte interessant verlaufen können: Goold wurde technischer Assistent des berühmten Handschriftenexperten Gerald Gurrin, dessen Arbeit es ermöglichte, in England einige der gefürchtetsten Mörder und Spione zu fangen. Später, während des Zweiten Weltkriegs, wurde Goold zum Priester geweiht und arbeitete über 35 Jahre lang als Gefängnispfarrer und Bewährungshelfer. Einen Film von Hitchcock will er nie gesehen haben.

Sein Interesse an unkonventionellem und unappetitlichem Verhalten befriedigte Hitchcock auch bei weniger antisozialen, aber nicht weniger enthüllenden Freizeitvergnügungen. Neben seinen Theaterbesuchen verbrachte Hitchcock viel Zeit im Old-Bailey-Gerichtshof. Dort verfolgte er Mordprozesse und sammelte Material in Notizbüchern, wie es schon der junge Dickens gemacht hatte. Leider ist keines dieser Notizbücher erhalten geblieben, doch zeigen seine späteren Filme deutlich genug, wie sorgfältig Hitchcock kriminelles Verhalten studiert hatte.

Oft ging er auch ins berüchtigte Schwarze Museum von Scotland Yard, ein Polizeimuseum des Horrors, in dem Tatwaffen und andere Relikte bekannter Verbrechen und Verbrecher ausgestellt waren. »Dort haben sie sämtliche Schuhe der Prostituierten des Gaslicht-Distrikts«, erinnerte er sich Jahre später. »Wußten Sie, daß man an der Schuhfarbe der leichten Damen ablesen konnte, was ihre jeweilige Spezialität war? Wenn ein Mann damals eine Prostituierte bei Nacht in der Nähe der Waterloo-Brücke herumspazieren sah, dann wußte er, daß die mit den roten Absätzen eine Sache, die mit den blauen eine andere machen würde. Für mich hat so eine Information etwas Faszinierendes.«

Später besuchte er einmal das Kriminalmuseum in Paris, wo er das Fallbeil berührte, das Marie Antoinette ins Jenseits befördert hatte. Sein Interesse an Mordarten und sadomasochistischem Verhalten fand auch in einer Sonntagszeitung Nahrung, die sich *News of the World* nannte und zu jener Zeit eine Auflage von 7,5 Millionen erreichte. In ihr fanden sich Berichte über Gewaltverbrechen aus ganz England, und dem Leser blieb kaum eine unerfreuliche Einzelheit erspart.

»Verbrechen haben mich immer fasziniert«, bemerkte Hitchcock. »Ich halte das für ein sehr englisches Phänomen. Briten haben ein seltsam ausgeprägtes Interesse an Kriminalliteratur. Das geht zurück bis Conan Doyle. Jedesmal, wenn man etwas über einen besonders gruseligen Prozeß im Old Bailey liest, liest man auch, daß irgendein berühmter Schauspieler oder Regisseur den Prozeß verfolgt hat... Es gibt sogar einen Privatclub, in dem sich nach jedem Prozeß Verteidiger und Staatsanwälte zum Essen treffen, um den gesamten Fall noch einmal durchzudiskutieren. Ich habe solche Treffen besucht, und sie verlaufen weitaus interessanter als das eigentliche Gerichtsverfahren. Es ist natürlich nicht mehr ganz so aufregend, weil man dann niemanden mehr an den Galgen bringen kann.«

»Es gab eine Zeit in England«, erzählte Hitchcock einmal, »da war die Mindeststrafe für schweren Diebstahl fünfzehn Hiebe mit der neunschwänzigen Katze. Das war eine Peitsche mit neun schweren Knoten am Ende der Riemen und einem kurzen Griff. Ausgeführt wurde die Strafe von einem Wächter, der den Delinquenten an eine dreieckige Vorrichtung band. Um den Hals legte man ihm einen schweren ledernen Nackenschutz, damit die Wirbelsäule nicht in Mitleidenschaft gezogen wurde. Nach jedem Schlag untersuchte ein Arzt mit einem Stethoskop den Verurteilten. Nach einigen Schlägen, normalerweise so nach acht oder neun, entschied der Arzt dann, ob es genug sei oder nicht.«

Nur wenige Künstler, die sich mit dem Makabren beschäftigt haben, besaßen eine so vollständige Bibliothek oder Kriminalliteratur wie Hitchcock. Und wie der Kriminalschriftsteller in *Verdacht,* der dort stellvertretend für ihn spricht, waren auch für Hitchcock immer die Mörder die Helden. Was ihn jedoch von anderen britischen Kriminalschriftstellern unterschied, war seine Detailbesessenheit, wenn es um das Leiden ging. Das mag daran gelegen haben, daß er die meiste Zeit seines Privatlebens, von seiner Jugend als empfindsames und behütetes Kind bis zu seinem Erwachsenen-Dasein, das von Furcht vor Krankheit und Tod gekennzeichnet war, damit verbrachte, körperlichem Leiden vorzubeugen und körperliches Wohlbehagen um jeden Preis zu erlangen.

Zweifellos stammte ein Teil seiner Faszination am Gruseligen, wie er selbst sagte, aus einem generellen britischen Interesse am Verbrechen. So gab es eine besonders häßliche Serie von Morden, die die Aufmerksamkeit der Öffentlichkeit zu jener Zeit noch immer beschäftigte. Obwohl schon einige Jahre ins Land gegangen waren, trat die Sensationspresse die fürchterlichen Verbrechen breit, die Charles Peace 1876 im East End von London begangen hatte. Er selbst avancierte unter die Unsterblichen in Madame Tussauds Wachsmuseum. Der ungelöste Fall von Jack the Ripper, der dieselbe Gegend 1888 unsicher machte, gehörte ebenfalls zum täglichen Klatsch und sorgte für Angst. Dieser Fall spielte in Hitchcocks Film *The Lodger* (1926) eine deutliche Rolle und tauchte selbst in einem so späten Werk wie *Frenzy* (1972) wieder auf.

Nur wenige Jahre bevor Hitchcock geboren wurde, ermordete Mrs. Mary Eleanor Pearcey die Ehefrau und das Baby ihres Geliebten und karrte die zerstückelten Leichen in einem Kinderwagen durch Hampstead, der später in Madame Tussauds Museum zur Reliquie wurde. (In Mrs. Pearceys Küche hing ein Wandtäfelchen, das die grausame Ironie ihrer Wahnsinnstat ausdrückte: ›Mutters Arme halten dich für immer‹.) Der berüchtigte Dr. Hawley Harvey Crippen, der seine Frau ermordete, wurde im Pentonville-Gefängnis, nur wenige Wochen nachdem Hitchcock ins Sankt Ignatius College aufgenommen worden war, hingerichtet, und Londons Zeitungen posaunten das Ereignis in ausführlichen Artikeln in alle Welt. Im August 1915 wurde George Smith wegen einer besonders schrecklichen Reihe von Morden hingerichtet. Man nannte ihn den Mörder der ›Bräute im Bad‹. Zuerst hatte er in seinem Badezimmer in Highgate seine Frau Margaret Lofty ertränkt und später drei weitere seiner insgesamt sechs Ehefrauen.*

Der Verbrecher aber, der schließlich auf Hitchcock den größten Eindruck machen sollte, war zu jener Zeit selbst noch ein Schuljunge – ein schüchterner und merkwürdiger Junge, nur ein Jahr älter als Hitchcock. Er hieß John Reginald Halliday Christie. Während der Filmemacher in seiner Kunst sublimierte, was an dunklen Impulsen in seinem Kopf vorhanden gewesen

---

* All diese Ereignisse rechtfertigen Rebecca Wests Hinweis auf den ›merkwürdig behaglichen Charakter englischen Verbrechens‹ (in ›Mr. Setty und Mr. Hume‹, einem Essay in *A Train of Powder*).

sein mag, lebte Christie die seinen schließlich voll aus. »Haben Sie über den Fall Christie gelesen?« fragte Hitchcock gerne. »Über Christie, den Mörder. Er brachte acht Frauen um! Er war ein glatzköpfiger, sanfter kleiner Mann, sehr ruhig. Er war impotent und konnte den sexuellen Höhepunkt und seine Befriedigung nur erlangen, indem er eine Frau erwürgte, während er mit ihr schlief. Danach versteckte er die Toten – in Schränken, unter den Dielen seines Hauses. Und er lebte weiter, inmitten all dieser Leichname.«

Das späte viktorianische Zeitalter und die Zeit König Edwards waren, wie viele Gesellschaften, in denen extreme soziale Gegensätze und ungesunde Repression herrschten, von häufigen Ausbrüchen monströser Gewalt gekennzeichnet. Was die britische lesende Öffentlichkeit daran faszinierte, war der Aspekt des Rätsels, das intellektuelle Spiel, ein Verbrechen zu klären und mit Freunden die neuesten Nachrichten über die Fortschritte der Polizei in besonders schaurigen Fällen auszutauschen. Hitchcock hatte recht: Von Wilkie Collins und Conan Doyle bis zu Edgar Wallace und Agatha Christie war es das intellektuelle Spiel, das einen unterhielt und packte. Die Rationalisierung dessen, was schauderhaft war, milderte den Schrekken, indem sie Distanz verschaffte. Und die Zeitungen jener Tage stellten all diese Mordfälle in ganzer Breite dar, so wie viele Zeitungen überall in der Welt heute auch. Mrs. Pearcey, Crippen und Smith waren nur die prominentesten dieser vielleicht ersten nicht-königlichen und nicht-künstlerischen ›Stars‹ – in der Tat waren sie die ersten grotesken Medien-Berühmtheiten, und sie wurden notorisch bekannt in einer Gesellschaft, die nach Ablenkung von sozialen und politischen Problemen hungerte.

Im Juli 1913 verließ Hitchcock das Sankt Ignatius College und beendete seine Schulausbildung. Bis 1920 verbrachte er seine Jugendjahre bei gleichförmiger Arbeit, die nur von einigen Ausflügen ins Künstlerische unterbrochen wurde und von sporadischen Versuchen, jene Zukunft zu finden, die seinen natürlichen Begabungen entsprechen würde.*

Das Leben vieler Menschen enthält Perioden offensichtlichen

* Zu jener Zeit war es nicht streng geregelt, wann man in eine Schule eintrat oder sie abschloß. Viele Diplome und Ausbildungsgänge wurden erst später eingeführt. So verließen Schüler oft einfach die Schule, um ihren Familien beim Geldverdienen zu helfen.

Stillstands, in denen sich nichts zu entwickeln scheint, keinerlei Fortschritt in ihrem Leben sichtbar wird. Solche Zeiten scheinen dann einen grauen Schleier der Nutzlosigkeit über das Leben zu werfen, und für Menschen mit kreativen Talenten können solche Perioden psychisch verheerende Folgen haben. Hitchcock scheint sich zum Glück während dieser Jugendjahre seiner künstlerischen Fähigkeiten noch nicht bewußt gewesen zu sein. Jedenfalls zeigten sie sich noch nicht. Und seine Familie (deren finanzielle Lage durch die Krankheit des Vaters besonders angespannt war) ermutigte ihn verständlicherweise überhaupt nicht, irgendwelche Gedanken in Richtung eines unsicheren Künstlerlebens zu verschwenden.

Im Herbst dieses Jahres 1913 gab es eigentlich überhaupt nichts, was sein Interesse hätte beschäftigen können. In London existierten damals bereits vierhundert Kinos (oder Filmvorführstätten in Eislaufringen), die pro Woche rund achtzigtausend Besucher hatten – eine beeindruckende Zahl, wenn man sie nicht mit jenen fünf Millionen Amerikanern vergleicht, die zur selben Zeit *täglich* ihre Zerstreuung im Kino suchten. Kinokarten waren billiger als Theaterplätze, und außerdem mußte Hitchcock nicht erst den ganzen Weg bis ins West End zurücklegen, wenn er einen Nachmittag lang ins Kino gehen wollte.

Da er einerseits seinen Teil zum Unterhalt der Familie beisteuern sollte und andererseits keine besonderen Fachkenntnisse besaß, schrieb er sich eine Zeitlang zu Abendkursen in Navigation an der Londoner Universität ein. Für genau welche Ausbildung diese Kurse sinnvoll sein sollten, war niemandem klar, aber Landkarten und Tabellen an der Wand waren Alfreds Hobby, und mit dem Grollen eines kommenden Krieges im Hintergrund konnte man vielleicht an eine Karriere in der Marine denken, oder zumindest an eine respektierliche Beschäftigung zu Hause in einer Fabrik. Zur selben Zeit besuchte er einige Handwerkskurse, und er lernte die Grundbegriffe der Elektrizität, der Mechanik, des Zeichnens, Fräsens, Schmiedens und Drechselns. Über diese Kurse und Hitchcocks Teilnahme existieren keine Unterlagen in irgendeiner Abteilung der Londoner Universität. Das ist ärgerlich, denn es wäre interessant, genau zu wissen, welche Kurse er in welcher Reihenfolge belegte. Aber es ist auch verständlich, denn die Londoner Universität, die Ausbildungsvereinigung des Handwerks (die nichteingeschriebenen Studenten dabei half, Kurse zu finden und zu belegen, die für eine zukünftige Beschäftigung nützlich sein konnten), die Stadt und die Handwerker-Gilden führten keine Register, außer für die Studenten, die sich zu einem Kurs einschrieben, der zu einem ordentlichen Abschluß führte. Das ganze Ausbildungswesen war zu jener Zeit noch recht locker strukturiert, und in Groß-London ging man sehr großzügig mit Leuten um, die sich einfach nur fortbilden wollten. Ein junger Mann konnte jedes der Hochschulgebäude in Bloomsbury oder Paddington betreten, wenn dort gerade Abendkurse stattfanden, einige Shillinge bezahlen und sich einen Platz suchen, an dem er unter dem wachsamen Auge eines Experten etwas lernte. Die Verwaltungswege wurden weniger wichtig genommen als die Erfordernisse des Augenblicks, und als der Krieg ausbrach, kümmerte man sich noch weniger um die bürokratischen Vorschriften. Man machte jungen Leuten den Zugang zu einer Ausbildung leicht, die für Britannien von Nutzen sein konnte.

Das ganze Jahr 1914 besuchte Hitchcock solche Abendkurse. Gelegentlich ging er ins Theater oder Kino. Aber was seine Familie in Zukunft von ihm erwarten würde, klärte sich sehr plötzlich, als am 12. Dezember dieses Jahres sein Vater starb. Wie es scheint, hatte der bis zu seinem letzten Tag noch gearbeitet. England befand sich zu jener Zeit bereits mit Deutschland im Krieg, und in London machte die arbeitende Bevölkerung Überstunden. William Hitchcocks angegriffene Gesundheit muß noch zusätzlich unter dem täglichen Weg nach Limehouse gelitten haben, wo der Fischhandel der Familie inzwischen noch gewachsen war und mehr Zeit verschlang als der Gemüsehandel in Leytonstone. Die Arbeit und die Sorge um die Familie forderten ihren Preis, und bei seiner angeborenen Neigung zur Nervosität kam eine Nierenerkrankung zu seinem chronischen Emphysem: Der Totenschein nennt als Haupttodesursache einen Abszeß im Unterleibsbereich. William Hitchcocks ältester Sohn, nach ihm gleichfalls William getauft, der bereits von zu Hause weggezogen war und in Southwark lebte, war anwesend, als der Vater mit 52 Jahren im Guys Hospital einen ruhigen Tod starb.

Der Vater hatte Alfred aufgrund seiner nervösen Härte nie sehr nahegestanden. Sein Tod muß aber einen verheerenden Eindruck auf den sensiblen Fünfzehnjährigen gemacht haben.

Das wäre nur zu leicht zu verstehen, denn Alfred fürchtete ihn, mochte ihn nicht und könnte sehr leicht die typische Fantasie eines einsamen Kindes gehabt haben: dem strengen und repressiven Vater den Tod zu wünschen. Jetzt würde sich dieser Vater für immer mit der Furcht vor dem Eingesperrtsein verbinden, und Alfred Hitchcock sollte das ein halbes Jahrhundert lang der Welt erzählen.

Sofort nach dem Todesfall mußten Alfred und seine Mutter ihr Leben neu einrichten. Das hieß vor allem, daß Alfred eine feste Anstellung finden mußte. Es gibt einige Hinweise darauf, daß sie zunächst nach Leytonstone zurückzogen, vielleicht, weil es dort ein paar treue Freunde der Familie gab. Aber Hitchcocks lebenslange Verschwiegenheit – die insbesondere diese Zeit und seine Eltern betraf – und die Unvollständigkeit der Melderegister des East Ends machen es unmöglich, etwas Näheres über diesen Umzug zu sagen.

»Als ich fünfzehn war, wurde ich aus dem Wagen geworfen und mußte zu Fuß laufen«, erzählte Hitchcock. ». . . ich war auf mich selbst angewiesen und praktisch ohne einen Penny.« Tatsache ist, daß er weder allein noch ohne einen Penny war, obwohl er sich natürlich mit Sicherheit um seine Mutter kümmern mußte, die offenbar von einer tiefen Depression befallen wurde. Sie verlangte nach mehr Aufmerksamkeit und noch mehr Fürsorge. Freunde und Verwandte mußten sie häufig besuchen. Noch engerer Kontakt zu dem Sohn, der noch zu Hause lebte, war die Folge.

Im Frühjahr 1915 fand Hitchcock eine Bürotätigkeit bei der Henley Telegraphen- und Kabel-Gesellschaft. Für 15 Shilling in der Woche konnte er einiges von dem verwerten, was er in den Abendkursen gelernt hatte. Bei Henley wurden lange Schichten gearbeitet – die Nachfrage nach Kriegsmaterial hatte die Produktion der Firma und den Bedarf an Arbeitskräften in die Höhe schnellen lassen. Doch die Arbeitsatmosphäre war herzlich, und die Firma unterstützte Aktivitäten der Angestellten nach Feierabend. Zunächst war es Hitchcocks Aufgabe, die Stärken und Kapazitäten von Elektrokabeln zu berechnen, die die Firma verlegte. Die Arbeit interessierte ihn nicht sonderlich. So belegte er etwa um diese Zeit wieder für ein- oder zweimal pro Woche Abendkurse in London. Einige Monate beschäftigte er sich mit Kunstgeschichte, Wirtschaftslehre und Politischer Wissenschaft. Später nahm er weiteren Zeichenunterricht. Der Job als Berechner von Kabelstärken hätte zu einer Dauerstellung für ihn werden können, aber sein Interesse verlagerte sich mehr auf die Kunst. So schrieb er sich in eine Malklasse ein.

Vielleicht hatte er eine vage Vorstellung, bei Henley Karriere machen zu wollen. Die Kurse in Wirtschaftslehre hätten ihn schließlich für eine leitende Position bei Henley, einer technischen Firma, die der Krieg florieren ließ, qualifizieren können. Aber irgendwo tief in seinem Inneren war etwas nicht geweckt worden. Denn nichts hätte weiter von den Bedürfnissen seiner Arbeitgeber entfernt liegen können als die Kurse in Kunst. Etwas Neues entwickelte sich in ihm, eine neue Seite seines Innenlebens begann sich zu entfalten, als er zum Malblock griff. Er malte zu Hause, gelegentlich aber auch in Arbeitspausen. Konnte er wirklich ein Künstler werden? Wie würde er damit seinen Lebensunterhalt verdienen? Die Gemälde, mit denen er sich in der Abendschule beschäftigte, waren in der Hauptsache englische Porträt- und Landschaftsmalerei: Wie konnte einen die Realität des Londoner Alltags, der Lärm des Krieges auf ein Künstlerleben vorbereiten?

Falls er sich Sorgen gemacht haben sollte, stellte sich das bald als überflüssig heraus. Die Aufmerksamkeit eines Vorgesetzten fiel auf ihn, und der holte ihn in die Werbeabteilung der Firma. Dort konnte er zugleich seiner Zeichenleidenschaft frönen und der Firma Henley nützlich sein.

Eine seiner ersten Aufgaben war, ein Werbe-Layout zu entwerfen, das die Vorzüge der Elektrizität in öffentlichen Gebäuden pries.

»Ich schrieb *Kirchenbeleuchtung* auf die Umschlagseite von Broschüren und zeichnete dazu zwei Kerzen«, erinnerte er sich. »Alles andere ließ ich in tiefster Dunkelheit. Das sollte suggerieren, daß Kerzen allein nicht ausreichten, um eine Kirche auszuleuchten.« Das zeigte ironische Intelligenz. Und intelligent war auch die Einfachheit des Konzepts dahinter. Er demonstrierte, daß es nicht nötig war, elektrische Leitungen zu zeigen, um für sie Reklame zu machen.

Der Krieg tobte noch immer und ging auch nicht am Heim der Hitchcocks vorbei. Als er eines Abends von der Arbeit nach Hause kam, sah er, daß in der Nähe des Hauses Granaten explodiert waren. Er rannte ins Zimmer seiner Mutter und fand sie voller Angst und Verwirrung, wie sie versuchte, in ihre Kleider zu kommen, während sie noch ihr Nachthemd trug.* Niemand war verletzt worden, aber die Nähe der Gefahr muß beunruhigend gewesen sein und die Angst des Heranwachsenden vor dem Unerwarteten vergrößert haben, wie auch der Tod seines Vaters ihm die Zerbrechlichkeit von Leben und Beziehungen gezeigt hatte. Ordnung war ein bedeutsamer Wert im Leben eines Cockney und im Heim der Hitchcocks. Tod, Krieg und finanzielle Sorgen nagten an diesem Ordnungssinn. An seine Stelle trat die allgegenwärtige Möglichkeit von Chaos und Unglück. Im Laufe der Jahre entwickelte sich daraus eine Lebenshaltung. Die deutlichste Grundsituation in den Filmen Hitchcocks, die das spiegelt: In ein scheinbar geordnetes, sicheres Leben brechen plötzlich Chaos und Unordnung ein. Und Hitchcock zeigt, was für psychische und emotionale Folgen dieser Einbruch hat.

Meistens ging es in London freilich nicht ganz so lebensbedrohend zu. Die Menschen, wie Menschen überall in Kriegszeiten, legten sich eine Haltung zu, hartnäckig tapfer, um, wenn auch unter Schmerzen und soweit es eben möglich war, ihr Alltagsleben weiterzuführen. Und für Hitchcock hieß das, noch öfter ins Kino zu gehen. Seit er fünfzehn war, war er ein großer Filmfan und ging in die Premieren französischer und deutscher Stummfilme. Das Werk des Amerikaners Griffith – und da besonders die Filme *Birth of a Nation* und *Intolerance* – beeindruckte ihn sehr, aber auch die Filme von Keaton, Fairbanks und der Pickford. Aufgrund ihrer Filmtechnik gefielen ihm im allgemeinen die amerikanischen Filme besser als die britischen. Er begann, sich mit Bildgestaltung und Kameraarbeit zu beschäftigen. Dabei fiel ihm auf, daß in den britischen Filmen die Bilder flach waren, sich die Figuren im Vordergrund des Bildes nicht von den Figuren im Hintergrund abhoben. Dagegen leuchteten die Amerikaner den Hintergrund aus. Mit dieser Technik erreichten sie, daß die Figuren im Vordergrund reliefartig betont wurden. Das gab den Schauspielern eine dramatische Präsenz. Das verhalf eigentlich schlichten Bildern zu Tiefe und Schattierung.

»Ich las damals nicht die Fan-Magazine, sondern die amerika-

---

* Diese Szene wird zu Beginn seines Films *Mord* zitiert. Eine Frau versucht frenetisch, in ihre Kleider zu kommen, während sie gleichzeitig bemüht ist, andere Kleidungsstücke abzulegen. Das führt zu einer Szene komischer Unbeholfenheit, wenn sich Beine verfangen und Ärmel verwickeln.

nische Fachpresse«, erinnerte sich Hitchcock einmal. »Da konnte ich lesen, was für neue Filme gerade produziert wurden und woran die Filmemacher arbeiteten, die mich wirklich interessierten... Kurz neben dem Leicester Square, in der Nähe der Leicester Galleries, lag damals eine Buchhandlung, die hatte im oberen Stockwerk auch alle möglichen amerikanischen Fachblätter. Sie hießen *Motion Picture Daily, Motion Picture Herald*, und dann hatten wir das britische *Cinematograph Lantern Weekly*, und es gab *Bioscope*.«

In den Jahren 1915 und 1916 fing er an, mehr Romane zu lesen. Allerdings, soweit es sich feststellen läßt, interessierten ihn weniger die aktuellen Neuerscheinungen. (In jenen Jahren erschienen Lawrences *The Rainbow*, Woolfs *The Voyage Out*, Maughams *Of Human Bondage* und Joyces *Portrait of the Artist as a Young Man*.) Hitchcock tendierte mehr zu den Detektivromanen des katholischen Autors G. K. Chesterton, dessen Spürnase Pater Brown damals Tausende von Lesern als Gemeinde hatte. Und er entdeckte John Buchan, dessen Roman *Die 39 Stufen* ein großer Erfolg war. Dieses Buch verwendete Hitchcock später als Grundlage für seinen besten britischen Film.

Am meisten freilich faszinierte ihn der amerikanische Autor Edgar Allan Poe:

Mit sechzehn entdeckte ich das Werk Edgar Allan Poes. Zufällig las ich zuerst seine Biografie. Der traurige Verlauf seines Lebens machte einen tiefen Eindruck auf mich. Ich empfand ein starkes Mitleid mit ihm, denn trotz seines Talents war er nie glücklich gewesen.

Wenn ich damals aus dem Büro nach Hause kam, ging ich immer direkt in mein Zimmer, griff zu meiner billigen Ausgabe seiner *Tales of the Grotesque and Arabesque* und fing an zu lesen. Ich erinnere mich noch an das, was ich fühlte, als ich mit ›The Murders in the Rue Morgue‹ fertig war. Ich hatte Angst, aber diese Furcht ließ mich etwas entdecken, was ich nie wieder vergessen habe: Angst ist ein Gefühl, das Leute mögen, wenn sie wissen, daß sie selbst nichts zu fürchten haben.

Wenn jemand zu Hause sitzt und in aller Ruhe eine Geschichte voller Schrecken liest, dann fühlt er sich immer noch sicher. Natürlich läuft ihm eine Gänsehaut über den Rücken, aber er weiß, daß er in seiner familiären Umgebung sitzt, und er weiß, daß nur seine Einbildungskraft auf das Gelesene reagiert. Wenn er sich das wieder in Erinnerung ruft, überkommt ihn große Erleichterung, und er fühlt sich glücklich – wie jemand, der endlich nach langem Durst etwas Kühles trinken kann. Und dann lernt man, den warmen Schein der Lampe und den bequemen Sessel, in dem man gerade sitzt, erst so richtig zu schätzen...

Es mag gut sein, daß ich später meine ›Suspense‹-Filme gedreht habe, weil mich damals die Poe-Geschichten so gefangengenommen haben. Ich möchte nicht unbescheiden erscheinen, aber ich komme einfach nicht daran vorbei, das, was ich versucht habe, in meine Filme zu legen, mit dem zu vergleichen, was Edgar Allan Poe in seine Geschichten gelegt hat. Also: den Lesern eine total unglaubwürdige Geschichte mit solch einer verhexten Logik zu erzählen, daß man nur den Eindruck bekommen kann, sie könne einem am nächsten Tag selber zustoßen.

Von dieser Grundregel bin ich nie abgewichen. *Der Goldkäfer* hat mich damals fasziniert und fasziniert mich heute noch genauso, denn Abenteuer, Reisen und den Eindruck, irgendwie immer von zu Hause entfernt zu sein, habe ich stets geliebt... Für mich nimmt Poe in der Welt der Literatur einen besonderen Platz ein. Er ist mit Sicherheit ein Romantiker und zugleich ein Vorbote der modernen Literatur. Er mußte zwangsläufig ein Romantiker sein, denn keiner kann am Geist seiner Zeit vorbei. Man darf nicht vergessen, daß Poe 1818 in England noch zur Schule ging, als Goethe gerade seinen *Faust* veröffentlicht hatte und die ersten Geschichten von Hoffmann gerade erschienen waren. Dieser Romantizismus tritt vielleicht noch deutlicher in den Poe-Übersetzungen ins Französische zutage, die Baudelaire verfaßt hat – diese beiden Autoren haben wirklich vieles gemeinsam. Ich würde sogar soweit gehen, Baudelaire den französischen Edgar Allan Poe zu nennen.

Und der Surrealismus? Wurde er nicht ebenso aus dem Werk von Poe geboren wie aus dem von Lautréamont? Diese Schule der Literatur hatte mit Sicherheit einen enormen Einfluß auf den Film, besonders um die Jahre 1921–1930, als Buñuel den Surrealismus in *L'Age d'Or* und im *Andalusischen Hund* auf die Leinwand brachte; oder René Clair mit *Entr'acte* oder Jean Epstein im *Untergang des Hauses Usher* oder Jean Cocteau mit *Blut eines Dichters*. Das alles hat mich beeinflußt, wie man an manchen Traum- und Fantasie-Sequenzen in einigen meiner Filme beobachten kann...

Aber wir beide, Poe und ich, sind auch Gefangene des ›Suspense‹-Genres. Wenn ich aus *Aschenbrödel* einen Film machte, würde jeder auf die Leiche warten. Und wenn Poe *Dornröschen* geschrieben hätte, würden alle einen Mörder suchen!

Auch mit dem Einfluß Chestertons müssen wir uns näher befassen. Chestertons populäre Essays ›A Defence of Penny Dreadfuls‹ und ›A Defence of Detective Stories‹ (1901 in der Sammlung *The Defendant* veröffentlicht) wurden in Kreisen des katholischen Klerus bewundert und gepriesen und folglich von katholischen Schuljungen viel gelesen. Auch der junge Hitchcock las sie und zog aus ihnen Anregungen für die Ausbildung seines Stils und seiner Vorstellungen als angehender Filmemacher. Chesterton war es, der die Unterhaltungsliteratur verteidigte. Chesterton war es, der auf die archetypische, märchenhafte Struktur im Kriminalroman verwies. Und Chesterton war es auch, der das Erforschen krimineller Verhaltensmuster verteidigte. ›Eines der merkwürdigsten Beispiele dafür, wie sehr wir das alltägliche Leben geringschätzen, zeigt sich am Beispiel der populären Literatur. Selbstzufrieden halten wir den allergrößten Teil davon für vulgär‹, las Hitchcock in ›A Defence of Penny Dreadfuls‹.

Unter solchen Geschichten gibt es eine gewisse Zahl, die sich sympathisierend mit den Abenteuern von Räubern, Outlaws und Piraten beschäftigt oder Diebe und Mörder nicht herabsetzt, sondern eher romantisch zeichnet... Das soll heißen, sie machen präzise dasselbe wie Scotts *Ivanhoe* oder *Rob Roy*, seine *Lady of the Lake*, Byrons *Corsair*, Wordsworths *Rob Roy's Grave*, Stevensons *Macaire*... und tausend andere Bücher, die immer wieder zur Belohnung oder als Weihnachtspräsent verschenkt werden. Niemand kommt auf die Idee, daß ein Jugendlicher, der Locksley in *Ivanhoe* bewundert, demnächst mit Pfeil und Bogen auf die Rehe in einem öffentlichen Park losgehen wird; keiner glaubt, daß die ungeschützten ersten Verse Wordsworths in seiner Ode auf Rob Roy jemanden zum lebenslangen Erpresser werden lassen. Was uns betrifft, wissen wir ja, daß es der Jugend nicht deswegen Freude macht, über das wilde Leben nachzusinnen, weil das nun exakt ihr Leben wäre, sondern eben gerade deshalb, weil es von ihrem wirklichen Leben so verschieden ist... Nichts an solcher Literatur ist von Übel. Sie drückt lediglich die blutigen und heroischen Selbstverständlichkeiten aus, auf denen sich unsere Zivilisation aufbaut; denn es ist klar, daß nur eine Zivilisation, die sich auf Selbstverständlichkeiten aufbaut, überhaupt aufgebaut werden kann. In einer Gesellschaft, in der die Bemerkung des Obersten Richters, daß Mord ein Unrecht sei, für ein besonders originelles und überraschendes Zitat gehalten würde, gäbe es keinerlei Sicherheit.

Chesterton und Hitchcock hatten nicht nur ihren Katholizismus gemeinsam, sondern auch einen Sinn für Ironie. Und was Chesterton über populäre Literatur schrieb, behielt Hitchcock in seinem Gedächtnis. Falls jemals nötig, würde es ihm die Rechtfertigung dafür liefern, mit seinen nicht sonderlich moralischen Geschichten im bunten Garten des Verbrechens gewildert zu haben.

»Bücher, die ungebührliches Betragen und Pessimismus empfehlen«, stellte Chesterton fest, liegen überall auf unseren Couchtischen. Und mit einer Überheblichkeit, die so durchsichtig ist, daß sie in der Geschichte kaum eine Parallele findet, blicken wir auf die Straßenkinder und das, was wir ihre Unmoral nennen, herab, während wir gleichzeitig (mit ebenso fragwürdigen deutschen Professoren) diskutieren, ob überhaupt eine gültige Moral existiert. Im selben Moment, in dem wir den Groschenroman verdammen, weil er doch Eigentumsdelikte ermuntere, spielen wir mit der Idee, daß jede Form von Eigentum eigentlich Diebstahl sei. Im selben Moment, in dem wir den Groschenroman (übrigens zu Unrecht) der Schlüpfrigkeit und Schamlosigkeit zeihen, [Chesterton hätte genausogut prophetisch vom Werk des reifen Alfred Hitchcock sprechen können] lesen wir frohen Herzens Philosophisches, das Schlüpfrigkeiten und Schamlosigkeiten glorifiziert. Und während wir Anklage gegen die Trivialliteratur erheben, weil sie die Jugend ermuntere, Leben zu vernichten, diskutieren wir behaglich, ob das Leben überhaupt erhaltenswert sei.

Chesterton und Hitchcock verband auch eine tief verwurzelte katholische Sorge um den Verfall der Sitten. ›In Wahrheit sind wir die morbiden Ausnahmen‹, schrieb Chesterton. ›Wir sind die wahre kriminelle gesellschaftliche Klasse. Trösten sollte uns, daß die überwältigende Mehrheit der Menschheit, trotz dieser Unmengen an hohlen Büchern und hohlen Worten, nie bezweifelt hat und auch nie bezweifeln wird, daß Mut etwas Großartiges ist, Treue etwas Edles, daß man Damen aus einer Notlage retten und bei besiegten Feinden Gnade walten lassen sollte.‹ Obwohl Chesterton erst 1922 formell zur katholischen Kirche übertrat, war er auch schon vorher ein konservativer Traditionalist. Seine persönlichen Überzeugungen und sein Bild in der Öffentlichkeit zeigten einen Mann, der dem Mittelalter nachtrauerte, einen Romantiker, der sich nach Nüchternheit und Askese sehnte. Psychologisch betrachtet war er ein Katholik, lange bevor er seinen klugen Kopf über das Taufbecken beugte.

G. K. Chesterton traf Hitchcocks Konzept ›das Normale als Besondere‹. ›Die romantische Seite der Polizeiarbeit‹, schrieb er in seinem zweiten Aufsatz,

erinnert einen in gewisser Weise ständig daran, daß die Zivilisation in sich eine der aufregendsten Unternehmungen der Menschheit und die romantischste aller Rebellionen ist. Wenn wir uns den nimmermüden Hütern der Außenposten der Gesellschaft zuwenden, dann kann uns das daran erinnern, daß wir in einem bewaffneten Lager leben, im

Kriegszustand mit einer chaotischen Welt und daß die Kriminellen, die Kinder des Chaos, nur die Verräter in den eigenen Reihen sind ... Moralismus ist die finsterste und kühnste Verschwörung. Er bringt uns ins Gedächtnis, daß die ganze lautlose und unmerkliche Arbeit der Polizei, die uns regiert und schützt, nichts anderes ist als eine erfolgreiche Erfüllung eines ritterlichen Unternehmens.

Zur selben Zeit, in der er Poe und Chesterton entdeckte, begann Hitchcock, Gustave Flaubert zu lesen. Später sagte er, daß seine Lieblingsgestalt in der Literatur Emma Bovary sei. Das ist ein wichtiger Punkt, und das nicht nur, weil die Geschichte dieser Frau, die aus Respektabilität und gesellschaftlichem Ansehen ausgestoßen wird, was schließlich zu ihrem Tod führt, zu Hitchcocks eigenem behüteten Leben in einem aufregenden und etwas schockierenden Kontrast gestanden haben muß. Es ist auch bemerkenswert, weil es auf eine starke schöpferische Affinität zwischen Hitchcock und Flaubert verweist. Beide ordneten in lebenslanger Disziplin die stark romantische Seite ihres Naturells den Anforderungen ihrer künstlerischen Arbeit unter. Beide waren Fanatiker, wenn es um Präzision, Planung und Details ging. Beide hatten einen strengen Sinn für Ordnung und Balance in ihrer Handwerkskunst. Und beide entwickelten, parallel zur fanatischen Arbeit an ihrem Lebenswerk, ein explosives Gefühlsleben, das sie nach außenhin so sorgsam bändigten, wie sie es in ihrer Kunst auslebten.

Gegen Ende des Jahres 1918 war Hitchcock, wie er es selbst später ausdrückte, ›genauso fett wie ehrgeizig‹ – wie ehrgeizig er wirklich war, sollte sich einige Monate später herausstellen. Er hatte eine verhältnismäßig gesicherte Stellung in der Reklameabteilung der Firma Henley. Auch war es ihm gelungen, der Einberufung zum Wehrdienst dank eines ärztlichen Attests zu entgehen, das ihm Fettleibigkeit bescheinigte, und weil er bei einer Firma beschäftigt war, die kriegswichtiges Material produzierte. Die Firma Henley, die bald in einer größeren Firma aufgehen sollte, ermunterte damals ihre Angestellten, Beiträge zu der neugegründeten Werkszeitung *The Henley* beizusteuern. So fand sich auf Seite eins der ersten Ausgabe folgende Kurzgeschichte:

Gas

In diesem Teil von Paris war sie noch nie gewesen – sie hatte nur von diesem Viertel in den Romanen Duvains gelesen oder es im Grand Guignol erlebt. Das war also der Montmartre? Das Schreckensviertel, wo die Gefahr im Dunkel der Nacht lauerte! wo unschuldige Seelen ohne Vorwarnung umkamen – wo den Unachtsamen ein dunkles Schicksal ereilte – wo der Apache den Aufstand probte.

Vorsichtig tastete sie sich im Schatten der dunklen, hohen Mauer vor, drehte sich immer wieder hastig nach hinten um, nach der verborgenen Bedrohung, die an ihren Fersen kleben könnte. Unvermittelt bog sie in eine Seitengasse ab, nicht weiter darauf achtend, wohin sie führte... Sie ertastete ihren Weg durch die tintenschwarze Nacht, nur wild entschlossen, der Verfolgung zu entgehen... Sie ging vorwärts... Oh! Wann würde das nur enden?... Da war eine Tür, durch die ein Lichtstrahl drang, der sie ein wenig sehen ließ... Hinein... irgendwo hinein, dachte sie.

Die Tür befand sich am Ende einer Treppe... die Stufen knarrten vor Alter, als sie versuchte, hinunterzuschleichen... dann vernahm sie den Lärm trunkenen Gelächters und schauderte – das war doch sicherlich –, nein, nur das nicht. Alles, nur das nicht. Sie war jetzt am Fuß der Treppe und sah in eine übelriechende Wein-Bar, in der die Wracks derer, die einmal Männer und Frauen waren, einer trunkenen Orgie frönten... Dann fiel die Aufmerksamkeit auf sie, ein Bild erschrockener Unschuld. Unter dem anfeuernden Grölen der übrigen stürmte ein halbes Dutzend Männer auf sie zu. Sie wurde gepackt. Sie schrie vor Angst... es wäre besser gewesen, ihr Verfolger hätte sie eingeholt, war ihr letzter schwindender Gedanke, während die Männer sie rücksichtslos durch den Raum schleiften. Diese Teufel verloren keine Zeit, sich über ihr Schicksal zu einigen. Was sie mit sich führte, wollten sie untereinander aufteilen... und sie selbst... Mein Gott! War sie nicht im Herzen von Montmartre? Man würde sich ihrer entledigen... die Ratten würden einen Festtag haben. Man fesselte sie. Sie wurde durch einen dunklen Flur getragen, eine Treppe hoch, zum Flußufer.

Die Wasserratten würden sich freuen, sagten die Männer. Und dann... sie schwangen ihren Körper vor und zurück und warfen sie mit Schwung in die dunklen, strudelnden Wasser. Sie sank – sank tiefer. Das einzige, was sie spürte, war ein würgendes Gefühl. Das mußte der Tod sein... plötzlich... »Es ist vorbei, gnädige Frau«, sagte der Zahnarzt. »Das macht ein halbe Krone, bitte.« – HITCH

Diese Kurzgeschichte wirkt wie der Versuch eines Oberstufenschülers, eine Geschichte Poes zu imitieren. Aber sie zeigt auch schon fast alle Charakteristika späterer Drehbuchentwürfe des Autors. Nur wenige Zwischentitel wären nötig gewesen, wenn man aus ihr einen Stummfilm gemacht hätte. In der Geschichte drückt sich ein Verlangen nach Bewegung aus, ein Gefühl für dunkle, schicksalhafte Kräfte und für Spannung, die die Aufmerksamkeit des Lesers über die naive Ausdrucksweise hinwegtragen. ›Gas‹, halb Alptraum und halb die realistische Beschreibung einer nur verschwommen wahrgenommenen Bedrohung, zeigt, wie Hitchcock es instinktiv verstand, den Leser zu manipulieren und Angst zu erzeugen. Die Geschichte ist kein besonderes literarisches Meisterstück, aber sie ist auch nicht langweilig – und sie weist bereits klar die Bilder von Sadismus auf, von einer Frau, die ins Wasser geworfen wird, die später in seinen Filmen immer häufiger wiederkehren und an Bedeutung gewinnen sollten. Vielleicht das einzige Element dieser Geschichte, das Hitchcock später aufgegeben hat, ist die Wendung am Ende, die Wendung zurück in die Normalität. Aber schließlich war er noch nicht einmal zwanzig, als er die Geschichte schrieb. Die Erinnerungen an den Krieg, an den Tod seines Vaters, Gedanken über das Chaotische, das Unvorhersehbare und Zerbrechliche im Leben einer Familie und einer Nation gingen ihm noch durch den Kopf. Und er war nicht der einzige vielversprechende Künstler, der in den Anfangsstadien seines Schaffens noch die angenehme Lösung eines Problems zuließ, die im Leben so oft nicht existierte.

Obwohl in der Firma Henley eigentlich eine freundliche Atmosphäre herrschte, scheint Hitchcock nicht viel mit den übrigen Angestellten und ihren informellen Beziehungen anzufangen gewußt haben. ›Ich war ein ungewöhnlich unattraktiver junger Mann‹, beschrieb er später sein Äußeres in diesen Jahren zwischen 1920 und 1926. ›Und ich war noch nie in meinem Leben mit einem Mädchen ausgegangen.‹

Aber die Dinge sollten bald in Bewegung geraten. In einem Fachblatt las er, daß eine amerikanische Filmgesellschaft – Famous Players-Lasky, in einem alten Elektrizitätswerk in London ein Studio eröffnen wollte. Schnell fand er heraus, was für einen Film man plante. Henleys Werbechef, der ihm half, eine Mustermappe seiner Arbeiten zusammenzustellen, und mit dem er übereinkam, etwaige Verdienste zu teilen, verhalf ihm zu einem Termin in den Büros in Islington.

Man kann ohne Übertreibung sagen, daß dieser Tag den Lebensweg Hitchcocks für immer ändern sollte und später auch für das Leben vieler anderer eine Bedeutung gewann. Als der Bürochef in Islington Hitchcocks große schwarze Mappe öffnete, blickte er auf Skizzen von Menschen in der U-Bahn, Zeichnungen von grotesken und ganz normalen Londonern, auf Entwürfe für exotische Filmszenen und Ornamente für Zwischentitel in Stummfilmen. Hitchcock wurde auf der Stelle engagiert. Auf Stundenbasis sollte er Titel entwerfen. Die Mustermappe blieb in Islington, wo sie inmitten der allgemeinen Unordnung bald verschwand.

3

1920–1925

Er war jetzt fast 21 Jahre. Die Filmindustrie war nicht viel älter.

Louis Daguerres Fotografie-Methode wurde 1839 der Öffentlichkeit vorgestellt. Und bis zum Jahr 1872 gab es immer wieder ungelenke Versuche, auch Bewegungsabläufe fotografisch zu reproduzieren. Eadweard Muybridge etwa fotografierte die schnell aufeinanderfolgenden Bewegungen eines trabenden Pferdes in einer Serie eng aufeinanderfolgender Bilder. Immer wieder versuchte man, mit Apparaten, die zur Unterhaltung bestimmt waren, die Illusion einer Bewegung zu erzeugen. Emile Reynaud entwickelte sein Praxinoscope, ein Gerät, das mit Hilfe von Spiegeln und handgezeichneten oder fotografierten Figuren funktionierte, wenn man die Figuren nur schnell genug bewegte. Thomas Alva Edison gab die Entwicklung seines Kinetoscopes in die Hände seines Assistenten William Kennedy Laurie Dickson. Er selbst war viel mehr daran interessiert, seine Glühbirne und seinen Phonographen weiterzuentwickeln, als sich mit dem zu beschäftigen, was er lediglich für das abgeschmackte Verlangen der Mittelklasse nach bewegten Bildern hielt. Bis zum Jahr 1891 hatte Dickson dann ein recht primitives, aber praktikables Gerät entwickelt, durch dessen Sehschlitz sich ein einzelner Betrachter eine Filmschleife anschauen konnte. Etwa zur selben Zeit brachte George Eastman einen perforierten Zelluloid-Film heraus. Mit ihm konnten Dickson und Edison ihre Filmkamera perfektionieren und einen standardisierten 35-Millimeter-Rohfilm einführen.

Zu jener Zeit waren noch nicht einmal sechzig Jahre vergangen, seit die ersten Fotografien die Menschen zum Staunen brachten, die für sie vor der Kamera gestanden hatten. Doch es war auch schon abzusehen, daß das Kino eine noch weitaus größere Anziehungskraft haben würde. Edison freilich mußte erst davon überzeugt werden, daß es von Vorteil sein könnte, wenn nicht nur eine Person allein die Filmstreifen in seinem Kinetoscope betrachten könnte, sondern mehrere gleichzeitig. Er argumentierte, daß, wenn sich gleich Dutzende von Zuschauern in einem Raum drängten, um Bilder, die man auf eine Wand projizierte, zu sehen, eine nette Summe individuellen Eintrittsgeldes verlorenginge. Doch schließlich siegten die Argumente seiner Angestellten – und auch die kreativen Vorschläge einiger Ausländer. Einer von ihnen war der Engländer William Friese-Green, der sich 1859 in London einen Projektor hatte patentieren lassen. Am 23. April 1896 gab es dann in New York die erste öffentliche Projektion eines Films.

Das Publikum auf beiden Seiten des Atlantiks reagierte enthusiastisch. ›Warum geschah dies gerade zu jenem Zeitpunkt?‹ hat der Historiker Ernest Betts geschrieben: ›Es geschah, weil die technischen Möglichkeiten existierten. Jede Erfindung hat ihre Stunde. Und die Stunde des Kinos schlug am Ende des 19. Jahrhunderts. Seine Entwicklung, die aus der Geburtsstätte des Rummelplatzes herausführte, läßt sich auf die sozialen Bedürfnisse der damaligen Zeit zurückführen. Für die Arbeiterklasse gab es kaum Unterhaltung. Die ganze (britische) Nation gähnte an den Wochenenden vor Langeweile und war bereit, demjenigen ein Vermögen in die Hände zu spielen, der sie von dieser Langeweile erlöste.‹

Das stimmte nicht nur für England. Das Bemerkenswerte an der Geburt des Kinos war, daß dieses demokratischste aller Unterhaltungsmedien seine Geburtsstunde gleichzeitig in verschiedenen Ländern und mit der Hilfe von verschiedenen kreativen Individuen erfuhr. Im März 1895 veranstalteten Louis und Auguste Lumière in Paris eine private Filmvorführung für die Mitglieder der ›Gesellschaft zur Unterstützung der Nationalen Industrie‹. Am 10., 11. und 12. Juni führten sie in geschlossenen Veranstaltungen Kurzfilme auf dem Kongreß für Fotografie in Lyon vor. Am 15. Juni präsentierten sie ihr erstes komplettes Filmprogramm in der ›Revue Générale des Sciences‹ in Paris, und kurz danach ließen sie sich ihren Cinématographen patentieren. Das war eine Maschine, die Filme aufnahm, kopierte und projizierte.

Ihre kurzen Filme waren auch die ersten, die jemals irgendwo auf der Welt gegen Eintritt gezeigt wurden – am 28. Dezember 1895 im Grand Café des Hotels Scribe in Paris. Die Filme zeigten kurze Szenen aus dem Pariser Straßenleben, kleine Episoden aus der Familie und Miniatur-Impressionen von Landschaften und Küsten. Im Jahr 1900 hatten sie bereits 1299 Filme registrieren lassen. Jeder dauerte nur eine Minute, oder weniger, und sie liefen unter den Obertiteln *vues diverses, vues comiques* oder *vues militaires*. Es handelte sich um Aufnahmen lokaler Ereignisse, Straßenszenen, Bilder von Menschen im Zoo oder von Arbeitern, die die Fabrik der Lumières verließen. Aber sie hatten keine erzählerische Komponente. Man sah ein Schiff den Hafen verlassen; ein Löwe wurde gefüttert und von seinem Wärter geneckt; Eltern spielten mit ihrem Baby; in einer Seitenstraße hackten Männer Holz. Man erkannte damals bereits das komische Potential des Films: So gab es etwa den berühmten visuellen Gag, bei dem ein unachtsamer Gärtner mit seinem eigenen Gartenschlauch von einem ungezogenen Kind naßgespritzt wird.

Die Brüder Lumière waren ebenso hinter dem Geld her wie sie verstanden, was der Bürger gern sehen wollte. Und so schickten sie kleine Filmcrews (geleitet von Félix Mesguich und Francis Doublier, die ersten Kameramänner) kreuz und quer durch Europa, um die unterschiedlichsten historischen Ereignisse und Szenen aus dem Alltag filmen zu lassen – von einem Künstlerkongreß bis zu marschierenden Soldaten in voller Uniform. Zur selben Zeit eröffnete Georges Méliès, ein französischer Unterhaltungskünstler mit einem ungemein einfallsreichen Kopf, dem Film die Welt der Fantasie und Geschichten. Mit eingefärbten Bildern, Stop-Tricks und anderen Methoden der Trickfotografie befriedigte er das Unterhaltungsbedürfnis auf einer anderen Ebene: Blumen öffneten in Sekunden ihre Blüten, die Frisur einer Dame verwandelte sich in einen Garten exotischer Blüten, und in *Die Reise zum Mond* (1902) nahm eine Truppe verrückter Wissenschaftler schon moderne Astronauten vorweg. Die Brüder Lumière hielten die Wirklichkeit im Bild fest; Méliès ordnete sie neu.

Genau in dieser Epoche, die für die werdende Filmindustrie die wichtigste Zeit war, wurde Hitchcock geboren. Zwischen 1895 und 1905 beherrschte eine extrem konservative Regierung das politische Leben Englands. Die Monarchie war mächtig, der Staat imperialistisch, und die Sonne ging in den Reichsgrenzen niemals unter. 1897 beging man Königin Victorias diamantenes Jubiläum mit großen Freudenfeiern. Aber England war auch ein

Land, in dem die Grenzen zwischen Herrschern und Beherrschten scharf gezogen waren. Schockierende Armut herrschte in breiten Bevölkerungsschichten und wurde für viel selbstverständlicher gehalten als heutzutage. Es war ein Land, in dem, wie J. B. Priestley bemerkte, »ein Drittel der Bevölkerung mitten im Herzen dieses riesigen Imperiums unterhalb eines jeglichen menschlichen Existenzminimums lebte. Die Menschen arbeiteten viel zuviel für viel zuwenig Geld und hausten zusammengepfercht in Slums.«

Allmählich jedoch besserte sich das Leben der Arbeiter. Sie schlossen sich in Gewerkschaften zusammen. Die Schulausbildung wurde besser, die Arbeitszeit kürzer, was mehr Freizeit bedeutete. Die Reichen begannen Autos zu fahren, die Armen konnten sich billiger als je zuvor Fahrräder kaufen. Mit wachsendem Alphabetentum wuchs auch die Zahl der Büchereien, und Zeitungen steigerten ihre Auflagen. 1896 erschien die erste Tageszeitung, die nur einen Halfpenny kostete, der *Daily Mail.* In ihm wurde jede Nachricht zu einer ›Geschichte‹. Nichts war so wichtig, wie die Aufmerksamkeit des Lesers zu erregen – und wenn man dazu die Technik der Erzählung brauchte, dann wurde sie eben kurzerhand benutzt.

Es war auch die Ära des ›Arbeiter-Zuschauers‹. Zu den Sportwettkämpfen, den Tanzhallen und Theatern kamen schnell die Filmhäuser und dann die Kinopaläste Londons. Wie das Aufkommen des Fließbandverfahrens, das die Voraussetzung für die Massenproduktion schuf, so profitierte auch das erstaunliche Wachstum der modernen Massenmedien von dem Unterhaltungsbedürfnis der Menschen und ihrem Interesse an Neuheiten sowie ihrer Bereitschaft, dafür auch zu bezahlen. Von Menschen aus der Unterhaltungsbranche geschaffen und von ihnen auf den Markt gebracht, wurde das Kino zu einer Zeit geboren, als breite Teile der Bevölkerung Zugang zu den Künsten – und zu den Segnungen der Technik – erhielten.

Edison, Dickson und die Brüder Lumière hatten auf dem sich rasch ausweitenden Markt britische Konkurrenten. Die dominierende Gestalt in diesen frühen Jahren des englischen Kinos war Robert William Paul, der Edisons Kinetoscope kopieren ließ, als er hörte, daß Edison noch nicht vom Potential dieser Erfindung überzeugt war und noch kein internationales Patent angemeldet hatte. Paul stellte seinen Theatrographen (der bald in Animatograph umgetauft wurde) am 20. Februar 1896 in London vor – demselben Tag, an dem der Londoner Repräsentant der Brüder Lumière in dem Polytechnikum an der Regent Street kurze Filmszenen vorführte. Danach ging alles sehr schnell. Am 9. März 1896 wurde im Londoner Empire-Theater eine fünfzehnminütige Vorführung veranstaltet, die auch Edisons Befürchtung, die Leute könnten nicht länger als eine Minute in einem Film stillsitzen, für immer ausräumte. Es handelte sich dabei nicht um eine fünfzehnminütige Geschichte, sondern um ein Dutzend unzusammenhängender Szenen aus dem Londoner Straßenleben, ähnlich den *actualités* der Lumières.

Eine Woche später fand schon das nächste wichtige Ereignis statt. Birt Acres, ein ehemaliger Partner von Paul, drehte eine kurze dramatische Geschichte und dann noch eine Kurzkomödie für eine Privatvorführung. Schon einen Monat zuvor hatte Acres einer kleinen Gruppe in der Royal Photographic Society eine Demonstrationsvorstellung gegeben. Bald sollte er, eher interessiert an seriösen privaten Demonstrationen als am Unterhaltungsgeschäft, seine Zeit und seine Talente auf die Weiterentwicklung der technischen Geräte konzentrieren. Aber fast ein Jahr lang (1895–1896) drehten er und Paul etwa ein Dutzend kurzer Filme. Das Ruderrennen Oxford gegen Cambridge wurde dokumentiert, und das Pferderennen in Derby wurde für jene festgehalten, die nicht dabeisein konnten. Solcherlei Szenen lockten auch die Oberschicht in örtliche Vorführungen. So amüsierte sich niemand Geringeres als Miß Virginia Stephen, Tochter des Sir Leslie, bei Pauls Animatographen-Vorstellung während der Weihnachtsfeiertage des Jahres 1896. Am Ende dieses Jahres gehörten Filme zum festen Programm jeder Varieté-Show, und gegen geringes Entgeld waren sie auch in den Jahrmarktsbuden zu sehen, den sogenannten ›Penny-Buden‹, (›Nickelodeons‹ in den USA)* und in Eislaufringen.

Im selben Jahr, in dem Hitchcock geboren wurde, eröffnete Paul Englands erstes Filmstudio in Muswell Hill im Norden Londons. Wie Rachael Low und Roger Manvell dokumentiert haben, bestand es ›aus einer kleinen Bühne, ungefähr zehn Meter lang und 4,5 Meter tief, die von einer eisernen Hallenkonstruktion mit Schiebetüren und einem nach Norden gerichteten Glasdach umgeben war. Hinter der Bühne befand sich ein Hängerahmen, an dem sich einfarbig gemalte Hintergrundprospek-

* Ein Nickel = 5 US-Cent.

te aufhängen ließen. Der Rahmen konnte in eine schlitzartige Öffnung des Bühnenbodens herabgelassen werden, um die Arbeit des Hintergrundmalers zu erleichtern. Falltüren in der Bühne und ein Hängelaufsteg über ihr ermöglichten bestimmte Effekte.‹ Zwischen 1899 und 1905 stellte Paul pro Jahr rund fünfzig kurze Filme her. Aber als um 1910 das Erzählkino immer komplexer wurde, gab er – wie Acres – die Filmerei auf und widmete sich wieder der Konstruktion von Geräten.

Vergleicht man Acres und Paul mit Edison und Dickson, dann war der Engländer George Albert Smith eher dem Geiste eines Georges Méliès verwandt. Zwischen 1897 und 1900 entwickelte Smith in seinen Trickfilmen Spezialeffekte wie Doppelbelichtungen und Großaufnahmen. Währenddessen betätigte sich sein Kollege Frank Mootershaw in kurzen Geschichten von Verbrechen und Abenteuern als Pionier des Erzählkinos. Bekannter ist Cecil Hepworth, ein Mann von beachtlichem Einfallsvermögen, der 1895 Filme der Gebrüder Lumière gesehen hatte. In seinen Kurzfilmen, die er zwischen 1899 und 1911 drehte, benutzte er komplizierte Kamerafahrten und zeigte sich als Meister des Filmschnitts. Seine Filme *Express Train in an Railway Cutting (1899), How it Feels to be run over (1900)* und *Rescued by Rover (1905)* trieben den Einsatz der mobilen Kamera und des schnellen, spannungsreichen Schnitts beachtlich voran. Um 1910 (Hitchcock begann gerade die Varietés und Vaudeville-Theater zu besuchen) gab es bereits einige wenige britische Filme, die zehn Minuten lang waren und dem zwölfminütigen Meilenstein des Films *The Great Train Robbery* nacheiferten, den der Amerikaner Edwin S. Porter 1903 inszeniert hatte. Die meisten Filme freilich waren kürzer. Eine Anzeige für eine Matinee des Jahres 1908 zählt die Titel auf: ›Der fatale Nieser‹, ›Der erste Streit‹, ›Baby träumt vom Spielzeugland‹, ›Der Zwiebelteufel‹, ›Tommy und die Polizeipfeife‹, ›Harry Lauder hat es eilig‹. Das gesamte Programm war in weniger als einer halben Stunde abgespult (und wurde durch ein komplettes Orchester begleitet).

Aber es gab auch von Anbeginn Probleme für die britische Filmindustrie: Das Wetter, die Wirtschaft und ein merkwürdiges Philistertum, das Kino grundsätzlich für eine niedere Art der Unterhaltung hielt, waren die Faktoren, die ihr entgegenstanden. Schon 1906 waren die meisten der in England gezeigten Filme entweder in Amerika produziert oder im übrigen Europa: Die heimische britische Industrie siechte dahin. Sehr schnell erkannten insbesondere amerikanische Gesellschaften in England eine Chance für ihre Geschäfte. Und so eröffnete auch Famous Players-Lasky, die Muttergesellschaft, der Paramount Pictures gehörte, ihr Filmstudio in Islington, jenes Studio, wo Hitchcock eine Anstellung erhielt. 1920 war das Studio von Robert Paul bereits geschlossen, ebenso wie das von Cecil Hepworth. Es hatte sich gezeigt, daß die meisten der britischen Filmpioniere zwar ausgezeichnete Techniker waren, aber als Geschichtenerzähler künstlerisch keine besonders aufregenden Talente besaßen. Es gelang ihnen nicht, ihre technischen Fähigkeiten mit einem Sinn für Ästhetik zu verbinden. Ihre Filme verfügten über nicht viel mehr als die Erzähltechnik eines Volksschulaufsatzes. Ein Mann wie Hepworth, der eine Zeitlang erfolgreich Kurzfilme produzierte und verlieh und dem die britische Filmindustrie in den Anfängen viel verdankte, besaß nur ein beschränktes visuelles Talent, das nicht mehr als die simpelsten Zusammenhänge bewältigen konnte. In Großbritannien gab es, bis Hitchcock die Szene betrat, keinen ernsthaften Konkurrenten für einen Amerikaner wie D. W. Griffith. 1915 baute Léon Gaumont, eine Pariser Gesellschaft, für 30000 Pfund ihr beeindruckendes Studio Shepherd's Bush – eine Investition, die den Realitäten der britischen Filmindustrie Rechnung trug. Aber die Schauspieler-Gagen waren sehr niedrig, und die erfolgreichsten und beständigsten der Darsteller gingen nach Hollywood, sobald sie nur ein Angebot erhielten. Es dauerte nicht lange, und Shepherd's Bush wimmelte von englischen Technikern, aber ausländischen Schauspielern.

Zu der Zeit, als Hitchcock schon das Sankt Ignatius College verlassen hatte und öfters ins Kino ging, aber noch nicht bei Henley arbeitete, gehörten britische Zwei-Akter-Filme, die üblicherweise auf einer seriösen literarischen Vorlage basierten, zur alltäglichen Unterhaltung. Es gab Zwei-Akter, die die Geschichten von Henry VIII. erzählten, oder die von Rob Roy, Oliver Twist, Lorna Doone oder David Copperfield. Schon 1913 konnte die Industrie Spielfilmregisseure gebrauchen. Aber auch die geschäftigsten Männer, wie etwa Maurice Elvey, der in vierzig Jahren mehr als dreihundert Spielfilme und noch mehr Kurzfilme zustande brachte, waren keine besseren Geschichtenerzähler als ihre Vorgänger. Elvey, zum Beispiel, ist nur aufgrund des Umfangs seines Werkes bemerkenswert, das aber nie die untersten Grenzen der handelsüblichen Ware überschritt.

Einer der populärsten und meistgespielten Filme zu Hitchcocks Jugendzeit und einer derjenigen, der ihn in gewissem Grad beeinflußt zu haben scheint, war William Haggars Film über den Mörder Charles Peace aus dem Jahre 1905. Haggar benutzte keine primitiven Studios, sondern drehte einen großen Teil der Handlung auf echten Häuserdächern. Peace wurde als intelligenter, agiler, fröhlicher Bösewicht gezeigt, der ein halbes Dutzend miesepetriger Polizisten austrickste und überlistete. Die East-End-Teenager applaudierten, sehr zum Kummer ihrer Eltern, diesem trickreichen Star. Am Ende siegte natürlich die Gerechtigkeit. Die gruselige Hinrichtung wurde, dank einer erfindungsreichen Schnitt-Technik, in beeindruckenden Bildern vorgeführt: Die Kamera betonte Details, zeigte, wie seine Hände gefesselt wurden, hielten die Angst in seinen Augen fest, als die Schlinge um seinen Hals gelegt wurde, und zeigte dann in einer Totalen den tödlichen Fall am Seil. Der Verbrecher hatte der Gesellschaft seinen Zoll gezahlt, aber der Polizei war keine Anerkennung gezollt worden.

1913 hieß der Kassenschlager dann *East Lynne*, produziert von William George Baker, inszeniert von Bert Haldane. Tausende sahen den Film, und besonders die Schüler liebten ihn. Er war der erste britische Sechs-Akter (Spieldauer über eine Stunde), und er schilderte einen brutalen Mord. Ein unschuldiger junger Mann wurde irrtümlich dieses Verbrechens angeklagt, und das zog eine Serie tragischer Mißverständnisse nach sich. Es gab Verkleidungen, einen menschlich und plausibel gezeichneten Verbrecher, der schließlich entlarvt wurde, und mindestens zwei pathetische Todesszenen. Dem britischen Geschmack für Mord und Kriminalhandlung kam *East Lynne* mehr als entgegen. Und für Spannung sorgte der unschuldige junge Mann auf der Flucht. Wie fast alle dieser frühen britischen Filme hat dieser Film nur als schriftliches Protokoll überlebt. Das aber liest sich wie ein Entwurf für Hitchcocks Drehbuch zu *39 Stufen*.* Falls er *East Lynne* nicht gesehen haben sollte (was sehr unwahrscheinlich ist, da der Film oft gespielt wurde und bei Schülern extrem populär war), dann läßt sich zumindest sagen, daß *39 Stufen* und *East Lynne* Kinder desselben Geistes waren.

---

* John Buchans Buch trug den Titel *Die neununddreißig Stufen (The Thirty-Nine Steps)*, aber Hitchcocks Filmtitel schrieb sich *39 Stufen (The 39 Steps)*. Diese unterschiedliche Schreibweise ist in diesem Buch beibehalten.

Beide dieser frühen Filme widmen sich ausführlich einer Truppe unsympathischer Polizisten. Beide sind gewissermaßen die zynischere, komplexere Erwachsenenausgabe der damals erfolgreichen Filmimporte mit Mack Sennetts Keystone-Polizisten. Das kam den anarchischen, antiautoritären Fantasien des Publikums entgegen. Dabei wurde die Polizei oft völlig der Lächerlichkeit preisgegeben, wie in den Sennett-Filmen oder eben bei Hitchcock, der die Polizei in *39 Stufen* oder in *Young and Innocent* absichtlich besonders tolpatschig darstellt.

Während und nach dem Ersten Weltkrieg drängten die Amerikaner auf den britischen Filmverleihmarkt. In London schlossen die heimischen Studios, und die Amerikaner übernahmen das Geschäft. Zwischen 1914 und 1916 verdoppelte sich die Zahl der aus Amerika importierten Filme. Die Amerikaner brachten ganze Filmpakete per ›Blindbuchungen‹ in britische Theater, d. h. die Theaterbesitzer verpflichteten sich, Filme zu spielen, die sie zuvor nicht gesehen hatten. Obwohl das so war, regte sich niemand darüber auf: Denn darüber war man sich einig, daß selbst der schwächste amerikanische Film normalerweise besser war als die ambitioniertesten britischen Versuche.

Famous Players-Lasky, die von der Popularität amerikanischer Filme im Ausland und von dem Unvermögen der heimischen Produzenten, das Interesse des Publikums zu fesseln, profitieren wollte, ging sofort nach dem Waffenstillstand nach London. In einem alten Kraftwerk der Metropolitan-Bahngesellschaft in der Poole Street wurde ein Studio errichtet. Das Studio hatte zwei Bühnen, Raum für Werkstätten und Büros und, aufgrund der bereits vorhandenen elektrischen Leitungen, hervorragende Möglichkeiten für Beleuchtungseffekte. Der Studioboß J. C. Graham war seinen amerikanischen Partnern Adolph Zukor und Jesse L. Lasky verantwortlich, die die Gesellschaft kontrollierten. Die beiden hatten ihre früheren Gesellschaften, Zukors Famous Players Film Company und Laskys Feature Play Company, 1916 zu der neuen Gesellschaft unter dem Vorsitz Zukors zusammengeschlossen. Sehr bald auch legte sich Famous Players-Lasky auch einen Verleihzweig zu, die Paramount Pictures Corporation. Eine Anzeige aus dem Jahr 1917 verkündete: ›Wenn Sie in einen Paramount-Film gehen, sehen Sie den besten in der Stadt‹, und der Text, der dann folgte, zeigte, daß Bescheidenheit und Understatement nicht gerade die Stärke der Firma waren:

Paramount-Spielfilme waren die ersten, die es gab. In fünfjähriger wachsender Marktführerschaft hat Paramount ein Repertoire von Filmklassikern geschaffen – nicht mit einem Star oder mit zehn, sondern mit einem guten Hundert – beginnend mit Mme. Sarah Bernhardt –, die unter der Flagge von Paramount ihre größten Erfolge errangen. Alle diese großartigen Filme haben wir noch im Verleih.

Paramount verfilmt Theaterstücke und Bücher der Vergangenheit und der Gegenwart. Mehr als eine Million Zuschauer von Paramount-Filmen, in Tausenden von Lichtspielhäusern in zwei Hemisphären, erneuern Tag für Tag ihre Bekanntschaft mit berühmten Handlungsorten und Gestalten aus der klassischen und der Gegenwartsliteratur. Unauslöschlich halten Paramount-Filme für kommende Generationen der Welt größte Geschichten und größte Theaterstücke, dargestellt von den größten Künstlern, fest.

Ganz so unauslöschlich haben sie sie dann doch nicht festgehalten, denn nur wenige dieser frühen Filme überlebten mehr als ein Jahrzehnt.

Ungefähr zu der Zeit, als Hitchcock seine Arbeitsmappe präparierte, um sie Graham und seinen Mitarbeitern vorzulegen, besuchten Zukor und Lasky getrennt Islington. Das war zwischen März und Juni 1920. Sie genehmigten die Vorbereitungspläne und Budgets der ersten Filme, die die Gesellschaft in England produzieren sollte. Die Fachblätter annoncierten, daß der erste Film *The Sorrows of Satan* heißen sollte. Also las Hitchcock das Buch, auf dem das Drehbuch basieren sollte, und fügte seinen Arbeitsproben einige Entwürfe bei, die zu dem Buch paßten. Bis es allerdings soweit war, daß man in Erwägung zog, ihn stundenweise als Zwischentitel-Entwerfer zu beschäftigen, hatte man bereits wieder beschlossen, das Projekt *The Sorrows of Satan* fallenzulassen und statt dessen mit Hugh Fords Film *The Great Day* und gleich darauf folgend mit *The Call of Youth* anzufangen. Sehr daran interessiert, seinen zukünftigen Arbeitgebern zu gefallen, zeichnete Hitchcock praktisch über Nacht neue Entwürfe zu diesen Filmen. Er wurde auf der Stelle engagiert – aber nur auf Teilzeitbasis. Er arbeitete weiter für Henley und zeichnete alle paar Tage Zwischentitel und Grafiken für das Filmstudio. Famous Players-Lasky zahlte nur bescheiden für die Stückarbeit, die er in seiner Freizeit anfertigte. Als aber die beiden Filme Hugh Fords erfolgreich waren (beide wurden im November 1920 der Branche vorgestellt), entschloß sich das Studio, Hitchcock eine volle Stelle anzubieten, und er kündigte bei Henley.

Die nächsten zwei Jahre lang entwarf er die Zwischentitel und die Schrifttypen für alle Filme von Famous Players-Lasky – zuweilen berechnete er auch einen Bildausschnitt oder eine Dekoration, denn die Teams in Islington waren klein, und die Aufgaben überschnitten sich, ohne daß – wie heute – die strengen Vorschriften einer Gewerkschaft das verhindert hätten. Donald Crisp, der schottische Schauspieler und Regisseur, der in Amerika beachtliche Erfolge hatte, wurde nach England geholt, um bei vier Filmen Regie zu führen (*Appearances, The Princess of New York, Beside the Bonnie Briar Bush* und *Tell Your Children*). Hitchcock arbeitete bei diesen Produktionen mit. Die Filme scheinen inhaltlich oder formal nichts Besonderes gewesen zu sein, und keiner von ihnen hat überlebt. Dasselbe gilt für andere Projekte, an denen Hitchcock beteiligt war – zwei Filme von John S. Robertson (*Perpetua* und *A Spanish Jade,* die im Mai und August 1922 herauskamen) und zwei Filme von Paul Powell, *Mystery Road* und *Dangerous Lies* (vorgestellt im September und Oktober 1921).

Die Arbeitstage in Islington waren lang, die Drehpläne anstrengend. Aber Hitchcock, der jetzt immer mehr zunahm und es immer schwieriger fand, abzunehmen, war oft am Morgen der erste und am Abend der letzte im Studio. »Ich bin amerikanisch ausgebildet worden... Das gesamte Personal im Studio waren Amerikaner«, erinnerte er sich später in einem Interview, »sobald man durch die Studiotür kam, herrschte amerikanische Atmosphäre. Ich entwarf anfangs Zwischentitel, arbeitete mit Mordaunt Hall zusammen, der später Kritiker bei der *New York Times* wurde, und mit Tom Geraghty, der für Douglas Fairbanks geschrieben hatte.«

Wäre Hitchcock nicht – und das hat er immer behauptet – erpicht gewesen, mehr Verantwortung zu übernehmen, und hätte er nicht gehofft, irgendwann einmal als Regisseur mehr kreativen Einfluß nehmen zu können, dann wäre es nur schwer zu verstehen, mit welcher Hingabe er seinen bescheidenen Posten ausfüllte und wie er sich danach drängte, alles zu erlernen, was mit Film zusammenhing. Wenn ein Manager oder ein Regisseur im Studio irgendwo mit einem Projekt Schwierigkeiten hatte, oder wenn es galt, dabei zu helfen, eine Szene umzuschreiben, beim Entwurf eines Kostüms oder einer Dekoration zu helfen, dann war Hitchcock immer zur Stelle mit intelligenten Vorschlägen und begierig, sich an etwas Neuem zu versuchen. Graham und sein Team hatten es nicht mit einem indifferenten oder uninteressierten Mitarbeiter zu tun.

1922 drehte George Fitzmaurice in Islington zwei Filme. Seine Arbeitsweise beeinflußte Hitchcock sehr. Über die beiden Filme (*The Man from Home* und *Three Live Ghosts*) weiß man fast nichts, aber über Fitzmaurice ist einiges bekannt. Er war in Paris geboren, hatte dort Malerei studiert und sah einen engen Zusammenhang zwischen Malerei, Bildhauerei und Film. Als er dann in Amerika im Film zu arbeiten begann, legte er großen Wert auf Charakterzeichnung, entwarf vor dem Drehen ausgefeilte Storyboards für jede Einstellung und überwachte persönlich die Szenenbildgestaltung. Während der Dreharbeiten waren ihm jeweils Respekt und Bewunderung des Teams sicher, denn es herrschte zwar eine lockere Atmosphäre, aber er nahm sein Handwerk tödlich ernst. Von ihm stammt der Satz, das meiste kümmere ihn nicht mehr, wenn er erst einmal das Erarbeiten des Storyboards hinter sich habe. Und genau diese Einstellung hinterließ er dem jungen Hitchcock als Erbe. Die folgende Beschreibung seiner Arbeit mit seinen eigenen Worten faßt exakt auch die Arbeitsweise zusammen, die Hitchcock später anwendete:

> Das Publikum von heute verlangt mehr als bloße Action; es verlangt nach wohl ausgearbeiteten Themen, und wenn man sich in dieses Gebiet begibt, dann begibt man sich in das Gebiet der Psychologie. Um das menschliche Wesen in einen Film miteinzubringen, muß man etwas von der Wissenschaft psychischer Vorgänge verstehen, denn nur mit Hilfe dieser Wissenschaft gelangt man zu einer realistischen Handlung.
>
> Ich kann nur über meine eigene Arbeitsweise sprechen. Zunächst einmal gibt es die rein technische Aufgabe, die Sets zu entwerfen. Dabei arbeite ich jedes Detail im voraus aus. Selbst das Muster und die Farben der Tapeten suche ich selbst aus. Dann wähle ich das Mobiliar aus und plane genauestens, wie es später aufgestellt werden soll. Bei diesen anfänglichen Vorbereitungsarbeiten gehe ich sogar so weit, daß ich die Darstellerinnen in die Geschäfte begleite und mit ihnen ihre Kleider kaufe. So bin ich sicher, daß alles aufs perfekteste miteinander harmoniert. Die ganze Zeit denke ich dabei an die Geschichte (z. B. die Bildgeschichte) als Ganzes, also nicht so bewußt an einzelne Details, sondern mehr an das Thema, die Atmosphäre. Das ist bei mir alles eher eine Sache des Unterbewußtseins.

Von George Fitzmaurice lernte Hitchcock nicht nur, was es aus der Malerei zu übernehmen galt, was die Lichtführung für Möglichkeiten bot, was es bei der Entwicklung eines kohärenten Drehbuchs zu beachten galt. Er lernte auch, wie man die normalerweise chaotische und undisziplinierte Atmosphäre am Drehort auf eine ruhige und professionelle Weise in den Griff bekommen konnte. Fitzmaurice holte aus seinen Darstellern und seinem Team immer das heraus, was er wollte, indem er ruhig und leicht distanziert blieb und auf eine stille Art hartnäckig war. Vor allem aber war er so gut vorbereitet, daß er praktisch auf jeden alternativen Vorschlag, den jemand machte, bereits eine Antwort hatte. Hitchcock konnte nicht nur aus nächster Nähe beobachten, wie erfolgreich dieser Arbeitsstil war, sondern gelegentlich hatte er auch die Möglichkeit, technische Probleme mit Fitzmaurice persönlich beim Abendessen in einem Lokal zu besprechen.

Diese sporadischen Abende mit Fitzmaurice stellten auch schon die gesamten gesellschaftlichen Kontakte dar, die Hitchcock in jenen frühen zwanziger Jahren hatte. Ansonsten arbeitete er bis spät in die Nacht im Studio, kümmerte sich zu Hause um seine Mutter, ging, wenn er einen freien Tag hatte, ins Kino. Das war kein abwechslungsreiches Leben. Aber gerade das, was andere vielleicht als Beschränkung empfunden hätten, nährte Hitchcocks Fantasie, kam seinem Sinn für Disziplin entgegen. Sein Leben war auf ein einziges Ziel ausgerichtet. Er arbeitete im Film, sah Filme, las über Filme, studierte die Filme anderer Regisseure. Er lebte in der Hektik des Filmstudios und in der ruhigen Atmosphäre Leytonstones. Und diesen Wechsel-Rhythmus von Hektik und Ruhe sollte er für den Rest seines Lebens beibehalten. Als er dann in den dreißiger Jahren selbst Filme inszenierte und mitten in London wohnte, änderte sich an seinen Lebensgewohnheiten wenig. Und auch in den vierziger Jahren, in Kalifornien, lebte er in diesem Rhythmus. Seine Heirat und der Tod seiner Mutter führten zwar dazu, daß er die ›Nebenrollen‹ in seinem Leben neu besetzen mußte. Aber im Mittelpunkt seines ›Lebensfilms‹ stand immer seine eigene Karriere, und er selbst war der Star.

In den Jahren 1922 und 1923 wurde das Studio in Islington erweitert. Auf einer Seite wurde eine Glaswand in die Halle eingebaut. Verstellbare Leinwandjalousien regulierten den Einfall des natürlichen Lichts. Dunkelräume, Entwicklungslabors, Ausstattungswerkstätten, Lagerräume für den Fundus, Tischlerwerkstätten, Garderoben, Schreib- und Konferenzzimmer und Verwaltungsbüros wurden ausgebaut. Die Arbeitsbedingungen waren also für die meisten Angestellten jetzt zufriedenstellend. Nur die, die vor der Kamera arbeiten mußten, trafen nicht auf ideale Zustände. Das Filmmaterial war zu jener Zeit weitaus weniger empfindlich als heute. Deshalb mußten, wie sich Produzent Michael Balcon erinnert, extrem starke Scheinwerfer verwendet werden: »Die Darsteller (beiderlei Geschlechts) mußten dickste Schichten von Schminke tragen und permanent darauf achten, nicht in die grellen Bogenlampen zu schauen. Unterlief es dennoch jemandem, mußte er damit rechnen, sich das berüchtigte ›Klieg-Auge‹ einzuhandeln, eine besonders schmerzhafte Augenerkrankung. Die mechanischen Kameras wurden von Hand betrieben, die Scheinwerfer erzeugten relativ starke Geräusche und strahlten eine derartige Hitze aus, daß es für niemanden besonders angenehm war.«

Es wurde produziert und produziert, und keiner der leitenden Angestellten ließ offensichtlich durchblicken, daß das Studio in Schwierigkeiten steckte. In dieser Zeit sprang Hitchcock ein, um einen Film des Produzenten, Schauspielers und Autors Seymour Hicks zu beenden. Der Film hieß *Always Tell Your Wife* und war speziell auf Ellaline Terriss, die schöne Ehefrau Hicks', zugeschnitten. Hugh Croise, der zunächst Regie geführt hatte, hatte sich mit Hicks zutiefst zerstritten. Nach außen verbreitete man die übliche Geschichte: Croise sei erkrankt, und Hicks, mit Hilfe eines Team-Mitglieds, würde das Projekt zu Ende führen. Jahre später sagte Hicks:

Noch zu Zeiten des Stummfilms wurde in einem kleinen Studio in Islington einer meiner Ein-Akter, *Always Tell Your Wife,* verfilmt. Mitten in der Produktion erkrankte der Regisseur, und ich war am Ende meiner Weisheit. Ich wollte gerade das ganze Projekt fallenlassen, da tauchte ein dicker junger Mann auf, der für das Requisitenlager verantwortlich war, und bot sich an, mir zu helfen. Eigentlich setzte ich kaum Hoffnungen auf diese Lösung, doch andererseits mochte ich den Jungen, und er war so voller Enthusiasmus und schien ein derartig starkes Interesse daran zu haben, sich an einer Produktion zu versuchen, daß wir dann als Co-Regisseure den Film zusammen beendeten. Und wer, glauben Sie, war dieser junge Mann? Niemand anderer als Alfred Hitchcock.

Kurz darauf begann man mit der Verfilmung eines Drehbuchs,

das abwechselnd *Mrs. Peabody* und *Number Thirteen* betitelt war. Clare Greet und Ernest Thesiger wurden als Hauptdarsteller verpflichtet. Und der Produktionschef des Studios ernannte Hitchcock zum Regisseur. Zu jener Zeit freilich steckte das Studio bereits in finanziellen Schwierigkeiten. Das wenige Geld, das noch vorhanden war, wurde für Schulden und Gehälter gebraucht, und für die Produktion blieb kaum etwas. So verschwand der Film unvollendet in den Regalen. Und bis heute ist über ihn nichts weiter bekannt, als daß Hitchcock selber ihn für eher uninteressant hielt.

Während er Schritt für Schritt sein Handwerk erlernte, war das Studio im Begriff, seine Tore zu schließen. Die Filme, die in England produziert wurden, kamen beim Publikum mehr als schlecht an. Und nach dem Ersten Weltkrieg entwickelte die Industrie, wie mehr als ein Historiker geschrieben hat, merkwürdig selbstzerstörerische Triebe. In Großbritannien betrachtete man den Film unter rein geschäftlichen Gesichtspunkten, während man ihn im übrigen Europa und in Amerika auch als Kunstform anerkannte. »In den frühen zwanziger Jahren«, schrieb Ernest Betts über England, »lassen sich unsere Regisseure und Studiobosse kaum mit ihren europäischen Konkurrenten in einem Atemzug erwähnen, und, was den weltweiten Erfolg angeht, schon lange nicht mit den Amerikanern. Die Engländer hatten eine derart verengte Perspektive, daß ihre Arbeit oft entscheidend litt.« Nach dem Ersten Weltkrieg »vernachlässigten wir sträflich die Unabhängigkeit unserer Filmindustrie. Durch den Krieg war unsere eigene Studioproduktion zum Schattendasein verkümmert. Wir brauchten ausländische Ware, wir brauchten das Geschäft, und so verpfändeten wir unsere Zukunft.« Die britischen Theaterbesitzer buchten also die populäre amerikanische Ware. Das waren die Filme, von denen sie wußten, daß sie ein sicheres Geschäft bringen würden – und, daß sie das Bedürfnis nach einheimischen Produktionen noch mehr verringern, folglich die britische Filmindustrie schließlich ruinieren würden. »Das Ganze«, so Betts, »läßt sich leicht erklären: Die anderen Filme waren besser als unsere.« Dazu kam, daß in Hollywood die Gehälter ständig stiegen, während es mit den englischen Löhnen weiter bergabging.

»Schritt für Schritt wurde das Studio dichtgemacht«, erzählte Hitchcock später. »Die Angestellten wurden nach Amerika exportiert: Regisseure wie John Robertson, George Fitzmaurice,

Donald Crisp, große Darsteller wie Anna Q. Nilsson, James Kirkwood, Evelyn Brent, Norman Kerry und Eddie Goulding und auch die Ehefrau von Fitzmaurice, die zugleich seine Autorin war. Sie hieß Ouida Bergere und heiratete später Basil Rathbone. Wir anderen, die damals in London blieben, waren zeitweise arbeitslos. Das leere Studio wurde vermietet, und wir hingen dort herum und versuchten, Jobs zu ergattern. Schließlich tauchte eine Gruppe unabhängiger Produzenten auf.« Unter diesen Unabhängigen war auch ein Mann, über den man zuvor wenig gehört hatte – Michael Balcon. Er sollte der britischen Filmindustrie ein neues Gesicht geben. Und das machte er unter anderem, indem er Alfred Hitchcock zum ersten Mal die Chance gab, einen Film von Anfang bis Ende zu inszenieren.

1920 hatte Balcon zusammen mit Victor Saville in Birmingham einen kleinen Filmverleih gegründet, der sich Victory Films nannte. Die beiden Partner ergänzten sich ideal. Balcon war ein erfahrener Kaufmann, was ihn einen entscheidungsfreudigen Manager und Produzenten werden ließ. Victor Saville dagegen hatte einen guten Showbusiness-Instinkt für Werbung und ein aufmerksames Auge für den amerikanischen Markt. In Birmingham vertraten die beiden auch die Interessen des W.-und-F.-Filmverleihs, der seinen Hauptsitz in London hatte und von dem Finanzmann C. M. Woolf geleitet wurde, 1922 holte Woolf die beiden nach London, um Werbefilme herzustellen. In London trafen sie bald den Regisseur Graham Cutts, einen ehemaligen Marine-Ingenieur, der als Theaterbesitzer ins Filmgeschäft eingestiegen war und jetzt für den unabhängigen Produzenten Herbert Wilcox arbeitete. Es dauerte nicht lange, und Saville, Balcon und Cutts unterhielten sich darüber, wie man kommerzielle Spielfilme herstellen könne.

Sie entschlossen sich, sofort in das Produktionsgeschäft einzusteigen. John Freedman schloß sich ihnen als Partner an, und man machte sich an die unabhängige Verfilmung des Theatererfolgs *Woman to Woman.* Als Hauptdarstellerin holte man den amerikanischen Star Betty Compson (für die überwältigende Gage von 1000 Pfund pro Woche). Unter den Darstellern befanden sich auch Clive Brook und Victor McLaglen. Woolf beschaffte das für die Produktion nötige Geld, und mit einem kleinen Team wurde der Film als eine Balcon-Saville-Freedman-Produktion im Sommer des Jahres 1923 in Islington schnell, aber gekonnt abgedreht. Im folgenden November wurde er mit Erfolg der Öffentlichkeit präsentiert. Balcon hatte Hitchcock für diese Produktion als Regieassistent angestellt, und als sich die Notwendigkeit ergab, sprang Hitchcock auch noch freiwillig bei Script und Szenenbild ein. Balcon, Cutts und die anderen waren dann sehr überrascht, daß Hitchcock nicht nur ambitioniert, sondern auch ebenso talentiert war. Hitchcock war es auch, der den Produzenten erzählte, er kenne eine ausgezeichnete Cutterin, die früher in Islington gearbeitet habe, Alma Reville. Man erlaubte ihm, sie für die Produktion anzustellen.

Ermuntert durch den Erfolg des Films *Woman to Woman*, stürzte sich das Team Balcon–Saville–Freedman in die Produktion von *The White Shadow*, in dem wiederum Betty Compson der Star war. ›Derselbe Star, derselbe Produzent, Autor, Held, Kameramann, Szenenbildner, dasselbe Team, dasselbe Studio, derselbe Verleih wie bei *Woman to Woman*‹, lautete die Reklame. Nur die Einspielergebnisse des neuen Films unterschieden sich. Der Film war ein totaler Reinfall an der Kinokasse. Die Geschäftsverbindung mit C. M. Woolf wackelte, und man löste schließlich die Partnerschaft nach einem dritten Film, *The Prude's Fall*.

Die drei Filme insgesamt boten ein sehr gemischtes Bild, und Graham Cutts begann darüber nachzudenken, ob er das richtige Team beisammen hatte. Möglicherweise war der Regieassistent ein Tänzer auf zu vielen Hochzeiten, beschwerte er sich bei Balcon. Denn Hitchcock schrieb das Drehbuch und die Zwischentitel, entwarf das Szenenbild und stellte die Besetzung zusammen. Obendrein überwachte er die Kostüme und die Ausstattung. Aber Balcon winkte ab. Er hielt Hitchcock für fähig und schätzte ihn als wohlgelaunten Mitarbeiter, der seine Arbeit ernst nahm. Und vor allem sparte Hitchcock der Produktion viel Geld ein. Cutts zog sich grollend zurück, und Balcon fragte sich, wie lange er seinen Starregisseur beruhigen könne.

Im Januar 1924 annoncierte Famous Players-Lasky offiziell, daß das Islington-Studio, das man seit über einem Jahr an unabhängige Produzenten vermietet hatte, jetzt zum Verkauf stünde. ›J. C. Graham vertrat die Meinung‹, so war es in der Fachpresse zu lesen, ›daß aus der Sicht der amerikanischen Gesellschaft die Produzenten daran gescheitert seien, den amerikanischen Filmen etwas qualitativ Vergleichbares zur Seite zu stellen.‹ Balcon faßte einen kühnen Plan. Er wollte versuchen, das Studio, das er schon zuvor gemietet hatte, zu kaufen. Mit einem eigenen Studio könnte er kontinuierlich Filme herstellen. Nur so sah er eine Möglichkeit, allmählich wieder eine britische Filmindustrie zu etablieren.

»Ich hatte sicherlich das übersteigerte Selbstvertrauen der Jugend«, erinnert sich Balcon,

aber ich war selbstkritisch genug, mich nicht in der Rolle des ausgefuchsten Verhandlungsführers zu sehen, der so einen Handel mit einer Major-Company abschließt. Als ich mich also damals mit J. C. Graham, dem Verwaltungsdirektor der Paramount, verabredete, bat ich unseren Steuerberater, mich zu begleiten. Er war verhindert, schickte aber einen jungen Mann namens Reginald Baker. Das Treffen mit Graham habe ich noch klar im Gedächtnis:

Graham: Ja, ich will das Studio verkaufen, und mein Preis sind hunderttausend Pfund.

Baker: Es wird Sie überraschen, Mr. Graham, aber wir können nur 14000 Pfund aufbringen.

Graham: Es wird Sie noch mehr überraschen – ich akzeptiere Ihr Angebot.

Baker: Der Tag ist voller Überraschungen, Mr. Graham. Wir werden unsere Zahlungen auf sieben Raten à 2000 Pfund über sieben Jahre verteilen müssen.

Graham akzeptierte unsere Konditionen. Ich werde den Tag nie vergessen.

Diese Verhandlung hatte etwas von Alice im Wunderland, wie es Balcon später selbst nannte. Innerhalb weniger Wochen war er der Besitzer eines Filmstudios geworden. Er besaß jetzt die technischen Einrichtungen und hatte eine Option auf die Arbeitsverträge der Mitarbeiter. Im folgenden Monat ließ sich Balcon mit seiner Firma ›Gainsborough Pictures‹ im Handelsregister eintragen. Das war ein großer Schritt vorwärts auf dem Weg, das Überleben der britischen Filmindustrie zu sichern.

Während der dreißiger Jahre war Balcon dann für die riesigen britischen Gaumont-Studios verantwortlich (die zum größten Teil den Brüdern Ostrer gehörten); in den 40er und 50er Jahren wurde er dann der erste Mann der Ealing-Studios.

Der erste Gainsborough-Film sollte *The Passionate Adventure* werden, ein vierter Cutts-Hitchcock-Film, gedreht im Sommer 1924 und gestartet im November. Die Partnerschaft mit Saville und Freedman wurde gelöst. Für den Vertrieb schloß man einen Vertrag mit Gaumont, die seit 1922 eine hundertprozentig britische Firma war.

Auf Hitchcock war Balcon aufmerksam geworden ›wegen seiner Filmbesessenheit und seines immensen Lerneifers. Er hatte von seiten der Familie her keine Verbindungen zum Showgeschäft. Seiner Familie gehörten ein paar Fischläden in London. Aber offensichtlich wollte er nur eines: im Film arbeiten. Und ich bin mir sicher, wenn er auch nie das Studio ausgekehrt hat, so wäre er sicher dazu bereit gewesen, wenn es ihm den Weg ins Filmgeschäft geebnet hätte. Er war ein intelligenter Zeichner. Er textete und entwarf Zwischentitel, die im Stummfilm damals so wichtig waren.‹

Von Anfang an – von der ersten Besprechung zum Film *Woman to Woman* an – wollte Hitchcock schnell vorwärtkommen. Später bestätigte er, daß er, obwohl nur Regieassistent, schnell auch andere Tätigkeiten übernommen hatte. Wenn sich beispielweise jemand nach einem guten Drehbuchautor erkundigte, sagte er: »Das kann ich machen.« – »Sie? Was verstehen Sie denn davon?« Er händigte in diesem Fall dem Fragesteller ein Musterdrehbuch aus, das er zuvor geschrieben hatte. »Die Leute waren beeindruckt«, erzählte Hitchcock, »und ich erhielt den Job. Dann ging mein Freund, der Art Director. ›Was machen wir jetzt bloß mit diesem Posten?‹ fragte man sich. Ich sagte: ›Ich werde die Arbeit übernehmen.‹ Und so führte ich fast drei Jahre lang – von 1923 bis 1925 – all diese Arbeiten aus: Ich schrieb das Drehbuch, entwarf Szenenbild und Kostüme, war Regieassistent und Produktionsleiter bei jedem Film.«

Über die Filme dieser Zeit weiß man fast gar nichts; es haben weder Kopien noch Pressematerial oder irgendwelche Produktionsunterlagen überlebt. Aber es ist anzunehmen, daß die Autorität des Regisseurs Graham Cutts allmählich abnahm, während Hitchcock Position für Position eroberte und seine Macht ausbaute. Zehn Jahre später mußte sich dann Cutts nach Tagesjobs in Studios umsehen, während Hitchcock in der eher unangenehmen Position war, seinen früheren Chef mit unwichtigen Nebenarbeiten zu beschäftigen.

Einer der Gründe für das unterschiedliche Karriereglück der zwei Regisseure lag in den Komplikationen, die in Cutts' Privatleben in den frühen zwanziger Jahren auftauchten. Cutts, ein verheirateter Mann, der auch schnell Vater wurde, sah gut aus und liebte geselliges Leben. Das Interesse, das etablierte Schauspielerinnen ihm entgegenbrachten, und die Bewunderung junger Fans sah er nicht ungern. Als er sich mit einer jungen

Dame besonders heftig einließ, stärkte das Hitchcocks Position ungemein.

»*The Prude's Fall*«, erinnete sich Hitchcock, »sollte auf dem Kontinent gedreht werden. Wir fuhren also alle los, um uns nach passenden Drehorten umzuschauen – Paris, Sankt Moritz, Venedig –, aber Cutts' Freundin, eine Estländerin, die er unterwegs aufgegabelt hatte, fühlte sich, wo immer wir hinfuhren, unglücklich. Deshalb kehrten wir schließlich ohne einen Meter Film nach London zurück.« Sehr bald wurde Cutts' Privatleben immer komplizierter, und er benutzte Freunde und Kollegen (auch Hitchcock), um sich gegenüber seinen Geliebten und seiner Frau hinter ihnen zu verstecken; es gab vorgetäuschte Esseneinladungen, heimliche Treffen – eben alle Zutaten eines ›offenen Geheimnisses‹ –, während Hitchcock Mrs. Cutts am Telefon von Nachtdrehs vorlügen mußte. Dazu kam (und vielleicht hing auch das mit seinem bewegten Privatleben zusammen), daß Cutts nur ein geringes Interesse an der Struktur seiner Filme nahm. Wie Rachel Low erzählte, war er »ein sehr unausgeglichener Regisseur, dessen Einfallsreichtum durch keinerlei Disziplin gezügelt wurde und dessen Werk später enttäuschend abfiel«.

Das Team von *The Prude's Fall* kam also ohne einen Meter Film nach England zurück. Niemand wußte, wie Cutts seine vertraglichen Verpflichtungen erfüllen wollte. Hitchcock freilich entwickelte einige Ideen, wie man Balcon helfen konnte, den Film so anzulegen, daß er komplett in dem Studio zu drehen war.

Balcon und seine Angestellten waren im großen und ganzen ernsthaft bei der Arbeit, aber gelegentlich schlugen sie auch gern über die Stränge. Sie waren alle, wie auch Hitchcock, in den Zwanzigern. Cutts, der fast vierzig war, bildete die einzige Ausnahme. Und so folgten langen Arbeitstagen im Studio auch oft lange Nächte in Londoner Clubs. Hitchcock, der sich Balcons Anerkennung aufgrund seiner vielseitigen Talente und seines schnellen Verstandes bald verdient hatte, nahm an diesen Abenden und Nächten so gut wie nie teil. Er ging allein seinen Vergnügungen nach, selbst wenn es um die Freuden des Essens ging, denen er sich gern hingab (zum Beispiel bei Simpsons). Er ging weiter allein ins Theater, und während dieser Jahre sah er immer wieder Stücke, die ihn fesselten und die auch seine Neugier in puncto Sex erregten, einem Gebiet des Lebens, das bis dahin für ihn unerforschtes Gelände war.

Zwischen 1920 und 1925 sah Hitchcock alle wichtigen Aufführungen in London, und in seinen späteren Filmen fanden sich immer wieder Echos aus jenen Stücken. 1920 sah er Fay Compton in der Titelrolle von James M. Barries *Mary Rose* – einer zerbrechlichen, zarten Fantasie in einem schwebenden bittersüßen Ton. Das Stück kam 1926 und 1929 neu heraus. Daß er bei seinem Versuch, es vierzig Jahre später zu verfilmen, erfolglos blieb, war vielleicht das frustrierendste Erlebnis seines künstlerischen Lebens. Hitchcock sah auch Galsworthys *The Skin Game*, das er später für John Maxwell verfilmen sollte; und er sah *The Last of Mrs. Cheyney*, Frederick Lonsdales Komödie um Sex und Diebstahl. Die Schlafzimmerszene dieses Stücks, die gewagte Antwort auf eine sexuelle Erpressung, nimmt direkt die bizarren Situationen aus *Über den Dächern von Nizza* und *Marnie* vorweg (die Hitchcock gegenüber den Vorlagen der Romane von David Dodge und Winston Graham radikal veränderte).

Damals sah er die *Bettler-Oper;* er sah Gladys Cooper, die später in Hitchcocks *Rebecca* spielte, in *The Second Mrs. Tanqueray;* Edmund Gwenn, der später in vier Hitchcock-Filmen auftreten sollte, in *Old Bill, M. P.* Er sah Conrads Bühnenfassung seines eigenen Romans *The Secret Agent*, ein Theaterereignis, das Hitchcock offensichtlich derartig beeindruckte, daß er 1936 Balcon dazu überredete, es ihn als *Sabotage* verfilmen zu lassen. In *Merton of the Movies* trat Patricia Collinge auf, die dann die Mutter namens Emma in *Im Schatten des Zweifels* spielen sollte. Brian Aherne spielte in *The Lady from the Sea* – er erschien später in *Zum Schweigen verurteilt* – und Herbert Marshall, Hitchcocks Star in *Murder* (1930) und *Mord* (1940), wie auch Josephine Wilson, die falsche Miß Froy in *Eine Dame verschwindet*. Noch viele andere, die Hitchcock in den zwanziger Jahren auf Londoner Bühnen sah, sollten später in seinen Filmen wieder auftauchen. Und wenn er mit ihnen dann arbeitete, konnte er sich immer noch sehr gut an ihre Bühnenauftritte erinnern: Cedric Hardwicke, Ivor Novello, John Laurie, Malcolm Keen, Esme Percy, Edna Best, May Whitty, Leo G. Carroll, John Williams, Isabel Jeans, Sara Allgood, Cathleen Nesbitt, Henry Kendall. Und die großartige Tallulah Bankhead.

Zum ersten Mal sah Hitchcock sie 1923, als sie ihr Londoner Debüt in *The Dancers* gab, einem Stück von Hubert Parsons (das war das gemeinsame Pseudonym von Viola Tree und Gerald du Maurier). Bankhead spielte die Rolle der Maxine und trat nur im ersten und dritten Akt auf. Das Stück erlebte seine Premiere am 15. Februar 1923 im Wyndhams-Theater. Nigel Bruce und du Maurier waren die Stars. Das Stück wurde 344mal aufgeführt und war damit das längste En-suite-Spiel Bankheads bis zu der New Yorker Aufführung von *The Little Foxes* Jahre später. An einem bitterkalten Winterabend sah Hitchcock die Bankhead und war von ihrem herben Charme und ihrer Sinnlichkeit gefesselt. Er machte sich eine geistige Notiz. Zwanzig Jahre später bestand er darauf, daß sie in seinem Film *Lifeboat* die Hauptrolle spielte.

Von dem Europa-Trip für *The Prude's Fall* brachte Hitchcock mehr mit als einige rettende Einfälle: Er brachte eine Verlobte heim. Keiner seiner Kollegen, die sich bereits an den Gedanken gewöhnt hatten, in Hitchcock den ewigen Junggesellen zu sehen, war darauf vorbereitet. Man könnte es als die erste in einer langen Reihe von Überraschungen betrachten. Seine Verlobte war, so eröffnete er ihnen, niemand anderes als die freiberufliche Cutterin aus Islington, Miß Alma Reville.

Alma Lucy Reville war nur einen Tag später als Hitchcock geboren – am 14. August 1899, in der Caroline Street 69 in Nottingham. Ihr Großvater väterlicherseits, George Edward Reville, war in dieser Stadt Schmied gewesen, und seine Frau Jane Bailey Reville kam gleichfalls aus der Arbeiterschicht. Sie lebten in der Woolpack Lane, als ihr Sohn Matthew Edward (Almas späterer Vater) am 28. September 1863 geboren wurde.

Almas Mutter, Lucy Owen, wurde drei Jahre später geboren, am 3. November 1866 als Tochter von Hugh und Ann Dance Owen. Lucys Vater war ein pensionierter Militär und ihre Mutter adeliger Herkunft, die ihre Familie über etliche Generationen in Nottingham zurückverfolgen konnte. Die Owens hatten lange Zeit in einer passenderweise Robin Hood Terrace genannten Straße gewohnt. Lucy Owen heiratete Matthew Reville am 25. August 1891 im Castle Gate Meeting House, einer protestantischen Kirche. Matthews Schwester Annie war Brautjungfer. Acht Jahre später wurde Tochter Alma in einem Haus in der Caroline Street geboren, in das die Familie während Mrs. Revilles Schwangerschaft gezogen war. Kurz darauf zogen sie nach Twickenham um, in den Westen von London.

An Wochenenden und während der Schulferien nahm die Mutter Alma mit ins Kino. Das war etwa zur selben Zeit, als sich im East End Alfred Hitchcock auf dieselbe Weise unterhielt. Almas Interesse am Kino entwickelte sich allerdings schneller als seines: Die Studios der London Film Company lagen nur ein paar Minuten mit dem Fahrrad von Almas Haus entfernt. Alma fuhr oft dorthin, um den Schauspielern bei kurzen Szenen, die im Freien gedreht wurden, zuzusehen. Sie entwickelte einen solchen Enthusiasmus für das Kino, daß ihr Vater ihr nach der Schule über einen Nachbarn eine Stellung in einem Filmschneideraum verschaffte. »Das war damals die einzige Möglichkeit«, sagte Alma, »ohne Erfahrung im Film anzufangen.«

1915 war es nämlich üblich, daß ein Filmregisseur seinen Film selbst schnitt, wobei ihm nur wenige Leute halfen, die nach seinen Anweisungen arbeiteten. Filmmontage war damals noch kein kreativer Beruf. Alma begann also mit sechzehn Jahren in einem Schneideraum zu arbeiten. Ihrem späteren Ehemann hatte sie damit vier Jahre voraus. Eines Tages bat man sie, bei einer Serie von Spielfilmen ›Continuity‹ zu machen. Sie hatte keine Ahnung, was der Ausdruck bedeutete, aber sie wollte, wie Hitchcock, im Film Karriere machen. Also erlernte sie sehr schnell die Kunst, die Continuity zu überwachen, was bedeutete, für die logische Abfolge der Szenen verantwortlich zu sein, Einstellung für Einstellung darauf zu achten, daß die Kostüme und der Hintergrund, aber auch die Gesten der Darsteller aneinander anschlossen und der Zusammenhang des Drehbuchs während des Drehens gewahrt blieb. Schließlich wurde der Freund und Nachbar ihres Vaters von Famous Players-Lasky abgeworben, und sie ging mit ihm. 1921, während sie als Cutterin und Scriptgirl arbeitete, lernte sie dann Hitchcock kennen.

Er arbeitete damals noch frei für das Studio und kam täglich, um sich nach Arbeit umzusehen. Schon am zweiten Tag stellte er sich Alma vor. Ihr fiel sofort seine ungewöhnlich ruhige Art auf. Mit unbewegtem Gesicht fragte er sie nach einem Büro, sie zeigte es ihm, und er ging ruhig und ungerührt über den Hof des Studios, als spaziere er durch den Regents Park. Mit seinen Zwischentiteln unter dem Arm verschwand er in einem Produktionsbüro. In dem damaligen Chaos in Islington war seine nonchalante Art absolut ungewöhnlich. Alma erinnerte sich später, daß er damals einen zu weiten grauen Mantel trug, der seinen Leib wie ein orientalisches Gewand umschloß und lächerlich wirkte. Und beinahe wäre sie auch in Lachen ausgebrochen.

Während die Wochen des Jahres 1921 vergingen, hatte sie

noch mehr Grund zum Staunen. Die beiden liefen sich nach dem ersten Treffen oft über den Weg und arbeiteten sogar an denselben Filmen. Doch Hitchcock schien nie von ihr Notiz zu nehmen, sprach nie ein Wort zu ihr – bis schließlich die Produktion *Woman to Woman* begann und Hitchcock Regieassistent von Cutts wurde. Da klingelte eines Abends das Telefon im Haus ihrer Eltern in Twickenham, und am anderen Ende der Leitung sagte eine kühle und distanzierte Stimme: »Ist dort Miß Reville? Alfred Hitchcock. Ich bin zum Regieassistenten einer neuen Produktion ernannt worden und wollte fragen, ob Sie als Cutterin an diesem Film arbeiten möchten.«

Als sie dann mit ihm zusammenarbeitete, fand sie heraus, weshalb er sie so lange ignoriert hatte. »Ich bin bei Frauen sehr schüchtern«, gestand er ihr eines Tages bei einer Tasse Tee – danach sprachen sie nie mehr davon. Er verhielt sich ihr gegenüber strikt kollegial. Die beiden verbrachten nicht ihre Freizeit zusammen, es fand keinerlei Form von Brautwerbung statt, noch stellte er sie seiner Mutter vor. Später gab er dann zu, daß er sie fast ununterbrochen angeschaut hatte, wenn sie es nicht bemerken konnte. »Aber für einen britischen Mann war es damals unmöglich zuzugeben, daß eine Frau einen wichtigeren Posten hatte als er selbst. Ich wartete also, bis ich einen höheren Posten hatte – Regieassistent.«

Die beiden arbeiteten bei mehreren Balcon-Cutts-Filmen zusammen. Zum Heiratsantrag kam es dann schließlich an Bord des Schiffes von Deutschland nach England nach der erfolglosen Drehortsuche für *The Prude's Fall*. Hitchcock selbst beschrieb das Ereignis.

An dem Tag, an dem ich Alma meinen Heiratsantrag machte, lag sie in der oberen Koje einer Schiffskabine. Das Schiff schlingerte ungeheuer, und Alma ging es schrecklich. Sie war seekrank. Wir fuhren von Deutschland nach London zurück. Alma war meine Untergebene. Ich konnte es nicht riskieren, mich besonders blumig auszudrücken, denn ich hatte Angst, daß Alma es in ihrem Zustand für eine Szene aus einem Filmdrehbuch halten würde, die ich mit ihr diskutieren wollte. So geschah es dann, und sie stöhnte, nickte mit dem Kopf und rülpste. Das war eine meiner größten Szenen – vielleicht ein bißchen schwach im Dialog, aber wunderbar inszeniert und nicht überspielt.

Ihre Verlobungszeit dauerte wesentlich länger, als das heutzutage üblich ist. Sie heirateten erst im Dezember 1926, nachdem

Hitchcock bereits drei Filme inszeniert hatte. »In erster Linie wollte ich Filmregisseur werden«, sagte Hitchcock, »und erst in zweiter Linie Almas Mann. Ich spreche nicht über emotionale Präferenz, um nicht mißverstanden zu werden. Ich hatte nur das Gefühl, wenn ich das erstere geschafft hätte, würde ich auch die Verhandlungen zum zweiten Punkt erfolgreich abschließen können.« Im Licht dieser kuriosen, aber auch außerordentlich enthüllenden Sätze ist es auch wichtig zu vermerken, daß Almas eigene Zukunft als Produzentin und Regisseurin – eine Möglichkeit, die Produzenten wie Balcon und Basil Dean und Regisseure wie Adrian Brunel und Henrik Galeen sich durchaus vorstellen konnten – von da an völlig der Karriere ihres Mannes untergeordnet wurde. Die Verbindung basierte offensichtlich eher auf einer beruflichen Symbiose als auf einer großen Leidenschaft. Alma Reville galt bereits als eine der wenigen brillanten Cutterinnen und Drehbuchautorinnen Englands, und Alfred Hitchcock war im Jahre 1926 bereits das Film-Wunderkind. Man kann sich leicht vorstellen, wie die beiden sich entschieden (denn bereits damals waren sie eher Menschen, die sich entschlossen, statt zu hoffen), daß sie die großen Drehbücher für ihn schreiben würde, die er dann in hochkünstlerische Filme umsetzen sollte.

Aber sie waren einander mehr als Partner in der Arbeit, und niemand zweifelte je daran, daß sie gegenseitig füreinander da waren. Andererseits gab es in ihrer Beziehung immer auch einen Stich gegenseitiger Abneigung, was Hitchcock selbst einmal zugab. Und ihre Haltung zueinander hatte auch immer etwas von zwei streitenden Kindern. Der Heiratsantrag an Bord eines Schiffes auf stürmischer See – ein Klischee aus einem billigen, sentimentalen Roman – war doch auch ein Omen für ihre Zukunft. Sie sollten mehr als ein halbes Jahrhundert verheiratet bleiben, aber der gemeinsame Weg war oft hart, und die Stürme der Verwirrung bliesen oft bitterkalt über ihn.

Während ihrer Verlobungszeit fuhren sie noch öfter auf den Kontinent. Die erste Reise fand 1924 statt im Zusammenhang mit einer britisch-deutschen Coproduktion. Die Krise der britischen Filmindustrie war vorangeschritten, und Michael Balcon hatte sich mit dem Berliner Produzenten Erich Pommer zusammengetan, um *The Blackguard* in Neubabelsberg zu drehen. Dort hatte die Universum Film Aktiengesellschaft (UFA) die besten Studioeinrichtungen der Welt. Der Film sollte von W. und F.

verliehen werden. Den Profit wollte man sich teilen. Der deutsche Film der Ära nach dem Ersten Weltkrieg war wegen seines visuellen Stils weltberühmt. Hitchcocks Erfahrungen als Regieassistent (und später als Regisseur) in Deutschland hatten einen großen Einfluß auf sein Leben und seine Karriere. Deshalb lohnt es sich, die Stellung des deutschen Films innerhalb der Filmindustrie kurz zu untersuchen.

Obwohl die britischen und amerikanischen Regisseure den deutschen Geschichten und Schauspielstilen nichts Vergleichbares entgegenzusetzen hatten, versuchten sie doch, die Lichtführung und den Schnitt, die ausgefallenen Kamerawinkel und die langen, dunklen Schatten, die der morbiden Psychologie eines Landes im gesellschaftlichen Chaos entsprachen, zu imitieren. So gab es gerade während der Weimarer Republik, zu einer Zeit, da die Deutschen von Inflation und sozialer Unruhe geplagt waren, immer wieder britische Versuche, zum gemeinsamen Vorteil Coproduktionen zuwege zu bringen. In diesem Zusammenhang stand auch Balcons Partnerschaft mit Pommer.

Das Kino der Weimarer Republik hatte seine Wurzeln in der Vorkriegs-Kultur. Dazu kamen der Einfluß des Theatermannes Max Reinhardt und die stilisierende Atmosphäre des Expressionismus. Der deutsche Film war damals vor allem ein Studio-Film, der eine Fantasiewelt hervorbringen sollte, die stärker sein mußte als das alltägliche Leben. Ein Film wie *Das Kabinett des Dr. Caligari* (von Robert Wiene 1919 inszeniert), eine Geschichte des Wahnsinns vor verzerrtem, hochkünstlichem Szenenbild, etablierte nicht nur den Ruf des deutschen Films für bizarre Geschichten, sondern vor allem auch für nie gesehene und einprägsame Szenenbilder. Der Film porträtiert das Irrationale und Unterbewußte in einer Weise, die den Zuschauern den Eindruck vermittelte, daß es sich dabei wirklich um das Chaos und die Wirren ihrer Gegenwart handelte.

Den expressionistischen Fantasien folgte recht bald eine neue Form. Diese Filme behielten zwar den visuellen Stil ihrer Vorgänger bei, beschäftigten sich aber mit wiedererkennbaren größeren Ausschnitten des Alltags. Es gab die Kammerspielfilme, die den Regeln der Einheit von Zeit und Ort folgten und realistische, begrenzte Situationen wiedergaben. Dabei versuchte man universelle Situationen widerzuspiegeln, ohne sich besonders auf Zwischentitel zu verlassen. Das berühmteste Beispiel dieses Genres war nach etlichen weniger gelungenen Versuchen F. W.

Murnaus Klassiker *Der letzte Mann* (der in der englischen Version *The Last Laugh* betitelt war). In diesem Film aus dem Jahre 1924 spielte Emil Jannings einen alternden Hotelportier, der schließlich zum Toilettenwärter degradiert wird.

Ein Sub-Genre der Kammerspielfilme war der sogenannte Straßen-Film, der die Sicherheit des heimischen Herdes gegen die Gefahren der Welt draußen ausspielte. Ein gutes Beispiel für dieses Genre ist der entsprechend betitelte Film von Karl Grune aus dem Jahr 1923, *Die Straße*. In ihm fanden sich nicht nur Bilder und Haltungen, die dem Geist der deutschen Nachkriegsjahre entsprachen, sondern auch etwas, das Hitchcocks eigener Seele sehr nahestand. Der Film handelte von einem Mann, der aus der Langeweile einer Ehe flieht und sich in das verführerische Großstadtleben stürzt. Dort freilich stößt er nur auf Chaos und Gefahr und kehrt daher bald in seine frühere wohlgeordnete Welt zurück. Dieser thematische Gegensatz von der Sicherheit des Heimes gegenüber dem Chaos der Außenwelt taucht auch in anderen Straßen-Filmen immer wieder auf. Hitchcocks Filme (von *Endlich sind wir reich* bis zu *Der unsichtbare Dritte*) zeigen deutlich seine Affinität zu diesem Thema.

Der neue Realismus der deutschen Filme der Jahre 1923, 1924 und 1925 war allerdings kurzlebig. Die große Wirtschaftskrise veränderte die Themen und Bilder. Doch bis dahin konnte Hitchcock in technischer und dramaturgischer Hinsicht vieles von den Deutschen lernen. Er überwachte praktisch alle Funktionen bei der Produktion des Films *The Blackguard* im Jahre 1924. Und von da bis zur Inszenierung seiner beiden ersten eigenen Filme im Jahre 1925 in den Münchener Emelka-Studios wirkte der teutonische Geist auf ihn ein.

Cutts, Hitchcock und das Team trafen also in Berlin ein und fanden eine Großstadt vor mit den unterschiedlichsten Bezirken und unterschiedlichsten Bevölkerungsschichten. Vor allem aber fanden sie einen Ort, an dem es die modernsten Filmaufnahmegeräte gab, und sie trafen auf eine hochentwickelte Kunst des Filmhandwerks. Die kosmopolitische Atmosphäre, die lockeren Sitten, alles muß auf den naiven jungen Hitchcock eher schockierend gewirkt haben. Auf der anderen Seite konnte damals keine Stadt einem Künstler bessere Arbeitsmöglichkeiten bieten. Berlin war das Hollywood des Kontinents, ein einziges großes Labor für Filmexperimente, ein magischer Anziehungspunkt für die besten Techniker des neuen Mediums.

»Das war damals die große Zeit des deutschen Kinos«, sagte Hitchcock später.

Ernst Lubitsch inszenierte Filme mit Pola Negri, Fritz Lang drehte Filme wie *Metropolis,* und F. W. Murnau arbeitete an seinen Klassikern. Das Studio, in dem ich arbeitete (UFA), war riesig, größer als heutzutage etwa die Universal-Studios. Im Freigelände hatte man einen kompletten Bahnhof errichtet. Für *Siegfried* hatte man den Wald des Nibelungenliedes nachgebaut (den Hitchcock übrigens sofort nach seiner Ankunft abreißen ließ, um Raum für seine riesige Treppe in *The Blackguard* zu schaffen).

Als ich in Berlin ankam, konnte ich nicht ein einziges Wort Deutsch. Ich hatte den Posten eines Art Directors und arbeitete Hand in Hand mit einem deutschen Zeichner. Wir konnten uns nur mit Hilfe des Bleistifts verständigen – wir zeichneten kleine Bilder, damit wir uns gegenseitig verstehen konnten. Dieser Zeichner sah ein bißchen wie Harpo Marx aus. Wir beide entwarfen die Zwischentitel und das Szenenbild. Und ich war schließlich gezwungen, die Sprache zu lernen.

Deutschland stürzte damals ins Chaos, aber die Filme gediehen. Die Deutschen legten damals größeren Wert darauf, ihre Geschichten über die Bilder zu erzählen. Man vermied Zwischentitel, wo es nur möglich war. *Der letzte Mann* war beinahe der perfekte Film. Er erzählte seine Geschichte ohne Titel; von Anfang bis Ende vertraute er ganz auf seine Bilder. Das hatte damals einen ungeheuren Einfluß auf meine Arbeit.

Während also Cutts mit den Details des Films *The Blackguard* kämpfte und hinter dem Zeitplan zurückblieb, beobachtete Hitchcock, wie nur eine Studiohalle weiter Murnau den *Letzten Mann* drehte. Dabei lernte er mehr über Film als all die Jahre zuvor in London (selbst als er bei Fitzmaurice gelernt hatte). »Seitdem waren meine Vorbilder immer die deutschen Filmemacher der Jahre 1924 und 1925. Sie bemühten sich vor allem darum, Ideen rein visuell zu vermitteln.«

An einem Nachmittag stand Hitchcock dabei, als Murnau eine besonders komplizierte Szene drehte. Danach erklärte Murnau Hitchcock, weshalb er alles so merkwürdig hatte konstruieren lassen. Die beiden Männer waren äußerst unterschiedliche Naturen, doch die Leidenschaft für den Film war ihnen gemeinsam. Murnau war hochgewachsen, elegant und gab sich keine Mühe zu verbergen, daß er homosexuell war. Andererseits stellte er seine Homosexualität auch nicht besonders zur Schau. Daß er so problemlos mit dieser allgemeinen Kenntnis über ihn umging, überraschte viele im britischen Team. Neben ihm stand Hitchcock, kleiner, fett und nicht gerade ein lockerer Typ, den schon die Gegenwart von Frauen unbehaglich stimmte, ganz zu schweigen von homosexuellen Männern. Dennoch herrschte zwischen den beiden gutes Einvernehmen, und Murnau erklärte dem englischen Regieassistenten seine Arbeitsweise. Er filmte gerade eine Szene in einem Bahnhof. Die Szene zentrierte sich um eine große Bahnhofsuhr. Alle Fluchtlinien der Dekorationen liefen auf die Uhr zu und betonten so das zeitliche Element in der Szene. Der Hintergrund des Szenenbildes war in einer stark verkürzten Perspektive konstruiert, die den Eindruck großer Tiefe erweckte.

»Die Lokomotive, eine ganze Reihe von Eisenbahnwagen und das gläserne Dach des Bahnhofs stimmten in der Perspektive«, sagte Hitchcock. »Die Szenerie hatte einen Nachteil: Je mehr sich die Perspektive verjüngte, desto spärlicher war sie ausgeleuchtet. Dieses Problem lösten sie dann, indem sie in der Entfernung, an dem Punkt, an dem die Perspektiven zusammenliefen, einen echten Zug auffahren ließen, aus dem sie Menschen aussteigen ließen.«

Dieser eine Nachmittag mit Murnau hatte schon am nächsten Tag seine Folgen, als Hitchcock Szenenbilder für *The Blackguard* entwarf. Später zeigte sich sein Einfluß dann auch in der Eröffnungssequenz von *Endlich sind wir reich*: im Büro des Henry Kendall, im Expressionismus der riesigen Uhr und in den merkwürdigen Schatten und Linien, wie auch in der Atmosphäre, die das Gefühl vermittelt, daß eine professionelle Ordnung gestört wird, wenn Sekunden später die Menschenmassen der Arbeiter plötzlich die Hallen und Treppenfluchten bevölkern.

Ich eignete mir damals vieles über die Techniken der Szenenbildkonstruktion und über Perspektiven an. In *The Blackguard* mußte ich eine Szene filmen, die vor dem Portal des Doms von Mailand spielt. Dieses Portal hat mit die größten gotischen Säulen in ganz Europa. Ich brauchte nur ein Bild, wie ein Mann durch das Portal ins Dunkel des Innenraums ging. Ich mußte mich entscheiden, wie ich das filmen wollte. Das gesamte Portal des Mailänder Doms hätte ich nie bauen können; die Türen allein sind etwa dreißig Meter hoch. Ich baute es dennoch, in der exakten Höhe – allerdings nur in Form einer einzigen linken Säule ... Sie hatte enorme Ausmaße, und ich ließ gleich noch sechs Stufen mitbauen, die ich genau berechnete. Wir hatten also den Fuß dieser riesigen Säule und ein paar Linien, die rechts aus dem Bild liefen. Dann ging ich zum Zoo und borgte mir ein paar Tauben aus. Da waren also jetzt diese paar Tauben, die um die Säule flatterten und auf dem Stein saßen. Das Wichtige bei der ganzen Sache war, lieber einen kleinen Ausschnitt so präzise wie möglich zu rekonstruieren, als die ganze Konstruktion billig und unvollkommen nachzubauen.

Außer diesem Murnauschen Sinn für suggestive Perspektiven, die architektonische Ökonomie mit visueller Kraft verbanden, zog Hitchcock auch viele Anregungen aus den damals vorherrschenden Bildern des deutschen Films. In ihnen drückten sich der Schrecken der Nachkriegsjahre, soziale Unruhe und emotionale Entfremdung aus, zugleich eine Furcht vor dem Wahnsinn der Vergangenheit (der Kriegserfahrung) und der unmittelbaren Zukunft (auf die die Wirtschaftskrise ihre Schatten warf und in der viele bereits die Bedrohung der Tyrannei spürten).

Der Rummelplatz im *Kabinett des Dr. Caligari* gehörte zu den stärksten Bildern dieser Ära. Diese Bilder entstammten der Tradition zirzensischer Grotesken, verwiesen auf Goethes Hexensabbat im *Faust* ebenso wie auf die alptraumhaften Kirmeswelten in Hoffmanns Erzählungen. Das war der Ort, wo sich die Kräfte des Wahnsinns und der tödlichen Begierden trafen, wo das Außerordentliche Realität wurde (und somit überwunden). Und genau diese Bedeutung haben die Kirmesplätze in Hitchcocks *Mr. und Mrs. Smith,* in *Die rote Lola* und in *Der Fremde im Zug.* In *The Ring* sollte er wenig später die Verbindungen zwischen Bildern von Kirmesplätzen und Freaks und Abweichungen im physischen als auch emotionalen Dasein erforschen. Und in *Saboteure* entläßt der Kirmesplatz seine Freaks in die ›normale‹ Gesellschaft, um dort das Normale in Frage zu stellen.

Das Jahr 1924 war also im künstlerischen Leben Alfred Hitchcocks von besonderer Bedeutung: Von den deutschen Filmemachern und Technikern, aus der deutschen Geschichte und Kultur lernte er, wie man in einer Sequenz Spannung aufbaut, welche Elemente zu einem kraftvollen, ausdrucksstarken Bild beitragen; er lernte etwas über Licht und Schatten, über Charaktere und Dekor. Vor allem aber lernte er etwas über die Natur und die Kraft eines Bildes, dessen Gleichgewicht gestört war. Jede Einstellung in den besten deutschen Filmen der zwanziger Jahre weist diese bedrohliche, unruhige, erwartungsvolle Qualität auf, eine Qualität, die von einem Ungleichgewicht herrührt. Und genau diese Qualität zeigt sich auch später in Hitchcocks schwarzweißen Arbeiten – in der Treppenszene aus *Im Schatten des Zweifels;* in der Szene in dem Sebastian-Landsitz in *Berüchtigt;* in den Auftritten und Abgängen im Gerichtssaal und während des Besuchs von Hindley Hall in *Der Fall Paradine;* in der Schlußkonfrontation unter der Bühne in *Die rote Lola;* in den Innenräumen des Anthony-Hauses und in der Schluß-Sequenz auf dem Kirmesplatz in *Der Fremde im Zug;* in den bedrückenden Innenräumen des Salestrero-Heims in *Der falsche Mann;* im Motel und im Bates-Haus, einem wahren Königreich des Todes, in *Psycho*.

Wenn Hitchcock nicht mit Cutts an *The Blackguard* arbeitete oder Murnau bei der Arbeit zuschaute, ging er seiner Lieblingsbeschäftigung nach: Er ging ins Theater, obwohl er natürlich nicht alle deutschen Dialoge verstehen konnte. Schnitzlers *Der Reigen* gab es nach seiner Premiere im Jahre 1920 bereits in der Wiederaufführung in Berlin, und die Arbeiten von Wedekind, Hauptmann, Thoma, Halbe und Gorki standen immer wieder auf dem Spielplan. Man weiß nicht genau, welche Aufführungen Hitchcock damals sah, denn er selbst konnte sich später nicht mehr präzise an Titel erinnern. Aber das Theater im Berlin der Jahre 1924 und 1925, ob es sich nun um Klassiker-Aufführungen oder um romantische Stücke handelte, war immer interessant. Was immer also Hitchcock gesehen haben mag, es wird kaum etwas darunter gewesen sein, was für ihn vom Optischen her nicht fesselnd gewesen wäre.

Bekannt ist hingegen, daß Hitchcock damals begann, sich sehr für die Welt der Gebrüder Grimm zu interessieren. Er las nicht nur die reich illustrierten Bände, sondern sah auch die Bühnen- und Puppentheateraufführungen, die damals äußerst populär waren. Die Welt der Gebrüder Grimm wimmelte von grotesken Figuren, schrecklichen Verwandlungen und einfallsreichen Drehungen an den Daumenschrauben der Moral. Diese Geschichten aus der Tradition der Volksmärchen oder Bauerngeschichten stellten Kombinationen des Grotesken mit dem Alltäglichen dar, die Hitchcock bis zum Ende seines Lebens faszinieren sollten. Er lernte damals auch das symbolhafte Kunstmärchen kennen, artifizielle Geschichten. Beide Märchentypen waren im allgemeinen kurz und bewegten sich spielerisch zwischen der Realität und der Welt der Fantasie, und oft hatten sie ein tragisches Ende. Einer der führenden Repräsentanten auf diesem Gebiet deutscher Romantik war Ludwig Tieck, der Elemente des Psycho-Horrors mit bildhaftem Realismus verband. Von den Geschichten E. T. A. Hoffmanns lernte Hitchcock die Technik, Humor und Horror miteinander zu mischen, indem man die Welt nächtlicher Alpträume geschickt mit dem Alltag in Büro oder Küche mixte. Nach dem Krieg hatten die Arbeiten dieser beiden Autoren neue Popularität erlangt. In Hitchcocks Bibliothek in England würden sich später verschiedene Ausgaben der Werke Hoffmanns auf deutsch und englisch wiederfinden.

Als *The Blackguard* beendet war, kehrte das Team im Frühjahr 1925 nach England zurück. Produzent Balcon hörte von Cutts' Depressionen; dem Regisseur fiel es zunehmend schwerer, mit technischen Problemen fertig zu werden. Und Cutts entwikkelte zugleich eine Abneigung gegen die technischen Fertigkeiten seines Regieassistenten. Eine Zeitlang herrschte Unklarheit, wer von den beiden bei zukünftigen Projekten welche Aufgaben übernehmen sollte. Das Team Cutts–Hitchcock war einst eine ideale Kombination gewesen: ein genialischer, extrovertierter Regisseur mit einem ernsthaften, ambitionierten Assistenten, der fast 15 Jahre jünger war. Cutts war für Hitchcock eine Art Mentor gewesen, und obwohl das Hitchcock nie unlieb gewesen sein mag, spürte er doch, daß er zu mehr fähig war, wenn man ihm nur die Chance gab. Auch würde sich sein eigener Stil von dem Cutts' sehr unterscheiden. Hitchcock war sich seiner Intelligenz inzwischen sicher (er hatte innerhalb kurzer Zeit recht gut Deutsch gelernt), und er wußte um die Vorzüge seines ruhigen Privatlebens.

Sein Privatleben konzentrierte sich in aller Gemessenheit darauf, Alma irgendwann zu heiraten – wann genau, konnte keiner von beiden sagen. Zu Hause stand immer noch Hitchcocks Mutter im Mittelpunkt seines Lebens, und er blieb bei ihr in Leytonstone wohnen, während Alma weiter bei ihren Eltern in Twikkenham lebte. Sie trafen sich zum Abendessen nach der Arbeit, gingen gelegentlich zusammen ins Theater oder auch einmal zu den Nachmittagsvorstellungen, die einmal im Monat die London Film Society veranstaltete.

Inzwischen akzeptierten bereits einige Londoner Intellektuelle das Kino nicht nur als unvermeidbares Vergnügen, sondern auch als Kunstform. Die ersten Filmkritiker begannen in London zu schreiben, die neue Kunst wurde endlich ernst genommen, und so konnte das Kino auch in einem Viertel wie Mayfair allmählich so populär werden, wie es in Poplar schon war. Schon 1919 war der Stoll Picture Theatre Club gegründet worden, in dem man sich traf, um Filme zu diskutieren. Hilaire Belloc, G. K. Chesterton und St. John Ervine gehörten zu den ersten Mitgliedern. Ab 1925 begann sich die London Film Society regelmäßig zu treffen. Ihr führender Kopf war Iris Barry, Filmkritikerin des ›Spectator‹ und dann zwischen 1925 und 1930 der ›Daily Mail‹. (Später arbeitete sie im Museum of Modern Art in New York und wurde 1935 dort zur Film-Kuratorin ernannt.)

Im Vorstand der Filmgesellschaft waren zusammen mit der Barry der Filmkritiker Ivor Montagu, der Verleiher und Theaterbesitzer Sidney Bernstein, der Regisseur Adrian Brunel und der Kritiker Walter Mycroft vom ›Evening Standard‹. Weitere Mitglieder waren Hugh Miller, Anthony Asquith, Lord Ashfield, Roger Fry, Lord David Cecil, Julian Huxley, George Bernard Shaw, H. G. Wells, John Maynard Keynes, Augustus John, Angus MacPhail, Dame Ellen Terry und George Pearson. Die Zusammenkünfte im New Gallery Cinema in der Regent Street und im Tivoli im Strandviertel waren intelligente, zuweilen politisch radikalisierte Treffen, bei denen heftig debattiert wurde. Hier traf Hitchcock etliche Menschen, die in seiner späteren Karriere noch eine Rolle spielen sollten.

Als man begann, über die Treffen der Film Society und über die erlesenen Mitglieder zu schreiben, nahmen davon die höhere Gesellschaft und selbst Mitglieder der königlichen Familie Notiz. König George und Königin Mary sahen sich 1924 einen Film an, den die Film-Gesellschaft öffentlich empfohlen hatte. Und im folgenden Jahr war auch der Prinz von Wales bei der Aufführung von *Covered Wagon* im London-Pavillon zu sehen. Der Herzog von Kent machte kein Geheimnis daraus, daß er sich Erich von Stroheims *Foolish Wives* gleich dreimal angeschaut hatte, und der Herzog und die Herzogin von York besuchten mit einem Kreis von Freunden 1926 die Aufführung von *Beau Geste* im Plaza Theatre.

Die Film Society (und auch das Publikum) stellte aber immer wieder fest, daß der größte Teil der britischen Filme von so schrecklicher Qualität war, daß es schon an eine nationale Schande grenzte. Die amerikanischen Importe waren um so vieles besser, daß allein schon ein amerikanischer Verleihtitel oder der Name einer amerikanischen Produktion den Kassenerfolg garantierte. 1927 schrieb Arnold Bennett: »Alle neuen (britischen Film-) Geschichten sind konventionell, überaus sentimental, unbeholfen und auf fatale Weise mit Einfallsarmut geschlagen.«

Dazu kam, daß in den Kinos geschmacklose Unterhaltung auch neben den Filmen triumphierte. Zur Aufführung von D. W. Griffiths amerikanischem Film *Broken Blossoms* (mit Lilian Gish, Richard Barthelmess und Donald Crisp) ließ man von der Decke eines großen Londoner Kinos Käfige mit singenden Kanarienvögel herabhängen. Amateur-Impresarios durften sich mit schlechten Ballettaufführungen in örtlichen Kinos vor den Filmen austoben. Mittelmäßige Filme wurden mit Live-Auftritten gepaart. So gab denn Paul Whiteman mit seiner Band ein musikalisches Zwischenspiel oder Edward Elgar dirigierte eine mißglückte Darbietung von Tschaikowskys Ouvertüre 1812, wobei kostümierte Musiker in den Seitenlogen des Kinos sich in russischen Bauerngewändern zeigten und in die Trompeten bliesen. Kein Wunder, daß sich da die Film Society für eine Wiederaufführung des *Kabinett des Dr. Caligari* einsetzte oder mit großem publizistischen Aufwand die Londoner Premieren von Fritz Langs *Dr. Mabuse* und Paul Wegeners *Der Golem* unterstützte.

Die Probleme im Islington-Studio spiegelten nur die generellen Probleme der britischen Filmindustrie wider: Unzufriedenheit mit der jährlichen Produktion heimischer Filme, Unvermögen der britischen Finanziers, die Gagenansprüche der bestbezahltesten amerikanischen Stars zu erfüllen, Mangel an überzeugenden Filmgeschichten. Selbst die besten der britischen Stummfilmregisseure – Cutts, Pearson und Heptworth – kamen beim Publikum nicht mehr an. Währenddessen war Paramounts Cecil B. De Mille nur einer von mehreren amerikanischen Regisseuren, deren Name nur vor einem Filmtitel aufzutauchen brauchte, um das Publikum ins Kino zu locken. Hitchcock machte auf diese Tatsache aufmerksam, als sich 1925 die Filmgesellschaft traf, um die Frage zu diskutieren, wer für den Erfolg eines Films verantwortlich sei – Journalisten oder Stars, Produzenten oder Verleiher, Kinobesitzer oder Kritiker.

»*Wir* machen aus einem Film einen Erfolg«, insistierte Hitchcock. »Der Name eines Regisseurs sollte sich im Kopf des Publikums mit einem Qualitätsprodukt verbinden. Darsteller kommen und gehen, aber der Name des Regisseurs sollte klar und deutlich im Gedächtnis des Publikums bleiben.« Das war, wie sich noch zeigen wird, einer der Gründe, weshalb Hitchcock in seinen Filmen immer wieder selbst auftrat. Deshalb auch bestand er wie Dickens darauf, daß intelligente Unterhaltungskunst, Reklame und ein guter Draht zum Publikum notwendig seien, um ein Produkt auch erfolgreich werden zu lassen. Lange bevor Hitchcock seinen ersten Film inszenierte, hatte er bereits begriffen, was (zumindest zu großen Teilen) die Arbeit eines Mannes in den Augen einer weiten Öffentlichkeit akzeptabel erscheinen läßt. Aber er wußte auch, daß er sich vor der Öffentlichkeit erst noch beweisen mußte. Und das konnte ihm nicht schnell genug gehen.

Die Zeit war reif für neue britische Talente. Hitchcock war ein guter Lehrling gewesen – gut auch für seinen Produzenten Balcon. Er durfte es ruhig öffentlich kundtun, daß er sich nun für fähig hielt, selbst im Regiestuhl zu sitzen.

Er selbst allerdings behauptete immer, er habe nie Regisseur werden wollen. Er sei damit zufrieden gewesen, Drehbücher zu schreiben, Szenenbilder zu entwerfen und den Verantwortlichen zu assistieren. »Ich habe mich nie freiwillig für den Regisseurposten gemeldet«, behauptete er, »ich wurde ein Opfer der Studiopolitik. Graham Cutts konnte mich nicht leiden und beschwerte sich bei Balcon, und Balcon suchte mich auf und sagte: ›Würden Sie nicht gern selber einmal Regie führen?‹ Auf die Idee war ich noch nicht gekommen.«

Balcon freilich erzählte die Geschichte völlig anders. Obwohl Cutts Hitchcocks Cleverneß als Bedrohung seiner eigenen Vormachtstellung als Regisseur empfinden mußte, war das Ganze nicht einfach eine Frage von Vorlieben und einer Studiopolitik, wie es Hitchcock die Leute glauben machen wollte. Nachdem er praktisch bei den Cutts-Filmen bereits alle Schlüsselfunktionen übernommen und auch bewiesen hatte, daß er sie gut ausfüllen konnte, war es nur natürlich, wie Balcon später schrieb, ›daß er auch selbst Regie führen wollte. Andererseits war es nicht so einfach, einen jungen Mann auf einen so wichtigen Posten zu hieven.‹ Hitchcock stand bereit, Hitchcock war überall – und auch wenn er nicht offiziell nach dem Status eines Regisseurs verlangte, so hatte er doch seine Hoffnungen auf diesen Posten mehr als deutlichgemacht. Aber zunächst einmal stand Balcon vor einem Dilemma. Er war als Produzent von der Investitionsbereitschaft der Verleiher abhängig. Und die waren in so schwierigen Zeiten sehr dagegen, auf ein unerprobtes Talent im Regiestuhl zu setzen. Gerade als Risikobereitschaft notwendig gewesen wäre, zeigten sie sich eher furchtsam und klebten an alten Namen, die sie kannten. Die Beförderung eines Assistenten zum Regisseur erschien ihnen als überflüssiges Risiko.

Also wendete sich Balcon einmal mehr nach Deutschland. Wenn er Hitchcock dort ein oder zwei Filme inszenieren lassen konnte, und wenn dann Hitchcocks Arbeiten Erfolg hätten, dann wäre es wohl möglich, bei Balcons Gainsborough Pictures ein neues Talent willkommen zu heißen. ›Ich mußte damals diese beiden Sachen in Deutschland produzieren lassen, denn der Widerstand gegen ihn als Regisseur war einfach zu groß‹, schrieb Balcon. Und so konnte er auf diesem Umweg schließlich Hitchcock mitteilen, daß endlich sein Wunsch in Erfüllung ging. Ein Team wurde zusammengestellt (Alma Reville durfte als Hitchcocks Regieassistentin mitfahren), und man verhandelte mit amerikanischen Spitzenstars über die weiblichen Hauptrollen.

Hitchcock war 25 Jahre alt und verlobt, aber gesellschaftlich unerfahren. Seine einzigen Bekannten waren die Kollegen in Islington. So war er äußerst dankbar, daß er bei dieser wichtigen Unternehmung Alma an seiner Seite wußte – ›meine schärfste Kritikerin‹ nannte er sie immer –, als er nach München zu den Emelka-Studios aufbrach. Balcon verabschiedete sie herzlich: Mr. Hitchcock und Miß Reville hatten schließlich reichlich Erfahrung, und das Team, die Darsteller und die Studioeinrichtungen (ganz zu schweigen von dem wunderschönen Drehort am Comer See in Italien, den man gewählt hatte) garantierten einen Erfolg. Er versicherte ihnen (oder wollte er sich selbst Mut zusprechen?), daß Hitchcock einen gelungenen Einstand geben würde, daß sein erster Film ein Hit werden mußte. Er sagte dann noch, daß aufgrund sorgfältiger Planung eigentlich alles reibungslos verlaufen müßte. Das war sein einziger vorschneller Schluß.

4

1925–1927

Für die anderen Reisenden im Nachtzug nach München müssen sie ein merkwürdiges Trio abgegeben haben – der gutaussehende und beeindruckende Baron Giovanni Ventimiglia, der als Kameramann für den Film ausgesucht worden war und der so aussah und sich so benahm wie der italienische Aristokrat, der er war; Alma Reville, klein und energisch und ziemlich aufgeregt, die ihr karottenrotes Haar in einem modischen Bubikopf trug und sich mit Landkarten von Frankreich und Deutschland beschäftigte, und der teiggesichtige Alfred Hitchcock, nicht ganz 26 Jahre alt, der wieder und wieder das Drehbuch las, das Eliot Stannard nach Oliver Sandys Roman *The Pleasure Garden* geschrieben hatte.

Während der Zug durch Deutschland fuhr, dachten die drei daran, daß es viel einfacher gewesen wäre, direkt in die Emelka-Studios zu fahren und dort erst einmal die Innenaufnahmen abzudrehen: Im Studio wäre zu Beginn alles unter Kontrolle gewesen, und ein erster Erfolg mit den Schauspielern und in den Studio-Dekorationen hätte das Selbstvertrauen aller gestärkt. Die ganze Arbeitsatmosphäre wäre Hitchcock vertraut gewesen, und er hätte das Team zumindest mit seiner Sicherheit in der Studiotechnik beeindrucken können. Aber der Drehplan verlangte eine schon chaotische Diskontinuität der Drehfolge. Das war wie üblich auf die Verfügbarkeit der Hauptdarsteller, auf die Wetterbedingungen für die Außendrehs und auf die Auslastung von Studiokapazität zurückzuführen. So mußten sie also zunächst mit den Szenen an Bord eines Schiffes im Hafen von Genua beginnen, dann an die Mittelmeerküste nahe San Remo umziehen, dann zum Comer See umsiedeln, bevor sie schließlich ins deutsche Studio kamen.

Am Freitag, dem 5. Juni 1925, trafen sie in München ein. Und sofort mußte Alma die beiden Männer verlassen und in Richtung Westen reisen – nach Cherbourg, wo sie die amerikanischen Hauptdarstellerinnen abholen sollte, die mit der ›Aquitania‹ eintrafen. Die Tatsache, daß in diesem Film, in einer Geschichte von britischen Menschen, Amerikaner spielen würden, und zwar an Drehorten in Italien und Deutschland, die so auszusehen hatten, als ob es sich um England und den Fernen Osten handle, spielte für die Filmleute keine Rolle. Kommerzielle Überlegungen bestimmten das Konzept. Balcon versuchte, sich für seinen Film den amerikanischen Markt zu sichern, indem er etablierte Hollywood-Stars engagierte. Sie mußten nur ›englisch‹ aussehen und gekleidet sein. Ihr Akzent konnte sie zu Stummfilmzeiten nicht verraten.

Hollywood-Stars waren freilich eine königliche Unterbringung gewohnt. Also nahm Alma die größere Menge des vorhandenen Bargelds mit sich, um ihrer Rolle als Gastgeberin nachkommen zu können. Hitchcock und Ventimiglia, zu denen am nächsten Tag der Hauptdarsteller Miles Mander und der Kameraassistent stießen, hatten nach ihren Berechnungen gerade noch soviel Geld, um zum Comer See, nach Genua, San Remo und wieder zurück nach München zu gelangen.

Der Zug von München nach Genua verließ am Samstag, dem 6. Juni, morgens um acht Uhr München. Schon zwanzig Minuten vor der Abfahrt waren die Männer alle im Zug. Da sprang voller Panik Mander wieder aus dem Zug, weil er sein Make-up-Köfferchen nicht finden konnte. Hitchcock, noch nervöser, schrie ihm Instruktionen nach für den Fall, daß Mander den Zug versäumen sollte. Im Wartesaal fand sich der Make-up-Koffer wieder, und schon tauchte Mander wieder im Zug auf. Die Geschichte hatte Hitchcock aber bereits völlig nervös gemacht, denn er hatte sich inzwischen schon ausgemalt, wie er am Drehort ohne seinen Hauptdarsteller dastehen würde. Bevor er sein Seelengleichgewicht wiedergefunden hatte, gab es schon eine neue Schreckensnachricht – diesmal vom Kameramann.

»Er sagte mir, ich dürfe nicht die Kamera und die zehntausend Fuß Filmmaterial beim Zoll deklarieren, wenn wir die Grenze nach Österreich überschritten«, erzählte Hitchcock später. »Das Studio wollte den Zoll sparen. ›Wo ist die Kamera versteckt?‹ fragte ich. ›Unter Ihrem Bett‹, sagte mir der Kameramann.« An der Grenze wurde dann zwar nicht die Kamera entdeckt, aber das Filmmaterial, das im Gepäckwagen war, und es wurde beschlagnahmt. Dieses Zusammentreffen mit den Grenzautoritäten kann nicht gerade dazu beigetragen haben, Hitchcocks Ressentiments und Ängste vor uniformierten Autoritätsgestalten zu verringern.

Noch vor der Morgendämmerung des Montags kamen sie in Genua an und erfuhren, daß das Schiff, das sie filmen sollten, Dienstag mittag anlegen sollte. Englische Pfund und Shilling, Deutsche Mark und Pfennig wurden schnell in Lire umgewechselt. Bei den deprimierend schlechten Nachkriegs-Wechselkursen schmolz das Budget dahin, als sie neues Filmmaterial erstanden. Als die Männer dann am selben Abend vor dem Essen in ihr Hotel zurückkamen, mußte Hitchcock ihnen obendrein noch mitteilen, daß in der Zwischenzeit jemand das Geld gestohlen hatte, das er unvorsichtigerweise in seinem Gepäck im Zimmer gelassen hatte. Wegen eines Darlehens mußte sich Hitchcock jetzt an Mander wenden, der dem Verlangen mit scheinheiliger Freundlichkeit nachkam. Der Kameraassistent legte noch einmal die gleiche Summe dazu, obwohl er sich auch fragte, welches Zutrauen man wohl zu diesem jungen Regisseur haben durfte: Wenn er nicht mit Geld zurechtkam, wie würde er dann wohl mit einem Drehplan, dem Team und den Darstellern fertig werden?

Als ob dies nicht schon alles genug war, trat jetzt noch der Hotelmanager auf und kündigte die Polizei und Zollbehörden an, die mit dem konfiszierten Filmmaterial eintrafen, das man ihnen nachgesandt hatte und auf dem jetzt beachtliche Zoll- und Strafgebühren lagen. Hitchcock telegrafierte nach München und ließ sich einen kleinen Vorschuß wegen unerwarteter technischer Ausgaben anweisen. Im übrigen wartete er sehnsüchtig auf Alma und das restliche Bargeld, das sie mit sich führte. Immerhin klappten die Dreharbeiten im Hafen von Genua am Dienstag. Ventimiglia und sein Assistent mußten allerdings erst warten, bis sich die wartende Menge und einige Wolken zerstreut hatten. Schließlich sprangen sie vom Deck des ablegenden Schiffes (von dem aus sie das zurückbleibende Ufer gefilmt hatten) auf den Kai (von wo aus sie im Gegenschuß das ablegende Schiff filmten).

San Remo war als Drehort für einige exotische Strandszenen des Melodrams ausgewählt worden – Szenen, die ein im Meer ertränktes Eingeborenen-Mädchen und einen Angreifer zeigten, dem die orientalische Sonne und zuviel Rum die Sinne geraubt hatten. Laut Drehplan waren in San Remo zwei Tage mit Mander und einer jungen Schauspielerin vorgesehen. Als alles für die Schlüsselszene bereit war, sah Hitchcock den Kameramann, Mander und das Mädchen flüsternd beraten. »Sie kann nicht ins Wasser gehen«, verkündete Mander. »Was machen wir jetzt?«

»Sie meinen, sie weigert sich, ihre Rolle zu spielen? Sie hat Angst vor dem Wasser?« fragte Hitchcock.

»Nicht ganz«, antwortete Mander und überließ es Ventimiglia und dem Kameraassistenten zu erklären, welche Unpäßlichkeiten die Periode einer Frau mit sich bringen kann.

»Ich war 25 Jahre alt und hatte nie davon gehört«, sagte Hitchcock Jahre später, nicht ohne einen Anflug von Stolz. »Meine Jesuitenerziehung umfaßte derlei nicht.« Man stellte sich auf die Situation ein, die Darstellerin wurde zunächst beurlaubt und für die Szene im Wasser ein Double engagiert. Schließlich spielte dann eine andere amerikanische Darstellerin – Nita Naldi – die Rolle des Eingeborenen-Mädchens.

Als das Team endlich nach München zurückkehrte, warteten dort schon Alma und die amerikanischen Stars, bereit, die Arbeit im Studio zu beginnen. Mander und der Kameramann warteten gleichfalls – darauf, daß ihr Regisseur ihnen das geborgte Geld zurückzahle. Als Hitchcock Alma nach dem restlichen Bargeld fragte, sagte sie ihm, daß die Darstellerinnen von Cherbourg bis Paris auf Luxushotelsuiten bestanden hätten. In Paris hätten sie dann ihre Garderobe ein wenig ergänzt, so daß jetzt praktisch kein Geld mehr vorhanden sei. Es reichte gerade noch, die Schulden zu bezahlen. Nachdem die Hitchcocks auch noch die Hotelzimmer in München bezahlt hatten, blieb ihnen so gut wie nichts für den Lebensunterhalt. Niemals wieder sollte die Familie Hitchcock-Reville ihre Konten in einem derartig erschreckenden Zustand sehen.

Im Studio gingen derweil die Dreharbeiten zügig vonstatten. Dort war Hitchcock nicht von Wetterumschwüngen abhängig, von neugierigen Passanten gestört, noch hing sein Arbeitserfolg von den Gezeiten des Meeres ab. Hitchcock nahm an Stannards Skript einschneidende Veränderungen vor und entwarf, mit Zustimmung Ventimiglias, größere Teile der Studiodekorationen neu, so daß Kamerabewegungen erleichtert wurden. Einem Studiobesucher bot sich das Bild eines agilen Regisseurs, der hier in einer Ecke einige Worte mit einem Techniker wechselte, dort schnell eine Szene mit einem Schauspieler probte, um dann in einen Nebenraum zu entschwinden, um dort einigen Statisten Regieanweisungen zu geben, die in der nächsten Massenszene benötigt wurden. Hitchcock war in seinem Element – obwohl einiges an hektischer Aktivität von ihm auch nur deshalb inszeniert wurde, um näheren Kontakt mit seinen Darstellern zu vermeiden.

Balcons Übung, für seine europäischen Produktionen wunderschöne amerikanische Stars zu importieren, erreichte in *The Pleasure Garden* ihren Höhepunkt. Die Hauptrolle war mit Virginia Valli besetzt – zu jener Zeit Universals atemberaubende Brünette vom Dienst, die eine ungewöhnlich beeindruckende Präsenz auf der Leinwand besaß, sowie eine porzellanhafte Unschuld, die ihr zusammen mit ihrem dunklen Haar und ihrem abwesenden, fast traurigen Blick das Aussehen einer Heiligen verlieh. Zu den Darstellerinnen gehörte auch ihre gute Freundin Carmelita Geraghty, eine kecke Blondine, die der perfekte Kontrapunkt zur Valli war.

Virginia Valli war dreißig Jahre alt. Nur fünf Jahre später heiratete sie den Schauspieler Charles Farrell und zog sich für die restlichen fast vierzig Jahre ihres Lebens in ein glückliches Privatleben zurück. »Ich hatte eine Todesangst davor, daß sie herausfinden könnte, daß ich nie zuvor Regie geführt hatte«, erinnerte sich Hitchcock später. Er stellte fest, daß die Hollywood-Truppe ein beflügeltes Selbstvertrauen besaß, einen gewissen eleganten Hochmut – und Geld; und sie sonderten sich von Hitchcock, Alma und der übrigen Londoner Crew ab. Den beiden Verlobten war das recht. Denn sie verbrachten ohnehin ihre Abende damit, detailliert die Dreharbeiten des kommenden Tages auszuarbeiten: Hitchcock zeichnete Storyboards für den Kameramann Ventimiglia, während Alma sich um Verbesserungen des Drehbuchs und die Finanzen kümmerte.

Eine in der amerikanischen Gruppe faszinierte Hitchcock: die wundersame Nita Naldi. Sie war so alt wie ihr Regisseur und seine Verlobte. Als Anita Dooley in New York geboren, wurde sie mit ihrem sinnlichen Blick und einem merkwürdigen Sinn für Timing schnell zum Inbegriff des Vamps im amerikanischen Stummfilm. Zusammen mit Rudolph Valentino hatte sie der Film *Blood and Sand* 1922 international bekannt und zum Star gemacht. Produzenten, Regisseure und das Publikum wollten sie immer wieder im Kino sehen. Balcons überstürzte Einladung, als Eingeborenen-Mädchen einzuspringen, hatte sie unter der Bedingung akzeptiert, daß sie ihren Europa-Aufenthalt für eine weitere Filmrolle verlängern durfte.

Hitchcock bewunderte Naldis direkte Art, wenn sie ihn auch ein wenig einschüchterte. Aber ihr herber Humor lag ihm. Offensichtlich begleitete sie ihn und Alma auch bei einem ihrer seltenen Ausflüge in die Münchner Halbwelt – in ein Bordell. Hitchcock schwor später immer, daß sie rein zufällig an jenen Ort geraten seien und daß er sich schnell wieder zurückgezogen habe, mit einer schamroten Alma, die sich an seinen Arm klammerte. Und mindestens noch einmal wurde er zu einer Veranstaltung eingeladen, die sich nach einer harmlosen Party anhörte, sich aber als eine Art Vorspiel zu einer Orgie entpuppte. Als er sich mit einer der Damen nicht einlassen wollte, zuckte die nur die Schultern und wendete sich einer Gefährtin zu. Hitchcock stand daneben und kompensierte seine geringen Kenntnisse in sexuellen Angelegenheiten, indem er der lesbischen Szene längere Zeit zuschaute.

The Pleasure Garden war im Spätsommer 1925 beendet, und Team und Darsteller gingen auseinander. Hitchcock und Alma sahen in der endgültigen Fassung ein Melodram vor sich, das dringend einiger origineller Feinheiten bedurfte. So wie sie es jetzt sahen, war es die durchschnittliche Geschichte zweier Londoner Revuegirls, die in einer Music Hall namens ›The Pleasure Garden‹ auftraten, und die Geschichte ihrer Beziehungen zu den Männern. Die eine Tänzerin (Valli) folgt ihrem Ehemann (Mander) in den Fernen Osten, als sie hört, daß er dort erkrankt ist, nur um herauszufinden, daß er eine Affäre mit einem Eingeborenen-Mädchen begonnen hat. Die andere Tänzerin (Geraghty) verläßt ihren Verlobten (John Stuart) – der sich ebenfalls in den Tropen aufhält – und verfolgt rücksichtslos ihre Karriere im schnellebigen London. Der aus der Bahn gekommene Ehemann wird erschossen, nachdem er das Eingeborenen-Mädchen ertränkt hat. Seine Witwe findet in den Armen des verlassenen Verlobten ihrer Freundin Trost.

Durch die geschickte Umstellung einiger Szenen in der Filmmitte verstärkte Hitchcock die ironischen Assoziationen zwischen den beiden Paaren und betonte den trügerischen Aspekt in der Freundschaft zwischen Männern und Frauen. Die berühmte Eröffnungseinstellung – langbeinige Revuemädchen laufen eine Wendeltreppe hinunter zu ihrem Bühnenauftritt, bei dem sie hemmungslos von Zuschauern mit Operngläsern beäugt werden – nimmt in vielerlei Weise Szenen, Bilder und Themen späterer Filme vorweg: die schwindelerregende Treppe, den Voyeurismus-Aspekt, das Theater als Probebühne für das Drama im wirklichen Leben. Diese Züge und Details hatte der Regisseur der ansonsten etwas hölzernen Geschichte selbst hinzugefügt. Dazu kam seine Erfahrung als Zwischentitel-Designer, aus der er jetzt leicht schöpfen konnte. So gibt zum Beispiel in einem Titel das Bild einer Schlange, die sich um einen Baum windet, dem ›Garten‹ im Filmtitel eine völlig neue Dimension. Hitchcock wußte, daß er den Rhythmus des Films verbessern mußte, bevor Balcon in München eintraf, um das Werk zu besichtigen. So borgte er sich von den amerikanischen Filmen eines Griffith die Technik der Verfolgungsjagd und der Rettung in letzter Minute. Das verband er mit seiner Liebesgeschichte und verwendete zum ersten Mal das Motiv einer doppelten Verfolgung. »Die Struktur einer idealen Verfolgungsjagd muß im Tempo und in ihrer Komplexität genau die Intensität der Beziehung zwischen den Charakteren wiedergeben«, sagte Hitchcock. Und so verändern sich die Gefühle der Frauen und ihrer Männer, während Mord, Wahnsinn und Rettung zu Zeichen der Veränderung in den Emotionen werden. »Griffith war der erste, der die Möglichkeiten einer physischen Verfolgung auslotete. Ich tendiere eher zu mehrfachen Verfolgungen und zu viel Psychologie.«

Als Balcon schließlich eintraf, konnte Hitchcock eine Endfassung vorzeigen, auf die er stolz war. Die beiden saßen in einem winzigen Vorführraum und sahen sich den Film zusammen an. Als die Lichter wieder angingen, dachte Balcon laut vor sich hin. Für ihn besaß der Film eher ein amerikanisches Aussehen als ein europäisches – was nicht bedeutete, daß er schlechter war als andere europäische, sondern im Gegenteil die weltweiten Marktchancen nur erhöhte. Der Film gefiel ihm so gut, daß er Hitchcock einlud, in München zu bleiben und gleich noch einen zweiten englisch-deutschen Film zu inszenieren. Dann fügte er noch hinzu, in England würden, wenn er im Frühjahr 1926 zurückkäme, gleich drei weitere Projekte auf Hitchcock warten. Hitchcock freute sich sehr und ging zu Alma. Die telegrafierte ihren Eltern, daß auch sie noch in München bliebe.

Die Produktion des zweiten deutsch-englischen Unternehmens *The Mountain Eagle* im Herbst 1925 ist nur deswegen erwähnenswert, weil sie Hitchcock die Gelegenheit bot, sich näher mit Tirol vertraut zu machen. Der Film selbst (die Geschichte eines verrückten Liebesskandals zwischen Hillbillies in Kentucky) war ein lächerlicher Auftrag. Während einer Drehpause, gegen Ende Oktober, erlitt Hitchcock einen erschreckenden und länger andauernden Anfall von Brechreiz, als die Crew aus Obergurgl in den Ötztaler Alpen zurückkehrte. Noch aus seiner Kindheit hatte Hitchcock einen Horror vor Übelkeit und Übergeben. Später interpretierte er die gefürchteten Übelkeitsanfälle mehr als eine Reaktion auf eine gesellschaftlich bedingte Klaustrophobie als auf Ursachen, die mit seinem Magen zusammenhingen. So fühlte er sich in diesem speziellen Fall von Leuten eingekreist, die alle kein Englisch sprachen, so daß er sich beengt fühlte, seine Wünsche nicht mitteilen konnte, sich nicht selbstbewußt fühlen konnte. So hatte der rebellierende Magen, wie er ihn verstand, eine rein gefühlsmäßige Ursache. Andererseits konnte er sich auch nicht daran erinnern, daß ihm jemals übel geworden war, nur weil er zuviel gegessen hatte.

Im Januar 1926 kehrte das englische Team nach London zurück. Hitchcock fuhr wieder zu seiner Mutter nach Leytonstone und Alma zu ihrer Familie nach Twickenham. Sie trafen sich in der nächsten Zeit öfters in der Stadt, manchmal zweimal die Woche, sahen sich neue amerikanische Filme an und diskutierten sie danach bei einem Kaffee. Nur fünf Prozent der kommerziellen Filme jener Zeit waren britische Produkte. Wer also als Regisseur Erfolg haben wollte, mußte schnell lernen, welcher Techniken und Inhalte sich die Amerikaner bedienten.

Während der späten Winterwochen hörten die Diskussionen und Kinobesuche des Paares für eine Weile auf, denn Alma war mehr beschäftigt als ihr Verlobter. Zuweilen schnitt sie drei oder vier Filme Balcons gleichzeitig oder bereitete Drehbücher vor. Hitchcock hingegen wartete darauf, daß der Produzent den Startschuß für das nächste bereits besprochene Projekt geben würde. Während dieser Wochen, die Alma im Studio verbrachte, schrieb er ihr lange Briefe, die später in ihrer Erinnerung zumeist von Filmen handelten. Er muß wohl aber auch gelegentlich über ihre gemeinsame Zukunft geschrieben haben. Dann kam eines Tages der Briefträger nicht mehr. Dafür erschien Hitchcock persönlich im Heim der Revilles in der Sandycombe Straße. Er könne es nicht ertragen, sagte er, immer einen Tag zu warten. Wenn er abends mit Alma telefoniere, wolle er sicher sein, daß sie bereits den Brief desselben Tages gelesen hätte.

Bei Alma – und offensichtlich nur bei Alma – begann Hitchcock etwas von dem angeborenen Mißtrauen zu verlieren, das er von zu Hause geerbt hatte. Schüchternheit ist oft nur eine Maske, hinter der sich sein verdrehter, hypersensibler Stolz verbirgt, das Unvermögen, eine Niederlage zu riskieren, oder die Angst, als Dummkopf zu erscheinen. Und bei Hitchcock hatte die Schüchternheit schon früh die Form angenommen, daß er sich Leuten, die er nicht gut kannte, als ein steingesichtiger Buddha präsentierte. Alma war lebendiger. Manchmal brüskierte sie Menschen, wenn sie ein schnelles Urteil abgab, sei es über die Fähigkeiten einer Person oder über deren Charakter. Ihre Direktheit und ihre Bereitschaft, alle möglichen Verantwortungen zu übernehmen, bewunderte Hitchcock. Sie hatte andauernd gute Ratschläge für ihn und seine Zukunft parat.

Ende März veranstaltete Balcon dann für Kinobesitzer und Journalisten eine Vorführung von *The Pleasure Garden*. ›Eine beeindruckende und interessante Geschichte‹, schrieb ein unbekannter Rezensent am 25. März in der Zeitschrift *Bioscope*.

Die Geschichte ist gut auf die Leinwand gebracht worden. Bewundernswerte Darstellungskunst und eine meisterhafte Produktionsleistung verbinden sich zu einem außergewöhnlichen Film. Die Geschichte ist klar und logisch konstruiert, die Zwischentitel treffen den Punkt, und das Drama fesselt das Interesse bis zur letzten Minute. Die Szenenfolge während der Flitterwochen Patsys am Comer See, die Baron Ventimiglia fotografiert hat, zeigen verzauberte Bilder, die das dramatische Geschehen nur noch unterstreichen. Diese erste Produktion Alfred Hitchcocks verspricht viel für die Zukunft.

Der Verleih der Balcon-Filme freilich, dem der unangenehme Geldgeber C. M. Woolf vorstand, dachte, dieser Film würde das Publikum nur verstören. Zeigte er doch merkwürdige Einstellungen wie Blicke von oben eine Wendeltreppe hinab, ungewöhnliche Kamerawinkel, starke Kontraste zwischen Licht und Schatten und dann wieder einen ungewöhnlich tief angesetzten Blick auf Revuegirl-Beine, die auf eine Bühne liefen. So etwas möge es alles in Deutschland geben, blaffte Woolf, aber ein englisches Publikum könne das nicht verstehen. Er hatte recht: Von den Deutschen hatte Hitchcock gelernt, eine Atmosphäre aus Licht und Schatten zu schaffen, und von ihnen hatte er die beeindruckenden Kamerawinkel; britische Kinogänger waren damals mehr an die simplen Bilder amerikanischer Melodramen gewöhnt und an die statischen, hell ausgeleuchteten Wohnzimmer-Komödien und Romanzen, die die britischen Studios ihnen servierten.

Balcon ließ sich davon überzeugen, daß das Herausbringen des Films *The Pleasure Garden* nur die Termine für einige andere seiner Filme, die gerade mit Erfolg liefen, gefährden könne. Und so verschwanden Negativ und Kopien des ersten Films, den Hitchcock inszeniert hatte, im Lagerraum des Studios. Kurz darauf schrieb der Kritiker Belfrage im *Picturegoer*, daß dies doch sehr verwunderlich sei, denn ›Hitchcock beherrscht die verschiedenen Erfordernisse der Filmtechnik derart perfekt, daß er eine bessere Arbeit zustande bringt als ein Regisseur mit viermal mehr Erfahrung. Tatsache ist, daß er in nur fünf Jahren Lehrzeit das Wissen von zwanzig Jahren in sich hineingestopft hat. Dazu kommt noch, daß seine Jugend garantiert, daß er an die Dinge mit neuer Frische herangeht.‹ Aber Woolf war nicht umzustimmen. *The Pleasure Garden* würde er weder fördern noch verleihen.

Zwei Wochen lang hörten nach dieser Nachricht die Briefe an Alma auf. Hitchcock rief auch nicht an. Sie war gut im Geschäft, arbeitete in verschiedenen Jobs im Studio. Und die Filme, an denen sie arbeitete, kamen nur Tage nach ihrer Fertigstellung schon ins Kino. In Islington sprach man von Almas Zukunft als Drehbuchautorin, ja sogar als Regisseurin. Das zusammen mit seiner eigenen bitteren Enttäuschung konnte Hitchcock eine Zeitlang nicht ertragen. Wenn er nicht bei seiner Mutter war, deren Stärke ihn jetzt tröstete, unternahm er ausgedehnte Ausflüge zum Mittagessen ins West End – um danach mit der U-Bahn nach Leytonstone zu einem langen und ruhigen Abendessen mit der Mutter zurückzukehren.

Aber dann, Ende April, teilte Balcon Hitchcock mit, daß er die Rechte an einem Buch erworben habe und daß Eliot Stannard darauf warte, sich mit dem Regisseur zur Drehbuchbesprechung zu treffen. Balcon hatte eine populäre Kriminalstory aus dem Jahr 1913 ausgewählt, *The Lodger* von Marie Adelaide Lowndes, der Schwester von Hilaire Belloc. Mrs. Belloc Lowndes, wie sie sich gerne nannte, hatte ihren größten Erfolg mit diesem Buch errungen, das auf den Verbrechen von Jack the Ripper basierte. Balcon hatte sich gedacht, daß Hitchcocks gut entwickeltes Gefühl für Charaktere und Erzählstruktur ein Gegengewicht zu dem Verbrechensaspekt der Geschichte sein könnte. Außerdem würde ›Eine Geschichte aus dem Londoner Nebel‹, so der Untertitel, auch mögliche verrückte optische Einfälle Hitchcocks, die er aus Deutschland mitgebracht hatte, rechtfertigen.

Stannard brauchte nicht lange, um das Treatment und die Dialoge zu schreiben. Schon Anfang Mai wurde Balcon mit der Nachricht überrascht, daß man zum Drehen bereit sei. Das Drehbuch war schon in einzelne Einstellungen unterteilt, die Einstellungen hatte Hitchcock zusammen mit einem Illustrator skizziert. Die Dekorationen, die Ausstattung, alles stand bereits auf dem Papier. Die Studioarchitekten mußten nur noch das ausführen, was bereits bis ins Detail geplant war. Gewissermaßen war der Film auf dem Papier schon abgedreht, bevor ein Meter Filmmaterial belichtet war. Obwohl Balcon ein oder zwei Vorbehalte hatte, die mit der Klarheit der Geschichte zusammenhingen, bewunderte er doch die Ökonomie und Sorgfalt der Vorbereitungsarbeit. Er engagierte auf der Stelle zwei der populärsten britischen Darsteller für die Hauptrollen und sicherte sich für die Nebenrollen Namen, die Theatergängern wohlvertraut waren. Dann reiste er nach Amerika, um dort Filme zu verkaufen und Hollywood-Stars zu engagieren.

Die Dreharbeiten des Films begannen in der ersten Mai-Woche in den Islington-Studios. Die Hauptrolle spielte Ivor Novello. Der Waliser, der in Oxford studiert hatte, war das Idol der Matinee-Vorstellungen. Seit 1916 arbeitete er als Autor und Bühnendarsteller, seit 1919 im Film. Am besten bekannt war er aber vielleicht als Komponist des Liedes ›Keep the Home Fires Burning‹. Er sollte den namenlosen Maler, den ›Lodger‹, spielen.* Und weil er so immens populär war, wurde sogleich eine Drehbuchänderung verlangt. Ob Woolf hinter diesem Änderungswunsch steckte oder ob Balcon es verlangte, läßt sich nicht sagen. Sicher ist aber, daß Hitchcock den Film nicht mit jenem offenen Ende aufhören lassen konnte, wie er es gewollt hatte. Der Mieter hätte in der Nacht verschwinden sollen, ohne daß klar wurde, ob er unschuldig war oder ein Mörder. »Die dachten nicht daran, auch nur den leisesten Verdacht bestehen

* Viele Autoren und einige gedruckte Stabangaben weisen für den ›Lodger‹ den Namen Jonathan Drew auf. Im Film findet sich dieser Name freilich nirgends.

zu lassen, daß Novello ein Übeltäter sein könne«, sagte Hitchcock. »Die Werbespezialisten regierten, und wir mußten das Drehbuch so ändern, daß kein Zweifel daran blieb, daß er unschuldig war. So kam es, daß ich nie den echten Mörder im Film zeigte.« Hitchcock war gegen die Änderung, aber er war machtlos, gegen die Entscheidung vorzugehen.

Als Daisy Bunting, das Mannequin und Tochter der Familie, bei der sich Novello einmietet, engagierte man die Schauspielerin June Tripp. Sie ließ sich damals nur mit ihrem Vornamen auf den Plakaten annoncieren. Als June war sie in den frühen 20er Jahren in einer Handvoll kleinerer und leicht zu vergessender Filme aufgetaucht. 1929 heiratete sie dann Lord Inverclyde und spielte in den frühen 30er Jahren noch einige Bühnenrollen, bevor sie sich ins Privatleben zurückzog. Sie ist heute nur noch aufgrund ihrer Rolle in *The Lodger* bekannt, obwohl sie als Lady Inverclyde in der englischen Adelsgesellschaft eine aktive Rolle spielte.

Im düsteren Islington-Studio war Hitchcock wieder in seinem Element, obwohl es ihm etwas merkwürdig vorgekommen sein muß, in unmittelbarer Nähe seines ehemaligen Chefs Graham Cutts zu arbeiten, jenes Star-Regisseurs, dessen Karriere wegen seines zunehmend traurigen Privatlebens langsam ihr Ende fand. Cutts redete von Hitchcock immer nur als ›diesem jungen Mann‹. Die Leichtigkeit, mit der Hitchcock arbeitete, und die Kooperationsbereitschaft, die ihm sein Team entgegenbrachte, verringerten Cutts' Ressentiments natürlich nicht gerade. Dieses Ressentiment kam aus der nicht ganz abwegigen Annahme, daß Hitchcocks Stern bald heller leuchten würde als der seine. Vielleicht weil Cutts sich gegenüber dem jugendlichen Erfolg Hitchcocks so feindselig verhielt, versuchte Hitchcock, sich ein reiferes Aussehen zu verleihen. Er ließ sich einen Schnauzer wachsen. Alma ertrug das etwa einen Monat, dann verschwand auf ein Wort von ihr der Schnauzer wieder.

Bei der Arbeit zeigte sich Hitchcock nicht von seiner schüchternen Seite. Seine Entwürfe für *The Lodger* wurden minutiös ausgeführt. Bald sah das ganze Studio wie Bloomsbury aus, wo die Geschichte spielte. Ein Haus mit drei Wänden wurde errichtet. Mit dünnen Wänden und niedrigen Decken spiegelte es aufs exakteste ein Heim aus der Mittelklasse wider. Es erwies sich als sehr kompliziert, das Set auszuleuchten. Aber der Kameramann Ventimiglia zeigte freundliche Geduld, und Hitchcock wußte, wie die Deutschen Kameras Treppen herauf und herab bewegt hatten. Wenn nötig, konnte man die Kamera an einer Deckenkonstruktion aufhängen. Die kompliziertesten und fantasieanregenden Einstellungen wurden mit überraschend bescheidenen Mitteln ausgeführt.

Ende Mai war der Film mehr als zur Hälfte abgedreht. Hitchcocks Selbstvertrauen wuchs von Tag zu Tag, und er verstand sich ausgezeichnet mit dem Team. Zu den Besuchern auf dem Set zählte auch Mrs. Belloc Lowndes. Ihr Freund Novello fand Hitchcock äußerst unterhaltsam, wenn zuweilen auch zu üblen Streichen aufgelegt. Als der Darsteller und Autor Rodney Ackland fragte, weshalb Hitchcock so große Mühe darauf verwende, daß hinter Novello auf einem Bord an einer bestimmten Stelle ein Blumentopf stünde, erhielt er zur Antwort: »Ich konnte der Versuchung nicht widerstehen. Aber bei dem Profil! Was kann es da Ivor stören, wenn er einen Blumentopf auf seinem Kopf trägt?« Idol der Matineevorstellungen oder nicht – während oder nach dem Drehen machte der dunkelhaarige, hübsche und sanfte Novello keinen Hehl aus seiner Homosexualität. Hitchcock faszinierte diese Kühnheit. Und was für ihn zunächst ein schockierender Lebensstil war, nutzte er schnell zum Vorteil des Films. Der gutmütige Darsteller spielte mit, und der Regisseur hatte sein kleines Vergnügen.

Novello war nur der erste in einer langen Reihe von Hitchcocks Darstellern, deren Privatleben wenn nicht umstritten, so doch zumindest unkonventionell war. Obwohl Hitchcock sein Leben lang immer das Image des bürgerlichen Gentlemans pflegte, so stimmt es doch ebenso, daß er auch sein Leben lang mit Kenntnissen umging, die von einer rebellischeren – oder doch zumindest abenteuerlicheren – Seite der Möglichkeiten des Lebens stammten. »Das mag zwar einige Leute überraschen«, sagte einmal eine Schauspielerin, die ihn gut kannte, »aber Hitchcock fühlte sich immer unter homosexuellen oder bisexuellen Menschen wohl. Seinen Schauspielern erzählte er immer, daß sie maskuline und feminine Züge haben müßten, um überhaupt Zugang zu einem fremden Charakter zu finden. Subjektivität und Einfühlungsvermögen, empfand er, überwanden das Geschlecht.«

Bei seiner Arbeit mit der Schauspielerin June sorgte sich Hitchcock am meisten um die richtige Ausleuchtung ihrer blonden Perücke und um die Einstellung, in der sie als Modell in der neuesten Mode der Saison eine Treppe herabschritt. In der Rolle der Daisy folgte June der brünetten Darstellerin Virginia Valli, die Hitchcock gleichfalls in eine Blondine verwandelt hatte. Und später sollte es noch vielen genauso gehen.*

The Lodger war im frühen Juli abgedreht. Er hatte zwölftausend Pfund gekostet, und Balcon war ein wenig nervös, ob er das Geld wieder einspielen würde. Verantwortlich für diese Nervosität war Cutts. Der hatte immer wieder mal beim Drehen hereingeschaut, nur um dann zu verbreiten, der Film werde unverständlich. Die Nervosität hatte aber auch ihren Grund: die prekäre finanzielle Situation des Studios. Um aus ihr herauszukommen, hatte Balcon gerade erst Picadilly Pictures gegründet. Die Firma fungierte als offizielle Produktionsgesellschaft für Gainsborough Studios. Für den Vertrieb dieser Produktionsgesellschaft hatte man wieder einen Vertrag mit der W. and F. Distribution Company geschlossen, in der Woolf Vorsitzender war. So war Woolf jetzt Balcons Gesellschaft vertraglich noch näher verbunden. Balcon war Direktor des betrieblichen Sektors, und dem amerikanischen Schauspieler Carlyle Blackwell unterstand die Produktionsseite.

Während des Augusts wurde *The Lodger*, wie das damals üblich war, im Labor koloriert: Grautöne, Braun und Grün wurden den subtil ausgeleuchteten Bildern beigefügt, auf die der Regisseur und der Kameramann so maßlos viel Mühe verwendet hatten. Der Sommer war einer der schönsten und angenehmsten der englischen Geschichte. Hitchcock und Alma feierten ihre Geburtstage mit Picknicks am 13. und 14. und fieberten den ersten Vorstellungen des Films entgegen, die für September festgesetzt waren.

Graham Cutts' Mißvergnügen erreichte aber zu jener Zeit einen besonderen Höhepunkt. Als Balcon aus Amerika zurückkam, sah er sich mit einem heftigst protestierenden Senior-Regisseur konfrontiert, dessen Meinung immer noch Gewicht hatte. ›Als Hitch noch sein Handlanger und Regieassistent war, war er mit ihm vollkommen glücklich‹, schrieb Balcon später.

---

* Außer seiner persönlichen Vorliebe für blonde Darstellerinnen mag er sich bewußt gewesen sein, daß in der Kultur und Kunst des späten 19. Jahrhunderts der ernsthafte Gefühlstyp von Dunkelhaarigen verkörpert wurde. Blonde hingegen waren in der Kunst im allgemeinen naiv oder frivol. In Eliots *Middlemarch* (1871/72) kontrastiert die noble, selbstaufopfernde dunkelhaarige Dorothea mit der seichten, selbstsüchtigen bleichen Blondine Rosamond.

Hitch konnte nicht begreifen, was Cutts so in Rage versetzte, und ich mußte ihm erklären, daß er nichts falsch gemacht hatte. Cutts war einfach eifersüchtig. Hitch machte nach Cutts' Begriff zu schnell Karriere. Er sah in ihm nur den Rivalen... Cutts rannte überall herum und erzählte, daß wir mit Hitchs Film vor einer Katastrophe stünden. Unglücklicherweise gehörte C. M. Woolf zu den Menschen, die auf Cutts hörten. Und Woolf hatte natürlich das Sagen, was den Verleih betraf.

Hitchcock hatte den Verdacht, daß sich hinter den Türen des Managements wieder Ärger zusammenbraute. An dem Tag der Vorführung für Woolf, die Mannschaft der Firma Picadilly und die Theaterbesitzer war Hitchcock nirgends zu finden. Er fuhr nach Twickenham, um Alma abzuholen, die gerade Urlaub hatte. Dann ging er mit ihr stundenlang in der Stadt spazieren: die Themse entlang, durch das West End. Es war ein zielloser Spaziergang, sagte Alma, der den ganzen Nachmittag andauerte. Schließlich wandte sich Hitchcock an Alma: »Jetzt haben sie alles gesehen und hatten ihre Chance, darauf herumzuhakken. Laß uns zurückgehen.«

Als sie ins Studio kamen, spürten sie gleich, daß das Schlimmste geschehen war. »Ihr Film ist so grauenhaft«, sagte Woolf mit ruhiger Stimme, »daß wir ihn ins Lager geben werden und ihn ganz einfach vergessen wollen.«

Balcon schämte sich für seinen jungen Regisseur. Aber die Angelegenheit traf ihn auch finanziell. Der Film hatte zwölftausend Pfund gekostet. Das war viel Geld, und jetzt schien alles verloren. Was die Sache noch verschlimmerte, war, daß auch *The Pleasure Garden* und *The Mountain Eagle* nicht ins Kino kamen, weil Woolf sie gleichfalls nicht für vorzeigbar hielt. Zwar hatte Balcon das Gefühl, daß man nach dem erfolgreichen Start des Novello-Films *The Rat* gleich mit einem zweiten Film desselben Stars nachziehen sollte, aber Balcon brauchte eine Idee, wie *The Lodger* zu retten war. Ansonsten war es sehr wahrscheinlich, daß Alfred Hitchcocks Filmkarriere wieder zu Ende war, bevor sie richtig angefangen hatte.

Balcon hatte eine Idee, eine Idee, die im nachhinein betrachtet Geschichte gemacht hat. Zunächst stornierte er alle Termine für die Pressevorführungen und ließ melden, alles sei auf Ende September verschoben. Dann rief er den Regisseur Adrian Brunel an, der ein Gründungsmitglied von Londons Film Society war und gleichfalls bei ihm unter Vertrag stand. Brunel fragte er, ob ein junger Cambridge-Absolvent namens Ivor Montagu immer noch Zwischentitel übersetze und ausländische Filme umschneide, was er früher in Brunels engem und vollgestopftem Büro in Soho getan hatte.

Balcon kannte Montagu nur vom Hörensagen: Montagu war ein Intellektueller, der Zoologie studiert hatte. Er war der Sohn des bekannten Bankiers Lord Swaythling und war in einem luxuriösen Haus in Kensington aufgewachsen. Jetzt, im Jahr 1926, war Montagu gerade 22 Jahre alt und galt politisch als linksstehend. Auch er war Gründungsmitglied der Londoner Film Society, diente als ihr Vorzeige-Intellektueller und ihr politischer und gesellschaftlicher Sprecher. (Er gründete in London auch die erste Gewerkschaft der Filmtechniker.) Montagu träumte zwar immer davon, eines Tages einmal ein erstklassiger Filmregisseur zu werden, doch seine Talente lagen nicht auf diesem Gebiet. Seine kritischen Fähigkeiten waren aber der Londoner ›Times‹ bereits aufgefallen, und sie hatte ihn im Frühjahr 1925 nach Deutschland geschickt, um über den Aufstieg der deutschen Filmindustrie zu berichten. Ein ganz natürliches Resultat dieser Reise war, daß Montagu die Fähigkeiten der Deutschen auf dem Gebiet der Filmtechnik schätzenlernte. Auch wurde er ein Freund solcher Berühmtheiten wie Elisabeth Bergner und Emil Jannings.

Gleich am Tag nach Woolfs eindeutigem Verdikt saßen Balcon und Montagu bereits gemeinsam bei einem Mittagessen aus Kartoffelbrei und gebratenen Zwiebeln im ›Monaco‹ am Picadilly Circus und sprachen über *The Lodger.* Und Montagu war sehr neugierig auszuprobieren, ob sich mit dem Film nicht etwas machen ließe. Balcon zeigte ihm *The Lodger,* und Montagu war tief beeindruckt. Er fand die Erzählweise überzeugend, den Stil innovativ und die Bildkomposition überwältigend. Er schlug spontan vor, die Zahl der Zwischentitel zu verringern und einige wenige nicht ganz klare Szenen neu zu drehen. Seine Idee war es auch, den amerikanischen Plakatdesigner E. McKnight Kauffer, der die britischen Vorstellungen von Design revolutioniert hatte und damals in London lebte, hinzuzuziehen. Er sollte Hintergrundzeichnungen für die Zwischentitel entwerfen und mit ihnen die Dreiecks-Struktur des Films noch mehr herausbringen. Das Dreieck kam im Film nicht nur konkret vor, etwa in Form des dreieckigen Notizblattes, das der Mörder zurückließ, sondern es symbolisierte in der Geschichte auch die Dreiecksbeziehungen der Liebenden.

Man sprach mit Hitchcock. Der wirkte auf Montagu zunächst recht arrogant. Er schien ein unerschütterliches Vertrauen in seine eigene Urteilsfähigkeit zu besitzen, was filmtechnische Fragen anging. Doch dann mußte Montagu feststellen, daß Hitchcocks Urteil in bezug auf technische Fragen in der Tat fast immer richtig war. Und als Montagu dem Regisseur versicherte, daß er den Film, den er bereits für eine außerordentliche künstlerische Leistung hielt, nur noch *verbessern* wollte, nicht aber Dinge eliminieren, um den Film banaler werden zu lassen, begriff Hitchcock, daß es sich bei Montagu nicht um einen neuen Cutts oder Woolf handelte. Montagu schien wirklich Hitchcocks Fähigkeiten zu schätzen, und Montagus Verbesserungsvorschläge konnten, so erkannte Hitchcock, vielleicht wirklich seine drei letzten Filme, und damit auch seine Karriere, retten. So drehte man also einige strittige Szenen neu und verringerte die Zahl der Zwischentitel von mehr als dreihundert auf rund achtzig. An strategisch wichtigen Punkten fügte man noch Zeichnungen von McKnight Kauffer in die Zwischentitel mit ein. Kurz vor der ersten Pressevorstellung gab Hitchcock dann auch zu, daß das, was er für einen guten Film gehalten hatte, jetzt ein noch besserer geworden war. Die Beziehung zwischen ihm und Montagu war – zu jener Zeit jedenfalls – recht herzlich.

Im Studio machte Balcon kein Geheimnis daraus, wie dankbar er Montagu war: Er sollte den Schnitt der beiden nächsten Filme Hitchcocks für Gainsborough überwachen. Noch Jahrzehnte später sprach Montagu nur voller Respekt von Hitchcock. Der aber erwähnte Montagu nie, wenn er, wie er es oft tat, von *The Lodger* erzählte, und noch weniger sprach er über Montagus Anteil an diesem Film. (›Ein paar Monate später schauten sie sich den Film dann doch noch mal an und verlangten einige Änderungen. Ich stimmte ein oder zwei der Änderungen zu.‹) Zum ersten Mal zeigte sich an dieser Geschichte deutlich ein Zug der Undankbarkeit in Hitchcock. Er hatte Angst, das Verdienst eines Mitarbeiters zu erwähnen, und befürchtete, es könne ihn selbst kleiner erscheinen lassen. So pflegte er lieber die Illusion, daß selbst noch das letzte Detail eines Erfolgs er nur sich selbst zu verdanken habe. Voller Zutrauen in seine eigenen technischen Fähigkeiten (und sogar im Glauben an die Ausgewogenheit der Geschichte) wollte er in Zukunft seinen ersten englischen Film nur dann als Erfolg in Erinnerung behalten, wenn dieser Erfolg auch völlig sein eigener gewesen war. Auf jeden Fall überschlug sich die Presse vor Begeisterung. Die Zeitschrift *Bioscope* verkündete am 16. September 1926: ›Es ist durchaus möglich, daß dies der beste britische Film ist, der je entstand.‹

Die Popularität des Films mag auch noch andere gesellschaftliche Ursachen gehabt haben. Der Weltkrieg von 1914–18 setzte den absoluten Herrschern des 19. Jahrhunderts endgültig ein Ende und veränderte die gesellschaftliche und ökonomische Struktur Großbritanniens. Die Welt hatte eine Explosion von Gewalt und Tod hinter sich, und das steckte tief im Alltagsbewußtsein. Psychologischer Streß, die vergängliche Natur der Dinge, die Schwächen der Zivilisation, plötzliche Ausbrüche kriminellen Wahnsinns – all das stürzte auf eine Welt ein, die sich schnellem technologischen Fortschritt ausgesetzt sah. Zugleich erreichte das Kino als die dramatischste aller Formen der Unterhaltung wöchentlich Millionen von Zuschauern. Und in *The Lodger* sprach Hitchcock alle die Ängste und Sorgen der Zeit besser an als andere vor ihm. Technisch spiegelte der Film zwar deutschen Einfluß, aber genremäßig entsprach er dem britischen Interesse an kriminellem Geschehen. Im Nebenthema behandelte er zudem den aus Eifersucht geborenen Irrtum eines Polizisten, der beinahe zum Tod des unschuldigen ›Lodgers‹ führt. Damit brachte der Film ein neues Bewußtsein in eine sich verändernde Welt ein, in der Verwirrung über Schuld und Unschuld herrschte. Soziale Konflikte werden in diesem Film als persönliches Dilemma porträtiert.

Gerade in den Veränderungen gegenüber der Vorlage beweist der Film immer wieder die Sensibilität seines Regisseurs. Das Lebensgefühl einer Londoner Durchschnittsfamilie bildet er in der Bunting-Familie ab. Der Untermieter bewundert dieses Gefühl am Ende auf eine gewisse unschuldige Weise. Die Familie ist exakt nach Hitchcocks eigener modelliert. Die Mutter ist die dominante Gestalt. Sie überwacht und kommentiert die Liebe des jungen Paares, das sich nie allein trifft und stets im Heim der Familie. Hitchcock betont den Katholizismus der Mutter: Auf ihrem Nachttisch steht ein Kruzifix, das man in zwei Einstellungen deutlich sehen kann. Aus seiner eigenen Erfahrung aus dem East End wußte er auch bestens, daß ein Untermieter am Familienleben nicht teilnimmt. Er ist eher eine Schattengestalt im Hintergrund, dessen ›Kommen und Gehen‹, wie zwei Historiker schreiben, ›niemanden interessiert und angeht. Unvergeßlich der Spitzname für ihn. Man nannte ihn ‚Artful

Dodger' (etwa: ,trickreicher Ausweicher'). Das reimte sich (,Dodger – Lodger'). Und spielte scherzhaft auch noch auf seine Rolle als Verführer der Haustochter an, die in vielen Witzen vorkam«.

Es sagt einiges, wie sich Hitchcock gleichermaßen mit dem Polizisten und dem Mieter identifiziert. »Ich habe genau wie der Untermieter auch sehr viel für goldblondes Haar übrig«, sagt der Polizist. Seine Eifersucht zerstört beinahe die Beziehung zur Tochter und bringt fast einen Unschuldigen um sein Leben. In einer der gewagtesten Szenen der Stummfilmzeit verspricht der Polizist, daß er Daisy einen Ring auf den Finger stecken will, sobald er dem Mörder eine Schlinge um den Hals gelegt hat. Zugleich läßt er seine Handschellen um Daisys Armgelenke schnappen und stellt so eine bildliche Parallele zu dem Bild an der Wand des Untermieters her. Das Bild zeigt eine gefesselte Blondine, die zur Marter an einen Pfahl gebunden ist. »Psychologisch betrachtet haben die Handschellen natürlich eine tiefere Bedeutung«, gab Hitchcock zu. »Irgendwie hat es schon etwas mit Fetischismus zu tun und hat auch sexuelle Untertöne. Als ich einmal in Paris das Kriminalmuseum besuchte, bemerkte ich, daß sexuelle Abartigkeiten sehr häufig im Zusammenhang mit Fesselung standen.«

Aber Hitchcocks Interesse liegt in *The Lodger* nicht in der Sozialpathologie des Verbrechens – noch weniger bei der Frage, wer denn nun der Mörder wirklich ist. Er verweilt lieber bei dem Effekt, den das Verbrechen auf normale Menschen hat – Hitchcock zeigt das Mißtrauen des Polizisten, betont Daisys Bereitschaft, an die Unschuld des Mieters zu glauben, einfach, weil er so gut aussieht, ganz im Gegensatz zu dem Alltagsgesicht des Polizisten. Diesen Gegensatz betont Hitchcock mit seiner Lichtführung noch. Am meisten freilich scheint Hitchcock noch der Effekt des Verbrechens auf den Mieter selbst zu interessieren. Der ist davon besessen, den Mörder zu finden und zu töten, um so den Tod seiner eigenen Schwester zu rächen. Schuld und Unschuld wohnen hier wahrhaftig sehr dicht beieinander, denn der Mieter ist im Geist bereits eines Mordes schuldig, so wie er im Hinblick auf die wirklichen Morde schuldig ist.

Auf einer anderen Ebene erinnert der Mieter an einen Filmemacher – an einen mit Problemen: Er vergißt alles um sich herum, wenn es um Daisys großen Auftritt als Mannequin geht. Sie ist ein einfaches Mädchen, dem man erst noch die Dinge beibringen muß. Später – unter sorgfältiger Aufsicht – muß dann ihre persönliche Garderobe noch erweitert und verbessert werden. Dieses Verlangen, auszuziehen und anzukleiden, Urteile abzugeben und zu verbessern, hinzuschauen und wegzusehen, kulminiert in einer Badezimmerszene. Langsam steigt der Dampf aus dem Bad empor und verhüllt Daisy, die sich ebenso langsam entkleidet. Die Hand des Mieters wird gezeigt, wie sie sich zögernd nach der Türklinke ausstreckt, als wolle er in Daisys Privatsphäre einbrechen. Dann folgt ein Schnitt auf eine Einstellung, die ihre Beine im Badewasser zeigt, aber aus ihrer eigenen Perspektive. Dann bewegt sich die Kamera kühner voran, und die letzte Einstellung zeigt eine sehr dichte Großaufnahme eines Paares sich küssender Lippen.

Der ganze Film bewegt sich elegant auf diesem schmalen Grat zwischen Abgestoßensein und Angezogensein, zwischen Paranoia (Der Mörder ist unterwegs!) und Gelächter über diese Paranoia (Menschen auf der Straße und die Revuegirls in der Garderobe erschrecken einander aus Spaß und um sich Erleichterung von einer unerträglichen Spannung zu verschaffen). Im gesamten Film existiert im Hintergrund eine Furcht vor den kleinen Dingen des Alltags, die als Bedrohung gezeigt werden. Diese Bedrohung ist größer als die Furcht, daß der etwas verstört wirkende Untermieter ein Mörder sein könnte (was im übrigen ja genau das ist, was er gerne wäre).

Das Ende des Films ist Hitchcock in Reinkultur: eine verstörende Verbindung von Sex und Tod. Der Film beginnt mit den blinkenden Lichtern einer Theaterreklame: HEUTE – BLONDE LOCKEN. Es folgt der Mord an einem blondgelockten Mädchen. Und am Ende, wenn sich die blonde Daisy und ihr neuer Liebhaber umarmen, blinkt im Hintergrund dieselbe Reklame. Das ist ein Scherz, sicherlich – aber ein Scherz, der Mord mit der Liebesnacht und der Zukunft Daisys und des Mieters in Verbindung bringt. Zum ersten Mal hat sich der Kreis geschlossen – der Kreis von Fesselung und Vergnügen. Der Kreis zwischen Handschellen und erotischem Kitzel hat sich logisch geschlossen. Hitchcock hat zu erkennen gegeben, daß ihn die Assoziation von Sex und Mord, von Ekstase und Tod fasziniert.

Der Erfolg der ersten Vorführung für Presse und Theaterbesitzer von *The Lodger* machte es Balcon möglich, auch für *The Mountain Eagle* eine Vorführung festzusetzen. Über diesen Film schrieb die einflußreiche Zeitschrift *Bioscope* am 7. Oktober, er habe ›einen Anflug von etwas Irrealem... Regisseur Alfred

Hitchcock ist zwar von seinem Autor nicht sonderlich gut bedient worden, aber er zeigt sich als geschickter und streckenweise brillanter Regisseur‹. Diese gemischte Reaktion stoppte nicht im geringsten den Enthusiasmus für *The Lodger*, den nun jeder in London sehen wollte. Sie mußten alle noch etwas warten. Im Januar 1927 kam *The Pleasure Garden* heraus, im Februar *The Lodger* und im Mai *The Mountain Eagle*, denn die Kinos waren immer bereits für Monate im voraus ausgebucht.

So war der Ruf des Films *The Lodger* schon lange vor seiner Premiere etabliert. Und noch ehe Hitchcock seinen Vertrag mit Balcon über zwei weitere Filme erfüllt hatte, sprach ihn bereits John Maxwell, der Präsident von British International Pictures, an. Wäre Hitchcock daran interessiert, mit dem Konkurrenz-Studio einen Deal über mehrere Filme abzuschließen, der ihm die fürstliche Summe von 13 000 Pfund pro Jahr einbrächte, dreimal soviel wie er bisher bei Gainsborough verdient hatte? Hitchcock unterschrieb auf der Stelle. Und Cutts muß Hitchcock von da an mit großer Erleichterung begegnet sein – eine Bedrohung, die bald in den Islington-Studios nicht mehr existierte. Balcon dagegen war natürlich verärgert, aber er zeigte es nicht so sehr und wünschte Hitchcock alles Gute.

Die Pläne für die letzten beiden Gainsborough-Filme hatten noch keine feste Gestalt angenommen. So schien der Herbst des Jahres 1926 der geeignete Zeitpunkt, sich mit Heiratsplänen zu befassen. Von September bis Oktober absolvierte Alma Reville den Kursus, der für ihren Übertritt zum römisch-katholischen Glauben notwendig war. Dieser Übertritt scheint der Hartnäkkigkeit von Hitchcocks Mutter zu verdanken zu sein. Nachdem Alma neu getauft war, konnte man zur Hochzeit schreiten, die am Donnerstag, dem 2. Dezember, stattfand. Ohne großes Aufsehen, schon beinahe im geheimen, versammelten sich einige Familienmitglieder in einer Seitenkapelle der Brompton-Kirche in Knightsbridge. Die Feier leitete Reverend J. J. Bevan. William Hitchcock, der ältere Bruder, und Almas Schwester Eva Reville waren die Trauzeugen. In der Heiratsurkunde taucht als Berufsbezeichnung für Hitchcock ›Filmregisseur‹ auf. Merkwürdigerweise steht bei Alma ›ohne Beruf‹.

Gleich nach der kurzen Trauungszeremonie begab sich die Hochzeitsgesellschaft in Taxis zu der leeren Wohnung, die Hitchcock in der Cromwell Road 153 gemietet hatte. Der Bräutigam in der Rolle des stolzen Gastgebers ließ Champagner fließen, zu dem man Kuchen servierte. Auf die Gäste und Freunde der Jungverheirateten könnte das Paar etwas merkwürdig gewirkt haben. Hitchcock sah immer noch jünger aus als die 27 Jahre, die er damals zählte. Dafür wurde er von Monat zu Monat dicker. Und er war sichtlich zu klein, um seine fast zwei Zentner mit Leichtigkeit oder gar Grazie auszustellen. Neben ihm stand seine Braut wie ein kleines Vögelchen, noch nicht einmal einen Meter fünfzig groß und weniger als hundert Pfund schwer. Aber niemand zweifelte daran, daß Braut und Bräutigam einander respektierten und gegenseitig ihre Talente bewunderten und daß die beiden einander stark verbunden waren.

Alma Reville war lebhaft und intelligent, und sie gehörte zusammen mit Ivor Montagu, Emile de Ruelle und Angus MacPhail (die nacheinander alle mit Hitchcock an mehreren Filmen arbeiten sollten) zu den ganz wenigen Cuttern, die im Kino der 20er Jahre namentlich in den Filmtiteln genannt wurden. Alle wurden aufgrund ihrer Mitarbeit auch verschiedentlich als Mitdrehbuchautoren erwähnt. Michael Balcon war nicht der einzige, der glaubte, daß Alma eines Tages auch als Regisseurin Karriere machen konnte. Bis 1929 schrieb sie noch gelegentlich Drehbücher für andere Filmemacher; später arbeitete sie nur noch für Hitchcock.

»Ich war nie schrecklich ambitioniert«, sagte sie Jahre später. Und die nächsten fünfzig Jahre konzentrierte sie auch all ihre Energie darauf, ihren Ehemann zu ermutigen und zu beschützen. Wer mit den beiden je gearbeitet hatte, bemerkte, daß die beiden ›wirklich wie Bruder und Schwester miteinander umgingen. In Geschäftsangelegenheiten konnte aus der ruhigen kleinen Alma aber auch ein giftiger kleiner Wachhund werden‹. Was Menschen anbetraf, war sie ›viel cleverer als Hitchcock und auch viel härter. Ihre Beziehung war die von Geschäftspartnern‹. Glaubt man Elsie Randolph, einer von Hitchcocks bevorzugten Darstellerinnen, die auch sehr lange zum Bekanntenkreis des Paares gehörte, dann war Alma ›ein Co-Autor, die Köchin und die Hausfrau – ich glaube nicht, daß zwischen den beiden die große Leidenschaft herrschte. Und um die Wahrheit zu sagen, sie hatte die Hosen an‹.

Von jetzt an war Alma die letzte Instanz, wenn es darum ging, die Story eines Hitchcock-Films zu beurteilen. Zur endgültigen Schnittfassung erfragte er stets ihre Meinung. Sie war die letzte Person, die den Film sah, bevor er in den Verleih ging. Sie sagte als letzte ihre Meinung zu einer schwierigen Szene oder einem komplizierten Punkt im Ablauf der Geschichte. Und ihre Meinung wog immer sehr schwer, wenn sie nicht ohnehin ausschlaggebend war. Das höchste Lob, das Hitchcock verteilen konnte, hieß: »Alma gefiel die Szene sehr gut, die Sie letzte Nacht geschrieben haben.« So ein Satz entband Hitchcock nicht nur von der Bürde, selbst ein Kompliment zu formulieren, sondern verriet auch seine Wertschätzung ihrer Meinung.

Noch am Abend der Hochzeit nahmen die beiden Zug und Fähre nach Frankreich. In Paris legten sie auf ihrer Reise in die Flitterwochen in der Schweiz eine Pause ein. Dort trafen sie sich mit Nita Naldi und ihrem schon älteren Begleiter. Und eines Abends kamen sie so sturzbetrunken in ihr Hotel zurück, daß Alma am nächsten Morgen gelobte, diese Erfahrung nie mehr zu wiederholen. Zu diesem Gelöbnis stand sie mit schon fast religiöser Inbrunst. Hitchcock versprach nichts dergleichen – das war, wie sich noch herausstellen sollte, keine kluge Entscheidung.

Für seine ersten Erfahrungen mit dem neuen guten Leben hatte sich Hitchcock St. Moritz ausgewählt – jenen Kurort, wo es sich die Millionäre in ihren Skihütten und Luxushotels rund ums Jahr wohlergehen lassen. Und dorthin kamen Alma und er, wann immer sie konnten, zurück, um ihren Hochzeitstag zu feiern. Mehr als zweitausend Meter hoch im Engadin-Tal gelegen, dort, wo der Inn seinen Ursprung hat, kommt man heute wie damals am besten mit dem Zug von Zürich dorthin. So schön wie die Reise von Paris auch war, die letzten zwei Stunden übertrafen alles. Von Chur aus fuhren sie mit der zwanzig Jahre alten rätischen Eisenbahn, die beim Albula-Paß durch einen sehr langen Tunnel führt und mit ihren weit mehr als hundert Tunneln und Brücken den Eisenbahnfan Hitchcock begeisterte.

Das Palast-Hotel hielt alles, was der Name den beiden Jungverheirateten versprach – ein Hotel wirklich wie ein Palast, großartiger als alles, was sie bis dahin gesehen hatten. Die Lobby hat auch heute noch die Ausmaße einer kleinen französischen Kathedrale. In ihr hängt denn auch passenderweise eine Madonna von Raffael. Die mehr als 300 Kilometer langen Skipisten, Bob- und Rodelbahnen in der Umgebung interessierten die Flitterwöchner nur vom Zuschauerstandpunkt aus. Hitchcock hatte nie einen Hang zum Sport (und noch weniger zu irgend etwas, was mit dem leisesten Risiko behaftet war). Er war mit einer ruhigen Pferdeschlittenfahrt zufrieden und schaute den Schlittschuhläufern zu.

Sie lebten wie die Könige. Hitchcock hatte sich entschlossen, daß es angesichts des enormen Gehalts, das er im Jahr 1927 bei Maxwell verdienen würde, wenig Sinn machte, zu sparen, was man an Balcons Filmen verdient hatte. Er gab jeder gemeinsamen Laune auf dieser Reise nach. Und die Launen waren fast immer gastronomischer Natur. Sie schlürften in den örtlichen Konditoreien heiße Schokolade und stopften Gebäck in sich hinein, sie besuchten die Revuen im Casino und bestellten die besten Weine aus den Kellern der teuersten Restaurants der Stadt. 1926 gab es noch kein Kino in St. Moritz. Also konnte man die Mahlzeiten hinziehen. Oft gab es kaum eine Pause zwischen Mittagessen und Nachmittags-Tee. Und aus der Teestunde wurde die Cocktailstunde vor dem großen Abendessen. Hitchcock war sehr gespannt auf die Landesspezialitäten. Also bestellte er Bündnerfleisch, geräuchertes, getrocknetes und hauchdünn geschnittenes Rindfleisch. Das spülte er dann mit großen Mengen Schweizer Weißweins oder italienischen Rotweins hinunter.

Eines Nachmittags sprachen sie dann zwischen zwei Mahlzeiten auch über eine Idee zu einem Film, der in St. Moritz spielen sollte. Er müßte etwas mit Krieg zu tun haben, dachte Hitchcock, oder mit einer gefährlichen Diebesgang, denn was könnte in dieser gesetzten, ruhigen Atmosphäre beunruhigender sein? Die Idee wurde unter Kuchenbergen und Bier verschüttet, aber langsam – und fast obsessiv – wanderten die Bilder immer wieder durch Hitchcocks Hirn, bewegten sich dort wie die Steine eines Kaleidoskops. Acht Jahre später waren die Bildentwürfe dann klarer und wurden auf die Leinwand gebracht. Der Film hieß *Der Mann, der zuviel wußte.*

Das Paar kehrte in die Cromwell Road zurück und verbrachte ein ruhiges Weihnachtsfest. Das neue Jahr begann vielversprechend. Am 24. Januar 1927 kam endlich *The Pleasure Garden* in die Kinos. Der Chefkritiker der Londoner Presse nannte Hitchcock ›einen jungen Mann mit meisterlichem Verstand‹. Balcon und seine Partner in Islington fanden kaum Zeit, Hitchcock zu beglückwünschen (oder darüber zu lamentieren, daß sie ihn zu einem Konkurrenz-Studio hatten ziehen lassen), denn schon folgte ein noch größerer Triumph: Drei Wochen später, am 14.

Februar, hatte *The Lodger* Premiere. Jetzt kannte ganz London Hitchcocks Namen.

Es geschah zum ersten Mal in der Geschichte des britischen Films, daß ein Regisseur von der Presse mehr gefeiert wurde als seine Stars. Von mittags bis abends standen die Menschen vor den Kinokassen Schlange. Ein aufmerksamer Kritiker entdeckte unter den Darstellern des Films einen nichtgenannten Darsteller. War das nicht Hitchcock persönlich, der da mit dem Rücken zur Kamera am Anfang des Films in einem Zeitungsbüro stand? Und sah man ihn nicht auch beim Höhepunkt des Films eingekeilt in der Menschenmenge, die zuschaute, wie der ›Lodger‹ gerettet wurde? Es war das erste Mal, daß Hitchcock sich hatte selber filmen lassen, eine optische Signatur gewissermaßen. Diese nichtgenannten Auftritte sollten in den nächsten fünfzig Jahren Gewohnheit werden. Der Filmtechniker Hitchcock wurde später als Filmkünstler anerkannt. Seinen Show-Instinkt sollte er aber nie verlieren. Von dem öffentlichkeitsbewußten Dickens, dessen Hang zur Selbstdarstellung damals allseits bekannt war, hatte Hitchcock mehr als die Technik des Erzählens gelernt.

Kritisierte jemand seinen Hang zur Selbstreklame, erklärte Hitchcock stets, daß, wenn er sich selbst als Regisseur zu einer bekannten Person mache – und das könne er eben nur erreichen, indem er in der Presse im Zusammenhang mit seiner Regieleistung genannt werde –, könne er später als Regisseur das durchsetzen, um was es ihm ginge. Jede Produktionsfirma würde ihn liebend gern engagieren, wenn allein sein Name schon eine Attraktion wäre. Und so dauerte es auch nicht lange, und auf Fragebogen, die Verleiher an das Kinopublikum verteilten, erschien auf die Frage nach bekannten englischen Regisseuren kein Name mehr als ein- oder zweimal. Hitchcocks Name allerdings wurde gleich zigtausendmal genannt.

Für seine letzten beiden Filme bei Gainsborough sollten Hitchcock und sein Autor Eliot Stannard Bühnenstücke für den Film adaptieren. ›In den zwanziger Jahren‹, schrieb Balcon, ›waren wir auf die Bühne fixiert. Im Theater suchten wir nach Material zu Filmdrehbüchern. Heute würde man unsere frühen Filme sicher sehr theaterhaft finden... Wir folgten Trends und versuchten nicht, sie selbst in Gang zu setzen. Es war ein doppelter Fehler, sich so sehr auf Theatermaterial zu stützen, denn wir machten *Stumm*filme. So raubten wir den Stücken das Wesentliche, die Sprache!... Diese Politik zahlte sich auch nicht immer aus.‹

Die erste Adaption war der Versuch, mit der Hitchcock-Novello-Kombination abzukassieren. Es war ein zusammengestoppeltes Melodram, das auf einer Serie von Bühnensketchen basierte, die Novello und Constance Collier unter ihrem gemeinsamen Pseudonym David LeStrange geschrieben hatten. *Downhill* ist die Geschichte eines unschuldigen jungen Mannes (ein Typ, den Novello bevorzugte), der es anstelle seines Freundes auf sich nimmt, sich als Vater eines unehelichen Kindes auszugeben. Als er daraufhin von der Schule verwiesen und aus dem Elternhaus geworfen wird, geht es mit ihm ›bergab‹. Er erlebt rund um die Welt so allerlei, muß seinen eigenen Schwächen ins Auge blicken, bis er schließlich wieder den Respekt seiner Familie zurückgewinnt.

Stannard hatte das Skript im Februar fertig. Kurz vor den Dreharbeiten im März erfand Hitchcock den Eröffnungs-Zwischentitel. Der Film, den das Publikum jetzt gleich sehen würde, war ›die Geschichte zweier Schuljungen, die einen Freundschaftspakt geschlossen hatten. Einer hielt ihn und mußte dafür teuer bezahlen‹. Was Hitchcock faszinierte und was er zum Thema der Geschichte machte, war die Ausbeutung einer Freundschaft. Diese Idee würde er später in *Im Schatten des Zweifels*, in *Berüchtigt*, *Der Fremde im Zug*, *Aus dem Reich der Toten*, *Der unsichtbare Dritte* und *Frenzy* weiter ausbauen. Freundschaften sind in Hitchcocks Werk immer gefährlich, weil sie das Risiko des Verrats beinhalten: Nähe bedeutet zugleich die schreckliche Last der Verantwortung.

Während des Schnitts gab Hitchcock den Labortechnikern die Anweisung, die Szenen, die von Novellos Delirium handeln, in denen seine Gesundheit schwindet, in einem fahlen Grün zu kolorieren. Er erinnerte sich von früheren Theaterbesuchen an das grüne Bühnenlicht, das Erscheinungen von Geistern signalisierte und für die Welt der Fantasie stand. Jetzt benutzte er diese primitive monochrome Einfärbung anstelle der verschwommenen Bildränder, die üblicherweise halluzinatorische Szenen anzeigten.

In ihrem Heim richteten sich die Hitchcocks jetzt ernsthaft ein. Am Ende des Winters waren die Räume überladen mit dem für die Zeit so typischen chintzbezogenen, überdekorierten Mobiliar, mit Stehlampen, die Schirme mit Fransen und mit ornamentverzierten Tapeten. Aber die Hitchcocks empfingen zu Hause in jenem Jahr kaum Besuch. Hitchcock drehte vier Filme, und Alma arbeitete als Assistentin, Skriptgirl und Cutterin an noch mehr Filmen. Ihr Einkommen erlaubte es ihnen, häufig teure Restaurants zu besuchen, aber selbst in exklusiven Häusern wie ›Simpson's‹ war Hitchcock bei der Auswahl der Speisen nicht auf Abenteuer erpicht. Meist bestellte er Steak und Kartoffelbrei, Lammrippchen mit weißen Rüben oder gegrillte Scholle. Alma merkte sich seine Lieblingsgerichte und lernte, mit dem alten, unzuverlässigen Backofen zu Hause umzugehen. An den Wochenenden, bevor sie ins Theater gingen, servierte sie ihm dann großzügig bemessene Portionen seiner Lieblingsmahlzeiten. Meistens aßen sie allein. Nur sehr selten luden sie einen Schauspieler oder einen Regisseurskollegen ein. Sie diskutierten miteinander spezielle Probleme der Filme, an denen sie gerade arbeiteten, oder sie sprachen über die Weine, die sie zu sammeln begonnen hatten. So traf seit ihrer Rückkehr aus den Flitterwochen in St. Moritz monatlich eine Kiste Apfelwein bei ihnen ein, Hitchcock hatte eine Schwäche für dieses dunkle, süße Getränk entwickelt. Wenn aber einer der seltenen Gäste anwesend war, wurden zur Teestunde starke Drinks serviert. Rodney Ackland erinnerte sich, daß damals ›White Lady‹-Cocktails Hitchcocks Spezialität waren. »Seine Cocktails machten einen ganz schön schnell fertig.«

Zum Teil kam Hitchcocks Zurückhaltung, was gesellschaftlichen Umgang betraf, sicher daher, daß er sich in der Welt des Glamours und der Eleganz, des Charmes und der neuesten Moden nicht wohl fühlte. Es war eine Welt, die zugleich attraktiv und furchteinflößend auf ihn wirkte. Seine Cockney-Kindheit, das behütete Leben in Leytonstone und die 26 Jahre seines Lebens, die er bei seiner Mutter verbracht hatte, kamen zu seiner natürlichen Scheu. Zwischen ihm und den eleganten Menschen von Bühne und Film stand eine Mauer. Ivor Novello, June, Robin Irvine und Isabel Jeans, das Darsteller-Quartett seiner ersten beiden Londoner Filme zum Beispiel, bestand aus zwei Matinee-Idolen und zwei wunderschönen Frauen. In *Downhill* sah Novello noch besser aus als in *The Lodger*. Im selben Film ließ der Anblick des jugendlichen, offenen und frischen Robin Irvine als Novellos Schulfreund etliche Herzen schneller schlagen. Und die blonde Isabel Jeans kontrastierte wirkungsvoll in ihrer smarten Art mit dem völlig anderen Stil der berückenden June.

Sie alle waren populär, attraktive Darsteller, die alle Welt begehrenswert fand. Hitchcock dagegen – wie berühmt er auch sein mochte – muß sich bewußt gewesen sein, daß Reichtum und Berühmtheit seine ausufernde Leibesfülle und sein immer etwas mißvergnügtes Aussehen nichts ändern konnten. Er stützte sich auf Alma, wenn er in seinem Beruf nach Ermunterung suchte, und bei ihr fand er Rat, in den sich Bewunderung mischte. In dieser Hinsicht konnte er sich auf sie verlassen. Sie ihrerseits hielt das Haus ordentlich, kommandierte ein Mädchen, das sie nur Gladys nannten. Alma bügelte Unebenheiten in seinen Drehbüchern aus und hielt noch weniger von großen Gesellschaften als er, nicht, weil sie sein Unbehagen teilte oder seine Schüchternheit, aber weil sie zweifelte, ob andere, die mit ihm arbeiteten, wirklich seine wunderbaren Qualitäten zu schätzen wußten. Sie war stolz auf ihren Ehemann, aber sie wurde auch immer besitzergreifender und entmutigte ihn eher, ein aktives Leben in der Öffentlichkeit zu führen.

Balcon hatte den Start von *The Mountain Eagle* auf den 23. Mai 1927 gelegt. Es überraschte niemanden besonders, daß das Publikum auf das Melodram über Kentucky-Hillbillies nicht mit größerem Enthusiasmus reagierte. Der Film verschwand schnell aus den Kinos der Stadt. Nicht viel später gingen das Negativ und alle Kopien verloren. Nirgendwo ist je wieder eine Kopie aufgetaucht (und Hitchcock fand immer, daß das auch gut so sei).

In derselben Woche noch – vielleicht hatte er schon mit einer wenig begeisterten Aufnahme des Films *The Mountain Eagle* gerechnet – führte Balcon der Presse *Downhill* vor. Ein einflußreiches Fachblatt nannte den Film ›einen weiteren persönlichen Erfolg‹ des Regisseurs und zeigte sich von einzelnen Bildern stark beeindruckt. ›Die Geschichte ist eindeutig schwach, und nur die Hand eines Experten und eine einfallsreiche Produktion konnten aus ihr noch etwas Interessantes machen.‹ Und interessierte Theaterbesitzer ließ *Bioscope* wissen, ›daß sich der Film über den Namen Hitchcock verkaufen läßt‹.

Hitchcock und Stannard legten zu dieser Zeit gerade letzte Hand an den letzten Film für Balcon – die Bebilderung eines Gesellschaftsdramas von Noël Coward hieß *Easy Virtue*. Das dreizehnte Stück von Noël Coward war im Dezember 1925 in New York erfolgreich uraufgeführt worden. Die Geschichte einer Frau (Isabel Jeans mit Locken und Schmollmund), deren zweite

Ehe daran zerbricht, daß die Gesellschaft nicht bereit ist, ihre tragische Vergangenheit zu akzeptieren, war ein empörter Kommentar zu einer verlogenen Gesellschaft. Am Ende des Stücks verläßt die Frau während einer Feier einfach ihren zweiten Mann (den im Film mit entsprechender Rückgratlosigkeit Robin Irvine spielt) und seine intolerante Familie und geht in die dunkle Nacht davon. Über ihren Mann sagt sie: »Mein Gatte konnte kein einziges Ideal erfüllen, das ich je besaß.« Hitchcock bestand allerdings darauf, die Geschichte zu verändern. Er betonte die Außenseiterrolle der Frau und den Verrat, den ihre Verwandten an ihr begingen, sowie die Auswirkungen einer skandalhungrigen Presse. Balcon war sich nicht völlig sicher, ob so das dramatische Potential des Stücks richtig genutzt war, aber er ließ Hitchcock freie Hand.

Ivor Montagu, der bei *Downhill* als Berater und Cutter mitgewirkt hatte, sollte auch bei *Easy Virtue* wieder mitarbeiten. Doch seine Beziehung zu Hitchcock brach zeitweilig ab, weil sie sich über die Art der Inszenierung einer kleinen Szene zerstritten, von der Hitchcock sagte, daß sie sowieso niemanden interessieren würde. Und in der Tat interessierte sich kaum jemand für diese Szene – für den restlichen Film allerdings auch nicht, der zu einem finanziellen Mißerfolg wurde. Denn trotz allen intelligenten optischen Erfindungsreichtums ›hatte er sein spezielles Metier damals noch nicht gefunden‹, wie Balcon es wiedergab, der freilich zu eigenen Gunsten ausließ, daß es sich bei dem Projekt um eine Auftragsarbeit gehandelt hatte, für die er verantwortlich war.

Als *Easy Virtue* später im Jahr dann gestartet wurde und schlecht ankam, bedeutete das mehr als einen Rückschlag für Balcons Studio oder einige Theaterbesitzer. Seit Ende 1924 war die Zahl der britischen Produktionen ständig zurückgegangen. Und im Sommer 1927 befand sich die Industrie an einem Tiefpunkt. Hitchcocks früherer Erfolg hatte das Barometer auf Hoffnung steigen lassen. Jetzt führten die schlechten Nachrichten über *Easy Virtue,* sein sofort folgender Wechsel zu British International und die Gerüchte über eine bevorstehende Katastrophe in der Filmindustrie dazu, daß ein merkwürdiges, aber verständliches Gesetz erlassen wurde. Wie der Londoner Stadtrat feststellte, befand sich das Filmgeschäft auf dem Weg in seinen Untergang. Der sogenannte ›Cinematograph Films Act‹ von 1927 sollte die notwendige wirtschaftliche Gesundung garantieren. Filmtheater und Verleiher mußten von jetzt an eine jährlich steigende Quote britischer Spielfilme sicherstellen. Die Theaterbesitzer durften nicht länger in endloser Serie die populären amerikanischen Filme spielen. Als Folge dieses Gesetzes setzte eine Welle von billigen Produktionen niedriger Qualität ein, sogenannte ›Quota Quickies‹, die schnell auf den Markt geworfen wurden, damit danach gleich eine entsprechende Anzahl erfolgversprechender ausländischer Produktionen nachgespielt werden konnte.

Einige Produzenten verfielen auf eine andere Lösung: Wenn das Gesetz es ihnen verbat, zu viele ausländische Filme einzukaufen, dann importierten sie eben ausländische Regisseure und Stars und ließen die Filme im Inland herstellen. Kurzfristig war London mit importierten Arbeitskräften überschwemmt, die an ›britischen‹ Filmen arbeiteten. Zu diesen Gastarbeitern gehörten Tallulah Bankhead, Monty Banks, Carl Brisson, Mady Christians, Lili Damita, Lya De Putti, Pauline Frederick, Dorothy Gish, Lars Hanson, Antonio Moreno, Nita Naldi, Anny Ondra, Will Rogers, Nadia Sibirskaia, Blanche Sweet, Alice Terry und Anna May Wong. Unter den Regisseuren befanden sich Monty Banks, E. A. Dupont, Henrik Galeen, Rex Ingram, Lupu Pick und Tim Whelan. Die Szenenbildner O. F. Werndorff und Alfred Junge waren ebenso in London wichtige Kameramänner wie Karl Freund, Charles Rosher und Werner Brandes, die alle kurzzeitig in England arbeiteten.

Aber diese Einwanderungswelle garantierte noch nicht, daß die Resultate besser aussahen als die Quota Quickies. Hast bei der Produktion, Vorlagen vom Theater, britische Boulevardkomödien und einfallsloses britisches Melodram regierten immer noch. H. G. Wells gehörte zu den ersten Autoren, die öffentlich den Cinematograph Films Act bedauerten: Quantität fange an, britische Qualität zu ersetzen, klagte er. Und als das Gesetz debattiert wurde, sagte George Bernard Shaw: »Meine Verachtung für es raubt mir die Worte.« Aber die beiden und ihre Freunde von der Film Society wurden ignoriert.

Um dem neuen Trend Qualitätsware entgegenzusetzen, formte sich allmählich die größte Filmgesellschaft der englischen Geschichte in Borehamwood, später eine Zeitlang als Elstree bekannt. Im März 1926 hieß diese Firma M. E. Productions und wurde von John Maxwell geleitet, der aus Glasgow stammte, in die Industrie als Kinobesitzer eingetreten war, allmählich eine Theaterkette zusammengebracht hatte und 1923 Direktor von Wardour Films geworden war. Im März 1927 übernahm er British National Pictures. (Das war der britische Zweig der amerikanischen Firma First National Picture Corporation, den J. D. Williams begründet hatte, eine Firma, die später in den USA von Warner Brothers aufgekauft werden sollte.) Maxwell gab gleich zu Anfang die Existenz einer neuen Firma bekannt: British International Pictures. Als Hitchcock 1927 zu Maxwell kam, war das der erste große Schritt in einer andauernden Serie von Neuerwerbungen und Firmenzusammenschlüssen.

British International bot freilich Künstlern nicht jenen günstigen Nährboden, wie er bei Michael Balcon vorhanden gewesen war. Balcon war ein Künstler und Geschäftsmann. Maxwell war nur Geschäftsmann, die schottisch-englische Ausgabe eines Hollywoodmoguls. Als Produktionschef stellte er Walter Mycroft an, einen ehemaligen Kritiker, der bei BIP eine Schule von Drehbuchautoren heranzog. Mycrofts Filmverständnis war eher akademisch, an Literatur orientiert und bisweilen bizarr. Er scheint genau das gewesen zu sein, was Maxwell wollte und was Hitchcock ablehnen mußte: ein prätentiöser Autokrat.

War Hitchcocks Beziehung zu Balcon in beruflicher Hinsicht herzlich gewesen – vorteilhaft für beide Seiten, wenn auch nicht gerade von freundschaftlicher Wärme –, so war jetzt seine Beziehung zu Maxwell geschäftlich kalt. Jeder wußte, daß Hitchcock jetzt der höchstbezahlte erste Regisseur in ganz England war, und als er zu Maxwell wechselte, begannen sofort die Spekulationen, wieviel Freiheit ihm sein neuer Chef und Mycroft zugestehen würden. In Islington hatte er sich mit einem Thriller profiliert, nachdem er gezeigt hatte, daß er traditionellere Formen wie das Melodram in *The Pleasure Garden* und *The Mountain Eagle* beherrschte. Dann hatte er Geschick und stilistisch Innovatives in *Downhill* und *Easy Virtue* vorgeführt. Da man bei BIP noch hektisch damit beschäftigt war, sich neu zu organisieren und noch kein Projekt für Hitchcock geplant hatte, empfahl Maxwell seinem Produktionschef Mycroft, bei seinem ersten Film Hitchcock freie Hand zu lassen.

Das Resultat hätte nicht überraschender ausfallen können: eine Geschichte aus der Welt der Boxer. Hitchcock schlug eine Originalgeschichte vor, ein Drehbuch, das er im heißen Juli innerhalb von zwei Wochen zu Hause geschrieben hatte. (Einige Ideen stammten von dem treuen Eliot Stannard, und Hitchcock sorgte dafür, daß er entlohnt wurde.) Mit dem Grundthema einer romantischen Dreiecksbeziehung hatte er in *The Lodger* und *Downhill* gute Erfahrungen gemacht. Jetzt behandelte er direkt die bittersüße Liebesgeschichte zweier Boxer (Carl Brisson und Ian Hunter), die beide dieselbe Frau (Lillian Hall Davis) lieben.

»Ich glaube, was mich damals merkwürdigerweise am meisten am Boxen faszinierte, war, daß das englische Publikum jener Tage in voller Abendgarderobe um den Ring herumsaß«, sagte Hitchcock. Im Film, den er Ende August zu drehen begann, betonte er solche merkwürdigen, schon ironischen Kontraste. Zugleich zeigte er sich vom Grotesken fasziniert. Zur Hochzeit von Nellie und One-Round Jack kommen ihre Freunde vom Jahrmarkt: Siamesische Zwillinge zanken sich, auf welcher Seite der Kirche sie sitzen wollen; eine schwergewichtige Dame trifft etwas echauffiert ein; die Riesen kommen zusammen mit dem Zwerg etc. Sein Interesse an Freaks und Absonderlichkeiten wie auch sein zunehmender Gebrauch rein filmischer Mittel (unscharfe Bilder, verzerrte Montagen) und seine Methode thematischer wie struktureller Doppeldeutigkeit (Box-Ring und Ehe-Ring), erinnern deutlich daran, daß er der deutschen Schule des Filmemachens eine Zeitlang ausgesetzt war. Und die maskulinen Frauen, die schon in *The Pleasure Garden, The Lodger, Downhill* und *Easy Virtue,* wenn auch nur flüchtig, auftauchten, treten jetzt voll ins Rampenlicht. Die Bühne bevölkert eine ganze Galerie merkwürdiger Gestalten. In *The Ring* (der deutlich die Einflüsse verschiedener deutscher Filme zeigt) porträtiert der jungverheiratete Regisseur die Ehe als eine Serie von ›Runden‹ eines langen Kampfes. Am Ende des Films gewinnt One-Round Jack die Loyalität seiner Ehefrau wieder, die sich mit seinem Gegner eingelassen hatte. Die kreisförmige Struktur des Films aber, die Folge runder Objekte, die den Film markieren, suggerieren, daß die Zukunft des Paares auch weiterhin ein langer, zäher Kampf sein wird.

The Ring war Hitchcocks erstes Originaldrehbuch. Die Studiobosse bei BIP waren erstaunt über die sorgfältig ausbalancierte Geschichte, die Ökonomie der erzählerischen Mittel und die psychologischen Feinheiten. Da es sich um einen Stummfilm handelte, konnte Hitchcock sein stärkstes Talent zeigen: seine

Fähigkeit, eine Geschichte mit strikt optischen Mitteln zu erzählen.* Ende des Sommers war der Film abgedreht. Als am letzten Septembertag *The Ring* der Presse vorgeführt wurde, arbeitete Hitchcock bereits an einer Aufgabe für Mycroft.

Auch Alma hatte in der Zwischenzeit noch vertragliche Verpflichtungen in Islington zu erfüllen. Sie schrieb am Drehbuch von *The Constant Nymph* – gemeinsam mit der Autorin des Romans und seiner Bühnenfassung, Margaret Kennedy. Der Film wurde für Alma und seinen Regisseur Adrian Brunel ein großer Erfolg. Der Star des Films war Ivor Novello, Nebendarstellerinnen Mary Clare (die später bei Hitchcock spielte), Mabel Poulton und Benita Hume. Sie hatte in *Easy Virtue* das neugierige Telefonfräulein gespielt, dessen Gesichtsausdruck in der berühmtesten Szene des Films dem Publikum das Ergebnis eines Heiratsantrages verriet.

Am ersten Oktober überschlugen sich die Fachblätter vor Begeisterung über *The Ring* (›Der großartigste britische Film, der je gedreht wurde‹). Gut gelaunt ging Hitchcock seine nächste Aufgabe an, die Regie der rustikalen, witzigen und ergreifenden Komödie *The Farmer's Wife,* wieder die Adaption eines Bühnenstücks, des großen Hits von Eden Phillpott. Während Hitchcock in Devon und Surrey drehte, entdeckte er schläfrige kleine Dörfer und die Straßen des Hinterlands und fand Geschmack am britischen Landleben. Die Einfachheit, die hier anstelle der ›Roaring Twenties‹ herrschte, gefiel ihm, und als er Mitte Oktober nach London zurückkam, schlug er Alma vor, ein Landhaus als Rückzugsmöglichkeit für die Wochenenden zu kaufen. Sie suchten schließlich in der Nähe von Guildford, in Surrey, etwa eine Stunde Fahrzeit entfernt, nach etwas, das so ruhig wie ein Film sein sollte, wie Hitchcock es ausdrückte, obwohl die Zeitungen bereits mit Nachrichten aus Amerika über den Tonfilm überquollen. Innerhalb von zwei Wochen drehte er die Studioszenen für *The Farmer's Wife* ab, die letzten Großaufnahmen von Lillian Hall Davis, Jameson Thomas und Gordon Harker, seinen Hauptdarstellern.

Im November unternahm Hitchcock in seinem persönlichen Reklamefeldzug dann einen neuen Schritt, der sich sehr von

---

* Als später der Tonfilm aufkam, mußte er – worüber er oft nicht glücklich war – sich von Autoren abhängig machen. Denn für Alfred Hitchcock war es eine fürchterliche Arbeit, Bilder in Worte umzusetzen. Einen Dialog aufzupolieren, ging ja noch – ihn aber selbst zu schreiben, war eine fast unlösbare Aufgabe.

dem abhob, was BIP ihm zu bieten hatte. Auf einige mündliche Fragen hin, die ihm ein Reporter gestellt hatte, schrieb er einen offenen Brief an die *London Evening News*. In diesem Brief gab er seine Bewunderung für amerikanische Methoden offen zu, nahm indirekt Bezug auf die Probleme, bestimmte Bühnendarsteller vor einer Filmkamera zu führen, und machte es sehr deutlich, daß er die Absicht hatte, mit der Zeit immer mehr Aspekte des Filmens unter seine Kontrolle zu bringen und die Kollektiv-Natur der Filmarbeit auf ein Minimum zu reduzieren. ›Die Amerikaner‹, so schrieb er, ›haben uns kaum noch Geschichten zum Erzählen übriggelassen.‹

Aber es besteht kein Grund, warum wir nicht von *englischen* Jungen erzählen könnten, die ihr Dorf verlassen, um in der Stadt ihr Glück zu machen. Warum kann man ein ländliches Drama nicht in den Bergen von Wales oder in den Mooren Yorkshires filmen? Unsere Geschichte, sowohl die nationale als auch die des Empire, bietet einen wunderbaren Vorrat an Kinogeschichten. Und dann gibt es da auch noch die See, unser spezielles Erbe: Nicht nur die Geschichte der Kriegsmarine, sondern auch die großen Unternehmungen der Handelsmarine sollten ihren Platz auf der Leinwand finden.

Das Nächstliegende ist ein sorgfältigerer und intelligenterer Umgang mit unseren Filmerzählungen. Die amerikanischen Regisseure haben unter ihren kommerziell orientierten Bossen gelernt, wie man im Studio Licht verwendet, Aktionen fotografiert, eine Geschichte schlicht und glatt in bewegte Bilder umsetzt. Sie haben gelernt, die Hauptwörter, Verben und Adjektive der Filmsprache miteinander zu verbinden.

Aber selbst wenn der Film als Kunstform sich nicht weiter als bis zum jetzigen Punkt entwickeln sollte, liegt es doch auf der Hand, daß wir uns jetzt als nächstes bemühen müssen, diese filmischen Nomen und Verben so geschickt zu benutzen, wie das unsere großen Schriftsteller und Bühnenautoren verstehen, damit wir beim Publikum bestimmte Stimmungen und Effekte erzielen... Wie viele Menschen, frage ich mich, haben überhaupt schon bemerkt, daß wir uns bemühen, in unseren Filmen Stimmungen zu erzielen? Wir sprechen von Tempo, und indem wir unsere kleinen Stücke in einer bestimmten Geschwindigkeit ablaufen lassen, bemühen wir uns, die Betrachter in die richtige Stimmung zu versetzen.

Eine leichte Komödie, die zu langsam gespielt wird, könnte den Eindruck einer bevorstehenden Katastrophe vermitteln, genau wie ein zu flott gespieltes Drama nie die Atmosphäre einer Tragödie haben wird... Ich mußte kürzlich eine Szene in *The Farmer's Wife* sechsmal wiederholen lassen, weil die Schauspieler sie für die gesamte Stimmungslage des Films zu langsam spielten.

Filmregisseure leben mit ihren Filmen, während sie gemacht werden. Sie sind ebenso ihre Kinder, wie der Roman eines Autors ein Kind seiner Fantasie ist. Und das scheint doch nur um so mehr zu bestätigen, daß Filme, wenn es sich dabei wirklich um Kunst handelt, nur ganz allein von einer Person erschaffen werden können.

Es gibt kein schriftliches Zeugnis über eine etwaige Reaktion von BIP auf diesen ungeschminkten Brief eines angestellten Regisseurs, dessen Job es war, eine Geschichte zu verfilmen, die Studiobosse mit bestimmten Darstellern zu einem Paket geschnürt hatten. Aber hinter Walter Mycrofts sofortiger Bekanntgabe der beiden nächsten Aufgaben Hitchcocks – einer Geschichte von Mycroft selbst und der Adaption eines populären, aber trockenen, unromantischen Romans – steckte sicherlich die Absicht, den Regisseur unter Kontrolle zu halten, ihn wissen zu lassen, wer der Boß war und wo die ›künstlerischen Entscheidungen‹ wirklich getroffen wurden.

Die Filmbosse, die Filmemacher und das Publikum überall in der Welt wußten, daß 1927 ein Jahr gewesen war, das in die Filmgeschichte eingehen würde. In den USA drehten Buster Keaton und Harold Lloyd ihre besten Filme. Andere, die in Hollywood arbeiteten, waren Frank Capra, Josef von Sternberg, F. W. Murnau, Victor Sestrom, Ernst Lubitsch, C. B. De Mille, Paul Leni, Erich von Stroheim, Robert Flaherty und Charles Chaplin. Es war auch das Jahr, in dem Jolson als erster Mensch von der Leinwand herab sprach.

In Deutschland machten Fritz Lang und G. W. Pabst enorme künstlerische Fortschritte, während sich in Frankreich René Clair zu einem großen Talent entwickelte und Abel Gance gerade sein Epos *Napoleon* uraufgeführt hatte. In Rußland setzte V. I. Pudowkin seine Theorien in die Tat um. England schlug sich derweilen mit einem idiotischen, selbstzerstörerischen Quotasystem herum. Alfred Hitchcock versuchte, aus den enttäuschenden Aufgaben, die Mycroft ihm vorsetzte, das Beste zu machen.

Anfang Dezember fuhren die Hitchcocks wieder nach St. Moritz, um ihren ersten Hochzeitstag zu feiern. Hitchcock erneuerte seine Bestellung für eine monatliche Sendung Apfelwein. Wieder zu Hause für die Weihnachtsfeiertage, entwarf Hitchcock als Weihnachtskarte etwas besonders Raffiniertes, das mehr ihn selbst ankündigte als die kommenden Festtage. »Ich stellte es aus einem viereckigen Stück Holz her«, erklärte er.

»Das Holz war in Puzzle-Teilen zersägt und wurde in kleinen Leinensäckchen mit einem Aufkleber verschickt. Niemand wußte, was er da zusammensetzte, bis sich schließlich ein Umriß abzuzeichnen begann.« Der Umriß, der von den neugierigen Empfängern mühselig zusammengesetzt wurde, entpuppte sich schließlich als die berühmte Selbstkarikatur im Profil aus acht Strichen. Wenn er sie in späteren Jahren zeichnete, gewann sie, wie ihr Schöpfer, an Umfang und verlor den Haaransatz. Immer aber blieb sie – so wie auch seine Auftritte in seinen Filmen – unverwechselbar Hitchcock.

Zu Weihnachten schenkte er Alma einen Mantel aus Lammwolle. Zu Neujahr beglückte sie ihn mit der Nachricht, daß er zur Jahresmitte Vater sein würde.

5

1928–1934

»Zu Beginn erfreute ihn der Gedanke, Vater zu werden«, erinnerte sich eine Schauspielerin, die Hitchcock in späteren Jahren gut kannte. »Aber als dann die kleine Alma dicker und dicker wurde, begann er ihr Aussehen zu hassen. Er konnte sie nicht länger leiden, sie erschien ihm häßlich, und die Schwangerschaft fand er schrecklich.«

Anfang 1928 stürzte sich Hitchcock fieberhaft in seine Arbeit und in das Unternehmen, ein Landhaus zu erwerben. Aber seine Nervosität war nicht nur durch Almas Schwangerschaft und ihr abstoßendes Äußeres ausgelöst worden (sie nahm ja in der Tat zu, und vielleicht begann sie ihn an sich selbst zu erinnern). Er war auch nervös über den Verlauf seiner Karriere. BIP hatte zwei enttäuschende Projekte für ihn annonciert, Ideen, die ihn überhaupt nicht fesselten. Und wenn er nicht selbst begeistert war, das wußte er, dann konnte sich auch sein Talent nicht voll entfalten. Das wiederum bedeutete, daß er in den Filmen an Kontrolle verlor. Und das wiederum würde dazu führen, daß seine Ausgangslage für die Absicht, in Zukunft mehr Kontrolle und Macht (und damit auch Geld) für weitere Produktionen zu erringen, sich verschlechtern würde.

Außer in *Blackmail* und dem überraschend autobiografischen *Endlich sind wir reich* zeigen Hitchcocks Filme für BIP – zwischen 1927 und 1932 – wenig von der Leidenschaft und jener Intensität, die man mit seinen späteren britischen und fast all seinen amerikanischen Filmen verbindet. Keiner wußte besser als er, daß vom ersten Absatz des Treatments an eine Filmidee der Kontrolle bedarf – einer übergreifenden Vision, was am Ende als Produkt entstehen soll. Es sollte noch mehr als zwanzig Jahre dauern, bis er wirklich die Macht eines Produzenten ausüben konnte, aber als er sie endlich hatte, wußte er sie zu nutzen. Seine frühen Filme, bis zu diesem Zeitpunkt, erscheinen vom heutigen Standpunkt aus immerhin unter dem Aspekt erfolgreich, daß man seine Hand – oder zumindest seinen großen Anteil an der Produktion – überall ablesen kann: in der Struktur und am Inhalt der Geschichte (und sogar an der Form des Dialogs); an der Entwicklung von Story, Thema und Bildern; an der Zusammensetzung der Darsteller und der Situationen; am Stil der Lichtführung und an den Kameraeinstellungen und -bewegungen; an den Stimmungen, die geschaffen, gehalten oder verändert werden; an der subtilen Manipulation der Zuschauerängste und -wünsche; an der ökonomischen und cleveren Erzählweise; am Tempo des Films und am Rhythmus des endgültigen Schnitts.

Der Wunsch, jene Kontrolle über seine Arbeit auszuüben, die untrennbar mit seiner Statur innerhalb der Industrie und seinem finanziellen Status verbunden war, war nicht einfach die Folge eines tyrannischen Egos, das alles und jeden kontrollieren wollte, obwohl diese Tendenz bei ihm in späteren Jahren wuchs und viel Unglück auslöste. Es war vielmehr – bei Hitchcock wie bei jedem Künstler – die gerechtfertigte Folge einer tiefen inneren Überzeugung, daß er besser als andere wußte, was bei der Formulierung und dem Ausdruck einer Idee funktionieren würde. So gesehen, muß es für ihn äußerst frustrierend gewesen sein, so sehr auf andere angewiesen zu sein (auf Studio-Kollegen, auf Techniker, Schauspieler, Werbefachleute), wenn er seine Fantasien im Film Realität werden lassen wollte. Ein Komponist bestimmt für Instrumente und Stimmen jede Note; ein Schriftsteller wählt seine Worte, Beginn und Ende jeden Satzes und Absatzes; der Maler bestimmt seine Farben; der Tänzer bringt Gesten zum Leben; der Bühnendarsteller ist Herr über Pausen und den Rhythmus des Ausdrucks. Nur der Filmemacher hängt von einer unübersehbaren Zahl von Variablen ab, von nicht von vornherein einschätzbaren Talenten, die ihm bei der Erfüllung seiner Traum-Idee helfen müssen – falls er einen Traum oder eine Idee hat und nicht lediglich Angestellter einer Gesellschaft ist (wie die Mehrheit der Filmregisseure).

Dieser kollektive Aspekt des Filmemachens wird von den glühendsten Verfechtern der Autorentheorie oft vergessen. In Filmschulen, bei Filmzeitschriften und auf Filmfestivals finden sich diese Filmanhänger, die in jedem Moment eines Films nach dem Touch des Regisseurs suchen. Das logische Resultat solch einer etwas kurzsichtigen Betrachtungsweise ist dann, daß für jeden Regisseur, hat er nur mehr als einen Film gedreht, irgendwo ein Filmstudent oder -kritiker darauf besteht, daß dieser Regisseur diese oder jene persönliche Weltsicht in seinem Werk enthüllt, daß also eine erkennbare wiederkehrende Behandlung von Landschaften, Darstellern oder Situationen erfolgt und daß eine konsistente Weltsicht aus dem Studium seines Werks erwächst (das Werk wird dann gleich geheiligt, indem man es als *œuvre* tituliert – wahrscheinlich, weil der Filmemacher ja ein *auteur* ist). So schreibt man natürlich den meisten Regisseuren mehr zu als sie verdienen. Zugleich schreibt man den Handwerkern und Technikern, die zu den Filmen das ihre beigetragen haben, weniger zu als sie verdienen. Bevor es möglich ist zu behaupten, daß jemand eine starke autorenartige Kontrolle über einen Film oder ein gesamtes Filmwerk hatte, bedarf es nachvollziehbarer Studien. Man muß sorgfältigst Produktionsunterlagen, Memoranden und Tagesdispos studieren, um sagen zu können, wer für eine besondere Einzelheit wirklich verantwortlich war. Genauso muß man die verschiedenen Fassungen eines Drehbuchs untersuchen und andere Drehbücher desselben Autors, um sagen zu können, was vom Drehbuchautor stammt. Wenn jemand besonders für den Produktionsentwurf zuständig war oder ein bestimmter Art Director an einem Film gearbeitet hat und falls es von diesem noch Unterlagen für das Design gibt, dann müssen diese ebenso geprüft werden wie die Protokolle der Treffen zwischen Regisseur und Kameramann. Und wenn ein Selznick oder ein Thalberg, ein Goldwyn oder ein Zanuck den Film produziert, dann kann man sicher sein, daß aus der Produktionsetage eine starke Hand die Arbeiten kontrolliert und immer wieder künstlerischen Impulsen praktische und finanzielle Zügel angelegt hat.

Es ist wichtig, diese Außen-Einflüsse zu betonen, denn obwohl nur wenige Regisseure jenen Grad von Autorenschaft erreicht haben, den Hitchcock in seinen späteren Jahren zunehmend gewann, könnte ein Bewunderer seiner Filme doch den Fehler begehen, auch schon seinem frühen Werk eine konsistente Sehweise zu unterstellen. Das würde nicht nur die kreativen Beiträge anderer ignorieren, aber auch simpler Unterhaltung die Bürde eines aus schlechter Information geborenen Vorurteils aufladen. Denn dann macht man aus frühen *Auftragsarbeiten* hohe Kunst – und das aus Projekten, die Hitchcock sich nicht aussuchen konnte, über die er zum Zeitpunkt ihres Entstehens wenig Kontrolle ausüben konnte und über deren endgültige Schnittfassung er keinerlei Macht besaß. Diese Filme markierten lediglich Stufen seiner Karriere.

Aber weil er als Art Director begonnen hatte, als Designer, Drehbuchschreiber und Drehbuchüberwacher und weil er, indem er die deutschen Filmhandwerker beobachtete, Wichtiges gelernt hatte, wußte Hitchcock genau – vielleicht besser als alle vor ihm oder nach ihm –, was er im Medium Film realisieren wollte. Seine ganze Karriere hindurch war er von guten Geschichten und der Zusammenarbeit mit guten Geschichtenerzählern abhängig. Aber wenn es dann soweit war, daß man die Geschichte mit filmischen Mitteln umsetzen mußte, wußten nur wenige im Filmgeschäft so gut wie er, was zu tun war. Und während er langsam älter wurde, während die Techniken sich verfeinerten, seine Gefühle über die menschliche Existenz und menschliche Beziehungen immer mehr Form annahmen – und während er zugleich größere Macht über die Produktion seiner Filme gewann –, zeichnete sich wirklich allmählich eine einheitliche Sehweise – und die beständigen Dämonen, die ihn beherrschten – deutlich ab.

1928 allerdings war Hitchcock noch weit davon entfernt, seine beruflichen Ambitionen erfüllt zu sehen. Er war sogar noch weit davon entfernt zu sehen, welcher Geist seine Geschichten einmal überwiegend beherrschen sollte. Schöpferische Macht konnte er, wenn schon nicht in seinen Filmen, so doch in seinem Privatleben ausleben – Macht über Situationen und über Menschen, an denen er seinen berüchtigten Hang zum Schabernack ausließ. Viele dieser Scherze hatten ihren Ursprung in einem rebellischen Humor der unteren Mittelklasse und entstammten sicherlich auch dem Hang eines Cockney, pompös Aufgeblasenen die Luft herauszulassen. Andere Vorfälle jedoch waren grausamer gefärbt.

Zu jener Zeit war Hitchcock ein Ausstattungs-Assistent zugeteilt, der zur Arbeit immer übertrieben vornehm gekleidet kam. Als man ihn einmal fragte, weshalb er maßgeschneiderte Anzüge, teure Hemden und Kashmere-Pullover trug, um Dekorationsstücke und Möbel hin- und herzuschieben, antwortete der Mann, diese Angewohnheit stamme noch aus der Kriegszeit, als er in der Marine diente, wo man immer Wert auf eine saubere Erscheinung gelegt habe. Das Erwähnen der Kriegsmarine genügte Hitchcock. Am Ende der Dreharbeiten an einem bewölkten Nachmittag lud Hitchcock den Assistenten ein, ihn auf einem Ausflug auf der Themse zu begleiten. Hitchcock hatte dafür gesorgt, daß ein Dampfer zur Verfügung stand, dessen Deck nicht überdacht war. Und er platzte vor Vergnügen, als ein Wolkenbruch die Garderobe des Mannes völlig verdarb und er wie eine Gestalt aus einer billigen Farce aussah. Ein anderes Mal, einige Jahre später, prahlte ein Kamera-Assistent bei jeder Gelegenheit mit seiner vollelektrischen Küche. Nach einer Woche solchen Geredes kam der Mann eines Tages nach Hause und fand seine Haustür mit zwei Tonnen Kohle zugeschüttet. Die Quittung trug den Vermerk ›Bezahlt von A. Hitchcock‹.

Vorfälle dieser Art waren schon beinahe so etwas wie eine moralische Lektion für die Überheblichkeit der Betreffenden, und niemand wurde körperlich verletzt. Andere Bosheiten Hitchcocks jedoch brachten für die Opfer echte Unannehmlichkeiten mit sich oder waren sehr ehrverletzend – und das ohne ersichtlichen Grund. Eine Darstellerin empfing als Geburtstagsgeschenk vierhundert geräucherte Heringe und stand dann vor der unerfreulichen Aufgabe, sich zu überlegen, wie sie den verdorbenen Fisch wieder los wurde, nachdem sie zwei Tage mit dem durchdringenden Gestank gelebt hatte. Nach dem Ende der Dreharbeiten zu *The Farmer's Wife* gab Hitchcock für das Team und die Darsteller einen Empfang – insgesamt waren es etwa vierzig Leute. Das Essen ließ er im kleinsten Raum eines West-End-Restaurants servieren, und als Bedienung fungierten Schauspielschüler, einer pro Gast, die Hitchcock angewiesen hatte, ausgesucht beleidigend und unhöflich zu sein.

»Der beste Streich, der mir je eingefallen ist«, behauptete Hitchcock noch Jahre später, »spielte sich in einem Londoner Hotel ab, wo ich ein Essen für Gertrude Lawrence gab. Ich hatte schon immer Blau für eine hübsche Farbe gehalten, aber nichts, was wir essen, ist blau. Bei diesem Essen war deshalb alles blau. Ich ließ die Suppe blau färben, die Forellen, die Pfirsiche und das Eis.« Wie würden die Gäste darauf reagieren? Wie lange würden die guten Manieren vorhalten? Vielleicht tat Hitchcock, was er tat, um die Menschen psychologisch zu testen, ihre Reaktionen zu erfahren.

Ein anderes Mal kam der berühmte Schauspieler Sir Gerald du Maurier, zu dem Hitchcock eine herzliche Freundschaft unterhielt, nach einer erfolgreichen Premiere in seine Garderobe, wo er keine Blumen oder Glückwunschtelegramme vorfand, sondern ein Pferd, das in dem Raum kaum Platz hatte. Wie du Maurier vermutete, muß es Hitchcock eine ganz schöne Summe Geldes gekostet haben – aber es muß ihm auch jeden Pfennig wert gewesen sein, als der Spender einer so bizarren und unvergeßlichen Gabe erinnert zu werden.

Nicht lange nach diesem Pferdestreich empfing Sir Gerald eine Einladung in die Cromwell Road. Hitchcock sagte ihm, er solle sich in hübsche Farben kleiden, denn es handle sich um eine Kostüm-Party. Pünktlich erschien du Maurier. Er hatte sich bunt geschminkt und trug einen verrückten Schottendreß. Hitchcock führte ihn ins Haus, um ihn den übrigen Gästen vorzustellen. Die freilich waren alle zu einem Mahl in Abendgarderobe geladen worden und entsprechend gekleidet. Sir Gerald, zu Tode beschämt, verließ fluchtartig das Haus. Hitchcock zuckte nur mit den Schultern und wunderte sich vor den übrigen Gästen lautstark, ob ihr alter gemeinsamer Freund nicht in letzter Zeit vielleicht etwas zuviel gearbeitet habe. Im selben Jahr schickte er Team-Mitgliedern, die in kleinen Apartments wohnten, zu Weihnachten als Geschenk ausgesucht riesige und sehr teure Möbelstücke – wohl wissend, daß die unpraktischen Möbel alle wieder zurückgeschickt werden mußten.

»Er spielte immer Leuten Streiche«, erinnerte sich Alma, »und gelegentlich versetzte mich das etwas in Angst.« Die durfte sie ruhig bekommen, denn in bestimmten Zeiten ging er einfach zu weit, und ein grober und grausamer Zug in ihm wurde sichtbar.

Hitchcock hatte für ihr Heim einige besondere Sofakissen erworben, die er für Gäste reservierte, die besonders scheu oder wohlerzogen waren. Wenn das Opfer sich auf das Kissen niedersetzte, ertönten laute beschämende Geräusche. Hitchcock setzte dann ein schockiertes Gesicht auf und gab vor, entsetzt zu sein, daß diese Gäste in der Öffentlichkeit nicht Haltung zu bewahren wußten. Mindestens bei einer Gelegenheit ließ er Blumen, Süßigkeiten und flammende anonyme Liebesbriefe einer Frau zukommen, die glücklich verheiratet war und gemeinsam mit ihrem Mann eine populäre Radio-Showsendung moderierte. »Ich war neugierig, wie der Ehemann reagieren würde«, sagte Hitchcock. »Schließlich rannte sie hinter dem Fahrer her, der ein Geschenk abgeliefert hatte, um herauszufinden, woher es kam. Und der Ehemann sagte plötzlich mitten in der Radiosendung: ›Ich kann hier nicht weitermachen, denn sie ist gerade auf die Straße herausgelaufen.‹ So hatte ich das Vergnügen, eine Radiosendung zu unterbrechen.«

Ebensowenig spaßig war ein Zwischenfall, den die meisten Zeugen vorzogen zu vergessen. Während eines Drehs, der ihn besonders langweilte, »war Hitchcock eher damit beschäftigt, den sensibleren Künstlern gemeine Streiche zu spielen. Sein bevorzugtes Ziel war einer der Studioarbeiter«, wie sich Rodney Ackland erinnerte. Hitchcock wettete mit dem Mann einen Wochenlohn, daß er zu ängstlich sei, eine ganze Nacht im dunklen und verlassenen Filmstudio an eine Kamera gekettet zu verbringen. Der Mann akzeptierte mit Vergnügen die Herausforderung. Am Abend des verabredeten Tages kettete ihn Hitchcock persönlich mit Handschellen an und steckte den Schlüssel ein – zuvor aber offerierte er dem Mann noch einen großen Brandy ›für einen schnellen und tiefen Schlaf‹. Der Mann dankte ihm und trank das Glas aus. Dann gingen alle. Als sie am nächsten Morgen zum Drehort zurückkamen, fanden sie den armen Menschen wütend, weinend, erschöpft und erniedrigt vor. Hitchcock hatte den Brandy mit dem stärksten Abführmittel, das erhältlich war, versetzt. Und das Opfer hatte es nicht vermeiden können, sich selbst und seine Umgebung zu besudeln.

Es fällt schwer, zumindest einige dieser Handlungen anders als gemein und entwürdigend zu finden. Und der Zwischenfall mit den Handschellen bringt Hitchcocks eigene Aussage über das Vergnügen der Fesselung und Disziplinierung in Erinnerung. Das Bild der spielerischen Fesselung in *The Lodger* wurde, wenigstens für einen Augenblick, erlebte Realität.

Wie soll man diese Handlungen verstehen, die für Hitchcocks Zeit in Großbritannien so typisch waren? Waren das die Kompensationshandlungen für einen Sturm, der in ihm tobte, ein Sturm aus Langeweile, Rebellion und Widerwillen? Oder sollten die Streiche andere so lächerlich erscheinen lassen, wie er sich selbst fühlte, so unwohl in seiner Haut? Oder waren sie ein Mittel, Macht über Menschen zu gewinnen, sie in einem unaufmerksamen Augenblick zu erwischen und sie zu hilflos beschämten Wesen zu reduzieren?

Daß andere sich kindisch und abhängig vorkamen – das scheint wirklich sein Ziel gewesen zu sein. Offenbar stellten die meisten Menschen für ihn eine Bedrohung dar: Sie sahen besser aus als er, waren intelligenter, gebildeter, gesellschaftlich akzeptierter. Wenn es ihm gelang, sie plötzlich in eine mißliche Situation zu bringen, so muß er gefühlt haben, dann konnte er sie zumindest zeitweise in jene Lage versetzen, in der er sich stets befand. Indem er sich jene untertan machte, die ihm zuwider waren (aus welchem Grund und mit welchem Bewußtseinsgrad auch immer), indem er sie unterschiedlichen Stufen der Demütigung und Gefährdung aussetzte, gewann er nicht nur Macht über sie, sondern er konnte auch seine innersten Ängste nach außen wenden – Ängste, die er später hauptsächlich auf der Kinoleinwand auslebte. Dort im Kino konnte er eine riesige Anzahl von Menschen in Krisen stürzen und der Furcht aussetzen.

Auch können die Streiche seiner eigenen ständigen Angst vor Unfällen entsprungen sein. Im Berufsleben versuchte er, diese Furcht zu bannen, indem er jeden Aspekt der Arbeit an seinen Filmen minutiös vorbereitete (so wurde aus seiner Methode, Filme zu drehen, zugleich ein Schutz gegen das Chaos). Es scheint so gewesen zu sein, daß er in frühen Jahren, indem er den Scherzbold spielte, versuchte, die Bedrohungen des Schrecklichen und Unmenschlichen von sich selbst abzulenken: Seine Streiche lenkten die Unbill gegen andere, und wie durch hilfreiche Magie ging er unbeschadet aus allem hervor. Die überfallartigen Angriffe, die Listen, die er ausheckte und die es ihm erlaubten, andere in unbehaglichen Situationen zu sehen, waren kalkulierte, antisoziale Gesten. Sie waren kleine Analogien zu dem offensichtlichen Chaos einer Welt, die plötzlich verrückt spielte. Vor dieser chaotischen Welt hatte Hitchcock sein Leben lang Angst, und dieser chaotischen Welt setzte er, in seinen reiferen Werken, seine Charaktere aus und (in einem weniger gefährlichen Sinn) auch sein Publikum. Unter diesem Aspekt muß man in seinen Filmen die erschreckenden Ausbrüche plötzlicher Gefahr im Alltagsleben normaler Menschen sehen. Es trifft sie alle: Bob und Jill Lawrence in der ursprünglichen Version von *The Man Who Knew Too Much*, Richard Hannay in *39 Stufen*, Robert Tisdall in *Young and Innocent*, Barry Kane in *Saboteure*, Guy Haines in *Der Fremde im Zug*, L. B. Jeffries in *Das Fenster zum Hof*, John Robie in *Über den Dächern von Nizza*, Ben und Jo McKenna in dem Remake von *Der Mann, der zuviel wußte*, Roger Thornhill in *Der unsichtbare Dritte* und, zu guter Letzt, die gesamte menschliche Gesellschaft in *Die Vögel*. Hitchcocks Filme, prall gefüllt mit Spannung und Überraschung, waren letztlich meisterlich ästhetisierte Streiche, die Millionen Menschen – und dem Regisseur – eine psychische Katharsis erlaubten.

Was immer der junge Filmemacher in jener Zeit an Widerwillen gegen die menschliche Gesellschaft in sich getragen haben mag, die lächerliche Story, die Mycroft als Grundlage für den nächsten Hitchcock-Film vorbereitet hatte, kann nicht gerade besänftigend gewirkt haben. Im Februar 1928 kam Mycroft zu Hitchcock ins Büro und sagte, da ja alle gern Champagner tränken – und Hitchcock war sichtlich keine Ausnahme –, warum sollte man da nicht einen Film über Champagner drehen? Hitchcock erinnerte sich an die enttäuschende Aufgabe:

Ich dachte mir... weshalb drehen wir dann nicht die Geschichte eines jungen Mädchens, die in Reims in den Weinkellern arbeitet und immer den Zügen nachschaut, die mit den Champagnerkisten in die Ferne entschwinden. Dann zieht sie eines Tages in die Stadt und wird so eine Art Hure und wird durch die Mühle des Lebens gedreht. Schließlich kehrt sie zu ihrer alten Arbeit zurück. Und jedesmal, wenn sie jetzt sieht, wie der Champagner verschickt wird, weiß sie genau, ›das wird letztlich für irgend jemanden ein Unglück bedeuten‹. Das kam natürlich nicht in Frage... So endeten wir mit einer Mistgeschichte, die geschrieben wurde, während wir den Film drehten. Ich fand das alles ganz grauenhaft.

Das Drehbuch, das so entstand, wurde von Mycroft genauestens überwacht, der aus dem Film ein Vehikel für BIPs neue komische Nudel Betty Balfour machen wollte. Sie spielte die verantwortungslose, aber nicht zu bremsende Tochter eines reichen Mannes, der ihr eine Lektion erteilen will. Hitchcock fand das Drehbuch so banal und langweilig, daß er in einem Interview erzählte, er habe das Skript abends immer mit nach Hause genommen und es zwischen die Seiten von *Whittaker's Almanach* gelegt, ›um zu sehen, ob es am Morgen etwas Interessantes aus dem Almanach aufgesogen habe‹.

Als der Dreh begann, fiel Hitchcock in tiefe Depressionen – obwohl er endlich sein geliebtes Landhaus erstanden hatte –, und es geschah eines der wenigen Male in seinem Leben, daß er am Drehort aus der Fassung geriet und sein Team anbrüllte. Seine Wut wurde durch eine Kleinigkeit ausgelöst, die damals zur Filmroutine gehörte: Für Massenszenen benutzte man von Film zu Film immer wieder dieselben Statisten, die beim Studio unter Vertrag standen. Ihre Kleidung und ihre Frisuren wurden für den nächsten Film einfach ein wenig verändert, und sie wurden so gefilmt, daß nur ein sehr scharfes Auge erkennen konnte, daß es sich um dieselben Menschen handelte. Aber Hitchcock wollte für *Champagne* keinen der Statisten, die er bereits für *The Farmer's Wife* gefilmt hatte. (Vielleicht dachte er sich, daß dies der einzige Anflug von Originalität und Frische wäre, den er in das Unterfangen bringen konnte.)

»Neue Gesichter!« brüllte er den Regieassistenten Frank Mills an, der daraufhin Clubs und Cabarets in ganz London absuchte und Karteikästen der Schauspieler-Agenturen durchforstete. Die Suche nach neuen Gesichtern verzögerte die Dreharbeiten einige Tage, was offensichtlich genau das war, was Hitchcock wollte – eine Pause, die sich auf Kosten des Films abbuchen ließ. Als der fertige Film schließlich im Spätsommer 1928 der Presse vorgeführt wurde, befand man, daß es sich ›um Champagner handelt, der eine Nacht draußen im Regen gestanden hat‹, trotz der ›albernen, aber wahrhaftigen Weiblichkeit, die Betty Balfour in die Rolle gebracht hat‹.

Hitchcock war das alles völlig gleichgültig.

Alma arbeitete in der Zwischenzeit weiter für Balcon und beendete gerade einen Film, den man genausogut vergessen durfte, *The First Born*, inszeniert von Hitchcocks altem Bekannten Miles Mander, der auch selbst die Hauptrolle spielte. Das einzig Positive an dieser Arbeit war, daß Alma den jungen Co-Star von Manders kennenlernte, eine frühere Lehrerin, die erst seit kurzem unter dem Namen Madeleine Carroll zum Film gekommen war. Alma erzählte Hitchcock, daß Carroll nicht nur viel Charme und Präsenz besaß, sondern auch eine gute Sprechstimme hatte, und daß man sie für zukünftige Tonfilme in Erinnerung behalten sollte.

Das Frühjahr hindurch versuchte Alma, Hitchcocks schlechte Laune zu vertreiben. Sie überredete ihn sogar dazu, gelegentlich seine Verwandtschaft zum Essen einzuladen. Aber Hitchcock benahm sich schließlich seinem Bruder William und seiner Frau Lil gegenüber so unfreundlich, daß die beiden sein Haus nicht mehr betraten. William Hitchcock hatte die Familiengeschäfte übernommen, die bald in einer größeren Londoner Ladenkette aufgingen. Diese Neuigkeit interessierte den jüngeren Bruder überhaupt nicht. Hitchcocks Schwester Nellie war mit ihrer eigenen Familie weit weg von London beschäftigt, was dazu führte, daß die Kontakte zwischen den Familien sehr schnell abbrachen. Charles Bennett, der Schauspieler und Bühnenautor, dessen berufliche Wege sich sehr bald mit denen

Hitchcocks kreuzen sollten, erinnerte sich, wie er etwa zu jener Zeit in der Cromwell Road verkehrte und mitbekam, wie Hitchcock sich über seinen Bruder aufregte, weil dieser Mann einfach ›groß, erfolgreich und langweilig‹ sei.

Andere Besucher kamen besser davon als die Verwandten. Der Autor James Hilton war öfters zu Gast und fand das Essen ausgezeichnet und die Atmosphäre bei den Hitchcocks tadellos. Anna Lee, die von Bennett entdeckt worden war und die als junge Schauspielerin schnell Karriere machte, war auch ein häufiger Gast. »Hitchcock«, erinnerte sie sich, »war in jener Zeit zu Kindern freundlicher als zu Erwachsenen.«

Später, im selben Jahr, war George Bernard Shaw bei den Hitchcocks zum Essen eingeladen. Die Hitchcocks besaßen damals schon eine komplette Ausgabe der Werke Shaws, und vor dem Essen signierte der Schriftsteller alle 31 Bände der seltenen Ausgabe: ›Für Alma, die Alfred Hitchcock geheiratet hat‹. (Sie besaßen auch alle Erstausgaben von H. G. Wells und James M. Barrie.)

Hitchcock war sehr stolz, Gäste wie Hilton, Shaw und John Galsworthy in seinem Heim zu empfangen. Charakteristischerweise erinnerte er sich später an sie vor allem als Bewunderer seiner Arbeit. »O ja«, pflegte er ganz beiläufig zu sagen, »ich kannte Galsworthy und Shaw. Der junge Hitchcock hatte viele Bewunderer, und man hat mir erzählt, daß Shaw in jeden meiner neuen Filme ging. Einmal, als ich Shaw traf, trat ich ins Fettnäpfchen. Ich erwähnte *Antonius und Cleopatra,* und er sagte: ›O nein, das ist der andere Bursche‹... Ich kannte auch John Buchan recht gut. Besonders nach *39 Stufen*. Er war freundlich genug, mir zu sagen, wie sehr ich sein Buch verbessert hätte.«

Die Gäste machten Alma Komplimente über ihre Künste als Köchin und Hausfrau. »Ich habe mich bemüht, ein Heim zu schaffen, das zu Hitchcocks Ernsthaftigkeit paßte«, sagte sie, ohne sich der Ironie bewußt zu sein. »Für mich als Hausfrau bedeutete es, daß unser Haus so ordentlich und sauber sein mußte wie eine der Dekorationen, in der er drehte. Das war aber einfach, weil Hitch so ordentlich ist, daß es fast schon an eine Obsession grenzt. Er selbst sagt immer, er sei ein ›Ausleerer von Aschenbechern‹, und er wäscht sich niemals die Hände, ohne zwei oder drei Handtücher aufzubrauchen, mit denen er das Becken und die Hände trocknet.« Im Laufe der Zeit hätte sie sich die Worte ›fast schon‹ sparen können. Hitchcocks Innenleben wurde zunehmend von Obsessionen beherrscht, und im selben Maß wie die Obsessionen zunahmen, verwendete er seine Energie darauf, auf Außenstehende den Eindruck absoluter Ordnung und Anständigkeit zu machen.

Der einzige Glücksstrahl in dieser Zeit war der Kauf des Landhauses. Das, für das sie sich schließlich entschieden, lag in dem kleinen Dorf Shamley Green, etwa vier Meilen südlich von Guildford. Eine halbe Meile von der Hauptstraße entfernt, hinter der Stroud Lane, befand sich ein Anwesen, das Winter's Grace hieß. Sie kauften es auf der Stelle für die damals ansehnliche Summe von 2500 Pfund. Das Gebäude war im Tudor-Stil gebaut, mit weißem Stuck und dunklen Holzbalken, mit Bleiglasfenstern, fast einem Dutzend Zimmern, genügend Platz für Gäste und einer besonders eindrucksvollen Decke im Wohn- und Eßbereich. Ein großer Garten, ein Stück Land, das bis zu einer Nachbarsfarm reichte, und ein hübscher kleiner Forst komplettierten das sehr schöne Anwesen, das man luxuriös nennen konnte.

Es war ein großangelegtes Landhaus, das für Wohlhabende entworfen worden war. Es lag in einer Gegend Surreys, in die sich vorzugsweise Parlamentsmitglieder, die Superreichen aus Mayfair und einige erfolgreiche Theaterleute zurückzogen. Auf den umliegenden Wiesen grasten Kühe und Pferde, und unter dem grauen, windigen Himmel hörte man nichts als den gelegentlichen Schrei einer Krähe. Nach dem Getriebe der Großstadt wirkte die Stille an den Wochenenden auf Hitchcock erfrischend. Zunehmend wurden mehr Gäste nach Winter's Grace eingeladen, während Hitchcock Umbauten und Veränderungen an Haus und Garten überwachte. Bald ließ er einen kompletten Filmvorführraum installieren und eine neue, moderne Küche. (Zuletzt kaufte er ein kleineres Haus, das nebenan gelegen war, und brachte dort seine Mutter unter, als er 1939 nach Amerika ging. Das Haupthaus, das für eine ältere, alleinstehende Dame zu unpraktisch gewesen wäre, verkaufte er mit enormem Gewinn.)

In Shamley Green, das nur 30 Meilen südwestlich von London lag und für Gäste bequem zu erreichen war, verbrachten die Hitchocks etliche ihrer glücklichsten Stunden, und für ihr Kind, das bald zur Welt kommen sollte, bot das Haus eine ideale Atmosphäre. Gleich zu Anfang, und nicht nur, weil Alma schwanger war, stellte Hitchcock eine Frau aus dem Dorf an.

Mary Condon kümmerte sich um den Haushalt. Alma war nicht die einzige, die den beruhigenden Effekt, den Shamley Green auf Hitchcock ausübte, bemerkte. Miß Condon behielt an Hitchcocks Person eine Erinnerung, die sich deutlich von dem unterschied, was jene erinnerten, die ihn in London hatten beobachten können. »Sie hätte sich keinen größeren Gentleman vorstellen können und auch keinen besseren Katholiken«, sagte sie. »Jeden Sonntag besuchte er die Messe im St. John's Seminary in Wonersh, nahe bei Guildford.« Dieser religiöse Eifer (zumindest bis zum Ende der 30er Jahre) entstammte der Rücksicht auf seine Mutter, wenn sie ihn besuchte, und zielte auf seine Tochter, die im römisch-katholischen Glauben erzogen wurde, wobei die Eltern der Religion eine Aufmerksamkeit schenkten, die sie bei ihnen selbst nie erfahren hatte.

Die Tochter wurde am Samstag, dem 7. Juli 1928, im Schlafzimmer der Cromwell Road 153 geboren. Als es soweit war und die Hebamme aus dem Zimmer kam, um dem Vater Bescheid zu geben, war er nirgendwo zu finden. Die angespannte Atmosphäre in der Wohnung hatte ihm die Nerven geraubt, und er war zur Haustür hinausgerannt und blieb bis zum Spätnachmittag verschwunden. Als er zurückkam, schlief Alma, und das neugeborene Kind brüllte. Hitchcock saß merkwürdig berührt neben dem winzigen, rothäutigen Kind und hatte Angst, es anzufassen, obwohl ihn die Krankenschwester dazu ermutigte. Als Alma gegen Mitternacht erwachte, hielt er ihr ein goldenes, saphirbesetztes Armband entgegen, das er in der Bond Street gekauft hatte.

»Ich wollte dir schon seit längerem ein nettes Armband kaufen«, sagte er ruhig. Dann gab er zu, daß er sich schuldig fühlte, sie im Stich gelassen zu haben, und daß das Geschenk ein Friedensangebot war. »Ich weiß, daß ich dich nicht hätte allein lassen sollen, aber du schienst gut zurechtzukommen, während ich von Minute zu Minute schwächer wurde und einer Ohnmacht nahe war.«

»Aber du hättest nicht wegzulaufen brauchen«, antwortete Alma. »Ich fühlte mich überhaupt nicht schlecht.«

»Ich weiß, daß es dir gut ging«, sagte Hitchcock geradeheraus. »Aber denk doch mal an *meine* Leiden. Ich starb fast vor Spannung.«

Das Kind wurde auf den Namen Patricia Alma getauft, und die Geburtsurkunde, die nach der Taufe am 30. August ausgestellt wurde, trug die Unterschrift ›Alfred Joseph Hitchcock – Filmregisseur‹.

Innerhalb von zwei Wochen arbeiteten die Eltern wieder. Alma hatte den Auftrag, das Drehbuch für Henrik Galeens Film *After the Verdict* zu schreiben, der auf einem Roman von Robert Hichens basierte (dessen Name in Hitchcocks Leben fast zwanzig Jahre später wieder auftauchen sollte). Es war der letzte Film in ihrem Leben, an dem sie arbeitete, der nicht von ihrem Mann inszeniert wurde. Zur selben Zeit fuhr Hitchcock nach Cornwall, das bei seinem nächsten Film die Isle of Man ersetzen sollte. Der Film hieß *The Manxman,* das Drehbuch hatte Stannard (recht originalgetreu) nach Hall Caines ruhigem, romantischem Roman geschrieben. An dem Film bestechen heute noch Jack Cox' schimmernde wunderschöne Landschaftsbilder, das dräuende Gefühl einer verratenen Liebe und das untypische morbide und unglückliche Ende. Als der Film fertiggestellt war, war Hitchcock nicht der einzige, der mit dem Resultat unzufrieden war: John Maxwell war so betroffen, daß er den Film beiseite legte und sofort mit Hitchcock über ein neues Projekt sprach, das er vorbereitet hatte.*

Man kann sich leicht vorstellen, wie der Regisseur seinem Produzenten Maxwell zuhörte, aber an C. M. Woolf dachte und sich fragte, ob es in seiner Karriere immer wieder vorkommen sollte, daß der Start eines schwierigen Films verschoben wurde. Für jeden Erfolg schien es gleich zwei Rückschläge zu geben. Aber was Maxwell als nächstes Projekt geplant hatte, sollte Geschichte machen. Der Theaterhit des Jahres 1928 war *Blackmail* von Charles Bennett. Maxwell hatte auf der Stelle an Hitchcock gedacht und die Filmrechte gekauft. Im November konnte es losgehen. Hitchcock, der allein zu Hause das Drehbuch geschrieben hatte, kam innerhalb weniger Tage zu einer Version des Stücks, die noch düsterer war als Bennetts Original.

Im Februar 1929 erhielt Hitchcock für sein Drehbuch von BIP grünes Licht, und er entschied sich für folgende Besetzung: Für die Rolle der Alice wählte er Anny Ondra, die Hauptdarstellerin aus *The Manxman,* eine blonde, in Polen geborene Schauspielerin, die in britischen Stummfilmen Karriere gemacht hatte; John

---

* Als *The Manxman* im folgenden Jahr in die Kinos kam, liebte ihn das Publikum, und *Bioscope* schrieb am 23. Januar 1929 von einem Werk von ›bemerkenswerter Kraft und fesselndem Charakter‹.

Longden spielte ihren Freund, einen Polizisten; Donald Calthrop sollte der Erpresser sein, auf den die beiden die Schuld für einen Mord schieben wollen, den das Mädchen an einem Mann begangen hat, der sie verführen wollte; Cyril Ritchard, damals ein populärer Komiker und Musical-Star, wurde verpflichtet, den leidenschaftlichen Künstler zu spielen, der erstochen wird. Anfang April war der Stummfilm praktisch abgedreht, und der Schnitt konnte beginnen. Da geschah etwas, das die Entwicklung der britischen Filmindustrie revolutionierte und Alfred Hitchcocks Karriere eine neue Richtung gab.

Maxwell rief Hitchcock zu sich ins Büro und eröffnete ihm, daß er von der Firma RCA aus Amerika eine Tonausrüstung ausgeliehen und ein provisorisches Studio für Tonfilme eingerichtet habe. Die Tonausrüstung sei technisch nicht der letzte Schrei, sagte er, und es sei unmöglich, mit ihr den Film nachzusynchronisieren, aber da war er nun – der Ton! Da die meisten Kinos noch keine Tonanlage hatten, würde man zunächst die Stummfilmversion von *Blackmail* weiter verleihen. Aber wenn es irgendwie möglich wäre, wollte man zumindest einige Szenen neu drehen. So könnte der erste britische Tonfilm später im Jahr wenigstens in einigen bereits modernisierten Londoner Kinos vorgestellt werden. Hitchcocks Erzählungen über das, was dann geschah, variierten im Lauf der Jahrzehnte sehr. Aber wenn man sich die originale Stummfilmversion sorgfältig ansieht (sie hat in den Archiven des British Film Institute überlebt) und sie mit der besser bekannten (und noch im Verleih befindlichen) Tonfassung vergleicht, erkennt man schnell, was wirklich geschah. Hitchcock hat nur einige wenige Szenen zu Live-Musik und mit Off-Toneffekten komplett neu gedreht – insbesondere ließ er Cyril Ritchard sich selbst auf dem Piano begleiten, während er im Verlauf der Verführungsszene ein Lied singt. Anny Ondras Schlafzimmerszene veränderte er dahingehend, daß nun in dieser Szene ein Käfig mit Vögeln vorkommt, deren Gezwitscher ihr (und dem Publikum) den letzten Nerv raubt. Mit einem Hauptproblem wurde er jedoch nicht fertig: Anny Ondras deutlich ausländischer Akzent paßte kaum zu ihrer Rolle, in der sie die Tochter eines Ladenbesitzers aus Chelsea darstellt. In den wenigen Momenten, in denen sie zu sprechen hatte, erwies sich ihr Akzent als tödlich. Dennoch arrangierte man zunächst für sie einen Sprechtest. Das Filmdokument ist im British Film Institute erhalten geblieben:

Hitchcock: Also, Miß Ondra, wir wollen jetzt einen Tontest machen. Sie wollten das doch auch, nicht? Kommen Sie also bitte hier herüber.

Ondra: Ich weiß nicht, was ich sagen soll. Ich bin so nervös!

Hitchcock: Waren Sie ein braves Mädchen?

Ondra: (lachend): Oh, nein!

Hitchcock: Haben Sie mit Männern geschlafen?

Ondra: Nein!

Hitchcock: Nein?

Ondra: Oh, Hitch, Sie machen mich verlegen. (Sie kichert unkontrollierbar.)

Hitchcock: Kommen Sie jetzt hier herüber, Miß Ondra, und bleiben Sie ruhig stehen, oder es wird nicht richtig flutschen – wie das Mädchen zum Soldaten sagte.

Nach diesem Satz bricht Anny Ondra in verlegenes Gelächter über Hitchcocks zweideutigen Scherz aus. Hitchcock wendet sich mit einem triumphierenden Grinsen zur Kamera um und sagt: »Schnitt!«

Als sie sich das Band anhörte (und die Kommentare aus der Chefetage), mußte Ondra zugeben, daß – selbst bei diesen wenigen Worten – ihr Akzent zu stark war. Was tun? Es wäre viel zu teuer gewesen, jede Szene, in der sie vorkam, mit einer anderen Schauspielerin neu zu drehen, selbst wenn man sie im gegenseitigen Einvernehmen aus ihrem Vertrag hätte entlassen können. Das aber wollte ohnehin niemand: Alle, die in England im Filmgeschäft arbeiteten, Hitchcock eingeschlossen, mochten Anny Ondra – sogar Graham Cutts, bei dem sie vor *The Manxman* in einem Film gespielt hatte, der *God's Clay* hieß.

Hitchcock wußte eine Lösung. Er ließ von BIP Joan Barry, eine junge Schauspielerin, engagieren, die sich außerhalb des Bildes aufstellen mußte und Ondras Sätze in ein Mikrofon sprach, während die nur die Lippen bewegte. Das war die bestmögliche Lösung des Problems, die aber auch Nachteile hatte. Zum einen war Joan Barrys Diktion alles andere als die eines Cockney-Mädchens: Sie war zu gewählt, einstudiert und langsam, insgesamt zu kunstvoll. Das andere Problem lag in den unnatürlichen Pausen, die entstanden, als die Szenen mit den beiden Frauen neu gedreht wurden. Der Betrachter kann bemerken, daß die Darsteller Anweisungen folgen, die hinter der Kamera gegeben werden; zumindest fällt es auf, daß irgend etwas mit dem Timing nicht stimmt.

Unter den gegebenen finanziellen Umständen war dies immer noch das Beste, was sich machen ließ. Die Ungelenkheiten verdecken nicht die erstaunlichen technischen Fortschritte, die Hitchcock in *Blackmail* gelangen, wobei ihm nur das primitivste Tongerät zur Verfügung stand. Bis zum heutigen Tag ist berechtigterweise jene Szene berühmt, die er der Tonfassung hinzufügte und die im Haus des Mädchens spielt, nachdem sie den Künstler ermordet hat. Keiner weiß von der Tat, und die Familie sitzt am Frühstückstisch. Eine Nachbarin kommt herein und berichtet von dem gerade entdeckten Mordfall.

»Was für eine schreckliche Art, einen Menschen umzubringen«, zetert sie. »Mit einem *Messer*! Also, jemandem mit einem Ziegelstein auf den Kopf zu schlagen, das ist etwas anderes – darin liegt noch etwas *Britisches*! Aber mit einem *Messer*! Nein, *Messer* gehen zu weit!... Mit einem Messer will richtig umgegangen sein. Nicht jedes *Messer* kann man dazu nehmen... ein *Messer*... mit einem *Messer*... In Chelsea braucht man kein *Messer*!« Während sie redet, bewegt sich die Kamera auf Ondras gezeichnetes Gesicht zu. Und dann nutzt Hitchcock geschickt die Möglichkeiten des Tons und läßt die Stimme der Nachbarin verzerrt klingen: Das Publikum hört nur den subjektiven Eindruck, den die Stimme auf das Mädchen macht. Die Worte verschwimmen, und nur das Wort *Messer* sticht hervor – für sie und für die Zuschauer. Dann bittet sie ihr Vater, etwas Brot zu schneiden. Abwesend greift sie nach dem Brotmesser, das genau in dem Augenblick, als die Nacharin gerade zum letzten Mal laut ›Messer‹ sagt, ihr förmlich aus der Hand zu springen scheint und auf den Boden fällt. (»Meine Güte! Du hättest leicht jemanden mit dem Messer verletzen können!« schimpft der Vater in einem der tragikomischsten Momente des Drehbuchs.)

Die Szene ist zu Recht eine der meistzitierten aus der Geschichte des frühen Tonfilms. Hitchcock gab sich nicht damit zufrieden, Dialoge aufzunehmen, sondern er experimentierte mit dem Ton, um beim Zuschauer dasselbe Gefühl heraufzubeschwören, das die Figur im Film empfindet. Es sind genau die Gefühle, die Hitchcock mit filmischen Mitteln so meisterlich zu steuern weiß.

»Ich erinnere mich nicht daran, daß wir das Gefühl hatten, einen historischen Augenblick zu erleben«, erzählte John Longden.

Alfred Hitchcock jedoch erkannte sofort die Möglichkeiten, die das neue Medium barg. Von Anfang an experimentierte er mit Effekten, die seiner Zeit weit voraus waren. Man könnte sagen, daß er für das Tonfilmdrama einen Prototyp entwickelte, so wie es René Clair für die Musicals mit *Le Million* gelang... Mir persönlich gefiel der Moment am besten, wenn der Erpresser den Laden der Heldin betritt und in dieser bedrohlichen Situation das Klingeln der Ladentürglocke sich so in die Länge zieht und so überlaut wird, daß der Ton wie ein Ankündigungssignal für das Verhängnis wirkt.

Das Tonbandgerät war Longden zufolge eher primitiv. Er erinnert sich an eine große Box, ungefähr einen halben Meter im Quadrat, die über seinem Kopf schwebte, und daß Hitchcock ihn anwies, in ein Mikrofon zu sprechen, das aus der Box baumelte.

Diese Umstände, die dazu führten, daß ich mir dabei fast den Hals ausrenkte, halfen mir natürlich nicht gerade, meine Rolle glatt herunterzuspielen... In der anderen Szene, an die ich mich erinnere, mußte ich als Polizist nonchalant durch einen Raum schlendern und mich dabei nach Beweisstücken umschauen. Da die ganze Sequenz sehr dicht werden sollte, wollte Hitchcock keine Musik unterlegen, sondern ich sollte während meines Auftritts ein Lied pfeifen. Zu jener Zeit war *The Singing Fool,* der erste große amerikanische Tonfilmerfolg in England, gerade in aller Munde. Also ließ mich Hitchcock ›Sunny Boy‹ aus jenem Film pfeifen. Diese ironische Anspielung ist für mich ein typisches Beispiel für den ›Hitchcock-Touch‹.

Die frühen Tonfilmbühnen in den Studios sahen nicht nur fürchterlich primitiv aus, sondern brachten auch nur sehr grobe Tonaufnahmen hervor. Die laufenden Kameras machten noch einen schrecklichen Lärm, und so mußte für *Blackmail* die Kamera in eine schalldichte Verschalung eingebaut werden. Das hatte neben den Unbequemlichkeiten für den Kameraoperateur auch zur Folge, daß die Kamera – bis dann schließlich schallgedämpfte Geräte entwickelt wurden – ihre Mobilität weitgehend einbüßte. Eine Zeitlang wurden Filme wieder zu abgefilmten Theaterstücken. Bewegung und Lebendigkeit gingen verloren.

Eines denkwürdigen Tages wurden Team und Darsteller von *Blackmail* durch einen besonderen Besuch überrascht. Elizabeth, Herzogin von York, wollte sehen, wie man einen Tonfilm drehte. (Sie wurde später die Königin Georgs VI. Als dann ihre Tochter Elizabeth II. gekrönt wurde, wurde sie zur Königinmutter Elizabeth.) Die Herzogin war eine Filmliebhaberin, wie sich herausstellte, und das Geschehen am Drehort faszinierte sie. Hitchcock muß sehr erfreut gewesen sein, aber er verlor nicht seine professionelle Ruhe.

»Ich erinnere mich, daß ich sie in eine jener Kameraboxen geführt habe«, sagte er, »und es war fürchterlich eng, da sie ja nur sehr klein waren.« Dann wagte er etwas Kühnes. Seit den Zeiten Victorias gab es ein ungeschriebenes Gesetz, daß weibliche Mitglieder der engeren königlichen Familie sich in der Öffentlichkeit nicht ohne Hut und Handschuhe zeigten. Da sie die Schwiegertochter des Königs war, unterlag natürlich auch die Herzogin dieser Regel. Aber Hitchcock, der Regelbrecher, erreichte auch diesmal wieder sein Ziel: »Ich ließ sie den Hut ablegen, damit sie sich Kopfhörer aufsetzen konnte. Ich sagte einfach: ›Madame, ich werde Ihren Hut halten, während Sie diesen Kopfhörer aufsetzen.‹ Und so machten wir es, und das war's.« Es scheint zweifelhaft, daß es irgend jemand anderem je gelungen ist, unter welchem Vorwand auch immer, einem Mitglied der königlichen Familie so leicht den Hut abzunehmen.

Als *Blackmail* Ende Juni der Presse vorgeführt wurde (und als der Film Ende November in die Kinos kam), war die Öffentlichkeit noch gespannter, als sie es schon bei *The Lodger* gewesen war. In *Close Up* schrieb Hugh Castle, ein Kritiker, der so oft über einen Film in Begeisterung geriet, wie Halleys Komet am Himmel auftauchte, daß er schon deshalb wußte, daß es sich hier um den großartigsten britischen Film handeln müsse, der je gedreht worden sei, weil er schon seit zwei Wochen nirgends gelesen habe, daß es der ›großartigste seit langem‹ sei. Die Feststellung sei also jetzt schon zehn Tage überfällig. Es lohnt sich, seinen Artikel auszugsweise wiederzugeben, weil er zum einen die damals üblichen Pressevorführungen unheimlich lustig beschreibt und zum anderen das für Castle untypische Zugeständnis enthält, daß Hitchcock in der Tat etwas Bewundernswertes gelungen war.

Sogar der arme Kritiker wurde nach dem Film zu einer Erfrischung gebeten. Darum geht es natürlich eigentlich bei der typisch englischen ›Trade Show‹... Und natürlich gab es auch das übliche Gedränge... Die besten Plätze hatten bereits Freunde der Beleuchter besetzt, altjüngferliche Tanten der Darsteller, die im künstlerisch-verschwommen fotografierten Hintergrund einer Szene auftraten, oder Kino-Vertreter der Verleihfirma, die sich von der Vermietung dieses Kunstwerks ein Vermögen versprachen.

Ein Summen lag in der Luft... Das Publikum rückte seine Krawatten für das Festmahl zurecht, das sie erwartete. Firmenbosse und Werbeleute konnte man dabei beobachten, wie sie zusehends unruhiger wurden. Die Kleindarsteller wurden gleichfalls aufgeregter. Kamera-Assistenten, die sich ihren Weg mit den Ellbogen gebahnt hatten, machten sich bereit, ihre staunende Verwandtschaft auf jene besondere Großaufnahme hinzuweisen, die sie selbst fotografiert hatten... Als alles vorbei war, ergossen sich die Journalisten in die Lounge, die einen Anblick bot wie die Schlacht von Hohenlinden. Im Hintergrund warteten die Kellnerinnen, die wie die Isar dahinwogten... Fotografen ließen ihre Blitzlichter blitzen; die Stars aus Elstree kamen endlich in den Genuß jener Publicity, für die sie sich die halbe Nacht wachgehalten hatten. Männer, die in einem Film kurz aufgetreten waren, der vor 15 Jahren gedreht worden war, rangelten sich um die Getränke, und die Damen, die in den Cabaret-Szenen des Films noch bedient hatten, griffen sich hier jetzt selbst ein Sandwich. Ein Dutzend Kritiker schaute hastig auf seine Uhren und sprang in die nächsten Taxis.

Aber Castle mußte zugeben, daß Hitchcock und *Blackmail* Lob verdient hatten.

Man muß sagen..., dafür, daß er mit einem Medium gespielt hat, das er überhaupt noch nicht kannte, hat er gute Arbeit geleistet. *Blackmail* ist vielleicht die intelligenteste Mischung aus Ton- und Stummfilm, die wir bis jetzt gesehen haben. Hitchcock feiert sein Comeback. Während man diesem Film zuschaut, kann man nicht glauben, daß er von demselben Mann gedreht wurde, der uns *Champagne* oder *The Manxman* bescherte... Hitchcock ist es gelungen, Ton und Stille miteinander zu verschmelzen.

Hitchcock kannte sich in der Umgebung, in der seine Geschichte spielte, bestens aus – das war die Grundlage für den Erfolg dieses Films, während die beiden vorhergehenden enttäuscht hatten. Die Geschichte, die in seinem London spielte – und nicht zur Jahrhundertwende irgendwo auf dem stillen Land oder auf einer noch ländlicheren Insel –, konnte er mit leichter Hand voller Erfindungsreichtum und witzig erzählen. Die Szenen, die im Laden spielen und bei der Familie zu Hause, bis hin zu der Nachbarin, die hereinplatzt, stammen direkt aus seiner Kindheit, als die Mahlzeiten in der High Road oft von einem Bekannten oder Kunden unterbrochen wurden, der noch irgend etwas aus dem Laden wollte und auch bekam.

In *Blackmail* gibt es auch den ersten längeren und klar erkennbaren Hitchcock-Auftritt. Wenn Anny Ondra und John Longden mit der U-Bahn fahren, beugt sich ein kleiner Junge zu einem anderen Fahrgast hinüber. Der ist Hitchcock, der in einem Buch liest. Der ungezogene Junge schiebt Hitchcock seinen Hut über die Augen und zieht sich schnell wieder zurück. Hitchcock schlägt nach ihm und zeigt dann Furcht, als der Junge wieder auftaucht, um nach ihm zu schlagen. Die Szene gehört Hitchcock, wie der ganze Film.

Blackmail brachte allen Beteiligten Erfolg – nur Anny Ondra nicht. Schlagartig war ihre Karriere im britischen Film zu Ende. Sie kehrte nach Deutschland zurück, ließ sich von dem Regisseur Karel Lamac scheiden und heiratete den Boxer Max Schmeling. Mit ihm lebt sie in einem kleinen Ort in der Nähe von Hamburg. Zum Weihnachtsfest 1930 schrieb sie Hitchcock und Alma eine Karte und teilte ihnen ihr neues Glück mit. Hitchcock sandte ihr eine Weihnachtskarte zurück, die er in diesem Jahr hatte speziell anfertigen lassen. Die Karte zeigte eine typische Zirkusfamilie (den stärksten Mann der Welt, Reiter ohne Sattel, Clowns, Trapez-Artisten und ein hingerissenes Publikum, unter dem ein Mann mit einem Fernglas sitzt – alles vor einem schwarzen Hintergrund). ›Alfred, Alma und Pat Hitchcock wünschen Ihnen frohe Weihnachten‹ lautete die grün gedruckte Schrift auf der Innenseite. Dem fügte Hitchcock noch hinzu ›Ein Boxer!‹.

›Hitchy‹, schrieb sie sogleich zurück, ›ich bin hier so *glücklich!*‹

Maxwell und Mycroft waren über den Erfolg von *Blackmail* hoch erfreut und wollten den Siegeszug des Tons nutzen, der amerikanische Filme so beliebt machte. Sie bereiteten eine musikalische Revue vor. Sie hieß treffenderweise *Elstree Calling,* und in sie stopften sie jeden verfügbaren Darsteller des Studios. Das Resultat erinnerte an einen Gemischtwarenladen. Jeder Regisseur, der unter Vertrag stand, war gezwungen, für den Film, der als Werbung für BIP gedacht war, ein oder zwei Sketche zu inszenieren. Hitchcock überwachte in ein oder zwei Sequenzen den Auftritt Gordon Harkers. Aber niemand kann sich daran erinnern, den Regisseur mehr als sechs oder sieben Stunden im Studio gesehen zu haben. Und Hitchcock selbst wußte später nicht einmal mehr zu sagen, ob er überhaupt an diesem Film mitgewirkt hatte.

Die nächste Aufgabe, die Maxwell für ihn hatte, konnte ihn ebensowenig begeistern – offenbar hieß es wirklich immer für jeden Schritt vorwärts zwei Schritte zurück. Er sollte mit dem berühmten Ensemble des Abbey Theatre aus Dublin Sean O'Caseys *Juno und der Pfau* verfilmen. Zum Winter 1929/30 lieferte Hitchcock eine ordentliche Version des Stücks ab. Obwohl der Film auf eine gute Resonanz stieß, hatte Hitchcock recht, der ihn immer einen unfilmischen Film nannte. Er und Alma konnten einfach nicht genügend Enthusiasmus dafür aufbringen, aus dem geschwätzigen Melodram ein Filmdrehbuch zu machen. Hitchcock machten die positiven Kritiken, die der Film nach seiner Premiere bekam, eher verlegen.

Obwohl der Film *Blackmail* Hitchcock und BIP von ihren besten Seiten gezeigt hatte, steckte die britische Filmindustrie – Quotasystem hin oder her – immer noch in einer tiefen Krise. Hollywood konnte es sich immer noch leisten, Schauspielern höhere Gagen zu zahlen, und die britischen Schauspieler zogen die Bühne dem Film vor. Außerdem besaß die britische Industrie nicht das Umfeld, das die amerikanische hatte, weder atmosphärisch noch ökonomisch, noch gesellschaftlich. In England galten Filme immer als reine Unterhaltung für die Arbeiterklasse – intelligente Menschen gingen ins Theater. Auch fehlten die technischen Fortschritte, die Deutsche, Russen und Amerikaner gemacht hatten. Das zutiefst konservative Wesen der Künste in England ließ nicht zu, daß die Winde des ästhetischen Wechsels die Insel erreichten. ›Großbritannien‹, schrieb die englische Historikerin Rachael Low, ›befand sich immer nur in der Randzone dieser neuen Bewegungen. Es paßt in dieses Bild, daß Edward Gordon Craig, der große Revolutionär der Bühnenarchitektur Vorkriegsenglands, im eigenen Land auf wenig Verständnis stieß und sich ins Ausland zurückzog.‹ Sie hätte praktisch dasselbe über Alfred Hitchcock schreiben können.

Die Reaktionen auf *Blackmail* führten unvermeidlich zu einer ganzen Reihe von Zeitungs- und Radiointerviews. 1930 wurde es Hitchcock klar, daß, wenn sein Ziel, seinen Namen im Gespräch zu halten, letztlich für seine Freiheit von Bedeutung war, er sich einen Werbefachmann anheuern mußte. Er ging dann gleich einen Schritt weiter und gründete eine kleine Gesellschaft. ›Hitchcock Baker Productions, Limited‹ sollte nichts anderes tun, als der Presse den Nachrichtenwert des Produzenten und Regisseurs Alfred Hitchcock zu verdeutlichen. In dieses Unternehmen investierte er bis zu seinem Weggang nach Amerika jährlich eine wesentliche Summe Geldes. Das führte nicht nur dazu, daß er öfter in der Öffentlichkeit erwähnt wurde und sich ein Image von Hitchcock als permanentem Ereignis in den

Nachrichten bildete, sondern die Gesellschaft bot ihm zugleich auch Abschreibungsmöglichkeiten, so daß er einen Teil der hohen Steuern vermeiden konnte, der sonst auf seinen Einkünften gelegen hätte.

Sein ganzes Leben hindurch erweckte Hitchcock vor seinen Partnern und der Öffentlichkeit gern den Eindruck, daß er weder viel davon verstand, noch sich große Sorgen um die finanzielle Belohnung machte, die ihm seine Arbeit eintrug. Irgendwie schien es, daß immer andere Leute für ihn verhandelten. Er selbst schien nie involviert zu sein und sein künstlerisches Schaffen nicht mit niederen Dingen wie Geld in Verbindung bringen zu wollen. In der Realität verhielt es sich völlig anders. Als er die Gesellschaft ›Hitchcock und Baker‹ gründete, engagierte er auch den Steuer- und Finanzfachmann J. G. Saunders, der ihn wöchentlich über seine Einkünfte und Investitionen unterrichtete und ihn beriet, wie er es vermeiden konnte, daß der größere Teil seines Einkommens der Regierung Seiner Majestät zufloß.

Hitchcock verbreitete auch an seinem Arbeitsplatz und unter Bekannten, daß sein Manager sich um alle seine finanziellen Belange kümmere und daß er sich selbst nur ein kleines wöchentliches Taschengeld auszahlen ließe. Soweit stimmte das auch. Sein Londoner Manager gab ihm in den dreißiger Jahren wirklich ein wöchentliches Taschengeld von zehn Pfund. Aber Hitchcock umging diese Regelung wieder, indem er regelmäßig in einem Restaurant speiste, in dem er ein Konto unterhielt. Den Manager des Restaurants brachte er dazu, ihm immer den doppelten Preis in Rechnung zu stellen und ihm die Differenz in bar auszuzahlen. Und falls ihm vor dem Ende der Woche das Geld ausging, borgte er sich etwas von jemandem im Studio – und mußte immer daran erinnert werden, es zurückzugeben. Als ihn einmal ein Techniker bei BIP darum bat, doch endlich drei Pfund zurückzuzahlen, schickte Hitchcock ihm den Betrag in einem Ledersack: 2880 kleine Münzen.

Einer der Widersprüche in Hitchcocks Persönlichkeit bestand in einer seltsamen Mischung aus Sparsamkeit und ausufernder Lebensführung. Als er sich in Cornwall während der Dreharbeiten zu *The Manxman* aufhielt, stritt er sich einmal bitterböse mit einem Gastwirt über den Preis seines Zimmers. Die Differenz zwischen dem Preis, der ihm genannt worden war, und dem, den er zahlen sollte, betrug Pfennige – und bezahlt wurde das

Zimmer natürlich ohnehin von BIP. Nachdem er dann aus dem Streit als Sieger hervorgegangen war, ließ er für die ganze Crew zahllose Flaschen teuren Champagners auffahren und vermittelte seinen Leuten den Eindruck, daß er ihn aus eigener Tasche bezahle und nicht aus dem Produktionsetat.

Andererseits blieben er und Alma in ihrer bescheidenen Wohnung in der Cromwell Road wohnen, obwohl sie sich leicht hätten leisten können, nach Regent's Park oder Mayfair oder Kensington umzuziehen. Auch behielten sie ihre erste Einrichtung samt der Teppiche, die in den Jahren zwischen 1926 und 1939 allmählich so abgenutzt wurden, daß man schon die einzelnen Fäden sehen konnte. Die Wohnung war tadellos sauber, aber sie vermittelte – ganz anders als ihr luxuriöses Landhaus – immer einen etwas schäbigen Eindruck, der ihrer wirklichen finanziellen Situation überhaupt nicht entsprach. Gleichzeitig dachte Hitchcock keine Sekunde darüber nach, wenn er handgeschneiderte blaue Seidenpyjamas mit einem passenden seidenen Morgenmantel bestellte – darin empfing er dann gerne seine Drehbuchautoren.

Wenn immer es ihm möglich war, arbeitete Hitchcock lieber zu Hause als in einem Filmstudio. In seinen eigenen vier Wänden fühlte er sich vor neugierigen – oder doch zumindest prüfenden – Blicken seiner Vorgesetzten im Studio befreit, und auch später in Amerika zog er es vor, an einem Treatment oder Skript zu Hause zu arbeiten. Drehbuchautoren, die ihn in der Cromwell Road aufsuchten, begrüßte er häufig in seinen geliebten Pyjamas und seinem Morgenmantel – egal zu welcher Tagesstunde. Sein zwangloses Verhalten machte es ihnen leicht, sich wohl zu fühlen, obwohl einige auch der Meinung waren, daß so nur der Arbeitsbeginn hinausgezögert wurde. Man plauderte zunächst über einen neuen Film oder tauschte den jüngsten Klatsch über irgend jemanden aus dem Studio aus und trank Tee. Mitte der dreißiger Jahre verließ Charles Bennett mehr als einmal das Haus, ohne sich recht im klaren zu sein, ob er und Hitchcock überhaupt ernsthaft an etwas gearbeitet hatten. Wenn er dann seine Notizen durchblätterte, stellte er fest, daß sie irgendwie doch etwas zuwege gebracht hatten – noch dazu etwas Gutes.

Eines von Hitchcocks Grundprinzipien während dieser Arbeitssitzungen mit seinen Autoren war, daß eine Szene oder eine wichtige Dialogpassage zu künstlich wurde, wenn man zu verbissen an ihr arbeitete. Wenn andererseits eine entspannte Atmosphäre herrschte – vielleicht ein kleiner Snack verzehrt wurde oder man an einem Cocktail nippte –, dann entwickelte sich die Geschichte überraschend oft wie von selbst und aus der inneren Logik heraus, die die ursprüngliche Grundidee von vornherein in sich barg. Mit dieser Haltung ging Hitchcock immer an die Drehbucharbeit, und es liegt etwas amüsant Ironisches in dem Bild eines übergewichtigen Cockney, der in seiner Londoner Wohnung im Morgenrock auf und ab geht und über einem Steak, einem Nierenpastetchen oder einem Glas Gin oder Brandy die fürchterlichsten internationalen Intrigen diskutiert – oder darüber nachdenkt, wie man Kinder entführt und Sabotage an Nationaldenkmälern begeht. Nach außen deutete seine Erscheinung auf nichts anderes hin als auf einen bürgerlichen englischen Geschäftsmann, einen ehrbaren Ehemann und Vater. Seine Gespräche aber hätten direkt aus den Büchern Poes, Sakis oder de Sades stammen können, oder sie drehten sich um die gruseligsten Fälle, mit denen man sich gerade im Old-Bailey-Gericht beschäftigte.

Sean O'Casey hatte Hitchcock während der Dreharbeiten zu *Juno und der Pfau* einen Besuch abgestattet, und die beiden mochten sich auf Anhieb. Sie diskutierten sogar einen zweiten Film, den O'Casey schreiben und Hitchcock inszenieren sollte. Sie waren sich schon einig, daß die Geschichte im Hyde Park spielen sollte, wo im Verlauf eines Tages einer Menge Leute vieles zustoßen konnte. Hitchcock gelang es, Walter Mycroft für das Projekt zu interessieren, und O'Casey machte sich an die Arbeit. Aber die Zusammenarbeit endete unter ungeklärten Umständen durch ein Mißverständnis zwischen den beiden (dessen Einzelheiten unklar geblieben sind). Hitchcock – wie so oft – brach die Beziehung ab. (O'Casey schrieb das Treatment allein zu Ende und machte schließlich ein Theaterstück daraus: *Within the Gates*.)

Während O'Casey noch schrieb, bearbeiteten Hitchcock und Alma bereits ein anderes Stück. Es hieß *Enter Sir John* und stammte von Clemence Dane und Helen Simpson. Der Film wurde zu einem der seltenen Hitchcock-Krimis, die sich auf die Frage konzentrierten ›Wer war der Mörder?‹ – sein Titel: *Murder!* Die Arbeit am Drehbuch ging nicht so glatt vonstatten, und als die Hauptdarsteller vor die Kamera sollten – Norah Baring, Miles Mander, Esme Percy und Herbert Marshall in einer seiner ersten Filmrollen –, war der Dialog noch nicht zu Ende geschrieben. In den alten Stummfilmzeiten wäre das kein großes Problem gewesen, jetzt aber war es ein Grund zur Beunruhigung. In seiner Not erlaubte Hitchcock seinen Darstellern eine Woche lang, ihre Dialoge zu improvisieren. Das Resultat, gab er zu, war unrhythmisch, und es fehlte ihm an Spontaneität. Es war das letzte Mal, daß er mit Dialogen experimentierte, die aus dem Augenblick geboren waren. Nicht das letzte Mal war es, daß er den Ton als ziselierten Spezialeffekt verwendete.

Murder! ist unter Hitchcocks Werken eine Rarität. Erzählt wird die nicht überwältigend interessante Geschichte eines Produzenten, der auch Regisseur und Schauspieler ist (Marshall) und als Jury-Mitglied über einen Mord urteilen soll. Während des Prozesses gewinnt er die Überzeugung, daß die Angeklagte unschuldig ist, und will den wirklichen Mörder ausfindig machen. Die Angeklagte (Norah Baring) ist eine junge Schauspielerin, und so entwickelt er auch ein berufliches Interesse an ihr, das am Ende des Films auch zu einem privaten wird. Das Happy-End vereinigt die freigesprochene Schauspielerin und den Juror und Amateurdetektiv sowohl auf der Bühne als auch im Leben.

Zwei Dinge, die Hitchcock interessierten, werden hinter dem verstaubten Melodram sichtbar. Da ist zunächst die Verquikkung von ›spielen‹ und ›handeln‹. Der Mann aus der Welt des Theaters inszeniert bei sich zu Hause ein Stück und läßt den Verdächtigen eine Rolle probespielen, die seine Schuld ans Licht bringt. Je mehr Marshall über den Unterschied zwischen Kunst und Leben spricht, desto mehr verwischt sich dieser Unterschied. Schließlich müssen alle Beteiligten, die mehr daran gewöhnt sind, Bühnenrollen zu spielen, eine Rolle im wirklichen Leben übernehmen, um zu entdecken, wer unschuldig und wer schuldig ist. (Dasselbe Thema sollte Hitchcock später noch einmal in *Die rote Lola* aufgreifen.)

Der andere Aspekt des Films, den Hitchcock herausarbeitet, ist die Frage der sexuellen Identität. Die Geschichte zeigt ein ausgeprägtes Interesse an sexuell abweichendem Verhalten. Nicht nur kleidet sich der Übeltäter (Esme Percy) in seinem Zirkusakt als Frau, sondern er spielt auch noch regelmäßig auf der Bühne Transvestitenrollen. Aber die Hauptfigur Handel Fane, als delikate Homosexuellengestalt angelegt, ist mehr, als die schwache Geschichte verträgt. Hitchcocks Kamera ist schließlich mehr an den Begleitumständen unkonventionellen Sexualverhaltens interessiert, als den verschlungenen Pfaden eines rätselhaften Mordes zu folgen. Und die Begleitumstände sind chaotisch: Transvestitentum wird mit Homosexualität gleichgesetzt, und Homosexualität verbindet sich verschwommen mit ›rassischer Unreinheit‹ – der Missetäter, wie sich herausstellt, ist zum Mörder geworden, als er erfuhr, daß er ein ›halfcaste‹ ist – das Wort bedeutet hier, daß er Halb-Farbiger oder auch Halb-Inder ist (und vielleicht auch noch uneheliches Kind). Diese überholten inhaltlichen Vorstellungen sind kaum geeignet, dem Film über seine technischen Mängel hinwegzuhelfen, die gleichfalls dazu beitragen, ihn einem modernen Publikum recht antiquiert erscheinen zu lassen.

Faszinierend freilich bleibt in *Murder!* Hitchcocks experimenteller Soundtrack. In einer Szene wollte er die Gedanken eines Mannes zeigen, der sich vor dem Spiegel rasiert, während im Hintergrund im Radio ein Orchester eine Passage aus *Tristan und Isolde* spielt. Wie macht man so etwas ohne Nachsynchronisation, die damals noch nicht möglich war? Ganz einfach, erklärte Hitchcock seinem Team. Zunächst sprach Marshall seine Gedanken in ein Aufnahmegerät, das dann unter dem Waschbecken versteckt wurde. Hinter der Zimmerwand baute sich ein 30-Mann-Orchester auf. Als dann die Kamera lief, nahm das Mikrofon das Orchester auf, das das Wagnerstück spielte und gleichzeitig die Stimme Marshalls, die von dem eingeschalteten Aufnahmegerät kam, während der Schauspieler stumm in sein eigenes Spiegelbild starrte. Wenn auch letztlich der Inhalt der Szene langweilig ist, so war die Aufnahmemethode doch aufregend.

Wie bei frühen Tonfilmen oft üblich, inszenierte Hitchcock parallel eine zweite fremdsprachige Version von *Murder!**, damit der Film ins Ausland zu verkaufen war. Verleiher in Deutschland zeigten sich an dem Projekt interessiert, und bevor die deutschen Darsteller in London eintrafen, fuhr Hitchcock nach Berlin, um die Übersetzung des Drehbuchs zu besprechen. »Die Deutschen schlugen eine Reihe von Veränderungen vor«, erinnert sich Hitchcock.

Ich wandte ein, daß die beiden Drehbücher nicht zu sehr voneinander

* *Sir John greift ein,* lautete der deutsche Titel.

abweichen dürften, sonst müßte ich am Ende statt eines Films gleich zwei inszenieren, und der Vorteil des simultanen Drehens ginge verloren.

Das war ein Denkfehler. Die englische und die deutsche Fassung konnten aufgrund der Unterschiede in Gewohnheiten und Sprache einander nicht so streng entsprechen. Als ich zu inszenieren begann, hatte ich mit der deutschen Version fürchterliche Schwierigkeiten. Ich sprach zwar Deutsch, aber ich kannte mich nicht genügend im Tonfall aus, und beim Drehen war ich verloren. In meinen Ohren hörte es sich zwar so an, als ob die Schauspieler in einem alltäglichen Tonfall redeten, in Wirklichkeit aber konnte ich nicht verstehen, was sie sagten.

Der Hauptdarsteller der deutschen Fassung war ein bekannter Darsteller, der Alfred Abel hieß. Mit Abel hatte ich auch etliche Probleme, weil er bestimmte Dinge nicht machen wollte, die er für unter seiner Würde hielt... Für die Szene, in der er das Mädchen im Gefängnis besucht, ließ ich ihn in einen Tweed-Anzug kleiden. Ich dachte, das würde gut dazu passen, da er Detektiv spielte.

»Eine Dame besuche ich in solcher Kleidung nicht«, beharrte Abel. Er verlangte, daß er ein dunkles Jackett und eine gestreifte Hose trug und ließ nicht mit sich darüber reden.

Abel weigerte sich auch, eine komische Szene zu spielen, in der in der englischen Version der Held in einer Pension wohnt, in der eine Horde wilder Kinder herumtobt, die am Morgen, als ihm die geplagte Wirtin (Una O'Connor) den Tee bringt, alle auf seinem Bett herumturnen. In der bereits beendeten englischen Fassung war dies eine der besten Szenen geworden, in der Herbert Marshall einen weltmüden und leicht arroganten Charme ausspielte, der ihm und Ernst Lubitsch zwei Jahre später in *Trouble in Paradise* so sehr zugute kommen sollte. Aber Abel wollte von der Szene nichts wissen.

»Mit so einem Mann kann man nicht so umgehen!« antwortete Hitchcock, »der ganze Witz der Komik liegt ja gerade darin, jemandem die Würde zu rauben.«

»Nicht für Deutsche«, sagte Abel.

BIP blieb dabei, Theaterstücke zu verfilmen, und gab Hitchcock als nächstes die Aufgabe, John Galsworthys soziales Theaterstück *The Skin Game* zu adaptieren und zu inszenieren. Er schrieb und filmte es Ende 1930 und Anfang 1931. Obwohl der Film in seiner endgültigen Fassung weniger als eineinhalb Stunden lang ist, wirkt er doch so, als dauere er einen halben Tag. *The Skin Game* befaßt sich mit der Auseinandersetzung zwischen dem alten Adel und den Neureichen. Der Film, der von endloser Geschwätzigkeit ist, zeigt einen Hitchcock, den das Unternehmen offensichtlich überhaupt nicht interessiert hat.

Um sich aus der Langeweile zu retten, wendete er wesentlich mehr Zeit für die Proben auf als für das eigentliche Drehen. Rodney Ackland erinnerte sich, daß Hitchcock, ›wenn er den Schauspielern demonstrierte, wie sie spielen sollten, immer viel lebendigere Vorstellungen gab, als die Schauspieler hinterher selber zeigten‹. Eine Szene, die er ihnen nicht persönlich vorspielte, war der Selbstmordversuch einer jungen Frau in einem Gartenteich. Zum ersten, aber nicht zum letzten Mal in seiner Karriere durfte er sich daran erfreuen, wie seine Assistenten eine Schauspielerin immer wieder ins Wasser warfen; hier war es Phyllis Konstam, die mehr als zehnmal in das mit Wasserlilien verzierte Becken geworfen wurde, das man im Studio gebaut hatte.

Seinen jährlichen Weihnachtsurlaub dehnte Hitchcock 1931 erheblich aus. Mit seiner Frau und seiner dreieinhalbjährigen Tochter unternahm er eine Weltreise. Unter anderem machte man auch in Afrika Station, wo eine Tante Hitchcocks wohnte. Es stellte sich heraus, daß die Frau inzwischen verwitwet und krank war, sich und ihren Sohn kaum ernähren konnte und ihr das Geld für die notwendige ärztliche Behandlung fehlte. In aller Stille, fast anonym, brachte Hitchcock ihre finanzielle Lage ins reine und sorgte dafür, daß sie ärztliche Pflege erhielt. Dann reiste er ohne Ankündigung wieder ab, so wie er gekommen war. Später erwähnte er nie wieder diese freundliche Geste (vielleicht auch, weil er ohnehin fast nie über seine Familie sprach).

Die ausgedehnte Reise führte die Hitchcocks in die Karibische See und schließlich wieder heim. Ausgeruht und mit einer Idee für einen neuen Film kamen sie wieder zurück. Der Film sollte von einem Londoner Ehepaar handeln, das plötzlich von reichen Verwandten Geld bekommt und sich entschließt, auf eine Weltreise zu gehen. Unterwegs wird nicht nur ihre gegenseitige Loyalität auf die Probe gestellt, sondern auch ihre Einstellung zum Leben durchleuchtet. Wieweit können sie sich an den einfachen Dingen des Alltags noch erfreuen? Die Hitchocks erzählten John Maxwell von ihrer Idee, und der zeigte sich auch milde interessiert. Aber er sagte ihnen auch, daß Mycroft bereits ein anderes Projekt geplant habe, einen Thriller, der von einem Haus handelt, in dem nur Diebe wohnen, von einem Halsband, einem Mädchen und ihrem Freund, einem Polizisten. Eine halsbrecherische Verfolgungsjagd sollte darin vorkommen, in der ein Zug, rasende Autos und ein Fährdampfer Rollen spielten. Es handelte sich um die Verfilmung des Bühnenstücks *Number Seventeen* von Joseph Jefferson Farjeon, und Hitchcock platzte vor Wut, es machen zu müssen, denn es handelte sich wieder einmal nur um ein Bündel Klischees.

Als Autor war Hitchcock Rodney Ackland zugeteilt, der gerade einen großen Theatererfolg hinter sich hatte. Mit ihm hatte Hitchcock gehofft, eine Filmversion von John Van Drutens *London Wall* machen zu können. Doch mit diesem Projekt wurde perverserweise ausgerechnet ein anderer Regisseur bei BIP beauftragt, der seinerseits liebend gern *Number Seventeen* verfilmt hätte. Ackland erinnerte sich, wie Hitchcock als Regisseur dafür Rache nahm, daß er schon wieder einen Film inszenieren mußte, der ihn langweilte.

Ihm war eine neue und faszinierende Idee gekommen, die Bosse zu ärgern. Er würde *Number Seventeen* als Parodie auf sämtliche Arten von Thrillern drehen, die ohnehin in dem Stoff steckten – das aber so subtil machen, daß niemand in Elstree merken würde, daß der Stoff veralbert wurde. Nicht, daß Hitchcock irgend etwas gegen *Number Seventeen* als Thriller gehabt hätte (hier irrte Ackland) –, aber er wollte damals keinen Thriller machen: Er wollte *London Wall* drehen.

Alma und ich waren von Hitchs Idee einfach begeistert... Wir drei schrieben das Drehbuch in einer Reihe von zwerchfellerschütternden Konferenzen im Haus der Hitchcocks, in dem eine weitaus stimulierendere Atmosphäre herrschte als im Studio. Da die Heldinnen in Thrillern gemeinhin dumm waren, entschied Hitchcock, daß die Heldin in *Number Seventeen* am besten gleich stumm sein sollte – sie sollte von Anfang bis Ende des Films keinen Ton sagen. Der Höhepunkt jedes Thrillers war immer eine Verfolgungsjagd (zu jener Zeit üblicherweise zwischen einem Auto und einem Zug). Der Höhepunkt in *Number Seventeen* sollte deshalb die wahnwitzigste aller Verfolgungsjagden werden – in den Einzelheiten so unwahrscheinlich, daß aus Spannung allmählich brüllendes Gelächter werden würde. In dieser Richtung und in diesem Geiste entwickelten und schrieben wir das Buch.

Aber die beabsichtigte Satire verunglückte. Der Film wurde so schnell heruntergekurbelt und so routinemäßig geschnitten, daß die satirische Perspektive verlorenging. Wie beabsichtigt, bemerkten zwar die Studiobosse nicht den subtilen Spaß, aber das Publikum auch nicht. Wenn man sich den Film heute ansieht, versteht man schnell, weshalb die Zuschauer verwirrt und verärgert waren. Die Satire ist zu unscharf, und die erste Hälfte des Films – in der Hitchcock normalerweise dem Publikum eine Möglichkeit zur Identifikation anbietet – ist zwar voller Atmosphäre, entbehrt aber jeglicher Geschichte oder Figur, die einen interessieren könnte.

Es gab eine Verzögerung, bis die Arbeiten zum nächsten Film, der Geschichte des Paares auf Weltreise, beginnen konnten. Das mag daran gelegen haben, daß Hitchcock bat, *Number Seventeen* etwas umschneiden zu dürfen. *Number Seventeen* kam erst nach diesem nächsten Film in den Verleih. Dieser nächste Film aber, *Endlich sind wir reich,* fand auch keine positive Aufnahme. Daraufhin entschloß sich Maxwell, *Number Seventeen* doch herauszubringen, der jetzt auch nicht mehr schaden konnte. Während all dieser Vorgänge dehnten die Hitchcocks ihr gesellschaftliches Leben ein wenig aus. Verschiedentlich luden sie jetzt Teammitglieder von BIP in die Cromwell Road zu einem Drink ein. Wenn reichlich Alkohol geflossen war, konnte man Hitchcock dazu überreden, eine Vorstellung mit dem ›pfeifenden Seemann‹ zu geben. Er verließ das Zimmer und kam kurze Zeit später mit nacktem Oberkörper zurück – ein Anblick, der angesichts seiner zweieinhalb Zentner für sich allein schon komisch grotesk gewesen sein muß. Auf Brust und Bauch hatte er mit dem Make-up seiner Frau das riesige Gesicht eines Seemanns gemalt, der seine Lippen wie zum Pfeifen spitzte. Hitchcock begann dann selbst eine Melodie zu pfeifen und schlakkerte dazu mit seinem enormen Wanst. Jetzt schien das große Gesicht auf seinem Bauch nicht nur zu pfeifen, sondern es vollführte auch einen merkwürdigen Tanz.

Ein Abend war besonders denkwürdig. Man hatte Hitchcock ermuntert, sich als Frau anzuziehen, und er bereitete sich auf diesen Auftritt stundenlang vor – nähte Laken zusammen, legte Make-up auf, suchte sich eine Perücke. Er ließ es sogar zu, daß dieser Partyauftritt gefilmt wurde. Einer der Studiotechniker hatte von dem bevorstehenden Ereignis gehört und war mit der nötigen Ausrüstung erschienen. Diesen ungewöhnlichen Privatfilm, der sorgfältig gehütet wurde, sah niemand außer zwei oder drei befreundete Kollegen. Obwohl die Existenz des Films des öfteren geleugnet wurde, ist er noch 1976 in Hitchcocks privatem Vorführraum in den Universal-Studios gezeigt worden – aber niemand scheint zu wissen, ob er noch existiert.

Noch während er *Number Seventeen* drehte, fing Hitchcock damit an, Schauspieler für *Endlich sind wir reich* zu suchen. Abends schrieben er und Alma am Drehbuch. (In den Stabangaben findet sich auch: ›nach einer Idee von Dale Collins‹. Aber es erwies sich als unmöglich, festzustellen, wer dieser Collins war oder was er beigetragen haben könnte.) Eine der wenigen verfügbaren Blondinen dieser Saison war bei BIP Joan Barry, die Hitchcock aber nicht so gerne besetzen wollte. Deswegen unterhielt er sich auch mit anderen Schauspielerinnen. Eine war Anna Lee, die es seltsam fand, daß Hitchcock sie zunächst danach befragte, welche Religion ihr am liebsten sei. Schließlich akzeptierte Hitchcock doch Joan Barry als Hauptdarstellerin, obwohl er sie nicht dazu bringen konnte, die langen Pausen in ihren Dialogen zu unterlassen, die schon homerische Ausmaße annahmen. Als glücklicher erwies sich der Griff, den er mit einer der Nebendarstellerinnen für *Endlich sind wir reich* tat. Elsie Randolph hatte ihr Londoner Theaterdebüt 1919 in *The Girl for the Boy* gegeben und zählte seitdem zu den beliebtesten Musical- und Komödienstars. Am populärsten hatte sie eine Reihe lustiger gemeinsamer Showauftritte mit Jack Buchanan gemacht. Sie traf Hitchcock, während der gerade den Zugunfall für *Number Seventeen* vorbereitete. In der ersten Hälfte ihres Gesprächs redete Hitchcock nur über die komplizierten Miniaturmodelle, die in der Verfolgungsjagd und dem anschließenden Zugunglück verwendet wurden. Bei Tee und Kuchen erklärte Hitchcock ihr die Aufnahmetechniken und lud sie ein, beim Drehen einiger Szenen zuzusehen. »Da dies *(Endlich sind wir reich)* Ihr erster Film sein wird«, sagte er, »ist es gut, wenn Sie einmal zuschauen.« Und es wurde für sie, wie sie sagte, wirklich eine Lektion im Filmemachen.

Als sie an einem der folgenden Tage wieder in sein Büro kam, um weiter über den neuen Film zu sprechen, beschrieb ihr Hitchcock die Rolle: Sie sollte ein altjüngferliches Mädchen spielen, diesen ›Ich-weiß-nicht-so-recht‹-Typ, die Langweilerin vom Dienst auf der Schiffsreise – etwas pathetisch, aber zumeist eher fürchterlich störend. Elsie Randolph gefiel die Beschreibung, und sie sah die komischen Möglichkeiten der Rolle, aber Hitchcock war nicht sicher, ob sich ihr anziehendes Äußeres und ihr frischer Charme entsprechend verändern ließen.

»Was haben Sie für ein Gefühl? Könnten Sie sich in diese exzentrische Rolle einfühlen?«

Ohne zu zögern, setzte sich Elsie Randolph eine Brille mit dikken Gläsern auf, die ein Assistent auf Hitchcocks Tisch liegengelassen hatte, straffte ihr Haar nach hinten und sagte mit piepsiger Stimme: »Oh, nun, Sir, ich hatte gerade meinen Lunch, Lerchenzunge auf Toast. Und jetzt fühle ich, daß einfach alles möglich ist!« Hitchcock gefiel ihr Humor. Er engagierte sie für die Rolle (inoffiziell nannte er die Rolle von da an Elsie) und lud bald darauf die Schauspielerin zusammen mit ihrer Mutter übers Wochenende nach Winter's Grace ein.

Dem ersten Wochenende folgten weitere. Aber ihre freundliche Beziehung schützte Elsie Randolph nicht davor, das Opfer eines der Streiche Hitchcocks zu werden. Er wußte, daß sie verräucherte Räume nicht nur haßte, sondern daß sie sie geradezu krank machten, und daß sie Zigarettenrauchern immer möglichst weit aus dem Weg ging. Hitchcock, selbst ein Raucher, deutete eines Tages im Studio auf eine nachgebaute Telefonzelle und sagte: »Elsie, würden Sie bitte dort kurz hineingehen und einen Telefonanruf durchspielen? Wir könnten daraus für Sie vielleicht eine Extra-Szene im Film machen.«

Sie folgte seiner Anweisung. Sobald sich die Tür hinter ihr geschlossen hatte, stand sie plötzlich mitten in einer dicken Rauchwolke (die einer der Spezialeffekt-Techniker ausgelöst hatte). Dem Kollaps nahe, flüchtete sie vom Drehort, nur um zu erfahren, daß in der Kamera kein Film eingelegt gewesen und daß auch nie eine solche Szene mit ihr geplant gewesen sei. Das Ganze sei nur ein kleiner Scherz gewesen. Sie entschloß sich, den Zwischenfall zu ignorieren, und ging zu dem Drehort zurück, so, als ob sie gerade vom Lunch käme. Ohne Diskussion begannen sie sofort, die nächste Szene zu drehen. »Er war ein Darling«, sagte sie später voller Respekt, »aber ein Darling mit einem Hang zu sadistischen Scherzen.« Hitchcock vergaß Elsie Randolphs Anpassungsfähigkeit und Gutmütigkeit nicht. Vierzig Jahre später bat er sie, in einem zweiten Film *(Frenzy)* für ihn zu spielen. Sie stimmte zu – und bei dieser zweiten Zusammenarbeit strapazierte er ihre Geduld nicht mehr.

»In Shamley Green lebte er einfach, aber gut«, erinnerte sie sich, »und er verhielt sich meiner Mutter und mir gegenüber immer sehr großzügig, wenn wir seine Gäste waren. Es herrschte in diesem Landhaus eine merkwürdige Formalität. Pat mußte an ihrem eigenen kleinen Kindertisch in der Küche sitzen, während die Erwachsenen im großen Stil dinierten. Und ihr Vater bestand immer darauf, daß sie einen Knicks machte und sich zu den Gästen sehr wohlerzogen verhielt. Aber sie schien ein glückliches und frohes Kind zu sein, und ich kümmerte mich gerne um sie.« Elsie Randolph – wie auch andere Gäste – trafen an diesen Wochenenden in Winter's Grace nie auf Hitchcocks Mutter, obwohl auch die verwitwete Mrs. Hitchcock dort Zeit verbracht haben muß. Randolph wußte auch nie (bis man es ihr 1981 erzählte), daß Hitchcock einen Bruder und eine Schwester hatte.

Endlich sind wir reich wurde an den Kinokassen zu einem Mißerfolg. Hitchcock verletzte das sehr. Auch später noch mochte er diesen Film besonders gern und lamentierte darüber, daß der Film nicht entsprechend gewürdigt worden sei. Es ist einer seiner am unverstelltesten autobiografischen Filme. Aber wie in all den anderen, die Erfahrungen aus erster Hand reflektieren, ist er ohne einen biografischen Schlüssel nur schwer zu entziffern. Das Paar im Film – Fred und Emily Hill –, sogar die Namen deuten auf Alfred und Alma Hitchcock –, mag einander offensichtlich, aber wie die Hitchcocks beginnen sie sich in dem Augenblick zu langweilen, in dem sie sich auf eine lange Kreuzfahrt begeben. Der Mann (gespielt von Henry Kendall) fotografiert gern und hat schreckliche Angst vor der Seekrankheit, die ihn befällt. Die Frau (Joan Barry) erträgt geduldig seine Stimmungen. Diese alternieren zwischen liebevoller guter Laune und verwöhnter, extremer Grillenhaftigkeit. Ebenso erträgt sie seine Obsessionen (insbesondere seinen Reise-Flirt mit einem vamphaften Wesen – gespielt von Betty Amann –, das vorgibt, eine mitteleuropäische Prinzessin zu sein und sich als gewöhnliche Abenteurerin entpuppt).

Die Hills besuchen Paris, und ihre Erlebnisse spiegeln die der Hitchcocks wider: die spärlich bekleideten Revuegirls in den Folies-Bergère schockieren sie; sie wissen sich gegen sexuelle Avancen von Fremden schlecht zu wehren; sie schwanken nach einem nächtlichen alkoholischen Exzeß zurück in ihr Hotelzimmer. (Die Paris-Sequenzen komprimieren Erfahrungen von der Hitchcockschen Hochzeitsreise und aus der Zeit, die sie in Deutschland verbrachten; der Rest des Films schöpft aus ihrer Weltreise und aus ihrem täglichen Familienleben.)

Solche Hinweise, die sich über den ganzen Film verteilen, deuten darauf hin, daß *Endlich sind wir reich,* vielleicht nicht absichtlich, eine Art offenes Tagebuch oder Fotoalbum ist, das auf der Hitchcockschen Ehe basiert. Es besteht im Film kein Zweifel daran, daß Fred und Emily Hill deshalb miteinander auf Dauer auskommen, weil sie sich gegenseitig gut verstehen. Aber es herrscht auch das Gefühl vor, daß niemand außer Emily mit Fred zurechtkommen könnte und wollte. Das ist auch letztlich der Grund, weshalb sie höflich die Avancen eines schneidigen Kommandanten zurückweist. Sie ist überzeugt, daß Fred sie braucht. Und sie hat recht. Denn genau im selben Moment erliegt Fred gerade den oberflächlichen Reizen einer Frau, von der sich herausstellt, daß sie nur eine Rolle spielt.

Dieses Motiv des sich bereitwillig selbst täuschenden Mannes, der in den Bann einer berückenden Frau gerät, die mit ihm nur spielt, taucht in vielen späteren Filmen Hitchcocks wieder auf und ist der deutlichste Hinweis auf seine Neigungen (wenn nicht sogar die Wahrheit über seine Beziehungen), die er in seinem Werk hinterlassen hat.

In einer letzten Parallele zu den Hitchocks geraten die Hills in *Endlich sind wir reich* auch in den plötzlichen Genuß materieller Segnungen, kehren aber dennoch am Ende ganz bewußt in ihr Mittelklasseheim zurück, in ihr sicheres, weniger gefährlich romantisches und unvermeidlich alltäglicheres Leben. Auf sonderbare Weise hebt sich der Film von allen anderen Hitchcock-Werken ab. Durch ihn klingen bittersüße Töne über die Kompromisse einer Ehe und über die wundersame Erfahrung der Geburt eines Kindes. Aber es zieht sich durch ihn auch ein Gefühl geistiger Malaise, die durch das wiederkehrende Motiv von Übelkeitsanfällen abgebildet wird – von Freds ersten Anfällen von Seekrankheit über den Brechanfall, als die Hills erfahren müssen, daß ihre schweigsamen orientalischen Retter ihnen ein Mahl aus toten Katzen bereitet haben, bis zu der letzten Übelkeitswelle, die über Fred hereinbricht, wenn man sein Gesicht in der letzten Minute des Films sieht. *Endlich sind wir reich* – im Originaltitel *Rich and Strange* (Reich und Merkwürdig) – erfüllt in der Tat das Versprechen seines Titels, der aus Shakespeares *Sturm* stammt. Ein verwunderter Londoner Kritiker schrieb: ›Wenn Sie Hitchcocks Arbeiten interessieren‹ – und er hätte hinzufügen können ›und sein Leben‹ –, ›dann sollten Sie diesen Film sehen. Aber erwarten Sie nicht einen weiteren *Blackmail* oder *Murder!*‹

Wenn der Film als verschlüsselte Autobiografie auch sehr reich war, so war er doch für den Geschmack BIPs zu merkwürdig. Es wurde klar, daß die Verbindung zwischen dem Studio und seinem Starregisseur ihrem Ende entgegenging. Als letzte Aufgabe übertrug man Hitchcock die Produktion und Inszenierung eines Films nach einem Stück von H. A. Vachell *The Case of Lady Camber* – unpassenderweise sollte der Film *Lord Camber's Ladies* betitelt werden. Gertrude Lawrence (die bald darauf zu dem berüchtigten blauen Dinner eingeladen werden sollte) spielte zusammen mit Gerald du Maurier (der bald zu der nicht stattfindenden Kostümparty gebeten wurde).

Hitchcock jedoch litt in dieser Zeit unter Depressionen und Verbitterung. Er wußte nicht, wie seine Zukunft im Film, falls es für ihn eine gab, aussehen sollte. Die Arbeit am Drehbuch und die Regie legte er in die Hände von Benn W. Levy, mit dem er befreundet war, was freilich mit der Produktion des Films ein Ende fand. Levy lernte einen übellaunigen Hitchcock kennen, der sich überall einmischen wollte – und nicht zum ersten oder letzten Mal kam es in Hitchcocks Leben zu einem plötzlichen und lange währenden Bruch einer Beziehung.

1933 befanden sich die Hitchcocks in einer beruflichen Schwebesituation. Da zu ihnen auch vage Gerüchte über politische Komplikationen in Europa drangen, schränkten sie ihre Reisen außerhalb Englands ein und zogen sich dafür öfter in die Stille von Winter's Grace zurück. Etliche Monate verbrachten sie damit, eine geeignete Schule für Patricia auszusuchen. Sie war ein intelligentes, extrovertiertes Kind, und ihre Eltern wollten sicherstellen, daß sie eine erstklassige Erziehung erhielt. In England, wie auch später in den USA, wurde sie nur auf die besten Schulen geschickt. Die Hitchcocks, die selbst häufig ins Theater gingen, waren nicht überrascht, als sie recht frühzeitig verkündete, sie wolle Schauspielerin werden.

In diesem Jahr unterzeichnete Hitchcock einen kurzfristigen Vertrag mit Alexander Korda, der bekanntgab, daß der erste Film, den Hitchcock im Rahmen dieses Vertrages inszenieren werde, den Titel *Wings over the Jungle* tragen solle. Aber Korda, der erst am Anfang seiner ungewöhnlichen Karriere in der britischen Filmindustrie stand, bekam die Darsteller, das Team und das Geld für dieses Projekt nicht zusammen. Hitchcock wurde aus dem Vertrag wieder entlassen. Danach offerierte der unabhängige Produzent Tom Arnold Hitchcock, das Musical *Waltzes from Vienna* zu verfilmen, das 1931 und 1932 ungewöhnlich lange auf dem Spielplan gestanden hatte. Arnold verpflichtete den arbeitslosen Hitchcock (dem die Idee gefallen zu haben schien, einmal ein Musical zu inszenieren) und engagierte Jessie Matthews, die zu jener Zeit Englands beliebtester Musical-Star war, sowie Esmond Knight, der bei der West-End-Bühneninszenierung Johann Strauß den Jüngeren gespielt hatte.

Das Unternehmen ging von Anfang an schief und rechtfertigte durchaus Hitchcocks Satz, daß er damals am Tiefpunkt seiner Karriere stand. Gedreht wurde bei Gaumont-British. Die Studios dieser Gesellschaft befanden sich nach einer tiefgreifenden Reorganisation der Firma auf dem Lime-Grove-Studiogelände, Shepherd's Bush, London. »Es handelte sich um ein Musical ohne viel Musik«, sagte Hitchcock, »und es war wirklich nicht meine Sorte Bier.« Aber er machte, zumindest zu Anfang, eine gute Miene, und die historischen Kostüme und die theatralische Form dieser billigen Operette schienen ihm Spaß zu bereiten. Journalisten, die die Dreharbeiten besuchten, trafen auf einen gutgelaunten Hitchcock, der zum Mittagessen Steaks verzehrte und Limonade trank – aber sie mußten auch feststellen, daß er großen Wert auf seine Privatsphäre legte. Wie sich Charles Bennett erinnerte, hatte sich Hitchcock zu jener Zeit einen teuren Wagen gekauft, dessen Fenster abgedunkelt waren und immer geschlossen blieben. Für eine Weile war private Ungestörtheit Hitchcocks neue Obsession.

Wirklich nur für eine Weile: Während der Dreharbeiten zu *Waltzes from Vienna* sprach Hitchcock mit dem Reporter des *Daily Herald* über seine Zukunftspläne und ließ durchblicken, er habe nicht die geringste Absicht, nach Hollywood zu gehen. »Meine Politik lautet, meine Filme hier zu machen – populäre Filme, die jeder verstehen kann. Ohne arrogant zu sein – ich glaube daran, diese Filme so zu drehen, daß sie auch den intelligenten Zuschauern gefallen können... Hollywood ist im Augenblick eher ein Irrenhaus, das jetzt die Insassen leiten.«

Publicitybewußt stimmte Hitchcock auch einem langen und seriösen Interview mit Stephen Watt zu, das unter der Überschrift ›Alfred Hitchcock über Musik in Filmen‹ veröffentlicht wurde. In diesem Interview äußert Hitchcock einige interessante Ideen über die Effekte von Musik, Ton und Stille auf die Dramaturgie der Gefühle im Film. Leider setzte er diese Ideen in *Waltzes from Vienna* nicht richtig in die Tat um. Aber er wußte, wovon er sprach. Die Ausführungen lesen sich wie Entwürfe für seine späteren eigenen Produktionen in den USA.

Als dann die Kameras liefen, schien niemand glücklich. In ihrer Autobiografie faßte Jessie Matthews ihre ganze Erfahrung mit Hitchcock in einem vielsagenden Satz zusammen: ›Bei diesem Film führte Alfred Hitchcock Regie.‹ Mehr hatte sie in ihren Memoiren über die Produktion *Waltzes from Vienna* nicht zu sagen. Der Kommentar ist mehr als Understatement. Hitchcock und sein Star fanden zu keiner Zusammenarbeit. Die Starrolle dieser hochbezahlten, einflußreichen Schauspielerin scheint Hitchcock irritiert zu haben. Er verkleinerte ihre Rolle, sparte sie aus dem Bild aus, wann immer er es nur konnte. Er unterbrach ihre Proben und Filmszenen mit einer endlosen Litanei von Änderungswünschen und brachte die Dame an den Rand eines Nervenzusammenbruchs.

›Er war nichts als ein arroganter junger Mann, der nichts von Musicals verstand‹, fügte die Matthews später hinzu. ›Er enervierte mich damit, daß er versuchte, mir einen fürchterlichen Operettenstil aufzuzwingen. Er war völlig aus seinem inneren Gleichgewicht und zeigte das, indem er mich herumschubsen wollte... Ich hielt den ganzen Film für eine einzige Katastrophe.‹ Esmond Knight mußte auch feststellen, daß Hitchcocks Ruf, sich am Drehort ruhig, gelassen und korrekt zu verhalten, in diesem Fall überhaupt nicht eingelöst wurde. Knight war der Meinung, der Film hätte viel lebendiger und unterhaltsamer werden müssen. Daß er es nicht wurde, schrieb er Hitchcocks Sarkasmus gegenüber seinen Darstellern und seinen üblen Scherzen zu. Hitchcocks saure Miene und seine üblen Streiche reflektierten wieder einmal, daß sein kreatives Innenleben völlig aus dem Gleichgewicht war, obwohl Hitchcock selbst immer bestritt, daß er zu jener Zeit seines Lebens von Ärger, Ängsten und Depressionen geleitet wurde.

»Jessie war unter Hitchcock nicht glücklich«, erinnerte sich Knight, »denn er pflegte eine Praxis, die vielen Filmregisseuren eigen ist: Während der Proben raubte er den Darstellern den Mut – gerade in einem Zustand, wo jeder Schauspieler extrem empfindlich und leicht zu treffen ist. Mich nannte er die ›Quota Queen‹ und verspottete mich erbarmungslos. Fay Compton (die eine Herzogin spielte) behandelte er genauso. Das Resultat war, daß wir während eines Drehs nie unser Bestes gaben, weil wir innerlich schon immer erwarteten, er werde uns auch während dieser Szene wieder einen seiner üblen Streiche spielen – was auch oft geschah, wie ich sagen muß.«

Als *Waltzes from Vienna* erst halb abgedreht war, hatte Hitchcock schon die Nase voll. Ihm war klargeworden, daß es von ihm ein Fehler gewesen war, ein Musical in historischen Kostümen zu inszenieren. Nach einem harten Tag in dem heißen Studio und vor versammelter Mannschaft sagte er: »Ich hasse solche Filme. Ich kann nur Melodramen inszenieren.«

Die Kunde von diesem Ausbruch drang auch zu Michael Balcon, der inzwischen für die Produktionsabteilung von Gaumont-British verantwortlich war und dessen Büro nicht weit vom Drehort lag. Am nächsten Morgen kam er herüber, um seinen alten Kollegen zu besuchen, und fragte ihn, was als nächstes auf seinem Terminplan stehe. Hitchcock antwortete, daß er jetzt frei arbeite und daß er immer noch hoffe, den Film machen zu können, zu dem er gemeinsam mit Charles Bennett während seiner letzten Woche bei BIP die Idee entwickelt habe. Sie hatten versucht, ein Treatment aus den alten Bulldog-Drummond-Geschichten zu entwickeln, erzählte Hitchcock. Sie wollten einen Film machen, der *Bulldog Drummond's Baby* oder *The Return of Bulldog Drummond* heißen sollte – vielleicht mit Gerald du Maurier, der so den berühmten, von allen Gaunern gefürchteten Helden wieder zum Leben erwecken könne, mit dem er schon auf der Bühne Erfolg gehabt hatte. Das Treffen mit Balcon schien in Hitchcock den alten Unternehmungsgeist zu wecken. Stundenlang erzählte er ihm von Filmszenen voller Spannung und Nervenkitzel, die ihm vorschwebten. Balcon wußte genug. Er machte Hitchcock einen Vorschlag. Da Hitchcock bei keinem anderen Studio oder Produzenten unter Vertrag stand, konnte er sich doch wieder mit ihm zusammentun und Bennett *und* Bulldog zu Gaumont-British mitbringen.

Hitchcock zuckte listig mit den Schultern. »Ich weiß nicht... Wir haben schon versucht, Maxwell die Idee zu verkaufen, aber sie gefiel ihm nicht.«

»Mir gefällt sie«, sagte Balcon.

»Es gibt da nur ein Problem. Maxwell besitzt die Filmrechte an der Figur Bulldog Drummond.«

Balcon lehnte sich zu ihm herüber und flüsterte lächelnd: »Dann kauf doch die Rechte, und ich werde sie dir wieder abkaufen.« Hitchcock konnte bald selbst wieder lächeln – aus finanziellen und künstlerischen Gründen. Er eilte zu Maxwell, kaufte die Rechte für 250 Pfund, ging damit zu Balcon und verkaufte sie an ihn weiter – für 500 Pfund. Als in London 1934 das

Frühjahr anbrach, unterschrieben Hitchcock und Bennett mit Balcon und Gaumont-British einen Vertrag über fünf Filme und zogen in ihre neuen Büros in Shepherd's Bush ein. Balcon gratulierte ihnen, und sie beglückwünschten sich selber. Sie hatten das Gefühl, daß jetzt die Zeit einer wichtigen und später sicherlich berühmten Partnerschaft angebrochen war. Sie sollten mehr als recht behalten.

6

1934–1936

Die Drehbuch-Konferenzen für Hitchcocks erste Version von *The Man Who Knew Too Much* waren ein Vergnügen für alle, die beteiligt waren. Laut Ivor Montagu, der zu Gaumont-British zurückgeholt worden war, um als Coproduzent der Hitchcock-Filme zu fungieren, mischte sich Balcon nie ein. Hitchcock leitete die Drehbuch-Sitzungen im Wohnzimmer in der Cromwell Road, bequem im Mittelpunkt auf einem samtenen Renaissance-Thron plaziert und gewöhnlich in einem schwarzen Seiden-Pyjama. »Damals war es in der Tat angenehm, mit Hitchcock zu arbeiten«, erinnerte sich Charles Bennett, »obwohl er ein monströses Ego hatte, das seinem Appetit ebenbürtig war.«

Das Drehbuch des Films, von dem ein großer Teil in Elstree vorbereitet worden war, erhielt seine endgültige Form im April und Mai 1934. Gewöhnlich trafen sich Bennett und Montagu mit Hitchcock, Alma und oft auch Angus MacPhail (der für das Studio Drehbücher überwachte und bearbeitete) am frühen Morgen in Hitchcocks Haus und wendeten Ideen hin und her.

Zu seinen Arbeitsgewohnheiten bemerkte Hitchcock selber manchmal: »Einige Autoren wollen den ganzen Tag arbeiten. Sie sind sehr umgänglich. Ich bin nicht so. Ich möchte sagen: ›Laßt uns für ein paar Stunden aufhören, laßt uns spielen.‹ Und dann machen wir uns wieder an die Arbeit.« Das Spielen war der Grund dafür, daß er Ausflüge mit dem Bus oder dem Boot anregte, die manche nachmittäglichen Arbeitssitzungen auffraßen. Meist kam das Team am nächsten Morgen erfrischt zurück, mit neuen Ideen, einem wiederbelebten Sinn für Humor und mit dem Gefühl, es sei eine bemerkenswerte Errungenschaft, 1934 für Arbeit dieser Art bezahlt zu werden.

Abgesehen von dieser Zusammenarbeit, die in das Drehbuch einfloß, waren Ausdruck, Stil und Themen ganz Hitchcocks Eigentum. Den Dialog, den Edwin Greenwood, A. R. Rawlinson und Emlyn Williams schrieben, genehmigte Hitchcock und überarbeitete ihn oft.

Die Dreharbeiten zu *The Man Who Knew Too Much* nahmen neuneinhalb Wochen in Anspruch, vom 29. Mai bis zum 2. August. Vor die Kamera kam eine Story, die ein Entwurf für eine Reihe späterer Hitchcock-Filme war. Edna Best und Leslie Banks porträtierten die Eltern, die mit ihrer Tochter (gespielt von Nova Pilbeam) in St. Moritz Urlaub machen. Sie sind dabei, als ein Freund (Pierre Fresnay) ermordet wird, der sich als britischer Agent entpuppt und der bei seinem Tod das Paar in die Geschichte hineinzieht, indem er an sie die Information weitergibt, in London solle in Kürze ein (von Peter Lorre geleitetes) Attentat verübt werden. Um die Eltern zum Schweigen zu bringen, kidnappen die Verschwörer das Kind. In London gelingt es der Mutter – einer hervorragenden Schützin, wie am Anfang des Films klargemacht wird –, das Attentat zu verhindern; dann rettet sie ihr Kind aus den Händen der Kidnapper, die bei einer Schießerei mit Gesetzeshütern überwältigt werden.

Dies war eine Geschichte, die Hitchcocks Fantasie während seiner Hochzeitsreise nach St. Moritz entsprungen war; die Tochter, das Kidnapping, die Details der internationalen Machenschaften wurden alle später hinzugefügt, aber er bewahrte, was ihm ursprünglich als pittoresk und dramatisch in den Sinn gekommen war: den luxuriösen Urlaubsort, die Charaktere aus der Oberschicht, das Auftreten finsterer Agenten, das den emotionalen Mittelpunkt der Geschichte bildete, und die Zeit, die eine entscheidende Rolle spielte. Die Aufnahmen gingen glatt voran, und Hitchcock war guter Laune; seine Streiche fielen für eine Weile milder aus, und seine Haltung am Drehort strahlte Zuversicht und Effizienz aus.

Peter Lorre, der 1931 als Kindesmörder in Fritz Langs *M* international berühmt geworden (und später vor dem Nazi-Regime geflohen) war, erschien Hitchcock als logische Wahl für den seltsam gesitteten Kidnapper eines kleinen Mädchens, und Balcon war einverstanden, ihn zu engagieren. Lorre und Hitchcock teilten eine unkonventionelle Auffassung von Humor, und oft, wenn eine Einstellung zum Drehen eingerichtet war, konnte das Team die beiden in einer Ecke hockend finden, wo sie die neuesten schmutzigen Geschichten austauschten. Eine Zeitlang versuchten sie auch, sich in der Kunst der üblen Scherze gegenseitig zu übertreffen. Als sich Lorre eines Tages lautstark beschwerte, einer seiner Anzüge sei im Studio ruiniert worden, ermahnte ihn Hitchcock, sich nicht kindisch zu benehmen; eine Woche später erhielt Lorre einen identischen, brandneuen Anzug, maßgeschneidert von einem teuren Geschäft zugestellt – aber der Anzug hatte Kindergröße. 1937, als Lorre zu einem längeren Aufenthalt nach Hollywood aufbrach, trieben sie es immer noch: In Anwendung eines alten Tricks sandte Hitchcock einen kurzen Brief mit guten Wünschen an Lorres Adresse – samt einem alten Gaul. Lorre schlug zurück. Um drei Uhr morgens ließ er dreihundert zwitschernde Kanarienvögel in die Cromwell Road liefern.

Ende September waren Schnitt und Vertonung des Films abgeschlossen (die Musik konnte jetzt nach dem Drehen hinzugefügt werden), und jeder, der mit dem Film zu tun hatte, betrachtete ihn als einen Triumph. Er war in der Tat meisterhaft ersonnen. Nach der hellen Pracht der verschneiten Hänge in der Titelsequenz, die den Schauplatz St. Moritz einführt, wird *The Man Who Knew Too Much* zunehmend dunkler, bewegt sich der Film in beengten Londoner Innenräumen und endet mit der cleveren, absichtlich parallelen Umkehrung des Anfangs: einem lebensgefährlich abfallenden Dach in der Nacht.

Aber es gab Probleme. Die britische Zensurbehörde nahm daran Anstoß, daß das Drehbuch mit einer Schießerei der Londoner Polizei endete. Hitchcocks Szene weckte Erinnerungen an die berühmte Belagerung der Sidney Street zum Jahrhundertwechsel, während der die traditionell unbewaffneten Londoner Bobbies die Armee zu Hilfe gerufen hatten und von Feuerwaffen Gebrauch machten, um eine Bande von Anarchisten zu überwältigen. Diese Konfrontation, an die sich Hitchcock und die Zensoren deutlich erinnerten, war die Folge eines Komplotts des berüchtigten Peter the Painter, eines East-End-Terroristen, der eindeutig für die Lorre-Figur Modell gestanden hatte. (Winston Churchill, der zu dieser Zeit Innenminister gewesen war, hatte die schwierige Entscheidung zu treffen gehabt, Artillerie zur Verstärkung zu schicken.) Trotz ihres historischen Ursprungs wollten die Zensoren von dieser Szene nichts wissen: Sie bestanden darauf, daß es das Image der Londoner Polizei beschmutze, sie mit Waffen zu zeigen. Hitchcock gab nach, und die Drehgenehmigung wurde erteilt. Dann aber filmte er eine Szene, in der die bedrängten Polizisten sich der Waren eines örtlichen Waffenschmieds bedienen – ehe die Einstellung mit einem eintreffenden Laster (Armee-Verstärkungen?) grob dazwischengeschnitten ist. Hitchcock wußte, daß das Tempo des Schnitts und die Aufregung, die das Finale hervorrufen mußte, sowohl die Zensoren ablenken als auch dem Publikum gefallen würden.

Ein anderes Problem schmerzte mehr – und es hatte einen vertrauten Klang. C. M. Woolf saß immer noch in der Chefetage von Gaumont-British. Zu dieser Zeit kontrollierte er allein den Filmverleih der gesamten Firma, und wann immer Balcon in anderen Filmgeschäften nach Amerika fuhr, hatte Woolf die Verantwortung für das Studio. Er sah sich *The Man Who Knew Too Much* an und entschied, wie bei früheren Filmen Hitchcocks, er sei kompletter Unsinn. Er würde Maurice Elvey heranholen, um ihn neu zu drehen, obwohl nichts geschehen sollte, ehe Balcon zurückkam.

Hitchcock war außer sich, denn er und Bennett hatten bereits begonnen, an ihrem nächsten Drehbuch zu arbeiten. »Charles, es ist alles aus, das war's für uns«, jammerte Hitchcock während eines ungewöhnlich aufgeregten Telefonats mit Bennett in dessen Haus in Belgravia. »Wir brauchen mit *39 Stufen* gar nicht erst weiterzumachen, weil sie es nie finanzieren werden. Ich kann überhaupt nichts tun.«

Aber Ivor Montagu konnte etwas tun. Er ging zu Woolf und erinnerte ihn daran, daß Balcon von Hitchcocks erstem Film für Gaumont-British erwartet hatte, daß er Hitchcocks – und des Studios – Prestige wiederherstellte, und er schlug vor, der Film solle vor der Rückkehr des Produktionschefs zumindest eine Woche lang öffentlich vorgeführt werden, damit wenigstens ein Teil des Geldes, das *The Man Who Knew Too Much* gekostet hatte, wieder hereinkäme. Woolf lenkte ein, warnte aber davor, daß eine Katastrophe auf sie zukäme. Um die Firma vor einem totalen Reinfall zu bewahren, brachte er den Film als zweite Hälfte eines Doppelprogramms in Londoner Kinos.

›Ein herrliches Melodram‹, schwärmte *Kinematograph Weekly* am 13. Dezember 1934. ›Ungekünstelte Fiktion, in einer spektakulären Größenordnung in Szene gesetzt... Alfred Hitchcock hat offenbar aus seinen früheren Erfahrungen gelernt, daß großes Geld nur mit einem Massen-Appeal zu erreichen ist, und mit diesem weisen Gedanken im Kopf hat er uns ein erstklassiges Melodram geliefert.‹

»Wir werden sehen, was die anderen zu sagen haben«,

knurrte Woolf, als man ihm diese frühe Meldung brachte. Und dann mußte er erleben, wie sich die Begeisterung des Publikums und der Tageskritik mit der Einschätzung der Branchen-Fachleute deckte. ›*The Man Who Knew Too Much* ist sehr aufregend, menschlich, zeigt gute Arbeit einer gediegenen Besetzung und hat hervorragende Schauwerte‹, lautete eine typische Besprechung. Von diesem Punkt an hatten Hitchcock und Bennett nichts mehr von C. M. Woolf zu befürchten, und um ihren Erfolg und Weihnachten zu feiern, fuhren sie mit ihren Familien nach St. Moritz. Die Bennetts tummelten sich tagsüber auf den Skihängen (Pat und – zumindest einmal – Alma zogen mit), während Hitchcock ihnen vom Balkon ihrer nebeneinander liegenden Suiten zum Abschied zuwinkte und dann den Rahmen für die abendliche Besprechung des nächsten Projekts entwarf. Bei ihrer Rückkehr hielt er Drinks für sie bereit.

Da er und Bennett mit den Motiven des politischen Terrorismus und der internationalen Spionage Erfolg gehabt hatten, bestand Hitchcock darauf, diese Elemente für ihr Treatment nach John Buchans berühmtem Roman *Die neununddreißig Stufen* im Kopf zu behalten. Beide bewunderten sie Buchans Gespür für den plötzlichen Einbruch des Terrors in das Leben eines Durchschnittsmannes, der sich auf der Flucht vor der Polizei befindet, deren Hilfe er eigentlich braucht. Bennett allerdings war der Meinung, daß es dem Buch trotz seines atemlosen Tempos an Charakter, Humor und Identifikationsmöglichkeiten für das Publikum mangelte. »Ich hielt Buchans Roman für schrecklich, aber er besaß Entwicklungsmöglichkeiten – die doppelte Verfolgungsjagd zum Beispiel«, meinte Bennett. Und Hitchcock stimmte zu.

Um die Schwächen des Stoffes auszugleichen, entschieden sie sich, zwei Aspekte der damals aktuellen Stimmung auszunutzen: die unheilvollen Nachrichten, die durch die Schweiz geisterten, und das Verlangen des Publikums, das sich ablenken wollte, nach komischen und romantischen Geschichten. Es zirkulierten vage Gerüchte über Hitler und aufkommenden Fanatismus, und als politische Diskussionen den Speisesaal des Hotels beherrschten, wußten Hitchcock und Bennett, daß Verwirrung und nebulöse Ängste wertvolles Material waren, das in einen Film einfließen konnte. An diesem Punkt griffen sie nicht nur auf eine starke ›Nicht-Pointe‹ von *The Man Who Knew Too Much* zurück – sie sprachen sie geradezu heilig: Genauso, wie in dem ersten Film nie genau klar wurde, wer hinter dem Attentatsversuch steckte oder welche internationale Angelegenheit eigentlich auf dem Spiel stand, so mußte jetzt eine ähnliche Unklarheit geschaffen werden.

Angus McPhail hatte den Begriff *MacGuffin* geschaffen für ein absichtlich mysteriöses Motiv der Handlung – die Nicht-Pointe –, die sie nicht zu konkretisieren brauchten, bis der Rest der Handlung vollständig geplant war. Diesen Begriff nahm Hitchcock flott auf, und er benutzte ihn natürlich bis zum Ende seiner Karriere. Laut MacPhail stammte der Begriff aus einer Anekdote über zwei Männer, die von London mit dem Zug nach Schottland fahren. Im Gepäcknetz über ihnen liegt ein seltsam verschnürtes Paket.

»Was ist das da?« fragte einer der Männer.

»Oh, das ist ein MacGuffin«, antwortete der andere.

»Was ist ein MacGuffin?«

»Eine Vorrichtung, um Löwen im schottischen Hochland zu fangen.«

»Aber es gibt doch gar keine Löwen im schottischen Hochland!«

»Also dann, denke ich, ist das auch kein MacGuffin!«

Der Punkt ist der: Ein MacGuffin ist weder relevant noch wichtig, noch letztendlich für irgend jemanden von Interesse. Er bringt nur die Story in Gang. Im Fall der *39 Stufen* ist der MacGuffin eine Geheimformel – die technischen Daten für neue Kampfflugzeuge. Um zu *verhindern,* daß das Geheimnis bekannt wird – nicht um es zu enthüllen –, wird die Abenteuer-Jagd heraufbeschworen; dadurch wird die Formel, die zunächst als entscheidend erscheint, sofort in ihrer Bedeutung reduziert. Kurz nach dem Anfang der Geschichte verblaßt die Bedeutung der Angelegenheit total für die Menschen im Film und für das Publikum.

Das Ablenkungsmanöver funktioniert in diesem Film so gut, daß er nach fünfzig Jahren immer noch nicht sein Alter verrät. Indem er Spezifisches vermeidet, verweist der Film auf die Universalität politischer Intrigen und Verderbtheit. In Buchans Roman führen die neununddreißig Stufen des Titels tatsächlich zu einem Nest von Spionen, das Hannay, der Held wider Willen, schließlich entdeckt. In Hitchcocks Film sind die ›neununddreißig Stufen‹ einfach eine Bezeichnung für eine Spionage-Organisation; das beherrschende Thema ist das Vertrauen zwischen dem Mann und der Frau – ein Thema, das im Verlauf der Story durch gegensätzlichere Paare betont wird (der Schotte und seine Frau, der Wirt und seine Frau, Professor Jordan und seine Frau).

Am Ende des Winterurlaubs war das detaillierte Treatment fertig. In einem Brief an Balcon bestand Hitchcock darauf, daß Alma im Titelvorspann für ›Continuity‹ erwähnt wurde und daß ein Honorar für sie kalkuliert werden sollte. Dies überraschte Bennett etwas, da Alma an ihren Schreib-Konferenzen nicht eigentlich teilgenommen hatte: Ihre Gegenwart war zwar angenehm gewesen, und sie hatte sich um ihre Bedürfnisse gekümmert, aber die meiste Zeit in St. Moritz unternahm sie mit Bennetts Ehefrau Faith und der sechseinhalb Jahre alten Patricia lange Schlittenfahrten und schrieb Ansichtskarten nach Hause. Almas Nennung war einfach, so fand Bennett später heraus, eine von Hitchcocks Methoden, sein eigenes Honorar zu erhöhen. Es besteht kein Zweifel daran, daß Alma ihre besonderen Fähigkeiten und ihre Ratschläge in jeden Film einbrachte, aber diese Ratschläge gab sie als Gattin. Hitchcock und Bennett allein erfanden das Theater als Schauplatz für den Anfang und das Ende der *39 Stufen*, ebenso wie die Blondine, für die es im Roman keine Entsprechung gibt. Annabella Smith (gespielt von Lucie Mannheim), die unglückliche brünette Spionin, die den Helden in die Geschichte hineinzieht und dafür ermordet wird, wurde auch neu erfunden, als Gegenfigur zu Pamela.

Wieder in London, stimmte Balcon zu, Ian Hay zu engagieren, um den Dialog für *39 Stufen* zu schreiben. Es dauerte nur ein paar Tage, und er war fertig. Die Dreharbeiten begannen am 11. Januar 1935, nachdem die Darsteller mit besonderer Aufmerksamkeit ausgewählt worden waren. Robert Donat, den Hitchcock 1930 sehr in seiner Doppelrolle als Vater und Sohn in der dritten Bühnen-Inszenierung von *Mary Rose* bewundert hatte, trug jetzt einen schicken Schnurrbart und erwärmte sich für die Rolle, in der er eine Gelegenheit zu romantischer Komödie sah. Er hatte den Vertrag unterschrieben, ehe er überhaupt wußte, wer seine Partnerin sein würde. Zeitweise war die Rede davon, daß Jane Baxter die Rolle bekommen sollte, aber sie mußte der Verpflichtung nachkommen, in dem Theaterstück *Drake* aufzutreten. Anna Lee war ebenfalls im Gespräch.

Dann aber, am 9. Januar, erklärte sich Madeleine Carroll bereit, die Rolle zu übernehmen. Balcon war nach Amerika gefahren, um sie speziell für dieses Projekt zurückzubringen, aber sie hatte anfangs solche Vorbehalte gehabt, daß er ihr versprach, sie in einem anderen Film unterzubringen, falls sie darauf bestand. Alma, die Madeleine 1928 kennengelernt hatte, freute sich ganz besonders, daß Madeleine die Rolle schließlich annahm, denn sie hatte von Anfang an gehofft, daß Madeleine eines Tages eine Hitchcock-Heldin werden würde. Die einstige Lehrerin, Hochschulabsolventin, erfahrene Stummfilm-Schauspielerin und dann eine der größten Glamour-Stars des englischen und amerikanischen Films war auf der Leinwand eine strahlende Erscheinung.

Hitchcock aber wußte, daß es Probleme geben könnte, und er arrangierte sofort ein Treffen – angeblich zur Besprechung der Kostüme, in Wirklichkeit aber, um Madeleines Einstellung herauszufinden. Er befürchtete, sie würde sich wie eine verwöhnte Berühmtheit benehmen, unwillig, seine Regieanweisungen zu befolgen und sich den unbequemen Anforderungen zu unterwerfen, die er ihr abverlangen mußte. Unter dem Vorwand, ihre Meinung zum Tonfall einer bestimmten Szene hören zu wollen, gab er ihr das Drehbuch und bat sie, einige Dialogsätze zu lesen. »Madeleine Carroll wurde plötzlich zu jemand anderem«, erinnerte er sich. »Sie spielte in einer Art hypnotischer Trance. Ich fragte sie, was aus der fröhlichen Person geworden war, die ich bei unserem ersten Gespräch getroffen hatte. Sie sagte: ›Aber ich dachte, ich sollte spielen.‹ Ich erklärte ihr, um Himmels willen sie selbst zu sein.« Er hatte sie ausgewählt, sagte er, weil sie eine Natürlichkeit besaß, die für die Rolle genau richtig war.

Was er *meinte,* war dies: Er fand ihre Eleganz und kühle Schönheit aufgeladen mit Sex-Appeal. »Ich war nie besonders scharf auf Frauen, die ihren Sex wie Tand um den Hals trugen«, erklärte er später.

Ich finde, das sollte gesagt sein... Ich nehme an, Madeleine Carroll war die erste Blondine, die ein richtiger Hitchcock-Typ war. Die englischen Frauen oder die norddeutschen oder die Schwedinnen können aussehen wie eine Schulmeisterin, aber, mein lieber Junge, wenn sie in Fahrt geraten, können diese Frauen ziemlich verblüffend sein... Es ist viel interessanter, bei einer Frau Sex zu entdecken, als ihn nachgeschmissen zu bekommen, wie bei Marilyn Monroe und ähnlichen Typen. Die kommen mir ziemlich vulgär und durchschaubar vor. Ich glaube, es ist weitaus interessanter, den Sex im Verlauf einer Erzählung zu entdecken... Mit einer solchen Frau könnte dir auf dem Rücksitz eines Taxis alles passieren...

Als Madeleine Carroll das Büro Hitchcocks verließ, war sie sich nicht sicher, was der erste Drehtag bringen würde, und die nächste Frau, die an diesem Morgen den Regisseur traf – wieder eine Blondine und ebenso hübsch –, kämpfte auch mit Unsicherheiten.

Hitchcock hatte in den Londoner Zeitungen eine Anzeige aufgegeben. Er brauchte eine persönliche Sekretärin, die Drehbücher lesen und davon Inhaltsangaben machen konnte, und die in der Lage war, eine große Anzahl von Details im Zusammenhang mit der Vorbereitung und Produktion von Filmen zu handhaben. Mehr als einhundert Bewerberinnen waren in sein Büro gekommen; alle wurden abgewiesen, bevor er überhaupt ihre Fähigkeiten als Sekretärin getestet hatte. Die Frau aber, die Madeleine Carroll im Vorzimmer entgegenkam, wurde auf der Stelle für den Posten engagiert.

Geboren und aufgewachsen in Guildford, wo ihr Vater Geschäftsführer des *Surrey Advertiser* war, hatte Joan Mary Harrison vorgehabt, Journalistin zu werden. Um aus ihr etwas Besonderes zu machen, hatten ihre Eltern sie nach Oxford und an die Sorbonne geschickt, wo sie klassische und englische Literatur studierte. Jetzt 24 Jahre alt, blitzten Joan Harrisons porzellanblaue Augen vor Ehrgeiz und Intelligenz. Hitchcock bat sie, sich am nächsten Morgen am Drehort einzufinden, wo sie in einem Blitzkurs über den technischen Papierkram des Filmemachens in ihre Pflichten eingewiesen werden sollte. Ihr schrittweiser Aufstieg unter Hitchcocks Führung – von der Sekretärin 1935 zur Script-Assistentin 1936, von der Drehbuch-Beraterin 1937 zur Dialog-Schreiberin 1938 und zur Drehbuch-Autorin 1939 – war durch ihre schnelle Auffassungsgabe und durch ihren Sinn für Organisation garantiert – Qualitäten, die Hitchcock von einem engen Mitarbeiter verlangte.

Mit der Zeit erschien es einer Reihe von Hitchcocks Mitarbeitern in England und Amerika, daß er – nicht auf Gegenseitigkeit beruhende – Gefühle für Joan Harrison hegte, Gefühle, die tiefer gingen, weit hinaus über Dankbarkeit einer loyalen Angestellten gegenüber. Ihre Empfindlichkeit hatte er frühzeitig getestet, und ihre Reserviertheit mußte – wie bei so vielen anfangs arglosen Blondinen – in seinen Filmen gebrochen werden.

Schon im ersten Monat wurde sie in Hitchcocks Büro gerufen. Bennett und er besprachen die Story, die *39 Stufen* folgen sollte. Auf dem Schreibtisch lag eine Ausgabe von James Joyce's *Ulysses*, die Hitchcock beiläufig in die Hand nahm und an einer markierten Stelle aufschlug. Und dann, so ruhig, als würde er Nachrichten verlesen, las er die berüchtigte Toiletten-Szene seiner aus allen Wolken fallenden Sekretärin vor, die weder, wie sich Bennett erinnerte, ihr Unbehagen verbergen noch herausfinden konnte, warum Hitchcock sie dieser seltsamen Einführung in die unkonventionelle ›neue Literatur‹ unterwarf.

Bis zum ersten Drehtag hatten sich Donat und Madeleine Carroll noch nicht kennengelernt; Dick Beville, Hitchcocks Aufnahmeleiter, machte sich Sorgen darüber, daß die erste geplante Szene unbeholfen aussehen würde. Es handelte sich um den Anfang einer Sequenz, in der es dem Paar, das von den Spionen mit Handschellen aneinander gefesselt war, gelang zu entkommen und sie durch die schottische Landschaft flohen. Hitchcock hatte sich entschlossen, die Situation auszunutzen. Punkt 8.30 Uhr stellte er an diesem Morgen die Hauptdarsteller einander vor und ließ ein Paar Handschellen um ihre Gelenke zuschnappen. Er probte dann mit ihnen in der Studiodekoration, die aus einer nachgebauten Brücke und aus Zäunen bestand, bis man ihm sagte, ein technisches Problem bedürfe seiner Aufmerksamkeit, und er seinen Hauptdarstellern riet, sich auszuruhen. Dann aber erklärte er ihnen, er habe irgendwie den Schlüssel zu den Handschellen verlegt, und er verschwand bis zum nächsten Nachmittag. Währenddessen drehten seine Assistenten einige Inserts, und die Crew war mit den 62 schottischen Schafen beschäftigt, die an den Farn- und Heidekräutern knabberten, die für die richtige Atmosphäre in der Dekoration sorgfältig arrangiert waren.

Zur Teezeit hatte Hitchcock den Schlüssel plötzlich gefunden (der, wie Donat später herausfand, sorgfältig bei einem Studio-Wachmann deponiert worden war, sobald die Handfesseln zugeschnappt waren). Die Schauspieler waren natürlich müde, verärgert, aufgelöst und zutiefst bestürzt. Hitchcock aber zeigte sich hocherfreut, als die übrigen Darsteller und die Teammitglieder von seinem kleinen Trick erfuhren und schockiert waren. Dann versuchte er herauszufinden, wie viele seiner Leute sich über die Art und Weise unterhielten, in der das erniedrigte Paar mit Angelegenheiten äußerst persönlicher Natur fertig geworden war. »Es gab keinen besseren Techniker im Filmgeschäft«, erinnerte sich Jack Whitehead, Kameramann des zweiten Aufnahmestabes bei diesem Film, »aber wenn es um persönliche Beziehungen ging, fanden sich bei ihm bestimmt Spuren eines Sadisten.«

»Mich interessiert«, sagte Hitchcock später, »das Drama, mit Handschellen aneinander gefesselt zu sein. In diesem ›Ding‹, zusammengefesselt zu werden, liegt ein spezieller Schrecken, haben Sie das nicht bemerkt? Wenn jemandem in einem Melodram Handschellen angelegt werden sollen, lautet der klassische Satz: ›O nein, nicht das, bitte!‹ Und die Antwort: ›Wir müssen es tun – das ist ein ernster Fall.‹ In *39 Stufen* war es natürlich fundamental.« Fundamental nicht nur als ironischer Verweis auf die spätere romantische Bindung, möchte man hinzufügen. Wie in *The Lodger* (und bei Hitchcocks früherer ›Wette‹ mit dem unglücklichen Techniker) lebte er seine privaten Obsessionen am Drehort und im Film aus.

Ivor Montagu stimmte mit Bennett überein, daß Hitchcocks Verhalten zumindest unkonventionell war, aber es vergingen 30 Jahre, ehe er sein Schweigen brach, und selbst dann noch zeigte er sich auf charakteristische Weise großmütig: »Ich bin seit langem der Überzeugung... was durch die Arbeit mit Hitchcock bestätigt wurde, daß ein guter Regisseur etwas von einem Sadisten in sich haben muß. Ich meine, nicht notwendigerweise bis zu einem pathologischen Grad. Aber seine Art, Dinge zu betrachten und Charakteren zu sagen, dies zu tun und jenes zu erdulden, hat notwendigerweise etwas damit zu tun, sie zu dominieren, sie herumzukommandieren.« Nicht einmal Montagus delikate Diktion, sein erlesenes Zartgefühl und sein Widerstreben, jenen Mann zu verraten, den er für den Meister des Kinos hält, können seine Erkenntnisse verbergen, es habe da in der Tat etwas Pathologisches gegeben – etwas, was zu dieser Zeit noch immer am kurzen Zügel gehalten wurde, dessen volle Kraft aber bei lockeren Zügeln jemandem das Rückgrat brechen konnte; später würde dieses Etwas Hitchcock sogar dazu bringen, Leben zu gefährden.

Den anderen Schauspielern begegnete Hitchcock mit einer neutralen Professionalität, die sie immer in Alarmbereitschaft hielt. Peggy Ashcroft, die Hitchcock auf der Bühne sehr bewundert hatte, hatte die kleine, aber sehr bewegende Rolle der Frau des schottischen Ackerbauern bekommen, und bei der ersten

Aufnahme ihrer Szene mit Donat wurde sie von seinem Kichern über einige Gesten angesteckt, die sie ausprobiert hatten. Bei der zweiten, der dritten und auch der vierten Aufnahme ruinierte das Paar den Dialog durch ihr ununterdrückbares Lachen, sobald sie einander anblickten. Hitchcock schlenderte in die Mitte der Dekoration, sah sie kühl an, ging dann an den Rand und zerschlug die Birne einer Studiolampe mit seiner Faust. Der Schock der Explosion, der Krach und der Rauch erschreckten die Crew und ernüchterten die Darsteller, und die Episode (die im Film so spannend eingefangen ist) wurde perfekt und ohne weitere Unterbrechung abgedreht.

Für den Rest der Dreharbeiten bis zum 18. März managten Beville und Joan Harrison den größten Teil der Studioarbeit. Laut Charles Bennett war ›Dickie Beville ein gut aussehender, charmanter junger Mann, der nur seine junge Braut im Kopf hatte. Und ich glaube, Hitchcock ärgerte sich über ihn.‹ Zumindest ein Vorfall bekräftigte diesen Eindruck. Hitchcock hatte sich angewöhnt, Beville am Ende des Drehtages mit ins Zentrum Londons zurückzunehmen, und als sie eines Abends nach Hause fuhren, stellte der Assistent zu seiner Überraschung fest, daß Hitchcock in die entgegengesetzte Richtung fuhr und daß sie auf die Landstraße nach Surrey zusteuerten.

»Aber ich habe Theaterkarten für heute abend!« protestierte Beville beunruhigt. »Ich soll meine Frau in weniger als einer Stunde treffen. Wohin bringen Sie mich?«

»Oh, Sie werden rechtzeitig da sein«, sagte Hitchcock ruhig, und er lenkte das Gespräch auf den Drehplan für die nächste Woche. Die Dunkelheit brach herein, und als Beville eine Stunde später ausstieg, fand er sich völlig unerwartet in der stillen, gastfreundlichen Atmosphäre von Shamley Green wieder. Alma war bereits mit einem anderen (weiblichen) Gast angekommen, und schweren Herzens war Beville gezwungen, die Geste des Regisseurs zu akzeptieren: ein Wochenende auf dem Lande. »Sieht so aus, als ob es eine schlimme Nacht würde, alter Junge«, sagte Hitchcock, als Donner über die Felder Surreys rollte. »Sie werden uns ertragen müssen.«

Um sich für diesen erzwungenen Aufenthalt zu rächen, schenkte Beville in der folgenden Woche Hitchcock ein furchtbares Gebräu – alten Brandy, versetzt mit demselben starken Abführmittel, das Hitchcock, wie ihm erzählt worden war, einmal einem anderen Mitarbeiter gegeben hatte.

»Sie werden das sehr mögen, Hitch«, verkündete Beville, »es ist ein sehr alter Jahrgang.« Nachdem eine Woche vergangen war, ohne daß der Regisseur reagiert hätte, fragte ihn Beville, ob er Gelegenheit gehabt hatte, den Brandy zu probieren.

»Ich wollte es nicht erwähnen«, sagte Hitchcock ernst, »aber meine Mutter ist krank, und als der Arzt Brandy verschrieb, haben wir ihr von Ihrem gegeben. Ich fürchte, sie wird sterben.«

Voller Schuldbewußtsein und Reue schickte Beville ein großes Blumenarrangement und ein Angebot zu helfen in die Wohnung der Patientin nach Kensington. Zwei Tage späte erfuhr er, daß die Blumen von einem Nachbarn aufbewahrt worden waren bis zur Rückkehr einer kerngesunden Mrs. Hitchcock, die bei einer Cousine in Essex auf Urlaub gewesen war. In ihrem Dankesbrief schrieb sie, sie könne sich nicht vorstellen, was Mr. Beville zu solch einer liebenswürdigen, großzügigen Geste veranlaßt habe, und sie sei wirklich sehr dankbar.

Am Donnerstag, dem 6. Juni, fand im New Gallery Theatre eine Premierenvorstellung der *39 Stufen* für die Presse und die Branche statt. An einem Bankett im Anschluß an die Vorführung nahmen John Buchan (damals Lord Tweedsmuir, bald Generalgouverneur von Kanada), Sir Philip Cunliffe-Lister, Sir John Simon, Mark Ostrer (einer der Brüder, die Gaumont-British kontrollierten) und andere Prominente teil. Vor dem Haupttisch, an dem Hitchcock mit Michael Balcon und seiner Frau saß, stand ein Blumenarrangement in Form des Filmtitels. Der Abend nahm den üblichen Lauf bis zur Vorstellung des Regisseurs. Als man ihn bat, etwas zu sagen, stand er bloß auf, verbeugte sich und setzte sich wieder hin.

›Wir hätten gern ein paar Worte von Hitchcock gehört‹, beschwerte sich ein Journalist, ›aber er konnte es sich leisten, die Rolle des ‚Buddha des britischen Films' zu spielen und seine Arbeit für sich selbst sprechen zu lassen.‹ Die Reaktionen der Branche waren überschwenglich, da das Werk in der Tat für sich selbst sprach: ›Es ist von Alfred Hitchcock in der naturalistischen Art, die er sich zu eigen gemacht hat, hervorragend inszeniert‹, schwärmte eine Fachzeitschrift; und eine andere merkte an: ›Jedes Detail, sogar jedes Wort scheint in seiner ganzen Tragweite erwogen und perfekt eingefügt worden zu sein.‹

Am stärksten beeindruckten die Zuschauer bei den ersten Vorführungen die reichhaltigen psychologischen Details und der humorvolle Unterton. Die von Madeleine Carroll gespielte

Figur trägt das Filmthema: Vertrauen. Und ihr Vertrauen verstärkt die Spannung im Film. Die von Godfrey Tearle gespielte Figur verstärkt dieses Thema in seiner Umkehrung und intensiviert dadurch gleichzeitig auch die Spannung. Denn Professor Jordan, der scheinbar ehrenwerte Gentleman vom Lande und Familienvater, von seinen Nachbarn ebenso bewundert wie von den örtlichen Polizeibeamten, ist in Wirklichkeit ein antibritischer Spion – der Mann, dem eine Fingerkuppe fehlt, der Mann, vor dem der Held gewarnt worden ist. Er ist die Figur mit der vielleicht zweideutigsten moralischen Haltung, ein hingebungsvoller Ehemann und Vater und ein Mann, der dunkle Geheimnisse verbirgt, die ihn daran hindern, seine wahre Identität preiszugeben. »Ich bin ein ehrbarer Bürger, Mr. Hannay«, protestiert er, nachdem er entlarvt worden ist. »Was würde passieren, wenn bekannt wird, daß ich nicht bin, was ich zu sein scheine?« Diese Figur steht für Hitchcock und gibt seiner Furcht vor einem schlechten Ruf Ausdruck; das öffentliche Image und eine sorgfältig konstruierte Persönlichkeit sollen für real gehalten werden, selbst wenn die Realität ganz anders aussieht.

Noch in einem anderen Sinne enthüllt sich Hitchcock in *39 Stufen* – in der Figur des Mr. Memory. Von seinen frühesten Besuchen in Music Halls erinnerte sich Hitchcock an den berühmten Vaudeville-Unterhalter Mr. Datas. »Er beendete seinen Auftritt immer damit, daß er einen Stichwortgeber fragen ließ, wann Karfreitag auf einen Dienstag falle«, erinnerte sich Hitchcock Jahre später. »Er antwortete dann, daß ein Pferd namens Karfreitag am Dienstag, dem 2. Juni, in einem Rennen gestürzt war.« Die Figur des Mr. Memory, eine von Hitchcocks persönlichen Ergänzungen zum Drehbuch, ist wie Hitchcock selber – ein Mann, der dazu gezwungen ist, sich jedes Detail zu merken, ein Mann, dazu getrieben, selbst als Teil in der Show aufzugehen, seinen kleinen Auftritt zu absolvieren. In bestimmter Hinsicht ist er das Gegenteil des Professors (mit dem er als Teilnehmer der Verschwörung verbunden ist). Denn während der Professor sich Mühe gibt, seinen Verrat *nicht* zu enthüllen, und sich hinter der Maske der Respektabilität verbirgt, ist Mr. Memory (makellos gespielt von Wylie Watson) ein Star-Entertainer, der Mann mit dem tödlichen Geheimnis klar im Kopf, der Mann, dessen unvermeidbarer Tod rührend und sogar ein bißchen heroisch dargestellt wird: Er kann es nicht vermeiden, die gefürchtete letzte Frage zu beantworten.

Hitchcock und Bennett hatten schon am Drehbuch für den nächsten Film gearbeitet, während *39 Stufen* noch gedreht wurde, und die neue Produktion begann in der letzten Oktoberwoche. Beruhend auf Spionage-Kurzgeschichten von Somerset Maugham (besonders aus dem Ashenden-Zyklus) und einer Theaterversion von Campbell Dixon, war *Secret Agent* nicht nur der dritte Spionage-Film in einer Serie, sondern auch Hitchcocks bis dahin offenkundigste moralische Fabel; er und Bennett benutzten politische und romantische Intrigen als Angelpunkte, an denen sie als Gegengewicht die Entdeckung eines Doppelmoral-Dilemmas aufhängen konnten.* John Gielgud, so dachte sich Hitchcock, wäre genau das Richtige für den Spion wider Willen – Gielgud gab damals gerade einen gefeierten *Hamlet* –, und er akzeptierte Hitchcocks Angebot, nachdem ihm die Rolle als die eines modernen Hamlets beschrieben worden war, eines Mannes, der gezwungen war, eine Anzahl schwieriger Entscheidungen zu treffen.

›Ich fand das Filmen furchtbar anstrengend‹, schrieb Gielgud in seinen Memoiren. ›Ich mußte sehr früh am Morgen aufstehen, und ich war immer sehr nervös, rechtzeitig um fünf oder sechs Uhr für die Abendvorstellung wegzukommen, also entwickelte ich eine Abneigung dagegen, für das Kino zu arbeiten. Natürlich zahlte man mir mehr Geld als beim Theater, aber ich hatte das Gefühl, niemand war der Ansicht, ich sähe gut genug aus, um sehr erfolgreich zu werden... Ich hatte nicht viel Vertrauen in mein Talent als Filmschauspieler, und als ich den Film sah, hielt ich mich für ziemlich schlecht.‹

Gielguds Problem bei *Secret Agent* lag jedoch weder in seinem Zeitplan (er spielte jeden Abend *Romeo und Julia* mit Laurence Olivier, Peggy Ashcroft und Edith Evans) noch in seinem Spiel vor der Kamera. Während die Dreharbeiten voranschritten, verlor Hitchcock das Interesse an der Figur, die Gielgud porträtierte. Die Kamera bevorzugte die Hauptdarstellerin des Films: Einmal mehr war es Madeleine Carroll, von der Hitchcock seine Blicke kaum abwenden konnte – und sie wurde famos fotografiert und so liebevoll geführt wie Marlene Dietrich von Josef von Sternberg. Die ganze Lage wurde dadurch noch komplizierter, daß Peter Lorre, den Hitchcock für die Rolle des

* Die Dialoge schrieb wieder Ian Hay. Der Romanschriftsteller, Stückeschreiber und Drehbuchautor Jesse Lasky, Jr. überarbeitete sie ein wenig.

blutdürstigen, amoralischen Attentäters aus Hollywood zurückgeholt hatte, zu dieser Zeit ein bemitleidenswerter Morphiumsüchtiger war. Wenn er nicht gerade in den Szenen, in denen er auftrat, jemandem die Show stahl (durch unerwartete und ungeprobte schauspielerische Mätzchen), verschwand er in die Ecken des Studios, um seine Sucht zu befriedigen. (Dies erklärt die untpyisch große Anzahl von schlecht zusammenpassenden Einstellungen und merkwürdigen Sprüngen des Films – die durchgängig schnörkelhafte, arrhythmische Qualität der Szenen, in denen Lorre auftaucht.)

»Alfred Hitchcock«, gab Gielgud damals zu, »schaffte es, daß ich mich oft wie ein Pudding fühlte, und ich war fast krank vor Nervosität.« Hitchcock seinerseits sagte der Presse über Gielgud: »Seine Bühnenerfahrung nützt ihm hier nichts. Ich mußte alles auslöschen und bei Null anfangen.« Obwohl Hitchcock Madeleine Carroll sichtlich anbetete, hatte er das Gefühl, er müsse die Oberhand über sie bewahren: »Nichts bereitet mir mehr Freude, als ihr die Damenhaftigkeit auszutreiben... Deswegen habe ich Madeleine Carroll in *39 Stufen* absichtlich ihre Würde und ihren Glamour genommen. Genau dasselbe habe ich mit ihr in *Secret Agent* gemacht – wenn man sie das erste Mal sieht, ist ihr Gesicht mit Abschminke zugekleistert!«

Die kleineren Rollen wurden so ungewöhnlich und sorgfältig besetzt wie die Hauptrollen. Robert Young, der auf Balcons Einladung hin nach England gekommen war, um zwei Filme für Gaumont-British zu machen, spielte gegen seinen Typ einen attraktiven, ausbeuterischen und mörderischen feindlichen Spion. Hitchcock engagierte Florence Kahn, die Frau von Max Beerboom, für die Rolle der beklagenswerten verschleppten deutschen Frau. »Es war ihr erster Film«, sagte Hitchcock Jahre später. »Sie war noch nie in einem Studio gewesen, und sie hatte sogar noch nie in ihrem Leben einen Film gesehen! Ich sah sie in *Peer Gynt* im Old Vic, und ich dachte, sie wäre genau richtig. In der Tat entpuppte sie sich als eine sehr merkwürdige Frau.« Für die Rolle des Ehemannes, der irrtümlich getötet wird, griff Hitchcock auf Percy Marmont zurück (den schneidigen Kommandanten aus *Endlich sind wir reich*).

Eine Vorstellung von der ungewöhnlichen Atmosphäre, die bei den Dreharbeiten vorherrschte, bekommt man, wenn man die Szene mit Madeleine Carroll, Young und einem Schweizer Kutscher, der von dem berühmten französischen Schauspieler

Michel Saint-Denis gespielt wurde, betrachtet. Die ganze Szene wurde spontan improvisiert, als Saint-Denis seinen guten Freund Gielgud am Drehort besuchte. Niemand war sicher, ob die Szene überhaupt in den fertigen Film passen könnte. Diese Art von Improvisation war Hitchcocks Methoden völlig konträr, aber er hatte so sehr das Interesse an dem Film verloren, daß ihm jede Abwechslung willkommen war.

Der einzige Aspekt von *Secret Agent*, der ihm gefiel – wie er selbst sagte –, war Madeleine Carroll, die er ziemlich oft aufgrund seiner eigenen Verwirrung durcheinanderbrachte. In einem Moment wurde sie hofiert und mit unvorstellbar liebevoller Sorge geführt, im nächsten Moment war sie hinter der Kamera das Opfer eines rüden und üblen Scherzes, vielleicht um zu verhindern, daß ihr ihre berückende Schönheit, die Hitchcock sah und im Film einfing, die Oberhand gab. Schon bevor er Madeleine Carroll getroffen hatte, hatte er festgeschrieben, was er seine ›ungehobelten, aber gediegenen Maßstäbe‹ für eine ideale Leinwand-Schönheit nannte. Offensichtlich erfüllte sie die Voraussetzungen, und obwohl sich die Maßstäbe im Laufe der Jahre etwas veränderten, tauchte gelegentlich eine Frau auf, die sich an ihnen messen konnte – zumindest eine Zeitlang. ›Die Augen sollten weit auseinander stehen‹, hatte er geschrieben, ›das Gesicht sollte eher oval oder rund sein als lang, und wichtig ist auch die Art, wie das Haar um die Stirn wächst. Die Gesichtszüge dürfen nicht zu bestimmt sein, und die Leinwand verlangt eine gewisse Lebhaftigkeit und Spritzigkeit der Bewegung, die das Gegenteil von Befangenheit ist.‹

Hitchcocks widersprüchliche Art, Madeleine Carroll zu behandeln – ergeben in einem Augenblick, fast grausam im nächsten –, offenbarte die ersten Anzeichen einer Haltung, die später seine Beziehungen zu anderen Hauptdarstellerinnen prägen sollte. Gleichzeitiges Angezogensein und Abgestoßensein, der fast abgöttische Blick seiner Kamera einerseits und andererseits der Zwang, doch einige echtere, menschlich unebene Züge zu enthüllen, das sind vielleicht die hervorstechenden Merkmale für das geistige Klima seiner reiferen Filme. Im wirklichen Leben bereitete das emotional schizoide Muster ihm und seinen Darstellern, sowohl den männlichen als auch den weiblichen, immer erhebliche Qualen während ihrer gemeinsamen Arbeit. 1935 war Hitchcock dicker denn je zuvor – er wog weit über 300 Pfund, und die Plumpheit und Unbeholfenheit, mit der er sich unter seinen Darstellern bewegte, müssen sein Gefühl gesellschaftlicher Unzulänglichkeit verstärkt haben. Seine Gepflegtheit und Autorität konnten kaum den Anblick eines grotesk fettleibigen Mannes wettmachen. Seine plötzlichen Anfälle von mysteriösem Schweigen, seine Einbildung, daß ihn Leute ablehnten, seine Unfähigkeit, Dank oder Lob auszusprechen, machten ihn zu einer rätselhaften, unberechenbaren Persönlichkeit. Selbst diejenigen, die ihn am längsten kannten, fanden es zunehmend schwieriger, ihn zu verstehen. Alfred Hitchcock war auf dem Wege da hin, ein furchteinflößender, zerrissener Mann zu werden, noch ehe er vierzig Jahre alt war.

Tatsächlich folgt aus dem plötzlichen Wechsel zu einer inneren Perspektive – nach der spielerischen Extrovertiertheit von *The Man Who Knew Too Much* und *39 Stufen* – die innere Spannung von *Secret Agent* und *Sabotage*, dem nächsten Film. In den letzten beiden Filmen geht es darum, was *innerhalb* der Figuren passiert. Die Spionage-Agenten, Motoren der Thriller, sind selbst Männer mit gespaltenen Herzen und Absichten; die von Gielgud, von Oscar Homolka und John Loder in *Sabotage* dargestellten Figuren sind Botschafter der inneren Verwirrung und geteilten Loyalität Hitchcocks. Das Thema beider Filme – die Verschiebung moralischer Vorsätze – versinnbildlicht einen inneren Kampf Hitchcocks, der zu dieser Zeit mehr und mehr mit der täglichen Vorbereitung des Treatments befaßt war als je zuvor. Seine Arbeitswut stand in direktem Verhältnis zum Ausmaß seiner eigenen inneren Unordnung. »Ich mochte *Secret Agent* ganz gerne«, sagte er später, seine Haltung während der Produktion Lügen strafend, »es tut mir leid, daß er kein größerer Erfolg war.«

Zum Teil, um sich von der Enttäuschung mit *Secret Agent* abzulenken, zum Teil, weil er St. Moritz mochte, und zum Teil, weil er sich in London zunehmend unwohler fühlte, nahm Hitchcock Montagu und Bennett mit zu einem längeren Urlaub in die Schweiz, nachdem der Schnitt von *Secret Agent* abgeschlossen war. Das war in der dritten Januarwoche des Jahres 1936, in der der Tod von König Georg V. und die Thronbesteigung des unglückseligen Edward VIII. zusammenfielen. Die drei Kinoleute hatten Balcons Zustimmung erhalten, an einer Adaptierung von Joseph Conrads Roman *The Secret Agent* zu arbeiten. Aus offensichtlichen Gründen sollte das Buch einen neuen Titel bekommen: Man entschied sich für *Sabotage*.

Hitchcock und Bennett flogen nach Basel, wo Montagu zu ihnen stieß, und sie fuhren in einen Bergort in der Nähe der Jungfrau, wo Hitchcock seiner Leidenschaft für billigen Schweizer Cidre frönte. Dann machten sie in Sankt Moritz halt und arbeiteten am Treatment.

Zurück in London, vollendeten Ian Hay und Helen Simpson noch vor Ende Februar sehr schnell die Dialoge. Hitchcock aber weigerte sich, mit den Dreharbeiten zu beginnen, ehe die neue Partie Cidre geliefert wäre, die er in der Schweiz geordert hatte. Als die Lieferung kam, zögerte er den Beginn noch weiter hinaus. Weil er seine neuen persönlichen Schreibutensilien, die er für sein Büro entworfen hatte, noch nicht erhalten hatte. Ende April war schließlich alles bereit und nach seinem Geschmack.

Conrad-Bewunderer würden von den Äußerungen schokkiert sein, doch die Leinwandversion erfaßte voll die dunkle Stimmung des Romans, wenn auch nicht den Reichtum der Charaktere. Der zurückgebliebene Junge Stevie, im Roman fast ein mystischer Visionär, wurde im Film schlicht ein unschuldiges Opfer tragischer Umstände; aus dem Detektiv-Inspektor des Romans wurde ein verkleideter Gemüsehändler, der (und hier findet sich eine Rückkehr zum moralischen Anliegen von *Blackmail*) seine Stellung als Polizist dazu ausnutzt, eine verheiratete Frau mit seiner Liebe zu belagern und zu bestürmen; die Sozialisten und Anarchisten des Romans wurden zu vage motivierten ausländischen Agenten; der schmierige Tabak- und Zeitschriftenladen des Romans wurde zu einem Kino, das einen Saboteur beherbergt; und das durchdringende Gefühl des Unheils, das Conrad einem Zyklus von ›Wahnsinn und Verzweiflung... einem undurchdringlichen Geheimnis‹ zuschreibt, wurde eingefangen in einer tragischen Schwermut und einer klaustrophobischen Hoffnungslosigkeit, die über der Atmosphäre des gesamten Films schwebte.

Eine bestimmte Passage in Conrads Roman (sie wird vom Assistenten des Polizeichefs gesprochen) versinnbildlicht den Geist der Hitchcock-Filme *Secret Agent* und *Sabotage*; sie ist es wert, zitiert zu werden, weil sie Hitchcock und Bennett als das Herzstück dieser Filme aufgefallen sein könnte; jedenfalls drückt sie den Geist aus, der ihre Arbeit beseelte.

Ich sollte prinzipiell klarmachen, daß die Existenz von Geheimagenten nicht geduldet werden sollte, weil sie dazu neigen, die tatsächlichen

Gefahren des Übels, gegen das sie eingesetzt werden, zu verstärken. Daß ein Spion Informationen fabriziert, ist eine Binsenweisheit. Aber in der Sphäre politischer und revolutionärer Aktionen ist dem professionellen Spion, zum Teil durch Anwendung von Gewalt, jede Möglichkeit gegeben, die Tatsachen selbst zu fabrizieren, und er wird ein doppeltes Übel auslösen: Nachahmung in einer Richtung und panische, hastige Gesetzgebung und unreflektierten Haß in der anderen Richtung. Doch dies ist eine unvollkommene Welt...

So wie *Secret Agent* mit einem falschen, inszenierten Tod begonnen und mit mehrfachen Todesfällen geendet hatte, so beginnt *Sabotage* mit einem falschen Tod, diesmal erzählt als Film-im-Film, und er hört mit einer Zahl von Todesfällen auf, als das Theater explodiert. Die ironische und metaphorische Verwendung des Kinos ist in *Sabotage* brillant. Hitchcock wählte hier zum ersten von mehreren Malen das Medium, in dem er arbeitete, als Metapher für tödliche Illusionen. In einem besonders aufschlußreichen Moment wird der als Gemüsehändler verkleidete Detektiv zu den Familienwohnräumen geführt, die sich hinter der Kinoleinwand befinden, und er geht auf der Rückseite der Leinwand entlang – während ein Film vorgeführt wird – und klettert durch ein kleines Fenster, um das Treffen der Spione zu belauschen. Der Film-im-Film kommentiert die Handlung natürlich die ganze Zeit ironisch.

Hitchcock wird den Conrad-Roman gewählt haben, weil ihm mehrere der Anliegen selber nahelagen: die Banalität des Bösen, die Verschiebung oder Übernahme von Schuld, die Lieblosigkeit und Unbeständigkeit menschlicher Beziehungen, die Duplizität zwischen den Handlungen der Spione und denen der Spion-Jäger. Mit seinen Darstellern sprach er nie über diese Anliegen, aber wer die literarische Quelle kannte, erkannte auch den verwandten Geist.

Die Produktion sollte im Mai beginnen, und die Besetzung schien festzustehen. Nach seiner Rückkehr von einer Amerikareise hatte Balcon der Presse angekündigt: »Während ich in Hollywood war, fand ich heraus, daß Miß Sylvia Sidney frei war, um einen Film in England zu machen... Ich wäre ein Trottel, hätte ich die Gelegenheit verpaßt, eine solch brillante Schauspielerin zu verpflichten. Jetzt suchen wir nach einer Story, die auf sie paßt. Wenn wir sie gefunden haben, wird Alfred Hitchcock den Film inszenieren.« Der Film sollte *Sabotage* sein.

Am Freitag, dem 15. Mai, kam Sylvia Sidney in London an

und machte sich sofort daran, mit Balcon und Hitchcock das Drehbuch, die Kostüme und ihren Partner zu besprechen, über dessen Mitwirken gerade Zweifel aufgetaucht waren. Robert Donat, der mit der Zustimmung Alexander Kordas für diese Produktion freigestellt worden war, war krank geworden und lag mit schwerem Asthma im Krankenhaus. Kaum in der Lage zu atmen, schwebte Donat eine Zeitlang in Lebensgefahr. (Hitchcock sandte ihm eine Botschaft mit der Frage, worin das Problem lag, und Donat antwortete mit der für ihn typischen Gelassenheit, er habe Schwierigkeiten mit seinem Geruchssinn. Prompt schickte ihm Hitchcock per Taxi 60 Paar Räucherheringe.) Wegen Donats langer Krankheit mußten sich Balcon und Hitchcock schließlich auf John Loder einigen, von dem niemand sehr begeistert war. Als Oscar Homolka und der junge Bühnenschauspieler Desmond Tester eintrafen, war man bereit zu beginnen. In der gleichen Woche wurde *Secret Agent* zum ersten Mal aufgeführt, und die Presse setzte ihre Liebesaffäre mit Hitchcocks Filmen fort. ›Ein würdiger Begleiter für seinen erlauchten und sehr erfolgreichen Vorgänger *39 Stufen*‹, verkündete *Kinematograph Weekly*. ›Die Handlung entfaltet sich in den psychologischen Reaktionen der Hauptfiguren ... Es gibt intelligente Dialoge, gutmütigen Humor, romantische Verwicklungen.‹ Derart ermutigt, gab Hitchcock einen ganzen Wochenlohn aus, um die Londoner Presse in großem Stil in seinem Lieblingsrestaurant ›Simpson's‹ zu bewirten. (Wie die Presse später herausfand, war das Restaurant auch Schauplatz einer wichtigen Szene des neuen Films.) Als die Journalisten nach dem Titel der neuen Produktion fragten, war Hitchcock einen Augenblick in Verlegenheit: Für *Sabotage* hatte man sich noch nicht entschieden; *Ich heirate einen Mörder* war im Gespräch gewesen, aber er hatte das klugerweise abgelehnt. Also antwortete er einfach, der Film hieße *Die verborgene Macht* – möglicherweise eine Anspielung auf den Anfang, bei dem ein elektrisches Kraftwerk von einem Mann zerstört wird, dessen gefährliche Macht (ganz wörtlich) in einem Kino verborgen ist. Die Presse griff dies jedenfalls auf und kündigte *Die verborgene Macht* als Titel des neuen Hitchcock-Films an.

Zur gleichen Zeit schrieb die Kritikerin C. A. Lejeune einen kurzen Kommentar zu Hitchcocks Arbeitsmethoden und zu seiner Persönlichkeit.

Er liebt Musik, Mysteriöses und Melodrama. Er liebt es, sich die ganzen Leute, die er kennt, in melodramatischen Situationen vorzustellen. Er lacht sich ins Fäustchen bei der Vorstellung, ein Flugzeug würde scharfe Bomben auf die Wirtschaft ›Aldershot Tattoo‹ werfen. Wie die Kinder in *The Brushwood Boy* ›setzt er dichtbevölkerte Städte in Flammen, um zu sehen, wie sie brennen‹.

Hitchcocks Genie liegt im virtuosen Aufbau. Er ist ein instinktiver Visualisierer. Seine Filmdrehbücher sind kleine Kunstwerke, in denen jede Einstellung am Rand der Seite in einer groben Zeichnung in ihren Umrissen skizziert ist. Wenn ein Drehbuch fertig ist, verliert er das Interesse an diesem Film. Er würde sich lieber mit dem nächsten Projekt befassen.

Dieselbe C. A. Lejeune äußerte später Einwände gegen den grausamen Tod des Jungen in *Sabotage* – ein Tod, der nicht nur gewissenhaft dem Conrad-Roman folgt, sondern der auch durch das vorherrschende Thema des entsetzlichen Leidens Unschuldiger als Folge der Aktionen von Revolutionären und Terroristen zwingend war. Immer darauf bedacht, den mächtigsten Kritikern zu gefallen, stimmte Hitchcock Miß Lejeune bereitwillig und fälschlicherweise zu und bedauerte aus dem Gefühl, einen wichtigen Kritiker befremdet zu haben, die Sequenz von da an für immer.

Bei Gaumont-British braute sich eine Krise zusammen – zwischen Hitchcock und Ivor Montagu. Der Streitpunkt muß den Beteiligten ziemlich unbedeutend vorgekommen sein: Der Regisseur und sein Coproduzent waren unterschiedlicher Ansicht über den Bau einer Straßenbahnlinie für die Schlußszene, in der eine Bombe am Piccadilly Circus hochgeht. Hitchcock bestand wie üblich auf Genauigkeit der Details ohne Rücksicht auf die Kosten für seine Produzenten. Montagu argumentierte dagegen, die Szene sei so dicht, daß die Zuschauer nicht merken würden, ob die Details der Dekoration stimmten oder nicht. Keiner von beiden stritt sich offen, und so bat Montagu den zuständigen Ostrer-Bruder, ihn von der Produktion freizustellen; Montagu sah Alfred Hitchcock vor seinem Tod nur noch ein einziges Mal wieder.

Daß die Sturheit beider Männer ihre kreative Zusammenarbeit zerstörte, war vielleicht unvermeidlich: Montagu war in erster Linie ein sozialer und politischer Aktivist und erst in zweiter Linie ein Filmmensch. Hitchcock andererseits würde jeden opfern, jeden Preis zahlen, wenn er von der Richtigkeit seines

Standpunkts überzeugt war. Ironischerweise wurde schließlich eine vereinfachte Dekoration benutzt.

Die Ostrer-Brüder – von denen einer Montagu von seinen Pflichten befreite – stellten die finanzielle Macht hinter dem gesamten Gaumont-British-Konzern dar, und nach dem Abschluß von *Sabotage* verkündeten sie schlicht, das Studio werde aus finanziellen Gründen geschlossen, und Gaumont-British werde von jetzt an nur noch eine Verleihorganisation sein. Hunderte wurden auf der Stelle gefeuert, unter ihnen Balcon; er ging zum Londoner Zweig von MGM. Hitchcock war jetzt frei, um für andere unabhängige Produzenten zu arbeiten, und er unterschrieb einen Zwei-Filme-Vertrag für Gainsborough, die als unabhängige Produktionsfirma in Lime Grove immer noch Einrichtungen mieten konnte.

Im Herbst hatten Hitchcock und Bennett ihre übliche Reise in die Schweiz unternommen und dabei ein Treatment nach dem kürzlich erschienenen Roman *A Shilling for Candles* von Josephine Tey vorbereitet. Sie kehrten nach London zurück, um am jährlichen Festessen des Institute of Amateur Cinematographers teilzunehmen, das am 3. November im Mayfair-Hotel stattfand. Lord William Tyrell, der britische Chefzensor, war der Ehrengast, der Herzog von Sutherland hatte den Vorsitz, und die Hitchcocks saßen zwischen Charles Laughton und seiner Ehefrau Elsa Lanchester; ihnen gegenüber an der Bankett-Tafel saßen die Balcons, Marlene Dietrich, Douglas Fairbanks jr., Ann Harding, Victor Saville, Conrad Veidt und Erich Pommer.

»Was halten Sie davon, mit *uns* einen Film zu machen?« fragte Laughton, sich zwischen zwei Schluck Brandy zu Hitchcock hinüberlehnend.

»Uns?« fragte Hitchcock, »wer ist ›uns‹?«

»Dieser Knabe da drüben«, antwortete Laughton und zeigte auf Erich Pommer. »Haben Sie sich noch nicht kennengelernt?«

Sie hatten, natürlich – und bald trafen sie sich wieder und kamen überein, im nächsten Jahr zusammenzuarbeiten, falls man sich einig werden könnte.

Bevor sie London verließen, um ihren Winterurlaub anzutreten, überwachte Hitchcock die Verteilung der Weihnachtsgeschenke. Die Liste war erheblich länger als je zuvor – die meisten Empfänger waren Studio-Angestellte, Journalisten und Kritiker, die er mochte, einige Theaterleute und diejenigen, die in seinen Filmen gearbeitet hatten. »Einige Geschenke waren für damalige Zeiten ziemlich verschwenderisch«, erinnerte sich Bennett. »Man hatte aber den Eindruck, er verteilte Geschenke, um sich selbst als Schenkender zu gefallen und als großzügig zu gelten. Es war nichts Persönliches daran. Das war eher alles automatisch und kalkuliert, und die übrige Zeit war er nicht besonders freundlich oder aufmerksam zu den Leuten, denen er zu Weihnachten Geschenke machte. Ich glaube, er machte Geschenke, weil es ihm nützen würde.«

Am Morgen des 10. Dezember 1936 fuhren die Hitchcocks mit Pat zu ihrem verspäteten Hochzeitstag-Urlaub nach Europa. Als sie in Paris ankamen, erfuhren sie von der Abdankungsrede Edwards VIII. Am selben Tag nannte das einflußreiche Branchenblatt *Kinematograph Weekly* den Film *Sabotage* ›perfekt gestaltet‹, und man hörte, daß der Film in Brasilien verboten werden sollte, weil man ihn als Anstiftung zum Terrorismus und als Bedrohung der öffentlichen Ordnung betrachtete.

7

1937–1939

Im Frühjahr 1937 war das neue Drehbuch mit den Dialogen von Charles Bennett, Edwin Greenwood, Anthony Armstrong und Gerald Savory fertig, und Hitchcock konnte sich jetzt an die Besetzung des Films machen, der nun *Young and Innocent* genannt wurde. Bennett nahm kurz darauf ein Angebot aus Hollywood an und ging zu Universal Pictures, wo für ihn eine lange und eindrucksvolle Karriere als Drehbuchautor, der gelegentlich auch einen Film inszenierte, begann. Hitchcock wurde mehr und mehr von Joan Harrison abhängig. Sie half ihm bei der Produktionsvorbereitung und wurde seine persönliche Assistentin. Sie half ihm auch bei schwierigen Passagen des Drehbuchs. Alma erschien in den Filmtiteln zwar wieder als Continuity-Überwacherin, aber das scheint mehr eine Formalität gewesen zu sein, die zusätzliche Zahlungen an die Familie rechtfertigen sollte. Im Privaten gab sie Hitchcock allerdings auch weiterhin viele Ratschläge.

Von Ende März bis Anfang Mai wurde in den großen Pinewood-Studios gedreht. Die Dreharbeiten in Lime Grove hatten nach wenigen Tagen aufgrund dortiger größerer Strukturveränderungen abgebrochen werden müssen. Der Umzug an einen neuen Drehort ermöglichte Hitchcock einige der spektakulärsten Kameraeffekte seiner bisherigen Karriere.

Die beiden Hauptrollen waren mit Derrick de Marney und Nova Pilbeam besetzt. Als der Film anlief, schrieb de Marney ›Am Drehort hält Hitchcock seine Augen zumeist geschlossen. Er ist bekannt dafür, daß er sogar, während die Kamera läuft, kleine Nickerchen macht. Nova Pilbeam spielte an meiner Seite ihre erste romantische Rolle. Hitchcock jagte uns im Schnellzugtempo durch eine Szene. Als wir mit ihr durch waren, öffnete Hitchcock, der zufrieden gedöst zu haben schien, mit Mühe seine Augen und schaute auf seine Uhr. ‚Zu langsam', murmelte er, ,ich hatte für die Szene dreißig Sekunden angesetzt, und ihr habt fünfzig gebraucht. Wir müssen es noch mal machen.' Hitch benutzte eine Stoppuhr!‹

De Marney erinnerte sich auch, daß Hitchcock, sehr zum Verdruß seiner Schauspieler, eine scharfe Zunge hatte: Sein Ziel war nach de Marneys Meinung, den Schauspielern ihre einstudierten Posen auszutreiben, sie zu zwingen, ihr natürliches, ungeschütztes Selbst zu zeigen – ›und er glaubt das am besten zu können, indem er sie auf die Palme bringt‹. Ungewöhnlich zart und geduldig ging Hitchcock dagegen mit Nova Pilbeam um, die die entführte Tochter in *The Man Who Knew Too Much* gespielt hatte, und die nun, mit 18 Jahren, ihre erste Erwachsenenrolle absolvierte. »Es ging schon das Gerücht um, der alte Hitch werde weich. Bis er es selbst erklärte«, sagte de Marney. »Er fürchtete, Nova könne, in Verteidigung gegen sein gnadenloses Mundwerk, in dem Film einen falschen altklugen Stil annehmen. Also behandelte er sie sowohl beim Drehen als auch sonst sehr höflich.« Das war jedoch die Ausnahme; abgesehen von Nova Pilbeam ›verschonte er niemanden‹.

Young and Innocent spiegelt freilich nichts von diesen Spannungen und Sticheleien. Es ist ein Film voller Sanftheit, Güte und Charme. Hitchcock wiederholte in ihm die Grundstruktur der *39 Stufen*, ließ aber das Element der Spionage weg. Die Figur, die Derrick de Marney spielt, wird für schuldig gehalten, eine Schauspielerin ermordet zu haben, die ihm Geld geborgt hatte. Er kann der Polizei entkommen. Die Tochter des Ortspolizisten (Nova Pilbeam) hilft ihm, erst zögernd, dann sehr willig, den wahren Mörder aufzuspüren: einen Jazz-Schlagzeuger, der ein nervöses Leiden hat, das sein Augenlid zucken läßt. Hitchcock veränderte den Roman von Josephine Tey völlig: Aus dem jungen Paar, das im Buch nur eine Nebenrolle spielt, werden im Film die Hauptfiguren. Der Polizist dagegen ist auf eine Nebenrolle reduziert. Die Seitenhandlungen des Romans – seine satirischen Bilder von Schauspielern, eine sehr verdächtige Gemeinschaft von Mönchen und eine ganze Anzahl untergeordneter Figuren – sind völlig weggelassen. Der Film entwickelt seine eigenen Themen, die in Teys überkonstruiertem und wenig spannendem Thriller nicht angelegt sind.

Die erste Filmeinstellung zeigt die Großaufnahme eines Frauengesichts. Sie ist brünett und schreit einen Mann an, der sie bezichtigt, mit ›Jungs‹ herumzutändeln. Das Schlußbild des Films kehrt diese Einstellung genau um: In Großaufnahme lächelt eine Blondine, die von ihrem Vater und ihrem ›Jungen‹ eingerahmt wird, der endlich von der falschen Anschuldigung entlastet ist. Zwischen diesen beiden Einstellungen entwickelt sich ein sehr zartes und komisches Melodram von der Jugend und der Unschuld. In das Zentrum des Films stellte Hitchcock eine Kindergeburtstagsfeier, die in einem Blinde-Kuh-Spiel kulminiert.

»Die Party«, sagte Hitchcock Jahre später, »war als Symbol gedacht. Sie war der Schlüssel zu dem Film, aber damals hatte das niemand verstanden, und in den Kopien, die in Amerika gezeigt wurden, hat man die ganze Sequenz geschnitten. Man glaubte, sie würde das Tempo des Films zu sehr verzögern!« In der Szene tragen die Erwachsenen Kinder-Partyhüte, während die Kinder andererseits Erwachsenen-Rollen übernehmen. Das ist einer der beiden Hauptschlüssel zu Hitchcocks Botschaft. Der andere Schlüssel ist das Blinde-Kuh-Spiel. Es vermittelt zugleich das Gefühl, ›im Dunkeln zu tappen‹, und die reine Freude am Spiel und verweist so auf Hitchcocks größeres Anliegen und den Grund, weshalb er die Party ein ›eindeutiges Symbol‹ nannte.

In *Young and Innocent* setzt er nämlich seine Beschäftigung mit den Bildern und dem Thema des *Sehens* fort, die ihn schon bei *Sabotage* zutiefst interessierten. Dort steht das Agieren der Personen, die damit beschäftigt sind, Filme vorzuführen, sie zu betrachten und auf sie zu reagieren, für eine andere Art der Wahrnehmung: nämlich für innere Betrachtungsweisen und moralische Bewertungen. Verweise auf beschränkte Wahrnehmungsfähigkeit gibt es in *Young and Innocent* reichlich: Um aus dem vollen Gerichtssaal zu entkommen, stiehlt der Held die Brille des Anwalts; die Augen des Mörders zucken unkontrollierbar; die Freude der Kinder, als sie der Tante für das Blinde-Kuh-Spiel die Augen verbinden dürfen; und beim Mittagessen sprechen die Knaben davon, daß der entflohene Verdächtige sicherlich auf dem Land verhungert, ›während Krähen ihm die Augen aushacken‹. Diese und eine Menge anderer Hinweise auf das eigentliche Thema sollte Hitchcock später in *Die Vögel* noch weiter verfolgen. Dort wird das Blinde-Kuh-Spiel auf einer Kindergeburtstagsparty wieder auftauchen und weiterentwickelt werden. Auch das Motiv der Vögel, die den Toten und Lebenden die Augen aushacken, erscheint wieder. (In *Young and Innocent* gibt es schon eine entsprechende Einstellung gleich zu Beginn, wenn die Leiche am Ufer entdeckt wird und in dieser Szene in einem Zwischenschnitt heranfliegende Möwen gezeigt werden.) In *Die Vögel* dienen diese Bilder dann als Verweise auf eine Tragödie menschlicher Fehlwahrnehmungen; in *Young and Innocent* tauchen diese Bilder jetzt nur als vereinzelte Bindeglieder auf, die Personen in einer gemeinsamen Situation zueinander in Beziehung setzen.

Was Hitchcocks Sinn für spielerische Andeutungen in *Young and Innocent* noch mehr in Bewegung gesetzt hat, ist das Motiv des Rollenspiels und der Verkleidung. Der Held setzt eine Brille auf, um seine Identität zu verbergen. Ein Landstreicher verkleidet sich als Dandy, als er dabei hilft, den Verbrecher auszuräuchern. Ein Übeltäter versteckt sich hinter einem schwarzgeschminkten Gesicht, als er in einer Band spielt. Das Mordopfer ist selber eine Schauspielerin. Der unschuldige Mann auf der Flucht ist ein Drehbuchautor. Und Hitchcock liefert einen seiner komischen Auftritte – als Fotograf, der eine winzige Kamera vor seinem enormen Körper trägt und vergebens versucht, von dem Chaos außerhalb des Gerichtssaals ein Bild zu machen. Alle Personen des Films sind mit der Fabrikation von Illusionen beschäftigt.

Der Film behandelt seine Themen durchweg mit der Leichtigkeit, die ein zartes Baiser auszeichnet. Zwei Momente aber sind mit solch besonderer Sorgfalt entworfen und so ausführlich behandelt, daß man sie auch als Verweise verstehen muß – Hinweise auf die ernsteren Anliegen des Regisseurs. Auf der Flucht vor der Polizei rettet sich das Paar in ein verlassenes Bergwerk und kommt nur haarscharf am Tod vorbei, als plötzlich der Stollen einstürzt. Hitchcock verwendete dafür die größte Halle bei Pinewood und ließ seine Bauten fünf Meter über dem Hallenboden errichten. So konnte er den Zusammenbruch des Stollens und einen Wagen filmen, der in der Luft zu schweben scheint, bevor er aufprallt – während gleichzeitig Nova Pilbeam sich müht, Derrick de Marneys ausgestreckte Hand zu ergreifen. Die Leinwand ist mit der Qual auf ihren Gesichtern angefüllt, während ihre Fingerspitzen sich einander entgegenstrecken. Die Szenenkonstruktion ist fast die gleiche wie bei der gefährlichen Kletterpartie von Eva Marie Saint und Cary Grant im Finale von Hitchcocks zwanzig Jahre später entstandenem Film *Der unsichtbare Dritte*. In beiden Filmen thematisiert das äußere Geschehen zwei verborgene innere Anliegen (die auch die Hitchcocks sind): erstens ein scharfes Bewußtsein dafür, daß Krisen, Gefahren und Unfälle unmittelbar ins scheinbar normale Alltagsleben einbrechen können, und zweitens die Angst davor, es zu riskieren, sich gefühlsmäßig auf einen anderen Menschen einzulassen. Das zweite Moment, das für Hitchcock offensichtlich von großer Bedeutung war, ist die zu Recht berühmte Szene, die in einer einzigen Einstellung gedreht ist und aus einer Kranfahrt der Kamera besteht. Zunächst zeigt die Kamera von oben eine weite Totale eines überfüllten Ballsaals. Zwei volle Probentage mit einer Unmenge Statisten und mit Englands damals größten Kamerakränen waren nötig, als die herabschwenkende Kamera eine Entfernung von über vierzig Metern überbrücken mußte – wobei der Kamera-Operateur permanent die Schärfe nachzuziehen hatte –, bis sie schließlich kaum einen Zentimeter vor dem Gesicht des Schauspielers zum Halten kam. Diese Einstellung ist nicht nur eine technische Tour de force, sie hat auch sehr viel thematische Bedeutung. Der Bandleader singt in der Szene: »Es ist kein Rätsel, es ist kein Puzzle, wer ist der Mann, an den sie selten in einer Band denken?.. Wenn es darum geht, mit einem Paar Stecken zu tricksen, dann kann das niemand so gut wie der Mann am Schlagzeug!« Während er weiter davon singt, daß der Mann, ›an den wir denken‹, der Mann am Schlagzeug ist, bewegt sich die Kamera langsam nach unten und fährt auf den Schlagzeuger zu, dessen nervöses Augenzucken ihn verrät... So wird in *Young and Innocent* zum ersten Mal bei Hitchcock die Kamera selbst zu der Figur, die die Dinge enthüllt. (Eine Idee, die auch in seinem eigenen Kurzauftritt in diesem Film sichtbar wird.) Die Kamera in der Ballsaalszene, der längsten durchgehenden Einstellung des Films, ist letztendlich derjenige, der sucht und sieht, so wie sie es auch später in *Das Fenster zum Hof* und in *Psycho* ist.

Die Technik in *Young and Innocent* ist also bewußt kühn und verrät die ernsten Anliegen eines Erwachsenen. Das Drehbuch dagegen ist voll jugendlicher Sanftheit. Der Film ist angefüllt mit verschämten Gesten der Zuneigung. Jungen nähern sich ihrer Schwester mit unfertiger, unterdrückter Zärtlichkeit. Wie der Held des Films sind auch sie zögernd und schüchtern, wenn es darum geht, einen Arm zu berühren oder eine Hand zu ergreifen. Niemand versteht voll, was Zuneigung ist. Unschuld und Jugend mischen sich in seltsamer Ungeschicklichkeit. Aber diese kleinen Gesten sind voller Gefühl. Es gibt im Film eine ungewöhnlich große Zahl schneller Zwischenschnitte auf greifende Hände und fragende Blicke, die voller Hoffnung und Zuneigung sind. Der ganze Film strahlt eine wundervolle Sanftheit aus, die hier freier spielen darf als in irgendeinem Hitchcock-Film davor.

Dem Film fehlt jegliche Gewalt und jegliches Blußvergießen. Er ist frei von sexueller Anspielung, sexuellen Motiven und zeigt eine ruhige englische ländliche Idylle, die sehr an Hitchcocks geliebtes Surrey erinnert. Überströmend von einem Hingezogensein zu warmer jugendlicher Lebenskraft, verweilt der Film immer wieder auf Blicken junger Menschen. All das enthüllt die Sehnsüchte und die unterdrückte Zärtlichkeit in Hitchcock selbst. Der gutaussehende jugendliche Held des Films ist von Beruf Drehbuchautor, der sich auf der Party der Tante als Werbetexter vorstellt (was Hitchcock selbst einmal war) und der sagt, sein Name sei ›Beachcroft‹. So hieß die Querstraße an der High Road, wo Hitchcock geboren wurde und seine Jugend verbrachte. Eine weitere Verbindungslinie zu Hitchcocks eigener Vergangenheit ergibt sich durch die unausgewogene Struktur der Familie des Polizisten: Da gibt es einen (wohl verwitweten) Vater, eine ältere Tochter, die bei jüngeren Halbgeschwistern als Ersatzmutter fungiert. Ein Haushalt, der in allen Details das exakt umgekehrte Bild von Hitchcocks eigener Familie während seiner Kindheit spiegelt.

Zum Ende des Frühlings-Schulhalbjahres fuhren die Hitchcocks nach Sussex, wo sie Patricia in einem Internat angemeldet hatten. Sie war noch keine neun Jahre alt, aber ihr Interesse an der Schauspielkunst war bereits deutlich. Und so wirkte sie zum Ende des Schuljahrs in einer aufwendig erarbeiteten Theateraufführung ihrer Schule mit. Alexander Korda hörte davon und nahm das unschuldige Kind zum Anlaß, sich ein wenig über ihren Vater lustig zu machen, dessen kurzer Vertrag mit ihm keine sehr produktiven Ergebnisse gezeitigt hatte: Er schickte ihr einen Brief, in dem er ihre Arbeit in der Schulaufführung (›The King Who Had Nothing to Learn‹) lobte und ihr einen Filmvertrag anbot, falls sie frei wäre, mit ihm zu arbeiten.

Die Hitchcock-Familie verlebte glückliche Zeiten. Alma widmete sich ganz ihrer Tochter, besuchte sie oft im Internat und nahm sie an anderen Wochenenden mit nach Shamley Green, wo Hitchcock am späten Freitagabend dann zu ihnen stieß. Jeder, der ihn Mitte und Ende der 30er Jahre erlebt hat, sagte später, daß er ein stolzer und ganz vernarrter Vater gewesen sei. Die scheinbar strenge Wachsamkeit der Eltern, was Patricias Benehmen anging, war weder übermäßig streng, noch ging sie über das hinaus, was im englischen Familienleben typischerweise als Höflichkeit galt. Und das Mädchen machte seinen Eltern Ehre. Sie war intelligent, geradeheraus, aber höflich und das beste Publikum für die Scherze und Imitationen ihres Vaters, der zu Hause gerne Schauspieler aus dem Studio oder Besucher parodierte. Wie nahe sich die Familie in dieser Zeit stand, läßt sich auch daraus erkennen, daß, wann immer es der Schulbesuch zuließ, das Kind ein willkommener Reisegefährte im Kreise der Erwachsenen war, zu dem jetzt auch regelmäßig Joan Harrison zählte.

Es gibt widersprüchliche Angaben zu dem genauen Datum, aber es scheint im Juni 1937 gewesen zu sein, als Hitchcock seine Tochter, Alma, Joan Harrison und seine Mutter auf eine Reise nach Italien mitnahm. Alma mußte in Italien mehrere Tage wegen einer Virusinfektion im Bett verbringen. Hitchcock und seine Mutter, immer schon aus härterem Holz geschnitzt, fühlten sich wohl. Mrs. Hitchcock wollte unbedingt die berühmte Blaue Grotte bei Capri besuchen. Als sie dann das kleine und etwas primitive Boot sah, das sie in Neapel besteigen sollte, bedurfte es erst beträchtlicher Überredungskünste ihres peinlich berührten Sohnes, bevor sie sich diesem ihrer Meinung nach gefährlichen und würdelosen Transportmittel auslieferte. Auf der restlichen Reise ergaben sich keine besonderen Ereignisse, doch dieser Urlaub blieb in der Erinnerung aller eine der erfreulichsten Zeiten in ihrem Familienleben, das nicht immer so verlaufen sollte.

Bei der Rückkehr nach London traf Hitchcock keine erfreulichen Verhältnisse an. Gainsborough funktionierte zwar trotz des offiziellen Endes der Produktionsfirma Gaumont-British als Filiale unter der Leitung Edward Blacks weiter, doch die Dinge waren in einem chaotischeren Zustand als vor seiner Italienreise. *Young and Innocent* mußte noch geschnitten werden, und man sprach davon, den Starttermin zu verschieben, bis die finanzielle Situation des Studios wieder geklärt war.* Der Film

* Obwohl von Gainsborough produziert, wurde der Film als ›Ein Gaumont-British-Film‹ verliehen.

kam dann wirklich erst im Februar 1938 in die Kinos, aber das scheint mehr darauf zurückzuführen zu sein, daß Hitchcock bald noch einmal verreisen wollte, als darauf, daß das Studio sich nicht um den Film gekümmert hätte.

Diesmal ging Hitchcocks Reise nach Amerika. Im Studio beteuerte er, es handele sich um eine schlichte Verlängerung des Familienurlaubs, bevor Pat wieder zur Schule mußte. Die aber, die ihn kannten, vermuteten, er habe auch die Absicht, die Möglichkeiten einer Beschäftigung in den USA auszuloten. Charles Bennett war mit seinem Vertrag äußerst zufrieden, und andere Autoren, Regisseure und Schauspieler berichteten von weitaus besseren Arbeitsbedingungen und viel höheren Gagen als in England. Der Presse gegenüber versicherte Hitchcock, die spätsommerliche Reise sei nur ein Urlaub.

Amerikanische Produzenten hatten natürlich schon gelegentlich bei Hitchcock anfragen lassen, ob er für sie arbeiten wolle. Aber Hitchcock hatte nie geantwortet. Er mußte ohnehin erst noch in England einen Film drehen. Dazu war er im Rahmen seines Vertrages mit Edward Black und Gainsborough verpflichtet, obwohl er im Sommer 1937 keinerlei Ahnung hatte, was für ein Projekt das werden sollte. Dann gab es da auch noch das Angebot von Laughton und Pommer, das künstlerisch und finanziell interessant hätte werden können.

Die Hitchcocks waren noch nie in den Vereinigten Staaten gewesen. So wußten sie nicht, ob es ihnen gefallen würde. Schließlich lebten sie in England sehr luxuriös. Hitchcock galt als der unangefochtene Prinz unter den britischen Regisseuren und besaß als solcher mehr Macht als irgendein anderer Filmemacher in der Geschichte des Landes zuvor. Gesellschaftlich war er gefragt, und sein Haus in Surrey war fast nie ohne Gäste. Er bewirtete die Presse immer in großem Stil, in deren Augen er ein faszinierendes Geheimnis darstellte. Er war ein Mann, der seine Karriere selbst kontrollierte, und ein fähiger Interviewpartner, der die Gespräche mit derselben subtilen Einschüchterungstaktik führte, die er auch gegenüber seinen Darstellern und Stabmitgliedern beim Drehen anwendete. Genau genommen gab es keinen zwingenden persönlichen Grund zu erwägen, aus England wegzugehen. Es gab aber einen geschäftlichen Grund: Die britische Filmindustrie erlebte ihre größte Krise seit Mitte der zwanziger Jahre. Vielleicht wollte er wirklich nur eine Ferienreise nach New York unternehmen. Doch das zu glauben, fällt schwer, zumal er seinen Pressemanager beauftragte, die New Yorker Presse von seiner bevorstehenden Ankunft zu unterrichten.

Am 22. August trafen die drei Hitchcocks zusammen mit Joan Harrison an Bord der *Queen Mary* in New York ein. Hitchcock machte sich gleich daran, den Geist dieser Stadt zu erforschen. »Was mich mehr als alles andere erstaunte, als ich in New York eintraf und an jenem ersten Abend ins Kino ging, waren die Fans. Sie standen in hellen Scharen vor dem Kino. Einer hatte sogar ein großes Hochglanz-Foto von mir dabei, das ich ihm signieren mußte. Es gab eben damals schon Kino-Fanatiker!«

Die New Yorker Zeitungen nahmen von Hitchcocks Ankunft Notiz. Trocken bemerkten sie, daß man ihn aufgrund seines Körperumfangs leicht in einer Menschenmenge erkennen könne. Und sofort entwickelte sich ein Telegramm-Wechsel, der amerikanische Kulturgeschichte machen sollte.

Katherine Brown, die New Yorker Beauftragte des Hollywood-Produzenten David O. Selznick, schickte auf der Stelle ein Telegramm mit der Frage ab, ob sie sich mit Hitchcock treffen solle, um mit ihm seine zukünftigen Pläne zu besprechen. Selznicks Antwort, datiert vom 23. August, war eindeutig:

ICH BIN DEFINITIV AN HITCHCOCK ALS REGISSEUR INTERESSIERT. ICH HIELTE ES FÜR GUT, WENN SIE SICH MIT IHM TREFFEN UND UNTERHALTEN WÜRDEN. BESONDERS BIN ICH AN KLARHEIT DARÜBER INTERESSIERT, OB UND DURCH WEN ER VERTRETEN WIRD, WIE SEINE GAGENVORSTELLUNGEN SIND UND AUCH, OB ER MIT MGM VERHANDELT.

Selznick, mit 35 Jahren bereits einer der ganz mächtigen Männer Hollywoods, war für seinen Erfolg in der Branche weit und breit bekannt. Bis zum Jahr 1923 hatte er in der Firma seines Vaters gearbeitet. Danach wurde er Produzent für MGM, dann RKO, Paramount und schließlich wieder MGM, wo ihn 1933 sein Schwiegervater Louis B. Mayer zum Vizepräsidenten und Leiter der Produktionsabteilung machte. Bis 1936 hatte er einige der berühmtesten Filme Hollywoods produziert, u. a. *King Kong*, *Dinner at Eight*, *David Copperfield*, *Anna Karenina* und *A Tale of Two Cities*. In jenem Jahr 1936 gründete er dann, mit finanzieller Unterstützung der Familie Whitney, die Selznick International Pictures. Er wollte nicht nur sein eigenes Film-Imperium errichten, sondern es sich vor allem besser ermöglichen, sich mit jedem einzelnen Aspekt seiner Produktionen aufs engste zu beschäftigen. Für diesen Arbeitsstil war er weithin bekannt. Zehntausende von Aktennotizen und Telegramme sind das beredteste Zeugnis seiner schöpferischen Schaffenskraft.

Selznick hielt sich über die Aktivitäten der anderen Hollywood-Studios auf dem laufenden. So wußte er auch, daß Metro-Goldwyn-Mayer Hitchcock ein erstes Angebot unterbreitet hatte. (MGM hatte Hitchcock vorgeschlagen, in London zu bleiben und dort innerhalb von zwei Jahren vier Filme zu drehen. Dafür sollte er 150000 Dollar erhalten zuzüglich eines Bonus' von 15000 Dollar, wenn er sie termingerecht und innerhalb des Budgets fertigstellte.) Während die Selznick-Büros zwischen Los Angeles und New York Telegramme austauschten, wechselten bei der Hitchcock-Truppe, die komfortabel in Suiten des Saint-Regis-Hotels untergebracht war, Zeitungsinterviews mit Kinobesuchen. Man speiste in den berühmtesten Restaurants der Stadt.

Am 26. August dinierten sie im Club 21. »Von außen sieht es eher nach einem Gefängnis aus«, sagte Hitchcock, als sie sich den berühmten schwarzen Eisentoren näherten. Ein paar Minuten mußten Alma und Joan ihm zureden, ihre Reservierung zu nutzen. »Wo gehen wir hin – ins Gefängnis? Ich will nicht in den Knast!« Der Ausdruck von Panik auf seinem Gesicht mag vorgetäuscht gewesen sein, aber alle fanden seine Assoziationen etwas seltsam. Innen gab man ihnen zunächst eine Führung der Örtlichkeiten. Sie gingen Treppen hinter falschen Wänden hinauf in verborgene schalldichte Räume, in denen man während der Prohibitionszeiten getrunken hatte. Im Hauptspeisesaal schloß sich ihnen H. Allen Smith an, der langsam zum berühmtesten Humoristen und Journalisten der Vereinigten Staaten wurde. Er führte das erste offizielle Zeitungsinterview, das Hitchcock in den USA gab.

Da Amerika für Steak und Eiscreme berühmt sei, sagte Hitchcock zu Smith, habe er beides seit seiner Ankunft reichlich genossen. Er gestand, daß er schon zum Frühstück ein Vanille-Eis mit einem Schuß Brandy bestelle. Sein Mittag- und Abendessen habe sich bisher nicht weiter verändert: ein doppeltes Steak zu jeder Mahlzeit. Smith dachte noch, Hitchcock übertreibe, aber als die anderen am Ende des Mahls Kaffee bestellten, schockte Hitchcock den Zeitungsmann, indem er seinem Eiscreme-Parfait noch ein zweites Steak folgen ließ. Nach dem zweiten Steak orderte er eine weitere Portion Eis. Als Hitchcock dann dem Ober ein Zeichen gab, dachten alle, man wolle jetzt endlich aufbrechen. Doch einen Moment später summte der Club 21 vom neuesten Klatsch: Alfred Hitchcock hatte sich ein drittes Steak bestellt, und gleichzeitig, um seine Begleitung nicht allzu lange warten zu lassen, auch noch eine dritte Portion Eiscreme.

Mit einem großen Schluck starken Tees schien er endlich zum Ende zu kommen. »Mein Gott!« sagte Hitchcock mit einem großen Seufzer und fingerte an der Teetasse. Smith dachte, der Seufzer bezöge sich auf das ungeheure Mahl. Statt dessen stellte Hitchcock laute Überlegungen über die Porzellantasse an. Vielleicht erinnerte er sich an seine perverse Angewohnheit aus Londoner Filmstudio-Tagen, Teetassen über seine Schulter zu werfen. »Wie gerne würde ich diese Tasse jetzt zerschellen lassen, sie auf den Boden schleudern, sie in tausend Stücke zerbrechen. Ich kann es nicht erklären, aber wenn ich etwas zerstöre, fühle ich mich hinterher wohl.«

Aber diesmal hielt sich der Regisseur zurück, und Smith lenkte das Gespräch auf Hitchcocks Appetit. Indem er einen letzten Schluck Brandy hinunterspülte, bemerkte Hitchcock mit für ihn untypischer Ehrlichkeit: »Ich finde im Essen Zufriedenheit. Es handelt sich mehr um einen geistigen Prozeß als um einen physischen. Die Vorfreude auf ein gutes Essen ähnelt der auf eine Ferienreise oder der, die man beim Anschauen einer guten Show empfindet. Man kann aus zwei Gründen essen – um sich am Leben zu erhalten oder zum Vergnügen. Ich esse aus Vergnügen.« Als er diese Bemerkung gedruckt sah, bereute Hitchcock sie schon wieder. Denn sie führte dazu, daß es sich andere Journalisten zur Gewohnheit machten, ihm Fragen zu seinen Essensgewohnheiten zu stellen. Er entmutigte solche Frager in Zukunft und vermied weitere Kommentare. Seine für viele kommende Jahre letzte öffentliche Äußerung zu seinen Essensgepflogenheiten machte er vier Tage später gegenüber einem Reporter aus Brooklyn: »Zuzunehmen begann ich, als ich mir das Trinken angewöhnte.« Er sagte das, während Alma, Joan und Pat sich auf einem Einkaufsbummel durchs Rockefeller Center befanden. Und Hitchcock lernte schnell, wie die persönlichen Gewohnheiten der Prominenz in die Presse gelangten, um die Neugier der Öffentlichkeit zu befriedigen.

Später lernte er auch, die Bewunderung der Presse in den

Vereinigten Staaten zu erlangen, und er verstand immer das Gespräch geschickt auf die Punkte zu lenken, über die er selbst gern reden wollte. Er fing auch an, maßvoll zu essen – in der Öffentlichkeit. Tischgenossen waren jahrelang erstaunt, wie ein Mann, der so mäßig aß, ein Körpergewicht erreichen konnte, das zwischen zweihundert und über dreihundert Pfund wechselte. Was sie ganz richtig vermuteten, war, daß er mehr zu einem heimlichen Esser wurde, der seinen Appetit so befriedigte, wie er auch seine filmischen Fantasiewelten erfand – im Privaten, in ruhigen Abendstunden und in der Zurückgezogenheit seines Heims.

Der Amerika-Urlaub der Hitchcocks ging weiter, und auch der beträchtliche Öffentlichkeitsrummel. Am Abend nach dem Essen im Club 21 war Hitchcock in dem New Yorker Radioprogramm ›Gertrude of Hollywood‹ zu Gast, wo er seine Interviewpartnerin mit vergleichenden Fakten und Zahlen aus der britischen und amerikanischen Filmindustrie überschüttete. Am nächsten Morgen brachen Alma und Hitchcock allein – ihre Tochter ließen sie in Joan Harrisons Obhut – zu einer zweitägigen Reise nach Saragota Springs im Staat New York auf. »Da war es alles«, sagte er hinterher. »Häuser mit Veranden. Und Schaukelstühle, richtige Schaukelstühle mit Leuten, die in ihnen schaukelten. Ich machte meine Frau darauf aufmerksam, und wir blieben stehen und schauten sie uns an. Wenn wir in England einen Schaukelstuhl haben, dann nur als Kuriosität. Aber hier gibt es sie – im wirklichen Leben und in den Filmen.« Diese kleinen Eindrücke amerikanischer Folklore beeindruckten ihn, und auch der Rhythmus des amerikanischen Dialekts. Und sorgfältig verstaute er alles in seinem erstaunlichen Gedächtnis. Von dort konnte er es später als Zeichen seiner Vertrautheit mit dem amerikanischen Leben, die seine besten amerikanischen Filme charakterisiert, wieder hervorholen.

Während die Hitchcocks den Staat New York bereisten und anschließend Pat und Joan auf einen weiteren zweitägigen Ausflug, diesmal in die amerikanische Hauptstadt, mitnahmen, waren die New Yorker Büros der großen Hollywood-Studios eifrigst damit beschäftigt, herauszufinden, wer Hitchcock welche Angebote machte. Bei RKO erhielt der Produzent Pandro S. Berman einen Brief seiner New Yorker Mitarbeiterin Lillie Messinger: Sie hatte sich eines Nachmittags mit Hitchcock getroffen. Er sei daran interessiert, nach Hollywood zu kommen, um einen

Krimi mit dem Titel *The Saint in New York* zu machen. Sie hingegen schlug ihm vor, für RKO ein Projekt in Erwägung zu ziehen, das *A Puzzle for Fools* betitelt war. Die Korrespondenz, die in den RKO-Archiven noch existiert, bricht an diesem Punkt der Verhandlungen mit Hitchcock ab. Anscheinend verfolgte Berman die Angelegenheit nicht weiter – vielleicht, weil David Selznick etwas verfrüht das Gerücht ausstreute, *er* sei bereits weit fortgeschritten in Verhandlungen mit Hitchcock. Zu diesem Zeitpunkt hatten sich Selznick und Hitchcock weder getroffen noch miteinander korrespondiert. Aber die Hitchcocks hatten eine Einladung von Katherine Brown akzeptiert, ein paar Tage in ihrem Landhaus in Amagansett auf Long Island zu verbringen. Dort, gemeinsam mit Browns Ehemann James Barrett und ihrer Tochter Laurinda, die in Patricia eine nette Spielgefährtin fand, veranstalteten die beiden Familien Picknicks am Strand, und Kay Brown trieb die Verhandlungen über einen Vertrag zwischen Hitchcock und Selznick energischer voran.

Die Verhandlungen waren einem Abschluß bereits viel näher gerückt, als die Besucher am 4. September an Bord der *S. S. Georgic* die Rückreise nach London antraten. Am Tag zuvor hatten Hitchcock und Alma noch schnell einer Polizei-Razzia im unteren Manhattan zugeschaut. Hitchcock zeigte sich von den technischen Einzelheiten bei Verhaftung, Aufnahme der Personalien und Verhör fasziniert. Alma ertrug diesen ungewöhnlichen touristischen Abstecher, wie sie auch sonst seinen Schabernack und seine schlüpfrigen Geschichten ertrug: mit einiger Verlegenheit und einer Haltung irritierter Ungeduld. »Oh, Hitch!« pflegte sie mit einem Blick mütterlicher Nachsicht zu seufzen und schüttelte zwei- oder dreimal ihren Kopf. »Oh, Hitch!«

Wieder in den engen Studios in Islington, denn da konnte Gainsborough billiger Räume mieten als in Pinewood, beendete Hitchcock schnell den Schnitt von *Young and Innocent*. Dann sahen er und Alma sich nach einer Vorlage für einen Film um, mit dem sie den Zwei-Filme-Vertrag für Edward Black erfüllen konnten. Aber sie fanden keine geeignete Geschichte. Ende Oktober sah sich Hitchcock in der Lage, daß er in das Büro eines Produzenten gehen mußte, um dort nachzufragen, ob man vielleicht schon ein produktionsreifes Drehbuch auf Lager habe – ein Drehbuch möglicherweise, das ein anderer Regisseur hatte abgeben müssen. Für Hitchcock war das eine unerhörte Ausnahme von der üblichen Vorgehensweise, für Edward Black aber genau das, was ihm gelegen kam. Er wußte von der Vereinbarung zwischen Laughton, Pommer und Hitchcock, und er war auch über die Angebote aus Hollywood informiert. Er wußte aber auch, daß ein Filmemacher, der nicht mit vollem Enthusiasmus bei der Sache war, für ihn als Produzenten ein großes Risiko bedeutete. Ja, antwortete er, er habe eine Geschichte, die bereits produktionsreif sei und die man im vergangenen Jahr nicht habe machen können. Hitchcock konnte das Drehbuch sofort lesen. Diese merkwürdigen Umstände, völlig untypisch für Alfred Hitchcocks normale Arbeitsmethode, bildeten den Hintergrund für eine Produktion, aus der sein berühmtester englischer Film hervorgehen sollte: *The Lady Vanishes (Eine Dame verschwindet).*

Hitchcock hat immer behauptet, er habe die beiden jungen Autoren Frank Launder und Sidney Gilliat entdeckt, die dann das Drehbuch für ihn nach dem Roman *The Wheel Spins* von Ethel Lina White aus dem Jahre 1936 geschrieben hätten. Launder und Gilliat hätten einen Sinn für Humor gehabt, der sehr mit dem seinen korrespondiert habe, sagte er, und die beiden hätten dann das Drehbuch verfaßt, das er immer für eines seiner besten hielt.

Aber diese Erzählung Hitchcocks liegt meilenweit von der Wahrheit entfernt.

Im Mai 1936 hatte Frank Launder Gainsborough vorgeschlagen, die Rechte an Whites Roman zu erwerben. Launder erinnerte sich: »In meinem Vertrag mit Gainsborough gab es einen Passus, den mein Agent Christopher Mann ausgehandelt hatte und der besagte, ich hätte das Recht, ein Drehbuch pro Jahr zu schreiben. Und ich hatte dafür *The Wheel Spins* ausgewählt. Aber ich mußte auch einen Film umschreiben, der kurz davorstand, in Produktion zu gehen. Deshalb wurde Sidney engagiert, um schon einmal das Treatment zu schreiben. Ich stieß dann zu ihm, und zusammen verfaßten wir das Drehbuch.«

Der Regisseur, der den Film inszenieren sollte, hieß Roy William Neill und war ein Amerikaner, der in England arbeitete. Als das Drehbuch im August 1936 fertig war, schickte man ein Team unter der Leitung von Fred Gunn, einem Regieassistenten, nach Jugoslawien, um dort sommerliche Außenaufnahmen zu filmen. Als aber Fred Gunn sich bei einem Unfall einen Knöchel brach, stieß die Polizei, die die Untersuchung führte, auch auf das Drehbuch. Man verlangte, wie es Sitte war, das Drehbuch zu lesen, um zu kontrollieren, ob man den Eindrücken der Ausländer über das Land auch zustimmen konnte.

Kaum hatte man begonnen, das Drehbuch zu lesen, da wurde die ganze Crew auch schon des Landes verwiesen. Der Grund lag wahrscheinlich in den ersten Seiten des Scripts, die hetzerisch und gefährlich erschienen sein müssen: Gleich zu Beginn schlug das Drehbuch einen schnellen Schnitt von marschierenden Soldaten auf watschelnde Gänse vor. (Gilliat hatte Gunn gebeten, diese Seiten zu entfernen, bevor die Behörden in Belgrad das Drehbuch zu Gesicht bekamen, aber aus irgendeinem Grund waren sie noch im Buch.) Nachdem die Crew wieder in London war, führten Berichte über den kleinen politischen Zwischenfall, über den verletzten Assistenten und über den schwindenden Enthusiasmus des amerikanischen Regisseurs dazu, daß das Filmprojekt zu den Akten gelegt wurde. Edward Black war verständlicherweise enttäuscht, zumal in das Projekt schon eine erhebliche Summe Geldes geflossen war.

Kaum hatte Hitchcock im Oktober 1937 das Script gelesen, da vergaß er auch schon alle die enttäuschenden Projekte, die er gemeinsam mit dem Autor Michael Hogan in der letzten Zeit durchgegangen war. Er schlug Launder und Gilliat ein oder zwei kleine Veränderungen vor, die sich auf den ersten und letzten Akt des Films bezogen, und sagte, *Eine Dame verschwindet* könnte innerhalb eines Monats gefilmt werden.

»Man wußte bei Hitch nie genau, was er gerade dachte«, erinnerte sich Launder, »weil er immer mit verdeckten Karten spielte. Zu uns sagte er, daß ihm der Anfang nicht gefiel und daß man den letzten Akt sicherlich spannender machen könnte. Sidney erarbeitete die Änderungen in Hitchcocks Wohnung in der Cromwell Road. Der Unterschied zwischen der neuen und der alten Exposition lag im Tempo. Die neue Fassung war schneller. Und das Ende wurde auch wirklich aufregender. Es bekam mehr überraschende Wendungen, als wir es überarbeiteten.«

Mit diesen wenigen Änderungen war das Drehbuch fertig. Schaut man sich das Originaldrehbuch aus dem Jahre 1936 an und vergleicht es mit dem Film, wird deutlich, wie wenig Hitchcock wirklich änderte. Die Geschichte berichtete, nach wie vor, von einer jungen Frau, die während ihres Urlaubs in ›Brandrika‹ (ein nichtexistierender Ort irgendwo auf dem Balkan) eine nette alte Dame trifft. Sie besteigen gemeinsam den Orientexpreß in Richtung London. Unterwegs verschwindet die alte Dame spurlos. Alle Mitreisenden leugnen, sie je gesehen zu haben, und die Heldin wendet sich an einen jungen Mann und bittet ihn um Hilfe. Auch er glaubt ihr zunächst nicht – zumal ein Arzt, der auch im Zug ist, noch erklärt, die verschwundene Dame sei eine reine Einbildung, das Resultat eines Schlages auf den Kopf, den die junge Frau erhalten hatte. Verdächtig wird die Situation aber gleich wieder, als das junge Paar eine Nonne trifft, die merkwürdigerweise Schuhe mit hohen Absätzen trägt. Schließlich finden sie die alte Dame wieder. Es stellt sich heraus, daß sie eine Spionin ist, die ein Geheimnis nach London schmuggeln will – ein Geheimnis, das in einem Volkslied verschlüsselt ist. Die meisten der anderen Passagiere, der Arzt eingeschlossen, gehören zu einem gegnerischen Spionagering, der sie verfolgt. Aber es gelingt ihr zu entkommen, und am Ende kann sie mit dem jungen Paar in London ein glückliches Wiedersehen feiern.

»Ich glaube, das war der einzige Fall, in dem Hitchcock ein Drehbuch übernommen hat, das für einen anderen Regisseur präpariert worden war«, sagte Sidney Gilliat. »Ich erinnere mich noch, wie er mich wieder und wieder um den Leicester Square fuhr, dabei auf das Empire Theatre zeigte und sagte: ›Zum ersten Mal steht mein Name in Leuchtschrift über dem Filmtitel.‹ Die Adaption und das Drehbuch von *Eine Dame verschwindet* waren weder von noch für Hitchcock geschrieben.«

Die Besetzung stand schnell fest, nachdem Dame May Whitty die Schlüsselrolle der alten Dame akzeptiert hatte. Für die Rolle des jungen Mädchens gefiel Hitchcock Margaret Lockwood sehr gut, die ohnehin bei Gainsborough unter Vertrag stand. »Ich war damals ein großer Fan der Bücher von Ethel Lina White«, sagte sie.

Normalerweise handelten sie von einem jungen Mädchen, das auf irgendeiner Reise irgendwie in die Klemme geriet. Als ich davon hörte, daß Edward Black den Film produzieren wollte und daß Hitchcock Regie führen sollte, hoffte ich natürlich, die Rolle zu bekommen. Aber dann stand in zwei Zeitungsnachrichten, daß zwei andere Schauspielerinnen engagiert worden seien – Lilli Palmer und Nova Pilbeam. Doch Hitchcock bestellte mich zu Probeaufnahmen und sagte, ich brauchte mich nicht zu sorgen. Wir drehten den ganzen Film im Spätherbst 1937 in fünf Wochen ab. Das war in diesem kleinen und engen Studio in Islington. Ich glaube, was mich damals an Hitchcock am meisten überrascht hat, war, wie wenige Regieanweisungen er uns gab. Er war ein vor sich hindösender, nickender Buddha mit einem geheimnisvollen Lächeln in seinem Gesicht.

Aber Hitchcocks scheinbares Desinteresse und seine minimalen Regieanweisungen bedeuteten nicht, daß er nicht wußte, was am Drehort vor sich ging. »Alma war recht häufig auch da«, sagte Margaret Lockwood, »und oft hatte sie Pat dabei, die jeden bezauberte, der in ihre Nähe kam. Alma und Hitchcock konferierten gelegentlich über Einzelheiten einer Einstellung oder eines Dialogsatzes. Aber seine Angewohnheiten änderten sich nicht sonderlich, wenn seine Familie anwesend war. Und eine Angewohnheit legte er nie ab, die Marotte, nach der morgendlichen Teepause und der am Nachmittag, die Tassen über seine Schulter zu werfen und sie mit Nonchalance am Boden zerschellen zu lassen.« (Über die Angewohnheit sagte Hitchcock später: »Gut für die Nerven. Löst die Spannung. Viel besser als Schauspieler anzuschreien.« Und man könnte noch hinzufügen, eine sichere Methode, nach einer kurzen Pause wieder die allgemeine Aufmerksamkeit auf sich zu lenken.)

Für die männliche Hauptrolle konnte Edward Black endlich Michael Redgrave dazu überreden, sein Filmdebüt zu geben. »Ich hatte damals gerade drei Stücke hintereinander in John Gielguds Ensemble gespielt«, sagte Redgrave Jahrzehnte später. »Als *Eine Dame verschwindet* in die Produktion ging, hatte ich auf der Bühne gerade die Premiere von *The Three Sisters* hinter mir. Ich zögerte, das Filmangebot anzunehmen. Da sagte Gielgud zu mir, der bereits mit Hitchcock gearbeitet hatte, er sei der Meinung, das Ganze könne für mich zu einer wichtigen Erfahrung werden. Gainsborough bot mir an, die Probeaufnahmen zusammen mit meiner Frau Rachel Kempson zu machen.« Für die Dreharbeiten konnte Redgrave, der abgearbeitet und nicht sehr interessiert war, dann nicht viel Enthusiasmus aufbringen.

Man bot mir einen sehr guten Vertrag, aber ich wollte damals diesen Film eigentlich nicht machen. Um ehrlich zu sein, ich war damals wohl so etwas wie ein intellektueller Snob. Und Filmen stand damals in England auch nicht sonderlich hoch im Kurs. Kein ernsthafter Schauspieler und keine ernsthafte Schauspielerin konzentrierten sich auf die Filmarbeit oder erschienen zu häufig vor der Kamera. Ich glaube, Hitchcock merkte, daß ich die Bühne vorzog. So entschloß er sich, mich ein wenig von meinem Podest zu holen: ›Sie wissen doch, daß Robert Donat diese

Rolle schrecklich gerne spielen wollte.‹ Ich glaube, das sollte mich etwas unbehaglich fühlen lassen, aber es funktionierte nicht. Ich strengte mich wirklich nicht sonderlich an.

Genau diese lockere, sorglose Art, in der Redgrave die Rolle anging, gefiel Hitchcock auf der Stelle, weil sie perfekt der Haltung der Figur des Films entsprach. Der Regisseur mochte, was er später Redgraves ›Wegwerftechnik‹ nannte. Sie gab seiner Diktion einen natürlichen, leicht schlagfertigen und völlig unbefangenen Ton.

»Er war nicht gerade das, was man einen Schauspieler-Regisseur nennt«, sagte Redgrave über Hitchcock.

Maggie Lockwood hat schon recht, wenn sie das sagt. Jeder wußte, daß seine Reputation hier in England mehr auf der Produktionsvorbereitung und der Technik beruhte als darauf, mit den Schauspielern zu arbeiten. Der Film hing nicht von der Leistung eines einzelnen Darstellers ab, und seltsamerweise machte uns das alle sehr entspannt. Auch seine Nonchalance machte es uns eher leicht. Er wußte, wo er seine Kamera hinstellen wollte, und er wußte, welche Stimmung er herüberbringen wollte. Er hatte die ganzen Bilder schon von vornherein im Kopf, und wenn wir erst einmal am Drehort waren, dann konnte alles sehr schnell und schmerzlos über die Bühne gehen.

Die Dreharbeiten waren bis zum Anfang des Monats Dezember abgeschlossen, und Black war von der ökonomischen Arbeitsweise so begeistert, daß er zu Ehren des Regisseurs und seiner Darsteller eine Feier gab. Mary Clare, die die Rolle der Tante in *Young and Innocent* gespielt hatte, war auch unter den Darstellern von *Eine Dame verschwindet* (und spielte dort die furchteinflößende, in Schwarz gehüllte Baronin). Diesmal wurde sie zum Opfer eines von Hitchcocks rüden Streichen. Er hatte herausgefunden, daß sie keinen Alkohol trank und bot ihr höflich ein Gebräu an, das er persönlich gemixt hatte. Sie hielt es für ein Fruchtsaftgetränk und genoß es in großen Zügen – und war schnell hoffnungslos betrunken. Michael Redgrave war nicht der einzige, der das ›nicht gerade für sehr freundlich‹ hielt, wie er es ausdrückte.

Hitchcock jedenfalls hatte sein einzigartiger Erfolg unter den britischen Filmregisseuren sehr zuversichtlich gestimmt. Zwar hatte Ende November MGM aufgehört, mit ihm weiter über einen Vertrag zu verhandeln, dafür war aber John Hay (›Jock‹)

Whitney, Aufsichtsratsvorsitzender bei Selznick International, zusammen mit Kay Brown in London eingetroffen. Sie aßen gemeinsam mit Hitchcock im Grillraum des Connaught-Hotels. Der Abend verlief recht herzlich. Dann aber, am 1. Dezember, schickte Whitney aus London ein Telegramm an Selznick. Er hatte soeben in einer Privatvorführung *Young and Innocent* gesehen und hielt eine Warnung für angebracht: HABE NEUEN HITCHCOCK GESEHEN. STELLT EIN NEUES TIEF FÜR PILBEAM UND IHN DAR. SCHAU ES DIR VOR WEITEREN VERHANDLUNGEN ERST AN. GOODBYE. JOCK.

Selznick antwortete am nächsten Tag: TELEGRAMM AUS LONDON ERHALTEN. HABE ALLE VERHANDLUNGEN GESTOPPT. HALLO.

Aber am 18. Dezember übermittelte Kay Brown an Selznick eine andere Meinung von *Young and Innocent:* BEDAURE, STIMME MIT JOCK NICHT ÜBEREIN.

Die Verhandlungen zwischen Selznick und Hitchcock wären sicherlich nicht weitergegangen, wenn da nicht der präzise kritische Verstand von Kay Brown gewesen wäre. Von ihrem ersten Treffen mit Hitchcock in New York bis endlich die Vertragspapiere unterschrieben wurden, war sie es in jedem Stadium der Verhandlungen, die mit fester Hand nicht nur die Interessen ihres Arbeitgebers schützte, sondern durchaus auch die von Hitchcock. Es ist nicht übertrieben zu behaupten, daß Hitchcock vielleicht nie nach Amerika gegangen wäre – und auf gar keinen Fall hätte er dort bei Selznick angefangen, wenn sie nicht so geschickt und schlau verhandelt hätte. Nicht viel später vertraute ihr Selznick die Gespräche mit einem anderen Star an, den er gerade unter Vertrag nehmen wollte, und so wurde Kay Brown eine enge Freundin und die persönliche Repräsentantin der Schauspielerin Ingrid Bergman. Kay Browns Karriere – und die ihrer Tochter Laurinda Barrett – sollte sich später noch öfters mit der Hitchcocks kreuzen (und kreuzen sollten sich natürlich auch seine und Ingrid Bergmans Wege).

Im Januar 1938 war *Eine Dame verschwindet* geschnitten, und die Tonmischung und die Titel waren fast fertig. Erich Pommer und Charles Laughton aber waren sich noch immer nicht sicher, mit welchem Projekt sie nun Hitchcock beauftragen sollten, der inzwischen mit ihnen einen wohldotierten Vertrag abgeschlossen hatte. Da die Presse ihnen aber keine Ruhe ließ, verkündeten sie am 18. Januar, daß ihre gemeinsame Produktionsfirma

Mayflower Productions bald Alfred Hitchcocks nächsten Film in Angriff nehmen würde. Das Projekt trug den Titel *Empty World*, und Nova Pilbeam sollte mitwirken. (Nach dieser Ankündigung hörte man nie wieder etwas darüber.) Inzwischen waren Kay Brown und Jock Whitney nach New York zurückgekehrt und besprachen dort die Einzelheiten des Hitchcock-Vertrags. Sie gaben an Selznick ihre persönlichen Eindrücke über Hitchcock weiter, und Jenia Reissar, Selznicks permanente Repräsentantin in London, wurde hinzugezogen, die aus erster Hand Erfahrungen im Umgang mit ihm hatte.

Hitchcock hatte bei den Selznick-Leuten recht offen durchblicken lassen, daß er gerade die ersten Druckfahnen eines Romans von Daphne du Maurier, der Tochter seines alten Bekannten Sir Gerald du Maurier, gelesen hatte. Das Buch, das bald veröffentlicht werden sollte, trug den Titel *Rebekka*. Hitchcocks persönliche Beziehungen würden sehr wertvoll sein, wenn man die Filmrechte erwerben wollte. Am liebsten hätte er die Rechte selbst gekauft und hoffte, daß dann Mayflower Productions oder irgendeine andere Gesellschaft das Projekt finanzieren würde. Doch der Agent der Autorin du Maurier verlangte mehr, als Hitchcock zahlen konnte. Auf die Empfehlung von Kay Brown hin – sie hatte schon einen Beitrag zur Filmgeschichte geleistet, als sie die Aufmerksamkeit ihres Arbeitgebers auf Margaret Mitchells Roman *Gone With the Wind* lenkte – las David Selznick die Fahnen. Am 9. Januar 1938 schickte er Hitchcock ein Telegramm. Der Inhalt ist typisch für Selznick. Enthusiasmus über ein Projekt, das er für sehr aufregend hielt, sprang er ohne Rücksicht auf die Lage ins tiefste Wasser: Er hatte noch keine Garantie, daß Hitchcock wirklich mit ihm abschließen würde, noch besaß er die Filmrechte an *Rebekka*, aber er hatte bereits mit einigen Schauspielern in Hollywood gesprochen, hatte ihnen kurz die Geschichte skizziert und ihr Interesse geweckt.

TUT MIR LEID SIE INFORMIEREN ZU MÜSSEN, DASS RONALD COLMAN SO BESORGT ÜBER DIE GESCHICHTE MIT DEM MORD IST UND AUCH ÜBER DIE MÖGLICHKEIT, DASS AUS DEM FILM MÖGLICHERWEISE NUR EIN VEHIKEL FÜR EINEN WEIBLICHEN STAR WERDEN WIRD, DASS ER DEN FILM NICHT MACHEN WILL, WENN ER NICHT VORHER EIN TREATMENT GESEHEN HAT... KANN LESLIE HOWARD FÜR DEN FILM ENGAGIEREN... BILL POWELL IST GANZ BEGEISTERT ÜBER

DIE ROLLE UND WILL SIE UNBEDINGT MACHEN, ABER ICH HABE IHM ABGESAGT, WEIL ICH NOCH AUF COLMAN HOFFE... WÜNSCHTE SIE WÜRDEN NACH ERHALT DIESES HIER SOFORT ANTWORT MIT IHREN REAKTIONEN DIKTIEREN.

Hitchcock hatte keine Ahnung, was er antworten sollte. Offiziell hatte er noch nicht einmal einen Agenten. Lediglich Sidney Bernstein – der Besitzer der Granada-Kinokette, ein Mann, den Hitchcock seit den Tagen der London Film Society kannte – schaute sich freundlicherweise immer die Offerten an, die Hitchcock erhielt. Wie so oft war er unsicher, welchen Weg er einschlagen sollte. Und wie so oft, wenn er unsicher war, machte Hitchcock erst einmal gar nichts. Es gibt kein Anzeichen für eine Antwort auf Selznicks überstürzte Nachricht.

Im März waren die Dinge dann schon ein gutes Stück weitergekommen, hauptsächlich, weil Selznick beharrlich blieb und es seine Absicht war, Hitchcock nach Amerika zu holen und unter Vertrag zu nehmen. Inzwischen hatten Selznick und seine Frau – die geborene Irene Mayer, deren Vater Louis B. Mayer einst Selznicks Arbeitgeber war – den Film *Young and Innocent* gesehen, und sie waren der Meinung Kay Browns: Es war ein wunderbarer Film. Wenn Selznick bis dahin noch irgendwelche Zweifel gehabt haben sollte, dann waren die jetzt beseitigt. In der Cromwell Road ging ein Strom von Telegrammen ein, in denen er um berufliche Zusammenarbeit mit Hitchcock warb. Er wäre, schrieb er einmal, sehr stark an einem Film wie *The Man Who Knew Too Much* interessiert, und er sei sicher, er könne für ein Remake dieses Films Ronald Colman engagieren. (Selznick war ein großer Anhänger von Wiederverfilmungen: Ingrid Bergmans erster Film für ihn, *Intermezzo,* war die amerikanische Version des letzten Films, den sie in Schweden gedreht hatte.)

Plötzlich brach die Kommunikation zwischen Selznick und Hitchcock ab, und beide glaubten, die Chance auf einen Vertrag sei für immer vertan. Am 12. März waren Auszüge eines Interviews mit Hitchcock erschienen: Er sprach nicht nur über seine augenblickliche Arbeit, sondern auch darüber, wie er mit Stars umgehen würde – und wie er letztendlich hoffe, einmal alle Aspekte eines Films kontrollieren zu können, wenn er erst einmal sein eigener Produzent sei.

Hollywood? darüber habe ich bisher lediglich mit David Selznick gesprochen. Das hängt alles noch völlig in der Luft. Aber falls ich nach Hollywood ginge, dann nur, um mit Selznick zu arbeiten... Der springende Punkt an dem Star-System ist, daß es einem ermöglicht, vom Blickwinkel der Geschichte her Dinge zu übertreiben. Und die Stars bringen wirklich das Publikum ins Kino. Der Name eines Stars ist wie ein schmetternder Trompetenklang und bringt den Faktor Zeit ins Spiel, wenn man zum Beispiel einen Film zeigt und will, daß die Leute kommen und ihn sich jetzt gleich, zu einer bestimmten Zeit, ansehen. Ein Film ohne Stars brauchte viel mehr Zeit, müßte warten, bis die Leute ihn schließlich eines Tages mögen...

Das publizierte Interview wurde Selznick von Jenia Reissar zugeschickt, und Selznicks Enttäuschung ist verständlich. Er hatte Hitchcocks Anstellung schon für eine sichere Sache gehalten, die nur noch der formalen Kleinigkeit eines Vertrags bedürfe. Auch hatte er natürlich für selbstverständlich gehalten, daß die Entscheidungen über die Besetzung eines Films und überhaupt die kontrollierende Hand hinter der Produktion, wie gewöhnlich bei ihm, dem Studioboß, liegen müsse. Aber Hitchcock hatte gesagt, daß das Abkommen mit Selznick ›noch in der Luft‹ hinge. Und er zeigte ganz deutlich eigene Ideen zu dem Thema, wer letztlich einen Film kontrollieren solle. Die Telegramme Selznicks mit ihrem flammenden Lob auf Hitchcocks Arbeit und Werk und den Ideen und Vorschlägen zu ihrem ersten gemeinsamen Film trafen in der Cromwell Road nicht mehr ein.

Hitchcock war enttäuscht, und er wollte es Selznick wissen lassen. Aber er wollte Selznick auch in dem Glauben wiegen, daß er bei anderen Produzenten hoch im Kurs stehe. Entsprechendes schrieb er an Al Margolies, den Reklamefachmann, den er engagiert hatte, um seine Interessen zu vertreten. Er teilte ihm mit, daß es ihm leid tue, daß Selznick noch kein definitives Angebot an ihn gemacht habe, daß Gaumont-British mit ihm einen neuen Vertrag aushandeln wolle und daß auch Alexander Korda wieder an ihn herangetreten sei. Es gibt aber keinen Zweifel, worauf all seine Hoffnungen gerichtet waren, denn er instruierte Margolies auch, er solle Kay Brown ausrichten, er sei sehr enttäuscht darüber, daß aus dem Vertrag mit Selznick nichts geworden sei.

Der Brief hatte den erwünschten Effekt: Selznick, der sich Hitchcocks ernsthaftem Interesse wieder sicher war, autorisierte Kay Brown, die abschließenden Vertragsverhandlungen wieder aufzunehmen. Am 4. Mai telegrafierte Selznick an L. C.

Ham, den Londoner Repräsentanten einer Hollywood-Agentur, der Frank Joyce und Davids älterer Bruder Myron vorstanden. Hitchcock hatte inzwischen diese Selznick-Joyce-Agentur damit beauftragt, seine Interessen zu vertreten. Er war sich sicher, daß es nicht schaden konnte, wenn Davids eigener Bruder in seinem Interesse handeln konnte. Hitchcock beriet sich zwar auch weiterhin mit seinem Freund Sidney Bernstein im Privaten und suchte in London Rat, wann immer es nötig schien, aber auf Myron Selznick – der zu Hitchcock eine gute Beziehung unterhielt, seitdem er *The Passionate Adventure* in Islington ko-produziert hatte – konnte man sich mit Sicherheit verlassen, wenn es darum ging, Produzenten und Regisseure beruflich glücklich zu vereinen.

In seinem Telegramm an Ham fragte Selznick an, ob Hitchcock frei sei, Mitte August nach Kalifornien zu kommen, um dort eine Filmfassung des Romans *The Titanic* herzustellen, den Wilson Mizner und Carl Harbraugh geschrieben hatten. Er wollte auch, daß Hitchcock sogleich damit begann, an einem Treatment zu arbeiten – falls ihm das recht sei und falls man sich auf einen endgültigen Vertrag einigen könnte –, und er bat ihn, geeignete Drehbuchautoren vorzuschlagen. Selznick wollte keine Zeit verschwenden, da er bereits sah, daß man an der Handlung, so wie sie jetzt war, einiges würde ändern müssen: Es handelte sich um eine etwas schwülstige Romanze um einen Gangsterboß, der durch die Liebe einer gutherzigen Frau erlöst wird, die er an Bord des zum Untergang verurteilten Ozeandampfers trifft.

Dieses Mal antwortete Hitchcock schnell. Um sich noch weiter bei Selznick einzuschmeicheln, schrieb er, daß es sich um einen merkwürdigen Zufall handele: Er hätte gerade genau dieselbe Idee gehabt – einen Film über das Titanic-Desaster! Es gibt keinerlei Anzeichen dafür, daß er wirklich jemals die Idee hatte, sich mit einer derartigen Geschichte zu befassen. Alle Aktennotizen Kay Browns und Jenia Reissars bestätigen, daß Hitchcock Joan Harrison immer noch engen Kontakt zu Daphne du Mauriers Agenten halten ließ, um festzustellen, ob nicht zumindest der Preis für eine Option auf *Rebekka* erschwinglich sei; er zweifelte nie, daß der Roman kommerziell erfolgreich sein werde und daß er daraus einen erstklassigen modernen britischen Thriller machen könnte. Andererseits hielt er Selznicks Projekt über den Untergang des Ozeanriesen von vornherein für hoffnungslos. »Ich erinnere mich daran, daß ich damals dachte, es gäbe nur einen einzigen Weg, es filmisch zu zeigen. Man müßte die Anfangstitel über einer extremen Großaufnahme einer riesigen Schiffsniete an der Seite des Dampfers laufen lassen«, sagte er. »Dann müßte die Kamera, während die Titel noch liefen, beginnen, langsam – sehr langsam – zurückzufahren – und zwei Stunden später würde das Publikum endlich das gesamte Schiff in einer Totalen sehen, und darüber müßten die Worte *The End* erscheinen. Ansonsten fiel mir dazu nichts Interessantes ein.« Trotzdem erschien noch am 9. Juli 1938 – nur wenige Tage, bevor der endgültige Vertrag zwischen Hitchcock und Selznick unterschrieben wurde – eine Pressemitteilung, daß Hitchcocks erste Aufgabe für Selznick *The Titanic* sei. Drehbeginn werde im Januar 1939 sein. Die Statements freilich, die Hitchcock während des Frühjahrs und des Sommers zu diesem Projekt abgab, wurden zunehmend abfälliger. »Oh, ja«, sagte er zu einem New Yorker Reporter, »ich hatte bereits Erfahrung mit Eisbergen. Denken Sie daran, daß ich mit Madeleine Carroll gedreht habe!«

Inzwischen waren Erich Pommer und Charles Laughton, die sich inmitten des Rummels der kurz bevorstehenden Veröffentlichung von *Rebekka* gefangen sahen und von Gerüchten um Filmrechte schon benebelt waren, auf den bereits überfüllten Du-Maurier-Hitchcock-Zug aufgesprungen und hatten die Option zum vorherigen Roman der Autorin an sich gerissen. Sie gaben bekannt, daß Sidney Gilliat gemeinsam mit Joan Harrison ein Treatment aus *Jamaica Inn* destillieren sollte, dem Du-Maurier-Buch, das 1936 erschienen war.

Dieses Projekt interessierte Hitchcock sogar noch weniger als die Titanic. Das Buch war ein Melodram um Diebe und Küstenschmuggler, das im 19. Jahrhundert spielte. Die Heldin, die aus einem Roman der Brontë-Schwestern hätte stammen können, war zwischen der Loyalität zu ihrer Familie und der Liebe zu einem Gesetzeshüter gefangen. Laughton sollte in der Starrolle des wahnsinnigen Anführers der Bande auftreten, die Schiffe auf die Uferklippen lockte und ausplünderte. Die großen Tonstudios in Elstree würden große Bauten und Wassertanks aufnehmen – denn es sollten spektakuläre Schiffsuntergänge und Orkane auf dem Meer gedreht werden. Aber die Pläne für das groß ausgestattete Kostümdrama begeisterten Hitchcock wenig. Seine Blicke waren ungeduldig auf Amerika gerichtet. Um den Vertrag mit Selznick voranzutreiben, entschied er sich, sofort seine erste Reise nach Los Angeles anzutreten. Joan Harrison mußte sich um das Drehbuch zu *Jamaica Inn (Riff-Piraten)* und um seine Tochter kümmern, während er am 1. Juni sich und Alma in London in eine Erste-Klasse-Kabine auf der *Queen Mary* einschiffte.

Von Bord des Schiffes aus überraschte er Kay Brown mit einem Telegramm. Sie würden am Montag, dem 6. Juni, ankommen, und sie wären dankbar, wenn sie sie abholen könne. Das tat sie gerne, und sie begleitete die Hitchcocks in dieselbe Suite, die sie schon das letzte Mal in dem Saint-Regis-Hotel bewohnt hatten. Am Mittwochmorgen bestiegen sie einen Zug nach Kalifornien. Der größte Teil ihres Gepäcks blieb in New York zurück. Myron Selznick ließ sie bei ihrer Ankunft von einem Fahrer abholen, der das von der Reise erschöpfte Paar in das Beverly Wilshire Hotel brachte. In der nun folgenden Woche unternahmen sie Ausflüge mit dem Auto nach Palm Springs, wo es Alma sehr gut wegen des warmen, trockenen Klimas gefiel, und in das Weingebiet im Norden Kaliforniens, das Hitchcock wegen seiner ausgedehnten Weinfelder und der Nähe zum Alte-Welt-Charme San Franciscos mochte. Am Ende der Woche war es dann Zeit für die Geschäfte.

Hitchcock wurde in die Büroräume von Myron Selznick geleitet, wo seine Agenten, in einem Versuch, ihn zu beeindrucken, ihn mit Ernst Lubitsch, Frank Capra, Rosalind Russell und Carole Lombard bekanntmachten, die sie auch alle zu Klienten hatten. Er plauderte mit Myron über die alten Tage der Produktion von *The Passionate Adventure*, in dem die Rolle des einfachen Mädchens von Marjorie Daw gespielt worden war, die Myron später geheiratet hatte. Und Myron erzählte Hitchcock von den unterschiedlichsten britischen Künstlern, die sich inzwischen in Kalifornien alle recht heimisch fühlten: Nigel Bruce, Ronald Colman, Madeleine Carroll und viele mehr.

Aber sie hätten sich überhaupt nicht so anstrengen müssen, ihn zu überzeugen. Alma, die die fast undurchlässige Klassenstruktur Großbritanniens haßte, und Hitchcock selbst, der die gefährliche Überexpansion und den daraus resultierenden Niedergang der britischen Filmindustrie gerade miterlebte, waren beide sehr stark daran interessiert, nach Amerika umzuziehen. 1937, in dem Jahr, in dem er *Young and Innocent* und *Eine Dame verschwindet* inszeniert hatte, waren in England mehr als zweihundert Spielfilme entstanden. Die Studios aber steckten bis

William Hitchcock und sein Sohn Alfred vor der Gemüsehandlung der Familie (um 1906)

Alfred J. Hitchcock, 1924

Alfred Hitchcock inszeniert *The Mountain Eagle* (1925) in München, neben ihm seine Assistentin und spätere Ehefrau Alma Reville

Alfred und Alma Hitchcock (Mitte), um 1930 in ihrer Wohnung in der Cromwell Road, zusammen mit einer Produktionssekretärin

Produzent Michael Balcon

Erster Drehtag von *39 Stufen* (1935): Mit Handschellen aneinander gefesselt sind die beiden Hauptdarsteller Madeleine Carroll und Robert Donat

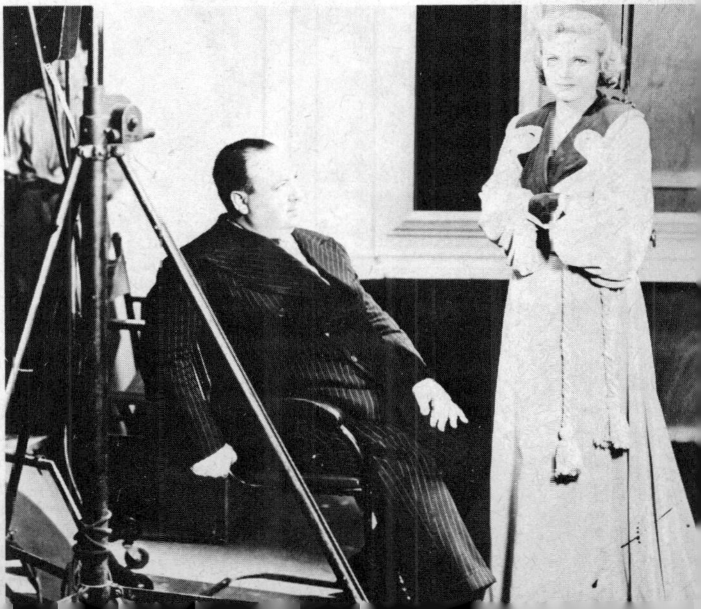

Hitchcock mit Madeleine Carroll während der Dreharbeiten zu *Secret Agent*, 1935

Hitchcock mit John Buchan, 1937. Unten: Mit Skriptgirl Lydia Schiller und seinem Star Joan Fontaine bei den Dreharbeiten zu *Rebekka*, 1939

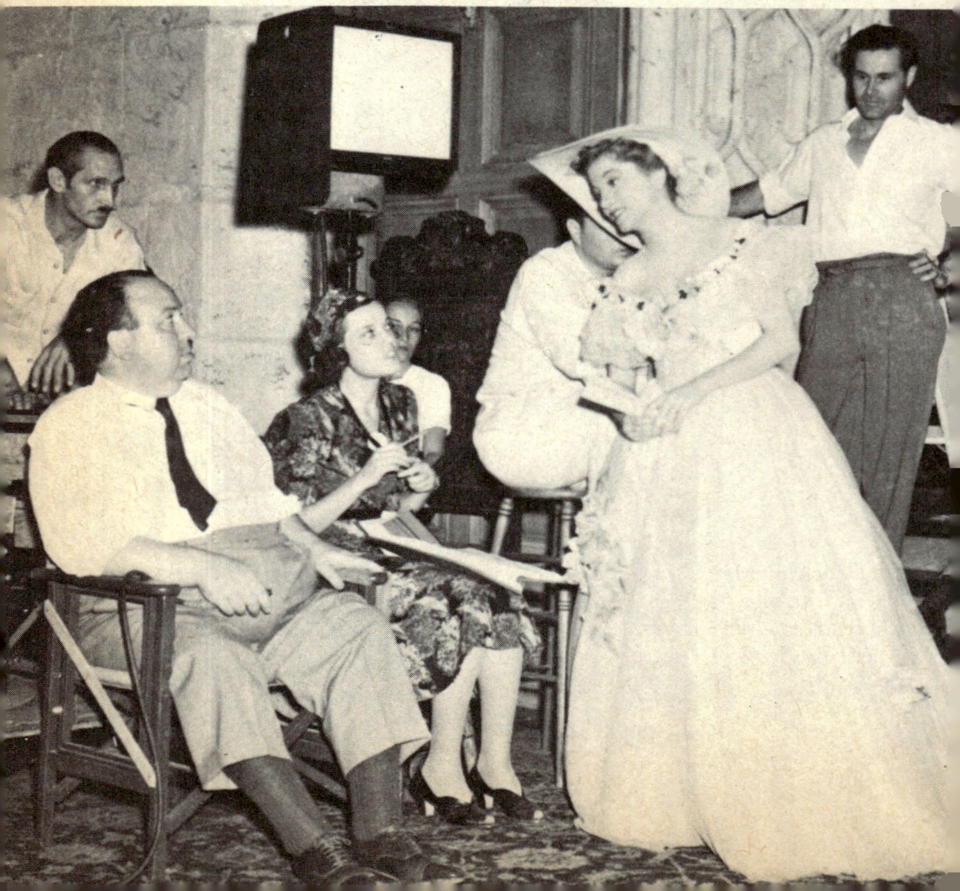

Alma Reville Hitchcock und Joan Harrison überarbeiten das Drehbuch zu *Verdacht*, 1941

Mit Tochter Patricia und Schauspieler Robert Cummings 1942 in den Universal Studios

Alfred Hitchcock und Ingrid Bergman feiern Cary Grants Geburtstag während der Dreharbeiten zu *Berüchtigt*, 1946

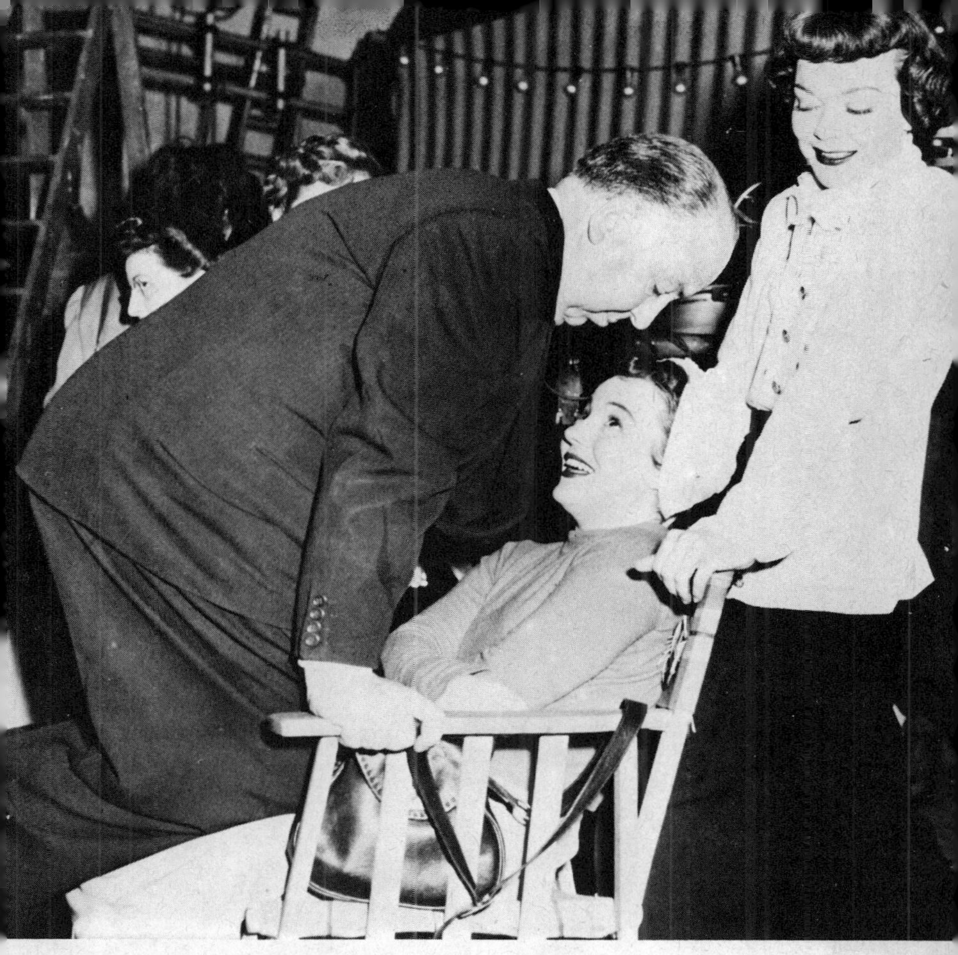

Mit Tochter Patricia (sitzend) und Hauptdarstellerin Jane Wyman während der Dreharbeiten in London zu *Die rote Lola*, 1949

In Santa Cruz, 1951

Alma, 1952

zum Hals in Schulden, weil sie sehr unwirtschaftlich mit ihren Mitteln umgingen. Die Bankrotte und die Schließungen der Studios, die prekäre Situation der Weltwirtschaftslage und die düstere unsichere politische Situation in Europa machten sich mit ihren Auswirkungen in der englischen Filmindustrie bemerkbar. 1938 war die Produktion schon auf unter hundert Filme gesunken. Noch weniger waren in den Verleih gekommen. Diese traurigen Fakten, zu denen noch die verhaßte Aufgabe kam, die daheim in London auf ihn wartete, auf der anderen Seite die verführerischen Aussichten in der augenscheinlich weit größeren, kommerziell erfolgreicheren und kreativeren kalifornischen Filmindustrie waren alles, was die Hitchcocks brauchten, um sich die Entscheidung leicht zu machen.

Einen übereiligen Eindruck wollten sie allerdings auch nicht machen. RKO habe sich ihm mit einem Angebot genähert, vertraute Hitchcock Myron Selznick an, und auch Samuel Goldwyn habe sich gemeldet. Eine Stunde später hatte Myron das RKO-Studio bereits am Telefon und verlangte 60000 Dollar für sechzehn Wochen Arbeitszeit im Jahr 1939. Das Studio lehnte ab, was aber den Agenten überhaupt nicht zu enttäuschen schien. Er glaubte, er könnte aus einem Vertrag zwischen seinem Bruder David und Hitchcock mehr herausholen; aber Myron, dem es mit 39 Jahren bereits gesundheitlich schlecht ging, was sechs Jahre später zu seinem frühen Tod führen sollte, hatte nicht mit der harten Haltung gerechnet, die David bei den Vertragsverhandlungen mit Hitchcock an den Tag legen sollte. Goldwyn andererseits machte noch nicht einmal ein festes Angebot.

Während die Hitchcocks weiter die Westküste besichtigten, einigten sich die Selznick-Brüder auf die Vertragskonditionen. Am Samstag, dem 2. Juli, bei einem Mittagessen im Beverly Wilshire Hotel, verkündete Myron der Presse, daß Selznick International Pictures bereit war, Alfred Hitchcock einen Vertrag über einen Film und zwanzig Wochen für 2500 Dollar pro Woche anzubieten – 50000 Dollar für einen Film, der 1939 gedreht werden sollte, wenn *Riff-Piraten* beendet sei. Hitchcock hatte darauf bestanden, daß auch Vorkehrungen für Joan Harrison getroffen werden müßten. Auch für sie war ein Vertrag ausgehandelt worden: Als persönliche Assistentin sollte sie für dieselbe Zeit insgesamt 2500 Dollar erhalten (ein Gehalt von 125 Dollar pro Woche). Auf diesen Teil des Verhandlungserfolgs war Myron ganz besonders stolz, denn es war ungewöhnlich, daß ein nichtamerikanischer Regisseur in seinem Schlepptau einen Assistenten mitbrachte. Etwaige Dienste Almas als Autorin oder Continuity-Überwacherin würden getrennt verhandelt werden.

Jetzt endlich traf Hitchcock mit David O. Selznick zusammen. Das Treffen war herzlich: Danach blieb nur noch, die Verträge aufzusetzen und die Visa zu beantragen. Die Hitchcocks fuhren nach New York zurück. »Wir saßen im *Super-Chief*«, erinnerte sich Hitchcock, »und ein Mann stellte sich mir vor. Es war Jack Cohn, der Boß von Columbia Pictures in New York und der Bruder von Harry Cohn. Er setzte sich zu uns und trank etwas mit uns zusammen. Da fragte er, ob ich irgendwelche Filme von ihm kennen würde – Ann-Harding-Filme und so weiter. Er zählte drei Titel auf, und ich sagte, ich kenne keinen dieser Filme. Dann fragte er: ›Schauen Sie sich denn nie Filme an?‹ Ich sagte: ›Nein, nicht sehr oft.‹ Und er fragte mich: ›Ja, wenn Sie sich nie Filme ansehen, woher haben Sie dann Ihre Ideen?‹ «*

Am Montag, dem 11. Juli, waren die Hitchcocks wieder in New York im Saint-Regis-Hotel. An diesem Abend gingen sie mit Kay Brown essen, denn es gab noch ein oder zwei Dinge, die er in seinem Vertrag noch geklärt wissen wollte. In Telegrammen, die sie von ihrem Büro in der Park Avenue 230 mit Selznick wechselte, wurden die letzten Details vereinbart. Hitchcock war ruhig und zuversichtlich. Am Dienstag, dem 12. Juli, gab er dem Filmkritiker Otis Ferguson ein Interview und sprach davon, ein ›Melodram machen‹ zu wollen, wobei er vage einen ›habsüchtigen Hollywood-Produzenten‹ erwähnte, mit dem er in Verhandlung stünde.** Als Hitchcock ins Hotel zurückkam, wartete dort eine Nachricht von Kay Brown. Die Verträge waren per Eilboten auf dem Weg nach New York und lägen am Donnerstag zur Unterschrift bereit.

Am 14. Juli 1938 las er die rechtsverbindlichen Schriftstücke,

---

* Tatsache ist, daß Hitchcock sehr viele Filme sah, besonders um Darsteller für seine eigenen zu finden. Aber er lehnte es stets ab, andere Arbeiten als die seinen zu diskutieren oder auch nur Interesse an anderen Filmen zu zeigen. Er brüstete sich ein ganzes Leben lang, daß er nie einen anderen Regisseur bei dessen Dreharbeiten aufgesucht habe – ein klarer Widerspruch zu seinen eigenen Erinnerungen an Murnau. Gegen Ende seines Lebens gab er gelegentlich zu, einige Filme von Luis Buñuel zu bewundern.

** Er sagte auch, Kurzgeschichten seien das beste Material für Filme. »Die O.-Henry-Geschichten, die eine Handlung und ein Ende haben, die nicht konventionellen Formeln folgen, und die Thriller von Poe, die schreckenerregenden Geschichten, würden vorzüglich in ein solches Programm passen, und ich zumindest wäre jemand, der gern die Resultate sehen würde.« Und er sollte sie sehen, als die Zeit kam: Die Hitchcockschen Fernsehspiele, die zwei Jahrzehnte später entstanden, paßten ›in ein solches Programm‹.

schrieb mit sicherer Hand Alfred J. Hitchcock darunter und verließ gleich darauf Kay Browns Büro. Dann bestieg er mit Alma ein wartendes Taxi. Noch am selben Tag gingen sie an Bord der *S. S. Normandie*, um nach London zurückzukehren. Am Mittwoch, dem 20. Juli, waren sie wieder in der Cromwell Road. Jetzt wollten sie schnell *Riff-Piraten* hinter sich bringen.

Selznick hatte sich noch nicht entschieden, ob Hitchcocks erste Aufgabe *The Titanic* oder *Rebekka* werden sollte, und der Vertrag hatte diese Frage offengelassen. Selznicks Unentschlossenheit entsprang zum Teil dem Wunsch, erst einmal zu sehen, wie Hitchcock die spektakulären Spezialeffekte mit und auf dem Wasser von *Riff-Piraten* in den Griff bekäme. Und er war sich auch noch nicht sicher, aus welchem der beiden Projekte das effektivere Drehbuch entstehen könnte.

Anfang September deuteten Selznicks Telegramme an Hitchcock (die jetzt via Myrons Londoner Büro geschickt wurden) dann an, daß er *Rebekka* nur noch als Projekt plante, das er im Hintergrund hielt, falls sich bei *The Titanic* unvermutet ein Problem ergab, ›was, wie ich ernstlich hoffe, nicht der Fall sein wird‹. Aber diese seine Erwartung stand offenbar im Gegensatz zu anderen Hoffnungen. Zur selben Zeit vertraute er nämlich Jock Whitney an, seine erste Wahl für die Hauptdarstellerin in *Rebekka* sei Loretta Young, und als Drehbuchautor stelle er sich Ben Hecht vor, einen von Hollywoods produktivsten und begabtesten Drehbuchautoren. Hitchcock setzte dem Vorschlag, Ben Hecht zu wählen, entgegen, daß er einen emotionaleren Autor bevorzuge.

Jenseits der Telegramme hatten Selznicks New Yorker und Londoner Büros die Anweisung erhalten herauszufinden, in welche Richtung Hitchcocks Intentionen bezüglich *Rebekka* liefen. Jenia Reissar schrieb Kay Brown, daß Joan Harrison und Daphne du Maurier sich immer noch auf privater Ebene träfen, Treffen, die unter dem Vorwand stattfanden, historische Details für das Drehbuch zu *Riff-Piraten* zu besprechen. ›Joan Harrison ist Hitchcocks Sprachrohr‹, schrieb Reissar an Selznick. ›Hitchcock hätte die Rechte an *Rebekka* längst gekauft, wenn er definitiv wüßte, daß eine Produktionsgesellschaft interessiert ist und ihn auch den Film inszenieren läßt. Ich glaube, daß Hitchcock diesen Film machen will, und indem er die Rechte kaufte, könnte er sich versichern, daß er ihn auch wirklich selbst inszenieren darf.‹

Inzwischen verbreitete Daphne du Maurier, daß sie überhaupt nicht von den Vorbereitungen zu *Riff-Piraten* angetan war, der jetzt bald vor die Kamera kommen sollte. Es bedurfte großer Überredungskünste Selznicks und seiner Londoner Repräsentanten, sie davon zu überzeugen, eine Hollywood-Version von *Rebekka* werde dem Geist ihres Romans weitaus näher kommen. Erst als die Leute sie darauf aufmerksam machten, wie getreu Selznick *David Copperfield* und *Anna Karenina* auf die Leinwand gebracht hatte (und wie mit einer bisher nie dagewesenen Sorgfalt *Vom Winde verweht* vorbereitet wurde), wurde sie zuversichtlicher. Am 5. August erschien *Rebekka* in London, und vier Wochen später verkaufte Daphne du Maurier die Filmrechte für 50000 Dollar an Selznick.

Riff-Piraten wurde zwischen dem 1. September und Mitte Oktober in einer Atmosphäre gedreht, die Hitchcock bis zum Ende seines Lebens vergessen wollte. »Ich hatte es mit zwei extrem schwierigen Menschen zu tun, mit Erich Pommer und Charles Laughton«, kommentierte er später. Laughtons leicht in Aufruhr zu versetzendes Ego, seine Angewohnheit, Proben oder sogar Dreharbeiten plötzlich zu unterbrechen und dann stundenlang über die richtige Geste, einen passenden Gang und das korrekte ›innere Gefühl‹ einer Szene zu brüten, verwandelte Hitchcocks Abneigung gegen ihn schnell in unverfälschte Wut. Ein völliger Bruch zwischen Regisseur und Star ließ sich nur dadurch vermeiden, daß Hitchcock damit begann, sich seinerseits auszuleben und an Schlüsselpunkten der Erzählung eigene Fantasien einzubringen. So weitete er in dem Film eine sadistische Szene erheblich aus, in der der verstörte Laughton unter Beteuerungen, wie sehr er Maureen O'Hara liebe, sie fesselt und knebelt.

»Ich bin in erster Linie an der Jekyll-und-Hyde-Mentalität des Grafen interessiert«, ließ sich Hitchcock damals vernehmen. Dieser Jekyll-und-Hyde-Gegensatz, den er hier zum ersten Mal offen herausstellte, ist auch im Großteil seines späteren Werks sichtbar (insbesondere in dem Quartett der Filme, die sich mit der Welt der Doppelgänger und gespaltenen Persönlichkeiten befassen – *Im Schatten des Zweifels, Der Fremde im Zug, Psycho* und *Frenzy*). Jedenfalls waren diese Momente in *Riff-Piraten*, die Hitchcocks wahre Interessen und Obsessionen zeigten, die einzigen, die er mit Leidenschaft filmte. Die schizoide Beziehung zwischen Laughton und O'Hara in diesem Film erinnert sehr daran, wie Hitchcock Madeleine Carroll während der Dreharbeiten zu *39 Stufen* und *Secret Agent* behandelte; sie war auch Ausdruck der wachsenden besessenen Jekyll-und-Hyde-Mentalität in Hitchcock. Er war, wie Laughton im Film, ein Mann, der sich Verwandten und Angestellten gegenüber sehr großzügig zeigen konnte und auf der anderen Seite unter einer wilden Obsession für schöne Frauen litt, die für ihn auf ewig unerreichbar schienen.

Nach der Premiere im Oktober wurde *Eine Dame verschwindet* schlagartig zum bis dahin populärsten britischen Film. In Amerika festigte er Hitchcocks Ruf, der einzige großartige ausländische Filmregisseur zu sein. Die amerikanischen Kritiker und die Öffentlichkeit warteten mit größtem Enthusiasmus auf Hitchcocks bevorstehende Ankunft in Amerika. In New York war der Film das Ereignis der Weihnachtsfeiertage: Die *New York Times* ernannte ihn zum besten Film des Jahres, ein Urteil, dem sich später die Mitglieder der New Yorker Filmkritiker-Vereinigung anschlossen. Sie verliehen dem Film ihre höchste Auszeichnung.

Riff-Piraten enttäuschte dafür alle, als er seine Premiere erlebte (die zum Glück für Hitchcock erst stattfand, nachdem er bereits mit den Arbeiten an *Rebekka* begonnen hatte). ›Ganz fürchterlich‹, rümpfte Londons *Film Weekly* die Nase, eine Publikation, die normalerweise für Hitchcock nur Verehrung kannte. ›Die Macher dieses Films scheinen sich weniger darum gekümmert zu haben, ob dies ein spannender Film wird, als darum, uns zu beweisen, daß sie eine Schiffskatastrophe ebenso gut vortäuschen können wie die Konkurrenz aus Hollywood.‹

›Man wird sich an diesen Film nicht als einen Hitchcock-Film erinnern‹, schrieb Frank S. Nugent, ›sondern an einen von Charles Laughton.‹ Howard Barnes, der einer der größten Hitchcock-Befürworter in der populären Presse werden sollte, schrieb ärgerlich über *Riff-Piraten* in der *New York Herald Tribune*, der Film sei ›von einer einzigartigen Langeweile und Uninspiriertheit. Charles Laughton zeigt schon fast so etwas wie Verachtung für das Medium Film und begnügt sich stets damit, eine Show abzuziehen, anstatt die emotionalen und psychologischen Faktoren in den Film einzubringen, die zusammengenommen erst eine gute Darstellung ausmachen. Hier hat er nur eine Selbstdarstellung geliefert und keine gute dazu ... *Riff-Piraten* ist ein manieriertes, höchst schnulziges Melodram.‹ Auch die anderen Reaktionen auf den Film spiegelten exakt das Gegenteil der Begeisterung, die *Eine Dame verschwindet* ausgelöst hatte. Die Hitchcocks verbrachten ihre letzten Monate in England damit, die notwendigen Abreisevorbereitungen zu treffen und Familienbesuche zu machen. Vielleicht versuchte Hitchcock nun, seine Sorgen mit *Riff-Piraten* zu vergessen. Jedenfalls trank er jetzt ernstlicher und häufiger, und zum ersten Mal in seinem Leben verpaßte er Verabredungen. Eines Abends gerieten ihm sogar die Pläne für das Abendessen durcheinander, wie eine Nachricht an Elsie Randolph vom 7. Oktober 1938 enthüllt. Sie trat in *Room for Two* im Comedy Theatre in London auf, und Hitchcock sollte sie nach der Vorstellung am Bühneneingang treffen; von da aus wollten sie dann zum Essen gehen. Sie wartete bis Mitternacht und ging dann in dem Glauben nach Hause, sie habe die Daten verwechselt. Aber am nächsten Morgen erhielt sie Hitchcocks Nachricht, die über seine Umtriebe und die Folgen überhöhten Alkoholkonsums berichtete. Die Nachricht ist voller zweideutiger Anspielungen, die eher zu einem englischen Schuljungen gepaßt hätten.

In der Annahme, daß Hitchcock und Joan Harrison inzwischen mit dem Treatment zu *Rebekka* gut vorangekommen seien, wollte Selznick im Dezember sich allmählich für einen Drehbuchautoren entscheiden. Aber Hitchcock antwortete ihm, daß er diese Wahl ungern träfe, bevor das Treatment nicht beendet sei. Erst dann ließen sich Entscheidungen fällen, welchen Ton die Dialoge annehmen sollten. Das Drehbuch zu schreiben, werde besonders schwierig werden, weil der Roman in der Ich-Form verfaßt sei. Hitchcock schrieb dann weiter, man könne die Dinge einfach nicht übereilen. Selznick verstand die Andeutung: Hitchcock hatte sein eigenes Tempo, und er wollte mehr Freiheit als andere Regisseure. In einem Weihnachtsgruß vermied es Selznick vollkommen, Hitchcocks Zeitplan für die Vorbereitungsarbeiten anzusprechen – mehr besorgt war er zu jener Zeit ohnehin über Berichte, daß Hitchcocks Übergewicht inzwischen bereits gefährlich nahe an Diabetes grenze. Er wünschte also seinem Regisseur für 1939 eine gute Gesundheit und schloß eine freundliche Warnung zu den Ernährungsgewohnheiten Hitchcocks an.

Der Widerwille, den Hitchcock darüber empfunden hatte,

daß er gezwungen gewesen war, *Riff-Piraten* zu inszenieren, war symptomatisch für seine Karriere in der britischen Filmindustrie, die sehr unregelmäßig verlaufen war. Am glücklichsten waren für ihn die Jahre mit Balcon gewesen – bis zum Jahr 1927 und dann wieder von 1934 bis 1936. Aber dazwischen und danach hatten immer wieder weniger befriedigende Aufgaben gelegen. Die meiste Zeit bei British International hatte er unter der Bevormundung durch John Maxwell und Walter Mycroft gelitten, und seine einzige Zuflucht hatte er in den technischen Herausforderungen der frühen Tonfilmjahre gefunden. Alfred Hitchcocks Hauptproblem aber hatte seine Ursachen im geistigen Klima Englands. Die elitären Kräfte in den kulturellen und akademischen Kreisen standen der Idee, daß der Film eine neue Kunstform sein könnte, feindlich gegenüber. Man schaute permanent auf die Filmemacher herab. Die Filmindustrie war im britischen Verständnis ein Tummelplatz für Menschen aus der Mittelschicht, die sich um ein Publikum aus der Unterschicht bemühten. »Wenn man sich die Geschichte des Films anschaut«, sinnierte Hitchcock später einmal,

dann sieht man, daß die Intellektuellen die Kunst des Filmemachens oftmals verachten. Das ließ sich über Frankreich sagen und traf noch mehr auf die Briten zu. Kein wohlgeborener Engländer hätte sich dabei sehen lassen, ins Kino zu gehen; das tat man einfach nicht. Sie müssen verstehen, daß man in England sehr klassenbewußt ist... Die allgemeine Haltung in England ist auf ein Insel-Bewußtsein beschränkt. Außerhalb Englands trifft man auf ein viel umfassenderes Konzept von Leben, das sich darin äußert, wie Menschen sprechen und sogar darin, wie sie eine Geschichte erzählen. Der britische Sinn für Humor bezieht sich eher auf Oberflächlichkeiten und ist eine recht beschränkte Angelegenheit.

Noch vor ihrem Ehemann erkannte Alma Reville Hitchcock, daß er im eigenen Land nie volle Anerkennung finden würde. Snobismus verhinderte, daß man dem britischen Film jenen Status einräumte, den man nur exotischen deutschen Produktionen zugestand. In früheren Zeiten waren Poesie, Malerei und Musik einmal vitale Bestandteile des täglichen Lebens auch der einfachen Menschen gewesen, aber als das erste Drittel des zwanzigsten Jahrhunderts angebrochen war, fesselte (wie Bertrand Russell aufzeigte) nur noch Sport deren Aufmerksamkeit.

›Die Wahrheit ist‹, stimmen die Herausgeber eines einflußreichen Filmblattes ihm zu, ›daß die übliche Haltung der Engländer gegenüber den Künsten so uninteressiert und hanswurstig ist, daß es vollkommen sinnlos erscheint zu hoffen, daß irgendeine Kunstform hier wachsen und gedeihen könnte. Isolierte Einzelfälle mögen gelegentlich eine Ausnahme bilden, aber *wirklich* enthusiastisch kann ein Engländer nur auf dem Fußballfeld werden.‹ Und Rachael Low, die gründlichste Chronistin der britischen Filmindustrie, brachte die Sache auf den Punkt: »Man konnte den Eindruck gewinnen, daß die etwas gebildeteren Kritiker ihre Maßstäbe bei amerikanischen Filmen nicht anlegten, wie um zu beweisen, wie fair man doch sei. Bei britischen Filmen derselben Qualität aber beharrten sie auf strengsten Qualitätsanforderungen und fanden dann immer, daß sie ihnen nicht genügten.«

Dieses Philistertum, dieser Snobismus führte dazu, daß die Engländer Alfred Hitchcocks Werk zwar als ordentliche Unterhaltung begriffen, aber mit Sicherheit als nichts, was darüber hinausging. Er mochte berühmt werden und auch finanziell belohnt. Er war ein talentierter Geschichtenerzähler, darüber waren sich die meisten einig, aber ein Künstler...? Die Kritiker waren besessen davon, sich mit dem kunsthandwerklichen Aspekt, dem Wechsel zwischen Licht und Schatten, Stille und Ton und mit der *Montage* (dem magnetischen Wort aus der russisch-französischen Schule) auseinanderzusetzen, aber sie vermochten nicht, hinter die Oberfläche der Hitchcockschen Unterhaltungskünste zu schauen. Nachdem Arthur Vesselo sich 1936 mit *Sabotage* beschäftigt hatte, schrieb er,

»Es steht fest,

daß es nur einen Kriminalfilmregisseur in diesem Lande gibt, der diese Bezeichnung auch verdient. Jeder kann erraten, wen ich meine – Alfred Hitchcock... Hitchcock ist unser Fritz Lang und in vielerlei Hinsicht ein echter Schüler des Meisters. Wie er zeigt er ein intuitives Verständnis für jene Bedeutung – die durch die bizarren, aufregenden Formen zuweilen schon etwas Mystisches gewinnt –, die sich für uns mit der schattigen Unterwelt des Kriminellen, der Gewalt und des monströsen Desasters verbinden kann. Wie er ist er ein brillanter Handwerker, der nicht nur ein Auge für das Ungewöhnliche, sondern vor allem auch für das emotional Wirksame hat. Seine Technik ist die des Kontrasts. Er setzt das Normale gegen das Anomale, Geschwindigkeit gegen Verzögerung, und zwar so, daß unsere Wahrnehmungen geschärft werden, ob wir nun die technischen Mittel, mit denen er das erreicht, begreifen oder nicht... Unter dem Strich freilich hinterlassen Hitchcock-Filme oft ein Gefühl der Enttäuschung, das aus der Erkenntnis herrührt, daß ihre intellektuelle Substanz zu dürftig ist, sie zusammenzuhalten.

Und während die britische Gemeinde in diesem Stil die nicht zu übersehende technische Meisterschaft Hitchcocks pries, entwickelte der in aller Stille seinen emotional packenden Erzählstil. Sorgfältig plante er Einstellungsfolgen, die das Publikum zunächst in eine Geschichte hineinzogen und dann weiterführten in Ebenen oft zwiespältiger psychischer Reaktionen. Ohne sich um die ›intellektuelle‹ Substanz zu sorgen, erlaubte er es seinen Themen, sich auf ganz natürliche Weise aus dem Erzählstil zu entwickeln, eine künstlerische Tradition, die zum Beispiel auch Henry James pflegte, um nur einen Künstler des zwanzigsten Jahrhunderts zu erwähnen. Wäre Hitchcock ein Deutscher gewesen, ein Russe oder ein Franzose, dann hätte er sich sicherlich höherer Wertschätzung erfreut. Aber er war nur ein fetter, nicht gutaussehender junger Mann aus Essex, der im langweiligen Islington und Elstree arbeitete und in dieser Arbeit total aufging. Und seine Filmgeschichten waren schließlich ausgesprochen und leicht erkennbar englisch, ob er sie nun im ländlichen Surrey filmte, an der Küste Cornwalls oder in den Gassen von Bayswater.

Man kann aber auch unter einem Künstler einen Menschen verstehen, der ein spezifisches Medium dazu benutzt, etwas von seinen eigenen Visionen auszudrücken, jemanden, der seine ganz besondere schöpferische Einbildungskraft und seine Einsichten dazu benutzt, aus einem Arsenal von zur Verfügung stehenden Mitteln seine besonderen auszuwählen. Und Alfred Hitchcock, der von Anfang an ein stark intuitiv geprägtes Verständnis für die Möglichkeiten des Mediums Film bewiesen hatte, ließ sich aufgrund dieser Kriterien durchaus als Künstler bezeichnen. Er wirkte auch anhaltend innovativ. ›Wie bei den meisten Künstlern‹, schrieb Rachael Low, ›war das Sich-Ausdrücken nicht sein bewußtes Ziel. Ein Ziel, das, wie Glück, auch selten dadurch erreicht wird, daß man es direkt verfolgt. Vielmehr wollte er anderen etwas mitteilen.‹ Er war in der Tat ein außergewöhnlich kreativer Künstler – auch wenn die Briten es kaum bemerkten. Er war so außergewöhnlich, wie sich Bertrand Russell einen außergewöhnlichen Menschen vorstellte:

als jemanden, der ›eine Qualität der Energie und persönlichen Initiative, der Unabhängigkeit des Geistes und einer einbildungsstarken Vision besitzt‹.

So war es nur allzu natürlich, daß Alfred Hitchcock jetzt positiv auf den amerikanischen Enthusiasmus über seine Arbeiten reagierte. Der Snobismus hinsichtlich professioneller Arbeitsbedingungen, der in Großbritannien herrschte, widerte ihn an. Der Mangel an technischer Ausrüstung und fotografischem Erfindungsreichtum enttäuschte ihn ebenso wie die Restriktionen, die einfallslose Studiobosse ihm auferlegten. David Selznick, so glaubte Hitchcock, böte ihm alles, was er brauchte: technische Möglichkeiten, Freiheit und finanzielle Mittel. In Amerika wollte er größere Geschichten in großem Maßstab erzählen. Und Alma sah für ihren Mann endlich eine Chance, die Anerkennung zu erhalten, die er verdiente. Das alles waren keine unvernünftigen Hoffnungen, aber sie sollten sich bald als unrealistische Erwartungen herausstellen.

Im Februar 1939 verkauften die Hitchcocks ihr Landhaus Winter's Grace in Shamley Green und kündigten ihren Mietvertrag für die Wohnung in der Cromwell Road 153. Dann bereiteten sie ihre Abreise vor. Hitchcock verbrachte einige Tage bei seiner Mutter in Kensington, während Alma sich um das Pakken und Verschiffen ihrer Habe kümmerte. Der Winter in London wurde plötzlich kalt und deprimierend, und die Hitchcocks freuten sich auf ihren Abstecher nach Florida, den sie noch vor ihrer Ankunft in Los Angeles eingeplant hatten.

Am 1. März, einem ruhigen, bewölkten Tag, verließ die *Queen Mary* Southampton mit sechs Menschen in den Kabinen der Hitchcocks. Die Köchin und das Mädchen – unverkennbare Anzeichen dafür, daß in Amerika eine wohlhabende und ehrbare Familie eintraf – waren zwei tüchtige, anspruchslose Frauen, die sich bei dem Gedanken, in einen fremden Kontinent auszuwandern, noch nicht ganz wohl fühlten. Aber Pat, die das ganze Unternehmen schrecklich aufregend und schön fand, tröstete und unterhielt sie. Ihre Eltern waren ruhige Gäste an Bord. Hitchcock füllte meist mit seinem eindrucksvollen Körper den Aufenthaltsraum der Ersten Klasse, wenn er nicht in seiner Kabine seiner permanenten Eßlust frönte. Alma, die völlig hinter ihm verschwand, wenn sie ihm folgte, schrieb Briefe an die Menschen, die zurückgeblieben waren, und an die, die man bald in New York wiedersehen sollte. Sie scheint von Anbeginn keinerlei Zweifel darüber gehegt zu haben, daß nun die Vereinigten Staaten auf Dauer ihre neue Heimat werden sollten. Sie übertrug so viel von dieser Sicherheit auf ihren Mann, wie dem noch fehlte.

In der Zwischenzeit legte Joan Harrison, ihre Freundin und persönliche Assistentin (Vertraute war sie nicht ganz, denn derlei schienen sie nie zu kennen), eine zurückhaltende Geduld an den Tag, kümmerte sich um ihre privaten Anliegen und arbeitete täglich am Drehbuch für *Rebekka.* Das Bild dieser fast schon stereotypischen, wohlhabenden englischen Familie komplettierten zwei Hunde – der dunkle Spaniel Edward IX. (der nach der Abdankung des letzten Königs so getauft worden war) und der weiße Sealyham Mr. Jenkins. Die Hitchcocksche Reisegesellschaft erinnerte an ein Constable-Gruppenbild oder an die kuriosen Personenfigurationen auf einem frühen Van-Eyck-Gemälde. Aber da war auch der Hauch von etwas Fantastischem um sie – etwas ein wenig Rohes, noch nicht Erprobtes und Unschuldiges unter der Oberfläche der Wohlanständigkeit. Und mit dieser Mixtur waren sie wohlgerüstet für die Widersprüche Hollywoods.

8

1939–1940

Sie schienen keine Eile zu haben, in Los Angeles einzutreffen. Kay Brown hatte ihnen bestätigt, daß Selznick völlig von der Mammutproduktion *Vom Winde verweht* aufgefressen werde und folglich auch noch keine Entscheidung getroffen hatte, was Hitchcocks erste Aufgabe sein sollte. Ihre Vereinbarung enthielt kein ausdrückliches Anfangsdatum, und Hitchcock würde vor seinem ersten Tag im Studio kein Geld erhalten. So hielt er es nur für vernünftig, daß sich die Familie zunächst einmal in Amerika umschaute.

Die ersten Tage entfernten sie sich nicht allzu weit von New York. Am 6. März nahm Hitchcock eine Einladung der Yale Drama School an und hielt eine Gastvorlesung über die Inszenierung von Melodramen und die Technik der Spannungserzeugung – ein Vortrag, der bei den Studenten einige Unklarheiten zurückließ, da Hitchcock von der falschen Voraussetzung ausgegangen war, daß sie die Fachausdrücke des Kinos beherrschten. Aber die Zuhörer in Yale waren sehr von seiner Kenntnis der britischen Theatergeschichte beeindruckt: Sie hatten erwartet, daß Hitchcock wie andere Filmregisseure, die sie vor ihm gehört hatten, eher schlecht über die Bühnenkunst unterrichtet wäre. Aber vor ihnen stand ein Hitchcock, der über Shaw und Mrs. Patrick Campbell, über Sardou und Sybil Thorndike, über Barrie und Fay Compton dozierte. Als es zu Fragen kam, vermied er Gebiete, in denen er sich weniger heimisch fühlte, und verwies die Fragesteller oft auf Szenen in seinen eigenen Filmen, die er als Beispiele für die Konstruktion von Spannungsbögen und für emotionale Komplexität anführte, die durch strikt visuelle Mittel erzeugt seien.

In New York warteten Interviews auf ihn, die Selznicks New Yorker Büro vereinbart hatte und die im Saint Regis Hotel stattfanden, das jetzt Hitchcocks bevorzugtes New Yorker Quartier wurde. Oder aber er gab die Interviews im Club 21, seinem New Yorker Lieblingsrestaurant. Am 15. März saß er mit vier New Yorker Journalisten, die keine Ruhe gaben, bis er ihnen eine Liste seiner zehn Lieblingsfilme diktierte. Einige der Filme sind auch heute noch Kinogängern ein Begriff, andere erwecken eher den Anschein, als seien sie ihm spontan eingefallen: *Saturday Night, The Isle of Lost Ships, Scaramouche, Forbidden Fruit, Sentimental Tommy, The Enchanted Cottage, Variety, The Last Command, I Am a Fugitive from a Chain Gang, The Gold Rush.*

Hitchcock war belustigt, daß ihn die Presse überallhin begleitete – bis hin zum Bahnhof Pennsylvania Station, wo die Hitchcocks in den *Florida Special* nach Palm Beach stiegen. Als Pat aufwachte und die Palmen und die Orangenhaine sah, glaubte sie, daß sie in Kalifornien angekommen seien. Aber ihr Mädchen, der das Britische bereits fehlte und die sich im Klima von Florida sehr fremd und unwohl fühlte, begann zu weinen und sagte, sie seien eine Million Meilen von der Heimat entfernt, und niemand würde sie je wiederfinden. Ausflüge an den Strand konnten sie auch nicht aufmuntern, wenn sie am Abend im Spiegel ihr rotes, sonnenverbranntes Gesicht sah, das die kräftige Sonne Floridas versengt hatte.

Ende März kamen sie still und unbeachtet in Los Angeles an. Alma war erleichtert, daß nicht eine Armee von Journalisten am Union-Station-Bahnhof auf sie wartete. Statt dessen begrüßten sie Marjorie und Myron Selznick, die ihre Tochter Joan mitgebracht hatten, die etwa in Pats Alter war und ihrer neuen Spielgefährtin die Stadt erklärte. Während sie zu der Wohnung fuhren, die Myron für sie gemietet hatte, fragte Hitchcock nach dem Drehbeginn seines ersten Films. Zu seiner Überraschung erfuhr er, daß David jetzt den Einfall hatte, daß Hitchcock *Intermezzo* inszenieren sollte. *Intermezzo* wäre der erste amerikanische Film Ingrid Bergmans, jener jungen schwedischen Schauspielerin, die David gerade unter Exklusivvertrag genommen hätte. Etwas beunruhigt antwortete Hitchcock, daß ihr Drehbuch für *Rebekka* praktisch fertig sei. Myron entgegnete, daß der Film zweifellos irgendwann gedreht werden sollte. Sein Bruder wisse nur noch nicht, wann.

Die Wohnung in der oberen Etage der Wilshire Palms Apartments, 10331 Wilshire Boulevard, war großzügig eingerichtet und lag ideal. Vom Wohn- und Eßzimmer konnte man den Boulevard hinunterschauen, neben dem sich direkt südlich, nur ein paar Autominuten entfernt, das Selznick-Studio in Culver City befand. Die Schlafräume, die nach hinten hinaus lagen, gaben den Blick auf den obligatorischen kalifornischen Swimmingpool frei. Alles war in blendendem Weiß eingerichtet – weiß die Teppiche, Vorhänge, Sessel und Wände. Der weiße Anblick, sagte Pat, erinnere sie an einen Schneesturm in der Schweiz. Alma erwiderte, es würde jetzt sehr lange dauern, bis sie wieder einmal Schnee sehen könnten, aber das sei ihr nur recht. (Joan Harrisons Wohnung im Erdgeschoß desselben Gebäudes war in Pastelltönen gehalten, und für längere Drehbuchsitzungen fanden sie das bald angenehmer.) Myron half Hitchcock sogleich, die Bar im Wohnzimmer zu bestücken. Und als sie am nächsten Tag das erste Mal zum Einkaufen gingen, trafen sie gleich einige ihrer Nachbarn, unter ihnen Franchot Tone, dessen Ehe mit Joan Crawford gerade in die Brüche gegangen war, und einen der Ritz-Brothers.

»Wir hatten Pech mit unserer kleinen Gemeinschaft«, schrieb Hitchcock später. »Das Mädchen bekam Heimweh und ging nach England zurück, die Köchin kündigte ... Mit Kochbüchern als Skript kochte Alma aus dem Gedächtnis meine Lieblingsgerichte mit solcher Perfektion, daß seitdem nie mehr die Notwendigkeit bestand, außer einer zweiten Besetzung für den Notfall, jemand anderen für diese Rolle zu engagieren.« Aber da Alma an fast allen Arbeitssitzungen für *Rebekka* teilnahm, war dann doch eine zweite Besetzung nötig. Fast ständig arbeitete deshalb eine solide und treue Deutsche für sie, die eine Hand für Saucen, Cremespeisen und Torten hatte. In den ersten zehn Wochen nahm Hitchcock, der ohnehin schon mehr als dick war, weitere 25 Pfund zu. Zwecks optischer Kosmetik wurde bald ein dunkler Anzug zu seiner gewohnten Kleidung.

An ihrem ersten Wochenende in Los Angeles unternahm Hitchcock mit Alma und Pat einen Ausflug nach Sun Valley in Idaho, weil er gehört hatte, daß dieser Ort seinem geliebten St. Moritz ähnele. Sie kamen gerade rechtzeitig, um die letzten Sportereignisse der Wintersaison mitzuerleben. Von ihren Zimmern im Sun Valley Lodge konnten sie auf die Skifahrer schauen, die den Bald Mountain oder den Dollar Mountain herunterrasten. Hier traf Hitchcock auch an einem Samstagabend Ernest Hemingway, der aus dem Spanischen Bürgerkrieg zurückgekehrt war und gerade seinen Roman *Wem die Stunde schlägt* beendete. Hemingway kannte fast alle Filme Hitchcocks und mochte seinen frechen, ungewöhnlichen Humor. Er sagte, daß sein neuer Roman sich gut zur Verfilmung eigne. Hitchcock aber, der glaubte, Hemingway sei auf eine Zusammenarbeit aus, sagte, er verstünde nichts von Politik. Als er vier Jahre später sah, wie erfolgreich die Filmversion des Buches war, bot er Hemingway an, an einem wichtigen Drehbuch mitzuarbeiten.

Wieder in Los Angeles zurück, war er täglich mit Interview-Wünschen konfrontiert. Hitchcock verschanzte sich hinter langen und längeren Drehbuchsitzungen. Er hielt es für besser, die Journalisten warten zu lassen und zugleich den Eindruck eines besessenen Arbeiters zu machen. In Wahrheit saß er ein oder zwei Stunden mit Joan zusammen und erfand ungeheuerliche Szenen, die überhaupt nicht in die Romanhandlung paßten. Danach bat er sie dann, den Dialog für diese Szenen zu schreiben und schlüpfte durch die Hintertür, um in dem kleinen Austin-Sportwagen, den er sich gekauft hatte, durch die Gegend zu fahren. Den Rest seines Lebens verbreitete Hitchcock freilich, er habe nie in seinem Leben einen Wagen gesteuert, weil er immer zuviel Angst gehabt habe, einer der von ihm so gefürchteten Polizisten könne ihn anhalten. Aber zwischen 1939 und 1941, bis er begann, in den Universal-Studios zu arbeiten, fuhr er selbst oft durch die Nachbarschaft, lieferte Pat in der Marymount-Schule am Sunset Boulevard ab und fuhr sonntags mit der Familie zur Kirche. Schließlich aber führten sein Status im Filmgeschäft und die Schwierigkeit, sich noch hinter ein Lenkrad zu quetschen, dazu, daß er einen Chauffeur engagierte. Und in der ganzen zweiten Hälfte seines Lebens wurden Männer mit größter Sorgfalt für diese Vertrauensposition ausgewählt.

Was das gesellschaftliche Leben anbetraf, zogen die Hitchcocks die wenigen Menschen, die sie bei ihrem ersten Amerika-Besuch kennengelernt hatten, der englischen Kolonie vor, die sich als Gruppe innerhalb Hollywoods verstand. Alma legte keinen Wert darauf, mit Briten zu verkehren, und Hitchcock stimmte ihr zu, daß ihre Landsleute das Gehabe, das sie an den Tag legten, übertrieben. Anstelle muffiger Engländer luden sie lieber Carole Lombard ein, die zu jener Zeit auch bei Myron Selznick unter Vertrag stand. Die brachte bald ihren Gatten mit, der gerade in *Vom Winde verweht* spielte. Sie und Clark Gable waren eine angenehme Gesellschaft – rauh, aber herzlich. Hitchcock gefiel besonders Caroles gewagter Humor, der im Kontrast zu ihrer ebenmäßigen Schönheit stand. Leute wie die

Gables lagen ihm bald mehr als die eher engstirnige kleine britische Gemeinde aus dem Benedict Canyon.

»C. Aubrey Smith führte dort das Wort«, erzählte er später. »Ich glaube, es gab unter ihnen auch einige britische Autoren, aber hauptsächlich waren es Schauspieler vom Schlage eines Clive Brook, Conway Tearle und Ronald Colman, obwohl es wahrscheinlich Colman war, der schließlich diesen Kreis sprengte. Ich meine, sie hatten ihr eigenes Cricket-Team. Und ich werde nie die Windfahne vergessen, die Smith auf seinem Dach in der Mulholland-Straße hatte. Sie bestand aus einem Cricket-Schläger, der im Wind wippte.«

Ein Besuch dort reichte ihm und Alma. Ihre gesellschaftlichen Kontakte beschränkten sich auf einige Menschen aus Selznicks Studio und Ehepaare wie die Gables, die Freude an einem zweideutigen Spruch und einer guten Flasche Schnaps hatten – und an den Witzen, die man erst erzählen konnte, wenn Pat zu Bett gebracht worden war. Über die restliche Bevölkerung in Los Angeles äußerte sich Hitchcock sehr direkt: »Los Angeles? Die Stadt selbst ist in Ordnung, aber es ist nicht leicht, die Menschen hier zu verstehen.«

Auf ihren Streifzügen durch die örtlichen Restaurants entdeckten sie David und Maude Chasens Lokal in Beverly Hills. Die Abendmahlzeiten dort an jedem Donnerstag wurden ein geheiligtes Ritual wie der Besuch der Sonntagsmesse in der Good Shepherd Church (eine Kirche, die, wie Hitchcock mit dem Gemeindemitglied Rosalind Russell übereinkam, besser ›Our Lady of the Cadillacs‹ hätte heißen müssen). Der Hitchcocksche Tisch bei Chasens wurde bald sogar ein wichtigeres Heiligtum als die Kirche. Man konnte Alfred Hitchcock mit größerer Sicherheit donnerstags dort finden als sonntags auf der Kirchenbank. Das sagt ebensoviel über die kalifornischen Predigten wie über die Küche bei Chasens. Schließlich war Hitchcock kein Mann, der Mittelmäßigkeit geduldig ertragen hätte. Von den Chasens lernte er über die amerikanische Kochkunst und über amerikanische Cocktails. Bald hatte er Lagerraum bei der Los Angeles Smoking und Curing Company gemietet. Dort lagerte er große Vorräte englischen Räucherspecks und Seezunge aus Dover, die er sich mehrmals jeden Monat nach Kalifornien schicken ließ. Darin lag, so wurde deutlich, seine einzige sichtbare Extravaganz – nicht in dem Wunsch nach einem der luxuriösen Filmstar-Paläste Hollywoods.

»Was ich möchte, ist ein *Heim*«, sagte er damals, »keine Filmdekoration mit Zentralheizung. Alles was ich brauche, ist ein gemütliches kleines Haus mit einer gut eingerichteten Küche und zum Teufel mit einem Swimmingpool. Das erste, worüber diese Grundstücksmakler immer reden, ist der Pool. Dann kommen sie auf den Tennisplatz. Schließlich sprechen sie davon, wie nett man hinter dem Rosengarten grillen kann. Sie reden nie von dem Haus. Vielleicht schämen sie sich darüber.«

Die Suche nach einem Haus schien eine der wenigen Beschäftigungen zu sein, die Hitchcock während der ersten langsamen Monate in Kalifornien in Bewegung hielt. David Selznick, der immer noch mit seinem Südstaaten-Epos beschäftigt war, hatte das Drehbuch zu *Rebekka* noch nicht sehen wollen. Hitchcock fuhr in der Stadt herum, ging mit Alma einkaufen, widmete sich ausgiebig dem Essen und döste in der Sonne – oft verband er die letzten beiden Aktivitäten.

Eines Abends nahm Dan Winkler, einer der führenden Angestellten Selznicks, Hitchcock in ein berüchtigtes Striptease-Lokal West-Hollywoods mit. Die Mädchen trugen am Ende ihrer Nummern praktisch nichts mehr. »Hitch«, berichtete Winkler seinem Boß Selznick am folgenden Montag, »schlief.« Bei einem respektableren und privateren Anlaß wurde Hitchcock mit Thomas Mann bekanntgemacht, der aus Europa eingetroffen war und in Kalifornien stark umworben wurde. Man verwickelte Hitchcock in ein Gespräch über die Beziehungen zwischen Literatur und Film »Hitch«, erzählte Mann später seinem Sohn Klaus, »schlief.« An einem anderen Abend luden die Hitchcocks die Gables und Loretta Young zu Chasens zum Essen ein. »Bevor der Salat serviert war«, erinnerte sich Alma, »schlief Hitch bereits.« Auf einer Party schüttelte Alma ihren Mann wach, nachdem bereits alle gegangen waren. »Ist es nicht unhöflich, so früh zu gehen?« fragte er und war sich nicht im klaren, daß er länger als nur für ein paar Minuten eingenickt war.

Diese Schläfrigkeit war keine unhöfliche Demonstration von Gelangweiltsein. Sie hatte andere Gründe. Hitchcock pflegte immer sehr früh aufzustehen. Er war mehr als übergewichtig, und der einzige Sport, den er trieb, war Denksport (den allerdings betrieb er mit voller Kraft und den ganzen Tag, überdachte und verwarf Einfälle für Drehbücher, las viel und korrigierte Scripts). Er nahm viele Mahlzeiten zu sich und mit Vorliebe schwere Speisen. Und er konnte, wenn er sich auch hartnäckig darin übte, Alkohol nicht gut vertragen. Wenn er nicht ausgesprochen im Mittelpunkt der Aufmerksamkeit stand, genügte schon ein wenig Wein, um ihn schnarchend wegdämmern zu lassen.

Am 10. April 1939 wurde Hitchcock offiziell zum Gehaltsempfänger von Selznick International Pictures. Von diesem Tag an erschien er täglich in seinem kleinen Büro – oft mit Alma, aber stets mit Joan Harrison –, um an dem Drehbuch zu arbeiten, das er für das endgültige Script zu *Rebekka* hielt. Erst ein paar Tage zuvor hatte sich David Selznick endgültig entschlossen, daß *Rebekka* Hitchcocks erster Film werden sollte (Gregory Ratoff gab er die Aufgabe, mit Ingrid Bergman und Leslie Howard *Intermezzo* zu inszenieren). Selznick, bereits überarbeitet und erschöpft, sah älter aus als seine 37 Jahre. Er drückte allem, an dem er arbeitete, seinen Stempel auf, wie niemand bisher in der Geschichte Hollywoods, und er machte es auch gleich deutlich, daß er sich von jetzt an permanent um *Rebekka* kümmern würde, obwohl noch viel Arbeit an *Vom Winde verweht* zu tun blieb.

Hitchcock erzählte Selznick, daß eine erste Drehbuchfassung fast fertig war, daß er in London alle wünschenswerte Hilfe von dem Autor Michael Hogan bekommen habe und daß jetzt Joan Harrison an dem Script arbeite. Selznick eröffnete Hitchcock, daß sich Lillian Hellman gerne am Dialog, insbesondere des Beginns, versuchen wolle (sie interessiere sich besonders für die Szenen, in denen die leicht erregbare, wundervolle amerikanische Witwe Mrs. Van Hopper vorkomme). Hitchcock bezweifelte, ob Hellmans Qualitäten, ihr besonderes Einfühlungsvermögen in die Südstaaten, das Richtige für ihn wäre, und Selznick insistierte nicht weiter. Ein Mann namens Martin Buckley wurde für einige Tage hinzugezogen, wurde aber dann von Philip MacDonald ersetzt, einer Wahl, der Selznick zugestimmt hatte, obwohl er noch andere Empfehlungen hatte – unter anderem Namen wie Charles Brackett, Delmer Daves, Sam und Bella Spewak, S. N. Behrman und St. John Ervine. Von Anfang an wurde deutlich, daß Selznick gewillt war, Hitchcock mehr als jedem anderen Regisseur, der bei ihm unter Vertrag stand, Freiheit bei der Vorbereitung seines Films zu lassen. Und so war die Beziehung zwischen Produzent und Regisseur zunächst einmal recht gut.

MacDonald hatte als Grundlage seiner Arbeit einen Entwurf von neunzig Seiten, den Hitchcock, Alma und Joan verfaßt hatten. Der Dialog und das Geschehen waren bis ins letzte Detail beschrieben. Der Entwurf war in Erzählform verfaßt, so daß es eigentlich nur noch nötig war, indirekte Rede in direkte zu verwandeln, einige Übergänge zu schreiben und ein wenig mehr Dichte zu schaffen. Anstelle des typischen Hollywood-Filmtreatments (das die Beschreibung von rund fünfzig Szenen auf weniger als fünfzig Seiten enthielt) hatte Hitchcock einige hundert Szenen beschrieben, jede einzelne mit genauen Anweisungen für den Dialog, die Handlung und den Kamerastandpunkt. So hatte er seine englischen Filme vorbereitet, und er konnte sich nicht vorstellen, weshalb er von dieser sorgfältig erdachten, ökonomischen und auch visuell überzeugenden Methode abweichen sollte. Balcon, Black und sogar Maxwell hatten sich nicht groß in seine Arbeitsmethoden eingemischt, und Hitchcock erwartete auch keine Einmischung von Selznick. Das war eine unglückliche Annahme. Als er in der ersten Juniwoche das Drehbuch zu *Rebekka* vorlegte, erwartete er zügige Zustimmung und die Bekanntgabe eines Drehbeginns irgendwann im Juli. Was er am 13. Juni zurückerhielt, war ein dicker Umschlag, der ein längliches Dokument enthielt, in dem Selznick (der sich bereits im ersten Satz als ›schockierter und empörter als Worte beschreiben können‹ bezeichnete) detailliert darlegte, weshalb er praktisch die gesamte Ausarbeitung verwarf.

Als er an jenem Morgen im Studio eintraf, öffnete Hitchcock diesen Umschlag und sah vor sich eines jener legendären Selznick-Memos. Dieses war vom 12. Juni datiert. »Es war so lang«, erzählte Hitchcock im Jahre 1969, »daß ich gerade eben erst damit fertig geworden bin, es zu lesen. Ich glaube, man hätte daraus einen guten Film machen können: *Die längste Geschichte aller Zeiten.*« Selznick mißfiel von der ersten bis zur letzten Seite, was Hitchcock aus Daphne du Mauriers Roman gemacht hatte. Hitchcocks Drehbuch begann mit einer Szene, in der eine Zigarre rauchender Maxim de Winter, der auf einem Schiff zur Riviera reist, bei seinen Mitpassagieren heftigste Übelkeit auslöst. »Diese Szenen der Seekrankheit sind von einer Billigkeit, die kaum zu beschreiben ist, und obendrein altmodisch«, kommentierte Selznick diese Szene und eine andere, die sich gleichfalls um Erbrechen an Bord eines kleineren Schiffes drehte (Szenen, die offensichtlich die schrecklichen Erinnerungen des Regisseurs an Seekrankheit wiedergaben). Nicht weniger starke Worte fand Selznick für die humorvollen Szenen, die Hitchcock verwendet hatte, um das im Grunde sehr ernste Melodram zu gliedern – zu schwächen, wie Selznick aber fand. »Wir haben *Rebekka* gekauft, und *Rebekka* wollen wir auch drehen«, schrieb Selznick, »und nicht die verzerrte und vulgarisierte Version eines Werks, das sich doch bereits als erfolgreich erwiesen hat.«

Das erfolgreiche Werk war die volkstümlich gehaltene Erzählung über ein scheues junges Mädchen, das in den Diensten einer aufgeblasenen amerikanischen Matrone steht. Sie trifft den schneidigen und gutaussehenden Witwer Maxim de Winter und ist im Handumdrehen mit ihm verheiratet. In Manderley, seinem englischen Landsitz, wird sie von einer Haushälterin terrorisiert, die in fanatischer Ergebenheit zu der ersten Mrs. de Winter – Rebekka – lebt, einer Frau, die, wie sich herausstellt, ein böses Geschöpf war und überhaupt nicht jene wunderbare Ehefrau, mit deren Bild sich die junge Braut stets vergleicht und der sie sich unterlegen fühlt.

Hitchcock zufolge »bestand David darauf, dem Buch bis ins kleinste zu folgen. Er glaubte, daß bei so vielen Lesern, die jeder ihre Lieblingsszenen im Buch hätten, wir immer jemanden enttäuschen müßten, wenn wir sie nicht alle vollständig verfilmten«. Es ging nicht nur darum, daß Hitchcock das weggelassen hatte, was für Selznick Herz und Seele des Romans waren: Er hatte auch die Charakterisierung zugunsten leichten Humors geopfert und keinen glaubwürdigen Hintergrund für die Persönlichkeiten der Mrs. Danvers (der Haushälterin), Maxims oder der namenlosen zweiten Mrs. de Winter geliefert (die Hitchcock, vielleicht mit koboldhaftem Humor, in seinem Script Daphne getauft und so aus dem armen Mädchen ›Daphne de Winter‹ gemacht hatte – eine offensichtliche Anspielung). Selznick beklagte auch die grobe Zeichnung der Nebenfiguren und Hitchcocks eigene seltsame Schöpfung im Stil einer Brontë – eine verrückte Großmutter, die in einem Turm von Manderley hauste. »Ich komme zu der bedauerlichen Feststellung«, schrieb Selznick am Ende der deprimierenden, aber zwingend argumentierenden Litanei von Einwänden, »daß wir sofort mit einem neuen Treatment beginnen sollten, am besten wahrscheinlich mit einer neuen Autorenkonstellation.«

Eines der ganz wenigen Elemente des Romans, das in Hitchcocks Treatment unverändert belassen worden war, wurde durch einen merkwürdigen Schnörkel in der Geschichte Hollywoods zu dem einzigen Ärger verursachenden Aspekt des

Drehbuchs und mußte zu guter Letzt verändert werden. Der Motion Picture Production Code (ein Werk des sogenannten Hays-Büro, das unter dem Vorsitz von Will Hays auf die guten Sitten achtete) erlaubte nicht, daß Maxim de Winter wie in dem Roman ungestraft mit dem Mord an seiner ersten Frau davonkommt – ein Verbrechen, das bei ihm keine Schuldgefühle auslöst, weil sie ein durch und durch schlechter Mensch war. Es sei notwendig, befand das Hays-Büro, daß man Rebekkas Tod auf einen Unfall zurückführe oder man müsse andererseits das Happy-End, in dem Maxim und seine neue Frau einer glücklicheren Zukunft entgegensehen, so verändern, daß es nicht auf einem Mord, der wie ein Kavaliersdelikt behandelt werde, basiere.

Dieses dornige Stück der Handlung veranlaßte schließlich Selznick, den Autor Robert E. Sherwood zu engagieren, um beim Ende des Drehbuchs nachzuhelfen. (Vergleiche zwischen dem Originaldrehbuch und der Endfassung bestätigen die Aussage Charles Bennetts, der sich damals im engen Kontakt mit Selznick und Hitchcock befand, daß das Drehbuch ›zu neunzig Prozent die Arbeit Michael Hogans ist, obwohl einige Dinge von Joan überarbeitet worden sind. Am Ende stammte sehr wenig von dem, der am berühmtesten war und den man deshalb an erster Stelle nannte, von Sherwood‹.)

Robert E. Sherwood brachte für diese Aufgabe, wie klein sie auch war, die richtige Mischung von Erfahrungen mit. Er war ein amerikanischer Bühnenautor (am bekanntesten sind *The Petrified Forest*, *Tovarich* und *Waterloo Bridge*); in England hatte er Drehbücher verfaßt und besaß also ein Ohr für die britische Diktion (wie er in *The Scarlet Pimpernel*, *The Ghost Goes West* und *The Divorce of Lady X* bewiesen hatte); und er hatte erst kürzlich zwei seiner eigenen Stücke erfolgreich für den Film bearbeitet (*Idiot's Delight* und *Abe Lincoln in Illinois*). Er war der richtige Mann, dachte Selznick, um das Zensurproblem zu lösen. Zensur, so protestierte Selznick bei Jock Whitney, sei das größte Hindernis für Filmkunst: »Wir brauchen endlich so eine Freiheit, wie sie Zeitungen und Magazine, Buchverleger und die Theater haben... Statt dessen läßt sich diese kurzsichtige Industrie von diesem geisteskranken, albernen und überholten Code zu Tode würgen.«

Hitchcock blieb natürlich keine andere Wahl, als die Forderungen des Hays-Büros und die, die aus Selznicks Büro nur so strömten, zu erfüllen. »Ich war eine unbedeutende Figur in einer riesigen Filmindustrie, die aus Unternehmern bestand, die die Studios regierten«, schrieb er. Dennoch

wurden in meinem Fall die Regeln ein wenig durchbrochen. Ich durfte an der Arbeit am Drehbuch teilnehmen. Das war freundlich und schmeichelhaft – aber die Uhrzeiten! Ich erinnere mich dunkel, wie ich versuchte, mich um drei Uhr morgens wachzuhalten. Wir waren im Sommerhaus des Produzenten und versuchten, mit Hilfe des berühmten Bühnenautors Robert Sherwood ein Drehbuch zu konstruieren. Natürlich dominierte Selznick die Szenerie. Er marschierte im Zimmer auf und ab, und es fiel ihm offenbar nicht auf, daß die anderen um ihn herum langsam einnickten, und er bemerkte noch nicht einmal, daß der lange, dürre Mr. Sherwood, der etwas getrunken hatte, erfolglos versuchte, ein kleines Boot im Swimmingpool segeln zu lassen. Als der Morgen dämmerte, hatten wir natürlich nicht viel zustande gebracht, aber so arbeitete der Produzent nun einmal gerne.

Typischerweise zeichnete Hitchcock hier ein Bild von sich selbst, als dem ruhigen, nüchternen Profi, der von leicht kindischen und betrunkenen Kollegen umgeben ist. Es stimmt sicher, daß Selznick ein arbeitswütiger Mensch war, der immer mit jedem Aspekt seiner Produktionen gründlich und persönlich zu tun haben wollte. Aber es stimmt auch, daß an diesem Punkt seiner Karriere sein Sinn dafür, was einen Film künstlerisch und kommerziell erfolgreich machte, ebenso akkurat war wie Hitchcock. Selznick war ein Mann, der Intelligenz und Geschäftssinn mit jener seltenen, schwer definierbaren und oft verleumdeten Qualität des guten Geschmacks verband (der bei ihm nie affektiert war). Was Sherwood betraf, so war der hastig für etwas engagiert worden, von dem jedermann wußte, daß es sich nur um Aufräumungsarbeit handelte. Wie Hitchcock mißfielen auch ihm die unorthodoxen Arbeitsstunden, die es jetzt zu Ende des Sommers gab, als sich das Drehbuch seiner Vollendung näherte. Aber alle Beteiligten wurden sehr gut entlohnt, und Selznick bewirtete sie großzügig mit Essen und Getränken und brachte sie luxuriös unter. Sie genossen also alle Gratis-Annehmlichkeiten, die man in Hollywood schon immer als selbstverständlich betrachtete.

Mit Hitchcock ließ es sich freilich nicht leicht arbeiten, wenn er die Situation nicht vollständig beherrschte und nicht das Gefühl hatte, daß es keiner wagte, seine Macht oder die ›Stimme seiner Autorität‹ in Frage zu stellen. Whitney Bolton, Direktor von Selznicks Werbeabteilung, in seiner Erinnerung an jene Zeit: »Ich will nicht vorgeben, daß Mr. Hitchcock immer die liebenswürdigste aller menschlichen Kreaturen gewesen ist, noch will ich verschweigen, daß er Spaß daran hatte, Nadelstiche an alle auszuteilen, die sich in seiner Nähe befanden. Er stichelte gegen Stars, gegen Angestellte, gegen die Presse, die Agenten, gegen jeden und alle... Er hatte eine Art zu sprechen, die Aufmerksamkeit verlangte, und wenn er sie nicht bekam, dann ärgerte er sich ein bißchen.« In Selznicks treffender Ausdrucksweise: »Hitchcock war kein Mann, mit dem man zelten gehen konnte.«

Das Drehbuch wurde umgeschrieben, aber das Besetzungsproblem blieb bestehen. David Niven war in der engeren Wahl für die Rolle des Maxim, aber Hitchcock hielt Niven für ›einfach zu flach‹. Bei anderen Schauspielern wie William Powell hatte er andere Einwände, und Selznick (der natürlich hätte engagieren können, wen er wollte) war daran interessiert, Schauspieler zu finden, mit denen Hitchcock wirklich Lust hatte zu arbeiten; das würde zu einem besseren Verhältnis während der Proben führen und so auch zu einem besseren Endprodukt. Schließlich tauchte ein Name auf, den der Regisseur erträglich fand.

Laurence Olivier, der durch seinen letzten Film, William Wylers *Stürmische Höhen,* der im Mai Premiere gehabt hatte, schlagartig bekannt geworden war, entzückte Mitte Juni das Publikum am Broadway in Behrmans *No Time for Comedy.* Er nahm Selznicks Angebot, nach Hollywood zurückzukehren, an, weil er hoffte, daß seine Verlobte Vivien Leigh nach *Vom Winde verweht* die Hauptrolle in *Rebekka* erhielte. Selznick versprach auch, sie in seine Überlegungen einzubeziehen. Doch kaum hatte Laurence zugesagt, da verbreitete Selznick von Küste zu Küste, daß er, um für seinen neuen Film die richtige Heldin zu finden, wieder eine reklameträchtige und aufwendige Suchaktion mit Probeaufnahmen durchführen wollte, wie er es auch schon getan hatte, um die Leigh als Scarlett O'Hara für *Vom Winde verweht* zu finden.

Die Nebenrollen waren einfacher. Aus der britischen Kolonie in Hollywood verpflichtete Selznick C. Aubrey Smith, Leo G. Carroll, Nigel Bruce, Reginald Denny und Melville Cooper. Als die furchteinflößende Haushälterin Mrs. Danvers hatte er zunächst Alla Nazimova oder Flora Robson gewollt. Aber Kay Brown, wie schon so oft, kam auf die perfekte Besetzung: Judith

Anderson. (Im Film gehörten später die Szenen, in denen die Haushälterin und die neue Herrin von Manderley konfrontiert sind, zu den dramatischsten Momenten. ›Obwohl Hitchcock auch viele freundliche Seiten hat‹, schrieb damals ein Journalist, ›ist er niemals glücklicher, als wenn er jemanden sich vor Qualen winden sehen kann. Die sadistische Grausamkeit, die Mrs. Danvers gegenüber der zweiten Mrs. de Winter zeigt, ist genau das, was Mr. Hitchcocks recht große Wangen glühen läßt.‹)

Für die Rolle der Mrs. Van Hopper, der vulgären amerikanischen Witwe, die die Heldin zunächst beschäftigt, hießen die Kandidatinnen Lucile Watson, Laura Hope Crews, Mary Boland, Alice Brady und Cora Witherspoon. Bis die Hitchcocks eines Abends das Pasadena Playhouse besuchten, wo sie der Auftritt einer texanischen Rechtsanwältin, die lieber Schauspielerin sein wollte, beeindruckte. Sie hieß Florence Bates, und Hitchcock empfahl sie Selznick, der sie sofort für die Rolle der Mrs. Van Hopper engagierte.

Die Suche nach einer Hauptdarstellerin ging weiter. Zwischen Mai und August wurden von mehr als einem Dutzend Schauspielerinnen Probeaufnahmen gemacht, die dann zwischen Hitchcock und zwei anderen Regisseuren, deren Rat Selznick schätzte, George Cukor und John Cromwell, diskutiert wurden. Am 19. August hatte man die Auswahl auf die Kandidatinnen Anne Baxter, Margaret Sullavan, Olivia de Havilland und Joan Fontaine beschränkt.* Übereinstimmend hielt man die sechzehnjährige Anne Baxter für zu jung, obwohl Hitchcock Selznick sagte, daß sie Joan Harrison und Alma besser gefiele als Joan Fontaine, die ihnen ›zu spröde und unerträglich geziert‹ war. »Margaret Sullavan gefällt uns besser als jede der beiden.« Selznick jedoch wollte die Sullavan nicht, die er in einer Rolle, die es verlangte, extrem passiv und dabei glaubwürdig und sympathisch zu erscheinen, nicht als eine überzeugende Besetzung empfand. Olivia de Havilland mochte nicht mit ihrer

* Neben einer etwas erbosten Vivien Leigh wurden unter anderen folgende Damen getestet: Jean Muir, Lucille Fairbanks, Heather Angel, Frances Reid, Katharine Bard, Rene Ray, Nova Pilbeam (gegen die Hitchcock aus einem unerfindlichen Grund heftigst protestierte), Sylvia Weld, Julie Haydon, Dorothy Hyson, Ellen Drew, Pauline Moore, Louise Campell, Fay Helm, Anita Louise, Mary Kay Dodson, Loretta Young, Augusta Dabney, Frances Dee, Joan Tetzel, Agnes Fraser, Virginia Gilmore, Helen Terry, Margaret Lang, Maevis Raeburn, Miriam Patty und Jacqueline Templeton.

Schwester Joan Fontaine konkurrieren, zumal sie selbst gerade eine größere Rolle in *Vom Winde verweht* gespielt hatte, während die Rollen ihrer Schwester bis jetzt nicht so bedeutend oder erfolgreich gewesen waren. Gegen Ende August schloß sich schließlich Hitchcock den Meinungen Cromwells, Cukors und Selznicks an, die Joan Fontaine für die beste Wahl hielten. Ihre letzte Probeaufnahme hatte am 26. Juli stattgefunden, und Selznick bat sie, zu einer weiteren zu kommen. Höflich antwortete sie, daß es für sie eine Auszeichnung sei, wenn sie die Rolle erhielte, aber sie würde sich keinen weiteren Probeaufnahmen unterziehen; außerdem werde sie am Samstag, dem 19. August, Brian Aherne heiraten und dann auf Hochzeitsreise gehen.

Diese Antwort muß bei allen Beteiligten Panik ausgelöst haben, denn die Dreharbeiten sollten beginnen, die übrigen Darsteller warteten bereits, der Drehplan stand fest, und Selznick wollte keine weitere Zeit vergeuden. Auch war er in Sorge, die englischen Schauspieler könnten, falls sich der Krieg in Europa ausbreitete, ihre Verträge kündigen, um nach Hause zu den Waffen zu eilen (was, wie er sagte, ›uns alle ganz schön dumm aussehen lassen wird – nicht so dumm wie Polen, aber ich garantiere euch, ganz schön dumm‹). Am Tag nach der Hochzeit erhielt Joan Fontaine ein Telegramm, in dem ihr mitgeteilt wurde, daß sie die Rolle übernehmen sollte. Selznick wäre ihr dankbar, wenn sie ihre Flitterwochen verkürzen und am ersten Montag im September für die letzten Kostümproben und den Drehbeginn wieder zurück sein könnte.

Dann ging alles schnell. Am 7. September genehmigte Selznicks Büro die letzten Änderungen am Drehbuch, und am nächsten Tag liefen schon die Kameras. Aber die Woche war für die Wahl eine schlechte gewesen, und Sorge zeichnete die Gesichter aller, die am Drehort versammelt waren. Am 1. September war Deutschland in Polen einmarschiert; zwei Tage später hatte England den Deutschen den Krieg erklärt. Und als am 8. September die Dreharbeiten begannen, hing die Furcht in der Luft, daß London bald schwer bombardiert werden könnte. Hitchcock war krank aus Sorge um seine Familie daheim. Dazu kamen seine Nervosität über diese großangelegte Produktion, die Unerfahrenheit seines weiblichen Stars und die mangelnde Konzentration seiner überwiegend britischen Darsteller. Alles zusammen führte dazu, daß die Dreharbeiten in den ersten Wochen, ganz untypisch für Hitchcock, nur langsam anliefen.

Ende September waren die Arbeiten alarmierend weit hinter dem Drehplan zurückgeblieben. Es war abzusehen, daß die Kosten (die Selznick gehofft hatte, auf etwa 800000 Dollar beschränken zu können) sich mindestens auf eine Million Dollar belaufen würden. Selznick war dennoch über Hitchcocks ökonomische Technik des Drehens äußerst irritiert, und aus Irritation wurde blanker Zorn. Normalerweise hatte Hitchcock bisher seine Produzenten mit seiner berühmten Technik, den Film bereits ›in der Kamera zu montieren‹, eher erfreut. Denn das bedeutete, daß er nur jene Kameraeinstellungen drehte, die er dann auch wirklich bei der Montage des Films verwendete. Selznick merkte schnell, daß diese Technik ihm als Produzenten so gut wie keinen Spielraum zu eigenen kreativen Änderungen beim späteren Schnitt des Films ließ. Das war natürlich genau, was Hitchcock bezweckte und was Selznick andererseits vermeiden wollte – nämlich Hitchcocks Händen die Gestaltungsmacht über den Film zu lassen, bevor der überhaupt den Schneideraum gesehen hatte.

»Es war kein Geheimnis«, sagte John Houseman, der bald Selznicks künstlerischer Berater werden sollte, »daß bei den Dreharbeiten zu *Rebekka* zwischen Hitchcock und David nicht eitel Sonnenschein herrschte. Denn Hitchcock versuchte, den Film ausschließlich mit jenen sehr persönlichen künstlerischen Techniken und Mitteln zu gestalten, die ihn weltberühmt gemacht hatten. David O. Selznick waren diese Methoden zutiefst zuwider, denn er war ein Anhänger der Schule zwar gut gemachter, aber vom Produzenten kontrollierter und sich absolut strikt ans Drehbuch haltender Filme. Außerdem war er wild entschlossen, mit diesem ersten amerikanischen Film Hitchcocks seine Macht als Produzent zu stärken.«

Ein anderer Grund für Verzögerungen lag in der besonderen Sorgfalt, die Hitchcock aufwendete, um aus Joan Fontaine eine überzeugende Leistung herauszuholen. Sie war noch keine einundzwanzig, und die große Rolle machte sie sichtlich nervös. Außerdem waren sie und Florence Bates die einzigen amerikanischen Schauspieler im Team, und Laurence Olivier machte keinen Hehl aus seiner Enttäuschung, daß er mit ihr und nicht mit Vivien Leigh spielen mußte.

»Mein Vorteil war, daß ich relativ unbekannt war«, erinnerte sich Joan Fontaine. »Hitchcock pflegte mich in sein Büro zu bestellen, und wir redeten über Gott und die Welt. Ich glaube, in der Gesellschaft all der anderen berühmten Bühnenstars fühlte er sich eher unwohl. Da lag auch ein Problem Hitchcocks. Er kam aus einer kleinen Welt und pflegte nicht so viele gesellschaftliche Kontakte. Und ich bin mir sicher, daß er dazu auch nie Lust hatte. Er hatte Leute lieber bei sich zu Hause, wo er dann den Hausherrn spielen konnte.«

Ihre Bereitschaft, Hitchcock als Mentor zu akzeptieren, ermutigte ihn schnell (es war das erste Mal in seiner amerikanischen Karriere, aber nicht der dramatischste Fall), über seine Hauptdarstellerin eine Art moralischer Tyrannei auszuüben, die in England, wo er mit unabhängigen, hartgesottenen Bühnenstars wie Madeleine Carroll und Sylvia Sidney gearbeitet hatte, unmöglich gewesen wäre. Aber hier stand ihm eine junge, schüchterne Novizin gegenüber, die auf eine Produktion in den Maßstäben eines Selznick und Hitchcock nicht vorbereitet war. Sie ordnete sich Hitchcocks Führung gerne unter, und es dauerte einige Zeit, bis sie bemerkte, daß er diese Führung noch viel weiter treiben wollte. »Er schien von mir total Besitz ergreifen zu wollen«, erinnerte sie sich.

Er war nicht gesellig, und er traf nie Arrangements, damit wir einmal alle zusammen aßen oder auf einen Plausch beisammensaßen. Er war ein Svengali. Er übte totale Kontrolle über mich aus. Er nahm mich zur Seite und flüsterte: »Also, Mädchen, jetzt gehst du da hinein und machst dies oder das.« Oder er würde zu mir sagen: »Hast du schon gehört, was Soundso über dich gesagt hat? Weißt du schon, daß Olivier nicht will, daß du diese Rolle spielst? Nun, das braucht dich nicht zu stören. Hör einfach auf mich.« Einiges von dem, was er mir sagte, mag gestimmt haben, aber natürlich bewirkte es nur, daß ich mich ganz fürchterlich fühlte. Um ehrlich zu sein, er versuchte einen Keil zwischen uns zu treiben. Mich wollte er total kontrollieren, und es schien ihm gut zu gefallen, daß die Darsteller schlecht miteinander auskamen. Am Ende des Films hatte jeder etwas gegen jeden. Mir half das zwar für meine Rolle, denn ich sollte im Film ja vor allen anderen schreckliche Angst haben. Und durch die Umstände floß in meine Szenen sehr viel von der Spannung zwischen den Darstellern. Ihn stärkte es in seiner Position, und das Ganze war Teil des Chaos, das er sich wünschte. Er brachte mich aber auch zu seinem eigenen Vergnügen aus dem Gleichgewicht. Permanent erzählte er mir, daß niemand außer ihm mich für gut hielte und daß eigentlich niemand mich leiden könne und daß niemand über mich irgend etwas Positives äußere – außer ihm natürlich.

Trotz der Macht, die er über seine Hauptdarstellerin hatte,

wurde Hitchcock während dieser Wochen allmählich unruhig. Er begann recht bald nach Drehbeginn, sich über Selznicks Einmischung zu erregen – obwohl ihm alle versicherten, daß Selznick sich weitaus weniger in die täglichen Details mischte als bei all seinen anderen Produktionen und daß er Hitchcock weitaus mehr Freiheit ließ als anderen Regisseuren. »Das wird ein Selznick-Film werden«, bemerkte Hitchcock ganz richtig gegen Ende September. Das würde sicherlich (wie auch jeder bei *Vom Winde verweht* wußte) einen riesigen kommerziellen Erfolg bedeuten – aber Hitchcock bekam schließlich nur ein wöchtentliches Gehalt. Daß er künstlerisch nicht mehr profitieren konnte, ärgerte ihn jedoch noch mehr als die Aussicht auf einen ungenügenden finanziellen Ausgleich.

Besessen, dickköpfig und normalerweise brillant, wenn es um seine Filmarbeit ging, fand sich Hitchcock in der für ihn neuen Situation, die ihn nicht froh machte, daß er mit einem ebenso besessenen, ebenso dickköpfigen und oft auch ebenso brillanten Produzenten fertig werden mußte. Ihre Beziehung funktionierte nur, wenn beide viel Geduld aufbrachten und sich oft nach Gentleman-Art auf Kompromisse einigten. Fähig dazu waren sie beide, aber gewillt waren sie dazu zunehmend weniger. Selznick war extrovertiert, zuweilen von explosivem Temperament und in seinen Gefühlen sehr lebendig – aber man wußte, ob er einen mochte und schätzte. Hitchcock dagegen liebte mehr die Geheimniskrämerei und war in seinen Gefühlen zurückhaltend. Er legte immer eine reservierte und ernste Haltung an den Tag, um sein Team im Hinblick auf seine Stimmungen und Wünsche in Trab zu halten.

Dazu kamen Hitchcocks Sorgen um seine Familie in England, die Ungewißheit, wie Selznicks zukünftige Pläne für ihn aussahen, die Besorgnis um seine Gesundheit, die unter seinem epikureischen Lebensstil litt, und zunehmende Spannungen in seinem Familienleben.

Pat, die zufrieden zur Marymount-Schule ging, hatte keine Schwierigkeiten, sich in Kalifornien einzuleben oder neue Freunde zu finden. Alma war glücklich, England verlassen zu haben, und der einzige Grund, weshalb sie zurückwollte, war, daß sie ihre Mutter und ihre Schwester Eva nach Amerika holen wollte. Die beträchtliche Summe Geldes, die Alma und Hitchcock aus London hatten mitbringen können, und das Gehalt, das Selznick wöchentlich zahlte, ermöglichten es ihnen, mehr als komfortabel zu leben, und bald zogen sie mit Grundstücksmaklern herum und schauten sich Häuser in Bel Air an, der in Mode gekommenen Villengegend im Norden des Sunset Boulevards. Als sie das eines Abends beim Essen Carole Lombard erzählten, sprang sie auf und umarmte ihren Gastgeber. Hätte er nicht Lust, für ein oder zwei Jahre ihr möbliertes Haus zu mieten? Sie wolle nämlich auf Gables Ranch in Encino umziehen.

Am nächsten Tag fuhren sie gemeinsam in die Saint Cloud Road 609, und Mitte Oktober zogen die Hitchcocks in Wilshire Palms aus. Das neue Haus war einfach und gemütlich, wie es sich Hitchcock wünschte, und hatte mit den großangelegten Villen, die den Sunset Boulevard säumten, nichts gemein. Das Mobiliar zeigte die Folgen der Hollywood-Partys. Alma freute sich, in einem eigenen Haus zu wohnen, und Pat konnte, jetzt wo mehr Platz war, öfters Freunde einladen. Hitchcocks Köchin zog mit um und da er sie gerade jetzt, wo er plante, mehr Leute einzuladen, nicht verlieren wollte, schenkte er ihr seinen Sportwagen. Dann kaufte er sich (genauer gesagt Alma, die jetzt die Familie fuhr) einen schimmernden neuen Cadillac.

Aber der Umzug verringerte nicht eine leise Spannung, die allmählich entstanden war – eine Spannung, die nicht in erster Linie der Besorgnis über den Krieg oder Selznicks unbestimmten Plänen hinsichtlich Hitchcocks Vertrag entsprang. Tatsache war, daß Almas direktes tägliches Beteiligtsein an der Arbeit ihres Mannes in dem Maße abgenommen hatte, wie der Anteil Joan Harrisons gewachsen war. Die Frauen verkehrten auch weiterhin außerordentlich freundlich miteinander, aber jeder, der die Hitchcocks kannte, konnte deutlich sehen, daß ihm an Joan mehr gefiel als ihr Talent und die ungeteilte Aufmerksamkeit, die sie seinen schöpferischen Impulsen entgegenbrachte. Kurzum, er verehrte sie. Obwohl sie sich immer sorgfältig darum bemühte, ihrerseits zu demonstrieren, daß alles streng geschäftlich zuging, konnte es ihr nicht entgangen sein, daß Hitchcock ihr mehr als professionelle oder väterliche Gefühle entgegenbrachte. Emotionell war er sich seiner selbst zu unsicher (und wahrscheinlich auch zu sicher, wie ihre Antwort ausfallen oder besser nicht ausfallen würde), um ihr einen überstürzten und eindeutigen Antrag zu machen. Und es sollte noch viele Jahre dauern, bis er ernsthaft in Erwägung zog, starke Gefühle für eine andere Frau als Alma zu aktivieren, zu der er nur mehr eine platonische Beziehung unterhielt.

Und so pflegte er seine unausgesprochenen Gefühle in einem stillen, grau-romantischen Trübsinn, der über der Familie hing wie die Nebel über Manderley. »Es gibt nur zwei Frauen, die ich je hätte heiraten können«, vertraute er eines Abends Charles Bennett an, »Alma, bei der ich es tat, und Joan, bei der ich es nicht tat.« Am Ende des Jahres wog er 331 Pfund. Man braucht keine Ausbildung in Psychiatrie oder Medizin, um zu erkennen, daß jederzeit eine körperliche Katastrophe hätte eintreten können – ein Kollaps, den man den Folgen unbeschreiblicher Völlerei hätte zuschreiben können oder einem Leben, das beruflich frustriert, zu Hause angespannt und von Sorgen um die Familie in England geprägt war. Hinzu kam noch der Konflikt zwischen dem Gefühl, der Heimat England beistehen zu müssen, und dem Wunsch, in Hollywood zu bleiben und dort ein Projekt zu finden, das es moralisch und in der öffentlichen Meinung gerechtfertigt hätte, nicht in die Heimat zurückzukehren.

Im Mittelpunkt all dessen stand freilich Hitchcocks hoffnungslos romantischer Traum, sein Verlangen nach Joan Harrison, mit der Intimität nicht möglich war. Mit vierzig – und dann regelmäßig immer wieder – reihte sich Hitchcock in die historisch lange Reihe jener schmerzlich Liebenden ein, deren Liebe nicht erwidert wurde und die die Energie und Inspiration zu ihrer Arbeit genau aus dieser Tatsache zogen, daß ihre Liebe in Wirklichkeit nicht erwidert wurde. Nachdem sich dieses Muster einige Male wiederholt hatte, wurde sein Werk reicher, universaler in seiner Bedeutung und sichtbar zärtlicher. Film sollte nicht nur sein Refugium und Ausdruck seiner tiefsten Sehnsüchte werden, sondern auch das Medium, mit dessen Hilfe er die Wirklichkeit hinter diesen Sehnsüchten erforschte, die Furcht vor der Isolation, die hinter dem Traum stand. Im Augenblick aber existierte nur der Schmerz, ohne daß er die schöpferische Freiheit besessen hätte, diesen Schmerz in Kunst zu verwandeln.

Die Gelegenheit jedoch, einen Film zu drehen, der sein Verbleiben in Amerika rechtfertigte, kam für Hitchcock schneller, als er erwartet hatte. Selznick verkündete, daß der unabhängige Produzent Walter Wanger Hitchcocks Dienste für einen Film ausleihen wolle. Dadurch schaffte sich Selznick elegant einige Probleme gleichzeitig vom Hals: Er brauchte nicht sofort einen neuen Film zu planen, sondern konnte im Detail Fertigstellung, Verleih und Werbung von *Vom Winde verweht* und *Rebekka* planen, was ohnehin seine gesamte Aufmerksamkeit beanspruchte; er kam aus seiner höflichen, aber verzwickten Beziehung zu Hitchcock heraus; er bekam wieder Bargeld, um Steuern, Rechnungen und den Studiobetrieb abzudecken, wie auch seine steigenden persönlichen Schulden, die aus seiner Spielleidenschaft stammten; und er war, denen zufolge, die ihn am besten kannten, die Angst los, daß er sich bei zwei parallel laufenden Großproduktionen bereits mit 37 Jahren völlig an Energie und Ideen verausgabte.

Also nahm am Donnerstag, dem 21. September, Hitchcock eine Einladung zum Lunch mit Walter Wanger an. Das Gespräch verlief lebhaft, und beide verabschiedeten sich sehr aufgeregt voneinander. Im Studio hatte niemand die leiseste Ahnung, daß Hitchcocks beschwingte Laune im Zusammenhang mit einer kurz bevorstehenden Wende in seiner Karriere zu tun hatte oder damit, daß er auf eine Filmidee gestoßen war, die sein Bleiben in Hollywood rechtfertigte. Zur selben Zeit weinte Wanger in seinem Büro fast vor Freude. Auf der Stelle rief er Selznick an, und schon am Dienstag wartete ein zustimmender Brief nur noch auf Wangers Unterschrift. Am selben Tag erhöhte sich die Geschwindigkeit, mit der Hitchcock Szenen für *Rebekka* abdrehte, dramatisch.

Walter Wanger – geboren als Walter Feuchtwanger – stammte aus einer reichen Familie aus San Francisco, wo er 1894 geboren wurde. Seine kosmopolitische, feinsinnige und liberale Haltung entsprang nicht nur einem lebendigen und ermunternden Familienleben, sondern auch Studienjahren in Dartmouth, Heidelberg und Oxford. In seinen frühen zwanziger Jahren hatte er in New York als Theateragent gearbeitet. Während des Ersten Weltkriegs hatte er als Pilot gedient, war dann zum Geheimdienst übergewechselt und hatte die Öffentlichkeitsarbeit der amerikanischen Botschaft in Rom betreut, wo er einen Film über die alliierten Kriegsanstrengungen produzierte. »Damals beeindruckte mich die Macht und Kraft des Films«, sagte er über diese Erfahrung. »Das, dachte ich mir, wird in Zukunft dein Arbeitsfeld sein.«

Zunächst arbeitete er dann bei der Pariser Friedenskonferenz, was Wangers Sinn für Liberalität sensibilisierte. Und als er im Frieden später wieder seine Karriere als Theater- und Filmproduzent in London und New York verfolgte, verlor er nie seinen optimistischen Glauben, daß unter seinem Einfluß der Film den

Lauf der Menschheitsgeschichte verändern könne. »Ich glaubte daran, daß Filme eine internationale Kraft entfalten, und ich wollte dafür sorgen, daß unsere Arbeit ein geachteter Beruf wurde. Ich hielt sie für fast genauso bedeutend wie die des Außenministeriums.« Zwischen 1923 und 1939 produzierte er Filme für Paramount, Columbia und MGM, bevor er ein unabhängiger Produzent für United Artists wurde. Während dieser Jahre war er verantwortlich für Filme wie *The Cocoanuts* (mit den Marx Brothers), *The Bitter Tea of General Yen, Queen Christina, Stagecoach, You Only Live Once* und *Blockade*. Die letzten beiden Filme wurden durch ihre sozialen und politischen Themen bekannt, die heftige Kontroversen auslösten, aber der kommerzielle Druck der Studios zwang Wanger im allgemeinen in weniger provokante und populäre Bahnen.

1936 hatte Wanger für zehntausend Dollar die Filmrechte an *Personal History* gekauft, den Memoiren des Auslandskorrespondenten Vincent Sheean. Drehbuchautor John Howard Lawson, der bei Wanger unter Vertrag stand, hatte ein zeitgemäßes und dramaturgisch überzeugendes Drehbuch daraus machen können, und das Projekt wurde für eine Weile zu den Akten gelegt. Als das Jahr 1938 kam, hatten einige andere Autoren (unter ihnen Budd Schulberg und Harold Clurman) das Drehbuch überarbeitet. Die Geschichte spielte jetzt im Nazi-Deutschland, enthielt Motive aus dem Spanischen Bürgerkrieg und drehte sich um die jüngsten politischen Krisen in Europa. Wanger engagierte William Dieterle als Regisseur. Aber die Bank of America weigerte sich, einen Film zu finanzieren, der Amerikas Neutralität hätte in Zweifel ziehen können.

Wangers Gefühle über die bedrohliche Weltlage wurden immer drängender, und in derselben Woche, in der die Dreharbeiten zu *Rebekka* begannen, war in der Presse zu lesen, daß er das Geld für seinen Film selbst aufgebracht hatte. Der deutsche Überfall auf Polen brachte ihn dazu, ohne Bankenfinanzierung zu beginnen. Er engagierte John Lay und John Meehan, zwei Autoren der *The March of Time*-Nachrichtenserie, und hoffte, daß diese beiden ein neues Drehbuch zusammenbringen könnten, mit dem er Claudette Colbert und Charles Boyer für die Hauptrollen interessieren wollte. Zu diesem Zeitpunkt hatte Wanger bereits mehr als 140000 Dollar in die Drehbucharbeiten investiert. Er wollte mit dem Drehen von *Personal History* bis zum 20. November begonnen haben, den Film zu Washingtons Geburtstag herausbringen und das Budget unter 750000 Dollar halten. Am Ende hatte der Film mehr als 1,5 Millionen Dollar gekostet; der Drehbeginn verschob sich auf März (nach weiteren Überarbeitungen des Drehbuchs und ohne Colbert und Boyer); die Premiere fand erst Ende August 1940 statt, und der endgültige Titel hieß *Foreign Correspondent (Mord)* – inszeniert von Alfred Hitchcock.

Selznick hatte damit gewartet, den Lunch zwischen Wanger und Hitchcock zu arrangieren, bis Hitchcock in New York gewesen war, um mit einigen Schauspielern zu sprechen. Er zog es vor, Hitchcock den Eindruck zu vermitteln, daß die beiden Produzenten noch nicht über das Ausleihen seiner Dienste gesprochen hätten und daß die Idee dazu direkt von Wanger komme. Aber am selben Tag, an dem Wanger und Hitchcock gemeinsam aßen, diktierte Daniel T. O'Shea von Selznick International Pictures bereits die endgültige Fassung des Kontrakt-Briefes, den Wangers Bevollmächtigte in der folgenden Woche unterzeichneten. Es scheint, daß die prophetischen Instinkte auf der ganzen Linie siegten.

Die Vereinbarung, die vom 26. September 1939 datiert ist, liest sich typisch für das damals in Hollywood übliche Ausleihen von Künstlern. Sie sah vor, daß Alfred Hitchcock an Walter Wanger ausgeliehen wurde, ›um beim Schreiben, Adaptieren, Verfassen von Drehbuch und Dialogen und der Überwachung des Schnitts sowie der Inszenierung des Films mit dem Arbeitstitel *Personal History* zu helfen und mitzuarbeiten‹. Die eher einseitigen Hauptvertragsbedingungen umschreiben nicht nur das Ausmaß der Macht Selznicks, sondern auch das der Bereitschaft Wangers, allem schnell zuzustimmen und viel zu riskieren, um Hitchcocks Dienste für ein Filmprojekt zu erlangen, das ihm bis dahin nur Ärger eingebracht hatte. Der Vertrag sah vor, daß Hitchcock gleich nach Fertigstellung von *Rebekka* begänne, für Wanger zu arbeiten. Selznick konnte Hitchcock auch, nachdem der bereits die Arbeit für Wanger aufgenommen hatte, zum Nachdrehen von Szenen zurückbeordern; Hitchcocks Name konnte in Pressemitteilungen und in der Werbung nur mit dem Zusatz ›mit freundlicher Zustimmung von David O. Selznick‹ genannt werden; Selznick konnte nicht in Anspruch genommen werden, falls Hitchcock die erwarteten Leistungen nicht erbrachte; und sollte Wanger Hitchcock einen Bonus zahlen, mußte er eine entsprechende Summe auch an Selznick abführen. Hauptpunkt des Vertrags: Wanger mußte Selznick – im voraus – 5000 Dollar pro Woche für eine Mindestzeit von zwölf Wochen zahlen. Von diesen 60000 Dollar erhielt Hitchcock – wöchentlich gemäß dem Vertrag, den er mit Selznick hatte – von Selznick nur 2500 Dollar. Die 100 Prozent Profit gehörten Selznick, aber das war noch wenig, verglichen mit dem, was er später für sich aushandeln würde.

Montag, der 27. November, war Hitchcocks erster Tag bei Wanger. Dort gab es wenig, was ihn hätte beschäftigen können: Der jüngste in der Reihe der Autoren, die Wanger angeheuert hatte, war andernorts vergebens damit beschäftigt, ein Drehbuch zustande zu bringen. »Das Script wird jetzt von einem der führenden Drehbuchautoren unserer Industrie geschrieben – von John Meehan«, sagte Wanger auf einer Versammlung von United-Artists-Aktionären am 5. Dezember. »Meehan hat ein tiefgehendes Verständnis grundlegender menschlicher Gefühle und junger, ambitionierter Leute ... Wir können uns darauf verlassen, daß Meehan uns etwas Kraftvolles, Ungewöhnliches, Menschliches und Populäres geben wird.« Proklamationen wie diese sind gegenüber Aktionären in Hollywood-Filmgesellschaften an der Tagesordnung – Lob für den Spezialisten, der an dem unvollendeten Werk schafft, und Brusttöne der Überzeugung für die Zukunft. In diesem Fall mag der Produzent seine Bemerkungen mehr zur Ermutigung in Richtung Meehan als in die der Aktionäre gesprochen haben, denn zu Weihnachten existierte immer noch keine einzige Seite Drehbuch, die Hitchcock hätte verfilmen können.

Jetzt begann Wanger in Panik zu geraten, obwohl er weitgehend selbst an seiner Lage Schuld trug. Wieder und wieder hatte es Änderungen im Treatment gegeben (und viele weitere sollten folgen), weil er auf einer fast unmachbaren Aktualität bestand, auf einer Revision der Filmhandlung, die sie auf den Stand der letzten Minute brachte, was die internationalen Schlagzeilen betraf. Hitlers Überfall auf Polen, die Kapitulationen Hollands, Dänemarks, Belgiens – das waren Ereignisse von gestern und morgen, die er zum jeweiligen Zeitpunkt im Drehbuch widergespiegelt sehen wollte. Diese Passion für Aktualität machte den größten Teil des Geschriebenen zu Altpapier, bevor es vom Tippen zurückkam.

Die näherrückenden Feiertage und das erzwungene Nichtstun machten Hitchcock ziemlich nervös. Jeden Morgen erwartete er, Nachrichten über eine Bombardierung Londons zu hören. Und weil die direkten Verbindungen zwischen Amerika und England häufig unterbrochen waren und selbst in den günstigeren Zeiten nur unzuverlässig funktionierten, konnte er nicht sicher sein, wie die täglichen Ungewißheiten und die permanent drohende Gefahr seine Mutter berührten. Alma ihrerseits schrieb einfach ihrer Mutter und Schwester einen Brief und teilte ihnen mit, daß sie, sobald es ihr möglich sei, nach London kommen und sie mit zurück nach Amerika nehmen werde. Ihre Schwiegermutter war allerdings zu dickköpfig. Mrs. Reville war unter Umständen bereit zu packen und umzuziehen, aber Mrs. Hitchcock dachte nicht daran, England zu verlassen. Sie hatte schon 25 Jahre zuvor einen Krieg überlebt, und sie würde auch diesen überleben. Nach Amerika zu kommen, stand bei ihr nicht einmal zur Diskussion.

Zur selben Zeit verließen Hitchcocks Landsleute in großer Zahl Kalifornien, um auf die eine oder andere Art ihrem Land zu dienen. Für Hitchcock, der vierzig Jahre alt war und 331 Pfund wog, kam aktiver Militärdienst ohnehin nicht in Frage. Aber wie lange konnte er in Amerika bleiben, wenn kein Film in Produktion war? Ohne Zweifel konnte er der britischen Propaganda und dem britischen Ideal dienen, indem er Filme mit probritischem Geist und einer britischen Besetzung in Amerika drehte – andere taten das ebenso, auf direktes Verlangen Churchills. Aber für ihn existierte kein festgelegter Drehbeginn, und die Ideen zu einem solchen Film blieben so unklar wie die internationale Lage. In der Saint Cloud Road nahmen er und Alma einen frühen Drehbuchentwurf von Wanger zur Hand und fingen an zu arbeiten. Joan Harrison kam täglich hinzu, aber alles, was sie zuwege zu bringen schienen, war eine Serie von Sketchen – ein paar amüsante, ein paar bizarre, die sich um das knappe Entkommen eines Reporters aus dem europäischen Chaos drehten. Sie hatten keine Perspektive, die sie bei der Arbeit leitete.

Um ihrer Tochter willen versuchten die Hitchcocks, ihr erstes Weihnachten in Amerika so festlich wie möglich zu gestalten. Sie kauften einen Weihnachtsbaum, und Alma lud die Gables zum Weihnachtspunsch ein. Clark kam gerade von der Premiere des Films *Vom Winde verweht* aus Atlanta zurück, und Carole unterhielt die kleine Versammlung mit überzogenen Imitationen der vornehmen Südstaatler-Gestalten aus dem Film.

Geschenke zu verteilen ist in Hollywood, wie in vielen Geschäftskreisen, in erster Linie eine Frage der Politik. Viele Gefühle warten darauf, verletzt zu werden, um auf der nächsten Party etwas zum Klatschen zu geben; andere entwerfen Geschenkempfänger-Listen, die an das örtliche Telefonbuch erinnern, um ihren guten Willen gegenüber den Menschen besser zu promoten, wenn es denn schon nicht um den Frieden auf Erden geht. Wanger schickte Hitchcock eine opulente Zehn-Dollar-Bonbonniere. Joan Harrison erhielt dasselbe und noch einen Korb mit alkoholischen Getränken. Von Hitchcock empfing er einen Sack Kartoffeln, was ihn zugleich belustigte und ärgerte.

Keiner begrüßte das Jahr 1940 mit Optimismus, aber nach den Feiertagen erkannte Hitchcock, daß es sie nicht weiterbrachte, mit Alma und Joan zu Hause zu sitzen. Er dachte sich, daß die Dinge möglicherweise in Bewegung geraten könnten, wenn er Wanger dazu brächte, Darsteller zu engagieren: Not wäre dann die Mutter der Erfindung. Am 4. Januar erhielt Selznick einen Anruf von seinem Freund Wanger. Falls Selznick bereit wäre, Joan Fontaine für die Hauptrolle in *Personal History* auszuleihen, wären Wanger und Hitchcock bereit, ihr und ihrem Ehemann Brian Aherne beide Hauptrollen anzubieten. Eine Woche später erhielt Wanger seine Antwort: Die Ahernes gingen mit dem Stück *The Beaux' Stratagem* auf Tournee. Selznick hatte Fontaine versprochen, ihr Zeit zu lassen, Theater zu spielen, und er wollte abwarten. Nach der Premiere von *Rebekka,* so hoffte er, könnte er sie zu einem höheren Preis ausleihen.

Aber es gab auch noch einen zweiten Grund, weshalb sich Selznick weigerte, Wanger damit zu helfen, den Film mit Schauspielern zu besetzen, die er unter Vertrag hatte: Selznick war wütend. Um Hitchcock zu beschäftigen und um für das Gehalt, das er zahlte, einen Gegenwert zu erhalten, hatte Wanger den Regisseur in der ersten Januarwoche ins Studio bestellt, um Neuaufnahmen einiger Szenen von Wangers Film *The House Across the Bay* zu überwachen. Das lag eindeutig außerhalb der Verpflichtungen des Vertrags. Gleichzeitig hatte Hitchcock Daniel O'Shea angerufen, um sich zu erkundigen, ob Selznick für diese Arbeit Hitchcocks von Wanger Extra-Zahlungen erhielt. Wenn ja, dann war das nach Hitchcocks Meinung noch unfairer als die einhundert Prozent Profit, die Selznick mit seiner Arbeit ohnehin schon erzielte. Hitchcock wollte einen Teil der Einkünfte aus dieser nicht vereinbarten Arbeit. Man sagte ihm die

Wahrheit: Es gab keine Extra-Zahlungen. Selznick seinerseits hatte ein starkes Besitzinteresse an Hitchcock, jetzt und für die Zukunft, denn er war überzeugt, daß Hitchcocks Ruf in Amerika weitestgehend auf seine Bemühungen als Produzent zurückzuführen war. In einem Brief an Frank Capra schrieb er:

> Ich empfehle, daß Sie sich insbesondere einmal den Fall Hitchcock ansehen. Sie können selbst entscheiden, ob irgendein Ihnen bekanntes Studio in der ganzen Geschichte der Industrie jemals einen Regisseur werbemäßig so aufgebaut hat wie ich Alfred Hitchcock. Der Beweis liegt darin, daß zu der Zeit, als ich Hitchcock unter Vertrag nahm, sein Agent keinerlei Angebote von anderen Seiten einholen konnte, und daß er jetzt ungeheuer gefragt ist, obwohl sein erster Film hier noch von niemandem gesehen worden ist... er ist noch nicht einmal fertig geschnitten!

Um Wanger zu zwingen, sich an den Vertrag zu halten, aber auch, um nach *Vom Winde verweht* sogleich *Rebekka* auf den Markt bringen zu können, rief Selznick Hitchcock nach Culver City zurück, um dort eine Woche lang Außenaufnahmen für *Rebekka* nachzudrehen. In der ersten Februarwoche war Hitchcock dann wieder bei Wanger, und nach einigen ergebnislosen Sitzungen, in denen sie über der Kollektion von Drehbüchern brüteten, die bereits Staub ansetzten, schlug Hitchcock Wanger vor, seinen wertvollsten Kollegen aus alten englischen Zeiten zu holen, um das Drehbuch doch noch aus dem Feuer zu reißen.

Charles Bennett war verfügbar und unterschrieb einen Vertrag, der ihm vier Wochen lang 1000 Dollar pro Woche garantierte. Den ganzen Februar schlossen er und Hitchcock sich täglich für acht Stunden ein. Joan Harrison half ihnen, die Szenenfolgen neu zu arrangieren und auf die Anschlüsse zu achten. Sie begannen mit wenig mehr als dem Titel von Sheean und der Ausgangssituation des Buches in den Niederlanden. Sie waren sich schnell einig, daß der Film jene Bestandteile aufweisen mußte, die auch ihr erfolgreichster gemeinsamer Film *39 Stufen* gehabt hatte. Sie griffen auf John Buchans Roman zurück, entlehnten einige Verfolgungsjagden und fanden dort sogar die Idee zu den Elementen, die zu den berühmtesten des neuen Films werden sollten – eine unschuldig ausschauende Windmühle, die ein Spionagenetz beherbergt, und ein geheimer Landeplatz für feindliche Flugzeuge. Aber die neue Geschichte spielte in Holland. »Der Held wird Zeuge, wie sich die Flügel einer Windmühle gegen den Wind drehen«, sagte Hitchcock. »Da begreift er, daß das irgendeine Art Signal für den Feind sein muß.«

Nachdem der alte Funke gezündet hatte, schufen sie mit erstaunlicher Geschwindigkeit lebendige und unterhaltsame Szenen. Ihr Drehbuch entwickelte sich überhaupt nicht, wie Wanger erwartet hatte, zu einem Stück Anti-Nazi- und Anti-Kriegspropaganda, sondern zu einer pikaresken Geschichte, einem romantischen Melodram mit komischen Untertönen über einen etwas naiven amerikanischen Journalisten, der im August 1939 über die Situation aus Europa berichten soll. Er kommt dabei einer feindlichen Verschwörung auf die Spur, mit der ein holländischer Diplomat ermordet werden soll, und verliebt sich in die Tochter eines englischen Pazifisten, um dann feststellen zu müssen, daß ausgerechnet ihr Vater der Chef des Spionagerings ist.

Und so begann die Last des spannungsgeladenen letzten Jahres von Hitchcocks Schultern zu fallen – die Anstrengungen und Anspannungen, die eine Reise um die halbe Welt mit sich gebracht hatten, die aus der Anpassung an eine radikal unterschiedliche Kultur und an ein neues Klima herrührten, aus der Besorgnis um den Erfolg in Hollywood und aus den Einflüssen des Selznick-Imperiums und vielleicht sogar aus seiner selbstgewählten Isolation von der britischen Filmgemeinde in Amerika. Es war etwas Besonderes um diesen Februar. Zumindest für eine Weile arbeitete wieder das alte, gut eingespielte Trio aus London. Es schien fast, als hätte sich für sie alle die Zeit zurückgedreht und als arbeiteten sie wieder unter Mike Balcons liberaler Führung. Es war ihnen bewußt, daß sie an einem Drehbuch über internationale Spionage in einer brennenden Welt arbeiteten, aber Hitchcocks eigene Einstellung in diesem Monat war alles andere als besorgt und angespannt. Wenn zeitweilig Schwierigkeiten mit der Konstruktion der Handlung auftauchten, stürzten sie sich in das amerikanische Gegenstück zu ihren Blitzausflügen von London nach St. Moritz: Mit Hitchcocks neuem Cadillac fuhren sie nach Palm Springs herunter. Sie schwelgten in Erinnerungen an Essen bei Simpson's und an Tagesausflüge auf Themsedampfern, an die Schweiz und den Apfelwein, an Ivor Montagu und Sylvia Sidney, an die Wochenenden in Surrey und die Probleme mit Peter Lorre und das Vergnügen bei *Young and Innocent*.

Das einzige, was die Atmosphäre von Club-Nostalgie stören konnte, war die unausweichliche und in diesem Fall schnell eintretende Erkenntnis, daß die Zeit nicht stehengeblieben war. Ihre inneren Gefühle über ihre Arbeit hatten sich verändert und auch ihre Gefühle einander gegenüber. Bennett hatte sich mit Leichtigkeit dem kalifornischen Lebensstil angepaßt und würde bald nicht nur schreiben, sondern selbst inszenieren. Joan Harrison begann sich selbst eine Karriere als Produzentin zu wünschen. Sie waren ein zu intelligentes Team, um diese zeitweilige Wiedervereinigung mißdeuten zu können, um sie als das leichte Happy-End in einem mittelmäßigen Hollywood-Melodram zu verstehen: Das war ein dramaturgischer Kniff, der ihnen nie gefallen hätte, und noch weniger hätten sie ihn selbst erfinden wollen.

Die Filme selber hatten in England der Fantasie die Zügel der Realität angelegt, denn in den Filmen hatten sich die dornigen Züge der Hitchcockschen Sicht menschlicher Beziehungen gezeigt. In den Filmgestalten spielte sich der Zusammenprall von Wünschen und Pflichten ab, der seine Seele quälte. An einem Ort und zu einer Zeit, die von Unsicherheit geplagt war, konnten Alma, Joan und Bennett nur darauf vertrauen, daß Hitchcocks kontrollierte Fähigkeiten und seine düster-distanzierten Visionen auch diesem neuen Werk seine Form gäben. Sie mußten nur abwarten und genau hinhören.

Personal History, entschied Hitchcock mit Wangers Zustimmung, sollte eine noch aufwendigere Produktion als *Rebekka* werden, mit spektakulären Bauten an Dutzenden verschiedener Handlungsorte und mit dramatischen Szenenfolgen, die selbst die Ausmaße eines Epos von De Mille in den Schatten stellen sollten. Wanger, der Vorbereitungen getroffen hatte, den Film in den unabhängigen Studios von Samuel Goldwyn herstellen zu lassen, hatte Hitchcock eine freiere Hand zugesagt, als Selznick sie ihm zugestanden hatte, und sogar eingewilligt, daß Hitchcock im Rahmen des Vertretbaren den technischen Stab und die Darsteller selbst auswählen konnte. Der Regisseur war entschlossen, etwas Großes zu schaffen, etwas, an das man sich erinnern würde und das den Vergleich mit jeder Selznick-Produktion gewinnen sollte.

Am 1. März war das Drehbuch fast fertig. Bennett hatte anderweitige Verpflichtungen, und James Hilton, der das Buch zu Greta Garbos *Kameliendame* geschrieben hatte und dessen Romane *Goodbye, Mr. Chips* und *Lost Horizon* zu erfolgreichen Filmen geworden waren, wurde für eine Woche geholt (für eine Gage von 1750 Dollar), um den Dialogen den letzten Schliff zu geben. Gleichzeitig bat Hitchcock um den brillanten Production Designer William Cameron Menzies, der am 29. Februar einen Oscar für seine Leistungen bei *Vom Winde verweht* erhalten hatte. Er traf sich mit Hitchcock und Rudolph Maté und begann, Entwürfe anzufertigen. Maté war der ideale Chefkameramann. In Polen geboren und in Ungarn aufgewachsen, hatte er für die großen europäischen Regisseure gearbeitet, bevor er nach Amerika emigrierte. Neben anderen bedeutenden Werken war er für die Fotografie in Carl Dreyers *La Passion de Jeann d'Arc* und *Vampyr* verantwortlich gewesen, für die in Fritz Langs *Liliom* und, später in Hollywood, für die Kameraarbeit in Wangers Produktionen *Blockade* und *Trade Winds*.

Das typische Hollywood-Script der 30er und 40er Jahre enthielt vierzig oder fünfzig Hauptszenen, die jeweils die Dialoge und das Geschehen für eine Gruppe von Charakteren an einem Handlungsort enthielten – sehr ähnlich einem Theaterscript. Der Filmregisseur arbeitete dann jede Szene im Verlauf der Dreharbeiten aus. Zunächst drehte er üblicherweise eine Master-Einstellung, sogenannte ›Cover Shots‹, die den gesamten Handlungsort abdeckten, und danach filmte er jede Szene im Detail aus verschiedenen Kameraperspektiven, um so zu gewährleisten, daß später bei Schnitt und Montage des Films möglichst viele Auswahlmöglichkeiten existierten und Veränderungen des Ablaufs noch möglich waren. Hitchcocks endgültiges Drehbuch für *Personal History* dagegen enthielt Hunderte einzelner Szenen, die jeweils bereits detailliert beschrieben, wie sich die Darsteller zu bewegen hatten, was geschah und welche Position die Kamera einnehmen sollte. Auf jede Seite des Drehbuchs hatte Hitchcock ein kleines Quadrat gezeichnet, das den kompletten Bildausschnitt mit den Figuren der Schauspieler und dem Hintergrund festlegte. Für jede Bewegung der Kamera und Darsteller gab es ein eigenes kleines Bild.

Die Arbeit an diesem Storyboard überwachte der Art Director Alexander Golitzen, der sich täglich mit Hitchcock, Menzies und Maté traf, um Hitchcocks beispiellose Wünsche nach fast einhundert dreiwändigen Szenenbauten zu diskutieren, die von einem kompletten Stadtplatz in Amsterdam über das Innere einer dreistöckigen Windmühle bis zur Passagierkabine eines Flugzeugs, das in die See stürzt, reichten. Für jede der hundert Szenen wurden detaillierte Skizzen gezeichnet und nach ihnen Grundrisse entworfen und umfassende Listen für die

Ausstattung zusammengestellt. Da der Film mit 35000 Dollar pro Tag kalkuliert war, durfte keine Zeit vergeudet werden, wenn das Drehen erst einmal begonnen hatte.

Lange vor dem ersten Drehtag trafen sich der Regisseur und seine Hauptassistenten mit mehr als einem Dutzend Künstlern und überwachten die Arbeiten von 558 Zimmerleuten, Elektrikern, Klempnern und Studioarbeitern. Dazu kamen noch Ingenieure und eine breite Palette von Spezialtechnikern. Diese enorme Crew überraschte Hitchcock mit seiner intimen Kenntnis jedes einzelnen technischen Aspekts der Filmarbeiten – obwohl die Ausstattungs- und Kostümüberwacher sich fragten, wie sie den Drehort und die Kostüme in der Windmühlen-Sequenz sauber halten sollten: Hitchcock hatte einhundert Vögel geordert. Die Szene (die während der ersten Drehwoche Mitte März gefilmt wurde) schien bereits so kompliziert genug: Es mußte zwischen den riesigen ineinandergreifenden Zahnrädern der Mühle und auf ihren engen Treppen gefilmt werden, und zwar mit schweren und gefährlichen Kränen, die die Kamera mit ihrem Operateur hoch hinauf und um die Wände und Schauspieler tragen sollten. Während Wanger, Hitchcock und Joan Harrison das Darstellerteam zusammenstellten, traf Alma Reisevorbereitungen, um ihre Mutter und Schwester aus England zu holen. Selznick wollte aus ihrer Reise Kapital schlagen und fragte sie, ob sie gewillt sei, eine Woche länger zu bleiben, sich mit seinem Londoner Stab zu treffen und der Presse Interviews zur bevorstehenden englischen Premiere von *Rebekka* zu geben. Sie stimmte unter der Bedingung zu, daß Selznick ihr einen mit 5000 Dollar äußerst großzügigen Scheck sandte, der alle ihre Reiseausgaben und die ihrer Familie deckte.

Anders als Selznick griff Wanger nicht in Hitchcocks Arbeit ein. Hitchcock hatte diese Art des Vertrauens seit den Tagen mit Michael Balcon nicht mehr erfahren. Wanger gewährte ihm das letzte Wort bei der Darstellerauswahl, überließ ihm die Kontrolle über den Produktionsentwurf, die Kameraanforderungen und zum Schluß auch noch die Endmontage. Dennoch zogen sich durch die gesamten Dreharbeiten (die vom 18. März bis zum 29. Mai dauerten) zwei Probleme: Wanger bestand weiterhin darauf, den Film auf den aktuellen Stand der täglichen Nachrichtenschlagzeilen zu bringen, und es gab Schwierigkeiten mit den unzähligen, aufwendigen, teuren und gigantischen Innen- und Außenbauten.

Während der Dreharbeiten markierten verschiedene wichtige Ereignisse die Ausdehnung des Krieges in Europa. Und bei jedem rief Wanger Hitchcock zu sich und fragte, ob die Neuigkeiten sich nicht in das Drehbuch einarbeiten ließen. Am 9. April fiel Deutschland in Norwegen und Dänemark ein und am 10. Mai in Belgien und Holland; am 14. Mai folgte die niederländische Kapitulation und am 28. Mai die belgische. Der Fall von Paris war abzusehen und trat am 10. Juni ein, während Hitchcock die Szenen nachdrehte und mit dem Rohschnitt beschäftigt war. Ja, sagte er meist auf die Fragen seines Produzenten, es ließen sich einige kleine Anpassungen vornehmen... dann beschritt er, wie gewöhnlich, weiter seine eigenen Wege. Und Wanger, der vorbeikam, um sich die Muster des Tages anzuschauen, gratulierte Hitchcock naiv zu der Aktualität des Scripts, wobei Hitchcock keine Miene verzog. Der endgültige Film (außer seiner letzten Minute) hat ungefähr so viel mit Politik und dem Verlauf des Krieges zu tun wie *Tosca* mit Napoleons Kriegszug in Italien: Das Zeitgeschehen bildet lediglich den fernen Hintergrund für eine private Geschichte von Abenteuer, Liebe und Verrat.

Wanger war insbesondere begeistert, wie Hitchcock mit den Mammutbauten umging. Unter ihnen befand sich eine 182 Meter lange und 38 Meter hohe Nachbildung des Waterloo-Bahnhofs (den fünfhundert Statisten in extra geschneiderter englischer Sommerkleidung bevölkerten und der im fertigen Film nur für ein paar Sekunden auftaucht); das detaillierte Faksimile eines öffentlichen Platzes in Amsterdam (40000 Quadratmeter, die 200000 Dollar kosteten und, da das Geschehen während eines heftigen Regens stattfinden sollte, war es nötig, den Colorado-Fluß umzuleiten und ein aufwendiges Sprenkelsystem zu errichten); Innenraum und Außenansicht eines viermotorigen Flugzeugs mit 36 Meter Spannweite und einem 26 Meter langen Rumpf (der allein 160000 Dollar kostete und für den Sturz in den Ozean an einer Stahlseilkonstruktion über einem riesigen Bekken im Studio aufgehängt wurde, in dem Schauspieler schwammen, während unsichtbare Paddel das Wasser des ›Ozeans‹ aufwühlten); und die 25 Meter hohe Windmühle mit ihrem komplizierten mechanischen Innenleben.

Mit seinen Darstellern durfte Hitchcock zufrieden sein, obwohl er später behauptete: »Ich hätte gerne größere Starnamen gehabt... Ich ging damals zu Gary Cooper, aber weil es ein Thriller war, lehnte er ab... Ich stand immer nur mit den zweitbesten Schauspielern da – in diesem Fall mit Joel McCrea. Viele Jahre später sagte mir Gary Cooper: ›Das war damals ein Fehler. Ich hätte es machen sollen.‹« Laraine Day, jung und dunkelhaarig, spielte mit einer einfachen Wärme und mit natürlichem, professionellem Timing. Ihre Leistung gehört heute noch zu den unterschätztesten im Werk Hitchcocks. Aber der Regisseur zeigte sich wenig daran interessiert, sie zu führen oder ihre Rolle zu entwickeln. Wenn er mit den Kamerapositionen zufrieden war, schlief er bei längeren Einstellungen oft ein – besonders, wenn der Dreh nach dem Mittagessen lag.

»Hitchcock«, erinnerte sich Joel McCrea, »hatte die Angewohnheit, zum Mittagessen einen halben Liter Champagner zu trinken. Eines Tages drehten wir nach dem Essen eine lange Szene, in der ich hauptsächlich dastand und redete. Als die Szene zu Ende war, erwartete ich das übliche ›Schnitt!‹ zu hören. Als ich herüberschaute, schnarchte Hitchcock mit vorgeschobenem Mund. Er war eingeschlafen. Also sagte ich ›Schnitt!‹, und er wachte auf und fragte: ›Hat es etwas getaugt?‹ Ich sagte: ›Das war die beste Szene des Films!‹ Und er sagte: ›Die nehmen wir!‹« Später während der Dreharbeiten schenkte der Regisseur seinem Schauspieler mehr Aufmerksamkeit: Während der Wasserszenen im Studiobecken verlangte Hitchcock mehrere Wiederholungen der Einstellungen, in denen McCrea und George Sanders von der Tragfläche ins Wasser sprangen. Als McCrea protestierte und das Ganze als teure Verschwendung der Anzüge der Kostümabteilung bezeichnete, schickte Hitchcock ihm (wie schon Jahre zuvor Peter Lorre) einen neuen Anzug – in Kindergröße.

Nur einen der Darsteller bewunderte Hitchcock still: Albert Bassermann. Einer der größten, wenn nicht der größte klassische Schauspieler im Deutschland der Vorkriegsjahre, war Bassermann 1933 gezwungen gewesen, zusammen mit seiner jüdischen Frau vor den Nazis zu fliehen. Sein Freund Ernst Lubitsch überredete ihn 1939, eine kleine Rolle in *Dr. Ehrlich's Magic Bullet* anzunehmen. In *Foreign Correspondent (Mord)* (wie man *Personal History* am 8. April umtitelte), seinem zweiten amerikanischen Film, gab er mit 37 Jahren einen würdevollen holländischen Diplomaten. Robert Benchley, der den zechenden Journalisten in London spielte, gestattete es Hitchcock bereitwillig, seinen eigenen Dialog zu schreiben, der auf die Vertrautheit des Publikums mit Benchleys elegantem selbstparodistischen Sarkasmus baute.

Eine der hübschesten und persönlichsten Scripterweiterungen, die Hitchcock an *Mord* vornahm, ist der Heiratsantrag an Bord eines Schiffes während eines Sturms in der Nordsee. Die Szene zwischen McCrea und Laraine Day erinnert sehr an Hitchcocks Antrag an Alma fünfzehn Jahre zuvor. Der entwaffnend direkte und von Klischees freie Dialog könnte direkt von den beiden stammen:

McCrea: Ich liebe dich, und ich möchte dich heiraten. Day: Ich liebe dich, und ich will dich heiraten. McCrea: Hmm... Das verkürzt unsere Liebesszene ganz schön, oder?... Was wird dein Vater davon halten? Day: Ich glaube, er wird sich freuen.

Hitchcock arbeitete noch für Wanger an *Mord,* da diskutierte Selznick bereits verschiedene Möglichkeiten, ihn schon wieder auszuleihen. Hal Wallis, damals verantwortlich für die Produktion bei Warner Brothers, war der erste, der bei Selznick anklopfte: Er wollte, daß Hitchcock *The Constant Nymph* mit Laurence Olivier und Vivien Leigh inszenierte. Es gab auch Gespräche darüber, ob Hitchcock zu Universal ginge, um bei *Back Street* mit Margaret Sullavan Regie zu führen; oder sollte er zu MGM für *A Woman's Face* mit Joan Crawford und für *Escape* mit Norma Shearer?

Selznick bestand zunächst einmal auf seiner Option, die er auf Hitchcocks Dienste besaß. Am 24. Juni wurde ein neuer Vertrag unterzeichnet: Hitchcock erhielt jetzt 2750 Dollar pro Woche (eine Gehaltserhöhung von 250 Dollar), und er hatte Anspruch auf einen Bonus in Höhe von 15000 Dollar, wenn er innerhalb eines Jahres zwei Filme fertigstellte. Am Tag der Unterzeichnung sagte Selznick zu Hitchcock, daß er sich gut vorstellen könne, ein Remake von *The Lodger* zu machen, zu dem Hitchcock die Rechte erworben hatte.* Selznick hatte die Idee, Jean Gabin und entweder Joan Fontaine oder Ingrid Bergman zu besetzen. Hitchcock zeigte sich außer bei dem Namen Ingrid Bergman indifferent, und Selznick ließ die Idee fast gleich wieder fallen. Drei Tage später schloß er eine Vereinbarung mit

* Obwohl Selznick Hitchcock ohne Unterbrechung bis 1944 an andere Studios auslieh, flirtete er auch vor *Ich kämpfe um dich* gelegentlich mit der Idee, einen weiteren Hitchcock-Film selbst zu produzieren. Zu verschiedenen Zeitpunkten wurden jenseits des *Lodge*-Überlegungen zu Remakes von *The Man Who Knew Too Much* und *39 Stufen* angestellt, aber auch zu *A Bill of Divorcement, The Woman in White, Little Men, Tom Brown's School Days, Bird of Paradise, Symphony of Six Million, What Price Hollywood* und *The Lost Squadron.*

Harry E. Edington, ausführendem Produzenten bei den RKO-Studios: Hitchcock sollte ein Jahr lang für RKO arbeiten, im September 1940 dort beginnen und zwei Filme inszenieren.

Es ist nicht völlig überraschend, daß Hitchcock einer Erneuerung des Vertrags mit Selznick zustimmte. Zunächst einmal besaß Selznick die anfänglich einmal ausgehandelte Option auf Hitchcock, die rechtlich noch wirksam war: Hitchcock war praktisch für mindestens fünf Filme oder fünf Jahre oder beides an Selznick gebunden (obwohl er auch aus diesem Vertrag herausgekommen wäre, wenn er es wirklich gewollt hätte). Klar war auch, daß Selznick, der unsicher war, ob er den hohen Produktionsstandard, den er mit *Vom Winde verweht* und *Rebekka* gesetzt hatte, weiterhin halten konnte, immer mehr darauf angewiesen war, seine Stars und Regisseure auszuleihen, während er sich selbst während der Kriegsjahre in eine Art Produktions-Winterschlaf versetzte. Das bedeutete, daß Hitchcock ohnehin für andere Produzenten und Studios arbeiten würde – und wenn die anderen sich so freundlich und liberal wie Wanger zeigten, er in der Praxis sein eigener Produzent wäre. »Ich hatte Glück«, bemerkte er, »weil ich immer an andere Studios ausgeliehen wurde und immer mein eigener Herr war.« Obwohl Selznick viel Geld daran verdiente, ihn an andere Studios auszuleihen, und obwohl das Hitchcock verständlicherweise irritierte, erschien ihm doch die Aussicht auf künstlerische Freiheit genauso attraktiv wie ein finanzieller Ausgleich.

Mord stand kurz vor der Premiere. Alma war zurück und hatte ihre Mutter und Schwester in Kalifornien untergebracht. Da entschloß sich Hitchcock, seine Mutter kurz zu besuchen. Er hoffte und fürchtete gleichermaßen, sie könne eine Einladung zur Auswanderung annehmen. Am 27. Juni machte er Zwischenstation in New York und traf sich mit den Bossen von RKO, um Zusätze zu seinem Vertrag auszuhandeln: Joan Harrison, die ihn begleitete, mußte ihm bei jedem RKO-Film als Assistentin zur Seite stehen, und seine neue Sekretärin Carol Stevens mußte ebenfalls von RKO bezahlt werden. Gleichzeitig einigte man sich als erstes Projekt auf einen Film nach dem Roman von Francis Iles *Before the Fact*. Es sollte erst der zweite Film bei RKO werden.

In England fand Hitchcock seine Mutter so unbezwingbar und dickköpfig wie immer vor. Es war traurig zu sehen, wie sie in weniger als anderthalb Jahren körperliche Leiden entwickelt hatte. Sie schien dramatisch gealtert zu sein. Sie war jetzt 77 Jahre, und ihre Langsamkeit bestürzte ihn. Sie lehnte es schlicht ab, nach Amerika umzuziehen. »Reisen«, sagte sie, »sind ein beschwerliches Geschäft.« Sie war allerdings bereit, ihre Londoner Wohnung aufzugeben und in das kleine, neben Winter's Grace gelegene Landhaus in Shamley Green zu ziehen, das er behalten hatte. Wenn England aus der Luft angegriffen würde, war sie dort sicherer. Und er war froh, daß sein Bruder William sich bereit erklärte, nach Guildford zu ziehen, um in der Nähe ihrer Mutter zu sein.

Hitchcock und Joan besuchten dann deren Mutter, gingen in London in Theater und Buchhandlungen und kamen am 3. Juli nach Hollywood zurück, nur wenige Tage bevor die ersten Bomben auf England fielen.

Jetzt war jenes dunkle Schicksal für die Engländer eingetreten, das am Schluß von *Mord* bemerkenswerterweise schon beschworen worden war. Die ursprüngliche Fassung der Schlußszene hätte McCrea und Sanders, nachdem ihr Flugzeug von einem deutschen Schiff abgeschossen worden wäre, auf dem Weg nach Amerika zeigen sollen.

McCrea: Die deutsche Regierung wird sich dafür verantworten müssen.
Sanders: Man wird sicher Dokumente finden, mein alter Junge, die beweisen, daß dieses Schiff ein britischer Dampfer war, der nur als deutsches Kriegsschiff getarnt war, und daß das Ganze der alte Pirat Churchill organisiert hat, um Amerika in den Krieg zu ziehen.

Aber Hitchcock kam aus England mit der Nachricht zurück, daß alle von kurz bevorstehenden Bombardements sprachen. Wanger hörte das und wollte, getreu seinem Aktualitätstick, das Ende das Films ändern. Der Film war bereits für Mitte August an die Kinos vermietet, und Hitchcock wurde bei RKO erwartet. Was konnte man machen?

Hitchcock sagte Wanger, daß Ben Hecht die einzige Möglichkeit darstelle. Ben Hecht, Bühnen- und Romanautor und wahrscheinlich Hollywoods schnellster Drehbuchschreiber, war der Mann, der schon viele Problemfilme für Produzenten gerettet hatte. Die meisten der siebzig Spielfilme, in denen er als Autor genannt war – unter anderen *Design for Living, Twentieth Century, Crime Without Passion, Viva Villa!, Barbary Coast, Nothing Sacred, Gunga Din, Wuthering Heights* –, schrieb er in weniger als drei Wochen, und an mehr als fünfzig anderen arbeitete er, ohne in den Titeln zu erscheinen, aber gegen einen entsprechenden hübschen Lohn, der sich auf bis zu 125 000 Dollar belief (etwa in *Back Street, Queen Christina, The Hurricane* und *Vom Winde verweht,* den er einigen Filmhistorikern zufolge praktisch im Alleingang rettete).

Innerhalb eines Tages, nach einem Treffen mit Wanger und Hitchcock, legte Hecht einen neuen Schluß für den Film vor. McCrea, Laraine Day und einige Statisten wurden für das Drehen des neuen Endes schnell zusammengeholt. Es war nicht zu übersehen, daß dies eine hastig hinzugefügte Szene war, dramaturgisch nicht gerechtfertigt und völlig neben dem liegend, was im Film zuvor passierte. So wie der Film konstruiert war, spielte er in einem Zeitraum von zwei Wochen zwischen dem 20. August und dem 3. September 1939, der Tag, an dem England Deutschland den Krieg erklärte. Das neue Finale sprang jetzt unmittelbar in eine vorweggenommene Zukunft, in der draußen um eine Rundfunkanstalt in London die Fliegerbomben krachten und McCrea am Mikrofon sagte:

Hallo, Amerika! Ich bin Zeuge gewesen, wie ein Teil der Welt in Stücke gebombt wurde. Ein Teil der Welt, der so nett war wie Vermont und Ohio, Virginia, Kalifornien und Illinois, liegt jetzt danieder, in blutige Stücke gerissen wie ein Stier im Schlachthaus. Und ich habe Dinge gesehen, die die Geschichte der Wilden als sanftes Kindermärchen erscheinen lassen... (Draußen hört man detonierende Bomben, und die Elektrizität fällt aus.)

Ich kann den Rest meines Manuskripts nicht mehr verlesen, weil die Lichter erloschen sind. Ich werde also einfach so weitersprechen. Die Geräusche, die Sie im Radio hören, sind nicht statisches Rauschen und Pfeifen. Sie hören den Tod, der London besucht. Ja, da kommen sie gerade wieder. Sie können hören, wie die Bomben auf die Straßen und Häuser fallen. Schalten Sie nicht ab! Bleiben Sie dran – das hier ist eine große Geschichte, und Sie spielen darin mit. Jetzt ist es zu spät, um irgend etwas anderes zu tun, als im Dunkeln zu stehen und auf sie zu warten. Man hat das Gefühl, daß überall Lichter erloschen sind – außer in Amerika.

(Die amerikanische Nationalhymne ist jetzt leise im Hintergrund zu hören und bleibt es auch bis zu den Rolltiteln am Filmende, unter denen sie zu einem mächtigen Choral anschwillt.)

Laßt diese Lichter leuchten! Kleidet sie in Stahl, bestückt sie mit Kanonen! Baut Wälle aus Kriegsschiffen um sie und spannt einen Baldachin aus Bombenflugzeugen über sie.

Hallo, Amerika! Haltet an euren Lichtern fest! Sie sind die einzigen, die es in der Welt noch gibt!

Wie Charles Chaplins leidenschaftliches Plädoyer am Ende von *Der große Diktator* (der im selben Jahr entstand) bricht *Mord* alle Regeln dramaturgischer Logik und Struktur, um eine politisch-gesellschaftliche Aussage zu formulieren. Aber der Schluß des Films drängt nicht auf einen Eintritt Amerikas in den Krieg: Er beschwört militärische Bereitschaft und Wachsamkeit gegen die Kräfte des Krieges. In der Tat hielten sich Wanger, Hecht und Hitchcock sorgfältig an den Production Code, der verlangte, daß Deutschland nicht beim Namen genannt und Amerika nicht zum Kriegseintritt aufgefordert wurde. Verteidigung und Wachsamkeit waren jedoch etwas anderes, und das Finale bat um sie. Die letzte Szene in *Mord,* die am 5. Juli 1940 gefilmt wurde, ist ein tragisches Beispiel, wie die Kunst dem Leben voraus sein kann: Nur fünf Tage später fielen die ersten deutschen Bomben auf England.

Die Nachrichten verschlechterten sich an Hitchcocks 41. Geburtstag. Am Morgen des 13. August wachte er auf und mußte hören, daß die Schlacht um England jetzt in vollem Ernst begonnen hatte. Über England tobte ein fürchterlicher Luftkrieg. Anfängliche Versuche, seine Familie zu erreichen, erwiesen sich als nutzlos, alle Kommunikationslinien nach England waren unterbrochen. Die nächsten Tage durchlebte er schreckliche Ängste und verließ sein Haus nicht. Die Reklameleute von Wanger und die Journalisten Hollywoods wollten ihn wegen *Mord* interviewen, und so mußte er aus seiner nervösen Isolation heraustreten. Aber er gab keine Ruhe und war zu Hause und unter Kollegen nicht zu ertragen, bis er zumindest herausgefunden hatte, daß seine Mutter wahrscheinlich relativ sicher und Surrey bis zu diesem Zeitpunkt verschont geblieben war.

An seinen Nerven zerrte auch die Kritik, die sich allmählich aus England meldete. Die britische Presse und ein beachtlicher Teil der Film- und Theaterbranche entfesselten einen Proteststurm gegen Hitchcock, Victor Saville und andere Landsleute, die in Amerika in Sicherheit ihrer Arbeit nachgingen, während Großbritannien in einer schrecklichen Luftschlacht sich der Bedrohung durch die Nazis erwehren mußte. Die Nachricht über die jubilierende New Yorker Presse nach der Premiere von *Mord* (am Dienstag, dem 27. August, im neueröffneten und neueingerichteten Rivoli-Theater) war für Hitchcock nur ein geringer Trost: Zwei Tage zuvor waren in London Michael Balcons ärgerliche Bemerkungen über ihn erschienen, und am Montag druckte sie die amerikanische Presse nach.

Hitchcocks ehemaliger Chef hatte ihn und all die anderen, ›die es vorziehen, in Hollywood zu bleiben, anstatt nach Hause zurückzukehren und dem Land bei seinen Kriegsanstrengungen zu helfen‹, als Deserteure beschimpft. Hitchcock war der einzige, den er namentlich erwähnte: »Ich beschäftigte einmal in meinen Studios einen dicklichen jungen Techniker, dem ich den Aufstieg von Abteilung zu Abteilung ermöglichte. Heute ist er einer der berühmtesten Regisseure, und er ist in Hollywood, während wir, die hier zurückgeblieben sind und unter Mangel an Arbeitskräften leiden, uns bemühen, die Filmindustrie in unsere große nationale Anstrengung mit einzuspannen.«

Ärgerlich und verletzt schlug Hitchcock zurück.

Balcons Ansichten sind durch seine persönlichen Erfahrungen in Hollywood gefärbt, die für ihn immer negativ ausgegangen sind. Er ist ein ewiger Donald Duck. Wir haben uns alle unserer Regierung zur Verfügung gestellt. Von welcher Autorität leitet dieser Mann seine Haltung ab? Ich kann sie nur als ein persönliches Gefühl werten. Die britische Regierung braucht nur nach meinen Diensten zu rufen. Die Art, in der ich meinem Land helfe, geht Mr. Balcon nichts an. Das alles hat auch nichts mit patriotischen Idealen zu tun. Mr. Balcon haßt offensichtlich Hollywood. Für mich stellen seine Bemerkungen nichts als private Eifersucht dar. Was sonst könnte einen Menschen so unintelligent machen?

Es gab wenig, was Hitchcock hätte unternehmen können, selbst wenn er das erste Flugzeug nach London genommen hätte. Er war für den aktiven Militärdienst untauglich. Und was er für die britische Sache als Propagandist und Filmhandwerker leisten konnte, das konnte er besser in Amerika leisten, wo die Studios noch mit voller Kraft arbeiteten. Balcon schien auch nicht darüber informiert zu sein, oder er zog es vor zu ignorieren, daß es ein offenes Geheimnis war, daß Churchill die britischen Filmleute in den USA geradezu aufforderte, dort zu bleiben: Hollywoods Produkte gehörten zu den effektivsten Waffen in dem Kampf, die amerikanischen Sympathien in Richtung England zu lenken.

Zugleich hatte Hitchcock noch andere berufliche Sorgen, die

ihn gereizt sein ließen. Er erschien in einem Radioprogramm über emigrierte Regisseure als Co-Moderator. Und er sagte offen, daß er das Geld, das ihm die Radiostation bezahlte, für seine ›außerordentlichen Umzugskosten‹ brauchte, die in Los Angeles auf ihn zugekommen waren. Er sagte auch, daß er möglicherweise nach London zurückkehren werde, um einen Film über General James Wolf zu drehen, den britischen Helden von Quebec. Es ist anzunehmen, daß er das nur an Selznicks Adresse richtete, denn er wußte, daß die sehr kurzfristig getroffene Entscheidung, ihn für die nächsten beiden Filme an RKO auszuleihen, darauf hindeutete, daß für die Zukunft ähnliche Entscheidungen zu erwarten waren – Entscheidungen, die verhinderten, daß Hitchcock besondere Projekte im voraus planen konnte und ihm die Gelegenheit raubten, seine Drehbücher sorgsam vorzubereiten.

Hitchcock streute auch in Hollywood aus, daß nach seiner Meinung ihm nicht nur das Verdienst, sondern auch Bargewinn aus den Profiten zustünde, die Selznick aus dem plötzlichen Star-Status Joan Fontaines schlug. Selznick tobte. ›Hitchcock sollte sich durch derlei Statements lieber nicht lächerlich machen‹, schrieb er in einem Memo für Daniel O'Shea,

angesichts der Tatsache, daß zu viele Leute bereits die Probeaufnahmen mit Fontaine für *Rebekka* viele Wochen, bevor Hitchcock überhaupt in Hollywood eintraf, gesehen haben (eine ›Tatsache‹, die nicht der Wahrheit entsprach, wie Hitchcock, wenn nicht auch O'Shea, sicherlich wußte)... daß unsere Option auf einen Vertrag mit Fontaine unterzeichnet war, lange bevor Hitchcock in Hollywood eintraf... daß viele Leute, die bis zum heutigen Tag (die Probeaufnahmen, die Regisseur John Cromwell gedreht hatte) gesehen haben, der Ansicht sind, daß sie unter Cromwells Regie besser war als unter Hitchcocks... daß wir schließlich, wenn wir Hitchcocks Vorstellung zu einem logischen Ende denken, von der Annahme ausgehen müssen, daß er wöchentlich einen Scheck an Micky Balcon schickt, der Hitch groß machte!

Anfang September hatte *Mord* enthusiastische Kritiken und wies erfreuliche Kasseneinnahmen quer durchs Land auf. Hitchcock kam von der Premiere in Kanada zurück und stürzte sich sogleich auf den ersten Film unter dem RKO-Vertrag. *Before the Fact* war verschoben worden, weil er nach einem Projekt aussah, das lange Arbeiten am Drehbuch erforderte. Statt dessen begann Hitchcock mit einem Film, von dem er den Rest seines

Lebens behauptete, er habe ihn nie beginnen wollen. Ihm zufolge stieg er in das Projekt nur Carole Lombard zuliebe ein (die auch gerade zu RKO herübergekommen war). Für das Genre des Films, die ›screwball comedy‹, also eine hektische Komödie mit schnellen Dialogen, habe er keine Vorliebe gehabt (der Film wurde dann auch kein rühmliches Beispiel des Genres).

In den Archiven der RKO kann man eine ganz andere Geschichte nachlesen. Es stimmt, daß er sehr gerne mit der Lombard arbeiten wollte. Aber es ist ebenso richtig, daß er von der Filmidee begeistert war. »Ich möchte eine typisch amerikanische Komödie über typische Amerikaner herstellen«, sagte er in der ersten Drehwoche. Und die Originalidee und das Drehbuch von Norman Krasna, an denen sich das Studio im November 1939 die Rechte gesichert hatte, begeisterten ihn sogar noch mehr als die Lombard. Es ging um ein Ehepaar, das einander sehr mochte, aber sich endlose Kämpfe lieferte. Nach langen Jahren entdeckten sie, daß aufgrund einer geographischen Besonderheit ihre Eheschließung juristisch nicht gültig ist. Der dünne Handlungsfaden zog sich durch eine stereotype Geschichte: Der Ehemann verliert seine Frau, kämpft um sie und gewinnt schließlich ein bissig-stolzes Weib zurück.

Krasna hatte das Buch ohne Titel eingereicht (obwohl in seinem Vertrag der Titel *No for an Answer* genannt wird), und bis die Lombard es gelesen und zugestimmt hatte, die Rolle zu übernehmen, war es bereits unter einer Titelflut gehandelt worden – *Who Was That Lady I Seen You With?*, *And So to Wed*, *Here We Go Again!*, *The Lady Said No!*, *Some Call It Love*, *Two of a Kind*, *That Was My Wife!*, *Return Engagement*, *Temporarily Yours*, *Dangerous but Passable* und *Slightly Married* –, alles Schulbuben-Variationen der typischen Ehekomödien-Titel der Zeit. Das Studio entschloß sich schließlich für *Mr. und Mrs. Smith* und für Hitchcock als Regisseur, weil Carole Lombard und er darum gebettelt hatten.

Als es Carole Lombard und Hitchcock nicht gelang, Cary Grant als Gegenspieler für sie zu bekommen, zogen sie praktisch jeden verfügbaren männlichen Star Hollywoods in Betracht, von Frederic March bis George Brent. Erst eine Woche vor Drehbeginn wurde mit dem liebenswürdigen Robert Montgomery ein Vertrag geschlossen. Er erhielt für acht Wochen Arbeit 110000 Dollar – 40000 Dollar mehr als Hitchcock für mehr als die doppelte Zeit bekam.

Die Dreharbeiten begannen am 5. September und gingen bis zum 2. November. Selznick ließ seine Mitarbeiter zu Harry Edington engen Kontakt halten, und Daniel O'Shea berichtete, daß ›Hitchcock die Kosten von *Mr. und Mrs. Smith* sehr niedrig gehalten hat, um der Welt nach *Rebekka* und *Mord* zu demonstrieren, daß er nicht nur ein großer Regisseur ist, sondern auch ein preiswerter‹.

Während der Produktion übte sich Carole Lombard, die Hitchcocks Ruf während der Dreharbeiten zur Genüge kannte, selbst in allerlei Streichen. In Antwort auf das Gerücht, daß er Schauspieler als Vieh bezeichnete, ließ sie am ersten Drehtag im Atelier einen Stallverschlag errichten und brachte drei Färsen mit, die stampften und muhten und um ihren Hals Schilder mit den Namen der drei Hauptdarsteller trugen. Als Zielscheibe eines Dauerscherzes diente ihr Montgomery. Als die Präsidentschaftswahlen des Novembers näherrückten, steigerte sie sich in eine enthusiastische Kampagne für Franklin Roosevelt, weil Montgomery weiterhin Wendell Willkie unterstützte. Jeden Morgen, nachdem Montgomery seinen Wagen geparkt hatte, schlich sich Lombard auf den Parkplatz und klebte Roosevelt-Aufkleber auf die Kotflügel von Montgomerys Wagen. Der entfernte sie jeden Abend unter großen Mühen, und sie klebte am nächsten Tag frohgelaunt neue auf. Sie erwähnten nie, was sie beide wußten, und es störte nicht die freundliche Arbeitsatmosphäre zwischen den beiden.

Der Vergleich zwischen Norman Krasnas Drehbuch und dem fertigen Film bringt interessante Einzelheiten an den Tag, die auf Hitchcocks ausdrücklichen Wunsch in den Film gelangten. Wie immer beziehen sie sich auf Begebenheiten aus seinem persönlichen Leben. Während der Dreharbeiten faßten er und Alma den Plan, ihren Hochzeitstag am 2. Dezember wieder in St. Moritz zu feiern, eine Gewohnheit, die sie sich jetzt schon mehrere Jahre versagt hatten. Die Reise scheint ein Friedensangebot Hitchcocks an seine Ehefrau gewesen zu sein, die an den ersten drei amerikanischen Filmen kaum beteiligt gewesen war. Obwohl es ihrem Bekanntenkreis schien, als sei sie ganz zufrieden damit, das Haus zu führen, Zeit mit Pat zu verbringen und Bücher im Hinblick auf brauchbares Drehbuchmaterial zu lesen, gab es keinen Zweifel daran, wie eine Schauspielerin sagte, daß sie in Hitchcocks Arbeitswelt erst hinter Joan Harrison kam.

Er versicherte ihr, daß sie die ersten beiden Dezemberwochen nach St. Moritz fahren würden, und diesem Versprechen setzte er in den letzten Szenen von *Mr. und Mrs. Smith* ein Denkmal. Da murmelt nämlich Robert Montgomery, der vorgibt, halb bewußtlos zu sein, nicht nur einmal, sondern gleich viermal: »Wir werden die ersten beiden Dezemberwochen verreisen... Wir werden im Schnee toben und viel Spaß treiben... Die ersten beiden Dezemberwochen werden wir in diesen Skiort fahren... ja, die ersten beiden Wochen im Dezember.« Schon an einer früheren Stelle des Drehbuchs hatte Hitchcock auf seinen eigenen Heiratsantrag angespielt – einen Heiratsantrag, dessen Konsequenzen ihn 1940 sehr zu beschäftigen schienen. »Erinnerst du dich, wie elend du dich damals auf der Nachtfähre fühltest?« fragt Montgomery die Lombard, und der Dialog bringt Almas Zustand in jener Nacht vor fünfzehn Jahren in Erinnerung, als ihr Mann ihr an Bord des Schiffes einen Heiratsantrag machte. Hitchcock schuf für diesen Film auch die merkwürdige Szene, in der sich Gene Raymond, Lucile Watson und Philip Merivale zu einem ungestörten Gespräch in die Toilette eines Büros zurückziehen müssen. Ihr Gespräch wird durch die lauten Spülgeräusche einer Toilette im darüberliegenden Stockwerk erschwert. RKO hatte Hitchcock gewarnt, daß der Hollywood Production Code sich sehr streng gab, wenn es um den Anblick und die Geräusche einer Toilette ging. Man hielt diese Einrichtung für zu undelikat, um sie auf einer amerikanischen Leinwand zu präsentieren. Aber Hitchcock nahm das Risiko auf sich. Bei der Tonmischung wurde das Toilettengeräusch dann so verzerrt, daß man es auch für die Geräusche einer Dampfheizung halten konnte. Die Rache dafür nahm der Regisseur dann zwanzig Jahre später, als er mit bilderstürmerischer Schuljungen-Perversität die Badezimmergrenze überschritt und im Detail den Mechanismus und die Klänge einer Toilette filmte. (Und zumindest einmal in seinem späteren Leben präsentierte er Freunden, was für ihn das Äußerste und Luxuriöseste an Lebensstil symbolisierte – eine geräuschlose Toilette in seinem Gästebad.)

Am persönlichsten in *Mr. und Mrs. Smith* (und vielleicht auch am unbewußtesten) ist aber, daß zum ersten Mal eine scheinbar bedeutungslose Bemerkung auftaucht, die in folgenden Filmen mit einer besessenen Hartnäckigkeit wiederkehrt. Carole Lombard trinkt ein Glas Brandy und rechtfertigt das, indem sie zu Raymond sagt: »Das ist kein Alkohol – es ist eine Medizin. Es tötet die Bakterien. Also alles auf einen großen Schluck!« In einem Dutzend Filmen von *Mr. und Mrs. Smith* bis *Aus dem Reich der Toten* (in dem James Stewart Kim Novak ein Glas Brandy mit den Worten aufdrängt: »Hier, Judy, trink das runter – es ist wie eine Medizin.«) ist der Dialog mit der klassischen rechtfertigenden Entschuldigung durchsetzt, die Hitchcocks Gefährten auch außerhalb der Filme so oft hörten: »Das ist kein Alkohol, das ist wie Medizin!« Und mit einem Schluck war ein Hitchcockscher Cocktail verschwunden. Wie jeder wußte, der mit ihm gegessen hatte, insbesondere bei ihm zu Hause, zog er diese Medizin allem anderen vor.

Trotz der guten Absichten Hitchcocks mußte die Reise nach St. Moritz auf ein anderes Jahr verschoben werden: In jenem Dezember war es nicht ratsam, nach Europa zu reisen. Aber Selznick, der die Enttäuschung der Hitchcocks kannte, und der so gut wie jeder andere Mensch zu plötzlichen generösen Gesten fähig war, lud sie ein, einen anderen Jahrestag zu feiern – in Atlanta fand die Party zum ersten Geburtstag des Films *Vom Winde verweht* statt. Da die Einnahmen aus diesem Ereignis für das britische Kriegshilfswerk bestimmt waren, war Hitchcock ein vorzüglich passender Gast. Überdies, mag sich Selznick gedacht haben, könnte seine Anwesenheit der Reklamekampagne nicht schaden, die der Produzent im Hinblick auf die bevorstehenden Wahlen zum ›Oscar‹ gestartet hatte: *Rebekka* war in nicht weniger als elf Kategorien nominiert. Aber diese Jahresfeier wurde den Hitchcocks auch verdorben. Schlechtes Wetter hielt ihr Flugzeug in Louisville fest und verhinderte, daß sie rechtzeitig zur Feier in Atlanta hätten eintreffen können. So kamen sie in die Saint Cloud Road von einer sinnlosen Reise zurück und machten sich Sorgen um Almas Mutter, die sich gerade in Hollywood eingerichtet hatte, als sie von einer plötzlichen und gefährlichen Krankheit befallen wurde.

Der einzige Trost für die Hitchcocks während der Ferien war das Ergebnis einer Testvorführung von *Mr. und Mrs. Smith* an der Ostküste: Am 30. Dezember wählte ein Publikum in New Rochelle, New York, den Film – zusammen mit *Rebekka* und *Mord* – unter die besten Filme des Jahres (eine Einschätzung, die spätere Generationen von Kinogängern nicht teilten). Als der Film dann am 20. Januar 1941 in der Radio City Music Hall in New York seine Premiere erlebte, ließ er einen trüben Winter freundlicher erscheinen. Die ersten neun Tage war er ausverkauft. Die Liebesaffäre zwischen dem amerikanischen Publikum und Hitchcock samt seinem besonderen Humor war besiegelt. ›Das Erstaunliche an diesem Film‹, kommentierte *Look,* ›liegt darin, daß Hitchcock dieselbe Strategie angewendet hat, die sonst seine Melodramen, die einem das Blut gefrieren lassen, kennzeichnet... Hier sind sie wieder, seine unverwechselbaren Markenzeichen – dieselbe lässige Art, dasselbe Hals-über-Kopf-Finale, dieselbe Sehweise, die aus den Augenwinkeln zu kommen scheint, dieselbe Regie, die wie Nicht-Regie wirkt. Auch der Effekt ist unterm Strich derselbe: noch ein Hitchcock-Hit.‹

Die Freude sollte bald schal werden. Auf beiden Seiten der Familie gab es Todesfälle. Einige waren zu erwarten und gnadenvoll; zumindest einer war schockierend und mysteriös. Aber keiner war, wie sie befürchtet haben mögen, eine Folge des um sich greifenden Krieges.

9

1941–1944

Der englische Romanautor Anthony Berkeley Cox hatte 1932 unter dem Pseudonym Francis Iles *Before the Fact* geschrieben und drei Jahre später alle Rechte an RKO verkauft. Als Hitchcock im Juni 1940 mit Harry Edington Projekte besprach, entschied er sich sofort für diesen Stoff. Es handelte sich um die bizarre Geschichte einer Frau, die ihren Ehemann so fanatisch liebt, daß sie mit ihm zusammenlebt, obwohl sie von seinen Unterschlagungen, Affären und dann sogar einem Mord weiß. Schließlich entdeckt sie, daß er plant, sie zu töten, und gleichzeitig, daß sie schwanger ist. In der Überzeugung, ihr Mann ›dürfe sich nicht fortpflanzen‹, hinterläßt sie einen Abschiedsbrief, trinkt ganz ruhig die vergiftete Milch, die er ihr anbietet, und stirbt. Hitchcock mochte nicht nur den grausigen psychologischen Aspekt von Besessenheit und Tod, er war auch der Ansicht, der englische Schauplatz würde eine englische Besetzung rechtfertigen – einen Film, mit anderen Worten, der die britische Flagge in Amerika hochhalten würde.

RKO hatte seit 1935 versucht, eine Filmversion zu produzieren. Ursprünglich war Emlyn Williams gebeten worden, ein Drehbuch zu schreiben, und Louis Hayward sollte den charmanten Bösewicht spielen. 1939 sprach RKO Robert Montgomery und Geraldine Fitzgerald an; aber dann wollte Olivier die Rolle haben, und Nachwuchsschauspielerin Maureen O'Hara sollte seine Partnerin sein. Während Hitchcock im Mai 1940 *Mord* fertigstellte, berichteten die Branchenzeitungen von RKO's Bedenken, Olivier als Mörder zu besetzen; als Hitchcock im Juni mit Edington sprach, erklärte er, daß er, Alma und Joan die Geschichte abändern würden. Aus den Taten des Ehemannes wollten sie Hirngespinste einer neurotisch mißtrauischen Frau machen.

Es ist wichtig, diesen Punkt zu betonen, denn Hitchcock bestand später immer darauf, die Situation wäre ganz anders gewesen: Er habe, so sagte er hinterher jahrelang, sich ganz eng an den Roman halten wollen. Damals aber kam ihm diese Idee nicht in den Kopf, denn in dem ersten Treatment, das er RKO gab, fand sich davon nichts; es gibt auch Aktennotizen, in denen er ausdrücklich betonte, er wolle einen Film über die Fantasievorstellungen einer Frau machen. Bis Dezember 1940 hatten er, Alma und Joan am Drehbuch getan, was sie tun konnten (neben anderen Entwürfen hatten sie einen von Nathaniel West begutachtet, den er kurz vor seinem Tod abgeliefert hatte); Hitchcock bat RKO darum, den Theater- und Drehbuchautor Samson Raphaelson zur Mitarbeit zu verpflichten.

Es mag merkwürdig erscheinen, gerade Raphaelson für eine britische Story auszuwählen, denn Raphaelson war ein Amerikaner, der zum damaligen Zeitpunkt hauptsächlich bekannt war durch sein Stück *The Jazz Singer* (aus dem 1927 der erste amerikanische Tonfilm gemacht worden war) und durch einige erfolgreiche Drehbücher, die er für und mit Ernst Lubitsch geschrieben hatte. Er selbst bemerkte: »Hitchcocks Stoffe hatten mit meinen nicht viel zu tun. Ich fühlte mich mit Lubitschs Stil und Stimmung wohler.« Er nahm aber die Einladung an, mit Hitchcock zu arbeiten, und in den Wochen ihrer Zusammenarbeit von Ende Dezember bis Anfang März herrschten große Herzlichkeit und gegenseitiger Respekt. Dann jedoch fügten Alma und Joan dem Drehbuch eigene Szenen nach Hitchcocks Anweisungen hinzu. Gegen Ende März war das Script ein hoffnungsloser Wirrwarr, eine Mischung aus Stimmungen, Stilen und Motivationen, die sich im Film niemals entwirren lassen würden. »Vielleicht erklärt dies«, sagte Raphaelson, »warum dieser Film weniger Hitchcock-Touch hat als seine anderen Filme – es findet sich keine einzige charakteristische Szene, für die Hitchcock sonst berühmt ist – kein Karussell, kein Nationaldenkmal, keine brillanten Bauten.«

Die Dreharbeiten zu dieser Produktion, die weitaus weniger verschwenderisch ausgestattet war als *Rebekka* und *Mord* (und ganz im Studio hergestellt wurde), dauerten wesentlich länger als bei diesen beiden großen Spektakeln. Sie begannen am 10. Februar 1941 und zogen sich bis zum 24. Juli hin. Joan Fontaine, die Hitchcock und RKO von Selznick ausliehen, hatte nach den guten Kritiken, die sie für *Rebekka* bekommen hatte, mehr Selbstvertrauen, aber zwischen ihr und Cary Grant, der den unverantwortlichen Ehemann spielte, bestand während der Arbeiten keine besonders gute Beziehung. Zu den täglichen Problemen trug erheblich ein plötzlicher Stimmungswechsel Hitchcocks bei. Es hatte ihm großen Spaß gemacht, *Mr. und Mrs. Smith* zu drehen, und er erwartete, mit Fontaine und Grant einen eleganten psychologischen Thriller zustande zu bringen. Doch der anfänglich entschlossene Optimismus kippte schnell um.

Zunächst gab es Probleme mit dem Titel des Films. Damals war es bei den Studios üblich, George Gallup mit Meinungsumfragen zu beauftragen, um die Reaktionen der Filmzuschauer auf mögliche Filmtitel herauszufinden. Gallup berichtete, auf *Before the Fact* gäbe es nur eine lauwarme Reaktion. Hitchcocks erste Wahl war *Fright*, RKO wollte *Suspicious Lady*, und bald testete Gallup 50 andere Titel.* Hitchcock hatte das Gefühl, das Fehlen des Titels gäbe der Produktion eine Atmosphäre von Beliebigkeit und Ziellosigkeit – Haltungen, die er um jeden Preis und mit aller Energie mied. Ungeachtet seiner verärgerten Appelle weigerte sich das Studio, eine Entscheidung zu treffen. Einige Tage vor dem Start des Films im November einigten sich die Studiobosse schließlich auf einen Titel, an dem Hitchcock schon seit dem frühen Sommer festgehalten hatte: *Suspicion (Verdacht)*. Er hatte ihn dem zweiten Absatz des Romans entnommen (›Verdacht ist ein flüchtiges Gebilde, so unfaßbar, daß der genaue Augenblick seines Entstehens nicht leicht zu bestimmen ist...‹).

Hitchcocks eigener Verdacht, Darsteller und Team wären nicht mit Lust bei der Arbeit, wurde durch die Entdeckung bestärkt, daß sein Kameramann Harry Stradling (der für ihn bei *Riff-Piraten* und *Mr. und Mrs. Smith* gearbeitet hatte) von RKO beauftragt worden war, zur gleichen Zeit einen zweiten Film zu fotografieren. Hitchcock, der nie in der Lage war, geteilte Loyalität oder Energie hinzunehmen, stürmte in Harry Edingtons Büro und drohte, die Regie niederzulegen, falls ihm nicht Stradlings ungeteilte Aufmerksamkeit für seine Storyboards und Dekorationsentwürfe garantiert würde. ›Mit Hitchcock habe ich mir einen tobenden Irren aufgehalst‹, schrieb Edington in einer Aktennotiz. Nach einer Woche wurde Stradling von dem ande-

---

* Zu den amüsantesten Möglichkeiten gehören *Search for Tomorrow, Sable Wings, Last Lover, Men Make Poor Husbands, Romantic Scapegrace, Love in Irons, Girl in the Vise.*

ren Projekt abgezogen und einem immer noch schmollenden Hitchcock zugeteilt.

Die Probleme jedoch vervielfältigten sich. Niemand besaß eine klare Vorstellung davon, wie der Film enden sollte. Diese Arbeitsmethode war nicht nur Hitchcock völlig fremd, sie verwirrte auch die Schauspieler total, denn keine Szene und kein Dialogsatz hatten einen gesicherten Sinn. Zum ersten Mal seit Jahren wurde Hitchcock krank; die Dreharbeiten wurden für mehr als eine Woche unterbrochen. Er kam erschöpft und deprimiert zurück, und Joan Fontaine begann sich über sein mangelndes Interesse an ihr und dem Film zu beschweren. »Hitchcock scheint diesem Film nicht die nötige Aufmerksamkeit zukommen zu lassen«, berichtete einer von Edingtons Leuten, »und wir haben guten Grund, uns über die Qualität der Produktion Sorgen zu machen. Joan Fontaine hat angedeutet, Hitchcock stelle längst nicht so hohe Anforderungen an sie wie bei *Rebekka*.« Das Durcheinander führte bei Joan Fontaine zu mehreren Anfällen von Unpäßlichkeit, und bis zum 18. April hatte sich die Lage so zugespitzt, daß man davon sprach, die Dreharbeiten ganz abzubrechen.

Während dieser ganzen Zeit arbeiteten Alma und Joan fieberhaft an verschiedenen Möglichkeiten für das Ende des Films. Eine sah vor, daß Cary Grant in einem Anfall untypischer Heldenhaftigkeit zur Royal Air Force ging, um seinen Diebstahl wiedergutzumachen. Diese Lösung – zu Recht verworfen – hätte ihn in einer büßenden und patriotischen Haltung sterben lassen, und sie hätte das Problem eines Mordes oder Selbstmordes vermieden. Anfang Mai wurde es dann RKO klar, daß man den Film möglichst schnell und groß herausbringen müßte, um die jetzt schon beträchtlichen und unerwartet hohen Kosten wieder einzuspielen.

Hitchcock aber verlangte mehr Zeit – glücklicherweise, denn Mitte Juli gab es immer noch keinen Schluß für den Film. Zu diesem späten Zeitpunkt hofften sie immer noch, den Einwand des Zensors gegen einen bewußten Selbstmord der schwangeren Frau entkräften zu können, indem sie dem Film Szenen hinzufügten, in denen sich Joan Fontaine mit einem anderen Mann traf (Selbstmord wurde von den Zensurbehörden gelegentlich als verzweifelte Tat eines Sünders gestattet). Aber wie so oft in Hollywood hatte dann eine Testvorführung beträchtliche Folgen: Als man den immer noch unbetitelten Film mit diesem

Schluß in Pasadena zeigte und das Publikum lachte, mußten Hitchcock und seine Darsteller noch einmal neue Szenen drehen. Alma und Joan entwarfen einen neuen Schluß, doch jetzt gab es schon so viele Varianten, daß sich niemand mehr ganz sicher war, was für eine Geschichte man eigentlich erzählte. Schließlich einigte man sich darauf zu zeigen, daß Fontaines Verdacht ihrer eigenen Neurose entsprang und daß Grant völlig unschuldig war: Er war nur leichtfertig und hatte finanzielle Probleme.

Am 19. August waren Vertonung und Synchronisation endlich vollendet, und man setzte den Start auf November fest. Alle waren nervös, und Hitchcock dachte daran, von dem Film seinen Namen zurückzuziehen.

Zum großen Erstaunen aller jedoch liebte das Publikum den Film, obwohl die Kritiker über die Enthüllung, daß alles nur eine Fantasie der Ehefrau war und der Ehemann kaum mehr war als ein Verschwender, geteilter Meinung waren. ›Dieser Film ist viel besser als *Rebekka*‹, schrieb Howard Barnes am 21. November in der *Herald Tribune*. ›Der finale Höhepunkt ist vollkommen akzeptabel... Hitchcock hat mit *Verdacht* einen weiteren brillanten Film gemacht.‹ Drüben bei der *New York Times* war Bosley Crowther nicht so begeistert: ›Der Schluß entspricht nicht Mr. Hitchcocks sonstigem Stil... Dennoch ist es ihm gelungen, eine spannende und aufregende Erzählung zustande zu bringen, einen psychologischen Thriller voller energischer Spannung.‹ Die Liebesaffäre des Publikums mit Joan Fontaine setzte sich unvermindert fort, und für ihre Darstellung bekam sie später einen ›Oscar‹ als beste Schauspielerin.

Die ganze Zeit über hielt David Selznick ein wachsames Auge auf den Regisseur und den Star, die er ausgeliehen hatte; er wußte, daß der Erfolg ihrer Arbeit bei RKO auch ihre künftige Anziehungskraft stark beeinflußte. Im Januar war er so verstört von Joan Fontaines Radioauftritt in *Waterloo Bridge* gewesen, daß er einen Brief an Hitchcock entwarf. Sie hatte sich für diese Rolle einen englischen Akzent zugelegt, und Selznick beschwerte sich, dies klänge lächerlich und gekünstelt; falls sie vorhätte, diesen Akzent in *Verdacht* beizubehalten, könnte das für den Film schlimme Folgen haben.

›Man wird Sie dafür kritisieren, dies nicht unterbunden zu haben‹, schrieb er, ›und Joans Karriere wird ernsthaften Schaden davontragen. Ich schreibe Ihnen daher aus ganz selbstsüchtigen Gründen, aber in der Überzeugung, daß es auch in Ihrem Interesse ist.‹ Daniel O'Shea aber beschwor Selznick, Akzent und Tonfall der Darstellerin mit Hitchcock persönlich zu besprechen und den Brief nicht abzuschicken: Denn Hitchcock würde ihn sicher Joan Fontaine zeigen, sagte O'Shea, er sei ja dafür bekannt, Ressentiments gerne zu schüren.

Natürlich stellte sich Selznick weiterhin schützend vor Hitchcock und ergriff jede Gelegenheit, daran zu erinnern, daß der Regisseur exklusiv bei David O. Selznick unter Vertrag stand. Wenn sie zusammenwaren, pflegten sie eine herzliche Beziehung, tauschten regelmäßig Geschenke, Komplimente und gute Wünsche aus. Doch Selznick war sich sicher, daß er ein strenges Auge auf Hitchcocks Arbeitsgewohnheiten haben mußte, wenn sie nicht zusammenwaren. Als *Verdacht* seiner Vollendung entgegenging, bemühte sich Selznick eifrig darum, Hitchcocks nächstes Projekt in Gang zu bringen, denn er bezahlte ihn wöchentlich. Er holte John Houseman heran, der seit 1937 mit Orson Welles und dem Mercury-Theater und bei der Produktion von *Citizen Kane* gearbeitet hatte, um mit Hitchcock eine neue Filmidee zu entwickeln. ›Ich denke mir, wir sollten Hitchcock auf seine nächste Geschichte ansetzen, bevor er den Urlaub antritt, den Sie ihm wohl geben werden‹, schrieb Selznick an O'Shea. ›Auf diese Weise kann er mit der Story im Urlaub weitermachen... Würden Sie dies bitte mit Hitchcock und Houseman arrangieren, sobald Hitchcock bei RKO fertig ist?‹*

Nachdem er Hitchcock an Wanger und RKO ausgeliehen hatte, dachte Selznick ernsthaft daran, ihn in sein eigenes Studio zurückzuholen. *Three Faces East, The White Feather, The Song of the Dragon, The Man in Half Moon Street* und *The Woman in White* erwog er als Stoffe für Hitchcock und Ingrid Bergman, aber John Houseman wollte die beiden in einer Verfilmung von Stefan Zweigs *Briefe einer Unbekannten* zusammenbringen. Selznick hörte auf den klugen Rat von Kay Brown und erwiderte, dies wäre für Hitchcock kein Stoff. (Houseman produzierte den Film später selber, mit Joan Fontaine in der Hauptrolle und Max

* Selznick ergriff allerdings nicht so sehr Besitz von Hitchcock, daß er einen guten Zweck nicht unterstützt hätte. Er stimmte bereitwillig dem Ansinnen zu, Hitchcock solle ein paar Sequenzen eines nichtkommerziellen Films zur Unterstützung angloamerikanischer Wohlfahrtsorganisationen drehen. Über dieses Projekt sind keine weiteren Informationen erhalten geblieben.

Ophüls als Regisseur.) Val Lewton, der damals auch zu Selznicks Stab gehörte, wurde darauf angesetzt, Charles Boyer mit *Les Misérables* oder Mary Pickford mit *The Bat* als Regiepaket für Hitchcock zu präparieren. Lewton seinerseits dachte – und das war von ihm nicht als Scherz gemeint –, man könnte Hitchcock gut dazu verwenden, *Die Schatzinsel* zu inszenieren. Er hielt nicht viel von Hitchcock als Geschichtenerzähler: »Ich halte Hitchcocks Art, Geschichten zu erzählen, für grundsätzlich falsch; wir brauchen etwas Besseres und Substantielleres als die altmodischen Verfolgungsfilme, die er jedesmal dreht, wenn er mit seinen eigenen Einfällen alleingelassen wird.«

Von verschiedenen Ideen, die im Frühjahr 1941 in Erwägung gezogen wurden, war die interessanteste eine Originalstory, die Hitchcock eines Abends Selznick beim Essen erzählte. ›Es handelt sich‹, notierte Selznick, ›um eine sehr interessante, wenn auch eher erotische Story, die er hervorragend für Ingrid Bergman geeignet hielt, und die er wohl gerne inszenieren wollte. Er sagte, Joan Harrison kenne die ganze Geschichte, die auf dem wahren Bericht eines jungen Paares beruhte, das von Straßenräubern gekidnappt wurde. Die junge Frau eines Militär-Attachés oder jemandem dieser Art und ein enger männlicher Freund seien nach ihrer Entführung von chinesischen Räubern sechs Monate lang aneinandergefesselt worden. Ich kann den Reiz dieser Geschichte für Hitchcock verstehen.‹ Zur selben Zeit dachten Selznick, Hitchcock, Harrison, Kay Brown und andere an eine Wiederverfilmung von *The Lodger* und *The Man Who Knew Too Much*, und Gaumont-British machte einen kräftigen Gewinn beim Verkauf der Rechte.

Im Juni nahm Selznick seine Option auf Hitchcocks Vertrag für das dritte Jahr wahr, und Hitchcock erklärte sich bereit, innerhalb von 20 Wochen einen Film zu machen für ein Honorar, das jetzt auf 3000 Dollar die Woche gestiegen war. Seit 1939 hatte Hitchcock von Selznick Honorare und Prämien in Höhe von 345375 Dollar erhalten. Für etwas mehr als zwei Jahre Arbeit war das keine schlechte Entschädigung; als Hitchcock aber von anderen Zahlungen erfuhr, die geleistet wurden, war er von seiner eigenen Bezahlung nicht mehr beeindruckt: Selznick hatte sich durch die Verträge mit Wanger und RKO 130000 Dollar Gewinn gesichert; Cary Grant erhielt für *Verdacht* 112500 Dollar, Joan Fontaine 69750 Dollar. In Anbetracht der geleisteten Arbeit hielt er dies für bemerkenswert unausgewogen.

Schauspieler erhielten bis zu 15000 Dollar die Woche, während man ihm 2750 Dollar bezahlte. Es schien unfair, und es war unfair.

Das Thema Fairneß mochte Hitchcock auch im Februar in den Sinn gekommen sein, als die ›Oscars‹ für die Filme des Jahres 1941 verliehen wurden. *Die Früchte des Zorns, Der große Diktator, The Long Voyage Home, Die Nacht vor der Hochzeit, Our Town* und *Mord* waren nominiert. Der Preis für den besten Film aber ging an *Rebekka* – was bedeutete, daß Selznick als Produzent der Empfänger war. (George Barnes wurde für die beste Fotografie desselben Films ausgezeichnet.) In diesem Jahr begann die Zeremonie mit den geschlossenen Umschlägen und der großen Geheimhaltung, und die nominierten Regisseure mußten zur Verkündung des Gewinners auf der Bühne des Biltmore-Hotels aufmarschieren. Die anwesenden Regisseure – Hitchcock, George Cukor, Sam Wood und William Wyler – versuchten, so wenig Unbehagen wie möglich zu zeigen. Frank Capra öffnete den Umschlag, und der Preis für den besten Regisseur ging an den einzigen, der nicht anwesend war: John Ford.

Für den Rest seines Lebens behauptete Hitchcock steif und fest, er empfände keine Enttäuschung darüber, nie einen ›Oscar‹ für die beste Regie bekommen zu haben (trotz seiner fünf Nominierungen). »Was soll ich mit einem weiteren Staubfänger anfangen?« fragte er gerne. Seine engsten Mitarbeiter aber wußten, daß Hollywoods Abfuhr ihn fuchste – was 1968 deutlich wurde, als Hitchcock, jetzt schon in den Siebzigern, einen Spezial-›Oscar‹ erhielt.

Selznick allerdings machte sich auch über Fairneß Gedanken; er fühlte sich betrogen, weil Hitchcock damit begann, häufige Fahrten zu weit von Culver City entfernten Orten zu unternehmen, um die Herstellung von Kurzfilmen für die britische Library of Information zu besprechen. »Meinen Sie nicht«, fragte er einen Mitarbeiter, »wir sollten ein für allemal deutlich festlegen, wieviel Zeit Hitchcock nun für Angelegenheiten der britischen Regierung verwenden darf? ... Ich sehe keinen Grund dafür, einem Mann 3000 Dollar die Woche zu zahlen und ihm so viel Zeit für Angelegenheiten der britischen Regierung zu lassen, wie er und sie das wollen ... Er verschwindet alle paar Wochen nach New York oder Kanada, bleibt zwei oder drei Tage weg, und uns kostet das 500 Dollar am Tag.«

In Wahrheit – was Selznick bald entdeckte – stellte Hitchcock nicht nur sein Talent für britische Propagandafilme zur Verfügung. Er vertiefte auch seine Beziehung zu seinem alten Bekannten Sidney Bernstein, dem jetzigen Leiter der Library, mit dem er nach dem Krieg eine Produktionsfirma zu gründen hoffte, um in London und Hollywood Filme zu machen. Im Sommer 1941 fingen sie damit an, mit Ideen zu spielen, während Selznick, Houseman und der Schluß von *Verdacht* warteten. Im September war Selznick zu Recht verärgert: »Mir scheint, wir sollten Hitchcock dazu bringen, auf dem Studiogelände zu arbeiten, weil wir ihn so am besten kontrollieren können. Er hat gute Büros, eine Sekretärin... der Autor ist hier, Houseman ist hier... Es ist lächerlich, daß ein Mann, der seinen Lohn bekommt, sich nicht zu einem vollen Arbeitstag bei der Firma, von der er beschäftigt wird, einzufinden braucht.«

Hitchcocks geteilte Aufmerksamkeit führte zur ersten ernsthaften Verstimmung mit dem ansonsten toleranten Selznick, der zum damaligen Zeitpunkt Houseman und Joan Harrison dafür bezahlte, daß sie aus einer Idee Hitchcocks über fünfte Kolonnen und Sabotageakte gegen amerikanische Rüstungsbetriebe ein Treatment machten. Ursprünglich *U. S.* und dann *Sabotage* betitelt, wurde der Stoff schließlich als *Saboteure* registriert – ein schwacher Versuch, eine Verwechslung mit dem 1936 entstandenen britischen Film zu vermeiden. Zwischen Ende August (als *Verdacht* den letzten Schliff erhielt) und Ende Oktober arbeitete Hitchcock mit Unterbrechungen an Treatment und Drehbuch zusammen mit dem jungen Autor Peter Viertel (dem Sohn des Regisseurs Berthold Viertel und seiner Frau, der Schauspielerin und Drehbuchautorin Salka).

Eine Zeitlang hoffte Selznick, den Film selber produzieren und Gene Kelly für die Hauptrolle bekommen zu können, aber als sich die Verzögerungen häuften, wurde klar, daß Kelly nicht zur Verfügung stehen würde (MGM schloß mit ihm einen langfristigen Vertrag ab); Selznick verlor schnell das Interesse. Gegen Ende September hatte Selznick seinen Ärger lange genug unterdrückt, und ein Zusammenstoß mit Hitchcock schien unvermeidbar. Statt dessen aber diktierte er einen elfseitigen Brief, den Daniel O'Shea mit seiner Unterschrift an Hitchcock senden sollte und der die wunden Punkte detailliert beschrieb.

Zunächst hatte Hitchcock, zu Anfang der Arbeit am Drehbuch für *Saboteure,* um eine Prämie gebeten, da er wußte, Selznick würde dazu neigen, ihn mit riesigem Profit an ein anderes

Studio auszuleihen. Als ihm die Prämie nicht gewährt wurde – ebensowenig wie zusätzliche Gelder, die auf seine Bitte hin Joan Harrison als Anreiz, an seiner Seite zu bleiben, gezahlt werden sollten –, stürmte er aus dem Studio, ging nach Hause und weigerte sich einen Tag lang zu arbeiten. Selznick erwiderte (über O'Shea), dieser entsetzliche Ausbruch sei ein Skandal, Hitchcock bekäme 500 Dollar am Tag, um in seinem Büro zu sein und an einem Treatment zu arbeiten, und Joan Harrison »macht, wie Sie selbst gesagt haben, kaum mehr, als die Ideen aufzuschreiben, die Sie haben ... Ich denke, es ist höchste Zeit für Sie, eine Bestandsaufnahme zu machen und sich klarzuwerden, daß es zunehmend schwieriger für uns wird, mit Ihrem zunehmend schlechten Ruf für Langsamkeit und Extravaganz fertig zu werden«. Dann gab es die Geschichte mit Hitchcocks lautstarken Beschwerden über sein reguläres Gehalt. »In Wirklichkeit«, konterte Selznick, »haben Ihre Agenten aus uns ein viel höheres Gehalt herausgeschlagen, als Ihnen von irgendeinem anderen Studio in der Stadt angeboten worden ist, und ohne Kleingedrucktes; die Leiter anderer Studios haben uns ausgelacht, als sie erfuhren, welchen Betrag wir Ihnen zahlen wollten, wohl im Hinblick auf Ihre eigene Gewißheit, für welche Summe sie sich Ihrer Dienste hätten versichern können. Darüber hinaus«, fuhr er in Anspielung auf Hitchcocks Amerika-Besuch im Jahr 1938 fort,

> sind Sie persönlich herübergekommen, um festzustellen, ob Sie etwas Besseres als unseren Vorschlag finden konnten. Sie haben andere Studios besucht, Sie haben eine Menge Zeit in der Stadt verbracht, um alle Möglichkeiten zu untersuchen, und als Sie versucht haben, über unser hohes Angebot hinaus zusätzliches Geld von uns zu bekommen, haben wir Ihnen offen und ehrlich erklärt, wir könnten es nicht in Betracht ziehen, Ihnen noch mehr zu zahlen ... Sie sind aus eigenem Antrieb zu uns gekommen und mit offenen Augen und waren wahrscheinlich hocherfreut über Ihren Handel. Ich möchte bemerken, daß die Weisheit Ihrer Entscheidung offenbar geworden ist, obwohl Ihr Gedächtnis eher kurz zu sein scheint... Außerdem wäre es meiner Meinung nach nicht unangemessen, darauf hinzuweisen, wie sehr Sie bei Ihren Aufgaben vom Glück begünstigt waren, besonders bei *Rebekka.*

Der Brief – eine scharfe und praktisch unanfechtbare Summierung von Fakten – wurde nie abgeschickt. O'Shea zog es klugerweise vor, die Angelegenheit mit Hitchcock und Myron Selznick persönlich zu besprechen und es so zu vermeiden, sich den bereits gereizten Regisseur zum Gegner zu machen.

Bis November hatte sich Selznick dazu entschlossen, *Saboteure* einem anderen Studio zu verkaufen, wie Hitchcock es vorausgesehen hatte. Darryl F. Zanuck von 20th Century Fox war interessiert, allerdings nur für den Fall, daß Henry Fonda und Gene Tierney für die Hauptrollen verpflichtet werden könnten. Selznick war mehr darauf aus, mit RKO darüber zu verhandeln, daß Orson Welles den Film dort produzieren sollte. Er dachte, Welles ›würde sich um die Chance reißen, Hitchcock unter sich arbeiten zu lassen, und es würde Welles' Eitelkeit schmeicheln‹. Welles jedoch, dessen kreative Beziehung zu Houseman während der Produktion von *Citizen Kane* nicht gerade herzlich zu Ende gegangen war, lehnte es ab, über ein Houseman-Hitchcock-Drehbuch zu reden. So schloß Selznick am 7. November einen Vertrag mit Frank Lloyd ab, der *Saboteure* beim Universal-Studio produzieren würde. Lloyd einigte sich mit Selznick darauf, ihm für Hitchcock und das Drehbuch 130000 Dollar und zehn Prozent der Bruttoeinnahmen zu zahlen.

John Houseman hat aus seiner Erinnerung eine lebhafte Erzählung der herbstlichen Schreib-Periode geliefert.

Man instruierte mich, meinen britischen Background, meine Kultiviertheit und meinen Charme zu benutzen, eine gute persönliche Beziehung zu Hitch aufzubauen und ihn zu überreden und zu ermutigen, sich ein ›Original‹-Drehbuch auszudenken und vorzubereiten... Er war mir geschildert worden als ein fetter Mann mit einer Neigung für schlüpfrige Scherze – als Gourmet und prahlerischer Kenner edler Weine. Ich war nicht vorbereitet auf einen Mann von extrem delikater Sensibilität, der geprägt war von einer strengen katholischen Erziehung und den Narben, die ihm ein Gesellschaftssystem zugefügt hatte, gegen das er dauernd revoltierte und das ihn mißtrauisch und verletzlich gemacht hatte, abwechselnd gefügig und herausfordernd. Er war ein unterhaltsamer und kenntnisreicher Gefährte... Seine Leidenschaft aber galt seiner Arbeit, an die er mit einer Intelligenz und beinahe wissenschaftlichen Klarsicht heranging, die mir vom Theater her nicht vertraut war... Er entwickelte den Gedanken einer pittoresken Spionage-Geschichte – einer amerikanischen Version der *39 Stufen* – mit einer transkontinentalen Verfolgungsjagd von Küste zu Küste, die in der Hand der Freiheitsstatue endete... Mit ihm zu arbeiten, bedeutete in Wirklichkeit, ihm zuzuhören – seinen Anekdoten, Situationen, Charakteren, Enthüllungen und Umkehrungen, die er sich des Nachts ausdachte und die er am Tage an uns erprobte... Die Elemente, die er behielt, wurden schließlich zu einer Geschichte mit sorgfältig kalkulierten und detailliert konstruierten Rhythmen verwoben.

Hitchcocks emotionale Rhythmen waren allerdings alles andere als sorgfältig kontrolliert. Houseman zog enormes Vergnügen aus Hitchcocks täglichen Beschreibungen der Szenen, die er sich ausgedacht hatte. Er sah dem Regisseur zu, der seinen Autoren kleine Vignetten aus den Szenen vorspielte, die er für seine besten hielt. Laut Houseman fühlte sich Hitchcock selbst ›eher wie ein Zuhälter... hin und her gerissen zwischen der Demütigung durch diese Vorstellungen und der Freude, die er immer daran empfand, seine Tricks an einem neuen Publikum auszuprobieren‹. Houseman wußte, die Vorstellung, daß alle seine Anstrengungen letztlich vor allem Selznick nützen würden, machte Hitchcock wütend: ›Die Klagen über die von ihm ganz richtig eingeschätzte Ausbeutung seines Talents wurden so bitter, daß sie schließlich die Qualität seiner Filme beeinflußten.‹

Hitchcocks Verärgerung wurde noch dadurch verstärkt, daß Joan Harrison in der Schlußphase der Drehbuchvorbereitung zu der Ansicht kam, sie hätte jetzt genug Lehrzeit bei ihrem berühmten Arbeitgeber verbracht, und sich entschied, es auf eigene Faust zu versuchen. Während der nächsten zehn Jahre schrieb oder produzierte sie eine Reihe unabhängiger Filme und kam dann zurück, um mehrere Jahre lang Hitchcocks Fernsehshows zu produzieren. Hitchcock behauptete immer, er habe es ihr nicht übelgenommen, daß sie unabhängig wurde. In Wirklichkeit aber fand viele Jahre überhaupt kein Kontakt zwischen ihnen statt. Er verstand in der Tat nie, aus was für professionellen oder persönlichen Gründen auch immer jemand das Verlangen haben könnte, nicht mehr mit ihm zu arbeiten. Wem er vertraute, dem pflegte er einfach anzukündigen: »Als nächstes werden wir dies in Angriff nehmen...« oder »Wenn Sie damit anfangen...« – nie kam ihm die Idee, sich danach zu erkundigen, ob jemand andere Pläne oder andere Hoffnungen hatte. Für Hitchcock zu arbeiten, dachte er, sei schon Belohnung genug; man könnte ohnehin nicht hoffen, weiter aufzusteigen.

Houseman hatte recht: Die Qualität von *Saboteure* war schlecht. Nach Abschluß der Produktion Anfang 1942 wurde diese Einschätzung bestätigt. Robert Cummings, Priscilla Lane und Otto Krüger waren weder stark noch exzentrisch genug, um Hitchcock-Figuren zu sein; obwohl Dorothy Parker kurze Momente von perversem Humor beisteuerte (nach Benchley das zweite Mal, daß ein Algonquinischer Geist heraufbeschworen wurde, um den Dialog eines Hitchcock-Films zu würzen), entpuppte sich der Film als eine beliebige Reihung synthetischer und unzusammenhängender Vorfälle. Nachdem Frank Lloyd so viel für Hitchcock und das Drehbuch hatte zahlen müssen, blieb ihm wenig Geld für das Design und die Ausstattung übrig, und der fertige Film machte einen billigen Eindruck. Der einzige Augenblick Hitchcockschen Schreckens ist der ohnmächtige, schwindelerregende Sturz des Saboteurs aus der Hand der Freiheitsstatue am Ende des Films.

Abgesehen von dem bemerkenswerten Trickeffekt (ein sogenannter ›Travelling Matte Shot‹) rekapitulierte der Film bekannte Handlungselemente: Die Handschellen und das flüchtende Paar stammen aus *39 Stufen* (und Cummings Flucht aus einem Lagerraum, in dem er Feuer legt, entspricht der Flucht Hannays aus einem Lagerraum, indem er ihn mit Dynamit hochjagt – eine Szene aus dem Roman, die Hitchcock in seiner Filmversion damals nicht verwendet hatte); das plötzliche Erscheinen einer Zirkustruppe erinnert an die seltsame Ansammlung von Freaks in *The Ring* und in *Murder!* und spiegelt die zunehmende Faszination des Regisseurs an Groteskem; mit den Kinozuschauern, die über einen Mord auf der Leinwand lachen, während um sie herum Morde geschehen, wird ein Motiv aus *Sabotage* wiederholt; der hinter einem Vorhang herausgehaltene Revolver, den nur eine einzige Person bemerkt, stammt aus *The Man Who Knew Too Much;* und noch einmal protestiert ein eleganter Übeltäter (wie Godfrey Tearle in *39 Stufen*): »Ich bin ein angesehener Bürger, ich bin sehr bekannt...«

Die begeisterten Kritiken zum Start von *Saboteure* überraschten wie schon bei *Verdacht* jeden im Studio – zumal Hitchcock in einer delikaten Angelegenheit mit der Regierung der Vereinigten Staaten aneinandergeraten war. Bei der Endmontage im April entschloß sich Hitchcock dazu, reales Wochenschau-Material für die Episode zu verwenden, in der der Saboteur im Navy-Hafen von Brooklyn auf einem Kriegsschiff eine Bombe hochgehen läßt. Hitchcock entschied sich für einige Aufnahmen der beschädigten *S. S. Normandie,* Frankreichs legendärem Luxusdampfer, der von der amerikanischen Regierung übernommen und offiziell in *U. S. S. Lafayette* umgetauft worden war, bevor am 9. Februar aus ungeklärten Ursachen ein Feuer an Bord ausbrach, als das Schiff in Manhattan am Pier lag; am nächsten Morgen lag das Schiff auf der Seite – Tonnen von Löschwasser hatten es zum Kentern gebracht.

»Ich schnitt auf den Rumpf der *Normandie*«, sagte Hitchcock, »dann zurück auf eine Großaufnahme des Saboteurs, der sich, nachdem er das Wrack angestarrt hat, mit einem leicht gemeinen Lächeln im Gesicht umdreht. Die Navy machte Universal wegen dieser Aufnahme die Hölle heiß, weil ich damit suggerierte, die *Normandie* sei einem Sabotageakt zum Opfer gefallen, als Folge einer mangelhaften Bewachung.« Trotz der Einwände der Navy blieben die Aufnahmen im Film – vielleicht auch, weil gleichzeitig eine Untersuchung über die Möglichkeiten eines Sabotageaktes eingeleitet wurde.

Während der ersten Drehwochen fuhr Alma von Los Angeles nach New York, um Pats Broadway-Debüt zu beaufsichtigen. Ihre Tochter hatte ein stetes Interesse für das Theater gezeigt und stand jetzt im Alter von 13 Jahren am Anfang ihrer Karriere als Bühnenschauspielerin. Auriol Lee, die in Hitchcocks *Verdacht* eine Schriftstellerin gespielt hatte, war hauptsächlich mit Bühneninszenierungen von sechs Stücken von John Van Druten bekannt geworden. Als sie Pat Hitchcock traf, suchte sie gerade nach einem Kind, das die Hauptrolle in Van Drutens neuem Stück *Solitaire* spielen könnte, dessen Premiere in New York unter ihrer Regie Anfang 1942 stattfinden sollte. Pat sprach ihr und dem Autor vor, wurde sofort verpflichtet und begann ihre Vorbereitungen für den Broadway. Im Juli hatte Auriol Lee ihre Rolle bei Hitchcock abgedreht und machte sich auf zu einer Überland-Autofahrt nach New York, um sich wieder ihrer Theaterkarriere zu widmen. Sie kam nie an. Auriol Lee, die eine so warmherzige und ermutigende Mentorin gewesen war, kam bei einem Autounfall außerhalb von Kansas City ums Leben. Als Pat schließlich nach New York kam, um mit den Proben zu beginnen, fanden diese unter der Regie von Dudley Diggers statt.

»Ich freue mich nicht gerade auf den ersten Abend«, sagte Pat nach der Generalprobe. »Ich glaube, ich werde sehr nervös sein. Glücklicherweise wird mein Vater nicht im Publikum sitzen. Er dreht einen Film in Hollywood.« *Solitaire* (mit Victor Kilian als Partner von Pat) war eine dramatische Komödie über ein armes, kleines, reiches Mädchen und einen Landstreicher in mittleren Jahren. Die Kritiker fanden das Stück schwach und fad, und die Zuschauer blieben, wie Samuel Goldwyn einmal in anderem

Zusammenhang gesagt hatte, in Massen fern. Nach 23 Vorstellungen im Plymouth Theatre wurde das Stück abgesetzt, und Pat kehrte mit Alma in die Saint Cloud Road zurück. Ihr Vater, der mit den Dreharbeiten zu *Saboteure* beschäftigt war, hat sie in dem Stück nie gesehen.

Sie blieben aber nicht sehr lange in der Saint Cloud Road. Im Frühjahr 1942 begannen die Hitchcocks nach einem eigenen Haus zu suchen, genauer gesagt, Alma begann zu suchen, während ihr Ehemann sich abends die Ergebnisse der Haus-Jagd erzählen ließ. Gegen Ende des Frühlings hatte sie ein elegantes, kleines Haus im Kolonialstil gefunden; Hitchcock bezahlte den geforderten Preis von 40000 Dollar, und sie zogen um. Das Haus befand sich in der Bellagio Road Nr. 10957, auf der anderen Seite des Golfplatzes von Saint Cloud, versteckt zwischen kühlenden und schützenden Bäumen.

Innerhalb von Tagen war Pats Schlafzimmer vom Boden bis zur Decke mit Fotografien ihrer Lieblings-Filmstars bepflastert: Cary Grant, Bob Hope, Bette Davis, Bing Crosby, Clark Gable, Gene Autry, Frederic March, Humphrey Bogart. Rund um das bescheidene Eineinhalb-Stockwerk-Haus wucherten üppiges Grün und einige wunderlich knorrige Bäume. Die weiß gestrichenen Ziegelwände, das graubraune Dach, die Dachfenster, die großen Terrassen boten ein buntes Bild, das sie an Winter's Grace in Shamley Green erinnerte.

Das geräumige Eßzimmer mit holzgetäfelten Wänden, in dem sie sofort kleine Dinner-Partys zu geben begannen, blickte auf den Garten hinaus. Die Küche allerdings war nicht hervorragend, und Hitchcock verbrachte 20 Jahre damit, sie immer wieder neu einzurichten. Damals prunkte der Rest des Hauses mit Aubusson-Teppichen, verschiedenen wertvollen Gemälden, der Kopie eines Sessels der Bank von England, zwei Sesseln mit Bezügen, die Alma gestickt hatte, und – in einer seltsamen Abweichung von Hitchcocks normalerweise unfehlbarem Geschmack bei Einrichtungen – Tafelgeschirr aus rostfreiem Stahl, das er einmal bei einer Fluggesellschaft bewundert hatte. Im Schlafzimmer warfen zahlreiche Tischlampen ein weiches Licht auf die A-förmige Decke, das übergroße Bett, zwei Armsessel und einen offenen Kamin. Ohne Swimmingpool und Vorführraum entsprach das Haus nicht dem üblichen Hollywood-Anwesen, doch hatte Hitchcock jetzt endlich sein ›gemütliches kleines Haus‹. Außerdem schien ihn das Hauskauf-Fieber erwischt zu haben, denn wenig später kaufte er ein zweites Haus, weiter oben im Norden.

Der Umzug von der Saint Cloud in die Bellagio Road war aber aus mehr als nur dem simplen Wunsch entstanden, lieber Hausbesitzer als Mieter zu sein. Er wurde auch auf Grund einer Tragödie nötig.

Während Alma an Pats Debüt in New York teilnahm, wurden Hitchcock und die Welt von der Nachricht schockiert, daß Carole Lombard bei einem Flugzeugabsturz ums Leben gekommen war, als sie von einer Werbetour für Kriegsanleihen aus dem Westen zurückkam. Die lebhafte Freundin und wohlwollende Hausherrin der Hitchcocks war nur 33 Jahre alt, und Hitchcocks Verwirrung und Empörung über ihren Tod verstärkten die Probleme beim Drehen von *Saboteure.* Obwohl ihre beruflichen Beziehungen beschränkt und ihre privaten keineswegs eng gewesen waren, hatte Hitchcock Geschmack gefunden an ihrer überraschenden Kombination von damenhafter Eleganz und verbaler Vulgarität.

Carole hatte sich bei Hitchcock auch beliebt gemacht durch ihren Sinn für das Makabre, den sie mit ihm und ihrem Ehemann Clark teilte. An einem Abend des Jahres 1941 hatten die Hitchcocks die Gables nach Saint Cloud eingeladen; während des Essens erwähnte Hitchcock den Brauch südamerikanischer und australischer Eingeborener, Köpfe schrumpfen zu lassen. Gable sagte, er besäße einen Schrumpfkopf, und Carole fügte hinzu, sie hätten das schreckliche Ding eines Nachts in eine Schlucht des Goldwater Canyon geworfen, aber nach ihrer Ankunft zu Hause hatten sie ihre Respektlosigkeit bereut und waren zurückgegangen, um den Kopf zu holen. Carole und ihr Gärtner bauten daraufhin einen winzigen Sarg und begruben den Kopf – in dem Garten, den jetzt Hitchcock benutzte.

Bei der Neuigkeit, sein eigener Garten sei ein Friedhof für einen Schrumpfkopf, glänzten Hitchcocks Augen, und man ging dazu über, einen unmöglichen Publicity-Gag auszuhecken. Mit großem Vergnügen planten sie eine mitternächtliche Exhumierungsparty, an der die gesamte Presse und eine Versammlung von Berühmtheiten teilnehmen sollten. Nach dem Essen sollte jeder Spaten und Hacken erhalten, und die Ausgrabung würde beginnen. Das gespenstische Ereignis fand aber nie statt. Durch eine tragische Wendung des Schicksals bestand die einzige Friedhofs-Aktivität in diesem Winter aus dem Begräbnis von

Carole Lombard. Hitchcock entschied sich sofort dafür, nach einem neuen Haus zu suchen, und bald zogen sie in die Bellagio Road um. Der Schrumpfkopf wurde nur im Film exhumiert – in zwei mutwilligen Schockmomenten in *Sklavin des Herzens*, der sieben Jahre später in England entstand.

Als im Frühjahr 1942 die Kopien von *Saboteure* an die Kinos ausgeliefert wurden und man auf das Urteil der Kritiker wartete, wollte Selznick, daß Hitchcock schnell mit einem neuen Projekt anfing – und Hitchcock war ebenso erpicht darauf, seine Unzufriedenheit mit *Saboteure* zu überwinden. Jack Skirball, Frank Lloyds Partner bei Universal, war bereit, Selznick 130 000 Dollar für 18 Wochen Hitchcockscher Dienste zu bezahlen. (Hitchcock erhielt davon etwa ein Drittel und machte damit Selznick zu einem reicheren, aber immer noch untätigen Produzenten.)

Am 13. April lud Margaret McDonnell, eine der Drehbuch-Beraterinnen Selznicks, Hitchcock zum Lunch ein und machte ihm verschiedene Vorschläge. Nach Patrick Hamiltons Stück *Angel Street* hatte man ein Filmdrehbuch mit dem Titel *Gaslight* geschrieben, und sie meinte, es wäre genau das Richtige für ihn. Obwohl sich in dem Buch Elemente eines Thrillers fanden, lehnte er das Kostüm-Melodram ab; er sagte, mit *Riff-Piraten* habe er seine Lektion über historische Stoffe gelernt. Die einzige andere Geschichte, die ihn interessierte, war ein Stoff mit dem Titel *The Ventriloquist*.

Mehrere Tage lang nach diesem Lunch arbeitete Hitchcock allein an dieser merkwürdigen Idee: Ein Bauchredner begeht Bigamie, ermordet seine erste Frau, verwechselt dann aber, von seinem Verbrechen geplagt, Realität mit paranoiden Wahnvorstellungen. Als seine zweite Frau mit der Warnung zu ihm kommt, die Polizei sei ihm auf den Fersen, hält er sie irrtümlich für seine erste Frau und stürzt in seiner Panik von einer Klippe zu Tode.

»Hitchcock mag das wirklich!« berichtete Mrs. McDonnell am nächsten Tag Selznick. Der aber hielt das Ganze für zu bizarr, und während Hitchcock versuchte, ein Treatment zu schreiben, wurde ihm mitgeteilt, die Idee sei abgelehnt worden. Echos dieses Entwurfs und seiner Mischung aus Schuld, Angst und Illusion sollten später in der Schlußszene von *Vertigo* auftauchen.

Als Selznick die Idee ablehnte, verließ Hitchcock sofort für mehrere Tage die Stadt – offiziell, um einige technische Probleme bei den Musikaufnahmen für *Saboteure* in New York zu überwachen. Er fuhr aber auch nach Washington, um dem Pressekorps zu versichern, der Film würde sich perfekt für eine Werbekampagne für Kriegsanleihen eignen. Nach seiner Rückkehr nach Hollywood schlug Margaret McDonnell vor, John Buchans Roman *Greenmantle* mit Ingrid Bergman, Cary Grant und Herbert Marshall zu verfilmen, oder Buchans *No Other Tiger,* die Story eines Juwelendiebstahls. (»Besonders begeistert«, berichtete Mrs. McDonnell, »war Hitchcock vom Höhepunkt, wo man die schöne Tänzerin erhängt an einem Kronleuchter findet.«)

Die Idee aber, auf die man sich schließlich einigte, war von ihrem Ehemann, dem Autor Gordon McDonnell, angeregt worden. Hitchcock und er besprachen sie am 5. Mai während eines Lunches beim Brown-Derby; am nächsten Tag erzählte Hitchcock die Idee Jack Skirball; am 7. Mai (dem Tag der Premiere von *Saboteure* in der Radio City Music Hall) wurde der Skirball-Selznick-Vertrag abgeschlossen. Hitchcock wurde dazu verpflichtet, einen Film mit dem Titel *Uncle Charlie* zu inszenieren, McDonnells Geschichte über einen mörderischen Irren, der sich bei der Familie seiner Schwester vor der Polizei versteckt, dort aber nach und nach von seiner Lieblingscousine entlarvt wird. Nach seinem Unfalltod wahrt sie das Geheimnis der furchtbaren Identität ihres geliebten Onkels.

Um im Mai und Juni ein Drehbuch auszuarbeiten, bat Hitchcock Thornton Wilder um Mitarbeit, dessen Kenntnisse über das amerikanische Kleinstadtleben er in *Unsere kleine Stadt* sehr bewundert hatte. (Daß Hitchcock auf einem etablierten amerikanischen Autor bestand, spiegelt sein wachsendes Verlangen, seine Werke so amerikanisch wie möglich erscheinen zu lassen und sich von dem englischen Flair seiner Filme zu lösen, das er für angebracht gehalten hatte, bevor Amerika gezwungen war, in den Krieg einzutreten. Zu diesem Zeitpunkt brach er auch fast alle Kontakte zu dem treuen Charles Bennett ab, der von 1934 bis 1940 so gut mit ihm gearbeitet hatte.) Die Wochen mit Wilder gehörten zu den angenehmsten in Hitchcocks Karriere; obwohl der Pulitzer-Preisträger kaum mehr beitrug, als bei der Suche nach Motiven zu helfen und an einem Prosa-Treatment zu arbeiten, teilten Hitchcock und er doch die Neugier auf das kleinstädtische Leben.

Als sie aber gerade ihre Notizen und Prosaskizzen einzelner Sequenzen zu einem Drehbuch verarbeiten wollten, ging Wilder zur Armee. Und als Hitchcock dann angefangen hatte, allein an dem Drehbuch zu arbeiten, geschah etwas, das den Inhalt, das Thema und die Absichten des Drehbuchs in vollständig neue Bahnen lenkte:

Hitchcock bekam jetzt häufig besorgte Briefe und Telegramme aus England, die ihn davon unterrichteten, daß seine Mutter eine Reihe komplizierter Krankheitssymptome entwikkelt hatte und sich ihr Gesundheitszustand sehr verschlechterte. Es gab Probleme mit den Nieren und dem Stoffwechsel. William Hitchcock ließ seinen Bruder wissen, daß er alarmiert sei – zumal ihre Mutter sich weigerte, ins Krankenhaus zu gehen, und nur die Pflege akzeptierte, die sie zu Hause in Shamley Green erhalten konnte.

Hitchcock mußte bei Skirball und Universal natürlich einem strengen Zeitplan folgen – einem doppelt harten Zeitplan aufgrund der Information von Selznick, Hitchcock habe die Gewohnheit gehabt, zu eigenen Zwecken nach New York oder Kanada zu reisen. Außerdem war es im Sommer 1942 nicht einfach, Flugreisen nach England zu buchen – und eine Schiffsreise selbst aus dem besten aller Gründe hätte einfach zuviel Zeit in Anspruch genommen.

Also blieb er in Kalifornien; niemand kreidete ihm diese Entscheidung an, aber sie kostete ihn erhebliche persönliche Qualen. Einigen wenigen Mitarbeitern begann er sogar Erinnerungen aus seiner Kindheit, an seine Eltern und das Leben in Leytonstone anzuvertrauen. Zu diesem Zeitpunkt, und zum ersten Mal in seinem Leben, offenbarte der gewöhnlich geheimniskrämerische Hitchcock sein Innerstes in dem ersten, im geistigen Sinn autobiografischen Film seiner Karriere. Das am 10. August beendete Drehbuch (mit Dialogen von Kurzgeschichten-Autor Sally Benson, Alma und Hitchcock) ist seine Antwort auf die persönliche Krise. Der Film, den er schließlich *Im Schatten des Zweifels* nannte, wurde zu einem Handbuch der literarischen und kulturellen Einflüsse in seinem eigenen Leben, und nie wieder würde Hitchcock so nah daran herankommen, seine privaten Empfindungen in seiner Arbeit öffentlich auftauchen zu lassen. Vielleicht war ihm dieser Film deswegen immer einer der liebsten. Aber nur wenige seiner Schauspieler und seines Teams ahnten zu dieser Zeit das Ausmaß seiner persönlichen

Pein und Krise – und auch nicht das Ausmaß seiner Selbst-Offenbarung.

Die Besetzung war im Juli abgeschlossen, und die Drehorte in der friedlichen kalifornischen Gemeinde Santa Rosa waren vorbereitet. Von Selznicks Dienstliste wählte Hitchcock Joseph Cotten für die Rolle des gutaussehenden, psychopathischen Onkels, der reiche Witwen erwürgt; von Samuel Goldwyn borgte er Teresa Wright aus. Sie hatte ›Oscar‹-Nominierungen für ihre ersten drei Filme erhalten – *The Little Foxes, Mrs. Miniver* und *Der große Wurf* – und den Oscar für *Mrs Miniver* bekommen. Ihre Broadway-Karriere hatte als Zweitbesetzung für Dorothy McGuire in *Unsere kleine Stadt* angefangen, und es ist gut möglich, daß Thornton Wilder selbst sie gleich zu Anfang Hitchcock für die Rolle der Nichte vorgeschlagen hat, die einen moralischen Reifeprozeß durchlebt.

»Er machte seine Hausarbeiten gründlich, bevor er mit dem Film begann«, erinnerte sich Teresa Wright.

Er hatte den ganzen Film vor Augen, ehe wir anfingen – so als ob er in seinem Kopf einen kleinen Filmvorführraum hätte. Als er mir bei unserem ersten Treffen in seinem Büro im Juni 1942 die Geschichte erzählte, war es so, als säßen wir in einem Kino und sähen den fertigen Film. So sorgte er dafür, daß wir uns bei den Dreharbeiten sehr entspannt fühlten. Seine Regieanweisungen wirkten nie wie Instruktionen. Wir spürten, daß wir ihm vertrauen konnten, und er führte uns und ließ uns ein Gefühl von Freiheit. Er war sehr ruhig, so als würden wir zu etwas beitragen, was vollständig nach Plan verlief. Niemand plante einen Film so weitgehend wie er. Andere Regisseure ließen die Dinge gewöhnlich beim Drehen geschehen, aber bei ihm war alles weitaus gelassener und weitaus erfreulicher.

Wir waren die erste Filmproduktion, die in Santa Rosa drehte, und jeder dort war auf die eine oder andere Weise beteiligt. Edna May Wonacott, die die jüngere Schwester spielte, war die Tochter eines Lebensmittelhändlers aus Santa Rosa (Hitchcock hatte sie ausgewählt, nachdem er den Laden des Mannes gesucht und fand, daß er dem seines eigenen Vaters ähnelte); der örtliche Polizeibeamte instruierte sorgfältig den Schauspieler-Polizisten. Alle waren nett zu uns, selbst wenn unsere nächtlichen Dreharbeiten ihr stilles Leben störten.

Sie erinnerte sich auch an die endlose Folge von Wortspielen und Witzen, mit der Hitchcock seine Darsteller und Techniker zu unterhalten pflegte. Am Drehort begann er eine spaßige Liste des idealen Produktionsteams zu erfinden*: eine Hauptdarstellerin namens Dolly Shot; einen Mann namens Ward Robe; einen Bösewicht namens Mike Shadow; einen deutschen Spion, der als Herr Dresser bekannt war; eine Figur mit dem Namen Mae Kupp; den Kameramann Otto Focus; einen Kinderstar namens Fay Doubt; die Ballerina Mme. Panover; der Regisseur hieße Manny Takes, der Cutter Eddie Tor, der Designer Art Director und der Elektriker Xavier Arcs.

Um sich darüber hinaus von den besorgniserregenden familiären Nachrichten, von der Kriegssituation, vom Schicksal Englands und von seinem eigenen Gefühl der Isolierung abzulenken, stellte sich Hitchcock selbst die Aufgabe, die amerikanischen Eigenheiten detailgetreu wiederzugeben. Ursprünglich hatte er gehofft, die Innenaufnahmen in dem gleichen Haus in Santa Rosa drehen zu können, das auch für die Außenaufnahmen benutzt wurde, aber Platzprobleme machten dies unmöglich. So gab es dann eine ganze Reihe technischer Hürden zu überwinden: lange nächtliche Kamerafahrten; die Ausleuchtung von vier Straßenzügen; das sorgfältige Arrangement von Menschenmengen und Verkehr; die Ankunft eines Zuges im örtlichen Bahnhof, der nach Hitchcocks präzisen Anweisungen dunkleren und dämonischer wirkenden Rauch als üblich ausstoßen sollte. Gleichermaßen fesselten ihn die Probleme und Strukturen des Tons. »Er verwendete den Ton wie niemand sonst, den ich je gekannt habe«, sagte Teresa Wright.

Wenn irgendein anderer Regisseur einen Schauspieler bat, eine Teetasse abzusetzen, ging es um nichts anderes. Bei Hitch aber geschah alles aus einem bestimmten Grund. Wenn ein Schauspieler mit den Fingern trommelte, war das nicht ein zweckloses Trommeln, es hatte einen Rhythmus, ein musikalisches Muster – es war wie ein Geräusch-Refrain. Ob jemand nun ging oder mit Papier raschelte oder einen Umschlag zerriß oder vor sich hin pfiff, ob das Flattern von Vögeln oder ein Geräusch von draußen war, alles wurde sorgfältig von ihm orchestriert. Er komponierte die Toneffekte wie ein Musiker Instrumentenstimmen.

Hitchcock seinerseits achtete Teresa Wright ebenso, besonders

* ›Dolly‹ = Kamerawagen; ›Shot‹ = Filmeinstellung; ›Wardrobe‹ = Garderobe; Mike Shadow = Michael Schatten; ›Dresser‹ = Garderobier; ›Focus‹ = Brennweite; ›fay doubt‹ = zarter Zweifel; ›pan over‹ = die Kamera schwenken, zugleich aber eine Lautmalerei mit dem Russischen, etwa: Panowa; ›many takes‹ = viele Wiederholungsaufnahmen; das englische Wort für Cutter ist ›editor‹; ›arcs‹ = die alten Kohle-Bogenlampen, die früher als Scheinwerfer benutzt wurden.

ihre gründliche Vorbereitung auf ihre Rollen und ihre ruhige Professionalität. Ihre gegenseitige Bewunderung hielt bis zu seinem Tod an.

Hitchcocks Beziehung zu den anderen Darstellern war von gleicher Herzlichkeit. »Ich wurde in sein Büro geleitet«, erinnerte sich Hume Cronyn, der die Rolle des schwachen, von seiner Mutter beherrschten Nachbarn spielte, »und Hitchcock fragte mich, ob ich jemals in Nordkalifornien gewesen sei. Ich verneinte, und er erzählte mir, wie wunderbar die Landschaft dort sei, meilenweit nur Weingärten. ›Wenn des Tages Arbeit getan ist, gehen wir in die Weingärten und baden in Wein‹, sagte er. Ich deutete an, daß dies mehr nach einer Rolle für ihn als für mich klänge. Ich konnte mir Hitchcock als Bacchus gut vorstellen.«

Cronyn gab in *Im Schatten des Zweifels* sein Filmdebüt, und nachdem er auch in Hitchcocks nächstem Film gespielt hatte, arbeitete er später mit an den Treatments für zwei weitere Filme des Regisseurs. Zusammen mit seiner Frau Jessica Tandy, die zwanzig Jahre später auf die lange Liste der Hitchcock-Darsteller kommen sollte, war er jahrelang häufig im Haus der Hitchcocks zu Besuch. Mit derselben Kameradschaft begegnete Hitchcock Joseph Cotten, dem er sagte, er solle sich seine Garderobe für die Rolle des höflichen Übeltäters selbst aussuchen. »Er sagte mir, ich sollte mich anziehen wie ein reicher Mann, der zum Urlaub in einen Kurort fährt«, erinnerte sich Cotten. »Es gab keinen Regisseur, mit dem leichter zu arbeiten gewesen wäre.« In den Rollen der freundlichen, aber unaufmerksamen Eltern waren die talentierten Theater- und Filmschauspieler Patricia Collinge und Henry Travers perfekt besetzt.

Trotz der ganzen privaten Sorgen Hitchcocks verliefen die Dreharbeiten vor Ort in Santa Rosa in einer Ferienatmosphäre. An einem Wochenende im August schlossen die Hitchcocks die Verhandlungen für ihr zweites Haus in Scotts Valley in der Nähe von Santa Cruz ab. Das weißgetünchte Haus im kalifornisch-spanischen Stil besaß Eingänge unter Rundbögen, ein mit roten Ziegeln gedecktes Dach, großen Charme und war von riesigen Redwood-Bäumen umgeben, von denen manche mehr als vier Meter im Umfang maßen. Abgeschieden gelegen in einer Höhe von fast 500 Metern inmitten von 80 Hektar prächtigster Landschaft und mit dem Blick auf die Bucht von Monterey, diente es der Familie 25 Jahre lang als Zufluchtsort am Wochenende. Oft brachten sie ihre Köchin aus Bel Air mit, und die ersten Änderungen, die Hitchcock am Haus vornahm, bestanden darin, in einem kombinierten Koch- und Eßraum Gelegenheit zu Banketten zu schaffen.

Doch während des ganzen Sommers kamen aus England weiterhin erschreckende Nachrichten. Mrs. Hitchcock hatte sich einen Darmabszeß zugezogen, fiel wiederholt in Koma und wurde täglich von einem Arzt besucht. Ihr jüngster Sohn erzählte Außenstehenden nichts von den zunehmend schlechten Nachrichten, doch inbrünstig arbeitete er an dem Drehbuch mit, gab ihm einen letzten – und persönlichen – Schliff. Pat verbrachte ihre Sommerferien in Santa Rosa und gewann die Zuneigung der Darsteller und des Teams mit ihrer raschen Auffassungsgabe und mit hervorragenden Imitationen ihres Vaters. Alma schaute währenddessen dem Script-Girl über die Schulter und überprüfte gelegentlich Einzelheiten bei den Szenenanschlüssen. Der gesellschaftliche Höhepunkt des Sommers war die Feier zu Hitchcocks 43. Geburtstag, aus der er ein Ereignis für die Presse machte. Nach dem Essen spannte er die Gäste etwas auf die Folter, indem er ein langes Vorlegemesser hochhielt, es an seinen Hals setzte und, mit einem breiten Grinsen, damit drohte, sich die Kehle aufzuschlitzen. Einen Augenblick lang rührte sich niemand, und dann setzte er sich ohne ein Wort hin und bestellte Brandy für alle. Man kommt nicht umhin, sich zu fragen, ob diese ungewöhnlich makabre Zurschaustellung nicht wenigstens zum Teil das Resultat der Belastungen war, denen er durch seine Arbeit und die Nachrichten von der Familie ausgesetzt war, und auch das Ergebnis seines Schuldbewußtseins, in Komfort und Sicherheit zu leben, während seine Mutter in raschem Verfall in einem vom Krieg zermürbten England darniederlag.

Mitte September kehrte die Mannschaft zur Studioarbeit nach Hollywood zurück, und die befürchtete Nachricht traf kurz danach ein. Hitchcock erfuhr vom Tod seiner Mutter innerhalb von Stunden, nachdem er am Morgen des 26. September, eines Samstags, eingetreten war. Sie war 79 Jahre alt, und dieser Tag war ihr 55. Hochzeitstag. Sie entschlief ruhig in Anwesenheit ihres Sohnes William und des Arztes Dr. F. W. Gordon, der als Todesursache akutes Nierenversagen, eine Unterleibsfistel und einen Darmdurchbruch angab. Die letzte Woche sei extrem unangenehm gewesen, teilte man Hitchcock mit, aber seine

Mutter habe darauf bestanden, im Landhaus zu bleiben. Dieses Ereignis, dem Monate der Angst vorausgingen und Monate stiller Trauer folgten, verwandelte das gesamte Unternehmen von *Im Schatten des Zweifels* in ein Netzwerk persönlicher Verweise. Der Film ist ebenso sehr ein Schlüssel zur Komplexität Hitchcocks Innenlebens wie zu seinen Schuldgefühlen, und er stellt ein Geflecht von Bedeutungen dar, die seine Beziehungen zu seiner Familie, seinem gespaltenen Ich und der gespaltenen Kultur, aus der er emigriert war, erhellen.

Da ist zunächst einmal Onkel Charlie, die von Joseph Cotten gespielte Figur, ein Mann, mit dem sich Hitchcock eindeutig identifizierte: Das Drehbuch beschreibt ihn als ›schrecklich ordentlich und pingelig‹ – Eigenschaften, die Hitchcock an sich selbst schätzte. In seiner Kindheit hatte Onkel Charlie einen Unfall, für den der aus Hitchcocks eigener Kindheit Modell stand und von dem eine kaum wahrnehmbare Narbe am Kinn zurückgeblieben war. Die Beschreibung im Film ist eine Beschreibung des jungen Hitchcock: »So ein stiller Junge, immer liest er«, sagt seine Schwester. »Ich habe immer gesagt, Papa hätte dir nie dieses Fahrrad kaufen sollen. Du wußtest ja nicht, wie man damit umgeht. Er fuhr damit sofort auf die vereiste Straße hinaus und rutschte unter eine Straßenbahn. Wir dachten, er würde sterben. Er hat so lange liegen müssen. Und als es ihm besser ging, gab es kein Halten mehr. Er schien gerade so, als ob der Rest Energie, den er besaß, einfach zuviel war, und als ob er Unheil anrichten mußte, um Dampf abzulassen.« Die Rede, eine der wenigen, die je wirklich von Hitchcock selbst geschrieben wurden, war unmittelbar seiner eigenen Lebenserfahrung entnommen.

Die Haltung des eleganten Übeltäters – eine gelegentliche Sehnsucht nach der Vergangenheit und eine Verachtung für die Gegenwart – entsprach ebenfalls der des Regisseurs, der jedes Wort seines Dialogs geschrieben hatte, Wochen nachdem Wilder das Projekt verlassen hatte: »Ich erinnere mich ständig an diese Dinge – all die alten Sachen... Jeder war nett und lieb damals, die ganze Welt. Eine wundervolle Welt. Nicht wie die Welt heute. Nicht wie die Welt jetzt. Es war großartig, jung zu sein, damals.«

Auch wenn Hitchcock auf seine eigenen Erfahrungen und Gefühle zurückgriff, um sich dem eleganten Würger (Würgen ist die bevorzugte Tötungsart der Hitchcockschen Schurken) zu nähern, so identifiziert er sich auch mit dem von Hume Cronyn gespielten Charakter, der davon besessen ist, in seiner Fantasie Morde zu begehen, und der mit seiner kranken und gebieterischen Mutter zusammenlebt, die man nie sieht. Noch mehr von Hitchcock findet sich im Vater der Familie: Er weigert sich, das Familienauto zu fahren, liest regelmäßig *Ungelöste Kriminalfälle*, ist irgendwie geschlechtslos und ausgetrocknet und völlig überwältigt ob der Ankunft des ›schwarzen Schafes‹ der Familie.

Die Mutter des Hauses, die Schwester des Bösewichts, wurde bei der ersten Drehbuchsitzung nach Hitchcocks eigener Mutter Emma genannt. Sie besitzt eine amüsante Angewohnheit, die Mrs. Hitchcock von den ersten Tagen in Leytonstone charakterisierte: »Mama, du brauchst nicht zu brüllen«, mahnt die jüngere Tochter, als ihre Mutter ins Telefon schreit. »Wirklich, Papa, man könnte meinen, Mama hätte noch nie ein Telefon gesehen. Sie erkennt die Wissenschaft nicht an. Sie meint, sie müßte die Entfernung mit der bloßen Kraft der Stimme überwinden.« Die Figur der Emma, die geschrieben wurde, als Emma Hitchcock tödlich krank war, ist die letzte normale Beschreibung einer Mutterfigur in Hitchcocks Filmen, und ihr Vorbild ist Hitchcocks eigene Mutter. Seine Verstörtheit, seine Schuldgefühle, die Kollision von Liebe und Haß, all das wurde in Hitchcock durch ihren Tod freigesetzt, und das Porträt der Mutter wird in späteren Filmen in dunkleren Farben gezeichnet, zunächst mit der besitzergreifenden und tyrannischen Mutter in *Berüchtigt*.

Auch in den jüngsten Kindern finden sich Züge von Hitchcock. Der Kleinste der Familie ist ein Junge, der sich vorzugsweise mit Problemen der Arithmetik und der Logik beschäftigt und der Diskussionen immer mit Herausforderungen an die Erwachsenen unterbricht. Das jüngere Mädchen ist, wie er, eine unersättliche Leserin romantischer Klassiker (*Ivanhoe*, wovon Hitchcock ganze Passagen auswendig konnte, wird besonders erwähnt); sie ahnt etwas von ihrem Onkel, sie hat Angst vor Geschichten, die ihr Alpträume bereiten, und sie prahlt damit, als sie auf Risse im Bürgersteig stampft: »Ich habe meiner Mutter dreimal den Rücken gebrochen!«

Die beiden Charlies aber – Onkel und Nichte mit dem gleichen Namen – stehen symbolisch für die helle und die dunkle Seite des erwachsenen Hitchcock, die sich in der Monströsität des Onkels und der Unschuld des Mädchens spiegelt, das jungfräulich, unerfahren und vertrauensvoll ist, und die zu ihrem Onkel in Kontrast steht. Ohne etwas von seinen Verbrechen zu ahnen, sagt sie: »Ich bin froh, daß meine Mutter mich nach dir benannt hat und daß sie denkt, wir seien uns ähnlich. Ich glaube das auch. Ich weiß es... Wir sind nicht nur Onkel und Nichte. Es ist etwas anderes. Ich kenne dich. Ich weiß, du erzählst den Leuten eine Menge Sachen nicht. Ich auch nicht. Ich habe das Gefühl, irgendwo in dir ist etwas, von dem niemand etwas weiß... etwas Geheimnisvolles und Wunderbares. Ich werde es herausfinden... Wir sind wie Zwillinge, findest du nicht? Wir müssen es wissen.« Ihren Worten folgte sofort die ›Vermählungsszene‹, in der ihr ein Ring an den Finger gesteckt wird, der das Bündnis zwischen den beiden Charlies besiegelt. »Wenn ich darüber nachdenke, wie ich mich fühle«, sagt Teresa Wright als Charlie, »denke ich immer an Onkel Charlie.«

Die enge Verbindung der beiden Figuren wird deutlich durch die Worte, die Hitchcock für Joseph Cotten geschrieben hat und die er in der abscheulichen, rauchgeschwängerten Bar von sich gibt:

Wir sind alte Freunde, Charlie. Mehr als das. Wir sind wie Zwillinge. Das hast du selbst gesagt... Du glaubst, du weißt etwas, nicht wahr? Du glaubst, du bist das clevere kleine Mädchen, das etwas weiß. Es gibt so viel, was du nicht weißt. So viel. Was weißt du denn wirklich? Du bist nur ein gewöhnliches kleines Mädchen, das in einer gewöhnlichen kleinen Stadt lebt. Du wachst jeden Morgen deines Lebens auf, und du weißt ganz genau, daß nichts in der Welt dir Sorgen machen kann. Du lebst deinen gewöhnlichen kleinen Tag, und in der Nacht schläfst du deinen unbesorgten gewöhnlichen kleinen Schlaf voller friedlicher, dummer Träume. Und ich habe dir Alpträume gebracht. Oder nicht? Oder war das nur eine ungeschickte, dumme Lüge? Du lebst in einem Traum, du bist eine Schlafwandlerin, blind! Woher weißt du, wie die Welt aussieht? Weißt du, daß die Welt ein stinkender Schweinestall ist? Weißt du, daß man Schweine fände, wenn man die Fassaden der Häuser niederrisse? Die Welt ist eine Hölle! Was für eine Rolle spielt es, was in ihr passiert?

Diese beiden Charaktere repräsentieren also die doppelte Triebkraft Hitchcocks, Triebkräfte, die eine Spannung schufen, die er durch den Tod von Onkel Charlie und das Anklingen einer traurigen Hoffnung am Ende zu lösen suchte: »Er hielt die Welt für einen furchtbaren Ort«, dachte Teresa Wright laut nach. »Er kann nie sehr glücklich gewesen sein. Er traute den Menschen nicht. Er schien sie zu hassen. Er haßte die ganze Welt. Er sagte, Leute wie wir hätten keine Ahnung, wie die Welt wirklich wäre.« Darauf antwortet der (von MacDonald Carey gespielte) Polizist: »Es ist nicht ganz so schlimm. Aber manchmal muß man ein wachsames Auge auf sie haben. Sie scheint hin und wieder verrückt zu spielen. Wie dein Onkel Charlie.«

Alfred Hitchcock lebte mit inneren Dämonen der Lust und der Besitzgier, mit düsteren Fantasien über das Töten und mit unerfüllten sexuellen Tagträumen. Er konnte gemein und grausam und tyrannisch mit seinen Darstellern umgehen und wechselhaft unkalkulierbar bei seinen Kollegen sein. Wie Onkel Charlie trachtete er nach einem angenehmen Leben und vor allem nach einem angesehenen Namen; er hoffte, sich in Los Angeles und Santa Cruz permanent niederzulassen, so wie Onkel Charlie hoffte, permanent in Santa Rosa zu bleiben. In der Annahme, dies zu tun, deponierte er 40000 Dollar – den Betrag, den Hitchcock gerade für das Haus in der Bellagio Road gezahlt hatte – in der Bank von Santa Rosa. Wie der Geschenke verteilende Onkel Charlie war Hitchcock zu plötzlichen, unerklärbaren Anfällen von Freundlichkeit fähig – ob er nun seiner Köchin ein Auto schenkte, einen Verwandten finanziell unterstützte, einem früheren Kollegen unvermittelt kistenweise Wein schickte oder jemandem, der Arbeit brauchte, einen hilfreichen Empfehlungsbrief schrieb.

Das strukturelle Element in *Im Schatten des Zweifels*, das diese Teilung in Hitchcocks Charakter ausdrückt, besteht in einer nahezu endlosen Anhäufung von Doppelungen: die zwei Charlies; zwei Polizisten im Osten, die Charlie verfolgen, dann zwei im Westen; zwei gesuchte Verbrecher; zwei Frauen mit Brillen; zwei Dinner-Szenen; zwei Amateur-Detektive, die sich zweimal über das Töten unterhalten; zwei kleine Kinder; zwei ältere Sprößlinge; zwei Szenen am Bahnhof; zwei Szenen vor einer Kirche; zwei Ärzte; zwei doppelte Brandy, die in der ›Till-Two‹-Bar von einer Bedienung serviert werden, die dort seit zwei Wochen arbeitet; zwei Versuche, vor der Schlußszene, das Mädchen umzubringen; zwei Szenen in einer Garage, die eine eine Liebeserklärung, die andere ein Mordversuch – und so weiter, fast unzählbar.

Die Dualität wird auch von Hitchcocks Kamera betont, gleich vom ersten Augenblick an, als er den Onkel und die Nichte aus parallelen Perspektiven einführt: die Panorama-Ansichten der beiden Städte, dann die Außenfront ihrer Häuser, dann die Fenster, schließlich eine lange Kamerafahrt an die beiden heran, die angezogen auf dem Bett liegen, bis sie von einem Gespräch über Geld gestört werden. Außerdem verbindet sie der Walzer aus *Die lustige Witwe* – jene Melodie, die wie eine Vorahnung zwischen den beiden hin- und herspringt.

Das Motiv der Doppelung hat in späten viktorianischen Geschichten Tradition, und die Überblendungen der Walzer tanzenden Paare in *Im Schatten des Zweifels* verweisen auf diese Ära – Hitchcocks Ära. Von dem Motiv der Doppelung hatte Hitchcock in der Schule gehört, und es wurde verstärkt durch seine moralische Erziehung und seine Freizeit-Lektüre. In *Der seltsame Fall des Dr. Jekyll und Mr. Hyde* von Robert Louis Stevenson und in *Das Bildnis des Dorian Gray* von Oscar Wilde war es das zentrale Motiv; beides waren populäre Bücher in Hitchcocks Jugend – Bücher, die er mehrmals gelesen hatte, ehe er seine Filmkarriere aufnahm. Die wiederauflebende Schauerromantik in der späten viktorianischen Literatur und die plötzliche Häufung doppelter Persönlichkeiten wurden als ein Mittel benutzt, die dunkleren Untertöne der menschlichen Natur zu erforschen – eine Forschungsreise, die unvermeidlich zum Werk Sigmund Freuds am Ende der viktorianischen Ära führte.

Wie bei Stevenson und seiner Geschichte von Jekyll und Hyde – auf deren autobiografische Elemente zum ersten Mal G. K. Chesterton 1927 in einer Biografie hinwies – enthüllen auch Hitchcocks *Im Schatten des Zweifels* und drei spätere Filme über doppelte oder gespaltene Persönlichkeiten (*Der Fremde im Zug, Psycho* und *Frenzy*) die vorherrschend puritanischen Charakterzüge ihres Autoren. Gut und Böse werden scharf unterschieden, sind aber austauschbar; die Enthüllung menschlicher Fehler wirft Schatten auf den hochgeschätzten Wert der Wohlanständigkeit; ein wählerisches Wesen ist der charakteristische Zug eines Menschen, der (wie Chesterton von Stevenson sagte und wie man von Hitchcock sagen könnte) ›das Schlimmste zu jung kennengelernt hat; nicht notwendigerweise aufgrund eigener Handlungen oder Schuld, sondern aufgrund der Natur einer Gesellschaft, die keinen Unterschied sah zwischen dem Übelsten und dem mäßig Üblen‹. Sowohl Stevenson als auch Hitchcock litten unter puritanischer Unterdrückung; beide beschworen Bilder einer puritanischen, spätviktorianischen Wüstenlandschaft herauf, die dem Versuch, gleichzeitig ein ehrenhaftes öffentliches und ein glückliches privates Leben zu führen, feindlich gesinnt war. Und sowohl Stevenson als auch Hitchcock waren abhängig von häufiger Mitarbeit und ständiger Unterstützung seitens ihrer Ehefrauen.

Hitchcocks privater Lebensstil und, im Gegensatz dazu, sein kalkuliertes bourgeoises Äußeres waren Anzeichen einer inneren Spaltung. Er betrachtete das ganze Leben als unregulierbar, und seine zaghafte Ordentlichkeit (ebenso wie die sorgfältige Vorbereitung seiner Filme) war seine Art, gegen das Chaos Position zu beziehen, das seinem Gefühl nach immer auf dem Sprung lauerte und das nur mit aller Geschicklichkeit und Ordnung, zu der man fähig war, abgewehrt werden mußte. Das gesellschaftliche Leben hielt er für gigantische Heuchelei. Er trug die Last der Verkleidung wie alle die höflichen Übeltäter in seinen Filmen, und sein Versuch, elegant zu sein, verhüllte ein kindliches Geheimnis, das zweite, verborgene Fantasieleben. Das Paradoxe an Alfred Hitchcock bestand darin, daß der Spaß an seinem Handwerk ihn nie vom schrecklichen und erschrekkenden Erbe seiner Begierden und der sie begleitenden Schuldgefühle befreien konnte. Es überrascht nicht, daß er sein inneres Dilemma in den Figuren, der Handlung und dem Thema von *Im Schatten des Zweifels* ausspielte. Als er den Film schrieb und inszenierte, lag seine Mutter im Sterben, befand sich seine Heimat in einer Krise, war sein Berufsleben noch nicht unter Kontrolle, hatte Joan Harrison ihn verlassen, um ihre eigene Karriere aufzubauen. Auf einer tieferen Ebene kollidierten ebenfalls seine unbeständigen Triebkräfte. Er war ein überzeugter viktorianischer Katholik, ein strenger Filmemacher und Manipulierer von Effekten, der technische Herausforderungen liebte. Er war ein kindlicher Romantiker, der in isolierter, frostiger Schwermut lebte. Makellos in seiner Arbeit, ging er mit seiner Gesundheit sorglos und leichtsinnig um. Korrekt in der Öffentlichkeit, neigte er zu abscheulichen Latrinenwitzen, wenn kein Mikrofon in der Nähe war. Für die Presse war er die Sanftheit in Person, heimlich aber schwelgte er im Häßlichen, das er seinem Kinopublikum kühl zum Überdenken servierte.

Mit *Im Schatten des Zweifels* schuf er, vertraut mit dem Dämonischen und dem Entsetzlichen, aus den Qualen seiner Finsternis die Illustration einer psychologischen Realität, die C. G. Jung den ›Schatten‹ in uns genannt hatte und die Robert Louis Stevenson über die Nettigkeit der Reime hinaus beschrieb:

I have a little shadow that goes in and out with me,
And what can be the use of him is more than I can see.
He is very, very like me from the heels up to the head;
*And I see him jump before me, when I jump into my bed.**

Hitchcock war in der Tat beide Charlies, eine lebende Bestätigung der Beobachtung Montaignes: »Wir sind in uns doppelt, so daß wir glauben, was wir nicht glauben, und uns nicht von dem lösen können, was wir verdammen.«

Nachdem *Im Schatten des Zweifels* fertig war für den Start im Winter, wandte sich Hitchcock einem Projekt zu, mit dem er sich schon länger beschäftigt hatte: der technischen Herausforderung, eine Geschichte auf kleinstmöglichem Raum zu filmen, sich zu konzentrieren auf Großaufnahmen von Gesichtern, auf dramatische Intensität, mehr von den Charakteren und der Situation herzuleiten als von der Entwicklung der Handlung. Selznick hatte es arrangiert, daß er die nächsten beiden Filme für die 20th Century Fox drehte; für den 40-Wochen-Vertrag bekam Selznick 300000 Dollar und Hitchcock etwas weniger als die Hälfte. Im November und Dezember besprach man in den Büros der Fox die Idee für den ersten Film – über Schiffbrüchige in einem Rettungsboot; man erwog A. J. Cronin als Drehbuchautor (weil Hitchcocks zweiter Film bei der Fox Cronins *The Keys of the Kingdom* sein sollte), aber Hitchcock wollte Ernest Hemingway haben.**

Hemingway hielt sich damals in Kuba auf; am 30. Dezember 1942 schickte ihm Hitchcock ein längeres Telegramm mit dem Umriß der Story; sie begann mitten im Atlantik mit der Torpedierung eines Frachters, der eine gemischte Gruppe von Passagieren an Bord hatte; der ganze Film sollte in dem Rettungsboot spielen, in dem die Passagiere zusammen mit einem schiffbrüchigen Nazi-Offizier Zuflucht suchen. Hitchcock war bereit,

---

* Mein kleiner Schatten geht mit mir ein und aus,
Doch was er mir nützen kann, begreif' ich nicht.
Er gleicht mir sehr von Kopf bis Fuß;
Spring' ich ins Bett, seh' ich ihn vor mir springen.

** Die Übereinkunft zwischen Selznick und Fox schloß die Bedingung ein, daß die Arbeit am zweiten Film vor Ende 1943 beginnen mußte; diese Klausel ärgerte Hitchcock, denn sie bedeutete, daß sein Gehalt für den zweiten Film nicht erhöht wurde – vielleicht war das der Grund dafür, daß er sich mit dem Drehbuch und den Dreharbeiten für den ersten Film nicht beeilte. Als Folge dieser Verschleppungstaktik wurde der zweite Film für die Fox nie gedreht.

nach Miami zu fahren, um Hemingway zu weiteren Gesprächen zu treffen, doch im Januar kam die enttäuschende Antwort aus Kuba: Mit Dank für die Einladung lehnte Hemingway aufgrund anderer Schreibprojekte ab. Hitchcock und Kenneth Macgowan, der Produzent des Films für die Fox, nahmen die Suche nach einem Drehbuchautor wieder auf; den Film tauften sie *Lifeboat*. Erpicht darauf, mit einem weiteren populären und ernsthaften Autor wie Thornton Wilder zusammenzuarbeiten, überzeugte Hitchcock Macgowan davon, John Steinbeck für eine Prosa-Fassung der Geschichte zu engagieren.

Dann unterbrach Hitchcock eine Nachricht aus England bei der Arbeit. Bruder William (der 1914 beim Tod ihres Vaters und 1942 beim Tod ihrer Mutter anwesend war) war damals Anfang fünfzig. In den Wochen nach Mrs. Hitchcocks Tod hatte es keine weiteren Neuigkeiten von der Familie gegeben. Plötzlich starb William Hitchcock unter mysteriösen Umständen am 4. Januar in seinem Haus in der Warren Road. Der amtliche Leichenbeschauer bestand auf einer Untersuchung; sechs Tage später wurde das Ergebnis bekanntgegeben. Der Bericht vermeldete vorsichtig diskret als Todesursache ›Herzversagen, zu dem möglicherweise die Einnahme eines Betäubungsmittels beitrug, das das Herzversagen verstärkte und den Tod beschleunigte. Das Betäubungsmittel wurde selbst eingenommen‹.

Über diesen älteren Bruder ist wenig bekannt. William und Alfred standen sich nie nahe, und als Erwachsene begegneten sie sich nur unregelmäßig. William hatte nach dem Tod ihres Vaters das Familiengeschäft übernommen und in den 30er Jahren die Fusion mehrerer Hitchcock-Läden mit einem größeren englischen Konzern – Mac Fisheries – überwacht. Alfred Hitchcocks Schweigen über Familienangelegenheiten wurde nach dem offensichtlichen Selbstmord seines Bruders zu einer zwanghaften Verschwiegenheit; einige Mitarbeiter des Filmemachers meinten, in der Seele des jüngeren Bruders habe sich ein bohrendes Schuldgefühl eingenistet, da er nicht anwesend war, als sich die Leiden der Familie in England häuften. Er hatte keine wesentliche Rolle bei den englischen Kriegsanstrengungen gespielt – eine Tatsache, an die von der britischen Presse häufig erinnert wurde; jetzt war er nicht einmal bei oder nach dem Tod seiner Mutter und seines Bruders in der Heimat gewesen.

Mit Sicherheit aber kann zu Hitchcocks damaligen Gefühlen

gesagt werden, daß ihm die Todesfälle in der Familie seine eigene, ständig vorhandene Angst vor plötzlichen Tragödien vor Augen führten. An einem Morgen im Januar wurde ihm klar, daß er etwas gegen seine Fettleibigkeit unternehmen müsse, als er sich schnaufend damit abmühte, seine Hose zuzubinden. »Ich wog knapp unter 300 Pfund«, sagte er später. »Meine Waden hingen über meinen Socken. Mein Rücken schmerzte.« Er entschloß sich dazu, sofort 100 Pfund zu verlieren, und unterwarf sich einer asketischen Diät aus schwarzem Kaffee zum Frühstück und Mittagessen, einem kleinen Steak mit Salat zum Abendessen und trank keinen Alkohol. (Vor dieser Diät dagegen hatte ein Abendessen gewöhnlich bestanden: aus Appetithäppchen, einem gebratenen Huhn, einem kleinen gekochten Schinken, Kartoffeln, zwei verschiedenen Gemüsen, Brot, einer Flasche Wein, Salat, Dessert und dem geliebten Brandy, der – wie er selbst – in 51 seiner 53 Filme auftaucht. Seine lebenslang anhaltende Lust auf Eis befriedigte er gewöhnlich später am Abend. Gegen Ende 1943 hatte Hitchcock ein Drittel seines Gewichts verloren; die Waage zeigte etwas über 200 Pfund an, und man machte ›Vorher – Nachher‹-Fotos. Die kamen dann in eine Zeitung, die man für den Film *Lifeboat* drucken ließ – und so absolvierte er auch in diesem Film seinen schon rituellen Auftritt. Während der Diät suchte er wöchentlich einen Arzt auf, um seine Organfunktionen kontrollieren zu lassen, und er behielt diese Angewohnheit für den Rest seines Lebens bei. Die Diät jedoch war – wie bei den meisten, die Gewicht verlieren wollen – schwer aufrechtzuerhalten; in Anbetracht der lebhaften Gewichtsveränderungen innerhalb der nächsten 40 Jahre war seine Langlebigkeit erstaunlich.

Die meisten Mitarbeiter Hitchcocks gratulierten ihm zu seinem Gewichtsverlust; Selznick aber wußte um eine damit verbundene Gefahr: ›Ich bin ehrlich und ernsthaft besorgt über Hitchs fabelhaften Gewichtsverlust‹, schrieb er im Mai. ›Ich hoffe, er konsultiert einen Arzt, sonst könnten wir eines Morgens von der Nachricht eines Herzanfalls oder etwas ähnlichem schockiert werden.‹ Bis zu diesem Zeitpunkt hatte Selznick riesige Summen gezahlt, um Hitchcock bei jedem Film versichern zu lassen. Doch obwohl er abgenommen hatte, lehnte die Occidential Insurance Company von Los Angeles Ende 1942 Selznicks Antrag auf Kranken- oder Lebensversicherung seines Star-Regisseurs ab.

Bei einer medizinischen Untersuchung wurde festgestellt, daß sich Hitchcocks Herz um 16 Prozent vergrößert hatte und daß er einen schweren Leistenbruch hatte. Falls der Bruch behandelt würde, meinte die Versicherung, könnte ein Vertrag aufgesetzt werden. Hitchcock lehnte die Operation ab und trug statt dessen bis zu einem korrigierenden Eingriff im Jahr 1957 ein Bruchband. Man muß es als einen weiteren verwirrenden Widerspruch werten, daß der Mann, der in elender Angst vor einem Unfall oder einem plötzlichen Tod lebte, so viele geschäftige Jahre in einer körperlichen Verfassung verbrachte, der man leicht hätte Abhilfe schaffen können und die jeden Augenblick lebensbedrohend hätte werden können.

Es gab beträchtliche Schwierigkeiten, ein Drehbuch für *Lifeboat* zustande zu bringen. John Steinbeck, der der Ansicht war, Hitchcocks Besessenheit mit einem einzigen Schauplatz verhindere die Entfaltung des Dramas, verließ das Projekt, nachdem er einige wenige Szenen und eine Prosa-Zusammenfassung entworfen hatte. MacKinley Kantor wurde herangeholt, aber Hitchcock war von ihm enttäuscht und bat Macgowan, ihn wieder gehen zu lassen. Schließlich arbeitete Jo Swerling, der mehrere Bücher für andere Regisseure hergestellt hatte, bis Mitte Juli an dem Drehbuch; dann aber schrieb Hitchcock, ehe die Dreharbeiten in diesem Monat anfingen, den gesamten Dialog zu Hause alleine um. Dann bat er Ben Hecht darum, das Buch zu lesen und einige Vorschläge für die Schlußszenen zu machen, was Hecht schon bei *Mord* getan hatte.

Die Dreharbeiten zu *Lifeboat* waren alles andere als einfach und komfortabel, obwohl das gesamte Geschehen ausschließlich im Rettungsboot in einem großen Studiobassin gedreht wurde (mit Rückprojektionen des Meeres und des Himmels). »Wir fielen dauernd ins Wasser«, erinnerte sich Hume Cronyn, den Hitchcock besetzt hatte. »Wir waren mit Rohöl bedeckt, und wenn eine Szene abgedreht war, konnte es eine Stunde Wartezeit bis zur nächsten geben. Wir stiegen hinunter, gingen in unsere Garderobe, zogen trockene Sachen an, gingen dann zurück zum Boot und fingen wieder von vorne an.«

Zusätzlich hatte Hitchcock enorme Windmaschinen und Wassersprühanlagen konstruieren lassen; er unterwarf seine Darsteller den mehrtägigen Aufnahmen eines Sturms. (In dieser Hinsicht könnte man den gesamten Film als eine Variation oder eine Fortsetzung des Finales von *Mord* betrachten, nur ist in diesem Fall der Verräter noch an Bord.) Während dieser schwierigen Szenen erkrankten einige Schauspieler an Grippe und Fieber – Tallulah Bankhead mehr als einmal. ›Ich war grün und blau von den Wassersturzbächen und dem Schlingern‹, schrieb sie in ihren Memoiren. ›Der Hitze, den Scheinwerfern, dem falschen Nebel, dem Ins-Wasser-Tauchen und dem anschließenden rapiden Austrocknen hatte ich es zu verdanken, daß ich mir Anfang November eine Lungenentzündung holte.‹

»Sie stand da, um mit 20000 Litern Wasser übergossen zu werden«, sagte Hitchcock später, »und die Bühnenarbeiter applaudierten ihr.« Den Applaus aber, darauf beharrten später andere Mitglieder des Teams, bekam sie nicht so sehr für ihre Tapferkeit, sondern für eine andere Art von Zurschaustellung. Die Bankhead galt als vulgär, und in Hollywood und anderswo rümpfte man die Nase über sie. Hitchcock genoß dagegen ihre Unflätigkeiten, so wie er ihre Professionalität bewunderte. »Tallulah hatte etwas von einer Exhibitionistin«, sagte Hume Cronyn,

und irgendwann einmal war sie es leid geworden, Unterwäsche zu tragen. Wir alle mußten, um in das Bassin und das Boot zu kommen, eine Leiter hochsteigen, und da stand sie – keine Unterwäsche, und alle am Drehort konnten es sehen. Eines Tages besuchte eine Dame von *Good Housekeeping* oder *The Ladies Home Journal* das Studio, und sie war entrüstet. Sie marschierte ins Direktionsbüro und machte ihnen wegen der Bankhead die Hölle heiß – es sei ein Skandal, und offenbar wären all die Geschichten, die sie über Hollywood gehört hätte, wahr. Daraus ergab sich ein großes Getue, der Pressechef der Fox mußte zum Aufnahmeleiter des Films kommen und sagen: ›Also, das muß aufhören. Sie bringen Miß Bankhead dazu, Unterwäsche zu tragen, oder wir machen den Drehort dicht. Und wenn wir den Drehort dicht machen, ist das ein verdammter Skandal, weil wir keine Publicity für den Film bekommen werden.‹ Der arme Aufnahmeleiter war etwa so erfreut von der Aussicht, Tallulah dies sagen zu müssen, wie davon, einen Käfig voller ausgehungerter Löwen zu betreten. Also ging er zu Hitchcock und bat ihn, mit ihr zu reden. Hitchcock aber antwortete nur: ›Ich habe mich immer bemüht, sehr vorsichtig zu sein, wenn es um Einmischung in die Angelegenheiten verschiedener Abteilungen ging. In einem Fall wie diesem ist es schwer zu entscheiden, bei wem die Verantwortung liegt. Man könnte in Erwägung ziehen, daß dies eine Angelegenheit für die Garderobe sei, oder für die Leute von der Maske – oder vielleicht sogar für die Friseur-Abteilung!‹ Und das waren der Anfang und das Ende seiner Beschäftigung mit dieser Angelegenheit.

»Die Sache mit Tallulah war«, sinnierte Hitchcock später, »daß sie keine Hemmungen kannte. Einige Leute können das vertragen, andere können das nicht.« Hitchcock konnte es, und er ergötzte sich an ihren Possen. Im November, am letzten Drehtag, schenkte er ihr einen kleinen weißen Drahthaarterrier, der bereits Hitchcock getauft worden war. Später erzählte er der Presse, Tallulah habe eine ›Bancock-Vorstellung‹ gegeben – eine Zurschaustellung ihres Talents und ihres Naturells, ein wenig gebremst durch seine Regie.

Eine andere Schauspielerin – die junge Mary Anderson, die das Studio auf eine große Karriere vorbereitete – beeindruckte den Regisseur nicht so sehr. Sie war jedoch sehr darum bemüht, ihm und dem Kameramann zu gefallen, und sie wollte etwas über Einzelheiten wie zum Beispiel Profil-Fotografie lernen.

»Mr. Hitchcock, welche Seite halten Sie für meine beste?« fragte sie, während sie sich auf einen Stuhl neben den Regisseur setzte.

»Meine Liebe«, antwortete Hitchcock, ohne sie anzuschauen, »Sie sitzen gerade drauf.«

Als *Lifeboat* 1944 herauskam, brach sofort ein Sturm der Entrüstung los. ›Hätten wir es nicht mit eigenen Augen gesehen‹, schrieb Bosley Crowther (als Echo auf die verärgerte Reaktion von Dorothy Thompson, die dem Film ›zehn Tage, um die Stadt zu verlassen‹ gegeben hatte),

> hätten wir nie im Leben geglaubt, daß ein Film gemacht werden könnte, der die demokratischen Ideale verramscht und den Nazi-Übermenschen auf ein Podest hebt. Mr. Hitchcock und Mr. Steinbeck haben nicht begriffen, was sie da fabriziert haben. Sie wollten sicherlich nicht das Übermensch-Ideal hochhalten... Aber uns beschleicht der Verdacht, die Nazis könnten mit einigen Schnitten da und dort *Lifeboat* zu einem einpeitschenden Propagandafilm gegen die ›dekadenten Demokratien‹ machen. Es ist fraglich, ob solch ein Film mit solch einem Thema zu diesem Zeitpunkt angebracht ist.

Macgowan, Hitchcock, Bankhead und alle, die mit dem Film zu tun hatten, waren überrascht, denn die zentrale These des Films war ihnen ganz klar: Die Sache der Demokratie war vom Untergang bedroht, solange die Alliierten nicht ihren Mut zusammennähmen, ihre unterschiedlichen Talente und Kräfte vereinten, ihre nationalen Unterschiede und nichtigen Streitigkeiten vergaßen. So wie Walter Slezak den Nazi-Offizier darstellte, sah man ihn zu Recht als intelligent, mit schneller Auffassungsgabe, geduldig und zielbewußt. Genau diese Mischung guter Eigenschaften hielt der Film der gemischten Gruppe aus überlebenden Amerikanern und zerstrittenen Alliierten vor Augen.

Für weit verwirrender jedoch hielt Kritiker Crowther – und das Publikum außerhalb einiger weniger Großstädte – das eindeutig einfache Menschliche, das der hinterhältige Nazi und seine amerikanischen Gefährten in dem Boot gemein hatten. Konnte der deutsche Offizier selbstsüchtig, opportunistisch und mörderisch sein, so galt das auch für die anderen: Gemeinsam (mit Ausnahme des Negers an Bord) schlagen sie den Nazi brutal zusammen und schmeißen ihn über Bord. Als ein anderer Nazi an Bord klettert, nachdem ein zweites U-Boot in der Nähe torpediert worden ist, drängt einer der Amerikaner dazu: »Vernichtet ihn! Vernichtet sie alle!« – ein unzweideutiger Verweis auf die Universalität des Killerinstinktes, der 1944 für das Publikum vielleicht zuviel war.

Falls *Lifeboat* tatsächlich etwas befürwortete, dann Einheit und Idealismus, die es auch um den Preis persönlicher Verluste zu erreichen galt – Verluste, mit denen Hitchcock selbst in jüngster Zeit vertraut geworden war. Die Bankhead verliert ihre Kamera, ihre Schreibmaschine, ihren Pelzmantel, ihr Diamant-Armband (›Nach und nach entkleidet man mich all meiner weltlichen Besitztümer!‹); eine junge Mutter verliert ihr Baby, ein Matrose ein Bein. Alle Verluste und Ängste werden inmitten einer schweigenden See erlitten: Hitchcock bestand darauf, daß es keine Musik gäbe. Das Gefühl, Wind und Wellen preisgegeben zu sein – als Hintergrund nur der endlose Ozean, als Fluchtmöglichkeit nur das Zerstörung und Annihilation (die einzige wirkliche Freiheit) verheißende Wasser –, gibt dem Film eine seltsame halluzinatorische Qualität – als schwimme man in einem endlosen Alptraum ohne sicheren Hafen.

Nach Abschluß der Arbeit zu *Lifeboat* kam Selznick Hitchcocks – und Sidney Bernsteins – Ersuchen nach, eine kurze Reise nach London zu gestatten. Hitchcock war nicht glücklich dabei, das relativ sichere Leben in Kalifornien aufzugeben; er meinte aber, eine Geste machen zu müssen, um mit seinen Talenten zu den Kriegsanstrengungen beizutragen. Zu dieser Zeit hatte eine französische Theatergruppe – ›die Molière-Schauspieler‹ – in London Zuflucht gesucht; Bernstein machte den Vorschlag,

Hitchcock solle mit ihnen zwei Kurzfilme zur Unterstützung der französischen Résistance und der Sache der Alliierten inszenieren. Am Sonntag, dem 5. Dezember, fuhr Hitchcock zu einem zwölfwöchigen Aufenthalt nach England.

Niemand mochte die Reise – er am wenigsten. Familienangelegenheiten waren zu regulieren, Gedenkbesuche den Gräbern seiner Mutter und seines Bruders abzustatten. Hinzu kam der Schock, Teile Londons zerstört, Kinos und Theater geschlossen und die Filmstudios zumeist verlassen zu sehen. Ohne Alma, die in Los Angeles geblieben war, um ihre eigene Mutter zu pflegen (die kurz darauf starb), fühlte sich Hitchcock in England einsam und deprimiert; die Vorbereitungen für die beiden französischen Filme waren ein trauriges und quälendes Unterfangen.

Sidney Bernstein jedoch, der ihn stets ermutigende Kollege, hatte etwas, um ihn aufzuheitern: Bernstein war sehr daran interessiert, jene Idee weiterzuverfolgen, die sie oft beiläufig besprochen hatten: eine Produktionsfirma zu gründen, um nach dem Krieg abwechselnd in London und Kalifornien Filme zu machen. Zu Recht vermutete Selznick, die Einladung, an Propagandafilmen für das Informationsministerium zu arbeiten, sei neben diesen Plänen für die Zukunft zweitrangig. ›Ich hoffe‹, telegrafierte er seiner englischen Repräsentantin Jenia Reissar, ›hinter dem Bemühen, Mr. Hitchcock zurück nach England zu holen, steht nicht das Motiv, mit ihm über ein privates Geschäft für die Zukunft zu verhandeln.‹

Auch Hitchcock war erpicht darauf, mit Bernstein eine Firma zu gründen. Obwohl Alma sofort nach ihrer Ankunft in den Vereinigten Staaten die amerikanische Staatsbürgerschaft beantragt hatte, war es Hitchcock damit gar nicht so eilig. Er hatte sich in Amerika eine lukrative Karriere aufgebaut, und er hatte sich dem enormen Hunger der britischen Steuerbehörden auf dieselbe Art und Weise entzogen wie den Bombardierungen Londons; das Verlangen aber, etwas für England zu tun, Zeit und Talent beizusteuern, hielt an, und Bernsteins Vorschlag machte es ihm möglich, von beiden Welten das Beste zu behalten. Er konnte, so lautete der Vorschlag, sein eigener Produzent sein, sich selbst die Stoffe aussuchen, der britischen Nachkriegs-Wirtschaft helfen, wieder Verbindungen zu alten Kollegen und Orten aufnehmen – und zur selben Zeit konnte er den größeren Komfort und die bessere Bezahlung in Hollywood genießen. Ein Handel mit Bernstein, der die Granada-Kinokette in England besaß und managte, würde es Hitchcock ermöglichen, seine Zeit und seine Energien zwischen zwei Ländern aufzuteilen, von denen beide, aus verschiedenen Gründen, seine Loyalität verlangten.

In London ließ sich Hitchcock in einer Suite des Claridge-Hotels nieder; während Autor Angus MacPhail und ein Assistent daran arbeiteten, Geschichten mit französischem Dialog zu versehen, lud er zu ausgiebigen Mittagessen. Alexander Korda und Vivien Leigh, die in diesem Monat ebenfalls im Claridge wohnten, erzählte er die Stories der beiden Kurzfilme, die er in den Welwyn-Studios mit französischen Darstellern und Technikern machen würde. (Die Produktionsfirma hieß Phoenix Films, wahrscheinlich eine Anspielung auf die Hoffnung, Frankreich werde nach dem Krieg auferstehen wie der mythische Vogel nach seinem Tod.)

Der erste Film mit dem Titel *Bon Voyage,* ein 25minütiges Melodram, handelte von der sich verändernden Moral der französischen Résistance; Hitchcock machte sich zu Recht große Sorgen, ob der Film jemals in Frankreich gezeigt würde, da einer der Charaktere, der eigentlich ein Held sein sollte, einen Mord beging. Der Film wurde nie gezeigt – und auch der zweite nicht, *Aventure Malgache,* eine in Rückblenden erzählte 31-Minuten-Geschichte, die klarmachte, daß eine Gruppe französischer Schauspieler im Exil vom gleichen Geist beseelt war wie jene, die auf heimatlichem Boden im Untergrund kämpften. Die Filme wurden sehr schnell fertig (beide wurden zwischen dem 20. Januar und dem 25. Februar gedreht) und einem enttäuschten französischen Verleiher geschickt, der sie sofort im Keller verschwinden ließ. Niemand war besonders daran interessiert, sie mit Untertiteln zu versehen und in England herauszubringen (schließlich feierten sie angeblich die Franzosen), und die meisten Kopien verschwanden*.

Ein anderes Projekt zog Hitchcocks Aufmerksamkeit an. Er wußte, daß Selznick einen Film über die heilsamen Möglichkeiten der Psychotherapie machen wollte. Hitchcock suchte nach einer entsprechenden literarischen Vorlage, um die Rechte zu kaufen. Streit wollte er unbedingt vermeiden; er hatte aber vor, Selznick wenigstens einmal zu überlisten, indem er die Option

* Das British Film Institute hat sich je eine Kopie von beiden Filmen gesichert.

auf einen Roman erwarb und die Rechte dann an den gewitzten Produzenten weiterverkaufte. Vor seiner Abreise aus London hatte Hitchcock gerade einen solchen Stoff gelesen: *The House of Dr. Edwardes* – eine bizarre Geschichte über Hexerei, Satanskulte, Psychopathie, Mord und vertauschte Identitäten, angesiedelt in einer Schweizer Heilanstalt. Das Copyright des Romans, der ursprünglich 1927 in London und ein Jahr später in Amerika veröffentlicht worden war – unter dem gemeinsamen Pseudonym Francis Beeding der beiden Autoren John Leslie Palmer und Hilary Aidan St. George Saunders –, war an die Autoren zurückgefallen.

Hitchcock begann damit, Selznick zu überzeugen, der seltsame Roman könne durch erhebliche Umarbeitung zu einem Thriller werden, in dessen Verlauf mit Hilfe der Psychoanalyse ein Geheimnis gelöst wird. Selznick, der zu dieser Zeit selber einen Psychotherapeuten konsultierte, war überaus begeistert: ›Ich möchte betonen‹, schrieb er an seine Drehbuch-Beraterin Margaret McDonnell, ›daß ich nahezu hemmungslos wild danach bin, diese psychologische oder psychiatrische Geschichte mit Hitch zu machen.‹

Deshalb kaufte Hitchcock nach seiner Ankunft in London als allererstes die Film- und Aufführungsrechte des Romans. (Sein erfolgreicher Schachzug wurde zufällig durch den Tod eines der beiden Autoren erleichtert.) Sobald Angus MacPhail die Treatments für die beiden französischen Filme fertig hatte, ließ ihn Hitchcock an einem Treatment für *The House of Dr. Edwardes* arbeiten. Doch bis Ende Februar war nur wenig geschrieben worden.

Selznick hatte schließlich entschieden, es wäre an der Zeit, Hitchcock für die nächste Produktion in sein eigenes Studio zurückzuholen; er war bereit, dem Regisseur die Rechte abzukaufen und die Dreharbeiten beginnen zu lassen, sobald Hitchcock nach Amerika zurückkam. Anfangs wollte Selznick gerne Joseph Cotten, Dorothy McGuire und Paul Lukas für die Hauptrollen, die später von Gregory Peck, Ingrid Bergman und Leo G. Carroll gespielt wurden. Geschäftig machte er Pläne und wartete auf Neuigkeiten über das Drehbuch. Er konnte freilich nicht wissen, daß die in London verbrachte Zeit, die französischen Filme, das leere Landhaus in Shamley Green und eine tiefe Einsamkeit dazu beigetragen hatten, Hitchcock so zu deprimieren, daß er zu brauchbarer Arbeit am Drehbuch nicht fähig war.

Trotzdem telegrafierte er (um Selznick entgegenzukommen) an Alma, *The House of Dr. Edwardes* nehme Formen an, und er freue sich auf ihre Beiträge zum Buch. MacPhails Treatment, so fügte er hinzu, sei fertig*.

Im März kehrte Hitchcock von London nach New York zurück, mietete sich im Saint-Regis-Hotel ein und telegrafierte Selznick, er würde das Drehbuch gerne mit Ben Hecht schreiben, der in Nyack im Staat New York lebte.

Hitchcock und Hecht machten sich sofort an die Arbeit. Sie besuchten die Hartford-Klinik in Connecticut und sprachen mit dem Leiter; sie suchten andere Nervenkliniken in Connecticut und im Westchester County von New York auf, ehe sie die psychiatrische Abteilung des Bellevue-Hospitals in New York City besichtigten. Anhand eines detaillierten Entwurfs, den Hitchcock in zwei Nächten zusammengestellt hatte, machte sich Hecht an die Arbeit und produzierte von da an täglich fast zwanzig Drehbuchseiten. Offiziell war Selznick Hechts Vorgesetzter, doch Selznick war in Culver City, und Hitchcock stand neben Hecht an der Ostküste; gegen Ende April war das Drehbuch fertig.

Die Zusammenarbeit zwischen Hitchcock und Hecht erwies sich als fruchtbar. Beide Männer interessierten sich für die dunkleren Stellen des menschlichen Geistes. (Auch Hecht machte damals eine Analyse; oft verglichen er und Selznick ihre Erfahrungen.) Während Hecht darauf achtete, daß Hitchcock eine zusammenhängende Handlung entwickelte, machte Hitchcock Hecht mit der Vorstellung von erschreckenden Möglichkeiten des Alltagslebens vertraut, das oft kleine Traumata barg, die auf die Seele wirkten und die dann ein Drama beeinflussen konnten. ›Hitchcock brachte Hecht bei, ein Zyniker zu sein, ohne von seinem eigenen Zynismus überhaupt überzeugt zu sein‹, schrieb einer von Hechts Biografen. Hecht hielt Hitchcock für positiver – ›Der vornehme Alfred Hitchcock‹, schrieb er in seiner Autobiografie, ›sprühte vor Einfällen für Handlungselemente wie ein Feuerwerk.‹ Er bemerkte aber auch, daß Hitchcock mehr aus seiner eigenen Seele in die Arbeit einfließen ließ,

* Die Existenz dieses Treatments von Hitchcock und MacPhail ist zweifelhaft, denn zu einem so späten Zeitpunkt wie dem folgenden Herbst beschwerte sich Selznick: »Ich bin sehr beunruhigt darüber, daß es mir nicht möglich ist, eine Kopie des Treatments zu bekommen, das Hitchcock aus England mitgebracht hat ... und für das ihm eine beträchtliche Summe Geldes gezahlt worden ist.«

als er erwartete; damals, so schrieb Hecht kurz und bündig, habe Hitchcock ›vor Alpträumen nur so gestrahlt‹.

Das fertige Drehbuch, das anfangs nur wenig von der Liebesgeschichte enthielt, die von Selznick später ausgeweitet wurde, handelt von einem Psychiater mit Gedächtnisverlust, der fälschlicherweise beschuldigt wird, den Arzt ermordet zu haben, dessen Position in der Heilanstalt er übernommen hat. Aufgrund der Geduld und der Liebe einer Analytikerin – und während sie sich ineinander verlieben – wird das Geheimnis gelöst und der wirkliche Mörder (der frühere Leiter der Anstalt) demaskiert. Trotz aller Drehungen und Wendungen der Geschichte scheinen Hitchcocks jüngste Erfahrungen durch. Ein Gefühl von schwer lastender Schuld zieht sich durch *Ich kämpfe um dich* – den Originaltitel *Spellbound* hatte eine von Selznicks Sekretärinnen vorgeschlagen –, ein Gefühl für die Vererbung familiärer Neurosen und den Eindruck der Distanz, die ein Erwachsener zu Kindheitserinnerungen hat, die lange unter einer Lawine angstbesessener Repressionen begraben waren. Aus dem grotesken Schwulst des Beeding-Romans fertigte Hitchcock (mit Hecht) eine Geschichte über tiefgestaffelte Schuld, die er selbst so stark empfand. »Ich werde gequält«, sagt Gregory Peck (der Held) wehmütig, »aber ich weiß nicht, wovon.«

Die beiden Schuld-Geschichten in der Handlung des Films waren Hitchcocks jetzt nicht mehr unterdrückbare eigene Geschichten: Ein Mann (Norman Lloyd in der Rolle des besessenen Garmes, der schließlich einen Selbstmordversuch unternimmt) glaubt, seine Nachlässigkeit sei verantwortlich für den Tod seines *Vaters;* ein anderer Mann (Peck) glaubt, seine Nachlässigkeit sei verantwortlich für den Tod seines *Bruders.* Die freundliche Analytikerin (Ingrid Bergman) aber sagt über diese Dämonen, die Hitchcock quälten: »Menschen fühlen sich oft schuldig für etwas, das sie nicht getan haben. Gewöhnlich geht das auf ihre Kindheit zurück. Das Kind wünscht sich oft, etwas Schreckliches solle jemandem passieren, und wenn dann wirklich etwas mit dieser Person passiert, glaubt das Kind, es sei die Ursache dafür. Und es wächst auf mit einem Schuldkomplex wegen einer Sünde, die nur der böse Traum eines Kindes war.«

Diese von Hitchcock selbst geschriebenen Worte sprechen die Mischung von Groll und Schuld an, die seine Beziehung zu seinem eigenen Vater charakterisiert (so wie Pecks Ausruf »Schließt die Türen auf! Man kann Menschen nicht in Zellen einsperren!«

– Hitchcocks Kindheitserinnerung heraufbeschwört, von seinem Vater in einer Gefängniszelle eingesperrt worden zu sein). In der aus dem Mund eines Analytikers klingenden Verwendung des Wortes *Sünde* wird die Handschrift des viktorianisch-katholischen Moralisten sichtbar; Hitchcocks Auffassung von Sünde entsprach nie der des englischen Liberalismus, der sie mit schlechten Manieren oder schwachem Urteilsvermögen gleichsetzte. Die Sünde gab es nur in seiner Fantasie, in seinem Kopf – und so werden die ›Sünden‹ der Figuren in *Ich kämpfe um dich* geklärt, gelöst, vergeben, indem sie zu Einbildungen erklärt werden.

Nach *Im Schatten des Zweifels* und seiner Erforschung der dunkleren Seite der menschlichen Natur – und der anderen Seite seiner eigenen sozialen Fassade – schuf Hitchcock in *Ich kämpfe um dich* ein fiebriges Gefühl von Schuld und quälerischer Romantik, in dem sich die Forschungsreise des ersteren Films fortsetzte. *Ich kämpfe um dich* ist der erste Film, in dem er sich mit einem Schuldgefühl beschäftigte, das dem Verlangen nach Liebe im Weg stand; in jedem seiner kommenden Filme würde er diese wechselseitige, tragische Verbindung bekräftigen. In Hitchcocks langsam zum Vorschein kommender Welt können sich Liebender und Geliebte nie von den Fesseln ihrer Vergangenheit befreien, können sie sich nie von den Ketten ihres Grolls und ihrer Gewissensbisse freimachen. Mit jedem Film wurde seine Arbeit eine genauere seelische Autobiografie – eine Autobiografie, die auf äußeren Erfahrungen beruhte, die sich in quälende, schuldbeladene Fantasien verwandelten.

Vor Liebe und Verlust – auf einer romantischen oder einer familiären Ebene – bot Arbeit den einzigen Zufluchtsort; das Muster wird von Michael Chekhov in der Rolle des großväterlichen Analytikers in *Ich kämpfe um dich* erklärt: »Es ist sehr betrüblich, jemanden zu lieben und zu verlieren. Aber nach einer Weile wird man es vergessen. Man wird die Fäden des Lebens dort wieder aufnehmen, wo man sie vor nicht allzu langer Zeit hat liegenlassen. Und man wird hart arbeiten. In harter Arbeit findet sich eine Menge Glück. Vielleicht das meiste.« Nach verschiedenartigen Verlusten hatte Hitchcock selbst herausgefunden, daß genau dies stimmte.

»Ich werde diesen Film nicht machen«, sagte Ingrid Bergman anfangs, »weil ich die Liebesgeschichte nicht für glaubhaft halte.« Ihre Einwände aber wurden von Selznick über den Haufen geworfen. (Nachdem er die Idee mit Dorothy McGuire fallengelassen hatte, mußte er auch die Hoffnung aufgeben, Greta Garbo auf die Leinwand zurückzulocken, um die Rolle der kühlen Psychiaterin zu spielen, die etwas unglaubwürdig Therapie mit Liebe kombiniert.) Die Bergman war dann überrascht und erfreut, daß Hitchcock Selznicks ständige Einmischungsversuche nicht so leicht hinnahm, wie die Darsteller das erwartet hatten. »Wenn Selznick ins Studio kam«, erinnerte sie sich,

> blieb die Kamera plötzlich stehen, und Hitchcock sagte, der Kameramann könne sie nicht wieder in Gang bekommen. ›Ich weiß nicht, was mit ihr nicht stimmt‹, sagte er. ›Sie arbeiten daran, sie arbeiten daran.‹ Und schließlich ging Selznick wieder, und wie durch ein Wunder begann die Kamera wieder zu laufen. Das war seine Art, mit Einmischung fertig zu werden, und obwohl Selznick, wie ich glaube, schließlich vermutet hat, daß es sich um einen Trick handelte, sagte er nichts. Ich denke, Hitchcock war einer der wenigen Regisseure, die ihm das Wasser reichen konnten. Denn danach ließ Selznick ihn in Ruhe. Beide waren willensstarke Männer, aber ich glaube, sie hatten großen Respekt voneinander.

Laut Gregory Peck ›glaubte Selznick daran, seine Schauspieler wie kleine Götter zu behandeln, aber er ging ein wenig hart mit den Regisseuren um. Hitchcock, glaube ich, hatte gelernt, das alles ohne Aufhebens abzuwehren‹.

Die Darsteller erlebten Hitchcock bei den Dreharbeiten zu *Ich kämpfe um dich* auf ruhige Art tüchtig, aber kühl. Die Scherze, die kleinen Besprechungen, die Weine beim Mittagessen, die endlosen Wortspiele – all diese früheren Eigenschaften seines Verhaltens am Drehort fehlten ebenso wie sogar die milderen Formen seiner berüchtigten Streiche. Es schien, als habe er seinen Sinn für Humor in England zurückgelassen, unter den Trümmern des Krieges und unter seinen Familiengräbern. In seinem Verhalten lag eine fremdartige Abgeschlossenheit – ein Abstand, der alle ruhig, aufmerksam und gehorsam machte. »Er saß geduldig da«, erinnerte sich Ingrid Bergman,

> und hörte meinen Einwänden zu, ich könnte mich zum Beispiel hinter einem bestimmten Tisch nicht richtig bewegen, oder ich fände eine Geste bei einem bestimmten Dialogsatz peinlich. Und wenn ich dann mit meinen Beschwerden fertig war und glaubte, ich hätte ihn für meinen Standpunkt gewonnen, dann sagte er ganz freundlich: ›Türke es!‹ Die-

ser Rat war mir später eine große Hilfe, wenn andere Regisseure etwas Schwieriges von mir verlangten und ich dachte, nein, das ist unmöglich. Dann erinnerte ich mich daran, wie Hitchcock mir gesagt hatte: ›Türke es!‹

Er mischte sich aber am Drehort nicht unter uns. Er war höflich, aber wenn die Leute laut wurden, dann wußte er, wie er Ruhe bekommen konnte. Er senkte seine Stimme fast bis zu einem Flüstern, so daß ihn niemand verstehen konnte. Und nach und nach mußte sich jeder leise verhalten. Es war vielleicht eine Art von Einschüchterungstaktik. Natürlich hatten wir alle von seinem Ausspruch gehört, Schauspieler seien für ihn wie Vieh, und wir erwarteten etwas Schlimmeres.

Um uns zu irritieren, pflegte er zu sagen: ›Also, meine ganze Freude ist dahin, seit ihr Schauspieler da seid.‹ Weil sein ganzer Spaß in der Vorbereitung, dem Schreiben, den Kamerapositionen, der Fantasie in seinem Kopf gelegen hatte, betrachtete er uns als Eindringlinge in seine Fantasie. Er gab sich aber immer sehr kontrolliert. Er verlor nie die Fassung oder schrie jemanden an. Und doch bekam er immer, was er wollte.«

Gregory Peck, der gerade ein glänzendes Filmdebüt gegeben hatte und einer von Selznicks glorreichen jungen Stars war, stimmte zu, daß Hitchcock irgendwie abgeschlossen und zurückhaltend war.

Er gab uns wirklich nicht so viele Regieanweisungen, obwohl ich so unerfahren war, daß ich meinte, eine Menge Anweisungen zu brauchen. Als Antwort auf meine Fragen nach einer Stimmung oder einem Ausdruck sagte er einfach, ich solle mein Gesicht von allem Ausdruck leermachen, und er würde mich fotografieren. Ich wollte mehr als das; das Geschäft war so neu für mich. Auch wenn er mir kaum Regieanweisungen gab, so gab er mir doch eine Kiste mit Wein, als er herausfand, daß ich ein Anfänger in Sachen Wein war. Er war mehr als bereit, meine Bildung auf diesem Gebiet zu verbessern... Ich hatte aber das Gefühl, daß ihn etwas schmerzte, und ich habe nie verstanden, was es hätte sein können.

Die Dreharbeiten dauerten von Montag, dem 10. Juli, bis Freitag, dem 13. Oktober; nach ihrem Abschluß entschied sich Hitchcock sehr zu Selznicks Verdruß dazu, seine Option auf einen 12wöchigen Urlaub wahrzunehmen, die ihm der Vertrag zugestand. (Am 31. August unterzeichnete er eine neue Vereinbarung mit Selznick, die sein Gehalt rückwirkend mehr als verdoppelte, auf 7500 Dollar die Woche beziehungsweise eine Summe von 150000 Dollar für die zwanzig Wochen Arbeit an *Ich kämpfe um dich.*) Selznick war nicht bloß irritiert, weil der Urlaub des Star-Regisseurs eine Unterbrechung bedeutete: Er war sich im klaren darüber, daß Hitchcock nach London ging, um die Verhandlungen mit Sidney Bernstein fortzusetzen. Die Welt der Filmemacher ist klein; so erfuhr Selznick, daß die beiden Engländer in Kürze die Gründung der Firma Transatlantic Pictures ankündigen wollten, um Filme in England und Amerika zu drehen, nachdem Hitchcocks Vertrag mit Selznick ausgelaufen wäre. Hitchcock und Bernstein hatten die Absicht, einen Farbfilm zu machen – nach dem Erfolg von Technicolor in solchen Filmen wie *Vom Winde verweht* wurden Farbfilme zunehmend populär –, und sie hofften, Ingrid Bergman besetzen zu können, die man, wie Hitchcock glaubte, im rechten Moment von Selznick wegholen könnte.

Ein weiterer Grund für Selznicks Irritation lag in den größeren Problemen, die die Fertigstellung von *Ich kämpfe um dich* mit sich brachte. Es ging hauptsächlich um die komplizierten Traumsequenzen, für die Selznick auf Hitchcocks Verlangen hin Salvador Dalí engagiert hatte. »Selznick glaubte, ich wollte Dalí nur aus Gründen der Publicity«, sagte Hitchcock.

Das war nicht wahr. Ich meinte, falls ich Traumsequenzen haben würde, dann sollten sie lebhaft sein. Ich glaube nicht, daß wir auf den altmodischen Unschärfe-Effekt zurückgreifen sollten, den man bekam, indem man Vaseline rund um die Linse schmierte. Was ich wirklich tun wollte, was sie aber wegen der Kosten nicht machen wollten, war, die Traumsequenzen auf dem Studiogelände in hellem Sonnenlicht zu drehen... Ich brauchte Dalí wegen seiner Zeichenkunst. Ich wollte die Träume mit großer visueller Schärfe und Klarheit gestalten, schärfer als der Film selbst... Chirico (Giorgio de Chirico, der italienische Maler) besitzt dieselbe Qualität, die langen Schatten, die unendlichen Entfernungen, die zusammenlaufenden perspektivischen Linien.

Und so war der exzentrische Dalí mit Pauken und Trompeten nach Hollywood gekommen. Fast den ganzen September und einen Teil des Oktobers verbrachte er zusammen mit Hitchcock damit, den Inhalt der Träume festzulegen; er stellte mehr als hundert Sketche und fünf Ölbilder her, die der Bühnenbildner ausführte. Die Übersetzung der symbolischen Träume, die ganz das Produkt von Hitchcocks Vorstellung waren, auf Film besorgte der Trick-Kameramann Rex Wimpy.

Doch Dalís bizarre surrealistische Ideen (von denen er einige aus *Un Chien Andalou* und *L' Age d'Or* abgeleitet hatte, jenen Filmen, die er mit Buñuel in Paris in den späten 20er Jahren gestaltet hatte) gingen ins Extrem, und sogar Hitchcock mußte zugeben, daß Selznick recht hatte: So, wie die Traumsequenz entworfen und das erste Mal gedreht worden war, dauerte sie zu lange und wurde zu kompliziert*.

Zu der Zeit, als Hitchcock nach London aufbrach, waren die Aufnahmen für die Traumsequenz noch immer unvollständig, was Selznick noch mehr verdroß. Zuerst versuchte er, Josef von Sternberg zu engagieren, um sie zu inszenieren, gab sich dann aber mit William Cameron Menzies zufrieden, der die Miniatur-Dächer, den Spielcasino-Traum und das Zerschneiden der mit Augen besetzten Vorhänge filmte. Auf Menzies Vorschlag (er hielt die ganze Episode für langweilig) wurde sein Name in den Titeln nicht erwähnt; als Presse und Publikum beim Schlußeffekt fast in Ohnmacht fielen und der Film zu einem kommerziellen Erfolg wurde, hielt sich Hitchcock dieses Verdienst mit Freuden selbst zugute.

Auch die Musik für *Ich kämpfe um dich* schuf Probleme. Schon am 11. September schickte Hitchcock einen ›Musikplan‹ an Selznick, der die Momente und Stellen auflistete, an denen seiner Meinung nach Musik zu hören sein sollte. Als ersten empfahl Selznick Bernard Herrmann, einen New Yorker Dirigenten, dessen Musik für Orson Welles' *Citizen Kane* und *Der Glanz des Hauses Amberson* ihn schnell in die erste Garde der Hollywood-Komponisten hatte aufsteigen lassen. Ein anderer schlug Leopold Stokowski vor, der mit Disney an *Fantasia* gearbeitet hatte. ›Ich bin von der Stokowski-Idee nicht begeistert‹, schrieb Selznick in einem Memo an seinen Stab, ›weil er, wie ich sehe, bei seinem letzten Job jeden in den Wahnsinn getrieben hat, was Zeit und Kosten betraf. Ich sehe immer noch keinen, der sich

---

* Ingrid Bergmann jedoch meinte, die ursprüngliche Traumsequenz wäre so, wie sie gedreht worden war, effektiver gewesen: »Sie war viel länger und viel interessanter. Man hätte sie einem Museum geben können. Der fertige Film enthielt diese komplizierten Aufnahmen nicht, in denen ich im Traum des Mannes zu einer Gipsstatue werde (was bedeutete, daß wir rückwärts drehten, wie ich aus der Gipsstatue ausbreche). Es gab viele wundervolle Dinge darin, aber sie entschieden, alles auf eine oder zwei Minuten zusammenzuschneiden, statt die 20-Minuten-Sequenz zu benutzen, an der wir so hart gearbeitet hatten. Es war eine Schande. Es hätte wirklich sensationell sein können.«

mit Hermann vergleichen ließe.‹ Herrmann aber war nicht verfügbar, und so verpflichtete Selznick Miklos Rosza, dessen üppige Musik dann den ›Oscar‹ gewann.

Als seine Abreise nach London näherrückte, verbesserte sich Hitchcocks Stimmung, und er nahm an verschiedenen gesellschaftlichen Ereignissen teil. Alma und er gaben einen Empfang zur Hochzeit der Schauspielerin Anna Lee mit dem Regisseur Robert Stevenson. »Ich habe Anna Lee zweimal fortgegeben«, verkündete er zahlreichen Gästen, unter denen auch Ingrid Bergman und Joan Fontaine waren, »– einmal, als ich sie in *Mord* nicht besetzte, und heute, als ich sie dem Bräutigam übergab.« Und dann ergötzte er seine Gäste mit einem witzigen Monolog, in dem er darauf hinwies, daß die gesamte Hochzeits-Zeremonie in Wirklichkeit aus einer Reihe von Filmtiteln bestünde. »Ich frage mich, wer die Autoren und Regisseure der Filmhits des nächsten Jahres sein werden«, sagte er. »Wer würde gerne erscheinen in *Haben und Halten... In guten und in schlechten Tagen... Bis daß der Tod euch scheidet*«, und er erfand die passende Besetzung für diese Serie von Melodramen, Romanzen und Komödien.

Am 15. Oktober, zwei Tage nach einer Abschlußfeier der Dreharbeiten zu *Ich kämpfe um dich*, zu der Romanoff's das Essen lieferte, reiste Hitchcock nach England ab. Er verpaßte knapp den zweiten Broadway-Auftritt seiner Tochter Patricia – in *Violet*, Whitfield Cooks Bühnenfassung einer Sammlung von Kurzgeschichten. Als ungezogenes Gör, das sich daranmacht, das Liebesleben ihres oft verheirateten Vaters zu entwirren, spielte Pat die Titelrolle im New Yorker Belasco-Theater 23 öde Vorstellungen lang (so oft war auch *Solitaire* aufgeführt worden), bevor ›die deprimierend synthetische Kömödie‹, wie ein Kritiker geschrieben hatte, wegen schlechten Besuchs abgesetzt wurde. Die muntere Pat aber, jetzt 16 Jahre, hoffte unbeirrt und sogar noch ernsthafter auf eine seriöse Karriere am Theater.

In London traf sich Hitchcock inzwischen mit Sidney Bernstein, um Pläne für ihre neue Firma zu schmieden. Er sollte auch Eric Ambler treffen, den Selznick als Drehbuchautor für die nächste Produktion in Erwägung zog; aber es existiert kein Beweis einer solchen Besprechung. 15 Jahre später jedoch sollten Ambler und Hitchcock sich unter ganz anderen Umständen treffen: als Ambler und Joan Harrison den Termin ihrer Hochzeit bekanntgaben.

Bei seiner Rückkehr aus England, rechtzeitig zu Weihnachten, erhielt er neue Nachrichten aus Selznicks Büro: Man war sich des kommenden Erfolges von *Ich kämpfe um dich* aufgrund des Gewinner-Teams Hitchcock–Hecht–Bergman so sicher, daß Selznick bereit war, mit einer Geschichte weiterzumachen, die Hitchcock schon lange hatte drehen wollen. Es sollte nicht nur Hitchcocks faszinierendste Romanze werden, sondern auch einer seiner alarmierend persönlichsten Filme – voller unterdrückter Leidenschaft, Lust und Gefahr und Gewissenskonflikten.

»Wir sind nur ein Bündel von Hemmungen«, lautete ein Dialogsatz, den er für Ingrid Bergman in *Ich kämpfe um dich* geschrieben hatte. Jetzt war er dabei, ein neues Drehbuch zu schaffen – wieder für Ingrid Bergman, für die seine Gefühle komplizierter wurden; er überlegte, wie diese Hemmungen einen liebeskranken Romantiker beeinflussen konnten. Das neue Werk würde das Gewand eines Spionage-Melodrams haben, aber das war nur ein Vorwand – sein jetzt legendärer MacGuffin (oder Handlungsvorwand) für eine noch kunstvollere Selbstenthüllung. Keine Figur und keine Darstellung, außer der von James Stewart in *Vertigo* und *Das Fenster zum Hof,* sollte näher an Hitchcocks Selbstverständnis herankommen als – ausgerechnet – Cary Grant in *Berüchtigt*.

10

1945–1949

›Letzten Freitag hatte ich ein langes Mittagessen mit Hitchcock‹, berichtete Margaret McDonnell in einem Schreiben vom Montag, dem 7. August 1944, an David Selznick. ›Er möchte eine Geschichte über Betrug im großen Stil drehen, in der Ingrid Bergman, die er sehr gerne dafür hätte, eine Frau spielen soll, die sorgfältig dafür ausgebildet wird, einen gigantischen Betrug durchzuführen, für den sie möglicherweise auch einen Mann heiraten muß... Er könnte sich eine diplomatische Affäre vorstellen, die gegen Ende des Krieges vor dem Hintergrund Washingtons spielt – Argentinien könnte die fremde Macht sein, die dahintersteckt... Die Ausbildung einer solchen Frau wäre so umfassend wie die einer Mata Hari.‹

Die Idee, eine Frau so auszubilden und zu verwandeln, daß sie eine ihr fremde gesellschaftliche Identität annimmt, ist in den Filmen Alfred Hitchcocks ein zentrales Thema, das auch für seinen Umgang mit den Frauen, die in seinen Filmen spielten, für ihn selbst Mittelpunkt wurde.

Im ursprünglichen Treatment zu *The Secret Agent* hatte er bereits deutlich den Aspekt betont, daß die Madeleine-Carroll-Figur sich an die Spionage verkauft hatte, ein Schritt, der unvermeidbar zu Kompromissen im Liebes- oder zumindest Sexualleben führen mußte. Und später, vor allem in *Aus dem Reich der Toten,* würde er das Thema, eine Frau nach einer Fantasievorstellung zu modellieren, mit all seinen dämonischen Aspekten ausleuchten. Diese dämonischen Züge sollten gegen Ende der Hitchcockschen Karriere auch im wirklichen Leben aufblitzen, als er versuchte, eine Schauspielerin nicht nur für ihre Film-Persönlichkeit, die er mit sorgfältiger Überlegung angelegt hatte, zu trainieren und umzuformen, sondern sie auch im wirklichen Leben kontrollieren und nach seinen Vorstellungen umbilden wollte.

Das alles war das Ergebnis einer auf die Spitze getriebenen Idee, die sich schon früher geformt hatte. Am 15. September 1944 aß Hitchcock bei Chasens gemeinsam mit William Dozier, einem RKO-Produzenten, und erzählte ihm in groben Umrissen die Geschichte einer Frau, die sich aus politischen Gründen in sexuelle Sklaverei verkauft hatte (*Who Is My Love?* hatte er damals als Titel im Sinn). Dozier fand auch, daß daraus ein pakkender Film entstehen könnte, und bald diskutierten er und Selznick die Möglichkeiten eines Verkaufs an RKO – es sollte ein Paket geschnürt werden, das wieder aus der Zusammenarbeit von Hitchcock, Hecht und Bergman bestand. Aber Selznick war sich die ganze Zeit über nicht sicher, ob er das Projekt als Paket verkaufen sollte oder nicht lieber selbst den Film produzieren wollte: Die grundlegende Idee war nämlich, wie sich herausstellte, seine eigene gewesen, allerdings zaghafter formuliert, als Hitchcock sie jetzt beschrieb.

Selznick hatte einmal eine zweiteilige Kurzgeschichte ›The Song of the Dragon‹ von John Taintor Foote, die am 12. und 19. November 1921 in der *Saturday Evening Post* erschienen war, gelesen und sie jahrelang in seiner Akte noch nicht verfilmter Geschichten aufbewahrt, bevor er sie während der Dreharbeiten zu *Ich kämpfe um dich* schließlich an Hitchcock weitergegeben hatte.

Als Hitchcock Weihnachten 1944 aus England zurückkam, hatte er dazu einen Entwurf geschrieben. Daraufhin erhielt er von Selznick bald grünes Licht, Hecht in Nyack zu kontaktieren. Drei Wochen lang schlossen sich die beiden in Hechts überfülltem Arbeitszimmer ein und entwarfen die Kernszenen der ersten Drehbuchfassung, die Hitchcock dann nachts im Saint-Regis-Hotel überarbeitete.

Die Geschichte, die bald den endgültigen Titel *Berüchtigt* erhielt, drehte sich um eine Frau mit lockerer Moral, die Tochter eines Nazi-Spions, die gegen Ende des Krieges verleitet wird, in die Dienste der amerikanischen Regierung zu treten, die eine Gruppe von Nazis in Brasilien ausheben will. Obwohl sie in den amerikanischen Agenten, der sie für die Mitarbeit gewinnt, verliebt ist, stimmt sie dennoch zu, so weit zu gehen, einen alten Bekannten zu heiraten, der den Spionagering der Nazis leitet. Sie wird dann von ihrem Ehemann enttarnt, der sie mit Hilfe seiner tyrannischen Mutter langsam vergiftet. Kurz vor ihrem Tod wird sie von dem amerikanischen

Agenten gerettet, den sie immer noch liebt*.

Die Zusammenarbeit zwischen Hecht und Hitchcock verlief ohne Schwierigkeiten, in erster Linie, weil Hecht sich nicht darum sorgte, wieviel ihrer gemeinsamen Arbeit Hitchcock wieder umschrieb. »Die Ehe Hitchcock und Hecht als Regisseur- und Autor-Team«, berichtete Frank Nugent damals,

war, wie fast alle Teamarbeit in Hollywood, Ergebnis einer erzwungenen Heirat. Die vorgehaltene Pistole richtete in diesem Fall der Produzent David O. Selznick auf die beiden. Mr. Selznick spielte den Amor mit der Pistole nie so gut wie in diesem Fall. Sogar die Drehbuchkonferenzen verströmten Idylle. Mr. Hecht wanderte auf und ab, drapierte sich auf einem Sessel oder einer Couch und lagerte sich kunstvoll posierend auf dem Fußboden. Mr. Hitchcock, eine schwergewichtige Buddha-Figur von 174 Pfund (die noch vor kurzem 267 Pfund gewogen hatte), saß meistens auf einem geradlehnigen Stuhl, die Hände vor seinem Bauch gefaltet, mit leuchtenden, runden Knopfaugen. Sie redeten von neun bis sechs; Mr. Hecht schlich sich zwischendurch immer für zwei oder drei Tage an seine Schreibmaschine; dann folgte die nächste Konferenz. Die Friedenstaube verlor während dieses Prozesses nicht die kleinste Feder. Sie spielten einander noch nicht einmal Streiche**.

»Der Film war ganz als Liebesgeschichte entworfen«, sagte Hitchcock viele Jahre später.

Ich wollte einen Film über einen Mann machen, der eine Frau zwingt, mit einem anderen Mann ins Bett zu gehen, weil das seine professionelle Pflicht ist. Der politische Aspekt der Sache interessierte mich nicht besonders, aber es wurde mir klar, daß wir einen Grund brauchten, der verständlich machte, weshalb die Deutschen in Brasilien waren. Wir dachten an eine Diamanten-Mine, an wertvolle Erze, irgend so etwas. Dann sagte ich eines Tages zu Hecht: ›Wie steht's mit Uran?‹ Er zuckte mit den Schultern und sagte, er glaube nicht, daß das so oder so von Bedeutung sei, daß ein MacGuffin genauso gut wie der andere sei, wenn wir in Wirklichkeit doch eine Liebesgeschichte konstruieren wollten.

Ende März waren wir wieder in Los Angeles, und Selznick las, was

---

* Der Gifttrunk, den Hitchcock in *Verdacht* nicht verwenden durfte und der in *Ich kämpfe um dich* harmlos ist, kommt in *Berüchtigt* endlich zu seinem vollen Recht.

** Bestimmte Unterlagen in den Archiven von RKO und Selznick deuten darauf hin, daß kurz vor dem Beginn der Dreharbeiten Clifford Odets dafür bezahlt worden ist, einige kleinere Überarbeitungen am Drehbuch vorzunehmen, aber es existieren keine Beweise dafür, daß irgend etwas davon in das endgültige Drehbuch eingegangen ist. Es sind auch keine Aufzeichnungen oder Zahlungsbelege über diesen Vorgang erhalten.

wir zusammengebraut hatten. Zu diesem Zeitpunkt hatte ich mich bereits auf die Uran-Geschichte festgelegt – Uran, das in Weinflaschen versteckt war, klang nach einer guten Idee. Selznick rief mich herein und sagte: ›Was ist das alles hier über Uran in Weinflaschen?‹ Und ich antwortete, soweit ich wüßte, sei Uran ein instabiles Element, genau wie die ganze Welt. Außerdem wüßte jedermann, daß es selten und kostbar sei. Auch schiene es mir seit dem Tag, an dem Rutherford ein Atom gespalten hatte und eine Menge Energie freisetzte, daß eines Tages sicherlich jemand eine Bombe daraus konstruieren würde. Und da es 1945 viel Gerede darüber gab, daß wir angeblich eine Art Geheimwaffe entwickelten, schien mir dieser Aspekt auch aktuell zu sein. Selznick hielt das alles für hirnrissig. Ich argumentierte, daß selbst Hecht mir zugestimmt habe – es sei ohnehin egal, wenn wir doch eine Liebesgeschichte erzählten.

Bis zum Ende seines Lebens war diese Uran-Geschichte für Hitchcock eine ausgezeichnete Reklamequelle. Gegenüber François Truffaut, gegenüber dem Autor des vorliegenden Buches und vielen anderen behauptete er immer, er habe die Uranerz-Sache in Zusammenhang mit Naziexperimenten lange vor der Detonation der ersten Atombombe über Japan im August 1945 gewählt. Er blieb dabei, er und Hecht hätten die nebensächliche Erwähnung des Urans in das Drehbuch eingeführt, nachdem sie Dr. Robert A. Millikan im kalifornischen Institute of Technology im Mai oder Juni besucht hätten, und dieser Besuch habe bei Millikan und dem FBI solche Unruhe ausgelöst – so Hitchcock –, daß er während der Dreharbeiten beschattet worden sei. In jeder Diskussion über *Berüchtigt* betonte er, daß er praktisch ein Prophet gewesen sei, indem er bereits 1944, ein Jahr vor Hiroshima, über Uran nachgedacht habe.

Aber Hitchcocks wohlkalkuliertes Selbstbild eines Propheten entspricht nicht der Wahrheit; sein Sinn für Publicity ließ ihn eine bessere Geschichte erzählen als die, die den Tatsachen entspricht. Bevor *Berüchtigt* wirklich im Oktober 1945 ins Drehstadium kam, hatte Hitchcock (zwischen Ende Juni und Ende Juli) eine weitere Reise nach London hinter sich, wo er wieder Sidney Bernstein getroffen hatte. Danach hatte er einige Wochen in New York damit verbracht, Schauspieler zu testen, unter ihnen verschiedene berühmte deutsche Emigranten, die er später im Film besetzte. Und erst danach – und nach den Bombenabwürfen über Japan – war er wieder in Los Angeles, wo er das Drehbuch im September beendete. Erst aufgrund der Neuigkeiten, die ihm die deutschen Emigranten erzählt hatten, und aufgrund der Berichte, die durch die Weltpresse gingen, nachdem Deutschland (im Mai) und Japan (im August) kapituliert hatten, nahmen Hitchcock und Hecht die letzten Änderungen am Drehbuch vor – einen Tag vor Drehbeginn.

Im Mai hatte Selznick vom FBI einen warnenden Brief erhalten, daß jeder Film, der einen amerikanischen Nachrichtendienst-Offizier zeige, vom State Department begutachtet werden müsse, bevor einer Exporterlaubnis für den Film zugestimmt werden könne. Das wurde Hitchcock unverzüglich mitgeteilt, zusammen mit dem Ratschlag, den MacGuffin aus Spionen und Geheimdiensttätigkeit genau bleiben zu lassen, was er war – ein MacGuffin, der gegenüber der Romanze völlig in den Hintergrund trat. Und das war auch das, was Hitchcock ohnehin schon immer vorgehabt hatte.

Dieser FBI-Brief an Selznick (unglücklicherweise im Selznick-Archiv nicht erhalten, aber in einer Aktennotiz für Daniel O'Shea vom 21. Mai von Selznick erwähnt) inspirierte Hitchcock vermutlich, später von einer ›Beschattung‹ durch die Regierung zu sprechen. Die Akten des FBI enthüllen keine persönliche Überwachung dieser Art. Die Arbeiten an *Berüchtigt* wären unter solch einer angespannten Situation (dazu noch mit weitgehend nichtamerikanischen Darstellern) in diesem Herbst und Winter auch nie so glatt vonstatten gegangen, wie sie es dann taten. Hitchcock hatte mehr Ängste als je zuvor vor Behörden, die seine guten Intentionen hätten in Zweifel ziehen können (schließlich war seine Frau inzwischen amerikanische Staatsbürgerin geworden, und er hatte sich nicht einmal darum bemüht). Der extrem sensible Regisseur wäre schon emotional gar nicht in der Lage gewesen, einen Film in der Atmosphäre von Verdächtigungen zu inszenieren, die eine FBI-Untersuchung mit Sicherheit ausgelöst hätte. Alles weist darauf hin, daß in Wahrheit das Uran in den Film eingeführt wurde, nachdem man von Atombomben wußte und daß Hitchcock über die Existenz von Nazi-Flüchtlingen in Südamerika von jenen Deutschen, Juden und Anti-Nazi-Flüchtlingen erfahren hatte, die er in New York und Los Angeles kennengelernt hatte*.

Selznick wurde von Tag zu Tag kühler. Und im April verlangte er, daß in Zukunft in seinem Haus gemeinsame Dreh-

---

* Salka Viertels *The Kindness of Strangers* (New York: Holt, Rinehart & Winston, 1969) ist eine lebendige Beschreibung dieser Flüchtlingsgemeinschaft.

buchkonferenzen stattzufinden hatten (wie er es auch schon bei *Rebekka* verlangt hatte). Hitchcock wußte, was das bedeutete und hatte zu diesen Sitzungen wenig Lust. Selznick war dafür bekannt, diese Sitzungen für den späten Abend einzuberufen. Elf Uhr nachts war ein typischer Termin. Zuvor gingen Hitchcock und Hecht immer bei Romanoff's zum Abendessen, um komplizierte Passagen des Drehbuchs vorab zu klären und ihre Verteidigungsargumente gegenüber Selznick abzustimmen. Hitchcock hielt das Drehbuch für erstklassig. Wenn die Zeit des Konferenzbeginns sich näherte, machte Hecht Anstalten, zu Selznicks Haus aufzubrechen, aber Hitchcock wendete immer ein, daß es kaum eine Rolle spielen würde, wenn sie zu spät kämen. Selznick würde ohnehin nur hin- und herrennen und sich nicht zu ernsthaften Überlegungen hinsetzen, bevor es drei Uhr morgens war. Und genauso verbrachten sie dann auch zu Hitchcocks großem Ärger etliche Nächte.

Den Spätsommer und Frühherbst erlebte Hitchcock in New Yorker Theatern. Im September dann hatte Selznick, der tief in die Produktion seines Films *Duell in der Sonne* verstrickt war, das Projekt *Berüchtigt* für 800000 Dollar und fünfzig Prozent Gewinnbeteiligung an RKO verkauft. Dozier und Hitchcock übernahmen die Verantwortung der Produzenten. Ingrid Bergman und Cary Grant waren für die Hauptrollen verpflichtet. Zusätzlich engagierte Hitchcock den deutschen Schauspieler und Regisseur Reinhold Schünzel, den Tänzer und Schauspieler Ivan Triesault und den vielseitigen Louis Calhern. Dozier wählte Claude Rains als den sympathischen Bösen – Hitchcock hatte interessanterweise den androgynen Clifton Webb für diese Rolle gewollt. Als Ethel Barrymore es ablehnte, die Mutter des Nazis zu spielen, schlug RKO Mildred Natwick vor. Doch die Rolle der tyrannischen Nazi-Matrone, die wie eine Spinne in ihrem Netz lauerte, verlangte nach einer stärkeren und reiferen Besetzung. Schünzel schlug eine der großen Schauspielerinnen aus dem Vorkriegsdeutschland vor: Leopoldine Konstantin. Sie war von 1908 bis 1937 Mitglied von Max Reinhardts Deutschem Theater gewesen und hatte 1911/1912 eine Tournee durch die USA absolviert. Ihre Rolle in *Berüchtigt* sollte ihre einzige amerikanische Filmrolle bleiben (sie war in Hollywood so unbekannt, daß RKO mit ihr eine erbärmliche Gage aushandelte), aber sie liefert eines jener unvergeßlichen Porträts, die für Hitchcocks Filme typisch sind.

Der Film wurde zwischen Oktober 1945 und Februar 1946 gedreht. Das gesellschaftliche Leben der Hitchcocks war zu dieser Zeit praktisch nicht existent. Dafür stürzte sich Hitchcock in Werbekampagnen. Im Juli, zum 17. Geburtstag ihrer Tochter, gab Alma ihr zu Ehren ein Essen – es war zugleich eine Abschiedsparty, denn Pat begann, am Marymount College in Tarrytown, New York, zu studieren. Hitchcock hatte zwei Dutzend Flaschen eines Parfüms geordert, das speziell zu Werbezwecken für den Film *Spellbound (Ich kämpfe um dich)* kreiert worden war und auch dessen Namen trug, und ließ es an die Gäste seiner Tochter verteilen. Im Herbst begleitete ihn Alma, immer noch die ideale Gefährtin, in verschiedene Rundfunk-Shows, in denen er zu Werbezwecken auftrat – allerdings nicht, um für seine Filme zu werben, sondern für sich selbst. Früher im Jahr war er in Milton Berles Programm im New Yorker Rundfunk aufgetreten (wofür er 2000 Dollar erhielt – die Hälfte von dem, was er verlangt hatte); später versuchten Kandidaten seine Identität in der Quiz-Sendung *Which Is Which?* zu erraten. Aber die biografischen Angaben, die er eingereicht hatte, waren so vage, daß er die Rate-Stars überrumpeln konnte und 1000 Dollar kassierte.

Im November kam *Ich kämpfe um dich* landesweit in die Kinos und war schon nach wenigen Wochen auf dem Weg, bereits während der Erstauswertung das Achtfache seiner Kosten einzuspielen. Die Kritik war ebenso begeistert wie das Publikum. Als die jährlichen Oscar-Nominationen bekanntgegeben wurden, war der Film in den Kategorien Bester Film, Beste Regie, Bester männlicher Nebendarsteller (Michael Chekhov), Beste Kamera, Beste Spezialeffekte und Beste Filmmusik nominiert. (Einen Oscar errang der Film dann nur in der letzten Kategorie.)

Innerhalb weniger Wochen nach der Premiere erfuhr die Popularität der Psychotherapie einen gewaltigen Schub. So mächtig war damals, in der Vor-Fernseh-Ära des Jahres 1945, der Film, als mindestens 70 Prozent der Amerikaner wenigstens einmal pro Woche ins Kino gingen. Nach dem Start des Films inserierten in verschiedenen Großstädten Therapeuten und boten ihre Dienste an – und zogen sich schnell den Tadel ihrer Kollegen und der Berufsvereinigungen zu. Und in mindestens einem Fall hängte sich ein Betrüger an Hitchcocks Film: In Los Angeles inserierte ein Mann, der sich Bernhard Gindes nannte, in der Anzeigenspalte des Telefonbuches und behauptete, als psychiatrischer Berater an *Ich kämpfe um dich* mitgewirkt zu haben. Er gab bekannt, daß er noch Klienten annehmen würde. Das Selznick-Büro ging der Sache nach und stellte fest, daß die angegebene Anschrift nicht existierte. Ein paar Tage später war Mr. Gindes dann überhaupt unauffindbar*.

Die Spannungen zwischen den Hitchcocks waren gewachsen. Seine verschiedenen Reisen nach England, der Tod ihrer beiden Mütter, die Tatsache, daß Alma zunehmend weniger an den Produktionsarbeiten für die Filme beteiligt war und dazu noch Hitchcocks nicht zu übersehende Faszination von Ingrid Bergman – alles wirkte zusammen, und die Probleme, die immer ein wenig, aber normalerweise eher im Hintergrund ihrer Beziehung vorhanden waren, verschärften sich, obwohl sie beide wußten, daß sie einander brauchten. Wenn in jenen Tagen Gäste zu kleinen Essen in die Bellagio Road geladen waren (Gäste wie Ingrid Bergman und ihr Ehemann Dr. Petter Lindstrom, Cary Grant, der gerade von der Erbin Barbara Hutton geschieden worden war, Teresa Wright und ihr Ehemann oder Anne Baxter und ihr Verlobter John Hodiak), dann konnten sie immer einem gepflegten Mahl mit den entsprechenden Weinen und einem gelegentlichen Tanz danach entgegensehen.

Wenn man aber mit den Hitchcocks allein zusammen war, schien ein kalter Wind durchs Zimmer zu wehen. In Gesellschaft gingen sie vorbildlich miteinander um. Mußte aber ein Besucher tagsüber einmal im Wohnzimmer auf Hitchcock warten, dann konnte es passieren, daß er aus der oberen Etage zornig streitende Stimmen vernahm. In solchen Fällen verhielten sich die beiden wie Kinder, und noch ein oder zwei Tage nach einem solchen Streit konnte man Hitchcock wie einen gemaßregelten Schuljungen herumlaufen sehen – schmollend, launenhaft und mißgestimmt folgte er dann der kleinen, aktiven Frau, die seine Beraterin und mütterliche Muse war, die ihn anstachelte und ermunterte und im Privaten auch maßregelte, in der Öffentlichkeit aber stets höflich, ruhig und ihm untergeben handelte.

Hitchcocks Pflichtbewußtsein zu Hause und bei der Arbeit kollidierte mit seinem lange unterdrückten Sexualleben, das er weder voll verstand noch wollte (»Essen ist normalerweise Ersatz für Sex«, sagte er Jahre später). Den Nachhall dieser Kolli-

---

* Der einzige psychiatrische Berater, der an dem Film mitwirkte, war Dr. May E. Romm, Selznicks eigener Therapeut, der auch in den Titeln genannt wird.

sion konnte man – kaum durch die fiktive Geschichte gedämpft – in *Berüchtigt* hören, dessen Dialoge Hitchcock in den ersten Drehtagen völlig umschrieb.

Berüchtigt ist Hitchcocks erster Versuch – im Alter von 46 Jahren –, mit all seinem Talent eine ernsthafte Liebesgeschichte zu schaffen. Die Geschichte über zwei Männer, die beide Ingrid Bergman lieben, konnte er nur in diesem Stadium seines Lebens drehen. Der Tod seiner Mutter, die im Inneren mütterliche Beziehung, die seine Frau zu ihm unterhielt, der vermutliche Selbstmord seines Bruders, die nicht in die Tat umgesetzten und unglücklichen, jugendlich romantischen Gefühle eines liebeskranken Regisseurs in mittleren Jahren, die sich auf eine unerreichbare Göttin richteten – das alles löste eine Flut widerstreitender Emotionen aus, die *Berüchtigt* nicht nur möglich, sondern notwendig machte. Der Film ist der künstlerische Ausdruck eines Innenlebens, das vermutlich explodiert wäre, wenn es sich nicht hätte ausdrücken können. Für Hitchcock wurde die Arbeit an diesem Film, wie an keinem zuvor, eine Möglichkeit, mit dem Konflikt zwischen persönlichen Wünschen und öffentlicher Pflicht, zwischen Leidenschaft und Heuchelei umzugehen.

Diesen Konflikt, der aus dem Leben stammt, repräsentieren die beiden Charaktere, die Grant und Rains spielen. In ihnen externalisieren sich die zwei Seiten Hitchcocks. Grant, ein emotional gehemmter Mann, der nie lächelt und von sich zugibt: »Vor Frauen hatte ich immer Angst«, steckt voller nicht ausgelebter Gefühle für die Bergman, aber er kann weder seine Liebe zu ihr artikulieren noch auf ihre Leidenschaft für ihn reagieren. Statt dessen flüchtet er sich in die Ansicht, daß sie eine verdorbene Schlampe ist. Rains dagegen ist der Liebende, der sich offenbar aber auch bewußt ist, daß andere Männer anziehender sind als er. Er ist eifersüchtig, und Ingrid Bergman findet ihn abstoßend. »Du hast auf mich immer wie ein Lebenselixier gewirkt«, sagt er zu ihr... »Ich wußte, wenn ich dich wiedersehen würde, müßte ich wieder dasselbe für dich fühlen – denselben Hunger. Du bist überwältigend schön, meine Geliebte.«

Die Konflikte setzen die Bergman unter Druck, die in einem traurigen Versuch, dem Mann zu gefallen, den sie wirklich liebt, die Rolle der sexuellen Erpresserin akzeptiert. Aber die Welt, in die sie dadurch gerät, ist so voller Betrug, daß alle wahren Gefühle verschwimmen. Die wahre Leidenschaft – etwa, wenn Grant die Bergman vor dem Weinkeller küßt – wird wie eine Lüge eingesetzt. Der echte Kuß dient nur dazu, Rains von dem wahren Zweck ihrer Intentionen abzulenken. Dieser Augenblick des Films gibt den Ton an für all die anderen trügerischen Blicke, all die nichtssagenden Worte.

Der Konflikt in Hitchcock selbst, der sich in den unterschiedlichen Haltungen der beiden Männer ausdrückt, wurde verkompliziert durch eine pupertäre Verwechslung von Essen und Sex. Die drückt sich in der dreiminütigen Kußszene zwischen Grant und Bergman auf dem Balkon aus, in der die beiden sich gegenseitig an Lippen, Ohren und Hals knabbern, während sie vom Abendessen reden. Verfolgt man den Ursprung dieser Szene, die Hitchcock zunächst erfand, um das Hollywood-Verbot einer überlangen Kußszene zu umgehen, dann zeigt sich die merkwürdige Verbindung, die Hitchcock hier zwischen dem gesprochenen Wort, der Handlung und der wahren Absicht knüpfte. Der Kuß, beharrte er, gäbe dem Publikum

das große Privileg, gleichzeitig Cary Grant und Ingrid Bergman umarmen zu können. Es handelte sich um eine kurzfristige *Ménage à trois*... Ich hatte das Gefühl, sie müßten in dieser Umarmung verharren, und wir müßten daran teilhaben. Wenn sie dann also zu dem Telefon gehen, folgt ihnen die Kamera und bleibt bei der Großaufnahme, bis hinüber zur Tür, alles in einer Einstellung... Diesen Einfall hatte ich Jahre zuvor, als ich mit dem Zug von Bologna nach Paris fuhr. Wir kamen an einer alten Fabrik aus roten Ziegelsteinen vorbei, und am Ende der Fabrik war eine riesige rote Ziegelmauer. Am Fuß der Mauer standen zwei winzige Figuren – ein Junge und ein Mädchen. Der Junge urinierte gegen die Wand, aber das Mädchen hielt ihn am Arm und ließ nicht los. Sie sah runter auf das, was er tat, und dann wieder hoch in die Gegend und dann wieder runter, um zu sehen, ob er fertig war. Und da bekam ich diesen Einfall: Sie konnte ihn einfach nicht loslassen. Eine Romanze darf nicht unterbrochen werden, selbst nicht durch Urinieren... (Grant und Bergman) erzählten mir beide, daß sie sich während dieser Szene in *Berüchtigt* sehr merkwürdig vorgekommen seien. Ich sagte, sie sollten sich keine Sorgen machen. Auf der Leinwand würde es großartig wirken, und nur darauf kommt es an. Das ist eine meiner berühmtesten Szenen*.

---

* Ben Hecht besuchte den Drehort an dem Tag, als die Kußszene auf dem Balkon gedreht wurde. Er merkte gleich, daß es sich dabei um eines der vielen Dinge handelte, die Hitchcock dem Drehbuch hinzugefügt hatte, und sagte: »Ich versteh' dieses ganze Gerede über Hühner nicht!«

lange Jahre im Gedächtnis behalten hatte. Und noch merkwürdiger scheint es, sie mit der flammenden Leidenschaft von *Berüchtigt* in Verbindung zu bringen. Aber die kindlichen und zuweilen pathologischen Assoziationen zwischen Schlafzimmerangelegenheiten und solchen der Toilette (die schon früh in den Filmen auftauchen, etwa wenn in *Secret Agent* Toilettenpapier zerrissen wird, während von Heirat gesprochen wird) sollten in späteren Filmen heftiger werden und auch in seinem späteren Leben.

Der Film zeigt die Vermengung von Wunsch und Pflicht, Liebe, Essen, Sex und Verdrängung. Auch zeigt er eine neue schärfere Beurteilung der Mutter-Sohn-Beziehung. Wie diese Beziehung in *Im Schatten des Zweifels* funktioniert, haben wir bereits untersucht. Damals wurde Hitchcocks eigene sterbende Mutter in die Figur der kranken Mrs. Hawkins übertragen, die wir nie sehen, über die sich aber dreimal Figuren im Film besorgt äußern. In *Ich kämpfe um dich,* nach der Reise nach England, um den Nachlaß seiner Mutter zu ordnen, spiegelt Hitchcock seine Gefühle mit den Bemerkungen, die der untersuchende Polizist (Art Baker) macht. Der, empört über die Wünsche seiner Mutter, rechtfertigt indirekt, daß Hitchcock in Amerika geblieben war, während seine Mutter ihre letzte Krankheit durchlebte: »Sie jammert immer noch und meint, ich sollte mich versetzen lassen. Ich habe sie gefragt, ob sie wirklich der Meinung ist, daß ich eine berufliche Aufstiegschance für sie opfern solle. Und der Boß hat einen Witz darüber gemacht, daß ich ein Muttersöhnchen sei.« Die Figur, die Art Baker spielt, existiert überhaupt nur wegen dieses Statements über die Mutter. Jetzt, in *Berüchtigt,* kommt endlich die Mutter selbst vor und wird analysiert. Nicht länger in den Dialog verbannt, erscheint sie zum ersten Mal als eine Hauptfigur in einem Hitchcock-Film. Und plötzlich – wie später auch in *Psycho, Die Vögel* und *Marnie* – begann Hitchcock aus der Mutterfigur einen Abladeplatz für seinen Ärger, seine Schuldgefühle, seine Empörung zu machen – und für eine traurige Sehnsucht.

Wie die beiden Männer im Film zwei Aspekte Hitchcockscher Wünsche (der leidenschaftlichen und der unterdrückten) repräsentieren, so stehen die beiden Frauen (Ingrid Bergman und Leopoldine Konstantin) für die getrennten und sich doch vermischenden Rollen von Ehefrau und Mutter. An zwei kritischen Momenten seiner Beziehung zu der Bergman geht Rains ins

Schlafzimmer seiner Mutter – das erste Mal, um ihr mitzuteilen, daß er heiratet und um sie wegen ihrer Eifersucht zu schelten, später dann, um Rat und Hilfe einzuholen, als er den Verrat seiner Ehefrau entdeckt hat. Die Details stammen aus Hitchcocks Leben: Während der Jahre, die er in Leytonstone lebte, pflegte er sehr lange die Angewohnheit, allabendlich seiner Mutter am Fuße ihres Bettes Rede und Antwort zu stehen. Im Film werden sowohl die Bergman als auch die Konstantin ›Madame‹ gerufen, ein Ausdruck, den Hitchcock ihr ganzes gemeinsames Leben lang für Alma verwendete*. Und Ingrid Bergman trägt eine von Almas legendären Merkmalen, das noch von Hitchcocks Heiratsantrags-Szene stammt: »Ich mag keine Schiffe«, sagt sie, während sie langsam vergiftet wird, »ich werde immer seekrank.« Dann gibt es noch verschiedene Erwähnungen der Bergman als Grants ›Momma‹. Schließlich erinnert die ganze Beziehung zwischen Rains und der Konstantin eher an eine Ehe als an eine Mutter-Sohn-Beziehung.

Diese Verwechslung von Mutterliebe und erotischer Liebe – brillant angedeutet in der Szene, in der sich aus der Perspektive der unter Drogen stehenden Bergman gesehen die Schatten von Mutter und Sohn überlagern, betrifft natürlich nicht Hitchcock allein; oft genug ist dieses Motiv ein auslösender Faktor für berühmte literarische Werke und künstlerische Übertragungsprozesse gewesen. Was die Manifestation dieses Problems zu jener Zeit in Hitchcocks Leben und in diesem Film hervorstechen läßt, ist der Umstand, daß beide Arten der Liebe auf Sehnsüchte, Fantasien und unerfüllte Erwartungen beschränkt waren. Hitchcock hatte seine Mutter in den letzten dreieinhalb Jahren ihres Lebens nicht mehr gesehen. Er war weit von ihr entfernt, als sie starb. Seine Frau, wie er untypischerweise offen zugab, lebte mit ihm in keuscher Kameradschaft, und die Frauen, die er am schönsten fand, die er liebevoll filmte, seine Hauptdarstellerinnen, waren nie mehr als idealisierte Gestalten.

Am enthüllendsten ist, daß die Gestalt, die Claude Rains spielt und die von der Bergman so besessen ist (wie Hitchcock), letztlich weniger mit Grant als Rivalen beschäftigt ist als mit seiner Mutter, die die Rolle der eifersüchtigen Ehefrau hat.

---

* Mitarbeiter, die mit ihm schon in den frühen 30er Jahren arbeiteten, bestätigen, daß er Alma immer so nannte. Das behielt er bis zu seinem Tod im Gespräch bei, aber auch in seinen wenigen Briefen an sie.

Rains: Mutter, ist es wirklich notwendig, daß du Alicia immer als Miß Huberman anredest? Ich wünschte wirklich, du könntest mit ihr ein wenig herzlicher sein.
Konstantin: Wirklich? Ich dachte, ich benehme mich sehr wohlerzogen. Hat sie sich über mich beklagt? (Er schüttelt den Kopf.) Da bin ich ja dankbar.
Rains: Du könntest sie einmal anlächeln.
Konstantin: Wäre es nicht ein bißchen viel, wenn wir gleich alle beide sie wie Idioten angrinsen würden?
Rains: Bitte, Mutter, ich möchte mir meine gute Laune nicht verderben.
Konstantin: Ist es denn so langweilig, mit mir hier allein zu sitzen?
Rains (in einem erschöpften Murmeln): Überhaupt nicht, überhaupt nicht.

Man ist versucht, den Dialog als eine Wiedergabe früherer Gespräche zwischen Hitchcock und seiner Mutter zu sehen. Aber obwohl Hitchcock diesen Dialog selbst dem Drehbuch hinzugefügt hat, kann man nicht wissen, wie eng die Parallele wirklich ist. Auf jeden Fall repräsentiert dieser Dialog aber auch Worte, die Alma und Hitchcock im Privaten gewechselt haben könnten, wenn Hitchcock sich wieder einmal eine seiner Hauptdarstellerinnen zum Objekt seiner Fantasie erkoren hatte – wie zum Beispiel Ingrid Bergman.* Hitchcock erzählte bis zu seinem Lebensende eine umständliche Geschichte – eine Erfindung, die damals noch frisch aus der Werkstatt seiner fiebrigen Träume kam –, wie Ingrid Bergman sich nach einer Party in der Bellagio Road hysterisch geweigert habe, sein Schlafzimmer zu verlassen, bevor er nicht mit ihr ins Bett gegangen sei. Bedenkt man die Umstände – die Anwesenheit des stets wachsamen Ehemannes der Schauspielerin und die von Alma und anderen Gästen – und dazu noch die Diskretion, Wärme und vor allem den völlig anderen Geschmack Ingrid Bergmans, was Männer betraf, so ist diese Erzählung sicher frei erfunden.

Hitchcocks Erinnerungen an diese Periode seines Lebens fallen mit einer Ebene der Fantasie und sexuellen Wünsche zusammen, die so tief reichte, daß er sich mit einem Surrogat identifizierte, mit der Figur, die Cary Grant spielte: Er sah sich selbst als denjenigen, der nur in der Fantasie lieben konnte, und wenn er

* Es muß betont werden, daß, obwohl Bergmans Privatleben zu jener Zeit beträchtlich durcheinandergeraten war, es keinerlei Hinweise darauf gibt, daß sie selbst Hitchcocks Aufmerksamkeit je ermunterte.

trotz der Geschichte, die er über seine Hauptdarstellerin verbreitete, nicht auch der Liebhaber im wirklichen Leben war, dann konnte das nur daran liegen, daß für ihn noch nicht der richtige Zeitpunkt gekommen war. Auch mußte es so bleiben, weil die Schuldgefühle Alma gegenüber zu groß gewesen wären – wie auch die Furcht vor ihr. (Hitchcock-Chronist John Russell Taylor schrieb, daß ›es Menschen gibt, die behaupten, daß Alma die einzige Person ist, vor der er wirklich Angst hat‹.)

Filmstudenten erinnern sich an *Berüchtigt* vielleicht am besten wegen der überwältigenden Regie. Das sind: die Einstellung, in der die Kamera dem herbeifahrenden Fahrstuhl folgt – sie dauert von einer sehr totalen Aufnahme auf die Party-Gäste von oben bis hinunter zu einer Großaufnahme eines Schlüssels in Bergmans Hand; die lange Kuß-Szene; die rhythmischen Zwischenschnitte, als die vier Personen die große Treppe herunterkommen. Weniger theoretisierende Kinogänger werden auf den obsessiven, schrägen romantischen Charakter des Films reagieren. Ironischerweise hat Hitchcock Gefühle wie Vertrauen und Mißtrauen, selbst Patriotismus, im Film mit dem Motiv permanenten Trinkens verknüpft: Gleich zu Beginn gibt es eine trunkene Party (»Das richtige Trinken hat noch nicht begonnen«, sagt die Bergman), die dann zum Kater am Morgen führt (»Trink!« befiehlt Grant und deutet auf den Fruchtsaft, »trink alles aus!«). Das Trinken setzt sich fort mit der Flucht in die alkoholischen Drinks in dem Straßencafé und dem Apartment in Rio und mit den Bechern vergifteten Kaffees, aber auch mit dem MacGuffin des Urans in Weinflaschen. All dieses Trinken ist wertlos und letztendlich sogar gefährlich.

Hitchcock selbst gab der sorgfältig konstruierten Struktur des Films den letzten Schliff. Die ersten sechs Szenen des Films erfahren in den letzten sechs ihre völlige Umkehrung. Die Hauptstationen der Handlung werden durch drei zunehmend leidenschaftlichere Kußszenen markiert. Und innerhalb dieser Struktur faßte er alle seine ihn marternden Sehnsüchte und sich widersprechenden Wünsche zusammen – die dunklen, todesdüsteren Ängste vor Liebe und Geliebtwerden, das Verlangen nach Sühne, die Familienprobleme, die verlorenen Hoffnungen und die Hoffnung auf Erneuerung – und formulierte sie in einem Monolog, den er für die Bergman schrieb. Im Flugzeug nach Rio erzählt ihr Grant von dem Selbstmord ihres verräterischen Vaters (den der Vater, wie die Nazi-Führer am Kriegsende, stilgerecht mittels einer Giftkapsel vollzogen hat), und die Kamera verweilt auf ihren plötzlich leeren und von Erinnerungen überzogenen bleichen Gesichtszügen, während sie sagt:

»Ich weiß nicht, weshalb ich mich plötzlich so schlecht fühle. Als er mir vor ein paar Jahren eröffnete, wer er war, ging alles zu Bruch. Es war mir egal, was mit mir geschah. Aber jetzt erinnere ich mich wieder, wie liebenswürdig er einst war. Wir waren beide so liebenswert, sehr liebenswert. Ein merkwürdiges Gefühl – als ob mir etwas zugestoßen sei und nicht ihm. Jetzt muß ich ihn nicht mehr hassen – und mich selbst auch nicht.«

In diesen schmerzlichen Worten und dem in die Ferne gerichteten Blick einer wunderschönen, erschöpften Frau bildete sich ein neuer Konflikt in Alfred Hitchcocks Leben ab: der Konflikt zwischen dem Wunsch, sich von der Vergangenheit zu befreien und den Selbstvorwürfen ein Ende zu setzen, und andererseits dem Verweilen in bittersüßen Erinnerungen und Schuldgefühlen eines Sohnes. Von der Schauspielerin superb vorgetragen, sind nur wenige Worte in einem Hitchcock-Film mit einer intimeren Bedeutung aufgeladen.

Unglücklicherweise wurden die inneren Konflikte Hitchcocks durch berufliche noch verschlimmert, denn David O. Selznick versuchte, seine gefährdete Karriere – und seinen nervlich angeschlagenen Zustand – wieder ins Gleichgewicht zu bringen, indem er Hitchcock zu einem weiteren Film bewegen wollte, bevor der gemeinsame Vertrag auslief. In den Monaten zuvor hatte Selznick häufig Memoranden an Hitchcock und William Dozier geschickt, in denen er mit Ideen zu einem neuen Hitchcock-Film spielte, den man RKO verkaufen könnte. An Projekten nannte er unter anderem *Das verlorene Wochenende, Die Wendeltreppe, Liebesbriefe, Murders in the Rue Morgue, The Turn of the Screw* (in dem Joan Fontaine spielen sollte) und *The Devil's Disciple.* Schließlich aber entschied sich Selznick, Hitchcock wieder für seine eigene Gesellschaft unter seiner Aufsicht zu lassen.

Seit 1933, dem Jahr seiner Veröffentlichung, gehörte die Verfilmung von Robert Hichens' Roman *The Paradine Case* zu den Lieblingsprojekten von Selznick. Damals hatte er geplant, den Film mit John und Lionel Barrymore und Diana Wynyard in den Hauptrollen für MGM zu produzieren. 1936 hatte er gehofft, Greta Garbo für die Geschichte interessieren zu können. Die Garbo fand die Geschichte einer eleganten Hure, die die Gefühle eines respektablen Rechtsanwalts ausbeutet, der sie gegen die Anklage verteidigen soll, ihren blinden Ehemann ermordet zu haben, zu geschmacklos. 1940 waren Hedy Lamarr und Leslie Howard im Gespräch. Ronald Colman, den Hitchcock vorzog, hatte die Rolle des Rechtsanwalts abgelehnt. Jetzt, 1946, mit Hitchcock von RKO zurück, wollte Selznick endlich *Der Fall Paradine* produzieren. Gregory Peck erhielt die männliche Hauptrolle.

Das Projekt war vom Start weg chaotisch, und niemand interessierte sich besonders leidenschaftlich für die Geschichte. Daß der Film überhaupt fertiggestellt wurde, grenzte schon fast an ein Wunder, denn das ganze Unternehmen trug von vornherein das Handikap einer Arbeit, die einem Regisseur, der bald die Gesellschaft verlassen würde, von einem zunehmend neurotischen und sich seiner selbst nicht sicheren Produzenten zugeteilt worden war. Selznicks besorgte und besorgniserregende Haltung traf auf Hitchcocks Widerwillen gegen Inhalt und Methode, die ihm da aufgezwungen wurden. Alles zusammen schaffte eine Atmosphäre, der Hitchcock sich schnell wieder entziehen wollte.

Während des Monats März gestattete Selznick, daß Hitchcock und die Produktionsassistentin Barbara Keon in der Bellagio Road arbeiteten. Doch schnell stellte Selznick fest, daß dort sehr wenig an dem Treatment geschrieben wurde. »Die Hitchcock-Truppe«, beschwerte er sich bei Daniel O'Shea, »ist so etwas wie ein Country Club geworden, in dem Miss Keon Mitglied ist.« Die Hitchcocks und die in Ungnade gefallene Miss Keon verbrachten in der Tat ihre Wochenenden in Santa Cruz, wo man sehr viel über Hitchcocks Pläne sprach, sich zusammen mit Sidney Bernstein als unabhängiger Produzent zu betätigen. Hollywood ist letztlich nur ein Dorf, und es dauerte nicht lange, bis Selznick bei einem sonntäglichen Abendessen von Ingrid Bergman erfuhr, daß Hitchcock und Bernstein wirklich ihren ersten gemeinsamen Film planten und daß die Bergman sehr wahrscheinlich die Hauptrolle in ihm spielen würde.

Sie hatte freilich nichts ausgeplaudert, denn am 11. April 1946 meldete der Londoner *Daily Film Renter*, zwei Engländer hätten die Gesellschaft Transatlantic Pictures gegründet, um abwechselnd in London und Hollywood Filme zu produzieren. Ihr erster Film (der dann der zweite wurde) hätte Ingrid Bergman zum Star, und zwar in einer Verfilmung von Helen Simpsons Roman *Under Capricorn*.*

Gleichzeitig wurde gemeldet, daß Hitchcock für Transatlantic auch eine moderne Version von *Hamlet* drehen sollte – ein Projekt, das sicherlich einige Leute konsternierte, die glaubten, daß ernsthafte dramatische Kunst nicht zu Hitchcocks vermeintlich gewöhnlichen und kommerziell orientierten Interessen paßte.

Victor Peers, der ein Jahrzehnt zuvor bereits für Hitchcock als Produktionsleiter gearbeitet hatte, wurde engagiert, um ähnliche Aufgaben für Transatlantic in London zu übernehmen (die Büros lagen am Golden Square 36, in der Zentrale von Granada, der Kinokette Bernsteins). Als die Gesellschaft in den USA registriert wurde, führte man Peers als Vize-Präsidenten ein. Bernstein war der Präsident und Hitchcock (aus steuerlichen Gründen) nur Geschäftsführer. Als Transatlantic in die Produktion einstieg, hatte Warner Brothers die exklusiven Rechte zum Verleih der Filme für die USA erworben, und die Bankers Trust Company of New York hatte sich bereit erklärt, die ersten beiden Unternehmungen der Firma bis zur Höhe von fünf Millionen Dollar zu finanzieren.

Während mit Bernstein ganz Britannien darauf wartete, daß Hitchcock im späten Frühjahr 1946 nach London zurückkehrte, um auch andere Filmprojekte mit anderen Regisseuren für die neue Gesellschaft in Betracht zu ziehen, verwandelte sich Selznicks leiser Ärger in offene Wut. Hitchcocks Desinteresse an *Der Fall Paradine* wurde jetzt als offenes Geheimnis gehandelt, obwohl Selznick etwas unbedacht dem Film ein großzügiges Budget zugeteilt hatte, das am Ende vier Millionen Dollar betrug. Er hatte zugestimmt, daß ein alter Bekannter Hitchcocks, der frühere Arzt O. H. Mavor, der unter dem Namen James Bridie als Autor tätig war, nach Amerika kam, um am Drehbuch des Films mitzuarbeiten. Als Bridie am 5. Mai in New York eintraf, übergab Hitchcock ihm lediglich einen Berg Notizen und reiste auf der Stelle nach London ab. Bridie saß vierzehn Tage in New York herum, fühlte sich hilflos und nutzlos und telegrafierte

* Hitchcock kannte die Simpson privat und beruflich. Sie war die Co-Autorin, zusammen mit Clemence Dane (unter seinem Pseudonym Winifred Ashton), von *Enter Sir John* dem Buch, das *Murder!* zugrunde gelegen hatte. Simpson hatte auch an dem Dialog zu *Sabotage* mitgearbeitet, und Hitchcock hatte ihren Freund Dane als Drehbuchschreiber für *Rebekka* vorgeschlagen. So hatte er die Rechte für *Under Capricorn* zu einem günstigen Preis erwerben können.

dann an Selznick, er steige aus dem Projekt aus und kehre nach London zurück. Zugleich schickte er an Selznick ein Treatment in Prosaform mit einigen Dialogpassagen – ein Entwurf der Paradin-Intrige, in dem jedoch noch kein Gerichtsverfahren, kein Drama im Gerichtssaal und nichts von jener düsteren Romantik vorkam, die Selznick sich gewünscht hatte.

Hitchcock fuhr in der Zwischenzeit zunächst nach Nizza, um sich in Selznicks Auftrag nach einer französischen Schauspielerin umzuschauen, die Mrs. Paradine spielen sollte, falls die Verhandlungen mit der italienischen Darstellerin Alida Valli scheiterten. (Sie verliefen dann zwar erfolgreich, aber zu jenem Zeitpunkt war noch unklar, ob sie ein Visum für die USA erhalten würde, weil offenbar ihr Ehemann in irgendeiner Form während des Krieges mit der faschistischen italienischen Regierung zu tun gehabt hatte.)* Nachdem Hitchcock der durch die Kriegsereignisse verzögerten Pariser Premiere von *Ich kämpfe um dich* beigewohnt hatte, traf er Mitte Mai in London ein und begab sich auf Motivsuche für Szenerien, die sich als Hintergründe für den neuen Film eigneten und später im Studio gemalt werden sollten. Er studierte sehr genau das Old-Bailey-Gericht, das später in den RKO-Studios rekonstruiert wurden wo *Der Fall Paradine* unter Selznicks scharfer Kontrolle gefilmt werden sollte.

Hitchcock und sein Aufnahmeleiter Fred Aherne fotografierten auch Außenansicht und Innenräume der Bow Street Magistratur sowie Zellen, Zellenkorridore und Anwaltssprechzimmer des Holloway-Gefängnisses. Sie fanden ein Haus am Portland Place, das sich in der Außenansicht für das Heim der männlichen Hauptfigur verwenden ließ, und sie reisten nach Cumberland und fanden dort ein Landhaus, das der geeignete Landsitz für die Paradines war. Das Haus sah dem Anwesen von Manderley in *Rebekka* zum Verwechseln ähnlich (und das war bis dahin auch das einzige, was Selznick an dem Unternehmen gefiel). Diese Motivsuche und das Fotografieren nahmen fast zwei Monate in Anspruch – zumindest erzählte man das Selznick. In Wahrheit verbrachte Hitchcock einen guten Teil dieser Zeit mit Bernstein. Sie engagierten Angestellte für ihre neue Gesellschaft und stellten einen Finanzplan auf.

---

* Auch in Hollywood verhandelten Selznick und seine Leute unterdessen mit den Agenten von Darstellerinnen, die die Valli hätten ersetzen können. Näher in Betracht gezogen wurden Joan Crawford, Vivien Leigh und, offensichtlich unter beidseitiger Lustlosigkeit, auch Ginger Rogers.

Selznick wollte bis Hitchcocks Rückkehr unbedingt das Drehbuch haben. Deswegen versuchte er nacheinander S. N. Behrman, Samson Raphaelson, Philip Barry und Elmer Rice zu engagieren, um mit ihnen am Drehbuch zu arbeiten. Sie waren jedoch alle unabkömmlich. So notierte Selznick, der sich verschiedentlich mit Alma getroffen hatte, um herauszufinden, wie sich Hitchcock bestimmte Passagen der Geschichte vorgestellt hatte, am 11. Juli für einen seiner Assistenten: ›Es ist völlig klar, daß nur ich in den Titeln als Drehbuchautor genannt werden kann. Alma hat zwar an den früheren Versionen des Buches mitgearbeitet, die alle verworfen wurden, und sie war recht hilfreich bei Drehbuchkonferenzen, doch sie in den Titeln zu nennen, würde ihr weitaus mehr geben als ihr zusteht.‹

Selznicks Aktennotizen aus jener Zeit schwanken zwischen warmherziger Großzügigkeit und einer Art ängstlichem Geiz. Die wachsende emotionale Krise des Produzenten zeigt sich auch in einer Unfähigkeit, die für ihn eigentlich sehr untypisch ist, sich auf wesentliche Entscheidungen festzulegen. Als ›endgültige‹ Filmtitel waren für *Der Fall Paradine* zwischen 1946 und 1947 zu verschiedenen Zeiten bestimmt worden: *Mrs. Paradine Takes the Stand, The Lie, Heartbreak, The Grand Passion, A Question of Life and Death, A Woman of Experience, The Dark Hour, A Crime of Passion, This Is No Ordinary Woman, Guilty!, The Woman Who Did the Killing, Hanging Is Easy, The Accused, Bewildered, The Green-Eyed Monster* und *Woman and Wife*. Für *Der Fall Paradine* entschied sich Selznick nur wenige Stunden vor der Weltpremiere des Films im Bruin-Theater in Westwood Village am 31. Dezember 1947. Das läßt sich auch an der schlichten Schrift des Filmtitels ablesen, der in letzter Minute in die Kopie eingefügt wurde und kraß von der gotischen Schrift abweicht, in der die anderen Titel des Films gehalten sind.

Hitchcock war im August zurückgekehrt, hatte sich das von Selznick bearbeitete Drehbuch mit nach Santa Cruz genommen und arbeitete das Storyboard, die Dekorationen und Kamerabewegungen aus. Selznick versuchte inzwischen, mit Bridie (den Hitchcock kurz in London getroffen hatte) wieder Frieden zu schließen, und Bridie schickte einige zusätzliche Dialogpassagen.

Hitchcock war mit dem Selznick-Imperium, das an Effektivität, Prestige und Effizienz zu verlieren begann, unzufrieden. Aber diese Unzufriedenheit wurde sicherlich durch die mysteriösen körperlichen Beschwerden, über die er sich beklagte, die aber nicht diagnostiziert werden konnten, verstärkt. Er entwickelte eine heftige Hypochondrie, und auf dem Weg von Santa Cruz zu Selznicks Büro und zurück konnte jeder, der wollte, ihn des öfteren murmeln hören: »Irgend etwas ist total verkehrt.« Alma fuhr ihn zu einer Armee von Ärzten, die lediglich den Leistenbruch und immer wieder schweres Übergewicht anführen konnten, um die plötzlichen Anfälle des Patienten und seine rätselhafte Furcht zu erklären.

Er suchte Zuflucht in technischen Herausforderungen, die er sich selbst stellte – vier Kameras sollten die Gerichtssaal-Szenen gleichzeitig filmen, so daß die Schauspieler ihre emotional aufgeladenen Dialoge ohne Unterbrechung durchspielen konnten. Seine Laune verbesserte sich für zwei Wochen im Dezember 1947, während derer er mit Alma und Ben Hecht in dessen kalifornischem Haus in Oceanside am Drehbuch arbeitete. (Für die acht Tage Arbeit erhielt Hecht zehntausend Dollar und das Versprechen, *nicht* in den Filmtiteln eines Werkes genannt zu werden, das er für zutiefst verfahren hielt; was schließlich im fertigen Film von Hechts Arbeit blieb, ist nur der letzte Monolog Gregory Pecks im Gerichtssaal, der den Zusammenbruch dieser Figur und seine Entschuldigung enthält.) Hitchcock unterhielt sich mit Hecht auch über zukünftige Drehbücher für Transatlantic, und das ärgerte natürlich Selznick, der immer noch hoffte, beide für zukünftige Projekte an sich binden zu können.

Hecht, Hitchcock und Selznick hatten tausenderlei Meinungsverschiedenheiten bezüglich der Handlung und der Entwicklung der Charaktere. Schließlich, als das Drehen begann, übernahm Selznick alleine die Drehbuchverantwortung. Dazu kam noch erschwerend, daß Joseph I. Breen, damals zuständig für den Motion Picture Production Code, Hollywoods Zensurbehörde, sich dessen annahm, was er für schickliche Handlungselemente hielt. Während die verschiedenen Fassungen des Drehbuchs zur Genehmigung vorgelegt wurden, ließ Breen eine Lawine puritanischer Vorbehalte niedergehen: In der Gefängniszelle dürfe keine Toilette vorkommen; profane Aussprüche und ›undelikate‹ Wörter wären zu eliminieren, wie etwa ›Guter Gott!‹ oder ›Gütiger Herr!‹ oder ›Oh, Gott!‹; das Wort ›Dreck‹ sei aus dem Dialog zu streichen, und die Formulierung ›unordentliches Haus‹, die sich auf eine schlampige Wohnung bezog, wäre gleichfalls zu streichen, weil man dahinter möglicherweise ein Bordell vermuten könne. ›Schließlich‹, schrieb Breen in einem langen Brief, ›ist es ratsam, es während der Badezimmerszene völlig zu vermeiden, Gregory Peck im Bild zu zeigen, auch nicht indirekt auf seine Anwesenheit anzuspielen, um nicht den Eindruck zu erwecken, daß ein Mann und eine Frau zur selben Zeit in einem Badezimmer sind‹ – und das, obwohl sie beide in der Szene vollständig angezogen waren.

Es fällt nicht schwer, zu verstehen, wieso in Hollywood die Libertinage geradezu einen Boom erfuhr, als später endlich diese irrsinnige Art von Zensur abgeschafft wurde. Gegen diesen Zensur-Code und Breen als seinen Hüter sollte Hitchcock später in seiner Karriere noch mehrmals hart zu kämpfen haben. Hitchcock trug seinen Hauptsieg vom Zensurschlachtfeld, als er dreizehn Jahre später in *Psycho* Hollywoods gewagtestes Filmbild durchsetzte: die Ansicht und das Geräusch einer Toilette mit laufender Spülung. Dieses Wasser spülte damals nicht nur Janet Leighs Notizblatt mit den Notizen über das Geld in die Toilette hinunter, sondern auch Jahre ungesunder und extremer Zensur.

Nach fast einem Jahr Ärger und Problemen mit dem Drehbuch liefen die Kameras endlich am 19. Dezember 1946, obwohl noch nicht endgültig feststand, ob Alida Valli nun wirklich die Rolle der Mrs. Paradin übernehmen würde. Als erstes wollte Hitchcock die Erscheinung Gregory Pecks mit Hilfe eines Schnauzers auf englisch trimmen, aber Ann Harris, Angestellte in Selznicks Londoner Büro, berichtete nach Hollywood, daß Anwälte immer vollständig rasiert vor Gericht aufträten und daß alle Fotos von Richtern und Anwälten dies belegen. Sie einigten sich schließlich darauf, sein dunkles Haar grau zu färben, obwohl sie sich diese Mühe auch hätten ersparen können, denn die Widernisse um den Film hätten sein Haar auch von allein ergrauen lassen.

Selznick, dem das Buch inzwischen überhaupt nicht mehr gefiel, hatte sich entschieden, den Dialog von Tag zu Tag während der Dreharbeiten völlig neu zu schreiben, und die Schauspieler erhielten jeden Morgen, kurz bevor sie vor die Kamera treten mußten, ihren neuen Dialog. ›Das trieb Hitchcock natürlich in den Wahnsinn‹, erinnerte sich Gregory Peck.

Nichts hätte seiner Art zu arbeiten fremder sein können. Selznick war zwar total desorganisiert, im Grunde aber ein liebenswerter Mensch.

Hitchcock, der nicht ganz so liebenswert war, war total organisiert. So entstand eine unvermeidliche Spannung zwischen den beiden, die sich in Hitchcocks Haltung während der Produktion ganz klar spiegelte. Die Angelegenheit schien ihn völlig zu langweilen, und oft schauten wir, nachdem wir eine Szene gespielt hatten, zu ihm hinüber, und er war eingeschlafen oder stellte sich zumindest so. Irgend etwas nagte an ihm, noch mehr als bei *Ich kämpfe um dich,* glaube ich. Er benahm sich niemandem gegenüber jemals sadistisch oder auch nur grausam oder offen unfreundlich, aber er litt offensichtlich schrecklich unter irgendeiner Sache, während wir *Der Fall Paradine* drehten.

Da er sich während seines achtzigjährigen Lebens fast keinem Menschen anvertraute, läßt sich die Quelle der Hitchcockschen Ängste jener Zeit unmöglich eindeutig orten. Aber die Begleitumstände dieser letzten Selznick-Produktion legen einige Gründe nahe.

Zunächst war da die kurz bevorstehende Wende in seiner Karriere. Er würde sein eigener Produzent werden, was er sich lange herbeigewünscht hatte, was ihn aber auch mit einer gewissen Sorge erfüllen mußte, denn jetzt hatte er zu demonstrieren, daß er mit seinen Mitteln sparsam umgehen konnte, ohne an Qualität zu verlieren (was er letztendlich dann nicht zuwege brachte). In verschiedenen Aktennotizen prophezeite Selznick, daß Hitchcocks Haltung gegenüber Kosten und Effizienz sich radikal ändern würde, wenn er erst einmal selbst Produzent sei. Diese Prophezeiung erfüllte sich völlig.

Zum zweiten scheint Hitchcock sich damals zunehmend darüber klargeworden zu sein, wie schnell die Zeit im Leben vergeht und daß er selbst zu altern begann. Das schlug sich in zunehmend häufigen, kleinen psychosomatischen Beschwerden nieder und in noch häufigeren Arztbesuchen. Kleine Schmerzen und Beschwerden wurden in seinem Kopf gleich zu Anzeichen ernsthafter Krankheiten, die sich dann nie diagnostizieren ließen. Er nahm allmählich wieder zu, obwohl er noch nicht wieder (wie dann 1950) jenes wahnsinnige Übergewicht erreichte, das er zehn Jahre zuvor gehabt hatte. Aber er flüchtete sich wieder ins Essen und Trinken, um sich verschiedenen drückenden Problemen zu entziehen – so wie es auch andere Menschen machen, die, wie Hitchcock damals, nervös und einsam sind oder von Dämonen getrieben, ein so umfangreiches Werk zu schaffen, als sei auf diese Weise der Lauf der Zeit aufzuhalten. Diese Völlerei stand in einem paradoxen Gegensatz zu seinem Ekel und seiner Verachtung alles anderen Physischen und zu dem Ekel vor seinem eigenen Körper.

Und schließlich kam noch hinzu, daß Ingrid Bergman vorübergehend Hollywood verlassen hatte, um in New York in Maxwell Andersons *Joan of Lorraine* aufzutreten. In *Ich kämpfe um dich* und in *Berüchtigt* hatten sie das perfekte Team gebildet. Er formte auf der Leinwand ihren Charakter und ihre Erscheinung mit liebevoller Sorgfalt. Sie folgte ihm in jeder Nuance, und dank ihrer seltenen Fähigkeit zu innerer Haltung und äußerlicher Kontrolle gab sie den Szenen ihren Glanz. Als *Berüchtigt* im August in die Kinos kam, waren Kritik und Publikum hingerissen, und viele waren der Ansicht, daß selten in der Geschichte des Films eine Schauspielerin so delikat und liebevoll abgelichtet worden war wie sie in der letzten Schlafzimmerszene.

Bergman spielt da eine todkranke Frau, und Hitchcock tauchte ihren zerbrechlichen Körper in Schatten und Halb-Licht. Die Szene umstrahlt sie mit Zärtlichkeit, umhüllt sie mit einem Schein schützender Sehnsucht. Die Kamera nähert sich ihr so weit, daß Cary Grant, der gekommen ist, sie zu retten (die Geliebte dem Tod entreißen), fast nicht mehr im Bild ist. Ihm folgt die Kamera nicht, die hier nur eine Aufgabe zu haben scheint: der Schauspielerin zu dienen. Im Film lassen sich leicht ästhetisierende Distanz, Kenntnisnahme der Gegenwart einer Person und tiefe emotionale Beteiligung voneinander unterscheiden: Die erste Haltung hat zum Beispiel D. W. Griffith gegenüber Lillian Gish eingenommen, oder F. W. Murnau gegenüber Janet Gaynor. Letztere Haltung aber charakterisiert Josef von Sternbergs Einstellung zu Marlene Dietrich und Hitchcocks zu Ingrid Bergman.

Und so gingen die Dreharbeiten zu *Der Fall Paradine* weiter – wie unter einem Nebelschleier trübsinniger Verwirrung und mit einem unruhigen und abgelenkten Hitchcock. Eine Zeitlang scheint er sich damit getröstet zu haben, Ann Todd zu führen, die wie Alida Valli zum ersten Mal in einem amerikanischen Film erschien. 1930 hatte Hitchcock sie in *Honour's Easy* im Saint-Martins-Theater in London gesehen. »In der richtigen Rolle könnte sie ausgesprochen gut sein«, sagte er damals zu einem Journalisten des *Daily Mail* und sprach von ihrer kühlen blonden Distanziertheit, die sich mit außerordentlich fotogenen Zügen verbinde, die, das wußte er sofort, mysteriöse Leidenschaften, die unter dieser Oberfläche lagen, enthüllen konnten.

»Er macht sich die Mühe, seine Schauspieler ganz unabhängig davon, was sie gerade bei ihm spielen sollen, zu studieren«, sagte Ann Todd, »deshalb ist er in der Lage, auch versteckte Qualitäten aus ihnen herauszuholen. Er merkte immer, wie nervös ich war und wartete, bis nach dem Wort ›Action‹ Ruhe eingetreten war. Dann erzählte er eine anzügliche oder auch schokkierende Geschichte, die mich entweder zum Spielen brachte oder mich in Gekicher ausbrechen ließ. Aber so oder so löste sie die Nervosität.« Zumindest einmal befleißigte er sich auch einer handgreiflicheren Methode. Ann Todd bereitete sich gerade auf eine Szene vor und war besonders nervös. Sie lag auf einem Bett und trug als Kostüm einen eleganten Morgenmantel. »Hitchcock machte plötzlich einen Satz auf mich zu und sprang auf mich, wobei er brüllte ›Entspann dich!‹ Für einen Moment glaubte ich, daß er mir sämtliche Rippen gebrochen hätte.«

Auch der Todd blieb der Konflikt zwischen Hitchcock und Selznick nicht verborgen. »Ich glaube, Hitchcock brauchte Macht«, sagte sie.

Vielleicht war das die Kompensation für sein Gefühl, er sei häßlich. Aber seine Macht kollidierte mit der Selznicks. Hitchcock bereitete eine komplizierte fünfminütige Einstellung vor – eine Treppe herauf, in ein Zimmer hinein, und ich und Greg Peck sollten dabei die ganze Zeit miteinander sprechen. Wir probten die Szene in all ihrer Kompliziertheit und drehten sie dann etwa dreißigmal, um sie exakt hinzubekommen. Aber dann hatte Selznick davon Wind bekommen, und er stürmte an den Drehort und verlangte, daß wir die Szene in der üblichen Art auflösten, in kurzen Einstellungen und mit Zwischenschnitten. »Wir inszenieren hier kein Theaterstück!« schrie Selznick. Und das war's dann. Hitchcock mußte natürlich nachgeben; er wußte, wen er herumkommandieren konnte, aber er wußte auch, wann er zu gehorchen hatte.

Hitchcocks Ärger jener Wochen entlud sich mit ungewöhnlicher Schärfe in einem Interview, das er einem indischen Reporter gab. Und wie so oft richtete sich sein Zorn nicht gegen die Umstände, sondern gegen die Schauspieler, von denen er bei der Realisierung seiner Visionen abhängig war; das Kuriose in diesem Fall ist, daß *Der Fall Paradin* überhaupt nicht seine Vision, sein Drehbuch war, sondern Selznicks. Hitchcocks Ärger jedenfalls saß sehr tief:

Schauspieler! Ich hasse ihren Anblick! Schauspieler sind Vieh – Schauspielerinnen genauso. Ich sage ihnen, daß ich sie hasse, und sie hören das gerne, diese Exhibitionisten! Ein Beruf, der einen Mann verlangt, der sich Puder und Schminke ins Gesicht kleben muß, um seinen Lebensunterhalt zu verdienen, läßt mich auf üble Gedanken kommen. Denken Sie mal daran: ein bißchen Puder, ein bißchen Schminke in den Gesichtern von erwachsenen Männern und Frauen, damit sie ihre Miete bezahlen können. Meine eigene Tochter Patricia gab kürzlich ihr Debüt am Broadway. Mich überlaufen gelegentlich Schauer, wenn ich mir vorstelle, daß meine Tochter sich so betätigt.

Falls jemand unter den Darstellern etwas vom Geist dieses Interviews gespürt haben sollte, dann ließen sie sich jedenfalls davon nicht in ihrer Arbeit beirren. Hitchcocks coolen Professionalismus schätzten sie ohnehin. Alida Valli, die nach einer kurzen amerikanischen Karriere wieder nach Europa zurückkehrte, bewältigte die Rolle der verräterischen Mrs. Paradin mit einer eisigen Schönheit und erstaunlicher Kontrolliertheit, wenn man bedenkt, daß es sich um ihre erste Rolle in einer fremden Sprache handelte. Und als die Dreharbeiten vorbei waren, mußte Hitchcock seine neidvolle Anerkennung für sie eingestehen. Ann Todd, gleichfalls eine Fremde in Hollywood, wurde von Alma unter die Fittiche genommen und übers Wochenende nach Santa Cruz eingeladen. Nach der Besichtigung des Hauses war sie beeindruckt von den großen Mengen Vorrat an Essen, Trinken und anderem: »Stapel und Stapel von allem – Berge und Berge von Toilettenpapier, in allen Schränken und Regalen. Hinter uns lag gerade die Schlacht um England, wo es daheim in London kaum irgend etwas gegeben hatte. Der Überfluß schockierte mich, der Überfluß von wirklich allem. Sie waren sehr freundlich zu mir und kümmerten sich liebevoll um mich. Aber diese Überfülle von Vorräten!«

Während der Dreharbeiten wurde Selznick immer verärgerter. »Aus nicht ersichtlichen Gründen hat Hitch die Produktion verlangsamt«, tobte er. »Ich weiß, daß er zuviel Geld verschwendet...Wir müssen der Tatsache ins Auge blicken, daß Hitchcock außer Kontrolle geraten ist.« Bevor der Film abgedreht war, hatte Selznick mehr als 400 Aktennotizen diktiert, die aus seiner täglichen intensiven Beschäftigung mit der Produktion stammten – von der Abfassung des Drehbuchs über die Kontrolle der Kostüme bis hin zu den Mustern, die er sich jeden Morgen zeigen ließ.

Als die Dreharbeiten am 7. Mai 1947 abgeschlossen waren,

waren Selznick und Hitchcock – die beide mit wechselnden Ergebnissen versuchten, mit ihren inneren Dämonen und Selbstzweifeln an ihrer Schaffenskraft fertig zu werden – an einem emotionalen Tiefpunkt angelangt. Mehr als ein Jahr lang hatte Selznick versucht, Hitchcock dazu zu bringen, einen neuen langfristigen Vertrag abzuschließen (über fünf Filme und für jeweils 100000 Dollar Gage pro Film), aber seine Mühe war vergebens. »Ich werde an der Nase herumgeführt«, beklagte er sich, noch kurz bevor die Nachricht über Hitchcocks Transatlantic-Unternehmen herauskam. Als die Meldung draußen war, wurden Selznicks Notizen, die zwischen schwindelerregenden Höhenflügen und fast unerträglicher Furchtsamkeit schwankten, deutlicher:

Ich werde zunehmend deprimierter... Ich stehe am Rande eines Kollaps und kann nicht mehr klar denken. Unter diesen Bedingungen muß ich versuchen, das Hitchcock-Script zusammenzuflicken und neu zu schreiben... In welchem Umfang wir bis jetzt für die Vorbereitungen von *Sklavin des Herzens* oder wie immer die nächste Produktion von Sidney Bernstein heißen soll, schon bezahlt haben, läßt sich schon aus dem Umstand ableiten, daß Hitchcock es für seine Zwecke angemessener fand, von uns Gehalt zu empfangen, während er einen Film für sich selbst, Bernstein und die Bergman vorbereitete.

Um für die Oscar-Nominierungen qualifiziert zu sein, hetzte Selznick den Film *Der Fall Paradin* zu einer Premiere am Silvesterabend, eine Woche vor der offiziellen Premiere in der Radio City Music Hall. Die Reaktionen auf die Vorführung hätten für Selznick persönlich nicht schmerzlicher ausfallen können, der sich vorgestellt haben muß, wie Hitchcock dabei gemein lächelte. ›Zu glatt und zu geschwätzig‹, beklagte sich ein Kritiker; ein anderer war der Meinung, daß ›*Der Fall Paradin* nur knapp sein künstlerisches Ziel verfehlt‹ habe, aber es sei ›eben zuviel David O. Selznick‹ in ihm. ›Der Hitchcock-Touch ist zu sehen, aber *Der Fall Paradine* sieht so aus, als habe ihn jemand mit dem Fleischermesser geschnitten.‹ Und einen Tag nach der New Yorker Premiere mußte sich Selznick auch ausgerechnet noch mit Hitchcocks Beschwerde befassen, er habe nicht die vertraglich festgesetzte Entlohnung für einen Extra-Drehtag erhalten. Hitchcock verlangte, daß man ihm umgehend die 1000 Dollar für diesen einen Tag schickte.

Schon vor seinen Ferien hatte Hitchcock (sehr zu Selznicks

Schrecken) die Arbeit an dem Drehbuch zu seinem ersten unabhängigen Film begonnen. Es sollte ursprünglich der Film *Sklavin des Herzens* werden, aber Ingrid Bergman, die nach ihrem Broadway-Auftritt noch vertragliche Verpflichtungen zu erfüllen hatte, war unabkömmlich. Daher entschieden sich Hitchcock und Bernstein, mit dem Projekt noch zu warten und in der Zwischenzeit Patrick Hamiltons Stück *Rope* aus dem Jahre 1929 zu verfilmen. Dieses Stück, glaubte Hitchcock, gäbe ihm die Chance, auf eine neue gewagte, aber sehr ökonomische Art einen Film zu produzieren: Er plante, den Film in durchgehenden zehnminütigen Einstellungen zu drehen. Die achtzigminütige Handlung des Stücks, die auch einer achtzigminütigen realen Handlungszeit entsprach, sollte auch im Film nur achtzig Minuten dauern.

Die Beschränkung auf einen Handlungsort hatte Hitchcock schon in *Lifeboat* fasziniert. Aber diesmal resultierte aus den langen Dialogpassagen, die nicht von Handlung oder Schnitt unterbrochen werden, eine gewisse Trägheit des Films. Es gibt keine Zwischenschnitte oder montierten Passagen, die dem Film eine besondere Perspektive verleihen. Er gewinnt keine emotionale Beschleunigung, die ausreichen würde, das Interesse des Publikums zu fesseln. Die bis in ihr logisches Extrem getriebene Methode der Beschränkung in den filmischen Mitteln, die sich in den zehnminütigen Einstellungen von *Rope (Cocktail für eine Leiche)* ausdrückt, stellte sich als eine interessante, aber mißglückte Form heraus. Es gibt in diesem Film einfach keine Spannung, keinen persönlichen Standpunkt, kein ausreichendes Gefühl – obwohl das sicherlich ebenso dem Thema wie der Methode zuzuschreiben ist.

Die technische Herausforderung dieses Projekts schien jedoch genau das zu sein, was Hitchcock wollte. Den Vertrag mit Selznick hatte er nicht verlängert, eben weil er glaubte, daß die Dramaturgie von *Der Fall Paradin* in sämtlichen Angeln quietschte – zudem war der Film in Schwarz und Weiß gedreht worden, zu einer Zeit, wo alle größeren Produktionen, zumal die, für die man großangelegte Werbekampagnen unternahm und die weltweit vertrieben werden sollten, bereits in Farbe gedreht wurden. *Cocktail für eine Leiche* sollte aller Welt beweisen, wie modern Hitchcock sein konnte. Es sollte sein erster Film werden, den er in Technicolor drehte, mit einer Kamera, die sich permanent zwischen den Schauspielern bewegte und ihnen in einem Penthouse in Manhattan von Zimmer zu Zimmer folgte. Die Story sollte schockieren. Deshalb bestand er darauf, daß die einzigartig abstoßende Geschichte mit gruseligem Humor aufgeladen wurde.

Im Spätherbst 1947 holte sich Hitchcock Hume Cronyn, um ein Prosa-Treatment des Stückes zu schreiben. Die Handlung – zwei homosexuelle Liebhaber ermorden einen Freund, nur um die intellektuelle Erfahrung eines Mords zu machen, und verbergen dann die Leiche in einer antiken Truhe, auf der sie der Familie und Freunden des Toten ein Essen servieren – wurde in den Grundzügen beibehalten, aber das ethische Problem des Films wurde am Ende in einer Moralpredigt aufgelöst. Als Resultat ergab sich dann, daß die tödliche Spannung, die das Stück hatte, zugunsten technischer Tricks beseitigt worden war.

»Wie er *Cocktail für eine Leiche* anging, war technisch revolutionär«, sagte Hume Cronyn.

Die Handlung war bereits darauf zugeschrieben, in diesen endlos langen Einstellungen gedreht zu werden. Das hat ihn nach meiner Meinung äußerst fasziniert – alles Neue hat ihn immer gefesselt. Aber ich bin auch der Meinung, daß ihn das dann manchmal in bezug auf die Erzählweise in die Irre geführt hat. Die Bilder faszinierten ihn dann so, daß die Handlungslinien verlorengingen und daß es innerhalb der Dramaturgie zu manchen merkwürdigen Konstruktionen kam.

Während wir das Treatment schrieben – während wir also nur die Szenen beschrieben und noch keinen Dialog –, unterhielten wir uns sehr detailliert über die Charaktere. Wenn wir nicht mehr weiterkamen und unsere Diskussion sehr erhitzt und intensiv wurde, unterbrach er sie plötzlich und begann eine Geschichte zu erzählen, die nichts mit unserer Arbeit zu tun hatte. Zuerst machte mich das fast wahnsinnig, aber dann merkte ich, daß er das absichtlich tat. Er hatte ein Mißtrauen gegen Arbeit, die unter Druck stattfand, und er pflegte zu sagen: »Wir versuchen es zu sehr mit Gewalt, wir arbeiten zu angestrengt. Entspann dich – es wird schon werden.« Und letztlich wurde es dann natürlich auch.

Anfang Dezember (während Selznick noch nervös mit dem endgültigen Schnitt von *Der Fall Paradin* beschäftigt war, war das Treatment beendet, und Cronyn hätte nun gerne den Dialog mit Hitchcock geschrieben. »Ich wollte von vornherein den Dialog schreiben, wenn das Treatment erst einmal beendet war. Er ließ es mich auch tun. Dann brachte ich ihm das, was ich geschrieben hatte. Er sagte sehr ruhig: ›Ja, das ist ganz nett.‹ Und dann engagierte er einen neuen Autor, einen Dramatiker.« Der Dramatiker hieß Arthur Laurents, dessen Stück *Home of the Brave* aus dem Jahre 1945 damals gerade von Stanley Kramer für den Film adaptiert wurde. Laurents war der Meinung, daß ›Hitchcock sehr genau wüßte, um was es in der Geschichte ging‹.

Ich kam in Los Angeles an und wurde sofort an die Arbeit gesetzt. Sidney Bernstein war als Produzent ein Amateur, aber er war ein netter Mensch und unterstützte Hitchcock und mich enthusiastisch. Das erste, was er mir sagte, war, daß in *Cocktail für eine Leiche* jeder Satz des Dialogs einfach brillant sein müsse; schließlich handele es sich um ihre erste Co-Produktion. Kurz vor Weihnachten hatte ich die erste Fassung fertig und fuhr ein paar Tage nach New York. Als ich zurückkam, um den Text zu überarbeiten, stellte ich fest, daß Hitchcock wieder einiges aus dem Originalstück in den Text eingearbeitet hatte und auch sonst noch einige Änderungen vorgenommen hatte.

Die Zusammenarbeit zwischen Hitchcock und Laurents verlief angenehm und war produktiv. Laurents, noch keine dreißig, wurde wie ein Familienmitglied der Hitchcocks behandelt. Öfters nahmen sie ihn mit zum Lunch bei Romanoffs und luden ihn über die Weihnachtstage in ihr Haus nach Scotts Valley in Santa Cruz ein. Er erinnert sich an eine merkwürdige Mischung aus entspannter, fröhlicher Atmosphäre und einer darunterliegenden vagen Spannung, die dort herrschte.

Hitchcock war endlich weit von Hollywood und hatte sich der Restriktionen, die Selznicks permanente Überwachung aller Arbeiten ihm auferlegt hatte, entledigt, aber dafür trug er jetzt die Verantwortung für seine eigene Produktionsfirma. Und so schienen die Erholungspausen, die er von der Arbeit einlegte, gelegentlich unpassend. Die besonderen technischen Probleme des Films *Cocktail für eine Leiche,* in dem Wände und Möbel im Studio plötzlich nach oben gerissen werden mußten, damit die Kamera ihre Bewegung ungehindert fortsetzen konnte, beschäftigte im Endstadium der Vorbereitungsarbeiten auf dem Papier Hitchcocks Erfindungsgabe. Aber diese technischen Probleme schienen nur ein Fluchtweg aus einer ständigen Unzufriedenheit zu sein – wie auch sein Trinken mehr und mehr zu einer Flucht wurde. Alma war besorgt, und des öfteren konnte man durchs Haus die streitenden Stimmen der beiden hören.

Laurents zufolge wurden die Hauptfiguren der Geschichte nicht gerade mit subtilen Strichen gezeichnet:

Wir haben nie über die homosexuellen Elemente des Drehbuchs gesprochen, aber Hitchcock wußte ganz genau, womit er sich da durchmogeln wollte. Die weiten Möglichkeiten des Sexuallebens interessierten ihn ebenso heftig wie die unterschiedlichsten Methoden, Filme zu drehen – er benahm sich eigentlich wie ein Kind, das gerade erst eben den Sex entdeckt hat und alles noch für sehr ungezogen hält. Jeder, der mit ihm arbeitete, konnte beobachten, daß er ein sehr stark ausgeprägtes Bewußtsein von Sünde hatte, und, ob er nun ein ausgesprochener Kirchengänger war oder nicht, seine viktorianische katholische Vergangenheit ihn auf jeden Fall stark geprägt hatte. Er mag zwar Sexualität in seinen Filmen immer nur sehr indirekt behandelt haben, aber er hatte einen stark entwickelten Sinn für sie. Er hatte immer die Vorstellung, daß alle Welt hinter verschlossenen Türen irgend etwas Häßliches trieb – außer ihm selbst: Er zog sich da zurück und wollte nichts damit zu tun haben.

Als die Dekorationen in dem von Warner Brothers gemieteten Tonstudio gebaut waren, hatten sich auch die Besetzungsprobleme geklärt. Für die Rolle des glatten, antisozialen, misanthropischen ehemaligen Professors der beiden Mörder hatte Hitchcock eigentlich Cary Grant im Sinn gehabt. Er stand aber zu dieser Zeit bei RKO unter Exklusiv-Vertrag, und so bot Hitchcock die Rolle James Stewart an. Das war ein genialer Besetzungseinfall, gerade weil die Rolle völlig gegen den Typ von Stewart war. Stewart war aus dem Krieg als Held der Luftwaffe heimgekehrt und hatte seine Karriere als amerikanischer Held der Mittelklasse in Frank Capras *It's a Wonderful Life* wieder aufgenommen. Die Rolle in *Cocktail für eine Leiche* mußte für Stewart ein wenig freundlicher gestaltet werden, und seine Gage von 300 000 Dollar trieb Hitchcocks Budget auf 1,5 Millionen. Regisseur und Schauspieler entwickelten jedoch einen solchen gegenseitigen Respekt, und die Beziehung wurde so herzlich, daß Hitchcock ihm später die Hauptrollen in drei seiner Meisterwerke anbot. Als den passiven, nervösen Pianisten besetzte Hitchcock Farley Granger, den er in einer Vorpremiere in *They Live by Night* von Nicholas Ray gesehen hatte. Seinen eindeutig psychopathischen, dominierenden Partner, für den Hitchcock Montgomery Clift hatte haben wollen, spielte schließlich John Dall. Clift, dessen Karriere noch in den Anfängen steckte, hatte Angst, eine Rolle zu übernehmen, die möglicherweise Leute hätte die Augenbrauen hochziehen lassen.

Wenn es dem Drehbuch und seiner Umsetzung auch an Spannung fehlte – und daran konnte selbst Ben Hecht nichts mehr ändern, als der letzten Szene etwas mehr Dichte zu geben –, so sorgten doch die Begleitumstände der Dreharbeiten für Spannung im Übermaß, denn die Arbeiten im Tonstudio entpuppten sich als reiner Horror. Am Montag, dem 12. Januar 1948, traf sich das Darstellerteam zu einer ersten Besprechung und zur letzten Kostümprobe. Am folgenden Tag probten sie dreizehn Stunden lang und gingen mit weichen Knien nach Hause – nicht ganz sicher, ob sie nun einen Film drehen oder ein Theaterstück aufführen sollten. Bis zum Ende der folgenden Woche probten sie weiter – jede Geste, jede kleinste Bewegung. Die Kamera, jetzt noch ohne Film, folgte ihnen, umkreiste sie, während sie auf die Markierungen auf dem Boden achten mußten und die Kamera schon mal in einen Tisch oder einen Bühnenarbeiter fuhr.

»Jede Bewegung der Kamera und jede der Schauspieler wurde zunächst in Arbeitssitzungen an einer Tafel besprochen, wie die Taktik eines Fußballteams«, erklärte Hitchcock später.

Auf dem Studioboden befanden sich umzirkelte Nummern für die 25 bis 30 Kamerapositionen innerhalb jeder der zehnminütigen Einstellungen. Ganze Wände der Wohnung mußten zur Seite gleiten, damit die Kamera den Bewegungen der Schauspieler durch enge Türen folgen konnte. Dann mußten die Wände geräuschlos wieder an ihren alten Platz gleiten, damit die Kamera einen kompletten Raum zeigen konnte. Selbst das Mobiliar war in wilder Bewegung. Tische und Stühle mußten von den Bühnenarbeitern weggeschoben werden und sich dann wieder an der richtigen Stelle befinden, wenn die Kamera in ihre Ausgangsposition zurückkehrte. Die Kamera rollte nämlich nicht auf Schienen, sondern sie saß auf einem Spezialkran, der dafür entworfen worden war, durch alles wie ein Moloch hindurchzuwalzen.

Das Magischste von allem aber war ein Hintergrundpanorama – die exakte Miniaturwiedergabe von fast 35 Meilen der New Yorker Skyline, die 8000 Glühlampen, 200 Neonleuchtreklamen und 150 Transformatoren erforderte.

Hitchcocks Anforderungen an dieses Hintergrund-Panorama trieben die Elektriker und den Kameramann Joseph Valentine bald zur Verzweiflung. Seine Arbeit an *Im Schatten des Zweifels* erschien ihm im Vergleich zu diesem Film nachträglich wie ein Kinderspiel. Die technischen Anforderungen waren einfach enorm: Hitchcock bestand darauf, daß der Tageshimmel allmählich in einen Nachthimmel überging, ohne daß die Kamera aufhörte zu laufen. Das bedeutete, daß die Schiebwiderstände, die die Stromzufuhr regulierten, präzise bedient werden mußten. »Jedes der Miniaturgebäude im Hintergrund war separat verkabelt und hatte Birnen zwischen 25 und 150 Watt hinter den winzigen Fenstern«, erzählte Hitchcock, »insgesamt 8,5 Kilometer Kabel führten 126 000 Watt Strom in die Fensterbeleuchtung.«

Das eigentliche Drehen begann dann am 22. Januar, und die erste Zehn-Minuten-Filmrolle war beim dritten Versuch bereits im Kasten. Andere Filmrollen – alle in einer einzigen langen Einstellung abgedreht anstelle der üblichen Dutzenden oder sogar Hunderten von Einstellungen – mußten sechs-, zehn- oder sogar fünfzehnmal neu gedreht werden. Selbst wenn schon fast die ganze Szene fehlerfrei gefilmt war, konnte sie immer noch dadurch ruiniert werden, daß in letzter Minute ein Schauspieler einen falschen Dialogsatz sprach oder jemand gegen einen Tisch stieß oder ein falsches Zeichen gab. »Mit wem hier wirklich mit Sorgfalt geprobt wird, ist die Kamera und sind nicht die Schauspieler!« beklagte sich James Stewart einmal.

»Er konnte nachts wegen des Films nicht schlafen«, bemerkte Hitchcock. »Es war die überraschende Technik, die ihm Sorgen bereitete.«

Aber man machte sich nicht nur wegen der visuellen Technik Sorgen. »Man konnte sich nur schwer vorstellen, wie der Film gut funktionieren könnte«, erklärte Stewart. »Wir probten oft und lange, aber es gab das Problem, daß die sich bewegenden Zimmerwände zuviel Lärm erzeugten. So mußten wir die ganze Geschichte wegen des Tons wieder von vorne anfangen, dieses Mal mit Ansteckmikrofonen wie bei einem Hörspiel. Die Dialoge wurden dann später getrennt aufgenommen.« Stewart, der Hitchcocks Mut bewunderte, merkte allerdings auch, daß *Cocktail für eine Leiche* letztlich unfilmisch war. »Ich glaube, daß er später erkannte, daß er, indem er den Schnitt als Gestaltungsmittel aufgab, auf das Werkzeug verzichtet hatte, das ihn Tempo und Kraft erzielen ließ. Aber es war einen Versuch wert – niemand außer Hitchcock hätte sonst diesen Versuch unternommen. Doch es funktionierte einfach nicht.«*

---

* Kein Geringerer als Noël Coward war von Hitchcocks gewagter Technik äußerst beeindruckt. In seinem Tagebuch findet sich unter dem 29. Januar 1948 folgende Eintragung: ›Fuhr zu Warner Brothers raus, um Hitchcock bei der Regie von *Cocktail für eine Leiche* zuzuschauen... War wirklich sehr aufregend, eine ganze Rolle in einer Einstellung verfilmt, ohne die Position der Scheinwerfer zu verändern... Läßt sich nicht bei allen Filmen nachahmen, aber vom Standpunkt des Autors aus ist es wunderbar.‹

Während der 15tägigen Proben und der 21 Drehtage (die Produktion war am Sonnabend, dem 21. Februar, abgeschlossen) behielt Hitchcock am Drehort eine ansteckende Ruhe, und so gelang es auch den Schauspielern, sich anzupassen, ohne gegen die merkwürdige und unbequeme (und seither auch nie wiederholte) Technik, einen ganzen Film in dieser Art herzustellen, zu verlieren. Öfter als sonst – vielleicht weil er wußte, wie schwierig die Arbeit für sie war – lud Hitchcock Darsteller und technisches Team zum Abendessen in die Bellagio Road ein. Farley Granger erinnerte das Heim an die Alte Welt. Bei diesen Zusammenkünften herrschte eine sehr englische Atmosphäre, obwohl, nachdem der Wein reichlich geflossen war, auch getanzt wurde. Manchmal, wenn die Frauen die Männer bei Zigarren und Brandy alleingelassen hatten, gab Hitchcock das Startsignal zu einer Runde anzüglicher Geschichten. Auf Hitchcocks Drängen gehörte dazu auch immer eine Anzahl von Toiletten-Anekdoten.

Bei diesen Abenden traf man auch Prominenz, die nichts mit *Cocktail für eine Leiche* zu tun hatte. Robert Cummings und seine Frau waren oft eingeladen und Cary Grant oder Ingrid Bergman mit ihrem Ehemann Dr. Petter Lindstrom (ihre ›häusliche Harmonie‹, erzählte sie selbst in ihrer Autobiografie, ›hatte sich nicht verbessert‹). Während dieser Zeit – und vielleicht gerade wegen der emotionalen Krise in Ingrid Bergmans Leben zu jener Zeit – ging Hitchcock mit seinem Star immer besitzergreifender um. Bald sollte die Bergman mit ihm nach England gehen und einen letzten Film mit ihm drehen, bevor sie ihrem Leben und ihrer Karriere eine dramatische Wende gab. Wenn Ingrid Bergman da war, wurde Hitchcock oft trübsinnig und zog sich in sich zurück, obwohl ihr das nie auffiel. Ihre eigene Lebendigkeit und Wärme trugen viel zu diesen Abenden bei, und sie scheint sich die ganze Zeit über Hitchcocks heftige (wenn auch kontrollierte) Vernarrtheit in sie nicht im klaren gewesen zu sein.

Mit Sicherheit gab er diese Vernarrtheit nie offen zu erkennen, noch weniger ließ er ihr Taten folgen. Und so ergibt sich das rührende Bild, wie eine der am meisten bewunderten ausländischen Schauspielerinnen Hollywoods eine beherrschte Fröhlichkeit an den Tag legte, obwohl ihr persönliches Leben überhaupt nicht glücklich war; umgekehrt saß ihr einer der am meisten bewunderten unter den zugereisten Regisseuren Hollywoods gegenüber, der sorgfältig Distanz hielt, während er traurig-leidenschaftlich seinen Blick auf sie geheftet hielt. »Oh, ja«, ließ Hitchcock Joan Chandler in *Cocktail für eine Leiche* sagen. »Ingrid Bergman! Sie ist der *Jungfrauen*-Typ – ich finde sie einfach wunderschön!«

Obwohl Hitchcocks Verhalten während dieses Beisammenseins oft etwas melancholisch war und obwohl er in sich eine heimliche Leidenschaft trug, mit der er nicht fertig wurde, fand sich nichts Verstecktes oder Zurückhaltendes in *Cocktail für eine Leiche.* In Hitchcocks früheren Filmen hatten sich die Morde immer nett jenseits des Filmbilds im Off abgespielt. Der Mord in diesem Film (der in Patrick Hamiltons Stück überhaupt nicht gezeigt wird) ereignet sich in einer schrecklichen Großaufnahme gleich in der ersten Minute des Films. Und das Erwürgen des jungen Mannes wird schnell zu einer Quelle für wilde, wenig lustige Scherze: Ahnungslose Personen, die sich auf die Strenge der Klavierübungen des Mörders Granger beziehen, sagen immer wieder Sätze leicht daher, die plötzlich eine ironische Bedeutung bekommen – etwa ›Mach sie fertig!‹ und ›Diese Hände werden dich berühmt machen!‹ und ›Ich könnte dich erwürgen!‹ oder ›Du hast einen faulen Trick begangen!‹

Letztendlich hinterläßt der Film (den Hitchcock später aus dem Verleih zurückzog und lieber nicht gezeigt sehen wollte) weniger den Eindruck der Bewunderung für seine brillante Technik, noch bewundert man das Drama eines unterkühlten Kampfes zweier Willen um ein Thema, das zwar von Nietzsche kommen und ernst sein mag, hier aber eher verstaubt wirkt. Dieser erste Film, den Hitchcock als sein eigener Produzent vollständig selbst kontrolliert hat, ist zugleich auch sein kältester Film; seine Leidenschaft für technische Methoden kann nie seine Misanthropie verdecken. Als der Film im August 1948 in den Verleih kam – zu sehr gemischten Kritiken und einem nur lauwarmen Publikumszuspruch –, redete man zwar etwas über die Beschränkung auf einen einzigen Handlungsort. Niemandem aber fielen besonders die zehnminütigen Einstellungen auf. Dafür verdammten diverse gesellschaftliche und mit Erziehung befaßte Organisationen quer durch Amerika den Film als unerwünscht und gefährlich, und einige europäische Filmtheater, die Filme von Warner Brothers zeigten, verlangten nach Ersatzfilmen. In Zürich erbaten sich erzürnte Theaterbesitzer eine Kopie von *Life with Father*, um ihr aufgebrachtes Publikum wieder zu beruhigen.

Cocktail für eine Leiche war beendet, und Hitchcock verlor keine Zeit. Erneut mit Hume Cronyn machte er sich an das Treatment für seinen folgenden Film. Er sollte auf Helen Simpsons Roman *Under Capricorn* aus dem Jahr 1937 basieren. 1944 hatte Margaret McDonnell ein Exemplar des Buches an Hitchcock geschickt und dazu noch eine unveröffentlichte dramatisierte Version von Margaret Linden und John Colton. Es war auch McDonnells Vorstellung, daß diese düstere Mischung aus gemeinsamer Schuld, abgewiesener Leidenschaft und stark masochistischen Zügen (in einer Geschichte, die im Australien des Jahres 1831 spielte) Hitchcock interessieren könnte, der den Geist der Romantik des 19. Jahrhunderts so gut verstanden hatte.

Für den symbolischen Preis von einem Dollar hatte Hitchcock 1945 die Rechte erworben und Ingrid Bergman an dem Stoff interessiert. Um sich aber einer besseren Kontrolle über das Projekt zu versichern, als sie ihm Selznick damals bot, entschied er sich, mit der Verfilmung zu warten, bis er und Bernstein ihre neue Gesellschaft in Schwung gebracht hatten. Nachdem nun *Cocktail für eine Leiche* abgedreht war und die Bergman ihre vertraglichen Verpflichtungen für die Bühne und zwei andere Filme 1947 und im Frühjahr 1948 erfüllt hatte, entschloß man sich, in England mit den Dreharbeiten zu *Under Capricorn (Sklavin des Herzens)* zu beginnen.

Bis zum Ende seines Lebens insistierte Hitchcock darauf, er habe diesen Film lediglich gedreht, um Ingrid Bergman einen Gefallen zu erweisen. »Ich hielt nach einem Stoff Ausschau, der mehr zu ihr paßte als zu mir.« Aber dieses brütende, morbide Melodram über ins Extrem getriebene eheliche Treue – bis zu dem Punkt, von einem vom Gatten begangenen Mord zu erfahren und die Schuld mit auf sich zu nehmen – entsprach Hitchcock weitaus mehr als Ingrid Bergman – obwohl es sich um ein historisches Drama handelte. »Was mir daran nicht gefiel«, sagte er Jahre später, »war, daß ich mich nie in diesen Kostüm-Stücken wohl fühlen konnte. Ich verstand die handelnden Personen nicht gut genug. Ich konnte nicht nachvollziehen, wie sie damals ein Brot gekauft hatten oder zur Toilette gegangen waren.« Jenseits dessen freilich transportiert dieses historische Melodram verschiedene Themen, die Hitchcock sehr wohl intensiv beschäftigten: das über allem liegende Gefühl von Schuld; der Geist der Reue, das Verlangen, vor der Bestrafung zu beichten, verlangt einen schrecklichen Preis; die kontrastierenden Figuren, die abwechselnd retten und töten (Michael Wilding als Gegenbild zu Margaret Leighton, die beide Personen sind, die sich aus Liebe opfern und aus Liebe Verrat begehen).

So begannen nach vier Jahren des Wartens jetzt Hitchcock und Cronyn mit der Arbeit am Treatment. Sie schrieben zumeist an den Wochenenden in Santa Cruz. Hitchcock war äußerst enthusiastisch und schien kaum warten zu können. »In Santa Cruz«, erinnerte sich Cronyn, »bedeutete ein Wochenende normalerweise mehr, als die Verdauungsorgane und das Aufnahmevermögen vertrugen. Er war natürlich der perfekte Gastgeber, und er empfand ein maliziöses, herrliches Vergnügen, dabei zuzusehen, wie seine Gäste unter den erlesenen Weinen und den harten Getränken, die er einem aufzwang, allmählich zusammenbrachen.« Und wie schon in anderen Treatments – wie in *Verdacht* und *Ich kämpfe um dich* (und selbst Sidney Gilliat brachte er dazu, es in *Eine Dame verschwindet* einzubauen, und David Selznick mußte es in *Der Fall Paradin* hinzufügen), schaffte es Hitchcock auch diesmal wieder, mit ebenso maliziösem Vergnügen das Motiv des vergifteten Drinks in die Geschichte einzuführen.

Das Treatment war vor Ende März fertig, und Hitchcock gab es Arthur Laurents. »Jetzt, Arthur, werden wir *Sklavin des Herzens* machen«, sagte er, und es kam ihm nicht in den Sinn, daß seine Offerte abgelehnt werden könnte. Aber Laurents regte die Geschichte nicht sonderlich auf, und er lehnte das Angebot höflich ab. Hitchcock nahm die Ablehnung als persönliche Beleidigung. Er schickte sogleich ein Telegramm an James Bridie nach Glasgow, dann eines an Sidney Bernstein in London, und am Sonnabend, dem 27. März, brach er an Bord der *Queen Elizabeth* nach England auf. Bis Ende Juni arbeitete er abwechselnd mit Bridie, Peter Ustinov und Marjorie Brown daran, aus dem Roman und dem Drama eine zusammenhängende Filmerzählung zu destillieren. Als Transatlantic Pictures schließlich dem Bankers Trust of New York einen Finanzplan für den Kredit zu dieser Produktion vorlegte, war der erforderliche Betrag auf 2,5 Millionen Dollar hochgeschnellt.

Nach einem kurzen Abstecher nach Los Angeles, um dort einige Verleih-Angelegenheiten zu klären und um seine Familie abzuholen, kehrte Hitchcock nach London und in die Elstree-Studios zurück, um *Sklavin des Herzens* zu filmen. Patricia hatte sich inzwischen noch ernstlicher entschlossen, sich als Theaterschauspielerin auszubilden, und ihr Vater gab ihr jetzt die Gelegenheit, an der Royal Academy of Dramatic Art zu studieren. Während ihre Eltern ins Savoy-Hotel zogen, blieb sie bei Cousinen in Golders Green und besuchte die Schauspielschule in der Gower Street.

Hitchcocks Rückkehr nach London zu seiner ersten Spielfilmproduktion in England nach zehn Jahren wurde dort nur mit alarmierender Kälte zur Kenntnis genommen; daß er während des Krieges nicht dagewesen war, ärgerte immer noch viele Personen des kulturellen und gesellschaftlichen Lebens. Die britische Presse nahm von der Ankunft des Star-Regisseurs und seiner Star-Schauspielerin nur in kurzen Meldungen Kenntnis, und die wenigen Journalisten, die längere Artikel oder Interviews publizierten, beurteilten seine Karriere, seit er England verlassen hatte, nicht allzu freundlich.

Hitchcock hatte *Sklavin des Herzens,* wie schon *Cocktail für eine Leiche,* in zehnminütigen Einstellungen und in Farbe drehen wollen. Die Farbgestaltung des neuen Films wurde zu einem großen Erfolg; die Idee der zehnminütigen Einstellungen mußte er zum größeren Teil aufgeben, obwohl am Ende noch einige Einstellungen übrigblieben, die sechs und acht Minuten dauerten. Mehr verstörte ihn freilich, welcher Belastung diese Produktion – verschlimmert noch durch die Komplikationen im Privatleben der Schauspielerin – seine Freundschaft zu der Bergman aussetzte. »Er zog so viel Vergnügen daraus, diese Kameratricks auszuführen«, sagte die Bergman in einem Interview Jahre später,

und natürlich waren diese langen Einstellungen und die sich bewegende Kamera für alle Beteiligten harte Arbeit. Wir probten tagelang, dann legten wir endlich das Make-up auf und versuchten uns an einer ganzen Filmrolle. Sechs Minuten ging vielleicht alles ganz wunderbar, und dann ging plötzlich irgend etwas schief, und wir mußten wieder ganz von vorne beginnen. Hitch bestand einfach darauf. Und dann dazwischen die Bühnenarbeiter und diese sich hin- und herbewegenden Möbel, während sich die Kamera auch bewegte – das machte uns alle verrückt! Ganze Wände schwebten neben uns hoch unter das Dach des Ateliers, während wir einen Gang machten. Die Scheinwerfer änderten ihre Positionen, ein Stuhl, auf den sich ein Schauspieler zu setzen hatte, erschien knapp neben dem Blickwinkel der Kamera erst kurz bevor sie auf ihn schwenkte. Was für ein Alptraum! Der ganze Boden war mit aufgemalten Nummern übersät, und jeder mußte im richtigen Moment neben der richtigen Nummer stehen, sonst war die gesamte Einstellung ruiniert. Damals habe ich zum ersten und letzten Mal an einem Drehort geweint.

Ich glaube, er hat das alles gemacht, um sich selbst zu beweisen, daß er es konnte. Es war eine Herausforderung, die er sich selbst gestellt hatte, um der Filmindustrie zu beweisen, daß er so etwas Kompliziertes ersinnen und auch ausführen konnte – soviel Technik, soviel, um anzugeben. Aber er war wild entschlossen, und die ganze Angelegenheit wurde sehr, sehr schwierig.

Das Publikum hätte natürlich nichts weniger interessieren können. Wenn er einfach auf Großaufnahmen umgeschnitten hätte und es in einer Sequenz einige Zwischenschnitte gegeben hätte, wären die Zuschauer genauso glücklich gewesen. Sie brauchten keine Kamera zu sehen, die einen Berg hinaufrollte, unter Tische kroch und sich in dieser mörderisch schwierigen Art und Weise um die Schauspieler herumbewegte!

Hitchcock erinnerte sich an die Schwierigkeiten, die die Bergman damals durchmachte, und an ihre Reaktion auf die unorthodoxen Methoden. »Sie geriet in eine schreckliche Verfassung – und schrie mich an. Ich machte, was ich immer mache, wenn Leute zu streiken anfangen, ich drehte mich um und ging nach Hause. Später erzählte man mir, sie sei zwanzig Minuten danach immer noch hysterisch gewesen. Sie hatte nicht einmal bemerkt, daß ich gegangen war. Am nächsten Tag sagte sie: ›Okay, Hitch – wir machen es so, wie du willst.‹ Ich sagte zu ihr: ›Nicht, weil ich es so will, Ingrid – sondern, weil es so *richtig* ist!‹«

Danach trat dann mehr Ruhe und gegenseitiger Respekt ein. Viel dazu trug eine junge Engländerin bei, die Hitchcock für den Film als Continuity-Überwacherin angestellt hatte. Peggy Singer hatte eine solide Grundausbildung in allen Aspekten der Drehbuchvorbereitung hinter sich, und ihr Talent und ihre vorbehaltlose Unterstützung Hitchcocks ebneten viele Probleme während der Produktion von *Sklavin des Herzens* ein. Sie arbeitete auch an Hitchcocks nächstem Film mit. Danach wurde sie von anderen Produzenten engagiert. 1957, sie hatte inzwischen den kanadischen Cutter Douglas Robertson geheiratet, kehrte Peggy Robertson für *Aus dem Reich der Toten* zu Hitchcock als Drehbuch-Überwacherin und persönliche Assistentin zurück. Ihre schöpferische Kraft und ihre nie ermüdende Loyalität waren von da an bis zum Ende seiner Karriere von großer Bedeutung.

Ende September hatte sich die Lage am Drehort etwas gebessert, und die stets gewissenhafte Bergman, immer ein aufmerksamer und ehrlicher Profi, mußte zugeben, daß Hitchcocks irremachende Methode auch ihre gute Seite hatte und daß ihre durchgehende zehnminütige Beichtszene im fertigen Film recht gut aussah. Später in ihrer Laufbahn sagte sie einmal: »Jeder macht immer soviel Getue, und ich habe (1947) sogar den Oscar für *Mord im Orientexpress* bekommen, weil ich da einen zehnminütigen Monolog in einer durchgehenden Einstellung hatte. Nun, das war nicht so neu, oder? Das hatte ich doch schon damals 1948 für Hitch gemacht!«

Kurz bevor *Sklavin des Herzens* beendet war, geschah dann etwas, das die Leben verschiedener Menschen, die mit dem Film zu tun hatten, veränderte. Ingrid Bergman traf endlich Roberto Rossellini, dessen Arbeit sie schon immer bewundert hatte. Ihre Begegnung mit dem italienischen Filmemacher war ein historisches Ereignis, denn sie stand am Anfang einer beruflichen und privaten Beziehung, die Millionen als Skandal wahrnahmen und die dem Paar brutale Verfolgung eintrug, als sie beide ihre jeweiligen Ehepartner verließen, als Künstler zusammen zu arbeiten begannen und als Liebende zusammen lebten. Bergmans Fortgang traf Alfred Hitchcock tief. »Er nahm es ihr übel, daß sie mit Rossellini auf und davon ging«, sagte Arthur Laurents, »und zwar nicht nur, weil er sie verehrt hatte. Er nahm ihr auch übel, daß sie ihn wegen eines anderen Regisseurs verließ.« Das war wieder einer dieser Vorgänge, die er als tiefe Mißachtung seiner Person wertete. Hitchcock zu verlassen, um für jemand anderen zu arbeiten oder ein Angebot, mit ihm zu arbeiten abzulehnen, war fast unverzeihlich.

Nach 55 Drehtagen waren die Innenaufnahmen von *Sklavin des Herzens* beendet, und Hitchcock kehrte mit Alma nach Los Angeles zurück. (Er hatte seine Ankunft und seine Abreise aus Großbritannien sorgfältig so gestaltet, daß er aufgrund bestimmter technischer Umstände keine Steuern zahlen mußte.) Das englische Wetter hatte es, wie gewöhnlich, unmöglich gemacht, Außenaufnahmen zu drehen, so daß noch einige letzte Szenen in Hollywood auf der Warner-Brothers-Farm nachgeholt werden mußten. Für das Regierungsgebäude in Sydney benutzte Hitchcock die mit Säulen geschmückte Front der Canoga Park High School. Diese Nachdrehs beschäftigten ihn die beiden ersten Wochen im November. Dann war der Film fertig. Warner Brothers aber, die den Verleih übernommen hatten, terminierten den Start erst für den September des folgenden Jahres.

Obwohl Hitchcock nun bereit gewesen wäre, nach *Cocktail für eine Leiche* und *Sklavin des Herzens* mit Bernstein ein weiteres Theaterstück zu verfilmen (diesmal ein altes französisches Melodram), mußte das dritte Projekt verschoben werden. Transatlantic Pictures hatte nämlich mit den beiden ersten Filmen keinen Profit gemacht. Aus einem Grund, der sich nicht erklären läßt, wollte Hitchcock dennoch für seinen nächsten Film nach London zurückkehren, egal, ob es eine Co-Produktion mit Bernstein werden würde oder nicht. Vielleicht lag der Grund auch einfach darin, daß London der Handlungsort des Romans war, den Hitchcock als Quelle gewählt hatte: Selwyn Jepsons *Man Running*, den er früher in jenem Jahr gelesen hatte (der Roman war 1947 zunächst als Fortsetzungsroman in *Collier's* erschienen) und der unter dem Titel *Outrun the Constable* in Amerika gute Kritiken erhalten hatte. Vielleicht lag es auch daran, daß er mit der Arbeit am Drehbuch zunächst James Bridie beauftragt hatte, und Bridie haßte es, nach Amerika zu reisen. Vielleicht hatte er das Gefühl, er solle die Theaterszenen des Films am Originalschauplatz drehen, in jenem London, das er so gut kannte. Auch kamen in der Handlung, so wie sie ihm vorschwebte, als Nebendarsteller eine Gruppe von Clowns vor, die nur englische Theaterdarsteller zum Leben bringen konnten.

Aus welchen Gründen auch immer er zurückwollte, es war sicher nicht wegen der freundlichen Attitüde der Londoner Presse oder Filmgemeinde. Er mag sich dennoch auf heimatlichem Boden noch einmal beweisen wollen, und zwar mit einem Film, der sich sehr von *Sklavin des Herzens* unterscheiden sollte. Dazu kam, daß er in der ihm eigenen etwas kindlichen Art gerne in Hotels lebte. Die Möglichkeit, seine (zumeist aufs Essen gerichteten) Gelüste zu jeder Stunde befriedigen zu können, die wohlsortierten Essensangebote zur Teestunde, der ganze Service, all die leicht verkrusteten, würdevollen Umgangsformen, die einst den Cockney in ihm eher geärgert hatten, waren ihm jetzt äußerst willkommen. Im Savoy- und im Claridge-Hotel, im Connaught und in den erlesenen Salons des Mayfair und Kensington, zu denen ihm sein Status jetzt leicht Zutritt verschaffte, hielt Hitchcock hof. Er war schließlich immer noch – und das mit Absicht – britischer Untertan, wenn auch seine Frau und Tochter amerikanische Staatsbürger waren.

Es gibt keine Aufzeichnungen über geschäftliche Treffen mit alten Kollegen oder irgendeinen Versuch, frühere Verbindungen neu zu beleben. Aber einige Leute, die den Regisseur damals im Jahr 1949 kurz trafen, während er an dem Film arbeitete, der schließlich *Stage Fright (Die rote Lola)* heißen sollte, hatten den Eindruck, daß er gerne Hollywoods Technologie mit englischer Respektabilität und Sitte verbunden hätte; man hatte das Gefühl, daß jetzt nach dem Krieg – obwohl (und in einer merkwürdigen Weise vielleicht gerade weil) seine Familie auf eine überlebende Schwester und einige entfernte Verwandte, zu denen er nie engere Beziehungen unterhalten hatte, zusammengeschrumpft war, Hitchcock sich ganz wohl dabei gefühlt hätte, abwechselnd seine Filme in London und Hollywood zu drehen. In den Zeiten zwischen diesen Filmen hätte er dann, wie gesagt, ausführliche Urlaubsreisen planen können.

Hitcocks lebenslange Reiselust und sein steigender Hang zu vielfachen Urlaubsreisen, wenn immer es nur möglich war, scheint aus einem tieferen Wunsch gekommen zu sein, als nur aus dem Verlangen, dem Druck der Studio-Produktion zu entkommen oder der Routine eines Drehplans und des wenig abwechslungsreichen Lebens daheim. Genau wie während der Jahre bei Gaumont-British, wo ihm fast jeder Vorwand recht war, einen Drehbuchautor nach St. Moritz zu entführen, um dort an einem Script zu arbeiten, so schuf er sich, nachdem der Krieg vorbei war und bis er 1957 den ersten ernsthaften Krankheitsfall erlitt, immer wieder die Möglichkeiten, Filme zu produzieren und sie an Orten zu drehen, die ausgedehnte Reisen geradezu notwendig machten.

Zwischen 1949 und 1956 drehte er wichtige Passagen seiner Filme in New York, Washington, D.C., Connecticut, Quebec, an der Französischen Riviera, in Vermont, Marokko und London; und er unternahm Blitzreisen zu Pressekonferenzen, die ihn von Indonesien über Australien und Japan nach Rom führten; in Afrika ging er für ein Projekt auf Motivsuche, das schließlich nicht realisiert wurde. An all diesen Orten kehrte er nie zu sehr den Touristen heraus, obwohl seine Mahlzeiten gewöhnlich aus Paris, New York oder London eingeflogen wurden. An all diesen Orten gab er unermüdlich mit der Geschwindigkeit eines Schnellfeuergewehrs Publicity-Konferenzen über sich und sein Werk. Werbefachleute und Agenten, das war immer seine Überzeugung, konnten nur bis zu einem bestimmten Grad etwas erreichen; den Hauptteil der Promotion-Arbeit mußte er leisten, und der Erfolg der Werbekampagnen hing von seiner Gegenwart ab. Zu diesem Zweck verband er Geschäft und Vergnügen, und fast acht Jahre lang umrundete er mehrmals jährlich den Globus.

Seine Agenten waren über diese Angewohnheit natürlich entzückt. Seit dem Ende der vierziger Jahre, nach dem Tod von Myron Selznick, war er zu einem der wichtigen Klienten von MCA (einst die Music Corporation of America) geworden, der Welt größter Künstler-Agentur. Zunächst kümmerte sich (kurz) Leland Hayward um seine Angelegenheiten, danach Taft Schreiber, bevor er exklusiv durch den früheren Kinoplatzanweiser aus Cleveland, Lew Wasserman, vertreten wurde. Wassermans Urteil und Rat folgten unter anderen auch Bette Davis, Jean Arthur, Errol Flynn, James Stewart und Frank Sinatra. Wasserman war seit 1946 Präsident von MCA und hatte seitdem einen liebevollen Respekt für Hitchcock entwickelt. Jahrelang sorgte er dafür, daß ihre guten Geschäftsbeziehungen nie gegen die Grenzen dieses Respekts stießen. Hitchcock seinerseits war für Wassermans Wachsamkeit dankbar, und zu den Geschenken, die sie regelmäßig austauschten, zählte auch ein Bernard-Buffet-Porträt Wassermans, mit dem Hitchcock seinen Agenten bedachte. In Lew Wasserman hatte Hitchcock den richtigen Wächter seiner Interessen und seines Erfolges gefunden, und Wasserman spielte in dem späten Abschnitt der Karriere Hitchcocks eine zunehmend wichtige Rolle.

Zwischen Dezember 1948 und März 1949 arbeiteten Hitchcock und Alma zu Hause an einem Treatment und Drehbuch für *Die rote Lola*, und sie luden Whitfield Cook dazu ein, mit ihnen den Dialog zu schreiben. Er war der Autor von Pats zweitem Stück am Broadway gewesen und hatte sie und ihre Eltern oft und großzügig eingeladen, wenn sie an der Ostküste weilten. Gleichzeitig sagte James Bridie zu, einige Szenen zu überarbeiten, wenn Hitchcock zum Drehen nach England käme.

Im Januar hatte sich die Arbeit routiniert eingespielt. Cook kam gegen zehn Uhr morgens in die Bellagio Road; sie arbeiteten dann bis ein Uhr, und nach einer anderthalbstündigen Lunch-Pause ging es weiter bis um sechs Uhr. Das fertige Drehbuch, das noch einige Zusätze von Ronald MacDougall enthielt, war 113 Seiten lang und sah wie ein typisches Hitchcock-Drehbuch aus: Zu jedem Wort des Dialogs waren die entsprechende

Kamerabewegung und die Größe der Einstellung notiert. Zufrieden mit dieser minutiösen Vorbereitung – die für Hitchcock im Grunde bedeutete, daß der Film fertig war und er mit dem nächsten Projekt beginnen konnte –, griff der Regisseur zu einem Diktiergerät und diktierte eine Liste von ›Dingen, die ich brauche‹ – alle technischen Geräte, Bauten, ungewöhnliche Kostüme und Ausstattungsgegenstände, samt der Spezialeffekte – und nachdem eine Sekretärin die Liste abgeschrieben hatte, schickte er sie an das Londoner Studio.

»Finden Sie ein Stück Land, das in die See hinausragt und an dem eine Straße entlangläuft«, fügte er später noch in einem Telefonat mit seinem britischen Direktor hinzu. »Es muß da ein einsames Haus mit einem Bootssteg geben, und vor dem Bootssteg muß ein Schoner ankern.« Assistenten wurden auf Motivsuche geschickt, und der richtige Ort wurde gefunden. Letztlich machte ihnen, wie zu erwarten, das Wetter einen Strich durch die Rechnung, und aufwendige Matte-Gemälde und Miniaturmodelle mußten im Finale des Films die Natur ersetzen. Der gesamte Film, mit Ausnahme einer oder zweier Hintergrundaufnahmen, wurde in der größten Atelier-Halle des Elstree-Studios gefilmt.

Die Produktion wurde von der Warner Brothers finanziert und verliehen, mit der Hitchcock einen Vertrag über mehrere Filme abgeschlossen hatte, der ihm eine bis dahin beispiellose Freiheit bei der Wahl seines Stoffs, der Darsteller und Autoren ließ. Hitchcock wußte deshalb, daß *Die rote Lola*, der erste Film unter diesem Vertrag, jenen Profit zeigen mußte, den *Cocktail für eine Leiche* und *Sklavin des Herzens* nicht gebracht hatten. Um den Erfolg zu garantieren, erbat er, und bekam auch, für die weibliche Hauptrolle jene Schauspielerin, die gerade den Oscar als beste weibliche Darstellerin erworben hatte: Jane Wyman – die, wie sich herausstellte, gerne die Einladung zur Reise zu den Dreharbeiten nach England annahm, denn sie war gerade durch die Scheidung von dem Schauspieler Ronald Reagan gegangen. Für die Rolle der geheimnisvollen älteren Schauspielerin wurde Marlene Dietrich engagiert. Sie hatte erst kürzlich neue Bewunderer in Billy Wilders *A Foreign Affair* gewonnen, und eine Geburt in ihrer Familie hatte gerade die Presse veranlaßt, sie zur glamourösen Großmutter der Welt zu proklamieren. Hitchcocks Film sollte das nur bestätigen.

Bevor er im Mai in England eintraf, um die Besetzung zu vervollständigen, zeichnete Hitchcock mehr als dreihundert Bleistift-Skizzen und übergab sie seinem Kameramann. Mit Sir Kenneth Barnes arrangierte er, daß er die Probenräume der Royal Academy of Dramatic Art in der Gower Street benutzen durfte. Im Juni war das Darstellerteam komplett (weitere Rollen hatten Michael Wilding, Alastair Sim, Richard Todd, Sybil Thorndike, Kay Walsh, Joyce Grenfell und Miles Malleson übernommen). Der Drehbeginn wurde auf Montag, den 13. Juni, festgesetzt. Die größten Szenen des Films schlossen unter anderem einen heftigen Regensturm während einer Theater-Gartenparty ein – der von oben gefilmt werden und eine Decke aus schwarzen Regenschirmen zeigen sollte (eine Szene, die fast eine Einstellung aus *Mord* wiederholt) – und eine komplizierte Kamerafahrt, die Richard Todd ohne Schnitt (wie in *Cocktail für eine Leiche* und *Sklavin des Herzens*) von der Straße bis in die zweite Etage eines Hauses begleitet – während jenseits des Kameraausschnitts wieder einmal die Türen und Wände unter die Studiodecke verschwanden und eine gigantische Vorrichtung Kamera und Kameramann ein riesiges Treppenhaus hinauf transportierte.

Die rote Lola handelt von einer jungen Schauspielschülerin, die im wirklichen Leben in eine Rolle schlüpft, um einen Mann von einem Mordverdacht reinzuwaschen. Sie muß jedoch herausfinden, daß der Mann in der Tat schuldig ist. Während dieser Handlung übertragen sich ihre Gefühle allmählich auf den Kriminalkommissar, der den Fall bearbeitet. Hinter der etwas ausufernden Handlung verbirgt sich eine wunderbar umgesetzte Abhandlung über die Natur des Rollenspiels im wirklichen Leben. Schon der Anfang des Films deutet in die richtige Richtung: Die Titel lösen sich vor dem Hintergrund eines Theatervorhangs auf. Doch die Szenerie hinter dem Vorhang zeigt nicht eine Bühne, sondern das reale London; wenn der Vorhang völlig aufgegangen ist, befindet sich der Zuschauer bereits mitten in der Handlung. So verwischen sich von Anfang an die Unterschiede zwischen dem Leben auf der Bühne und dem auf der Straße (und im folgenden dann die zwischen Kunst und Leben). Während die Handlung sich entfaltet, nimmt jeder der Beteiligten bereits eine falsche Identität an. Jeder spielt eine Rolle. Die Erscheinungen kommen und gehen, nichts ist sicher in einer Welt, die geprägt ist von Kostümen und nachmittäglichen Theateraufführungen, von Wohltätigkeitsfesten und den Lügen falscher Freunde.

Hitchcock ließ sich von der typischen Liebe eines Engländers zum Theater und zu Bühnenkünstlern inspirieren, und auch von seiner Faszination mit dem Schauspielerleben, das er in seiner Jugend aus nächster Nähe beobachtet hatte. Pats Verlangen in diesem Jahr, ein weiteres Semester an der Royal Academy zu bleiben, mag ihn zusätzlich zu seinen freundlichen Seitenhieben gegen eine Schauspielschülerin ermuntert haben. In einer wohlmeinenden Geste, die freilich nicht frei von einem gewissen Sarkasmus war, gab er ihr eine kleine Rolle in *Die rote Lola*. Sie spielt eine von Jane Wymans Freundinnen – und etwas ungalant nannte er die Rolle Chubby (›Dickerchen‹) Bannister (ein Mädchen, wie er sagte, auf das man sich immer stützen könne). Seinem Star Jane Wyman widmete Hitchcock wenig Aufmerksamkeit, und ihre Bemerkungen über die Arbeit mit ihm waren später weitaus freundlicher als die seinen.

Für Marlene Dietrich hegte er einen vorsichtigen Respekt. »Marlene war ein professioneller Star – sie war ein professioneller Kameramann, Art Director, Cutter, Kostümbildner, Friseur, Make-up-Spezialist, Produzent und Regisseur.« Sie war zudem der einzige Schauspieler, dem er jemals eine nennenswerte Form schöpferischer Freiheit am Drehort gestattete. Sie tauchte, wie sich Mitglieder der Crew erinnerten, jeden Morgen sehr früh am Drehort auf und begann, dem Kameramann Wilkie Cooper Anweisungen zu geben, wie sie richtig auszuleuchten sei. Völlig überrascht trug das Team Hitchcock die Angelegenheit vor – und sie waren noch überraschter, als Hitchcock sie anwies, den Wünschen der Dietrich Folge zu leisten. Aus ihren sieben Filmen mit Josef von Sternberg, die sie als die essentielle Femme fatale etabliert hatten, brachte sie die Erfahrung eines Experten über Licht, Schatten und Kamerawinkel mit. Hitchcock ließ ihr in diesem Film freie Hand, ihr eigenes Image zu gestalten. Sie durfte auch selbst ihre Kleidung und ihren Schmuck auswählen.

Anfang September war die Produktion von *Die rote Lola* beendet, und die drei Hitchcocks konnten aus England abreisen. Alma war, wie immer, am meisten darauf erpicht, schnell fortzukommen. Man sprach davon, gegen Weihnachten wieder nach London zurückzukehren, um einen weiteren Film zu machen. Doch bald zeigte sich mehr und mehr der unglückliche Kurs des Unternehmens Transatlantic Pictures. Schnell sollte das Hitchcock-Bernstein-Abenteuer nur noch ein Kapitel in der

Geschichte der beiden Männer sein. Als sie in Kalifornien ankamen, fand sich Hitchcock – zum ersten Mal seit Jahren – ohne Beschäftigung. Und wie immer verursachte ihm das mehr Angst als der Anblick eines Polizisten.

11

1950–1955

Zum ersten Mal seit über zehn Jahren gab es kein Projekt, das ihn beschäftigte, wartete nichts darauf, bearbeitet zu werden, war kein großer Schauspieler oder Autor für eine neue Geschichte engagiert. Jack Warner hatte den Verleihvertrag mit den jetzt in aller Stille eingegangenen Transatlantic Pictures verlängert, und Hitchcock besaß mit diesem Studio wenigstens eine Vereinbarung über mehrere Filme, nach der er als sein eigener Produzent handeln konnte und freie Hand bei der Wahl seiner Stoffe hatte. Ende 1949, Anfang 1950 aber nützte ihm diese Freiheit nicht viel, denn er war abwechselnd deprimiert wegen seiner beruflichen Untätigkeit und dann wieder heiter und zuversichtlich, daß bald eine Filmidee auftauchen würde. Er begann sich für die Bebauung des weitläufigen Landstreifens zu interessieren, den er in Nordkalifornien besaß. Er konsultierte Weinhändler und Gartenbauspezialisten, die ihm dazu rieten, für den Boden und das Klima in Santa Cruz geeigneten Wein anzubauen. Nach zwei Reifezeiten besaß er einen gesunden Bestand, der ihm ein ebenso gesundes Einkommen brachte.

Bis 1950 hatte es Hitchcock zu ansehnlichem Wohlstand, internationalem Ruhm, beträchtlicher Verhandlungsstärke in Hollywood, zwei Häusern, Land, Wertpapieren und einigen Anteilen an texanischem Vieh und Öl gebracht. Als Produzent/Regisseur hatte er aber immer noch nicht die Art von Erfolg erreicht, die er sich erhofft hatte. Zu dieser Zeit gab er sich das Image eines Teilzeit-Gentleman-Farmers und Teilzeit-Filmproduzenten, doch in Wirklichkeit war er ein Vollzeit-Wanderer, der zwischen Bel Air und Scotts Valley hin und her fuhr, mittags bei Romanoffs oder beim Brown Derby aß, abends bei Chasens oder Perinos oder zu Hause alleine mit Alma oder höchstens mit ein paar Kollegen, die untereinander ihrer Besorgnis über sein Trinken Ausdruck gaben.

»Ein sehr trockener Martini«, pflegte er seinen Gästen zu sagen, »besteht einfach aus zwei Teilen Gin und einem kurzen Blick auf die Wermutflasche.« Nachdem eineinhalb Stunden bei Cocktails vergangen waren, beeindruckte er bei solchen Gelegenheiten seine Gäste mit Seezungen aus Dover, die er hatte einfliegen lassen, oder mit einem Hummer-Soufflé aus dem Maxim, das gerade per Flugzeug aus Paris eingetroffen war. Ohne einen Film als Sammelpunkt seiner kreativen Energien fiel Hitchcock in die Eß- und Trinkgewohnheiten zurück, die er in aktiveren Zeiten zu zügeln versucht hatte. Die verlorenen Pfunde kehrten schnell zurück, und bald wog er, wie es in solchen Fällen üblich ist, mehr als vorher.

Anfang Frühling 1950 hatte *Die rote Lola* Premiere – mit meist wenig begeisterten Kritiken; es sollte mehrere Jahrzehnte dauern, ehe der Film richtig beurteilt wurde – und Hitchcock antwortete auf die Fragen der Presse, es sei sein letzter komischer Thriller gewesen. Er erklärte, eine vierteilige Horror-Fantasie zu planen, die Michael Arlens ›The Gentleman from America‹ und Lord Dunsanys Gruselgeschichte über Mord und Kannibalismus, ›Two Bottles of Relish‹, einschließen sollte. Bei einer Publicity-Reise nach New York gab er einen Nachmittag Schauspielunterricht für die Studenten der Theatre Guild und aß mit Leo G. Carroll, Leslie Banks, Cedric Hardwicke und Sidney Blackmer, die die vorsprechenden Studenten zu beurteilen hatten, zu Abend. Wieder in Los Angeles, verlegte er die erforderlichen Presseaktivitäten weiterhin in die verfeinerte Atmosphäre eines Vorlesungssaales, was für ihn zu einer regelmäßigen Gewohnheit wurde. Am 12. April sprach er an der Universität von Kalifornien in Los Angeles, nachdem er Ausschnitte seines neuen Films gezeigt hatte. So begann eine Tradition von Previews für Studenten, die abwechselnd an dieser Universität und der von Südkalifornien stattfanden – Kolloquien, die ihm Spaß zu machen schienen, die er zumindest für die nächsten 20 Jahre fortsetzte.

Hitchcocks gute Laune bei der UCLA-Studentenversammlung an jenem Aprilabend mag daher gerührt haben, daß er gerade einen bestimmten, soeben veröffentlichten Roman gelesen hatte. Er beauftragte seine Agenten sofort damit, die Bedingungen für die Filmrechte auszuhandeln, und er warnte sie davor, seinen Namen zu benutzen, weil das den Preis in die Höhe treiben würde. Am 20. April schlossen sie den Vertrag über die

Rechte an Patricia Highsmiths erstem Buch *Der Fremde im Zug* ab; zu seiner Freude und ihrem Verdruß zahlte er nur 7500 Dollar.

Es ist leicht zu verstehen, was Hitchcock an dieser Geschichte zweier Männer gefiel, die sich zufällig begegnen und deren Schicksale sich miteinander verknüpfen, als einer von ihnen, ein alkoholsüchtiger, psychopathischer Playboy, dem anderen, einem gutaussehenden, jungen Architekten, den Vorschlag macht, jeder solle für den anderen einen Mord begehen. Hitchcock fiel die Möglichkeit auf, eines seiner Lieblingsthemen weiterzuentwickeln: den Austausch von Schuld (den er bereits erforscht hatte in *Im Schatten des Zweifels, Berüchtigt, Cocktail für eine Leiche* und *Die rote Lola*); außerdem konnte er die Koexistenz von Gut und Böse innerhalb einer einzigen Beziehung und in den sich ähnelnden Persönlichkeiten der beiden Fremden untersuchen. Noch mehr reizte ihn, diese Idee in der *Form* des Films dramatisch wiederzugeben – als eine Serie von Doppelungen oder Paaren, wie acht Jahre zuvor in *Im Schatten des Zweifels*.

Die nachdenklichsten Passagen des Highsmith-Romans hätten einem Hitchcock-Tagebuch entnommen sein können (hätte es eines gegeben):

> Aber Liebe und Haß, dachte er jetzt, lebten Seite an Seite im menschlichen Herzen, und nicht nur in unterschiedlichen Größenordnungen in verschiedenen Menschen, sondern alles Gut und alles Böse. Man brauchte nur nach einem bißchen von dem einen oder dem anderen zu suchen, um alles zu finden, und man brauchte bloß an der Oberfläche zu kratzen. Für alle Dinge gab es naheliegende Gegensätze, für jede Entscheidung einen Grund dagegen, für jedes Tier ein Tier, das es zerstörte... Nichts konnte sein ohne seinen Gegensatz, der mit ihm verbunden war... Jeder war, was der andere nicht zu sein gewählt hatte, das verstoßene Ich, von dem er glaubte, es zu hassen, es aber in Wirklichkeit liebte... Das war die sich in Dualität verbreitende Natur... Zwei Menschen in jeder Person. Es gibt auch eine Person, die das genaue Gegenteil von dir ist, irgendwo in der Welt, und sie wartet im Hinterhalt.

Endlich hatte Hitchcock eine Geschichte und eine Sensibilität gefunden, die sich für seine eigenen speziellen Bearbeitungswünsche eigneten, eine Geschichte, die sich an seine eigene innere Erfahrung von einer gespaltenen Persönlichkeit wandte. Nach der enttäuschenden Aufnahme von *Der Fall Paradin, Cocktail für eine Leiche, Sklavin des Herzens* und *Die rote Lola* durch das

Publikum sollte ihn dies wieder als einen meisterhaften Geschichtenerzähler auf dem Gebiet des spannenden psychologischen Thrillers etablieren. Er nahm Whitfield Cook erneut unter Vertrag, und bis Ende Juni hatten sie ein 65seitiges Treatment ausgearbeitet, in dem sie die Geschichte komprimierten; sie beschränkten den Schauplatz der Handlung auf den Korridor zwischen Washington, Arlington und Long Island an der Ostküste; sie stellten der zwielichtigen Welt des anarchischen Irren das helle Tageslicht von Politik, Regierung und Berufstennis gegenüber; sie deuteten eine beispiellose Reihe von Einstellungen an, die formal die Verbindung zwischen den beiden scheinbar gegensätzlichen Männern und den moralischen Welten, die sie vertraten, anzeigen sollte.

Doch während er und Cook das etwas atemlos wuchernde Highsmith-Melodram umarbeiteten, konnte Hitchcock keinen erstklassigen Autoren finden, der bereit war, einen Drehbuchauftrag anzunehmen. »Ich erinnere mich«, sagte er, »als ich an *Der Fremde im Zug* arbeitete, konnte ich niemanden finden, der mit mir daran gearbeitet hätte. Sie meinten alle, mein erster Entwurf sei so platt und sachlich, daß sie keinen Funken Qualität darin sehen konnten. Doch der ganze Film war visuell da.«

Das Treatment wurde zuerst Dashiell Hammett angeboten, dessen Kriminalromane *Der Malteser Falke, Der gläserne Schlüssel* und *Der dünne Mann* in den 30er Jahren auf die Leinwand gebracht worden waren; sein Status als einer der Urheber der sogenannten hartgesottenen Detektivliteratur machte ihn genau zum richtigen Autoren, wie Hitchcock glaubte, um den psychologischen und physischen Brutalitäten von *Der Fremde im Zug* Ausdruck zu geben. Das Treffen mit Hammett jedoch wurde auf unerklärliche Weise sabotiert – offenbar durch nichts Mysteriöseres als die Nachlässigkeit einer Sekretärin.

In der ersten Juniwoche engagierte der Drehbuchberater bei Warner Brothers, Finley McDermid, für das Unternehmen – zu einer Wochengage von 2500 Dollar – den formidablen Raymond Chandler. Chandlers Romane *The Big Sleep, Lady in the Lake* und *Farewell, My Lovely* waren verfilmt worden; er selber hatte die Drehbücher zu *Frau ohne Gewissen, The Unseen* und *Die blaue Dahlie* geschrieben. Hitchcock traf ihn nur einmal sehr kurz, ehe Chandler das Treatment, den Roman, einen Berg Papier und eine Sekretärin mit in sein Haus nach La Jolla nahm.

Da Chandlers Vertrag es ihm erlaubte, zu Hause zu arbeiten,

mußte Hitchcock zu ihren Besprechungen zu ihm hinfahren. Chandler haßte diese ›grauenhaften Quassel-Sitzungen, die ein unvermeidbarer und doch mühsamer Teil des Filmgeschäfts zu sein scheinen‹; ganz besonders mißfielen ihm Hitchcocks Besuche und Einmischungsversuche. Seinem Biografen zufolge wurde Chandler übelgelaunt, unkooperativ und beleidigend: »Eines Tages sagte Chandler, der an der Haustüre wartete, während Hitchcock aus seiner Limousine stieg, zu seiner Sekretärin: ›Schau, wie dieses fette Schwein versucht, aus seinem Auto rauszukommen!‹ Die Sekretärin warnte ihn, man könne ihn hören. ›Das ist mir egal‹, antwortete Chandler.«

Chandler irritierte genau das, was Drehbuchautoren zu allen Zeiten oft irritierte: Hitchcocks Hartnäckigkeit, das Drehbuch müsse sich an seine visuellen Anforderungen halten. ›Was mich an Hitchcock so amüsiert‹, schrieb Chandler an seinen britischen Verleger, ›ist die Art und Weise, wie er einen Film in seinem Kopf inszeniert, ehe er die Geschichte kennt... Er hat ein gutes Gefühl für Inszenierung, Stimmung und Hintergrund, nicht so sehr für das Wesentliche des Geschäfts. Ich schätze, das ist der Grund, warum einige seiner Filme ihren logischen Zugriff verlieren und zu wilden Verfolgungsjagden werden. Nun, das ist nicht die schlechteste Art, einen Film zu machen... Aber wenn es darum geht, sich mit ihm zu streiten, ist er denkbar nett.‹

Und gestritten haben sie – nicht weil ihre Sensibilität so verschieden gewesen wäre, sondern weil sie sich tatsächlich überraschend ähnlich waren. Die zwischen ihnen entstandene Spannung stammte nicht aus der Konfrontation sich ergänzender Talente, sondern aus einem schwelenden Verdacht, daß jeder die Seele des anderen besser kannte, als es beiden lieb war. »Unsere Zusammenarbeit war nicht sehr glücklich«, erinnerte sich Hitchcock später. »Nach einer Weile mußte ich es aufgeben, mit ihm zu arbeiten. Manchmal, wenn wir versuchten, eine Idee für eine Szene zu finden, machte ich ihm einen Vorschlag. Statt darüber nachzudenken, war er sehr unzufrieden und sagte: ›Wenn Sie es allein können, warum zum Teufel brauchen Sie mich dann?‹ Er weigerte sich, mit mir als Regisseur zusammenzuarbeiten.«

Mitte Sommer beendete Chandler eine erste Fassung, von der er glaubte, sie sei Hitchcocks Absichten treu; in ihr wurde der verrückte Playboy wegen des Mordes an der Frau des Architekten verhaftet und in eine Anstalt eingewiesen; zuletzt sieht man ihn, wie er sich in einer Zwangsjacke windet. Hitchcock war von Motivsuche in New York, Connecticut und Washington zurückgekommen, diktierte die Elemente, die er geändert haben wollte, und brach in einem Zustand großer Erregung gleich wieder nach Forrest Hill auf, wo er die Davis-Cup-Spiele zwischen Amerika und Australien mit der Absicht filmte, diese Totalen für das spannende Tennisspiel des Films zu benutzen. Chandler beschwerte sich unterdessen bei seinem Agenten Ray Stark, Hitchcock stecke ›voller kleiner Vorschläge und Ideen, die einen lähmenden Effekt auf die Initiative des Autors haben. Man befindet sich in der Lage eines Boxers, der keinen Fuß an den Boden bekommt, weil er ständig von kurzen Schlägen aus dem Gleichgewicht gebracht wird‹. Nichtsdestoweniger machte Chandler mit den verlangten Änderungen weiter.

Ende September war Hitchcock nach Hollywood zurückgekommen, wo er Chandlers zweite Fassung las und Finley McDermid unverzüglich mitteilte, man brauche einen neuen Autor. Zur selben Zeit änderte Chandler, der nichts von Hitchcocks Mißbilligung wußte, seinen Standpunkt und beschwerte sich, seine Arbeit am zweiten Entwurf werde durch Hitchcocks Abwesenheit erschwert. ›Ist Ihnen bewußt‹, schrieb Chandler an McDermid,

> daß dieses Drehbuch geschrieben wurde ohne eine einzige Absprache mit Mr. Hitchcock?... Nicht einmal ein Telefongespräch. Kein Wort der Kritik oder Anerkennung. Schweigen. Blankes Schweigen damals und heute. Sie sind ein viel zu kluger Mann, um zu glauben, irgendein Autor könne unter solchen Bedingungen sein Bestes tun. Es gibt immer Dinge, die diskutiert werden müssen. Es gibt immer Stellen, an denen sich ein Autor irrt, weil er selbst kein Meister der Kamera ist. Es gibt immer schwierige kleine Punkte, die das Treffen zweier Geister erfordern, das Angleichen von Standpunkten. Ich hatte davon nichts. Ich finde das ziemlich befremdend. Ich finde es ziemlich rücksichtslos. Ich finde es ausgesprochen unverschämt.

McDermid war zu diesem Zeitpunkt ebenso verwirrt wie Hitchcock. Zuerst hatte sich Chandler über zuviel Einmischung in seine Arbeit beschwert; jetzt beschwerte er sich über ungenügende Zusammenarbeit. »Diese Schwankungen des Temperaments«, so gibt Chandlers Biograf zu verstehen, »die gewöhnlich in einem oberflächlich ruhigen und sogar anwaltshaften

Ton in seiner Korrespondenz zum Ausdruck kamen, sind eine natürliche Sache für einen Schriftsteller, der eine Menge Gefühl investiert in alles, was er sagt und tut. Sie waren die Quelle seiner Kraft als Romanautor, die es ihm erlaubten, sich in die Köpfe seiner Charaktere hineinzuversetzen. Sie waren jedoch ein Hindernis, wenn es um ein gemeinschaftliches Unternehmen wie einen Film ging.«

Chandlers Drehbuch war unzusammenhängender als je zuvor, und am Dienstag, dem 26. September, entließ ihn Hitchcock, um in einer letzten Anstrengung den Film, der vom Studio beinah abgesagt worden wäre, noch zu retten. Auf Hitchcocks Vorschlag wurde Czenzi Ormonde, eine von Ben Hechts Assistentinnen, dazu verpflichtet, den Dialog mit Barbara Keon zu überarbeiten, die Hitchcock aus dem Selznick-Studio kannte.

»Es gelang Hitchcock, nahezu jede Spur meiner Arbeit zu entfernen«, bemerkte Chandler, als er Monate später eine Kopie des endgültigen Drehbuchs erhielt. Die Einschätzung trifft den Nagel auf den Kopf, wie ein Vergleich seiner Arbeit mit dem fertigen Film enthüllt. Chandlers Verehrer, die den Erfolg von *Der Fremde im Zug* gewöhnlich ihm zuschreiben und Hitchcock nur wenig für den dunklen Rhythmus des Films loben, lassen dabei außer Betracht, daß das endgültige Drehbuch gänzlich die Arbeit Czenzi Ormondes (mit etwas Unterstützung ihres Mentors Hecht), Barbara Keons und Alma Hitchcocks ist, die nach Anweisungen ihres Ehemannes zwischen dem 28. September und dem 16. Oktober die Dialoge, Szenenaufteilungen und Sequenzabfolgen schrieb.

Am Dienstag, dem 17. Oktober, fuhr Hitchcock nach New York, nachdem die Besetzung stand. Jack Warner verpflichtete Ruth Roman, die bei ihm unter Vertrag stand, für die Rolle der Senatorentochter. Von MGM bekam Hitchcock den Darsteller Robert Walker, den er gegen seinen Typ als den eleganten Psychopathen besetzen wollte. Walker hatte in Filmen wie *The Clock*, *Als du Abschied nahmst* und *See Here, Private Hargrove* den Prototyp des netten amerikanischen Jungen von nebenan gespielt; 1950 aber befand sich sein Leben in einem Zustand des gefühlsmäßigen und physischen Chaos, und dies würde sein letzter vollendeter Film sein: Die Schlußszenen zu *My Son John* aus dem folgenden Jahr mußten nach seinem Tod den letzten Bildern von *Der Fremde im Zug* entnommen werden. Für seine Rolle bei Hitchcock arbeiteten die beiden eine ausgeklügelte Serie subtiler Gesten aus, mit denen sie mögliche Einwände der Zensoren gegen die vorhandenen Untertöne einer homosexuellen Beziehung zu umschiffen hofften.

Als Hitchcock den Schauspieler William Holden nicht für die Rolle des Tennis-Profis, der in die Washingtoner High Society strebte, verpflichten konnte, holte er Farley Granger zurück, der in *Cocktail für eine Leiche* mitgespielt hatte. Pat Hitchcock bekam einen Anruf von ihrem Agenten, der sie darauf hinwies, es gäbe im neuen Film ihres Vaters eine Bombenrolle, die ihr vielleicht gefallen würde – die der hitzigen Barbara Morton, deren äußere Ähnlichkeit mit der ermordeten Frau beinahe eine Wiederholung des ersten Verbrechens herbeiführt. Als ob sie eine Fremde wäre, interviewte sie Hitchcock formell für die Rolle, machte Probeaufnahmen mit ihr und meinte dann, sie könnte richtig sein. Sie war mehr als richtig, wie sich herausstellte: Sie bildete das perfekte, halb-komische Gegengewicht zu der bemühten Ernsthaftigkeit der anderen Darsteller.

»Zu Hause haben wir nie über *Der Fremde im Zug* gesprochen«, erzählte Pat damals einem Interviewer. »Am Drehort gibt er mir Regieanweisungen, aber er kritisiert mich auch. Ich könnte genausogut Jane Jones sein anstatt Patricia Hitchcock.« Diese Haltung scheint von ihrem Vater geplant gewesen zu sein, um jedwede Vorwürfe bevorzugter Behandlung zu vermeiden; seine Weigerung, seine Tochter bevorzugt zu behandeln, brachte beiden die Achtung ihrer Kollegen ein.

Vom 20. bis 25. Oktober drehte man die Außenaufnahmen in der Pennsylvania Station in New York City und im Bahnhof von Danbury in Connecticut (der als das mythische ›Metcalf‹ des Films diente) sowie an verschiedenen Schauplätzen in der Bundeshauptstadt. Am letzten Tag des Monats kehrten Darsteller und Team nach Los Angeles zurück, wo Hitchcock feststellen mußte, daß Rehe von den Hügeln herabgekommen waren und den Gemüsegarten hinter dem Haus zerstört hatten. Hinfort wurden im Garten nur noch Blumen angepflanzt.

Im Studio trieb Hitchcock voller Begeisterung für die gelungene Struktur seines Films sich selbst und seine Schauspieler mit ungewohntem Eifer an, bis der Film kurz vor Weihnachten fertig war. Er war jeden Morgen um sieben Uhr im Studio und arbeitete oft bis neun Uhr abends. Nach Hitchcocks genauen Anweisungen wurde in Chatsworth, einem Vorort von Los Angeles, auf der Ranch des Regisseurs Rowland V. Lee ein Vergnügungspark gebaut; zusätzlich wurde der Liebestunnel einer Kirmes in Canoga Park benutzt.

Ein erheblicher Teil mußte nachts gedreht werden; Farley Granger erinnerte sich, daß Hitchcock deshalb detaillierte Zeichnungen angefertigt hatte, die sorgfältig in das Drehbuch eingefügt worden waren.

Manchmal sah er ganz unglücklich aus, als wir drehten. Ich ging zu ihm hinüber und fragte ihn, ob etwas nicht stimmte. »Oh, ich bin so gelangweilt«, sagte er. Und er *war* gelangweilt. Er hatte sich alles vorher ausgedacht, und jetzt hoffte er nur noch, daß er die Hälfte davon auf den Film bekommen würde.

Einige von uns wurden zum Abendessen zu ihm nach Hause eingeladen; er brachte dann gerne ein Thema zur Sprache, hörte sich unsere Bemerkungen an und sagte dann seine Meinung dazu. Er war auch beim Essen ein Regisseur, und er schien hier genauso emotional abgekapselt wie am Drehort.

Granger erinnerte sich auch daran, daß Hitchcocks Desinteresse an Ruth Roman und der Rolle, die sie spielte, ihn ausgesprochen kritisch und hart mit ihr umgehen ließ, so wie er es mit Edith Evanson bei *Cocktail für eine Leiche* getan hatte. »Er brauchte in jedem Film eine Person, die er quälen konnte.«

Eines Nachts hatte Hitchcock eine besondere Art von Quälerei für eine andere Darstellerin geplant: seine eigene Tochter. Mit einem ungewöhnlichen Bericht bereitete die Publicity-Abteilung von Warner Brothers eine Pressemitteilung vor, die ein Pat betreffendes Ereignis beschrieb, die um eine Fahrt auf dem Riesenrad gebeten hatte. Als sie den höchsten Punkt der Fahrt erreicht hatte, ließ Hitchcock die Maschine anhalten und alle Lichter löschen. Dann verließ er das total dunkle Gebiet, um in einer weit entfernten Ecke des Vergnügungsparks eine andere Szene zu inszenieren, während sie hysterisch vor Angst wurde. Es verging eine Stunde, ehe er die Kabine herunterholen ließ und seine zitternde Tochter befreite.*

Der Rest der Darsteller fand genügend Möglichkeiten, sich zwischen den Aufnahmen im Vergnügungspark die Zeit zu vertreiben, oder auf den Southgate-Tennisplätzen, wo der örtliche Profi Jack Cunningham den Darsteller Granger trainierte und in

* Warner Brothers Pressemitteilung Nr. HO 9-1251, 30. November 1950, Warner Brothers Produktionsarchiv, Doheny Library, Universität von Südkalifornien, Los Angeles.

Szenen, die bei 36 Grad Hitze gedreht wurden, seinen Gegenspieler darstellte. Hitchcock ertrug die Mühsal, ohne sein Jakkett auszuziehen, obwohl jeder wußte, daß sein Gewicht die Arbeit unter diesen Umständen noch erschwerte. Er kümmerte sich nichtsdestoweniger weiterhin um die Inszenierung der kleinsten Einzelheiten und schien jetzt zwanghaft von der Arbeit besessen zu sein. Er suchte persönlich eine Orangenschale, ein Kaugummi-Papier, nasse Blätter und ein Stück zusammengeknülltes Papier aus, die als Abfall für den Rinnstein in einer Szene gebraucht wurden, in der sich Walker bemüht, ein verlorenes Feuerzeug wiederzufinden. Außerdem bestellte er Bettwäsche aus Satin, damit keine Stäubchen auf dem Smoking erschienen, den Walker in einer ungewöhnlichen Szene trug.

Mit gleicher Sorgfalt wurden auch die dramatischsten Augenblicke behandelt, über die sich Hitchcock mit seinem Kameramann in langen Besprechungen beriet. Robert Burks, der bei Warner für die Aufnahmen von Spezialeffekten zuständig gewesen war, begann bei *Der Fremde im Zug* die wichtigste Zusammenarbeit seiner Karriere: Von 1950 bis 1964 filmte er alle Spielfilme Alfred Hitchcocks (mit Ausnahme von *Psycho*). »Man hatte nie Ärger mit ihm, solange man etwas von seiner Arbeit verstand und sie ausführte«, erinnerte sich Burks. »Hitchcock besteht auf Perfektion. Mittelmäßigkeit am Drehort oder an einer Essenstafel machen ihn unwillig. Bei seiner Arbeit, beim Essen und seinen Weinen gab es keine Kompromisse.«

Die wohl bemerkenswerteste Sequenz in *Der Fremde im Zug* ist der Schlußkampf auf einem wild rotierenden Karussell, eine Szene, die Hitchcocks mathematisches, optisches und technisches Können enthüllt. Hitchcock beschrieb einmal die Schwierigkeiten.

Das war eine sehr komplizierte Sequenz. Für die Rückprojektions-Aufnahmen gab es eine Leinwand und dahinter einen gewaltigen Projektor, der ein Bild auf die Leinwand warf. Auf dem Boden des Studios gab es einen schmalen weißen Strich, genau auf einer Linie mit dem Objektiv des Projektors; das Objektiv der Kamera mußte genau auf dieser weißen Linie sein. Viele der Einstellungen des Karussells wurden aus einer niedrigen Kameraposition gefilmt. Deshalb können Sie sich unser Problem vorstellen. Der Projektor mußte auf ein hohes Podest gestellt werden und nach unten zeigen, und die Leinwand mußte genau im rechten Winkel zur Ebene des Objektivs stehen. Bei allen Einstellungen wurde fast ein halber Tag zur Einrichtung benötigt. Jedesmal, wenn sich der Winkel veränderte, mußten wir den Projektor anders hinstellen.

Der endgültige Effekt dieser Sequenz ist erschreckend aufregend. Wenn Walker und Granger kämpfen, dreht sich das Karussell mit halsbrecherischer Geschwindigkeit und wirft die beiden beinahe ab. Wenn das Karussell zusammenbricht, gibt es eine gewaltige Explosion, hört man Schreie, fliegen Körper und Maschinenteile durch die Luft. Um dies zu bewerkstelligen, filmte Hitchcock ein Spielzeug-Karussell, das von kleinen Ladungen Dynamit in die Luft gejagt wurde. Diesen Film ließ er vergrößern und auf eine riesige Leinwand projizieren, vor der er Darsteller so anordnete, daß sich der Eindruck einer großen Menge von Umstehenden ergibt, die in Gipspferde und Reiter geschleudert werden – ein tödliches Chaos. Es ist einer der Momente aus Hitchcocks Werk, der nach wie vor jedes Publikum nach Luft schnappen und Filmstudenten in Applaus ausbrechen läßt. Der bleibende Wert von *Der Fremde im Zug* liegt aber nicht in seinen technischen Errungenschaften, so bewundernswert sie sein mögen. Der Film ist schon zwanghaft kalkuliert konstruiert – so frostig und so hart wie *Young and Innocent* und *Die rote Lola* warm waren und wie *Berüchtigt* voller leidenschaftlicher Sehnsucht war; *Der Fremde im Zug* zeigt einen entschlossenen Künstler, der sich nach einer Reihe von Mißerfolgen im Beruf und in Beziehungen wieder etablieren will. Hitchcock hatte seinen Gefühlen über Familie und Frauen in *Im Schatten des Zweifels* und *Berüchtigt* Ausdruck verliehen; er hatte die Unberechenbarkeit sexueller Vereinigung, emotionaler Tyrannei und die Gefahren neurotischer Selbstverleugnung in *Cocktail für eine Leiche* und *Sklavin des Herzens* untersucht. Diesmal gab er eine tiefergehende innere Spaltung preis.

Die beherrschende Idee von *Im Schatten des Zweifels* war das Motiv der Doppelung, das einer inneren Spannung Ausdruck verlieh, die zu der Zeit gewachsen war, als Hitchcock von Familie und Heimat getrennt war. In *Der Fremde im Zug* wurden jetzt die tieferen Wurzeln dieser Spannung erforscht. Wie in dem früheren Film entspricht auch hier die Form der Botschaft: In schier endlosen Reihen angehäufte und eingeschnittene Doppelungen und Paare vermitteln das Thema. (»Ist es nicht ein faszinierendes Design?« pflegte Hitchcock stolz zu fragen. »Man könnte es ewig studieren.«)

Am Anfang gibt es zwei Paar Füße und zwei Paar Eisenbahnschienen, die sich zweimal kreuzen. Walker und Granger lernen sich kennen, als sich ihre Füße unter dem Tisch versehentlich berühren. Walker bestellt zwei doppelte Drinks. Später werden die Männer durch Parallelmontagen von Wörtern und Gesten zueinander in Beziehung gesetzt: Der eine fragt nach der Zeit, und der andere, der meilenweit entfernt ist, blickt auf seine Armbanduhr; der eine sagt verärgert: »Ich könnte sie erwürgen!«, und der andere macht in weiter Entfernung eine Geste, als ob er erstickt; und so weiter.

Es gibt zwei angesehene und einflußreiche Väter, zwei Frauen mit Brillen und zwei Frauen auf einer Party, die sich daran ergötzen, sich Möglichkeiten auszudenken, das perfekte Verbrechen zu begehen. Es gibt zwei Paar Detektive in zwei Städten, zwei kleine Jungen bei zwei Fahrten auf dem Rummelplatz, zwei alte Männer am Karussell, zwei Freunde in Begleitung der Frau, die kurz darauf ermordet wird – und zwei Hitchcocks im Film. Der Regisseur, der seine Kurzauftritte erst in der Mellon Library oder als Reisender im Zug machen wollte, entschloß sich schließlich dazu, gemeinsam mit einem Double seiner eigenen mächtigen Gestalt aufzutreten – mit einem Kontrabaß.

All diese Doppelungen – für die es in der Romanvorlage keine Entsprechung gibt – wurden von Hitchcock ganz absichtlich hinzugefügt, und sie sind das Schlüsselelement der Struktur des Films. (In dieser Hinsicht gab er auch dem Aspekt der Homosexualität eine größere Bedeutung, indem er ihn dem Thema der zwei Aspekte einer einzelnen Persönlichkeit unterwarf.) Walker ist Grangers ›Schatten‹, der in Gang setzt, was Granger will, der die dunkleren Seiten der latent mörderischen Begierden Grangers ans Licht holt.

Während die beiden Charlies in *Im Schatten des Zweifels* zwei moralische Positionen innerhalb einer Familie markierten, versetzt *Der Fremde im Zug* darüber hinaus diese doppelten Positionen in voneinander getrennt soziale und politische Arenen, die Hitchcock überlappen läßt. Walker bewohnt die Welt der Dunkelheit, gezeichnet von den Schatten, die sein Gesicht durchkreuzen, von der schaurigen Düsternis seines Anwesens in Arlington, und seinem Boot – *Pluto* –, das er für den Mord benutzt und das ihn in Verbindung bringt mit dem Gott und dem Ort der Toten; er ist das Gegenstück zu Granger, der in der Welt des

Lichts lebt, der hellen Tennisplätze, der hellen Kleidung und der stilvollen Dinner-Parties in Washington. Und Walker wird in einer visuell verblüffenden Aufnahme als bösartiger Beschmutzer der Reinheit des aus weißem Marmor gebauten Jefferson Memorial gezeigt, als Schandfleck auf der Ordnung der Dinge.

Die Serien von Doppelungen, die Hitchcock seinen Autorinnen Czenzi Ormonde und Barbara Keon während der letzten Tage der Drehbuchvorbereitung in rapider Folge und mit beseeltem Einfallsreichtum diktierte, dienen endgültig dazu, die Welt des Lichts, der Ordnung und der Lebensfreude mit der Welt der Dunkelheit, des Chaos, des Wahnsinns und des Todes in Verbindung zu bringen. Für Hitchcock schlossen sich diese beiden Welten nicht gegenseitig aus, wie ihm seine eigenen Erinnerungen und Begierden täglich klarmachten. So großzügig er zu seiner Tochter sein konnte, die er während ihrer Studien in London ermutigt und unterstützt hatte, so konnte er aber auch kalt ihre Gefühle und Ängste mißachten. So sehr er auch Alma ergeben war und so sklavisch er von ihrer Einschätzung seiner Arbeit abhängig war, so konnte er sie doch wochenlang ignorieren und einer romantischen Fixierung auf eine Schauspielerin verfallen. So sehr er sich auch nach menschlichem Kontakt und nach Begleitung sehnte, so besaß er doch nie die Gabe, viele Kontakte aufrechtzuerhalten, war er nie in der Lage, die Verantwortung für eine Freundschaft aufzubringen. Er war fasziniert von konventionellen und unkonventionellen Sex-Techniken; wie ein Kind vor einem dunklen Wald schreckte er zurück vor körperlicher und gefühlsmäßiger Intimität; statt dessen zog er sich zurück in eine private Welt der Fantasien, die in seinen Filmen zum Vorschein kamen und manchmal auch in unanständigen Gesprächen. Dieses extreme Verhalten – die Befreiung anarchischer Impulse bei gleichzeitiger Bewahrung des stereotypen Images öffentlicher Ehrbarkeit – charakterisiert seinen eigenen Seelenzustand genauso wie Walker und Granger im Film.

Im Roman der Highsmith gibt es kein Panorama der Ordnung, der Politik und der gesellschaftlichen Konventionen Washingtons; der Rummelplatz, der im Buch bloß ein melodramatischer Schauplatz für den Mord ist, wird im Film zum wichtigsten Symbol gegensätzlicher Bereiche. Aus Jonsons *Bartholomew Fair*, aus Thackerays *Vanity Fair*, aus Bunyans *Pilgrim's Progress*, aus Goethes *Faust* und aus dem Film *Das Kabinett des Dr. Caligari* entnahm Hitchcock die Tradition des Rummelplatzes als des Ortes, an dem die wahnsinnigen Aspekte des Lebens konzentriert sind und Ausdruck finden, an dem alle dionysischen Ausschweifungen und jahrelangen Hemmungen freigesetzt werden. Das ist der Ort – wie er milder in *The Ring, Murder* und *Die rote Lola* erschien –, an dem unterschwellige Absurdität genossen wird, an dem sich Walker in eine mörderische Unterwelt begibt und dämonische Kräfte entfesselt. Am Schluß ist der Rummelplatz der Ort, an dem der Kreis des Irrsinns durchbrochen wird, an dem das sich drehende Karussell zerstört wird, so daß die Normalität wieder einkehren möge. Walkers Anwesenheit hat die Planetenbahn außer Kontrolle gebracht; die Ordnung muß wiederhergestellt werden.*

Das Thema der Doppelung stand Hitchcock aus der literarischen Tradition zur Verfügung, mit der er vertraut war. Aus E. T. A. Hoffmanns erstem Roman *Die Elixiere des Teufels* und aus seinen Erzählungen in der Sammlung *Nachtstücke* hatte er den Kunstgriff des Doppelgängers entnommen. ›Ich stelle mir mein Ich vor‹, schrieb Hoffmann, ›wie durch eine Linse betrachtet: All die Gestalten, die sich um mich herum bewegen, sind meine Ichs; und was immer sie tun oder ungetan lassen, ängstigt mich.‹ Diese Aussage ist im Prinzip das Motto von *Der Fremde im Zug*.

Aus Heinrich Heines *William Ratcliff*, den er mehrmals während seiner Jahre bei Selznick gelesen hatte, kannte Hitchcock den dramatischen Nutzen, zwei Personen zu beschreiben, die durch Schicksal, Liebe und mörderische Triebe zueinander getrieben werden. Aus *William Wilson* von Edgar Allan Poe hatte er dasselbe Motiv genommen, ebenso aus Dostojewskis Erzählung *Der Doppelgänger.* Stevensons *Der seltsame Fall von Dr. Jekyll und Mr. Hyde* kannte er bestens, nicht zu erwähnen H. G. Wells' *Love and Mrs. Lewisham,* Kiplings *At the End of the Passage* und Wildes *Das Bildnis des Dorian Gray.* Guy de Maupassant hatte seine eigenes seelisches Dilemma sehr offfen in einigen seiner Werke behandelt, und es gab zahlreiche Beispiele in den Erzählungen von Hans Christian Andersen und Alfred de Musset.

Bei den romantischen und viktorianischen Vorfahren spie-

* Sowohl der Mörder als auch sein Opfer werden mit zerbrochenen Kreisen in Verbindung gebracht – zerplatzten Ballons, wild sich drehenden Karussells, zersplitterten Brillengläsern und bitteren Kämpfen in einem Schallplattenladen – Bilder aufgelöster Ordnung und zerstörter Harmonie.

gelte die Doppelung immer einen starken inneren Konflikt wider, einen Konflikt zwischen Angst, sich nicht einzulassen, auf der Stelle zu treten, zu sterben – ein Konflikt zwischen dem Verlangen nach Ganzheit und der Gefahr der Auflösung. Weil Hitchcock mit diesen Quellen vertraut war, konnte er den Doppelgänger – in *Im Schatten des Zweifels* und *Der Fremde im Zug*, wie später in *Psycho* und *Frenzy* – zum Boten des Todes machen. Er benötigte keine psychologische Schulung, um sich dieser verbreiteten kreativen Strömung und der dazugehörigen Bilderwelt bewußt zu sein: Sie gehörte zu den wenigen wiederkehrenden Motiven der Kunst und Literatur seiner Zeit, und das Kino, *sein* Kino, schlug unweigerlich aus den Formen und Mustern dieses Kunstgriffs Kapital.

Hitchcock und die erwähnten Künstler waren verwandte Geister. Viele von ihnen besaßen dieselben charakteristischen Züge und Leiden: Zwanghaftigkeit, Unbeständigkeit, den Komplex, abwechselnd in Essen und Alkohol zu schwelgen und dann beides wieder zu meiden, eine wüste romantische Fantasie, Angst vor Wahnsinn, ein Gespür für die Größe, eine unerklärbare Angst vor plötzlichem Tod, Hypochondrie und Klaustrophobie (die im Falle Poes die extreme Form der ständigen Angst annahm, lebendig begraben zu werden). Eine Tendenz, alleine vor sich hin zu brüten, und ein Horror vor Unfällen und dem Chaos kennzeichnete all diese Männer und ihre erfundenen Helden – und von Poe über Stevenson bis Hitchcock gab es eine weitere Verbindung: die vom Tod ausgehende Faszination als eine fast magische Methode, ihm zu entrinnen. Die Literatur, die Hitchcock las, verschmolz so in *Der Fremde im Zug* mit den Ängsten, Eigenarten und Dämonen seiner eigenen Seele – mit jenen Elementen, die er im wirklichen Leben nicht artikulierte, aber doch verschwommen wahrnahm, die in seinen Filmen Ausdruck fanden und gelegentlich freigesetzt wurden in grausamen Scherzen, zügellosen skatologischen Kommentaren und am heftigsten im systematischen Rückzug aus allen Formen menschlicher Anteilnahme, nach der er sich so sehnte.

Sein ganzes künstlerisches Können trifft in einem einzelnen Augenblick des Films zusammen, in der einen Einstellung, die Hitchcocks größte Sorgfalt und Originalität beweist: der Mordszene. Robert Walker, der Laura Elliott bis auf die Insel des Vergnügungsparks verfolgt hat, während sie direkt in die Kamera blickt, wird plötzlich verdeckt, als Walker ins Bild tritt und seine

Hand nach ihrer Kehle greift. Ihre Brille fällt zu Boden, und dann, in einem völlig unerwarteten, ästhetisch aber völlig gerechtfertigten Augenblick des Films, beobachtet die Kamera das Erdrosseln und den schließlichen Zusammenbruch der Frau als riesige Reflexion in einem der Brillengläser, und die schattenhafte Verzerrung betont sofort das Grausame und Infernalische dieses Moments, der einem furchtbaren Alptraum entrissen scheint.

Um diese bestürzende halluzinatorische Wirkung zu erzielen, überwachte Hitchcock die Konstruktion einer riesigen, verzerrenden Linse und filmte dann die Reflexion der Darsteller in einem 90-Grad-Winkel. Wie spätere Hitchcock-Sequenzen, etwa der Mord unter der Dusche in *Psycho*, der letzte Angriff der Vögel in *Die Vögel*, der Zusammenbruch der sterbenden kubanischen Frau in *Topas* und die Vergewaltigung-Erdrosselung in *Frenzy*, lassen diesen kurzen Augenblick, die außerordentliche Sorgfalt, mit der Hitchcock ihn plante und filmte, und die fremdartige visuelle Wirkung, die er hervorrief, François Truffauts Beobachtung gerechtfertigt erscheinen, Hitchcock filme Mordszenen, als seien es Liebesszenen, und Liebesszenen, als seien es Mordszenen. In der seltsam ansprechenden visuellen Originalität vereinigen sich das Absurde und das Schöne aufs engste – eine Verschmelzung, die in der ästhetischen Theorie von Baudelaire, Joyce, Cocteau und anderen verherrlicht wurde. Die Ästhetisierung des Schreckens macht es dem Publikum irgendwie möglich, seine Realität besser zu begreifen; anstatt sich von Hitchcocks Bildern angewidert abzuwenden, schaut der Betrachter hin und ist so gezwungen, Gefühle, Reaktionen und moralische Urteile über die Geschehnisse abzuwägen.

Es kann kein Zweifel darüber bestehen, daß für Alfred Hitchcock eine besondere Faszination darin lag, die abscheulichste menschliche Tat auf unvergeßliche und visuell packende Art zu planen und zu filmen, das Publikum gar mit der fast fanatischen Natur des Mordaktes zu beeindrucken. Es ist aber auch wahr (und nirgends wahrer als in dieser speziellen Mordszene und in der Partyszene, in der Walker den Vorteil des stillen Erdrosselns als einer perfekten Tötungsart demonstriert), daß Hitchcock im eigentlichen Akt des Mordes etwas Schönes, etwas Angenehmes sah – etwas aus einem Wunschtraum und gleichzeitig aus einem Alptraum.

Während seines ganzen Lebens war Hitchcock besonders gefesselt vom Akt des Strangulierens, und von den frühen Tagen bis zum Ende seines Lebens zeigte sich diese Faszination ernsthaft in seinen Filmen und scherzhaft in seinem Leben Der Akt des Mordes durch Erdrosseln wird beschrieben oder angedeutet in *The Lodger, Secret Agent, Im Schatten des Zweifels, Berüchtigt, Die rote Lola,* der zweiten Version von *Der Mann, der zuviel wußte, Vertigo – Aus dem Reich der Toten* und *Der unsichtbare Dritte.* Er wird ausführlich gezeigt in *Eine Dame verschwindet, Riff-Piraten, Cocktail für eine Leiche, Bei Anruf Mord, Das Fenster zum Hof, Der zerrissene Vorhang* und *Frenzy.* In *Der Fremde im Zug* kündigt Hitchcock das Motiv am Anfang an: durch Walkers Krawatte – Hitchcock selbst entwarf die zupackenden Hummer-Scheren; und für die Anzeigen hatte er sich fotografieren lassen, wie er den Buchstaben L und das Wort STRANG(L)ER einfügt (›stranger‹: der Fremde, ›strangler‹: der Würger; Anm. d. Ü.). Er ergötzte sich daran, bei gesellschaftlichen Anlässen Freunden zu zeigen, ›wie man eine Frau mit nur einer Hand erdrosselt‹, und er liebte es, als Würger zu posieren (wie die Fotografien in diesem Buch zeigen). Eine berühmte Fotoserie von Philippe Halsman zeigt Hitchcock, der verschiedene Dinge mit einer Büste seiner Tochter veranstaltet. Die letzte Geste: Er würgt sie.

Nachdem die meisten Aufnahmen zu *Der Fremde im Zug* bis Weihnachten 1950 gefilmt waren, fuhren Hitchcock und Alma zum Urlaub nach Santa Cruz, wo er den Verkauf seiner ersten Traubenernte abschloß. Am 5. März des nächsten Jahres fand die Vorpremiere im Huntington-Park-Theater statt; zu Hitchcocks Begleitung gehörten Alma, Jack Warner, Whitfield Cook und Barbara Keon. Raymond Chandler und Czenzi Ormonde schickten nichtssagende Briefe, in denen sie ihr Bedauern ausdrückten, anderweitige Verpflichtungen würden sie von der Teilnahme abhalten. Niemand war überraschter als sie, als die Screen Directors Guild dem Film einen Preis zuerkannte.

Gegen Ende März fuhren Alma und Pat von New York per Schiff zu einer zweimonatigen Reise durch Europa.* Hitchcock, der mit der Aufnahme des Films durch das Publikum und das Studio zufrieden war, wollte sich sofort mit einer neuen Ge-

* Die Reise folgte Pats letztem Anlauf zu einer Broadway-Karriere – in dem im Februar 1951 nur kurz gespieltem Stück *The High Ground.*

schichte beschäftigen; erst am 18. Mai stieß er zu seiner Familie, die gerade in Rom angekommen war. Von dort fuhren sie mit dem Auto durch Deutschland, Holland, Norwegen und Schweden, ehe sie am 12. Juni mit dem Schiff nach New York zurückkehrten. Von diesem ungewöhnlich langen und privaten Familienurlaub wurde nur bekannt, daß Hitchcock viel las und vergeblich versuchte, eine literarische Vorlage für einen neuen Film zu finden, und daß Pat während der Überquerung des Atlantik einen jungen amerikanischen Geschäftsmann traf, den sie schließlich heiraten würde.

Die Starttermine für *Der Fremde im Zug* in einem Dutzend amerikanischer Großstädte waren auf die Zeit von Ende Juni bis Anfang Juli festgesetzt worden; um die Werbetrommel zu rühren, flog Hitchcock überall hin. Gutgelaunt wie immer unterwarf sich auch Pat einer anstrengenden Pressekampagne für den Film; am 3. Juli vertrat sie ihren Vater bei der New Yorker Premiere, mit der das alte ›Strand‹ als neu eingerichtetes Warner-Kino wiedereröffnet wurde.

Inzwischen erreichten Publikumsreaktionen Jack Warners Büro. In Massachusetts, Wisconsin, Ohio, Maryland und Michigan wandten sich gesellschaftliche und kirchliche Vereine sowie eine Reihe von Einzelpersonen gegen die ausführliche Mordszene und die angedeuteten sexuellen Abweichungen; andererseits wurde Warner von günstigen Berichten aus Oregon, Kansas, Illinois, Virginia und Kanada beruhigt. Die Einnahmen an der Kinokasse aber erzählten bald die wahre Geschichte: *Der Fremde im Zug* war ein Erfolg, und Hitchcock wurde zum Meister des dunklen, melodramatischen Suspense-Thrillers erklärt. Gegen Ende des Jahres hatte CBS eine Radioversion mit Ruth Roman, Ray Milland und Frank Lovejoy gesendet: Das wurde ein solcher Erfolg, daß das Stück noch einmal ausgestrahlt wurde – drei Jahre später mit Dana Andrews, Robert Cummings und Virginia Mayo.

Mit der Einführung technischer Tricks in eine Geschichte über pathologisches Verhalten hatte Hitchcock offenbar die tiefsten kreativen und persönlichen Quellen ausgelotet, die er seit *Berüchtigt* angezapft hatte. Im Augenblick jedoch fand sich Hitchcock einmal mehr gestrandet, ohne daß ein Projekt zu schreiben oder zu produzieren gewesen wäre. Der Familienurlaub hatte nur wenig dazu beigetragen, seine wachsende Besorgnis zu mildern, er werde unfähig sein, seinen neuen Erfolg fortzusetzen. Zum ersten Male enthüllte er der Presse seine Probleme bei der Suche nach einer dramatischen Geschichte.

»Wo findet man heutzutage Filmgeschichten, die besser sind als die Schlagzeilen?« fragte er im Juli. »Regierungsbeamte werden zu Gaunern, Flugzeuge fliegen doppelte Schallgeschwindigkeit, die Welt wartet ständig auf die Nachricht, wann ein Krieg aufhört, Diplomaten verschwinden. Wie kann man das mit Spannung und Drama übertreffen? Ich dachte, ich könnte dem ein Ende machen durch einen Film mit dem Titel *Mutter, bist zu eine Spionin?* Oder ich lasse vielleicht den König von England im Buckingham Palace eine kommunistische Zelle gründen.« Dann erzählte er eine Idee, die erst nach fast einem Jahrzehnt Überlegung die Inspiration zu einem seiner berühmtesten Filme liefern würde. Er beschrieb eine Szene, in der Leute einander quer über die Gesichter des Mount Rushmore verfolgten: »Ich möchte eine Szene drehen, in der ein Mann an Lincolns Augenbraue hängt. Mehr weiß ich von dem Film noch nicht.«

Einige Wochen lang sah es so aus, als würde Hitchcock *Lohn der Angst* inszenieren, die Geschichte einer Gruppe von Männern bei einem Transport hochexplosiver Sprengstoffe. Die Verhandlungen mit dem Autor und dem Verleger scheiterten aber an der Schwerfälligkeit der Pariser Bürokratie, und die Geschichte wurde an den Regisseur Henri-Georges Clouzot verkauft.

Im Herbst und Winter 1951 herrschte in Hitchcocks Leben eine fast gespenstische Ruhe. Alma und er verschwanden fast völlig von der gesellschaftlichen Bildfläche; viele ihrer gelegentlichen Dinnergäste nahmen irrtümlich an, sie würden wieder reisen oder hätten sich ganz nach Santa Cruz zurückgezogen. Hitchcock aber war in der Bellagio Road – in stummer Panik. Er las Romane, Biografien und Theaterstücke, aber es gefiel ihm nichts, und ihm kam auch keine Originalgeschichte in den Sinn.

Pat sorgte für die einzige Ablenkung. Während ihrer Ferien in Europa hatte sie einen Geschäftsmann aus New England getroffen, der ihr dann den Hof gemacht hatte; im September gab die *New York Times* die Verlobung von Patricia Hitchcock mit Joseph E. O'Connell bekannt. Der Großneffe des verstorbenen Kardinals und Erzbischofs von Boston war zu dieser Zeit Prokurist der Thomas Dalby Corp. in Watertown, Massachusetts. Sie heirateten im Januar 1952 in der Saint Patrick's Cathedral in New York.

»Alma und ich waren in gewisser Weise erleichtert, als unsere Tochter zu dem Schluß kam, ihre kreative Kraft nur darauf zu verwenden, Mutter von Kindern mit klebrigen Fingern zu sein«, sagte Hitchcock später in bezug auf Pats Heirat und ihre Theaterkarriere. (Am 17. April 1953 wurde Mary O'Connell, Hitchcocks erste Enkelin, geboren; Teresa folgte am 2. Juli 1954 und Kathleen am 27. Februar 1959.) Er war nicht der erste Vater, der glaubte – ziemlich zu Unrecht in diesem Fall –, seine Tochter habe unter ihrem Stand geheiratet. Seine Versuche, den Schwiegersohn in die Filmindustrie zu locken, wurden ohne Begeisterung aufgenommen; Pats neues und unabhängiges Leben fand in angestrengter Distanz statt, was ihres Vaters Haltung zu ihr entsprach. Alma jedoch blieb ihrer Tochter eine loyale Freundin.

Zur selben Zeit brauchte Hitchcock Almas Unterstützung und Aufmerksamkeit mehr denn je zuvor, da Jack Warner bemüht war, seine Option auf Hitchcocks nächsten Film wahrzunehmen. Am 2. Januar 1949 hatten Hitchcock und Warner einen Vertrag unterzeichnet, der Hitchcock verpflichtete, für eine Gage von 999000 Dollar in den nächsten sechseinhalb Jahren vier Filme zu produzieren und inszenieren.* Eine großzügige Klausel gestattete es Hitchcock, zwischen seinen Warner-Filmen auch Produktionen für andere Studios zu drehen; sicher aufgrund dieser ungewöhnlichen Vereinbarung (auf die Hitchcock nie zurückgriff) und aufgrund der untypischen Geduld Jack Warners bei der Unentschiedenheit seines Regisseurs machte Hitchcock in einem Brief am 7. Februar 1952 das Angebot, nach Auslaufen des Vertrags einen zusätzlichen Film ohne Bezahlung zu inszenieren. (Dieses Versprechen erfüllte er, als er während seiner Verbindung mit Paramount zurückkehrte, um 1956 *Der falsche Mann* zu inszenieren.)

Nach der Aufregung mit Pats Hochzeit und ihrem eigenen silbernen Hochzeitstag war Alma schließlich im Februar 1952 in der Lage, dem Problem der beruflichen Untätigkeit ihres Ehemannes volle Aufmerksamkeit zu widmen; in der Tat freute sie sich darauf, wieder mehr beteiligt zu sein, denn außer bei *Der Fall Paradin* und *Die rote Lola* waren ihre Beiträge im letzten Jahrzehnt unbedeutend geblieben. In Hollywood zirkulierten dar-

---

* Die Filme waren *Die rote Lola, Der Fremde im Zug, Zum Schweigen verurteilt* und *Bei Anruf Mord.*

über Gerüchte, und schon bald machte David Selznick – der sich selber in einem Zustand peinigender Untätigkeit befand – Hitchcock schriftlich den Vorschlag, zusammen einen Film mit Jennifer Jones zu machen, die jetzt seine Frau war (vielleicht handelte es sich um *Murders in the Rue Morgue*). Hitchcock war offenbar so angewidert von der Idee, sich dahin zurückzubewegen, was er als Selznicks Knechtschaft in Erinnerung hatte, daß er trotz seiner verzweifelten Situation nicht einmal antwortete. Wie aufs Stichwort fand Alma kurz danach die rettende Idee.

1902 hatte Paul Anthelme (unter dem Pseudonym Paul Bourde) das Stück *Nos Deux Consciences* geschrieben. 1947 erbte ein Neffe des Schriftstellers die Rechte und verkaufte sie dem Autor und Agenten Louis Verneuil; gegen ein Honorar von 15000 Dollar entwarf er ein hundertseitiges Treatment, schrieb dann ein erstes Drehbuch und übergab diese Manuskripte mit allen Rechten Hitchcock und den Transatlantic Pictures. Als Transatlantic aufgelöst wurde, waren die Rechte an Jack Warner verkauft worden unter der Vereinbarung, daß Hitchcock gelegentlich versuchen würde, nach dem 1948 von ihm und Alma geschriebenen Treatment einen Film zu machen. Seitdem waren Hitchcock drei weitere Entwürfe (von William Rose, Leslie Storm und Paul Vincent Carroll) vorgelegt worden; die Autoren hatten das Projekt aufgegeben, als Hitchcocks Firma zumachte.

Sofort grub Alma die früheren Entwürfe und die Notizen von ihren Gesprächen mit Hitchcock aus und gab zu verstehen, die Zeit sei jetzt reif für sie, das Projekt erneut ernsthaft in Angriff zu nehmen. Anfangs dachte er, dies sei pure Verzweiflung, aber dann las er die Entwürfe, und seine Niedergeschlagenheit verschwand. Seine erneute Begeisterung ist nicht schwer zu verstehen. Hitchcock, der in der Tradition des römischen Katholizismus erzogen worden war, war fasziniert von der Prämisse der Handlung: daß ein Priester die Identität eines Mörders nicht preisgeben kann, der ihm sein Verbrechen unter dem Beichtgeheimnis anvertraut hatte, und daß dieses Gesetz der Verschwiegenheit sogar befolgt werden muß, als der Priester schließlich selbst des Verbrechens angeklagt wird.

Hitchcocks Motivierung stammte aber nicht nur aus einem kulturellen Interesse – es gab auch ein persönliches. In *Der Fremde im Zug* hatte er sich heftig mit der Allgegenwart von Schuld beschäftigt, indem er ihre Übertragung von einer Figur auf eine andere untersuchte. In dem Film, der später *Zum*

Schweigen verurteilt betitelt werden sollte, war er jetzt dazu bereit, sich eingehender mit diesem auf einer breiteren Basis beruhenden Gefühl auseinanderzusetzen. *Der Fremde im Zug* hatte bereits einen entscheidenden Gesichtspunkt berührt, der tief in seiner viktorianisch-katholischen Weltsicht verwurzelt war: das Bedürfnis zur Beichte. Als Schuljunge war Hitchcock jede Woche in den Beichtstuhl marschiert, wenn die englischen Jesuiten ihn und seine Mitschüler an ihre Sündhaftigkeit und ihr Bedürfnis nach Buße und Absolution erinnerten. Der Trieb, jemandem die Schuld zu bekennen, hatte schon öfter an den gefühlsmäßigen Höhepunkten der Filme Hitchcocks eine Rolle gespielt – in *Mord,* wo Herbert Marshall Laraine Day um Vergebung bittet, und besonders in *Sklavin des Herzens,* wo Ingrid Bergman ein zehnminütiges Geständnis an Michael Wilding richtet. Darüber hinaus ist *Zum Schweigen verurteilt* Hitchcocks Zeugnis der 25 Jahre mit seiner Frau, und kein anderer Film beschäftigt sich wohl so offen mit ihrem Platz in seinem Leben.

Sobald sie das Treatment überarbeitet hatten, nahm Hitchcock Alma im Februar mit zur Motivsuche nach Quebec, wo die Geschichte gefilmt werden sollte – eine Stadt, die reich war an Traditionen des französischen Katholizismus und in der man religiöse Kunst, Priestergewänder und Bildnisse des gekreuzigten Christus im Überfluß fand. Sie gingen aber nicht sofort dort hin. Nach ihrem Flug nach New York mieteten sie einen Wagen, um Samson Raphaelson und seine Frau Dorshka auf ihrer Farm in Pennsylvania zu besuchen. Sie kamen mitten in einem Schneesturm am Nachmittag des 22. Februar an, und nach einem schwer zu bewerkstelligenden Fußmarsch über einen vereisten Weg wurden sie von ihrem früheren Kollegen begrüßt.

Dorshka Raphaelson hatte das Haus mit Forsythien geschmückt, die sie zum Blühen gebracht hatte, ihr Mann kümmerte sich um ein knisterndes Kaminfeuer, und aus der Küche wehte der Duft gegrillter Lammkoteletts (die bekannt waren als eines der Lieblingsgerichte Hitchcocks). Es gab Wein und Wärme und Erinnerungen an die Zusammenarbeit bei *Verdacht* ein Jahrzehnt zuvor. Schließlich faßte Hitchcock die Geschichte seines neuen Films zusammen und fragte seinen Gastgeber, ob er das Drehbuch zu *Zum Schweigen verurteilt* schreiben wolle. Raphaelson aber mochte das Material nicht besonders und antwortete höflich, er sei für die nächsten Monate andere Verpflichtungen eingegangen.

Bis Anfang März hatten sich die Hitchcocks jeden Stadtteil von Quebec angesehen und eine Liste der Stellen angefertigt, die sie für die fotogensten hielten: das luxuriöse Hotel Château Frontenac; das Parlaments- und Justizgebäude; die Lévis-Fähre, die Docks in Wolfe's Cove; die engen, steilen Straßen der Altstadt und verschiedene Kirchen, darunter Saint Jean-Baptiste und Saint Zéphyrin.

Sie brauchten aber noch immer einen Autor; auf Almas Vorschlag hin fuhren sie nach New York, wo sie William Archibald trafen, dessen Bühnenversion von Henry James' *The Turn of the Screw* 1950 ein Erfolg gewesen war. Archibald stimmte sofort einer Zusammenarbeit zu. Da es sich bei dem Gegenspieler in der Geschichte um einen deutschen Flüchtling handelte, einen furchtsamen Küster, der den Mord begeht, als er beim Stehlen ertappt wird, suchte Hitchcock jemanden, der die besonderen Ängste und sprachlichen Eigenarten der Figur handhaben konnte. Nachdem er George Taboris neues Stück *Flight to Egypt* – über den schlimmen Zustand der europäischen Flüchtlinge – gesehen hatte, holte er den Dramatiker nach Los Angeles und ließ Tabori die Dialoge überarbeiten, nachdem Ende April Archibalds Entwurf angekommen war. Zu diesem Zeitpunkt war das Originalstück (ohnehin durch verschiedenen Treatments stark verändert) praktisch nicht mehr wiederzuerkennen.

Es gab mehr Schwierigkeiten, als man vorhergesehen hatte. Die Hauptfigur – ein Mann, dessen Erfahrungen im Krieg ihn veranlassen, seine weltliche Romanze mit einem feurigen Mädchen mit der göttliche Romanze im Priesterrock zu vertauschen – war nicht besonders lebhaft angelegt; Hitchcock befürchtete, der Priester könnte leicht hölzern und märtyrerhaft bleiben, falls man nicht einen Schauspieler fände, der Sympathien hervorrufe. Im Mai und Juni besprachen Hitchcock und Barbara Keon die Besetzung und die Szenenaufteilung, während Alma Listen für die Ausstattung der Produktion erstellte. Jeden Abend hörte sie zu, wie Hitchcock ausführliche Zusammenfassungen der Sequenzen vorlas, die er am Tage bearbeitet hatte.

Wie sie darauf reagiert haben mag, kann man nicht wissen, denn die Privatsphäre der Hitchcocks war so heilig wie die Beichte, mit der die Geschichte des Films begann. Es tauchte aber, was Almas Aufmerksamkeit nicht entgehen konnte, eine Nebenhandlung auf, die weitaus gespenstischer und schuldbeladener war als die Haupthandlung. *Zum Schweigen verurteilt* war nach wie vor die Geschichte des ausländischen Küsters, der einen Mann tötet und seine Sünde seiner Frau und dem Priester beichtet, der ihn angestellt hat. Doch nach typischer Hitchcock-Manier umfaßt die eingestandene Schuld ein weiteres Feld, denn der ermordete Mann erpreßte die frühere (und jetzt verheiratete) Freundin des Priesters.

Mit Erfolg hat der Küster für einen anderen getötet, und die zahlreichen Geständnisse des Films – Geständnisse der Schuld, der Liebe, einstigen Schweigens und unterdrückter Leidenschaften – sind um diese zentrale Figur herum gruppiert. Wie Hitchcock ist der furchtsame, verschlossene Flüchtling ein Mann, der heimgesucht wird von seiner Vertreibung, von seiner Schuld, Vertrauen mißbraucht zu haben, von den Gewissensbissen über die Qualen, die er seiner Frau bereitet hat – die bezeichnend und dreist *Alma* heißt. (Im Stück und in allen früheren Fassungen des Drehbuchs wird sie Madame Bressaude genannt.)

»Ich wollte beten«, klagt der Küster dem Priester mit seinen ersten, von Hitchcock selbst geschriebenen Worten, »aber niemand kann mir helfen. Ich habe Ihre Freundlichkeit mißbraucht. Sie haben meiner Frau und mir ein Heim gegeben, eine Stelle, sogar Ihre Freundschaft... Das ist eine wunderbare Sache für einen Flüchtling, für einen Mann ohne Heimat... Sie haben mir vertraut... Ich muß es Ihnen beichten, ich muß es jemandem erzählen. Ich möchte ein Geständnis machen.«

Daß sich Hitchcock mit dieser Figur identifiziert, wird später klarer, wenn die Angst, von der Polizei gefaßt zu werden, den Küster dazu treibt, seine Frau umzubringen. »Ich habe an die Polizei gedacht. Ich habe immer Angst vor der Polizei... Wo ist meine Alma? Ich habe sie geliebt. Ich mußte weinen, wenn ich sah, wie hart sie arbeitete.« In fast identischen Worten sprach Hitchcock Jahre später von der Hilfe, die ihm Alma sein ganzes Leben lang war – und zu keiner Zeit so loyal und wichtig wie 1952.

Anfang Juli war Montgomery Clift von Hitchcock für die Rolle des Priesters verpflichtet worden. Obwohl talentiert, gutaussehend und einer der populärsten Filmschauspieler seiner Zeit, war Clift gleichzeitig ein unglücklicher und gequälter Mensch, launisch und neurotisch, abhängig vom Alkohol und seiner Schauspiellehrerin Mira Rostova. »Es gab einige Schauspieler, bei denen ich mich unwohl fühlte«, erinnerte sich Hitchcock,

»und mit Montgomery Clift zu arbeiten war schwierig, weil er ein ›Method‹-Schauspieler und ein Neurotiker war.«

Am 24. Juli gesellte sich Clift in Jack Warners Büro zu Hitchcock, um die Hauptdarstellerin zu treffen. Anita Björk war gerade von Kritikern in Europa und Amerika für ihre Darstellung in Alf Sjöbergs Filmfassung von *Fräulein Julie* gefeiert worden. Sie kam aber mit einem unehelichen Kind und ihrem Liebhaber nach Hollywood; Jack Warner, der sich noch gut an die verärgerte Reaktion der Öffentlichkeit auf Ingrid Bergmans Privatleben erinnerte, bestand darauf, die Schauspielerin sofort wieder zu entlassen. Zwei Wochen vor dem Beginn der Dreharbeiten vor Ort in Quebec mußten sie einen anderen verfügbaren Star als Ersatz finden. Hitchcocks Wahl fiel auf eine damals ebenfalls bekannte Schauspielerin – eine Blondine, bei der er zuversichtlich war –, Anne Baxter.

Die Enkelin von Frank Lloyd Wright war privat erzogen worden, im Alter von 13 Jahren am Broadway aufgetreten und mit 16 für die Hauptrolle in *Rebekka* in Betracht gezogen worden. »1939 war ich altklug, aber nicht klug«, erinnerte sie sich. Hitchcock hatte sie sehr freundlich behandelt, und sie waren sich seitdem oft bei gesellschaftlichen Anlässen begegnet. Sie war nicht nur eine ›Oscar‹-Preisträgerin des Jahres 1946 und 1950 für *Alles über Eva* noch einmal nominiert worden, sie war auch Mrs. John Hodiak, und die Hitchcocks luden das Ehepaar in den Jahren nach *Lifeboat* oft zum Essen ein.

Als Anne Baxter zu den Masken- und Kostümtests für *Zum Schweigen verurteilt* kam, war ›Hitchcock sehr ruhig, die Hände immer gefaltet, aber er schaffte sich eine Menge Respekt nur aufgrund seiner hypnotischen Augen. Er hielt sich meistens sehr still, konnte sich dann aber mit plötzlicher Schnelligkeit bewegen – das war, als ob ein Blitz sich in der Gestalt eines Buddhas verborgen hätte. Da war etwas erschreckend Zweiseitiges an ihm, und er tat alles, um zu vermeiden, daß Leute heftig auf ihn reagierten.‹ Bei den Dreharbeiten fand sie später heraus, daß es ihm nicht so sehr darum ging, daß die *Darsteller* spielten – er wollte, daß die *Kamera* agierte.

Zunächst aber ordnete er an, daß Anne Baxters blondes Haar noch blonder gefärbt werden sollte. »Er war sehr wählerisch in bezug auf Kostüme und Frisuren. Ich fand mich nicht hübsch genug. Ich dachte, er wolle für seine Filme hübschere Frauen als mich haben. Er erinnerte sehr an Pygmalion, und er war stolz darauf, wie er Schauspielerinnen veränderte. Als ich ankam, ging alles so schnell, daß man keine neuen Kostüme für mich entwerfen konnte; man änderte Anita Björks Garderobe. Natürlich war ich etwas gereizt wegen der Hast, doch er sagte einfach: ›Anne, es ist nur ein Film!‹« Sie erinnerte sich, daß sie seiner Meinung war, daß aber auch Gefühle und Karriere auf dem Spiel standen.

Am 21. August wurde die erste Szene in Quebec gedreht; noch am selben Tag – und bereits mit dem Drehplan in Verzug – sorgte Hitchcock dafür, daß die treue Barbara Keon als Autorin verpflichtet wurde, um mit ihm parallel zu den Dreharbeiten an verschiedenen schwierigen Szenen zu arbeiten. Barbara Keon, eine große und sachliche Frau, entlockte Hitchcock nie die gefühlsmäßige Reaktion, die andere Sekretärinnen oder Mitarbeiterinnen – unbeabsichtigt – hervorriefen. Die Darsteller und das Team waren im komfortablen Château-Elysée-Hotel untergebracht, während Hitchcock, Keon und Alma im palastartigen Château Frontenac residierten.

Es entstanden sofort Probleme, hauptsächlich wegen des erratischen Montgomery Clift. Karl Malden, der die Rolle des Detektivs spielte, war mit Clift in früheren Zeiten befreundet gewesen, als sie beide Bühnenschauspieler in New York waren. Malden stimmte Anne Baxter zu, daß am Drehort von *Zum Schweigen verurteilt* beträchtliche Spannungen herrschten. »Das hatte mit Mira Rostova zu tun«, sagte er. »Monty war von ihr abhängig, hielt sich von Hitchcock und vom Rest von uns fern, um mit ihr die Dialoge durchzugehen, und er bestand auf ihrer Zustimmung, ehe eine Szene gedreht wurde. Das schuf natürlich eine tiefe Trennung und Spannung.«

Die Spannung dauerte bei den Aufnahmen für die Kirchenszenen an. »Mira stand hinter einer Säule«, so Anne Baxter, »und Hitchcock, der normalerweise sehr gelassen war, wurde wütend, weil Monty dauernd zu ihr hinsah, um ihre Zustimmung zu einer bestimmten Aufnahme oder ihre Reaktion auf einen bestimmten Dialogsatz mitzubekommen. Hitchcock sprach Monty nie direkt an, das war nicht seine Art. Er erreichte ihn über Karl Malden, dem Monty vertraute und auf den er hörte.«

Weit heimtückischer jedoch als Clifts Beziehung zu seiner Dialogberaterin war ein anderes Problem: sein Trinken, das einen Schatten von Unbehagen und Problemen über die ganze Produktion warf. Anne Baxter erinnerte sich, daß ihre gemeinsamen Szenen deswegen besonders schwierig waren und daß Hitchcock sich mit der Angelegenheit nicht auseinandersetzen konnte oder wollte. »Der arme Monty trank so viel, praktisch die ganze Zeit«, sagte sie.

Er war so verwirrt und so weit entfernt von dem, was um ihn herum geschah, daß sein Blick immer verschwamm. Wir hatten eine wichtige Dialogszene auf der Lévis-Fähre, und ich sollte ihn sehnsüchtig anblikken, während ich mein Herz ausschüttete. Um das zu tun, brauchte ich irgendeine Reaktion von ihm. Aber da war nichts, nur ein leerer, verschwommener Blick, und ich mußte mir einen Ausdruck auf seinem Gesicht vorstellen. Er war so verstört und unglücklich, aber Hitchcock sprach nie mit ihm. Er ließ seinen Regie-Assistenten Don Page alles erledigen.

Hitchcock seinerseits konnte Clifts ›Method Acting‹ ebensowenig leiden wie seine Abhängigkeit vom Alkohol und seiner Dialogberaterin. Er fand die Art des Schauspielers, sich den Anforderungen einer Rolle von innen her zu nähern, sehr lästig. Gleichzeitig aber war Hitchcock von Clifts Privatleben fasziniert. Er betrachtete den Schauspieler als etwas Exotisches, denn Clift gehörte zu den vielen Berufsschauspielern, die ein ungebundenes und sexuell ambivalentes Leben führten. Laut seiner Biografin Patricia Bosworth konnte Clift seine Homosexualität nie ganz in sein Leben integrieren und versuchte, ein tiefes Schuldgefühl mit großen Mengen Schnaps (und anderen Fluchtbewegungen) zu verdecken.

Hitchcock selbst waren innere Qualen und Schuldgefühle nicht fremd; sein Trinken aber hatte er immer noch unter Kontrolle, und es beeinträchtigte seine Arbeit kaum. Er fand Clifts Verhalten zwar schwierig, aber psychologisch fesselnd. Nachdem er sich gerade mit dem Randthema einer homosexuellen Beziehung in *Der Fremde im Zug* beschäftigt hatte, sah Hitchcock in Clift einen weiteren Schauspieler, der wie einige aus seinen anderen Filmen offen ein homosexuelles oder bisexuelles Leben führte. Einige taten dies vielleicht, weil in der Welt der Unterhaltung unkonventionelles Verhalten als chic und bravourös galt, andere, weil es für sie einfach ehrlich und natürlich war und weil sie kein ängstliches oder verlogenes Leben führen wollten. In England hatte Hitchcock beinahe vor Schreck die Augen aufgerissen, als er die Varianten sexuellen Verhaltens entdeckte, und seine Beobachtungen über Schauspieler wie

Ivor Novello, Henry Kendall, Charles Laughton und andere wiederholten sich jetzt in den Fällen Montgomery Clifts und des deutschen Darstellers O. E. Hasse, der den Killer-Küster spielte. Hitchcock benahm sich weder verächtlich, noch fühlte er sich angesichts ihres sexuellen Verhaltens unbehaglich. Er fand die beiden Männer einfach unendlich interessant.

Ehe sie Quebec verließen, um in Hollywood die Innenaufnahmen zu drehen, ereignete sich etwas Seltsames, das die Verständigung während der Produktion weiter belastete. Anne Baxter schlug an einem wunderschönen Sonntag Alma vor, den freien Nachmittag auszunutzen und hinauszufahren, um die kanadische Landschaft zu genießen. Hitchcock hatte eine Besprechung mit einem Kamerateam, um die Arbeit des nächsten Tages vorzubereiten, und Alma, die sich mit der Schauspielerin angefreundet hatte, stimmte dem Vorschlag erfreut zu. Sie müßten aber zum Abendessen zurück sein, sagte Alma, da sie immer mit Hitchcock aß, der es nicht ertragen konnte, allein zu essen. Dies wäre kein Problem, erwiderte Baxter, sie würden sich Zeit lassen für die Rückfahrt.

Doch dann gab es tatsächlich ein Problem. Ungewöhnlich starker Verkehr verstopfte die Straßen zur Stadt, und Alma, die ihre Unruhe zu verbergen suchte, geriet in Panik, als die Zeit zum Abendessen näherrückte. Als sie im Hotel ankamen, waren sie mehr als eine Stunde zu spät. Anne Baxter erinnerte sich, wie die winzige Mrs. Hitchcock durch die Empfangshalle rannte und quer durch den Speisesaal, in dem ihr Ehemann saß, alleine und verärgert, und wie er sie anstarrte. »Da saß er wie ein Gott, der uns zürnte. Alma versuchte, einen heiteren Ton anzuschlagen, aber er wollte sich nicht besänftigen lassen. Da begriff ich, wie total er von ihr abhängig war. Er brauchte sie zum Abendessen an seiner Seite, und sie war nicht dagewesen. Und auch sie hatte schreckliche Angst gehabt, als ob sie glaubte, ohne sie könnte ihm etwas Schreckliches passieren. Sehr lange verzieh er mir diese Verspätung zum Essen nicht. Unsere Beziehung war von dieser Zeit an belastet.«

Alma, die mit *Zum Schweigen verurteilt* wieder Hitchcocks hilfreichste Mitarbeiterin geworden war, war nicht nur gelegentlich seine Muse, eine Kraft in seinem emotionalen Haushalt. »Alma war Hitchcocks Stabilisator«, so Karl Malden. »Er konnte mit ihrer Hilfe alles abwägen, denn sie war sein literarisches Gewissen. Sie wußte, wann der Dialog stimmte, wann der Sprachrhythmus stimmte.« Malden, Baxter und andere Mitarbeiter erkannten, daß Alma wußte, wie sehr Hitchcock von ihr abhing, und sie bemerkten, daß sie diese Abhängigkeit eher schätzte.

Am 2. Oktober begannen die letzten drei Wochen der Arbeit im Studio. Hitchcock, der bester Laune war, nachdem ihm Jack Warner gesagt hatte, wie zufrieden er mit der Produktion sei, gab an diesem Wochenende in der Bellagio Road ein Abendessen für seine Darsteller. Perverserweise – und typischerweise – drängte er Montgomery Clift (der natürlich Mira Rostova als seine Begleiterin mitgebracht hatte) ungeheure Mengen an Drinks auf. Das Unbehagen der anderen Gäste nahm zu, als sie sahen, wie sich Hitchcock an Clifts schnell schwindender Nüchternheit, dem systematischen Nachlassen seiner Manieren und seiner Beherrschung erfreute.

Nachdem der Schauspieler schließlich schon übermäßig viel Wein und Schnaps getrunken hatte, goß ihm Hitchcock noch ein Wasserglas voll Brandy ein und forderte ihn heraus, den Drink in einem Zug auszutrinken. Starr vor Entsetzen beobachteten Anne Baxter und Karl Malden, wie das Glas die Hand wechselte. Clift trank und fiel einen Augenblick später auf den Boden, mit dem Gesicht nach unten. Er war vom Alkohol besinnungslos geworden. Einen Moment standen alle mehr erschrocken als unangenehm berührt da. Dann kam der Hund des Gastgebers, Philip von Magnesien (Nachfolger von Edward IX.), und schnüffelte an dem Körper. Karl Malden und seine Frau Mona nutzten die Gelegenheit, hoben Clift auf und fuhren den besinnungslos betrunkenen Schauspieler nach Hause.

Als die Dreharbeiten gegen Ende des Monats abgeschlossen waren, gab es keine Feier; lange Zeit traf Hitchcock niemanden, der mit dem Film zu tun gehabt hatte – außer Alma natürlich, mit der er angefangen hatte und deren beharrliche Aufmerksamkeit in der sanften Stärke von Dolly Haas stets präsent ist, die die Alma spielte, die Frau des Mörders in *Zum Schweigen verurteilt*.

Zu ihrem 26. Hochzeitstag reisten die Hitchcocks nach St. Moritz, wo sie bis nach Weihnachten 1952 still im Palast-Hotel wohnten. Als *Zum Schweigen verurteilt* vorbereitet wurde, hatte sich Hitchcock einverstanden erklärt, als vierten und letzten Film für Jack Warner David Duncans Roman *The Bramble Bush* zu verfilmen. Jetzt aber, während des Winterurlaubs, konnten Alma und er kein befriedigendes Treatment entwickeln; er telegrafierte

Jack Warner, daß er zuerst vielleicht eine Geschichte von Francis Iles über einen sanften Landarzt, der seine Frau ermordet, inszenieren wollte. (Iles hatte die literarische Vorlage zu *Verdacht* geliefert.) Er dachte, diese Geschichte eines Verbrechens sei gut geeignet für jemanden wie Alec Guinness mit seiner still-geheimnisvollen Art. Dann aber erfuhren sie aus England, daß der Schauspieler für mindestens ein Jahr nicht zur Verfügung stehen würde. Die Hitchcocks kehrten nach Bel Air zurück, ohne eine Ahnung zu haben, was sie als nächstes tun sollten; wie gewöhnlich versetzte ihn die Pause – die von vielen Künstlern willkommen geheißen worden wäre und für manche sogar nach einer harten Arbeitsperiode vonnöten gewesen wäre – in eine Unproduktivität, die ihn quälte.

Mitte Februar 1953 lief *Zum Schweigen verurteilt* an. Die Kritiken waren lauwarm. Die vorherrschende Meinung während der nächsten Wochen faßte ein Kritiker mit den Worten zusammen: »Das gewetzte Messer der Inszenierung Hitchcocks stumpft sich wieder und wieder ab an einer plumpen, fragwürdigen Situation.« Die *Los Angeles Times* befragte den Regisseur zu seiner nächsten Produktion; erneut erwähnte er *The Bramble Bush* und erklärte, die Geschichte befinde sich in einem embryonalen Stadium. Bald jedoch ließ er den Stoff fallen; er machte sich über neuere Theaterstücke her, um etwas zu finden, das er verfilmen konnte.

Das Stück, für das er sich entschied, war Frederick Knotts Melodram *Bei Anruf Mord,* das im Juni und Oktober 1952 nacheinander in London und New York Premiere gehabt hatte. Als das Studio über die Filmrechte für Hitchcock zu verhandeln begann, stellte sich heraus, daß Alexander Korda sie für bescheidene 1000 Pfund gekauft hatte. Die Nachricht, daß Warner und Hitchcock interessiert waren, amüsierte Korda, dem es nie gelungen war, den Regisseur in sein Studio zu locken. Es war auch eine gewinnbringende Nachricht, denn er verlangte – und erhielt – 30000 Pfund für die Übertragung der Rechte.

Im Mai und Juni gingen die Dinge schnell voran, wie so oft, wenn Hitchcock eine Geschichte gefunden hatte. Frederick Knott kam aus London, um einige Vorschläge zu machen; Hitchcock verpflichtete (für die Rolle des Inspektors) John Williams, der in *Der Fall Paradin* gespielt hatte und den er in der New Yorker Bühnenversion von *Bei Anruf Mord* gesehen hatte; Ray Milland erklärte sich bereit, den charmanten Übeltäter zu spielen; und Jack Warner verkündete, die Produktion würde einer der 3-D-Filme des Studios.

Als Hollywoods panische Antwort auf den drastisch sinkenden Kinobesuch in den frühen 50er Jahren, als das Fernsehen in die amerikanischen Wohnzimmer eindrang, standen dreidimensionale Filme 1952 in voller Blüte. Zwei Jahre später waren sie wieder verschwunden. Das Verfahren interessierte Hitchcock nicht; er erkannte, um was es in Wirklichkeit ging – um ein im Prinzip antifilmisches Verfahren, das die Zuschauer dauernd daran erinnerte, daß sie ›dort draußen‹ waren und weder visuell noch emotional ›in‹ die Geschichte, ihre Situationen und Stimmungen, hineingezogen wurden. Hitchcock wollte jetzt nur die Dreharbeiten so schnell wie möglich hinter sich bringen. Alles, was er noch brauchte, war die richtige Hauptdarstellerin, um etwas Glamour und Leben in den Film zu bringen.

Die richtige Hauptdarstellerin – und laut Hitchcock die kooperativste Schauspielerin, mit der er je gearbeitet hatte – fand sich in der Person der blonden Grace Kelly. Sie war, ohne groß aufzufallen, in zwei Schwarzweiß-Filmen anderer Regisseure aufgetreten; Hitchcock aber hatte Probeaufnahmen gesehen, die sie in New York gedreht hatte, und er war auch in der Vorpremiere von John Fords *Mogambo* gewesen. »Ich habe diesen Vertrag für nur einen Film mit Freuden akzeptiert«, erinnerte sie sich, »weil die meisten Filmangebote bedeuteten, einen exklusiven Sieben-Jahres-Vertrag mit einem Studio abzuschließen, was ich vermeiden wollte.« Sie spielte schließlich in drei Hitchcock-Filmen die Hauptrollen – und es war eine der glücklichsten Verbindungen in der Geschichte Hollywoods –, ehe sie ihre Filmkarriere aufgab, um Prinz Rainier III. von Monaco zu heiraten.

Der Großteil der Dreharbeiten fand zwischen dem 30. Juli und dem 25. September statt. Obwohl zum Drehen nur eine einzige Studiodekoration benutzt wurde, mußte die Hälfte der Dreharbeiten mit Proben zugebracht werden, die wegen des schwierigen technischen Verfahrens nötig wurden. »Hitchcock fühlte sich furchtbar behindert und frustriert, weil er den Film in 3-D drehen mußte«, erinnerte sich seine Hauptdarstellerin.

Aber Hollywood war vom Fernsehen schlimm getroffen worden; Warner Brothers hatte sogar für etwa fünf Monate geschlossen. Dies war der erste Film, der danach gedreht wurde, und da saßen wir, nur eine kleine Gruppe, und plapperten im Studio vor uns hin.

Die Kamera hatte Zimmergröße, und eines Tages sagte jemand zu ihm: »Nun, Hitch, ist das Ihre Garderobe?« Die Maschine war gigantisch; es war eine schreckliche Zeit für Hitchcock. Er wollte sich eng an das Stück halten, wollte den Haupthandlungsort nur verlassen, wenn es absolut nötig war; mit dieser Kamera aber war das so, als ob man mit gebundenen Händen in einen Boxring stieg. Aber er war fanatisch. Ich habe ihn nie die Geduld verlieren sehen, kein einziges Mal wütend. Ich wurde an seiner Stelle wütend, wenn ich seine Frustration sah, wenn ich sah, was er machen wollte, und die Techniker sagten: »O nein, mit dieser Kamera können wir das nicht tun und das auch nicht.«

Wir alle wußten damals schon, daß der Film niemals in 3-D gezeigt werden würde. Wir wußten, daß es eine vorübergehende Modeerscheinung war und daß der Film in einer normalen Fassung herauskommen würde, aber Mr. Warner wollte es nun einmal so.

Da die Technik Hitchcock seiner gewohnten Freiheit beraubte, die Standorte und Winkel der Kamera zu bestimmen, beschäftigte er sich statt dessen inbrünstig mit den Kostümen seines Stars. »Ich war sehr nervös, als ich ihn das erste Mal traf«, erinnerte Grace Kelly sich, »aber er war sehr lieb zu mir.«

Wir sprachen über die Kleider. Mit Ausnahme des roten Spitzenkleides wurde alles von der Stange gekauft. Er wollte von hellen und farbenfrohen Kostümen zu monotonen und bedrückenden übergehen, wenn sich das Glück der Frau wendete.

Außerdem wollte er mir ein schickes rotes Samtkleid machen lassen. Er erklärte, er wolle bei der Mordszene den Effekt von Licht und Schatten auf dem Samt sehen. Ich war darüber sehr unglücklich, und ich erklärte ihm, ich hielte das nicht für richtig für die Rolle. Er sagte, er brauche eine besondere Wirkung; ich aber sagte: »Ich glaube nicht, daß diese Frau ein solches Luxuskleid anzieht, wenn sie mitten in der Nacht aufsteht, um ans Telefon zu gehen, und niemand in der Wohnung ist!«

Darauf sagte er: »Nun, was würden *Sie* tun? Was würden *Sie* anziehen, um ans Telefon zu gehen?« Ich sagte, ich würde gar nichts anziehen, ich würde aufstehen und in meinem Nachthemd zum Telefon gehen. Er gab zu, daß das besser war, und so wurde es gemacht.

Als er die Muster der Szene sah, war er großzügig genug zuzugeben, daß ich recht hatte, und von da an besaß ich sein Vertrauen, was Kostüme anbetraf. Er ließ mir viel Freiheit, die Kostüme für die nächsten beiden Filme auszusuchen; als er Edith Head hinzuzog, um die Kleider zu entwerfen, arbeiteten sie und ich hervorragend zusammen.

Um sich von der Last der Produktion abzulenken, versuchte Hitchcock, etwas – irgend etwas – besonderes für die Titelsequenz zu finden. Er wollte die Großaufnahme einer Hand auf die Leinwand bringen, die eine mit *M* beginnende Telefonnummer wählt. (Auf den Wählscheiben amerikanischer Telefone standen neben den Ziffern damals auch je drei Buchstaben; Anm. d. Ü.) Aber mit der stereoskopischen Farbkamera konnte man eine solche Detailaufnahme nicht scharf bekommen. Hitchcock beharrte auf einer korrekten Perspektive, und so mußten eine gigantische Telefon-Wählscheibe und ein riesiger hölzerner Finger gebaut werden. Die Ausstattungsgegenstände für die Dekoration suchte er persönlich aus; unter anderem orderte er zwei Drucke von Rosa Bonheur für die Wände und Wedgwood- und Staffordshire-Figuren für das Kaminsims.

Die Schwierigkeiten beim Drehen der Mordszene bereiteten Hitchcock beträchtliche Sorgen; während der wochenlangen Proben und den zahllosen Aufnahmen von der versuchten Erdrosselung der Heldin und ihrer Scherenstiche gegen den gemieteten Killer verlor Hitchcock fast zwanzig Pfund. »Das war ganz nett«, sagte er nach einer Aufnahme, »aber die Schere glänzt nicht genug. Ein Mord ohne blitzende Schere ist wie Spargel ohne Sauce Hollandaise – fade.«

Sauce Hollandaise gehörte aber offensichtlich zu den Dingen, die von seinem Speiseplan gestrichen waren, denn bis Ende September war sein Gewicht um fast vierzig Pfund gesunken auf etwa hundert Kilo – zum Teil, weil er von den Anstrengungen des Films erschöpft war, zum Teil, weil er auf den Pressefotos neben seinem schönen neuen Star besser aussehen wollte. Die donnerstäglichen Abendessen bei Chasens wurden zeitweise aufgegeben, und Alma oder die Köchin brieten abends ein kleines Steak oder eine Seezunge aus Dover. Die Abende und Wochenenden in der Bellagio Road waren für Hitchcock Übungen in Askese; jeden Montag überprüfte ein Arzt am Drehort seinen Gesundheitszustand.

»Während der ganzen Dreharbeiten zu *Bei Anruf Mord*«, so seine Hauptdarstellerin,

> blieb er nur deswegen ruhig, weil er bereits seinen nächsten Film vorbereitete, *Das Fenster zum Hof**. Er saß da und erzählte mir davon, schon

* Im Sommer 1953 hatte Lew Wasserman für Hitchcock einen Vertrag über neun Filme für Paramount Pictures arrangiert. Fünf davon sollte Hitchcock produzieren und inszenieren; außerdem sollten alle Rechte später an ihn übergehen (diese Filme wurden *Das Fenster zum Hof, Immer Ärger mit Harry, Der Mann, der zuviel wußte, Vertigo* und *Psycho*). Bei vier Filmen sollten die Rechte bei Paramount bleiben; aus dieser Kategorie bekam das Studio aber nur einen: *Über den Dächern von Nizza.*

bevor wir meine Mitwirkung besprochen hatten. Begeistert beschrieb er die Einzelheiten der großartigen Dekoration, während wir darauf warteten, daß die Kamera herumgeschoben wurde. Er erzählte mir von den Leuten, die man in den anderen Wohnungen auf der dem Fenster gegenüberliegenden Seite des Hofs sehen würde, und von ihren kleinen Geschichten, wie sie sich langsam zu Charakteren entwickeln würden, und was alles enthüllt würde. Ich sah, daß er die ganze Zeit nachdachte; wenn er eine freie Minute hatte, ging er weg und besprach den Bau dieser fantastischen Dekoration. Daran hatte er wirklich Freude.

Zur gleichen Zeit aber erfreute sich Hitchcock auch an den Versuchen, seine neue Schauspielerin zu schockieren. »Einmal drehte er sich um«, erinnerte sie sich, »nachdem er Ray Milland einige grobe Sachen erzählt hatte, und sagte zu mir: ›Sind Sie schockiert, Miß Kelly?‹ Ich antwortete: ›Nein; ich bin in eine Klosterschule für Mädchen gegangen, Mr. Hitchcock, und ich habe alle diese Dinge gehört, als ich 13 war.‹ Natürlich liebte er diese Art von Antwort.«

Es scheint auch, daß er sich an einigen merkwürdigen Einzelheiten der gewalttätigen Attacke delektierte. »Wir brauchten fast eine Woche, um diese kleine Sequenz zu drehen«, sagte Grace Kelly Jahre später. Die fertige Szene verweist deutlich, wie andere Gewaltszenen in Hitchcocks Werk, auf einen sexuellen Kampf; in den eingefügten Nahaufnahmen der Beine der Schauspielerin, die sich gegen den herandrängenden Angreifer drücken, und in der erregten Zweideutigkeit des Würgens zeigt sich ein Interesse, das in seinen späteren, längeren Mordszenen noch lebhafter zum Ausdruck kommt.

Es war nicht die Rede davon gewesen, daß Grace Kelly in dem neuen Hitchcock-Film spielen sollte; es war ihr auch kein Drehbuch zu lesen gegeben worden. Deswegen war sie auch überrascht, als sie im Oktober 1953 in New York einen Anruf von ihrem Agenten bekam, der ihr die Neuigkeit mitteilte, Hitchcock erwarte sie zur Kostümprobe für *Das Fenster zum Hof*. Gleichzeitig bot man ihr die Rolle in Elia Kazans *Die Faust im Nacken* an, die schließlich von Eva Marie Saint gespielt wurde. Dieser Film, der in New York gedreht werden sollte, paßte besser in ihre Pläne, als nach Los Angeles zurückzukehren. Dazu gezwungen, innerhalb eines Nachmittags eine schnelle Entscheidung zu treffen, entschied sie sich jedoch dafür, zu Hitchcock zurückzugehen, nachdem sie das Drehbuch gelesen hatte. John Michael Hayes hatte aus der 1942 erschienenen Kurzgeschichte

›Rear Window‹ von William Irish (dem Pseudonym von Cornell Woolrich) in dem Drehbuch, das Hitchcock bei ihm in Auftrag gegeben hatte, etwas ganz Neues gemacht.

»Hitchcock suchte nach einem Studio und einem kommerziellen Stoff«, erinnerte sich Hayes. »Er war bei Warner Brothers nicht sehr erfolgreich gewesen und hatte wirklich Schwierigkeiten, ein Studio zu finden, das ihn aufnahm. Wir hatten die gleichen Agenten bei MCA, und sie meinten, meine Erfahrungen mit Radio-Komödien und -Krimis könnten mich für ihn akzeptabel machen. Er besaß bereits die Rechte an der Woolrich-Geschichte, und sie schlugen vor, ich sollte mit ihm daran arbeiten.« Nach einigen vorläufigen Begegnungen, bei denen Hayes Hitchcock mit einer genauen Kenntnis von *Im Schatten des Zweifels* beeindruckte, zog sich der Autor zurück, um ein Treatment für *Das Fenster zum Hof* zu entwerfen. Diese Aufgabe erfüllte er so gekonnt, daß sich James Stewart bereit erklärte, die Hauptrolle zu spielen (und einen Prozentsatz vom Gewinn des Films anstelle einer Gage anzunehmen) – allein auf der Grundlage des Drehbuchs. Dann ließ Hitchcock Hayes das Drehbuch schreiben.

Wir trafen uns regelmäßig, während ich das Drehbuch schrieb; hinterher aber setzten wir uns hin und lösten es Einstellung für Einstellung auf, und er zeigte mir, wie man manche Sache viel besser machen konnte. Der Stempel des Genies Hitchcocks findet sich in jedem Bild des fertigen Films; die Idee aber, er habe das alles bis ins kleinste selber geschaffen, ist kompletter Unsinn. Ich tat für ihn, was jeder andere Autor für ihn tat – ich schrieb! Wenn man aber Hitchcocks Interviews liest, kann man den Eindruck bekommen, *er* habe das Drehbuch geschrieben, die Charaktere entwickelt, die Motivationen beigesteuert. Ich wußte, daß er das Drehbuch mochte, als er mir sagte, daß Alma es mochte – das war das einzige Kompliment, das er anbieten konnte. Er sagte auch, da mein Honorar so niedrig sei (ich bekam nur 15000 Dollar für das Treatment, das Drehbuch und die Überarbeitung für *Das Fenster zum Hof*), wäre er der Ansicht, ich hätte eine Prämie verdient. Dann aber sagte er, wir sollten warten und sehen, ob die Geschichte auf Film so gut aussehen würde wie auf dem Papier.

Nachdem der Film geschnitten war, führten wir ihn vor, und er sagte, man müsse warten und sehen, ob er den Kritikern gefalle. Als er den Kritikern gefiel, sagte er, man müsse warten und sehen, ob er dem Publikum gefalle. Zu diesem Zeitpunkt wurde mir klar, daß er mich vertröstete, weil er wollte, daß ich den nächsten Film für das gleiche Honorar machte.

Als wir später an einigen Stellen seines neuen Films unterschiedlicher Meinung waren, sagte er: »Verärgern Sie mich nicht, oder Sie bekommen die Prämie für *Das Fenster zum Hof* nicht.« Und ich sagte nur: »Hitch, bitte erwähnen Sie diese imaginäre Prämie nie wieder.« Das tat er nicht, und ich bekam sie auch nie.

Im November engagierte Hitchcock sehr schnell die übrigen Darsteller für seinen Film. James Stewart sollte Hitchcocks Alter Ego sein, an einen Stuhl gefesselt; er ist ein Fotograf, dessen Beweglichkeit durch einen von der Hüfte bis zu den Zehen reichenden Gipsverband eingeschränkt ist. Stewart ist in *Das Fenster zum Hof* deutlich ein Hitchcock-Ersatz. Der Rollstuhl der Figur ähnelt einem Regiestuhl; mit einem Teleobjektiv spioniert er seinen Nachbarn nach (die er durch die rechteckige ›Leinwand‹ ihrer offenen Fenster sieht); er gibt ihnen Namen und stellt sich kleine Geschichten aus ihrem Leben vor. Wie Hitchcock schaut er zu und bewundert eine Frau, die ihm ein Kleid und ein Nachtgewand vorführt. Sie ist ein Wesen, das Entzücken erregt, mit dem aber, wie das Drehbuch betont, Intimität bedrohlich ist; Anschauen und Bewundern sind genug. Aus diesem Grund wies Hitchcock auch den Komponisten Franz Waxman an, seiner Musik den Song ›Dich zu sehen heißt dich zu lieben‹ hinzuzufügen. Daß eine romantische Beziehung als abschreckend verstanden wird, ist in der Verbindung angedeutet, die das Drehbuch zwischen Stewart und Raymond Burr (dem Frauenmörder) herstellt: Stewart ist ein reisender Fotograf, Burr ein reisender Vertreter, und beide stehen unter dem Druck einer attraktiven Blondine, die gefühlsmäßige Anforderungen stellt.

Bei der Produktion wurde Hitchcock in allen Bereichen von Herbert Coleman unterstützt, der in den nächsten Jahren einer seiner kreativsten Mitarbeiter werden sollte. Hitchcock war ihm von Ray Milland bei den Dreharbeiten zu *Bei Anruf Mord* vorgestellt worden; Coleman war damals seit über 30 Jahren bei Paramount; er war vom Büroangestellten in der Drehbuchabteilung zu einem begabten und geschätzten Regieassistenten und künstlerischen Berater aufgestiegen. Kurz bevor sie sich trafen, war Coleman von der Directors Guild of America für seine Arbeit als Assistent bei William Wylers *Ein Herz und eine Krone* geehrt worden; Hitchcock erkannte sofort, daß er eine passende Ergänzung für sein inoffizielles Team sein würde, das er um sich versammelte. Cutter George Tomasini und Kostüm-Designerin Edith Head stießen zu dem ständigen Kameramann Robert Burks, seinem Assistenten Leonard South und verschiedenen anderen Technikern; die Mitglieder dieser ständigen Hitchcock-Mannschaft wußten bald genau, was der Regisseur wollte und wie sie es ihm geben konnten. Und – Prämie hin, Prämie her – bei den nächsten vier Filmen war John Michael Hayes Hitchcocks Drehbuchautor.

Die größte Sorge vor und während der Produktion galt der enormen und sorgfältig ausgearbeiteten Dekoration, deren Bau Hitchcock überwachte. »*Das Fenster zum Hof* spielt in James Stewarts Apartment in Greenwich Village«, erklärte er der Presse. »Damit er aber seine Nachbarn beobachten kann, mußten wir eine Dekoration bauen, die 31 andere Wohnungen enthält, die er von seinem Fenster aus sehen kann. Aus einer scheinbaren Ein-Raum-Dekoration wurde so beinahe die größte, die je bei Paramount gebaut wurde ... Zwölf dieser Wohnungen waren komplett eingerichtet. An einem realen Schauplatz hätten wir sie nie richtig ausleuchten können.«

Der Film rief Hitchcocks Begeisterung auf ganz andere Art und Weise hervor als seine früheren Produktionen: Zur Abwechslung waren die technischen Herausforderungen einmal extrem befriedigend anstatt ungeheuer frustrierend. Im Unterschied zu den verzwickten Mechaniken, die er für *Cocktail für eine Leiche* und *Sklavin des Herzens* entwickelt hatte, und im Unterschied zu dem schwerfälligen 3-D-Verfahren, das ihm aufgezwungen worden war, beeindruckte und erfreute die komplizierte Dekoration für diesen Film Mitarbeiter und Besucher. Hitchcocks Laune besserte sich, seine Energie nahm zu, und seine Ideen bekamen sofort mehr Tiefgang und wurden deutlicher vermittelt als je zuvor. »Zu dieser Zeit merkte ich, daß meine Batterien voll aufgeladen waren«, erinnerte er sich stolz. Laut James Stewart »verlief die ganze Produktion von *Das Fenster zum Hof* reibungslos. Die Dekoration und überhaupt alles an diesem Film war so gut entworfen, und er war so angetan von allen, die damit zu tun hatten, daß wir auf seinen Erfolg vertrauten«. Kein Wunder: Hitchcock hatte eine kooperative Mannschaft, eine glänzende Besetzung, volle Unterstützung – keine Einmischung – der Chefetage von Paramount. Vor allem aber hatte er eine charmante Hauptdarstellerin, deren Talent, Karriere und öffentliches Image er mit Liebe und Beharrlichkeit nach seinem eigenen Entwurf formen würde.

In ihrer kühlen, eleganten Schönheit, ihren Andeutungen innerer Leidenschaft, ihrer sympathischen Intelligenz – und der freiwilligen Unterwerfung unter ihren Mentor – war Grace Kelly die ideale Antwort auf seine beruflichen Vorlieben und seine persönlichen Fantasien. Eine Zeitlang stellte er sich vor, nie wieder irgendeine andere Schauspielerin zu brauchen; es wurde sogar davon gesprochen, seinen alten Traum weiterzuverfolgen – die Verfilmung von Barries zarter, mystischer Romanze *Mary Rose*.

Hitchcock trieb gleich den sorgfältigen Aufbau von Grace Kellys Image noch weiter als in *Bei Anruf Mord*. Edith Head erinnerte sich, daß er extrem penibel bei der Vorbereitung der Kleidung war, die die Schauspielerin tragen sollte. »Jedes Kostüm war bezeichnet, als er mir das Drehbuch schickte«, sagte sie. »Für jede Farbe und jeden Stil gab es einen Grund; er war sich seiner ganzen Entscheidung absolut sicher. In einer Szene sah er sie in blassem Grün, in einer anderen in weißem Chiffon, in einer weiteren in Gold. Er stellte im Studio tatsächlich einen Traum zusammen.« Eines der vielen Elemente, das die von Grace Kelly gespielte Figur mit den anderen Frauen im Film (die man in den Nachbarfenstern sieht) verbindet, ist das blaßgrüne Kleid, das sich fortsetzt in dem prächtigen grünen Kostüm, das ›Miß Lonelyhearts‹ später trägt. »Das«, pflichtete Hitchcock bei, »machte eine Menge aus.«

Und seine Liebe zum Detail ging bis zu Grace Kellys Schuhen. Herbert Coleman erinnerte sich, daß Hitchcock am ersten Drehtag von *Das Fenster zum Hof* eine volle halbe Stunde damit verbrachte, an der Großaufnahme eines Zwischenschnitts auf die Schuhe der Schauspielerin zu arbeiten – eine Einstellung, die er im fertigen Film nicht verwendete. Als Coleman beim Mittagessen nach dem Grund dafür fragte, antwortete Hitchcock höflich: »Haben Sie noch nie etwas von Schuh-Fetischismus gehört?« Damals hielt Coleman die Antwort für einen perversen Witz; später aber sollten er und Hitchcocks Publikum Beispiele für diese kuriose Neigung des Regisseurs sehen – unter anderem in *Aus dem Reich der Toten* (als James Stewart auf einem bestimmten Paar Schuhe für Kim Novak besteht, die ausgesprochen sexy sind und die mehrmals in Großaufnahme gezeigt werden); oder in *Marnie* (als Tippi Hedrens Beine in hohen Reitstiefeln sich in einer grotesken Parodie sexueller Bewegungen an einer offenen Safetür reiben); in *Im Schatten des Zweifels* (in dem der letzte Kampf zwischen Teresa Wright und Joseph Cotten im Zug fast vollständig durch Aufnahmen von Schuhen und Beinen beschrieben wird) hatte er ein ähnliches Bild schon früher verwendet.

»Bei der Probe zu der Szene in *Das Fenster zum Hof*, in der ich ein hauchdünnes Nachthemd trug«, erinnerte sich Prinzessin Grace,

> verlangte Hitchcock nach Edith Head. Er ging zu ihr hin und sagte: »Sehen Sie, der Busen ist nicht richtig. Wir werden da etwas hineintun müssen.« Er war sehr lieb, er wollte mich nicht aufregen, also sprach er leise mit Edith. Und dann mußte alles unterbrochen werden. Der Regieassistent wurde wahnsinnig bei dem Versuch, alles unter Kontrolle zu halten.
>
> Wir gingen in meine Garderobe, und Edith sagte: »Mr. Hitchcock ist besorgt, weil hier eine Falte nicht richtig liegt. Er möchte, daß ich Brusteinlagen einsetze.
>
> »Nun«, sagte ich, »Sie können hier keine Einlagen einsetzen, man wird sie sehen, und ich werde sie nicht tragen.« Und sie sagte: »Was sollen wir tun?« Also nahmen wir es hier etwas hoch, paßten es dort etwas an, und ich tat einfach, was ich konnte und hielt mich so gerade wie möglich – ohne Einlagen.
>
> Als ich wieder ins Studio kam, sah Hitchcock mich und Edith an und sagte: »Seht ihr, was sie für einen Unterschied machen?«

Anfang 1954 schlugen die Manager bei Paramount Hitchcock vor, aus David Dodges Roman *Über den Dächern von Nizza* einen Film zu machen; das Studio besaß die Filmrechte seit der Veröffentlichung des Buches einige Jahre zuvor. Die Geschichte spielte an der Riviera, und da Hitchcock Gefallen fand an der Chance, zu reisen und Arbeit mit Vergnügen zu verbinden, gab er das Projekt an John Michael Hayes weiter. »Als er hörte, daß ich noch nie in Südfrankreich war«, sagte Hayes, »arrangierte er für mich und meine Frau auf Studiokosten eine Reise, damit ich vor Ort Recherchen betreiben konnte. Die Reise war mir natürlich sehr willkommen; als ich zurückkam, hatte ich ein gutes Bild davon, was mit dem Roman zu machen sei.«

Die Verzögerung kam jedenfalls gelegen. Hitchcock wollte, in ihrer reizvollsten Rolle in Technicolor, die strahlende Grace Kelly besetzen, von der er – wie jeder wußte – völlig bezaubert war. Neben ihr sollte der elegante und alterslose Cary Grant spielen; mit 50 war er immer noch ein völlig akzeptabler Partner für die Schauspielerin, die halb so alt war wie er. Aber sie war vorher zu drei anderen Filmen verpflichtet, und Hitchcock mußte warten – allerdings nicht lange, denn die drei Filme wurden in jenen sparsamen und leistungsstärkeren Tagen der Filmproduktion in der kurzen Zeit zwischen Januar und Anfang Mai 1954 fertiggestellt.

Unterdessen arbeiteten Hitchcock und Hayes am Drehbuch. »Bei *Über den Dächern von Nizza* war er täglich an der Drehbucharbeit beteiligt, was bei *Das Fenster zum Hof* nicht der Fall gewesen war«, erinnerte sich der Autor. »Was uns zu einem guten Team machte, waren seine brillante Technik und seine Kenntnisse des Visuellen, seine Ich-Stärke und seine Überzeugungskraft; und ich war, glaube ich, dazu fähig, ihm Wärme in die Charakterzeichnung zu bringen.« Diese Einschätzung trifft genau zu. In den vier Filmen, für die John Michael Hayes die Drehbücher schrieb, besitzen die Figuren eine Glaubwürdigkeit und eine emotionale Ganzheit sowie Herz und Humor, was anderen Hitchcock-Filmen – wie *Der Fremde im Zug* und *Zum Schweigen verurteilt* sowie einigen späteren – offensichtlich fehlt.

Ende April war das Drehbuch fertig, und Hitchcock gab zu, daß Hayes bemerkenswert gute Arbeit geleistet hatte. Die Kürzungen, die Hitchcock vornahm, reduzierten die meisten Nebenfiguren auf ein Minimum und unterstrichen die ohnehin schon gewagten Dialoge. Die verbalen und visuellen Anspielungen und Zweideutigkeiten in *Über den Dächern von Nizza* sind bemerkenswert; er war in der Tat einer der Filme der 50er Jahre, der die Grenzen des Humors für Erwachsene erweiterte. Grace Kellys wortlos-gewagter Kuß direkt auf die Lippen des erstaunten Cary Grant (mit dem sie noch nicht einmal per Du ist) war natürlich inspiriert von Hitchcocks wiederholter Anekdote über die kühle Blonde, die einen Mann auf dem Rücksitz eines Taxis anfällt; der Dialog aber geht später sogar noch weiter.

Grant: Was hoffen Sie aus mir herauszuholen, wenn Sie so nett zu mir sind?

Kelly: Wahrscheinlich mehr als Sie zu bieten bereit sind.

Grant: Juwelen – sie tragen nie welche.

Kelly: Ich mag es nicht, wenn kalte Sachen meine Haut berühren.

Grant: Warum erfinden Sie nicht *heiße* Diamanten?

Kelly: Ich gebe mein Geld lieber für greifbare Reizmittel aus.

Grant: Sagen Sie mir, was erregt Sie am meisten?

Kelly: Danach suche ich noch...

Grant: Was Sie brauchen, ist etwas, das zu geben ich weder die Zeit noch die Neigung verspüre – zwei Wochen mit einem guten Mann an den Niagara-Fällen.

Kelly (später bei einem Picknick): Ich habe noch nie einen Juwelendieb gefangen. Es ist so stimulierend! *(Sie bietet ihm kaltes Huhn an.)* Möchten Sie ein Bein oder eine Brust?

Grant: Sie treffen die Wahl.

Kelly: Sagen Sie mir, wie lange ist es her?

Grant: Was?

Kelly: Seit Sie das letzte Mal in Amerika waren.

Kelly lädt in der nächsten Sequenz Grant in ihre Hotelsuite zu einem intimen Abendessen und einem guten Ausblick auf das Feuerwerk ein, das man während des folgenden Dialogs im Hintergrund am Horizont sieht.

Kelly: Wenn man wirklich ein Feuerwerk sehen will, ist es besser, das Licht auszumachen. Ich habe das Gefühl, Sie werden heute abend eine der faszinierendsten Sehenswürdigkeiten der Riviera sehen. (In ihrem schulterfreien, tief ausgeschnittenen Abendkleid geht sie näher an ihn heran.) Ich spreche natürlich von dem Feuerwerk.

Grant: Kann ich einen Brandy haben? Soll ich Ihnen einen machen?

Kelly: In manchen Nächten braucht man nichts zu trinken...

Grant: ...Ich interessiere mich für Juwelen ungefähr so viel wie für Politik, Pferderennen, Poesie und Frauen, die ausgefallene Aufregungen brauchen. Gar nicht.

Kelly (Sie setzt sich verführerisch auf den Diwan, wobei ihr Diamanten- und Platin-Halsband über ihrem trägerlosen weißen Kleid glänzt): Geben Sie auf – geben Sie zu, wer Sie sind. Sogar bei diesem Licht kann ich sagen, wohin Ihre Augen schauen. (Großaufnahme ihrer Brust mit dem Halsband und dem großzügigen Dekolleté) Schau – halte sie – Diamanten! Das einzige auf der Welt, dem Sie nicht widerstehen können. Dann sagen Sie mir, daß Sie nicht wissen, wovon ich rede. (Das Feuerwerk ist in vollem Gange, scharf und deutlich zwischen den beiden im Hintergrund zu sehen. Sie küßt seine Finger, einen nach dem anderen, dann legt sie seine Hand unter das Halsband. Schnitt auf eine Nahaufnahme des heftigen Feuerwerks.) Jemals in Ihrem ganzen Leben ein besseres Angebot bekommen? Eines mit allem!

Grant: Ich habe noch nie ein verrückteres bekommen. (Schnitt auf das gewaltige Feuerwerk.)

Kelly: Solange Sie zufrieden sind! (Wieder das Feuerwerk.)

Grant: Sie wissen so gut wie ich, daß dieses Halsband eine Imitation ist.

Kelly: Nun, *ich* bin keine! (Sie küssen sich: Schnitt auf das Feuerwerk, dann zurück auf den leidenschaftlichen, langen Kuß, dann zurück auf den letzten Höhepunkt des Feuerwerks bis zum Ende der Szene.)

Es bleibt ein Rätsel, daß es im Jahr 1955 in der Öffentlichkeit oder der Filmindustrie keinen Aufschrei über diese Details gab, da Filme mit weniger offenkundigen Anspielungen beträchtliche Schwierigkeiten mit Hollywoods Puritanern und religiösen Zensoren hatten.

Um die Dreharbeiten an den Originalschauplätzen in Südfrankreich zu beschleunigen, schickte Hitchcock im Mai eine Mannschaft unter der Leitung von Herbert Coleman voraus, um die Autoverfolgungsjagden und einige wichtige Hintergrundszenen zu filmen, für die die Stars nicht gebraucht wurden. Der Regisseur fuhr in der Zwischenzeit nach London, um für *Bei Anruf Mord* Reklame zu machen. Die Presse war jedoch mehr an seinem Gewichtsverlust interessiert, der jetzt über hundert Pfund betrug. »Es war Mord, auf dieses Gewicht herunterzukommen«, beklagte er sich, »reiner Masochismus. Monatelang gab es nur eine Mahlzeit pro Tag – ein Lammkotelett und ein paar Bohnen. Und keinen Tropfen zu trinken.« Aber die Energie, die aus dieser Diät resultierte, war in der Tat erstaunlich; nach ein paar Tagen war er unterwegs zur Riviera. Das Hauptdarsteller-Quartett – Kelly und Grant, dazu Jessie Royce Landis und der zuverlässige John Williams – traf Ende Mai ein, und alle wohnten zufrieden im Hotel Carlton in Cannes.

Der Monat Juni war für alle, die an den Dreharbeiten vor Ort an der Riviera und in der Umgebung beteiligt waren, denkbar glücklich. Der französische Kritiker André Bazin, einer der einflußreichsten Theoretiker im Europa der Nachkriegszeit und Mitbegründer der berühmten Zeitschrift *Cahiers du Cinéma,* besuchte Hitchcock bei den Dreharbeiten zu der Blumenmarkt-Sequenz in Nizza. Das Treffen war herzlich, auch wenn Hitchcock mehr auf der Hut war als bei den meisten seiner Begegnungen mit Kritikern – nicht, weil ein Dolmetscher anwesend war, sondern weil sich Bazin weder von Hitchcocks Berühmtheit noch von seiner berechnenden Art, das Gespräch zu lenken, beeindrucken ließ.

In Artikeln hatte Bazin ganz klar seiner Meinung Ausdruck gegeben, Hitchcock sei innerhalb gewisser Grenzen ein Techniker und Geschichtenerzähler von beträchtlichem Rang, er könne aber nicht so weit gehen wie andere und ihn in das Gewand eines Genies kleiden. Ihre Begegnung, die einige Monate später in den *Cahiers du Cinéma* in einem berühmten Essay dokumentiert wurde, bildete den Auftakt einer Kritiker-Debatte über die Frage, ob Hitchcock ein seriöser Künstler sei. Und diese Debatte setzte sich auch international fort. Eine der unmittelbaren Folgen bestand darin, daß sich die französischen Regisseure Eric Rohmer und Claude Chabrol zusammentaten und begannen, die erste umfassende kritische Beurteilung seiner Filme zu schreiben (eine Arbeit aus dem Jahr 1957, die wichtiger ist wegen ihrer provozierenden und schöpferischen Ideen als wegen irgendeiner durchgängigen Tiefe oder sachlichen Genauigkeit).

Mit Bazin, Rohmer und Chabrol war der Aufruf an die Gemeinde der Kritiker und Filmemacher ergangen, in der Debatte über den Rang von Hitchcocks Werk Partei zu ergreifen. Bazins Tod im Jahre 1958 markierte den Anfang einer kritischen Bibliografie. Hitchcock stellte immer ein kühles Desinteresse an ernsthaften kritischen Kommentaren an seiner Arbeit zur Schau; das war auch weitgehend aufrichtig. Als er gegen das Ende seiner Karriere aber weniger aktiv war, bot Lob von Kritikern oder Akademikern einen gewissen Trost gegenüber der allgemeinen Gleichgültigkeit, die stets von Hollywood ausging.

Hitchcock besprach seine Wertschätzung gallischer Kunst und Gastronomie mit dem französischen Team von *Über den Dächern von Nizza,* aber er war etwas weniger angetan von dem seiner Meinung nach übertriebenen Gehabe der Franzosen; dies gab ihm zahlreiche Gelegenheiten zur Fortsetzung seiner Tradition, gegen Blasiertheit anzugehen. Der bekannte französische Schauspieler René Blancard, der im Film mitspielte, zeigte am Drehort – wie der Regisseur meinte – überflüssigen Hochmut.

»Guten Morgen, Monsieur Blancard«, sagte Hitchcock eines Tages, »Haben Sie gut geschlafen?«

»Ja, danke«, antwortete der Schauspieler mit seinem starken Akzent auf englisch.

»Und mit wem, Monsieur?« Das französische Team amüsierte sich noch mehr als das amerikanische, und die Dreharbeiten gingen ohne übermäßige Eitelkeiten weiter.

Anfang Juli kehrte man nach Hollywood zurück, um die Innenaufnahmen zu drehen; Hitchcock, der mit der etwas unsteten, eher formlosen Thriller-Komödie nicht ganz zufrieden war, versuchte, die Schlußszenen zu verdichten*. Laut Edith

* John Michael Hayes erinnerte sich daran, daß ihn Hitchcock beim Drehen der auf dem Dach spielenden Schlußsequenz zu sich auf ein hohes Gerüst heraufkommen ließ. »Schau sie alle an da unten«, sagte der Regisseur zu seinem Autor. »Sie denken, wir besprechen etwas Wichtiges oder Bedeutendes. Dabei wollte ich bloß herausfinden, ob Sie auch eine solche Höhenangst haben wie ich.«

Head aber hing sein Herz an einer sorgsam auf vulgär getrimmter Kostümball-Szene als Finale, deren einziger Zweck darin bestand, seine Hauptdarstellerin in einem schimmernden goldenen Kleid vorzuzeigen. Die Sequenz, die Hitchcock als satirische Übung zu präsentieren versuchte, beschäftigte Darsteller und Techniker im August eine ganze Woche lang. An seinem Geburtstag – Freitag, dem 13. – drehten sie immer noch Nachaufnahmen, als alle am Drehort die Arbeit unterbrachen, um den Regisseur mit Champagner und einem riesigen Geburtstagskuchen zu ehren. Er war erfreut und bewegt und sagte, er sei überrascht – und einen Moment lang zwinkerten im Studio mehr Augen als Scheinwerfer von der Decke strahlten; denn wann immer er am 13. August drehte, war stillschweigend klar, daß der Tag entsprechend begangen würde; hätte man die Gelegenheit versäumt, wäre die Wunde tief und unheilbar gewesen.

Wenig später war der Film abgeschlossen, und Grace Kelly eilte zu ihrer nächsten Verpflichtung. Weder sie noch Hitchcock waren sicher, ob sie je wieder zusammenarbeiten würden. Nach zwei weiteren, von anderen Regisseuren inszenierten Filmen zog sie 1956 dann für immer an die Riviera – als Prinzessin von Monaco. In späteren Jahren besuchten sie und Hitchcock sich gelegentlich, und sie bewahrten lebhafte und warme Erinnerungen an ihre Zusammenarbeit. »Ich lernte ungeheuer viel über das Filmemachen«, sagte sie später. »Er gab mir großes Selbstvertrauen.«

Der Start von *Über den Dächern von Nizza* im August 1954 trug dazu bei, Hitchcocks eigenes Selbstvertrauen aufrechtzuerhalten. Die Weltpremiere im New Yorker Rivoli-Theater war eine Wohltätigkeitsveranstaltung für die Amerikanisch-Koreanische Gesellschaft, die nach dem Krieg in Asien gegründet worden war, um emotionale und materielle Hilfe zur Verfügung zu stellen. Am Eröffnungsabend (dem 4. August) fand sich eine große Menge ein, die an die alten Tage in Hollywood erinnerte, ehe die Filmindustrie von der Popularität des Fernsehens bedroht worden war. Mit gewohntem Anstand sandte David Selznick an Hitchcock eine Glückwunschbotschaft; er nannte den Film ›ein brillantes Schaustück filmischer Kunstfertigkeit‹, und diesmal antwortete Hitchcock; er schrieb, daß er Selznicks Gruß am meisten von allen schätzte. Die Antwort war unterzeichnet: ›In Liebe, Hitch‹.

Für Hitchcock gab es keine kreative Pause, keinen Urlaub

nach der Fertigstellung von *Über den Dächern von Nizza* und keinen Zweifel an seinem nächsten Projekt. Er hatte J. Trevor Storys grotesk-komische Novelle *Immer Ärger mit Harry* bereits 1950 gelesen, als sie in England und Amerika veröffentlicht worden war. Noch bevor er in Frankreich eintraf, um *Über den Dächern von Nizza* zu drehen, hatte er sie John Michael Hayes zur Adaptierung gegeben. Als er Geburtstag feierte, war das Drehbuch fast fertig; jetzt ging es nur noch darum, das Pferd von vorne aufzuzäumen und die Filmrechte zu kaufen. Hitchcock beauftragte Herman Citron, einen seiner Agenten bei MCA, über einen Ankauf zu verhandeln – und wie gewöhnlich dabei den Namen Hitchcock nicht zu erwähnen.

Autor Story und sein Verleger waren etwas enttäuscht, als sie von der Identität des Käufers erfuhren, nachdem sie einem Preis von 11 000 Dollar zugestimmt hatten. Sie hielten sich aber an den Handel, da sie schon lange davor jeden Gedanken daran aufgegeben hatten, Hollywood zu interessieren. Vier Jahre vorher hatte ein Gutachter bei Paramount in einem Bericht geschrieben, die Novelle wäre ›eine einnehmend freizügig und hochamüsant geschriebene kleine Geschichte‹; doch wäre der Humor ›zu schwach und zu beliebig und die Geschichte zu unrealistisch für eine Übertragung auf die Leinwand. Obwohl die Charaktere wie wirkliche Menschen geschildert werden, gehören sie zu einer etwas übermütigen Welt; und die Handlung selbst ist zu dürftig für eine Filmkomödie. Abzuraten.‹

Nach dem schnellen Erfolg mit *Das Fenster zum Hof* und in Erwartung des Erfolges mit dem farbenprächtigen *Über den Dächern von Nizza* war Paramount bereit, Hitchcock seinen Willen zu lassen. (*Über den Dächern von Nizza* wurde später als so großartig beurteilt, daß er einen ›Oscar‹ für Robert Burks Kameraarbeit erhielt.) Das Studio genehmigte das Ein-Millionen-Dollar-Budget, und Ende August schickte Hitchcock Herbert Coleman nach New York, um unter den neuen Gesichtern am Theater eine Hauptdarstellerin zu finden.

Die Story von J. Trevor Story weckte Hitchcocks Humor. In *Das Fenster zum Hof* hatte sich der Regisseur (aus einiger Entfernung) mit dem Problem beschäftigt, eine Leiche zu beseitigen, und er hatte sich für eine weit grausigere Lösung entschieden als Cornell Woolrich in seiner Geschichte: Hitchcocks Mörder zerlegt die Leiche seiner Frau und trägt sie in Paketen in verschiedene Teile der Stadt. (Wie Hitchcock zugab, erinnerte dies an den berüchtigten Mahon-Fall in England.) In *Immer Ärger mit Harry* ergötzte sich Hitchcock daran, sich mit einem ähnlichen Problem zu beschäftigen, diesmal aber in einem hinterlistig komischen Ton – obwohl die Komik im fertigen Film mit einem Gefühl für das Absurde korrespondiert, das in der typisch Hitchcockschen Verbindung von Tod und Sex verwurzelt ist.

Die Besetzung ging schnell voran. Herbert Coleman und seine Frau Mary Belle kamen in New York an, und ihre Tochter überredete sie, sich mit ihr das neue Musical *The Pyjama Game* anzuschauen. Coleman war von der Hauptdarstellerin so beeindruckt, daß er hinter die Bühne ging, sich als ein Repräsentant Alfred Hitchcocks und der Paramount Pictures vorstellte und darum bat, sie kennenzulernen. Erst dann bemerkte er, daß die fragliche Frau nicht Carol Haney war, die im Programm angekündigt war, sondern eine Zweitbesetzung, die nach Filmstory-Art zu plötzlichem Ruhm aufgestiegen war, als sie den kranken Star ersetzte. Die glückliche und talentierte Schauspielerin, damals gerade 20 und von feenhafter Lebhaftigkeit, war Shirley MacLaine. Am nächsten Tag arrangierte Coleman in Paramounts New Yorker Büro Probeaufnahmen, um Hitchcocks und des Studios Einverständnis einzuholen. Alle waren mehr als zufrieden.

Mitte September hatte Hitchcock New York durchgekämmt und seine Besetzung ergänzt mit der bekannten Schauspielerin Mildred Dunnock, mit John Forsythe, Mildred Natwick und, für seine vierte Rolle in einem Hitchcock-Film seit 1931, den liebenswerten, 79 Jahre alten Edmund Gwenn. Das Team zog schnell nach Vermont weiter, denn Hitchcock wollte unbedingt, so erinnert sich Mildred Dunnock, die herbstlichen Farben der Landschaft in ihrer vollen Pracht filmen. Das herbstliche Laubwerk, so erklärte er ihr, sei der wahre Grund dafür, daß er auf Originalschauplätzen für einen Film bestanden hätte, den man anderenfalls leicht in den Paramount-Studios hätte drehen können.

Im Oktober aber gab es so heftige Regenfälle, daß viele von den sorgfältig geplanten Außenaufnahmen in East Craftsbury abgesagt werden mußten; der Regisseur und seine Darsteller mußten den ›überdachten Drehort‹ benutzen – eine Innendekoration, die für den Fall unfreundlichen Wetters bereitstand, und die in der Turnhalle einer Schule in Morrisville gebaut worden war. Selbst das jedoch war schwierig, weil die Halle ein Blechdach hatte und die anhaltenden Regenfälle die Aufnahme von Originalton unmöglich machten (der Dialog mußte später in Hollywood nachsynchronisiert werden). Gleichzeitig fielen die entscheidend wichtigen Herbstblätter in den Stürmen. Hitchcock, der mit seinen Darstellern im Gasthaus von Smugglers Notch oberhalb von Stowe dinierte, legte eine stoische Haltung an den Tag und erklärte einmal mehr, letztendlich handle es sich ja nur um einen Film; er fügte hinzu, die Landschaft werde sie alle überdauern und den Film auch.

Diese Bemerkung beinhaltete beinahe eine tragische Prophezeiung, denn an nächsten Tag krachte eine 400 Kilo schwere Farbkamera, die auf einen Kran montiert war, auf den Boden der Turnhalle, wobei sie Hitchcocks Schulter streifte, als er sich vorbeugte, um den Darstellern Anweisungen zuzurufen. Für einige Stunden klarte es auf, und man filmte einige Hintergrundaufnahmen, die man später künstlich den in Hollywood gedrehten Szenen hinzufügte (die Schauspieler wurden vor einer Leinwand gefilmt, auf die man die Außenaufnahmen von hinten projizierte). Als sich die Wolken schließlich ganz verzogen, mußte das Team, das mit dem Drehplan schon längst in Verzug war, zurück nach Kalifornien. Ein paar Techniker blieben zurück und sammelten gefallene Blätter, die später – eins nach dem anderen – an Gipsbäume in den Paramount-Studios geklebt wurden.

Die Rückkehr nach Hollywood im November wurde von einem erfreulichen und wichtigen Ereignis inmitten nervöser Aufregung um Zeitprobleme geprägt – und von einigen Streitpunkten zwischen Hitchcock und Shirley MacLaine. Nachdem Hitchcock vergeblich versucht hatte, sich Bernard Herrmann für frühere Filme zu sichern, konnte er ihn endlich verpflichten, für *Immer Ärger mit Harry* eine flotte und einfallsreiche Musik zu komponieren – und in den nächsten neun Jahren blühte eine brillante Zusammenarbeit. Es mag erstaunlich sein, daß sie so erfolgreich sein sollte, denn beide Männer waren stur, manchmal störrisch; sie konnten keineswegs Beschwerden zeitweiser Mitarbeiter oder Untergebener oder der Studiobosse geduldig ertragen. Aber jenseits ihres Stolzes und ihrer begabten Persönlichkeiten fanden sich gemeinsame Bindungen: Hitchcock und Herrmann hatten beide ein dunkles, tragisches Verständnis des Lebens, eine schwermütige Sicht menschlicher Beziehungen, und sie verspürten den Drang, die private Welt romantischer

Fantasien ästhetisch zu erkunden. Herrmanns erste Musik für Hitchcock trug dazu bei, die Stimmung eines im Grunde statischen, theaterhaften Films unbeschwerter zu machen – und der Regisseur war hocherfreut darüber, daß die Musik nie die Geräusche eines Körpers überlagerte, der über trockenen Boden gezogen wird, jene ›kleinen geräuschlosen Geräusche zwischen den Blättern‹, die an Keats und jetzt an Hitchcock erinnerten.

Nachdem er vier Filme in 17 Monaten fertiggestellt hatte – eine außerordentliche Leistung in jeder Hinsicht, selbst für einen viel jüngeren Regisseur –, fuhr Hitchcock mit Alma zu ihrem Hochzeitstag und über Weihnachten nach St. Moritz. Im Januar ging es dann weiter nach Paris zur Synchronisation der französischen Darsteller in *Über den Dächern von Nizza*. In den Joinville-Studios traf Hitchcock einen 23jährigen Filmreporter, der wegen eines Interviews gekommen war. Allerdings war der nervöse junge Mann patschnaß. Auf dem Weg ins Studio war er in einen eiskalten Teich in der Nähe gefallen, und für das Interview mußte ein neuer Termin festgesetzt werden. Der Name des aufgelösten Bewunderers war François Truffaut.

12

1955–1959

Noch bevor die Hitchcocks wieder zu Hause ankamen, hatte John Michael Hayes bereits mit der Arbeit an seiner nächsten Aufgabe begonnen. Hitchcocks Agenten hatten von David O. Selznick die Rechte zu *The Man Who Knew Too Much* gekauft, einem Film, den der Regisseur schon seit langem hatte noch einmal und besser drehen wollen. Während der Zeit bei Selznick hatten Hitchcock und John Houseman bereits daran gedacht, die Geschichte in eine amerikanische Umgebung zu verlegen, aber es war ihnen nicht gelungen, den Figuren genügend Leben zu verleihen; wie Hitchcock sich erinnerte, standen damals immer die politischen Aspekte der Geschichte der Erzählung im Weg*. Jetzt aber, mit dem begabten und fleißigen Hayes als Mitarbeiter und nach fünfzehnjähriger Vertrautheit mit dem amerikanischen Lebensstil, fühlte sich Hitchcock in der Lage, sein Melodram in die Geschichte einer Familie umzusetzen, die durch internationalen Terrorismus, Kidnapping, einen Attentatsplan – und auch ihr eigenes sorgloses Temperament – beinahe zerstört wird. Die Geschichte, die Hitchcock vorschwebte, war politisch prophetisch, zeugte in psychologischer Hinsicht von Reife und funktionierte auch auf der Gefühlsebene. Vor allem, sagte Hitchcock, brauchte sie einen erstklassigen Dialog.

Mitte Januar, wieder zurück in Bel Air, arbeiteten Hitchcock

* In einer langen Aktennotiz vom 30. Dezember 1941 berichtete John Houseman Selznick von dem Projekt. Die neue Version sollte in Sun Valley, Idaho, beginnen (anstelle des Originalschauplatzes in der Schweiz), sich dann an einem südamerikanischen Handlungsort (mit einer Karnevalsszenerie als Hintergrund) bewegen, um dann nach New York zu wechseln. Im Zentrum der Handlung stand ein geplantes Attentat auf den Präsidenten Brasiliens, das die brasilianisch-amerikanischen Beziehungen stören sollte. Eine Gala in der Metropolitan-Oper sollte den Höhepunkt in der Albert Hall ersetzen, und der Schlupfwinkel der Spione sollte ein altes viktorianisches Landhaus in Fort Lee sein, auf der anderen Seite des Hudson Rivers in New Jersey.

und Hayes ein siebenundsiebzigseitiges Treatment aus, das die Geschichte in Marrakesch und London ansiedelte, gaben der Handlung eine Struktur und planten das Arrangement der Szenen. Dann begann Hayes mit erstaunlicher Geschwindigkeit und viel Geschick das Drehbuch zu schreiben. Hitchcock und Alma dehnten ihren Winterurlaub aus, verbrachten einige Zeit mit ihren beiden jungen Enkeltöchtern und zogen sich nach Santa Cruz zurück. Alma fiel es jetzt leichter, für ihre Enkelkinder Geschenke zu kaufen. Zuvor, als die Hitchcocks in Vermont waren, um *Immer Ärger mit Harry* zu drehen, hatte sie mit Mary Belle Coleman ein ländliches Geschäft besucht, wo Alma zwei Schaukelstühle für Pats Töchter hatte kaufen wollen; sie zögerte dann und kaufte sie schließlich doch nicht, denn Hitchcock hatte sie davor gewarnt, den Enkelkindern zuviel Aufmerksamkeit zuzuwenden. Sie würden früh genug zu viel verwöhnt werden, hatte er gewarnt – sich über den Grund dieser Warnung aber nicht weiter ausgelassen. Aber jetzt –, zumindest im Augenblick, schien das Schenken für Hitchcock weniger ein Problem zu sein – er schien überhaupt das ganze Leben leichter zu nehmen, auch sein Familienleben und die Arbeit.

Zu dieser Zeit unterschrieb er auch einen lukrativen Vertrag mit Richard E. Decker, einem Geschäftsmann aus Florida, der sich dazu entschlossen hatte, sich an einem Alfred-Hitchcock-Kriminalgeschichten-Magazin zu versuchen. »Ich verkaufte ihm nur das Recht, meinen Namen zu benutzen«, sagte Hitchcock. »Es war wie bei den Fred-Astaire-Tanzschulen: Ich hatte mit der ganzen Sache überhaupt nichts zu tun« (außer natürlich die Schecks einzulösen, die regelmäßig eintrafen)*. Eine Weile erschien auch Pat Hitchcock O'Connells Name als ›Mitherausgeber‹ auf den Titeln; ihr Vater hatte arrangiert, daß ihr ein kleiner Teil dieses Einkommens zufloß.

Aber die ansehnliche Entlohnung für die Verwendung seines Namens und Bildes auf verschiedenen Publikationen sollte bei weitem von den Konditionen eines Vertrags in den Schatten gestellt werden, der nun folgte, Hitchcocks Vermögenslage endgültig veränderte und seinen Namen noch umfassender eta-

* Hitchcock erhielt jetzt auch prozentuale Beteiligungen am Erlös der Kurzgeschichten-Anthologien, die unter dem Etikett ›Herausgegeben von Alfred Hitchcock‹ erschienen. In beiden Fällen wurde er lediglich für die Verwendung seines Namens bezahlt; die Einführungen und Vorworte, unter denen seine Unterschrift stand, wurden stets von nichtgenannten Ghostwritern verfaßt.

blierte. Begleitet von Fernsehdirektoren und etwaigen Sponsoren, trafen sich Lew Wasserman und seine Kollegen von MCA im Frühjahr des Jahres 1955 einige Male mit Hitchcock. Wenn Hitchcocks Name schon Profite an den Kinokassen versprach, warum dann nicht auch versuchen, mit ihm das Publikum im Wohnzimmer zu erreichen? Unter diesen Überlegungen fanden Verhandlungen für eine Serie von Fernseh-Melodramen namens Alfred Hitchcock Presents statt.

In der Zwischenzeit spielte Hitchcock in Santa Cruz immer häufiger und immer freundlicher den Gastgeber. Und diese Zeit war eine der zufriedensten in seinem Leben. Wenn er auch nicht den Oscar gewann, so war er doch erfreut, daß er zumindest als bester Regisseur für *Das Fenster zum Hof* nominiert worden war.

»Die Vereinigung der amerikanischen Kriminalschriftsteller verlieh mir für diesen Film den Edgar Adward für die beste Kriminalgeschichte«, erzählte John Michael Hayes,

> und ich dachte, das würde Hitch sehr freuen. Aber er erschien nicht zur Feier, und als ich die kleine Keramik-Statue in sein Büro brachte, schob er sie mir wieder zu und sagte: »Du weißt doch, daß sie aus demselben Material Toilettenbecken machen.« Ich spürte, daß es ihm nicht gefiel, daß ich einen Preis erhalten hatte und er nicht.
>
> Ein paar Wochen später schrieb ich für die *New York Times* einen Artikel über die Arbeit mit Hitch. Der Artikel war sehr positiv und lobte seine Arbeit – er aber rief mich herein und sagte, während er den Artikel zerriß: »Junger Mann, Sie sind hier angestellt, um für mich und die Paramount zu schreiben, nicht für die *New York Times*.«

Verwirrt und ärgerlich über diese herablassende Haltung machte sich Hayes wieder an das Drehbuch für *The Man Who Knew Too Much* (Der Mann, der zuviel wußte). Währenddessen beschäftigten sich die Büros der Paramount in den Monaten Februar und März damit, die Dekorationen und Kostüme zu entwerfen, die Rollen zu besetzen, die Drehtermine zu planen, Drehorte zu mieten und mit all den tausend anderen Details, die notwendig sind, einen teuren Spielfilm zu produzieren.

Hitchcock wußte, daß er für diesen Film, der in Nordafrika und London, aber auch in den Hollywood-Studios gefilmt werden sollte, einen erstklassigen Art Director brauchte. Er ließ sich von Robert Burks den besten Mann bei Paramount empfehlen. So kam Henry Bumstead, der zu jener Zeit gerade mit Michael

Curtiz an *König der Vagabunden* arbeitete, zu Hitchcock – zu Hitchcocks großer Freude, wie sich noch herausstellen sollte, denn Bumsteads Produktionsentwürfe für *Der Mann, der zuviel wußte, Aus dem Reich der Toten, Topas* und *Familiengrab* sind großartige Beiträge zu der visuellen Kunst in Alfred Hitchcocks Filmen*. Zur selben Zeit wurde Hitchcock auch eine junge Frau namens Suzanne Gauthier empfohlen, die bei Paramount angestellt war. Sie wurde zunächst seine intelligente, loyale und diskrete Assistentin und später dann seine Privatsekretärin, was sie bis zum Ende seiner Karriere blieb.

Inmitten all der Aktivitäten gelang es Hitchcock noch, James Stewart für die Hauptrolle des Films zu engagieren. »Ich erinnere mich, daß er es eigentlich nicht leiden konnte, wenn Schauspieler im Film sprachen«, sagte Stewart. »Wann immer er konnte, kürzte er den Dialog. Für ihn war das Visuelle das wichtigste Element im Film.«

Kurz nachdem Stewart Mitte April in Hitchcocks Büro gewesen war, wurde auch bekannt, daß Hitchcock die amerikanische Staatsbürgerschaft annehmen wollte. Die Entscheidung hatte Jahre gedauert, aber jetzt endlich wollte er Alma folgen, die diesen Schritt schon ein Jahrzehnt früher getan hatte. Hitchcock überraschte seine Umgebung mit der Bitte, die Behörden zu fragen, ob der Richter für diesen Akt nicht ins Studio kommen könne. Er wolle seinen Treueschwur auf die Vereinigten Staaten dort ablegen, um keine Zeit bei der Arbeit zu verlieren. Coleman und Bumstead sagten ihm, daß das nicht den Formen entspräche, und obwohl Hitchcock dagegen protestierte, vor dem Los-Angeles-Country-Gericht zusammen mit einer Schar gewöhnlicher Einwanderer erscheinen zu müssen, unterbrach er dann doch zögernd seine Arbeit.

Bumstead fuhr ihn am 20. April 1955, einem Mittwoch, zu dem feierlichen Akt. Alfred Joseph Hitchcock wurde Bürger der Vereinigten Staaten von Amerika. Wieder im Studio, wurden Champagner und Kuchen serviert, Trinksprüche wurden ausgebracht – und Hitchcock verkündete mit ungebrochener Ironie, daß er am Samstag in sein Vaterland zurückkehren werde,

* Es gehörte zu Hollywoods Standardgewohnheiten, daß der Chef der Entwurfsabteilung des Studios – bei Paramount war das Hal Pereira – bei wichtigen Filmen auch im Titelvorspann genannt wurde. Bumstead zufolge handelte es sich in diesem Fall aber nur um eine nominelle Nennung. Hitchcock arbeitete nur mit ihm eng zusammen, nicht aber mit Pereira.

um dort nach Drehorten für *Der Mann, der zuviel wußte* Ausschau zu halten und die passenden ausländischen Schauspieler für die wichtigsten Nebenrollen auszuwählen.

Aber nicht nur sein Sinn für Ironie und Timing war ungetrübt: Auch sein diebisches Vergnügen, andere zu schockieren, zeigte sich am selben Tag. Henry Bumstead, ein Kollege, der so ernsthaft bei der Arbeit war, wie Hitchcock es sich für sein Team nur wünschen konnte, wurde in das Büro des Regisseurs gerufen und in eine Situation gebracht, die an die Tage Dickie Bevilles erinnerte. Hitchcock rief seine Sekretärin herein und fragte sie, als sei es so normal wie die Bitte um eine Tasse Kaffee: »Dolores, würden Sie gerne mit Henry Bumstead bumsen?« Die arme Frau war ebenso überrascht und beschämt wie der Art Director, aber bevor einer von beiden seine Fassung wieder soweit zurückgewonnen hatte, daß er etwas sagen konnte, fuhr Hitchcock schon wieder mit seinen Tagesgeschäften fort, als habe er überhaupt nichts gesagt.

Die Tagesgeschäfte schlossen an diesem Tag mit dem Treffen mit einer Schauspielerin ab, mit der er schon lange hatte arbeiten wollen. »1951 trafen Hitchcock und ich uns zufällig auf einer Party«, erinnerte sich Doris Day. »Keiner von uns beiden stand im Ruf, ein Partygänger zu sein, und ich glaube, es überraschte uns beide, uns in dieser Umgebung zu treffen.« Sie war noch überraschter, als er ihr zu ihrer darstellerischen Leistung in dem Film *Storm Warning* gratulierte und sagte, er hoffe, daß sie irgendwann einmal einen Film mit ihm drehen würde. 1955 war es dann soweit, und obwohl sie nie zuvor Amerika verlassen hatte und obwohl sie die Idee einer Flugreise immer noch sehr beunruhigend fand, folgte sie dem Ratschlag ihres Ehemannes und akzeptierte die Chance, mit Hitchcock und Stewart zu arbeiten, der inzwischen an den Gewinnen der Hitchcock-Filme prozentual beteiligt war, aber vor allem ein zuverlässiger Partner war.

»Das erste Mal, als ich Hitchcock während der Arbeiten an *Der Mann, der zuviel wußte* traf«, sagte Doris Day, »war ich mit Edith Head zusammen und sprach über meine Garderobe. Hitchcock kam herein. Er wollte die Entwürfe sehen und über sie beraten. An diesem Tag verwarf er einige Entwürfe und äußerte sich sehr präzise, wie er sich meine Garderobe vorstellte.« Aber wenn auch seine präzise Sorge um ihr Image an seine frühere Haltung zu Ingrid Bergman und Grace Kelly erinnerte, so zeigte sein persönlicher Umgang mit ihr doch nichts anderes als kühle Freundlichkeit. Und das sollte ihr schließlich noch beträchtliche Sorgen bereiten – nicht, weil sie eine besonders tiefe Freundschaft erwartet hatte, sondern weil er in Gedanken immer sehr weit weg zu sein schien und den Anschein erweckte, als sei ihm alles egal.

Bald verlangte der Zeitplan, daß Hitchcock nach London abfuhr, obwohl das Drehbuch bei weitem noch nicht fertig war. »Als ich das Drehbuch zu *Der Mann, der zuviel wußte* schrieb, war Hitchcock nicht da, wie er es bei *Über den Dächern von Nizza* gewesen war«, sagte Hayes. »Wir hatten gemeinsam ein detailliertes Treatment entwickelt, aber die Drehzeit rückte sehr schnell heran, und sie mußten alle nach London und Afrika abreisen. Deshalb fuhren sie nur mit den ersten fertigen Seiten des Drehbuchs los. Ich schrieb weiter jeden Tag acht bis zehn Seiten in Hollywood, und die wurden ihnen dann per Kurier nachgeflogen. Dann begab ich mich nach London und schrieb weiter, während die fertigen Seiten ins Studio gebracht wurden. Es geschah alles in sehr großer Eile.«

Eile oder nicht, das Drehbuch, wie es Hitchcock dann in den Film umsetzte, war ein Meisterstück. Bernard Miles, der Gründungsdirektor des Mermaid Theatre und ein Schauspieler, den Hitchcock bewunderte, wurde für die einstige Rolle Peter Lorres (die nun umgearbeitet und noch komplexer war) besetzt. Brenda de Banzie übernahm die Rolle seiner Ehefrau, eine der faszinierendsten Persönlichkeiten in einem Hitchcock-Film.

»Hitchcock kannte den Cockney-Slang, die Reime und all die besten schmutzigen Geschichten aus dem East End«, erinnerte sich Miles.

Wir witzelten miteinander und erinnerten uns an die Filmstudios in den frühen Tagen. Ich fand, daß er ruhig, eloquent und angenehm war. Noch dazu war er ein unbezwingbarer Cockney, der nie auch nur einen Millimeter in Richtung eines amerikanischen Akzents abwich, obwohl er schon seit mehr als 15 Jahren in Amerika lebte. Und er kleidete sich nie wie ein amerikanischer Filmemacher.

Er kultivierte in seiner ganzen Art, Sprache und Erscheinung das Britentum alten Stils. Aber das war von ihm aus betrachtet auch eine sehr intelligente Maske, denn ich glaube, daß er wußte, daß er den Leuten gar nicht hätte aggressiv gegenübertreten können – so war seine Persönlichkeit nicht gebaut. Er schien sich immer mehr mit technischen Fragen als mit den Schauspielern zu befassen, und er vermittelte uns allen immer den Eindruck, das Ganze sei ein Freizeitvergnügen, und er sei nur jemand, der auch daran teilnehme.

Ich erinnere mich, wie mir James Stewart sagte: »Wir befinden uns hier in den Händen eines Experten. Man kann sich auf ihn verlassen. Machen Sie nur alles so, wie er es sagt, und alles wird okay sein.« Ich folgte seinem Rat, und das Ganze war eine sehr angenehme Erfahrung – wahrscheinlich, weil Hitchcock und ich ein gemeinsames Geheimnis hatten: Kenntnisse von britischem Humor und Slang. Aber seine Darsteller verärgerte er durch zuviel Aufmerksamkeit ganz sicher nicht.

Es war genau dieser lockere Umgang mit seinen Schauspielern – eine Haltung, die schon gefährlich nahe an völlige Vernachlässigung grenzte – die zur Unzufriedenheit seiner Hauptdarstellerin führte. »Mein Mann und ich und Jimmy und (seine Frau) Gloria Stewart kamen einige Wochen nach unserem London-Aufenthalt in Marrakesch an«, erinnerte sich Doris Day.

Die Armut und Unterernährung in diesem Land störten mich noch erheblich mehr, als so weit von zu Hause weg zu sein. Ich liebte Mr. Hitchcocks Humor, und natürlich war er immer sehr höflich zu mir, obwohl er, glaube ich, nicht verstand, warum ich nicht so wild auf das Essen in diesem Land war. Er war sehr großzügig und freigebig im Restaurant des Hotels. Er ließ Essen aus Paris und London kommen und bestand darauf, zu jedem Gang den passenden Wein zu bestellen – aber als wir dann die Außenaufnahmen in Afrika zu drehen begannen, fühlte ich mich sehr unglücklich.

Er sagte zu mir kein einziges Wort, weder vor noch während, noch nach einer Szene, und deshalb gewann ich die Überzeugung, daß ihm meine Arbeit nicht gefiel und war ganz niedergeschmettert. Wir drehten einfach die Szenen, und das war's. Alles ging sehr zivilisiert zu, sehr höflich und professionell, aber ich war überzeugt, daß ich die schlechteste Schauspielerin war, die er je gehabt hatte – er sagte einfach nie ein Wort zu mir, und ich kam immer mehr zu der Überzeugung, er fühle sich mit einer Schauspielerin gestraft, die er nicht wollte. Ich sagte zu meinem Mann, daß es sicherlich das Beste sei, wenn ich versuchte, aus diesem Film auszusteigen, bevor wir die ganzen Innenaufnahmen in Kalifornien drehen würden. Ich arrangierte schließlich ein Treffen mit Mr. Hitchcock und sagte zu ihm, mir sei klar, daß ich ihm nicht gefiele und daß er mich auswechseln könne, wenn er wolle.

Er war völlig überrascht! Er sagte, das genaue Gegenteil treffe zu. Er sei der Meinung, ich mache alles ganz genau richtig – und wenn das

nicht so gewesen wäre, dann hätte er es mir schon zu verstehen gegeben.*
Dann fügte er hinzu, er sei ängstlicher – vor dem Leben, vor Zurückweisungen, vor Beziehungen – als irgend jemand anderer. Er erzählte mir, er sei zu ängstlich, um vom Paramount-Gelände auf die andere Straßenseite zu gehen, weil er sich so vor Menschen fürchte. Er tat mir dann so leid, nachdem er mir das gesagt hatte, und von da an fühlte ich mich besser, wenn ich für ihn arbeitete.

Doris Days Leistung im Film ist fehlerlos – besonders in den Szenen, die mit dem Kidnapping ihres Sohnes zu tun haben. Diese Szenen zeigen sicherlich die besten Beispiele kontrollierter Hysterie, die jemals gefilmt wurden. Die Szene, in der James Stewart ihr ein Beruhigungsmittel gibt, bevor er ihr von dem Kidnapping erzählt, ist ein wunderbar gezeichnetes Porträt einer Frau unter dem Ansturm von Gefühlen. Sie und Stewart probten die Szene alleine, und als Hitchcock eintraf, lieferte sie ihm gleich beim ersten Anlauf eine perfekte Szene. Sie war zu jener Zeit selbst Mutter eines jungen Sohnes und hatte die Gefühle dieser Rolle soweit verinnerlicht, daß das Ergebnis nicht berechnet oder verkopft aussah. »Was mir in dieser Szene zustieß, schien sehr real«, sagte sie. »Mir schien tatsächlich, daß ich meinen Sohn an einen Kidnapper verloren hätte. Ich durchlebte diese Prüfung.«

Stewart, der schon seine dritte Rolle für Hitchcock spielte, konnte weder Hitchcocks etwas achtloser Umgang mit Schauspielern noch Doris Days erstklassige Leistung überraschen. »Am Anfang«, sagte er, »war das Ganze für sie sicher schwer. Aber Doris überraschte viele Leute mit ihrer darstellerischen Leistung in *Der Mann, der zuviel wußte.* Hitch überraschte sie nicht. Der wußte, was er von ihr erwarten konnte. Das Talent einer Sängerin zur Phrasierung, ihre Fähigkeit, ihr Herz in ein Stück Musik zu legen, ist von der Schauspielerei nicht allzu weit entfernt. Auch dort ist es das Ziel, dem, was auf dem Papier steht, Leben und Überzeugungskraft zu geben.«

Und noch ein anderes Mitglied des Teams, Reggie Nalder, der den Attentäter spielte, erinnert sich an Hitchcocks ruhige, distanzierte Art vom Anfang bis zum Ende des Films. Dank

* Nach den Dreharbeiten von *Das Fenster zum Hof* sagte die Schauspielerin Thelma Ritter zu einem Freund: »Wenn Hitchcock gefiel, was man machte, sagte er nichts. Wenn es ihm nicht gefiel, machte er so ein Gesicht, als müsse er sich gleich übergeben.«

Hitchcock spielte Nalder, ein Wiener Tänzer und Bühnenschauspieler, in seinem ersten amerikanischen Film. Für die Szene in der Albert Hall, in der Nalder auf den Mann schaut, den er töten soll, gab Hitchcock ihm den Rat: »Schau ihn liebend an, so wie du auf eine wunderschöne Frau schauen würdest.« So wie sie dann auf die Leinwand kam, knistert die Sequenz in der Albert Hall – eine der ganz großen Sequenzen in Hitchcocks Werk – vor Spannung und Angst. Die Kameraperspektive wechselt aus der Doris Days zu der Nalders, dann zu der des Zuschauers und schließlich zu der des Beckenschlägers, dessen Beckenschlag den Knall des tödlichen Schusses überdecken soll. Die moralische Frage steht so klar im Raum wie die Spannung: Wird Doris Day aufschreien und damit das Leben ihres Sohnes riskieren, um einen Mann zu retten, den sie nicht einmal kennt? Oder wird sie stumm bleiben, Zeugin des Todes eines Mannes werden, aber möglicherweise ihren Sohn retten? In dieser Frage liegt die Spannung – nicht in den äußerlichen Arrangements, sondern im Kopf, im Willen und im Gefühl. Dort lagen die Konflikte immer für Hitchcock und seine Protagonisten.

Im Vorwort der zweiten Ausgabe ihres Romans *Wise Blood* schrieb Flannery O'Connor über das Dilemma der inneren Ordnung: »Freier Wille bedeutet nicht einen Willen, sondern viele widerstreitende Willen in einem Menschen. Freiheit kann man sich nicht simpel vorstellen. Sie ist ein Geheimnis, das ein Roman, sogar ein komischer, nur noch vertiefen kann.« Das beschreibt exakt den Spannungsbogen der moralischen Frage, aus der Hitchcocks seriös-komischer Film *Der Mann, der zuviel wußte* seine Spannung bezieht: Viele Willen widerstreiten sich in einem Menschen. Und Doris Days Schrei, der die Harmonie und Ordnung des Konzerts zerstört, ist das unvermeidliche Resultat des Zusammenpralls innerer und äußerlicher Kräfte.

Man braucht nicht viel über die politischen Hintergründe der Geschichte zu erfahren – und Hitchcock erzählt auch nichts über sie –, weil sein wirkliches Interesse den Gefühlen der Personen gilt, die John Michael Hayes' Script in seiner Komplexität so gut beschreibt.* Das Motiv des Gesangs findet seine

* Die Zeichnung der Figuren in der zweiten Version ist in jeder Hinsicht der in der ersten überlegen, in der Lorres merkwürdige Begleiterin (Cicely Oates) lediglich vorhanden ist, aber nie zu einer eigenständigen Figur wird. Weder sie noch Lorre haben die Reichweite der Figuren, die Bernard Miles oder Brenda de Banzie spielen. Ebenso ist das Kind in der er-

wahre Bedeutung in dem Schrei während des Konzerts. Und der Schrei wird perfekt ausbalanciert durch den zweiten Schrei, den Brenda de Banzie nur Augenblicke später in dem Botschaftsgebäude ausstößt, während Doris Day ihre improvisierte Vorstellung am Klavier gibt. Jetzt ist die Mutter (Day) die Musikerin, die singt und so die Gefühle und den Willen in der Ersatz-Mutter (de Banzie) zur Kollision zwingt. Die Ersatzmutter reagiert dann emotionell, indem sie schreit und das Kind freiläßt. Doris Day ist die Frau, die gezwungen war, ihre Karriere als Sängerin wegen der ihres Mannes, eines Arztes, aufzugeben; so wird aus ihrem Schrei in der Albert Hall ein Lied – der Schrei der Verzweiflung, der Schrei um Hilfe, der Schrei nach Wiedergeburt. Aus einem Konzert wird buchstäblich ein Wettstreit, ›all jener, die darum kämpfen‹, sich für das Leben zu entscheiden.

Aber wenn der abgeschlossene Film auch eine großartige Leistung aller Beteiligten war, so verschlechterten sich doch die Beziehungen zwischen denen, die da zusammengearbeitet hatten, schnell. »Nach vier Filmen mit Hitchcock«, sagte John Michael Hayes,

hatte ich das Gefühl, ich hätte eine Gehaltserhöhung verdient. Ich war der Meinung, daß ich gute Drehbücher für ihn geschrieben und eine mehr als kompetente Arbeit geliefert hatte – und die Kritiker und das Publikum glaubten das auch. Aber Hitchcock war sehr knauserig, wenn es ums Geld ging, und er verschob das Gespräch über eine Gehaltserhöhung immer wieder. Nach vier Filmen hatte ich insgesamt nur 75 000 Dollar erhalten – brutto –, was selbst in jenen Tagen keine besonders üppige Gage darstellte. Ich hatte Familie, und, offen gesagt, dieses Gehalt, verteilt über einen Zeitraum von drei Jahren, reichte gerade knapp, um uns über Wasser zu halten.

Aber es ging nicht nur – oder in erster Linie – um das Geld. Hitchcock hatte seinen alten Freund Angus MacPhail als technischen Berater zu *Der Mann, der zuviel wußte* geholt, während wir in London drehten. MacPhail war beim britischen Geheimdienst gewesen, und Hitchcock glaubte, er könne etwas zu dieser Sache mit den arabischen und französischen Spionen beisteuern. Aber der arme Angus MacPhail war ein sterbender Alkoholiker, und das einzige, was er machen konnte, war

---

sten Version (Nova Pilbeam) lediglich als Vorwand für das Kidnapping vorhanden; in der zweiten Fassung ist das Kind (Christopher Olsen) abwechselnd ein Zeichen dafür, wie weit sie voneinander entfernt sind oder wie nahe sie sich sind. Wo der Dialog behauptet, daß der Vater ›zuviel weiß‹, antwortet das Kind immer auf alle Fragen mit ›Ich glaube‹. Für eine gründlichere Erörterung der Struktur dieses außergewöhnlichen Films siehe Donald Spoto, *The Art of Alfred Hitchcock,* S. 267–281.

dazusitzen und vor Krankheit zu zittern.* Ich glaube, daß Hitchcock möglicherweise versuchte, MacPhail einen Gefallen zu tun, indem er ihn beschäftigte, denn sie kannten sich noch aus alten Zeiten. Aber der Mann hat wirklich nichts am Script gearbeitet. Deshalb war ich dann auch so schockiert, als ich nach Hollywood zurückkam und Paramount mir mitteilte, daß Hitchcock darauf bestand, daß MacPhails Name neben meinem als Drehbuchautor genannt wurde.

Hitchcock sagte mir, daß er darauf beharre, MacPhails Namen dort zu behalten, und ich sagte, ich würde die Angelegenheit der Schiedskommission der Vereinigung der Drehbuchautoren unterbreiten. Er erwiderte, wenn ich das täte, spräche er nie wieder mit mir und ich könne nie wieder mit ihm arbeiten. Für mich war das aber eine Frage des Prinzips und auch eine meiner Karriere, die Hitchcock überhaupt nicht interessierte. Die Autorenvereinigung regelte die Angelegenheit dann: Man las alle Entwürfe des Drehbuchs, schaute sich alle Notizen und Aktennotizen an und entschied dann, daß es sich in der Tat einzig um meine Arbeit handelte – MacPhails Name wurde entfernt. Und ich wußte, daß meine Tage mit Alfred Hitchcock gezählt waren.

Schließlich, als ob er ganz genau wüßte, daß es für den Autoren unmöglich anzunehmen war, würgte Hitchcock jede weitere Zusammenarbeit ab. Er fragte Hayes, ob der mit ihm für einen weiteren Film zu Warner Brothers gehen wolle, allerdings ganz ohne festes Gehalt.

Hitchcock hatte zugestimmt, gegen eine prozentuale Gewinnbeteiligung für sie einen Film zu machen, ohne festes Gehalt. Und er war der Meinung, ich solle dasselbe machen. Er sagte, ich schulde ihm das, denn er habe mich schließlich berühmt gemacht, mich aus der Obskurität geholt, einen Autoren aus mir gemacht. Aber ich konnte es mir nicht leisten, ohne festes Gehalt zu arbeiten, dazu noch an einem Projekt, von dem ich ohnehin versucht hatte, ihm abzuraten.

Nun, meinen Rat vertrug er nicht sehr gut. Es war wirklich alles sehr traurig. Ich hatte für wenig Geld hart gearbeitet. Wir waren dabei, Ideen für neue Filme zu entwickeln. Dann sollte ich ohne Gehalt arbeiten und sein treuer und untergebener ›junger Mann‹ bleiben. Aber ich konnte mich durch meine Arbeit für ihn noch nicht einmal ordentlich ernähren. Ich konnte auch nicht länger als dieser brave Untergebene arbeiten. Er sagte immer nur: »Das werden Sie jetzt genau so machen, wie ich es Ihnen sage.« Und ich hatte das Gefühl, daß das nicht richtig war.

Jahrelang habe ich über das Ende unserer Beziehung nachgedacht.

---

* »Es war sehr traurig«, sagte auch Herbert Coleman. »Oft mußten wir ihn aus seiner Wohnung ins Krankenhaus schaffen. Er konnte nicht mehr viel zuwege bringen.«

Ich habe so viel davon gelernt, mit Hitch zu arbeiten, so viel über alle Aspekte der Konstruktion eines Films, über Kameraarbeit und Planung einer Handlung. Trotz all seiner Überempfindlichkeit hatte mir das Erlebnis Spaß gemacht. Ich hatte das Gefühl, es hätte weitergehen können, daß wir noch sechs oder zehn oder ein Dutzend Filme hätten zusammen machen können. Ich hielt uns für ein effektives Team, aber dann hörte ich, wie er anderen Leuten erzählte, er hätte aus mir alles rausgeholt, was er konnte und daß ich seinen Befehlen nicht mehr gehorchte – was in gewisser Weise sicherlich stimmte, da ich ja an meine Familie und meine Karriere denken mußte. Lange, lange Zeit war ich sehr traurig darüber, daß er die Zusammenarbeit beenden wollte.

Ende Juli 1955 waren die Dreharbeiten zu *Der Mann, der zuviel wußte* abgeschlossen, und am 4. August kam landesweit *Über den Dächern von Nizza* in die Kinos. Das Publikum stand Schlange, um die glamourösen Bilder von Grace Kelly und Cary Grant zu sehen, wenn auch die Kritiken geteilt waren. ›Recht oft‹, war in einer typischen Negativ-Kritik zu lesen, ›kann man an den Schauspielern vorbeischauen und die schöne Aussicht genießen, ohne etwas Wesentliches zu versäumen.‹ Und der *Hollywood Reporter* hatte das Gefühl, daß Hitchcock in den ersten fünf Minuten von *Über den Dächern von Nizza* mehr Fehler begangen hatte als in all seinen anderen Filmen zusammen. Laut John Michael Hayes schickte Hitchcock dieser Kommentar vor Gram drei Tage zu Bett.

Er erholte sich schnell wieder, nachdem er sich entschlossen hatte, eine neue lange Reise zu unternehmen. Die Reisen nach Afrika und England für *Der Mann, der zuviel wußte* waren angenehme Ausflüge gewesen, Gelegenheiten, das Vergnügen mit der Arbeit zu verbinden. Diese Weltreisen hoffte er auch bei seinem nächsten Projekt fortsetzen zu können; im folgenden Jahr sollte er dann in der Tat in Südafrika für einen Spionage-Thriller auf Motivsuche gehen. Im Augenblick aber, Ende August, machte er sich zunächst einmal daran, sein Versprechen an Jack Warner zu erfüllen. Dazu brachte er Angus MacPhail zunächst nach Kalifornien und dann nach New York, um mit ihm an dem neuen Film zu arbeiten.

Wie es sich so ergab, besaßen die Warner Brothers die Filmrechte an einer authentischen Geschichte, die perfekt mit Hitchcocks Sicht der Welt als einem Platz zusammenfiel, an dem sich Unschuld und Schuld unentwirrbar verstricken und wo sich nur eine dünne Haut geordneter Zivilisation über eine Welt des sozialen Chaos und metaphysischen Unsicherheit spannt. Am 14. Januar 1953 wurde ein New Yorker Musiker namens Christopher Emmanuel Balestrero verhaftet und des Raubüberfalls angeklagt. Er war unschuldig, aber bevor sich das herausstellte (der wirkliche Räuber wurde auf frischer neuer Tat ertappt und gestand), durchlitt er einen doppelten Alptraum: Er kam ins Gefängnis, und seine Frau erlitt einen Nervenzusammenbruch. Herbert Brean erzählte diese bizarre und traurige Geschichte in ›A Case of Identity‹, einem Stück, das in *Life* im Juni 1953 erschien. Gleichzeitig verkaufte Brean das Filmtreatment an Warner Brothers.*

Was Hitchcock anzog, war nicht nur die Verwechslung von Unschuld und Schuld, nicht nur die Möglichkeit, endlich detailliert filmen zu können, wie jemand festgenommen, beschuldigt und eingesperrt wird, so wie er es Jahre zuvor in New York beobachtet hatte. Ferner sah er, so sagte er zu Maxwell Anderson (den er Warner zu engagieren bat, um mit ihm und MacPhail zu arbeiten), ein enormes Gefühlspotential in der Situation, die sich aus dem Zusammenbruch der Frau ergab – ein Element, das beim Verfassen des Films *Der Mann, der zuviel wußte* erst in der Schlußphase noch eingeführt worden war. Hitchcock sagte, er wolle den Schrecken des unschuldigen Mannes und das Trauma seiner Ehefrau zeigen, den Verlust geistiger Gesundheit und des familiären Gleichgewichts – diesmal aber nicht (wie im vorigen Film) in einer Urlaubssituation, sondern in vertraut nachbarlicher Umgebung. Auch in dem neuen Film wollte er wieder die Bedrohung einer Familie und ihrer geistigen Gesundheit zeigen, diesmal aber nicht in einem exotischen Ambiente zwischen internationalen Attentätern und fremdartigen Regierungsformen. Statt dessen sollten Unordnung und Wahnsinn ins heimische Wohnzimmer einziehen. Von diesem Film an sind geistige Traumata aufgrund von Identitätsproblemen das Kennzeichen aller Hitchcock-Filme.

Es könnte so aussehen, als sei in Hitchcocks Gefühlen und ästhetischen Interessen ein plötzlicher Stimmungswechsel eingetreten – von den letztlich warmen und komischen Tönen, die John Michael Hayes' Drehbücher zu *Das Fenster zum Hof, Über*

---

* *The Identified Man*, eine Fernsehfassung, die Adrian Spies geschrieben hatte, war in der Fernsehserie *Robert Montgomery Presents* im Dezember 1953 zu sehen. Die Rolle Balestreros wurde von Robert Ellenstein gespielt, der später – in der Rolle eines Killers – Cary Grant in *Der unsichtbare Dritte* entführt.

den Dächern von Nizza, Immer Ärger mit Harry und *Der Mann, der zuviel wußte* auszeichneten, zu der besessenen Angst vor einem Identitätsverlust in den Filmen, die jetzt folgen sollten – *Der falsche Mann, Aus dem Reich der Toten, Der unsichtbare Dritte, Psycho, Die Vögel* und *Marnie.* Doch das war kein plötzlicher Stimmungswechsel, sondern die Rückkehr zu Hitchcocks tiefstem Anliegen – keine Verirrung, sondern die Wiederaufnahme ernster Fragen, die ihn schon immer beschäftigt hatten.

Dem düsteren und spukhaften Eintritt in die Welt der Doppelungen mit *Im Schatten des Zweifels* und *Der Fremde im Zug* und der Erforschung persönlicher Schuld in *Zum Schweigen verurteilt* war die Dürreperiode gefolgt, die mit *Bei Anruf Mord* endete. Der Vertrag mit der Paramount und die Zusammenarbeit mit dem brillanten und energischen Hayes hatten Hitchcock die Gelegenheit zur Flucht aus diesen Welten geboten – für eine Weile. Er bemühte sich um finanziellen Erfolg und weite Anerkennung seiner Arbeit mit einer Reihe von bunten Filmen, die sich mit dem Dämonischen nur am Rande und aus großer emotionaler Distanz beschäftigten. Das Quartett der Hitchcock-Hayes-Filme, mit ihren intelligent-witzigen Personen, bot Raum zum Atmen, eine Oase inmitten der brütenden, unsicheren, von Angst geprägten Romantizismen und dem Gefühl, daß sich durch die menschliche Natur ein tiefgehender Riß zieht, welches alle anderen Filme von *Im Schatten des Zweifels* bis zu seinen späten Meisterwerken kennzeichnet. Hayes' Verschwinden aus Hitchcocks Leben, die vorübergehende Rückkehr zu Warner Brothers und ein Fernsehprogramm, das er sah, wirkten dann alle zusammen und brachten ihn wieder zu den dunkleren und tieferen Schichten seines Geistes zurück.

Das Fernsehprogramm, das er zufällig eines Sommerabends 1955 ansah, war eine dramatische Episode aus der Reihe *Pepsi-Cola Playhouse,* aber es war nicht das Stück, das ihn interessierte – es war die Hauptdarstellerin, eine feinmodellierte Blondine namens Vera Miles. Selbst in den körnigen, schlecht ausgeleuchteten Bildern des frühen Fernsehens erkannte Hitchcock ein bemerkenswertes Gesicht und eine Präsenz, die sich mit nur wenigen Veränderungen zu einer verblüffenden Ähnlichkeit mit der Erscheinung einer Ingrid Bergman oder Grace Kelly verwandeln ließe. Er mußte sie wiedersehen. Und eine neue Entwicklung in seiner Karriere gab ihm die Gelegenheit.

Schon seit einigen Monaten hatte Lew Wasserman Hitchcock

immer wieder gedrängt, eine Fernsehserie anzufangen. Seine Spielfilme zogen einige Millionen Menschen ins Kino; das Fernsehen konnte Hunderte von Millionen anziehen. Zu jener Zeit liefen spannende Melodramen sehr häufig im Fernsehen, in Serien wie *Kraft Television Theatre, Philco TV Playhouse, Studio One, Ford Theatre, Armstrong Circle Theatre, The U. S. Steel Hour* oder *Climax*. Andere dramatische Serien widmeten sich völlig dem Thriller- und Spannungs-Genre (*Lights Out, Suspense, The Web, Danger* und *The Clock*). Hitchcock könnte sich, sagten seine Berater, sehr schnell als Meister des Heimkinos etablieren. Das wäre, betonte Wasserman, nur die logische Fortsetzung seiner persönlichen Auftritte in seinen Filmen. Er brauche seine Spielfilmproduktionen nicht zu unterbrechen: Ausführende Produzenten könnten angestellt werden und sich um die Auswahl der Drehbücher und der Regisseure kümmern. Er brauche dann nur noch seine Genehmigung zu geben. Hitchcock könne sogar selbst jedes Jahr eine Handvoll dieser kurzen Fernsehdramen inszenieren und sie mit seinen Lieblingsstars besetzen.

Am überzeugendsten wirkte das Argument, daß sie einen äußerst lukrativen Vertrag für ihn aushandeln könnten. Sie wußten, daß das Fernsehen – mit den sich immer weiter ausdehnenden Sendern, mehr Kanälen und längeren Sendezeiten und einer stetig wachsenden Zahl kommerzieller Sponsoren – jede Saison neue Programme suchte. Innerhalb weniger Wochen waren die Konditionen zwischen Columbia Broadcasting System (CBS) und Bristol-Myers für eine wöchentliche halbstündige Serie ausgehandelt: *Alfred Hitchcock Presents*. Dafür, daß er sich nur am Rande mit der Angelegenheit beschäftigte, erhielt Hitchcock einen der bestdotierten Verträge in der Geschichte der Unterhaltungsbranche: 129000 Dollar pro Show – und alle Rechte betreffs Weiterverkauf und Wiederholungen fielen nach der ersten Ausstrahlung an ihn zurück. Für seine neue Fernsehgesellschaft wählte Hitchcock in Erinnerung an sein englisches Landhaus den Namen Shamley Productions.

Als ausführende Produzentin kehrte Joan Harrison in das ständig wachsende Hitchcock-Imperium zurück. Sie hatte einige recht erfolgreiche Filme produziert (darunter Robert Siodmaks ›Film noir‹-Klassiker *Phantom Lady*), und sie kannte den Hitchcock-Touch gut genug, um sicherzustellen, daß die Fernsehstoffe entsprechend behandelt werden würden. »Das war Hitchcocks Art, sie für ihre frühere Loyalität zu entlohnen«, glaubte ein Autor, »aber im Lauf der Zeit benahm sie sich ziemlich besitzergreifend in bezug auf Hitchcock – sie wollte die Leute spüren lassen, daß sie eine gewisse Macht und Kontrolle über seine Angelegenheiten ausübte. In dieser Hinsicht ähnelte sie Alma sehr.«

Der Schauspieler Norman Lloyd, der aus Orson Welles' Mercury-Theater über *Saboteure* und *Ich kämpfe um dich* später schließlich in die Fernsehriege gegangen war, wurde als Co-Produzent und gelegentlicher Regisseur verpflichtet. Lloyd und Harrison teilten sich die volle Verantwortung für die Fernsehprogramme. Hitchcock ›steuert nichts außer der Drehbuch-Überwachung bei‹, sagte Harrison, während die Serie lief. Dann fügte sie hinzu, daß sie die Autoren und Regisseure anstellte, ›aber sein Verstand arbeitet wie eine Dreschmaschine und wirft bündelweise Ideen aus, ob wir spazierengehen oder essen, jede Minute neue Ideen‹. Hitchcock bestätigte, daß er nur am Rande mit dieser Geschichte befaßt war: »Miß Harrison ist für die Besetzung verantwortlich, ja, und Norman Lloyd. Ich versuche, ihnen väterliche Ratschläge zu geben, ohne zu versuchen, ihre Positionen zu usurpieren.«

Lloyd zufolge verlangte Hitchcock, daß ›die Arbeit auf die bestmögliche Weise ausgeführt wurde‹. Lloyd verglich ihn mit Churchill – ›unbarmherzig, aber zärtlich ... Man spürt es. Und man kann es akzeptieren oder ganz sein lassen.‹ Er und Joan Harrison akzeptierten es, wie auch das amerikanische Publikum, das in solcher Zahl vor den Fernsehern saß, daß zwischen 1955 und 1960 *Alfred Hitchcock Presents* jährlich zu den beliebtesten Programmen zählte, die ausgestrahlt wurden*. Es besteht kein Zweifel, daß die geschliffenen Drehbücher, die Regie und die Besetzung sehr viel zu dem Erfolg des Programms beitrugen, aber es besteht auch kein Zweifel, daß dieser Erfolg das Siegel der Person Alfred Hitchcock trug, der in der Serie auch regelmäßig auftrat. Zu den synkopischen Takten von Gounods ›Trauermarsch für eine Marionette‹ zeigte die Kamera Hitchcock als Silhouette, wie er in die lebensgroßen Linien der Kari-

* Die Serie wechselte in ihrer originalen halbstündigen Form von September 1960 bis September 1962 zum Sender NBC. Danach wurde sie zu *Alfred Hitchcock Hour* und kehrte bis Herbst 1964 wieder zu CBS zurück. Zwischen 1963 und 1965 war Norman Lloyd der ausführende Produzent und ersetzte Joan Harrison, die den Romanschriftsteller und Drehbuchautor Eric Ambler geheiratet hatte. In der letzten Saison, die im Herbst 1965 zu Ende ging, präsentierte dann wieder NBC das Programm.

katur hineinstieg, die er von sich selbst gezeichnet hatte. (Hitchcock kam auf die Idee, dieses Musikthema zu verwenden, nachdem er es in F. W. Murnaus *Sunrise* aus dem Jahr 1927 gehört hatte; Murnau hatte diese Musik als musikalischen Hintergrund jener Szene empfohlen, in der das junge Paar und ein Fotograf auftreten.) Danach umrahmte er jeweils die Geschichte der Woche mit komischen und ätzenden Kommentaren, die die Zuschauer erstaunten und amüsierten. James B. Allardice, ein gelegentlicher Bühnenautor (*At War with the Army,* 1949) wurde engagiert, um die denkwürdigen Prologe und Epiloge zu verfassen, die Hitchcock vortrug.

»Als ich anfing«, sagte Allardice, »sagte man mir, daß Mr. Hitchcock keine Armbanduhren oder Ringe trage und daß er keine Eier möge. Dieser Ratschlag hat mich nie gestört. Hitchcock hat eine sehr objektive Haltung dem Tod gegenüber. Leichen sind für ihn nicht notwendigerweise etwas Heiliges.« Als Beweis für diese These hatte Hitchcock für Allardice eine Vorführung von *Immer Ärger mit Harry* arrangiert und ihm gesagt, das sei die Art von ungewöhnlichem Humor, die er im Fernsehen einführen wolle. Und er wollte mit dem Publikum einen Insider-Scherz teilen, so wie er in seinen Spielfilmen mit dem Publikum Insider-Scherze teilte und ihm Informationen gab, die die handelnden Personen im Film nicht hatten. Er wollte etwas riskieren, was zu jener Zeit unerhört war: Er wollte sich über die Sponsoren der Programme lustig machen.

»Denken Sie an das alte Sprichwort«, sagte Hitchcock, »›Ein Hieb ist genauso gut wie ein Tätscheln.‹ Ich vermute, daß den Sponsoren meine mangelnde Unterwürfigkeit gefällt, aber anfangs hatten sie Probleme, sich an meine Haltung zu gewöhnen, und sie nahmen Anstoß an meinen nicht so ehrfürchtigen Bemerkungen. Als sie jedoch den kommerziellen Effekt meines Spotts erkannten – sie sahen sich ihre Absatzstatistiken an –, hörten sie auf, die Angemessenheit meiner Scherze in Frage zu stellen. Aber es besteht kein Zweifel, man brauchte Zeit, sich an mich zu gewöhnen. Es ist Tradition, daß der Sponsor umhätschelt werden muß. In dieser Atmosphäre stellte ich eine Neuheit dar.«

Der Humor zog das Publikum in eine freundliche Verschwörung gegen die Reklame-Unterbrechungen hinein. »Ich hoffe, jeglicher Tendenz zum Makabren mit Humor zu begegnen«, erklärte Hitchcock, »einer typisch englischen Form des Humors.

Sie entspricht solchen Witzen wie dem über einen Mann, der gerade zum Galgen geführt wird, um gehängt zu werden. Er schaut auf die Falltür, die nur sehr notdürftig zusammengezimmert ist, und sagt besorgt: ›Wenn ich mir die Frage erlauben darf, ist das Ding da sicher?‹«

Und so wurde Hitchcock jetzt an einem oder zwei Tagen in der Woche zu den Revue-Television-Studios auf dem Gelände von Universal Pictures gefahren, wo er sich für die Prologe und Epiloge von zehn oder zwölf bevorstehenden Programmen filmen ließ. Sein schlichter Vortrag, bei dem er keine Miene verzog, und seine distanzierte Haltung stellten ein brillant konstruiertes Gegenstück zu dem dar, was das Publikum ihn sagen hörte und zuweilen auch von ihm zu sehen bekam.

– Hitchcock (sitzend und ein Taschenbuch lesend): Oh, guten Abend. Ich lese hier gerade eine gruselige Geschichte. Ich habe festgestellt, daß mir das dabei hilft, von der Arbeit abzuschalten. Dieses Taschenbuch hier ist sehr interessant, aber natürlich wird es nie ein richtiges Buch ersetzen können – es läßt sich nur sehr schlecht dazu verwenden, eine Tür offen zu halten... In jeder unserer Geschichten versuchen wir, eine kleine Lektion zu erteilen oder eine kleine Moral aufzuzeigen – Sachen, wie Mutter sie uns einst gelehrt hat: Gehe leise und trage immer einen dicken Knüppel bei dir... Schlag zuerst zu und stell die Fragen hinterher – solche Dinge eben. Die Geschichte des heutigen Abends beginnt gleich nach der Nachricht unseres Sponsors, die, wie unsere Geschichte auch, eine kleine Lektion erteilen will, eine kleine Moral aufzeigen möchte.

– Hitchcock (der neben einer Folterbank steht): Guten Abend. Das hier nennt man eine Bank. Es ist eine Art mittelalterliche Chaiselongue. Das Opfer legt sich darauf, und seine Gliedmaßen werden hier an diesen Winden auf jeder Seite befestigt. Der Körper wird dann gestreckt, bis die Knochen brechen. Die Menschen waren recht drollig in jenen Tagen.

– Hitchcock (allein und in die Kamera blickend): Guten Abend. Als ich noch ein junger Mann war, hatte ich einen Onkel, der mich oft zum Essen ausführte. Er begleitete diese Essen immer mit minutiös ausgestalteten Geschichten über sich selbst. Aber ich hörte zu – denn er bezahlte ja für das Essen. Ich weiß nicht, wieso mir das jetzt gerade wieder einfällt, jedenfalls kommt jetzt gleich wieder einer unserer Werbespots.

– Hitchcock (am Ende eines Programms): Sie brauchen nicht weiter auf den Fernseher zu starren. Wir werden Ihnen nichts mehr zeigen. Ich werde Ihnen noch nicht einmal erzählen, was Sie gerade gesehen haben. Das Fernsehpublikum wird nämlich viel zu unselbständig.

– Hitchcock (der auf ein Eisenbahngleis gefesselt ist): Guten Abend, liebe Mitreisende. Ich denke, das hier beweist, daß das Flugzeug nie die Eisenbahn wird ersetzen können.

– Hitchcock (zur Weihnachtszeit, wie er gerade einen Weihnachtsmann in einem Kamin einmauert): Guten Abend... Er ist ganz in Ordnung, aber sein Krawatten-Geschmack ist ganz entsetzlich.

Herbert Coleman brachte die Sache auf den Punkt: »Hitchs Vortrag war unbezahlbar, aber ohne die Talente von Jim Allardice, einem der besten Autoren, den er jemals hatte, hätte er als populäre Figur nie diesen Erfolg gehabt und hätte die Sachen auch nicht so vortragen können.«

Obwohl er seine Fernsehauftritte mit amüsanten Monologen begleitete, machte sich Hitchcock im Privaten keine Illusionen über die künstlerischen Nachteile des Mediums. »Wenn man Sachen in drei Tagen dreht«, sagte er, »dann läßt sich über vergleichbare Qualität nicht sprechen. Das Fernsehen kann einem Vergleich mit dem Film nicht standhalten.« Jahre später sinnierte er einmal: »Beim Fernsehen kann man sich nicht groß zieren. Das Geld ist begrenzt, die Zeit auch, und man kann noch nicht einmal eine halbe Minute überziehen.«

Für seine Fernsehserie wählte Hitchcock zunächst Vera Miles aus. Sie sollte der Star der Premiere von *Alfred Hitchcock Presents* am 2. Oktober werden. Innerhalb weniger Tage nach ihrem Auftritt im *Pepsi-Cola Playhouse* war sie ab 2. Januar 1956 für fünf Jahre und drei Filme unter Vertrag genommen. Mit 26 Jahren stand die ehemalige Schönheitskönigin nun bereit, das zu werden, was man jedermann suggerierte – Hitchcocks neue Grace Kelly. Um zu garantieren, daß ihr Image nur durch seine eigenen, sorgfältig kalkulierten Schachzüge geschaffen wurde und von niemandem verändert werden konnte, verlangte ihr Vertrag, daß sie nur für Hitchcock arbeiten durfte und verbot ihr ausdrücklich, in Anzeigen für Badeanzüge oder Unterwäsche oder jeder anderen ›einer Lady nicht gemäßen‹ Form in Werbespots zu posieren. Gleichzeitig informierte sie der Regisseur, daß sie als erstes in der Rolle der unglücklichen Rose Balestrero auftreten sollte, der unglücklichen Ehefrau, die in *Der falsche Mann* einen Zusammenbruch erleidet. Sie sollte an der Seite Henry Fondas spielen, den er von Anfang an dazu auserkoren hatte, jenes Gefühl moralischer Entrüstung, das Christopher Balestrero fühlt, aber nicht artikulieren kann, von der Leinwand ins Publikum zu übertragen.

»Nachdem ich Vera Miles unter Vertrag genommen hatte«, sagte Hitchcock, »ließ ich ihr als erstes von Edith Head eine komplette Garderobe entwerfen, nicht nur für den Film, sondern überhaupt, damit sie nicht in Hosen herumlief wie irgendeine Hausfrau aus Van Nuys.«

»Als er Vera Miles unter Vertrag nahm«, erinnert sich Edith Head, »bat er mich, sie mir anzusehen. ›Sie ist eine außergewöhnlich gute Schauspielerin, aber sie kleidet sich nicht so, wie es ihren Darstellungskünsten entspricht‹, sagte er. ›Sie macht keinen außergewöhnlichen Eindruck, weil sie einfach zuviel Farbe verwendet. Sie wird förmlich in Farben ertränkt. Ich glaube, als ich sie das erste Mal sah, war ich deshalb so beeindruckt, weil ich sie im Fernsehen nur in Schwarz und Weiß sah.‹ Also reduzierten wir das Image von Vera Miles auf den Eindruck einer Schwarzweiß-Fotografie.«

Für das erste Fernsehspiel, das Hitchcock inszenierte, wählte er sich ein Hörspiel zur Vorlage. (Das Programm mit Vera Miles wurde als zweites produziert, aber als erstes gesendet.) Hitchcock hatte im Radio gehört, wie Joseph Cotten die beunruhigende Geschichte eines emotional gelähmten Geschäftsmannes erzählte, der es verachtete, seine Gefühle zur Schau zu tragen. Durch eine merkwürdige Fügung des Schicksals wird er bei einem Autounfall körperlich gelähmt, und man hält ihn für tot. Im Stadium des Scheintods wird er in eine Leichenhalle gebracht – mit offenen, starren Augen, in der Lage, alles zu hören und zu verstehen, aber mit einem unbeweglichen Körper. Er kann zwar noch die Spitze eines Fingers bewegen, aber das bemerkt niemand. Eine einzige vergossene Träne jedoch zeigt dem Leichenbestatter, daß der Mann noch lebendig ist.

Diese Geschichte mit Namen *Breakdown,* die in der Tradition von Edgar Allan Poes ›Lebendig begraben‹ und anderer Klassiker von Vergeltungsgeschichten stand, war eine signifikante Wahl für den Auftakt, thematisierte sie doch Motive wie plötzliche Bestrafung und den Schrecken des Eingeschlossenseins, der Bewegungsunfähigkeit und des Wahnsinns, die auch die bevorstehenden Spielfilme Hitchcocks *Der falsche Mann, Aus dem Reich der Toten* und *Psycho* kennzeichnen sollten. Die letzte Einstellung – Cottens leeres Gesicht, das wie die Totenmaske eines Scheintoten den Zuschauer anstarrt – gehört seitdem zu Hitchcocks bevorzugten Bildern. In ihm scheint er dem größten Schrecken tief im Innern seiner Seele Ausdruck gegeben zu haben, ein Schrecken, der bis in seine eigene Kindheit zurückreichte, als er in eine Gefängniszelle eingesperrt wurde (eine Geschichte aus seiner Kindheit übrigens, die, wie der Production Designer Robert Boyle sagte, ›wahrscheinlich nie so passiert ist... Hitch hat sie so oft erzählt und sie eignete sich so gut für die Presse, daß er am Ende wahrscheinlich selbst daran glaubte‹).

Dieser Blick des Wahnsinns, dieser starre Blick eines Menschen, der im Gefängnis seines Körpers, seiner Sünden oder seiner gefühlsmäßigen Verstrickungen zur Bewegungsunfähigkeit verdammt ist, steht am Ende von neun der zwanzig Dramen, die Hitchcock für das Fernsehen inszeniert hat – *Breakdown, Revenge, The Case of Mr. Pelham, Wet Saturday, Four O'Clock, Lamb to the Slaughter, Dip in the Pool, Banquo's Chair* und *The Crystal Trench*. Und natürlich steht es auch am Ende seines Spielfilms *Psycho**. In *Breakdown* werden die Tränen, wegen denen Cotten gerade noch einen Angestellten gescholten hatte (›Kannst du dir das vorstellen? Er hat geweint? Ein Mann sollte seine Gefühle etwas beherrschen können!‹), zum einzigen Anzeichen des Lebens und zur einzigen Möglichkeit des Überlebens (›Schau!‹ schreit der Doktor. ›Das sind Tränen! Er lebt!‹).

Eine Woche nach *Breakdown* inszenierte Hitchcock mit Vera Miles *Revenge*. Sie spielt eine Rolle, die ihre spätere in *Der falsche Mann* bereits ankündigt und eine von Hitchcocks Lieblingsvorstellungen über Frauen zeigt: eine puppenhafte Schönheit, die eine Wahnvorstellung, eine romantische Fixierung oder ein sexuelles Trauma ohnmächtig gemacht hat. Eine Frau, die einzuladen scheint und dann den Mann, der sich von ihr angezogen fühlt, doch in eine Falle tappen und schuldig werden läßt. In *Revenge* handelt es sich um eine Frau, die gerade aus der Irrenanstalt entlassen worden ist und die ihrem Ehemann, der von der Arbeit heimkehrt, erzählt, sie sei von einem Fremden überfallen

---

* Man denke auch an die Frauen in *Der falsche Mann* (der Blick des Wahnsinns im Gesicht von Vera Miles), *Aus dem Reich der Toten* (der leere Blick von Kim Novak) und *Marnie* (der schockierte Blick von Tippi Hedren, als Sean Connery sie auszieht und über sie herfällt). Weitaufgerissene Augen charakterisieren auch: eine tote Frau in *Psycho* (Janet Leighs Augen sind weit aufgerissen und starr, als sie tot unter der Dusche zusammensinkt); eine Frau, die unter einem schweren Schock steht (Tippi Hedren, nachdem sie eine Schar Vögel angegriffen hat); eine Frau, die in *Topas* von ihrem Geliebten erschossen worden ist (Karin Dors Kopf fällt nach hinten, und sie starrt in eine Kamera, die sie von oben betrachtet, während sie zu Boden sinkt), und auch eine Frau, die in *Frenzy* gerade erwürgt worden ist (die letzte Aufnahme von Barbara Leigh-Hunt, in der ihre Augen weit aufgerissen sind und ihre Zunge grotesk hervorsteht).

worden. Später fahren sie in einen kurzen Urlaub, und aus dem Auto sieht sie einen Mann und ruft: »Das war er! Das ist der, der es getan hat!« Der empörte Ehemann folgt dem Fremden und bringt ihn um. Nachdem sie ihre Reise fortgesetzt haben, sieht sie einen zweiten Mann, zeigt auf ihn und schreit: »Das ist er! Das war der Mann!«

Paramount Pictures hatte die Weltpremiere von *Immer Ärger mit Harry* für Freitag, den 30. September, in dem Städtchen Barre in Vermont angesetzt. Betriebsame Geschäftigkeit herrschte in der Stadt, als Hitchcock und Shirley MacLaine zu einem Hummeressen in der Stadthalle eintrafen. Sehr ruhig saß Hitchcock inmitten des Getümmels und aß keines der Schalentiere, gehörten sie doch zu den Nahrungsmitteln, die daheim in Leytonstone unbekannt waren. Gouverneur Joseph Johnson pries derweil über Hitchcocks Schulter hinweg den Vermonter Apfelwein, Hummer à la Vermont, die Pommes frites aus Vermont, den Salat, die Vermonter Brötchen und die Vermonter Butter, den Vermonter Apfelkuchen und Käse und den Kaffee mit der Milch aus Vermont, aus denen das chauvinistische Menü bestand.

So schnell wie er nur konnte (nur Stunden danach) kehrte Hitchcock nach Los Angeles zurück. Seine Fernsehserie sollte zwei Monate später ihre Premiere erleben, Alma plante für Ende des Monats ihre Reise nach Europa, und Maxwell Anderson hatte Hitchcock einen ersten Entwurf für *Der falsche Mann* vorgelegt. Aber vor allem, so erzählte Hitchcock seinen engeren Mitarbeitern, warte Vera Miles auf ihn. In Wirklichkeit kümmerte die sich jedoch um die Aufmerksamkeit jenes Mannes, den sie demnächst heiraten sollte – den Schauspieler Gordon Scott... Eine Verbindung, die Hitchcock bald entdeckte und die ihm zutiefst mißfiel.

Gleich nach der Ausstrahlung von *Revenge* holte Hitchcock den freundlichen, durchschnittlich aussehenden Tom Ewell (der geradewegs aus dem erfolgreichen Theaterstück und der Verfilmung *Das verflixte siebte Jahr* kam) und inszenierte mit ihm in der Hauptrolle *The Case of Mr. Pelham,* das vielleicht typischste aller Fernsehspiele Hitchcocks. Ewell glaubte in dem Stück – ähnlich wie Poes furchtsamer, aber geschickter William Wilson –, daß sein wohlgeordnetes und sorgfältig geplantes Leben durch einen Doppelgänger gestört wird. Um die Ähnlichkeit mit diesem Doppelgänger zu zerstören, legt sich Ewell einen Lebens- und Umgangsstil zu, der sich erheblich von dem unterscheidet, was seine Freunde gewöhnt sind. Am Ende wird Ewell aufgrund seiner neuen Persönlichkeit von seinen Freunden verstoßen, während der Doppelgänger akzeptiert wird, weil er sich genau so verhält, wie es jeder von ihm erwartet. Die Handlung endet damit, daß der ›echte‹ Ewell ins Irrenhaus gebracht wird. Dieses letzte Bild ruft direkte Erinnerungen an Robert Wienes *Das Kabinett des Dr. Caligari* wach, jenen expressionistischen Klassiker aus dem Jahre 1919, der Hitchcock damals so beeindruckt hatte. *The Case of Mr. Pelham,* der nach seiner Premiere am 4. Dezember 1955 kaum noch irgendwo zu sehen war, vereinigt die etablierten Hitchcock-Themen: der Doppelgänger, der Schrecken des Wahnsinns und das Eingeschlossensein. Sie alle sind unvermeidliche Resultate eines Verlusts an Sicherheit.

Nachdem Hitchcock dieses kurze Fernsehspiel abgedreht hatte, war er plötzlich erschöpft und unerklärlich deprimiert. Keiner verstand, wie dieser plötzliche Stimmungsumschwung zustande gekommen war. Die Fernsehserie war auf Anhieb ein Erfolg geworden, in seinem Beruf gehörte er zu den erfolgreichen Großverdienern, und er hatte sogar eine neue Hauptdarstellerin gefunden, aus der er einen Star formen wollte. Aber es war vielleicht das intensive, wenn auch kurze Erlebnis mit *The Case of Mr. Pelham,* das so kurz auf seinen Wiedereintritt in die dunklen Welten von *Breakdown* und *Revenge* erfolgt war und jetzt seinen Zoll forderte. Er war unfähig, sich seiner Familie anzuvertrauen oder ein persönliches Gespräch mit Bekannten zu führen. Er hatte im Grunde keine Freunde und zog offenbar auch nie die Möglichkeit in Betracht, sich therapeutischen Beistand zu suchen, um die vielen Ängste und Gefühle zu erforschen, die er tief in sich verbarg. Statt dessen unternahm Hitchcock einmal mehr eine Reise, um dem Trübsinn zu entkommen. Mitte Oktober, als *Immer Ärger mit Harry* von widersprüchlichen Kritiken begleitet in die Kinos kam, reisten er und Alma nach Frankreich, Deutschland und Italien, um die Synchronisation des Films in die verschiedenen Sprachen zu überwachen. »Wir wissen nie, was mit unseren Filmen im Ausland geschieht«, sagte er zu einem Reporter von *Variety,* »und das wollen wir jetzt herausfinden. Ich möchte sichergehen, daß der Mann, der die Synchronisation macht, Englisch auch beherrscht ... Es hat wenig Sinn, den Dialog zu verändern und den Humor dabei unter den Tisch fallen zu lassen.«

Aber fast alle der notwendigen Maßnahmen waren bereits von den Filialbüros der Paramount ergriffen worden, und technisch gab es für Hitchcock nicht viel zu tun, als er an den verschiedenen Orten ankam. Die Reise war, wieder einmal, eine Urlaubsreise – er konnte einfach nur nicht zugeben, daß er einen Urlaub wollte oder brauchte; Geschäfte waren der Vorwand für Flucht und Vergnügen. »Er kaufte andauernd Optionen auf Bücher, deren Handlung an Orten stattfand, die er besuchen wollte«, erinnert sich John Michael Hayes. »Diese Geschichten wurden nie verfilmt, aber die Reisen ließen sich bequem ausdehnen. Es amüsierte alle, was für aufwendige Ausflüchte er brauchte.«

Um diese Reise noch weiter auszudehnen – und um Maxwell Anderson Zeit zu geben, die Veränderungen ins Drehbuch einzubauen, die Hitchcock für *Der falsche Mann* verlangt hatte, machten sich er und Alma für Paramount auf eine Publicity-Tour durch Indien, Japan, Thailand und Hongkong. Sieben Wochen lang, bis Dezember, ertrugen sie Flugplanverzögerungen, schlechtes Wetter, schlechte Mahlzeiten und den Ansturm hoffnungsvoller asiatischer Schauspieler, die sich Rollen erhofften – Umstände, die jeden anderen Reisenden irritiert hätten. Hitchcock freilich lenkte das von seinen psychischen Problemen ab. Als er im Januar 1956 wieder in New York eintraf, war er in besserer Gemütsverfassung und wollte sich die realen Handlungsorte anschauen, an denen sich die Balestrero-Geschichte abgespielt hatte.

Von seiner Lieblingssuite im fünften Stock des Saint-Regis-Hotels telefonierte Hitchcock sofort mit Maxwell Anderson in seinem Haus in Connecticut und fragte ihn, ob man sich nicht gleich zur Drehbuchbesprechung treffen könnte. Was Hitchcock dann zu lesen bekam, war jedoch ein Dialog, der noch verschwommener war als vorher. Nach einigen weiteren eiligen Treffen konnte Hitchcock nicht mehr übersehen, daß er nicht gerade den besten Autoren für einen Film hatte, der mit größter Sorgfalt die realen Einzelheiten eines Ereignisses an seinem Ort und in seiner Zeit beschreiben sollte. Andersons Sprache war poetisch, fast lyrisch, während Hitchcock handfesten Realismus, die Spuren der rauhen Großstadt und ganz sicher keine fantasievollen Abschweifungen wollte.

Hitchcock hatte den Dramatiker ursprünglich um die Zusammenarbeit gebeten, weil er das in Verse gefaßte Stück *Winterset* kannte, das sich mit den moralischen Implikationen falscher Anschuldigungen im Fall Sacco–Vanzetti befaßte, und auch, weil er Andersons scharfen Sinn für das grotesk Böse in seiner Broadway-Adaption des Romans *The Bad Seed* von William March geschätzt hatte. Andersons zartes Drama *High Tor*, das Geister der Vergangenheit und Gegenwart zusammen mit realen Personen auftreten ließ, hatte Hitchcock fasziniert. Es hatte auch den Anstoß gegeben, Anderson einen ersten Entwurf für seinen folgenden Film (*Aus dem Reich der Toten*) schreiben zu lassen. *Der falsche Mann* aber nahm nicht die Gestalt des wahrgewordenen Alptraums an, die Hitchcock vorgeschwebt hatte. In seiner Verzweiflung ließ er Herbert Coleman seinen alten Freund Angus MacPhail mobilisieren, von dem er glaubte, man könne sich auf ihn verlassen, wenn man ihn nur entsprechend kontrollierte.

Hitchcock fuhr mit Andersons seltsam distanziertem Drehbuch nach Los Angeles zurück. Während ein vorübergehend nüchterner MacPhail sich an die Arbeit machte, verbrachte Hitchcock die Zeit vom 13. bis 16. Januar damit, ein Fernsehspiel namens *Back for Christmas* zu inszenieren, das noch am ehesten an O. Henry erinnerte. John Williams (aus *Der Fall Paradin*, *Bei Anruf Mord* und *Über den Dächern von Nizza*) spielte einen Mann, der den aufs sorgfältigste geplanten Mord an seiner Ehefrau (Isobel Elsom) ausführt und sie dann in seinem Keller beerdigt. Danach fährt er in aller Ruhe in den Winterurlaub, den sie gemeinsam geplant hatten. Als er zurückkommt, muß er erfahren, daß die Frau den Auftrag gegeben hatte, in ihrer Abwesenheit den Keller auszuschachten und darunter einen Weinkeller anzulegen – sie kommt wörtlich ›zu Weihnachten zurück‹, wie der Titel verspricht, und er wird festgenommen.

Danach traf sich Hitchcock mit Henry Fonda und Vera Miles und erzählte ihnen, daß er sie gerne nach Florida mitnehmen würde, wohin die Familie Balestrero umgezogen war, nachdem Rose wieder aus der Nervenklinik entlassen worden war. Das Treffen mit diesen Menschen, deren Wunden noch frisch vernarbt waren, verlief verständlicherweise etwas steif, und Hitchcock nahm die kleine Reisegesellschaft für ein paar Tage Erholungsurlaub mit nach St. Petersburg.

Angus MacPhail flog in der Zwischenzeit – mit Herbert Coleman als Führer und Wächter – nach New York, um die Handlungsplätze der Geschichte zu besichtigen: den Stork Club, das

Büro der Prudential-Versicherung in der Victor-Moore-Passage und das Haus der Balestreros eine Straßenecke weiter, in der 74. Straße in Queens. Anfang Februar fuhr Hitchcock mit einigen Technikern nach New York, und die beiden Hauptdarsteller kehrten nach Kalifornien zurück, um auf den Beginn der Produktion zu warten.

Hitchcock traf sich mit William B. Groat, dem Richter im Fall Balestrero, und der bestätigte ihm die Einzelheiten des Verfahrens: Am 21. April 1953 (dem dritten Tag der Verhandlung) erhob sich ein Jury-Mitglied von seinem Platz und fragte irritiert: »Euer Ehren, müssen wir uns das hier alles anhören?« Die Frage implizierte, wie Herbert Brean schrieb, ›eine Voraussetzung der Schuld des Angeklagten durch ein Mitglied der Jury – ein Vergehen gegen seine Verantwortung, sich aller Schlüsse zu enthalten, bis alle Be- und Entlastungsargumente auf dem Tisch liegen. Das gab der Verteidigung die Gelegenheit, auf Befangenheit zu plädieren.‹ Und während dieser Unterbrechung der Verhandlung wurde der wahre Schuldige gefaßt, während er einen neuen Raubüberfall versuchte.

Hitchcock traf sich auch noch mit dem Staatsanwalt Frank O'Connor aus dem Bezirk Queens, der Balestrero damals als Anwalt verteidigt hatte, und mit soviel anderen Beteiligten an diesem beunruhigenden menschlichen Drama, wie er finden konnte. Dann setzte er den Drehbeginn auf Mitte März fest. Während er darauf wartete, daß Vera Miles eintraf, gab er eine Party unter dem Motto ›Spukhausfeier‹. Die Party fand am 7. März in einem gemieteten alten Backsteinbau in der achtzigsten Straße-Ost statt. Einladungen gingen an die höheren Angestellten des New Yorker Büros der Warner Brothers und an die Presse, und das Menü war in Form eines Grabsteins auf die Rückseite einer Einladung gedruckt.

›Carte de mort‹, hatte er geschrieben, ›morbide Muscheln, Selbstmord-Suzettes, Kobra-Consommé, selbstgebratener Mord, Reptilien-Ragout, Hexenbein vom Rost, Leichnam-Kroketten, gegrillte Todesfee, Opium-Omelette, gefüllter Leichnam mit schwerer Soße, stranguliertes Gänseklein, gesottene Gangster, gequälte Tortillas, gespenstisches Gulasch, blinde Fledermäuse in der Kasserolle, Python-Pudding, frisch geschnittene Damenfinger, Bloody Marys und Formalin-Frappé.‹

Niemand hielt diese schwachen Scherze für besonders amüsant: Die merkwürdige Verbindung aus ekelerregenden Dingen, Kannibalismus, Tod und abgehackten Gliedern überraschte viele, kam sie doch von einem Herrn, der sonst als so korrekter britischer Gentleman auftrat und allen Presseberichten zufolge ein seriöser Feinschmecker war.

Privat war er in Wahrheit zu seiner alten Gewohnheit zurückgekehrt, große Mengen Eis in sich hineinzustopfen, und obwohl er sich bei Tisch abstinent gab, geriet sein Körper in eine Verfassung, die innerhalb eines Jahres eine lebensbedrohliche Krise hervorrufen sollte.

Am 8. März eilte Hitchcock zum Newark-Flughafen, um Vera Miles abzuholen. Alma blieb im Saint-Regis-Hotel. In derselben Woche wählte man für die Miles das richtige Make-up, und Hitchcock führte sie in den billigen Kleiderladen, in dem Mrs. Balestrero immer ihre Kleider gekauft hatte, und suchte für sie dort eine Garderobe aus, die der Kleidung der echten Rose ähnelte. Am 26. März zog das ganze Team nach Norden auf die Edelweiß-Farm in Cornwall, New York, um dort die Szenen zu drehen, die in der Sommerbleibe der Balestreros spielten. Am nächsten Tag ging es weiter in das Greenmont-Sanatorium in Ossining, und man filmte vor dem Gebäude, in das die kranke Frau zur Behandlung ihres Nervenzusammenbruchs eingeliefert worden war. Dann kehrten alle nach New York zurück. Dort wurde im Gericht und in den Zellen gefilmt, in denen Balestrero in Manhattan und Queens eingesessen war. Anfang April verlief immer noch alles nach Drehplan, und alle schienen zufrieden zu sein.

Aber das war nur nach außen so. Mit den meisten Schauspielern – und auch mit Henry Fonda, der durch seine gründliche Vorbereitung auf die Rolle allseits Bewunderung erweckte – arbeitete Hitchcock jeden Tag nur etwa zwei Stunden. Weder Fonda noch Anthony Quayle oder Esther Minciotti wußten, daß hinter den Kulissen, während der übrigen Stunden eines jeden Tages, unerfreuliche Szenen geprobt wurden. Tag für Tag schloß sich Hitchcock acht oder neun Stunden lang mit Vera Miles ein, probte mit ihr und trieb sie immer wieder durch die quälenden Szenen ihres Nervenzusammenbruchs, bis sie schließlich vor Erschöpfung fast selber in eine Nervenkrise geriet. Die Situation ähnelte langsam jener, in die dreißig Jahre zuvor Carl Dreyer seine Darstellerin Renée (Maria) Falconetti in *La Passion de Jeanne d'Arc* getrieben hatte. Im Falle Hitchcocks nahm die Gewalt zwar keine körperlichen Formen an, und im Falle Vera Miles' überschritt die Nervenkrise nie die Grenze vom Schauspiel zur Realität wie im Fall der unglücklichen Falconetti. Dennoch herrschte ein leiser Anklang von Svengali und Trilby.

Zunächst hatte Hitchcock täglich zwei Dutzend American-Beauty-Rosen in Vera Miles' Garderobe geschickt, die von seltsam heftigen Grußkarten begleitet waren, die sie sofort wegwarf. Die Tagesdispositionen der Produktion *Der falsche Mann* in den Archiven der Warner Brothers zeigen, daß ab Mitte April der Regisseur und seine Hauptdarstellerin für ausgedehnte ›Drehbuchbesprechungen‹ terminiert waren, und das jeden Tag und auf Hitchcocks ausdrückliches Verlangen. Die übrigen Schauspieler waren nicht zu diesen Sitzungen geladen. Man kann aus den Dispos nichts weiter ableiten, als daß der Regisseur mit ihr allein sein wollte – für welche Art von Besprechungen, wird nie bekannt werden; Vera Miles jedenfalls war sehr bald in einem Zustand ärgerlicher Empörung.

Am 15. April wurden die Dreharbeiten kurz unterbrochen, und die Miles heiratete Gordon Scott, der zu jener Zeit Star von fünf Tarzan-Filmen war. Von diesem Datum an bis zum Produktionsende Anfang Juni in Los Angeles gingen die privaten Sitzungen von Hitchcock und Miles zurück. Schließlich schien ihre Beziehung wieder in den üblichen kühlen, professionellen Bahnen zu verlaufen. Ihr war die Aufmerksamkeit, die er ihr widmete, zuviel und unwillkommen gewesen. Seine Art war ihr zu besitzergreifend und erdrückend. Aber alles, was er der Presse zu sagen hatte, war: »Vera Miles ist das Mädchen, das die Nachfolgerin von Grace Kelly werden wird.« Grace Kelly war freilich nie das Ziel solch obsessiven Verhaltens gewesen. Bei ihr hatte er eine insgesamt zärtlichere und lässigere Haltung an den Tag gelegt (vielleicht auch, weil sie ein gesellschaftlich und beruflich aktives Leben auch außerhalb des Hitchcockschen Lebenskreises geführt hatte). Es war dennoch allen klar gewesen, daß Hitchcock sie verehrte. Aber er fühlte sich auch von ihr ›verlassen‹, als sie zu Prinz Rainier und nach Monaco abreiste – wie er sich schon von Ingrid Bergman ›verlassen‹ gefühlt hatte. Als später die weniger etablierte Vera Miles daherkam, hatten sich seine Haltungen und Stimmungen bereits verhärtet.

Paramount bereitete inzwischen eine kalifornische Galapremiere für *Der Mann, der zuviel wußte* vor. Man hatte sich bereit erklärt, daß der Erlös dieser Premiere, die am 22. Mai stattfand, der ›University Religious Conference‹ zufließen sollte, einer

Gruppe, die Studenten für die Arbeit in Indien ausbildete, ›in der Absicht, dabei zu helfen, den Kommunismus einzudämmen‹. In jenen schwierigen Zeiten in Hollywood, als Verdächtigungen über die politischen Überzeugungen jedes einzelnen die Atmosphäre vergifteten, war das eine clevere Idee des Studios. Während das Tonsystem bei der Premiere für eine Weile ausfiel, gesellte sich Hitchcock für ein seltsames Gruppenfoto im Kinofoyer zu Hollywoods Klatschkolumnistin Hedda Hopper und James Stewart und Doris Day. Das Ereignis spielte 18000 Dollar ein, was Hitchcock sehr viel Geld erschien, um es zu verschenken.

Die Einspielergebnisse des Films trösteten ihn dann wieder. Binnen einer Woche war *Der Mann, der zuviel wußte* bereits Amerikas finanziell erfolgreichster Film des Jahres, und von seinem Agenten hörte Hitchcock, daß *Das Fenster zum Hof* bisher 10 Millionen Dollar eingespielt hatte – fast fünfmal soviel wie der Film gekostet hatte. Für Hitchcock und Stewart, die beide prozentual hoch an den Gewinnen beteiligt waren, waren das gute Nachrichten. Diese Meldungen waren auch für die neuen Vertragsverhandlungen mit CBS und Bristol-Myers und denen mit den Verlegern des *Alfred Hitchcock's Mystery Magazine* und der Geschichten-Anthologien, denen Hitchcock seinen Namen geliehen hatte, sehr wertvoll. Am Ende des Jahres belief sich Hitchcocks Einkommen für 1956 auf über vier Millionen Dollar. Da er Abschreibungen für seine Investitionen in Land, Ölquellen und Viehzucht, die ihm seine Finanzberater nahegelegt hatten, geltend machen konnte, bezahlte er nicht einen Pfennig Steuern.

Nur ein Jahr nachdem er amerikanischer Staatsbürger geworden war, war der scheinbar schüchterne Cockney ein offensichtlich reicher Kalifornier geworden. Der Großteil dieser Gelder wurde re-investiert und ein kleiner Teil dazu verwendet, in seinen beiden Häusern die Küchen umzubauen. Es gibt keine Anzeichen dafür, daß es damals oder später ein Interesse oder einen Impuls zu philanthropischen oder karitativen Spenden gegeben hätte.

Als *Der falsche Mann* abgedreht war, reisten Hitchcock, Alma, Robert Burks, Herbert Coleman und Angus MacPhail nach London ab. Dort traf sich Hitchcock zwischen dem 19. und 24. Juni mit Repräsentanten der Kolonialverwaltung, um sein nächstes Projekt, einen Film in Zentralafrika, zu diskutieren. »Der Film basiert auf einer Geschichte von Laurens van der Post, die *Fla-*

mingo Feather heißt«, erzählte er einem Reporter vom *Evening Standard,* »und handelt von politischen Intrigen zwischen den Eingeborenen. Wir fahren dorthin, um uns einen Überblick zu verschaffen, was der Film kosten wird. Wir werden wahrscheinlich nicht in zu entlegene Gegenden fahren. Ich möchte den Film von einem Hochsitz aus in einer einigermaßen sicheren Distanz inszenieren.«

Die Geschichte, die in der Tradition eines John-Buchan-Spionage-Thrillers geschrieben war, würde Hitchcock Gelegenheit geben, exotische, lebhaft farbige Originalschauplätze zu benutzen, die er in *Der Mann, der zuviel wußte* so gut einzusetzen verstanden hatte. Dem Nachrichtenmagazin *Newsweek* zufolge hoffte er auch, daß Grace Kelly die Hauptrolle übernehmen werde – eine unwahrscheinliche Aussicht, da sie sich am 18. April mit Prinz Rainier vermählt hatte und es allgemein als selbstverständlich galt, daß sie nicht ins Filmgeschäft zurückkehren werde. Hitchcock hatte es vorgezogen, die königliche Hochzeit eher als Nebensache zu betrachten, und er hatte die Einladung zu ihr, vielleicht die begehrteste jenes Jahrzehnts, abgelehnt.

Statt dessen dehnte er seine Reise aus und holte in seine Reisegesellschaft noch seine Schwester Nellie Ingram, die inzwischen zum zweiten Mal verwitwet war. Während sie gen Südafrika reisten, plante er, unterwegs Verwandte zu besuchen, die sich dort vor langer Zeit niedergelassen hatten. Und so stoppten sie in Kenia und Uganda und benachbarten Regionen und kamen schließlich in Johannesburg an, wo sich Hitchcock und MacPhail mit dem Diplomaten und Schriftsteller van der Post trafen. Gleich anfangs stellte sich heraus, daß es außer den Problemen, die von der Geschichte selbst kamen, auch noch ein rechtliches Problem gab, das die 50000 Eingeborenen betraf, die Hitchcock als Statisten zu brauchen glaubte. Innerhalb weniger Tage gab man das Projekt auf, und aus der Reise wurde ein Urlaub, was wahrscheinlich ohnehin das war, was Hitchcock von Anfang an gewollt hatte. MacPhail, wie sich Herbert Coleman erinnerte, war ohnehin zu keiner ernsthaften Arbeit fähig.

Alfred und Nellie Hitchcock besuchten die Schwester ihres Vaters, Mrs. Emma Mary Rhodes, und deren Sohn, ihren Cousin Cecil J. Rhodes, die sie mehr als 25 Jahre nicht mehr gesehen hatten. Zwei Tage lang blieben sie in Durban, erinnerten sich an alte Zeiten in Leytonstone und Shamley Green, an England zwischen den beiden Kriegen und sprachen von den wenigen, in alle Welt verstreuten überlebenden Mitgliedern ihrer Familie; Ellen Kathleen Hitchcock Lee Ingram, laut Coleman ›eine kleine, ruhige, nette Dame‹, blühte auf und entwickelte sich zu einer herzlichen Gastgeberin für die ganze Familie.

Aber Hitchcock dehnte das Familientreffen nicht länger aus, sondern am 24. Juli reiste die Gesellschaft per Schiff an ihr nächstes Ziel: an den Comer See in Italien. Das war, wie Hitchcock seiner Schwester erzählte, einer der schönsten Flecken dieser Erde. Und er wollte gerne, daß sie sich an dieser Schönheit erfreute und sie genoß. Seine Großzügigkeit zu diesem Zeitpunkt, das sollte gesagt sein, war eine erfreuliche Ausnahme zu der üblichen Indifferenz, die er sonst seiner Schwester gegenüber an den Tag legte, und – wie einer seiner Mitarbeiter erzählte – seiner späteren Weigerung, ihr in finanziellen Angelegenheiten zu Hilfe zu kommen. Jetzt jedenfalls war er großzügiger.

Die Reise verlief in entspannter Stimmung, und alle waren gut gelaunt. Das blieb auch so bis zum Morgen des 25. Juli. Da erfuhren sie die Neuigkeit von der Kollision des Luxusdampfers *Andrea Doria* mit dem Frachter *Stockholm* vor der Ostküste Amerikas. Eine Zeitlang herrschte Besorgnis an Bord ihres Schiffs, und der Kapitän mußte alle freundlich beruhigen. Den ganzen Tag über feierten Hitchcock und seine Gesellschaft in Party-Atmosphäre, wie um die Dämonen der Angst zu bannen, das Unglück könne ansteckend wirken.

Am 10. August waren sie wieder in Amerika – und Nellie in England –, und Alma arrangierte eine Party in Santa Cruz, um ihre Heimkehr und ihre Geburtstage zu feiern. Obwohl die Hitchcocks normalerweise nie viele ihrer Gäste gleichzeitig zusammenbrachten, wurde dieses Mal eine große Feier geplant, ein aufwendiges Wochenende mit Mittag- und Abendessen, die Almas hausgemachte Pâté zur Geltung kommen ließen (die ihr Ehemann in großen Portionen zu sich nahm). Dazu gab es Krabben aus New England (die er natürlich nicht anrührte), Ente und exquisite Braten sowie frische Seezunge aus Dover.

Die Gespräche drehten sich um Hitchcocks liebste Themen: Essen, Trinken, Klatsch aus Hollywood und Filme – in dieser Reihenfolge. Aus den Gesprächen konnte jeder entnehmen, daß Hitchcocks ständige Behauptung der Presse gegenüber, er sähe nie die Filme anderer Regisseure, absolut unwahr war. Er hatte alles gesehen – nicht in öffentlichen Kinos, sondern in privaten Vorführräumen bei Paramount und bei Warner Brothers.

Diese Sitte behielt er bis in die siebziger Jahre bei. Ein Besuch des Hitchcockschen Büros in den Universal Studios führte normalerweise auch immer zu kurzen Gesprächen über einen neuen Film, den er sich gerade in seinen privaten Vorführraum hatte kommen lassen. Seine öffentlichen Erklärungen, daß er keine Filme sähe, sollte man vielleicht so verstehen, daß er nicht viel sah, was er für erwähnenswert hielt – »Fotografien mit Menschen, die sprechen, sind keine Filme«, wie er sich ausdrückte.

Etliche Wochenenden in diesem Sommer nahm Alma die Köchin aus der Bellagio Road nach Santa Cruz mit. Für jemanden, der das Trio die Straße entlangfahren sah und sie identifizierte, müßte diese Szene leicht drollig gewirkt haben: Die Köchin saß hinten im Wagen und notierte sich Speisenfolgen und Einkaufslisten; Hitchcock saß auf dem Beifahrersitz und täuschte Unerschütterlichkeit vor; und Alma war hinter dem Steuer, über das sie kaum hinüberzuschauen vermochte, fast nicht zu sehen. So fuhren sie die Straße, die im Landesinneren parallel zur Küste verläuft, gen Norden.

Hitchcocks Vertrauen in Alma reichte allerdings nicht so weit, daß er darauf gebaut hätte, daß sie Verständnis für sein sporadisches Trinken hatte. Vor dem Mittagessen in Santa Cruz trank er gerne ein Wasserglas Cointreau – und das, wie ein Gast nicht vergessen kann, schüttete er in einem großen Schluck in sich hinein, nachdem er hastig um sich geblickt hatte, ob Alma auch außer Sicht war. »Er sagte immer, er hasse die Idee, Essen oder Trinken herunterzuschlucken, und er schien auch wirklich alles in einer einzigen großen Portion zu verschlucken«, erinnerte sich Herbert Coleman. Auch andere wurden Zeuge der merkwürdigen Angewohnheiten eines Mannes, der vielleicht die Idee satt zu sein mehr liebte als den Akt des Verzehrens, der ihm irgendwie undelikat erschien, ihn an Erbrechen und sexuelle Aktivitäten erinnerte – Gedankenverbindungen, die er oft und in unpassenden Momenten gegenüber Tischgenossen äußerte.

Am 22. August inszenierte Hitchcock in Hollywood ein weiteres Fernsehspiel – *Wet Saturday*, mit seinem früheren Kollegen Sir Cedric Hardwicke. Die Geschichte drehte sich um eine Verrückte (von jetzt ab offensichtlich eine Standardfigur bei Hitchcock), die ihren Liebhaber ermordet und deren Vater versucht, die Schuld einem Nachbarn in die Schuhe zu schieben. In derselben Woche schloß David O. Selznick, der Bargeld brauchte, einen Vertrag ab, um die alten Hitchcock-Filme, deren Rechte er besaß, neu herauszubringen. Für die Werbung erbat er Hitchcocks Erlaubnis, jene berühmte Selbstkarikatur verwenden zu dürfen, die jetzt durch das Fernsehen Millionen Zuschauern vertraut war. Durch Herman Citron, einen Repräsentanten von MCA, ließ Hitchcock antworten, daß er die Erlaubnis nicht erteile. Im folgenden Jahr wollte Hitchcock den Titel *Spellbound*, an dem Selznick die Rechte besaß, für seine Fernsehserie verwenden, und er mußte nun Selznick um Erlaubnis bitten – die, wie zu erwarten, natürlich auch verweigert wurde.

Im Oktober war Hitchcock dann soweit, die Planung für seinen nächsten Spielfilm in Angriff zu nehmen. Er sollte James Stewart und Vera Miles in den Hauptrollen zeigen. Maxwell Anderson hatte begonnen, die Handlung nach einem französischen Roman zu skizzieren, der *D'Entre Les Morts* hieß und von Pierre Boileau und Thomas Narcejac stammte, den Autoren von *Die Teuflischen*. Obwohl Andersons Bemühungen um das Drehbuch von *Der falsche Mann* weitgehend unbefriedigend geblieben waren, hoffte Hitchcock immer noch, daß die eigenartige poetische Mischung aus Romanze, Fantasie und hartem Realismus, die seine Dramen charakterisierte, in die Umformung eines Romans hinübergerettet werden konnte, der Betrug, Ausbeutung und emotionale Fixierung zum Thema hatte. Zu jener Zeit bat Gloria Stewart um eine Verschiebung der Produktionsvorbereitungen auf die Zeit nach den Weihnachtsfeiertagen, damit sie und ihr Mann einen Urlaub nachholen konnten, den sie hatten verschieben müssen. Hitchcock stimmte zu, was sich sehr bald als eine glückliche Entscheidung erwies: Anderson legte nämlich ein paar Tage später ein Drehbuch mit dem eher merkwürdigen Titel *Darkling I Listen* (etwa: Düsterling, ich höre) vor, das nicht nur unverfilmbar war, sondern auch unverständlich.

Während ein neuer Autor gesucht wurde und die Stewarts in Urlaub waren, begann Hitchcock, Hunderte von Einzelheiten für Szenen in *From Amongst the Dead* (eine vorläufige buchstäbliche Übersetzung des Originaltitels, von der er wußte, daß Paramount sie nie akzeptieren würde) zu skizzieren. »Die Handlung verlangte nach einem überkultivierten großstädtischen Hintergrund«, sagte er, »und den hat, vor allen anderen amerikanischen Städten, San Francisco – besonders, wenn man auch an die Umgebung und die Architektur denkt.« Die Stadt mit ihren Baudenkmälern und schwindelerregenden Straßen und auch die Gebiete um Santa Cruz sollten die entsprechend opulenten und pittoresken Dekors für einen Film sein, den er sich in farbige Stille, in die Nebel von Zeit, Gedächtnis und Sehnsucht eingehüllt vorstellte. Nur der Handlungsablauf war ihm noch nicht richtig klar. Er wußte, daß er nicht nur die unattraktiven papierenen Personen des Romans neu gestalten mußte, sondern auch die billige Mechanik der zentralen Aktionen; wie sich das in einer kohärenten Erzählung bewerkstelligen ließe, konnte er nicht sehen. Was er aber sah, war eine Serie ›Lebender Bilder‹ – Szenen auf einem alten Friedhof, in einem Redwood-Forst, in einer Missionskirche, einem alten Stall, einem Museum. Während Art Director Henry Bumstead mit einem Team bereits arbeitete und versuchte, die etwas verschwommenen Vorstellungen in Bilder zu bannen, lenkte sich Hitchcock ab, indem er zwischen dem 18. Oktober und dem 22. Oktober sein am wenigsten profiliertes Fernsehspiel inszenierte, ein blasser Abklatsch von *Das Fenster zum Hof*, der *Mr. Blanchard's Secret* betitelt war. In der Geschichte glaubt eine mißtrauische Frau beobachtet zu haben – sie glaubt es fälschlicherweise, wie sich herausstellt –, daß ihr Nachbar seine Frau umgebracht hat. In der Handlung rührt sich nicht viel und in den Gefühlen der Zuschauer auch nicht.

Eine weitere Ablenkungsmöglichkeit bot, zumindest vorübergehend, die Reklame-Kampagne für *Der falsche Mann*, den Warner Brothers am 22. Dezember in der Hoffnung herausbrachte, er könne sich für die kommenden Oscar-Nominierungen plazieren. Die Kritiker jedoch verwechselten einen unterkühlten, kafkaesken Alptraum mit einer Wendung Hitchcocks zum Cinema verité oder zum italienischen Neorealismus. Die größte Aufregung, die der Film noch auslöste, konzentrierte sich auf den 27. Dezember, als der berüchtigte ›Mad Bomber‹ eine Rohrbombe im New York Theatre plazierte, das gerade den Film zeigte. Es gab keine Verletzten, und Hitchcocks Antwort auf Fragen der Journalisten lautete, daß der Täter (der schließlich gefaßt und als George Metesky identifiziert wurde) ›ein Mann mit einem diabolischen Sinn für Humor‹ sei. In dem neuen Hitchcock-Film vermißte das Publikum jedwede Art von Humor, aber auch von Farbe oder Spannung. Man war perplex.

Anfang des Jahres 1957 fühlte sich der 57jährige Hitchcock plötzlich und unerklärlich schwach. Gegenüber Alma beklagte er Schmerzen im Unterleib. Er ignorierte freilich diese ungewöhnlichen Warnsignale und akzeptierte ein weiteres Drehbuch, das Joan Harrison ausgewählt hatte. Vom 9. bis 11. Januar inszenierte er *One More Mile to Go* für seine Fernsehserie. An diesem routiniert gefilmten Werk ist nur interessant, daß es schon Szenen aus *Psycho* andeutet. Hier entledigt sich David Wayne seiner Frau und fährt den Leichnam im Kofferraum seines Autos davon. Er wird natürlich von einem Polizisten angehalten – die Rücklichter haben versagt, und der Polizist besteht hilfsbereit darauf, Wagen und Fahrer an einen Ort zu bringen, wo der verschlossene Kofferraumdeckel geöffnet werden kann, um die Reparatur durchzuführen. Die Schuld kommt ans Tageslicht. Die dreitägigen Arbeiten an diesem TV-Film verschlechterten Hitchcocks Zustand weiter, und am 12. Januar legte er sich zu Bett. Fünf Tage später stimmte er zu, seinen Arzt im Cedars-of-Lebanon-Krankenhaus aufzusuchen. Er wurde sofort eingewiesen, und man riet ihm, den lange ignorierten Leistenbruch operieren zu lassen. »Dr. Marcus Rabwin«, sagte Alma später am selben Tag, »betrachtete die Operation nicht als gefährlich, aber als notwendig. Hitchy hat diesen Leistenbruch seit Jahren, aber er hat nie irgendwelche Probleme damit gehabt, bis jetzt vor wenigen Wochen, als er unter Schmerzen zu leiden begann. Deshalb hat er sich jetzt entschlossen, daß er sich lieber auf der Stelle der Operation unterzieht, anstatt zu riskieren, einen Anfall zu erleiden, während er gerade einen Film dreht oder ein Fernsehspiel. Er ist sehr zuversichtlich, daß es keinerlei Probleme geben wird, und das sind auch meine Tochter und ich. Er ist guter Dinge.«

Wie immer war Alma sein bester Ersatzmann für diese Pressekonferenz, denn in Wahrheit war Hitchcock in einem kaum zu kontrollierenden Zustand der Panik. Die kam jetzt zu der stolzen Scheu, die seine Intimsphäre betraf, und seiner übertriebenen viktorianischen Verklemmtheit, was normale Körperfunktionen anging, die in einem überraschenden Kontrast zu seinem Geschmack für unanständige Scherze stand. Hitchcock hatte sich im Laufe der Jahre immer bester Gesundheit erfreut, und dies war sein erster Krankenhausaufenthalt in Amerika*. »Den größten Schock«, erzählte er einem Reporter,

* Im Laufe der Jahre vertraute Hitchcock einer Reihe von Schauspielerinnen an, daß er, wenn er eine öffentliche Toilette benutzte und ein anderer Mann den Raum betrat, im Toilettenabteil schnell seine Füße anhob, ›damit niemand merkte, daß noch jemand da war‹. Für den unverbesserlichen Viktorianer boten der menschliche Körper und seine normalen Funktionen zwar feines Material zu Scherzen und Fantasien – aber niemand sollte je den Eindruck bekommen, daß er mit diesen Körperfunktionen auch im realen Leben etwas zu schaffen hatte.

versetzten mir die unwürdigen Situationen, denen die Heilinstitutionen die Person eines Menschen aussetzen. Ich bin nicht zimperlich, aber einige der Sachen, die sie mit einem in einem Krankenhaus anstellen, sind nichts anderes als obszön. Als man zu mir kam, um mich für die Operation fertig zu machen, band man einen Anhänger mit meinem Namen um mein Handgelenk, und ich dachte: ›Sie müssen annehmen, daß ich bald in die Leichenhalle komme.‹ – »Darum geht es nicht«, sagte man mir lachend. »Wir wollen nur nicht, daß sie mit jemandem verwechselt und dann der verkehrten Operation unterzogen werden.« Das konnte einen auch schon nachdenklich stimmen.

Ich litt an Colitis, die sehr schmerzhaft war, ich hatte seit Jahren diesen Leistenbruch, und ich hatte mich nie darum gekümmert. Jetzt ließ ich die Ärzte sich darum kümmern... Ein New Yorker Arzt sagte mir einmal, ich sei ein Adrenalin-Typ. Das sollte offenbar heißen, ich bestünde nur aus Körper und hätte nur noch rudimentäre Beine. Aber da ich kein Langstreckenläufer bin und auch kein Tänzer und sich mein gegenwärtiges Interesse an meinem Körper fast ausschließlich von der Taille an aufwärts bewegt, hat mich das nicht weiter gestört.

Zehn Tage später lag er schon wieder gemütlich zu Hause in seinem Bett und genoß die Aufmerksamkeiten Almas, Pats und seiner Enkeltöchter. Herbert Coleman kam jeden Tag mit den neuesten Nachrichten aus Hollywood zu ihm. Obwohl er noch bei Paramount unter Vertrag stand, erlaubte ihm die Vereinbarung, auch für andere Gesellschaften Filme zu drehen. Jetzt hatte MCA einen Vertrag über einen Film für MGM abgeschlossen. Während seiner Genesungszeit las Hitchcock einen Roman von Hammond Innes, der *The Wreck of the Mary Deare* hieß. Auf dieses Buch fiel seine Wahl für den Film, der *From Amongst the Dead* folgen sollte.

Er wußte auch schon, wen er dazu als Autor verpflichten wollte. Bernard Herrmann hatte ihn mit Ernest Lehman bekanntgemacht. Nachdem sie im letzten Jahr zusammen ein angenehmes Mittagessen eingenommen hatten, las Hitchcock die eindrucksvolle Liste der Lehmanschen Filme. Er hatte erstklassige Drehbücher zu den Filmen *Die Intriganten, Sabrina, Die Hölle ist in mir, Der König und ich* und *Dein Schicksal in meiner Hand* geliefert. Lehman stand bei MGM unter Vertrag, und obwohl er nicht gerade sehr begeistert war, nachdem er den Roman von Innes gelesen hatte, gefiel ihm der Gedanke, mit Hitchcock zu arbeiten. »Ich hatte ihn kurz während der Dreharbeiten zu *Das Fenster zum Hof* getroffen«, erinnerte sich Lehman. »Damals war er noch nicht diese legendäre Gestalt, dieser Mythos – er war einfach ein sehr guter Regisseur, über den viel gesprochen wurde und der *Im Schatten des Zweifels* und *Der Fremde im Zug* gedreht hatte.« Man beschloß, Hitchcocks Genesung abzuwarten, bevor man sich treffen wollte, um eine Zusammenarbeit zu diskutieren.

Zu Hitchcocks Genesung trug nicht gerade bei, daß jetzt der neue Autor, der an *From Amongst the Dead* saß, durch Herbert Coleman Rettungssignale an Hitchcock aussandte. Bevor er sich ins Krankenhaus begeben hatte, hatte Hitchcock sein Einverständnis gegeben, Alec Coppel die Aufgabe zu übertragen. Coppel war ein angloamerikanischer Bühnen- und Filmautor, dessen Dienste Hitchcock recht preiswert erlangen konnte. Coppel hatte 1952 für Alec Guinness *Der Schlüssel zum Paradies* geschrieben, und sein jüngstes Theaterstück *The Genius and the Goddess* stand vor seiner Broadway-Premiere. Die Bosse von Paramount hatten Hitchcock davon überzeugt, Coppel sei der richtige Mann, um dem Film auf die Beine zu helfen. Einen unklugeren Rat hätten sie ihm nicht geben können.

Coppel schrieb den ganzen Februar hindurch; die Resultate waren beklagenswert enttäuschend. Und als Hitchcock plötzlich auch noch eine ernsthaftere Erkrankung befiel, wollte er schon das Projekt ganz aufgeben. Um vier Uhr morgens am 9. März rief Alma Herbert Coleman an und bat ihn, sofort in die Bellagio Road zu kommen. Ihr Mann stöhnte vor Schmerzen, und sie befürchtete einen Herzanfall. Es ist unklar, weshalb sie nicht gleich einen Arzt rief. Coleman folgte ihrer Bitte und eilte zu dem Haus der Hitchcocks. Dort fand er zu seinem Schreck einen gelb angelaufenen Hitchcock vor, der sich die Brust hielt und um Hilfe jammerte.

Sie riefen Lew Wasserman, Dr. Marcus Rabwin und Dr. Walter Flieg, und innerhalb weniger Stunden lag der Patient wieder im Cedars-of-Lebanon-Krankenhaus, wo die Untersuchungen der Ärzte die erste Diagnose bestätigten. Die Jahre der gastronomischen Freuden hatten ihren Preis gefordert. Er mußte sich eine kranke Gallenblase nebst bedrohlichen Gallensteinen entfernen lassen. Die Operation wurde am 11. März durchgeführt. »Ich erlitt zwei innere Blutungen«, erzählte Hitchcock später einem Klatsch-Kolumnisten. »Man sagte mir, das komme häufiger vor, und ich solle mir keine Sorgen machen. Also beunruhigte ich mich nicht. Aber meiner Frau erzählten sie, sie solle lieber einen Priester kommen lassen.«

Diesmal nahm die Genesung im Krankenhaus und zu Hause einen ganzen Monat in Anspruch. Und Hitchcock brütete über Alec Coppels unverfilmbarem Drehbuch und der Nachricht, daß eine weitere Verschiebung des Produktionsbeginns unumgänglich sei. Am ärgerlichsten aber war – und er erlitt bei der Nachricht einen Wutanfall –, daß seine neue Galatea, die Frau, deren Image und Karriere er in vollkommen neue Bahnen lenken wollte, ihm am Telefon mitteilte, sie könne auf gar keinen Fall in *From Amongst the Dead* mitwirken. »Vera packt nicht die Chance ihres Lebens beim Schopf, sondern sie hat sich schwängern lassen«, schrie er. »Sie wäre mit diesem Film zu einem leibhaftigen Star geworden, aber sie konnte nicht ihrem Tarzan von Ehemann, Gordon Scott, widerstehen. Sie hätte eine Medizin gegen Dschungelkrankheit nehmen sollen!«

Die Empörung über das, was in seinen Augen eine unverschämte Undankbarkeit darstellte, legte sich nicht mehr. »Ich bin fast zusammengebrochen, als sie mir die Neuigkeit mitteilte«, sagte er noch zwanzig Jahre später. »Das war ihr drittes Kind. Ich sagte ihr, ein Kind sei ja normal, zwei sicherlich genug, aber drei schon obszön. Ihr gefiel dieser Kommentar nicht sonderlich.« So stand er da – ohne ein Drehbuch und ohne einen Star. Außerdem mußte er strenge Diät einhalten und konnte keine anstrengenden weiten Reisen unternehmen. Seine üblichen Fluchtmechanismen in Zeiten tiefer Depression versagten also auch. Alma gab sich größte Mühe beim Kochen und erfand Delikatessen, die seinen Lieblingsgerichten nahekamen, aber die Diät nicht sprengten.

Hitchcock unternahm einen letzten Versuch, einen Drehbuchautor zu finden, und rief Kay Brown in ihrem New Yorker Büro an. Sie arbeitete jetzt für eine große Agentur. Sie hatten sich im Lauf der Jahre nicht oft gesehen. In letzter Zeit hatte sich das aber geändert, seit Hitchcock ihrer Tochter Laurinda Barrett eine kleine Rolle in *Der falsche Mann* gegeben hatte. Wer, fragte er in einem verzweifelten Ton, käme Kay Brown für eine Zusammenarbeit mit ihm in den Sinn?

Als Kay Brown hörte, die Handlung solle in San Francisco spielen, erwähnte sie sofort den Dramatiker Samuel Taylor, der in dieser Stadt geboren war. Am bekanntesten war Taylors Erfolgsstück *Sabrina Fair,* an dessen Drehbuch-Adaption er gemeinsam mit Regisseur Billy Wilder gearbeitet hatte, bevor Ernest Lehman dann die endgültige Fassung zu *Sabrina* schrieb.

Samuel Taylor galt als geschickter und sensibler Handwerker und als ein freundlicher und geduldiger Autor. Wenige Tage später war er in Hollywood.

»Ich kam an, Hitchcock gab mir das Drehbuch von Coppel zu lesen, und wir begannen uns zu unterhalten«, sagte Taylor.

Ich las nicht den französischen Roman, auf dem das Drehbuch basierte. Er wollte das nicht. Er wußte ganz genau, was er drehen wollte, und er beschrieb mir einige Szenen bis ins kleinste Detail. Was fehlte, war die verbindende Geschichte, und es gab auch noch keine überzeugenden menschlichen Charaktere. Wir begannen, Schritt für Schritt die Handlung zu skizzieren. Er sah immer schon alles in seinem Kopf. Er brauchte nur einen Autor, der ihm dabei half zu artikulieren, was er ohnehin schon sah.

Mit ihm zu arbeiten, bedeutete auch mit ihm zu schreiben, was auf die wenigsten Regisseure zutrifft. Hitchcock behauptete nie, selbst ein Schriftsteller zu sein, aber in Wahrheit schrieb er doch seine eigenen Drehbücher, denn er sah bereits jede Szene deutlich in seinem Kopf vor sich und hatte eine sehr genaue Vorstellung davon, wie sie ablaufen sollte. Ich merkte, daß ich nur noch die Figuren persönlicher und menschlicher zu gestalten brauchte und sie weiter entwickeln mußte. Zum Beispiel hatte er schon von vornherein die Szene auf dem Friedhof in seinem Kopf. Nur die Ereignisse, die zu ihr hinführten, waren noch völlig unklar und unmotiviert.

Taylor fuhr in den Norden Kaliforniens, um nach Handlungsorten Ausschau zu halten und die Atmosphäre der Orte auf sich wirken zu lassen, die Hitchcock vorschwebten – Orte, die Teil seiner Imagination waren, aber für die Hitchcock alleine sich keine zusammenhängende Geschichte auszudenken vermochte. Während dieser Reise Taylors traf sich Hitchcock erneut mit Ernest Lehman.

»Hitchcock und ich kamen von Anfang an erstklassig miteinander aus«, sagte Lehman.

Ich glaube, daß er bei mir das Gefühl hatte, in ›Sicherheit‹ zu sein. Er wählte die Menschen, die er um sich herum duldete, sehr sorgfältig aus, verließ sich dabei aber auf seine unbewußten Gefühle über ihr mögliches Verhalten – ob sie für ihn bedrohlich sein könnten, vielleicht der Typ Mensch, der plötzlich aufspringen und einen Wutanfall bekommen würde. Ich war ruhig, respektvoll, interessiert, vielleicht sogar für ihn interessant, und offensichtlich jemand, der gut in die Rolle dessen passen würde, der ›zu Füßen des Meisters saß‹. Nach diesem ersten Mittagessen, das Benny Herrmann Monate zuvor arrangiert hatte, bat mich Hitchcock, mit ihm ein Drehbuch zu schreiben. Er hatte sich entschlossen, *The Wreck of the Mary Deare* für MGM zu verfilmen.

Hitchcock besaß eine bestimmte Form von Autorität, die weit über seine bereits erbrachten Leistungen hinausreichte. Seine Körperfülle, seine ganze Art, die Weise, wie er sprach, das alles gab ihm ein besonderes Maß an Macht über die, die sich in seiner Nähe bewegten. Die Tatsache, daß er Vorurteile *besaß*, daß er die Tendenz hatte, auf andere Regisseure herabzusehen, daß seine umständliche, komplizierte Art sich auszudrücken, eine bestimmte Form der Überheblichkeit verriet – all das wirkte ironischerweise zum Vorteil derer, die für ihn arbeiteten, obwohl sie diesen Vorteil vielleicht nicht immer bemerkten. Ich, wie auch die Autoren, die vor mir gewesen waren, arbeitete doppelt eifrig, damit er *nicht* auf mich herabsehen, mich nicht für unterlegen halten konnte. Wir Autoren, die für ihn arbeiteten, schuldeten ihm Dank, auch wenn das nicht gleich so offensichtlich wurde. Viele von uns mekkerten immer mal wieder, denn auch dieser Kaiser unter den Geschichtenerzählern hatte nicht so viele Kleider im Schrank seiner Geschichten hängen, wie uns die Mythenmacher hatten glauben lassen wollen – er war letztlich eben ein Regisseur und kein Schriftsteller, aber irgendwie brachte er die Autoren dazu, besser zu sein, als sie *ohne* seine ernste, verlangende körperliche Gegenwart gewesen wären.

Als Hitchcock zunächst MGM gebeten hatte, mich zu engagieren, um *The Wreck of the Mary Deare* zu schreiben, hatte ich mich zwar geschmeichelt gefühlt, aber ich hatte das Projekt glatt abgelehnt. Ich hielt das Ganze für kein lebensfähiges Projekt, Hitchcock hin oder her. Aber Hitchcock und ich wurden beide von MCA vertreten, und Edd Henry, der sich bei MCA um MGM kümmerte, lag mir damit in den Ohren, zumindest dieses Mittagessen mit Hitchcock wahrzunehmen. Dem stimmte ich dann schließlich zu. Und natürlich war ich nach nur einem Essen von diesem Mann sehr beeindruckt. Ich war davon überzeugt, daß zumindest *er* wahrscheinlich wissen würde, wie man einen Film aus diesem Stoff machen könnte, wenn es auch ich nicht wußte. Ich änderte also sehr schnell meine Meinung und sagte ja. Das Projekt wurde dann offiziell der Presse bekanntgegeben.

Wir trafen uns jetzt täglich bei Hitchcock zu Hause und verbrachten gemeinsam den Tag – um an dem Film zu arbeiten, dachte ich. Aber jedesmal, wenn ich *The Wreck of the Mary Deare* ins Gespräch brachte, zog ein besorgter Ausdruck über sein Gesicht, er wechselte schnell das Gesprächsthema, und wir endeten bei irgendwelchem Klatsch und sprachen über Essen und Weine und nahmen ausgezeichnete Mahlzeiten zu uns. Ab und zu, aber wirklich nicht oft, wechselten wir ein paar Worte über das Filmprojekt, und schnell wurden mir zwei wesentliche Dinge klar: Hitchcock hatte null Ahnung, wie sich aus dem Roman ein Film machen lassen könnte, und ich war noch weniger von der ganzen Sache und ihren Möglichkeiten begeistert als damals, als ich das Projekt zunächst abgelehnt hatte.

Ungefähr zu dieser Zeit kam Samuel Taylor aus Nord-Kalifornien mit dem Drehbuch zurück, das später *Vertigo (Aus dem Reich der Toten)* betitelt werden sollte. »Hitchcock schien es zu gefallen«, erinnerte sich Taylor, »und wir einigten uns auf ein paar Änderungen, aber ich war noch erfreuter, nachdem ich das Drehbuch Jimmy Stewart gezeigt hatte. Er kam in Hitchs Büro bei Paramount geplatzt und sagte: ›Endlich, das sind wenigstens lebendige Menschen – jetzt haben wir einen Film, jetzt können wir anfangen!‹ Wir sahen alle, daß diese Geschichte für Hitch sehr wichtig war und daß er diese Geschichte sehr tief und sehr persönlich empfand.«

Das Drehbuch und der Film tragen von Anfang bis Ende die Zeichen Hitchcocks zutiefst persönlicher Gefühle – also seine Gefühle sich selbst gegenüber, sein idealisiertes Bild der Frau, die gefährlichen Grenzen emotionaler Fixierung und der Tod, die finale Obsession jedes Romantikers. »Ungefähr zu jener Zeit«, erinnerte sich Samuel Taylor, »begann Hitch, seinen Arzt häufiger aufzusuchen. Schon nach seiner Genesung von der Operation ließ er seinen Blutdruck und seinen Puls jede Woche einmal von einem Arzt kontrollieren, der ins Studio kam. Ein paar Jahre später ließ er das dann schon jeden Tag machen.« Hitchcock war noch nicht ganz sechzig Jahre, aber das Gefühl eines letzten, unvermeidlichen Unglücks, das sich so stark durch Hitchcocks gesamtes Werk zieht, war jetzt endgültig auch Bestandteil seines täglichen Lebens geworden. In *Immer Ärger mit Harry* hatte er noch versucht, über den Tod zu lachen und einen Vorgang wie eine Beerdigung einfach zu verleugnen. Aber von diesem neuen Film an ist der Tod zum letzten Richter aller Dinge geworden.

Hitchcock hatte jetzt ein Drehbuch, aber es fehlte ihm noch die Hauptdarstellerin. Lew Wasserman begann die großen Studios nach einer Frau abzusuchen, die Vera Miles ersetzen konnte. Nach einigem Zureden stimmte Hitchcock der Besetzung Kim Novaks zu, die Wasserman in Verhandlungen mit Harry Cohn von Columbia Pictures loseisen konnte. 1957 hatte Kim Novak bereits ein halbes Dutzend Hauptrollen hinter sich, und ihr Image war von Harry Cohn (der mit ihr Rita Hayworth bei Columbia ersetzen wollte) sorgfältig gepflegt worden. Ihre darstellerischen Leistungen waren sehr unterschiedlich ausgefallen. Das hatte sie aber nicht daran gehindert, einer von Hollywoods attraktivsten Kassenstars zu werden und einer der bestbezahlten dazu. Als Gegengeschäft dafür, daß Cohn sie Wasserman überließ, hatte der zugestimmt, daß Cohn im folgenden Jahr den ebenso populären James Stewart (dessen Agent bei MCA gleichfalls Wasserman war) für einen Film an der Seite Kim Novaks ausleihen durfte.

Für diesen Sommer hatte man der Schauspielerin einen langen Urlaub zugesagt, so daß jetzt die Dreharbeiten für den Hitchcock-Film erst einmal verschoben werden mußten. Bevor sie in Urlaub ging, traf sie sich jedoch bereits mit Edith Head zu einer Kostümprobe. »Sie kam mit allen möglichen Vorstellungen davon an, was sie tragen wollte und wie sie auf der Leinwand aussehen und nicht aussehen wollte«, erinnerte sich Edith Head.

Sie sagte, sie könne nicht Grau tragen, wenn ihre Haare für diesen Farbfilm blond gefärbt würden, denn sonst könnte sie zu blaß und verwaschen aussehen. Es sei völlig unmöglich für sie, dunkelbraune Pumps zu tragen, denn die würden nur ihre Waden betonen, die sie für zu dick hielt. Ich riet ihr, noch einmal ins Drehbuch zu schauen. In der Szene, in der sie ein graues Kostüm und einen weißen Schal tragen und ihr platinblondes Haar weit zurückgekämmt sein sollte, war Hitchcock mit seinen Anweisungen besonders detailliert gewesen. Er wollte unbedingt, daß sie wirkte, als sei sie geradewegs dem Nebel San Franciscos entsprungen – eine mysteriöse Erscheinung, die Illusion von einer Frau. Als sie dann später im Film spielte, hat sie natürlich alles exakt so gemacht, wie Hitchcock es haben wollte.«

Herbert Coleman konnte sich noch sehr gut an Novaks erstes Zusammentreffen mit Hitchcock erinnern: »Er wollte, daß ich sie noch vor ihrem Urlaub einmal zu seinem Haus herausbringe. Zu ihrer Überraschung plauderte er über alles mögliche, nur nicht über den Film. Er sprach über Kunst, Essen, Reisen und Weine – alles das, von dem er annahm, sie würde nicht viel darüber wissen. Es gelang ihm, daß sie sich wie ein hilfloses Kind fühlte, unwissend und ungebildet. Und das war genau, was er wollte – erst einmal ihren Widerstand brechen. Am Ende des Nachmittags hatte er sie da, wo er wollte. Sie war süß und gehorsam und ein bißchen durcheinander.«

Als sie schließlich aus ihrem Urlaub zurückkam, hatte sich eine ironische Lage entwickelt. Kim Novak weigerte sich zunächst, die Arbeit aufzunehmen, bevor sie nicht einen Scheck erhalten hatte, den Harry Cohn ihr zugesagt hatte – einen prozentualen Anteil an dem Geld, das er von Wasserman und der Paramount für ihre ›Ausleihe‹ erhalten hatte. Bis sie dann das Geld hatte und bereit war, mit dem Drehen zu beginnen, hatte Vera Miles ihr Kind bereits geboren und hätte für die Rolle wieder zur Verfügung gestanden. Hitchcock, bei dem die Miles unter Vertrag stand, hätte nun die Angelegenheit neu überdenken können. Er zog es vor, das nicht zu tun. Kim Novak konnte anfangen, und Hitchcock, der über Vera Miles' dritte Schwangerschaft immer noch wütend war, legte den Drehbeginn auf Mitte September fest.

Von 1957 bis zum Ende seines Lebens beurteilte Hitchcock Kim Novaks Leistung in dem Film immer wenig freundlich. »Schon das erste Mal, als wir uns trafen, war sie starr vor Schreck und gab sich sehr zugeknöpft«, erzählte er Hedda Hopper. »Ich mußte sie erst dazu bringen, sich entspannter zu geben. Ich mußte ihr Selbstvertrauen geben... Es war für mich sehr schwierig, von ihr das zu bekommen, was ich wollte, denn Kim hatte den ganzen Kopf voll eigener Vorstellungen.« Aber die Geschichte hatte auch eine erfreuliche Seite, wie er Jahre später zugab: »Wenigstens hatte ich die Gelegenheit, sie ins Wasser zu werfen.« Dabei bezieht sich Hitchcock auf die Szene, in der sie einen Selbstmord vortäuscht und in die Bucht von San Francisco springt. Er geriet in Begeisterung, als er sich erinnerte, wie oft er diese Szene hatte wiederholen lassen, und wie die Novak immer wieder in das Wasserbecken im Studio springen mußte – was bedeutete, daß sie als verzweifelte Frau in voller Kleidung ins Wasser springen mußte, wieder herausklettern, in trockene Kleidung wechseln und dann gezwungen war, erneut ins Wasser zu springen.

Glücklich war er bei dieser Produktion über die Rückkehr eines alten Stabmitglieds. Peggy Singer hatte seit ihren Tagen als Script-Girl bei *Sklavin des Herzens* und *Die rote Lola* für andere Regisseure gearbeitet und den Cutter Douglas Robertson geheiratet. Jetzt, als Peggy Robertson, war sie von Hitchcock wieder engagiert worden, um die Szenenanschlüsse zu überwachen. Ihre Hilfe war unbezahlbar, und schnell avancierte sie zu Hitchcocks persönlicher Assistentin, unterstützte ihn, machte kreative Vorschläge und nahm ihm viel von jenen Bürden ab, die sich von da bis zum Ende seiner Karriere mit jeder neuen Produktion für ihn verbanden. Ab dem Film *Die Vögel* bis zu *Fami-*

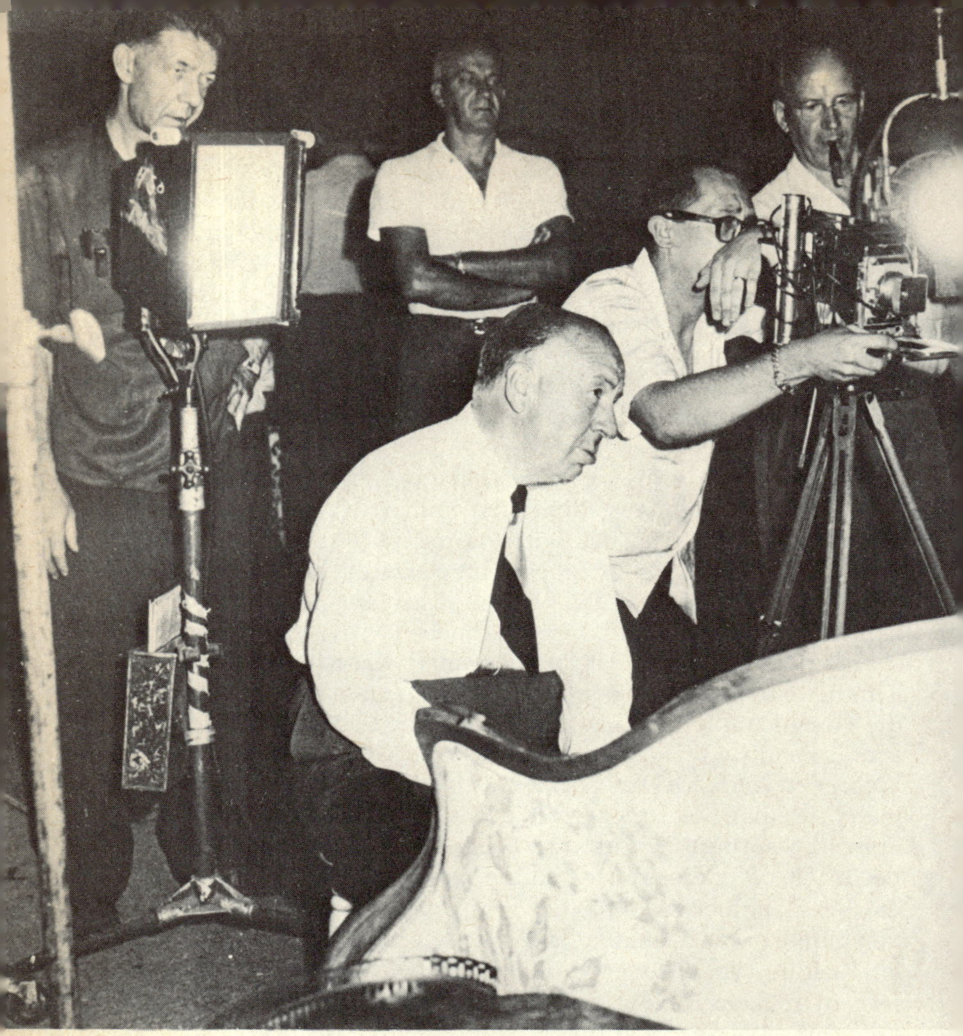

Mit Herbert Coleman in Frankreich, um die Produktion von *Über den Dächern von Nizza* vorzubereiten, 1954

Hitchcock inszeniert Cary Grant und Grace Kelly für *Über den Dächern von Nizza*

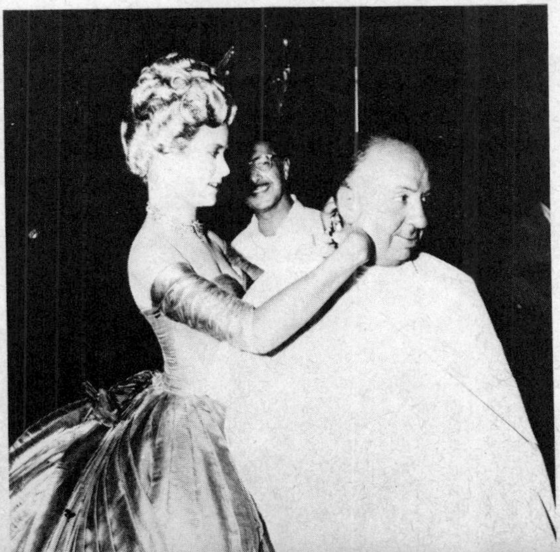

Mit Grace Kelly, 1954

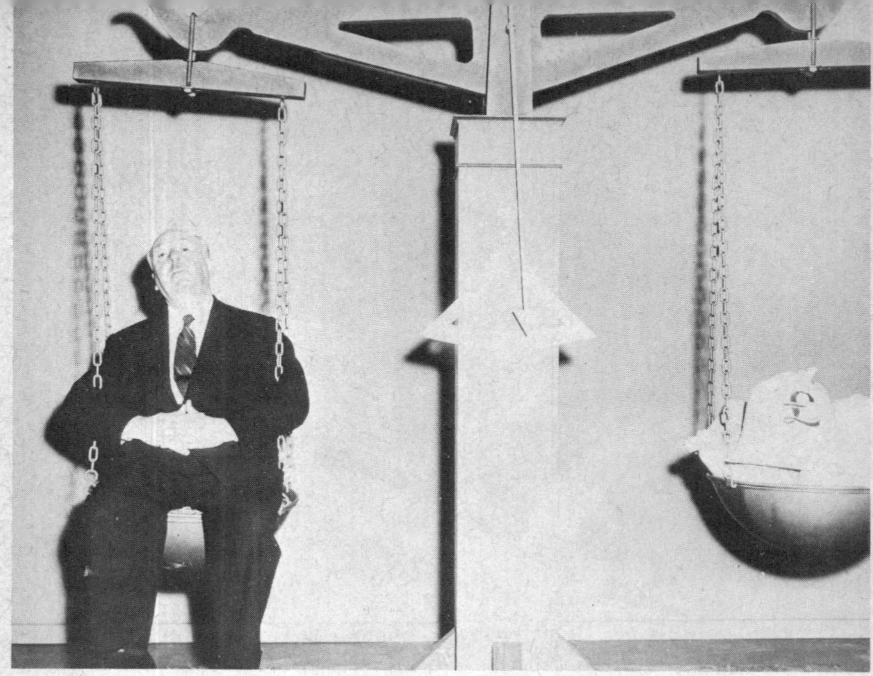

Hitchcock stellt einen seiner Fernsehfilme vor, 1955

Vera Miles trifft in New York ein, um *Der falsche Mann* zu drehen, 1956

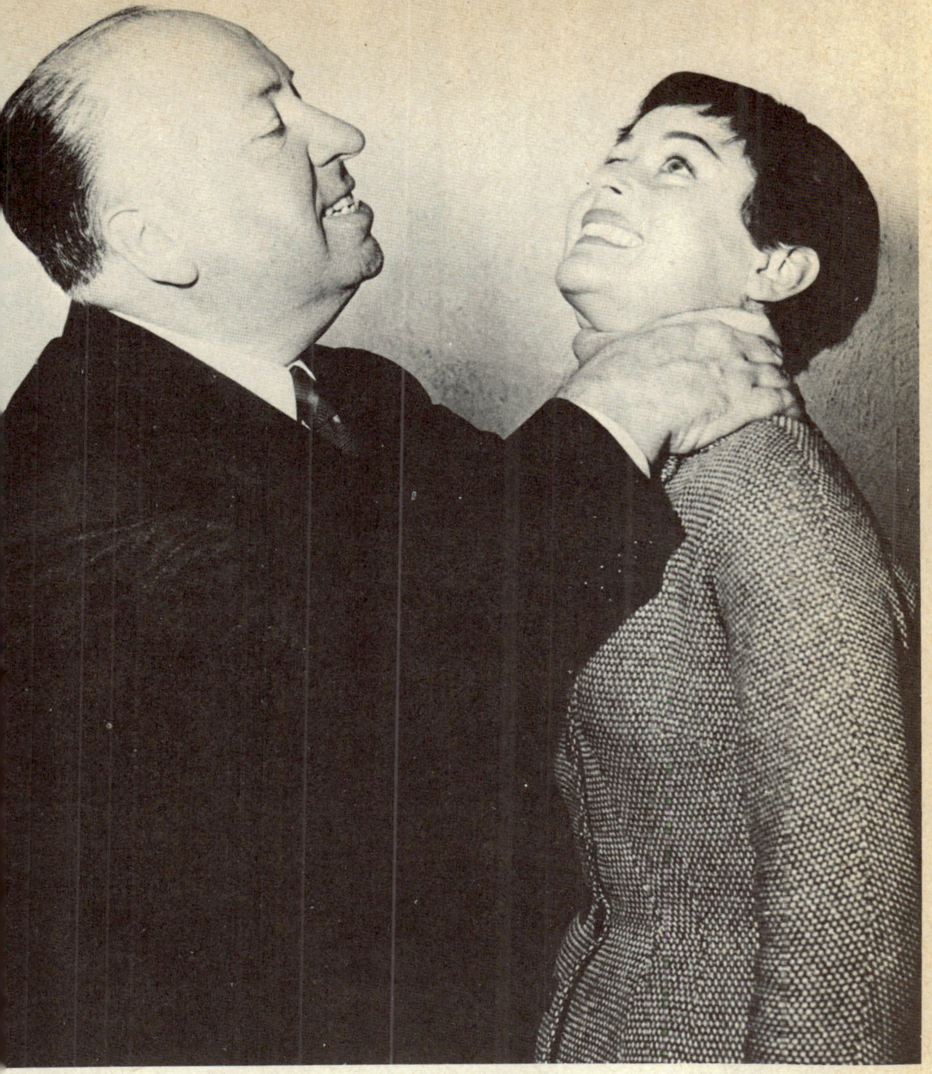

Mit Darstellerin Mary Scott bei den Dreharbeiten zu *Mr. Blanchard's Secret*, einem seiner Fernsehfilme, 1956

Samuel Taylor

Mit Ernest Lehman während der Dreharbeiten zu *Der unsichtbare Dritte*, 1958

Hitchcock gibt Kim Novak Regieanweisungen für *Aus dem Reich der Toten*, 1957

Hitchcock gibt Janet Leigh Regieanweisungen für die berühmte Sequenz unter der Dusche in *Psycho*, 1959

Tippi Hedren während der extrem anstrengenden Dreharbeiten für den letzten großen Angriff der Vögel in *Die Vögel*, 1962. Die Arbeiten an dieser kurzen Szene dauerten eine Woche.

Mit Tippi Hedren in einer Dekoration für *Marnie*, 1963

Hitchcock demonstriert Suzanne Taylor, wie man eine Frau mit einer Hand erwürgt. In Sankt Moritz, 1966

Sylvester 1966 in Sankt Moritz, mit Suzanne und Samuel Taylor und Alma

Hitchcock wird von der Columbia University, New York, 1972 zum Ehrendoktor ernannt

Mit Alma in London bei den Dreharbeiten zu *Frenzy*, 1971

liengrab erschien ihr Name in den Titeln als ›Assistentin von Mr. Hitchcock‹. In Wahrheit war sie, wenn auch ohne offiziellen Titel, eher sein Produzent am Drehort – so wie es Herbert Coleman zwischen 1954 und 1959 (und dann wieder 1968) gewesen war. Das unerfreuliche Ende der Beziehungen zwischen Hitchcock und Robertson, das zwanzig Jahre später eintrat, war 1957 noch nicht vorauszusehen – obwohl es dann ein Bruch war, der in den Leben und Karrieren anderer Hitchcock-Mitarbeiter bereits viele Vorgänger gehabt hatte.

Henry Bumstead war bei *Aus dem Reich der Toten* wieder Hitchcocks Art Director. »Versuchen Sie viele Spiegel zu verwenden«, sagte ihm der Regisseur – und im Film verweisen dann auch viele Spiegel auf das Motiv der doppelten und gespaltenen Bilder. Diese Spiegel, die in *Psycho* noch viel bedeutsamer werden sollten, finden sich an wichtigen Punkten, etwa in dem Blumenladen Podesta Baldocchi, im Kaufhaus Ranschoff's, in Ernie's Restaurant und vor allem in Novaks Hotelzimmer, in dem sich zum zweiten Mal die Verwandlung einer Frau in ihre idealisierte Doppelgängerin, in ein Bild der Fantasie, vollzieht.

Während er auf den ersten Drehtag wartete, inszenierte Hitchcock – dessen Energien wieder auf Volle Kraft voraus gepolt waren – zwei weitere Fernsehspiele. Zwischen dem 17. und 19. Juli drehte er *The Perfect Crime* mit Vincent Price und James Gregory – eine typische Hitchcock-Übung zum Thema der Übertragung von Schuld. Und vom 29. Juli bis zum 2. August inszenierte er das erste von drei einstündigen Fernsehspielen: *Four O'Clock* mit E. G. Marshall, der einen Mann spielt, der seine Frau ermorden will und sich dann mit jener tickenden Zeitbombe gefangen sieht, die für ihren Tod bestimmt war. Der Geschichte, die sich Cornell Woolrich ausgedacht hatte, gab Hitchcock dasselbe klaustrophobische Gefühl, das auch schon *Breakdown* ausgezeichnet hatte. Am Ende steht wieder ein typisches Hitchcock-Bild: das Gesicht Marshalls, wie in Trance eingefroren, fast wie mumifiziert.

Gleichfalls im August hatte Ernest Lehman einen endgültigen Entschluß zu dem Projekt *The Wreck of the Mary Deare* gefaßt.

Eines Morgens ging ich zu ihm nach Hause und sagte: »Hitch, ich sage es ungern, aber ich habe keine Ahnung, wie wir daraus einen Film machen könnten. Du mußt dir einen anderen Autor suchen.«

Hitch zuckte mit keiner Wimper. »Sei doch nicht dumm, Ernie«, sagte er. »Wir kommen so gut miteinander aus. Wir werden einfach irgend etwas anderes zusammen machen.«

»Aber was?« fragte ich.

»Das werden wir uns überlegen«, sagte er. »Es wird uns schon etwas einfallen.«

Und dann fragte ich besorgt: »Aber was wollen wir MGM erzählen?« Ich stand bei dem Studio unter Vertrag. Sie bezahlten mich Woche für Woche, um das Drehbuch zu *The Wreck of the Mary Deare* zu verfassen

»Wir werden denen überhaupt nichts sagen«, sagte Hitch lächelnd.

Wochenlang trafen wir uns jeden Tag und unterhielten uns über Essen und Weine und die neuesten Skandale aus der Stadt. Gelegentlich sprachen wir auch über Filme, die wir möglicherweise zusammen machen könnten. Aber offen gesagt, nichts, was Hitch gerne machen wollte, faszinierte mich sonderlich, und ich sagte ihm das auch. Eines Tages sagte ich dann: »Ich würde gerne einen Hitchcock-Film drehen, der alle anderen in den Schatten stellt, und das ist der einzige Film, den ich gerne machen möchte, Hitch.« Und damit meinte ich einen Film-Film – Glamour, Witz, Spannung, Bewegung, großangelegte Szenen, ein großes Gemälde, ein unschuldiger Neugieriger, der in etwas großartig Gewagtes verwickelt wird, eben in der typischen *Hitchcock*-Art.

Und dann sagte er eines Tages, ein bißchen sehnsuchtsvoll: »Ich wollte schon immer gerne eine Verfolgungsjagd quer über die Köpfe und Gesichter am Mount Rushmore drehen.«

Ja, das fand ich *großartig*, und das sagte ich ihm auch, und das war der Auslöser für das, was nach mehr als einem Jahr Blut und Schweiß und Drehbuchkonferenzen *North by Northwest (Der unsichtbare Dritte)* werden sollte. Wir zogen in sein Büro bei Paramount um, wo er die letzten Vorbereitungen zu *Aus dem Reich der Toten* traf. Wir unterhielten uns täglich, und ich machte Notizen. Und wir redeten und redeten und redeten. Und alles, was mir einzufallen schien, war, daß der Film in New York City beginnen müßte, und daß irgend etwas in der UNO passieren müßte. Dann sollte sich der Film in Richtung Nordwesten zum Mount Rushmore in South Dakota bewegen und von da vielleicht nach Alaska.

Mir schwebte ein Unschuldiger als Protagonist vor, aber ich war mir nicht sicher, ob er nun ein Rundfunk-Sportreporter oder ein Journalist oder ein Werbefachmann oder ein Sänger vom Schlage Frank Sinatras sein sollte. Ich wußte auch nicht, wer eigentlich wen verfolgen sollte und weshalb. Mir war nur klar, daß es irgend etwas mit dem Kalten Krieg zu tun haben müßte, der damals gerade ein heißes Thema war. In meinem Kopf formte sich langsam eine Gliederung für die Geschichte, und dann auch auf dem Papier. Hitch warf mit Ideen um sich, und ich warf ihm Ideen zu. Und manche dieser Ideen gefielen einem von uns beiden und manche gefielen uns allen beiden – aber letzteres trat selten ein. Und ich wußte immer noch nicht, wer der unschuldige Protagonist sein sollte und in was er da eigentlich verstrickt war.

Und eines Tages erzählte mir Hitch, daß ein New Yorker Journalist ihm einmal auf einer Cocktailparty von einer Idee erzählt habe, die er vielleicht eines Tages verwenden könnte. Und daß der Journalist gesagt habe, wenn er sie gebrauchen könnte, dann solle er das ruhig tun. Die Idee drehte sich um irgendeine Regierungsstelle, die einen nichtexistierenden Scheinagenten erfand, um einige feindliche Agenten von der Spur eines anderen, wirklich existierenden Agenten abzulenken. Und Hitchcock und ich diskutierten den Gedanken, unser unschuldiger Passant könnte für diesen nichtexistierenden Agenten gehalten werden und daß ihn das dann automatisch in unsere bereits existierende Handlung hineinziehen müßte. Ich sagte auf der Stelle zu Hitch, daß ich das für eine Idee hielt, die funktionieren würde. Dann integrierte ich diese Scheinexistenz als wichtigen Angelpunkt in den Handlungsablauf.

Und während Hitch sich mehr den Vorbereitungen seiner Produktion *Aus dem Reich der Toten* zuwendete, trieb ich schon einmal meine kleine Handlung bis zum New Yorker Bahnhof Grand Central Station voran. Dann sagte Hitch eines Tages zu mir: »Glaubst du nicht, daß es allmählich an der Zeit wäre, daß du MGM sagst, daß wir nicht an *The Wreck of the Mary Deare* arbeiten?«

Ich war geschockt. »Ich? *Ich* werde es ihnen nicht erzählen.«

»Soll das heißen, *ich* soll die Arbeit an *deiner* Stelle machen?«

»Ganz genau«, sagte ich.

Und das tat er dann. Er ließ alle MGM-Bosse in einen großen Raum kommen. Dort erzählte er ihnen dann, ich brauchte einfach zu lange, um das Drehbuch zu *Mary Deare* zu schreiben und daß wir deshalb zuerst – *zuerst!* – einen anderen Film vorziehen würden. Die MGM-Leute waren begeistert, denn sie glaubten, sie würden jetzt gleich zwei Hitchcock-Filme haben. Dann erzählte er ihnen eine vage, aber wunderschöne Geschichte, die bis zur Grand Central Station reichte. Dann schaute er auf seine Uhr und sagte: »Tut mir leid, meine Herren, aber Sie werden den Rest der Geschichte ja in der ersten Testvorführung sehen.« Und er verließ einen Raum mit leicht verwirrten, aber hocherfreuten MGM-Bossen, ging in sein Büro bei Paramount zurück und begann mit *Aus dem Reich der Toten.*

Und ich mußte der bitteren Tatsache ins Auge blicken, daß ich jetzt ein Drehbuch konstruieren und schreiben mußte und nichts in der Hand hatte außer einem dünnen Entwurf, einer Eröffnungssequenz, und das war's dann auch. Also ging ich natürlich erst mal der Schreibmaschine aus dem Weg und begab mich auf eine zweiwöchige Recherchen-Reise nach New York, in die UNO, nach Glen Cove, den *20th Century Limited,* Chicago, das Ambassador-East-Hotel und nach Mount Rushmore, den ich zur Hälfte bestieg, bis ich dann wieder herab in die Sicherheit kam.

Hitch war kein Autor, aber er war für mich als Autor ungeheuer hilfreich. Es war mir klar, daß das Drehbuch zu diesem Film eine Expertenarbeit werden mußte, dem Stil des großen Stars gemäß, der er nun einmal war – anders hätte er das Buch nicht akzeptiert. Schließlich war er Alfred Hitchcock, und er war auch der Produzent und Regisseur des Films. Und wenn ihm etwas nicht gefiel, mit dem man ankam, dann mußte es, verdammt noch mal, eben neu geschrieben werden, und zwar besser. Aber wenn man steckenblieb, dann war er immer da, und man konnte es mit ihm besprechen, bis er einen dann zwang, das Problem der Story zu lösen, oder aber man zwang subtil *ihn* dazu, das Problem für einen zu lösen.

Zwischen September und Dezember wurde der immer wieder verschobene Film nach dem Roman von Boileau und Narcejac, zu dem Samuel Taylor das Drehbuch geschrieben hatte, endlich in Nord-Kalifornien und in den Paramount-Studios gedreht. Aus der Situation, die der eigentlichen Geschichte im Film vorangeht, nahm Hitchcock die Idee zu dem endgültigen Titel *Vertigo*.* Paramount war unsicher, ob das Publikum mit dem Titel etwas anfangen konnte, aber stimmte ihm dann zu. Die Handlung dieses seines reichsten und obsessivsten Films, in dem er kaum Kompromisse einging, faszinierte die Studio-Chefs.

James Stewart spielt ›Scottie‹, einen Rechtsanwalt aus San Francisco, der einst Polizist war. Damals, bei einer Verfolgungsjagd über Dächer, war ein Kollege abgestürzt, der ›Scottie‹ zur Hilfe kommen wollte. Und ›Scottie‹ hatte seine eigene Höhenangst entdeckt – eine pathologische Furcht davor, sich in der Höhe aufzuhalten. Diese Höhenangst manifestiert sich in der Höhenkrankheit, einer psychosomatischen Krankheit, die Schwindelgefühle hervorruft und die Vorstellung, in einen sich spiralenförmig drehenden Abgrund zu stürzen – ein erschrekkendes, aber auch seltsam angenehmes Gefühl. Stewart kündigt den Polizeidienst und wird Anwalt. Ein alter Schulfreund (gespielt von Tom Helmore) bittet ihn, seine Frau (Kim Novak) zu beschatten. Er hat ihretwegen Angst, sagt er, weil seine Frau glaube, daß eine vor langer Zeit verstorbene Verwandte zurückgekommen sei und sie zu einer Wiederholung des Selbstmords bewegen wolle, den die Vorfahrin einst selbst begangen hat.

Zögernd stimmt Stewart dem Auftrag zu und folgt Novaks

---

* *Vertigo* hieß der amerikanische Originaltitel von *Aus dem Reich der Toten*. Das auch im Amerikanischen nicht gerade allgemein gebräuchliche Wort ›Vertigo‹ bedeutet: Schwindelgefühl, Höhenkrankheit, -angst.

Spuren. Schließlich kann er sie knapp davor bewahren, in der Bucht von San Francisco Selbstmord zu begehen. Er wünscht sich zwar nichts mehr, als sie vor ihren Wahnvorstellungen zu schützen, aber er kann sie nicht retten – aufgrund seiner Höhenangst –, als sie sich von einem Kirchturm stürzt. Überwältigt von Schuldgefühlen und dem Verlust der Frau, in die er sich inzwischen verliebt hatte, erleidet Stewart einen Nervenzusammenbruch, den auch seine Freundin und frühere Verlobte (Barbara Bel Geddes) nicht zu lindern vermag.

Nach seiner Genesung sieht Stewart eine Frau, deren verblüffende Ähnlichkeit mit seiner toten Geliebten eine Obsession hervorruft, die an die Geschichte von Pygmalion erinnert. Er folgt ihr und bittet sie um eine Verabredung. An diesem Punkt des Films enthüllt eine Rückblende, daß diese Frau in der Tat dieselbe ist, die er für tot hält und die angeblich die Frau seines Schulfreundes war. In Wirklichkeit war sie nur seine (Helmores) Geliebte, eine Figur in einem teuflisch ausgedachten Plan, seine wirkliche Ehefrau zu ermorden und von dem Kirchturm zu stürzen. Stewart war, wie sich herausstellt, nur der ahnungslose Zeuge eines Todes, der wie ein Selbstmord aussehen sollte, aber nur einen Mord vertuschte. Diese Wahrheit errät Stewart erst allmählich. Zunächst verwandelt er die Novak ein zweites Mal in eine nichtexistierende Person (in ihrer Kleidung, ihrem Haarstil, ihrem Make-up, ihrem Benehmen). Doch dann findet er an ihr eine Halskette, die sie zu Anfang getragen hat, als sie ihm den Selbstmord vortäuschte. Er zwingt sie dazu, zu dem Kirchturm zurückzukehren und die volle Wahrheit zu gestehen. Dabei stürzt sie bei einem Unfall diesmal wirklich zu Tode.

Mit James Stewart an *Aus dem Reich der Toten* zu arbeiten, war kein Problem, denn er wußte genau, was Hitchcock wollte. So gelang es ihm, in dieser düsteren, romantischen Geschichte in Tiefen seiner eigenen Person hinabzutauchen und Fähigkeiten zu zeigen, die man bei ihm zuvor noch nicht auf der Leinwand gesehen hatte. »Nach längeren Jahren sah ich den Film wieder«, sagte Stewart, »und ich hielt ihn immer noch für ein hervorragendes Werk. Ich selbst hatte Ängste wie diese gekannt, und ich hatte Menschen gekannt, die die Furcht gelähmt hatte. Es kann eine starke Macht über einen entwickeln, so in Ängste eingehüllt zu sein. Als ich mich auf die Rolle vorbereitete, habe ich nicht geahnt, wie stark sie von der Leinwand kommen würde. Hitch hat da Außerordentliches erreicht. Und ich wußte bereits, während er ihn drehte, daß es für ihn ein sehr persönlicher Film war.«

Und obwohl Hitchcock immer behauptete, daß Kim Novak schwierig war, lieferte sie in Wahrheit die beste Leistung ihrer Karriere. »Was mich faszinierte«, sagte Hitchcock, »war die Idee, daß Jimmy Stewart versuchte, das Mädchen zu etwas zu machen, was sie bereits einmal gewesen war, als sie die Rolle in einer Mord-Intrige gespielt hatte und später gerade versuchte, es nicht mehr zu sein. Und ich bin mir nicht sicher, ob Kim Novak die Fähigkeit besessen hat, das herüberzubringen.« Aber Samuel Taylor, der Drehbuchautor, vertritt die Meinung der meisten: »Falls wir für die Rolle eine brillante Schauspielerin gehabt hätten, die zwei wirklich vollkommen verschiedene Persönlichkeiten gestaltet hätte, dann wäre es nicht so gut geworden. Sie schien in der Rolle so naiv. Und das war gut so. Sie war immer glaubhaft. Es gab nichts Gekünsteltes, und deshalb hat es so gut funktioniert.«*

Hitchcocks Einwände gegen die Besetzung spielen weiter keine große Rolle, wenn es darum geht, den Platz dieses Films in seinem Leben auszuloten. Dieser Film war die äußerste Offenbarung seiner romantischen Impulse und der Haß-Liebe, die ihn mit dem Objekt seiner Impulse verband: die Blondine, die er einerseits idealisierte und andererseits als Illusion erkannte.

Auf die letzte Seite des Drehbuchs schrieb Hitchcock unter dem Datum vom 12. September 1957: ›Und sie liegt in seinen Armen und klammert sich in ihrer Verzweiflung eng an ihn, und er hält sie fest in seinen Armen, und sie küssen sich heftig, leidenschaftlich. Der Kuß ist vorbei, aber sie bleiben zusammen, halten einander, und Scotties Blick ist voll von Schmerz und dem Gefühl, sie zu hassen und sich selbst zu hassen, weil er sie liebt.‹ Der Kuß in dem fertig geschnittenen Film ist nicht ganz so heftig und leidenschaftlich, denn Hitchcock hatte die intensivste Kußszene seiner Filmkarriere bereits früher in dem Hotelzimmer inszeniert.**

---

* James Stewart stimmte dem zu: »Kim war ganz großartig – und Hitch hat das alles zuwege gebracht.«

** »Ich hatte das Hotelzimmer und Stücke der Stall-Dekoration als eine runde Dekoration bauen lassen«, erklärte er. »Dann ließ ich die Kamera die ganze Szenerie in einem 360-Grad-Schwenk filmen. Das projizierten wir dann auf eine Leinwand, und ich placierte die Schauspieler auf eine kleine Drehscheibe vor dieser Leinwand und ließ sie sich drehen. Sie drehten sich also, und die Leinwand hinter ihnen vermittelte das Gefühl, daß der Zuschauer

Seine Kamera war immer auf sich küssende Liebende sehr dicht heran gefahren, und in den Kußszenen hatte Hitchcock immer im Film versucht, die Liebenden selbst zu umarmen – einen Effekt zu schaffen, den er ›ménage à trois‹ nannte. In *Berüchtigt* (in der Kußszene auf dem Balkon und später bei Ingrid Bergmans Rettung im Schlafzimmer), in *Der Fremde im Zug* (der Kuß zwischen Farley Granger und Ruth Roman), in *Zum Schweigen verurteilt* (wo Montgomery Clift und Anne Baxter von einer Kamera umkreist werden), in *Das Fenster zum Hof* (wenn sich Grace Kelly zu James Stewart beugt, in einer Doppelbelichtung, die den Kuß um bebende Erwartung verlängert) und in *Über den Dächern von Nizza* (wenn sich Grace Kelly und Cary Grant heftig und lange küssen, während sie auf einen Diwan zurücksinken) – in all diesen Szenen ergibt sich im Film ein Effekt, als umwandere man als Betrachter Rodins berühmte romantische Skulptur *Der Kuß*, die schon immer zu Hitchcocks Lieblingswerken gehörte.

Wie die Statue ist der Kuß in Hitchcocks amerikanischen Filmen deutlich sexuell, aber er hat auch einen komplexen emotionalen Bezugspunkt: Wie bei der Statue – die Teil einer Gruppe mit dem Titel *Die Tore zur Hölle* hätte werden sollen – gibt es auch bei Hitchcock ein Gefühl von verborgener Frustration und Verdammnis. Rodins Skulptur wurde durch Dantes Paolo und Francesca inspiriert, jenem Paar, das sich küßte und deshalb verdammt wurde.* Hitchcock zeigt die Liebenden in *Aus dem Reich der Toten*, wie Rodin die Liebenden in *Der Kuß* dargestellt hat – die Betonung liegt auf der Berührung der Münder, während der Rest der Körper sich nur leicht berührt und die Pose den Mann absichtlich angespannt zeigt – ein Element des Zögerns, das den Fluß der Leidenschaft bremst. Für Hitchcock wie für Rodin sind Liebe und Schönheit, wie ein Kritiker über Rodins *Der Kuß* einmal schrieb, ›verbunden mit Schmerz und mit der Vorstellung einer sphinxhaften Unmöglichkeit der Kommunikation und der Erlangbarkeit‹. Die konkretisierte Form des romantischen Konzepts der Unerreichbarkeit, des Opfers und der

---

sich mit ihnen dreht. Das machte ich, damit der Zuschauer das Gefühl bekam, er sei wieder an jenen besonderen Ort – den Stall – zurückversetzt.«

* Die Verbindung zwischen Intimität und Verdammnis wurde später in Hitchcocks *Der zerrissene Vorhang* expliziter. In diesem Film beschreibt das Ballett, das zu Tschaikowskys *Francesca da Rimini* getanzt wird, die Situation von Paolo und Francesca und erhellt so die Bedeutung all dessen, was den Liebenden im Film zugestoßen ist.

Verdammung gibt auch *Aus dem Reich der Toten* die Kraft, mit der der Film den Betrachter packt.

In keinem anderen Film hat sich Hitchcock so offensichtlich ein Alter ego geschaffen wie mit James Stewart in diesem Film. Die bohrenden Fragen eines Mannes, der nicht nur ein Geheimnis lüften möchte und eine Frau retten, sondern auch Macht ausüben will, die aus vollständigem Verständnis stammt, hatten ihr Spiegelbild in den in die Länge gezogenen privaten Konferenzen, die Hitchcock mit den Schauspielerinnen veranstaltete, die ihm am liebsten waren – Madeleine Carroll, Joan Fontaine, Ingrid Bergman, Grace Kelly und Vera Miles. Fünf Jahre später sollte diese Neigung ihren traurigsten und destruktivsten Ausdruck annehmen – in einer Obsession, von der er sich nie wieder erholen sollte. »Er leidet«, sagt der Arzt über James Stewart in *Aus dem Reich der Toten*, »an akuter Melancholie, verbunden mit einem Schuldkomplex.« Die Diagnose hatte Hitchcock selbst gestellt, und es war eine Selbstdiagnose, die dem Schmerz nachspürte, den er in jedem Jahrzehnt seiner Karriere erlitten hatte und die seine jüngste Reaktion auf die Enttäuschung beschrieb, die er wegen Vera Miles fühlte.

Aber zu dem, was Hitchcock für seine stärksten romantischen Impulse gehalten haben mag, kam auch ein Zögern, das durch entgegengesetzte Kräfte verursacht war. Die Überzeugung, jede schöne Frau sei zugleich auch eine Täuschung, ein Betrug und eine verführerische Gefahr für Geist und Körper, verursachte ein widerstreitendes Gefühl von Angezogensein und Ekel, das zu seiner eigenen geistigen ›Höhenkrankheit‹ führte. Die bekannteste Trickeinstellung, die er für den Film erfand – die Kombination von einem Zoom vorwärts und einer gleichzeitig zurückgleitenden Kamera, die einen schwindelerregenden Effekt und ein Gefühl, im Raum den Halt zu verlieren, vermittelt –, ist in sich selbst nichts anderes, als die visuelle Umsetzung eines gleichzeitigen Wunsches nach Nähe und Distanz, dem Verlangen zu fallen und der Furcht vor dem Fall, der Impuls, der nach vorne drängt, und das Zurückzucken, die letztlich die somatische und psychische Kondition der Höhenkrankheit definieren.

Aus dem Reich der Toten ist die weitestgehende Auseinandersetzung mit diesen einander widerstrebenden Kräften, die Hitchcock anzubieten hatte. Eine Auseinandersetzung mit Kräften, die der Film als giftig für den Geist beschreibt (wie es auch schon zuvor alle Filme über die ›Doppelgänger‹ taten). In diesem Falle entsteht die Kollision der widerstrebenden Kräfte aus einem Kreislauf von Scham, Angst und Schuld und zum Teil auch aus dem umfassenderen Bewußtsein, daß die sorgfältig kalkulierte Schönheit einer Filmschauspielerin in sich selbst eine Illusion darstellt. Die Anziehungskraft und der Ekel angesichts des Objekts von Betrug und Verlangen zeigen sich deutlich in den Szenen, in denen sich Stewart zunehmend der Frau annähert, die ein zweites Mal in ein Trugbild transformiert werden soll.

Stewart: Möchten Sie mit mir zu Abend essen?

Novak: Abendessen und was sonst noch?

Stewart: Nur Abendessen. (Später) Wir könnten uns einfach oft treffen.

Novak: Warum? Weil ich Sie an die andere erinnere? Das ist nicht sehr schmeichelhaft. Und sonst nichts?

Stewart: Nein.

Novak: Das ist auch nicht sehr schmeichelhaft.

Stewart: Ich möchte nur so viel Zeit wie möglich mit Ihnen verbringen.

Die Impulse sind sexuell und beherrschen die Szene, aber die Gesten sind beladen mit Ängsten. Die Figur im Film macht genau das, was Hitchcock mit den meisten seiner geliebten Schauspielerinnen getan hatte.

Stewart (der für Kim Novak die Garderobe auswählt): Nein, das ist es nicht – nicht so etwas.

Verkäuferin: Aber Sie haben Grau gewünscht.

Stewart: Schauen Sie – ich möchte lediglich ein normales, einfaches graues Kostüm.

Novak: Ich mag das hier.

Stewart: Nein, das ist nicht das richtige.

Verkäuferin: Der Herr scheint zu wissen, was er will.

Stewart: ... Ich möchte, daß du gut aussiehst. Ich weiß, was für ein Kostüm dir stehen würde.

Novak (die seinen Wunsch spürt, sie so zu kleiden, wie sie früher einmal ausgesehen hat, wie die Frau, die man jetzt für tot hält): Nein, das werde ich nicht mitmachen!

Stewart: Das kann dir doch nicht soviel ausmachen... Mach es für mich. (Zu der Verkäuferin) Jetzt würden wir uns gerne ein Abendkleid anschauen – kurz, schwarz, mit langen Ärmeln und einem rechteckigen Ausschnitt.

Verkäuferin: Meine Güte, Sie wissen wirklich, was Sie wollen!

Novak (später): Warum machst du das? Wozu soll das gut sein?

Stewart: Ich weiß nicht. Für nichts, glaube ich. Ich weiß nicht... Es gibt da etwas in dir. (Er streckt seine Hand aus, wie um ihr Gesicht zu streicheln, er zieht sie dann zurück.)

Novak: Du willst mich ja noch nicht einmal anfassen.

Stewart: Doch – ich will.

Novak: Kannst du nicht mich mögen – einfach mich, so wie ich bin? Als wir zuerst anfingen, war alles so gut – wir amüsierten uns. Und dann fingst du mit den Kleidern an. Gut, ich werde diese verdammten Kleider tragen, wenn du das willst – wenn du mich nur magst.

Stewart (der auf ihre roten Haare starrt, aber offensichtlich an die blonden denkt, die er so geliebt hat): Deine Haarfarbe!

Novak: O nein!

Stewart: Bitte, es kann dir doch nichts ausmachen!

Novak: Wenn ich zulasse, daß du mich veränderst, wird dir das genügen? Wenn ich mache, was du mir befiehlst, wirst du mich dann lieben?

Stewart: Ja... Ja.

Novak: Gut, dann mache ich es. Ich werde mir um mich selber keine Gedanken mehr machen.

Niemals wurden romantische Ausbeutung und Selbstverleugnung so klar in einem Hitchcock-Film artikuliert. Und nie hatte eine komplexe Beziehung so sehr den Charakter einer Beichte wie in *Aus dem Reich der Toten.* »Er hat dich verwandelt, nicht wahr?« schreit Stewart die Novak an und bezieht sich dabei auf den Mörder (Helmore), nachdem er das doppelte Spiel, an dem sie teilgenommen hat, durchschaut hat. »Er hat dich verwandelt, genau wie ich dich verwandelt habe – nur er war besser. Nicht nur die Kleidung und das Haar, sondern auch die Blicke, die Manieren und die Worte. Und diese wundervollen falschen Trancezustände... Und was hat er dann gemacht? Hat er dich abgerichtet? Hat er mit dir geprobt? Hat er dir genau gesagt, was du machen sollst und was du sagen mußt? Du warst eine gelehrige Schülerin, nicht wahr? Du warst eine sehr gelehrige Schülerin!«

Seine ganze Karriere hindurch bemühte sich Hitchcock, seinen Traum perfekter und perfekter zur Wahrheit werden zu lassen. Aber der Traum hing mit einem Konflikt zwischen roher Sinnlichkeit und exquisiter Kultiviertheit zusammen, mit einem Konflikt zwischen Leben und Kunst. In seinen Geschichten ist dieser Konflikt der Schlüssel zu der Spannung, die sich aus der Ungewißheit über den Ausgang des Konflikts ergibt – insbesondere der Schlüssel zu der tiefsten Art von Spannung, der emotionalen und romantischen Spannung. »Spannung«, sagte er in jenem Jahr,

> ist wie eine Frau. Je mehr der Fantasie überlassen bleibt, desto größer wird die Erregung... Die übliche Blondine mit dem großen Busen hat nichts Geheimnisvolles. Und was könnte weniger geheimnisvoll sein als diese alte Nummer mit schwarzem Samt und Perlen? Die perfekte ›Frau mit Geheimnis‹ ist die, die blond ist, scharfsinnig und nordisch... Filmtitel wie Frauen sollten leicht in der Erinnerung zu behalten sein, ohne zu vertraut zu erscheinen. Sie sollten faszinierend sein, aber nie überdeutlich, warm, aber doch erfrischend. Sie sollten Aktion suggerieren und nicht Passivität, und schließlich sollten sie einen Wink geben, ohne gleich alles zu verraten. Obwohl ich nicht behaupten kann, ein Experte für Frauen zu sein, fürchte ich doch, daß der perfekte Titel ebenso schwer zu finden sein dürfte wie die perfekte Frau... Eine Frau mit einem Geheimnis ist eine Frau, die auch eine gewisse Reife besitzt und deren Handlungen mehr sagen als ihre Worte. Jede Frau kann zu so einer Frau werden, wenn sie sich zwei Dinge merkt: Sie sollte erwachsen werden – und den Mund halten.

Die Hitchcock-Stars, die im Gedächtnis bleiben, zeichnet denn auch ebensosehr Schönheit wie Kühle aus, eine Qualität, die schon zum Synonym für eine Hitchcock-Frau geworden ist. Keine von ihnen hat die rohe Sinnlichkeit, die zum Beispiel eine Ava Gardner oder eine Rita Hayworth in den Filmen der 40er und 50er Jahre auszeichnete, oder die praktisch alle Hauptdarstellerinnen in den Filmen ab Mitte der 60er Jahre ausstrahlen. Wie Hitchcocks Filme insgesamt, so sprechen auch seine am sorgfältigsten kalkulierten Frauengestalten zunächst die Intelligenz und die Fantasie an, bevor sie Gefühle und Emotionen mobilisieren. So legte er die Figuren an für: Madeleine Carroll, Joan Fontaine, Ingrid Bergman, Grace Kelly, Vera Miles, Kim Novak (und später), Eva Marie Saint und Tippi Hedren. Und bei allen von ihnen ist es das Haar, das zum letzten Ziel erotischer Fixierung wird, wie es sich für einen typischen Viktorianer gehört.* »Die Ausgangssituation von *Aus dem Reich der Toten* hat mich sehr fasziniert«, sagte Hitchcock – »die Haarfarbe der

---

* Einstellungen, die seltsam lange auf den Frisuren von Frauen verweilen (oder auf ihrem Hinterkopf), gibt es in: *39 Stufen, Young and Innocent, Eine Dame verschwindet, Rebekka, Mord, Mr. und Mrs. Smith, Saboteure, Im Schatten des Zweifels, Berüchtigt, Der Fall Paradin, Die rote Lola, Das Fenster zum Hof, Über den Dächern von Nizza, Aus dem Reich der Toten, Der unsichtbare Dritte, Psycho, Die Vögel* und *Marnie*.

Frau zu ändern –, weil in dieser Situation eine starke Analogie zu Sex steckt. Der Mann hier veränderte seine Frau und kleidete sie neu ein, was wie die Umkehrung davon erscheint, sie nackt auszuziehen. Es kommt jedenfalls auf dasselbe heraus. Ich habe diesen Film gemacht, um zu der zarten Qualität der Träume in der Natur des Mannes vorzustoßen.« Und dieser Mann, das war natürlich Hitchcock selbst. Wie James Stewart in *Aus dem Reich der Toten,* zog Hitchcock die Fantasie der Realität vor, und er konnte auf eine Frau nicht reagieren, bis er sie so verändert hatte, daß sie seinem Traum entsprach.

Hitchcocks widerstreitende Gefühle für Frauen waren vielleicht das dramatischste und schmerzhafteste Ergebnis in der Wahrnehmung seiner eigenen gespaltenen Persönlichkeit. Auf der einen Seite war die Frau etwas Abstraktes, fast eine unerreichbare Göttin in ihrer Reinheit und Kühle. Aber – »auf dem Rücksitz eines Taxis«, wie er immer sagte – »war so eine Frau möglicherweise zu Dingen fähig, von denen *er sich* im Grunde *wünschte,* daß sie zu ihnen fähig sei«.

Im Zusammenhang mit diesem Thema entsprach Hitchcocks Vorliebe für weibliche Assistentinnen ein ebenso starker Widerwille gegen Männer. Er ging pfleglich mit Schauspielern wie Joseph Cotten, Henry Fonda, James Stewart und Cary Grant um, weil sie ihm in seinen Filmen das gaben, was er wollte. Eine nähere Freundschaft mit ihnen kam aber nicht in Frage, und sie wußten das; öfter noch (etwa bei John Gielgud, Michael Redgrave, Laurence Olivier, Gregory Peck, Anthony Perkins, Rod Taylor, Sean Connery, Paul Newman und Frederick Stafford) gab er sich noch nicht einmal Mühe, sein Unbehagen, ja seinen Groll gegen sie zu verbergen – denn sie schienen zu besitzen, was ihm fehlte.

Als Kind und Jugendlicher war er isoliert aufgewachsen; mit seiner Mutter war er praktisch eingeschlossen, bis er mit 27 Jahren heiratete; als Schüler und junger Angestellter war ihm eingebleut worden, die gute Meinung anderer von ihm sei wichtig; aus all dem resultierte bei Hitchcock eine lebenslange Angst, das Gesetz zu übertreten und so ein ›ungezogener Junge‹ zu werden. (Als man ihn fragte, was er gerne auf seinem Grabstein lesen wolle, sagte er: »So machen wir's mit ungezogenen kleinen Jungen.«) Seine ruhige, eher beobachtende Persönlichkeit und die Fettleibigkeit, hinter der er sich verschanzte, gaben ihm Sicherheit vor den (zumeist eingebildeten) Einschmeichlungsversuchen der Frauen und bewahrten ihn davor, mit anderen Männern konkurrieren zu müssen.

Hitchcocks persönliches Temperament ähnelte dem von Henry James, der sich auch dem viktorianischen Puritanismus in seinen englischen und amerikanischen Varianten fügte. Was Leon Edel über Henry James schrieb, läßt sich auch von Hitchcock sagen: ›Ein geistiges Transvestitentum‹ – Travestie im buchstäblichen und übertragenen Sinn faszinierte den Regisseur auch immer – diente dazu, ein Gefühl maskuliner Integrität zu bewahren. Und so gilt auch für Hitchcock, was Edel über James schrieb, daß er nämlich sein ganzes Leben ›im Hause der inneren Welt des Künstlers ein junges, reifes weibliches Wesen‹ beherbergte, das ›welterfahren und neugierig, einen Schatz nicht angreifbarer Jungfräulichkeit und Unschuld hütend, aber auch fähig zur maskulinen Aktivität, um die Welt zu erforschen, ... ein stets frisches und feines Bild weiblicher Jugend und Unschuld bot. Denn darin bestand die androgyne Natur des schöpferischen Menschen und das Drama seiner Kunst: Unschuld und Welterfahrenheit, das paradiesische Amerika und das grausame und korrupte Europa‹. Genau wie in der Welt des Henry James, war es auch in Hitchcocks Welt sicherer, ein kleines Mädchen zu sein, denn kleine Mädchen machten Erfahrungen durch und wurden mit der Erfahrung weiser. Es sind die Frauen, die sich dem moralischen Dilemma konfrontiert sehen, mit der Qual der Wahl, mit dem Drama zwischen Handlung und Einbildung.

Nach den Vorstellungen des viktorianischen Zeitalters hatte ein Mädchen zwar temperamentvoll, sensibel und begabt zu sein – aber nicht im geringsten intellektuell, gebildet oder dem Ästhetischen aufgeschlossen. Im ersten Viertel des zwanzigsten Jahrhunderts, zu jener Zeit, in der sich dieses Bild allmählich änderte, erlebte Alfred Hitchcock seine ihn formenden Jahre als Schüler und als junger Mann in den Berufsanfängen. In seinen Filmen – und besonders in *Aus dem Reich der Toten* – wird die Frau als eine Figur beschrieben, die Opfer ist und gleichzeitig andere zu Opfern macht. Sie erscheint zwar kühl und distanziert, aber in Wirklichkeit sehnt sie sich danach, eine wilde Leidenschaft auszudrücken.

Hitchcocks Verlangen, seine weiblichen Figuren psychisch zu entkleiden (»Reiß alles gleich zu Beginn herunter«, sagte er, »das ist die allerbeste Methode«), aber auch das Verlangen, sich von ihnen bloßlegen zu lassen (das auch aus seiner oft wiederholten Anekdote über die sinnliche Frau auf dem Rücksitz des Taxis spricht), waren der Ausdruck eines Wunsches, die Leinwandgöttin zu vermenschlichen und zugleich sich selbst zu feminisieren, das hätte sein stoisches und einstudiertes Äußeres – und sei es auch unter Schmerzen – mit jener inneren leidenschaftlichen Natur ergänzt, die er nicht auszudrücken vermochte. In *Aus dem Reich der Toten* kann man aus der komplexen Dualität des Charakters von Kim Novak ebenso viel über Alfred Hitchcock lernen, wie aus dem des selbstquälerischen, düsteren Liebenden, den Stewart spielt.

Hitchcock machte in diesem Film keine Konzessionen. In Bernard Herrmanns Filmmusik bleibt die traumähnliche Qualität gewahrt, und die Musik evoziert auch die verlorene Welt der spanischen Vergangenheit Kaliforniens. Anklänge an Erinnerungen und Fragmente verlorener Hoffnungen treiben wie kleine Seeroseninseln durch die Musik, die von Herrmanns Anspielungen an das magische Feuer aus *Die Walküre* und *Liebestod* aus *Tristan und Isolde* (völlig gerechtfertigt in dieser modernen Geschichte zweier Isolden) widerklingt. Die Musik und die Toneffekte sind schwebend und einsam, zerbrechlich und gespenstisch – ein Nebelhorn in der Bucht San Franciscos, Flüstern und gedämpfte Gespräche im Hintergrund an öffentlichen Plätzen, hohltönende Fußschritte auf einem zementierten Gartenpfad.

Und wie so oft bei Hitchcock führt alles von einer Obsession bis zu einem endgültigen Verlust. In *Immer Ärger mit Harry* heißt das Hauptmotiv: Verlust des guten Rufs in einem puritanischen Städtchen New Englands; in *Der Mann, der zuviel wußte* ist es der Verlust der familiären Sicherheit, weit weg von zu Hause; in *Der falsche Mann* ist es der Verlust der Unschuld und des Familienzusammenhaltes, selbst zu Hause; und in der Trilogie *Aus dem Reich der Toten, Der unsichtbare Dritte, Psycho* ist es schließlich der Verlust der eigenen Identität. Hitchcock engagierte Autoren, um die Geschichten und den Dialog zu schreiben, aber die Stoffwahl besorgte er selbst, und in jedem Stadium der Entwicklung der Geschichten brauchte es seine Zustimmung. Seine Mitarbeiter gaben ihm nur das, was er wollte, oder nur das, was er von ihnen akzeptierte, und alles, was er verlangte.

Die Gefühlslandschaft in *Aus dem Reich der Toten* und die verwunschene und hoffnungslose Jagd nach einer leeren Idealvorstellung stellt Hitchcocks endgültige Aussage zu dem Thema der romantischen Täuschung dar. In dieser Sicht der Dinge ähnelt Hitchcock sehr seinem Landsmann Ernest Dowson (1867–1900), einem sensiblen Künstler, der sich auch zunehmend dem exzessiven Trinken hingab. Wie Hitchcock hatte Dowson Furcht vor dem Chaos. Die einzige Romanze in Dowsons Leben, mit einer Londoner Kellnerin, war wahrscheinlich eine Erfindung seiner fiebrigen Fantasie. Da er davon überzeugt war, wahre Liebe könne er nicht finden, verhinderte er alle Möglichkeiten zu ihr von vornherein, nur um danach für immer den Verlust beklagen zu können. Alle Geschichten in seinem Sammelband *Dilemmas* (1895) erzählen von vergeblicher Liebe – dem Versagen eines schwachen Mannes und sein Rückzug in die melancholische Einsamkeit des verstörten Romantikers –, und jede dieser Geschichten hätte einem Hitchcock, dessen Geisteswelt sie teilen, als Vorlage für seine Filme dienen können.

In Dowsons berühmtestem Gedicht ›Cynara‹ (dessen eigentlicher Titel heißt: ›Non sum qualis eram bonae sub regno Cynarae‹) schreit der leidenschaftlich Liebende nach verrückterer Musik und stärkerem Wein, während er unter dem Schatten seiner verlorenen Liebe leidet. Wie es *Aus dem Reich der Toten* später beschrieb, behandelte auch Dowson in seinem Roman *A Comedy of Masks* (den ebenfalls er mit Hilfe eines Mitarbeiters schrieb) den Kontrast von Erscheinung und Realität einer Person, wie er sich in dem Gegensatz von Maske und Gesicht ausdrückt. In der Allegorie der viktorianischen Zeit war das natürlich ein mehr als gebräuchlicher Vergleich. Maske und Gesicht beschwört auch das maskenhaft starre Gesicht, das den Hintergrund für Anfang und Ende der sich spiralenförmig windenden Titelsequenz von *Aus dem Reich der Toten* bildet, die Hitchcock von Saul Bass gestalten ließ. Beide, Hitchcock und Dowson, waren, wie die Charaktere, die Stewart und Kim Novak verkörpern, ›Wanderer‹ (der Ausdruck taucht im Drehbuch auf). Beide führten, wie Stewart, ihre innigsten Gespräche in ›einer geflüsterten *Colloque sentimental* mit dem Geist einer verlorenen Liebe‹, wie Arthur Symons über Dowson schrieb.

Die Wirkung von *Aus dem Reich der Toten* war nicht das Ergebnis eines Zufalls. Samuel Taylor sagte: »Hitchcock wußte sehr genau, was er in diesem Film machen wollte. Er war sehr präzise in dem, was er sagen wollte und wie es erzählt und verstanden werden sollte. Ich schrieb ihm die Personen und den Dialog, den er brauchte, und entwickelte die Handlung, aber es war vom ersten bis zum letzten Bild sein Film. Es gab keinen Moment des Films, in dem er nicht war. Und jeder, der ihn während der Arbeiten in diesem Film sah, wie zum Beispiel ich, wußte, daß er alles zutiefst selbst fühlte.«

Die Hauptdreharbeiten für *Aus dem Reich der Toten* waren kurz vor Weihnachten abgeschlossen. Hitchcock lud Lew Wasserman und dessen Frau dazu ein, mit ihm und Alma einen Urlaub auf Jamaica zu verbringen. Auf der Reise dorthin übernachtete er im Hotel Carillon in Miami Beach. Von dort aus telefonierte er mit Herbert Coleman und erzählte ihm bei dieser Gelegenheit, daß anscheinend alle Urlaubshotels Floridas im ›frühen amerikanischen Alptraum‹ gestaltet seien, ein Ausspruch, der seitdem oft zitiert wurde. Während dieses Urlaubs schickte Ernest Lehman ungefähr siebzig Seiten dessen, was jetzt noch *In a Northwesterly Direction* betitelt war. Hitchcock gefiel die Vorlage, und er schickte Lehman ein entsprechendes Telegramm. Alma war von der Geschichte auch begeistert, und Lew Wasserman sagte, sie sei zu gut für MGM. Das war genau der Zuspruch, den Lehman brauchte, und auch wenn er in den ersten Monaten des Jahres 1958 noch gelegentlich Probleme mit der weitverzweigten Struktur der Geschichte hatte, so schrieb er in seinem einsamen Büro im Irving-Thalberg-Gebäude bei MGM doch ein erstaunliches Szenario.

»Ich wollte zunächst mehrmals vor Verzweiflung aus dem Projekt aussteigen«, berichtete Lehman,

> aber mein Agent, der zugleich auch Hitchs Agent war, ließ es nicht zu. Er sagte: »Das kannst du nicht machen, du bist schon bei *Mary Deare* ausgestiegen.« Also kehrte ich zu meiner Schreibmaschine zurück und arbeitete mich unter Schweiß um eine andere Klippe der Geschichte herum. Und auf diese Weise entstand der größte Teil des Drehbuchs – mit der täglichen Überzeugung, daß es nicht zu schreiben sei, daß Hitch nie damit zu MGM ginge und daß alles nur ein schreckliches Spiel sei, das ich nun zu Ende zu spielen hätte, bis jemand kam, um mich zu retten, oder das Studio vielleicht in einem Erdbeben versank.
>
> Ein Jahr später drehte Hitch den Film. Wie eine Leitersprosse zur anderen sagte: »Nimm diesen Mann nicht zu leicht.« Das habe ich nie getan, jedenfalls nicht mehr, nachdem ich *Der unsichtbare Dritte* zum ersten Mal auf einer Leinwand gesehen hatte.

Eine Zeitlang trug Lehmans in Arbeit befindliches Drehbuch 1958 auch den Arbeitstitel *Breathless* – das beschrieb die vielen Verfolgungsjagden in der Geschichte ebensogut wie Lehmans eigene Gefühle nach den langen Arbeitssitzungen. Das Buch wurde von vornherein im Hinblick auf Cary Grant geschrieben, und das führte eine Weile zu einer delikaten Situation: James Stewart bat Hitchcock, ihm eine vage Vorstellung von dem Film zu geben, dann wolle er alle anderen Angebote zugunsten des neuen Hitchcocks ablehnen. »Ich wollte ihm nicht geradeheraus sagen, daß wir diesmal eher an Grant dachten«, verriet Hitchcock später, »deshalb sagte ich nur zu ihm, wir hätten noch keine Idee zu Papier gebracht. Dann rief er eines Tages an und sagte, er könne Columbia jetzt nicht länger hinhalten und müsse jetzt mit der Novak für *Meine Braut ist übersinnlich* antreten. Ich war natürlich sehr erleichtert und sagte nur: ›Sieht so aus, als ob wir diesmal verloren hätten. Wir werden uns wohl nach jemand anderem umsehen müssen.‹«

Während Lehman noch schrieb, tauchte ein Script für ein Fernsehspiel auf, dem Hitchcock nicht widerstehen konnte. Roald Dahl hatte seine eigene Geschichte *Lamb to the Slaughter* adaptiert. Sie handelte von einer Frau, die aus dem psychischen Gleichgewicht gerät, als sie erfahren muß, daß ihr Ehemann eine Scheidung will. Sie nimmt eine Lammkeule aus dem Tiefkühlfach und erschlägt ihren Mann damit. Dann brät sie die Keule und serviert sie den Polizisten, die nach einer Mordwaffe suchen. Hitchcock filmte das Fernsehspiel in zwei Tagen, am 18. und 19. Februar, mit Barbara Bel Geddes in der Rolle der Mörderin; die letzte Einstellung nimmt exakt die letzte Einstellung auf Anthony Perkins in *Psycho* vorweg – ein breites Lächeln im Gesicht eines Wahnsinnigen, der das Publikum anschaut. *Lamb to the Slaughter* blieb das Fernsehspiel, das Hitchcock selbst am liebsten war, eine typische Fantasie über die Beziehung zwischen Lebensmitteln und gewaltsamem Tod, die *Frenzy* schon vorwegnimmt.

»Ich hasse es, es zu sagen«, sagte Hitchcock, der es offensichtlich überhaupt nicht haßte, es zu sagen, »aber ich war schon immer der Überzeugung, daß ein guter Rotwein die Assoziation von Menstruationsblut erweckt.« Bemerkungen wie diese sollten schockieren, und normalerweise erzielten sie auch den gewünschten Effekt. Danach ließ Hitchcock dann zumeist weitere Bemerkungen über menschliche und tierische Organe folgen. Sein Sinn für das Groteske war immer dann am schärfsten, wenn es darum ging, seltsame Querverbindungen zwischen Nahrung und körperlichen Funktionen herzustellen.

Etwa zu der Zeit des Fernsehspiels *Lamb to the Slaughter* bat Hitchcock Henry Bumstead in die Bellagio Road, um sein Arbeitszimmer neu zu gestalten. »Ich möchte, daß es so aussieht wie Gavin Elsters Büro in *Aus dem Reich der Toten*«, sagte er zu seinem Art Director und meinte damit die Holzvertäfelungen, die bequemen Sessel, den roten Teppichboden und die antiken Accessoires. Bumstead, eigentlich immer ein freundlicher Kollege, war etwas erstaunt, als er hörte, daß Hitchcock erwartete, seine Zeit und Dienste ohne Bezahlung in Anspruch zu nehmen, lediglich im Austausch für die Ehre, einen Raum in Hitchcocks Haus gestalten zu dürfen.

Was ihn dann freilich noch mehr überraschte, war Hitchcocks Reaktion auf die getane Arbeit. Bumstead hatte alles genauestens nach Hitchcocks Wünschen ausführen lassen. Er hörte kein Wort des Danks oder der Freude. Alma jedoch fragte Bumstead, ob Hitchcock ihm schon gesagt habe, wie glücklich er mit dem neuen Zimmer sei und war von Bumsteads verneinender Antwort offensichtlich beschämt. Am nächsten Tag rief ihn dann Hitchcock an, um ihm zu danken – und ihn zu bitten, mit ihm nach Santa Cruz herauszufahren, um sich einmal die Eisentore und die Inneneinrichtung anzuschauen und nachzudenken, was man dort anstellen könne.

Mitte April änderte sich Hitchcocks Laune schlagartig. Er wurde für die beste Fernsehserie des Jahres, für den Goldenen Globe Award, nominiert (den er dann auch erhielt). Danach drehte er eines seiner geistreichsten Fernsehspiele. Es war wieder eine Geschichte von Dahl, die *Dip in the Pool* hieß. In diesem kurzen Drama will Keenan Wynn seine Kollegen an Bord eines Schiffs überlisten. Sie wetten Geld auf die Meilenstrecke, die ihr Schiff täglich zurücklegt. Wynn will über Bord gehen und sich dann retten lassen. Die Aktion soll die Meilenstrecke zu seinen Gunsten verkürzen und ihn in den Besitz des gesamten Wettgeldes aus dem gemeinsamen Pool bringen. Aber er wird ein Opfer seines Plans. Die Frau, die er als Komplizin gewinnt, entpuppt sich als eine psychiatrische Patientin, der man nicht glaubt, als sie nach seinem Sprung ins Meer Alarm schlägt. Die letzte Einstellung zeigt, einmal mehr, den starren Blick eines wahnsinnig Gewordenen, der im Wasser seinem selbstinszenierten Tod entgegenschwimmt. Die Geschichte ist von tödlichem Witz, und Hitchcock war in ausgesprochen guter Laune, nachdem der TV-Film am 16. April abgedreht war.

Am nächsten Nachmittag änderte sich alles. Alma kam vom Arzt zurück und berichtete, daß eine Untersuchung, die ihr Arzt wegen einer anscheinend kleinen Störung angeordnet hatte, Unterleibskrebs als Diagnose ergeben habe. Sie sollte gleich am nächsten Tag operiert werden. Die Hitchcocks hatten für diesen Abend bereits Samuel Taylor und seine Frau Suzanne zum Abendessen eingeladen und änderten den Plan jetzt auch nicht mehr. »Wir verbrachten einen wunderbaren Abend, und Alma bereitete eines ihrer wie immer großartigen Essen«, erinnerte sich Samuel Taylor. »Wir hatten keinerlei Ahnung, daß etwas Kritisches vor sich ging, bis zum nächsten Tag, als wir erfuhren, daß sie zur Operation ins Hospital gekommen war.«

Hitchcock war vor Besorgnis außer sich. Während Alma operiert wurde, aß er alleine in einem nahegelegenen Restaurant. Er bekämpfte seine Einsamkeit mit einem deftigen Mahl, wie er es in seiner Kindheit an jenem Abend getan hatte, als er geglaubt hatte, seine Familie habe ihn im Stich gelassen. Nachdem sich Alma wieder von der Operation erholt hatte, weigerte er sich, nicht nur jemals wieder dieses Restaurant zu besuchen, sondern er wollte noch nicht einmal in seiner Nähe vorbeikommen. »Dieses Restaurant«, sagte Alma, »ist jetzt für immer mit einer Nacht der Gänsehaut verbunden. Deswegen möchte er es aus seinem Leben streichen. Hitch besitzt eine einfache Formel, um unerträgliche Spannung und Streß aus seinem Leben zu eliminieren: Alles was er macht, ist bereits genauestens vorausgeplant.«

Doch die Möglichkeit, daß Alma sterben könnte, und seine daraus resultierende Einsamkeit versetzten ihn in helle Panik. Ernest Lehman erinnerte sich daran, wie er Hitchcock mehrmals ins Krankenhaus begleitete, um mit ihm Alma zu besuchen. Der schien es weniger schlecht zu gehen, und sie schien sich weniger Sorgen zu machen als ihr Mann. Auch als sie dann wieder zu Hause im Bett lag und genas, war Hitchcock weniger daran interessiert, mit der Verfilmung des Lehman-Buchs fortzufahren, als sie daran interessiert war, *daß* er weitermachte. Schließlich ermüdeten sie seine ständigen Besorgnisse so sehr, daß sie ihn – und MGM – bat, die Produktion des Films fortzusetzen. Sie beabsichtigte nicht, ihren Genesungsaufenthalt im Bett unnötig zu verlängern, und sie sah keinen Grund für ihn, Trübsal zu blasen.

Hitchcocks einziger Trost in diesen Tagen scheinen die Treffen mit seinen Finanzberatern gewesen zu sein, die sich mit ihm besprachen, wie man am besten seine Gage von MGM auf mehrere Raten verteile. Hitchcock sollte 250000 Dollar und zehn Prozent des Bruttogewinns aus allen Einnahmen über acht Millionen Dollar erhalten. Damit dieses Geld nicht von den Steuern aufgefressen wurde, vereinbarte man, daß die Gage in Raten bezahlt wurde: 75000 Dollar während des Drehens, 75000 Dollar am 15. Januar 1959 und 50000 Dollar jährlich zum selben Datum 1960 und 1961. Der zehnprozentige Gewinn – der sich in den kommenden zwanzig Jahren auf über 20 Millionen Dollar belief – sollte einbehalten werden und in jährlichen Raten gezahlt werden, deren Zahlung im Januar 1962 einsetzte. Aus diesen und anderen Gründen, die sich nach 1959 abzeichneten, bescherte das kommende Jahrzehnt Hitchcock ein überwältigendes Einkommen. Ein Traum wurde, mehr als er je zu hoffen gewagt hatte, wahr. Er wurde ein amerikanischer Millionär.

Auch Cary Grant war nach dem Vertrag mit MGM nicht schlecht situiert: Er erhielt eine direkte Gage von 450000 Dollar plus dieselbe prozentuale Gewinnbeteiligung, die auch Hitchcock erhalten hatte, plus 5000 Dollar extra für jeden Tag, den er sieben Wochen nach Vertragsabschluß noch zur Verfügung stehen mußte, um die Produktion zu Ende zu bringen. Die sieben Wochen waren schon um, bevor der erste Drehtag gekommen war, und Grants Einkommen aus dieser Arbeit wuchs ins Astronomische.

Als der Drehbeginn näherrückte, wurden die übrigen Rollen ohne Schwierigkeiten besetzt. Leo G. Carroll spielte bereits zum sechsten Mal in einem Hitchcock-Film; Jessie Royce Landis wurde für die Rolle von Grants Mutter ausgewählt (obwohl sie fast ein Jahr jünger als er war); und James Mason spielte den eleganten Schurken. MGM wollte Hitchcock als weibliche Hauptdarstellerin Cyd Charisse aufzwingen, aber er bestand auf Eva Marie Saint.

»Ich habe jedes einzelne Haar auf ihrem Haupt kontrolliert«, sagte er über die Kostümvorbereitungen und Testaufnahmen.

»Sie ließ sich zwei komplette Garderoben anfertigen, und wir filmten sie für einen Test. Dabei entdeckte ich, daß die Kostümdesignerin sie wie ein elternloses Kind kleidete – sie entwarf Kleider für die Eva Marie Saint aus *Die Faust im Nacken*... Ich ging persönlich mit ihr zu Bergdorf Goodman's, und wir ließen die Mannequins an uns vorbeiparadieren.

Ich wählte ihr Kleid aus.* ... Ich schlug vor, sie solle ein einfaches schwarzes Kostüm tragen ... ein Cocktail-Kleid aus schwerer schwarzer Seide mit einem unaufdringlichen Muster aus weinroten Rosen für jene Szenen, in denen sie Cary Grant hinters Licht führt; ein holzkohlenbraunes Jersey-Kleid und ockerfarbenes schweres Leinen für die Action-Szenen ... Ich habe für Grace Kelly dasselbe getan, die in *12 Uhr mittags* ja noch wie eine Maus aussah. Sie erblühte für mich ... Ich gab mir viel Mühe mit Eva Marie Saint, ich änderte ihre Frisur und gab ihr ein elegantes und verfeinertes Aussehen. Als nächstes spielt sie in einem Film, der sich *Exodus* nennt, und sieht wieder völlig aufgelöst aus ... Ich handelte wie ein reicher Mann, der sich eine Geliebte hält: Ich überwachte die Auswahl ihrer Garderobe bis ins letzte Detail – genau wie das Stewart mit der Novak in *Aus dem Reich der Toten* machte.«

Doch diesmal, wie auch Eva Marie Saint und Ernest Lehman bestätigten, war die Obsession für die kühle blonde Lady nicht vorhanden. »Er mochte sie sehr gern«, fügte Lehman hinzu, »aber wer mochte sie nicht?« Saint erinnerte sich daran, wie Hitchcock ihre Rolle und ihre Garderobe mit größter Aufmerksamkeit gestaltete. Was sie am meisten beeindruckte, war die Sorgfalt, mit der er ein Rubinen-Halsband aussuchte, das zu dem schwarzen Kleid mit dem roten Rosenmuster paßte – eine Wahl, die eine identische Wahl von Joseph Cotten für Ingrid Bergman aus *Sklavin des Herzens* ins wirkliche Leben übertrug (»Ich dachte, ein paar Juwelen könnten vielleicht helfen – eine Halskette aus Rubinen vielleicht?«)

Ein Thriller mit Witz über falsche Identität, politische Verkommenheit, sexuelle Erpressung und über permanente Rollenspiele – *North by Northwest (Der unsichtbare Dritte)* –, der Titel wurde schließlich von MGMs Drehbuchberater Kenneth MacKenna vorgeschlagen – ist ein wunderbar ausbalancierter Film, der Hitchcock und dann das Publikum quer durch die USA führte. Drehbeginn war am 27. August 1958 in New York vor den Vereinten Nationen, im Plaza-Hotel, im CIT-Gebäude in der Madison Avenue 650, im Bahnhof Grand Central und auf dem Phipps-Anwesen in Old Westbury, Long Island. (Bevor das Team dann auf Reisen ging, inszenierte Hitchcock noch schnell das Fernsehspiel *Poison*. Es warf einen voreingenommenen

---

* Diese Vorliebe Hitchcocks, Garderoben auszuwählen, wurde bereits in *The Lodger* signalisiert, wo Ivor Novello genau dasselbe mit der Schauspielerin June macht, die er beobachtet, dann neu einkleidet und um die er erst danach wirbt.

Blick auf die Psychiatrie. Die Geschichte dreht sich um einen Alkoholiker (James Donald), der behauptet, daß er von einer tödlichen Schlange angegriffen wird.

Wo immer er jetzt hinkam, stand Hitchcock im Mittelpunkt des Interesses. Seine wöchentlichen Fernsehauftritte hatten dazu geführt, daß er zum Landeshelden geworden war. Gerne zeichnete er seine Selbstkarikatur für Autogrammjäger auf alle Unterlagen, vom Schulheft eines Kindes bis auf Restaurantspeisekarten. Ernest Lehman erinnerte sich an eine besondere Geschichte, die in einem Restaurant geschah.

Während der Dreharbeiten in New York lud er mich zum Abendessen zu Christ Cella ein. Er hatte schon einige Martinis getrunken, und in einer seltenen Geste emotionaler Nähe legte er seine Hand auf meine und flüsterte: »Ernie, ist dir klar, was wir in diesem Film machen? Das Publikum ist wie eine gewaltige Orgel, auf der du und ich spielen. In einem Augenblick spielen wir *diese* Note und bekommen *diese* Reaktion, und dann spielen wir *jenen* Akkord, und das Publikum reagiert auf *jene* Art. Und eines Tages werden wir noch nicht einmal mehr einen Film dafür zu machen brauchen – in ihre Gehirne werden Elektroden eingepflanzt sein, und wir brauchen nur noch verschiedene Knöpfe zu drükken, und sie werden ›ooooh‹ und ›aaah‹ machen, und wir werden ihnen einen Schrecken einjagen und sie zum Lachen bringen. Wird das nicht wunderbar sein?«

Der Wunsch, die Empfindungen eines Publikums so weitgehend wie möglich zu kontrollieren, sagte Hitchcock immer, sei die Wurzel seiner Liebe zum Kino. Aber er sagte auch, die wahre Herausforderung und die wahre Freude lägen für ihn darin, einen Film auf dem *Papier* zu schaffen – die Drehbuchkonferenzen, der Prozeß, ein Drehbuch zusammenzubringen, das Storyboard zu entwerfen, die Kamerapositionen zu planen –, und das eigentliche Filmen sei dann nur langweilig und ärgerlich. »Sein Hauptziel im Leben«, sagte Lehman, »war vielleicht nicht das, was es so offensichtlich gewesen zu sein scheint – nämlich Filme zu machen. Er mußte sie natürlich machen, als Mittel zu seinem Status, seinem Vermögen und seinem Lebensstil. Aber sein größtes Vergnügen, sein wahrer raison d'être, mag es gewesen sein, sich einfach wohl zu fühlen, dazusitzen, Geschichten zu erfinden und mit Ideen zu spielen, es sich gutgehen zu lassen, zu essen, zu trinken, ohne Ängste und Hast – und Filme zu machen war schließlich harte Arbeit und produzierte beträchtliche Ängste in ihm.«

Wie auch immer, die Produktion zog im September nach Chicago um, dann nach Rapid City und zum Mount Rushmore. Hitchcock war überall der Star der Truppe.

Da schritt die Regierung der Vereinigten Staaten gegen den Film ein – nicht gegen die deutlich zynische Attitüde, die das Drehbuch gegenüber amerikanischen Geheimagenten entwickelte, sondern gegen die Verwendung des Mount Rushmore. Ein Journalist hatte Hitchcock zu der finalen Verfolgungsjagd befragt, und Hitchcock hatte zu einer Papierserviette gegriffen und die Gesichter der Präsidenten gezeichnet und dann mit einer gepunkteten Linie den Weg der Jagd über das Nationalmonument skizziert.* Der Journalist behielt die Serviette und publizierte ihr Bild in der Lokal-Zeitung, und bis dann das Team am Mount Rushmore eintraf, war dort eine Nachricht vom Innenministerium eingetroffen, das die bereits erteilte Dreherlaubnis ›wegen offenkundiger Entweihung‹ widerrief. Diese Neuigkeit geriet sofort in die Nachrichten, und ein zorniger Kommentator schlug vor, ›Mr. Hitchcock soll doch wieder nach England heimkehren und dort Männchen malen, die über das Gesicht der Königin krabbeln‹.

»Wegen des Einspruchs der Regierung«, sagte Hitchcock später, »durften wir keinen der Akteure über die Gesichter laufen lassen, selbst bei den Innenaufnahmen im Studio nicht... Man sagte uns sehr deutlich, daß die Akteure nur zwischen den Köpfen der Präsidenten herunterrutschen durften. Man sagte, das sei schließlich der Schrein der Demokratie.« Als das Team nach Los Angeles zurückgekehrt war, um dort (vom 17. September bis 17. Dezember) die Innenaufnahmen zu drehen, lag eine neue Genehmigung des Innenministeriums vor, die es gestattete, Nachbildungen der Köpfe vom Mount Rushmore zu verwenden ›unter der Bedingung, daß nur die Schulter oder unterhalb der Kinnlinie‹ in den Szenen verwendet würde, in denen auch Schauspieler auftraten.

Aber mit der Hilfe von Robert Boyle, der schon die Bauten für *Saboteure* und *Im Schatten des Zweifels* entworfen hatte, gestaltete Hitchcock den Film optisch so, daß man nichts von der ur-

---

* Schon aus Gründen der Physik war es ohnehin nicht geplant gewesen, die Schauspieler wirklich auf den Gesichtern der monumentalen Plastik von Gutzon Borglum agieren zu lassen. Sie wären abgestürzt. Man fuhr zum Mount Rushmore, um einige Hintergrund-Aufnahmen und einige Zwischenschnitte der Cafeteria zu drehen. Die komplizierte Verfolgungsjagd am Ende des Films wurde gänzlich auf dem Gelände der MGM-Studios gefilmt.

sprünglichen Idee aufgeben mußte. »Keiner der Regisseure, mit denen ich je gearbeitet habe, wußte so viel über Film wie er«, sagte Boyle. »Viele der Regisseure, mit denen ich gearbeitet habe, wußten eine ganze Menge, aber sie besaßen nicht die technischen Fähigkeiten, die er hatte ... Er sucht immer nur den visuellen Ausdruck, und so etwas wie eine zufällige Einstellung gab es bei ihm nicht.«

Die letzten zehn Minuten des Films sind eine der berühmtesten Hitchcock-Sequenzen – die Realisation eines langgehegten Wunsches. Hier endlich konnte er den unbewegten, starren Gesichtsausdruck in gigantischer Größe zelebrieren.

Obwohl der Tonfall und der Stil von *Der unsichtbare Dritte* sich von den vorangehenden und den folgenden Filmen sehr unterscheiden, geht es doch in ihm um einige derselben Anliegen. Nach den düsteren Obsessionen in *Aus dem Reich der Toten* stellte Lehmans Drehbuch für Hitchcock so etwas wie einen Zufluchtsort dar, an dem er sich von seinen verborgenen Ängsten und seinen romantischen Fantasien vorübergehend erholen konnte. Aber der Film war auch eine Antwort an seine Kritiker, die sagten, in den beiden vorhergehenden Filmen hätte er seinen Sinn für Humor verloren.

Mit *Aus dem Reich der Toten* und *Der unsichtbare Dritte* schloß Hitchcock zwei Quartette von Filmen ab – vier mit James Stewart, vier mit Cary Grant. Von *Cocktail für eine Leiche* bis *Aus dem Reich der Toten* kam Stewart einer stellvertretenden Figur für Hitchcocks eigenes Ich näher als irgendein anderer – bis dann Sean Connery in *Marnie* kam. In anderen Filmen war Stewart Hollywoods offenkundigster Exponent für die Rolle des kleinen Mannes als Helden. Hitchcock veränderte Stewarts Image so, daß es mehr ihm selbst entsprach. Stewart bei Hitchcock ist vieles, von dem Hitchcock *dachte, er sei es selbst:* der Theoretiker des Mordes (in *Cocktail für eine Leiche*); der an den Stuhl gefesselte Voyeur (in *Das Fenster zum Hof*); der beschützende, aber auch entschieden manipulative Ehemann und Vater (in *Der Mann, der zuviel wußte*); der besessene, von Schuldgefühlen geplagte romantische Suchende (in *Aus dem Reich der Toten*). Diese vier Rollen gaben Stewart Gelegenheit, die vier eindrucksvollsten Leistungen seiner Karriere zu liefern. Hitchcock gaben sie ein Alter ego, das attraktiv genug war, die Sympathien des Publikums auf sich zu ziehen.

Cary Grant andererseits repräsentiert das, was Hitchcock

gerne gewesen wäre: der geschickte Überredungskünstler und verantwortungslose Playboy (in *Verdacht*); am Ende dann der Retter einer Blondine, die er fast zerstört (in *Berüchtigt*); der fälschlicherweise beschuldigte Held, der die strahlend schöne Grace Kelly erobert (in *Über den Dächern von Nizza*); und schließlich (in *Der unsichtbare Dritte*) der Angestellte, der nur mal eben ins Theater will und sich in einer hektischen, gefährlichen Irrfahrt findet, die schließlich damit endet, daß er die Blondine von Spionen befreit und in sein Bett zieht.

Januar und Februar 1959 verbrachte Hitchcock hauptsächlich in Schneideräumen und Tonstudios und überwachte die Verbesserung dessen, was er in einer Notiz an MGM-Produktionschef Sol Siegel so beschrieb: ›Eine Menge rauher Stellen, notwendige Neuaufnahmen und kleine Fehler der Kamera.‹ Dann sagte er, daß man vielleicht noch einige Korrekturen vornehmen müsse, aber es würde »ein Publikum notwendig sein, um uns zu sagen, was wir noch schneiden sollen«. Diese Aktennotiz – eine ganze Seite vorbeugender Argumente gegen mögliche Einwände, die auch die Bitte einschließt, Siegel möge sich doch den Rohschnitt anschauen und selber Verbesserungsvorschläge machen – ist wichtig, weil sie so sehr von der Version abweicht, die Hitchcock über die Geschichte des Films *Der unsichtbare Dritte* erzählte – nämlich, daß der endgültige Film nur das darstellt, was er vorbereitet hatte und daß es keinerlei Druck von seiten des Studios gab, der ihn auch nur zu einer einzigen Abänderung gezwungen hätte.

Die Wahrheit ist der ordentlichen Korrespondenz und den Produktionsakten zufolge eine ganz andere. Obwohl es MGMs erklärte Politik war, ›ihn zu Rate zu ziehen, selbst wenn wir dazu keine rechtliche Verpflichtung hatten‹ (wie Kenneth MacKenna das New Yorker MGM-Büro erinnerte), so schlugen die Studio-Chefs doch einige wichtige Veränderungen für die endgültige Fassung vor, denen Hitchcock letztlich folgte. In den Verhandlungen über diese Änderungen trug Hitchcock jedoch einen moralischen Sieg davon. Nach all dem Ärger mit dem Innenministerium und der Abteilung für Nationalparks wollte er aus dem Film eine Nennung im Titelnachspann entfernen, in dem diesen Institutionen gedankt wurde. Es hatte mit ihnen nur Ärger gegeben, Verzögerungen und widrige Publicity, während man versucht hatte, die notwendigen Drehgenehmigungen zu bekommen. Der Bürger Hitchcock war insbesondere darüber verärgert, daß die Behörden monierten, im Film würden ›die Feinde der Demokratie unmittelbar im Schrein der Demokratie besiegt‹. Die Beobachtung ist in der Tat richtig – nur fehlte den Bürokraten in den Behörden das filmische Verständnis, um die Bedeutung dessen, was da geschah, richtig einzuschätzen.

Während der wochenlangen Schnitt- und Vertonungsarbeiten nahm sich Hitchcock die Zeit, am 25. und 26. März ein weiteres kleines Fernsehspiel zu inszenieren – *Banquo's Chair*. Es ist eine intelligente doppelbödige Geister-Geschichte, die auf einer Erzählung von Rupert Croft-Cooke beruht. John Williams wurde wieder engagiert, diesmal um einen pensionierten Polizisten darzustellen, der eine Schauspielerin bittet, den Geist einer Ermordeten zu spielen, um so den Tatverdächtigen in eine Falle zu locken. Die Intrige funktioniert – nur stellt sich heraus, daß der auftauchende Geist der Ermordeten womöglich ein leibhaftiger Geist war.

Im April, während ein zweites Team für *Der unsichtbare Dritte* einige Außenaufnahmen und auch das suggestive letzte Bild des Films, in dem ein Zug in einen Tunnel einfährt, nachdrehte, reiste Hitchcock mit Herbert Coleman, Henry Bumstead und Samuel Taylor nach London. Man wollte Drehorte für den nächsten Film suchen und sich auch über Prozeßabläufe vor Gericht informieren. Denn das kommende Projekt, zu dem Taylor die Adaption liefern sollte, basierte auf dem Roman *No Bail for the Judge* von Henry Cecil (einem Pseudonym des britischen Richters Henry Cecil Leon). Eigentlich hätte Ernest Lehman das Drehbuch schreiben sollen, aber Lehman hatte Bedenken entwickelt und sich von dem Projekt zurückgezogen, bevor es begann, zu einem Zeitpunkt, als er noch an *Der unsichtbare Dritte* mitarbeitete. Als man die Szene mit dem Flugzeug zur Schädlingsvernichtung in Bakersfield, Kalifornien, drehte, hatte Hitchcock, der Lehmans Weigerung, an dem neuen Projekt mitzuarbeiten, als Fahnenflucht empfand, deswegen vier Tage hintereinander mit seinem Autor kein Wort gesprochen.

Das neue Projekt, eines, das Hitchcock unbedingt realisieren wollte, war so vom ersten Tag an durch emotionale und persönliche Probleme belastet. Schon bei der Abreise vom Los Angeles International Airport sprang Hitchcock mit denen, die er als sein ›Volk‹ betrachtete, ungeduldiger und bestimmter um als je zuvor. Da er im stillen auf Familienmitglieder eifersüchtig war, die die Aufmerksamkeit seiner Mitarbeiter von ihm ablenken konnten, begrüßte er kaum Henry Bumsteads Frau oder deren Kinder, noch die Familie Coleman, die zum Abschied an den Flughafen gekommen waren. Wenn man erst mal bei der Arbeit war, durfte es keine Ablenkung geben, keine Rücksichtnahme auf die Familie oder persönliche Beziehungen. Diese Erwartung korrespondierte mit dem, was er von jungen Schauspielerinnen erwartete, die möglicherweise auch junge Ehefrauen waren: Es war einfach undenkbar, daß sie Heim, Familie oder eine Schwangerschaft vor ihre Verpflichtungen ihm gegenüber stellten. »Das war schade«, sagte Herbert Coleman traurig. »Er wußte einfach nicht, sich Menschen gegenüber zu verhalten.«

Wieder hatten Hitchcock und Taylor sehr viel Vorbereitungsarbeit geleistet. »Visuell stand die Geschichte bereits, Einstellung für Einstellung, als wir begannen, am Dialog zu arbeiten«, erinnerte sich der Autor. »Wir wollten den Film in London drehen, und deshalb mußten wir einige Recherchen in Gerichten und in der Unterwelt durchführen – insbesondere über die Lebensumstände Londoner Prostituierter.« Jeder, der mit dem Projekt etwas zu tun hatte, war der Meinung, dies werde einer der großen Hitchcock-Filme werden – und schon bevor das Skript endgültig stand, war die Besetzung komplett: ein kurzes Treatment, das an die Agenturen der Stars Audrey Hepburn, Laurence Harvey und John Williams gegangen war, hatte sie überzeugt, daß es sich um eine brillante Geschichte handelte und daß der Film ihnen allen nur zum Vorteil gereichen konnte. Auf die Hepburn gemünzt, sagte Hitchcock den Journalisten bei seiner Ankunft in London: »Ich bin auch durchaus bereit, es einmal mit einer kühlen Brünetten zu versuchen, wenn mir eine über den Weg läuft.«

Die Geschichte hatte auch ihre unappetitlichen Aspekte, aber Hitchcock hatte Taylor bereits gesagt, sie würden jede Art von Sensationalismus vermeiden.

Die Handlung war die Geschichte einer Rechtsanwältin (Audrey Hepburn), deren Vater (John Williams) Richter für Schwerverbrechen am Old-Bailey-Gericht ist. Als er eines Abends heimgeht, springt er auf die Straße, um einen Hund davor zu bewahren, von einem Taxi überfahren zu werden. Dabei rutscht er aus, fällt und verletzt sich am Kopf. Als er benommen weitertorkelt, hält ihn eine Prostituierte für einen Betrunkenen und nimmt ihn zu sich nach Hause. Er erwacht am Morgen und findet neben sich die Leiche des Mädchens mit einem Messer im Rücken. Er ruft die Polizei, sagt, daß er sich kaum an etwas erinnern kann, aber auch, daß er das Verbrechen begangen haben müsse.

Im Untersuchungsgefängnis besucht ihn seine Tochter, die Rechtsanwältin, die von seiner Unschuld überzeugt ist. Sie geht in das Haus ihres Vaters zurück und überrascht dort einen Gentleman-Dieb (Laurence Harvey), mit dem sie ein Abkommen trifft: Sie wird ihn nicht der Polizei überantworten, wenn er ihr dabei hilft, Zutritt zu der Londoner Unterwelt der Diebe und Prostituierten zu gewinnen und die Person zu finden, die für den Mord verantwortlich war. Gemeinsam gelingt es ihnen, den Vater zu entlasten, allerdings nicht, bevor es in der Handlung noch etliche Verwicklungen gegeben hat, und sie in größere Gefahren geraten sind, als sie erwartet haben.

»Also, Sam«, sagte Hitchcock eines Morgens nach dem Frühstück im Claridge's zu Taylor, »ich habe arrangiert, daß du einige ehemalige Prostituierte interviewen kannst. Es ist vom Paramount-Büro hier in London in die Wege geleitet worden.« Und so war es auch. »Das Paramount-Büro«, erzählte Taylor,

> wurde damals von zwei charmanten älteren Damen geleitet. Sie baten die Polizei um Hilfe und schafften so eine Ex-Prostituierte heran, die inzwischen bei einer Versicherungsagentur als Sekretärin arbeitete. (Ich erinnere mich noch daran, daß ich mir nicht so sicher war, ob sie ihre Position in dieser Welt dadurch so sehr verbessert hatte.) Wir setzten uns zusammen, und sie erzählte einige recht bizarre Geschichten – sexueller Sadismus und Masochismus und allerlei andere merkwürdige Spezialitäten. Als ich dann zu Hitch zurückkam, mußte ich ihm natürlich alles bis ins kleinste Detail wiedererzählen. Er liebte solche Geschichten. Er hatte ja schon vor Jahren erzählt, daß die Kriminalmuseen in London und Paris ihn völlig faszinierten.

Das Wetter wurde wärmer, und die Recherchen und das Schreiben gingen mit erstaunlicher Geschwindigkeit voran. Bumstead und Coleman entwarfen und planten die Vorarbeiten, und der ganze Film nahm in der für Hitchcock typischen Weise auf dem Papier Gestalt an. Als sie Ende Mai nach Los Angeles zurückkamen, waren jede Kameraeinstellung, jede Dekoration, jedes Dialogwort und alle spannenden und humorvollen Elemente bereits ins Skript eingearbeitet worden. Als dieses Drehbuch bei Paramount vorgelegt wurde, wollte einer der Chefs wissen, was

›all dieses Zeug‹ bedeutete. »Diese Seiten Papier«, antwortete Hitchcock kühl, »sind dabei, das zu werden, was Sie eines Tages *unseren Film* nennen werden.«

Aber ›unser Film‹ wurde sehr schnell und trotz all der gelungenen und detaillierten Produktionsvorbereitungen dazu verurteilt, nie das Licht der Leinwand zu erblicken. Während Audrey Hepburn *Denen man nicht vergibt* in Mexiko drehte, erhielt sie das endgültige Drehbuch zu *No Bail for the Judge*. »Als sie es las«, erzählte Herbert Coleman, »war alles vorbei – praktisch von der Minute an war der Hitchcock-Film abgeblasen.«

Die Hepburn hatte bereits zugestimmt, den Film zu drehen, dennoch protestierte sie jetzt gegen eine Szene, die hinzugefügt worden war, in der sie in den Hyde Park verschleppt und vergewaltigt werden sollte. Samuel Taylor behauptete Jahre später immer, die Szene sei sehr diskret angelegt gewesen; andere aus Hitchcocks Umgebung erinnern sich dagegen, daß sie explizit genug geplant gewesen sei, um Audrey Hepburn Anlaß zur Besorgnis zu bieten.

Es lohnt zu vermerken, daß ihr Film *Geschichte einer Nonne* am 18. Juni 1959 in der Radio City Music Hall seine Premiere erlebte und bald überall vor ausverkauften Häusern lief. Und man ist sich allgemein einig, daß die Rolle der Schwester Luke ihre größte darstellerische Leistung war. Robert Andersons einfühlsames Drehbuch und Fred Zinnemans sorgfältige Inszenierung verhalfen ihr zu *der* Rolle ihrer Karriere. Stille Integrität und ein hart erkämpftes Gefühl für einen Lebenssinn waren jetzt Bestandteile ihres neuen Images. Und das wollte sie ungern unterminieren, indem sie jetzt ihr Bild in der Öffentlichkeit wieder blitzartig ins Gegenteil verkehrte. Nur wenige Tage nachdem sie das Drehbuch erhalten hatte, erbat sie einen Erholungsurlaub und fuhr in ihr Haus in die Schweiz. Von dort aus kam dann die Nachricht, sie sei schwanger und müßte deshalb aus dem Vertrag entlassen werden.

Hitchcock war in New York, als er die Neuigkeit mitgeteilt bekam, und die Flure des Saint-Regis-Hotels hallten von einem selten heftigen Wutanfall wider. Dann traf ihn noch eine zusätzliche indirekte Ohrfeige: *Der unsichtbare Dritte* hätte auf *Die Geschichte einer Nonne* in der Radio City Music Hall Mitte Juni folgen sollen, aber nach den ersten Tagen war es bereits klar, daß Zinnemans Film – der Hepburn-Film – verlängert werden würde und daß Hitchcocks Film mindestens einen Monat auf seine Premiere in New York zu warten hätte. Bei Treffen mit MGM-Vertretern in New York schlug Hitchcock vor, jetzt die Voraus-Reklame für seinen Film zu verstärken. Gleichzeitig telegrafierte er Paramount, daß *No Bail for the Judge* auf der Stelle abgebrochen wurde.

»Ich investierte mehr als 200000 Dollar in *No Bail for the Judge*«, erzählte Hitchcock später, nachdem er es abgelehnt hatte, die Arbeiten an dem Film mit einem anderen Star wiederaufzunehmen.* »Man sagte mir: ›Aber Sie können doch nicht all dieses Geld einfach abschreiben.‹ Ich antwortete: ›Wenn wir weitermachen, werden Sie drei Millionen Dollar verlieren‹, und danach stellten sie mir keine Fragen mehr.«

Wie schon Selznick, Warner und die Leute von Universal erkannten auch die Paramount-Chefs, Hitchcock an eine Aufgabe zu binden, an der er selbst das Interesse verloren hatte, käme einem Gang in die Katastrophe gleich.

Hitchcocks Laune wurde durch die Ereignisse der folgenden Monate nicht gebessert. Das Bild Audrey Hepburns verfolgte ihn überall. *Der unsichtbare Dritte* wurde schließlich so lange verschoben, bis *Die Geschichte einer Nonne* in allen großen Städten Amerikas gelaufen war. Dann nahmen beide Filme am Wettbewerb um den ersten Preis des Internationalen Filmfestivals von San Sebastian teil; Hitchcock verlor. Im darauffolgenden Filmfestival von Venedig wurde *Die Geschichte einer Nonne* zum Hit der Saison, während *Der unsichtbare Dritte* nur außerhalb des Wettbewerbs lief. Wo immer Hitchcock für seine Publicity-Tournee und Pressekonferenzen erschien, schauten ihn die Bilder Audrey Hepburns an, die keusch von Kopf bis Fuß als belgische Nonne verhüllt war – kühl, aber weder blond noch brünett und alles andere als das Opfer einer Vergewaltigung. So blickte sie von Kino-Reklametafeln, aus Magazinen und Zeitungen und von Plakaten. Es ist unwahrscheinlich, daß diese Art von Ironie des Schicksals ihn amüsierte.

Und so setzte er seine Werbe-Tour für *Der unsichtbare Dritte*

---

* Samuel Taylor wies auf eine weitere Schwierigkeit hin: Neue Gesetze in London bedrohten Prostituierte mit harten Strafen, wenn sie öffentlich warben. Schlüsselstellen der Filmgeschichte hingen aber von solchem Verhalten ab und wurden, Taylor zufolge, durch die neuen Bestimmungen unglaubwürdig. Aber dieser Punkt der Handlung hätte sich sicher überarbeiten lassen. Auf jeden Fall behaupteten Herbert Coleman und andere stets, es sei Hitchcocks Zorn über den Verlust Audrey Hepburns gewesen, der ihn letztlich dazu veranlaßte, das Projekt fallenzulassen.

mit wenig Enthusiasmus fort. Am 1. Juli war er in Chicago. Dort stießen Eva Marie Saint, Leo G. Carroll und eine Armee von Journalisten zu ihm, um eine glitzernde Filmpremiere im alten Stil zu feiern, mit Champagner-Empfang, Flotten von Mercedes-Limousinen, die die Ehrengäste transportierten, und Scharen von begeisterten Fans, die von Polizei-Absperrungen in Schach gehalten wurden.

Da die New Yorker Premiere verschoben worden war, entschloß sich Hitchcock, nach Hollywood zurückzukehren, wo er den bestehenden Vertrag mit Laurence Harvey ausnutzte. In drei Tagen, vom 7. Juli bis 9. Juli, inszenierte er das Fernsehspiel *Arthur*, in dem Harvey (in einer Variante von Lord Dunsanys *Two Bottles of Relish*) den Körper einer Frau, die er erwürgt hat, zermahlt und an Hühner verfüttert. Diese brüske Inszenierung ist die erste Hitchcock-Produktion, in der unverblümte und aus Zorn entstandene Gewalt gegen eine weibliche Protagonistin ausgeübt wird. Bis zu diesem Datum war in allen Arbeiten für das Fernsehen und das Kino (mit Ausnahme von *Der Fremde im Zug*, der sich aber sehr eng an die Romanvorlage hält) die weibliche Hauptfigur immer mit einer Portion Sympathie behandelt worden – besonders trifft das auf das Quartett der Spielfilme zu, die *Arthur* gerade vorangegangen waren. Aber jetzt in *Arthur* – und in dem Film, den Hitchcock schnell an Stelle von *No Bail for the Judge* drehte – entwickelte sich ein Stil, der alles radikal hinter sich ließ, was in den vergangenen 35 Jahren Filmemachens geschehen war.

Als der Hochsommer des Jahres 1959 kam, hatte Hitchcock sich entschieden, zum ersten Mal auf einen Horror-Thriller als Vorlage für seinen nächsten Spielfilm zurückzugreifen: *Psycho* von Robert Bloch, dem Autor einer Anzahl von Geschichten, die für Hitchcocks Fernseh-Serie benutzt worden waren (die aber andere Regisseure inszeniert hatten). Mit diesem Projekt vollzog sich ein fast augenblicklicher Wandel in Hitchcocks Empfindungen. Von allen seinen Filmen ist *Psycho* der berühmteste – und der schockierendste – für das Publikum damals wie später. Der legendäre Mord unter der Dusche veränderte den Lauf der Geschichte Hollywoods. Obwohl nur wenige Filmemacher auf die Höhe der technischen Virtuosität dieser Szene kommen konnten, versuchten doch viele, ihre kraftvolle sinnliche Gewalttätigkeit zu imitieren.

Diese neue Form der Gewalttätigkeit – die sich von *Arthur*

und *Psycho* an fast ausschließlich gegen Frauen richtet – der Ansammlung der Verärgerungen über Vera Miles, Kim Novak und anderen zuzuschreiben, wäre vielleicht zu simplizistisch gedacht, obwohl es andererseits schwerfällt, die Verbindungslinie nicht zu sehen, die von den zunehmend kalten Bemerkungen, die Hitchcock zu jenen Zeiten machte, zu dem häßlichen Schicksal führt, dem – von jetzt an – im Grunde sympathische Frauenfiguren in seinen Filmen ausgesetzt wurden. Den ganzen Sommer über beklagte er sich damals in der Presse über seine Hauptdarstellerinnen: Die Hepburn war nicht länger ›möglich‹, und da war noch immer ein Problem mit Vera Miles, die bei ihm unter Vertrag blieb. Er sagte, sie hätte sein großer Star werden sollen, sie aber habe die Schwangerschaft vorgezogen: »Dann ließ sie sich von ihrem Ehemann scheiden, Sie wissen doch, Gordon Scott, er ist einer dieser Tarzans – und jetzt soll ich ihr sagen, was sie als nächstes machen soll. Sie hat mich mehrere hunderttausend Dollar gekostet. *Ich* weiß nicht, was ich mit ihr als nächstes machen soll. Filmkarrieren haben einen eigenen Rhythmus, wie Sie wissen. Sie hat diesen Rhythmus zerstört, das bedeutet, man muß ganz von vorne anfangen.«

Aber da existierte vielleicht noch etwas anderes, etwas, das aus tieferen Schichten in ihm emporkam und das Hitchcocks Ärger zu einem umfassenderen künsterischen Ausdruck drängte. »Er glaubte aufrichtig, er könne nie ärgerlich werden«, sagte Ernest Lehman. »Er hat mir gesagt, er glaube nicht an Zorn; das sei eine idiotische, verschwenderische Emotion. Die Wahrheit ist aber, daß es Zeiten gab, in denen er vor Ärger kochte – was natürlich sorgfältig unterdrückt wurde.« Jetzt war wieder eine dieser Zeiten gekommen.

Die Frauenfiguren in den Geschichten Hitchcocks waren zunehmends in die Distanz gerückt, aber zugleich auch bedrohlicher geworden. Die offenen sexuellen Aufforderungen Laura Elliotts in *Der Fremde im Zug*, die visuell sehr detailliert gezeichnet waren, hatten ihre Erdrosselung durch Robert Walker herausgefordert – ja fast gerechtfertigt. Aber nach diesem Film hatte der Zorn nachgelassen, und die Frauen – wie sie von Anne Baxter, Grace Kelly, Vera Miles und Kim Novak repräsentiert worden waren – wurden zwar als Figuren gezeichnet, die Gefühle herausfordern konnten, aber zum Großteil körperlich nicht bedrohlich waren. Sie transportierten zwar gewisse erotische Energien, die vielleicht dem Reich der Illusionen zuzurechnen und sicherlich trügerisch waren, aber ihre Kühle war eine kalkulierte Vorsichtsmaßnahme – gerade so, wie Hitchcock die Frauen und Schauspielerinnen auch in seinem eigenen Leben mochte. (»Ich kann diese Frauen nicht ausstehen, die ihren Sex wie Tand um den Hals tragen – kein Geheimnis um sie.«)

Aber diese Distanziertheit war größtenteils das Ergebnis von Hitchcocks eigenem Tun (wie sich in *Aus dem Reich der Toten* und *Der unsichtbare Dritte* zeigt). Die Distanz kam nicht aus dem Inneren der Figuren selbst. Nach dieser Erkenntnis verschob sich in Hitchcocks Persönlichkeit etwas aus dem Stadium der Latenz zur Aktualität, von dem Leugnen seiner eigenen, nicht realisierten erotischen Sehnsüchte zu einem wilden Zorn auf jene Personen, die diese nicht realisierten Sehnsüchte in Bewegung setzten. Das wurde zwar so nie artikuliert, natürlich nicht, aber es zeigte sich deutlich in der neuen düsteren Färbung, die seine Filme jetzt annahmen.

Als *Der unsichtbare Dritte* landesweit in die Kinos kam, wurde er von der Kritik und dem Publikum zu einem der größten Filme Hitchcocks erklärt und zu einem der besten des Jahres gewählt; seitdem gilt er zu Recht als einer der Klassiker des Genres ›Thriller mit komischen Untertönen‹. Mit Stil, Witz und selbstverständlichem Glamour sowie einigen der komplexesten Bilder Hitchcocks hatte Ernest Lehman dem Regisseur eine Vorlage und ein Drehbuch geliefert, das zu den flottesten und reifsten zählt, die Hitchcock und Hollywood jemals erhielten.

Als Hitchcock und Alma die guten Nachrichten vom Erfolg des Films hörten, waren sie gerade dabei, sich für einige Wochen nach Santa Cruz zurückzuziehen. Dort wurde ihre Ruhe lediglich von einem Unfall unterbrochen, der an Hitchcocks sechzigstem Geburtstag geschah. Als ein Florist einen Blumenstrauß ablieferte, sprang ihr geliebter Hund vor das Auto und wurde überfahren. Die Hitchcocks ersetzten ihn fast auf der Stelle durch zwei weiße West-Highland-Terrier, die Geoffrey und Stanley getauft wurden und später ihr Filmdebüt in *Die Vögel* an der Leine ihres Herren erlebten und ihre Namen der Filmgesellschaft liehen, die zur Produktion von *Marnie* gegründet wurde, der als ›Eine Geoffrey Stanley Production‹ herauskam.

Nachdem sie wieder nach Los Angeles zurückgekehrt waren, akzeptierten die Hitchcocks zu Anne Baxters Überraschung und Freude eine Einladung in ihr Haus zum Abendessen (solchen Einladungen folgten die Hitchcocks nur äußerst selten). »Mein

Pudel Petunia liebte ihn«, sagte sie. »Ich erinnere mich, wie Hitchcock nach dem Essen ruhig auf dem Sofa saß, den Hund streichelte und das Essen verdaute. Ich habe ihn selten so friedlich erlebt. Es war nicht nötig, eine Fassade zu errichten – keine Fremden oder Interviewer starrten ihn an. Wir waren nur zu dritt. Alma kannte ihn, und ich kannte ihn, und er wußte, daß weder wir beide noch der Hund ihm widersprechen würden.«

Ende August inszenierte Hitchcock innerhalb von drei Tagen das vielleicht merkwürdigste aller seiner Fernsehspiele. Joan Harrison hatte ihm einige Stoffe zur Auswahl vorgelegt, und er wählte ein Skript von Stirling Silliphant, das auf A. E. W. Masons Kurzgeschichte ›The Crystal Trench‹ beruhte – der Geschichte einer Frau, die viele Jahre auf eine große Wärmeperiode wartet, damit ihr Mann aus seiner Gefangenschaft in einem Gletscher erlöst wird. Hitchcock filmte die Geschichte mit einer merkwürdigen Betonung, die sich nicht etwa auf die komplexen Gefühle der Frau richtete, sondern auf den leeren, eingefrorenen Blick des Mannes. Der Mann scheint mit offenkundiger Ruhe zu blicken, dabei steht er in Wirklichkeit in einem zeitlosen Zwielicht von Schuld – denn ein Medaillon, das er in seiner geschlossenen Hand verborgen hielt, verrät, daß er heimlich eine andere geliebt hat. Drehbuch und Fernsehspiel verweisen auf eine Autobiografie des Hitchcockschen Gefühlslebens: Der emotionelle Blick des Mannes erinnert an des Regisseurs eigene Haltung, stets ohne eine Miene zu verziehen Woche für Woche vor der Kamera und den Zuschauern aufzutauchen. Und das Motiv der ehelichen Treue und der heimlichen Passion findet sein Hitchcocksches Gegenstück in seiner Verbindung mit Alma und seinen Sehnsüchten nach verschiedenen seiner Hauptdarstellerinnen.

Joan Harrison hatte ihm schon früher in diesem Sommer einen anderen Vorschlag gemacht. Sie dachte daran, einen jungen Autor das Buch *Psycho* in ein Fernsehdrehbuch für Hitchcock umschreiben zu lassen. Aber nachdem der Autor eine erste Fassung abgeliefert hatte und dann in Urlaub gegangen war, sah Hitchcock, daß eine völlige Neufassung notwendig sein würde. Auf den Rat einiger MCA-Mitarbeiter hin sprach Hitchcock mit Joseph Stefano, einem Komponisten und Lyriker, der seine Karriere als Drehbuchautor gerade erst mit *The Black Orchid* begonnen hatte. Die beiden trafen sich einige Wochen lang zu Besprechungen, und Stefano entdeckte bald das Muster, das allen anderen Autoren, die für Hitchcock bisher gearbeitet hatten, bereits vertraut war. »Er liebte es, dazusitzen und den neuesten Klatsch auszutauschen«, sagte der Autor, »dann gingen wir gewöhnlich zum Essen, und irgendwie bewegte sich das Gespräch dabei auch auf den Film zu. Aber wenn wir die generelle Idee zu einer Szene einmal besprochen hatten, dann ließ er mich weitgehend allein. Er wollte immer lieber über fast alles andere reden als über die Arbeit, die gerade anlag. Und ich hatte das Gefühl, daß ich einige seiner Filme sehen müßte, damit das dabei herauskam, was er wollte. Also ließ ich mir einige vorführen.«

Hitchcock wollte der Geschichte im Grundsätzlichen treu bleiben – obwohl er Stefanos Rat annahm, die Hauptfiguren sympathischer zu zeichnen als in der Vorlage. *Psycho* blieb dann auch, im Umriß, dem Buch von Robert Bloch treu. Es ist die Geschichte einer Frau, die 40000 Dollar von ihrem Chef stiehlt, um damit ein neues Leben mit ihrem hochverschuldeten Liebhaber anzufangen, den sie heiraten will. Auf dem Weg zu ihm hält sie an einem einsam gelegenen Motel und trifft den Besitzer, einen scheuen Mann, der offensichtlich unter der Fuchtel einer tyrannischen Mutter steht. Während sie in ihrem Motelzimmer duscht, wird die junge Frau überfallen – von der alten Mutter, so scheint es – und wird brutal erstochen. Nachdem auch noch ein Privatdetektiv ermordet worden ist, als er das Haus von Mutter und Sohn durchsuchte, machen sich der Verlobte der Ermordeten und ihre Schwester selbst auf die Suche. Ein neuer Akt psychopathischen Wahnsinns kann gerade noch verhindert werden, und man entdeckt, daß die alte Dame schon seit langem tot ist, während ihre Identität vom wahren Mörder ›am Leben erhalten‹ wurde: Der geisteskranke Sohn hat sie ermordet und ihre Identität angenommen.

Stefanos Skript nahm schnell Gestalt an und gefiel Hitchcock sehr gut. (»Alma mochte die ersten Szenen sehr«, war die einzige Art, in der Hitchcock seine Genugtuung auszudrücken vermochte, und dieser Satz blieb die einzige Form der Anerkennung, die er dem Autor offerierte.) Hitchcock plante einen Low-Budget-Thriller, der all den anderen Low-Budget-Thrillern, die in jenem Jahr in Mode gekommen waren, überlegen sein sollte. Weil er den Film so billig wie möglich produzieren wollte, entschied er sich, mit dem technischen Team seiner Fernsehserie und in seinem Fernsehstudio zu drehen, und den Film so preiswert wie möglich zu besetzen.* Anthony Perkins schuldete Paramount noch einen Film aus einem Vertrag und konnte für eine günstige Gage verpflichtet werden, ebenso Janet Leigh (die, wie auch Perkins, gerne mit Hitchcock arbeiten wollte), und John Gavin (der auch bei Paramount unter Vertrag stand) und Vera Miles, die, wie Hitchcock kalkulierte, ruhig beschäftigt werden sollte, da er sie ohnehin wöchentlich bezahlen mußte. Hitchcock war mit Gagen und Gehältern immer so geizig wie mit Lob. Da er wußte, daß die Karrieren von Menschen, einfach dadurch, daß sie mit ihm zu tun hatten, Auftrieb erhielten, konnte er zumeist Niedrigstgagen aushandeln. Seine wertvollsten Helfer erhielten zumeist das gerade noch zulässige Gehaltsminimum. Andererseits konnte er auch plötzlich Interesse am finanziellen Wohlergehen von Kollegen zeigen – insbesondere, wenn sich außerhalb seines Portemonnaies Quellen fanden, aus denen sich die Aufwendungen bestreiten ließen. Ernest Lehman erinnerte sich an die Bonusse aus zweiter Hand, die Hitchcock austeilte:

> Eines Tages sagte Hitch zu mir, er sei der Meinung, MGM müsse mich für meine Originalgeschichte zu *Der unsichtbare Dritte* entlohnen. Ich sagte ihm, daß ich das eigentlich nicht erwarten könne – schließlich stand ich unter einem Vertrag auf Wochen-Basis bei dem Studio. »Dann werde *ich* sie danach fragen«, sagte er. Und das tat er auch. Als Resultat erhielt ich von MGM einen Bonus von 25000 Dollar. Er hätte das nicht zu machen brauchen, aber zuweilen hatte er diese plötzlichen Anwandlungen von Großzügigkeit, die recht denkwürdig waren. Ich glaube, viele Menschen waren berührt von diesen Überraschungen, impulsiven Dingen, zu denen er manchmal neigte.

Dennoch, Hitchcocks Angestellte akzeptierten meist Bezahlungen, die unter dem Standard lagen – vielleicht aus Bewunderung für ihren Chef, vielleicht in der Hoffnung, weiter mit ihm arbeiten zu können. Wie auch immer die Gründe lagen, eines wußten sie alle, daß die Gagen der Schauspieler, insbesondere die der großen Stars, ihn wütend machten.

Während Stefano sein Drehbuch zu Ende schrieb, reisten Hitchcock und Alma Mitte Oktober zur Premiere von *Der unsichtbare Dritte* nach England und Frankreich. Bevor sie losfuh-

* *Psycho* wurde mit Produktionskosten von 800000 Dollar abgeliefert, und innerhalb von sechs Monaten nach seinem Kinostart zeichnete Paramount einen Scheck für die persönliche Leistung Alfred Hitchcocks, der zwei Millionen Dollar überstieg. Lange vor seinem Tod hatte *Psycho* mehr als das Zehnfache dieser Summe eingebracht.

ren, gab Herbert Coleman bekannt, daß er sehr bald aus Hitchcocks Diensten ausscheiden werde – noch bevor die Dreharbeiten zu *Psycho* begännen. »Das hatte zwei Gründe«, sagte Coleman. »Ich machte mir nicht viel aus der Sorte Film, die es, wie man bereits erkennen konnte, werden würde. Aber ich wollte mich auch selbst als Produzent und Regisseur versuchen. Ich war schließlich mit Hitch sechs Jahre zusammengewesen und hatte bei sieben Filmen eng mit ihm zusammengearbeitet. Ich hatte sehr viel gelernt, aber jetzt wollte ich wachsen und meine Talente weiter erproben.« Zu Colemans Überraschung nahm Hitchcock die Nachricht eher schlecht auf.

Er konnte mich einfach nicht verstehen, und noch Wochen später redete er nicht mit mir. Ich glaube, er hatte das Gefühl, er besäße mich und meine Familie auf Lebenszeit. Dasselbe Gefühl hatte er auch von anderen. Er konnte einfach nicht begreifen, daß wir vielleicht unserer Karriere einmal eine neue Wendung geben oder eine Chance ergreifen wollten, unsere Erfahrungen auszuweiten. Ich sagte, ich wolle gerne ein Freund bleiben, aber das machte er mir eine Zeitlang sehr schwer. Ich glaube, Hitch hat nie langanhaltende Freundschaften begründet. Er hatte Angst, wenn er das täte, müßte er etwas von sich selbst geben, und wußte einfach nicht, wie er das machen sollte – außer in einem Film.

Eine Verbindung, die immer konstant blieb, war die Hitchcocks zu seinen Agenten und Finanzberatern. Zu jener Zeit führten die obersten Bosse von MCA und Hitchcocks Repräsentanten (Jules Stein, Lew Wasserman, Herman Citron, Arthur Park und Edd Henry) gerade die komplizierten Verhandlungen, durch die MCA ein großer Konzern werden sollte, die Muttergesellschaft unter anderem auch von Universal Pictures. Es hatte immer eine starke Verbindung zwischen MCA und Hitchcock gegeben, und nachdem die Fusion erfolgt war, traf man auch Vorbereitungen für Hitchcock, die Paramount Pictures zu verlassen und zu Universal überzuwechseln. Dort bei Universal, im Austausch seiner Rechte an *Psycho* und denen an seinen Fernsehprogrammen gegen Aktien der Muttergesellschaft, wurde er im Jahr 1962 dann MCAs drittgrößter Aktionär.

Entscheidungen von Regierungsbehörden zwangen MCA bald darauf, die Aktivitäten als Agentur einzustellen (man warf MCA einen Interessenkonflikt vor). Deshalb gründeten Herman Citron, Arthur Park und George Chasin eine neue Agentur, die Hitchcock von da bis zu seinem Tode repräsentierte. Mit

Wasserman bei MCA/Universal und Citron auf der anderen Seite als sein Agent war sich Hitchcock in den letzten zwei Jahrzehnten einer starken Loyalität auf beiden Vertragspartnerseiten sicher. Diese Loyalität führte zu außergewöhnlich guten Abschlüssen und zu sagenhaftem Reichtum.

Im Herbst dieses Jahres genossen die Hitchcocks einen Gala-Empfang in London und danach eine Woche in Paris, bevor sie wieder nach New York zurückkamen. Arthur Pinows, ein Angestellter der MGM, arrangierte die Publicity-Tour und teilte dem Pariser Büro die Bedingungen für Hitchcocks Gespräche der Presse schriftlich mit:

Eine Suite im Plaza Athénée ist ein *sins qua non* für Hitchcocks Besuch. Er drückt sich ganz simpel aus: Er wird keine Journalisten in seinem Schlafzimmer empfangen, und er wird auch keinem Journalisten in einem öffentlichen Raum des Hotels oder irgendwo außerhalb zur Verfügung stehen. Sie müssen in seiner eigenen Suite stattfinden, oder es gibt keine Interviews.

Sein Beharren darauf, jeden Interviewer nur einzeln zu empfangen, rührt von einer persönlichen Überempfindlichkeit. In groben Zügen steht es etwa so: Er hat das Gefühl, daß er überzeugend und charmant mit einer Person sprechen kann, aber wenn eine Gruppe anwesend ist, fühlt er sich verloren und nicht zu Gesprächen aufgelegt. Jedenfalls ist es das, was er will, und so wird es auch gemacht werden müssen. Im Hinblick auf seinen Zeitplan in Paris möchte er das von vornherein verstanden wissen.

Innerhalb weniger Wochen zwischen Ende November und den ersten Januarwochen inszenierte Hitchcock *Psycho* in den Revue-Studios, die Paramount für ihn von der Fernsehgesellschaft der Universal Pictures gemietet hatte.* Alles lief unter großen Geheimhaltungsmaßnahmen ab. Auf der Dreh-Klappe und innerhalb der Gesellschaft hieß der Film ›Wimpy‹, um Neugierige auf eine falsche Fährte zu locken und das Interesse nicht auf den Roman zu lenken, der gerade erschienen war.

»Es hat mir Spaß gemacht, *Psycho* zu drehen«, sagte Anthony Perkins. »Ich nahm sogar das Angebot zu dem Film an, bevor ich noch das Drehbuch gelesen hatte. Hitchcock und ich kamen sehr gut miteinander aus, und er ließ mich einige Änderungs-

* Weil er sich entschlossen hatte, das technische Team der Fernsehserie zur Arbeit heranzuziehen, engagierte Hitchcock als Kameramann John L. Russell anstelle von Robert Burks. Der Regisseur bestand jedoch auf seinem langjährigen Cutter George Tomasini.

vorschläge in den Film einbringen. Es war mein Einfall, den ganzen Film hindurch Süßigkeiten zu essen. Ich dachte, das Ganze werde interessanter, wenn der Mörder ein besessener Freund von Süßigkeiten sei.« Perkins nahm jedoch nicht an den Dreharbeiten der legendären Sequenz unter der Dusche teil. In jener Drehwoche war er in New York und bereitete sich auf eine Rolle am Broadway vor; Hitchcock ließ ein Double jene schattenhafte Figur verkörpern, die einen als alte Frau verkleideten Mann darstellte.

»Gleich zu Anfang«, erinnerte sich Joseph Stefano, »hatte sich Hitchcock dazu entschlossen, ein professionelles Modell für jene Einstellungen zu engagieren, in denen man für Augenblicke einen nackten Körper sehen konnte. Er wollte vermeiden, sich mit einer zitternden Schauspielerin abgeben zu müssen.« Hitchcock sprach immer sehr gelassen von jener zentralen Sequenz, die Anlaß zu mehr Studien und Kommentaren gegeben hat und zu mehr Sequenz-Analysen unter filmtechnischen Gesichtspunkten als jede andere Filmsequenz der Kinogeschichte.

Hitchcock zeigte jene distanzierte Haltung zu Recht, denn er hatte den Entwurf und das Drehen der Sequenz jenem brillanten Künstler überlassen, der schon die Titelvorspannsequenz zu *Aus dem Reich der Toten* und *Der unsichtbare Dritte* geschaffen hatte und das später auch für *Psycho* machte: »Ich werde Saul Bass ein Storyboard für die Dusch-Szene entwerfen lassen«, hatte er zu Joseph Stefano gesagt, als sie diesen Punkt des Drehbuches erreichten, »damit wir genau wissen, was wir machen werden.«

Für Janet Leigh bedeutete diese Rolle und diese Szene die größte Herausforderung in ihrer Karriere.

Er schickte mir das Buch, bevor ich zustimmte, die Rolle zu übernehmen, und er versicherte mir, die kleine und nicht sehr interessante Rolle der Marion Crane werde noch verbessert und sympathischer gestaltet werden. Und das geschah. Als wir den Film erst halb abgedreht hatten, wußten bereits alle Beteiligten, daß wir einen guten Film machen würden, aber niemand hatte eine Ahnung, daß er Geschichte machen sollte.

Er sagte mir, er habe mich engagiert, weil ich Schauspielerin sei. »Ich werde nicht für jede Nuance Regieanweisungen geben«, sagte er. »Aber wenn Sie nicht mit dem herüberkommen, was ich brauche, dann werde ich es aus Ihnen herausholen – und wenn Sie zuviel zeigen, dann werde ich es dämpfen. Was Sie machen, muß in mein Konzept und zu meinen Kameraeinstellungen passen.« Ich nahm das recht wörtlich, und ich verstand, daß mein Ausdruck und meine Intentionen für ihn und seinen Absichten gemäß zu sein hatten, und wir verkehrten miteinander äußerst respektvoll.

Die Planung der Dusch-Sequenz war Saul Bass überlassen worden, und Hitchcock folgte seinem Storyboard sehr präzise. Deswegen lief alles sehr professionell und schnell ab, obwohl wir fast eine Woche an dieser Sequenz arbeiteten. Und es war natürlich recht erschöpfend, eine Woche unter der Dusche zu stehen und völlig durchnäßt zu werden.

Hitchcock nahm allerdings zwei wichtige Veränderungen an dem Entwurf von Bass vor, die etwas über ihn selbst sagen: die schnelle Einstellung auf das Messer, wie es in den Unterleib der Frau eindringt (das war eine rückwärts gefilmte Zeitrafferaufnahme) und die Einstellung, die zeigt, wie Blut und Wasser in den Abfluß laufen. »Meine Idee war gewesen, es als eine Szene völlig ohne Blut und sichtbare Gewalttätigkeit zu drehen«, sagte Saul Bass, »aber er bestand darauf, diese beiden Einstellungen dazwischenzuschneiden.« Und zu der Beschreibung des brutalen Mords im Drehbuch, die der Autor recht generell gehalten hatte, fügte Hitchcock der Einstellung 116 hinzu: »Das Zerfetzen. Der Eindruck eines alles zerfetzenden Messers, als ob es auf die Leinwand einsticht, den Film zerreißt.« Wenn sich durch *Psycho* hindurch eine gemeine Wut breitmacht, dann ist dies der Punkt, von dem sie ihren Ausgang nimmt.

Aber es war nicht die Brutalität dieser Szene, die Paramount in Alarmzustand versetzte: Es waren die beispiellose Einstellung und das Geräusch der Toilette, deren Spülung betätigt wird. Das, und nicht etwa die kaum wahrnehmbaren Momente weich gezeichneter Nacktheit unter der Dusche, war das revolutionärste Bild im Film – weitaus folgenreicher als Hitchcocks Mord an der Hauptdarstellerin mitten in der Filmhandlung. Alles an *Psycho* war gewagt; und in Hitchcocks Vorstellung war vielleicht nichts so gewagt wie dieses explizite Detail aus dem Badezimmer.*

---

* Die Toilette erschien schon als prominentes Ausstattungsstück in *Secret Agent*; und Hitchcock brachte, wo er konnte, die beschönigende Abkürzung *B. M.* (eine Anspielung auf *W. C.*) unter (*B. M.* war in *Lifeboat* auf Joan Hodiaks Brust tätowiert und auf einem Ring in *Im Schatten des Zweifels* eingraviert). Die Toilette dient in mehr als fünfzehn Hitchcock-Filmen als Versteck und ist oft ein Ort, an dem ein Liebesakt vorbereitet wird oder an dem Spione Geheimnisse entdecken – wie zum Beispiel in *Aus dem Reich der Toten, Der unsichtbare Dritte, Marnie, Der zerrissene Vorhang* und *Topas*. Diese pubertäre Fixierung führt bis zu seinem letzten Film *Familiengrab*, in dem die Toilette in der transportablen modernen Variante eines Chemie-Klos vorkommt.

Die gesamte Technik, die Planung, der Schnitt von George Tomasini und Bernard Herrmanns schrille Filmmusik für Streicher verliehen der Dusch-Szene genau jenen Effekt, den Hitchcock wollte. (Zunächst hatte er geplant, den Mord unter der Dusche lediglich mit den Schreien der Frau und dem Geräusch laufenden Wassers zu untermalen. Herrmann jedoch bat Hitchcock, sich einmal die Musik anzuhören, die er für diese Szene komponiert hatte, und danach gab Hitchcock zu, daß die Begleitmusik die Szene entscheidend stärker machte.)

Hitchcocks Wunsch, die Zuschauer mehr zu manipulieren als er seine Darsteller inszenierte, führte dazu, daß er darauf bestand, daß, als *Psycho* dann in die Kinos kam, niemand mehr nach Filmbeginn ins Theater gelassen werden durfte. Die Reklamekampagne spiegelte diesen Wunsch und war von einer neuartigen Aggressivität gekennzeichnet – denn jetzt stellte er seinem Publikum Bedingungen und schüchterte es ein, bevor überhaupt jemand einen Fuß ins Kino gesetzt hatte. Diese Taktik dehnte Hitchcock auf die Kritiker aus. »Hitchcocks Todsünde war damals«, sagte der Kritiker Kenneth Tynan einige Jahre später, »daß er die Kritiker schon gegen sich aufgebracht hatte, bevor sie überhaupt den Film gesehen hatten. Er hatte sie in Briefen aufgefordert, nicht das Ende des Films zu enthüllen und auch mitgeteilt, daß niemand mehr ins Kino dürfe, nachdem der Film einmal begonnen habe. Also kamen sie bereits verärgert und leicht brüskiert zur Pressevorstellung; was sie dann in ihren Kritiken beschrieben, war nicht so sehr der Film, als vielmehr der Effekt, den die Reklamekampagne auf ihre Egos gehabt hatte.«

»Ich erinnere mich noch gut an die schrecklichen Schläge, die wir erhielten, als *Psycho* herauskam«, erzählte Hitchcock. »Die Kritiken waren eine Katastrophe. Ein Kritiker nannte den Film ›einen Schmutzflecken auf einer ehrenhaften Karriere‹, und einige Jahre später schrieb derselbe Kritiker über Polanskis *Ekel*, das sei ein ›psychologischer Thriller im klassischen Stile von Hitchcocks *Psycho*‹. Meine Filme wurden von Fehlleistungen zu Meisterstücken, ohne je als normale Erfolge zu gelten. Vielleicht sind diese Filme einfach zu subtil für Kritiker. Es dauert offenbar ungefähr ein Jahr, bis sie sich gesetzt haben.« Aber das Publikum fällte sein Urteil schneller, und der Film verschaffte ihm enormen Gewinn. »Mich interessierte der Erfolg dieses Films genug, um mich mit dem Forschungsinstitut der Stanford University in Verbindung zu setzen. Aber sie wollten 75 000 Dollar für eine Untersuchung der Hintergründe des Erfolgs. Ich teilte ihnen dann mit, *so* neugierig sei ich nicht.«

Filmemacher, Filmstudenten und Kinogänger hat dieser Film neugieriger gemacht als jeder andere Hitchcock-Film, denn in ihm (wenn auch mit erheblicher Unterstützung durch seine kreativen Mitarbeiter) hat Hitchcock ein Treatment und ein Drehbuch geschaffen, das weitaus komplexer ist als der Roman, auf dem er basiert; Hitchcock hat das Meisterwerk eines ganzen Genres geschaffen. »*Psycho* ist bedeutend«, sagte Joseph Stefano,

> nicht so sehr für das, was er ist, sondern für das, was er nicht ist. Ihm fehlt für einen Hitchcock-Film zu jener Zeit jeglicher Anhaltspunkt, der den Ablauf der Story vorher erkennen ließe. Die Figuren in diesem Film waren Menschen, die er kannte oder zu kennen wünschte – es waren nicht die Cary Grants oder Grace Kellys oder James Stewarts.
>
> Aber er hatte einen Punkt in seiner professionellen Laufbahn erreicht, an dem er das Gefühl hatte, für eine völlig neue Art von Film bereit zu sein. In seinen Filmen davor hatte er Dinge über sich selbst erzählt, die er für wahr hielt, aber in *Psycho* erzählte er weitaus mehr über sich selbst, in einem tieferen Sinn, als er selbst es wußte. Er war sehr besorgt über seinen Gesundheitszustand gewesen, und ich glaube, er machte den Film zu einer Zeit, zu der er mit dem Gedanken an seine eigene Sterblichkeit kämpfte. Er war schließlich 1957 schwer krank gewesen, und Alma war 1958 schwer erkrankt, und dann kam 1959 dieser mörderische Film daher. Ich glaube, der Gedanke an einen plötzlichen Tod beschäftigte ihn damals sehr.*

Hinter solchen Schauerroman-Elementen wie dem entlegenen Handlungsort, dem drohenden Hexenhäuschen, der dunklen, stürmischen Nacht, der eingesperrten, geistig gestörten Verwandten und den bizarren Morden tritt ein weiteres Element der Tradition des Schauerromans hervor: das Geheimnis. Jeder in *Psycho* lebt in einer Verkleidung oder hat etwas zu verbergen – einen verborgenen Schatz; die heimlichen Pläne der Liebenden in der Anfangsszene; die Beruhigungsmittel, die Janet Leighs Kollegin heimlich nimmt (Pat Hitchcock in ihrer letzten Rolle in einem Film ihres Vaters); das Bargeld, das der habgie-

* Zu François Truffaut sagte Hitchcock: »Ich glaube, was mich anzog und mich zu dem Film greifen ließ, war die Plötzlichkeit, mit der sich der Tod unter der Dusche ereignete. Er kam aus dem Nichts. Das war's wohl.«

rige Vater (Frank Albertson) der Steuer hinterzogen hat; die Whiskyflasche, die in einem Schreibtisch eines Arbeitsgebers versteckt ist; die Geheimnisse verbotener Affären, geraubten Geldes, verschleierter Identitäten und unentdeckter Morde. Mit der Beharrlichkeit eines Mannes, der sich unter Zeitdruck weiß, entwarf Hitchcock einen Gruselfilm, in dem jeder einzelne Moment sich zum nächsten fügt und in dem die Details so organisch arrangiert sind, daß der Fluß der Ereignisse immer zugleich unabwendbar und leicht dahinströmt. Nie wirkt etwas gezwungen oder künstlich. Diese stilistische Einheitlichkeit läßt Stefanos Skript in perfekter Harmonie mit dem visuellen Entwurf, den Kamerabewegungen, der Dekoration und der Leistung der Schauspieler erscheinen.

Aber das Element, das zuvorderst an die Tradition des Schauerromans erinnerte – eines, das Hitchcock seit Jahren immer wieder verwendet hatte, und das endlich in dem ihm gemäßen Genre zutage trat, war der Spiegel. In dem berühmten Film *Der Student von Prag*, der ihn in seinen Jugendjahren so beeindruckt hatte, hatte Hitchcock das erste Mal die enorme emotionale Kraft kennengelernt, mit der das Bild eines Spiegels in einer dramatischen Erzählung den Eindruck von Schizophrenie vermitteln kann. Und er hatte verfolgt, wie der Spiegel immer raffinierter eingesetzt wurde, etwa in *Der Andere, Das Kabinett des Dr. Caligari, Geheimnisse einer Seele, M,* und *Der letzte Mann*. Als er *Aus dem Reich der Toten* vorbereitete, hatte Hitchcock seinen Art Director Henry Bumstead angewiesen, wo immer möglich, Spiegel einzusetzen. Dem Team von *Psycho* gab er dieselbe Anweisung. In diesem Film tauchen in nicht abreißender Folge Spiegel auf: im Hotel; im Büro, in dem sich Janet Leigh im Spiegel anschaut; in ihrem Heim; in ihrem Auto; in der Toilette eines Gebrauchtwagenhändlers; am Motelempfang und in den Motel-Zimmern; und, am verräterischsten, im Zimmer der ›Mutter‹ des Mörders, wo die Bedeutung des doppelten Spiegels klar wird.

Der Spiegel ist nicht nur wie in der Schauerroman-Tradition ein geeignetes Ausstattungsstück, um eine gespaltene Persönlichkeit anzuzeigen – es deutet auch auf das Bedürfnis nach Erkenntnis des eigenen Inneren hin, wie Hitchcock aus seiner Lektüre von Werken wie Tennysons *The Lady of Shalott*, Matthew Arnolds *Empedocles*, George Eliots *Adam Bede* und *Middlemarch* oder Dickens' *Dur Mutual Friend* wußte. In dieser Pflichtlektüre seiner Schuljahre repräsentierten die Spiegel für den viktorianischen Leser ein Bild für Selbsterkenntnis. Augengläser trägt man, beharrten diese Bücher und Hitchcocks Filme dann auch, nicht nur, um die Welt besser sehen zu können, sondern teilweise auch, weil man sich verbergen möchte. Um aber einen Blick in sein gespaltenes Inneres zu werfen, konsultiert man einen Spiegel. (»Ich kaufe dir einen neuen Spiegel«, hatte Hitchcock dem Drehbuch zu *Skalvin des Herzens* hinzugefügt, »und er soll dein Gewissen sein.«)

Zu dem Spiegel als Symbol einer gespaltenen Persönlichkeit gesellten sich in *Psycho* die Bilder des ›Zerschneidens‹: Der Titelentwurf von Saul Bass zerreißt und zerschneidet die Namen im Vorspann; Bilder des Zerschneidens ergeben sich aus dem, was Hitchcock die Basis-Geometrie dieses Films nannte – die teilenden Horizontalen und Vertikalen in den Bildern (ein Motiv, das bereits durch einen Kran eingeführt wird, der den Horizont über der Stadt Phoenix teilt, und von dem Hotelbett mit seinen vertikalen Bettpfosten, von dem stehenden John Gavin und der horizontal ausgestreckten Janet Leigh und am deutlichsten in dem Bild des langgestreckten Motels und des darüber sich neigenden hochgestreckten Hauses). Es gibt weitere Andeutungen des Zerschneidens – ein Telegrafenmast, der Janet Leighs geparktes Auto im bildlichen Sinn ›zerschneidet‹; Sensen und Rechen, die in dem Eisenwarenladen drohend über Köpfen hängen, und das hocherhobene Messer des Mörders. Diese Bilder des Zerschneidens führen zu einem visuellen Gesamtkonzept, in dem die widerstreitenden Gefühle im Zuschauer eine Verlängerung der Konflikte der handelnden Personen des Films sind – und dieses Konzept konnte mit dieser natürlichen Unangestrengtheit nur ein visuelles Genie entwickeln, das mit diesen Konflikten selbst aufs intimste vertraut war.

Hitchcock plante die Bilder und die optische Geometrie auch noch zu anderen Zwecken als nur zu dem, ein handliches kollektives Symbol für die gespaltene Persönlichkeit darzustellen. Er manipuliert den Zuschauer in *Psycho* so rücksichtslos in die Identifikation mit den handelnden Personen, daß die Struktur des Films auch eine moralische Qualität gewinnt: Sie enthüllt zwiespältige Sehnsüchte und Wünsche auch im Zuschauer. Der schwankt zwischen Ängstlichkeit und Neugierde und erlebt damit jenen Widerstreit in sich, der auch die Essenz des Films darstellt.

Die Gefühle des Zuschauers verlagern sich mit den Bewegungen der Kamera, die Janet Leigh zunächst einfach zuschaut (in der Eröffnungsszene, in der sie nur halb bekleidet ist). Später denkt der Betrachter über ihre Entscheidung nach, das Geld zu stehlen (wiederum ist sie nur halb bekleidet). Dann wünscht er, sie möge ihrem Arbeitgeber und einem mißtrauischen Polizisten entkommen. Während der Zuschauer sich also allmählich mit ihr gefühlsmäßig identifiziert, gerät er bereits in Kollision mit seiner intellektuellen Einsicht, daß sie eine Diebin ist. Dasselbe wiederholt sich später bei Anthony Perkins.

Geschockt noch von dem sinnlosen Mord unter der Dusche, kann man bewundern, wie gründlich er das blutige Badezimmer reinigt – eine Erinnerung auch an Hitchcocks prahlerischen Satz: »Wenn ich das Badezimmer verlasse, ist alles so sauber, daß niemand erahnen könnte, daß jemand dagewesen ist.« Und später setzt Hitchcock seine Kamera so ein, daß der Zuschauer geradezu erleichtert ist, wenn das Auto, das die Leiche enthält und zuerst nicht im Sumpf versinken will, dann schließlich doch mit einem aseptischen Gurgeln im Morast untergeht.

(»Wenn Tony Perkins sein Opfer loswerden will«, sagte Hitchcock, »wird das Publikum schrecklich nervös, wenn das Auto mit der Leiche für einen Moment im Sumpf während des Versinkens verharrt! ... Das ist eines der großen Geheimnisse in der Psyche des Publikums.«)

Schon die Kamera-Perspektive der Eröffnungsszene zwingt das Publikum zur Identifikation und zu einer zwiespältigen Reaktion – eine Mischung aus Attraktion und Abgestoßensein. Die Kamera bewegt sich zu einem halbgeschlossenen Fenster hinein und in einen abgedunkelten Raum, findet einen leeren Sessel, gleitet über ihn und ›läßt sich‹ – genau wie der Zuschauer im Kino – ›im Sessel nieder‹. Der Blickwinkel schwenkt höher, und das erste, was die Kamera sieht, ist ein halbnacktes Paar, das offensichtlich in einem intimen Moment überrascht worden ist. Die erste Reaktion eines Zuschauers darauf kann nur eine Mischung aus Vergnügen und Beschämung sein, der sofort ein ›Willenskonflikt‹ folgt, der den ganzen Film hindurch sich fortsetzt, bis er dann in den Bemerkungen des Arztes am Ende des Films eine neue Bedeutung erhält: »Wenn der Verstand zwei Persönlichkeiten beherbergt, dann entsteht zwangsläufig ein Konflikt, ein Kampf.« Daß dieser Kampf geschaffen, aufrechterhalten und in den Zuschauer übertragen wird, ist das eigentliche Kennzeichen des optischen Genies in *Psycho*. (»Von Hitchcock erhält man keinen verwässerten Blickpunkt«, wie Janet Leigh einmal bemerkte. »Er nähert sich jeder Kleinigkeit mit klaren Vorstellungen – und zwar in jedem Augenblick und zu jeder Zeit.«)

Die Manipulation des Publikums hat also eine künstlerische und eine moralische Seite. Vom ersten bis zum letzten Bild wird der Zuschauer in diesen Film mit hineingezogen wie vielleicht in keinen anderen Film von Alfred Hitchcock. Der Akt des Zuschauens in *Psycho* betrifft den Zuschauer. All das Blicken im Film – vom Zuschauer, von Janet Leigh, von dem mißtrauischen Polizisten, von Perkins – zeigt sich als voreingenommenes und fehlerhaftes Sehen, als Schauen ohne Vision oder Vorstellung. (Das ist natürlich ein klassisches Motiv und ein so modernes wie im *Andalusischen Hund* von Dalí und Buñuel, für den Hitchcock eine tiefe Bewunderung empfand.) *Deshalb* wird Martin Balsam, der Privatdetektiv*, ins Auge gestochen; und deshalb stößt Vera Miles gegen eine nackte Glühbirne, die an einer Decke hängt und in Schwingungen gerät, das dann die toten Augenhöhlen im Skelett der Mutter zum Glühen zu bringen scheint. Wie alles Sehen in dem Film ist auch der ›Blick‹ des Totenschädels ein leerer, nur eingebildeter, toter Blick, der auch an das merkwürdige Starren in den geöffneten Augen der toten Janet Leigh erinnert. Ein Starren, das seinen Ausgang in ihrem gefrorenen Lächeln zu Beginn des Films hat und weiterverweist auf das wahnsinnige, starre Lächeln von Perkins am Ende, der über den Triumph des Todes über das Leben grinst.**

Das Starren in Hitchcocks *Psycho* (wie auch an den Enden so vieler seiner Fernsehspiele) ist nicht nur ohne moralisches Sehvermögen – es ist ein Vorspiel, dem der Tod folgt. Deswegen schaut Perkins der Leigh durch den Wandspion zu, während sie sich zum Duschen entkleidet. Und um sich Zugang zu dem verborgenen Spion in der Wand zu verschaffen, nimmt er ein Gemälde herab, das die berühmte biblische Geschichte der Susanna im Bad zeigt – die Geschichte einer Frau, die im Bad von Voyeuren überfallen wird, deren Leidenschaften dadurch erregt worden waren, daß sie ihr zunächst beim Auskleiden zum

---

* Privatdetektiv: im Amerikanischen = Private *eye* = Auge.

** Dieses Motiv – die illusionäre Natur dessen, was man im Leben sieht, wirft vielleicht auch Licht auf die Bedeutung des gespenstischen Zooms, der die gefalteten bronzenen Hände auf Mutters Nachttisch zeigt; die Illusion von zärtlichen Händen, gefaltet im Leben oder im Tod.

Bad heimlich zugeschaut hatten. Die künstlerische Darstellung von Voyeurismus und sexueller Ausbeutung wird, in der Welt des Films, durch die direkte Aktion ersetzt, und der Mord mit dem Messer ist deshalb bewußt als stilisierte Vergewaltigung inszeniert.

Er ist eine künstlerische Umsetzung, die mit eine Großaufnahme auf einen schreiend geöffneten Mund und auf ein erhobenes Messer beginnt.

»Was Hitchcock zudem klarmacht, ist die gleichzeitige Verstrickung des Publikums. Man beobachtet nicht nur, wie Perkins beobachtet – die Kamera macht eine Wendung, und der Zuschauer beobachtet *mit* ihm. Das Beobachten erhält dadurch auch die Qualität der Ironie – eine Ironie, die sich auch im letzten Protest der ›Mutter‹ aus dem Jenseits äußert. Sie sitzt (wie der Regisseur in seinem Stuhl und der Zuschauer auf seinem Sitz) und kann nichts anderes machen als nur dasitzen und starren, wie einer seiner ausgestopften Vögel. Sie wissen, daß ich keinen Finger bewegen kann, also werde ich hier ganz ruhig sitzenbleiben, für den Fall, daß man mich verdächtigt. Sie beobachten mich wahrscheinlich – sollen sie. Sie werden sehen, was für ein Mensch ich bin. Ich werde noch nicht einmal nach dieser Fliege schlagen! Ich hoffe, sie beobachten mich! Sie werden es sehen und verstehen und sagen: ›Aber doch nicht die, die konnte noch nicht einmal einer Fliege ein Leid zufügen!‹«

Hitchcocks Angewohnheit aus Kindertagen, seine Familie zu beobachten, seine Klassenkameraden, das Leben an sich – alles aus sicherer Distanz –, die Angewohnheit eines ängstlichen Jungen, dem die Sensibilität eines Künstlers gegeben war, empfing in diesem Film ein strenges Urteil. Der Film integrierte das Motiv der Moral einer Sehweise, ein Thema, das in Blochs Roman noch nicht einmal angedeutet ist. In Hitchcocks Filmen ist der Augenblick, in dem der Jäger zur Beute wird, oft mit dem Moment des Beobachtens verknüpft: In *Das Fenster zum Hof* schaut sich in diesem Moment der Mörder (Raymond Burr) nach Stewart um; in *Aus dem Reich der Toten* schaut das Publikum zu, wie Stewart zweimal Kim Novak beobachtet und verfolgt; in *Psycho* scheint es so, als bewege sich der Zuschauer endlich aus dem Fenster, das zum Hof führt, heraus und in die Leinwand hinein, um im Visuellen daran teilzunehmen, was in *Das Fenster zum Hof* nur vermutet und indirekt beobachtet werden konnte – der Mord wird zum ersten Mal in seiner ganzen Entsetzlichkeit gezeigt.

Das Auge ist innerhalb all dessen die Matrix für Identität und Schuld. Der Symbolismus ist die logische Fortsetzung der zukkenden Augen des Mörders aus *Young and Innocent,* die gedrängte Inhaltsangabe aller weiteren Bilder des Schauens in Hitchcock-Filmen – Bilder, die sündhaftes Schauen und fehlerhaftes Sehen als Symptome einer durchdringenden Schuld zeigen. Genau wie der Mord aus dem Disney-Zeichentrickfilm *Who Killed Cock Robin?* von den Handelnden in *Sabotage,* dem Hitchcock-Film, der diesen Trickfilm enthält, wahrgemacht wird, so wird die Alptraum-Sequenz, die aus Filmtricks besteht, in *Aus dem Reich der Toten* kurze Zeit später zur Wahrheit, wenn der Betrug entdeckt wird; und in *Psycho* wird aus dem Wandgemälde, das korrumpierte Schauen und perverse Absichten zeigt, kurze Zeit später Realität, wenn die monströsen und wahnsinnigen Gefühle freigesetzt werden. Die Dialektik von Beobachten und Beobachtetwerden ist in *Psycho* bis zu einem Endpunkt getrieben, mehr als in jedem anderen Hitchcock-Film.

Und all das wiederum drückt sich bereits in Hitchcocks Wunsch aus, das Hobby des Mörders von ausgestopften Tieren (im Roman) im Film auf ausgestopfte Vögel einzuschränken. Das sexuelle Wortspiel ist offensichtlich.* – ›Vögel auszustopfen‹ ist das Hobby eines sexuellen Psychopaten – und die starrenden Augen der ausgestopften Krähen und Eulen können nichts sehen. »Eulen gehören zur Welt der Nacht«, wie Hitchcock betonte. »Sie beobachten gerne, und das gefällt dem Masochisten in Perkins. Er kennt diese Vögel und weiß, daß sie ihn permanent beobachten. In ihren wissenden Augen kann er den Widerschein seiner Schuld erkennen.« So erklären sich auch andere Verweise auf Vögel: die wichtige Einstellung, in der Perkins die Skizze von einem Vogel umwirft, als er (in seiner Persönlichkeit als Sohn) den Leichnam von Janet Leigh entdeckt – der jüngste ›ausgestopfte Vogel‹ ist eine Frau, die passenderweise Crane (=Kranich) heißt und aus einer Stadt namens Phoenix kommt (einer Stadt, die nach dem mythischen Vogel benannt ist, der vom Tode wiederauferstehen kann); und als Perkins Süßigkeiten zu essen vorschlug, bestand Hitchcock auf Mais-Bonbons, einer Süßigkeit, die an die Körner erinnert, die von Hühnern gerne aufgepickt werden. (Wie jetzt schon klar

* bird = slang für ›Mädchen‹.

wird, deutet alles an *Psycho* nach vorne, auf *Die Vögel,* und machte Hitchcocks nächsten Spielfilm zu einer künstlerischen Notwendigkeit.)

Trotz aller Studien und aller Strukturanalysen, die über *Psycho* angestellt worden sind, war es lange Zeit, vor allem aufgrund Hitchcocks eigener besessener Verschwiegenheit, sehr schwierig, durch die brillante Fassade des Films hindurchzublicken und zu erkennen, wieviel vom Regisseur selbst hinter ihr verborgen ist. Es reicht vielleicht nicht aus, einfach Charles Bennett zuzustimmen, der Hitchcock auf den Kopf zusagte, die Grausamkeit des Films beweise, daß sein Regisseur ›ein sadistischer Hund‹ sei, oder einer englischen Kritikerin, die ihn für das Werk eines ›barbarischen Feingeistes‹ hielt. (»Wer weiß«, antwortete Hitchcock, »sie mag ja recht haben.«) Der Film hat eine alles durchdringende Atmosphäre von Verdammnis und monströsen und unkontrollierbaren Wahnsinns, der hier stärker ist als in allen Filmen zuvor. Und selbst der groteske Humor kann nicht das Gefühl verdecken, daß Hitchcock nicht nur die Welt eines Alptraums beschreibt – den man als fantastisch und irreal abtun könnte –, sondern unsere alltägliche Welt, mit wiedererkennbaren Situationen und Gefühlen, die schließlich vom Reich des Todes aufgesogen werden.

Daß dieser Film dem angekränkelten Romantizismus von *Aus dem Reich der Toten* folgte und dem freundlich-zynischen *Der unsichtbare Dritte,* ist nicht überraschend. Alle drei Filme haben im emotionalen Blickpunkt eine verzweifelte Blondine, alle drei Filme haben in ihrem Zentrum eine Person, die unbekannt ist (die wirkliche Madeleine Elster in *Aus dem Reich der Toten*) oder nicht existiert (der nichtexistente George Kaplan in *Der unsichtbare Dritte*) oder seit langem tot ist (Mrs. Bates, die Mutter des Mörders in *Psycho*). Innerhalb Hitchcocks verzweifeltem und verzweifelt unter Kontrolle gehaltenem Gefühlsleben wurden diese drei Filme zu einem Triptychon aus Schmerz, Irrtum und Tod – ein Triptychon, das aus den Tiefen privater Frustrationen und Sehnsüchte entstand und ohne den Trost, den eine echte Freundschaft spenden kann.

Nach dem Fortgehen Grace Kellys und dem Ärger über verschiedene Zurückweisungen durch Vera Miles und Audrey Hepburn verhärtete sich etwas in Hitchcock; etwas schloß sich über seiner ohnehin stets begrenzten Kapazität für Wärme. *Aus dem Reich der Toten* war die Summe all seiner romantischen

Träume und Fantasien gewesen; der Film war nur möglich, weil irgendwo in ihm ein Funke Hoffnung überlebt hatte und überlebte – und er war möglich aufgrund des Drehbuchs, das ihm Samuel Taylor geliefert hatte. Die kühle Direktheit von *Der unsichtbare Dritte* mit Ernest Lehmans scharfem Witz und einer leichten Patina politischen und persönlichen Mißtrauens konnte nicht verleugnen, daß dieser Film auch ein bittersüßer Abschied von Glamour und Romanze war. Und dann hatte da auch die Störung seiner Pläne für Audrey Hepburn und *No Bail for the Judge* existiert.

Etwas Neues trat in die Filme Hitchcocks; etwas, das mit Ängsten beladen war, die er bisher nicht auf der Leinwand voll ausgedrückt hatte; etwas, das den wütenden und mörderischen Schrei von *Psycho* ausgelöst hatte.

13

1960–1964

Am Anfang seiner Karriere, von 1925 bis Ende 1938, inszenierte Alfred Hitchcock 23 Spielfilme in England. Dann, von 1939 bis Ende 1959 – im Alter von 40 bis 60 Jahren –, kam die fruchtbarste Periode seines Lebens: 24 Spielfilme, zwei Kurzfilme und 15 Fernsehspiele, eine in jeglicher Hinsicht beeindruckende Liste. Aber dann, ab 1960, reduzierte sich sein kreatives Schaffen. Das Ergebnis von diesem Jahr bis zu seinem Tod im Jahre 1980 waren sechs Spielfilme und fünf Fernsehspiele.

Nach *Psycho* brauchte sich Hitchcock um seine finanzielle Situation keinerlei Sorgen mehr zu machen. Und bald darauf schloß er einen Vertrag, der ihm eine Basis für seine Arbeit garantierte und die Freiheit, praktisch ohne Eingriffe von außen zu arbeiten. Auch blieb er den größten Teil seiner letzten zwanzig Jahre in überraschend guter körperlicher Gesundheit, obwohl sich seine Neigung zu den Freuden der Tafel und der Bar nie lange eindämmen ließ; ebenso blieben ihm seine Kräfte des Geistes und der Konzentration bis auf die wenigen allerletzten Jahre ungetrübt erhalten.

Die Gründe für den Rückgang in seiner Produktivität müssen also anderswo gesucht werden. Und da existierte etwas in ihm, das alles veränderte: eine traurige und letztlich zerstörerische Leidenschaft, die sich hinter einer Maske aus Liebe verbarg und sich jetzt mit zunehmender Deutlichkeit regte. Von dieser Periode seines Lebens erholte er sich nie wieder. Sie schien auf immer und ewig etwas in ihm getötet zu haben.

Zu Beginn des Jahres 1960 konnte niemand voraussehen, wie nahe er am Abgrund stand. Im Februar inszenierte er mit offensichtlich mangelndem Selbstvertrauen ein einstündiges Fernsehspiel, das *Incident at the Corner* betitelt war und in dem Vera Miles und George Peppard spielten. Die Miles war einmal mehr als eine Frau besetzt, die sich ein Ereignis einbildet (oder eingebildet haben mag), das einige Leben in Unordnung bringt. Jenseits dieser einen Fingerübung aber zog sich Hitchcock auf einen verlängerten Urlaub zurück – genauer gesagt verbrachte er eine ganze Reihe von Wochenenden in Santa Cruz –, um dort einen neuen Roman zu lesen und um zu überlegen, was sich damit machen ließe. Winston Grahams *Marnie* erschien ihm prall mit Möglichkeiten für eine Filmhandlung über erotische Intrigen (ein Aspekt des Erwachsenenlebens, den Hollywood damals begann, etwas direkter anzugehen), aber dann legte er das Buch wieder beiseite, bis er eine Hauptdarstellerin gefunden hatte, die für die Rolle der geheimnisvollen, frigiden und manischen Diebin attraktiv und stark genug erschien.

Eines Tages, bevor er im April mit Alma nach Europa und Asien aufbrach, um den internationalen Premieren von *Psycho* beizuwohnen, fiel sein Blick auf eine Meldung im *Santa Cruz Sentinel* und ließ ihn zu dem Regal zurückkehren, in dem er die Bücher aufbewahrte, auf die er Optionen besaß, die noch ungenutzt waren. Die Zeitung berichtete, daß in La Jolla, Kalifornien, an einem ruhigen Frühlingsabend plötzlich mehr als tausend Vögel durch den Schornstein in ein Haus eingedrungen waren, das Haus verwüstet und groteskerweise die Hausherrin verletzt hatten, als sich viele der Vögel in ihren Haaren verfingen. Hitchcock erinnerte das alles sofort an Daphne du Mauriers merkwürdige Kurzgeschichte ›Die Vögel‹, die 1952 in einer Anthologie erschienen war, an der er die Filmrechte erworben hatte. Er las die Geschichte erneut und fand, daß sie eine starke Atmosphäre besaß, aber schwach in der Handlung und der Charakterzeichnung war. Deshalb konnte er sich nicht vorstellen, daraus einen Film zu machen.

Die Reise führte die Hitchcocks nach Honolulu, Sydney, Tokio, Osaka, Hongkong, Singapur, Rom, Neapel (von wo aus sie das Tragflächenboot nach Ischia nahmen, um auf der Insel ein paar Urlaubstage zu verbringen) und schließlich nach Paris und London. Auf der Fahrt nach Paris machten sie noch einen schnellen Abstecher nach Dijon, und dort schlug im Mai der Bürgermeister den Regisseur beim Burgunder Weinfest ob seiner wohlbekannten Vorliebe für Wein zum Chevalier du Tastevin. Die Ehrenbänder dieser Ritterschaft trug er dann bei einem Bankett im Chez Max in Paris; Hunderte jubelten ihm dort zu, wie auch bei einem Festival seiner Filme, das die Cinémathèque Française präsentierte. François Truffaut, der nach der Premiere seines ersten Films *Les Quatre Cent Coups (Sie küßten und sie schlugen ihn)* kürzlich selbst zu einer internationalen Berühmtheit avanciert war, saß dort vor Begeisterung überwältigt, wie auch Claude Chabrol, der nach seiner Veröffentlichung einer Hitchcock-Monografie im Jahre 1957 inzwischen selbst vier Spielfilme gedreht hatte.

Allen, die an jenem warmen Abend Ende Mai 1960 dabei waren, war es klar, daß mehr in der Luft lag als der Pariser Frühling, der stechende Qualm der Gauloises und der Duft von Burgunder. Hitchcock war der Anlaß einer Hommage, und zwar nicht durch Autogrammjäger, sondern durch junge Regisseure, die eine neue Welle gegen die Ufer der Kinokultur branden ließen. Und Hitchcock akzeptierte diese Hommage. »Er liebte diese Anbetung«, sagte Drehbuchautor Joseph Stefano, dem Hitchcock alles erzählte, als er wieder in Los Angeles zurück war. »Er liebte die Aufmerksamkeit und das Getue und den Ruhm, und wenn er nicht verstand, weshalb man so eine Aufregung machte, dann fühlte er sich doch nicht verpflichtet, es zu ergründen. Es war gut für das Geschäft, und es war gut für sein Ego.«

Robert Boyle, der innerhalb von vier Jahrzehnten häufig Hitchcocks Art Director war, war derselben Meinung. »Hitchcock mochte es, wenn andere ihn mochten, und er unternahm nichts, um ihren Eindruck, er sei ein Genie, zu korrigieren. Wenn sie ihn mit den großen russischen Regisseuren verglichen, konnte er ebenso leicht über Eisensteins *Panzerkreuzer Potemkin* oder Pudowkins *Mutter* diskutieren wie sie« – und sie waren davon überzeugt, daß er ihr Vorbild war. Er war der Mann, der bewiesen hatte, daß die populärste Form der Unterhaltung auch ein Medium für das Schaffen von Kunst sein konnte. Und Hitchcock vermied streng jede Diskussion der Inhalte seiner Filme. Nur die Technik interessierte ihn, und bei Verweisen auf Themen, Motive oder Anliegen seiner Filme fühlte er sich nicht wohl und verstummte. Aber solche Verweise konnte man getrost den anderen überlassen; er war, wie die internationale Ausgabe des *Harald Tribune* verkündete, in jener Woche ›das Idol der französischen Avantgarde‹ geworden.

Hitchcock benutzte das Fest in Paris, um seine nächsten beiden Projekte anzukündigen – nicht weil er sich wirklich sicher war, daß sie zustande kommen würden (oder daß er das wirklich wollte), sondern weil das Ereignis einfach nach Nachrichten über die Zukunft es zu verlangen schien. Nicht zum ersten, auch nicht zum letzten Male fühlte er, daß man von ihm etwas erwartete. Es gab da ein französisches Theaterstück von Robert Thomas, das er für die 20th Century-Fox verfilmen wolle, sagte er – *Piège pour un homme seul* –, und er unterhielt sein Publikum damit, die Handlung zu beschreiben: Eine Frau kommt nach kurzer und mysteriöser Abwesenheit zurück und trifft auf einen Ehemann, der darauf beharrt, sie sei überhaupt nicht seine Frau. Er hatte auch vor, eine Geschichte zu verfilmen, die in *Reader's Digest* erschienen war und ›Village of the Stars‹ hieß – über ein Flugzeug, das eine Atombombe abwerfen soll. Dann kommen Gegenbefehle, aber die Bombe ist bereits scharfgemacht und muß nun irgendwo anders abgeworfen werden. Und an diesem irrsinnigen Punkt lächelte Hitchcock und wechselte das Thema.

Bei der Londoner Premiere von *Psycho* trug er zehn Tage später wieder die Seidenbänder eines ›Grand Officier de la Confrérie des Chevaliers du Tastevin‹ bei jedem öffentlichen Empfang im Claridge's, hob seinen baumelnden silbernen Weinpokal wie einen Talisman und erzählte den Journalisten mehr über die Feinheiten alter Weine als über die Handlung von *Psycho*, den zu diskutieren er ablehnte.

Anfang August traf sich Hitchcock daheim mit Ernest Lehman, der eine Idee zu einem Film hatte und sich während der Abwesenheit des Regisseurs darüber kurz mit Hitchcocks Assistentin Peggy Robertson verständigt hatte. Lehman erzählte von den Ursprüngen des Projekts:

Es begann alles mit einer Idee, die mir kam: Es könnte möglicherweise aufregend sein, einen Hitchcock-Thriller völlig in Disneyland zu drehen, vor einem Hintergrund, den die ganze Welt gerne sehen wollte – warum ihn also nicht in die Welt tragen?

Die Geschichte könnte von einem Unterhaltungskünstler handeln, einem Jazz-Pianisten, der seit Geburt blind war und dessen Sehvermögen auf wunderbare Weise durch eine fortgeschrittene doppelte Hornhaut-Transplantation wiederhergestellt wird. Und als er nach Disneyland kommt, weil das der erste Ort ist, den er sehen will, entdeckt er, daß er ›die Augen eines ermordeten Mannes‹ hat, und ist bald auf der Spur des Mörders, der wiederum dort hinter ihm her ist.

Hitch liebte die Idee, und ich machte mich gleich an die Arbeit, wobei ich an Jimmy Stewart für den endlich sehend gewordenen Abenteurer dachte.

Während Lehman arbeitete, begab sich Hitchcock für kurze Zeit in Hollywoods Gesellschaftsleben zurück. David O. Selznick lud ihn zu einer Party ein, und dort, bei Cocktails, erzählte Hitchcock ihm, wie Audrey Hepburns Weigerung, in *No Bail for the Judge* ein Vergewaltigungsopfer zu spielen, ihn gezwungen hatte, das Projekt aufzugeben. Er sei darüber immer noch wütend, erzählte er Selznick. Sie habe kein Recht, wählerisch zu sein, sagte er, da sie nicht einmal habe beweisen können, daß sie in Amerika ein Star sei – eine Meinung, die Selznick nicht teilte und die auch nicht durch die Fakten gestützt wurde (sie hatte einen Oscar für *Ein Herz und eine Krone* gewonnen und war zweimal nominiert worden – für *Sabrina* und *Geschichte einer Nonne*).

Man sprach an diesem Abend auch über eine andere Audrey, denn gerade zu jener Zeit inszenierte Hitchcock zu seiner großen Zufriedenheit ein Fernsehspiel mit Audrey Meadows.

Es basierte auf der Geschichte *Mrs. Bixby and the Colonel's Coat* von Roald Dahl und war für die Schauspielerin und für Hitchcock wie geschaffen. Die Geschichte erzählte von einer Ehefrau, die ihren Mann betrügt und von ihrem Liebhaber einen Nerzmantel geschenkt erhält. Sie versucht, den Mantel in die Wohnung zu schmuggeln, indem sie ihn versetzt und den Pfandschein ihrem Mann, der Zahnarzt ist, gibt. Dann erzählt sie ihm, sie habe den Pfandschein auf der Straße gefunden. Der Ehemann kommt am nächsten Tag nicht mit dem Nerzmantel nach Hause, sondern mit einem wertlosen anderen – worüber die Frau sich natürlich nicht aufregen darf. Als sie das nächste Mal die Praxis ihres Mannes besucht, sieht sie, daß seine attraktive Sprechstundenhilfe den Nerzmantel trägt.

Während des Sommers und des frühen Herbstes traf sich Hitchcock wegen ihres Projekts, das jetzt den Arbeitstitel *The Blind Man* trug, weiterhin unregelmäßig mit Lehman. »So interessant meine Idee auch war«, erinnerte sich Lehman, »stieß ich doch auf anscheinend unüberwindliche Probleme mit der Handlung.

Statt mit meinem Kopf gegen die Hindernisse zu schlagen, bis ich sie zerbrochen hatte, begann ich mich heimlich nach der Ausgangstür umzuschauen. Dann, eines schicksalträchtigen Tages, gab Walt Disney, nachdem er *Psycho* gesehen hatte, der Presse bekannt, so wenig wie er seine Kinder diesen Film sehen lassen würde, so wenig würde er den Regisseur dieses Werks einen Film in seinem Vergnügungspark drehen lassen. Diese Nachricht wurde einer der Strohhalme, der das Rückgrat eines Autors brach. Der andere war die Schriftstellerphilosophie: Wenn es zu schwierig wird, die Geschichte in Gang zu bringen, dann muß sich eben der Schriftsteller in Bewegung setzen – durch die nächste Tür hinaus.

Später, um die Weihnachtszeit, biß ich meine Zähne zusammen und sagte Hitch unter allerlei Entschuldigungen und Ausflüchten, daß ich aus dem Projekt aussteigen und mich auf andere Dinge konzentrieren wolle, was ihn enorm enttäuschte. Völlig zu Recht war er, auf seine kontrollierte und höchst zivilisierte Weise, wütend auf mich, und wir sagten einander höflich auf Wiedersehen.

Ich muß sagen, heute wünschte ich, er oder jemand anderes hätte damals die Türen abgesperrt und mir gesagt, daß ich nicht einfach gehen könne, denn ich bin immer noch davon überzeugt, daß es eine gute Idee war, und wenn Hitch und ich uns darin festgebissen hätten, dann hätte ich das Drehbuch möglicherweise geschafft – und wenn man seine visuelle Erfindungsgabe auf die Erfahrungen eines blinden Mannes, der die Welt zum ersten Mal sieht, angesetzt hätte, hätte es ein großartiger Film werden können.

Das war jetzt ein weiteres Projekt, das nicht zur Produktion kam – das dritte, seit Hitchcock *Psycho* gedreht hatte, und das vierte innerhalb der letzten beiden Jahre. Niemand hätte sich gewundert, wenn Hitchcock die Aufgabe, ein Projekt zu finden, das *Psycho* gleichkommen könnte, mit Ruhe und Langsamkeit angegangen wäre, er aber fühlte sich verpflichtet, schnell und heftig zu suchen; der Beifall, den er erhielt, war auch eine Ermunterung, den Erfolg fortsetzen zu wollen. (Im Januar 1961 nannte ihn die Vereinigung der Auslandspresse in Hollywood ›den größten Meister der Spannung in der Welt des internationalen Films‹.) Ohne einen Stoff für einen Spielfilm tauchte er jetzt häufiger in den Revue-Fernsehstudios auf. In den ersten Wochen des Jahres 1961 inszenierte er *The Horseplayer,* ein Fernsehspiel über einen Priester (Claude Rains), der, beraten von einem Gemeindemitglied und weil die Kirche ein neues Dach braucht, Kirchengelder auf einen scheinbar sicheren Tip auf der Pferderennbahn wettet.

Hitchocks Besuche bei seinen Fernsehangestellten hatten aber noch einen anderen Grund. Er suchte jemanden für *Marnie* – eine neue Persönlichkeit, die er möglicherweise billig engagieren konnte, intensiv ausbilden und in einen neuen Star formen.

Aber keine der Schauspielerinnen schien dafür die richtige. Ungefähr zu dieser Zeit wurde er bei seinen Moderationen zu den Fernsehspielen etwas lockerer – in einem dieser Einführungssketche konnte man sogar sehen, wie er um sich tretend und schreiend in ein Irrenhaus geschleppt wurde. Einer seiner Mitarbeiter sagte dazu: »Das ist ein Knallchargen-Auftritt, mit dem er einen seiner Schauspieler in einem seiner Filme nie davonkommen lassen würde. Der Humor bewegt sich etwa auf derselben Ebene wie der eines Wirtshaus-Komödianten, der unter einem Damenhut Grimassen schneidet« – was Hitchcock dann auch einmal in einer Einführung gemacht hat. »Einmal erschien er mit einem Pfeil, der in seinem Kopf steckte, und rezitierte: ›Einen Pfeil schoß ich in die Luft, er fiel zu Boden, wo, weiß ich nicht.‹ Das ist Hitchcock, der Clown. Der Hitchcock, den ich bewunderte, ist der Mann, der in einem Regiestuhl sitzt und den Drehort mustert, der für die nächste Szene hergerichtet wird. Das ist Hitchcock, die Kamera.«

Der größere Teil des Jahres 1961 war für die Hitchcocks eine stille, einsame Zeit. Sie verbrachten viele Wochenenden in Nord-Kalifornien, aber die meisten dieser Wochenendtrips scheinen erst in letzter Minute geplant worden zu sein, wenn in der Stadt die Einladungen ausblieben. Obwohl man hätte denken sollen, daß Mr. und Mrs. Alfred Hitchcock in Hollywood zu den begehrtesten Gästen hätten gehören müssen, fühlten sich die meisten Menschen bei dem Gedanken, sie einzuladen, unwohl. Daß er sehr wählerisch war, wenn es um Essen, Weine und Zigarren ging, war bestens bekannt, und er konnte, worauf Joseph Stefano hingewiesen hat, deprimierend kleinlich und arrogant sein. »Er konnte Menschen wegen Kleinigkeiten kritisieren, wie zum Beispiel in der Geschichte, die er über einen jungen Regisseur erzählte, der ihn zum Essen eingeladen hatte. Er hielt es für unerhört, daß dort der Butler den Formfehler begangen hatte, eine ungekühlte Weinflasche mit einer Serviette umwickelt zu kredenzen. Er konnte sich endlos über unwichtige Fragen der Etikette wie diese ergehen, und so waren viele Leute über ihn verärgert.«

Immer noch auf der Suche nach einer Schauspielerin, kehrte Hitchcock im Juli ins Revue-Studio zurück, wo er für einen kranken Regisseur die Inszenierung von *Bang! You're Dead* übernahm – die Geschichte eines kleinen Jungen, der durch die Stadt streift und nicht weiß, daß die Pistole, die er auf Passanten richtet, scharf geladen ist. Sein russisches Roulettspiel wird gerade noch rechtzeitig von seinen aufgelösten Eltern unterbrochen, und die Kugel, die auf eine Haushaltshilfe gezielt war, durchschlägt eine Wand. Der Fernsehfilm interessierte Hitchcock wenig; er sollte nur noch ein weiteres Mal fürs Fernsehen arbeiten (das ihn zu langweilen begann), und das war dann ein Jahr später.

Plötzlich, wie eine der sorgfältig geplanten Überraschungen in einem seiner Filme, passierte unmittelbar nach seinem Geburtstag etwas, das seinen Zeitplan für die nächsten anderthalb Jahre bestimmen sollte. In der Lokalzeitung von Santa Cruz las er die Geschichte einer weiteren Vögel-Invasion, die sich diesmal über ein größeres Gebiet erstreckt und noch verheerendere Folgen gehabt hatte als die im vorigen Jahr. EINE INVASION VON SEEVÖGELN TRIFFT HÄUSER AN DER KÜSTE, verkündete die gigantische Schlagzeile, und darunter wurde beängstigende Gewalt beschrieben: Fenster waren zerschmettert, Straßenlaternen zerstört, Autos beschädigt, und Fußgänger wurden gehackt und beschmutzt. Hitchock hatte das noch nicht fertig gelesen, da telefonierte er bereits mit Joseph Stefano, der bei ihm unter Vertrag stand, um drei weitere Drehbücher zu schreiben. Aber als sie sich trafen, um über die Möglichkeit zu sprechen, aus Daphne du Mauriers ›Die Vögel‹ einen Film zu machen, sagte Stefano unverblümt, daß er weder über Vögel in Enthusiasmus gerate noch über diese Story.

In Gesprächen mit Alma und Peggy Robertson, welche anderen Autoren in Frage kämen, kam Hitchcock bald zu der Überlegung, daß er, da keine Handlung und keine Charaktere aus der Kurzgeschichte sichtbar wurden, mit Sicherheit jemanden brauche – vorzugsweise einen Romanschriftsteller –, der ihm genau diese Elemente liefern konnte; was ihn selbst an der Story interessierte, war die Plötzlichkeit und Unerklärbarkeit dieser Umkehrung in der Ordnung der Natur – dieselben Qualitäten, die ihn schon zu *Psycho* hingezogen hatten. Aber er wußte, daß er eine Handlung mit sympathischen Figuren haben mußte. Samuel Taylor und Ernest Lehman waren anderweitig verpflichtet, und Hitchcock schlug den Rat aus und vermied es, sich an John Michael Hayes zu wenden.

Statt dessen sprach er Evan Hunter an, den er flüchtig kennengelernt hatte, als er *The Crystal Trench* inszenierte. Außer einer eindrucksvollen Liste von Publikationen (einige unter dem

Pseudonym Ed McBain) hatte Hunter auch Beiträge zu den Hitchcock-Kriminal-Magazinen geliefert, eine seiner Kurzgeschichten war für ein Hitchcock-Programm adaptiert worden, und er selbst hatte die Geschichte eines anderen Autors in ein Drehbuch für Hitchcocks Fernsehprogramm umgewandelt. Zwei seiner Romane waren verfilmt worden, und er hatte die Idee zu einer Fernseh-Serie entwickelt, die gerade anlaufen sollte.

Im September traf Hunter im Paramount-Büro Hitchcocks ein, um die langwierige und schwierige Aufgabe zu beginnen, die Handlung für *Die Vögel* zu entwickeln. »Hitchcock erzählte mir, er habe das Gefühl, am Beginn einer goldenen Periode seiner Karriere zu stehen«, sagte Hunter, der sich erinnerte, daß Hitchcock über den erst kurz zurückliegenden Erfolg von *Psycho* mit ihm sprach und über die Pläne, die sich damals gerade zu formen begannen, zu Universal Pictures zu wechseln. Laut Hunter klang Hitchcocks Erwartung einer ›goldenen Periode seiner Karriere‹ aber auch wie eine selbstgestellte Herausforderung. Über seine fünf Nominierungen für einen Oscar als bester Regisseur (die jüngste für *Psycho*) hatte Hitchcock gemeint: »Immer nur Brautjungfer, nie die Braut.« Als sie über das Projekt zu sprechen begannen, gab Hitchcock seinem Autor den Rat, sich keine Sorgen um technische Probleme im Hinblick auf die Vögel oder die Vogelangriffe zu machen, denn das wären die Probleme der künstlerischen Abteilung und des Spezialeffekt-Teams. »Unsere Absicht, erklärte er mir, müsse es lediglich sein, den Leuten einen höllischen Schrecken einzujagen. Noch stärker, als er es bereits in *Psycho* gemacht hatte, wollte er in dem Publikum intensivste Gefühle erwecken.«

Hitchcocks schöpferische Zusammenareit mit Hunter – wie die mit vielen in seinem Leben – begann problemlos und freundlich, aber endete in einer zwiespältigen Atmosphäre, wobei später Reste von Verärgerung auf Hunters Seite durch großen Respekt gemildert wurden. »Er war ein sehr besitzergreifender Mann«, glaubt man dem Autor. »Er monopolisierte praktisch mich und meine Familie, während wir in Los Angeles waren, auch wenn das Monopolisieren aus Freundlichkeit geschah. Er bewirtete uns bei Dinners, nahm uns zu Rennen mit, stattete unseren Kindern einen Besuch zu Halloween ab. ... Wir kamen fabelhaft miteinander aus – für den Augenblick, bis zu den Auseinandersetzungen über *Marnie*.«

Hitchcocks Beschlagnahme des Autors entstand aus kreativen und wohlwollenden Gründen und war großzügig gemeint, und wie Hunter bereitwillig eingestand, profitierte er unendlich viel für die Kunst des Films und Filmens. Aber es sollte noch eine weitere Art der Beschlagnahme hinzukommen, über eine anders geartete Person und ein anderes Talent. Die Sache nahm ihren Ausgang eines Morgens, während Hitchcock und Alma NBCs *Today* sahen. Hitchcock schaute einem Werbespot zu, in dem sich eine attraktive, elegante Blondine zu dem bewundernden Pfiff eines kleinen Jungen über den Fernsehschirm bewegte. Ironischerweise war der Reklamefilm für Sego, ein Diät-Getränk. Aber es war nicht das Produkt, das Hitchcock interessierte, es war die Blondine. Noch am selben Morgen wies er seine Agenten an, herauszufinden, wer sie war, und schon am Nachmittag wurde ein Termin für sie arrangiert – nicht mit Hitchcock, dessen Name nicht erwähnt werden sollte, sondern mit einem leitenden Angestellten bei MCA.

Das Fotomodell, das Tippi Hedren hieß, kam am folgenden Tag zu dem Termin – man würde über Fernseh-Werbespots sprechen wollen, nahm sie an, denn nach ihrer erfolgreichen Karriere als Fotomodell in New York war sie aus diesem Grund nach Kalifornien umgezogen. An diesem Nachmittag – Freitag, dem 13. Oktober 1961 – fand ein erstes Gespräch statt, und man bat sie, ihre Fotos dazulassen samt einer Filmrolle, die ihre Auftritte in Werbespots zeigte. Am Wochenende, ohne daß sie etwas davon ahnte, sahen Hitchcock und Alma sich dieses Material an. Er traf seine Entscheidung auf der Stelle und unwiderruflich; das einzige, was jetzt noch offen blieb, war, wie das Fotomodell auf ein Angebot reagieren würde.

Am Montag wurde Tippi Hedren, die immer noch glaubte, weitere Angebote für Werbespots warteten auf sie, wieder zu MCA gebeten und weiteren Agenten und leitenden Angestellten vorgestellt. Ihre Neugierde wuchs mit der Anzahl der Büros, in die man sie bat, und schließlich, am Dienstag, fragte sie Herman Citron, ob sie bereit sei, bestimmte Bedingungen für einen exklusiven Siebenjahresvertrag mit dem Produzenten und Regisseur Alfred Hitchcock zu akzeptieren. Es war das erste Mal, daß sein Name fiel, und doch wurden ihr bereits ein Vertrag und die Gelegenheit, Mitarbeiterin in seiner Produktionsgesellschaft zu werden, angeboten. Sie war verwirrt, aber fühlte sich auch geschmeichelt. Und mit den Ungewißheiten einer Fotomodellkarriere vor Augen, nicht zu erwähnen die Verantwortung, die sie als geschiedene Mutter eines vierjährigen Kindes hatte, sah sie sich in der Tat nach irgendeinem sicheren und gesicherten Einkommen um.

»Ich hatte nie die Ambition, Schauspielerin zu werden, und noch weniger ein Filmstar«, sagte sie. »So hatte ich mich selbst nie gesehen. Ich war Modell, und ich war nach Los Angeles gekommen, nicht nur um mich nach besserer Arbeit, als es sie in New York gab, umzusehen, sondern auch, weil meine Tochter in einem Haus mit Garten und Bäumen aufwachsen sollte und in einer Nachbarschaft, in der sie herumlaufen und spielen konnte.* 1961 schien das in Los Angeles möglich, aber war in New York schwierig.« Ihr Agent hatte schon seiner Besorgnis über ihre Zukunft als Modell Audruck gegeben – ein Beruf, der normalerweise unsicher und kurzlebig für alle mit Ausnahme einiger weniger ist. »Und dann wurde mir dieses Angebot in den Schoß gelegt. Es hörte sich nach einer faszinierenden neuen Möglichkeit an. Später habe ich mir dann überlegt, daß ich wirklich alles so neu und schwierig fand – ich hatte keinerlei Schauspielerfahrung –, daß ich überkompensierte, indem ich zu hart arbeitete, indem ich mich den grausameren Anforderungen des Geschäfts des Filmemachens zu sehr anpaßte.«

Die im Vertrag vorgesehenen Gagen waren nach den Standards Hollywoods sehr bescheiden. Sie sollte im ersten Jahr 500 Dollar pro Woche erhalten, mit einer kleinen jährlichen Steigerungsrate für die folgenden Jahre. Soviel hatte sie im Durchschnitt auch in der Woche verdient, als sie noch Fernsehwerbespots drehte. Doch an den Werbespots hatte sie im nachhinein besser verdient, weil sie für jede weitere Ausstrahlung noch Tantiemen erhielt. In ihrem Filmvertrag dagegen gab es nichts Vergleichbares zu diesen zusätzlichen Fernseheinkünften, was bedeutete, daß sie einen großen Einkommensverlust akzeptierte – ihr Jahreseinkommen sank 1961/1962 auf 25000 Dollar, und mit der kleinen Erhöhung stieg es auf 30000 Dollar im folgenden Jahr. Sie akzeptierte das in dem Glauben, daß ein regelmäßiges wöchentliches Einkommen, das bis zu sieben Jahren garantiert war, eine weisere Wahl darstellte als die unvorhersehbaren Einkünfte aus dem Modelleben, die sich jederzeit drastisch reduzieren konnten.

---

* Ihre Tochter Melanie Griffith wurde später Film- und Fernsehschauspielerin.

Nachdem sich Tippi Hedren noch einmal mit ihrem Agenten besprochen hatte, wurde sie also zu Alfred Hitchcock geleitet. »Ich dachte, daß alle diese Präliminarien sehr durchdacht und diskret behandelt worden wären. Da ich jemand ohne Erfahrung in der Welt des Films war, wußten sie, daß ich nervös sein würde, wenn ich ihm nicht sogleich vorgestellt worden wäre – daß ich mir darüber Sorgen gemacht hätte, was ich sagen und tragen sollte. Er hatte gewollt, daß sie mich kennenlernten – und er wollte mich kennenlernen –, ohne daß ich das Gefühl hatte, mich irgendwie besonders darauf vorbereiten zu müssen.«

Bei diesem ersten Treffen sprach Hitchcock mit ihr über alles mögliche, außer über Werbespots, Fernsehen, Filme oder das Showbusiness; wie für ihn typisch, nahm er sie auf eine verbale Tour rund um die Welt mit, beschrieb große Restaurants in ausländischen Städten, besondere Weine, Speisen und delikate Saucen. Er verglich Flugreisen mit Schiffsfahrten und redete über Hotels in exotischen Häfen. Sie war gleichfalls viel gereist und sah sich in der Lage, zu der Konversation beizusteuern. »Ich glaube, ich hatte nicht das Gefühl, von ihm getestet oder geprüft zu werden, weil mir nie der Gedanke kam, daß ich für ihn arbeiten sollte. Ich hatte gehört, daß er und Evan Hunter an einem Drehbuch arbeiteten, aber ich kam nicht auf die Idee, daß ich irgendwie etwas damit zu tun haben sollte. Ich stellte mir vor, daß er Menschen wie mich – Modelle ohne Schauspielerfahrung – für die Fernsehshow wollte.«

Aber bald darauf wurde es klar, daß er nicht so bescheidene Pläne mit ihr hatte. Später im selben Monat wurde sie mit Edith Head bekannt gemacht, die wie bei Grace Kelly und Vera Miles die Aufgabe erhalten hatte, nicht nur für Tippi Hedrens Probeaufnahmen eine verschwenderische Garderobe zu entwerfen, sondern auch für ihr Privatleben. »Diesen Teil fand ich überraschend – er gab soviel Geld für das ausgesprochene Geschenk einer persönlichen Garderobe aus, wie er mir als Jahresgehalt bezahlte. Und es gehörte auch eine Perlenkette dazu. Später fand ich heraus, daß er der Ansicht gewesen war, daß die Perlenkette, die ich an dem Tag getragen hatte, als ich ihn traf, zu schwer für das Nachmittags-Make-up gewesen sei, das ich trug. Und er hatte jemandem gesagt, daß er das ändern wollte.« (»Es war sehr deutlich, nicht wahr?« bemerkte Samuel Taylor Jahre später. Er spielte mit Tippi Hedren *Aus dem Reich der Toten*.)

Als der November begann, hatten Hitchcock und Alma mit Tippi Hedren in der Bellagio Road für die Probeaufnahmen geübt, und er engagierte Martin Balsam als ihren Partner für drei der am teuersten gestalteten Probeläufe in der Geschichte Hollywoods; Hitchcock versuchte wirklich alles zu übertrumpfen, was Selznick seinerzeit für *Vom Winde verweht* oder *Rebekka* unternommen hatte. Es standen komplette Dekorationen und Kostüme für das Modell bereit, um Schlüsselszenen aus *Rebekka* und *Berüchtigt* zu spielen – Beiwerk, das sofort wieder nach den Aufnahmen zerstört werden mußte, weil Hitchcock nicht die Aufführungs- oder Reproduktionsrechte besaß. Und dann, für den Farbtest, inszenierte er sie in der Picknickszene aus *Über den Dächern von Nizza* (der Szene, die auf Seite■ beschrieben ist); das erotische Wortspiel und die sich langsam steigernde körperliche Intimität, die von Grace Kelly und Cary Grant ausgespielt worden war, wurde Einstellung für Einstellung dupliziert. »Sie verhielt sich ganz wundervoll«, erinnerte sich Martin Balsam. »Es war deutlich, daß sie sehr nervös war und sich ihrer selbst nicht sicher, aber sie hatte jeden Satz und jede Bewegung einstudiert, die von ihr gefordert waren, und sie bemühte sich sehr, alles richtig zu machen, alles, was Hitch sie zu tun bat.«

Hitchcock war gleichfalls etwas nervös. Zwei Tage vor den Probeaufnahmen hatte ein schrecklicher Waldbrand in Bel Air mehr als fünfhundert Nachbarhäuser zerstört. Als man den Hitchcocks am Morgen des 6. November sagte, sie müßten ihr Haus evakuieren, lagerten sie ihr Silber, ihre Kunstgegenstände und andere Wertgegenstände im Weinkeller und brachten sich in Sicherheit. Zusammen mit Tausenden von anderen Menschen mußten sie mehrere Tage in Hotels wohnen, bevor es ihnen gestattet war, in ihr Haus heimzukehren.

Während das Jahr zur Neige ging, konferierte Hitchcock wieder in seinem Büro bei Paramount mit Evan Hunter. Tippi Hedren hatte wieder Zeit, sich mehr um ihre Tochter zu kümmern und sich in ihrem gemieteten Haus einzurichten. Ihr berühmter neuer Arbeitgeber empfahl ihr, etwas zuzunehmen, und eines Nachmittags wurden ihr anderthalb Zentner Kartoffeln zusammen mit der schriftlichen Erinnerung zugestellt, daß sie ausreichend Kalorien enthielten, wenn man genügend davon esse. Bevor Hitchcock und Alma für die Feiertage nach Sankt Moritz fuhren, hinterließ er bei seinem Weinhändler Instruktionen, und am Weihnachtsabend traf bei Tippi Hedren eine Kiste Dom

Perignon ein. Am nächsten Morgen um neun Uhr erhielt sie ein Telegramm, das in humorvoll gebrochenem Französisch verfaßt war und Festtagsgrüße der Hitchcocks aus der Schweiz übermittelte.

Sobald sie zurückkamen, sah Hitchcock Hunters erste Drehbuchfassung durch und versah sie Szene für Szene mit ausführlichen schriftlichen Kommentaren. Studiert man diese kritischen Anmerkungen, dann erhält man den sicheren Eindruck, daß sich der Regisseur mit der Entwicklung dieses Drehbuchs mehr Mühe gab als bei jedem anderen Film seit *Aus dem Reich der Toten*. Während der letzten Januartage, als seine Büros sich noch auf dem Paramount Gelände befanden, kurz vor dem Umzug in die Universal-Studios, arbeitete Hitchcock mit ungewöhnlicher Heftigkeit. Immer wieder stellte er Fragen an Hunter: Warum handelte diese Person im Film so? Warum ergab sich aus jener Situation nicht eine andere Reaktion? Nach weiterer harter Arbeit entstand die endgültige Drehbuchfassung, die kurz vor Aufnahme der Dreharbeiten im März in Nordkalifornien fertig war.

Die Vögel war die Geschichte einer reichen Erbin aus San Franciscos Oberschicht (Tippi Hedren), die in einer Tierhandlung einem forschen jungen Rechtsanwalt (Rod Taylor) begegnet. Trotz der kurzangebundenen Art des Anwalts fühlt sie sich zu ihm hingezogen. Sie reist zu seinem Wochenendheim in Bodega Bay, um ihm ein Pärchen ›Liebesvögel‹ zu bringen, nach denen er in der Tierhandlung gesucht hatte. Sie erfährt, daß er mit seiner Mutter und einer jungen Schwester zusammenlebt, und sie läßt die Vögel als Geburtstagsgeschenk für die Schwester zurück. Auf dem Weg in die Stadt zurück wird die junge Frau von einer auf sie herabstoßenden Möwe leicht verletzt. Später akzeptiert sie eine Einladung des Rechtsanwalts zu einem Abendessen bei ihm zu Hause, obwohl es ihr schnell deutlich geworden ist, daß seine Mutter sie nicht ausstehen kann. Nach einer weiteren ominösen Andeutung, daß mit den Vögeln in dieser Gegend etwas nicht stimmt, kehrt die junge Frau am folgenden Nachmittag zum Haus des Rechtsanwalts zurück, um bei den Vorbereitungen zur Geburtstagsfeier für die kleine Schwester zu helfen. Während dieser Geburtstagsfeier werden die Kinder von einem Schwarm Seemöwen attackiert. Von diesem Vorfall ist auch die Lehrerin an der örtlichen Schule betroffen, die einst die Geliebte des Rechtsanwalts war.

Die gewalttätigen Zwischenfälle eskalieren. Ein Schwarm Spatzen fällt durch den Kaminschornstein ins Haus ein (eine Szene, die unmittelbar von einer der Zeitungsmeldungen inspiriert ist, die Hitchcock gelesen hatte). Einen Farmer aus der Nachbarschaft hacken Vögel zu Tode. Ein Vogelangriff führt zur Explosion einer Tankstelle. Und schließlich wird die Lehrerin, als sie versucht, ihre Schulklasse zu beschützen, getötet. Zum Finale sind die Hauptfiguren des Films buchstäblich Gefangene in ihrem eigenen Haus. Als die junge Frau von einem großen Vogelschwarm schwer verletzt wird, wissen die anderen, daß sie sie dringend in ein Krankenhaus bringen müssen. Während einer Atempause zwischen den Angriffen der Vögel verlassen sie zu Tode geängstigt das Haus, und die letzten Bilder zeigen, wie sie langsam im Auto davonfahren, bevor die Vögel zur nächsten wilden Attacke ansetzen.

»Die junge Frau repräsentiert die Selbstgefälligkeit«, sagte Hitchcock in einem seltenen Moment der Themenanalyse. »Die Mutter gerät in Panik, weil sie einmal sehr stark war, aber sie hat nicht soviel Kraft. Das ist nur eine Fassade: Sie hat ihren Sohn ihren Ehemann ersetzen lassen.* In der Geschichte zählt die Mutter zu den schwachen Charakteren. Aber die junge Frau demonstriert, daß Menschen stark sein können, wenn sie bereit sind, einer Situation ins Gesicht zu schauen ... Als Gruppe aber sind diese Figuren Opfer des Jüngsten Gerichts ... Ich hatte das Gefühl, daß die Menschen nach *Psycho* etwas erwarten, was diesen Film noch in den Schatten stellte.«

Im Februar 1962 war Hitchcock auf das Universal-Gelände umgezogen. Er unterzeichnete den Vertrag für seine ersten Filme bei der neuen Gesellschaft nur wenige Tage, bevor er sich in dem gut ausgestatteten Bürokomplex einrichtete, der seine Arbeitsräume bis zum Ende seiner Karriere beherbergen sollte. Es existierte ein großes Büro für ihn, das gediegen möbliert war und die Atmosphäre des Büros eines Aufsichtsratsvorsitzenden vermittelte. Daneben gab es einen privaten Aufenthaltsraum, um Gäste und Kollegen zu empfangen, Büros für seine Assistentin Peggy Robertson und für Suzanne Gauthier, die seine Privatsekretärin geworden war, einen Vorraum für eine Empfangsdame, einen bequemen Filmvorführraum und Arbeits-

---

* Anthony Perkins sagt in *Psycho* zu Janet Leigh: »Ein Sohn ist ein schlechter Ersatz für einen Geliebten.«

räume für Art Directors und Filmcutter. Wer die Einrichtung dieses Bungalows auf dem Studiogelände sah, wußte, daß Hitchcock jetzt hier bleiben wollte und daß diese neue Heimstatt der Alfred J. Hitchcock Productions, Inc. das Zentrum eines kleinen, aber mächtigen Imperiums innerhalb der Filmindustrie repräsentierte.

Nach letzten Korrekturen am Drehbuch mußte Hitchcock die endgültigen Entscheidungen zur Besetzung treffen. Aber welche bedeutenden Schauspieler würden sich den Strapazen der kommenden Monate aussetzen und sich mit Tausenden von Vögeln abplagen wollen – dazu noch mit möglichen Unfallgefahren während der Dreharbeiten, die einige der Mitarbeiter befürchteten, aber nicht präzisieren konnten? »Evan«, sagte Hitchcock eines Morgens Anfang Februar, »wir werden für diesen Film keine Stars engagieren. Ich bin der Star, die Vögel sind die Stars – und du bist der Star.« Und so sollte es geschehen.

Außer dem Engagement der großen Bühnenschauspielerin Jessica Tandy für die Rolle der Mutter, ignorierte Hitchcock alle Vorschläge, die Schlüsselrollen mit etablierten Filmschauspielern zu besetzen. Anstelle von Anne Bancroft als Schullehrerin (was Hunters Idee war) engagierte er die Anfängerin Suzanne Pleshette – die er das erste Mal im Fernsehen gesehen hatte, wie auch Vera Miles und Hedren. Rod Taylor gab er dessen erste Chance in einer Hauptrolle. Und dann deutete er eines Nachmittags den Korridor vor seinem Büro hinunter und sagte: »Schau, Evan – da hinten ist Melanie Daniels«, die Hauptfigur in dem Film. Hunter fragte, ob Tippi Hedren die Ausdruckskraft für die Komödie und Tragödie habe, die die Rolle verlangte, und Hitchcock, der ihr noch immer entgegenschaute, sagte, ohne den Kopf zu wenden: »Evan, vertrau mir einfach.«

Drei Abende später wurde Tippi Hedren eingeladen, mit den Hitchcocks und den Wassermans bei Chasens zu Abend zu essen. Auf dem Tisch stand an ihrem Platz eine Geschenkbox von Gump's in San Francisco. In ihr befand sich ein goldener Vogel als Anstecknadel, die mit Zuchtperlen besetzt war. Da wußte Hedren, daß sie mehr als eine Fernseh- oder kleine Nebenrolle spielen sollte. Was sie nicht wissen konnte, war, welche traumatischen Erfahrungen auf sie warten sollten.

Von Anfang an war Hitchcock und seinem technischen Team klar, daß sie in *Die Vögel* mit zahllosen Problemen konfrontiert waren. Hitchcock traf sich immer wieder mit dem Production-

Designer Robert Boyle, dem Kameramann Robert Burks und seinem Cutter George Tomasini. Hinzu kamen offenbar Gespräche mit ebenso vielen Spezialeffekt-Experten, wie es Vögel im Film gab. Von den 1500 Einstellungen, die für den Film geplant waren (das waren zweimal so viele wie in einem normalen Film und fast dreimal soviel, wie Hitchcock üblicherweise brauchte), waren fast 400 komplizierte Trickeinstellungen oder setzten sich künstlich aus mehreren Aufnahmen zusammen.* Zusätzlich dazu dressierte Ray Berwick Hunderte von Möwen und Krähen und Raben. Sie mußten auf Kommando aus der Luft herabstürzen, verharren, zurückkehren oder dicht über die Köpfe von Schauspielern fliegen. Für einige Aufnahmen, in denen Kinder vorkamen, wurden aus Sicherheitsgründen mechanische Vögel konstruiert. In vielen Sequenzen wurden Animationstechniken und Trickfotografie eingesetzt, wobei man mehrere Aufnahmen in einer übereinanderkopierte und wozu Albert Whitlock Matte-Gemälde anfertigte. Alle Mittel, die 1962 dem Kino zur Verfügung standen, wurden bei diesem Film eingesetzt. Es wurde Hitchcocks teuerster, technisch ambitioniertester und am strengsten geplanter Film.

»Das Gesamtdesign, das mir von Beginn an für diesen Film vorschwebte«, erinnerte sich Robert Boyle, »war von Edvard Munchs Gemälde *Der Schrei* inspiriert – diesem Gefühl ungeschützter Kälte und des Wahnsinns in einer Art von Wildnis, die einen inneren Zustand ausdrückt. Das war genau das, was Hitch wollte. Er bestand auf einem subjektiven Zugang zum Film, damit die Zuschauer aus eigenem Gefühl die Emotionen der Figuren im Film teilen konnten, wie auch ihre Ängste vor körperlicher Verletzung. Die Schauspieler arbeiteten an dem Film fast sechs Monate, aber die Künstler und Spezialeffekt-Techniker und die in den Trickstudios mehr als ein Jahr.«

Immer wieder wurden während der Dreharbeiten in Nordkalifornien Teammitglieder von Vögeln gekratzt und gepickt. Schließlich bekamen alle Beteiligten vorbeugende Tetanus-Spritzen. Der Tierschutzverein überwachte derweil die Behandlung der Vögel, ihre Fütterung und bestand immer auf pünktlichem Drehschluß, um die Tiere nicht zu überanstrengen.

---

* Eine ausführliche bebilderte Studie der besonderen technischen Leistungen in diesem Film erschien in *Cinefantastique* 10, No. 2 (Herbst 1980), S. 15–35. Verschiedene Trickeinstellungen wurden auch von Robert Boyle in *Film Comment* 14, No. 3 (Mai–Juni 1978), S. 33–35, beschrieben.

In mehr als zwanzig Drehwochen (fast acht in Nordkalifornien, die übrigen auf dem Gelände der Universal Pictures) sah der Terminplan für Tippi Hedren nur einen einzigen freien Tag vor, da Hitchcock ihre ständige Anwesenheit verlangte. »Er verhalf mir zu dem besten Unterricht, den ein Schauspieler erhalten konnte. Bei jedem anderen Regisseur hätte diese Ausbildung fünfzehn Jahre in Anspruch genommen, er aber ließ mich an jedem Schritt bei der Entstehung des Films teilnehmen – bei der Fertigstellung des Drehbuchs, dem Entwurf der Kostüme, den Arbeiten an den Spezialeffekten, der Vertonung. Es war vom ersten bis zum letzten Schritt sein Film. Und er wollte, daß ich lernte, wie man die einzelnen Teile zusammenfügt.«

Bevor man an den Drehort abreiste, hatte sich Hitchcock entschlossen, das Projekt *Marnie* wiederzubeleben. Evan Hunter wurde erneut engagiert. Und während sie bereits nach Norden zogen, um mit *Die Vögel* zu beginnen, arbeitete er parallel an einem Treatment und erstem Drehbuchentwurf für *Marnie*. Hunter begriff, daß die Geschichte um eine manische Diebin mit ernsthaften sexuellen Problemen in den Gebieten der Psychologie, des abweichenden Verhaltens und der Traumdeutung erhebliche Recherchen notwendig machen würde und daß er sehr sorgfältig vorgehen mußte, damit das dramatische Geschehen und die seltsam zärtlichen Möglichkeiten, die in ihm lagen, nicht von den Sensationsaspekten der Geschichte verdeckt wurden – besonders da Hitchcock hoffte, daß dieser Film das Werk werden würde, mit dem Grace Kelly auf die Leinwand zurückkehrte. Während Hitchcock im März Regie über Vögel und Menschen führte, begann für Hunter eine Arbeit, die ihn ein Jahr beschäftigen und die ihm am Ende schließlich aus den Händen genommen werden sollte.

Als der 22. März gekommen war, hatte sich in der Umgebung Alfred Hitchcocks vieles getan. Zunächst hatte er sich entschlossen, Tippi Hedrens Vornamen leicht zu verschönern. ›Tippi‹ war eine liebevolle Variation einer schwedischen Verkleinerungsform, die ihr Vater ihr in früher Kindheit als Spitznamen gegeben hatte. Dieser Rufname Tippi hatte seit langem ihren offiziellen Taufnamen ›Nathalie‹ ersetzt. Aber von nun an, dekretierte Hitchcock, müsse ihr Name in jederlei Zusammenhang mit Alfred Hitchcock und seinen Filmen in einfachen Anführungszeichen erscheinen: ›Tippi‹ Hedren. Darin zeigten sich, wenn auch noch zart, die ersten Besitzansprüche.

Dann rief er zwei Mitglieder seiner Crew zu sich und bat sie, die Aktivitäten von Miß Hedren außerhalb des Drehorts sorgfältig zu überwachen. Sie sollten berichten, wohin sie ging, wen sie besuchte, wie sie ihre Freizeit verbrachte. Den Angestellten schien solche Besorgnis nur am Arbeitsplatz angebracht, wo sie von Vögeln umgeben war. Hier aber waren anscheinend noch andere Motive im Spiel. Die Amateur-Detektive hielten ihre Überwachungstätigkeit nur wenige Tage aufrecht, dann entschieden sie, daß einer Frau in ein Geschäft zu folgen oder am Telefon oder zu einer Cafeteria, in die sie eines Nachmittags mit einigen anderen Teammitgliedern und Kindern aus dem Ort gegangen war, weder interessant noch wichtig genug sei, um diese Zeit bei ihren anderen eigentlichen Verantwortlichkeiten zu verlieren.

Dann hatte Hitchcock – und aufgrund dessen dann am 20. März auch die *New York Times* – etwas voreilig bekanntgegeben, Grace Kelly würde die Hauptrolle in *Marnie* übernehmen. Londoner Zeitungen hatten am nächsten Tag die Geschichte aufgenommen, nachdem Hitchcock mit Peter Evans vom *Daily Express* etwas gewagt im Zusammenhang mit der Fürstin von ›Sexappeal... dem raffiniertesten der Welt‹ gesprochen hatte. Die Ankündigung empörte die Bürger von Monaco ausreichend, um die Prinzessin zu veranlassen, sich von den Verhandlungen zurückzuziehen, eine Entscheidung, die ihr offensichtlich nur unter Enttäuschung gelang und die Hitchcock in Wut versetzte.

Nachdem sich so diese Hoffnung zerschlagen hatte, war in Hitchcocks Arbeit mit Tippi Hedren eine weitere Veränderung zu bemerken. Er gab sich jetzt außergewöhnliche Mühe bei den Proben und während des Drehens jeder einzelnen Einstellung – er gab ihr Regieanweisungen »bis zu den Bewegungen meiner Augen und jeder Drehung meines Kopfs«, erzählte sie. Auch traf er sich mit ihr zu längeren Drehbuchbesprechungen über den Film, bei denen sie sich zunehmend unwohler fühlte. Während und außerhalb der Dreharbeiten ruhte sein Blick ständig auf ihr, wie sie und andere sich lebhaft erinnern.

Tippi Hedren hatte das Gefühl, daß sie die verbleibenden Wochen der Dreharbeiten damit fertig werden könnte. Und sie erhielt von den anderen Teammitgliedern freudigen Zuspruch und Ermunterung. »Sie war verängstigt und unerfahren«, meinte Suzanne Pleshette, »und er führte sie mit großer Sorgfalt jeden Schritt auf ihrem Weg.« Bald jedoch entwickelte sich die

Lage in eine völlig neue Richtung. »Er begann mir vorzuschreiben, was ich in meiner Freizeit tragen sollte, was ich essen sollte und welche Freunde ich treffen könnte. Er wies darauf hin, daß dieser oder jener keine gute Gesellschaft für mich sei oder daß jemand, mit dem ich mich auf einer gesellschaftlichen Ebene verabredet hatte, nicht gut für mich sei. Und er wurde ärgerlich und war verletzt, wenn ich nicht um seine Erlaubnis bat, wenn ich am Abend oder am Wochenende Freunde besuchte.«

Zu jener Zeit, als die Produktion noch nicht wieder nach Los Angeles zurückverlegt worden war, versuchte sie zunächst, ihre Besorgnis zu verbergen. Sie vertraute Freunden an, daß Hitchcock ihr seine Sicht der Dinge sehr klar geschildert hatte: Er war der Ansicht, daß er sie aus dem Nichts geholt hatte und aus ihr einen der großen Hollywood-Stars machte. Deshalb sollte sie dankbar sein und seinem Rat wie auch seinen Plänen aufmerksam folgen. Ihm war es relativ egal, daß sie gar nicht so sehr danach trachtete, ein Hollywood-Star zu werden, oder daß sie auch mit kleineren Rollen oder einer Beschäftigung im Fernsehen einverstanden gewesen wäre. Er hatte sie gewählt, er veränderte und ›dressierte‹ sie, und man müsse das gar nicht debattieren – Tausende wären gerne an ihrer Stelle gewesen. Und während die Wochen vergingen, wünschte sie sich zunehmend, es wäre jemand anders an ihrer Stelle.*

»Es waren zwei verschiedene Männer in ihm«, sagte die Hedren über die letzten schwierigen Wochen der Dreharbeiten zu *Die Vögel*. »Es war ein unendlich sorgfältiger und sensibler Regisseur, der in jede Szene soviel hineinlegte und soviel Gefühle aus ihr herausholte – und er war ein Mann, der alles machen würde, nur um aus mir einen bestimmten Ausdruck herauszuholen.« Es geschah hier nicht zum ersten Mal, daß er, außerhalb der Hörweite aller anderen, aber so, daß es die Darstellerin vor der Kamera hören konnte, unmittelbar vor Drehbeginn eine wüste Obszönität oder einen skatologischen Kommentar flüsterte. Hedren entschloß sich, solche Bemerkungen zu überhören. Direkter mußte sie sich mit seinen Versuchen auseinandersetzen, ihr während der Proben Martinis aufzuzwingen – sie weigerte sich strikt zu trinken. »Ich hatte schon gehört, daß er die Vorstellung liebte, sich eine Frau – üblicherweise eine Blon-

* »Ich habe sie nach Hollywood gebracht«, sagte Hitchcock zu einem Interviewer. »Ich habe alles an ihr verändert. Svengali-Hitch ist wieder unterwegs.«

dine – zu holen und sie zu ›knacken‹, dafür zu sorgen, daß ihre Schüchternheit und Reserviertheit gebrochen wurden. Ich hatte angenommen, daß sich das lediglich auf die Handlung seiner Filme bezöge.« Jetzt geschah es mit ihr, und es gefiel ihr nicht.

Für einen zufällig am Drehort vorbeikommenden Besucher schien alles ganz normal zu verlaufen. Hitchcock hatte seine Sekretärin angewiesen, jeden Morgen alles vorbereitet zu haben: Sein Tisch war aufgeräumt, die Bleistifte gespitzt und im Zinnkrug arrangiert, der Terminkalender lag auf der Seite des jeweiligen Drehplans und der Verabredungen geöffnet da, der Zigarrenaschenbecher war geleert. Peggy Robertson war bereits im Filmstudio, wenn er ankam, und hatte kontrolliert, ob alles für die erste Einstellung des Tages vorbereitet war. Suzanne Gauthier kümmerte sich um die kleinen Krisen, wie eine verlegte Schachtel Montrachet. Immer gut gelaunt und krisenbewährt umgaben diese beiden Frauen Hitchcock mit einem Schutzwall und widmeten sich der Erhaltung seiner ewigen Gelassenheit. Wer die Abläufe in seinem Büro und bei seiner Produktion beobachtete, sollte keinerlei Spuren eines Kampfes entdecken können. Hitchcock selbst führte sein gewohntes ordentliches und geregeltes Regime. Besessener denn je entwickelte er sich zu einem manischen Leerer von Aschenbechern und verbrauchte zwei oder drei Handtücher dabei, das Becken und die Wasserhähne seines Bads im Büro gründlich abzutrocknen.

Diese Atmosphäre von Ruhe und Ordnung stand jedoch im schärfsten Gegensatz zu dem Geist des Finales im Film. »Ich habe immer an den Ratschlag des Dramatikers Sardou geglaubt«, bemerkte Hitchcock. »Er sagte: ›Quäle die Frauen!‹... Das Problem heutzutage liegt darin, daß wir Frauen nicht genügend quälen.« Die Bemerkung mag als eine kleine nette Perversität gedacht gewesen sein – um die Neugier oder die Betroffenheit beim Publikum zu wecken, eine Reaktion zu provozieren. Aber als es zu den Dreharbeiten für den Höhepunkt des Films *Die Vögel* kam, mag sich Hitchcock wirklich darangemacht haben, das ›Problem‹ zu beseitigen, indem er Sardous Ratschlag wörtlich befolgte, und zwar bis zu einem erschreckenden Maß.

Der letzte große Angriff der Vögel sollte die Hauptdarstellerin zum Ziel haben: Sie sollte sich in einem Raum gefangen sehen, der vor Krähen, Raben und Möwen barst, die sich auf sie stürzen und auf sie einhacken sollten, bis sie in einem Schockzustand zusammenbrach. Tippi Hedren hatte man, bevor man die

Dreharbeiten dieser Woche anging, versichert, es sei natürlich an künstliche Vögel gedacht, da alles andere ohnehin praktisch undenkbar sei. Als sie aber an jenem Montagmorgen im Juni am Drehort eintraf, informierte sie der Regieassistent James Brown, daß man keine mechanischen Vögel verwenden würde, weil man zu der Erkenntnis gekommen sei, daß die im fertigen Film zu künstlich wirken würden.

Eine Stunde später schritt man zum neuen Plan. Zwei Männer, die Schutzhandschuhe trugen und riesige Kartons in Händen hielten, stellten sich zu beiden Seiten der Kamera auf, in Blickrichtung auf die Schauspielerin, die mit dem Rücken zu einer Wand stand. Der ganze Drehort war von einem riesigen Drahtkäfig eingeschlossen, und dann, während Tippi Hedren mit den Armen um sich schlug und gegen sie kämpfte, wurden lebende Vögel in ihre Richtung und gegen sie geschleudert, während die Kameras liefen. »Es gab kein Beispiel für diesen Vorgang, und niemand wußte, was genau zu erwarten war«, erzählte sie. »Wir dachten alle, das ließe sich schnell erledigen und daß wir nach ein oder zwei Aufnahmen genug Film haben würden.« Aber das Drehen dauerte den ganzen Tag. Vögel wurden gegen sie geschleudert, erschreckt flogen sie davon, während sie sich gegen die Möwen und Krähen mit wilden, zunehmend weniger gespielten und ehrlichen Gesten der Angst verteidigte. Dann hielten die Kameras, und die Szene wurde leicht verändert, man riß ihre Kleidung ein wenig ein und brachte etwas Theaterblut an, das Make-up für einen Kratzer legte ihr der Künstler Howard Smits an, ihr Haar wurde ein wenig mehr derangiert – und die Prozedur begann von vorne.

Und Hitchcock? »Er war schrecklich aufgeregt«, sagte Tippi Hedren, die sich daran erinnerte, daß er so nervös wurde, daß er nicht an den Drehort zurückkehren konnte, bis alles neu arrangiert war.

»Er wollte es drehen«, sagte Evan Hunter, »aber irgend etwas in ihm wollte es nicht drehen, und jedermann konnte hören, wie nervös er war.«

Für Tippi Hedren war das alles natürlich noch viel schlimmer. Und die Prozedur setzte sich am Dienstag fort – und dann ging es in den Mittwoch hinein. Neue Kamerapositionen, schnelle Einstellungen, zerfetztere Garderobe, mehr ›Blut und Wunden‹ – und jetzt hackte schon mal ein erschrockener, aufgeschreckter oder aufgebrachter Vogel nach ihr, denn den Geschöpfen machte die Arbeit inzwischen genausowenig Vergnügen wie der Schauspielerin. Cary Grant, der in einer benachbarten Halle gerade einen Film drehte, schaute vorbei, um einigen Einstellungen zuzuschauen, und lobte Tippi Hedrens Mut. Und jeder, der beobachtete, was vor sich ging, wußte, daß Hitchcock Glück hatte. Eine etablierte Schauspielerin hätte sich niemals diesem extremen Mißbrauch aussetzen lassen. »Tag für Tag«, sagte Jessica Tandy,

eine ganze Woche lang, nahm die arme Frau alles in Kauf. Sie war alleine in diesem eingegitterten Raum. Sie spielte, während die Vögel gegen sie flogen. Sie mußte so oft die Kostüme wechseln und neu geschminkt und mit diesem ganzen Theaterblut beschmiert werden, daß sie noch nicht einmal die Essenspausen wahrnehmen konnte. Sie lebte Stunde für Stunde mit dieser Situation, und ich weiß einfach nicht, wie sie es überhaupt fertiggebracht hat.

Es wäre schon schwer genug gewesen, es in der Zeit zu spielen, die es im Film beansprucht – ungefähr eine oder zwei Minuten –, aber es so lange zu drehen! Wenn ich an ihrer Stelle gewesen wäre, hätte ich es schon gehaßt, jeden Morgen das Studio zu betreten, und ich bin mir sicher, daß das alles für sie extrem schwierig gewesen sein muß. Es lastete viel auf ihren Schultern, und das muß ein großer Streß gewesen sein. Ich bin furchtbar froh, daß ich da nicht durch mußte!

Hollywood kennt natürlich eine lange Geschichte von ausgesprochen schmerzhaften Prozeduren, denen sich professionelle Stuntleute unterziehen mußten und auch Schauspieler, um einen höheren Grad an Realismus zu erzielen und die Aufmerksamkeit und das Erstaunen des Zuschauers zu erregen. Lillian Gish und Richard Barthelmess mußten für die Höhepunkte von D. W. Griffiths *Way Down East* mit eisigen Temperaturen und echten Eisschollen kämpfen; Harold Lloyd, der bei Dreharbeiten einen Daumen und einen Finger verlor, verwendete für seine gefährlichsten Szenen nie Doubles; Buster Keaton riskierte oft Tod und Verstümmelung; Lon Chaney erlegte sich selbst Schmerzen auf für das Schminken und Verkrüppelungen, die ihn berühmt machten – und Tausende von Schauspielern sind von Pferden gefallen, von Gebäuden gesprungen oder durch Flammen, während die Kameras liefen. Ein einzelner Schauspieler wird aber selten so lange und so oft solchen Situationen ausgesetzt, die ihm so viel abfordern, wie das bei Tippi Hedren der Fall war.

»Diese Woche war absolut grauenhaft«, erinnerte sie sich,

»wirklich die schrecklichste Woche meines Lebens. Jeden Tag dachte ich – und das sagte man mir auch –, nur noch eine Stunde länger, nur noch eine Einstellung.« Aber dann, am Donnerstag, als Hitchcock und George Tomasini sich die Muster vom Vortag anschauten, tauchte ein neues Problem auf: In den Einstellungen, in denen Tippi Hedren zu Boden gezwungen wurde, während die Vögel auf sie herabtauchten und gegen sie schlugen, waren die Vögel zu schnell wieder davongeflogen. »Also nahm mich die Garderobiere am Donnerstag in meinen Umkleideraum, und mir wurden elastische Bänder um den Körper gebunden, die sich in dünnen Nylonfäden fortsetzten, die durch winzige Löcher in mein Kostüm führten. Ich fand schnell heraus, wozu das diente. Ein Bein eines jeden Vogels wurde so an die Nylonfäden gefesselt, daß sie nicht davonfliegen konnten, wenn ich am Boden lag, sondern auf mir herumspringen und auf mir sitzen würden. Das ging dann so den ganzen Tag, während sie versuchten, die Aufnahmen zu machen, die sie brauchten.«

Am Freitag wiederholte sich dann diese ganze Prozedur für Nahaufnahmen und schräge Kamerapositionen, und am Nachmittag forderte die körperliche und emotionale Quälerei – man kann es kaum anders nennen – beinahe ihren Preis von Tippi Hedren, die mit bewundernswerter Geduld und Bereitschaft zur Mitarbeit durchgehalten hatte. Ein Vogel wurde besonders aufgeregt und hackte nach ihrem linken Auge. Eine Katastrophe konnte gerade noch vermieden werden, aber sie trug eine tiefe Wunde am unteren Augenlid davon. Danach wurde sie hysterisch und erlitt einen völligen Zusammenbruch. Der Drehort wurde sofort geräumt, und man brachte sie nach Hause. Doch die Erholung eines Wochenendes genügte nicht; als sie am Montag wieder zur Arbeit erschien, war sie in einem solchen nervlich erschöpften Zustand, daß sie nach einem kurzen Schlaf in ihrer Garderobe nicht mehr zum Aufstehen zu bewegen war. Sie erwachte dann daheim und stellte fest, daß sie unter Beruhigungsmitteln stand.

Der Arzt teilte Hitchcock mit, daß sie mindestens eine Woche arbeitsunfähig sein werde, und als Hitchcock sagte, er brauche sie für jede einzelne Einstellung, beharrte der Doktor darauf, daß sie im gegenwärtigen Zustand überhaupt nicht arbeiten könne. Also mußten zum ersten Mal, seit Hitchcock und Joan Fontaine während der Dreharbeiten zu *Verdacht* erkrankten, die

Dreharbeiten eines Filmstars für eine Woche aus medizinischen Gründen unterbrochen werden.

Ungefähr zu jener Zeit sagte Hitchcock öfter und öfter zu Journalisten, die ihn interviewten (in diesem oder jenem Zusammenhang): »Um Oscar Wilde abzuwandeln: ›Man zerstört das, was man liebt‹.«

Schließlich wurden die Arbeiten schnell und ruhig zu Ende gebracht. Ohne Zwischenfall war am 1. Juli alles vorbei. Tippi Hedren wurde in einen Urlaub entlassen, und Hitchcock und sein technisches Team begannen den komplizierten Prozeß der Montage. Sie fügten die vertrackten Mehrfach- und Matte-Einstellungen zusammen, sie überwachten die Animationsszenen und vervollkommneten Doppelbelichtungen. Andere Künstler malten mit der Hand Vögel direkt auf bestimmte wichtige Schlüsselstellen des Films. Hitchcock traf sich mit Bernard Herrmann, Remi Gassmann und Oskar Sala. Dieses Trio stellte einen Soundtrack ohne Musik her. Dazu wurden all die Geräusche und Schreie der Vögel künstlich mit einem elektronischen Instrument erzeugt, das Trautonium heißt (so genannt nach seinem Erfinder, Friedrich Trautwein); die Arbeit dieser drei gab der Tonspur des Films ihre ungewöhnliche Kraft – jeder Klang, jeder Effekt ist orchestriert, jeder Ton ist gefiltert und verändert, um jenes Gefühl zu unterstützen, das Hitchcock in der jeweiligen Szene wollte.

»Eine der ersten Sachen, die ich immer mache«, sagte Hitchcock später, »ist, ein Top-Skript herzustellen. Mit anderen Worten, ich diktiere jeden Klang, der auf der Tonspur zu hören ist und nicht Musik oder Dialog ist. Die geräuschlosen Stellen diktiere ich auch. Das einzige Gebiet, über das man keine Kontrolle hat, ist die Musik. Aber das leider ist unvermeidlich, denn der Musiker wird immer sagen, daß er die Musik erst im nachhinein komponieren will und nicht schon am Drehort. In den Händen der Musiker ist man wirklich hilflos. Der einzige Ausweg besteht in sorgfältiger Planung.«

Jeder, der mit der Produktion zu tun hatte, bemerkte, daß Hitchcock während der Arbeit an *Die Vögel* in einem ungewöhnlichen Zustand emotionalen Aufruhrs war. Seinen engsten Mitarbeitern war klar, daß es mit seiner seltsamen Fixierung auf Tippi Hedren zusammenhing, während andere dachten, es hätte etwas mit technischen Problemen des Drehs zu tun, oder er sei besorgt, daß der neue Film nicht *Psycho*s emotionale Kraft hätte. Aber die Gründe für sein Problem lagen tiefer – wie es auch am Film *Die Vögel* ablesbar ist, der die Zerbrechlichkeit menschlicher Beziehungen und die Angst vor Verlust und Verlassenwerden zeigt. Die Vogelangriffe erscheinen wie symbolische Manifestationen dieser zerbrechlichen menschlichen Beziehungen – oder, noch genauer, die Angriffe der Vögel *drücken äußerlich* das *Versagen* menschlicher Beziehungen aus.

Hitchcock hatte die Wände seines Büros mit meterlangem Packpapier bespannt und darauf den Verlauf der Handlung mit ihren Höhe- und Ruhepunkten grafisch dargestellt. Studiert man die Episoden in der Reihenfolge, in der sie später auch in den Film eingingen, dann zeigt sich, daß jeder Zwischenfall, der Vögel involviert, immer unmittelbar einer Szene folgt, die beschreibt, wie eine Figur Angst davor hat, alleine zu sein oder verlassen zu werden.* Jede Figur in der Geschichte hat sehr bewußt einen Lebensstil gewählt, der Einsamkeit vermeidet, während jeder zugleich auch unwillentlich Situationen emotionaler Isolation schafft. Die beiden Hauptfiguren, der Mann und die Frau, die Mutter, die Lehrerin, die Erwachsenen in der Bar – jede dieser Personen wird durch eine schreckliche Einsamkeit definiert, die zumindest zum Teil durch emotionale Isolation und Angst vor den anderen verursacht ist. Der Dialog zwischen Tippi Hedren und Suzanne Pleshette zeigt das deutlich.

Hedren: Zwischen mir und Mr. Brenner (Mitch Brenner, der Rechtsanwalt) ist nichts.

Pleshette: Nein? Nun ja, vielleicht ist da nichts zwischen Ihnen. Vielleicht hat es nie etwas zwischen Mitch und irgendeiner Frau gegeben.

Hedren: Was meinen Sie damit?

Pleshette: Ich war viel mit ihm in San Francisco zusammen. Dann hat er mich eines Wochenends eingeladen, damit ich Lydia kennenlernen sollte (Lydia, seine Mutter).

Hedren: Wann war das?

Pleshette: Vor vier Jahren. Nachdem sein Vater gestorben war. Natürlich kann jetzt alles ganz anders sein.

---

* Zuschauer, die den Film *Die Vögel* als eine traditionelle Erzählung mit Anfang, Mitte und einem definitiven Ende betrachten, sind von dem Finale des Films enttäuscht (das Hunter zunächst weiter entwickelt hatte, als es Hitchcock später filmte). Aber *Die Vögel* läßt sich vielleicht besser verstehen, wenn man den Film nicht als lineare Erzählung begreift, sondern eher als ein tragisches lyrisches Gedicht, dessen Episoden wie Strophen sind, die immer wieder gefühlsmäßig ein einziges Thema verstärken. Federico Fellini hat diesen Film auch ein Gedicht genannt, und bestätigt, daß *Die Vögel* sein Lieblingsfilm in Hitchcocks Werk sei und er ihn für einen der größten Filme aller Zeiten hält.

Hedren: Anders?
Pleshette: Mit Lydia. Schien sie nicht ein wenig distanziert?
Hedren: Ein wenig.
Pleshette: Vielleicht hat sich doch nicht so viel geändert. Wissen Sie, ihre Haltung hat mich damals fast verrückt gemacht. Nachdem ich wieder in San Francisco war, habe ich Tage damit zugebracht herauszufinden, was ich eigentlich getan hatte, daß ich ihr so mißfiel.
Hedren: Was hatten Sie getan?
Pleshette: Nichts. Es genügte, daß ich existierte. Wie heißt die Antwort – eine eifersüchtige Frau, nicht wahr? Eine sich anklammernde, besitzergreifende Mutter? Falsch! Bei allem Respekt vor Ödipus, ich glaube nicht, daß es das war.
Hedren: Was war es dann?
Pleshette: Lydia mochte mich – das ist das Merkwürdige an der Sache! Jetzt, wo ich nicht länger eine Bedrohung bin, sind wir sogar sehr gute Freunde.
Hedren: Was hatte sie denn gegen Sie?
Pleshette: Sie hatte Angst.
Hedren: Angst, daß Sie ihr Mitch wegnehmen würden?
Pleshette: Angst, ich würde Mitch etwas geben!
Hedren: Ich verstehe nicht.
Pleshette: Angst vor jeder Frau, die Mitch das einzige geben könnte, was Lydia nicht kann – Liebe.
Hedren: Da kommt also doch eine eifersüchtige, besitzergreifende Frau raus.
Pleshette: Nein, das glaube ich nicht. Wissen Sie, ich glaube nicht, daß sie Angst hat, Mitch zu verlieren. Sie hat nur Angst davor, selbst verlassen zu werden.
Hedren: Hat Mitch überhaupt nichts zu dieser ganzen Sache gesagt?
Hedren: Ich kann seine Lage verstehen. Er hatte gerade sehr viel mit Lydia durchgemacht, nachdem sein Vater gestorben war. Er wollte einfach nicht riskieren, schon wieder durch das alles durchzumüssen.*

In dieser Hinsicht ist es wichtig zu betonen, daß – wie bei jedem der Filme Hitcocks – das Drehbuch das Ergebnis der Arbeit des Drehbuchautors war. Aber die Figuren und ihre Lebensumstände, die Geschichte und der Inhalt jeder Szene wurden von Regisseur und Autor gemeinsam ausgearbeitet. Evan Hunter erinnert sich sogar daran, daß eine wichtige Szene, die gefilmt

---

* Diese Dialogpassage erinnert an die Worte Claude Rains' an Leopoldine Konstantin (die seine Mutter spielte) in *Berüchtigt*: »Du bist immer auf jede Frau eifersüchtig gewesen, die ich je in dieses Haus gebracht habe!«, und sie erinnert an die Worte des Psychiaters in *Psycho* (die Anthony Perkins in der Rolle des schizophrenen Norman Bates betreffen): »Seine Mutter war eine Frau, die sich anklammerte, viel verlangte, und jahrelang lebten die beiden zusammen, als gäbe es sonst niemanden auf der Welt.«

werden sollte, ihm eines Morgens fertig geschrieben vorgelegt wurde. »Ich kam an und erhielt die Szene zwischen Tippi Hedren und Rod Taylor, die auf dem Hügel stattfindet, über dem Haus, während des Kindergeburtstags. Ich las sie, und man sagte mir, sie solle heute noch gedreht werden.« Hitchcock hatte diese Szene selbst geschrieben, und sie führte von dem gerade eben beschriebenen Dialog aus das Thema des Verlassenseins weiter.

Hedren: Schauen Sie – Rom – den ganzen Sommer lang, machte ich nichts, als – es ist sehr leicht, sich dort zu verlieren. Als ich dann zurückkam, dachte ich also, es sei Zeit, ich finge wieder damit an, etwas zu finden. (Dann wechselt sie das Thema und spricht von dem Myna-Vogel, den sie für ihre Tante gekauft hat, die sicherlich geschockt sein wird über die ›neuen unanständigen Wörter‹, die er von ihrer Nichte gelernt hat. Sie sprechen darüber, und dann geht der Dialog weiter.)

Taylor: Sie brauchen eine Mutter, die sich um Sie sorgt, mein Kind!

Hedren: Jedenfalls nicht die Sorge meiner Mutter!

Taylor: Oh – das tut mir leid.

Hedren: Was tut Ihnen leid? Meine Mutter? Verschwenden Sie nicht Ihre Zeit. Sie hat uns sitzenlassen, als ich elf war, und ist mit irgend so einem Hotel-Fritzen an die Ostküste abgehauen. Sie wissen, was Mutterliebe heißt!

Taylor: Ja, das weiß ich.

Hedren: Glauben Sie, es ist besser, sitzengelassen zu werden?

Taylor: Nein, ich denke, es ist besser, geliebt zu werden. Sehen Sie sie überhaupt nicht mehr?

Hedren (die sich zur Seite dreht, um ihre Tränen zu verbergen): Ich weiß nicht, wo sie ist. (Sie gewinnt ihre Fassung zurück.) Nun! Vielleicht sollte ich jetzt besser zu den *anderen* Kindern rübergehen.

Sie gehen dann zu dem Kindergeburtstag zurück, auf dem, nach einem Angriff der Vögel, der Zuschauer geradeheraus erzählt bekommt, daß es der 11. Geburtstag des Mädchens ist – genau jenes Alter, in dem die weibliche Hauptfigur als Kind verlassen worden ist. Wie auch an anderen Stellen, hatte Hitchcock den Dialog so geändert, daß er in den strukturellen Ablauf paßte und dem Angriff der Vögel, der gleich darauf folgte, seine Bedeutung geben würde.

Noch auf eine andere Art hatte Hitchcock das Thema des Sehens, das er in *Psycho* mit den lauernden Raubvögeln verknüpft hatte, in *Die Vögel* weiterentwickelt. Mehr als vierzigmal sagen Personen in *Die Vögel* ›Ich sehe‹ oder ›Sehen Sie‹ – und fast alle dieser Floskeln* hat Hitchcock der zweiten Drehbuchfassung persönlich hinzugefügt. Diese Worte sind wie ein Refrain, der unter jede Strophe dieses filmischen Gedichts einen Punkt setzt. Ebenso endet jede Filmsequenz mit einer Abblende auf eine Person, die hinaus in die Luft starrt. Hitchcock entschloß sich, auch die grotesken Züge eines früheren Bildes bis an ihre Grenzen zu treiben – nämlich die leeren Augenhöhlen der Mrs. Bates aus *Psycho,* ein Bild, das hier logisch weitergeführt wird, in dem dreifachen schnellen Zwischenschritt auf die ausgepickten leeren Augenhöhlen des toten Farmers.

Wie auch schon in *Psycho* verweisen alle diese Bilder des Sehens und die Worte über das Sehen auf das leere Starren der Hauptfigur hin, dieses weite und nichts-sehende Starren am Ende des Films (in *Die Vögel* findet sich das im Blick der Frau, nachdem sie am Ende des Films von den Vögeln angegriffen worden ist; dieser letzte Angriff auf die Frau erinnert übrigens auch an die Mordszene unter der Dusche in *Psycho*). Darüber hinaus trifft die Hedren, wenn sie – ihr Blick starr vor Schock – wild mit den Armen um sich ins Leere schlägt, ohne es zu wollen, den Mann, der versucht, sie zu beruhigen. Sie erfüllt so buchstäblich die Bemerkung von Anthony Perkins in *Psycho:* »Wir kratzen und krallen uns fest, aber nur in der Luft, nur ineinander – und all das bringt uns nicht einen Zentimeter von der Stelle.« Alle die Bilder, die mit Vögeln zu tun haben und Bilder des Sehens und Spionierens sind, und alle korrespondierenden Motive der Angst und des Verlassenseins konnten einfach aus *Psycho* (einem Film, der in Vogelbilder getaucht ist) übernommen werden. Die künstlerische Geläufigkeit aber, mit der sie eingesetzt sind, hatte in früheren Jahren ihren Ursprung, schon in Hitchcocks Schultagen. Vögel zu beobachten, und die sorgfältige Bestimmung der jeweiligen Art, war ein britischer Nationalsport und gehörte auch zu der Bildung, die Hitchcock in Sankt Ignatius erhalten hatte. Und eines der berühmtesten spätviktorianischen Gemälde stellte bereits die Verbindung zwischen Vögeln und unvorhersehbaren Ausbrüchen des Chaos her: In Edward Burne-Jones' *Love and the Pilgrim* (gemalt 1896–1997) ist die ›Liebe‹ ein gegürteter Engel – ein gigantischer

---

* Im Original ›I see‹ = ich verstehe, aber natürlich hat das Wort ›to see‹ die Bedeutung ›sehen‹, so daß die Verweise dadurch im Englischen doppelbödiger werden, als es die deutsche Übersetzung wiedergeben kann.

›Liebesvogel‹ – mit einem Speer, der einen dunkelgewandeten Pilger, der aus einem Dickicht kommt, einlädt, die Hand des Engels zu ergreifen und ihm zu folgen. Der Weg durchs Land, der vor ihnen liegt, zeigt Dornen und Dornenbüsche, und in dem Dickicht hinter ihnen befinden sich zahllose kleine Vögel, und über ihnen hängt ein großer Schwarm von Vögeln, der nur wegen der schützenden Flügel des Engels nicht anzugreifen vermag. Schon im frühen Mittelalter waren Vögel die Zeichen des Unglücks gewesen; in der spätviktorianischen Kunst und Poesie wurden sie zu Boten des dramatischen Chaos.

Obwohl der Schluß von *Die Vögel* ein offenerer ist als der von *Psycho*, was das Leben und menschliche Beziehungen angeht, und obwohl die letzten Augenblicke bewußt so entworfen sind, daß man sie nicht als ›letzte Augenblicke‹ verstehen kann (Hitchcock veranlaßte, daß das Wort ›Ende‹ aus den Filmkopien weggelassen wurde), so ist der Film noch voller markanter Situationen und Dialoge, die ganz klar auf Hitchcocks eigenen persönlichen Hintergrund Bezug nehmen, und so bekommt sein offenes Ende doch wieder etwas sehr Spezifisches. »Er hat mir erzählt, daß er schreckliche Angst vor Vögeln hat«, erzählte ein Schauspieler, der bei einem späteren Film mit Hitchcock arbeitete. »In diesem Film kam er mit sehr wenigen lebenden Vögeln in Kontakt – er sorgte immer für Distanz.« Wichtiger noch als den Film, als persönlichen Exorzismus und eine Konfrontation mit der eigenen Angst zu sehen, scheint jedoch die Tatsache, daß in *Die Vögel* der Rechtsanwalt, seine Mutter und Schwester zusammengenommen eine auffällige Ähnlichkeit mit dem realen Haushalt der Hitchcocks haben – und zwar, nachdem der Vater gestorben war und Mrs. Hitchcock sich mehr und mehr auf den Sohn zu stützen begann. Auch Hitchcock ›hatte sehr viel mit seiner Mutter durchgemacht, nachdem der Vater gestorben war‹, wie Suzanne Pleshette über Rod Taylor sagt, als sie zu erklären versucht, weshalb diese Person (wie der Regisseur) bei der Mutter blieb und sich selbst gesellschaftliches Leben bis in seine reiferen Jahre hinein versagte. Durch und durch ähnelt der Charakter Mitch merkwürdig ›Hitch‹. Und verschiedene der legendären Hitchcockschen Streiche sind auch ins Skript integriert. In einem weiteren Rahmen muß man jedoch auch sehen, daß nur wenige andere Filme so wie *Die Vögel* dem nahegekommen sind, was Otto Rank einmal über die künstlerische Form schrieb:

Es mag sich zeigen, daß die Kinematographie, die uns in zahlreicher Hinsicht an die Traumarbeit erinnert, auch bestimmte psychologische Fakten und Beziehungen – die ein Schriftsteller oft nicht in so verbaler Klarheit beschreiben kann – in solch klaren und bemerkenswerten Bildern ausdrücken kann, daß es unser Verständnis von ihnen erleichtert. Der Film zieht auch deshalb unsere Aufmerksamkeit an, weil wir aus ähnlichen Studien gelernt haben, daß eine moderne Darstellung oft darin erfolgreich ist, intuitiv die wirkliche Bedeutung alter Themen wiederzuerfassen, die im Laufe der Überlieferung entweder nicht mehr erkennbar oder mißverständlich geworden ist...

Ein dunkles, aber unausweichliches Gefühl packt den Zuschauer und scheint ihm zu verraten, daß hier Probleme des Menschseins behandelt werden. Die Einzigartigkeit der Kinematographie, wenn sie psychologische Vorgänge sichtbar beschreibt, sehen wir darin, daß sie unsere Aufmerksamkeit, mit vergrößernder Deutlichkeit, auf die Tatsache lenkt, daß die interessanten und bedeutungsvollen Probleme der Beziehungen der Menschen untereinander – und die schicksalsschwere Störung dieser Beziehungen – hier einbildungskräftig dargestellt sind.

Die ›vergrößernde Deutlichkeit‹ dieses nach außen als Science-Fiction-Thriller gebärdenden Hitchcock-Films drückt in der Tat ›bedeutungsvolle Probleme‹ menschlicher Beziehungen aus. Und Hitchcock, der die Vögel (aus der Kunst, aus England, aus *Psycho*) benutzt, erforscht mit dämonischer Heftigkeit die ›schicksalsschwere Störung dieser Beziehungen‹ – nicht nur innerhalb eines nur schwer verständlichen Universums, sondern auch in den Umrissen seines eigenen beruflichen oder persönlichen Lebens.

Man könnte auch bemerken, daß eine der klarsten Parallelen zu Hitchcock in dieser Periode seines Schaffens sich in der Kunst des Hieronymus Bosch findet, jenes flämischen Malers, der im frühen sechzehnten Jahrhundert starb. Beide waren Handwerker ihrer Kunst, die unter Schuldgefühlen litten und an der Überzeugung, daß ihre unglückliche Lage sie zu Ausgestoßenen in dieser Welt machte; beide sahen das Leben als einen ständigen Kampf, das immer lauernde Unglück und die Unfälle zu vermeiden, die mit Sicherheit auf den unvorsichtigen Menschen treffen würden. Beide liebten Geschichten, in denen sich ein Rätsel verbarg, und sie liebten das Landleben, entfernt von den Städten, in denen sie arbeiteten, und beide hielten ihre Beziehungen zu anderen für schmerzhaft und störend. Ein strenger Moralismus kennzeichnet ihre Arbeiten, und eine persönliche, stilisierte Vorstellung vom Bösen wird von Vögeln repräsentiert. In Boschs *Garten der Lüste* – wie oft in Hitchcock-Filmen, von *The Pleasure Garden* (dtsch. Der Lustgarten) bis zu *Die Vögel* – tyrannisieren und schrecken Vögel lächerliche menschliche Wesen; in Boschs *Versuchung des Hl. Antonius* haben die verführerischen Hexen Vogelform.

Eine Obsession mit Bildern von Sünde und Sex und Käuflichkeit sowie das Motiv des Trügerischen und falscher Identität charakterisieren gleichfalls das reifere Werk beider Männer. Ein tiefverwurzeltes Mißtrauen gegen die Welt bestimmt Hitchcocks Haltung in seinen Filmen, so wie sie sich auch bei Bosch in Werken wie *Der Zauberkünstler* und *Das Narrenschiff* findet. Beide Künstler wurden von ihren Zeitgenossen für kompetente Handwerker ihres Fachs gehalten, aber bis zu ihrem Tod vertraten nur vergleichsweise wenige die Meinung, sie seien auch große Künstler. Bosch und Hitchcock suchten beide nach einem Ideal und waren gerade in all ihrer persönlichen Schwäche Moralisten, die über die Traurigkeit ihrer Zeit sprachen und über die Erfahrung des mächtigen Bösen – und sie sprachen von dem Schrekken menschlicher Isolation, den sie selbst in ihrer Seele spürten, ein Schrecken, der sie verstehen ließ, was Verdammnis bedeuten kann. Und ein letztes: Beide Künstler setzten immer ihr kleines persönliches Porträt wie eine Unterschrift in einen bescheidenen kleinen Winkel ihres Kunstwerks: Das Gesicht von Bosch in seinen Bildern und Hitchcocks persönliche Auftritte in seinen Filmen sind mehr als Stempel einer Autorenschaft – sie figurieren als Mitspieler in ihren eigenen Alpträumen.

Obwohl der endgültige Schnitt von *Die Vögel* vom Juli 1962 bis ins nächste Frühjahr hinein dauerte, fand Hitchcock nicht nur die nie erlahmende Energie, alles zu überwachen, sondern stürzte sich nebenher auch noch auf andere Dinge. Tippi Hedren war für eine Weile nicht im Studio, und Hitchcock inszenierte derweil sein drittes einstündiges Fernsehspiel. *I Saw the Whole Thing,* das zwischen dem 23. Juli und dem 27. Juli entstand. Es sollte seine letzte Arbeit für das Fernsehen werden. Die Handlung ist nicht sonderlich bemerkenswert. Ein Kriminalschriftsteller (John Forsythe) muß sich gegen eine Anklage verteidigen und bringt dabei die Schuld seiner eigenen Ehefrau ans Licht. Wichtig ist aber, daß Hitchcock glaubte, wieder einmal eine geeignete Person gefunden zu haben, die sich verwandeln und erziehen ließ, obwohl die schmerzlichen Gefühle für und die Erinnerungen an Tippi Hedren noch frisch in seinem Gedächtnis waren und in seinen Gesprächen mit anderen auftauchten. Eine kleine Rolle dieses Fernsehspiels war mit Claire Griswold besetzt, der Ehefrau eines jungen Regisseurs namens Sidney Pollack. Während einer Drehpause lud Hitchcock sie zum Essen ein. »Miß Griswold«, sagte er, »wir beide werden Geschäftspartner werden.« Innerhalb weniger Tage hatte sie bei ihm einen Siebenjahresvertrag unterschrieben.

Und so wiederholte sich der Herbst des vergangenen Jahres. Wieder wurde eine persönliche Garderobe entworfen (»Bringen Sie mir Ihren Körper«, sagte er, »und ich werde ihn kleiden«), und wieder gab es verschwenderisch ausgestattete dreimalige Probeaufnahmen – darunter eine lange Szene aus *Anastasia,* für die Cathleen Nesbitt als Kaiserin-Witwe engagiert wurde.* Dann wurde die untergründig erotische Liebesszene aus *Über den Dächern von Nizza* geprobt und inszeniert. Die Schauspielerin verstand sofort, was hier vor sich ging, und mochte es nicht. Hitchcock verlangte von ihr eine Imitation jeder Geste, jeder Körperhaltung, jeder Intonation von Grace Kelly in derselben Szene.

»Sein offensichtliches Verlangen«, sagte sie, »Grace Kelly – oder wer immer es war, den er da aus dem Rohmaterial, das ich darstellte, neu erschaffen wollte – wiederauferstehen zu lassen, hat mich sehr berührt – aber ich wollte bei so etwas nicht mitmachen.«

Hitchcock war allerdings nicht so leicht abzuschütteln. Während Evan Hunter weiter am ersten Entwurf zu *Marnie* arbeitete und Robert Boyle mit der komplizierten Aufgabe begann, den Film mit seinen vielen Außen- und Innendrehorten zu entwerfen, verbrachte Hitchcock den Herbst 1962 damit, Garderobenentwürfe für Claire Griswold zu begutachten und sie Produzenten von Universal und MCA vorzustellen. Immer, wenn sie das Gespräch auf ihre Familie oder ihr Privatleben lenkte, wechselte Hitchcock das Thema; über Dinge, die nichts mit ihrer gemeinsamen Arbeit im Studio zu tun hatten, wollte er nichts hören.

Dadurch fühlte sie sich noch unwohler. Dann waren sie und ihr Ehemann zum Abendessen in die Bellagio Road geladen,

---

* Als Hitchcock dies alles François Truffaut in der Gegenwart von Claire Griswold erzählte, sagte er auch, daß er ihre Leistung für besser als die Ingrid Bergmans in dem Originalfilm hielte. Dieses Urteil war aber nach Meinung von Miß Griswold schamlos übertrieben und sehr subjektiv: »Er wollte einfach nur das sehen, was er sehen wollte.«

aber Hitchcock sprach ihren Mann kaum an und interessierte sich nicht im geringsten für dessen Arbeit, ganz im Gegenteil. Verächtlich sprach er über all die anderen Filmregisseure. (Sidney Pollack inszenierte später unter anderem Filme wie *Nur Pferden gibt man den Gnadenschuß, Jeremiah Johnson, Cherie bitter, Die drei Tage des Condors* und *Tootsie*). Solche Ereignisse waren nicht gerade erfreulich, und die Pollacks hatten das Gefühl, daß Hitchcock eine merkwürdige Art von Rivalität schaffen wollte: Einerseits wurde Tippi Hedren der Griswold als Konkurrentin um Hitchcocks volle Aufmerksamkeit präsentiert; andererseits sollte Claire Griswold anscheinend zum Mittelpunkt des Kampfes zwischen zwei Männern gemacht werden. Als junge, recht glücklich verheiratete Mutter gefiel ihr die letztere Rolle überhaupt nicht; und da Tippi Hedren mit ihr seit den gemeinsamen Anfängen als New Yorker Fotomodelle gut befreundet war, stieß auch die Vorstellung eines eifersüchtigen Wettbewerbs zwischen ihnen beide eher ab. Außerdem war der Star von *Die Vögel* nicht sehr daran interessiert, die Arbeit an einem weiteren Hitchcock-Film aufzunehmen, und Claire Griswold hatte an *Marnie* überhaupt kein Interesse.

Als sich Hitchcock schließlich entschloß, die neue Hauptrolle mit Tippi Hedren zu besetzen, glaubte die Griswold, daß sie jetzt für das kommende Jahr nicht zur Verfügung stehen müsse. Sie sprach bei einem Essen darüber mit Peggy Robertson und erklärte ihr, daß sie in diesem Fall die Zeit gerne anders genutzt hätte. Sie und ihr Ehemann planten, die Familie zu vergrößern, Robertson machte der Griswold klar, Hitchcock erwarte, daß genau dies in den nächsten sieben Jahren nicht geschehe – sie sollte immer verfügbar sein, für jede Rolle und unter allen Umständen. Griswold entschied sich auf der Stelle. Schon kurze Zeit später wurde Hitchcocks Büro davon informiert, daß Mr. und Mrs. Pollack der Geburt ihres zweiten Kindes entgegensahen. (Es gibt keine Anzeichen dafür, daß Vera Miles, Audrey Hepburn und Claire Griswold sich darüber verständigt haben, wie sich eine Hitchcock-Produktion am besten vermeiden ließe, aber es wäre verständlich, wenn der Regisseur die Angelegenheit verdächtig gefunden hätte.) Im folgenden Jahr wurde der Vertrag zwischen Griswold und Hitchcock im gegenseitigen Einvernehmen gelöst, und sie zog sich in das Privatleben zurück, das sie ohnehin vorgezogen hatte.

Schon lange bevor die Dreharbeiten zu *Marnie* begannen, gab es einige merkwürdige Entwicklungen. Hitchcock schickte der fünfjährigen Tochter Tippi Hedrens ein ausgefallenes und etwas Angst machendes Geschenk; eine aufwendig hergestellte und teure Puppe, eine Nachbildung ihrer Mutter, die auch so gekleidet war wie Tippi in dem Film *Die Vögel* – komplett mit kleinem grünen Kostüm und eleganter Frisur; die Puppe war allerdings in einem Miniatur-Fichtensarg verpackt. Danach ließ Hitchcock unter dem Vorwand einer komplizierten Make-up-Sitzung einen Maskenabdruck seiner Darstellerin anfertigen und hütete lange eifersüchtig ihre delikaten Gesichtszüge, die jetzt für immer perfekt konserviert waren. Ein anderer Verehrer hätte vielleicht eher ein Foto, einen Ring oder ein Kleidungsstück haben wollen, aber Hitchcock hatte bereits ihre Fotos und auch ihren Schmuck und ihre Garderobe gestylt. Die Puppe und die Maske hatten für ihn vielleicht schon magische Kräfte – und waren, mit ihrer vielschichtigen Bedeutung von Leben und Tod, möglicherweise Totems eines großen und notwendigen Schmerzes.

Während ihres langen Urlaubs empfing die Hedren weiterhin kurze, glühende Briefe, Geschenksendungen mit Wein und Delikatessen sowie Nachrichten über die Produktionsvorbereitungen des nächsten Films. Die handschriftlichen Botschaften auf dem Briefpapier mit den Hitchcock-Initialen waren die verwirrendsten, die er je geschrieben hatte, teilweise voller schüchterner kindlicher Gefühle, dann wieder geschäftsmäßig und distanziert und gelegentlich peinlich leidenschaftlich – sein Stil und seine Absichten schienen sich in einem ständigen Konflikt zu befinden; es ist unwahrscheinlich, daß er weniger verwirrt war als die Empfängerin seiner Briefe.

Zur selben Zeit ließ er auch einen Wohnanhänger als aufwendigen Garderobenraum für sie ausstatten. Die rollende Garderobe hatte ein eigenes Badezimmer, eine Bar mit Kühlschrank (die er mit seinen Lieblingsweinen bestückte), und auch persönliches Briefpapier gehörte dazu (das er nach demselben Entwurf wie sein eigenes drucken ließ). Der Wohnwagen wurde schließlich unmittelbar neben dem Bungalow, der sein Büro auf dem Studiogelände beherbergte, installiert und durch einen überdachten Gang mit dem Büro verbunden, so daß er einen unbeobachteten und direkten Zugang hatte. Als die Dreharbeiten schließlich begannen, gewöhnte sie es sich schnell an, nach

Drehschluß immer Freunde und Teammitglieder einzuladen, um der zunehmend seltsamen Situation, mit ihm alleine zusammenzusein, aus dem Weg zu gehen. Hitchcock ignorierte einfach ihre ausdrücklich erklärte Zuneigung zu einem anderen Mann, den sie bald heiraten sollte, und drängte ihr seine Aufmerksamkeiten auf. Schließlich begann er sogar um die Gunst ihrer Eltern zu werben, die er im Januar zu einem Geburtstagsessen für sie zu sich nach Hause einlud.

Hitchcocks Methoden, einen Film mit den Autoren und Designern vorzubereiten, sind in diesem Buch mehrfach beschrieben worden. Die Vorgänge bei den vorbereitenden Treffen sind nach persönlichen Mitteilungen seiner Mitarbeiter, Tagebüchern sowie Notizen und Akten aus den Archiven der Studios rekonstruiert worden. Anfang 1963, bei der Vorbereitung von *Marnie,* war sich Hitchcock wohl bewußt, daß sich diese Produktion qualitativ von allen anderen unterscheiden würde, und er tat etwas, was er noch nie getan hatte: Er nahm seine Gespräche mit dem Autor Evan Hunter und dem Designer Robert Boyle auf Tonband auf. Die Abschriften dieser Bänder sind faszinierend, denn sie enthüllen die Präzision, mit der er jede Szene vorhersah; sie zeigen aber auch seine persönlichen Eigenheiten, seine Obsessionen und den stattlichen Umfang seiner Erinnerungen, Vorstellungen und Bilder, die zum Aufbau eines überraschend persönlichen Films beitrugen.

Vom 4. Februar an beschrieb Hitchcock seinen beiden Mitarbeitern jede Einstellung der ersten Hälfte des Films mit genauen Details: die Drehorte drinnen und draußen, die Requisiten, die räumlichen Beziehungen zwischen den Figuren und – in allen Einzelheiten – die physische Erscheinung und die Kostüme der Titelfigur. »Hier machen wir eine Großaufnahme«, sagte er, »um zu zeigen, wie ihre Haare im Wind wehen, wenn sie auf dem Pferd reitet – das ist ein Leitmotiv, das sich durch den Film zieht.« An den entscheidenden Stellen ihrer Diskussion über die Charaktere von Marnie und Mark wird aber klar, daß er an Tippi Hedren und Alfred Hitchcock dachte. »Wenn das Mädchen nach ihrer ersten Begegnung sein Büro verläßt, wirft sie ihm einen kurzen Blick zu – aber das hat nichts zu bedeuten. Der Hauptzweck der Szene besteht darin, klarzumachen, daß sich der Mann von Anfang an zu ihr hingezogen fühlt, wenn er einwilligt, sie zu engagieren. Sie aber bleibt teilnahmslos – zwar höflich, aber sie will sich auf nichts einlassen oder so.«

Am deutlichsten jedoch hatte er sich jene Szene vorgestellt, auf die sich der ganze Film hinbewegt – und die schließlich zu einem Bruch zwischen Hitchcock und Evan Hunter führen sollte. Sie beschrieb die Hochzeitsreise eines Mannes, der eine zwanghafte, frigide Diebin geheiratet hat.

Jedes Bild muß eine bestimmte Aussage machen... Es ist jetzt Nacht in dieser Szene. Die Schiffskabine muß aus einem Schlafzimmer und einem Salon bestehen, eine Suite also, und sie trägt ein Negligé. Er trägt ein Hemd und Unterhosen. Er geht zu ihr, um sie zu umarmen. Das ist der Moment. Sie wendet sich von ihm ab, geht weg und setzt sich in eine entfernte Ecke des Salons.

Er kommt zur Tür und fragt: »Was ist los?« Und mit ziemlich eindeutigen Worten sagt sie: »Es ist tierisch, und die ganze Sache ist schrecklich« – und ihre Sprache wird hier ganz deutlich –, und er versucht, sie zu überreden, vernünftig zu sein, aber sie will es überhaupt nicht versuchen...

Und dann die zweite Nacht in der Kabine. Er nähert sich ihr, und sie versucht, sich zu wehren – und dann dreht sie ihren Kopf weg, und wir folgen ihrem Kopf, als er sie aufs Bett niederzwingt, und –

An dieser Stelle wurde das Tonbandgerät ausgeschaltet, während Hitchcock, wie sich Evan Hunter deutlich erinnert, die Vergewaltigungsszene beschrieb. »Ich wollte diese Szene nicht für ihn schreiben, und ich sagte ihm das. Ich war der Ansicht, sie würde die Sympathien für den Mann zerstören, und sie sei völlig unmotiviert. Hitch aber sagte, er wolle die Szene im Film haben, und er bestand darauf, daß die Kamera im Augenblick der Vergewaltigung auf ihrem schockierten Gesicht sein müßte.« Kurz nach dieser Besprechung kehrte Hunter nach Hause zurück, um weiter am Drehbuch zu schreiben und Hitchcocks verstörende Forderung zu überdenken.

Zehn Tage später sandte Hitchcock seinem Star zum Sankt-Valentins-Tag ein langes, bizarres und leidenschaftliches Telegramm. Nachdem er die Legende von den beiden Märtyrern namens Valentine erzählt hatte, fügte er hinzu, beide Legenden könnten auch von nur einer Person handeln – ihm selbst. Dann wunderte er sich darüber, wieso die *Encyclopedia Britannica* ihn als Märtyrer aussortiert habe, um das Fest der Liebenden zu symbolisieren. Er schloß damit, sie an sein Martyrium zu erinnern, das dem Märtyrer ›Alfredus‹, so fügte er hinzu, heftige Schmerzen bereite.

Die Dinge wurden durch die bevorstehende Werbetour, die

Tippi Hedren mit Hitchcock und einigen Managern zum Start von *Die Vögel* am 29. März unternehmen mußte, nicht gerade einfacher. Zwei Tage vor dem Start fuhren sie zu einer privaten Pressevorführung im Museum of Modern Art nach New York; am selben Tag hatte Hitchcock den Zeitungsleuten bereits erklärt, Tippi Hedren sei bei ihm exklusiv unter Vertrag, und er habe nicht im geringsten die Absicht, sie einem anderen Studio als Leihgabe zur Verfügung zu stellen. Gleichzeitig kündete er an, sein nächster Film werde *Marnie* sein.

Einige Tage später fuhr Tippi Hedren zur Feier ihres Filmdebüts in ihre Heimatstadt nach Minnesota. Hitchcock kehrte nach Hollywood zurück, wo er eine noch umfangreichere Werbekampagne für die Londoner Premiere des Films plante. Zwei pechschwarze Stare sollten als ›Alfie‹ und ›Tippi‹ ausgewiesen und im Foyer des Odeons am Leicester Square aufgestellt werden; per Tonbandgerät sollten sie seine clevere Werbezeile ›*Die Vögel* kommt!‹ krächzen. Als ein Londoner Journalist zu Besuch kam, erklärte er ihm, er sei mit der darstellerischen Leistung seines Stars sehr zufrieden: »Ihre Reaktionen in *Die Vögel* sind sehr subtil, und das gefiel mir an dem Mädchen. Sie hatte ja vorher nie gespielt... Sie brauchte nichts zu verlernen... Ich kontrollierte jede Bewegung in ihrem Gesicht. Ihre Darstellung war die ganze Zeit sehr filmisch und voller feiner Schattierungen. Aber sie durfte nicht über das hinausgehen, was ich ihr gab. Sie stand ganz unter meiner Kontrolle.«

Am 2. April schickte Eva an Hunter Hitchcock einen überarbeiteten Entwurf für *Marnie*, der zwei Fassungen der kritischen Szene enthielt, die sie besprochen hatten. Hunter drängte Hitchcock dazu, die Vergewaltigungsszene zu streichen und sie durch eine sinnvollere, zusammenhängendere und weniger anstößige Szene zu ersetzen. Am 10. April antwortete Hitchcock, es sei klar, daß der Film noch eine Menge Arbeit beanspruchen würde, daß er sich aber abgearbeitet fühle und daß er das Projekt so lange verschieben würde, bis man mit frischen Kräften wieder an die Arbeit gehen konnte. Hunter sandte sofort die Nachricht zurück, daß er auch weiterhin mit Hitchcock arbeiten wolle und daß er eben warten werde, bis sie beide wieder ›mit frischen Kräften‹ zu dem Projekt zurückkehren würden. Er habe sich jetzt mehr als ein Jahr damit beschäftigt, fügte Hunter hinzu, und das Projekt sei für ihn sehr wichtig geworden. Hitchcock aber war seinem Autor gegenüber nicht ehrlich – er ließ ihn absichtlich im dunkeln. Am 1. Mai wurde Hunter von Peggy Robertson angerufen, die ihm mitteilte, er sei entlassen und werde durch eine andere ersetzt – ›eine frische Kraft‹. Hitchcock hatte nicht die Absicht, das Projekt auch nur einen einzigen Tag zu verschieben. Hunter hatte zu lange an seiner Meinung festgehalten, und das konnte Hitchcock nicht ertragen.

Die neue Autorin war ein Neuling: So jedenfalls nannte sich Jay Presson Allen selbst. Sie kam Anfang Mai mit ihrem Ehemann und ihrer Tochter nach Los Angeles und war sehr aufgeregt darüber, mit dem großen Hitchcock zu arbeiten. »Irgendwie«, erinnerte sie sich,

> war es ihm gelungen, ein Vorabexemplar meines ersten Stücks *The Prime of Miss Jean Brodie* zu bekommen. Ich glaube, zu *Marnie* interessierte ihn die Perspektive einer Frau, und deshalb holte er mich. Er war ein außergewöhnlicher Lehrer; in den ersten Wochen allerdings war ich nicht sicher, ob wir jemals ein Drehbuch zustande bringen würden. Er wollte sich entspannen und sprach über alles andere. Ich glaube, er war zu dieser Zeit müde, und er war enttäuscht von dem, was mit dem Film bis dahin geschehen war. Ich hatte immer das Gefühl, das Projekt sei dem Untergang geweiht, aber er war verrückt nach Tippi Hedren, so wie er früher von einer ganzen Reihe kühler blonder Schauspielerinnen besessen war.

Nichtsdestoweniger machte sie sich, nach einigen Höflichkeitsbesuchen bei den Hitchcocks, zusammen mit dem Regisseur daran, das Drehbuch nach seinen strikten Anweisungen umzuarbeiten. »Alma war während der ganzen Zeit wunderbar«, erinnerte sich Jay Allen. »Was Leute anbetraf, war sie viel verschlagener als Hitchcock, und viel härter. Die Partnerschaft der beiden war hervorragend; es war eine Arbeitsbeziehung mit all ihrer Spannung und Dynamik.«

Die Arbeit ging den ganzen Sommer des Jahres 1963 weiter; sie wurde nur am 4. Juli von einer Party in Scotts Valley unterbrochen, zu der Jay Allen und ihr Ehemann eingeladen wurden. Sie waren beeindruckt von der Menge und der Vielfalt edler Weine; bald wußten Hitchcocks neue Autorin und ihr Mann, daß sie mit ihren Neigungen, ihrem Geschmack und ihrem Aufnahmevermögen nicht mit den Gastgebern Schritt halten konnten. Nach Abschluß des Films befremdete die Allens vor allem Hitchcocks schweres Trinken, das weit über das hinausging, was er vertragen konnte. Gleichzeitig war sich Jay Allen im klaren darüber, daß er ein Genie war, ein Mentor ihrer neuen Karriere als Autorin, und daß ihr eine umfassende Bildung vermittelt wurde. Sie war sich aber auch bewußt, daß er sich selbst mythologisierte. »Für jemanden, der schüchtern und gehemmt ist«, sagte sie, »ist es einfacher, als Mythos zu leben. Er tat dies nicht absichtlich, es war einfach ein wunderbarer Abwehrmechanismus.«

Im September war *Marnie* bereit für die Kameras. Tippi Hedren und ihr neuer Partner Sean Connery trafen sich mit Hitchcock und dem Team. Nachdem die ersten Szenen gedreht worden waren, wurde ein Ritual eingeführt. Um halb vier nachmittags kündete Hitchcock eine Teepause an, bei der er den Vorsitz übernahm und eine Rede hielt – zum Beispiel über die Geschichte des Orientexpreß, oder über seine früheren Filme. Manchmal erzählte er auch müde Witze, während sich die Schauspieler und Techniker wegzustehlen versuchten. Schließlich waren alle weg, und er saß alleine da mit dem Gesichtsausdruck des sensiblen dicken Jungen, der sich den Grausamkeiten seiner Kameraden entzogen hat oder der von ihnen im Stich gelassen worden ist.

Im weiteren Verlauf der Dreharbeiten wurde immer deutlicher, daß sich die Handlung des Films anders entwickeln würde als ursprünglich geplant. »Hitch war eine sehr edwardianische Figur«, sagte Jay Allen. »Er unterwarf sich Beschränkungen. Um seine unterdrückten Gefühle auszuleben, hatte er einen Rahmen geschaffen – seine Kunst. Das war seine Art, alles zu rechtfertigen und seine Gefühle und Hemmungen in etwas Kreatives zu verwandeln.« In diesem Fall war der Film *Marnie* selbst die Art, wie er seine Gefühle umsetzte; der Film wurde mehr und mehr zu einer fremdartigen, verzweifelten und verzerrten Parabel der Haltung, die Hitchcock Tippi Hedren gegenüber an den Tag legte.

Er gab Robert Burks ungewöhnliche Anweisungen, wie ihr Gesicht zu filmen sei – die Kamera sollte so nah wie möglich herangehen, die Objektive sollten sie quasi lieben. In einer Kußszene mit Sean Connery ist die Großaufnahme so groß, das Bild so ausschließlich auf die sich aufeinanderpressenden Lippen beschränkt, daß es praktisch pornografisch aussieht. Und die Vergewaltigungsszene bereitete allen beträchtliches Unbehagen, zumal niemand begreifen konnte, wieso die anfängliche

Zärtlichkeit der männlichen Figur so unvermittelt in grobe Gewalt umschlägt. Der Film wurde zu der Geschichte eines Regisseurs, der eine unzugängliche Schauspielerin begehrt, die gerade deswegen um so mehr ein Objekt seiner Fantasie wird. Gelegentlich wurde es Besuchern und Gästen untersagt, den Drehort zu betreten. Jeden Tag schickte er ihr nach Drehschluß Champagner in ihre Garderobe. Und im November erzählte er ihr seinen ständig wiederkehrenden Traum.

»Du warst im Wohnzimmer meines Hauses in Santa Cruz, und da war ein Regenbogen, ein Leuchten um dich herum. Du kamst zu mir hin und sagtest: ›Hitch, ich liebe dich – ich werde dich immer lieben‹, und wir umarmten uns.« (Das klang, als beschriebe er Kim Novaks abschließende Wandlung in *Vertigo.*) »Verstehst du nicht«, fragte er mit leiser Stimme, »daß du alles bist, wovon ich je geträumt habe? Wenn Alma nicht wäre...« Tippi Hedren fühlte, ihre Absichten und ihr Privatleben schienen für ihn nicht von Belang zu sein.

»Aber es war ein Traum, Hitch«, sagte sie ihm. »Nur ein Traum.« Und sie verließ ihre Garderobe.

»Hitch war ein Fantast«, sagte Jay Allen. »Alma aber hatte keine Fantasien. Er lebte seine Fantasie-Romanzen, und sie kam damit zurecht. Sie verstand es nicht, aber sie kam zurecht damit.« Die Frauen jedoch, die von seinem Versuch betroffen waren, seine Fantasien zu realisieren, konnten sich dem weit weniger leicht entziehen als Alma.

Bald versuchte Hitchcock andere Annäherungsmethoden. In diesem Herbst lud er Manager von MCA an den Drehort ein, damit sie sehen konnten, was er eine ›Oscar‹-würdige Darstellerleistung nannte. Er verkündete jedem, dies sei die perfekte Darstellerin, auf die er Jahrzehnte hätte warten müssen, und die nun die beste schauspielerische Leistung in allen seinen Filmen liefere. Und dann fing er an, noch offener zu sprechen, mehr und mehr Leuten von seinen Gefühlen für sie zu erzählen. Über seine Gefühle war man nicht erstaunt; man war erstaunt darüber, daß er sie zugab. Dies alles machte dem Objekt seiner Begierden natürlich mehr und mehr Angst, und ihre einzige Sorge bestand darin, den Film zu beenden, bevor es zu einer größeren Auseinandersetzung kam. Er aber ließ ihr keinen Augenblick Ruhe und rekrutierte Verbündete, um herauszufinden, warum sie einen Mann zurückweisen konnte, der sie so liebte.

»Wir wissen alles über Ihr Privatleben«, sagte ihr ein nervöser kleiner Manager in einem Ton, der darauf schließen ließ, daß ihr Ruf anders aussehen könnte, als er in Wirklichkeit war, und daß sie nicht so unbeugsam zu sein bräuchte. Als sie fragte, was er meinte – wenn nicht ihre bevorstehende Heirat mit ihrem Agenten, die nach Abschluß des Films stattfinden sollte, wie jeder wußte –, antwortete er, er hätte gar nichts gemeint.

Der Graphologe, dem Hitchcock ein Muster von Hedrens Handschrift in der Hoffnung gesandt hatte, einen Bericht über eine gespaltene Persönlichkeit zu bekommen, hatte nichts zu enthüllen. Monatelang versuchte Hitchcock – in einer endgültigen Verwechslung von Schauspielerin und Rolle – Ursachen für die schließlich von ihm vermutete Frigidität herauszufinden. Frigidität, so überlegte er sich, wäre die einzige Erklärung für die Zurückweisung seiner Person und seiner Begierden. Er war zu der Sean-Connery-Figur des Films geworden, der Verhaltensmuster studierte, der drängte und verfolgte, der sein Interesse an Zoologie und instinktivem Verhalten in eine tragische und erniedrigende Kernfrage verwandelte.

Amateur-Analytiker mögen bei der Betrachtung dieser traurigen Episode für Hitchcocks ungerechtes, unwürdiges und unfreundliches Benehmen einfache Erklärungen finden. Einige könnten darauf hinweisen, daß diese Ereignisse nur von einem Mann in den Sechzigern in Gang gesetzt werden konnten, der sein Leben lang schwer unterdrückt worden sei, der nach eigener Auskunft länger als 30 Jahre keusch gelebt hatte – und daß eine gesunde, lebhafte Libido in früheren Jahren dieses ganze Kapitel seines Lebens hätte verhindern können. Andere würden es vielleicht beschreiben als die endgültige Fantasie des endgültigen Filmemachers, der die Kluft zwischen Kunst und Leben schließt – als einen Fall, bei dem sich Hitchcock so in die Verwirklichung seiner Geschichte verwickelte, daß sich die Grenzlinien zur Realität hoffnungslos verwischen mußten. Und dann wäre da noch die Antwort des Sozialhistorikers oder des zynischen Beobachters in Hollywood, der darauf hinweisen würde, daß die Dinge schließlich schon immer so gewesen wären; Verführung sei in jedem Beruf bekannt und werde als gegeben hingenommen – besonders bei den darstellenden Künsten – und als eine berufliche Klippe betrachtet, über die die meisten Leute in aller Ruhe verhandelten. Keine dieser Antworten jedoch ist ausreichend – obwohl etwas Richtiges und Wahres an jeder von ihnen sein mag.

Zu diesem Zeitpunkt kannte jeder Tippi Hedrens Qual und Ärger. Vielleicht aber sah niemand deutlicher als sie den Ausdruck von Schmerz, Frustration und Begierde, den Hitchcock monatelang täglich zeigte. Nur Hitchcock selber aber kannte das Ausmaß seiner Qualen, und dies vertraute er nie jemandem an. Wenn er es gewollt hätte, hätte er leicht Frauen finden können, die sein sexuelles Verlangen befriedigt hätten; doch für Alfred Hitchcock – Träumer, Fantast, Romantiker – ging es nur darum, seinem Traum nachzujagen. Hätte er die perfekte Verkörperung seines Traumes wirklich berührt, hätte der Augenblick des körperlichen Kontaktes möglicherweise unerträglich für ihn sein können; vielleicht hätte er sich abgewendet, so wie er sich jeder Auseinandersetzung, jeder angespannten oder bedrohlichen Situation entzog.

Es ist nicht schwer, in diesem Fall für die belästigte Geliebte und den frustrierten Liebhaber das gleiche Mitgefühl aufzubringen. Die Leidenschaft blieb nicht nur unerwidert, seine Verwirrung und sein Kummer gingen ungewöhnlich tief und hielten ungewöhnlich lange an. Viele Menschen erleben an einem bestimmten Punkt in ihrem Leben eine unerwiderte Liebe, und das ist schwer genug zu ertragen. Aber wenn jemand *will*, daß seine Liebe unerwidert bleibt, und sich als Empfänger jemanden aussucht, der klar und unverkennbar nicht zur Verfügung steht – wie zum Beispiel die Frau für ihren erpresserischen Ehemann in *Marnie* –, dann sitzen das daraus resultierende Leid und Verlustgefühl sehr tief. Am Ende heilten die Zeit und die Entfernung Tippi Hedrens Wunden. Hitchcock aber pflegte von da an ständig seine Wunden; sein beruflicher und privater Abstieg kann eher auf diese traurige Episode als auf eine künstlerische Krise zurückgeführt werden.

Die Techniker und das Studiopersonal jedoch taten weiterhin so, als gäbe es überhaupt keine Spannungen. Als ob es die natürlichste Sache der Welt wäre (was in gewisser Weise wirklich der Fall war), besprach Hitchcock im Januar mit Jay Presson Allen einen ersten Entwurf für das Projekt, das er schon seit 40 Jahren realisieren wollte; eine Verfilmung von James Barries zarter, übernatürlicher Romanze *Mary Rose*. In Tippi Hedren hatte er jetzt für das Meisterwerk, das er voraussah, eine würdige Hauptdarstellerin gefunden; sein Verlangen, das oft aufgegebene Projekt wiederzubeleben, war jetzt sehr sinnvoll. Die vom Untergang bedrohten, träumerischen, von Gespenstern heimgesuchten Figuren des Stücks entsprachen seinem eigenen Ideal; die zentralen Themen – die Unveränderlichkeit mit der Liebe und der Geliebten, die Begegnung von Vereinigung von Zeit und Erinnerung – entsprachen seiner eigenen Stimmung.

Hitchcock und Allen sprachen miteinander, die Autorin schrieb innerhalb einiger Wochen einen ersten Entwurf, und Hitchcock fügte an einem Wochenende die beißendsten Ergänzungen hinzu, die er je an einem Auftragsdrehbuch machte. »Falls du vorhast, kahlköpfig und fett zu werden«, sagt Mary Rose zu dem Mann, der sie liebt, »wage ich zu behaupten, daß es mir nichts ausmacht!« Und die Worte, die später zu Mary Rose gesagt werden, kamen aus dem Innersten Hitchcocks: »Ich habe nach dir gesucht – oder nach etwas, was du hättest sein können.« Einem zweiten Entwurf, der am Sankt-Valentins-Tag 1964 abgeliefert wurde, fügte er den Epilog des Erzählers hinzu. »Noch einmal«, so lauten die Anweisungen für die Kamera,

> sieht man die Insel, wie man sie zuerst gesehen hat, als einen lieblichen, abgelegenen Ort, als einen hoffnungsvollen Ort. Und noch einmal hören wir Camerons Stimme: »Die Insel. Wir kennen alle einen solch verführerischen Ort..., solch eine Insel, auf die wir nie gelangen mögen. Falls wir aber wagen, eine solche Insel zu betreten, können wir ihr ohne Verwirrung nicht wieder entkommen. Und es bedarf mehr als nur einer kurzen Suche, um jemanden zu finden, der uns dies vergibt.
>
> Nun, das ist es. Laßt uns jetzt nach Hause gehen. Dort regnet es natürlich, wie gewöhnlich. Und da wartet ein ungezogener Junge darauf, bestraft zu werden. Und ein alter Mann, der an der tödlichen Verbindung eines schwachen Herzens und eines jähzornigen Temperaments litt, wartet darauf, begraben zu werden. All die üblichen, verläßlichen, un-inselhaften Dinge. Sie verstehen.«

Aber der Film sollte nie zustande kommen; die sanfte Stimmung seines Drehbuchs entsprach in keiner Weise der Stimmung am Drehort der Produktion, die sich gerade in Arbeit befand.

»Sie taten mir beide unendlich leid«, sagte Jay Presson Allen zu den letzten Drehtagen von *Marnie*. »Da ging es um den *cri de cœur* eines alten Mannes. Sie lebte ihr eigenes Leben, und jeder sagte ihr, sie solle Hitchcock nicht unglücklich machen. Aber sie konnte gar nicht anders, als ihn unglücklich machen! Am Ende des Films war er sehr wütend auf sie.« Anfangs war er verärgert genug, ihr die Erlaubnis zu verweigern, den Preis der Zeitschrift *Photoplay* für die beste Nachwuchsschauspielerin des Jahres anzunehmen. In der Fernsehsendung *The Tonight Show*, die damals von New York ausgestrahlt wurde, sollte ihr die Ehrung zuteil werden, aber Hitchcock konnte nicht einmal für zwei Tage ihre Abwesenheit ertragen. Er telefonierte angeblich in ihrem Namen, wies den Preis zurück, sagte den Fernsehauftritt ab und legte so den Grundstein für eine lange und unglückselige Verstimmung bei der Zeitschrift und dem Fernsehsender.

Und dann geschah es. Ende Februar verlor Hitchcock jeden Rest an Zurückhaltung und Würde. Als er mit Tippi Hedren am Ende eines Drehtages allein in ihrem Wohnwagen war, machte er ihr einen offenen sexuellen Antrag, den sie weder ignorieren noch leichtfertig wegwischen konnte, wie es mit seinen früheren Gesten noch möglich gewesen war. Für diese Direktheit gab es in seinem Leben nichts Vergleichbares – so wie es nichts Vergleichbares zu der brutalen Vogelattacke gegeben hatte, die zu ertragen er sie gezwungen hatte. Bis zu diesem Nachmittag hatten sie und seine Mitarbeiter gehofft, die letzten Drehtage könnten ohne einen solchen Zwischenfall über die Bühne gebracht werden, und der Druck, unter dem sie alle standen, würde dann rapide nachlassen. Er aber trieb die Angelegenheit auf eine häßliche Spitze. Sie war entsetzt und erschüttert, er aber war hartnäckig und drohte: Sie würden die Pläne für *Mary Rose* aufgeben; ihr Einkommen würde reduziert, so daß sie nicht mehr in der Lage sei, ihre Eltern zu unterstützen; sie würde gezwungen, kleine Rollen in schäbigen Fernsehserien anzunehmen, die Universal demnächst auf den Markt bringen würde; er würde sie ruinieren, würde sie genauso zum Gespött machen, wie er sie zum Star gemacht hatte. Dies seien die Alternativen.

Nach diesem bitteren und erniedrigenden Nachmittag weigerte er sich für alle Zeiten, Tippi Hedren jemals wieder persönlich anzusprechen. Er sprach nicht einmal mehr ihren Namen aus, sondern sagte immer nur ›dieses Mädchen‹. Seine Regieanweisungen am Drehort wurden ihr durch Assistenten übermittelt, und ihre Fragen mußten ihm über einen ähnlichen Umweg zugetragen werden. Von diesem Tag an hatte er jedes Interesse an *Marnie* verloren. Er hörte auf, von einer ›Oscar‹-reifen Leistung zu sprechen, und er fing an, Tippi Hedren bei allen herabzusetzen, die es hören wollten. Er würde *Mary Rose* schon noch machen, aber mit einer anderen Schauspielerin – mit Claire Griswold vielleicht. (MCA/Universal war von *Mary Rose* genausowenig begeistert wie von *Marnie*. »Lew Wasserman mochte *Marnie* nicht«, erinnerte sich Jay Allen. »Er wurde zu einer Zeit gemacht, als Hitch in einer Schaffenskrise steckte. Und sie mochten auch die ersten Entwürfe von *Mary Rose* nicht. Sie wußten, es würde ihn wieder in die Tippi-Falle tappen lassen.«)

Hitchcock schien *Marnie* zu einem Mißerfolg machen zu wollen; er kümmerte sich nicht mehr um die technischen Details, die Spezialeffekte, den sorgfältigen Einsatz der Rückprojektion und der künstlichen Dekorationen, die nach langem Zögern für größere Szenen entworfen worden waren. Er wies die Ratschläge von Designern und Assistenten zurück, man solle Alternativen zu diesen minderwertigen, fast notbehelfsmäßigen Kintoppmethoden suchen. Er hörte auf, sich für irgend etwas um ihn herum zu interessieren. Jahrelang weigerte er sich, über die auffallend groben technischen Fehler des Films zu sprechen und flüchtete sich schließlich in eine verdrehte Fassung der Tatsachen, die er vielleicht dann sogar selbst glaubte: »Ich hätte für alles mehr Zeit gebraucht, für das Drehbuch, die Dekorationen und so weiter... Das war ein technisches Durcheinander, das ich nicht billigte. Wir standen unter Zeitdruck, sonst hätte ich das ganze Ding weggeschmissen und von vorne angefangen.«

Jahrelang heckte eine Truppe von Hitchcock-Bewunderern (der Autor dieses Buches gehörte zu den engagiertesten) verdrehte Argumente aus, die man mehr aufgrund ihres Erfindungsreichtums als ihres Zusammenhangs mit Tatsachen bewundern muß: Um einen Grund für die schlampige Technik des Films zu finden, mußten Rationalisierungen hergeholt werden, die beweisen sollten, diese Abweichungen seien von Hitchcock beabsichtigt gewesen, eine bewußte Umkehrung eines expressionistischen Stils, dessen Künstlichkeit die kranke Psyche symbolisieren sollte. Der wahre Grund aber war einfacher und trauriger, und die kritischeren Bewunderer, das soll zugegeben werden, hatten recht: Diese Momente in *Marnie* verstören nicht emotional, sondern sind schlicht visuelle Mißtöne; sie sind keine Anzeichen für eine absichtliche Verwendung unkonventioneller Methoden, sondern sind nur unerfreuliche Beispiele für das hochmütige Desinteresse des Regisseurs am endgültigen Produkt.

Den Frühling des Jahres 1964 verbrachte Hitchcock in trübsinniger Halb-Isolation; er hatte Zuflucht in seinem Heim und bei Alma gesucht und zeigte sich nur, um auf die eine oder andere Szene aus *Marnie* einen Blick zu werfen, und um so zu tun, als suche er nach einem neuen Filmstoff. Gleichzeitig vermehrten sich sein Wohlstand und seine Kapitalanlagen großartig – das gleiche galt von seiner fanatischen Hingabe an gewisse Gewohnheiten, als sei es eine Methode, sich gegen das innere Chaos und die innere Spaltung zu verteidigen. Sein Kleiderschrank enthielt sechs identische dunkle Anzüge (maßgefertigt zu einem Stückpreis von 300 Dollar), sechs identische Paar Schuhe, zehn identische Krawatten, fünfzehn identische Oberhemden und fünfzehn identische Paar Socken. »Ich bin«, so erzählte er einem Interviewer zu dieser Zeit, »ein Ordnungs- und Gewohnheitstier.« Über die abwechslungslose Art seiner täglichen Erscheinung sagte er: »Ich glaube, das hängt mit der geistigen Ordentlichkeit zusammen. Ich besitze einen sehr ordentlichen Verstand, und ich glaube, das Leben wird weit weniger kompliziert, wenn man immer dieselbe Kleidung trägt.«

Die Einkünfte aus *Psycho* – sie lagen damals bei 14 Millionen Dollar – wurden in den ersten Monaten der Auswertung von *Die Vögel* fast erreicht; der Film spielte in kurzer Zeit elf Millionen Dollar ein. Die Zeitschriften und Sammlungen von Erzählungen, denen er seinen Namen verkauft hatte, erfreuten sich eines ebenso unerwarteten Erfolges; da er einen Anteil am Gewinn erhielt, vermehrte dies sein Einkommen weiter. Die Auswertung der Fernsehserien – die bald zu Ende gehen sollte – brachte ihm, so wurde damals berichtet, einen Gewinn von sieben Millionen Dollar.

»Geld an sich war mir nie wichtig«, erzählte Hitchcock einem Interviewer. »Geschäftliche Angelegenheiten sind mir ein Rätsel; ehrlich gesagt, überlasse ich alle wirtschaftlichen Verhandlungen anderen.« Daß Geld selbst keine Rolle spielte, stimmte schon – doch das, was man mit Geld kaufen konnte, wurde immer wichtiger. Zu diesem Zeitpunkt hatte die erweiterte und neu eingerichtete Kombination aus Küche und Speiseraum in der Bellagio Road mehr als den ursprünglichen Preis des gesamten Hauses gekostet; der Weinkeller, der für 75000 Doller installiert worden war, enthielt seltene Weine, die mehr als das Doppelte dieser Summe wert waren. Hitchcock hatte darüber hinaus einen Picasso erworben, den man ihm als gute Kapitalanlage empfohlen hatte; er wurde schließlich, zusammen mit einer kleinen Kunstsammlung, für 250000 Dollar versichert. Er füllte auch weiterhin den Kühlraum auf – riesige Fleischstücke wurden aus großen Entfernungen herangeschafft, das Delikatessengeschäft Jurgensen's in Beverly Hills lieferte gastronomische

Köstlichkeiten mit Kantscher Regelmäßigkeit. Wenn bestimmte Gelüste unbefriedigt blieben, so wurde in anderen um so freizügiger geschwelgt.

Als ein Reporter Hitchcock einmal danach fragte, ob es eine Verbindung zwischen seinem geschäftlichen Erfolg und seinem gesellschaftlichen Leben gäbe, antwortete Hitchcock: »Ich habe zwei wirklich gute Freunde – zwei Geschäftsleute.« Er mag an Lew Wasserman von MCA und an Herman Citron, seinen Agenten, gedacht haben.

Zu Hitchcocks Beteiligung an geschäftlichen Dingen bemerkte ein langjähriger Mitarbeiter von MCA einmal, er wäre ›einer der gerissensten Geschäftsleute in der Filmindustrie‹ der damaligen Zeit gewesen.

Es stimmt, daß er sich nie selbst direkt an finanziellen Verhandlungen oder Vertragsabschlüssen für Mitarbeiter oder Drehbücher beteiligt. Das hat aber nur damit zu tun, daß das Feilschen um Bedingungen Anstrengung und Streß verursacht; anders als die Figuren in seinen Filmen haßt er Spannungen in seinem Leben. Seine Unterhändler berichten Hitch alles und erhalten vom Boß Anweisungen, wie Kapitalanlagen, Restwerte, Auslandsrechte und all diese Dinge zu behandeln seien... Hitch, müssen Sie wissen, war einer der ersten Regisseure, die von einem Studio kein Gehalt mehr annahmen, sondern sich als Einzelunternehmer eintragen ließen, damit er keine hohe Einkommensteuer als Privatmann zahlen mußte, sondern seine Gewinne über die Firma versteuern konnte. Der Mann hat Millionen gemacht, und er hat im Hinblick auf künftige Gewinne immer mit der kleinstmöglichen Steuerlast investiert. Er macht in Immobilien und Öl, ihm gehört ein großes Aktienpaket, und er besitzt mit anderen Partnern riesige Viehherden.

Im Mai fuhren Hitchcock und Alma zu einem einmonatigen Urlaub nach Europa; sie machten in Jugoslawien und Italien halt, aßen mit der Prinzessin und dem Prinzen in Monaco und besuchten Ingrid Bergman in Paris; dort traf sich Hitchcock erneut mit François Truffaut und erklärte sich bereit, an einem Interviewbuch über seine Karriere mitzuarbeiten. Er behauptete immer noch, er werde eines Tages *Mary Rose* verfilmen; außerdem erklärte er der Presse, er werde bald die Arbeit an einem Drehbuch nach John Buchans Roman *Three Hostages* aufnehmen. Aber auch dieses Projekt wurde nie ernsthaft entwickelt. In den ersten Juliwochen machte Hitchcock in New York, Philadelphia, Washington, Cleveland und Chicago lustlos Werbung für

Marnie. Er kehrte dann nach Bel Air zurück, um die Reaktion auf den Film abzuwarten. Nachdem das vernichtende Urteil eingetroffen war, ließ er sich wochenlang nicht im Studio sehen.

Hatten sowohl die Kritiker als auch das Publikum noch unterschiedlich auf *Die Vögel* reagiert, so herrschte jetzt bei *Marnie* praktisch Einstimmigkeit. Ein New Yorker Journalist gehörte zu den wenigen, die den Film mochten; aber seiner Beurteilung (der Film besäße ›eine menschliche Wärme und Sympathie, die ihn zu Hitchcocks ansprechendster Arbeit seit *Das Fenster zum Hof* machen‹) folgte niemand. Alle stürzten sich darauf, die technische Abgeschmacktheit des Films zu kritisieren; im selben Atemzug wurde gesagt, der Film sei wegen seiner simplen psychologischen Fallstudie veraltet. Mit diesem Film verlor Hitchcock die Gunst der Öffentlichkeit, und das beständige Wohlwollen des Publikums und seiner Sprecher, dessen sich Hitchcock ein Jahrzehnt voller großer Filme und Fernsehshows lang hatte erfreuen können, nahm ein abruptes Ende.

Und dennoch – Jahre später zeigt *Marnie* eine intime und seltsame Anziehungskraft, die in Hitchcocks Werk einzigartig ist. Die mangelnde Struktur und die traumhafte, fast halluzinatorische Beschaffenheit des Films machen es dem Betrachter möglich, sich in seine quälerischen Emotionen einzufühlen. Im Unterschied zu seinen anderen Arbeiten verzehrt sich der Film in offenem Verlangen nach Liebe. »Warum liebst du mich nicht, Mama?« fragt Marnie in einer frühen Szene. »Ich habe mich immer gewundert, warum du mich nicht liebst.« Und am Ende, als sie die Wahrheit über ihre Vergangenheit erfährt, fleht sie: »Du *mußt* mich geliebt haben, Mama – du *mußt* mich geliebt haben.« Die Mutter (Louise Latham in einem bewegenden Porträt einer irregeführten Seele) antwortet: »Aber du warst doch das einzige, was ich je geliebt habe – nur, ich war noch so jung...« Der Film ist durchsetzt mit solchen Sätzen, die ein solch unverhülltes Gefühl übermitteln, wie es Hitchcock in seinen früheren Filmen nie zugelassen hatte. Es schien, als habe der Aufruhr und die Sehnsucht in seinem Herzen zumindest in seiner Arbeit nach einem eindeutigen Ausdruck verlangt. Sein tiefes Verlangen war sicherlich verantwortlich für die Stimmigkeit der Gefühle in diesem Film. Vor allem aber war es Tippi Hedrens ruhige Kraft, innerhalb und außerhalb des Films, die einer freudlosen Geschichte und einem pathetischen Jahr Würde verliehen.

14

1964–1972

Niemand war überrascht von der Nachricht, daß Hitchcock seinen Winterurlaub am Ende des Jahres 1964 verlängerte. Eine Art Grabesruhe hatte sich über seine Büros bei Universal gelegt: Besucher in der Bellagio Road sahen ihn Kurzgeschichten, Kriminalromane, Reportagen und sogar neuere Theaterstücke auf der Suche nach einer neuen Filmidee durchgehen. Die Manager bei MCA/Universal beharrten, wenn auch voller Respekt, fest darauf: Wofür auch immer er sich entschied, er mußte für die Besetzung ›große Namen‹ nehmen, und die Einzelheiten der Geschichte, des Drehbuchs, der Ausstattung und des Designs müßten ihnen zur genauen Prüfung vorgelegt werden. Niemand in den Chefetagen des ›schwarzen Turms‹ bei Universal hatte Lust, die Katastrophe von *Marnie* zu wiederholen.

Weil Hitchcock nie etwas anderes als zuversichtliche Äußerungen von sich gab, läßt sich aus den Interviews dieser Zeit keine Andeutung entnehmen, daß er seinen Status als einer der am beständigsten erfolgreichen Reigsseure seiner Ära bedroht sah, oder daß an den Gerüchten in der Presse irgend etwas Wahres sei – daß der Meister nicht nur die Verbindung zum gegenwärtigen Publikum verloren hatte, sondern daß die Dinge viel schlimmer standen; er war seiner Technik und seines Humors verlustig gegangen. Zusätzlich zu dieser negativen Reklame wurde sein Fernsehprogramm von der Anstalt nicht verlängert. Da er sich seines Images immer bewußt war und sich im klaren darüber war, daß er in großem Maße von der Presse abhängig war, um es aufrechtzuerhalten, mußte Hitchcock von dem, was um ihn herum vorging, beunruhigt sein, da neuere und freizügigere Fernsehserien über die Heimleinwand flimmerten und jüngere Regisseure und Manager die Bühne in den größeren Studios übernahmen.

Hitchcock war jetzt 66 Jahre alt; die Atmosphäre der Ehrfurcht und der Legende, die ihn umgab – und an deren Entstehung und Fortbestand er selbst heftig mitgearbeitet hatte –, zeigte jetzt ihre belastenden Seiten. Ein Jahrzehnt lang hatte er ununterbrochen großen Erfolg gehabt, doch durch den einmaligen Mißerfolg von *Marnie* bei Kritik und Publikum hatte er in dieser wankelmütigen Industrie beträchtliche Sympathien verloren. Zu den ›Oscar‹-Preisträgern des Jahres 1964 gehörten *My Fair Lady* und *Mary Poppins* – mit Sicherheit keine Bedrohung für Hitchcock. Aber es war auch das Jahr von *Dr. Seltsam, Alexis Sorbas* und *Goldfinger.* Darüber hinaus blieben ausländische Filme nicht länger das Spezialgebiet einer Elite; Fellini, Truffaut und Ingmar Bergman zogen große Zuschauermengen ins Kino und besaßen Fans an den Universitäten überall in Amerika.

Hitchcock hatte jahrelang verkündet, David Selznicks Methode der Langzeit-Verträge und Großproduktion sei verschwenderisch und unproduktiv; jetzt hatte er das gleiche Muster selbst angewandt. Falls er sich an Selznicks kreativen Stillstand nach *Rebekka* erinnerte, hätte er es für natürlich halten müssen. Wie hätte er nach *Psycho* noch weiter gehen können, *Die Vögel* vermehrten seinen Ruhm, aber es gab auch Beschwerden über das offene Ende des Films; was für das europäische Kino eine überraschende Tugend war, galt in Amerika offenbar als ein Zeichen von Schwäche.

Als er sich früher einmal über sein nächstes Projekt nicht im klaren gewesen war, hatte er auf einen bewährten Filmtyp zurückgegriffen – das Ergebnis war *Bei Anruf Mord.* Jetzt entschloß er sich, noch einmal ›zurückzufallen‹, als Alma und er ihren Winterurlaub in Sankt Moritz beendeten und in Geschäften gen Süden nach Italien reisten. Er würde dem Rat von Universal folgen und zu den komischen Thrillern zurückkehren, mit denen er so gut gefahren war – und auf die er, wie alle meinten, immer noch ein Monopol hatte. *Topkapi* war in diesem Jahr ein Hit gewesen – eine Kapriole über einen Juwelenraub. Sie hatte Hitchcocks Methode und Technik einiges zu verdanken; doch er konnte die Hitchcock-Nachahmer überhitchcocken, und genau das plante er.

In Rom wurde mit den beiden erfolgreichsten Autoren des europäischen Nachkriegs-Kinos ein Treffen arrangiert. Agenore Incrocci und Furio Scarpelli, die als Age und Scarpelli zusammenarbeiteten, waren der Ben Hecht und der Charles MacArthur Italiens; seit 1950 hatten sie eine Reihe leichter Komödien geschrieben, die oft von großspurigen Kleinganoven handelten. Ihre bekanntesten Satiren waren die enorm erfolgreichen Filme, die sie zusammen mit Regisseur Mario Monicelli geschrieben hatten, besonders *Diebe haben's schwer* und *Man nannte es den großen Krieg*. 1965 waren sie Mitte Vierzig und auf der Höhe ihres Erfolges; sie gehörten außerdem zum neuen europäischen Kino, das die Studios in Amerika auf einen Stil aufmerksam werden ließ, der sich vom oberflächlichen Standard-Glanz Hollywoods so sehr unterschied.

Die Geschichte, die Hitchcock mit ihnen besprach, entstammte seiner Faszination an Verbrechen, am Leben in den großen Luxushotels, das er so gut kannte, und an den Möglichkeiten ethnischen Humors, der neuerdings akzeptabel war. »Die zentrale Figur der Geschichte ist ein Italo-Amerikaner, Manager eines New Yorker Hotels, der Mitglieder seiner Familie aus Italien aufnimmt«, erklärte Hitchcock. »Aber sie sind alle Ganoven. Es ist eine Art Mafia in einem großen New Yorker Hotel – ein komisches Melodram. Der Koch, der Kassierer, der Hausmeister und die Hotelpagen sind alle Mitglieder der Familie, lauter liebenswerte Italiener. Es wird eine Mord-Story mit komischen Obertönen.«

Age und Scarpelli nahmen die Arbeit am Drehbuch auf, und schließlich kamen sie zu Universal, um den ersten Entwurf mit Hitchcock durchzusprechen. Irgendwie aber entwickelte sich die Idee nicht befriedigend; irgendwie kam immer ein Drehbuch heraus, das so ähnlich aussah wie ein Film, der von Pietro Germi oder Vittorio De Sica gemacht werden könnte – oder wie ihre eigene frühere Arbeit für Monicelli. Hitchcock konnte den Unterschied zwischen den Kulturen nicht überbrücken, und das Projekt erreichte nie ein fortgeschrittenes Stadium. Länger als ein Jahr jedoch sprach er weiter so davon, als hoffe er, es zu realisieren. Im Sommer 1965 versuchte er Marcello Mastroianni zu interessieren, mit Sophia Loren oder Claudia Cardinale als Partnerin, um aus ihren Erfolgen mit Fellini und De Sica Kapital zu schlagen. Aber es hatte nicht sein sollen.

Bei seiner Rückkehr nach Bel Air und Universal hob sich Hitchcocks Stimmung aufgrund von Neuigkeiten von der Screen Producers Guild. Am Sonntag, dem 7. März, sollte ihm der zwölfte ›Milestone Award‹ für seinen ›historischen Beitrag zum amerikanischen Kino‹ überreicht werden. Jack Benny, David Selznick und Cary Grant gehörten zu den Gastgebern des

Ereignisses, Samuel Goldwyn und Jack Warner hatten ihre Teilnahme zugesagt. Der Abend mußte gründlich vorbereitet werden, und Hitchcock half dabei, einen 34minütigen Zusammenschnitt von Filmausschnitten herzustellen. Während er auf Nachrichten über den Fortschritt von Age und Scarpelli wartete (und immer noch nach einem Weg suchte, *Mary Rose* zu machen – auch wenn er nicht wußte, mit wem), beschäftigte er sich mit der Preis-Zeremonie. Als es dann soweit war, hatte die fröhliche Stimmung des Abends einen bitteren Beigeschmack.

Bei Hitchcocks peinlichen Versuchen, seine romantischen Fantasien in realen Situationen zu verwirklichen, war Alma stark und still und geduldig geblieben – zumindest trat sie so in der Öffentlichkeit, bei Bekannten und Kollegen auf. Was zu Hause vor sich ging, wird nie bekannt werden, aber damals muß eine starke Spannung geherrscht haben; Alma nahm Anstoß an der Sitzordnung für das Essen der Producers Guild, weil man ihrem Gatten einmal mehr eine attraktive blonde Schauspielerin an die Seite setzen wollte, und sie weigerte sich teilzunehmen. Sie verlangte von Hitchcock, entweder für eine andere Sitzordnung zu sorgen oder zu Hause zu bleiben. Er lehnte beide Ansinnen glatt ab; wütend setzte sich Alma ins Auto und war stundenlang nicht aufzufinden. Genauso wie sie es erhofft hatte, versetzte ihn dies in Panik und verdarb ihm den Abend. Als sie fast einen Tag später schließlich zurückkam, erfuhr er, daß sie alleine nach Santa Cruz und zurück gefahren war, um gerade noch rechtzeitig bei der Zeremonie an seiner Seite zu sein.

Die Situation verdient erwähnt zu werden, weil sie etwas über die Mischung aus Bedürfnis und Ablehnung, aus Hingabe und Verlangen aussagt, durch die ihre Beziehung zu dieser Zeit gekennzeichnet war. Die Haltung, die sie in der Öffentlichkeit an den Tag legte, war so würdevoll und ihr eigenes berechnendes Auftreten als unterwürfige Hausfrau so konstant, daß man leicht vergessen konnte, wie anders ihr Privatleben aussah. Almas verärgerter Aufbruch aus der Bellagio Road war an diesem Morgen offenbar das einzige, was sie tun konnte; ihre Handlung war vielleicht ungerechtfertigt (schließlich war ihr Ehemann nicht für die Sitzordnung verantwortlich), aber es sind naturgemäß selten gewichtige oder bedeutende Dinge, die ein Faß zum Überlaufen bringen. Die Frau, die an Hitchcocks anderer Seite sitzen sollte, mag genau eine Blondine zuviel gewesen sein, als daß Alma sie noch auf ihre sonst bewußt lockere Art hätte akzeptieren können.

Der Abend hatte einen heilsamen Effekt: Hollywood half dabei, den schlechten Eindruck von *Marnie* zu begraben, der jetzt nur noch als momentaner Fehltritt in einer ansonsten hervorragenden Karriere erschien. Produzenten, Autoren, Schauspieler und Cutter priesen Hitchcocks visuelles Genie; die Presse schien bereit zu sein, ihn einmal mehr zu ihrem Liebling zu machen, und zumindest für eine Weile war die Wunde verheilt. Der Verband der amerikanischen Zeitungsverleger lud Hitchcock nach Washington ein, um bei ihrem jährlichen Festessen eine Rede zu halten; dadurch ging die günstige Publicity weiter, und er wurde abgelenkt von der ärgerlichen Tatsache, daß die Aussichten, von Age und Scarpelli ein Drehbuch zu bekommen, nicht sehr rosig waren, wie er am Anfang des Frühjahrs festgestellt hatte.

Am 17. April hielt er eine (von einem Ghostwriter geschriebene) Rede vor den Journalisten in Washington, die ihm begeistert zujubelten. »In genau drei Wochen«, sagte er, »werde ich zehn Jahre für das Fernsehen gearbeitet haben. Das ist eine lange Zeit, um mit Mord ungeschoren davonzukommen, aber sie scheinen mir jetzt doch auf die Schliche gekommen zu sein. Ich bin nicht sicher, welche Strafe ich bekommen werde, aber ich vermute, ich werde an einen Stuhl gefesselt und vor ein laufendes Fernsehgerät gesetzt.« Er schloß mit der Bemerkung – möglicherweise als Anspielung auf die Reaktion der Journalisten zu *Marnie* –, daß »Zeitungen Leute beherbergen, die wie ich Filme und Morde in ihrem Beruf verbinden. Ich meine die Kritiker... Ich möchte sagen, daß ich mich freue, in einem Land zu leben, in dem die Manipulation von Worten und Bildern, um bei einem Publikum die gewünschte Wirkung zu erzeugen, *meine* Aufgabe ist und nicht *Ihre*«.

Anfang Mai hatte Hitchcock sich entschlossen, eine alte Idee wieder aufzugreifen, mit der er sich lange beschäftigt hatte – einen Film nach dem berüchtigten Burgess-MacLean-Spionagefall in England. Wie könnte die gefühlsmäßige Reaktion und Belastung von Burgess' Ehefrau ausgesehen haben, fragte Hitchcock eines Tages beim Lunch Lew Wasserman. Der Regisseur sprach begeistert über das alte Liebe-gegen-Pflicht-Thema, das hier durch den Aspekt unerfüllter Liebe und Homosexualität kompliziert wurde. Emotionaler und erzählerischer Mittelpunkt aber würde die Wirkung des Verrats auf die Ehefrau sein. Hitchcock wußte, daß er einen erstklassigen Autor brauchte, um ihm bei der Entwicklung des Stoffs zu helfen; von James Goldman, der gerade daranging, sein Stück *The Lion in Winter* für die Leinwand umzuarbeiten, bekam er aber eine Abfuhr. Die Geschichte brauchte starke Figuren und einen Autor, der den Standpunkt einer Frau zu handhaben gewohnt war; daher folgte Hitchcock dem Rat von Michael Ludmer, der bei Universal Drehbücher bearbeitete, und bat um ein Treffen mit Brian Moore, der verschiedene hochgeschätzte Romane geschrieben hatte, darunter *The Lonely Passion of Judith Hearne.*

Brian Moore war allerdings gar nicht daran interessiert, Drehbücher zu schreiben. Obwohl er seinen Roman *The Luck of Ginger Coffey* für den Film adaptiert hatte, beabsichtigte er, seine Zeit fortan nur noch mit dem Verfassen von Romanen zuzubringen. »Tatsächlich aber«, erinnerte er sich, »brauchte ich damals Geld, um zum Schreiben der Romane frei zu sein; außerdem schien die Gelegenheit, für den großen Hitchcock zu arbeiten, einer ernsthaften Erwägung wert.« Ihre erste Begegnung war gleich sehr herzlich und von gegenseitigem Verständnis geprägt. Hitchcock vertraute ihm an, daß er Moores irisch-katholischen Hintergrund kenne und daß er mit dem Schauplatz der konfessionellen Schule in seinem Roman *The Feast of Lupercal* aus seiner eigenen Vergangenheit her vertraut sei. »Ich hielt ihn für sehr einnehmend und einfühlsam«, sagte Moore, »doch nachdem wir seine Idee besprochen hatten, kam ich zu dem Schluß, dies wäre wirklich nicht das Richtige für mich.« Hitchcock und seine Mitarbeiter waren erstaunt, als Moore ihr Angebot mehrere Tage später ablehnte. »Pervers, wie diese Dinge sind, kamen sie dadurch zu der Überzeugung, ich wäre der beste Mann für den Job«, erinnerte sich Moore, »und sie verdoppelten sofort ihr anfängliches Angebot und erklärten, sie würden mir 50000 Dollar zahlen.« Moore sagte schließlich zu, nachdem man ihm versichert hatte, der Auftrag vergrößere seinen Ruhm, und das ansehnliche Honorar könne in wenigen Monaten verdient werden.

»Ich handelte gegen meine feste Überzeugung«, erinnerte er sich, »aber ich war bereit, mein Bestes zu geben. Wir trafen uns täglich in seinem Büro, und unser Verhältnis entwickelte sich ausgezeichnet. Mein Vater stammte aus Hitchcocks Ära, und deswegen brauchte er mir in unseren Gesprächen nie seine Anspielungen auf Marie Belloc Lowndes oder katholische englische Schulen oder die edwardianische Gesellschaft zu erklären.« Ein Aspekt ihrer Vereinbarung verärgerte den Autor allerdings. Er war darum gebeten worden, zuerst an seinem Treatment zu arbeiten, für das er eine erste Rate seines Honorars erhalten würde; dann sollte er zu einem ersten Drehbuchentwurf übergehen, für den ihm eine weitere Rate angewiesen würde, und so weiter bis zu den letzten Überarbeitungen. Dies gab ihm das Gefühl, wie ein Ladenjunge für eine Probezeit angeheuert worden zu sein. »Was mir aber nach vier Tagen unserer Gespräche weit mehr Sorgen machte, war die Erkenntnis, daß Probleme auf uns zukamen. Ich fand heraus, daß er kein Konzept für Charaktere hatte – nicht einmal für zweidimensionale Figuren in einer Geschichte. Er wechselte von der Perspektive der Frau zu der des Mannes, und die ursprüngliche Idee für die Geschichte begann sich unkontrollierbar zu verlagern und zu verblassen.«

Vielleicht aber, so sagte sich Moore, wäre dies Hitchcocks Arbeitsmethode; da er bereit war, sich dem unendlich überlegenen Wissen des Regisseurs unterzuordnen, wenn es um die Wirkung bestimmter Dinge im Film ging, entschied er sich dazu, sich das Gesamtwerk Hitchcocks anzuschauen – womit er jeden Tag einen Teil der Zeit zubrachte, bis er alle Filme gesehen hatte. Die Arbeit ging den Sommer über weiter, und irgendwie überlebte die Herzlichkeit die sich ansammelnden Schwierigkeiten. Universal sorgte dafür, daß Hitchcock Paul Newman und Julie Andrews als Stars des Films bekam. Mit dieser Entscheidung aber mußte das homosexuelle Nebenthema fallengelassen werden; außerdem beschwerte sich Hitchcock, das Publikum würde erwarten, daß Julie Andrews singt.

Brian Moore aber wußte, warum Hitchcock sich gegen die aufgezwungene Besetzung wehrte: »Ihnen wurden enorme Gagen bezahlt (mehr als zwanzig Prozent vom Fünf-Millionen-Dollar-Etat des Films, plus einer Beteiligung an den Einspielergebnissen), und sie würden die Stars sein. Zu dieser Zeit war es Hitchcock nicht mehr gewöhnt, daß jemand anderer als er der Star war. Und dann war da noch seine Angst davor, was ihre Anwesenheit der Geschichte antun würde. Das machte ihm schwere Sorgen und behinderte unsere Zusammenarbeit. Und je nervöser er wurde, desto mehr griff er auf Dinge zurück, die er schon in früheren Filmen verwendet hatte.«

Die Drehbucharbeit für den Film, der bald *Torn Curtain (Der zerrissene Vorhang)* betitelt werden sollte, dauerte die ganze zweite Hälfte des Jahres 1965 an und war auch am Anfang der Dreharbeiten im November noch nicht beendet. Moore mochte Hitchcock, der sich stets höflich und professionell verhielt. Aber es herrschte eine ständige Besorgnis um das Projekt, und der Autor erkannte sehr schnell, daß der Film eine Ansammlung von Tricks aus Hitchcocks früheren Arbeiten werden würde. »Er besaß eine große Vorliebe für die trivialsten Einzelheiten einer Geschichte – zum Beispiel welche Fluggesellschaft an einem bestimmten Tag aus einer bestimmten Stadt abfliegt; seltsamerweise aber bestand damals darin auch seine Stärke, und es gewährleistete eine große Menge genauer historischer, sozialer und kultureller Einzelheiten. Es verdeckte aber auch eine tiefreichende Unkenntnis menschlicher Motivierungen.«

Als sich das Drehbuch seiner Vollendung näherte, sah Moore, daß der Standpunkt der Ehefrau und die Geschichte von Burgess und MacLean fast völlig verschwunden waren; übriggeblieben waren nur drei Ideen, die er für den Film beigesteuert hatte: Zuerst hatte er die Idee gehabt, daß das wissenschaftliche Geheimnis, das Paul Newman sucht (und dessentwegen er scheinbar überläuft), sich im Kopf eines kommunistischen Wissenschaftlers befindet und ihm mit einem Trick entlockt werden muß; zweitens hatte Moore aus einer eigenen, noch nicht veröffentlichten Kurzgeschichte die Nebenfigur einer Frau übernommen, die sich an Besucher aus dem Westen hängt, um so in die Freiheit zu gelangen (im fertigen Film ersetzt in dieser Episode mit Lila Kedrova ein exzentrisches Bravourstück eine potentiell kraftvolle Situation); drittens wußte Moore aus der Erfahrung seines Vaters als Chirurg und aus seinen eigenen Erfahrungen während der Bombardierung Londons, daß Menschen im wirklichen Leben nicht, wie so oft in Filmen, leicht oder sauber sterben – sie seien, erklärte er Hitchcock, schwer zu erledigen. »An diesem Punkt machte er sich wirklich gründlich daran, die Mordszene zu entwickeln«, erinnerte sich Moore. »Er ging weiter, als er meiner Meinung nach in diesem Falle hätte gehen sollen.« (Viele Leute, die *Der zerrissene Vorhang* gesehen haben, erinnern sich nur noch an den brutalen, langsamen Mord, der damit endet, daß die Finger eines Mannes krampfhaft zucken, als sein Kopf so lange in einen Gasofen gehalten wird, bis er stirbt.)

Laut Moore »ist dieser Film, abgesehen von diesen drei Ideen, kaum mehr als ein Hitchcock-Kompendium. Ich erklärte ihm, daß es um der Wahrheit willen in dem Titel heißen müßte: ›Drehbuch von Alfred Hitchcock, assistiert von Brain Moore‹, aber er sagte, er wolle nie einen Titel als Autor haben.«* Darüber hinaus erklärte Moore Hitchcock ganz offen, er halte die Charaktere für schwach und die Erzählung für unglaubwürdig, und daß es wenig helfen würde, die Dialoge zu überarbeiten. »Ich sagte ihm, wenn dies ein Buch wäre, an dem ich schreibe, würde ich es wegschmeißen oder komplett umschreiben.«

Hitchcock vertrug diese Meinung nicht sehr gut; er machte den Vorschlag, Moore solle einen kurzen Urlaub in San Francisco nehmen, um ein paar Punkte zu überarbeiten. »Also fuhr ich weg. Und hörte nie wieder etwas von Hitchcock. Noch am selben Tag verpflichtete er Keith Waterhouse und Willis Hall – die englischen Drehbuchautoren von *Geliebter Lügner*, die damals gerade sehr populär waren – dazu, herüberzukommen und das Buch umzuschreiben.« (Peggy Robertson schlug Hitchcock vor, seinen Stolz zu vergessen und John Michael Hayes zu bitten, zurückzukommen und bei den Änderungen mitzuhelfen, aber dieser Rat wurde natürlich nicht befolgt.)

Die Neuigkeiten regten Brian Moore zu Recht auf. »Ich erkannte, daß es ein weiteres Problem für Hitchcock war, Kritik oder Meinungsverschiedenheiten hinzunehmen. Wie bei den meisten lebenden Legenden traute sich niemand, ihm zu sagen, daß etwas falsch war. Das war schlimm für den armen Mann. Und aufgrund seiner eigenen Persönlichkeit und Vergangenheit – als einsamer, furchtsamer Junge – hatte er einen Horror vor Auseinandersetzungen mit Leuten. Er war nicht dazu in der Lage, etwas von Angesicht zu Angesicht zu diskutieren. Also erledigte er Dinge über Zwischenträger, oder er schickte jemanden in Urlaub und ersetzte ihn dann.«

Moore bat zu diesem Zeitpunkt darum, seinen Namen aus dem Film zu entfernen, der seiner Meinung nach bei der Kritik und an der Kasse eine Katastrophe werden würde. Zu seinem Erstaunen bat ihn Hitchcock jedoch nicht nur darum, seinen Namen in den Titeln zu belassen, sondern auch eine Verzichterklärung auf seinen Gewinnanteil aus einem künftigen Verkauf

---

* »Ich will nie einen Titel als Produzent oder Autor«, sagte Hitchcock einmal. »Ich habe das Design des Films geschrieben. Mit anderen Worten, ich setze mich mit dem Autor zusammen und entwerfe den ganzen Film vom Anfang bis zum Ende... Dann geht der Autor weg und arbeitet das aus. Er charakterisiert die Personen und schreibt die Dialoge.‹

ans Fernsehen zu unterzeichnen. Gleichzeitig verlangten Waterhouse und Hall, in den Titeln gleichberechtigt als Autoren genannt zu werden, und damit auch einen Anteil an Moores Gewinn. Die Screen Writers Guild (der Verband der Drehbuchautoren) machte Moore den Vorschlag, die Angelegenheit einem Schiedsgericht als Testfall vorzulegen. »Die Entscheidung war schnell und klar. Man untersuchte die verschiedenen Drehbücher und stellte fest, daß das Drehbuch, das Hitchcock verfilmen wollte, jenes sei, das ich mit ihm erarbeitet hatte, und daß die Ergänzungen von Waterhouse und Hall aus unbedeutenden Dialogänderungen bestanden. Es war alles eher seltsam, wenn man bedenkt, daß dies ein offenkundiger Sieg für den Verband und für die Drehbuchautoren war... Für meine eigene Karriere jedenfalls bedeutete es nicht sehr viel.«

Inzwischen rückte der Drehtermin für das Projekt näher. »Ich war mit dem Drehbuch nicht zufrieden und hätte den Anfang der Dreharbeiten gerne verschoben«, sagte Hitchcock später, »aber das war wegen Julie Andrews' Zeitplan unmöglich. Ich hatte vergeblich versucht, mich von ihren Diensten zu befreien, indem ich darauf hinwies, daß sie eine Sängerin sei und als Wissenschaftlerin nicht überzeugend sein könnte. Aber das Studio bestand darauf, daß sie ein Kassenmagnet sei... Newman las das Drehbuch und hielt es für ziemlich schlecht – was ich schon längst wußte.«

Der zerrissene Vorhang gehörte zu den Filmen, die Paul Newman für immer zu vergessen versuchte. »Wir wußten alle, daß wir uns mit diesem Film einen Verlierer aufgehalst hatten«, sagte er. »Als Hitchcock mich anfangs in sein Haus einlud und die Geschichte in allen Einzelheiten erzählte, hörte sie sich sehr aufregend an, und ich erklärte mich einverstanden, es zu machen. Aber irgendwie kam im Drehbuch nicht heraus, was er erzählt hatte, und während der ganzen Dreharbeiten wünschten wir alle, es nicht machen zu müssen. Das einzig Gute war, daß wir nicht vor Ort drehen mußten, denn die ganzen europäischen Schauplätze waren mitten auf dem Gelände der Universal gebaut worden.«

Julie Andrews äußerte ähnliche Enttäuschung: »Ich hatte die Rolle wegen der Gelegenheit angenommen, mit Hitchcock zu arbeiten, und er brachte mir mehr als jeder andere über Film und Objektive bei. Es war eine wundervolle Erziehung, aber er war anscheinend mehr daran interessiert, Leute zu manipulieren und bestimmte Reaktionen vom Publikum zu bekommen als daran, uns zu inszenieren. Am ersten Drehtag verkündete er, der Spaß sei jetzt für ihn vorbei – der kreative Teil war mit der Anfertigung des Drehbuchs und des Storyboards beendet –, und der Rest, sagte er, sei jetzt langweilig. Man kann sich vorstellen, wie wir uns danach fühlten.«

»Er verlor einfach den Mut während der Dreharbeiten«, sagte Samuel Taylor, der mit dem besorgten Hitchcock während der letzten Monate des Jahres 1965 in Verbindung blieb. »Man hatte ihm von seiten des Studios gesagt, er bekäme die beiden größten Stars des Tages, und er entdeckte, daß sie weder in die Hitchcock-Form noch zu der Hitchcock-Methode paßten. Er konnte einfach nicht die richtige Chemie zwischen ihnen herstellen, und er wurde sehr deprimiert und hielt sich an seine Routine.« Später gab Hitchcock soviel zu, obwohl er nie ein Anzeichen dafür lieferte, erkannt zu haben, daß die wahre Schwäche im Drehbuch selbst lag: »Ohne Julie Andrews oder Paul Newman hätten wir einen besseren Film machen können. Schleche Chemie, das war es. Die Bosse sagten: ›Oh, sie ist so heiß.‹ Insgesamt kosteten uns die beiden 1,8 Millionen Dollar. Für mich war das ein Skandal, soviel Geld auszugeben – und dann noch für eine falsche Besetzung! Nur weil sie zufällig heiß waren.«

Im Februar waren die Aufnahmen abgeschlossen, und Hitchcock war bereit, sich mit Bernard Herrmann wegen der Musik zu treffen. Nach sieben Filmmusiken für Hitchcock und der Ton-Überwachung bei *Die Vögel* wußte Herrmann, was einem Film half und was ihm schadete. Da Universal aber mit seinem Traditionalismus und, so hatten es Studio-Manager genannt, mit seiner trägen und epigonalen Melodie für *Marnie* nicht glücklich gewesen war, machte man klar, daß jetzt eine andere Art von Musik gebraucht würde; nicht eine symphonische Musik, sondern eine populäre mit einem Titelsong, von der man Tausende von Schallplatten verkaufen könne. Sie rechneten damit – und Hitchcock beeilte sich, einer Empfehlung zuzustimmen, die dem Film kommerziell helfen könnte –, daß dies auch dazu beitragen würde, den humorlosen und merkwürdig kühlen, distanzierten Film erträglicher zu machen.

Gegen Ende März rief Herrmann Hitchcock an und sagte, er habe die Musik geschrieben und sie könne jetzt aufgenommen werden. Hitchcock kam in die Goldwyn-Studios, hörte den ersten Takten der Titelmusik zu und brach vor den Musikern und dem Studiopersonal in einen wütenden Wortschwall aus. Und Herrmann tat es ihm gleich – zum Entsetzen aller Anwesenden. »Er hatte eine Pop-Melodie haben wollen«, sagte Herrmann später. »Es ist eine Schande. Es war eine gute Filmmusik... Ich erklärte ihm: ›Hitch, was nützt es, wenn ich weiter für dich arbeite?... Ich hatte vorher eine Karriere und ich werde hinterher eine Karriere haben.‹ Er sagte, er hätte das Recht auf einen großen Pop-Song. Ich sagte: ›Paß auf, Hitch, du kannst nicht über deinen eigenen Schatten springen. Und du machst keine Pop-Filme. Was willst du mit mir? Ich schreibe keine Pop-Musik.‹«

Damit verließ Hitchcock das Aufnahmestudio, rasend darüber, daß Herrmann seine Anweisungen mißachtet und ihn in eine schwierige Situation mit den Universal-Managern versetzt hatte – auf die er mehr als je zuvor einging. »Er wurde ein anderer Mensch«, sagte Herrmann über Hitchcocks Verhalten bei Universal. »Sie machten ihn sehr reich, und sie ließen das Hitch nie vergessen.« Mit diesem unglücklichen Zusammenstoß von Hitchcocks Hartnäckigkeit (aus sturen kommerziellen Erwägungen) mit Herrmanns Hartnäckigkeit (aus ähnlich sturen ästhetischen Überlegungen) zerbrach ein Jahrzent kreativer Zusammenarbeit; damit tat sich in Hitchcocks Leben eine zweite traurige Kluft auf – und das auch noch zu einer Zeit, in der sich der Regisseur bereits nur noch auf wenige Mitarbeiter und ihre kreative und emotionale Unterstützung verlassen konnte. Als Herrmann später in einer versöhnlichen Geste Hitcocks Büro aufsuchte, versteckte sich Hitchcock hinter einer Tür, um nicht gesehen zu werden und einer Situation zu entkommen, die für einen Augenblick hätte unangenehm werden können.

Innerhalb von Tagen sorgte Stanley Wilson, Leiter der Abteilung Fernsehmusik bei MCA/Universal, für ein Treffen zwischen Hitchcock und dem ›Oscar‹-Preisträger John Addison, der daraufhin innerhalb eines Monats die Musik für *Der zerrissene Vorhang* komponierte. Er fand Hitchcock freundlich, aber nicht sehr interessiert. Als Addison Monate später während der Synchronisation eine Telefonverbindung herstellte, um Hitchcock in England Teile der Musik vorzuspielen, erhielt er als Antwort nur: »Gut... großartig... großartig.«

»Ich sah den Film mit einem Frösteln«, erinnerte sich Brian Moore. »Er hat sehr schöne Momente, und Hitchcock hat deutlich einen interessanten Geschmack. Er ist der Filmregisseur, der am meisten einem Autor ähnelt, insofern er den Film alleine in einem Zimmer erschafft – das ist für ihn der Prozeß des Filmemachens. Und das macht ihn einzigartig.« Moores Analogie wird durch Hitchcocks eigene Bemerkung erhellt:

Ich wünschte, ich müßte den Film nicht drehen. Wenn ich mit dem Drehbuch fertig bin und den Film auf dem Papier erschaffen habe, ist für mich die kreative Arbeit getan, und der Rest ist bloß Langeweile ... Der erfreulichste Teil ist dieses kleine Büro, in dem man mit dem Autor sitzt, zusammen die Handlungsstränge bespricht und das, was man auf die Leinwand bringen will ... Ich lasse den Autor nicht alleine abziehen und ein Drehbuch schreiben, das ich dann interpretieren werde. Ich bleibe mit ihm in Verbindung, und ich bringe ihn mit der Inszenierung des Films in Verbindung. So wird aus ihm mehr als nur ein Autor: Er wird teilweise ein Macher des Films, weil der Film in seiner Anwesenheit entsteht.

Keine dieser Anstrengungen machte sich jedoch bei *Der zerrissene Vorhang* bezahlt. Trotz der Anzeigen, die ihn zu ›Hitchcocks fünfzigstem Meisterwerk‹ erhoben, blieb es eine unglückliche Produktion. Wie Brian Moore betrübt anmerkte: »Es ist ein schlechter Film. Und wenn man Hitchcock kennt, weiß man, daß er einfach in seinem Trickkoffer herumgewühlt hat.«

Der Film wurde im Sommer 1966 von Universal gestartet. Es ergab sich, daß die Cambridge University Film Society Hitchcock nach England einlud, um noch vor den Sommerferien einen Vortrag zu halten. Froh über jede Gelegenheit zu reisen und die Publicityarbeit hinauszuschieben, begaben sich Alma und er auf die erste von zwei Reisen nach London in dieser Saison. Die Cambridge-Studenten vergaßen ihre kritische Zurückhaltung und hießen ihn willkommen. Sie waren ohnehin zu jung, um denselben Groll wie ihre Vorgänger wegen Hitchcocks Abreise aus England ein Vierteljahrhundert früher zu hegen. Bei einer Diskussion erheiterte der Regisseur seine Zuhörer mit dem Vorschlag, daß »Massenhypnose eine nette Idee für das Kino der Zukunft wäre. Man kauft eine Eintrittskarte und sucht sich aus, welche Figur man sein will. Wenn man der Bösewicht sein will, dann hat man Spaß dabei, der Bösewicht zu sein. Wenn man die gefolterte Frau sein will, dann kann man leiden«. Dies löste Interesse bei den Wissenschaftsstudenten aus, und wieder einmal verglich Hitchcock das Filmpublikum mit einer gigantischen Orgel, auf der man spielte; er fügte hinzu, Elektroden im Gehirn könnten denselben Effekt wie Filme haben – ein einfacher chirurgischer Eingriff würde ihm den ganzen Aufwand ersparen, Filme zu machen. Er bemühte sich, in seinen Orwellschen Voraussagungen witzig zu sein, aber er wirkte sichtbar angespannt, und sein Verlangen, Alternativen zum Filmemachen zu finden, schien ganz ernsthaft zu sein.

Reisen – Fliegen, genau gesagt – schien in diesem Sommer die einzige Zerstreuung zu sein. Anfang Juli war Hitchcock wieder in New York, wo ihm Bürgermeister John V. Lindsay am 7. Juli bei einer Zeremonie im Rathaus die kulturelle Ehrenmedaille der Stadt verlieh. Klugerweise entschloß sich Hitchcock, seine Fernsehauftritte und Presseinterviews dort vor dem Start von *Der zerrissene Vorhang* (am 27. Juli) zu absolvieren; zu diesem Zeitpunkt war er nach Norden gefahren. An der Harvard-Universität erhielt er seine erste Ehrenmitgliedschaft eines Drama Clubs seit 20 Jahren, die Universität von Boston verlieh ihm eine Belobigung, und Gouverneur John Volpe erklärte den 14. Juli zum Alfred-Hitchcock-Tag im Staate Massachusetts. In Boston legte Bürgermeister John Collins ihm zu Ehren die Stadt praktisch still, und als *Der zerrissene Vorhang* vor Ort Premiere hatte, waren alle so vom Besuch der Fernseh-Persönlichkeit eingenommen, daß Kritik am Film von der überströmenden Begeisterung für den Mann selbst übertönt wurde.

Die Reise nach Norden fortsetzend, machte Hitchcock halt, um Samuel und Suzanne Taylor in ihrem Haus in East Blue Hill, Maine, zu besuchen, wo (wie Alma ihnen erzählte) Hitchcock sich zum ersten Mal seit Jahren zu entspannen schien. Die Taylors boten ihm Eleganz ohne Förmlichkeit; da sie auch wußten, was für ein Feinschmecker Hitchcock war, gaben sie ein seinem Geschmack entsprechendes Essen, an dem auch Walter Lippmann und Brooke Astor teilnahmen. Hitchcock zog es vor, die anderen Gäste zu treffen, indem man sie zu ihm brachte, und von einem sicheren Sitzplatz aus hielt er in aller Ruhe hof. Er erzählte, wie er einige Jahre zuvor Georges Braque beauftragt hatte, eine vier Meter große Keramikplatte zu entwerfen, die am Ende seines kunstvoll angelegten Gartens in Santa Cruz aufgestellt werden sollte. Fasziniert von Braques berühmten Vogelmotiven der 50er Jahre, hatte er versucht, den Künstler zur Überwachung der Installation nach Amerika zu holen – wie er zuvor auf Anraten seiner Finanzberater Jean Dubuffet gebeten hatte, einen Auftrag anzunehmen. Der Braque wurde schließlich von anderen aufgestellt (und wieder abgebaut, als das Haus verkauft wurde), der Dubuffet wurde nie angefertigt. Hitchcock drückte seine Dankbarkeit für die Gastfreundschaft der Taylors aus, indem er ihnen eine speziell angefertigte geräuschlose Toilette für ihren Gästetrakt schenkte.

Die Reise ging weiter, und am 22. Juli hielt Hitchcock vor Studenten der Universität in Toronto einen Vortrag über ›Die Kunst und das Geschäft des Filmemachens‹, was bloß ein neuer Titel für den Cambridge-Vortrag war. Der kanadische Regieverband beschloß diplomatischerweise aufgrund dessen, was man gehört hatte, *Der zerrissene Vorhang* zu übergehen; die Diskussion konzentrierte sich klugerweise auf Hitchcocks britische Meisterwerke und die Selznick-Periode – Themen, die Hitchcock bereitwillig mit Anekdoten aus seinem großen Vorrat ausschmückte. »Selznick pflegte mir die kunstvollsten Aktennotizen zu schicken«, erzählte er von seinem früheren Produzenten, der kurz nach dem Festessen anläßlich des ›Milestone Awards‹ im vergangenen Jahr verstorben war. »Ich bin vor ein paar Tagen gerade erst damit fertig geworden, eine von ihnen zu lesen.«

Von Kanada fuhren die Hitchcocks nach England zurück, wo das Londoner Büro von Universal für ihn eine Ehrung von der Association of Cinematograph, Television and Allied Technicians arrangiert hatte. Universal gab am 8. August den Auftakt zu einem festlichen Tag mit einem Mittagessen im Hotel Europa: Michael Balcon war der Gastgeber, der eine nostalgische Rede hielt, in der er an die Zeiten erinnerte, als ein Film noch ein Film war und nicht ein ›Paket‹, wie ihn heute die Hollywood-Agenten nannten, und ein Schauspieler noch ein Schauspieler und nicht eine eingetragene Firma. Balcons Beispiel folgend, hatte die Londoner Filmszene sich mittlerweile dazu entschlossen, die alten Wunden wegen Hitchcocks Umzug nach Amerika im Jahr 1939 zu vergessen; als ihm jemand vorschlug, nach England zurückzukommen, um einen Film zu machen, war er hocherfreut. Der Vorschlag gefiel Alma gar nicht; er entsetzte sie.

Hitchcocks Rede nach diesem Essen begeisterte jeden und war in den Branchenblättern Thema Nummer eins (tatsächlich verwendete er wesentliche Teile daraus erneut in zwei wichtigen Reden, die er in späteren Jahren hielt, nachdem er durch James Allardices Tod seines Allzweckautors beraubt worden war). »Man sagt, wenn ein Mensch ertrinkt«, begann Hitchcock,

»ziehe sein ganzes Leben vor seinen Augen vorbei. Ich schätze mich in der Tat glücklich, genau dasselbe Erlebnis gehabt zu haben, ohne daß auch nur meine Füße naß geworden wären.« Er fügte hinzu, er hätte über vierzig Jahre ›in diesem bizarren Geschäft‹ gearbeitet; er habe Stummfilme, Tonfilme, enge Formate, breite Formate, 3-D, Autokinos, Filme im Flugzeug und das Fernsehen überlebt. »Und jetzt stehe ich hier auf dem Höhepunkt meiner Karriere – ein Festredner. Und weil ich gerade vom Fernsehen spreche – seine Erfindung ist ein interessantes Kapitel in der Geschichte der Unterhaltung. Man kann sie mit der Erfindung des Wasserklosetts vergleichen – sie brachte keine Änderung in den Gewohnheiten der Leute, sie machte einfach die Notwendigkeit überflüssig, das Haus zu verlassen.« Beim ACTT-Essen an diesem Abend nahm Hitchcock die Ehrenmitgliedschaft an; er sagte, er betrachte sich selbst als einen Techniker – als einen des Teams, genau wie sie –, und er bemerkte, die wahren Störenfriede bei ihrer Arbeit wären die Schauspieler. Das brachte das Haus zum Toben; die Einladung nach Hause zu kommen, um einen Film zu machen, wurde von mehreren leitenden Technikern wiederholt.

Am Ende des Sommers hatten sich die Befürchtungen in bezug auf *Der zerrissene Vorhang* als gerechtfertigt erwiesen. Die Presse verkündete allgemein, Hitchcocks fünfzigster Film sei kein Grund zum Feiern, und nannte ihn auf verschiedene Art ein Bündel von Klischees. Sein öffentliches Image und sein Bekanntheitsgrad sollten sich aber schon bald dramatisch verändern.

Die Hitchcocks kehrten Ende August nach Los Angeles zurück, und dort wartete, mit Kassettenrekorder und Übersetzer, François Truffaut. Über einen Zeitraum von fünfzig Stunden diskutierten die beiden Filmemacher Hitchcocks Karriere in einer Reihe von Gesprächen, aus denen bald das gefeierte und einflußreiche Buch *Mr. Hitchcock, wie haben Sie das gemacht?* wurde.* Truffauts Interviews etablierten Hitchcocks Status als hundertprozentigen *Auteur* oder Film-›Autor‹, als einen Regis-

---

* Das war nicht das erste längere Interview, das alle Filme Hitchcocks behandelte. Am 12., 13. und 14. Februar 1963 traf Hitchcock mit dem Schauspieler und Autor Peter Bogdanovich (der später Filmregisseur wurde) zusammen, um eine Reihe von Gesprächen zu führen, die das New Yorker Museum of Modern Art im Rahmen einer umfangreichen Hitchcock-Retrospektive in jenem Jahr herausgab. Bogdanovich brachte sein Interview ein Jahrzehnt später auf den neuesten Stand.

seur, der eine beispiellose kreative Kontrolle über jeden seiner Filme ausübte. Der Zeitpunkt hätte nicht besser gewählt sein können. Hitchcocks Karriere steckte in der Tat in einer Krise; er und Universal konnten es gut brauchen, daß sein Werk von einem in der Branche geachteten Kollegen beschrieben und gefeiert wurde. Truffaut, der Humanist der französischen Neuen Welle, kam mit seiner Ehrung genau zu der Zeit, da die bloße Besprechung von Filmen sich zum Status der Filmkritik erhob und ›Heute gehn wir ins Kino‹ zu ›Heute analysieren wir Filme‹ wurde.

Und Hitchcock, der sich in diesen Interviews ein gutes Erinnerungsvermögen für Fakten und ein schlechtes gegenüber Mitarbeitern bewahrt hatte, akzeptierte mit Freuden eine Seligsprechung, die er nie ganz verstand. Truffauts ernsthafte und hingebungsvolle *Hommage* – die nur einige wenige der vielen Gedächtnislücken Hitchcocks korrigierte und es ihm praktisch erlaubte, mehr der *Auteur* dieses Buches als aller seiner Filme zu sein – brachte ihnen beiden eine breite neue Anhängerschaft. Sie verletzte und enttäuschte aber auch ungefähr alle, die je für Hitchcock gearbeitet hatten, denn die Interviews reduzierten die Autoren, die Designer, die Kameramänner, die Komponisten und die Schauspieler auf kaum mehr als Lehrlinge in des Meisters Werkstatt. Das Buch ist ein wertvolles Zeugnis der Sensibilitäten Truffauts und der brillant sparsamen Filmtechnik Hitchcocks. Es ist auch ein Meisterwerk Hitchcockscher Eigen-Werbung.

Durch Truffauts Besuch war Hitchcock ausreichend an seine eigene Wichtigkeit erinnert worden, so daß er jetzt längere und ernsthaftere Blicke auf die gegenwärtigen Filme werfen konnte, um herauszufinden, was die Zuschauer ins Kino brachte. Laut Brian Moore »war das immer sein Kriterium für den Erfolg eines Films. Ob es sein eigener Film oder der von einem anderen war, er konnte ihn nur als Erfolg betrachten, wenn er Geld machte«.

Innerhalb von wenigen Tagen erhielt der Romanautor Howard Fast einen Anruf von Universal, mit dem man ihn nach Los Angeles einlud, um mit Hitchcock über einen Film zu reden; bald danach war er einverstanden, sich dieser Aufgabe zu widmen, und die täglichen Diskussionsrunden begannen. »Mein Gott, Howard«, sagte Hitchcock eines Tages. »Ich habe gerade Antonionis *Blow-Up* gesehen. Diese italienischen Regisseure sind uns in der Technik um ein Jahrhundert voraus! Was habe ich bloß die ganze Zeit gemacht?« Und nach diesem ungewöhnlichen Eingeständnis, es sei nötig, eine Neueinschätzung vorzunehmen, fuhr Hitchcock fort, sich in seinem privaten Vorführraum jeden Film des Jahres 1965 anzusehen.

»Nachdem wir das Treatment erarbeitet hatten«, erinnerte sich Fast, »gab mir Hitchcock sehr viel Freiraum. Er schien hauptsächlich daran interessiert zu sein, kunstvolle Kamerabewegungen auszuarbeiten. Als das Drehbuch fertig war, hatte er über 450 Kamerapositionen festgelegt – so technisch detailliert war es.« (»Ein Architekt kann ein Gebäude auf Papier bringen«, sagte Hitchcock damals. »Warum sollten wir einen Film nicht auf dieselbe Art machen?«) Der Film – abwechselnd *Frenzy* und *Kaleidoscope* genannt – sollte von einem mißgestalteten psychopathischen Mörder handeln, dem Sohn eines angesehenen Generals, der außerdem homosexuell war. Hitchcock war über Fasts Arbeit am Drehbuch hocherfreut und rief die Bosse von MCA und Universal zusammen. »Im Handumdrehen«, so der Autor, »lehnten sie das Drehbuch ab und erklärten Hitchcock, sie könnten ihm nicht gestatten, es zu verfilmen. Sie sagten ihm, seine Filme seien bekannt für ihre eleganten Übeltäter, und dieser hier sei unmöglich häßlich.«

Und zum ersten, aber nicht zum letzten Mal war Hitchcock von der Reaktion des Studios so getroffen, daß er in Tränen ausbrach. Und er besaß Fasts Mitgefühl: »Was sie vom Tisch gewischt hatten, war genau das, wozu sie ihn gedrängt hatten – etwas anderes zu versuchen, um auf der Höhe der sich schnell wandernden Zeiten zu bleiben. Sie beharrten darauf, für jemand anderen könne es richtig sein, aber sie nahmen alle Kopien des Drehbuchs aus Hitchcocks Büro und von mir mit.« Ohne jede Spur verschwand das ausgearbeitete Drehbuch an diesem unglücklichen Nachmittag im Herbst 1966 mit dem schmutzigen Geschirr des Mittagessens.

Wie schon so oft, wenn er Kummer und Sorgen hatte, benahm sich Hitchcock gesellschaftlich daneben. Unerklärlicherweise begann er Howard Fast zurückzuweisen, und als er und seine Frau die Hitchcocks vor ihrer Abreise aus Kalifornien zum Abendessen einluden, sagte Hitchcock ganz ruhig: »Ich kann unmöglich zum Essen kommen. Ich bin ein echter Feinschmekker, und ich habe keine Ahnung, was Ihre Frau möglicherweise auf den Tisch bringt.«

Als das Jahr sich seinem Ende zuneigte, wurde Hitchcocks Isolation für Alma betrüblicher und beunruhigender; sie hatte die Idee, Samuel und Suzanne Taylor zu fragen, ob sie sich ihnen für den Winterurlaub in Sankt Moritz anschließen wollten. Die Taylors waren entschlossen, dies zu einer möglichst angenehmen Erfahrung zu machen; Suzanne gab sich besonders Mühe bei der Zubereitung des traditionellen norwegischen Weihnachtskuchens, dessen Rezept sie von ihrer Familie bekommen hatte – einer üppigen, mehrstöckigen Mandeltorte; darauf steckte sie fünfzig Fähnchen, jedes mit dem Titel eines Hitchcock-Films. Im Palace Hotel wurde zu Ehren des Regisseurs ein Gala-Empfang arrangiert; das Ereignis mußte für kurze Zeit verschoben werden, als Hitchcock Unwillen darüber ausdrückte, daß keine Fotografen anwesend waren. Er befand sich möglicherweise in einer kreativen Krise, aber seinen Sinn für Publicity hatte er nicht verloren, und er war nach wie vor selbst sein bester Werbefachmann.

Der Urlaub war für Hitchcock hauptsächlich gastronomischer Art. Er schlief bis mittags, stellte die Menüs für riesige Mittagessen und vierstündige Abendessen zusammen, bestand darauf, der Ausblick von seiner Suite sei großartig genug, so daß er sich nicht hinauswagen müsse, und beschäftigte sich mit den Vorbereitungen zu ausladenden Cocktailstunden. Seine Vorlieben hatten sich seit der Zeit, die er in den 30er Jahren mit den Bennetts verbrachte, nicht viel verändert. Während Alma und die Taylors auf den schneegesäumten Wegen und bei den Schlittschuhbahnen herumspazierten oder Schlitten fuhren, sah ihnen Hitchcock vom Balkon aus zu. Er schloß sich ihnen nur einmal an – und als er auf einem vereisten Weg ausrutschte, geriet er in leichte Panik, diesmal könne *wirklich* ein Fotograf anwesend sein. Ansonsten verbrachte er die Nachmittage damit, längere Telefongespräche mit Universal zu führen, die Cocktailstunde täglich früher anzufangen und darauf zu bestehen, es sei möglich, eine Frau mit nur einer Hand zu erwürgen – was er an Suzanne Taylors Hals demonstrierte. Bei einem der von Hitchcock so gerne in Gang gesetzten makabren Gespräche sagte sie später einmal, sie hätte nie die pathologischen Ursachen der Nekrophilie verstanden; Hitchcock erwärmte sich eine Stunde lang an dem Thema. »Seit wir ihn kannten«, erinnerte sich Samuel Taylor, »war Hitchcock von diesem Spezialgebiet fasziniert.«

Von allen Mitarbeitern Hitchcocks kam vielleicht niemand einer Freundschaft näher oder war loyaler, geduldiger und verständnisvoller als dieses Paar. Von Samuel Taylor stammte das hervorragende Drehbuch zu *Vertigo,* das einige von Hitchcocks besten Bildern mit Dialogen und Charakteren ausstattete. Taylor war an der frustrierenden Erfahrung beteiligt gewesen, an dem unglücklichen Audrey-Hepburn-Film zu arbeiten. Suzanne Taylor war eine heitere, hilfreiche Gefährtin und Gastgeberin. Möglicherweise schätzten die Hitchcocks am meisten die Tatsache, daß die Taylors keine Fragen und Forderungen stellten und nie die Grenze zwischen respektvoller Vertrautheit und Anmaßung emotionaler Intimität überschritten. Als weniger glückliche Tage kamen, waren sie es, an die sich die Hitchcocks zu wenden versuchten; und sogar von ihnen, wie von anderen, fand er es letztendlich schwierig, Trost oder Freundschaft anzunehmen.

Aus dem ganzen Jahr 1967 ist praktisch nichts aus dem Leben Alfred Hitchcocks bekannt. Nichts deutet auf eine so mysteriöse oder aufregende Zeit hin, wie sie Agatha Christie 1926 erlebte, denn Hitchcock verschwand nun aus seinen Büros. In einer Zeit tiefgreifender Besorgnis und Depression machte er sich selbst zum Gefangenen seiner eigenen Gefühle und seines eigenen Hauses. Im Frühjahr überwachte er die Neuordnung der Bücher in seinem Arbeitszimmer – die wertvollen Erstausgaben der gesammelten Werke von Barrie, Wells und Shaw. Die Haltbarkeit der Hitchcock-Ehe, so scheint es, wurde nie härter auf die Probe gestellt als in jenem Jahr. Früher hatte er zugegeben, daß Alma mehr über ihn wußte als irgend jemand sonst, und er machte klar, daß er ihre Diskretion schätze. »Ich hasse es, allein zu sein. Alma weiß das auch... Sie nimmt eine Menge in Kauf mit mir. Ich glaube, man kann wohl sagen, daß es hart ist, mit einem Mann zusammenzuleben, der wie ich seinen Hund Philip von Magnesien nennt. Alma sagt dazu nichts.«

Alma sagte den größten Teil des Jahres über nichts. Wenn im Studio literarische Stoffe eintrafen, die Hitchcock in Betracht ziehen sollte, gab er sie ihr zur Beurteilung; wenn sie irgendwo ein negatives Gefühl hatte, lehnte er den Stoff ab. Zu keiner Zeit ging er so auf sie ein wie 1967, als er sich enger an sein Zuhause hielt als je zuvor. Alma war auf ihre beschützende und unterstützende Art immer eine hilfreiche Mutter und Gefährtin zugleich gewesen. Diese Rollenverteilung bestimmt viele Beziehungen und ist sicherlich kein Zeichen neurotischer Unausgewogenheit. Aber von dieser Zeit an, behaupteten Besucher und Kollegen, schien er wirklich Angst vor ihr zu haben. Laut Samuel Taylor »waren Hitch und Alma wie Bruder und Schwester. Ab und zu gab sie bitterböse Bemerkungen über irgend jemanden von sich, die aber gewöhnlich nicht eine Frau oder eine von Hitchcocks Vorlieben betrafen. Sie bezog sich auf jemanden, von dem sie annahm, er hintergehe Hitch in geschäftlichen Dingen. Wenn es um diesen Teil seines Lebens ging, konnte sie ein zänkischer kleiner Wachhund sein.«

Gleichzeitig zeigte sie in der Öffentlichkeit eine würdevolle, beinahe unterwürfige Schweigsamkeit, und das hatte die gewünschte Wirkung: Es erweckte bei den Leuten den Eindruck, sie sei die seit langem leidende Ehefrau. Wenn er seine romantischen Fantasien taktlos preisgab, war dieser Eindruck zweifellos richtig. Zu Hause jedoch und in Gesellschaft ihrer engsten Freunde war sie scharfsinnig und offen. Einige bestanden darauf, ihre kritische Seite sei vonnöten, da sie viel auszuhalten hatte, wie Hitchcock selber zugab; anderen zufolge litt er auch beträchtlich unter ihren subtilen Gängeleien. Es gibt aber keine hochdramatischen Berichte über diese Ehe; nichts weist darauf hin, daß es weniger oder mehr Spannungen und Sonderlichkeiten als in jeder anderen 40jährigen Beziehung gegeben hätte. Es ist vielleicht das gemeinsame Verdienst der Hitchcocks, daß sich sehr lange keiner von den beiden bei Außenstehenden beklagte – öffentlich oder privat –, und daß es ihnen gelang, sich bis zu seinem Tod einander anzupassen.

Als das Jahr seinem Ende zuging, bestand Alma jedoch darauf, seine Untätigkeit bekäme ihm nicht gut. Sie nahmen eine Einladung zur Premierenfeier von Ingrid Bergmans Auftritt in O'Neills *More Stately Mansions* in Los Angeles an. Hitchcock aber entzog sich weiteren gesellschaftlichen und beruflichen Angelegenheiten; schließlich trat Alma an Lew Wasserman heran und bat ihn, ein Projekt zu finden, das ihren Mann wieder an die Arbeit bringen würde. Könnte er nicht, so fragte sie, etwas Druck auf den Vertrag mit Universal ausüben,

Die Hitchcocks fuhren mit einer kleinen Bibliothek von Büchern, die gelesen werden sollten, nach Europa, doch selbst einen Monat nach ihrer Rückkehr im neuen Jahr gab es nichts, was ihn packte. Schließlich willigte er ein, in ihrer gemeinsamen Verzweiflung, einen Roman zu verfilmen, dessen Rechte Universal in jenem unfruchtbaren Herbst erworben hatte: Leon Uris' ausufernden Roman *Topaz* über Spionage zwischen Franzosen, Kubanern, Russen und Amerikanern zur Zeit der Kuba-Krise 1962. Uris selbst sollte, das war Teil der Abmachung, einen ersten Drehbuchentwurf liefern; während er schrieb, planten die Hitchcocks ihre Reise, da die Dreharbeiten an Originalschauplätzen sie in eine Reihe europäischer Städte führen würden.

Hitchcocks Stimmung Anfang 1968 besserte sich etwas aufgrund der Nachricht, die Academy of Motion Picture Arts and Sciences werde ihm im April anläßlich der Feierlichkeiten ihres 40jährigen Bestehens den ›Irving G. Thalberg Memorial Award‹ verleihen ›für den von einem einzelnen Produzenten am beständigsten gehaltenen hohen Grad der Produktionsleistungen‹. Er mag jedoch zu Recht vermutet haben, dies sei eine Art Trostpreis, um das schlechte Gewissen der Akademie zu beruhigen, die ihn seit Jahren übergangen hatte; denn obwohl er fünfmal für die beste Regie nominiert war (für *Rebekka, Lifeboat, Ich kämpfe um dich, Das Fenster zum Hof* und *Psycho*), war ihm die vergoldete Statue der Gewinner wiederholt versagt worden. Als er den Preis entgegennahm, ging er ans Mikrofon, nachdem die Ovationen aufgehört hatten und jeder eine geistreiche und gewagte Hitchcock-Rede erwartete – wie man sie vom Fernsehen oder von Festessen her kannte.

»Dankeschön«, sagte er, ohne eine Miene zu verziehen, und ging weg.

Manch einer dachte, diese Knappheit verrate eine stille, leicht verschleierte Verachtung. Sie hatten möglicherweise recht.

Hitchcock wählte seinen üblichen Aufenthaltsort in New York, das Saint-Regis-Hotel, dazu aus, den neuen Film der Presse anzukündigen. Am 3. Mai – zwischen den Attentaten auf Martin Luther King und Robert F. Kennedy, und nur Tage nach Lyndon Johnsons Ankündigung, er werde nicht für eine zweite Amtszeit als Präsident kandidieren – holte Hitchcock die Reporter und Pressefotografen der Stadt zusammen, von denen manche in diesen gewalttätigen Zeiten mehr daran gewohnt waren, von den verschiedenen Kandidaturen zahlreicher Politiker zu berichten. »Ich bin hier, um anzukündigen, daß ich meinen neuen Film«, sagte er langsam, mit einer Pause um der Wirkung willen, »in einem Jahr zeigen werde. (Er benutzte das Wortspiel ›to run for office / to run a picture‹: für ein Amt kandidieren / einen Film zeigen; Anm. d. Ü.) Er befindet sich als Roman seit dreißig Wochen auf der Bestsellerliste, und sein Autor sitzt hier zu meiner Linken.« Er sagte, die Dreharbeiten würden im Oktober beginnen, und der Film werde die Schwerpunkte nicht auf politische, sondern auf emotionale Gegebenheiten legen, und nicht auf große Stars, sondern auf eine international anerkannte Besetzung.

Danach kehrte er nach Santa Cruz zurück, wo ihn die Universität von Kalifornien zum Ehrendoktor ernannte wegen ›hervorragender Leistungen in der Welt des Films‹. Im Bewußtsein, daß er einen erstklassigen Mitproduzenten brauchen würde, um das komplexe *Topaz*-Projekt handhaben zu können, holte Hitchcock Herbert Coleman wieder zu sich. In dem Jahrzehnt seit *Der unsichtbare Dritte* hatte Coleman eine arbeitsreiche Karriere bei Film und Fernsehen hinter sich; er hatte erheblich zu Hitchcocks Fernsehserien beigetragen, nachdem der Regisseur seine anfängliche Abneigung gegen Colemans Unabhängigkeit überwunden hatte. Sie besprachen die Besetzung, und Coleman schlug vor, falls Hitchcock eine diskontierbare internationale Besetzung wolle, sollte er Yves Montand und Catherine Deneuve engagieren. Allerdings, erinnerte sich Coleman, »konnte Hitch es nicht leiden, daß man ihm sagte, was er tun sollte, und deshalb lehnte er beide ab«.

Um das Drehbuch, das Uris liefern sollte, stand es nicht gut, wie Hitchcocks Assistenten und den Managern in den Chefetagen bei Universal klar war, die scharf aufpaßten. An einem bestimmten Punkt hatte das New Yorker Büro von MCA ein Exemplar des Buchs an Arthur Laurents in sein Sommerhaus auf Long Island geschickt; aber er hatte abgelehnt. Einmal mehr schlug Peggy Robertson vor, John Michael Hayes solle beim Drehbuch helfen, aber Hitchcock blieb hart wie Stein. Mittlerweile sollte die Produktion in Europa losgehen, und die Hitchcocks flogen nach London. Dort begannen die ernsthaften Schwierigkeiten.

»Er rief mich aus dem Claridge-Hotel an«, erinnerte sich Samuel Taylor, »und sagte besorgt: ›Ich stecke in schlimmen Schwierigkeiten, Sam. Ich habe ein Drehbuch, das ich einfach nicht verfilmen kann.‹ Ich fragte ihn, warum er den Film nicht verschieben könne, bis er das Gefühl hätte, ein vernünftiges Drehbuch zu haben, aber er schrie nur: ›Ich muß jetzt anfangen, wir sind bereits in Produktion.‹ Mit anderen Worten, die Gelduhr tickte – und er war in Geldsachen sehr eigen. Er hatte nicht die Kraft, sich gegen die Firma zu stemmen, wenn es um Geldangelegenheiten ging, und wenn es sein eigenes Geld war, geriet er in Panik.« Wie schon ein Jahrzehnt zuvor bei *Vertigo* eilte Taylor Hitchcock zu Hilfe. Am nächsten Morgen flog er von Maine nach Boston, dann nach London, und begann zu schreiben. »*Topaz* war eine schreckliche Erfahrung«, erinnerte er sich,

weil Hitchcock das ganze Drehbuch wegschmiß und mich Szenen schreiben ließ, die wenige Tage später – und in manchen Fällen auch nur wenige Stunden später – bereits gedreht wurden. Für alle von uns war das sehr schwierig. Wir gingen nach Kopenhagen und nach Paris und nach Wiesbaden, dann zurück nach Washington und New York, schließlich für die Innenaufnahmen ins Studio. Und die Besetzung war nicht einmal vollständig – noch wenige Wochen vor dem Ende der Dreharbeiten suchten wir Schauspieler aus. Die kubanische Lady (die von Karin Dor gespielt wurde) zum Beispiel wurde erst in letzter Minute besetzt, nachdem wir durch eine ganze Liste gegangen waren und Probeaufnahmen mit etlichen Schauspielerinnen gemacht hatten.

Die Besetzungen gingen in Paris weiter, wo Hitchcock die blonde Schauspielerin Claude Jade engagierte, die ihm Truffaut empfahl, mit dem sie zuletzt gearbeitet hatte. Sie und Hitchcock »sprachen in einem Pariser Hotel über das Kochen«, sagte sie, »und ich gab ihm mein Rezept für Soufflé, und sagte ihm, mir hätte *Der Fremde im Zug* gut gefallen, und das war's«. Laut Hitchcock würden sie und Dany Robin, die als ihre Mutter besetzt wurde, etwas Glanz in den Film bringen. (»Claude Jade ist eine eher ruhige Dame«, sagte er später, »aber für ihr Benehmen auf dem Rücksitz eines Taxis würde ich keine Garantie übernehmen.« Auch wenn seine filmische Fantasie in eine Krise geraten sein sollte, schien seine übrige Fantasie so lebhaft und typisch wie eh und je zu sein.) John Forsythe wurde für eine der Hauptrollen herangeholt, und für die Rolle des französischen Spions, der in persönliche und nationale Loyalitätskonflikte gerät, wurde der österreichische Schauspieler Frederick Stafford engagiert.

Die ganzen Einzelheiten der europäischen Besetzung und der Dreharbeiten vor Ort bereiteten Hitchcock Schwierigkeiten; er glaubte nicht, daß aus der Hals-über-Kopf-Methode der Drehbucharbeit und des Drehplans ein erfolgreicher Film entstehen könnte. Wenn er gerade einmal nicht besorgt war, langweilte er sich. Die einzige Ablenkung, die ihm gefiel, bestand in einem Ausflug an die russisch-finnische Grenze, den er mit Alma, Herbert Coleman und Samuel Taylor unternahm. Er hatte gerade die Filmrechte des Spionageromans *The Short Night* von Ronald Kirkbride gekauft, der zu großen Teilen an dieser Grenze spielte. »Hitch liebte es, als ihm alle an der Grenze applaudierten«, erinnerte sich Coleman. »Er liebte es, erkannt zu werden, wohingegen manche Berühmtheiten das gar nicht mögen und sich auf Reisen ihrer Anonymität erfreuen. Hitch dagegen erfreute sich seiner Privatsphäre auf andere Art, liebte es aber, berühmt zu sein.« Taylor pflichtete bei: »Jedesmal, wenn wir in ein Dorf an der Grenze kamen, liefen kleine Kinder heran und riefen: ›Hietsch – Hietsch‹, und das gefiel ihm gut.«

Bei ihrer Rückkehr nach Paris fanden sie neue Probleme vor. André Malraux, der französische Kulturminister, zog die Erlaubnis zurück, auf französischem Boden zu drehen; das Drehbuch, das genehmigt werden mußte, war als zu kritisch gegenüber der gaullistischen Politik beurteilt worden. Hastig wurde mit dem amerikanischen Botschafter in Paris, Sargent Shriver, ein Treffen anberaumt; der Botschafter war etwas verwirrt darüber, sich plötzlich in der Rolle eines Filmagenten zu befinden. Ob das eine Angelegenheit für die Botschaft sei, wollte er wissen. Coleman bestand darauf, dies wäre es in der Tat, da die französische Regierung mit ihrer Beschwerde, Universal und Alfred Hitchcock würden einen antifranzösischen Film drehen, sie auf diese Ebene gehoben hätte. Innerhalb eines Tages war die Angelegenheit geregelt; die zeitweilige Verzögerung aber regte den Regisseur mehr auf als alle anderen. Die Möglichkeit einer internationalen Verwicklung hatte sich gerade lange genug von der Filmgeschichte in das wirkliche Leben verlagert, um ihm beträchtliche Angst zu machen. Um die Regelung der Angelegenheit zu feiern, änderte er seine Pläne und nahm eine Einladung von Grace und Rainier von Monaco zu einem Essen in ihrem Pariser Haus an. Er lehnte es jedoch ab, Madeleine Carroll in ihrem Haus in derselben ruhigen Sackgasse zu besuchen, in der sich im Film die Wohnung von Michel Piccoli befand. Die Produktion von Hitchcocks bis dahin teuerstem Film ging weiter in Los Angeles mit dem Bau riesiger Dekorationen, die folgendes darstellten: ein Hotel in Harlem, ein Landhaus in Virginia, einen Konferenzraum der französischen Regierung, eine kubanische Straße und den New Yorker Flughafen La Guardia, wie er 1962 ausgesehen hatte. Clarence Brown, der unter anderem *National Velvet* und *Die Wildnis ruft* inszeniert hatte, stellte sein Haus als kubanische Hacienda zur Verfügung. Hitchcock überließ die Überwachung der ganzen Arbeiten seiner Assistentin Peggy Brown, Herbert Coleman, dem Designer Henry Bumstead und dem Künstler Albert Whitlock. Es war typisch, daß er sich nur für bestimmte Einzelheiten zu interessieren schien: Aus Pierre's Restaurant in Paris ließ er deren Pastete für eine Lunch-Szene gegen Ende des Films einfliegen; zweimal verlegte er die Enthüllung von Geheimnissen in eine Toilette; und er holte den Vogeltrainer Ray Berwick für eine hastig eingefügte Szene zurück, in der eine Möwe zwei sympathischen Spitzeln Probleme bereitet. Aber Hitchcocks Absonderung von allem anderen bereitete den meisten Sorge. Teresa Wright, die er seit den Tagen von *Im Schatten des Zweifels* in guter Erinnerung behalten hatte, besuchte den Drehort und war traurig darüber, einen ganz anderen Menschen zu finden als den jovialen, aktiven Regisseur, an den sie sich erinnerte. Er war nicht nur gealtert, er war auch unglücklich und distanziert.

Gegen Ende der Dreharbeiten versuchte Hitchcock, sich der neuerlichen Freizügigkeit im Film anzupassen, indem er eine Szene mit Stafford und Karin Dor einfügte, in der sie halbnackt im Badezimmer sind. Das wurde vereitelt, als man ihm mitteilte, die Schauspielerin habe Operationen hinter sich, die solche Offenherzigkeit unmöglich machten. Statt dessen verschrieb er sich der einzigen erinnernswerten Szene des Films: »Kurz bevor John Vernon Karin Dor umbringt«, erklärte Hitchcock, »fährt die Kamera ganz langsam heran und hält erst an, als sie zu Boden fällt. Ich ließ an ihrem Kleid fünf Fäden befestigen, die von fünf Männern außerhalb des Blickwinkels der Kamera gehalten wurden. In dem Augenblick, wo sie zusammenbricht, zogen die Männer an den Fäden, und ihr Gewand breitete sich aus wie eine erblühende Blume. Das war wegen des Kontrastes. Obwohl es eine Sterbeszene war, wollte ich sie sehr schön aussehen lassen.«

Die Probleme mit dem Film dauerten bis zum Ende der Dreharbeiten im Spätsommer 1969 an – und gingen dann beim Schnitt weiter. Zum ersten Mal seit *Verdacht* konnte Hitchcock mit seinem Autor kein befriedigendes Ende für die Geschichte finden – eine Geschichte, die er selber kaum noch zusammenbekam, weil sie täglich weitergeschrieben wurde und man den

Darstellern immer neue Drehbuchseiten aushändigte. Zwei verschiedene Schlüsse wurden in Erwägung gezogen und sogar gedreht: Bei dem einen reisen der französische Spion, der für Rußland arbeitet, und der französische Spion, der Amerika unterstützt, in verschiedenen Flugzeugen ab; bei dem anderen endet ein Zweikampf in einem verlassenen Stadion mit der Ermordung des Rußland-Sympathisanten durch einen Heckenschützen. Bei Testvorführungen in Los Angeles und London, wo der Film noch ohne Musik gezeigt wurde, reagierten die Zuschauer aber verwirrt auf die zweite Version, und so wurde der Schluß von nervösen Managern der Universal zusammengeflickt. Sie rekrutierten dafür die Hilfe des gutwilligen und treuen Samuel Taylor und von Herbert Coleman, der mittlerweile mit dem Ergebnis kaum zufriedener war als Hitchcock selbst.

›Eine Tragödie von *Topaz*‹, überlegte sich Taylor später, ›bestand darin, daß Hitchcock so zu arbeiten versuchte, als habe er Ingrid Bergman und Cary Grant. Aber dafür hatte er weder die Geschichte noch die richtige Besetzung. Nach der ersten und einzigen größeren Kinoauswertung verleugnete Hitchcock den Film fast: »*Topaz* war eine sehr unglückliche Angelegenheit. Ich hatte als Schluß einen Zweikampf gedreht... Aber das Publikum ging nicht so gut mit, und sie änderten es. Ich hätte diese Entscheidung bekämpfen können, aber es schien nicht der Mühe wert... Es war ein Kompromiß, ein furchtbarer Kompromiß... Und dann all die Franzosen und Kubaner und Russen, die *Englisch* sprechen – es funktionierte einfach auf keiner Ebene.«

Ob Kompromiß oder nicht und trotz des geringfügigen politischen Zwistes hielten die Lobpreisungen der französischen Kritiker an. Am 5. September überreichte Didier Raguenet, der französische Generalkonsul, Hitchcock den Kunst- und Literaturpreis seines Landes und machte ihn so zu einem ›Officier des Arts et des Lettres‹. Bei der Verleihungszeremonie in Hollywood waren James Stewart, Anne Baxter, John Forsythe, Maurice Jarre (der Komponist der Filmmusik für *Topaz*), der französische Regisseur Serge Bourguignon und der Schriftsteller Henry Miller anwesend. »Ich habe meinen letzten Film noch nicht gedreht«, versicherte Hitchcock ihnen. *Topaz* ist mein 51ster Film, aber wann ich meinen letzten Film drehen werde, ist von mir, meinen Finanziers und Gott noch nicht entschieden worden... Ich möchte, daß man sich meiner erinnert als eines Mannes, der

Millionen durch die Technik des Films unterhalten hat... Manchmal jedoch denke ich, ich wäre lieber ein Anwalt für Strafrecht geworden. Denken Sie an die Gelegenheit, die ich gehabt hätte, ein großer Mann im Gericht zu sein!« Aber mit seiner Angst vor Auseinandersetzungen und direkten Diskussionen hätte er wissen müssen, daß er vor Gericht nicht sehr überzeugend gewesen wäre.

Die Werbetour für den Film begann am 1. Dezember. Für diese anstrengende Tätigkeit stellte MCA Hitchcock einen Privatjet zur Verfügung. Innerhalb weniger Wochen hatte der 70jährige Regisseur 50 Städte besucht, war in 93 Fernsehshows aufgetreten, hatte in 21 Radiosendungen Fragen beantwortet und über 100 Presseinterviews gegeben. Bei Universal dachte man, *Topaz* brauche so viel Hilfe; bei der Premiere am 19. Dezember in New York war Hitchcock bereits so sehr in den Medien präsent, daß einige wichtige Kritiker sogar bereit waren, den Film zu verteidigen. Das Publikum stimmte jedoch dem Großteil der Rezensenten zu: Alfred Hitchcock schien das Vertrauen in seine Helden verloren zu haben. Schlimmer noch, er schien das Vertrauen in seine eigene Fähigkeit, gute Filme zu machen, verloren zu haben. Leute innerhalb und außerhalb der Industrie begannen von ihm zu sprechen als ›dem Regisseur, der Filme wie *Psycho* zu machen pflegte‹ oder ›dem Mann, der zu seiner Zeit (----) gemacht hatte...‹

Am Anfang des neuen Jahres begann Hitchcock nach einem neuen Projekt zu suchen – ein weit weniger teures als *Topaz,* das vom Treatment bis zum Drehbuch sorgfältig vorbereitet werden konnte, um all die Schwierigkeiten des letzten Films zu vermeiden. Falls er dieses Ziel erreichen konnte, so dachte er, könnte ihm Universal nicht die Freiheit in der Wahl des Stoffes versagen. Im Februar 1970 besuchte Hitchcock das Center for Advanced Film Studies im American Film Institute in Beverly Hills, um einen Nachmittag und einen Abend lang zu einer großen Menge begeisterter Studenten und junger Filmemacher zu sprechen: über die Geschichte seiner Karriere, über seine Einstellung zu Schauspielern und Zuschauern, über die genaue Unterscheidung, die er zwischen Überraschung (›surprise‹) und Spannung (›suspense‹) machte. Obwohl er immer behauptete, seine Faszination an Morden entstamme seinem englischen Hintergrund (den englischen Erfindungen des Detektivromans und des Schauerromans um mysteriöse Morde – besonders in der Tradition von Conan Doyle und Wilkie Collins), sei es eben *nicht*, so betonte er bei dieser Sitzung, die intellektuelle Übung des Thrillers, was ihn interessiere. Er versuchte immer, den Faktor des Gefühls hinzuzufügen – und in der Tat wären ja die ›Wer-war-es‹-Geschichten, daran erinnerte er seine Studenten, überhaupt kein Hitchcocksches Genre.

Es herrscht große Verwirrung über die Worte ›Geheimnis‹ (mystery) und ›Spannung‹ (suspense). Die beiden Sachen sind meilenweit voneinander entfernt. Beim Geheimnis handelt es sich um einen intellektuellen Prozeß, wie bei den ›Wer-war-es‹-Geschichten. Bei Spannung aber geht es im wesentlichen um einen gefühlsmäßigen Vorgang. Spannung kann man nur erzielen, wenn man dem Publikum Informationen gibt. Ich kann wohl sagen, daß Sie viele Filme mit geheimnisvollen Vorgängen gesehen haben. Sie wissen nicht, was los ist, warum jemand dieses oder jenes macht. Erst nach etwa einem Drittel des Films erkennen Sie, worum es überhaupt geht. Ich halte das für Verschwendung von Filmmaterial, weil das nichts mit Gefühlen zu tun hat ... Die Geheimnis-Methode übt auf mich keine besondere Anziehungskraft aus, weil es bloß darum geht, das Publikum im unklaren zu lassen, und ich glaube, das ist nicht genug.

Die zusätzliche Dimension der besten Arbeiten Hitchcocks – ihre moralische und künstlerische Qualität – kann nicht einfach dadurch erklärt werden, daß man auf soziologische Theorien oder historische Analysen verweist. Zum Teil entstammen die moralischen Vorstellungen des Regisseurs seinem englischen Hintergrund (nette Leute begehen keine Morde, das ist schlechtes Benehmen) und aus seiner katholischen Erziehung (alle Menschen befinden sich im Zustand der Sünde, und das Böse umgibt uns wie dämonisches Unkraut). Diese beiden Aspekte trafen bei Hitchcocks Übeltätern zusammen, die gewöhnlich – an der Oberfläche – elegante und angesehene Gentlemen sind. Hinzu kommt der Hohn des Cockney über gesellschaftliche Konventionen, der am Anfang dieses Jahrhunderts zum Werkzeugkasten des populären Künstlers gehörte. Hitchcocks moralische Vorstellungen enthüllen so die Oberflächlichkeit gebräuchlicher Urteile – denn nette Leute *begehen* Morde. In dieser Hinsicht triumphierte die katholische Einstellung. Jeder ist der Sünde fähig. Wachsamkeit ist stets angebracht. »Man muß sehr sorgfältig auf die Welt aufpassen«, sagt MacDonald Carey am Ende von *Im Schatten des Zweifels*. »Die Dinge scheinen von Zeit zu Zeit verrückt zu spielen.«

Indirekt erwähnte Hitchcock an diesem Abend im American Film Institute, daß seine gesamte Karriere auf ganz greifbare Weise inhaltlich und technisch darauf ausgerichtet war, den englischen Verhaltenskodex auseinanderzupflücken. Eleganz machte er zum charakteristischen Merkmal betrügerischer und bösartiger Persönlichkeiten. Vielleicht weil seine religiöse Schulung nie in seine Kunst integriert wurde, waren sein Leben und seine Arbeit auf die Spaltung seiner eigenen Persönlichkeit bezogen. Er wollte immer akzeptiert werden; gleichzeitig aber wollte er immer alles tun, was diese Akzeptierung verhinderte.

Hitchcock war von Kriminalgeschichten sicherlich nicht wegen ihrer intellektuellen Gedankenspiele gefesselt; ihn interessierte die Art, wie der Mörder die gesellschaftlichen Konventionen durchbrach, wie er die Gesellschaftsregeln verhöhnte und dabei gleichzeitig kultiviert und vornehm blieb. Aufgrund seiner katholischen Wurzeln und seines moralischen Verantwortungsgefühls beharrte der Regisseur darauf, daß diese Spaltung von Stil und Verhalten (Eleganz gegen Verbrechen) der Schlüssel zur Brüchigkeit des menschlichen Wesens sei. »In jedem von uns steckt ein Teufel«, sagte Hitchcock, als man ihn mit Fragen zu den moralischen Schlußfolgerungen von *Psycho* bestürmte.

Es geht wohl nicht zu weit anzudeuten, Hitchcocks moralische Vorstellungen könnten teilweise seine lebenslange Weigerung erklären, gesellschaftlich akzeptabel auszusehen – attraktiv zu erscheinen oder sich stilvoll anzuziehen. Die Weigerung, sich den Erwartungen der Gesellschaft stilgemäß anzupassen, deutet vielleicht auf eine schwelende Hoffnung hin, die Kultivierung der Uneleganz könnte ihn vielleicht von der Schuld entlasten, die sich *hinter* der Fassade der Mode verbarg. Solch absichtliche Nonkonformität entsprach jenem Teil von ihm, der die Werte der vornehmen Gesellschaft verurteilte, der die allgemeine Angewohnheit, das Gute an äußeren Erscheinungsformen zu messen, ablehnte.

Ein paar Tage nach der AFI-Veranstaltung gab ihm jemand bei Universal, der seine Ausführungen gehört hatte, ein Exemplar von Arthur La Berns schlecht aufgenommenem Roman *Goodbye Piccadilly, Farewell Leicester Square,* der von einem Mord und einer Gerichtsverhandlung handelte. Obwohl dem Regisseur die Darstellung der Beziehung zwischen Held und Übeltäter, zwischen Eleganz und Vulgarität im Buch gefiel, war er weder von der überlangen Gerichtsverhandlung noch von London als Schauplatz angetan. »Ich ziehe es vor, Filme in der Nähe meines Zuhauses zu machen«, sagte er und erklärte, warum er darauf bestand, für das nächste Projekt in Kalifornien zu bleiben und Weltreisen, wie *Topaz* sie verlangt hatte, zu vermeiden. »Auf diese Weise kann ich um sechs Uhr bei Madame zum Abendessen sein.« Kurze Zeit später sollte er seine Entscheidung rückgängig machen; aber für 1970 plante er keine größeren Ausflüge als nach Santa Cruz. Um diese Zeit jedoch fing selbst dieser Zufluchtsort an, mehr eine Belastung als ein Vergnügen darzustellen; aufgrund eines Vorschlags seiner Berater, denen er seinen Verkaufswunsch anvertraute, fand er einen Weg, einen größeren Steuervorteil herauszuschlagen. So dauerte es nicht lange, bis er das Landhaus seinem Anwalt und seinem Agenten zum Geschenk machte (die das Haus und den Grund sofort verkauften und aus dem Geschenk einen beträchtlichen Bargewinn für sich herausholten).

Im Mai nahmen die Hitchcocks eine Einladung der Taylors zur Hochzeit ihres Sohnes in San Francisco an. In der Regel wurden solche Einladungen ignoriert oder höflich abgelehnt. Suzanne Gauthier erinnerte sich, daß es ihn ärgerte, zu vielen solcher Anlässe nicht eingeladen zu werden; sie fügte hinzu, daß er aber auf keinen Fall hingegangen wäre. Es scheint, als wollte er angesprochen werden, um ablehnen zu können; wenn ihn andere aber übergingen und ihm die Möglichkeit verweigerten, ihnen abzusagen, war sein Schmerz beinahe greifbar.

»Von dem, was er mir über seine Vergangenheit erzählte«, so Ernest Lehman,

> und von meinen Beobachtungen seines Alltagslebens in den Jahren, in denen ich ihm ziemlich nahestand, gewann ich den starken Eindruck, daß er trotz seines Ruhmes immer ein einsamer Mensch gewesen war und bleiben würde, der mit seiner Einsamkeit unglücklich war, der aber nicht wußte, wie er in aktive Geselligkeit ausbrechen sollte, ohne unter großer Angst zu leiden.
>
> Es war nicht so, daß die Leute nicht mit ihm zusammen sein *wollten*. Sie hätten sich liebend gerne in seinem Humor, seiner weltgewandten Klugheit und dem Glanz seines Ruhms gesonnt, aber sie hatten diese unausgesprochene Angst vor ihm. Ohne es zu merken – da es sich um seine unbewußte Art handelte, einen Schutzwall um sich herum zu errichten, hinter dem er sich sicher (wenn auch einsam) fühlen konnte –, gab er sich den Anschein eines versnobten, elitären, rechthaberischen, kritischen, uneinnehmbaren, unnahbaren, überlegenen Wesens. Er

selbst sah sich kaum so, aber alle Möchtegern-Freunde, Bekannte und Kollegen empfanden dies als zu bedrohlich und zu ängstigend.

Zu viele Leute hatten zu große Angst vor einem möglichen Verlust ihres Selbstwertgefühls, um es aufs Spiel zu setzen, indem sie sich in die Nähe dieses unbewußt einschüchternden Herrn und in die Reichweite einer wirklichen oder eingebildeten negativen Bewertung begaben. Dadurch wurden alle zu Verlierern; denn jeder wollte viel mehr über diesen undurchschaubaren Mann wissen, als er erfahren konnte; und er, wie fast alle Menschen, wünschte sich sicher sehnlichst, von seinen Mitmenschen verstanden zu werden; er wußte aber nicht, wie er das anfangen sollte. Und so erfuhren nur wenige, was es für ein Spaß war, mit ihm zusammenzusein – es sei denn, man konnte anzügliche Geschichten, verrückte Wortspiele, böse Streiche, politisches Philosophieren gegen das Establishment und respektlosen Klatsch über jeden von H. G. Wells bis H. R. Haldeman nicht ertragen.

Das einzige gesellschaftliche Ereignis auf dem Terminkalender der Hitchcocks scheint in dieser Saison die Hochzeit von Michael Taylor mit Francesca Peck gewesen zu sein. Samuel Taylors persönliches Fotoalbum zeigt Alma und einen jovialen Hitchcock, die mit vollen Gläsern auf die Jungvermählten anstoßen. Die engsten Mitarbeiter Hitchcocks hatten das Gefühl, daß er bis zu ungefähr diesem Zeitpunkt den Rahmen seines gesellschaftlichen Lebens oft gerne erweitert hätte, daß Alma aber genauso oft die Zerstreuungen begrenzt hielt. Im Laufe der Jahre hatte Alma langsam das Bedürfnis entwickelt, ihr Privatleben zu beschützen; sie ergriff aber auch Besitz von ihrem Ehemann – und das ist kein Wunder. Seine Aufmerksamkeit war so oft zu Gebilden der Fantasie abgeschweift, und er befand sich – auch in ihrer Gegenwart – so oft in einem privaten Nebel romantischer Besessenheit, daß man ihren Versuch, von ihm zu behalten, was sie konnte, leicht begreifen kann; so schränkte sie, wann immer es möglich war, sogar harmlosen gesellschaftlichen Verkehr ein, um vorsichtshalber zu verhindern, daß daraus etwas für ihn pathetischeres und für sie irritierenderes entstand. Bald jedoch sollte eine Reihe unglücklicher Ereignisse für immer die Beschränkung ihres gesellschaftlichen Lebens diktieren.

1970 las Hitchcock noch begieriger als gewöhnlich. Er ging sowohl die neuesten Biografien als auch umstrittene Romane und Bücher über internationale Politik, Verwicklungen und Spionage durch. Außerdem zeigte er ein anhaltendes Interesse an wissenschaftlichen und technischen Themen.

»Als ich einmal erwähnte, ich könne nicht verstehen, wie ein Jumbo-Jet sich überhaupt vom Boden abheben kann«, sagte Suzanne Gauthier, »hielt er mir einen langen Vortrag über Fliegen und Aerodynamik. Bei einer anderen Gelegenheit äußerte ich Erstaunen über das Wunder des Fernsehens, und auch da erklärte er mir die Feinheiten. Er war der geborene Lehrer, und er konnte sich stundenlang über die verschiedensten Spezialthemen auslassen. Er prunkte nicht mit seinem Wissen, es sei denn, man stellte eine bestimmte Frage oder machte irgendwo einen groben Fehler, aber sein Vorrat an Informationen war immer erstaunlich.« Und dem Vorrat fügte er in jenem Jahr durch umfassende Studien von Rechtsgeschichte, Romanen und Theaterstücken noch viel hinzu.

Gegen Ende des Sommers hatte er sich mehrere Male mit den Chef-Managern von Universal getroffen; sie machten ihm klar, daß ein Multi-Millionen-Dollar-Etat wie bei *Topaz* für seinen nächsten Film nur dann zur Verfügung stehen würde, wenn es größere Garantien in bezug auf das Drehbuch, die Besetzung und die Ausstattung des Films gäbe. Wie immer hörte Hitchcock den Studiogewaltigen mit einer Mischung aus stillem Groll und Angst zu. Die Angst wurde nicht nur von der Vornehmheit dieser Autoritätspersonen hervorgerufen, sondern auch von ihrer scheinbar größeren Vertrautheit mit den Wünschen des Publikums. Er wußte, daß sein Erfolg davon abhing, dem Rat derer zu folgen, die er sonst gerne ignoriert hätte.

Daher ermutigten Hitchcock sowohl finanzielle als auch nostalgische Erwägungen dazu, noch einmal Arthur La Berns uneleganten Roman zu lesen, um herauszufinden, ob er aus der Geschichte eines Londoner Mörders und Vergewaltigers etwas für ihn ganz Eigentümliches machen konnte, indem er sie in London drehte, wo er in letzter Zeit so gut aufgenommen worden war. Sogar Alma mußte zugeben, in England gäbe es eine größere Chance, einen Film billiger, schneller und mit weniger Einmischung von seiten des Studios zu machen als in Hollywood. Und die Darsteller konnte man sich aus der Londoner Theaterszene heraussuchen, wo die Ausbildung solide und die Arbeit am Detail eine Selbstverständlichkeit war, und wo – im Gegensatz zu Hollywood – bekannte Schauspieler nicht der Ansicht waren, es sei unter ihrer Würde, kleine, gutgeschriebene Rollen anzunehmen.

Um solche gutgeschriebenen Rollen aus dem minderwertigen

Roman herauszuholen, trat Hitchcock an Vladimir Nabokov heran. Der in Rußland geborene Romanschriftsteller und Poet war genauso alt wie er, war ebenfalls in England erzogen worden und war zur selben Zeit nach Amerika emigriert wie Hitchcock. Außerdem hatte er ein auf seinem Roman *Lolita* basierendes Drehbuch für den Regisseur Stanley Kubrick geschrieben. Hitchcock war von Nabokovs Thema der Leidenschaft eines alten Mannes für ein junges Mädchen fasziniert, und er schätzte den merkwürdigen, schwarzen Humor des Autors. »Ja, natürlich kenne ich Sie«, antwortete Nabokov, überrascht von Hitchcocks förmlichem und bescheidenem Anruf. Später gestand er: »Ich habe sehr wenig von Hitchcock gesehen, aber ich bewundere seine Kunstfertigkeit. Einer seiner Filme über jemanden namens Harry gefiel mir gut. Sein schwarzer Humor ähnelt meinem schwarzen Humor, wenn man es so nennen will. Vielleicht gibt es aber auch noch andere Gründe.« Nichtsdestoweniger aber sagte Nabokov unter dem Druck seines eigenen Zeitplans auf der Stelle ab.

Am 31. Dezember rief Hitchcock Anthony Shaffer an, dessen Theaterstück *Sleuth* ein großer Erfolg in London und New York war. »Ich dachte, es sei ein Scherz«, erinnerte sich Shaffer. »Da waren wir, mitten in einer New Yorker Silvesterparty, und ein Mann rief an und sagte, er sei Alfred Hitchcock, und ob ich daran interessiert sei, mit ihm ein Drehbuch zu schreiben. Ich redete weiter mit ihm und versuchte, die Stimme eines Freundes zu erkennen, der sich einen Scherz erlaubte, aber schließlich wurde mir klar, daß es tatsächlich Hitchcock selber war.« Da er nicht bereit war, sich zu verpflichten, ehe er den Roman gelesen und Hitchcock persönlich getroffen hatte, schlug er vor, sich erst noch einmal Hitchcocks wichtigste Filme anzuschauen. Das tat er, und einige Wochen später besprach er beim Mittagessen in Universal City seine Arbeitsmethoden. Anfang März hatten sie die Geschichte in groben Zügen in einem als Erzählung geschriebenen Treatment festgelegt und entwickelten die Charaktere und ihre Motivationen. Hitchcock war entschlossen, ein Fiasko wie bei *Topaz* zu vermeiden und sich eng wie möglich an seine erklärten Ideale zu halten.

»Man kann improvisieren und man soll improvisieren«, sagte er,

aber ich glaube, das sollte in einem Büro geschehen, wo keine Elektriker und keine Schauspieler warten; da kann man improvisieren, soviel man will – im voraus. Manchmal vergleiche ich es mit einem Komponisten, der ein Musikstück zu schreiben versucht, während vor ihm ein ganzes Orchester sitzt. Können Sie sich vorstellen, daß er sagt: »Flöte, kann ich den Ton bitte noch einmal haben? Danke, Flöte«, und er schreibt ihn auf. Ein Maler hat seine Leinwand, und er benutzt seine Kohlezeichnung; er beginnt die Arbeit auf dieser Leinwand mit einer vorgefaßten Idee. Ich bin sicher, er rätselt nicht erst im Verlauf des Malens daran herum. Also bin ich mit der Improvisation auf der Studiobühne nicht einverstanden, während der Darsteller am Telefon über seinen nächsten Film verhandelt, und alle diese Sachen ... Ich drehe einen vorgeschnittenen Film. Mit anderen Worten, jedes Stück Film ist entworfen, um eine Funktion zu erfüllen.

»Das Mittagessen war immer gleich, Tag für Tag«, erinnerte sich Shaffer an diese Monate, »– ein kleines Steak mit Salat. Eines Tages beklagte ich mich sehr sanft über die Eintönigkeit. Das hätte ich nicht tun sollen. Am nächsten Tag kam ein von Chasens zubereitetes 15-Gänge-Menü, das an meiner Tischseite aufgebaut wurde. Hitch aß natürlich sein kleines Steak mit Salat.« Ungeachtet dieser Selbstbeherrschung des Regisseurs beim Mittagessen aber »stand jeden Nachmittag um Punkt vier Uhr die Arbeit still, wenn er eine Karaffe mit Daiquiri bringen ließ und das Gespräch sich Hollywood-Klatsch zuwandte, der ihn manchmal mehr als alles andere zu interessieren schien«.

Von Anfang an nannte Hitchcock den Film *Frenzy*, obwohl er nichts mit dem Projekt, das er mit Howard Fast begonnen hatte, zu tun hatte. Zum Großteil bestand die Vorbereitung darin, medizinische und psychologische Fachliteratur über pathologisches Sexualverhalten durchzusehen; dieser Aufgabe verschrieb sich Hitchcock mit einzigartiger Freude. »*Frenzy*«, erzählte er den Leuten damals, »ist die Geschichte eines Mannes, der impotent ist und sich deshalb durch Mord ausdrückt.« Manche waren der Ansicht, daß die Kausalität – ›und deshalb‹ – eine seltsame Logik enthielte, oder eine, die vielleicht nur für Hitchcock einen Sinn ergab.

»Diesen Film mußte er wirklich machen«, sagte Shaffer. »Er hatte einiges an Selbstvertrauen verloren, und er interessierte sich nicht für Politik. Spionagethriller kamen aufgrund seiner kürzlichen Mißerfolge nicht in Frage; er schien aber dieses lebhafte Interesse an bizarren Sexualverbrechen zu haben. So war diese ziemlich finstere Geschichte eines Vergewaltigers und

Würgers vielleicht unvermeidlich. Er war, so schien es mir, nicht nur mythisiert worden – er war auch traurig.«

Shaffer jedoch schlug bei ihrer Arbeit einen leichten Ton an. Der Film sollte vom Verrat einer Freundschaft handeln, von der sich gegenseitig ergänzenden Beziehung zwischen einem Psychopathen und einem zornigen Anti-Helden, und der Dialog würde etwas Humor haben müssen. Das behielt er im Auge, als sie zur Motivsuche nach London fuhren und ihre Gespräch im Hotel Claridge fortsetzten. Hitchcock war eine Zeitlang voller Begeisterung. Er bestand darauf, die Lebensmittel-Märkte von Covent Garden als Schauplatz zu verwenden, ehe sie dem Abrißkommando zum Opfer fielen – solange sie also noch genauso aussahen wie zu seiner Kindheit, als er mit seinem Vater hinzugehen pflegte. Das Old-Bailey-Gerichtsgebäude, das Hichcock ebenfalls oft besucht hatte, sollte auch ein Schauplatz werden, ebenso wie die engen Gassen in der Gegend von Bow Street und Oxford Street, County Hall und dem Coburg-Hotel, die Pubs in der Nähe von Covent Garden, und als Wohnung des Killers ein Apartment über der Firma Duckworth and Company in der Henrietta Street (genau wo Clemence Dane gewohnt hatte, wie Hitchcock erklärte). Da es sich um eine moderne Geschichte handelte, schlug Shaffer einige neuere Londoner Schauplätze vor, und widerwillig erklärte sich Hitchcock mit dem Londoner Hilton und New Scotland Yard einverstanden. »Er war aber nicht dazu zu bewegen, die Dialoge des Films zu modernisieren«, erinnerte sich Shaffer. »Er fügte ständig altmodische Ausdrücke ein, von denen er wußte, daß sie beim britischen Publikum herzliches Gelächter oder sogar einige Verärgerung hervorrufen würden.«

Die Motivsuche und Recherchen wurden in der ersten Märzwoche kurz unterbrochen, als Prinzessin Anne im Auftrag der Society of Film and Television Hitchcock mit der ersten Ehrenmitgliedschaft auszeichnete; der Zeremonie in der Royal Albert Hall wohnten 1400 Gäste bei. Bald darauf kehrte Hitchcock nach Los Angeles zurück, um seine längere Abwesenheit im einzelnen vorzubereiten; Shaffer schrieb den ersten Drehbuchentwurf, traf sich noch einmal mit dem Regisseur und stellte seine Arbeit vor Beginn des Sommers 1971 fertig.

»Ich hatte eine glückliche Zeit mit dem Autor von *Frenzy*«, sagte Hitchcock. »Es ist eine Kriminalgeschichte, aber ich wollte das unvermeidliche Detektivmilieu von Scotland Yard umgehen. Also ließen wir den Inspektor und seine Frau zu Hause die Hauptpunkte der Handlung besprechen. Außerdem machte ich aus der Frau eine Gourmet-Köchin.« Die entsprechend gedrehten Szenen zwischen diesen beiden Figuren sorgen im Film für entspannende Momente der Komik – die hohe Kochkunst der Ehefrau ist eine Katastrophe, die fast zu Vergiftungen führt; die offensichtliche Parallele zu Hitchcock, dem Erzähler von Krimigeschichten, und Alma, der scharfsinnigen Zuhörerin, wird nur leicht verändert durch den deutlichen Unterschied in der Kochkunst der Frauen.

Die Zusammenarbeit am Drehbuch erwies sich als die reibungsloseste seit *Psycho*, und Hitchcocks Rückkehr nach London, um *Frenzy* im Sommer und Herbst 1971 zu besetzen und zu drehen, war in jeder Hinsicht ein Triumph. Er machte erst in Paris Station, wo ihn Mitte Juni Henri Langlois von der Cinémathèque Française mit dem Rang eines Ritters der Ehrenlegion auszeichnete und ihm eine vom französischen Präsidenten Georges Pompidou signierte Urkunde überreichte. Während der nächsten zwei Monate sprach er in England mit Theaterschauspielern in seiner Suite im Hotel Claridge, und Alma suchte in den Geschäften nach Geschenken für ihre Enkeltöchter.

Für die Rolle des Psychopathen verpflichtete Hitchcock Barry Foster, den er in dem Film *Teufelskreis Y* gesehen hatte. Jon Finch, der kurz zuvor in Roman Polanskis *Macbeth* mitgewirkt hatte, wurde für die Rolle des unsympathischsten und jähzornigsten unschuldigen Mannes aller Hitchcock-Filme geholt. Anna Massey, die ursprünglich für die Rolle der Sekretärin im Gespräch war (die dann von Jean Marsh gespielt wurde), wurde schließlich als Finchs Geliebte besetzt. Alex McCowen und Vivien Merchant, die auch durch ihre Arbeit am Theater weithin bekannt waren, wurden für die Rollen des Inspektors und seiner Frau verpflichtet. Barbara Leigh-Hunt willigte ein, ihr Filmdebüt als Finchs Ex-Ehefrau und Opfer des detailliertesten und schaurigsten Mordes, den Hitchcock je schilderte, zu geben. Und Elsie Randolph, die bekannte Komödiantin und Musical-Größe, die die komische Exzentrikerin in *Endlich sind wir reich* gespielt hatte, kehrte nach 40 Jahren für eine kleine Rolle an einen Hitchcock-Drehort zurück.

»Es ist wunderbar, wieder hier zu sein!« sagte Hitchcock zu Samuel Taylor, der zu dieser Zeit auch in London war. »Ich hatte vergessen, was Schauspieler für mich tun können! Sie sind nicht nur vorbereitet, sie haben eigene Ideen – wunderbare kleine Einfälle! Vivien Merchant und Alex McCowen hatten ihre Szenen vollständig ausgearbeitet, ehe sie zu den Proben kamen. Und das Team in den Pinewood-Studios war so gut!« Alle, die etwas mit der Produktion zu tun hatten, waren sich darin einig, daß Hitchcock eine Zeitlang in bester Laune war und sich mit jeder Einzelheit befaßte. »Er drehte den Film am Anfang mit peinlichster Genauigkeit«, erinnerte sich Shaffer; und Jon Finch stimmte im wesentlichen zu: »Ich glaube, er war nicht sonderlich daran interessiert, was die Schauspieler machten, aber er dachte immer an die Kamera, und er wußte, wenn eine Einstellung zu kurz oder zu lang war. Wenn Passanten in Covent Garden mich fragten, wer der Star des Films sei, antwortete ich ihnen: ›Alfred Hitchcock.‹« Und zu Vivien Merchant sagte Hitchcock: »Ich habe Sie engagiert, weil Sie eine Schauspielerin sind. Machen Sie Ihre Sache, und lassen Sie mich einfach mit meiner Kamera spielen.«

Im weiteren Verlauf der Dreharbeiten während des ganzen Sommers bemerkten die Schauspieler jedoch, daß sich Hitchcocks Haltung änderte. »Er besaß eine ungeheure kreative Energie und echte geistige Leidenschaft«, erinnerte sich Anna Massey, »und anfangs kümmerte er sich um jede Einzelheit – Kleidung, Farben, Ausstattung. Aber dann wurde er körperlich langsam. Außerhalb des Drehortes war Essen das einzige Gesprächsthema, das ihn zu interessieren schien – er brachte mir bei, wie man einen guten Eierteig macht –, und später fiel mir auf, daß das passend war zu einer Zeit, in der wir einen Film machten, der so viel mit Essen zu tun hat.« Jedem, der es hören wollte, erzählte Hitchcock von seiner Kindheit im alten London und von den marokkanischen Tomaten, die man in Covent Garden sowohl 1901 als auch 1971 kaufen konnte, und von den Zitrusfrüchten aus Israel, den Trauben aus Spanien, dem Gemüse aus Kalifornien und dem Obst und Gemüse aus aller Welt. Zum ersten Mal seit Jahrzehnten wahrscheinlich sprach er kurz über seinen Vater, den Gemüsehändler aus Leytonstone; und als ihn ein sehr alter Mann in Covent Garden ansprach und ihm sagte, er habe William Hitchcock senior gekannt, zeigte der Ausdruck des Regisseurs – nur für einen Augenblick – einen Anflug von Wiedererkennen.

Hitchcock sprach über Nahrungsmittel und Rezepte und Restaurants in aller Welt wie ein Mann über verschiedene Geliebte; für jeden, der wußte, wie sich sein Leben in Amerika entwickelt hatte, war klar, daß Essen in *Frenzy* eine Obsession war. »Essen war sehr wichtig für ihn«, wie eine seiner früheren Schauspielerinnen sagte. »Essen war für ihn eine Sache des Gefühls wie nichts sonst, und seine Beziehung zu Essen war fast sexuell.«* Auch während der Dreharbeiten zu dieser Zeit aß und trank Hitchcock mehr denn je – und in solchem Ausmaß, daß er – wie die Darsteller einmütig berichteten – ziemlich häufig bei den Dreharbeiten am Nachmittag schlief.

Seine Schwelgerei – und der Film selbst – wurden aber durch ein Ereignis unterbrochen, das so plötzlich kam wie der Wahnsinn des Killers in *Frenzy*. »Eines Morgens ging ich zu seiner Suite«, erinnerte sich Anthony Shaffer, »und Hitchcock öffnete die Tür und sagte ganz ruhig: ›Also, mein Junge, es scheint, als habe Alma einen kleinen Herzanfall gehabt.‹« Ärzte und Krankenschwestern kümmerten sich um die kleine, zerbrechliche Frau, die unter der Bettdecke kaum sichtbar war, und während des ganzen Tages war es Hitchcocks Mitarbeitern und den Vertretern des Londoner Universal-Büros klar, daß seine Ruhe eine große schauspielerische Leistung darstellte. Alma war zum Teil gelähmt, ihr Sprechvermögen war in Mitleidenschaft gezogen und ihre Wahrnehmung zeitweise gestört. Nachdem erste lindernde Maßnahmen getroffen worden waren, wurde entschieden, sie solle in ihr eigenes Haus und zu ihren eigenen Ärzten nach Kalifornien zurückkehren, und ein regelmäßiges Therapieprogramm solle sofort beginnen. Hitchcock rief Suzanne Gauthier an und sagte ihr, sie solle sofort nach London fliegen, um Alma zu holen. Der Rückflug, so erinnerte sich die Sekretärin, sei schwierig und schmerzhaft für die verängstigte Patientin gewesen, beinahe unerträglich wegen ihres plötzlichen Unvermögens.

Hitchcock selbst war so gut wie gelähmt; der Gedanke an Al-

* Hitchcock hatte Truffaut erzählt: »Ich würde gern eine Anthologie des Essens machen, die Ankunft in der Stadt, die Verteilung, den Verkauf, das Einkaufen, das Kochen und die verschiedenen Arten des Verzehrs zeigen. Was mit den Speisen in verschiedenen Hotels geschieht, wie sie zubereitet und gegessen werden. Der Schluß des Films würde schließlich die Kanalisation zeigen und den Abfall, der ins Meer gekippt wird. Also wäre da ein Kreislauf, der mit dem glänzenden frischen Gemüse beginnt und mit dem Müll endet, der weggeschmissen wird. Thematisch würde dieser Kreislauf behandeln, was die Leute guten Dingen antun. Das Thema könnte aber auch heißen: Die Verderbtheit der Menschheit.«

mas Tod war ihm unerträglich, und er verlor sofort das Interesse an seiner Arbeit. »Er wurde plötzlich müde und untätig«, sagte Barry Foster. »Während er früher noch an den Drehort gekommen war und gesagt hatte, die Position bestimmter Scheinwerfer mache es notwendig, einen Hintergrund wegen einiger kleiner Schatten neu zu streichen, so änderte er sich jetzt bald. Einige unserer Szenen wurden vom Regie-Assistenten (Colin Brewer) gedreht, während Hitchcock mit einem Freund, der ihn besuchte, oder mit einer Schauspielerin aus einem früheren Film zum Essen ging. Und er wartete immer darauf, daß wir uns zur Teepause alle prompt bei ihm einfanden – allerdings nicht, um Tee zu trinken, sondern Wodka-Gimlets.«

Nichtsdestoweniger zeigte sich Hitchcock bei drei Szenen in *Frenzy* der Lage gewachsen: bei der Vergewaltigung und dem Mord, mit Barry Foster als dem Killer und Barbara Leigh-Hunt als seinem Opfer; bei der Kamerafahrt aus dem Apartment des Verbrechers, als er mit seinem neuen Opfer Anna Massey hereinkommt; und der Suche des Killers nach einer verräterischen Krawattennadel, die mit der Leiche in einem Sack Kartoffeln auf einem Gemüse-Laster liegt.

Der Akt des Mordens war in Alfred Hitchcocks Filmen immer mit den Mitteln des Schnitts und der kunstvollen Fotografie stilisiert worden; dadurch wurde ein Gefühl der Schrecklichkeit und des Schocks ohne langes Verweilen auf Einzelheiten vermittelt. *Frenzy* aber war anders geplant; *Frenzy* war von vornherein ein Zugeständnis an die Erwartungen des zeitgenössischen Publikums und eine persönlichere Enthüllung der zornigsten und gewalttätigsten Begierden des Regisseurs. Der Gemüsehändler aus Covent Garden, der gleichzeitig von Frauen angezogen und abgestoßen wird, der voller Begierde ist und voller Verachtung für diese Begierde, begeht in diesem Film den endgültigen Hitchcock-Mord – versuchte Vergewaltigung und Strangulieren; darauf war die Lebensarbeit des Regisseurs bereits seit *The Lodger* hinausgelaufen. Hitchcock bestand auf der ganzen häßlichen Deutlichkeit dieses Films; trotz seines filmischen Erfindungsreichtums enthält er eines der abstoßendsten Beispiele der Filmgeschichte für eine detaillierte Mordszene. Da er in *No Bail for the Judge* eine Vergewaltigung nicht hatte realisieren können, hatte er sie in *Psycho* angedeutet, sie in *Die Vögel* als Metamorphose gezeigt und sie gegen alle Ratschläge in *Marnie* nicht entfernt. Jetzt endlich – ermutigt durch die neue Freizügigkeit in Filmen – konnte seine Vorstellung von diesem schmutzigen Verbrechen mit all seinem Horror umfassender dargestellt werden. Das aber sollte ihn nicht von seiner Begierde befreien; sie folgte ihm als Zwangsvorstellung bis ans Ende seines Lebens.

»Es war ziemlich verstörend, die Vergewaltigung und die Sequenz in dem Kartoffel-Laster zu spielen«, erinnerte sich Foster. »Jede Szene dauerte drei Tage, und daran beteiligt zu sein, war nicht angenehm. Es war eine ziemlich widerliche Angelegenheit, und bei der Vergewaltigungs- und Strangulierungs-Szene versuchten wir alle, unseren Magen fest im Griff zu behalten. Barbara Leigh-Hunt und ich waren uns beim Simulieren für die Kamera körperlich so nahe, daß wir uns sofort entschlossen, unseren Sinn für Humor zu behalten und nicht zu viel über das nachzudenken, was getan wurde.«

»Das war mein erster Film«, sagte Leigh-Hunt, »ich hatte keine Vorstellung davon, was mich erwartete. Hitchcock hatte mir bei unserem Vorgespräch gesagt, er suche für diesen Film nach Theaterschauspielern, nach bekannten und geachteten Leuten, denen er nicht zu viele Regieanweisungen zu geben brauchte. Er musterte mich dann offensichtlich sehr sorgfältig, denn er riet mir, einen Zahn fassen zu lassen. Ich ging zu meinem Zahnarzt, der sagte, dies sei nicht nötig, und Hitchcock verlangte es schließlich auch nicht mehr, solange eine bestimmte Füllung im Film nicht zu sehen sein würde.« Was die Vergewaltigung und das Strangulieren anbetrifft, so erinnerte sie sich, daß Hitchcock sie eines Nachmittags in seinen Wohnwagen rief und sagte: »Barbara, wegen dieser Szene – hast du *Psycho* gesehen? Wir machen es wie damals, nur drehen wir hier der Reihe nach. Hast du etwas dagegen, deine Brüste für die Kamera zu entblößen?« Sie erklärte ihm, sie hätte allerdings etwas dagegen, und es gehe klar aus ihrem Vertrag hervor, daß man sie nicht zwingen könne, eine Nacktszene zu drehen. »Alle nahmen im Grunde an, ich würde mich schließlich bereit erklären, es zu tun, aber ich tat es nicht, und so wurde ein Fotomodell für die Großaufnahmen der Nacktheit benutzt.« (Dieselbe Forderung wurde an Anna Massey herangetragen, die Hitchcock unbedingt filmen wollte, wie sie nackt vom Bett zum Badezimmer geht; aber auch in ihrem Fall wurde ein Fotomodell benutzt.)

Mit ihren brillant entworfenen Serien kurzer Schnitte ist die Vergewaltigungs-Mord-Szene in *Frenzy* ein Meisterstück technischer Virtuosität. Obwohl man sie kaum im eigentlichen Sinne des Wortes pornografisch nennen kann (es werden nur eine nackte Brust und ein bißchen Bein gezeigt), ist sie doch auch abstoßend – besonders, was das anhaltende Wüten des impotenten Killers bei der versuchten Vergewaltigung anbetrifft. Hitchcocks engste Mitarbeiter – einschließlich Peggy Robertson, seiner nach Alma vertrautesten und klügsten Beraterin – erklärten ihm, er ginge jetzt wirklich zu weit. »Selbst nach dieser ganzen Geschichte der impotenten Raserei des Killers und der gräßlichen Großaufnahme des Würgens mit einer Krawatte«, so Anthony Shaffer, »wollte Hitchcock noch eine Großaufnahme der Zunge der toten Frau, von der Speichel tropft, dazwischenschneiden. Schließlich aber gab er dem Druck nach, und die Aufnahme wurde nicht gedreht.« Selbst ohne diese Aufnahme war das, was schließlich auf der Leinwand erschien, der üblichen Zurückhaltung und Indirektheit Hitchcocks nicht würdig. Die Szene erweckt den Eindruck, als wolle ein Filmemacher unbedingt bis an die Grenzen seiner Fantasie vorstoßen und in die Reihen der kühneren (aber weniger erfinderischen) Regisseure aufgenommen werden, deren Exzesse im Jahr 1971 gerade die Leinwände zu überschwemmen begannen.

Die am zweithäufigsten diskutierte Szene in *Frenzy* ist die zu Recht berühmte einzelne Einstellung, in der die Kamera rückwärts aus der Tür von Fosters Apartment im ersten Stock herausfährt, anscheinend ohne Schnitt die Treppe zum Erdgeschoß hinuntersteigt, durch die Eingangstür des Gebäudes hinausfährt bis auf die andere Seite der Henrietta Street. »Ich benutzte von der Decke hängende Schienen«, erklärte Hitchcock.

Die ganzen Innenaufnahmen wurden im Studio gedreht. Die Schienen gingen bis ein Meter vor die Eingangstür hinaus, und ich ließ die Fassade des Gebäudes exakt im Studio nachbauen. Als die Kamera bis zum Ende der Schienen zurückgefahren war, ließ ich einen Mann mit einem Sack Kartoffeln auf der Schulter vor der Kamera vorbeigehen. An dieser Stelle gab es einen unmerklichen Schnitt auf den gleichen Mann, der jetzt an dem wirklichen Gebäude auf der Straße vorbeigeht. Danach konnte ich so weit in die Henrietta Street zurückfahren, wie ich wollte, und es sah aus wie eine fortlaufende Bewegung, die an der Tür (im ersten Stock) begann...

Und ich experimentierte mit dem Ton. Wenn Anna Massey anfangs auf den Bürgersteig hinauskommt, hört man die Stimme des Mörders: »Hast du eine Bleibe?« Danach habe ich alle Geräusche gelöscht. Totenstille... Und ich benutzte denselben Effekt umgekehrt: Wenn die Kamera sich diskret über die Treppe zurückzieht, nachdem er das Mädchen mit in sein Zimmer genommen hat, und dann auf die Straße hinausgeht, drehte ich den Verkehrslärm zu einem gewaltigen Röhren auf, so daß sich die Zuschauer unbewußt sagen würden: ›Also, wenn das Mädchen schreit, wird es niemand hören.‹

Die dritte erinnernswerte Szene – und jene mit der klassischen Hitchcockschen Mischung aus absichtlich Abschreckendem und Amüsantem – beschreibt den Versuch des Killers, seine Krawattennadel wiederzufinden, die bei der in einem Sack Kartoffeln verstauten Leiche ist. »Die Szene auf dem Laster«, sagte Hitchcock, »ist zusammengesetzt aus 118 verschiedenen Einstellungen. Nachdem wir sie gedreht hatten, setzte ich mich mit meiner Sekretärin hin und diktierte ihr eine vollständige Liste der Aufnahmen. Das dauerte etwa eine Stunde. Jede Einstellung war auf einer numerierten gelben Karteikarte verzeichnet. Der Cutter brauchte nur noch die Nummer jedes Schnitts nachzuschauen und das Ganze zusammenzukleben.« Die in allen Einzelheiten La Berns Roman folgende Szene ist ein typisches Beispiel für die makellose Vorbereitung des Regisseurs.

Gegen Anfang Oktober, nach 55 Tagen, waren die Dreharbeiten beendet, und der Schnitt, die Vertonung und die Synchronisierung begannen. Henry Mancini, der für zwei Songs aus zwei früheren Filmmusiken ›Oscars‹ gewonnen hatte, wurde engagiert, um die Musik zu schreiben. Laut Bernard Herrmann aber kam es zu einer Wiederholung seiner eigenen unglücklichen Auseinandersetzung mit Hitchcock ein paar Jahre zuvor. »Hitchcock kam ins Aufnahmestudio, hörte eine Zeitlang zu und sagte dann (zu Mancini): ›Also, wenn ich Herrmann wollte, hätte ich Herrmann gefragt. Wo ist Mancini?‹ Er wollte eine Pop-Musik haben, und Mancini hatte so geschrieben, wie ich seiner Meinung nach schrieb.«

Hitchcock wandte sich statt dessen an den produktiven britischen Komponisten Ron Goodwin. Bei ihrem ersten Treffen saß Hitchcock still da, ehe er aus einer Hutschachtel eine exakte Nachbildung seines Kopfes herausholte. (Das Requisit sollte ursprünglich für seinen Kurzauftritt benutzt werden – als Kopf einer Puppe, die in der Themse trieb; die wurde aber nur in den Werbetrailern verwendet, und der Regisseur erschien kurz in einer Menschenmenge, die der Polizei zuschaut, wie sie eine Leiche aus der Themse fischt.)

»Was halten Sie davon?« fragte er Goodwin.

»Sehr nett«, antwortete Goodwin unbehaglich. (»Ich meine«, fragte er später, »was soll man sagen, wenn jemand eine perfekte Nachbildung seines Kopfes zeigt?«) Hitchcock ließ sich dann ausführlich über die Musik aus, die er haben wollte: »Spritzige frühmorgendliche Musik für den Anfang, Holzbläser und Glockenspiele«, berichtete Goodwin. »Wenn Hitchcock mich nicht geleitet hätte, würde ich etwas mit einem makabren Schwung geschrieben haben. Er wollte aber keinen Hinweis auf den Horror, der da kommen sollte.«

Der fertige Film war hervorragend strukturiert, gut gespielt, glatt geschnitten – und es mangelte ihm völlig an irgendeinem positiven menschlichen Gefühl. (Hitchcocks Tochter erlaubte ihrer Familie nicht, den Film zu sehen.) Es war der typischste Hitchcock-Film seit Jahren, und auch der persönlichste.

Essen-Szenen sind in Hitchcocks Filmen immer wichtig; seine Filme suggerieren oft Anziehung und Abstoßung, wenn es um Essen geht (oder um unersättlichen sexuellen Hunger), wie es seinem eigenen Leben entsprach. (Als Antwort auf die Frage: »Wie würden *Sie* gern ermordet werden?« antwortete Hitchcock: »Nun, es gibt viele nette Möglichkeiten. Essen ist eine gute.«) Die drei Teile von *Sabotage* werden von Mahlzeiten markiert; Essen-Szenen sind entscheidend für die Enthüllung der Charaktere in *Im Schatten des Zweifels, Berüchtigt, Psycho, Die Vögel* und *Marnie,* und sie werden mit Bildern von Seekrankheit und Erbrechen in *Endlich sind wir reich* über *Lifeboat* bis *Die Vögel* in Verbindung gebracht.

In *Frenzy* wurde Essen schließlich zum Hauptdarsteller, was für den Zuschauer zu ständigen Unterbrechungen der Handlung und der Beziehungen zwischen den Figuren führt. Die von Vivien Merchant für Alex McCowen so unappetitlich zubereiteten Feinschmecker-Menüs (einschließlich Wachteln mit Trauben) werden in Verbindung gebracht mit späteren Augenblikken von Horror. Außerdem stochert der Killer nach dem Mord mit der Krawattennadel in seinen Zähnen herum – ein Detail, das Hitchcock ganz spät noch hinzufügte. Die Dialoge in *Frenzy* sind mit Verweisen auf die (physisch) hungernden Menschen der Welt und die (emotional) hungernden Figuren der Geschichte des Films durchsetzt; und der Inspektor spricht vom ›angeregten Appetit‹ des Killers, als er sich mit ungenießbarem Essen herumschlägt.

Hitchcock benutzt die fachmännische Technik des Films dazu, eine Welt zu beschreiben, für die er jede Hoffnung aufgegeben hat. Covent Garden mit seinen reichhaltigen Produkten kann die gräßlichen Verbrechen eines Gemüsehändlers, der sich seine Opfer aneignet wie Nahrung, nicht verdecken. »Das ist Covent Garden, nicht der Garten der Liebe«, sagt eine der Figuren; es ist statt dessen ein Garten der Lust, und das Paradies des Überflusses, für das Covent Garden steht, verfault langsam, aber unerbittlich. (»Manchmal«, sagt eine andere Figur, »verursacht mir der bloße Gedanke an die Gelüste der Menschen Brechreiz.«) Man handelt mit den bitteren Früchten menschlicher Ausbeutung, Menschen werden des anderen Nahrung, zu Hause wird kein anständiges Essen serviert; einer kauft einem anderen eine Mahlzeit, ein anderer sehnt sich nach einer Mahlzeit, ein anderer wird eine Mahlzeit. Essen oder Freundschaft ist nicht appetitanregend, alle Beziehungen sind steril oder enden mit Mord. *Frenzy* ist bis zum letzten Bild eine hermetische und kalt negative Vision des menschlichen Daseins.

Trotzdem sollte der Erfolg von *Frenzy* schon bald gewaltig sein. Müde, ausgelaugt und voller Sorge um Alma sammelte Hitchcock im Herbst 1971 seine kleine Gruppe von Mitarbeitern zusammen und kehrte nach Los Angeles zurück. Er versuchte, seinen Humor zu behalten, aber wie in seinem Film gewann Bitterkeit schließlich die Oberhand; gleichzeitig nahm sein Trinken alarmierende Ausmaße an. Bei einer Party für die Schauspieler versuchte Hitchcock vor seiner Abreise, die britischen Darsteller zu amüsieren. Doch laut Anna Massey »hatte sein Humor etwas Zotiges und Frustrierendes an sich«.

Die Schauspieler verließen Hitchcock mit Dankbarkeit dafür, daß sie die Gelegenheit hatten, mit jemandem zusammenzuarbeiten, der so sorgfältig mit der Technik umging und der so sehr in filmischen Bildern dachte; nur wenige aber hatten das Gefühl, ihn wirklich kennengelernt zu haben. Hinter seinem Humor verbarg sich Traurigkeit, unter seinem ruhigen Äußeren war Angst zu spüren – und eine seltsame und unerfreuliche sexuelle Entgleisung, die schließlich offenkundig geworden war: Dieser Film holte die unterdrückte Verwechslung von Angelegenheiten des Schlafzimmers und der Toilette sowie deren Verbindung mit denen des Essens ans Tageslicht. »Es ist offensichtlich«, so drückte es Samson Raphaelson aus, »daß es bei ihm eine Art sexueller Abweichung gab, aber wie wirksam sie war, weiß niemand.« Die Wahrheit lautet, daß sie nur in seinen Filmen wirksam wurde – und nirgendwo deutlicher und bösartiger als in *Frenzy.*

Im Frühling des nächsten Jahres ging es Alma erheblich besser; sie konnte in die Reisepläne für die Galapremiere in England miteingeschlossen werden. In den Monaten nach ihrem Herzanfall war sie täglich behandelt worden, und ihr starker Wille und ihre Entschiedenheit hatten es ihr ermöglicht, ungewöhnlich gute Fortschritte zu machen. Bald schon konnte sie wieder gehen, wozu sie nur die Hilfe eines Stützschuhs benötigte; ihre Sprache zeigte nur noch einen leichten Anflug von Schwerfälligkeit. Die Haltung und die Gespräche ihres Ehemannes jedoch waren schwer beeinträchtigt – nicht aufgrund einer Schädigung des Gehirns, sondern aufgrund des exzessiven Genusses von Alkohol, dem er sich mittlerweile täglich hingab. Die Hollywood Foreign Press Association reihte sich in die Reihe derer ein, die ihn für ›außerordentliche Beiträge auf dem Gebiet der Unterhaltung‹ ehrten, und Rosalind Russell (die schwer krank und beeindruckend fröhlich war) überreichte Hitchcock den ›Goldenen Globe Award‹ und sorgte dafür, daß die Zeremonie an diesem Abend glatt über die Bühne ging.

Die Weltpremiere von *Frenzy* (der Film hatte zwei Millionen Dollar gekostet, die Hälfte von *Topaz,* und spielte bald 16 Millionen Dollar ein) fand nur auf Einladung und mit anschließendem Dinner im River Room des Savoy-Hotels am 25. Mai 1972 in London statt. Die Hitchcocks, Autor Anthony Shaffer und die Darsteller gesellten sich zu einer großzügigen Auswahl aus Londons Aristokraten und Journalisten; Hitchcock hatte die Weine ausgesucht – einen 1969er Mersault, einen 1964er Château Margaux und Hine Brandy. Beim Essen, bei Interviews und bei Zusammenkünften mit früheren Bekannten (Michael Balcon, Sidney Bernstein und Benn Levy) war er meist in guter Laune, voller Erinnerungen und laut Schauspielerin Billie Whitelaw voll ›schelmischer Freude‹. Aber mit der Plötzlichkeit eines filmischen Schnitts konnte er abwesend und unnahbar werden. Sein Konsum großer Mengen von Wein und Brandy brachte nur die nicht in Verlegenheit, die sich mit ihm berauschten. »Ich werde sein, was Churchill über Hitler gesagt hat«, erklärte er in dieser Woche, »ein Rätsel innerhalb eines Rätsels.« Als sein Trinken immer mehr in der Öffentlichkeit stattfand, empfanden es sogar seine engsten Kollegen als hart, das Rätsel zu ertragen und mit dem Genie klarzukommen. Das Trinken, haben sie sich vielleicht gedacht, war seine Art, dem Problem mit Alma und den Frustrationen und der inneren Raserei, die er in *Frenzy* so weitgehend zugegeben hatte, zu entkommen.

Vor der öffentlichen Premiere in London kehrten die Hitchcocks nach New York zurück – was sich als umsichtige Planung herausstellte. Die britische Presse beurteilte den Film als sehr anachronistisch, als emotional in einer längst überholten britischen Vergangenheit verankert und als bloßen touristischen Blick auf das moderne London. (Privat äußerten Anthony Shaffer und die Darsteller ähnliche Urteile; zu verschiedenen Zeiten hatten sie alle zu verschiedenen Veränderungen am Drehbuch geraten, aber ohne Erfolg: Der Film sollte Hitchcocks Einstellung, Hitchcocks London, Hitchcocks Covent Garden und Hitchcocks Stimmung zeigen.)

In Amerika aber war die Reaktion ganz anders. Der lange Aufenthalt in New York ermöglichte es ihm nicht nur, zahlreiche Interviews in Verbindung mit den ersten Vorführungen zu geben, sondern auch auf Einladung der Columbia-Universität ihrer Feier zur Vergabe der Doktortitel beizuwohnen und selber einen Ehrendoktortitel in Empfang zu nehmen. Dieses Ereignis am Dienstag, dem 6. Juni, war für Andrew Sarris, dem Filmkritiker und Columbia-Dozenten, der Höhepunkt einer tiefen Hingabe an die Kunst Hitchcocks; Sarris hatte den Regisseur lange gegen seine Angreifer verteidigt und ihn zu einem Meister erklärt. Von seinen Kritiker-Kollegen war Sarris praktisch der einzige, der 1960 in *Psycho* mehr gesehen hatte als nur eine Übung in Schauerroman-Horror. Als die kritische Debatte in den 60er Jahren heftiger wurde, bezog Sarris eine Position zwischen der sachlichen Ungenauigkeit und der elitären Einfältigkeit eines Großteils der französischen Kritik und der gleichermaßen snobistischen Ablehnung Hitchcocks von seiten amerikanischer Analytiker, die nur erkennbar ›seriöse‹ Filme verteidigten (und damit meinten sie gewöhnlich ausländische Filme).

Dieser Dienstagnachmittag war nur der Anfang des größten Ausbruchs von Schmeichelei, die Amerika Hitchcock seit über einem Jahrzehnt zukommen ließ. Am nächsten Tag veröffentlichte die *New York Times* ein Foto von ihm, ›höhnisch und unerschütterlich wie immer, auch mit Doktorhut und -gewand‹, wie ihn Sarris beschrieb. ›Es war, als absolviere er einen Kurzauftritt in einem seiner Filme, vielleicht in einem, in dem selbst eine akademische Prozession nicht nur aus Pomp und Getue bestehen könnte.‹ Die Pressevorführung und der Start des Films versetzten die Kritiker in diesem Monat in einen Wirbel einstimmigen Lobes. Den wenigen, die altmodische Zweifel an der Notwendigkeit der Nacktheit und der extremen Gewalt einer bestimmten Szene äußerten, antwortete Hitchcock vorsichtig: »Zehn Jahre früher hätten wir diese Szene nicht mit denselben Einzelheiten zeigen können, und etwas Entscheidendes wäre verlorengegangen: Sie hätten den Killer nie bei der Arbeit gesehen.«

Die Werbekampagne dauerte einen Monat; Hitchcocks Durchhaltevermögen war trotz seiner Aktivitäten und seiner Genußsucht bei Tisch bemerkenswert unvermindert, obwohl es gelegentlich Momente der Benommenheit gab, die zu lange andauerten, um übersehen zu werden. Alma wurde stärker und versuchte, seine Gewohnheiten zu mäßigen, indem sie ihn auszankte und die Zeit einschränkte, die er mit Freunden verbrachte; aber diese Taktiken halfen überhaupt nicht. Hitchcock lud Samson und Dorshka Raphaelson zu einer Vorführung von *Frenzy* ein und dann zum Abendessen ins La Côte Basque, wo Hitchcock ihnen anvertraute, daß Alma selbst ihre alten Freunde zurückwies. »In den späteren Jahren«, so Raphaelson, »bereitete sich diese einst so liebe kleine Frau so viel unnötigen Kummer. Sie waren so kindisch in jenem Sommer 1972, und es machte uns traurig zu sehen, wieviel Mißtrauen jetzt zwischen ihnen herrschte.«

In der Regel machte Hitchcock selbst die kleinsten Bemerkungen über Alma nur in ganz privater Umgebung. Jetzt aber, vom Alkohol enthemmt, teilte er seine Ansichten gelegentlich sogar Journalisten mit. Ein Zeitungsreporter traf ihn so unter dem Einfluß von Wodka an, daß seine Aussagen ungewöhnlich persönlich waren: Hitchcock sagte, alle Männer seien potentielle Mörder, die Frau aber sei immer die dominierende Figur in einer Beziehung. »So ist das im wirklichen Leben«, sagte er ruhig, wobei er vorsichtig zu Almas Zimmer hinübersah und keinen Zweifel daran ließ, was er meinte. »Schauen Sie sich die Frau des Produzenten an, die ihren Mann dazu bringt, eine Fernsehserie abzusagen, weil sie ihr nicht gefällt. Sie könnte aussehen wie eine zierliche kleine Blondine ohne jede Kraft. Aber sie *jammert*. Sie ist eine solche Nervensäge, daß er alles, aber auch wirklich alles tun wird, nur damit sie aufhört. Dieses kleine

Ding kann ihm wahrscheinlich die Hosen runterziehen, wenn ihr der Sinn danach steht. Vielleicht trifft das auch auf mich zu. Vielleicht beherrscht mich meine Frau mehr als ich denke.« Und dann, in einem seltenen Augenblick der Selbstentblößung außerhalb der Leinwand, sprach er über seine fast lebenslange sexuelle Enthaltsamkeit und über die Psychologie von Essen und Sex, die er schließlich doch erkannte: »Bei den meisten verheirateten Paaren beginnt im Verlauf des Zusammenlebens, nach etwa fünf oder sechs Jahren, ›jenes alte Gefühl‹ zu schwinden. Essen nimmt oft den Platz von Sex in einer Beziehung ein.« Und damit verschränkte er die Hände über seinem riesigen Bauch.

Von seinen Bekannten und Interviewern in dieser Zeit bemerkten einige, daß Hitchcock nicht mehr der geniale, amüsante Gast früherer Jahre war. Der Wandel war nicht dem Alter, und nicht einmal Almas kürzlicher Krankheit zuzuschreiben, sondern hauptsächlich einem heftigen inneren Aufruhr, den er scheinbar immer weniger bändigen konnte. Einige rieten ihm, sich zur Ruhe zu setzen, auf seine Gesundheit zu achten, zu reisen, zu lesen, alte Freunde in aller Welt zu besuchen. »Ich kann mich nicht zur Ruhe setzen«, beharrte er. »Was sollte ich tun?« Und die Manager bei Universal hatten keineswegs die Absicht, ihn aus seinem Vertrag zu entlassen, unter keinen Umständen – denn die Geschäftsverbindung machte weiterhin alle Beteiligten sehr reich. »Ich habe keine Hobbys«, sagte Hitchcock, »also werde ich einfach sehen müssen, wo die nächste Leiche auftaucht.«

Im Herbst 1972 erschienen Alma und er für den europäischen Start von *Frenzy* zu Interviews in Rom, Paris und Zürich. Die komfortable Vertrautheit von Sankt Moritz aber umgingen sie in diesem Jahr. Vielleicht wußten sie, daß es sie zu deutlich an frühere, gesündere Tage erinnert hätte, als sie sich noch mit weniger Angst in die Augen blicken konnten.

15

1973–1979

Die umfangreichste Retrospektive des Werkes von Alfred Hitchcock hätte zu keinem besseren Zeitpunkt geplant gewesen sein können als im Januar und Februar 1973. Hitchcock kehrte nach Hause zurück und wurde von allen Seiten mit Ovationen überschüttet. Nicht der Film *Frenzy*, sondern vielmehr seine distanzierte, fast rätselhafte Erscheinung, die in krassem Widerspruch zu der offenen Gewalt in diesem Film stand, schien diese Reaktion auszulösen.

»Viele Menschen denken, ich bin ein Monster – wirklich, das haben sie mir erzählt«, sagte Hitchcock.

> Sie haben nichts dagegen, mit mir zusammenzusein, natürlich nur wegen der Arbeit... Ich habe Frauen getroffen, die haben mir z. B. gesagt: »Sie sind ganz anders als ich dachte!« Und ich sagte »Was haben Sie denn erwartet?« Und sie sagten: »Ich dachte, Sie wären ein unangenehmer Mensch.« Das passierte mehr als einmal – und ich spreche nicht über Schauspielerinnen, sondern über vernünftige Frauen, die deshalb dieser völligen Fehleinschätzung unterlagen, weil ich mich mit Verbrechen und ähnlichem beschäftigte. Aber in Wirklichkeit ist gerade das Gegenteil der Fall – ich habe viel mehr Angst vor dem wirklichen Leben als sie.

Aber das wirkliche Leben meinte es zu dieser Zeit sehr gut mit Alfred Hitchcock. Das Los Angeles County Museum of Art (in Zusammenarbeit mit dem Amerikanischen Filminstitut) begann eine Gala-Retrospektive ›Presenting Alfred Hitchcock‹, die er persönlich am 11. Januar mit *Das Fenster zum Hof* eröffnete und am 3. Februar mit *The Lodger* und *Frenzy* schloß.

Dazwischen wurden 21 seiner Spielfilme und neun Fernsehspiele gezeigt. Er gab zahllose Interviews und erhielt Glückwunschtelegramme. Sogar die internationale Vereinigung der ›Theatrical Stage Employees‹ (die wichtige IATSE-Gewerkschaft) ehrte ihn am 23. März mit der ›Motion picture showmanship‹-Auszeichnung. Keiner war zu dieser Zeit in Hollywood gefragter. Als Journalisten, Museumsarchivare, Universitätsstudenten und Moderatoren von Fernsehtalkshows in dieser Saison Hitchcocks Werke aufzählten, kamen sie auf zwei Spielfilme made in Germany, 24 Filme in England und 26 Filme in Amerika.*

All diese 52 Filme konnte man, außer *The Mountain Eagle,* der bis heute als unwiederbringlich verloren gilt, irgendwo sehen; aufgrund all dieser Ehrungen, Retrospektiven und Preise sahen immer mehr junge Filmemacher und ältere Kinogänger seine Werke im Filmkunsttheatern, die sich auf das frühe und klassische Kino spezialisierten. Amerikaner konnten zum ersten Mal seit vielen Jahren wieder *Erpressung* und *Number Seventeen* begegnen und – was besonders großen Erfolg hatte – *Murder, Secret Agent* und *Young and Innocent.* »Ich bin ein Gefangener meines Erfolges«, sagte Hitchcock mit einer Spur von Bitterkeit in der Stimme, als man ihn zu seinem nächsten Projekt befragte:

> Aber ich bin ein freiwilliger Gefangener. Es gibt nur eine bestimmte Art von Filmen, die ich machen kann. Einen Thriller, eine Mordgeschichte, einen Film, der überall auf der Welt, bei allen, die ihn sehen, Emotionen weckt... Denn wenn ich Filme machen würde, die nur mir selbst gefallen, würden sie mit Sicherheit anders aussehen als die, die Sie auf der Leinwand sehen. Sie würden dramatischer sein, vielleicht ohne Humor, auf alle Fälle realistischer. Der Grund, warum ich auch weiterhin der sogenannte Spezialist in Sachen Spannung sein werde, ist ein rein kommerzieller. Das Publikum erwartet von mir einen ganz speziellen Typ von Geschichte, und ich möchte es nicht enttäuschen.

(Alma erzählte Andrew Sarris im Juni 1972, daß ihr Mann gerne andere Filme inszenieren würde, aber das Studio sei strikt dagegen gewesen.)

1973 hatte Hitchcock seit den Dreharbeiten zu *Rebekka* sein schwerstes Körpergewicht und arbeitete folglich langsamer. Er trank immer mehr. »Sie nehmen doch nicht an, daß ich guten Wein an meine Gäste verschwende«, hatte er ein Jahr zuvor einem Reporter anvertraut. »Mit gutem Wein betrinkt man sich

---

* In dieser Auflistung zählen *Sklavin des Herzens, Die rote Lola* und *Frenzy* zu den britischen Filmen, da sie in England gedreht wurden – obwohl sie während Hitchcocks Periode als amerikanischer Regisseur mit amerikanischem Geld produziert wurden.

nur selbst. Konversation ist der schlimmste Feind von gutem Essen und gutem Wein.« Vielleicht eine vertretbare Meinung, aber sicherlich würde eine große Anzahl von Leuten heftig gegen sie protestieren. Trotz seiner Langsamkeit und trotz seiner Ausschweifungen dachten weder er noch andere an seine Pensionierung. Universal spornte ihn an, den Erfolg von *Frenzy* weiterzuverfolgen, um endgültig die Erinnerung an *Der zerrissene Vorhang* und *Topaz* auszulöschen.

Alma ermunterte ihn, wenigstens einige der Drehbücher zu lesen, die Peggy Robertson sorgfältig für ihn aussuchte. Die hatte sich durch die Massen von Büchern zu kämpfen, die im Büro eintrafen.

Das beste darunter war in diesem Frühling eine Novelle des produktiven englischen Schriftstellers Victor Canning. *The Rainbird Pattern* spielte in der englischen Provinz, aber das ließe sich ohne Schwierigkeiten ändern. Wichtiger war die düstere Eindringlichkeit dieser Geschichte, in der es um Diebstahl, Schuld, Rache, Mord und Betrug ging sowie ihr zeitgemäßes Interesse an Hellsehen und psychischen Phänomenen, was dem Ganzen eine tragikomische Würze gab. Die Geschichte war mehr als ein simpler Thriller, und sie erinnerte in ihrer nachdenklichen Sprache an Graham Greenes *Brighton Rock* oder William Marchs *The Bad Seed*. Die Geschichte bot auch verstörende Meditationen zu Theologie, christlicher Ethik und der Vererbung des Bösen, verpackt in eine spannende Handlung mit glaubwürdigen Charakteren.

Da die Universal, seine Frau Alma und die Presse auf Hitchcock eindrangen, nun endgültig auf der Straße der Gewinner zu bleiben, kontaktierte er Anthony Shaffer, der die Novelle gerade gelesen hatte. »Ich dachte, die Geschichte böte Möglichkeiten«, sagte Shaffer, »aber ich war nicht für die Version, die Hitch vorschwebte – eine leichte Noël Coward/Madame Arcati-Geschichte mit Margaret Rutherford. Ich glaubte, wenn wir uns nach Cannings Original richteten und eine Teilwahrheit der parapsychischen Kräfte behaupteten, hätten wir eine komplexere Geschichte. Aber ich versprach, seinen Vorschlag zu überdenken. Ich fuhr gerade in einen Kurzurlaub nach Südfrankreich, und wir vereinbarten, nach meiner Rückkehr noch einmal darüber zu sprechen.«

Offensichtlich war Hitchcock an einer grundsätzlichen Meinungsverschiedenheit in so einer frühen Planungsphase nicht interessiert. Er rief Shaffer eine Woche später an, um ihm zu sagen, wie tief verletzt er sich fühlte, als er von dessen Ablehnung des Angebots erfahren habe. »Das Hauptbüro hat mir erzählt, daß Sie exzessive Forderungen stellen, daß Sie eine hohe produzentuale Gewinnbeteiligung wollen und so weiter...« erboste sich Hitchcock – und daß Shaffer bestritt, je über diese Dinge diskutiert zu haben, ließ Hitchcock unberührt. »Er wagte es nicht, mir geradeheraus zu sagen, daß er mich nach unserer Meinungsverschiedenheit nicht wollte. Er log, um jegliche Konfrontation zu vermeiden, und als ich sagte, daß es doch möglich sein müßte, noch einmal gemeinsam über die Sache zu reden, meinte er, es sei zu spät, er hätte bereits mit Ernest Lehman gesprochen.«

Das hatte er in der Tat, aber das war auch schon die ganze Arbeit der folgenden Monate. Hitchcocks Leben war ruhiger geworden und bestand hauptsächlich aus monotonen Hin- und Rückfahrten zu seinem Büro – wo er, so erinnert sich seine Sekretärin, immer nachlässiger und unzuverlässiger im Beantworten seiner Korrespondenz wurde, einer Arbeit, die ihm nie besonders lag. (Nach Aussage von Samson Raphaelson war er ›sein ganzes Leben ein miserabler Briefeschreiber, der fast nie einen Brief beantwortete‹.) Zu Hause las er sehr viel oder unterhielt sich mit Alma, und nur gelegentlich lud er einen Schriftsteller oder Schauspieler aus früheren Tagen zum Abendessen ein. Das einzige in seinem Leben, was von seinem Alter, seinem Gewicht oder seiner Arthritis unbeeinflußt blieb, war sein grenzenloser Appetit.

Im Oktober 1973 jedoch schien er dieser Art von Leben überdrüssig zu werden und setzte erste Drehbuchbesprechungen an. Er gab damals an die Presse, daß er dabei sei, einen Film mit dem Titel *One Plus One Equals One* nach der Novelle von Victor Canning zusammen mit Ernest Lehman zu schreiben. »Obwohl ich *The Rainbird Pattern* abgelehnt hatte, als es mir sechs Monate zuvor von einem anderen Studio angeboten worden war«, sagte Lehman,

stimmte ich zu, es mit Hitch zu machen. Wir hatten bei *Der unsichtbare Dritte* gut zusammengearbeitet und würden es sicher wieder. Auch für mich war er inzwischen eher zu einer legendären Figur geworden, doch ich fühlte mich anfangs ausgesprochen wohl dabei, wieder mit ihm zu arbeiten. Ich mußte jedoch feststellen, daß unsere Beziehung eine andere geworden war. Viele Jahre waren vergangen. Wir hatten beide Erfolge wie Mißerfolge gehabt. Wir hatten uns beide verändert. Hitch war langsamer geworden. Er hatte nichts mehr von seiner früheren Vitalität, und ich merkte zu Beginn unserer Drehbuchbesprechungen, daß ich weitaus weniger Lust als früher verspürte, mich mit diesem körperlich geschwächten, jedoch legendären Menschen in kreative Streitgespräche einzulassen. Es wurde viel Zeit vergeudet, durch Rücksichtnahme und langsames Herantasten an die fremde neue Persönlichkeit des anderen.

Trotzdem begannen die Verhandlungen Anfang November. Zum ersten Mal seit den Vorbereitungen zu *Marnie* ließ Hitchcock zu, daß alle Vorgespräche auf Tonband aufgezeichnet werden durften. Die tausend Seiten Tonbandabschriften der Gespräche mit Lehman zeigen das Bild eines müden, desinteressierten Regisseurs, der nur gelegentliche Ausbrüche von Energie, ungewöhnlicher Kreativität und Einsicht zeigt. Der Antrieb und die meisten Ideen kamen von Lehman, dem sofort klar war, daß Hitchcock sich nur widerwillig in das neue Projekt einfand.

Hitchcock: Ich mag *The Rainbird Pattern* eigentlich nicht, wissen Sie.
Lehman: Ich weiß das.
Hitchcock: Es ist unsere Story, nicht die des Romans. Canning ist in einer guten Position.
Lehman: Wieso, was wird er davon haben?
Hitchcock: Eine Menge ... Weißt du, was passieren wird: Sie werden das Buch neu herausbringen, mit unserem Titel.*

Drei Tage später, am 5. November, unterbrach Hitchcock Lehman bei der Inhaltsangabe der Geschichte, um die Besetzung zu diskutieren.

Hitchcock: Ich werde mich auf nichts einlassen, Ernie – es ist mir egal, was für Kämpfe wir mit Edd Henry (einem der Studiobosse) ausfechten müssen. Ohne Spitzenbesetzung werde ich den Film nicht machen.
Lehman: Wäre er denn dagegen?
Hitchcock: Natürlich – Geld! Aber dieser Film kann nur durch seine Figuren funktionieren.

Am 11. November brachte Lehman ein siebenseitiges Exposé

---

* Stein und Day hatten erst kürzlich *Frenzy* von Arthur La Bern neu herausgebracht (›Originalausgabe‹, wie in winziger Schrift vermerkt war, ›unter dem Titel *Goodbye Piccadilly, Farewell Leicester Square*‹).

mit, das zusammenfaßte, was sie geplant hatten. »Was Hitchcock *wirklich* an diesem Filmprojekt faszinierte, war die Idee von zwei getrennt ablaufenden unterschiedlichen Geschichten, die langsam zueinanderfinden und letztlich zu einer Geschichte werden. Ich ließ nicht locker, ihn darauf hinzuweisen, daß das Publikum nicht einen Film aufgrund seiner einzigartigen Struktur sehen will – es sei denn, Hitchcock plane, den Film als eine Art Dozent zu begleiten und ihn allen Zuschauern zu erklären.

Ich fühlte, daß jeder Moment in diesem Film, jede der zwei Geschichten auf eigenen Füßen stehen mußten, ganz egal, wie ungewöhnlich die Struktur war. Monatelang redeten wir uns die Köpfe heiß.«

Hitchcocks Besessenheit wegen der Struktur der Geschichte hielt an, als ob auch in ihm selbst zwei getrennte gegensätzliche Geschichten zusammenliefen und als ob er Worte brauchte, dies zu erklären, und Publicity, um es zu veröffentlichen. Jenseits dessen freilich zeigen die Abschriften der Gespräche einen eifrigen (manchmal etwas gereizten) Lehman, aber einen nur gelegentlich interessierten Hitchcock.

Am 15. April 1974 legte Lehman den ersten Entwurf eines Drehbuchs vor, das den Arbeitstitel *Deception* trug. In einem Anfall von Energie antwortete Hitchcock eine Woche später mit dem detailliertesten Kommentar, den er je zu einem Skript geschrieben hatte. An jede Seite in Lehmans Fassung hatte er ein Stück Papier gleicher Größe geheftet mit Betrachtungen zu jeder Szene und Dialogzeile. Er fügte den Entwurf der ersten Einstellung in gewissenhafter optischer Auflösung bei; machte Änderungsvorschläge zu wichtigen Szenen; beanstandete manche Motivationen und Kameraeinstellungen, veränderte ein Wort oder zwei; schlug Vereinfachungen vor und wies auf Konstruktionsprobleme hin. Am Anfang war sich keiner ganz sicher gewesen, ob Hitchcock diesen Film wirklich machen wollte, und es gab noch viele Momente in den nächsten 15 Monaten, wo seine Absicht fragwürdig blieb. Aber nachdem Lehman das überarbeitete Skript wieder in Händen hatte, gab es für ihn keinen Zweifel mehr. Es ließ eine plötzliche Aufwallung von Kraft und Energie erkennen. Lehman akzeptierte die korrigierte Fassung und war glücklich, daß Hitchcocks altes Feuer wieder zu brennen schien.

Am Montag, dem 29. April, wurde Hitchcock in New York von der ›Film Society of Lincoln Center‹ geehrt. Es war eine der aufwendigsten und erfolgreichsten Würdigungen in Hitchcocks Karriere. Bei einer Pressekonferenz am vorhergegangenen Dienstag hatte er alle Fragen mit seinem üblichen trockenen Humor beantwortet. Er erzählte das gleiche, was er ein Jahr zuvor schon dem Kritiker Richard Schickel erzählt hatte: daß seine persönliche Vorstellung von Frieden und Ruhe einem wolkenlosen Horizont gleichkäme – ohne Schatten. Als man ihn nach der Funktion der Schauspieler und Techniker bei seiner Arbeit fragte, drehte er an seiner Zigarre und sagte dann bedächtig: »Die müssen sich anpassen.« Die Presse liebte natürlich diese Art von Antworten, auch wenn er sagte, daß er niemals einen Film über Abtreibung oder Homosexualität drehen würde, obwohl diese Dinge heutzutage im Kino gang und gäbe wären. »Diese Themen sind einfach nicht amüsant, und die Filme, die ich mache, sollen komische Thriller sein.«

Für die Kunst- und Unterhaltungsszene in New York war dieser Galaabend das wichtigste Ereignis der Frühjahrssaison. Die ehemalige Grace Kelly hatte einen ihrer seltenen Auftritte bei einem Ereignis, das mit Film zu tun hatte. Sie kam zusammen mit Hitchcock und Alma in einer Limousine zum Lincoln Plaza, das, voll mit Fotografen und Schaulustigen, aus allen Nähten platzte. Im offiziellen Programm wurden Filmausschnitte zu folgenden Themen gezeigt: ›Seine Gastauftritte‹, ›Die Fantasie des Absurden‹, ›Die Bösen‹, ›Hitchcocks Art, den Tod zu zeigen‹, ›Die Verfolgungsjagd‹, ›Mann und Frau‹ und ›Bewußtsein‹. Der letzte Filmausschnitt war die ganze Albert-Hall-Sequenz aus der zweiten Version von *Der Mann, der zuviel wußte.* Jeder Abschnitt des Abends wurde von einem anderen Hitchcock-Mitarbeiter moderiert – Prinzessin Gracia Patricia, Teresa Wright, Joan Fontaine, Cyril Richard, Janet Leigh, Samuel Taylor – und das Publikum war begeistert!

Hitchcocks Kommentare waren zuvor auf Film aufgenommen worden, weil es für ihn zu beschwerlich war, auf die Bühne zu kommen. Nach James Allordices Witz vom Ertrunkenen sagte Hitchcock, wie stolz er sei, Ehrengast zu sein, ging dann aber sofort zu seinem Lieblingsthema über:

Wie Sie gesehen haben, scheint Mord mein liebstes Thema zu sein. Da ich die Welle der Gewalt, die zur Zeit über unsere Bildschirme flimmert, nicht mag, wollte ich das Thema Mord immer auf delikate Weise abhandeln. Und darüber hinaus denke ich, daß Mord mit Hilfe des

Fernsehens zu den Leuten nach Hause gebracht werden sollte. Denn genau da gehört er hin. Viele unserer exquisitesten Morde wurden zu Hause begangen. Einfühlsam durchgeführt, an vertrauten Orten, wie auf dem Küchentisch oder in der Badewanne. Nichts hat mein Anstandsgefühl je mehr erschüttert als ein Verbrecher aus der Unterwelt, der fähig war, jeden Beliebigen umzubringen – selbst ohne ihm vorher ordentlich vorgestellt worden zu sein. Sicherlich werden Sie mir auch alle zustimmen, daß es für ein Opfer wesentlich charmanter und angenehmer ist, in einer hübschen Umgebung von wirklichen Damen oder Gentlemen, so wie Sie alle es sind, umgebracht zu werden.

Zum Schluß möchte ich Ihnen noch die hinterhältige Auswirkung von Mord anhand eines Auszuges aus dem ergötzenden Aufsatz von Thomas de Quincey mit dem Titel ›Mord als schöne Kunst betrachtet‹ beschreiben: »Verschreibt sich ein Mensch dem Mord, wird er auch bald an Raub denken. Das nächste ist dann Alkohol und Gottlosigkeit, und von dort aus ist es nicht mehr weit zu allen nur möglichen Gemeinheiten und Saumseligkeiten. Hat man einmal seinen Weg nach unten angetreten, weiß man nie, wo man einhalten muß. Viele Menschen verdanken ihren Ruin irgendeinem Mord oder etwas anderem, das sie einstmals für nicht so wichtig hielten!«

Man erzählt mir, daß jede Minute ein Mord begangen wird, deshalb, meine Damen und Herren, möchte ich Ihre Zeit nicht vergeuden. Ich weiß, Sie wollen sich an die Arbeit machen. Danke schön.

Und ganz zum Schluß, nachdem der tosende Applaus verklungen war, erhob er sich von seinem Platz zwischen Alma und Grace Kelly und sagte schlicht: »Wie Sie sehen können, geht es am besten mit der Schere.« Presse und Publikum liebten diese Art von Zweideutigkeit – Hitchcock hatte deftig auf den Mord in *Bei Anruf Mord* – auf die Kunst des Schnitts und das Ende des Abends verwiesen. In der folgenden Woche in New York war er in vielen TV-Programmen zu sehen und zu hören, prangte auf fast allen Titelseiten, und Programmkinos und Filmkunsttheater zeigten nur noch Hitchcock-Filme. Sein Bild flatterte tagelang auf einer riesigen Fahne über dem Lincoln Center Plaza, und bestimmt fragten sich viele Leute, ob der Besuch von General MacArthur oder den Mondastronauten enthusiastischer gefeiert worden war.

Solche Ehrungen haben immer – und das war auch hier so – den Beigeschmack einer letzten Ehrung. Er gehörte zu den Unsterblichen. Die zuvor so im Lincoln Center Geehrten – Charles Chaplin und Fred Astaire – taten nicht mehr die Arbeit, die ihnen so viel Ehre eingebracht hatte. Junge Filmemacher, Journalisten und Studenten behandelten ihn wie ein Museumsstück aus längst vergangenen Zeiten, als ob er Edisons Kinetoskop wäre.

Die Reise hatte ihn sehr erschöpft. Seine Schwindelanfälle wurden häufiger, und hinzu kamen noch alarmierende gelegentliche Schmerzen in der Brust. Wieder zu Hause, schien er keine Eile damit zu haben, die Arbeit an *Deception* aufzunehmen oder Drehbuchkonferenzen einzuberufen. Es war reine Hinhaltetaktik, daß er Lehman bat, ein ausführliches Treatment zu schreiben. Das überraschte den Autor, denn selbstverständlich wäre ein Treatment schon dem ersten Entwurf vorausgegangen. Aber er tat Hitchcock den Gefallen und brauchte dafür mit Absicht so lange wie ihm schien, daß Hitchcock es wollte. Dabei vergingen drei Monate.

Der Sommer verlief ohne große Vorkommnisse. Hitchcock, der besorgt um Almas schwachen Gesundheitszustand war, blieb die meiste Zeit zu Hause, kochte mehrmals am Tag Tee und konsultierte mit ihr Ärzte und Therapeuten. »Wenn es noch schlimmer wird, könnte er immer meine Krankenschwester spielen«, sagte sie und schnitt damit ein unvorstellbares Thema an: das freiwillige oder aufgrund der Umstände notwendige Ende seiner Filmkarriere. Seinem Stab und den Produzenten von Universal schienen die Hitchcocks immer mehr wie ein ganz normales älteres Ehepaar, mit verschiedenen kleinen Gebrechen, das sich langsam aus der Gesellschaft zurückzog und sparsam mit seiner Energie umging. Da ein solches Leben weder für seinen neuen Film noch für seine Gesundheit von Vorteil war, beschloß Lew Wasserman, zu Ehren Hitchcocks 75. Geburtstag bei Chasens eine riesige Party zu geben. Alle wichtigen Leute der MCA waren da. Aber auch Cary Grant, Charlton Heston, Laraine Day und François Truffaut stießen auf Hitchcocks Wohl an. Eine enorme Torte wurde hereingefahren, wobei jedes Stück mit einer Hitchcock-Karikatur verziert war.

Am 15. August legte Lehman ein 133-Seiten-Treatment vor und einige Wochen später einen darauf basierenden zweiten Drehbuchentwurf, dem er einen Brief beifügte. Er bat Hitchcock darin dringend, sich mit ihm zu treffen, um endgültige Änderungen zu besprechen, da der Drehbeginn inzwischen auf Anfang '75 festgesetzt worden sei. Er erwartete, daß Hitchcocks Antwort innerhalb einiger Tage einträfe, aber bis November hörte er von ihm kein Wort. Hitchcock verbrachte den Großteil jener Zeit bei seinen Ärzten.

Im Oktober hatten die Schwindelanfälle so alarmierend zugenommen, daß Dr. Eliot Corday zum Einsetzen eines Herzschrittmachers riet. »Es ist wirklich eine ganz simple Operation mit örtlicher Betäubung«, erzählte Hitchcock jedem, der es hören wollte.

Aber so einfach lagen die Dinge nicht. Vier Tage nach dem Einsetzen des Herzschrittmachers bekam er hohes Fieber und starke Unterleibsschmerzen. Man fand schließlich heraus, daß er die Medikamente, die man ihm nach der Operation gegeben hatte, nicht vertrug und sich eine Colitis entwickelt hatte. Im UCLA Medical Center kurierten sie ihn so weit aus, daß er schon eine Woche später entlassen werden konnte. Nach einigen Tagen mußte er allerdings dorthin zurückkehren, da ihn abermals starke Schmerzen überfielen. Diesmal hieß die Diagnose ›Nierensteine‹, und das war keine so ›simple‹ Angelegenheit. Unter Vollnarkose wurde der Stein durch die Harnröhre entfernt. Detailliert beschrieb Hitchcock seine Krankheit in einem Brief an Lehman vom 11. November, in dem er ihm mitteilte, daß er sich so gut zu Hause erholte und schon bald wieder die Arbeit aufnehmen könnte.

Hitchcocks Entscheidung bezüglich der Produktion, die inzwischen von Januar auf Ende März verschoben war, schienen immer unschlüssiger und ohne große Euphorie. Es gab einige Treffen mit Lehman, die von Mal zu Mal schwieriger wurden, und der Autor erinnerte sich: »Um die Weihnachtszeit verkehrten wir miteinander nur noch in Höflichkeitsfloskeln. Der warme, freundschaftliche Ton zwischen uns war verschwunden. Ich sträubte mich innerlich immer mehr, Hitchs Ideen zu akzeptieren (wenn ich sie für falsch hielt), und zwar hauptsächlich deshalb, weil diese Ideen von einer schon legendären Gestalt kam.

Ich glaube, Hitchcock hatte sich in den Jahren seit *Der unsichtbare Dritte* so stark verändert, daß es ihm schwerfiel, einen Autor zu tolerieren, der so auftrat, als wisse er, wovon er spreche. Hitch hielt mich wahrscheinlich für eigensinnig, schwierig und unwillig, seine ›Befehle‹ zu akzeptieren.

Als das Drehbuch in der endgültigen Fassung fertig war – was bis April 1975 dauerte –, war Hitch inzwischen gezwungen worden, einen Herzschrittmacher zu tragen, und ich war gezwungen worden, es zu akzeptieren, Ideen und Überarbeitungen per Post mit ihm auszutauschen. Wir korrespondierten fast täglich. Warum per Post und nicht persönlich? Warum nicht in seinem Büro? »Es ist zu kompliziert, Ernie dazu zu bewegen, mir zuzustimmen«, berichtete Hitch einem höheren Angestellten des Studios, den das Arrangement verblüffte.

Großen Ärger und heftige Streitgespräche gab es auch wegen des Ausgangs der Geschichte, da Hitchcock in so einem späten Stadium noch einmal die Grundkonzeption seiner Hauptfiguren ändern wollte. Es kostete ein beträchtliches Quantum an Diplomatie, ihm dies auszureden.

Als Darsteller wählte Hitchcock Bruce Dern, Roy Thinnes, Karen Black und Barbara Harris aus, obwohl die Universal versuchte, ihn für kommerzielle Stars wie Liza Minnelli zu begeistern. Universal erinnerte Hitchcock auch daran, daß er selbst ursprünglich für eine große Starbesetzung gewesen war. Hitchcock aber hatte inzwischen seine Meinung geändert: Er wollte keine Stargagen bezahlen, die nur das Budget unnötig belastet und seine eigene Beteiligung an dem Filmgewinn geschmälert hätten. Hitchcock brauchte noch eine Schauspielerin für die Rolle der schuldgeplagten Witwe, die die Handlung in Gang brachte. Als die 78jährige Lillian Gish davon hörte, telefonierte sie von New York aus und bat um eine Probeaufnahme. Hitchcock hatte sich jedoch schon fest für die 86jährige giftige Cathleen Nesbitt entschieden. Am Schluß kamen übrigens nur sie und Dern ohne Angstzustände zu den Dreharbeiten. Einen Monat nach Beginn der Dreharbeiten im Mai feuerte er Roy Thinnes, dessen Benehmen und Art zu spielen ihm mißfielen. Er besetzte die Rolle mit William Devane neu.

Sichtlich geschwächt, hatte er Angst vor den Außendrehs in San Francisco und mogelte sich schließlich nur mit einem gewissen Maß von Selbstinszenierung durch diese Zeit. An den Flughafenkontrollen sprachen die Metalldetektoren auf seinen Herzschrittmacher an, was ihm großen Spaß bereitete – viel mehr jedenfalls als die plötzliche Materialisierung einer seiner größten Ängste im wirklichen Leben: eine unvorhergesehene Konfrontation mit den Hütern des Gesetzes. »Unser Fahrer fuhr zu schnell, damit wir noch rechtzeitig zum Abendessen kamen, wo wir reserviert hatten«, erinnerte sich der Produktionsdesigner Henry Bumstead, »und ein Polizist aus San Francisco winkte uns an den Straßenrand. Nach einer Ermahnung ließ er uns weiterfahren, aber es war schon eine kinoreife Schuß-Gegenschuß-Einstellung: Denn als der Polizist auf den Rücksitz schaute, blickte er auf Alfred Hitchcock – und der starrte vor Angst gelähmt nur geradeaus. Hitch hatte an diesem Abend nicht viel Spaß am Essen.«

Nachdem man noch in der Grace-Kathedrale gefilmt hatte, im Fairmont-Hotel und in der Umgebung eines Landsitzes in Pacifica, kehrte die Produktion wieder nach Los Angeles zurück. Hitchcocks Arthritis verschlimmerte sich. Während er immer mehr trank, um seine Schmerzen zu betäuben, versuchte er, seinen Film fertigzustellen – ein Film, zu dem er in jüngeren Jahren nicht länger als sechs Wochen gebraucht hätte. Bruce Dern bestätigte, daß er fast die meiste Zeit große Schmerzen hatte.

Er sagte oft zu mir: »Bruce, ich habe die Gicht in den Knien«, aber stets versuchte er, dabei zu lächeln oder einen Scherz daraus zu machen. »Wäre das nicht ein guter Name für eine Stadt – Arthritic Knees? . . . Wo kommen Sie her? Ich bin aus Arthritic Knees, Nebraska.« Natürlich dachte er, wir würden alle in schallendes Gelächter ausbrechen.

Ich mußte ihn jeden Tag ein bißchen aufbauen und neu für die Arbeit aktivieren. Er war stets müde, und alles langweilte ihn schrecklich. Aber sobald er sich wieder kräftiger fühlte, gab es keinen Besseren am Drehort. Er bemerkte alles – einen Schatten auf dem Gesicht eines Darstellers, einen ungünstigen Kamerawinkel und daß eine Einstellung um einige Sekunden zu lang war. Gerade dann, wenn wir alle annahmen, er wüßte absolut nicht mehr, was los sei, verblüffte er uns mit unglaublichsten Wahrnehmungen und kleinsten Detailfehlern, die von uns sicher erst auf der Leinwand bemerkt worden wären.

Dann verfiel er wieder in Passivität. »Bruce«, sagte er einmal zu mir, als wir gerade auf einen neuen Kameraaufbau warteten, »weck mich auf, wenn der Film zu Ende ist.«

Für eine Einstellung, in der Bösewicht William Devane Barbara Harris eine Narkosespritze verabreichen sollte, war es Hitchcock besonders wichtig, daß der Nadeleinstich unter die Haut genau zu sehen war! »Um einen Tempowechsel zu erreichen«, sagte er zu Karen Black, »mußt du es ganz schnell machen, ich verlangsame das Tempo dann im Schneideraum. Jetzt werdet ihr gleich sehen«, wandte er sich an das gesamte Team, »wir werden daraus vier verschiedene Winkel bekommen. Ich möchte jede einzelne Bewegung! Wir haben zuerst ihren Kopf, der von einer Seite zur anderen pendelt – rein und wieder raus aus dem Bild, dann ihr Gesicht in Großaufnahme, dann seines, die Nadel, den Kampf in sechs Einstellungen und schließlich ihre wegrutschenden Füße.« Das war wieder der alte Hitchcock

– der voller Elan seinem Team die Bildsequenzen erklärte, die er direkt aus seiner Fantasie so sauber wie möglich auf die Leinwand bannte, wo sie später in den Kinos für alle Welt sichtbar wurden.

Ähnlich typisch für ihn war ein Dialog zwischen Cathleen Nesbitt und Barbara Harris. Er erzählte den Schauspielern ganz genau, wie er jede Einstellung schneiden würde: »Am Anfang bleibe ich auf Cathleen Nesbitt, während sie sagt: ›Wenn Sie den vermißten Enkel finden, zahle ich Ihnen tau...‹, dann schneide ich um auf Barbaras Gesicht, und wir sehen ihre Reaktion, während wir im Off ›...send Dollar‹ hören.« In solchen Zeiten erstaunte er sogar den Kameramann Leonard South, der schon seit über zwanzig Jahren für Hitchcock arbeitete.

»Er ist noch immer ein Meister der Technik«, bestätigte South, »ganz egal, wie müde er im Augenblick scheint.

Ein Regisseur, der mit einem solchen technischen Können seine künstlerischen Ideen umsetzt, ist schwer wieder zu finden. Er kennt sich mit seinem Licht und allen Linsen aus und braucht dazu nicht einmal eine Brille. Die meisten Regisseure heute interessieren sich nur für die Schauspieler und haben von Technik keine Ahnung. Er dagegen fragt, mit welcher Linse ich arbeite, dann betrachtet er die Szene und weiß hinterher genau, was auf der Leinwand zu sehen sein wird. Er hat immer recht und veranlaßt nie eine Kamerabewegung, ohne einen wirklichen Grund dafür zu haben. Will er das Publikum bewegen, gelingt ihm das durch Kamerabewegungen, nicht unbedingt durch die Schauspieler. Bis jetzt gibt es einfach keinen besseren als ihn!«

Mit seinem entwaffnenden Humor gelang es ihm oft, seine Schauspieler zu besänftigen, die sich immer wieder von ihm vernachlässigt fühlten. Bei einer extrem spannenden Szene widersetzte sich Devane Hitchcocks Regieanweisung, weil, wie er sagte, dem etwas entgegenstand, was ihn seine Mutter Jahre zuvor gelehrt hatte. Keiner lachte, und alle Augen waren auf den Regisseur gerichtet, der heute nicht besonders gut gelaunt war. »Hat sie dir das wirklich beigebracht?« fragte Hitchcock, und nach einer kurzen Pause fügte er hinzu: »Schick sie zum Teufel.« Alle lachten herzlich, die Spannung löste sich, und die Szene wurde in Frieden weitergedreht.

Im Juli – es waren nur noch einige Wochen zu drehen – wurde Hitchcock immer erschöpfter und unsicherer. Er hörte jeden Tag pünktlich um vier Uhr zu drehen auf, manchmal sogar mitten in einer Einstellung. In seinen Bemühungen, den Zeitplan einzuhalten und das Budget nicht zu überziehen, vereinfachte er einige Szenen und opferte damit besseres Verständnis einem schnelleren Tempo. Trotz dieser Maßnahmen fügte sich der Film zu einem Ganzen. Am Set schuf er sich die Atmosphäre, wie er sie schon vor 50 Jahren gefordert hatte: so höflich und formell wie nur möglich. Er verlangte, daß seine wichtigsten Assistenten Anzug und Krawatte trugen. Außerdem galten strengste Verhaltensregeln; was bedeutete, daß er selbst außer mit seinen Schauspielern, Kameraleuten und persönlichen Assistenten nur mit sehr wenigen Leuten sprach. Instruktionen zu niedrigen Arbeiten wurden prinzipiell durch andere gegeben. Er bemerkte vielleicht, daß sein Verhalten, besonders im neuen fernsehorientierten Hollywood, etwas veraltet wirken mochte, aber letztlich war dies ein Anachronismus, der Respekt verlangte. Und so bestand er weiterhin auf allen Formalitäten in Kleidung und Benehmen. Fast jeder beim Film nannte ihn damals Hitch.

Eine kurze Einstellung auf einem kleinen Pionier-Friedhof außerhalb der Stadt erregte damals Hitchcocks besonderes Interesse. »Er hatte fast immer einen Lieblingsdrehort, der ihn mit Freude und Stolz erfüllte. Wir mußten extra mit dem Besitzer verhandeln, um neue Wege anlegen zu lassen, so wie er sie wünschte«, erinnerte sich Henry Bumstead. »Hitchcock wußte genau warum. Er wollte einen bestimmten Weitwinkelschuß von oben auf den Friedhof, den er zuvor bis ins kleinste Detail errechnet hatte.«

Während der gesamten Drehzeit waren seine Gedanken bei dieser Friedhofsszene, die er immer wieder ins Gespräch brachte. Auch das Presse-Dinner stellte er sich – vielleicht inspiriert durch ein makabres Abendessen, das er vor Jahrzehnten mit Clark Gable hatte – auf einem künstlichen Friedhof vor, mit den Namen der Journalisten und Kritiker auf Grabsteine gemeißelt, Bloody Marys zum Cocktail und die Bedienung in Trauerkleidung. Er wollte beim Jüngsten Gericht über das menschliche Schicksal lachen – genauso wie er seinem Publikum in einem Werbetrailer, der seinen Kopf in einer Kristallkugel gefangen zeigt, zuwinkt, mit einem ungläubigen Lächeln auf den Lippen.

»Ich bin 78 Jahre alt und würde gerne mit ruhigem Gewissen sterben«, sagte Cathleen Nesbitt am Anfang des Films, und das könnte auch Hitchcocks Motto gewesen sein, denn trotz des kriminellen Inhalts der Story, trotz der Spannungen mit Autoren und Darstellern war der fertige Film eine Art Versöhnungsangebot – fast wohlwollend und friedlich scheint er damit das Ende seiner Kunst und seines Lebens akzeptiert zu haben.

Mitte Juli gab es noch immer keinen passenden Titel für den Film. »Er sollte Alfred Hitchcocks ›Something‹ (Irgend etwas) – oder vielleicht Hitchcocks ›Wet Drawers‹ (Nasse Unterhosen) heißen«, schlug er selbst vor. Aber schließlich kam am 25. Juli (nur einige Tage vor der letzten Einstellung) ein Mitarbeiter der Universal-PR-Abteilung auf einen Filmtitel, der die rechte Zwiespältigkeit zu besitzen schien. Trotz allem war es immer noch ein Film über eine Familiengeschichte; mit vermißtem Erben, Kidnappern, Juwelendieben – und einem leeren Grab. Hitchcock war schließlich mit dem Titel *Family Plot (Familiengrab)* einverstanden, da ihm auch selbst keine bessere Alternative einfiel.

Ein anderes Problem war sein üblicher Gastauftritt, den er verschoben hatte. Er sah schlecht aus in diesem Sommer – aufgedunsen von Cortison, war sein Gesicht bleich und teigig, seine Augen glanzlos, mit einem Ausdruck von Schmerz und Verwirrung. »Ich mag diese kleinen Auftritte überhaupt nicht«, sagte er einmal, »ich hasse sie. Es ist jedesmal eine Strafe. Aber irgendwie muß ich da durch. Aberglaube, nehme ich an.« Schließlich jedoch sperrte er das Set für Besucher, postierte sich in einer Szene als imposante Silhouette hinter einer Tür mit der Aufschrift ›Meldeamt für Geburten und Todesfälle‹ und wurde in nur einer Einstellung abgedreht. Völlig am Ende sank er anschließend auf seinen Regiestuhl.

»Zu der Zeit, als der Film endlich fertig war«, sagte Ernest Lehman, »wurden Hitch und ich wieder Freunde und verschworen uns gegen die Studios, Kritiker und Zuschauer, überhaupt gegen alle, die nicht wie wir beide ein Jahr lang am kreativen Teil der Arbeit mitgewirkt hatten. Und die exzellenten Kritiken radierten noch zusätzlich alle Streitigkeiten aus, die je zwischen uns bestanden hatten.«

Im September war Hitchcock einem Herzinfarkt nahe. Während des ganzen Herbstes zeigte er nur geringes Interesse für sein Büro und die Überwachung der Schnittarbeiten. Er konnte sich voll auf Mitarbeiter wie Peggy Robertson und Suzanne Gauthier verlassen, die wußten, was er wollte, und bald die gesamte Verantwortung für die tägliche Organisation seiner Arbeit und seines Büros übernahmen. Zu jener Zeit hatten sie jedoch noch keine Ahnung von den großen Belastungen, die noch auf sie zukommen würden.

Almas Gesundheitszustand war prekärer denn je. Durch einen zweiten Schlaganfall fiel ihr das Gehen immer schwerer, und die neuen Rückschläge schlugen ihr aufs Gemüt. Weihnachten bekam sie von ihren Ärzten die Erlaubnis, einen Kurzurlaub in St. Moritz zu verbringen, der sie vielleicht moralisch wieder aufrichten würde. »Die meiste Zeit verbrachten wir bequem mit allem Komfort im Palace-Hotel und beobachteten das Geschehen nur durchs Fenster«, erzählte Hitchcock einem Reporter. Anfang '76 kehrten sie gut erholt, wie die Ärzte gehofft hatten, zurück.

Die Weltpremiere von *Familiengrab* fand zwei Wochen vor dem offiziellen Inlandstart statt, als Eröffnungsvorstellung der ›Filmex‹ – dem Los Angeles Filmfestival. Hitchcock fuhr in einem Universal-Tourbus zum Century Plaza, der Film wurde in einem Leichenwagen transportiert, ein Kirchenchor sang ein Requiem, während ein gigantisches Feuerwerk den Himmel erhellte. Tausend schwarze Luftballons wurden losgelassen, und eine Marschkapelle der University of Southern California spielte die vertraute Hitchcock-Erkennungsmelodie, den Gounod-Marsch.

»Es gibt einfach alles außer Cheerleaders (Anfeuerer zum Beifallklatschen), Akrobaten und Tanzbären«, sagte ein Autor zu einem Reporter. Und dann wie auf das Stichwort gerufen, erschienen die Cheerleaders, Akrobaten und Tanzbären. Hollywoods Premieren waren sogar noch in den späten Siebzigern glanzvolle Ereignisse. (Zwar weniger berühmt wegen des guten Geschmacks oder Stils, dafür um so mehr wegen der stets guten Stimmung.) Nach der Vorführung, bei einem Dinner für über tausend Menschen, zeichnete James Stewart Hitchcock mit dem Filmex-Preis aus, der extra für diesen Abend geschaffen worden war.

Durch diese und andere vorhergegangenen Werbemaßnahmen war am 9. April, dem offiziellen Starttermin des Films, der Erfolg bereits vorprogrammiert. Die meisten Kritiker waren sich auch ohne Worte einig, daß Hitchcock das Recht gehabt hätte, einen wesentlich schlechteren Film als *Familiengrab* herauszubringen. »Der Film strahlt eine gewisse Freundlichkeit aus«, sagten sie, und trotz Hitchcocks sturer Besessenheit bezüglich der Struktur fanden sie Lehmans Dialoge amüsant, und die beiden brillanten ›Set Pieces‹ – die komische und zugleich spannende Fluchtszene im Auto und die ruhige Traumszene auf dem Friedhof – enthüllten das geniale Auge des Regisseurs. »Eine witzige und unterhaltsame Geschichte, ein Film, der die Lebensfreude anhebt..., seit langem Hitchcocks amüsantester Film...«, und ähnlich fielen die Kritiken aus, obwohl auch manche den Film für leblos und morbide hielten. Die gesamte Hollywoodpresse jedoch gehörte zu seinen Bewunderern. Hunderte von Blumensträußen, Glückwunschtelegrammen und Weinpakete trafen ein, gerade zum richtigen Zeitpunkt, denn Hitchcock hatte gerade wieder einen seiner unvorherbestimmbaren Meinungsumschwünge und fühlte sich auf einmal jung und energiegeladen.

Journalisten, die ihn zu Hause besuchten, um mit ihm Interviews zu machen, fanden einen heiteren und lebhaften Hitchcock vor, der zum ersten Mal in seinem Leben die Erlaubnis zur Veröffentlichung seines Storyboards und detaillierte Informationen über die Vorbereitungsarbeiten gewisser Szenen gab. Während er in einem Vorführraum saß und eine neue Kopie von *The Farmer's Wife* anschaute, einen Film, den er seit seiner Fertigstellung 1927 nicht mehr gesehen hatte, kramte er tief in seinem Gedächtnis und brachte eine Vielzahl von Anekdoten über seine englischen Filme hervor. Außerdem hatte er schon wieder tausend Ideen für neue Filme. Zu dieser Zeit nahmen auch die Franzosen ihre einstige ›Liebesbeziehung‹ zu Hitchcock wieder auf. Nachdem der Generalkonsul ihm im Juni einen hohen Orden überreicht hatte, gab es kaum noch etwas, was Frankreich hätte tun können, um ihm seine Hochachtung kundzutun.

Wenig Anlaß zur Freude dagegen gab sein Privatleben. Almas Zustand hatte sich zwar gebessert, aber aus der einst lebenslustigen Frau war eine traurige und stille Gefährtin geworden, die den größten Teil des Tages vor dem Fernseher mit Soap-Operas und Quizsendungen verbrachte oder damit, ihre Krankenpflegerinnen zu gängeln. Hitchcock mied deshalb die Bellagio Road und war hauptsächlich in seinem Büro anzutreffen, wo er neue Projekte vorbereitete und sich um die Publicity von *Familiengrab* kümmerte. »Sie zeigte keinerlei Initiative mehr«, erinnerte sich Hitchcocks Sekretärin. »Und er wußte nicht wie oder konnte ihr keine neuen Anregungen geben. Die

Situation war traurig.« Vielleicht erinnerte ihn ihr Anblick zu oft an den Tod oder sie dachte, daß sie für ihn beruflich nicht mehr von Nutzen sein konnte ... Aber wie immer man die Dinge auch wendete, Hitchcock nutzte den Vorteil, in Hollywood zu sein, und bestand darauf, neue Projekte vorzubereiten. »Ein Film, den ich als nächsten drehen werde«, sagte er im Sommer 1976, »handelt von Gangstern, die eine bestimmte Leiche suchen, aber natürlich taucht die falsche auf. Ich bin noch nicht ganz sicher, um was es in der Geschichte gehen wird« – bis jetzt hatte er auch noch keinen Autor verpflichtet –, »aber es gibt eine liebenswerte Figur darin, die mir schon sehr ans Herz gewachsen ist.« Und er teilte einigen Vertrauten mit:

Sie ist immer betrunken – mit billigem Fusel. Eines Tages geht sie zu den Anonymen Alkoholikern, und der Spaß beginnt. Ich sehe eine Szene in einer Bar. Ein Mann versucht sie aufzureißen. Schließlich dreht sie sich um und fragt ihn: »Mögen Sie Sex?« Er, hocherfreut über diese Frage, sagt natürlich »Ja.« Nach einer Weile dreht sie sich wieder zu ihm um und fragt: »Reisen Sie gerne?« Und der Mann, bereits sehr aufgeregt, bejaht selbstverständlich auch diese Frage. Nun lehnt sie sich ganz nah zu ihm herüber, lächelt und flüstert dann in sein Ohr: »Dann verdufte und fick dich selbst.«

Ebenfalls 1977 fügte er eine 5. Änderung zu seinem Testament von 1963 hinzu und überprüfte ernsthaft alle Geschäftsangelegenheiten, die seine Agenten in den letzten Jahren für ihn durchgeführt hatten. Der englische Schriftsteller John Trevor Story hatte ihm gegen eine Minimalbeteiligung die weltweiten Filmrechte für *Immer Ärger mit Harry* verkauft. Als die Rechte erloschen, erhielt Story ein Schreiben von Hitchcocks Anwälten, in dem sie ihn baten, eine neue Unterschrift zu leisten, womit er alle Rechte ohne ein neues Zahlungsangebot an Hitchcock abtreten sollte. Aber Story schrieb zurück, daß er nicht vorhabe, Hitchcocks Altersrente zu finanzieren, und erinnerte des weiteren daran, daß Hitchcock ihm aufgrund der geringen Bezahlung für *Immer Ärger mit Harry* versprochen hatte, einen anderen Stoff von ihm zu kaufen, ganz gleich, ob er ihn anschließend verfilmen würde oder nicht. Daraufhin wurde die Korrespondenz eingestellt.

Seinen Humor aber hatte Hitchcock niemals verloren, wenn auch seine Energie langsam zu schwinden begann. Bei der Verleihung der ›Photoplay Gold Medal Awards‹ im Fernsehen am

18. Juni ging Hitchcock sehr langsam zur Bühne, aber einmal dort angekommen, hielt er eine wunderbare, zu Tränen rührende Ansprache. Auch ein Besucher, der oft in den Jahren '76 und '77 bei Hitchcock eingeladen war, hatte den Eindruck, daß seine Schaffenskraft abnahm. Hitchcock wurde die Arbeit im Büro immer beschwerlicher, und an manchen Tagen konnte er nur mit dem Stock aus dem Haus gehen. Trotzdem bestand er Anfang '78 darauf, mit dem neuen Drehbuch für *The Short Night* zu beginnen. Als Szenarist lud er sich James Costigan ein. Diesem war aber schon nach dem ersten Treffen klar, daß seine Arbeit mit Hitchcock keinerlei Früchte tragen würde. Sofort wechselte Hitchcock zu Ernest Lehman, dessen Drehbücher zu *Der unsichtbare Dritte* und *Familiengrab* so erfolgreich gewesen waren.

»Hitch hatte mich oft fasziniert«, sagte Lehman, während er die Anfangsszene – die gefährliche Flucht aus dem Wormwood-Scrubs-Gefängnis – eines Films über den britischen Spion George Blake beschrieb. Als ich anfing, mich mit dem Projekt zu befassen, bekam ich den ersten Schock, als ich hörte, daß er sich strikt weigerte, diese Sequenz überhaupt mit hineinzunehmen. Er wollte den Film erst *nach* der Flucht anfangen lassen. Ein zweiter Schock war die Feststellung, daß er sich in die Idee verliebt hatte, ja davon *besessen* war, der Hauptdarsteller solle gleich zu Beginn des Films eine Frau vergewaltigen und ermorden.

Ich beschwor ihn, daß kein Publikum je etwas anderes als Haß für einen solchen ›Helden‹ empfinden würde. Langsam, aber sicher kochte ich ihn weich, und er sah ein, daß ich derartiges niemals akzeptieren würde. Wir hatten eine Menge Probleme, kreativer wie zwischenmenschlicher Art, und viele Male war ich nahe daran, ihm alles vor die Füße zu werfen. Aber ich gab nicht auf, denn *Familiengrab* sollte nicht sein letzter Film bleiben. Er war einfach nicht gut genug, um als Hitchcocks letzter Film in die Annalen einzugehen. Es gab in den Studios einige Leute, die Hitchcock sehr nahestanden und mir sagen ließen, daß es ihn umbringen würde, wenn ich jetzt aufgäbe. Das war natürlich unsinnig, aber ich glaubte ihnen.

Er hatte sowohl Probleme mit seiner Gesundheit als auch mit seinem Gefühlsleben. Jeden Morgen betrat ich mit der gleichen Angst sein Haus und fragte mich, ob er gute Laune hatte und wie er heute auf unsere Arbeit reagieren würde, soweit er überhaupt dazu Lust hatte. Das Erstaunliche daran war, daß ich trotz aller Schwierigkeiten zwei Drehbuchentwürfe beenden konnte und er mir vom Krankenbett telegrafierte, das Skript sei in seinen Worten ›sehr befriedigend‹.

Dann beauftragte er einen kleinen Produktionsstab, der sich um alle

Vorbereitungen bis zum Drehbeginn kümmerte, obwohl mir, und ich glaube, auch ihm, klar war, daß er weder physisch noch emotional gesehen in der Lage war oder je wieder sein würde, einen Film zu drehen – speziell einen Film mit so viel ›action‹ und Außenaufnahmen, wie es *The Short Night* erfordert hätte. Als ich alle Vertragsbedingungen bezüglich des Projektes erfüllt hatte, schieden Hitch und ich als gute Freunde, und ich begab mich auf einen zweimonatigen Europaurlaub. Als ich zurückkam, hörte ich, daß Hitchcock einen dritten Autor engagiert hatte, der *The Short Night* noch einmal überarbeiten sollte, natürlich nur, um der Welt und sich zu beweisen, daß er noch immer ein Filmemacher war, der einen neuen Film in Vorbereitung hatte. Ich war sehr traurig.

Während Lehman in Europa war und noch bevor der neue Autor eintraf, hatte Hitchcock mit einem anderen Szenaristen, Anthony Shaffer, in London telefoniert. »Ich möchte mich dafür entschuldigen, was mit *Familiengrab* passiert ist, und Sie wissen, es fällt mir nicht leicht, mich zu entschuldigen«, sagte der Regisseur. Und dann nach einer Pause mit schreckerfüllter Stimme: »Tony, sie betrügen mich alle, jeder verläßt mich!« Shaffer bemerkte sofort, daß Hitchcock krank und verwirrt sein mußte. Seine Stimme glich nicht mehr der des selbstbewußten Regisseurs, mit dem er sieben Jahre zuvor an *Frenzy* gearbeitet hatte, sondern mehr einem gebrochenen alten Mann, der glaubte, daß sich die ganze Welt gegen ihn verschworen hatte. Shaffer hörte sich den sinnlosen Monolog bis zu Ende an und gab Hitchcock dann so freundlich wie möglich zu verstehen, daß er im Moment andere Verpflichtungen zu erfüllen hatte.

Shaffer und Lehman waren nicht die einzigen, die Hitchcock in seinem unglücklichen Zustand, den er noch durch ständiges Trinken verschlimmerte, um Hilfe anflehte. Auch Samuel und Suzanne Taylor besuchten ihn, aber nach einem friedlichen Abendessen nahm er plötzlich mit tränenerfüllten Augen Suzannes Arm und flüsterte mit erstickter Stimme: »Oh, ich bin so alleine, ich bin so alleine. Keiner ruft mich mehr an; bitte, sage Sam, er soll mich anrufen.« Der Gedanke, daß er vielleicht andere anrufen könnte – ein Vorschlag zur Güte von Lehman und Peggy Robertson –, schien ihm unzumutbar. Man kam zu Hitchcock! Sein Leben lang hatte er nie die Nähe oder Freundschaft irgendeines Menschen suchen müssen.

Seit diesem Zwischenfall telefonierte Samuel Taylor jeden Sonntagmorgen mit Hitchcock, aber es war mehr Pflicht als Vergnügen für ihn. Was Hitchcock gesagt hatte, entsprach leider der Wahrheit: Er wurde immer mehr zum Einsiedler. Das Schlimmste war, er hatte sich selbst in diese Situation gebracht. Seit Jahren antwortete er nie auf Anrufe, Briefe, Geschenke und Telegramme, außer sie kamen von Leuten, dessen Wertschätzung ihm aus verschiedenen Gründen wichtig erschien. Als logische Konsequenz wendeten sich die Leute von ihm ab. Gelegentlich rief Sidney Bernstein aus England an, aber selbst die Produzenten der Universal, deren Loyalität und Freundschaft er immer für selbstverständlich gehalten hatte, überließen ihn seiner Einsamkeit. Sie waren ehrlich davon überzeugt, er würde lieber alleine sein. Das Leben in der Bellagio Road wurde immer stumpfer. Der letzte Journalist, der ihn besuchte, war schokkiert, ›ein desolates, finsteres Haus, vollgestopft mit künstlichen verstaubten Blumen vorzufinden‹ – dies war noch eine der harmlosesten Beschreibungen, die Peggy Robertson diskret unter den Tisch fallen ließ, als sie pflichtbewußt das Manuskript des Autors redigierte, was Hitchcock zur Überprüfung vorgelegt werden mußte, bevor es veröffentlicht wurde. Das ganze Jahr '78 hindurch gab ihm nur noch sein letzter Freundeskreis, bestehend aus Peggy Robertson, Suzanne Gauthier und Designer Robert Boyle, Halt. Sie erfreuten ihn mit kleinen Geschichten aus den täglichen Nachrichten, halfen ihm bei seinen zahlreichen Gebrechen sowie andauernden Streitereien mit der sensationshungrigen Hollywoodpresse, die von seinen Unfällen im Büro, seiner Trinkerei und unaufhaltsamen Senilität gehört hatte. Zu diesem loyalen Trio gesellte sich Hitchcocks persönlicher Chauffeur, Anthony Emerzian. Bis Mitte 1978 schlossen seine Pflichten noch heimliche Beschaffung von Wodka und Brandy ein, die er zu Hitchcocks Büro bringen mußte, wo er sie in der Schreibtischschublade oder im Badezimmerschrank deponierte, und am folgenden Tag die leeren Flaschen wieder abholte.

Hitchcock startete noch einen letzten Versuch, seine Illusionen aufrechtzuerhalten. Im Frühherbst 1978, nachdem er Lehmans letzten Drehbuchentwurf akzeptiert hatte, begann er mit dem dritten Autor zu arbeiten. Dieses Mal würde er den Originalanfang – die Flucht aus dem Gefängnis – völlig neu gestalten und zusätzlich eine Strangulierungsszene mit hineinnehmen, die ihm Lehman ausgeredet hatte. David Freeman, Journalist, Buchautor für Theater, Fernsehen und Film sowie geschätzter

›Skriptdoktor‹, der schon früher vielen Regisseuren in letzter Minute aus der Patsche geholfen hatte, war ihm als der rechte Mann für die Überarbeitung des Drehbuchs empfohlen worden. Im September hatte ihn Hitchcock zum Essen eingeladen und für diesen Anlaß sogar vorher einen Abstinenztag eingelegt.

»Er war fantastisch«, sagte Freeman.

Wir redeten beim Mittagessen über alles, nur nicht über den Film, den er machen wollte und der ihn bei weitem nicht so zu interessieren schien wie unser angeregtes kollegiales Tischgespräch. Schließlich lenkte Thom Mount, einer der Universal-Produzenten, der mit uns speiste, vorsichtig die Konversation auf das Filmprojekt, und Hitchcock begann über seine Ideen zu sprechen. Er stellte mir einige Fragen zu seinen Filmen, und es gelang mir wohl mit meinem Wissen, genug Eindruck auf ihn zu machen, was jedoch gar nicht in meiner Absicht lag. Es war wie bei einem Vorstellungsgespräch für einen Job.

Kurz nach dem Essen wurde mir erzählt, natürlich nicht von Hitchcock persönlich, daß ich den Job bekommen hätte. Nachdem man mir in Hitchcocks Bungalow ein Büro eingerichtet hatte, machten wir uns an die Arbeit.

Freemans Höflichkeit, sein Witz und die Ruhe, die er ausstrahlte, gaben Hitchcock wieder neue Sicherheit. Für Freeman begannen die Werktage immer zu spät, denn den Morgen verbrachte er meist allein. Hitchcock kam immer sehr spät, erledigte zuerst die Telefonanrufe mit den Produktionsbüros, las dann die Post, und erst nach dem Mittagessen setzten sie sich zusammen, um zwei oder drei Stunden konzentriert am Stück zu arbeiten. »Er wollte immer über Spionage und Gefängnisausbrüche reden«, sagte Freeman,

und seine Erzählungen wurden immer farbiger und ausschweifender, gespickt mit Anekdoten über frühere Filme und sein früheres Leben. Was davon stimmte und wieviel erfunden war, ist schwer zu sagen.

Wenn er ernsthaft arbeitete, redeten wir manchmal wochenlang über einzelne Charaktere, ihre Vergangenheit und ihre Motivationen.

Während der ersten Monate war er für lange Zeit voller Enthusiasmus. Wir studierten Berge von Fotos von dem Gefängnis und dem angrenzenden Krankenhaus sowie die Grundrisse von beiden, aber auch Pläne von Straßen und Plätzen in London. Wir kamen gut miteinander zurecht, aber nach einigen Monaten stellte ich fest, daß unsere Recherchen keine Recherchen waren. Er wollte der eigentlichen Arbeit aus dem Weg gehen.

Während des Winters arbeitete Freeman immer öfter allein, denn Hitchcock kam bisweilen ein oder zwei Wochen nicht ins Büro. Als er wieder einmal so lange nicht erschienen war, erfuhr Freeman später, daß er sich ins Cedars-Sinai-Medical-Center zu einer Alkohol-Entziehungskur begeben hatte. Ein andermal war er zu Hause umgefallen und brauchte einige Tage Ruhe.

Nach solchen Unterbrechungen lud er mich zu sich nach Hause ein, um wenigstens an den Nachmittagen zu arbeiten. Er war immer sehr höflich und nett, bis er mich eines Tages im Januar 1979 fragte, ob ich nicht einen Drink wollte. Ich sagte, eine Tasse Kaffee wäre in Ordnung, aber das war die falsche Antwort. Er suchte eine Entschuldigung, etwas Stärkeres zu trinken, und am nächsten Tag wies er die Krankenschwester an, uns Wodka und Orangensaft zu bringen. Wenn sie das ablehnte oder ihm aus den Weg ging, versuchte er sich heroisch aus dem Stuhl hochzukämpfen und die Drinks selbst zu holen.

Oft während dieser Arbeitstage zu Hause setzte sich Alma zu ihnen, und Hitchcock las ihr eine Szene vor, an der sie gerade schrieben, oder spielte eine Rolle vor, brüllte die Dialoge und versuchte zu beweisen, daß er noch immer ein großer Filmemacher war. Alma war schwächer denn je, und es war oft schwer zu sagen, wieviel sie überhaupt mitbekam. Das Schönste zu dieser Zeit waren für die Hitchcocks die Besuche ihrer Tochter. In einer kurzen Nachricht an Elsie Randolph lobte er Pat, die ›ihm ein Trost und eine große Hilfe‹ gewesen sei.

In einer längeren Phase, in der es ihm besser ging, rang Hitchcock seiner visuellen Vorstellungskraft eine letzte große Szene ab, die Eröffnungseinstellung für *The Short Night:* eine einzige lange anspruchsvolle Einstellung, in der die Kamera mit dem Publikum spielt, Figuren und Informationen ent- und wieder verhüllt und durch das, was zu sehen und zu hören ist, Spannung aufbaut. David Freeman hielt die Szene genau so fest, wie sie ihm Hitchcock detailliert beschrieb. So blieb sie auch in der endgültigen Drehbuchfassung:

Es ist ein regnerischer Londoner Abend im Herbst. Das Wormwood-Scrubbs-Gefängnis befindet sich direkt neben dem Hammersmith-Krankenhaus. Nur durch einen schmalen Zufahrtsweg sind die beiden voneinander getrennt. Ein Mann sitzt in einem Auto und hält einen Strauß Chrysanthemen. Die Kamera befindet sich außerhalb des Autos und ist auf den Mann gerichtet, der einer Stimme zuhört, von der wir nicht genau wissen, woher sie kommt. Es könnte das Autoradio sein, aber er hält sein Ohr ein wenig in Richtung des Blumenstraußes. Die Kamera fährt langsam auf die Windschutzscheibe zu, noch immer ohne Schnitt, neigt sich leicht nach unten, während sie sich vorwärts bewegt und ins Innere des Wagens späht, als ob sie nun enthüllen wolle, was der Mann mit jenen Chrysanthemen macht. Aber dann überrascht sie uns und stachelt unsere Spannung weiter an, indem sie weiterschwenkt über das nasse Straßenpflaster hin zu der Ziegelmauer. Während die Kamera über die unverputzten Ziegelsteine hochschwenkt, immer höher und beim Zuschauer Schwindelgefühle hervorruft, wird die Stimme, die wir vorher gehört haben, nun klarer, als ob sie von der Kamera verfolgt würde. Es ist eine verärgerte Stimme: »Ich bin hier . . ., beeile dich doch . . ., kannst du mich hören? Ich sagte, ich bin hier.«

Wenn die Kamera oben am Rand der Mauer angekommen ist, und bevor sie sich wieder nach unten bewegt, erhaschen wir noch einen kurzen Blick auf die Umgebung, vor und hinter der Mauer. Auf der einen Seite ist ein Gefängnis, befinden sich ein Wachtturm, mehrere Suchscheinwerfer und häßlich aussehende Gefängnisblöcke. Auf der anderen Seite wird hinter der Zufahrtsstraße ein ebenfalls großes Gebäude sichtbar und ein Schild ›Hammersmith Hospital‹ . . . Die Kamera, unser Führer, bewegt sich die Mauer herab auf die Stimme zu. Innen, gegen die Mauer gepreßt, ist ein Mann in Gefängniskleidung, der versucht, den Scheinwerfern auszuweichen, mit einem primitiven Walkie-talkie in der Hand, in das er hastig spricht: »Ich bin hier, verdammt, ich bin hier. Bewege dich endlich.«

Kameraschnitt nach außen (der erste in dieser Szene) in das Innere des Wagens. Der Fahrer spricht beschwichtigend in seine Blumen. »Ich bin hier, alles ist in Ordnung, du mußt jetzt Ruhe bewahren.« Augenblicke später, nach zwei spannenden Unterbrechungen, die den Erfolg seines Vorhabens bedrohen, wirft er eine Leiter über die Gefängnismauer. Von der Gefängnisseite sehen wir den Mann, der hastig danach greift und zu klettern beginnt. Von der Außenseite sehen wir dann sein Gesicht über die Mauer, hastig, hungrig . . . auftauchen. Für einen Moment starrt er hinunter, schwingt dann seinen Körper über die Mauer . . ., und dann stürzt er hinunter, fällt auf den Boden.

Endlich, in einer Explosion von Einbildungskraft, hatte Alfred Hitchcock seine endgültige Szene einer Flucht in die Freiheit geschaffen. Damit hatte er sich selbst (nicht George Blake) aus dem Gefängnis seiner Kindheitserinnerungen befreit. Während der ganzen restlichen Woche in jenem Januar 1979 fühlte er sich wohl, wie schon seit Monaten nicht mehr. Irgend etwas tief in seinem Innenleben hatte sich endlich befreit.

Aber es gab noch eine andere geheime dunkle Fantasie in

ihm, die sich in der einzigen anderen Szene zeigte, die ihn noch interessierte.

Der Mann auf der Flucht, der Hauptdarsteller der Geschichte, sucht bei verschiedenen Komplizen Hilfe und findet jene Hilfe letztlich bei einer jungen Frau, die ihm anbietet, ihm bei seiner Flucht aus dem Land zu helfen. Er heißt Brand (er steht für George Blake); sie heißt Rosemary. Ihr Komplize ist Ian. Brand und Rosemary treffen sich zum ersten Mal:

(Rosemary steht am Herd und kocht Tee. Er betrachtet sie von hinten. Sie spürt seine Augen auf ihrem Rücken und fühlt sich unbehaglich.)

Rosemary (beginnt nervös zu plaudern): Ian und ich werden dich fahren... Es wird eng für dich werden, aber du wirst versteckt sein...
(Der Teekessel pfeift. Rosemary gießt das Wasser für den Tee auf.)

Rosemary: Der Tee muß ein wenig ziehen. Vielleicht willst du mir jetzt etwas von Berlin erzählen.

Brand: Rosemary. Nur zur Erinnerung.

Rosemary: Ja. Das stimmt. Rosemary als Erinnerung.
(Er zieht sie an sich und küßt sie. Sie küßt ihn nicht zurück, stößt ihn aber auch nicht weg.)

Rosemary: Bitte... nicht. Sie werden bald zurück sein.

Brand: Sie haben dich ein bißchen hier gelassen, damit du ein bißchen bei mir bleibst.

Rosemary: Nein, nein. Ian braucht Hilfe... Sie wissen, wie ich Sie respektiere. Das tun wir alle.

Brand: Aha.

Rosemary: Wirklich.

Brand: Wissen Sie, wie lange ich im Gefängnis war?

Rosemary: Sie werden bald Ihre Frau wiedersehen. Sie haben alle Vorbereitungen getroffen. Sie wird sehr glücklich sein.
(Er streicht über ihre Brüste.)

Brand: Wir haben genug Zeit. Es ist alles arrangiert.
(Je nervöser sie wird, desto dreister wird er...)

Brand: Du bist so weich... Es ist fünf Jahre her, daß ich so etwas Zartes und Weiches gefühlt habe.

Rosemary: Bitte, tun Sie das nicht... Hören Sie auf oder ich schreie... Wirklich... Es ist mir egal... Aufhören...! Bitte... Nicht...
(Mit der verletzten Hand hält er ihr den Mund zu und drückt ihre Wangen zusammen, daß sie nicht sprechen kann. Ihre Stimme klingt gedämpft und verzerrt, wird aber immer eindringlicher.)

Brand: Hör auf zu plärren!
(Er verzerrt ihr Gesicht noch mehr, drückt dann seinen Mund auf ihren und küßt sie, während seine Hände ihren Körper entlangtasten. Sie greift hinter sich und versucht, die Teetasse zu fassen, tastet nach ihr, während er weiter an ihr herumgrapscht. Sie findet die Tasse, holt aus

und schüttet den heißen Tee nach ihm. Er springt zurück, aber das macht ihn nur noch wütender.)

Brand: Blöde Kuh. Du wirst jetzt tun, was ich sage.

(Er gibt ihr eine Ohrfeige. Sie schreit auf, und er gibt ihr eine zweite. Einmal begonnen, scheint er damit nicht mehr aufhören zu können, und schlägt sie immer wieder. Sie ringt nach Atem und zerkratzt ihm das Gesicht. Auf seinen Wangen werden Blutspuren sichtbar.)

Rosemary: Hilfe... Hör auf... Hilft mir denn keiner...

Brand: Du Hexe..., du dämliche Hexe... Halt jetzt den Mund.

(Mit der verletzten Hand hält er ihr den Mund zu. Sie beißt ihn in die Hand und schlägt die Zähne in sein Fleisch... Er drückt ihr mit dem Daumen die Kehle zu, immer fester, und schnürt ihr die Blut- und Sauerstoffzufuhr ab. Er drückt zu, und Rosemary röchelt und ringt nach Atem. Sie schlägt mit den Armen um sich, verzweifelt nach Luft ringend.)

Brand: Hexe... Hexe... Wie gefällt dir das? Was? Sag es mir. Nun?

(Ihre Arme werden schlaff, und sie bricht in seinen Armen zusammen. Brand schaut ihr in die Augen, legt die Hand auf ihr Herz und erkennt dann, daß sie tot ist..., wütend und verzweifelt schlägt er ihr ins Gesicht, aber sie ist tot. Er läßt den schlaffen Körper zu Boden fallen und eilt ins Wohnzimmer.)

Bis zum kleinsten Detail exakt dem Autor beschrieben und fast Wort für Wort diktiert, war dies die letzte Umsetzung seines düsteren Verlangens, das seit Jahrzehnten seine Vorstellungen beschäftigt hatte und schon in seinem ersten Film *The Pleasure Garden* angedeutet ist und zuletzt und am deutlichsten in *Frenzy* wieder auftauchte.

Das stammte aus einem Teil seines Ichs, der ›besessen‹ war, sagte Ernest Lehman von der Idee, jeden Film mit einer mörderischen Vergewaltigungsszene anfangen zu lassen. Das war der Teil von ihm, der noch immer unfrei war.

Hitchcocks Fantasien, die von seinen Autoren in die entsprechende Form gebracht wurden, waren immer an die Verwirklichung im Film gebunden. Seine Filme hingen davon ab, daß Dinge auftauchten, die tief in ihm verborgen waren, geheimnisvolle Bilder – Bilder, die oft brutal waren, aber manchmal auch sanft. Aus seinen eigenen geheimen Sehnsüchten und aus seiner lebhaften Imagination ergaben sich die kleinen Einfälle für seine Geschichten – manchmal beängstigend und erotisch, manchmal von stiller Komik oder wie Träume.

Aber Handlung und Figuren waren immer der Aussagekraft der Bilder untergeordnet – wie in Träumen ist die Erzählung niemals völlig logisch und klar, sondern immer den Bildern untergeordnet. Und ähnlich den Gefühlen, die nach einem Traum zurückbleiben, ist der Eindruck, den Hitchcocks Bilder hinterlassen, wichtiger als irgendeine halb-erinnerte ›Geschichte‹.

Und darin liegt die unerreichbare Genialität Alfred Hitchcocks, die Quelle seiner enormen Popularität. Er holte seine Bilder aus der Tiefe des menschlichen Vorrats an Fantasie, Traum, Angst und Sehnsucht und schuf so Bilder mit einer universalen Anziehungskraft. Wären seine Filme nur schlichte Inkarnationen seiner eigenen Fantasien und Träume, mit keinem umfassenderen Bezugsrahmen gewesen, dann hätte er vielleicht eine kleine und ergebene Schar von Bewunderern gehabt. Er aber gab jenen flüchtigen Bildern und halb-erinnerten Träumen auf eine Weise Ausdruck, die Millionen Menschen rund um die Welt bewegten, erstaunten und in Entzücken versetzten.

In *The Lodger* schreit eine Frau vor Angst, als ihr Verlobter, der ein Polizist ist, Handschellen um ihre Gelenke schnappen läßt und sie als ›Ehefesseln‹ bezeichnet. In *Aus dem Reich der Toten* steht eine wunderschöne, verlorene Frau wie in Trance auf einem alten Friedhof und preßt einen Blumenstrauß an sich; später träumt ein Mann davon, sich mit ihr in Liebe und Tod zu vereinen. In *Die Vögel* wird das Versagen menschlicher Beziehungen durch eine plötzliche und unerklärliche Revolte der Natur symbolisiert. Wenn man nur diese drei Filme betrachtet, liegt vor einem bereits ein solch weitgespanntes Arsenal von Bildern, die zeigen, wie unterschiedlich Menschen die Tiefen ihres Innenlebens ausloten; andere Hitchcock-Filme sind es ebenso wert, unter diesem Aspekt betrachtet zu werden – und sie sind ebenso erfüllt mit mächtigen, universellen Bildern.

Wenn sich irgend etwas über Träume und Sehnsüchte sagen läßt, dann, daß sie aufs intensivste privat sind. Selbst wenn man sie mitteilt, lassen sie sich schwer ausdrücken. Es ist schwer, in Worten die Merkwürdigkeit eines Bildes zu beschreiben, die komisch-grotesken Verzerrungen des inneren Zeit- und Raumgefühls, die versponnenen Gefühlsmischungen, die Menschen vielleicht ein wenig bewußter ihre tiefsten Reaktionen auf das Leben sehen lassen – und sie ein wenig über jene künstlichen Mittel verunsichern, hinter denen sie sich so oft verstecken. Hitchcocks Traumwelt fand eine Form in den immens schöpferischen und originellen Bildern, die durch die Pforten seiner eigenen Individualität kamen und weitergingen und in zahllosen

Zuschauern in den unterschiedlichsten Kulturen ihr Echo fanden. Indem er seinen Fantasien eine Form gab, erforschte er nicht nur sein Innenleben und gab ihm Ausdruck, sondern tat es zugleich auch für andere – die mit denselben Realitäten mehr oder weniger, heftiger oder weniger heftig zu tun hatten. Er schaffte nicht Bilder darüber, was das *ganze* Leben ist, sondern über *Bestandteile* des Lebens, immer und überall gültige. Und darüber, was alles im Leben immer in Gefahr ist zu werden.

Und mit genau diesen Bildern von Gewalt und Tod in sich, die sich genau zu dieser Zeit in ihm stauten, war es, daß Alfred Hitchcock – bis es fast zu spät war – sich widersetzte, dem Stab des American Film Institute zu helfen, der ihn als siebenten Preisträger des ›Life Achievement Award‹ aufgewählt hatte.

16

1979–1980

Die Monate nach der Auszeichnung durch das AFI im März 1979 bildeten ein trauriges Nachspiel zu einer so großen Ehrung. Hitchcock versuchte, so bald wie möglich wieder in sein Büro zu gehen, wo David Freeman auf neue Instruktionen zur Überarbeitung des Drehbuchs wartete. Aber es sollten keine mehr erfolgen.

An den Vormittagen las Hitchcock seine Post, aber er beantwortete sie so gut wie nie. Elsie Randolph schickte aus England einen Gratulationsbrief in einem sehr herzlichen Ton. Diesen Brief beantwortete er in Sätzen, durch die Wehmut klang: Für Alma sei es ungewöhnlich anstrengend gewesen, in das Hotel zu dem Ereignis zu kommen, schrieb er ihr, obwohl sie dann der König und die Königin des Abends gewesen seien. Er berichtete, wie ihn Ingrid Bergmans Spontaneität gefreut habe. Doch dann wurde der Ton des Briefes traurig und angstgeplagt. Er teilte den Tod Cyril Ritchards mit, der für ihn den Schurken in seinem ersten Tonfilm *Erpressung* gespielt hatte. Er erwähnte, daß er an einem Drehbuch arbeite, in dem es nur um drei Personen gehe, und er schloß den Brief mit der Mitteilung, daß für Alma nicht viel Hoffnung bestünde, die zu jener Zeit bereits rund um die Uhr von Krankenschwestern betreut wurde.

An den Nachmittagen rief der tattrige Regisseur gelegentlich David Freeman zu sich, aber sie arbeiteten praktisch nicht mehr. Sie saßen beieinander, während Hitchcock in seiner Schreibtischschublade nach einer Flasche Brandy kramte oder im Badezimmerschrank nach dem Wodka. »Er schüttete sich ganze Wassergläser voll Schnaps und Brandy«, erinnerte sich Freeman, »und lehnte seinen Kopf zurück und trank das ganze Glas in einem großen Schluck. Da verstand ich, wie dringend er das brauchte. Es war klar, daß der körperliche und geistige Verfall jetzt schnell vorangehen würde.« Während der letzten Wochen, die er noch für das Projekt engagiert war, hörte Freeman geduldig zu, sprach sanft mit Hitchcock und versuchte, so beruhigend er konnte, auf ihn zu wirken, der jetzt mehr und mehr unzusammenhängend sprach.

Gelegentlich begann Hitchcock, über konkrete Dinge der Gegenwart zu reden, aber seine Gedanken schweiften immer wieder ab. Er begab sich dann wieder auf seine innere Reise zurück zu den Studios in Islington oder auf die Straßen von Leytonstone, nach Shepherd's Bush oder zum Piccadilly. Den wenigen Menschen, die sein Büro betreten durften, erzählte er, wie seine Eltern ihn immer alleine gelassen hatten, als er noch ein Kind war, und seine Stimme bebte dabei vor Emotionen, so als sei er jetzt wieder bei Nacht alleine zurückgelassen. Er vermochte in keine Erinnerung zu tauchen, die ihm Trost gespendet hätte; gelegentlich öffnete er die Schreibtischschublade und suchte nach einer verknickten und vergilbten Karte – der Anzeige zur Requiem-Messe für seine Mutter, die ihr Foto in einem barockkatholischen Rahmen zeigte, und erinnerte sich an ihren Tod und ihr Begräbnis, bei dem er nicht zugegen gewesen war, das er nur in seinem Geiste vor sich gesehen hatte. Seine Hände zitterten, wenn er nach dieser Karte griff, Tränen stiegen in seine Augen und tropften auf seine Schreibunterlage. Und er sprach von seiner älteren Schwester Nellie, die erst kürzlich verstorben war und zu deren Beerdigung er einen kleinen Kranz geschickt hatte. Sein Bruder, sagte er, sei in seine Wohnung in der Cromwell Road immer nur gekommen, um seinen Wein zu trinken...; niemand habe sich je wirklich für ihn interessiert...; sein ganzes Leben lang sei er verraten und betrogen worden...; er war allein gewesen, immer allein und im Dunkel...; würde er jetzt sterben? ... wann würde er sterben? ... diese schreckliche Finsternis, wo er doch das Licht gewollt hatte... und einen wolkenlosen Himmel...

In einem letzten Versuch, irgendeine Art von direkten menschlichen Kontakt herzustellen, engagierte er eine Frau aus dem Schreibbüro der Universal-Studios. Nach wenigen Wochen verließ sie bleich sein Büro und mußte sich in ärztliche Behandlung begeben. Er hatte zunehmend häßliche und intime Wünsche an sie gerichtet, die in einer hysterischen Szene kulminierten. Aus der vorgeblichen Büroarbeit war jetzt ganz klar ein letzter zittriger und vergeblicher Versuch geworden, Menschen einzuschüchtern und auszubeuten. Es war ein aussichtsloser und unverhüllter Anlauf, Wünsche zu befriedigen, die längst zu verschwommenen Erinnerungen ihrer selbst geworden waren. »Der dionysische Zug in ihm versuchte immer noch hervorzukommen«, sagte David Freeman.

Ende April lag eine schwere depressive Atmosphäre über Hitchcocks Büro. Suzanne Gauthier war unsicher, wie lange sie noch seine Krankheit ertragen konnte – wie viele noch dieser Szenen wahnsinniger Wut und untröstlichen Weinens, die mit plötzlichen Anfällen ungewöhnlich kindlicher Zärtlichkeit wechselten und mit senilen Obszönitäten. Sie, Peggy Robertson und Anthony Emerzian waren keine geschulten Krankenpfleger. Doch mußten sie allzuoft die einfachen und unerfreulichen Aufgaben der Krankenpfleger wahrnehmen. Die Chefs von MCA/Universal steckten in einem schrecklichen Dilemma. Sie konnten Hitchcock nicht einfach entlassen. Die persönliche und berufliche Ehre stand einer solchen harten Geste im Wege – und strikt betrachtet bestand zwischen ihnen und Hitchcock immer noch ein Vertrag. Er verursachte hohe Kosten und viele Peinlichkeiten und einigen wenigen, wie Lew Wasserman, persönlichen Schmerz.

Schließlich wurde es selbst Hitchcock zu beschwerlich, die Maskerade aufrechtzuerhalten, daß Arbeit existierte oder daß es jemals wieder einen Film geben könnte. Ironischerweise bot ihm der Tod eines Kollegen die Gelegenheit, die er brauchte. Am 8. Mai traf die Nachricht vom Tode Victor Savilles ein – der Hitchcock seit 1923 gekannt hatte, als Balcon, Saville und John Freedman eine Produktionsgesellschaft gegründet und Alfred Hitchcock als Team-Mitglied engagiert hatten. Saville war noch einige Wochen zuvor der Einladung zum Gala-Dinner des American Film Institute gefolgt, und er hatte einen guten gesundheitlichen Eindruck gemacht...

Peggy Robertson kam am nächsten Morgen sehr früh ins Büro, um Hitchcock die Nachricht sanft beizubringen, bevor er sie aus den Medien oder durch einen Telefonanruf erfuhr. Sie sagte ihm, daß es leider traurige Nachrichten gäbe – danach, ohne eine Regung zu zeigen, sagte Hitchcock, er habe auch traurige Nachrichten. Er wolle das Büro schließen. Heute. Sie werde nicht länger gebraucht. In einer Mischung aus Erleichterung, sich kreuzenden Gedanken und Sorge um ihn, sich selbst und alle anderen Angestellten des Büros ging sie zu den Oberen von Universal, nur um zu erfahren, daß ihre Kündigung in der Tat ab sofort in Kraft war. Nein – im Gegensatz zu dem, was Hitchcock ihr gegenüber seit Jahren behauptet hatte –, er hatte keinerlei Vorkehrungen für sie getroffen, nachdem sie fast ein Vierteljahrhundert für ihn gearbeitet hatte.

Das Ende kam schnell und gründlich. Innerhalb von wenigen Tagen wurde das Büro geschlossen. Suzanne Gauthier blieb noch eine Weile und half, persönliche Unterlagen zum Transport in die Bellagio Road zu packen, und dann ging auch sie – und, wie Peggy Robertson, stand auch Hitchcocks Privatsekretärin auf der Straße, ohne eine Vorsorge zur Weiterbeschäftigung und ohne finanzielle Mittel. »Laß mich allein«, sagte er am letzten Tag zu ihr. »Ich bin... ich... ein Meer von... allein.«

In diesem Sommer kam Hitchcock noch einmal kurz in das leere Büro zurück und diktierte einer Teilzeit-Sekretärin einige größtenteils unverständliche Briefe. Dann zog er sich in sein Haus zurück und zu Alma, die sich jetzt, wie er auch, nur noch mit einer Gehhilfe oder mit der Unterstützung von Krankenschwestern fortbewegen konnte. In einem seiner seltenen klaren Momente diktierte er noch einen Brief an Elsie Randolph, in dem er schrieb, daß es jetzt, nach all den verschiedenen akademischen und beruflichen Ehrungen, auf nichts mehr zu warten gelte. Er und Alma seien beide, sagte er, an das Haus gefesselt und alleine, bis auf Pats Besuche.

Verschiedene Male im Verlauf der nächsten Monate wies er den Vorschlag zurück, sich von einem Priester, einem Freund der O'Connell-Familie, besuchen zu lassen oder mit ihm in seinem Haus zu seiner Tröstung eine formlose Gebetsstunde abzuhalten. Es lag schon Jahre zurück, seit er zum letztenmal einen Gottesdienst besucht hatte – er hatte das nur getan, wenn Verwandte aus England zu Besuch kamen –, aber es lag noch nicht so weit zurück, als er sein Mißtrauen und seine Angst vor dem Klerus zum Ausdruck gebracht hatte.

»Ich wurde als Katholik geboren«, hatte er einige Jahre zuvor zu einem Jungen gesagt, der ihn in einem Ferngespräch aus Sankt Ignatius, ihrer gemeinsamen Schule, interviewt hatte. »Ich besuchte eine katholische Schule, und jetzt ist mein Gewissen damit beschäftigt, zahllose Urteile über Überzeugungen zu fällen.« Aber bei all seiner Liebe zu der Übung, die Dinge zu strukturieren, konnte Hitchcock keinen Weg finden, sich den Urteilen zu stellen. Er fand kein Mittel, dem Kampf zwischen Zweifel und Glaube ein Ende zu setzen und so seinem gequälten Geist Frieden zu verschaffen. »Laßt keine Priester auf das Gelände«, hatte er noch letztes Jahr seinen Büroangestellten zugeflüstert. »Die sind alle hinter mir her; die hassen mich alle.« Niemand konnte ihn dazu bringen, bei sich zu Hause einen Geistlichen zu empfangen, obwohl er sich auch einbildete, dort welche zu sehen. »Tief in sich verschlossen, hegte er so viel Groll«, sagte Samuel Taylor.

Er hatte nie wirklich enge Freunde. Suzanne und ich kannten ihn besser als viele andere, aber selbst zwischen uns klaffte eine Distanz, wie es sie zwischen ihm und jedem gab, der einmal versuchte, sein Freund zu sein.

Dennoch, für ihn muß es sehr schwer gewesen sein. Hitch wurde von der ganzen Welt sehr ernst genommen – aber nicht von Hollywood, bis es dann zu spät war. Er war ein großartiger Künstler, aber die Leute in Hollywood akzeptierten ihn aufgrund des Inhalts seiner Filme nicht als solchen. Sie dachten immer, er spinne nur ein gutes Garn. In Hollywood war man der Überzeugung, die Kunst des Films läge im Inhalt; deswegen weigerte man sich zu glauben, daß ein Mann, der Geschichten erzählte, die man dort für frivol hielt, auch ein großer Künstler sein könnte. Aber schließlich könnte man ja auch Chaucer oder Shakespeare aufgrund dessen verdammen, was einem als ›frivoler Inhalt‹ erscheinen mag.

Hollywood hat nie begriffen, was für ein großartiger Künstler er war. Wenn es mit rechten Dingen zugegangen wäre, hätte Hitch für jeden Preis der Regisseur-Vereinigung und für jeden Oscar nominiert werden müssen. Die grundsätzliche Heuchelei in Hollywood aber besteht darin, daß sie dort letztlich überhaupt nicht daran glauben, daß Film Kunst sein kann. Hitch wußte das alles, und es arbeitete in ihm. Er und Alma wußten es. Wie schmerzhaft muß es für sie gewesen sein, dort zu leben und nicht richtig gewürdigt zu werden, zumal sie gerade aus diesem Grund England verlassen hatten und sich von Amerika erwarteten, was London ihnen nicht gegeben hatte. Aber Hollywood hat ihn nur zu seinem Hofnarren gemacht.

Kurz nach Hitchcocks achtzigstem Geburtstag, im August 1979, kam Ingrid Bergman bei Hitchcock zu Besuch. »Er nahm meine beiden Hände«, erinnerte sie sich, »und Tränen strömten über sein Gesicht, und er sagte: ›Ingrid, ich werde sterben.‹ Ich antwortete ihm: ›Aber natürlich wirst du einmal sterben, Hitch – wir sterben alle.‹ Und dann erzählte ich ihm, daß auch ich kürzlich sehr krank gewesen war und daß ich auch ans Sterben gedacht hatte. Und für einen Augenblick schien ihn diese Logik etwas friedlicher werden zu lassen.«

Kurz vor Jahresschluß beeilte sich die Britisch-Amerikanische Handelskammer, einer größeren Ehrung zuvorzukommen, über die man schon sprach, und wählte Hitchcock zum ›Mann des Jahres‹. Und dann zu Weihnachten kam die offizielle Bekanntgabe: Die Ehrenliste Ihrer Majestät Königin Elizabeth II. wurde veröffentlicht, und unter der Rubrik ›Diplomatischer Dienst und Übersee‹ wurde Alfred Hitchcock als ›Knight Commander of the British Empire‹ geführt.*

Eine Reise nach London war unmöglich, und so kam am 3. Januar 1980 der britische Generalkonsul Thomas W. Aston in die Universal-Studios. Schon früh am Tag waren Kamerateams erschienen und, seltsam passend, fand die Überreichung der offiziellen Urkunde der Ritterschaft in Hitchcocks Büro statt, das sonst bereits völlig ausgeräumt und leer stand. Eine Büro-Dekoration erweckte jetzt die Illusion eines normalen Arbeitstages. Unter den Scheinwerfern und vor all den Kameras hätte die Zeremonie für einen seiner persönlichen Auftritte in einem seiner Filme hergerichtet sein können: Hitchcock saß hinter einem schweren Eichen-Schreibtisch, unbeweglich, leicht querulant.

Man hatte ihm sehr viel Cortison gespritzt, denn seine Arthritis verursachte ihm grausamere Schmerzen denn je. Sein Herzschrittmacher war am vorherigen Nachmittag überprüft worden. Nach den formellen Worten der Zeremonie überraschte Hitchcock alle – und machte die Herren von Universal mehr als nur ein wenig nervös, als er zustimmte, Journalistenfragen zu beantworten. »Ich bin froh, daß mir dies zur rechten Zeit geschehen ist«, sagte er leicht sarkastisch. »Ich finde, daran zeigt sich, wenn man eine Sache nur lange genug betreibt, nimmt schließlich jemand Notiz davon.« Warum habe denn die Anerkennung durch die Königin so lange auf sich warten lassen? »Ich glaube, es handelte sich einfach um Unachtsamkeit.« Glaube er, daß sich jetzt, wo er Sir Alfred sei, in der Einstellung seiner Frau ihm gegenüber etwas verändern werde? »Ich hoffe es sehr. Vielleicht wird sie sich jetzt endlich um ihre eigenen Angelegenheiten kümmern und das machen, was ihr befohlen wird.«

Es folgte ein Essen, und etliche seiner Geschäftspartner und

---

* Die Idee zu dieser Ehrung stammte von dem Autor und Kritiker Alexander Walker, der im Oktober 1979 an die Premierministerin Margaret Thatcher schrieb und eine prompte Antwort erhielt, die ihm gründliche Erwägung seines Vorschlags zusicherte.

Berufskollegen brachten Trinksprüche auf ›Sir Hitch‹ aus. Cary Grant, ein anderer Brite, der einst nach Amerika gekommen war, brachte Stimmung in den etwas unruhigen Nachmittag. Janet Leigh war anwesend und die übliche Schar von MCA/Universal-Bossen, Hitchcocks Tochter und sein Agent. »Ohne zu wissen, daß es ein letztes Wiedersehen war, unterhielt ich mich bei diesem Essen mit Hitchcock«, erzählte Ernest Lehman. »Aber nichts von der Traurigkeit, die sein letztes Jahr zeichnete, kann meine Erinnerung an all die guten Zeiten, die aufregenden Zeiten und die schöpferischen Siege auslöschen, die wir geteilt hatten.«

Am 16. März erschien Alfred Hitchcock zum letzten Mal kurz in der Öffentlichkeit. Es war Tradition, daß der Gewinner der letztjährigen Auszeichnung des American Film Institute den diesjährigen Empfänger vorstellte. Und so fuhr man ihn für eine anstrengende, aber kurze Video-Aufzeichnung zum Beverly Hilton. Die Produzenten sorgten dafür, daß er, anders als bei der Aufzeichnung seiner Empfangsrede im vergangenen Jahr, diesmal seine Brücken im Mund trug und daß die Tafeln hinter der Kamera, von denen er seinen Text ablas, groß genug beschriftet waren, so daß er sie ohne Probleme lesen konnte. So sprach er die Einführung zu Ehren von James Stewart, aber zum Dinner an diesem Abend konnte er nicht kommen.

Die Wochen, die folgten, waren ruhig und ungestört. Nur die Besuche der Ärzte und Krankenschwestern in der Bellagio Road häuften sich. Auch Rechtsanwälte und Agenten erschienen häufiger, denn es gab viele Einzelheiten in dem riesigen Hitchcock-Vermögen, die sich ohne seine Unterschrift nicht regeln ließen – eine Unterschrift, die er am 25. März unter sein Testament setzte und die inzwischen fast unleserlich geworden war, völlig verändert von der sicheren, gut lesbaren Handschrift eines Schuljungen, die er Jahre über Jahre gehabt hatte. Während Hitchcock die vielen Seiten seines Letzten Willens durchblätterte, hätte er – wenn er bei klarem Verstand gewesen und in guter geistiger Verfassung gewesen wäre – die Summe der weltlichen Resultate seines künstlerischen Werkes lesen können.

In einem Besitz, der sich nach vorsichtigen Schätzungen auf über 20 Millionen Dollar belief, fanden sich große Pakete von Kommunal-Obligationen der Städte Los Angeles und San Francisco, Anteile an Ölquellen in vier Staaten der USA und an Gasquellen in Kanada. Er besaß fast 150000 Aktienanteile der Firma

MCA und 2250 Stück Vieh auf den Hitchcock-Hereford-Farmen, die ihm zwar gehörten, um die er sich aber nie persönlich gekümmert hatte. Ihm standen große prozentuale Beteiligungen an den Gewinnen aus 18 seiner Spielfilme zu. Und es gab 66 Kisten wertvollen Weins und 29 kostbare Kunstwerke – Ölgemälde von Rouault, Avery, Sickert, Dubuffet und Dufy, Vlaminck und Utrillo; Arbeiten von Epstein, Klee, Dali, Rowlandson und Rodin.

Durch ein kompliziertes Netzwerk von Treuhandvermögen wurde Hitchcocks Besitz seiner Ehefrau, seiner Tochter und den Enkelkindern zugedacht. Hätte seine Schwester ihn überlebt, so hätte sie eine Summe erhalten, ›die nicht 28 000 Dollar übersteigen‹ sollte sowie 25 Dollar wöchentlich, fünf Jahre lang nach seinem Tod – ›es wird vorausgesetzt, daß solche Zahlungen nur so lange getätigt werden sollen und bis zu einem solchen Umfang, als aus meinem Vermögen solche Zahlungen geleistet werden können, ohne meine Frau und meine Tochter unzumutbar zu schädigen.‹ Diese Klausel wäre vermutlich sowieso nicht in Betracht gekommen: Allein die Steuern, die 1980 auf das Vermögen zu bezahlen waren, beliefen sich auf über eine Million Dollar.

Auffällig war eine Unterlassung irgendwelcher Bestimmungen zu wohltätigen Zwecken – und das Traurigste war, daß entgegen allen oft wiederholten Versprechungen, die seinen ihm über lange Jahre ergebenen Mitarbeiter gemacht worden waren, keinerlei Vorkehrungen für irgendeine Person außerhalb der Familie getroffen waren, mit Ausnahme der für drei frühere Bedienstete. Es war ein umfangreiches, kompliziertes und nicht unbedingt erbauliches Dokument, das die Rechtsanwälte im März mit sich nahmen.

Allmählich verebbte die große letzte Schlacht. Die Arthritis hatte seinen Körper in ein Wrack verwandelt, aber Anfang April ließen merkwürdigerweise die Schmerzen nach. Er schlief länger und tiefer, aber dann begann seine Leber zu versagen, die Nierenfunktion verlangsamte sich, und sein ermüdetes, vergrößertes Herz reagierte nicht länger auf die moderne Erfindung, die er anfangs so stolz getragen hatte.

In der Nacht vom 28. auf den 29. April wurde der Arzt gerufen, und am frühen Morgen hatte sich still die Familie versammelt. »Ich ziehe mich von der Arbeit zurück, wenn ich sterbe«, hatte Hitchcock vor noch nicht allzulanger Zeit gesagt. »Man kennt nie das Ende. Man muß sterben, um genau zu wissen, was nach dem Tod geschieht, obwohl Katholiken da ihre Hoffnungen haben.«

Das Ende kam um 9.17 Uhr am Morgen des 29. April 1980 ohne Spannung und ohne Gewalt. Mit dem Schrecken hatte er schließlich schon jahrelang verkehrt – in seinen Träumen und in seiner Kunst. Es war, wie so oft, ein stiller, kaum wahrnehmbarer Moment, als habe er einen Blick jenes wolkenlosen Horizonts erhascht, der schon immer sein Bild für heitere Gelassenheit gewesen war. Es war, als ob frühere, fast vergessene Hoffnungen endlich wieder zurückgekommen waren, um sich zu versammeln und ihn nicht, im letzten Augenblick, alleine zu lassen in der Dunkelheit.

Die Filme Alfred Hitchcocks

Die folgenden Abkürzungen werden bei den Angaben zu jeder einzelnen Produktion verwendet. Sie bedeuten:

P:	Produzent(en)
MP:	Mit-Produzent(en)
D:	Drehbuch von...
CK:	Chefkameramann(-männer)
C:	Cutter
A:	Art Director/Produktionsdesigner
FD:	Filmbautendesigner
K:	Kostümentwurf
M:	Filmmusik
SE:	Spezialeffekte
RA:	Regieassistent(en)
S:	Szenenanschlußüberwachung/Continuity
DI:	Dekorationsdesigner (Innenszenen)
S/W:	Schwarz/weiß-Film
FF:	Farbfilm

Nach jedem Spielfilmtitel werden zwei Jahreszahlen angegeben: *prod.* zeigt das Jahr an, in dem der Film gedreht (produziert) wurde; *rel.* gibt das Jahr der ersten öffentlichen Vorführung an.

STUMMFILME

The Pleasure Garden (A Gainsborough-Emelka Picture; *prod.* 1925/*rel.* 1927)
P: Michael Balcon. *D:* Eliot Stannard, nach einem Roman von Oliver Sandys. *CK:* Baron [Giovanni] Vertimiglia. *DI:* Emelka. *S/W.*
Darsteller:

Patsy Brand	Virginia Valli
Jill Cheyne	Carmelita Geraghty
Levett	Miles Mander
Hugh Fielding	John Stuart
Native girl	Nita Naldi

und mit Frederick Martini und Florence Helminger.

The Mountain Eagle (A Gainsborough-Emelka Picture; *prod.* 1925/*rel.* 1927)
P: Michael Balcon. *D:* Eliot Stannard. *CK:* Baron [Giovanni] Ventimiglia. *DI:* Emelka. *S/W.*
Darsteller:

Pettigrew	Bernard Goetzke
Beatrice	Nita Naldi
Fear o' God	Malcolm Keen
Edward	John Hamilton

(In den USA unter dem Titel *Fear o' God* verliehen)

The Lodger: A Story of the London Fog (A Gainsborough Picture; *prod.* 1926/*rel.* 1927)
P: Michael Balcon. *D:* Eliot Stannard, nach dem Roman *The Lodger* von Marie Belloc Lowndes. *CK:* Baron [Giovanni] Ventimiglia. *RA:* Alma Reville. *A:* C. Wilfried Arnold, Bertram Evans. *C/Titel:* Ivor Montagu. *Titel-Designs:* E. McKnight Kauffer. *DI:* Islington. *S/W.*
Darsteller:

The landlady	Marie Ault
Her husband	Arthur Chesney
Daisy Bunting, a mannequin	June
Joe, a police detective	Malcolm Keen
The lodger	Ivor Novello

Downhill (A Gainsborough Picture; *prod./rel.* 1927)
P: Michael Balcon. *D:* Eliot Stannard, nach einem Theaterstück von David LeStrange (pseud. von Ivor Novello und Constance Collier). *CK:* Claude McDonell. *C:* Ivor Montagu. *DI:* Islington. *S/W.*
Darsteller:

Roddy Berwick	Ivor Novello
Tim Wakely	Robin Irvine
Lady Berwick	Lillian Braithwaite
Julia	Isabel Jeans
Archie	Ian Hunter

(In den USA unter dem Titel *When Boys Leave Home* verliehen)

Easy Virtue (A Gainsborough Picture; *prod./rel.* 1927)
P: Michael Balcon. *D:* Eliot Stannard, nach einem Theaterstück von Noël Coward. *CK:* Claude McDonell. *C:* Ivor Montagu. *DI:* Islington. *S/W.*
Darsteller:

Larita Filton	Isabel Jeans
Her husband	Franklyn Dyall
The artist	Eric Bransby Williams
Counsel for the plaintiff	Ian Hunter
John Whittaker	Robin Irvine
His mother	Violet Farebrother

und mit Benita Hume.

The Ring (A British International Picture; *prod./rel.* 1927)
P: John Maxwell. *D:* Alfred Hitchcock. *S:* Alma Reville. *CK:* John J. Cox. *DI:* Elstree. *S/W.*
Darsteller:

Jack Sanders	Carl Brisson
Nellie	Lillian Hall Davis
The champion	Ian Hunter

und mit Harry Terry, Gordon Harker, Forrester Harvey und Tom Helmore.

The Farmers' Wife (A British International Picture; *prod.* 1927/*rel.* 1928)
P: John Maxwell. *D:* Alfred Hitchcock, nach einem Theaterstück von Eden Phillpott. *CK:* John J. Cox. *C:* Alfred Booth. *DI:* Elstree. *S/W*.
Darsteller.

Farmer Sweetland	Jameson Thomas
Araminta Dench	Lillian Hall Davis
Churdles Ash	Gordon Harker
Thirza Tapper	Maud Gill
Widow Windeat	Louise Pounds

und mit Olga Slade und Antonia Brough.

Champagne (A British International Picture; *prod./rel.* 1928)
P: John Maxwell. *D:* Eliot Stannard. Adaptation: Alfred Hitchcock, nach einer Geschichte von Walter C. Mycroft. *CK:* John J. Cox. *A:* C. W. Arnold. *RA:* Frank Mills. *DI:* Elstree. *S/W*.
Darsteller:

The girl	Betty Balfour
The boy	Jean Bradin
The man	Theo Von Alten
The father	Gordon Harker

The Manxman (A British International Picture; *prod.* 1928/*rel.* 1929)
P: John Maxwell. *D:* Eliot Stannard, nach einem Roman von Hall Caine. *CK:* John J. Cox. *RA:* Frank Mills. *DI:* Elstree. *S/W*.
Darsteller:

Pete	Karl Brisson
Philip	Malcolm Keen
Kate	Anny Ondra
Her Father	Randle Ayrton

TONFILME

Blackmail (Erpressung) (A British International Picture; *prod./rel.* 1929)
P: John Maxwell. *D:* Alfred Hitchcock, nach einem Theaterstück von Charles Bennett. *Dialoge:* Benn W. Levy. *CK:* John J. Cox. *A:* C. W. Arnold. *C:* Emile de Ruelle. *RA:* Frank Mills. *M:* Campbell und Connelly. *DI:* Elstree. *S/W*.
Darsteller:

Alice White	Anny Ondra (Stimme: Joan Barry)
Mrs. White	Sara Allgood
Mr. White	Charles Paton
Detective Frank Webber	John Longden
Tracy, the blackmailer	Donald Calthrop
The artist	Cyril Ritchard
The landlady	Hannah Jones
The neighbor	Phyllis Monkman
Chief inspector	Harvey Braban

Juno and the Paycock (A British International Picture; *prod./rel.* 1930)
P: John Maxwell. *Adaptation:* Alfred Hitchcock und Alma Reville, nach einem Theaterstück von Sean O'Casey. *CK:* John J. Cox. *A:* Norman Arnold. *DI:* Elstree. *S/W*.
Darsteller:

Juno	Sara Allgood
Captain Boyle	Edward Chapman
Mrs. Madigan	Maire O'Neill
Joxer	Sidney Morgan

Murder! (A British International Picture; *prod./rel.* 1930)
P: John Maxwell. *Adaptation:* Alfred Hitchcock und Walter Mycroft, Nach dem Roman und Theaterstück *Enter Sir John* von Clemence Dane und Helen Simpson. *CK:* John J. Cox. *A:* J. F. Mead. *RA:* Frank Mills. *D:* Alma Reville. *M:* John Reynders. *C:* Rene Marrison, Emile de Ruelle. *DI:* Elstree. *S/W*.
Darsteller:

Diana Baring	Norah Baring
Sir John Menier	Herbert Marshall
Gordon Druce	Miles Mander
Handel Fane	Esme Percy

und mit Edward Chapman, Phyllis Konstam, Hannah Jones und Una O'Connor.

Sir John greift ein (deutsche Fassung von **Murder!**)
Technischer Stab wie oben. Darsteller: Alfred Abel, Olga Tschechowa, Paul Graetz, Lotte Stein, Ekkehard Arendt, Jack Mylong-Münz, Louis Ralph, Hermine Sterler, Fritz Alberti, Hertha von Walter.

The Skin Game (A British International Picture; *prod.* 1930–1931/*rel.* 1931)
P: John Maxwell. *Adaptation:* Alfred Hitchcock. *D:* Alma Reville, nach einem Theaterstück von John Galsworthy. *CK:* John J. Cox. *A:* J. B. Maxwell. *RA:* Frank Mills. *DI:* Elstree. *S/W.*
Darsteller:

Mr. Hillcrist	C. V. France
Mrs. Hillcrist	Helen Haye
Mr. Hornblower	Edmund Gwenn
Jill	Jill Esmond

und mit John Longden und Phyllis Konstam.

Number Seventeen (A British International Picture; *prod.* 1931/*rel.* 1932)
P: John Maxwell. *D:* Alma Reville, Alfred Hitchcock und Rodney Ackland, nach einem Theaterstück von J. Jefferson Farjeon. *CK:* John J. Cox, Brian Langley. *A:* C. W. Arnold. *RA:* Frank Mills. *C:* A. C. Hammond. *M:* A. Hallis. *DI:* Elstree. *S/W.*
Darsteller:

Ben	Leon M. Lion
The girl	Anne Grey
The detective	John Stuart

und mit Donald Calthrop, Barry Jones, Ann Casson, Henry Caine und Garry Marsh.

Rich and Strange (deutscher Fernsehtitel: **Endlich sind wir reich**) (A British International Picture; *prod./rel.* 1932)
P: John Maxwell. *Adaptation:* Alfred Hitchcock. *D:* Alma Reville. *CK:* John J. Cox, Charles Martin. *Zusätzlicher Dialog:* Val Valentine. *A:* C. W. Arnold. *C:* Rene Marrison, Winifred Cooper. *RA:* Frank Mills. *M:* Hal Dolphe. *DI:* Elstree. *S/W.*
Darsteller:

Fred Hill	Henry Kendall
Emily Hill	Joan Barry
Com. Gordon	Percy Marmont
The »princess«	Betty Amann
The old maid	Elsie Randolph

(In den USA als *East of Shangai* verliehen)

Waltzes from Vienna (A Tom Arnold Production; *prod./rel.* 1933)
P: Tom Arnold. *D:* Alma Reville und Guy Bolton, nach einem Theaterstück von Bolton. *M:* Johann Strauss. *A:* Alfred Junge. *FD:* Peter Proud. *DI:* Lime Grove. *S/W.*
Darsteller:

Rasi	Jessie Matthews
Strauss the younger	Esmond Knight
Strauss the elder	Edmund Gwenn
The prince	Frank Vosper
The countess	Fay Compton

(In den USA als *Strauss's Great Waltz* verliehen)

The Man Who Knew Too Much (A Gaumont-British Picture; *prod./rel.* 1934)
P: Michael Balcon. *MP:* Ivor Montagu. *D:* Edwin Greenwood und A. R. Rawlinson, nach einer Geschichte von Charles Bennett und D. B. Wyndham Lewis. *Zusätzlicher Dialog:* Emlyn Williams. *CK:* Curt Courant. *A:* Alfred Junge. *C:* H. St. C. Steward. *M:* Arthur Benjamin. *DI:* Lime Grove. *S/W.*
Darsteller:

Bob Lawrence	Leslie Banks
Jill Lawrence	Edna Best
Betty Lawrence	Nova Pilbeam
Abbott	Peter Lorre
Ramon	Frank Vosper
Clive	Hugh Wakefield
Louis Bernard	Pierre Fresnay
Nurse Agnes	Cicely Oates

und mit D. A. Clarke Smith und George Curzon.

The 39 Steps (39 Stufen) (A Gaumont-British Picture; *prod./rel.* 1935)
P: Michael Balcon. *MP:* Ivor Montagu. *Adaptation:* Charles Bennett, nach dem Roman *The Thirty-Nine Steps* von John Buchan. *S:* Alma Reville. *Dialoge:* Ian Hay. *CK:* Bernard Knowles. *A:* O. Werndorff. *C:* D. N. Twist. *M:* Louis Levy. *DI:* Lime Grove. *S/W.*

Darsteller:

Richard Hannay	Robert Donat
Pamela	Madeleine Carroll
Annabella Smith	Lucie Mannheim
Prof. Jordan	Godfrey Tearle
The crofter	John Laurie
His wife	Peggy Ashcroft
Mrs. Jordan	Helen Haye
The sheriff	Frank Cellier
Mr. Memory	Wylie Watson

und mit Gus MacNaughton, Jerry Verno und Peggy Simpson.

Secret Agent (A Gaumont-British Picture; *prod.* 1935/*rel.* 1936)
P: Michael Balcon. *MP:* Ivor Montagu. *D:* Charles Bennett, nach dem Theaterstück von Campbell Dixon und den Geschichten von Somerset Maugham. *Dialoge:* Ian Hay, Jesse Lasky, Jr. *S:* Alma Reville. *CK:* Bernard Knowles. *A:* O. Werndorff. *C:* Charles Frend. *M:* Louis Levy. *DI:* Lime Grove. *S/W.*
Darsteller:

Edgar Brodie / Richard Ashenden	John Gielgud
Elsa	Madeleine Carroll
The general	Peter Lorre
Marvin	Robert Young
Caypor	Percy Marmont
Mrs. Caypor	Florence Kahn

und mit Charles Carson, Lilli Palmer und Michel Saint-Denis.

Sabotage (A Gaumont-British Picture; *prod./rel* 1936)
P: Michael Balcon. *MP:* Ivor Montagu. *D:* Charles Bennett, nach dem Roman *The Secret Agent* von Joseph Conrad. *Dialoge:* Ian Hay, Helen Simpson. *S:* Alma Reville. *CK:* Bernard Knowles. *C:* Charles Frend. *A:* O. Werndorff. *M:* Louis Levy. *Trickfilmsequenz* von Walt Disney's *Who Killed Cock Robin? DI:* Lime Grove. *S/W.*
Darsteller:

Mrs. Verloc	Sylvia Sidney
Mr. Verloc	Oscar Homolka
Stevie	Desmond Tester
Ted Spenser	John Loder
Renee	Joyce Barbour

und mit William Dewhurst, Martita Hunt und Peter Bull.
(In den USA als *The Woman Alone* verliehen)

Young and Innocent (A Gaumont-British Picture; *prod.* 1937/*rel.* 1938)
P: Edward Black. *D:* Charles Bennett, Edwin Greenwood und Anthony Armstrong, nach dem Roman *A Shilling for Candles* von Josephine Tey. *Dialoge:* Gerald Savory. *S:* Alma Reville. *CK:* Bernard Knowles. *C:* Charles Frend. *A:* Alfred Junge. *M:* Louis Levy. *DI:* Limegrove and Pinewood. *S/W.*
Darsteller:

Erica Burgoyne	Nova Pilbeam
Robert Tisdall	Derrick de Marney
Col. Burgoyne	Percy Marmont
Old Will	Edward Rigby
Erica's aunt	Mary Clare
Det. Insp. Kent	John Longden
Guy	George Curzon
Erica's uncle	Basil Radford
Christine	Pamela Carme

(In USA als *The Girl Was Young* verl.)

The Lady Vanishes (Eine Dame verschwindet) (A Gaumont-British Picture; *prod.* 1937/*rel.* 1938)
P: Edward Black. *D:* Sidney Gilliat und Frank Launder, nach dem Roman *The Wheel Spins* von Ethel Lina White. *S:* Alma Reville. *CK:* John J. Cox. *C:* R. E. Dearing. *FD:* Vetchinsky. *M:* Louis Levy. *DI:* Islington. *S/W.*
Darsteller:

Iris Henderson	Marg. Lockwood
Gilbert	Michael Redgrave
Miss Froy	Dame May Whitty
Dr. Hartz	Paul Lukas
Mr. Todhunter	Cecil Parker
His mistress	Linden Travers
Caldicott	Naunton Wayne
Charters	Basil Radford
Baroness	Mary Clare
The »nun«	Catherine Lacey

und mit Josephine Wilson, Kathleen Tremaine, Emile Boreo und G. Withers.

Jamaica Inn (Riff-Piraten) (An Erich Pommer Production; *prod.* 1938/*rel.* 1939)
P: Erich Pommer. *D:* Sidney Gilliat und Joan Harrison, nach einem Roman von Daphne du Maurier. *S:* Alma Reville. *Zusätzlicher Dialog:* J. B. Priestley. *CK:* Harry Stradling, Bernard Knowles. *FD:* Tom Morahan. *K:* Molly McArthur. *M:* Eric Fenby. *DI:* Elstree. *S/W.*

Darsteller:

Sir Humphrey Pengallan	Charles Laughton
Joss Merlyn	Leslie Banks
Patience, his wife	Marie Ney
Mary, his niece	Maureen O'Hara
Harry	Emlyn Williams
Salvation	Wylie Watson
Thomas	Mervyn Johns

und mit Edwin Greenwood und Stephen Haggard.

Rebecca (Rebekka) (A Production of the Selznick Studio; *prod.* 1939/*rel.* 1940)
P: David O. Selznick. *D:* Robert E. Sherwood und Joan Harrison, nach einem Roman von Daphne du Maurier. *Adaptation:* Philip MacDonald, Michael Hogan. *CK:* George Barnes. *M:* Franz Waxman. *A:* Lyle Wheeler. *FD:* Joseph B. Platt. *SE:* Jack Cosgrove. *C:* James Newcom, Hal Kern. *RA:* Edmond Bernoudy. *DI:* Selznick Studios. *S/W.*
Darsteller:

Maxim de Winter	Laurence Olivier
His wife	Joan Fontaine
Mrs. Danvers	Judith Anderson
Jack Favell	George Sanders
Mrs. Van Hopper	Florence Bates
Giles Lacey	Nigel Bruce
Beatrice Lacey	Gladys Cooper

und mit C. Aubrey Smith, Melville Cooper, Leo G. Carroll, Forrester Harvey, Reginald Denny, Lumsden Hare, Philip Winter und Edward Fielding.

Foreign Correspondent (Mord) (A Wanger Production; *prod./rel.* 1940)
P: Walter Wanger. *D:* Charles Bennett, Joan Harrison. *Dialoge:* James Hilton, Robert Benchley. *M:* Alfred Newman. *A:* Alexander Golitzen. *CK:* Rudolph Maté. *SE:* Paul Eagler. *C:* Otho Lovering, Dorothy Spencer. *Spezialeffekte:* William Cameron Menzies. *FD:* Julia Heron. *K:* I. Magnin. *RA:* Edmond Bernoudy. *DI:* Goldwyn Studios. *S/W.*

Darsteller:

Johnny Jones/ H. Haverstock	Joel McCrea
Carol Fisher	Laraine Day
Stephen Fisher	Herbert Marshall
ffolliott	George Sanders
Van Meer	Albert Bassermann
Stebbins	Robert Benchley
Rowley	Edmund Gwenn
Mr. Powers	Harry Davenport
Krug	Eduardo Ciannelli

und mit Eddie Conrad, Frances Carson, Martin Kosleck, Gertrude W. Hoffman, Emory Parnell, Ian Wolfe, Eily Malyon und E. E. Clive.

Mr. and Mrs. Smith (Mr. und Mrs. Smith) (An RKO Radio Picture; *prod.* 1940/*rel.* 1941)
P: Harry E. Edington. *Geschichte und D:* Norman Krasna. *M:* Edward Wand. *CK:* Harry Stradling. *A:* Van Nest Polglase. *SE:* Vernon L. Walker. *K:* Irene. *FD:* Darrell Silvera. *C:* William Hamilton. *RA:* Dewey Starkey. *DI:* RKO Studios. *S/W.*
Darsteller:

Ann Krausheimer Smith	Carole Lombard
David Smith	R. Montgomery
Jeff Custer	Gene Raymond
His parents	Philip Merivale, Lucile Watson
Chuck Benson	Jack Carson

Suspicion (Verdacht) (An RKO Radio Picture; *prod./rel.* 1941)
P: Harry E. Edington. *D:* Samson Raphaelson, Joan Harrison und Alma Reville, nach dem Roman *Before the Fact* von Francis Iles. *CK:* Harry Stradling. *M:* Franz Waxman. *SE:* Vernon L. Walker. *A:* Van Nest Polglase. *FD:* Darrell Silvera. *C:* William Hamilton. *RA:* Dewey Starkey. *DI:* RKO Studios. *S/W.*
Darsteller:

Lina McLaidlaw	Joan Fontaine
Johnny Aysgarth	Cary Grant
General McLaidlaw	Sir Cedric Hardwicke
Mrs. McLaidlaw	Dame May Whitty
Beaky Thwaite	Nigel Bruce
Mrs. Newsham	Isabel Jeans

und mit Heather Angel, Auriol Lee und Leo G. Carroll.

Saboteur (Saboteure) (A Frank Lloyd Production for Universal; *prod./rel.* 1942)
P: Frank Lloyd. *MP:* Jack H. Skirball. *D:* Peter Viertel, Joan Harrison, Dorothy Parker. *CK:* Joseph Valentine. *A:* Jack Otterson, Robert Boyle. *C:* Otto Ludwig. *M:* Frank Skinner. *RA:* Fred Rank. *DI:* Universal. *S/W.*
Darsteller.

Barry Kane	Robert Cummings
Pat Martin	Priscilla Lane
Charles Tobin	Otto Krüger
Mrs. Van Sutton	Alma Krüger
Fry	Norman Lloyd

Shadow of a Doubt (Im Schatten des Zweifels) (A Jack H. Skirball Production for Universal; *prod.* 1942/*rel.* 1943)
P: Jack H. Skirball. *D:* Thornton Wilder, Sally Benson und Alma Reville, nach einer Geschichte von Gordon McDonnell. *CK:* Joseph Valentine. *M:* Dimitri Tiomkin. *A:* John B. Goodman, Robert Boyle. *FD:* R. A. Gausman, E. R. Robinson. *C:* Milton Carruth. *K:* Adrian / Vera West. *RA:* William Tummell. *DI:* Universal. *S/W.*
Darsteller:

Uncle Charlie Oakley	Joseph Cotten
Charlie Newton	Teresa Wright
Jack Graham	MacDonald Carey
Emma Newton	Patricia Collinge
Joe Newton	Henry Travers
Herb Hawkins	Hume Cronyn
Ann Newton	Edna May Wonacott
Roger Newton	Charles Bates
Fred Saunders	Wallace Ford

und mit Eily Malyon und Estelle Jewell.

Lifeboat (A 20th Century-Fox Picture; *prod.* 1943/*rel.* 1944)
P: Kenneth Macgowan. *D:* Jo Swerling, nach einer Geschichte von John Steinbeck. *CK:* Glen MacWilliams. *A:* James Bavesi, Maurice Ransford. *FD:* Thomas Little, Frank E. Hughes. *C:* Dorothy Spencer. *SE:* Fred Sersen. *Technischer Berater:* Thomas Fitzsimmons (National Maritime Union). *M:* Hugo W. Friedhofer. *K:* Rene Hubert. *DI:* 20th Century-Fox. *S/W.*
Darsteller:

Constance Porter	Tallulah Bankhead
Kovac	John Hodiak
Gus	William Bendix
Willie	Walter Slezak
Alice MacKenzie	Mary Anderson
Stanley Garrett	Hume Cronyn
Charles J. Rittenhouse	Henry Hull
Mrs. Higgins	Heather Angel
Joe Spencer	Canada Lee

Spellbound (Ich kämpfe um dich) (A Selznick International Picture; *prod.* 1944/*rel.* 1945)
P: David O. Selznick. *D:* Ben Hecht, nach dem Roman *The House of Dr. Edwardes* von Francis Beeding. *Adaptation:* Angus MacPhail. *CK:* George Barnes. *M:* Miklos Rozsa. *A:* James Basevi. *C:* Hal Kern. *SE:* Jack Cosgrove. *FD:* Emile Kuri. *Traumsequenzen* basieren auf Designs von Salvador Dalí. *RA:* Lowell J. Farrell. *Psychiatrischer Berater:* May E. Romm, M. D. *DI:* Selznick Studios. *S/W.*
Darsteller:

Dr. Constance Petersen	Ingrid Bergman
John Ballantyne	Gregory Peck
Dr. Murchison	Leo G. Carroll
Garmes	Norman Lloyd
Mary Carmichael	Rhonda Fleming
Dr. Alex Brulov	Michael Chekhov
Dr. Fleurot	John Emery

und mit Bill Goodwin, Art Baker und Wallace Ford.

Notorious (ex: Weißes Gift, neu: Berüchtigt) (An RKO Radio Picture; *prod.* 1945–1946/*rel.* 1946)
P: Alfred Hitchcock. *D:* Ben Hecht. *CK:* Ted Tetzlaff. *SE:* Vernon L. Walker, Paul Eagler. *A:* Albert S. D'Agostino, Carroll Clark. *FD:* Darrell Silvera, Claude Carpenter. *M:* Roy Webb. *C:* Theron Warth. *K:* Edith Head. *RA:* William Dorfman. *DI:* RKO. *S/W.*

Darsteller:

Alicia Huberman	Ingrid Bergman
T. R. Devlin	Cary Grant
Alexander Sebastian	Claude Rains
Madame Sebastian	Leopoldine Konstantin
Paul Prescott	Louis Calhern
Dr. Anderson	Reinhold Schünzel
Eric Mathis	Ivan Triesault
Joseph	Alex Minotis
Hupka	Eberhard Krumschmidt
Commodore	Sir Charles Mendl
Walter Beardsley	Moroni Olsen
Dr. Barbosa	Ricardo Costa

The Paradine Case (Der Fall Paradine) (A David O. Selznick/Vanguard Film; *prod.* 1946–1947/*rel.* 1947)

P: David O. Selznick. *D:* David O. Selznick, nach einem Roman von Robert Hichens. *Adaptation:* Alma Reville. *CK:* Lee Garnes. *Production Designer:* J. MacMillan Johnson. *A:* Tom Morahan. *FD:* Joseph B. Platt, Emile Kuri. *SE:* Clarence Slifer. *RA:* Lowell J. Farrell. *K:* Travis Banton. *M:* Franz Waxman. *C:* Hal Kern, John Faure. *DI:* RKO. *S/W.*

Darsteller:

Mrs. Paradine	Alida Valli
Anthony Keane	Gregory Peck
Gay, his wife	Ann Todd
Lord Horfield	Charles Laughton
Lady Horfield	Ethel Barrymore
Sir Simon Flaquer	Charles Coburn
Judy Flaquer, his daughter	Joan Tetzel
Andre Latour	Louis Jourdan

und mit Leo G. Carroll, John Williams und Isobel Elsom.

Rope (Cocktail für eine Leiche) (A Transatlantic Picture; *prod./rel.* 1948)

P: Alfred Hitchcock, Sidney Bernstein. *Adaptation:* Hume Cronyn, nach einem Theaterstück von Patrick Hamilton. *D:* Arthur Laurents. *CK:* Joseph Valentine, William V. Skall. *A:* Perry Ferguson. *FD:* Emile Kuri, Howard Bristol. *C:* William H. Ziegler. *RA:* Lowell J. Farrell. *M:* Francis Poulenc, Leo F. Forbstein. *DI:* Warner Brothers. *FF.*

Darsteller:

Rupert Cadell	James Stewart
Brandon	John Dall
Philip	Farley Granger
Mr. Kentley	Sir Cedric Hardwicke
Mrs. Atwater	Constance Collier
Kenneth	Douglas Dick
Mrs. Wilson	Edith Evanson
Janet	Joan Chandler
David Kentley	Dick Hogan

Under Capricorn (Sklavin des Herzens) (A Transatlantic Picture; *prod.* 1948/*rel.* 1949)

P: Alfred Hitchcock, Sidney Bernstein. *Adaptation:* Hume Cronyn. *D:* James Bridie, nach dem Theaterstück von John Colton und Margaret Linden und nach einem Roman von Helen Simpson. *CK:* Jack Cardiff. *A:* Tom Morahan. *K:* Roger Furse. *C:* A. S. Bates. *RA:* C. Foster Kemp. *S:* Peggy Singer. *M:* Richard Addinsell. *DI:* Elstree. *FF.*

Darsteller:

Sam Flusky	Joseph Cotten
Lady Henrietta Flusky	Ingrid Bergman
Charles Adare	Michael Wilding
Milly	Margaret Leighton
Governor	Cecil Parker
Corrigan	Denis O'Dea

Stage Fright (Die rote Lola) (A Warner Brothers-First National Picture; *prod.* 1949/*rel.* 1950)

P: Alfred Hitchcock. *Adaptation:* Alma Reville. *D:* Whitfield Cook, nach dem Roman *Man Running* von Selwyn Jepson. *CK:* Wilkie Cooper. *A:* Terence Verity. *C:* E. B. Jarvis. *M:* Leighton Lucas. *S:* Peggy Singer. *DI:* Elstree. *S/W.*

Darsteller:

Charlotte Inwood	Marlene Dietrich
Eve Gill	Jane Wyman
Wilfrid Smith	Michael Wilding
Jonathan Cooper	Richard Todd
Commodore Gill	Alastair Sim
Mrs. Gill	Sybil Thorndike
Nellie Good	Kay Walsh
Chubby Bannister	Patricia Hitchcock

und mit Joyce Grenfell, Miles Malleson, Hector MacGregor, Ballard Berkeley und André Morell.

Strangers on a Train (ex: Verschwörung im Nordexpreß, neu: Der Fremde im Zug) (A Warner Brothers-First National Picture; *prod.* 1950/*rel.* 1951)
P: Alfred Hitchcock. *Adaptation:* Whitfield Cook. *D:* Raymond Chandler und Czenzi Ormonde, nach einem Roman von Patricia Highsmith. *CK:* Robert Burks. *A:* Edward S. Haworth. *C:* William Ziegler. *FD:* George James Hopkins. *SE.* H. F. Koenekamp. *M:* Dimitri Tiomkin. *DI:* Warner Brothers. *S/W.*
Darsteller:

Bruno Anthony	Robert Walker
Guy Haines	Farley Granger
Miriam Haines	Laura Elliott
Ann Morton	Ruth Roman
Barbara Morton	Patricia Hitchcock
Senator Morton	Leo G. Carroll
Mrs. Anthony	Marion Lorne

und mit Jonathan Hale und Norma Varden.

I Confess (ex: Ich beichte, neu: Zum Schweigen verurteilt) (A Warner Brothers-First National Picture; *prod.* 1952/*rel.* 1953)
P: Alfred Hitchcock. *D:* George Tabori und William Archibald, nach dem Theaterstück *Nos Deux Consciences* von Paul Anthelme. *CK:* Robert Burks. *A:* Edward S. Haworth. *C:* Rudi Fehr. *FD:* George James Hopkins. *RA:* Don Page. *M:* Dimitri Tiomkin. *DI:* Warner Brothers. *S/W.*
Darsteller:

Father Michael Logan	Montgomery Clift
Ruth Grandfort	Anne Baxter
Inspector Larrue	Karl Malden
Pierre Grandfort	Roger Dann
Otto Keller	O. E. Hasse
Alma Keller	Dolly Haas
Willy Robertson	Brian Aherne

Dial »M« for Murder (Bei Anruf Mord) (A Warner Brothers-First National Picture; *prod.* 1953/*rel.* 1954)
P: Alfred Hitchcock. *D:* Frederick Knott, nach seinem Theaterstück. *CK:* Robert Burks. *A:* Edward Carrera. *C:* Rudi Fehr. *FD:* George James Hopkins. *RA:* Mel Dellar. *M:* Dimitri Tiomkin. *DI:* Warner Brothers. *FF und 3-D.*
Darsteller:

Tony Wendice	Ray Milland
Margot Wendice	Grace Kelly
Mark Halliday	Robert Cummings
Lesgate (Swann)	Anthony Dawson
Inspector Hubbard	John Williams

und mit Leo Britt, Patrick Allen, George Leigh, George Alderson und Robin Hughes.

Rear Window (Das Fenster zum Hof) (A Paramount Release; *prod.* 1953/*rel.* 1954)
P: Alfred Hitchcock. *D:* John Michael Hayes, nach einer Kurzgeschichte von Cornell Woolrich. *CK:* Robert Burks. *A:* Hal Pereira, Joseph MacMillan Johnson. *SE:* John P. Fulton. *FD:* Sam Comer, Ray Moyer. *RA:* Herbert Coleman. *C:* George Tomasini. *K:* Edith Head. *M:* Franz Waxman. *DI:* Paramount. *FF.*
Darsteller:

L. B. Jeffries	James Stewart
Lisa Carol Freemont	Grace Kelly
Stella	Thelma Ritter
Tom Doyle	Wendell Corey
Lars Thorwald	Raymond Burr
Mrs. Thorwald	Irene Winston
Miss Lonelyhearts	Judith Evelyn
The composer	Ross Bagdasarian
Miss Torso	Georgine Darcy
Miss Sculptress	Jesslyn Fax

und mit Sara Berner, Frank Cady, Rand Harper, Havis Davenport und Anthony Ward.

To Catch a Thief (Über den Dächern von Nizza) (A Paramount Picture; *prod.* 1954/*rel.* 1955)
P: Alfred Hitchcock. *D:* John Michael Hayes, nach einem Roman von David Dodge. *CK:* Robert Burks. *Regisseur des zweiten Aufnahmeteams:* Herbert Coleman. *A:* Hal Pereira, Joseph MacMillan Johnson. *SE:* John P. Fulton. *CK des zweiten Aufnahmeteams:* Wallace Kelley. *Process-Fotografie:* Farciot Edouart. *FD:* Sam Comer, Arthur Krams. *C:* George Tomasini. *RA:* Daniel McCauley. *M:* Lyn Murray. *K:* Edith Head. *DI:* Paramount. *FF.*

Darsteller:

John Robie	Cary Grant
Frances Stevens	Grace Kelly
Jessie Stevens	Jessie Royce Landis
H. H. Hughson	John Williams
Danielle Foussard	Brigitte Auber
Bertani	Charles Vanel

und mit René Blancard.

The Trouble with Harry (Immer Ärger mit Harry) (A Paramount Release; *prod.* 1954/*rel.* 1955)
P: Alfred Hitchcock. *D:* John Michael Hayes, nach einem Roman von J. Trevor Story. *CK:* Robert Burks. *RA:* Howard Joslin. *C:* Alma Macrorie. *M:* Bernard Herrmann. *K:* Edith Head. *MP:* Herbert Coleman. *DI:* Paramount. *FF.*
Darsteller:

Capt. Albert Wiles	Edmund Gwenn
Sam Marlowe	John Forsythe
Jennifer Rogers	Shirley MacLaine
Miss Graveley	Mildred Natwick
Mrs. Wiggs	Mildred Dunnock
Arnie Rogers	Jerry Mathers
Calvin Wiggs	Royal Dano
Millionaire	Parker Fennelly
Harry	Philip Truex

The Man Who Knew Too Much (Der Mann, der zuviel wußte) (A Paramount Release; *prod.* 1955/*rel.* 1956)
P: Alfred Hitchcock. *MP:* Herbert Coleman. *D:* John Michael Hayes, nach einer Geschichte von Charles Bennett und D. B. Wyndham Lewis. *CK:* Robert Burks. *C:* George Tomasini. *A:* Hal Pereira, Henry Bumstead. *SE:* John P. Fulton. *FD:* Sam Comer, Arthur Krams. *K:* Edith Head. *RA:* Howard Joslin. *M:* Bernard Herrmann; »Storm Cloud Cantata« von Arthur Benjamin und D. B. Wyndham Lewis. *Lieder:* »Whatever Will Be« und »We'll Love Again« von Jay Livingston und Ray Evans. *DI:* Paramount. *FF.*
Darsteller:

Dr. Ben McKenna	James Stewart
Jo McKenna	Doris Day
Hank McKenna	Christopher Olsen
Mr. Drayton	Bernard Miles
Mrs. Drayton	Brenda de Banzie
Rien, the assassin	Reggie Nalder
Louis Bernard	Daniel Gélin

und mit Ralph Truman, Mogens Wieth, Hilary Brooke, Carolyn Jones, Alan Mowbray, Richard Wattis und Alix Talton.

The Wrong Man (Der falsche Mann) (A Warner Brothers-First National Picture; *prod./rel.* 1956)
P: Alfred Hitchcock. *MP:* Herbert Coleman. *D:* Maxwell Anderson und Angus MacPhail, nach einer Geschichte von Anderson. *CK:* Robert Burks. *C:* George Tomasini. *A:* Paul Sylbert. *RA:* Daniel J. McCauley. *FD:* William L. Kuehl. *M:* Bernard Herrmann. *DI:* Warner Brothers. *S/W.*
Darsteller:

Christopher Emmanuel Balestrero	Henry Fonda
Rose Balestrero	Vera Miles
Frank O'Connor	Anthony Quayle
Mrs. Balestrero	Esther Minciotti
Lt. Bowers	Harold J. Stone
Tomasini	John Heldabrand
Mrs. James	Doreen Lang
Constance Willis	Laurinda Barrett
Betty Todd	Norma Connolly
Olga Conforti	Lola D'Annunzio
Gene Conforti	Nehemiah Persoff
Gregory Balestrero	Robert Essen
Robert Balestrero	Kippy Campbell
Judge	Dayton Lummis
Det. Matthews	Charles Cooper
Miss Dennerly	Peggy Webber
Daniell	Richard Robbins

Vertigo (Aus dem Reich der Toten) (A Paramount Release; *prod.* 1957/*rel.* 1958)
P: Alfred Hitchcock. *MP:* Herbert Coleman. *D:* Alec Coppel und Samuel Taylor, nach dem Roman *D'Entre Les Morts* von Pierre Boileau und Thomas Narcejac. *CK:* Robert Burks. *C:* George Tomasini. *A:* Hal Pereira, Henry Bumstead. *FD:* Sam Comer, Frank McKelvey. *M:* Bernard Herrmann. *Titel:* Saul Bass. *SE:* John P. Fulton. *RA:* Daniel McCauley. *K:* Edith Head. *Spezialsequenzen:* John Ferren. *DI:* Paramount. *FF.*
Darsteller:

John »Scottie« Ferguson	James Stewart
»Madeleine Elster« (Judy Barton)	Kim Novak
Midge Wood	Barbara Bel Geddes
Gavin Elster	Tom Helmore
Pop Liebl	Konstantin Shayne

und mit Henry Jones, Raymond Bailey, Ellen Corby und Lee Patrick.

North by Northwest (Der unsichtbare Dritte) (An MGM Picture; *prod.* 1958/*rel.* 1959)
P: Alfred Hitchcock. *MP:* Herbert Coleman. Geschrieben von Ernest Lehman. *CK:* Robert Burks. *C.* George Tomasini. *A:* Robert Boyle, William A. Horning, Merrill Pye. *FD:* Henry Grace, Frank McKelvey. *SE:* A. Arnold Gillespie, Lee LeBlanc. *Titel:* Saul Bass. *M:* Bernard Herrmann. *DI:* MGM. *FF.*
Darsteller:

Roger O. Thornhill	Cary Grant
Eve Kendall	Eva Marie Saint
Philip Vandamm	James Mason
Clara Thornhill	Jessie Royce Landis
The Professor	Leo G. Carroll
Lester Townsend	Philip Ober
Leonard	Martin Landau
Valerian	Adam Williams
Licht	Robert Ellenstein

und mit Josephine Hutchinson, Doreen Lang, Les Tremayne, Philip Coolidge, Edward Binns, Pat McVey, Nora Marlowe, Ned Glass und Malcolm Atterbury.

Psycho (Psycho) (A Paramount Release; *prod.* 1959–1960/*rel.* 1960)
P: Alfred Hitchcock. *D:* Joseph Stefano, nach einem Roman von Robert Bloch. *CK:* John L. Russell. *C:* George Tomasini. *A:* Joseph Hurley, Robert Clatworthy. *FD:* George Milo. *Titel:* Saul Bass. *M:* Bernard Herrmann. *K:* Helen Colvig. *SE:* Clarence Champagne. *RA:* Hilton A. Green. *DI:* Revue Studios. *B/W.*
Darsteller:

Norman Bates	Anthony Perkins
Marion Crane	Janet Leigh
Lila Crane	Vera Miles
Sam Loomis	John Gavin
Arbogast	Martin Balsam
Al Chambers	John McIntire
Mrs. Chambers	Lurene Tuttle
Psychiatrist	Simon Oakland
Cassidy	Frank Albertson
Caroline	Pat Hitchcock
Mr. Lowery	Vaughn Taylor
Highway Patrolman	Mort Mills
»California Charlie«	John Anderson

The Birds (Die Vögel) (A Universal Release; *prod.* 1962/*rel.* 1963)
P: Alfred Hitchcock. *D:* Evan Hunter, nach einer Kurzgeschichte von Daphne du Maurier. *CK:* Robert Burks. *C:* George Tomasini. *A:* Robert Boyle. *RA:* James H. Brown. *K:* Edith Head. *SE:* Lawrence A. Hampton. *Spezieller fotografischer Berater:* Ub Iwerks. *Pictorial designs:* Albert Whitlock. *FD:* George Milo. *Vogel-Dresseur:* Ray Berwick. *Titel:* James S. Pollak. *Asst. von AH:* Peggy Robertson. *Elektronischer Soundtrick:* Remi Gassmann, Oskar Sala; *Berater:* Bernard Herrmann. *DI:* Universal. *FF.*

Darsteller:

Melanie Daniels	Tippi Hedren
Mitch Brenner	Rod Taylor
Lydia Brenner	Jessica Tandy
Annie Hayworth	Suzanne Pleshette
Cathy Brenner	Veronica Cartwright
Mrs. Bundy	Ethel Griffies
Sebastian Sholes	Charles McGraw
Mrs. MacGruder	Ruth McDevitt
Al Malone	Malcolm Atterbury
Deke Carter	Lonny Chapman
Helen Carter	Elizabeth Wilson
Traveling salesman	Joe Mantell
Fisherman	Doodles Weaver
Postal clerk	John McGovern
Drunk	Karl Swenson
Man in elevator	Richard Deacon
Mother in Tides Café	Doreen Lang

Marnie (Marnie) (A Universal Release; *prod.* 1963–1964/*rel.* 1964)
P: Alfred Hitchcock.*D:* Jay Presson Allen, nach einem Roman von Winston Graham. *CK:* Robert Burks. *A:* Robert Boyle. *RA:* James H. Brown. *K:* Edith Head. *C:* George Tomasini. *Pictorial designs:* Albert Whitlock. *FD:* George Milo. *M:* Bernard Herrmann. *Asst. von AH:* Peggy Robertson. *DI:* Universal. *FF.*
Darsteller:

Margaret (Marnie) Edgar	Tippi Hedren
Mark Rutland	Sean Connery
Lil Mainwaring	Diane Baker
Bernice Edgar	Louise Latham
Sidney Strutt	Martin Gabel
Cousin Bob	Bob Sweeney
Mr. Rutland	Alan Napier
Susan Clabon	Mariette Hartley
Rita	Edith Evanson
Sam Ward	S. John Launer
Mrs. Turpin	Meg Wyllie
Sailor	Bruce Dern

Torn Curtain (Der zerrissene Vorhang) (A Universal Release; *prod.* 1965–1966/*rel.* 1966)
P: Alfred Hitchcock. Geschrieben von Brian Moore. *CK:* John F. Warren. *A:* Hein Heckroth, Frank Arrigo. *Pictorial design:* Albert Whitlock. *C:* Bud Hoffman. *RA:* Donald Baer. *FD:* George Milo. *K:* Edith Head, Grady Hunt. *M:* John Addison. *Asst. von AH:* Peggy Robertson. *DI:* Universal. *FF.*
Darsteller:

Michael Armstrong	Paul Newman
Sarah Sherman	Julie Andrews
Countess Luchinska	Lila Kedrova
Gromek	Wolfgang Kieling
Ballerina	Tamara Toumanova
Professor Lindt	Ludwig Donath
Jacobi	David Opatoshu

und mit Mort Mills, Carolyn Conwell, Arthur Gould-Porter und Gloria Gorvin.

Topaz (Topas) (A Universal Release; *prod.* 1968–1969/*rel.* 1969)
P: Alfred Hitchcock. *MP:* Herbert Coleman. *D:* Samuel Taylor, nach einem Roman von Leon Uris. *CK:* Jack Hildyard. *A:* Henry Bumstead. *FD:* John Austin. *K:* Edith Head. *C:* William Ziegler. *M:* Maurice Jarre. *Asst. von AH:* Peggy Robertson. *DI:* Universal. *FF.*
Darsteller:

André Devereaux	Frederick Stafford
Michael Nordstrom	John Forsythe
Nicole Devereaux	Dany Robin
Rico Parra	John Vernon
Juanita de Cordoba	Karin Dor
Jacques Granville	Michel Piccoli
Henri Jarre	Philippe Noiret
Michele Picard	Claude Jade
Philippe Dubois	Roscoe Lee Browne
Boris Kusenov	Per-Axel Arosenius
François Picard	Michel Subor

Frenzy (Frenzy) (A Universal Release; *prod.* 1971/*rel.* 1972)
P: Alfred Hitchcock. *D:* Anthony Shaffer, nach dem Roman *Goodbye Piccadilly, Farewell Leicester Square* von Arthur La Bern. *CK:* Gil Taylor. *MP:* William Hill. *A:* Syd Cain, Bob Laing. *RA:* Colin M. Brewer. *C:* John Jympson. *FD:* Simon Wakefield. *M:* Ron Goodwin. *Asst. von AH:* Peggy Robertson. *DI:* Pinewood. *FF.*
Darsteller:

Richard Blaney	Jon Finch
Bob Rusk	Barry Foster
Brenda Blaney	Barbara Leigh-Hunt
Babs Milligan	Anna Massey
Inspector Oxford	Alex McCowen
Mrs. Oxford	Vivien Merchant
Hetty Porter	Billie Whitelaw
Johnny Porter	Clive Swift
Felix Forsythe	Bernard Cribbins
Gladys	Elsie Randolph
Sergeant Spearman	Michael Bates
Monica Barling	Jean March

Family Plot (Familiengrab) (A Universal Release; *prod.* 1975/*rel.* 1976)
P: Alfred Hitchcock. *D:* Ernest Lehman, nach dem Roman *The Rainbird Pattern* von Victor Canning. *CK:* Leonard South. *A:* Henry Bumstead. *FD:* James W. Payne. *C:* J. Terry Williams. *K:* Edith Head. *M:* John Williams. *SE:* Albert Whitlock. *RA:* Howard G. Kazanjian, Wayne A. Farlow. *Asst. von AH:* Peggy Robertson. *DI:* Universal. *FF.*
Darsteller:

Fran	Karen Black
Lumley	Bruce Dern
Blanche	Barbara Harris
Adamson	William Devane
Maloney	Ed Lauter
Julia Rainbird	Cathleen Nesbitt
Mrs. Maloney	Katherine Helmond
Grandison	Warren J. Kemmerling
Mrs. Clay	Edith Atwater
Bishop	William Prince
Constantine	Nicolas Colasanto
Vera Hannagan	Marge Redmond

FERNSEHSPIELE

Anmerkung: Alle wurden in den Revue Television Studios gedreht. Alle waren schwarz/weiß, es sei denn, Farbe ist besonders vermerkt.

Breakdown (*Produziert* zwischen 7. und 10. September 1955; *ausgestrahlt* von CBS am 13. November 1955, als 7. Folge der Serie *Alfred Hitchcock Presents)*
D: Francis Cockrell und Louis Pollock, nach einer Geschichte von Pollock. *CK:* John L. Russell. *A:* Martin Obzina. *FD:* James S. Redd. *M:* Stanley Wilson. *C:* Richard G. Wray, Edward W. Williams. *K:* Vincent Dee. *RA:* James Hogan. *MP:* Joan Harrison. *Darsteller:* Joseph Cotten, Raimund Bailey, Forrest Stanley, Lane Chandler, Harry Shannon, Murray Alper, James Edwards, Aaron Spelling.

Revenge (*Produziert* zwischen 15. und 17. September 1955; *ausgestrahlt* von CBS am 2. Oktober 1955, als die erste Folge der Serie *Alfred Hitchcock Presents)*
D: Francis Cockrell und A. I. Bezzerides, nach einer Geschichte von Samuel Blas. *CK:* John L. Russell. *A:* Martin Obzina. *FD:* James S. Redd. *M:* Stanley Wilson. *C:* Richard G. Wray, Edward W. Williams. *K:* Vincent Dee. *RA:* Jack Corrick. *MP:* Joan Harrison. *Darsteller:* Ralph Meeker, Vera Miles, Frances Bavier, Ray Montgomery, Ray Teal, John Gallaudet, Norman Willis.

The Case of Mr. Pelham (*Produziert* zwischen dem 7. und 10. Oktober 1955; *ausgestrahlt* von CBS am 4. Dezember 1955, als 10. Folge der Serie *Alfred Hitchcock Presents)*
D: Francis Cockrell, nach einer Geschichte von Anthony Armstrong. *CK:* John L. Russell. *A/FD:* James S. Redd. *M:* Stanley Wilson. *C:* Richard G. Wray, Edward W. Williams. *K:* Vincent Dee. *RA:* Jack Corrick. *MP:* Joan Harrison. *Darsteller:* Tom Ewell, Raymond Bailey, Kirby Smith, Kay Stewart, John Compton, Norman Willis, Jan Arvan.

Back for Christmas (*Produziert* zwischen 13. und 16. Januar 1956; *ausgestrahlt* von CBS am 4. März 1956, als 23. Folge der Serie *Alfred Hitchcock Presents)*
D: Francis Cockrell, nach einer Geschichte von John Collier. *CK:* John L. Russell. *A:* Martin Obzina. *FD:* Ralph Sylos. *M:* Stanley Wilson. *C:* Richard G. Wray, Edward W. Williams. *K:* Vincent Dee. *RA:* Richard Birnie. *MP:* Joan Harrison. *Darsteller:* John Williams, Isobel Elsom, A. E. Gould-Porter, Gavin Muir, Katherine Warren, Gerald Hamer, Irene Tedrow, Ross Ford.

Wet Saturday (*Produziert* zwischen 22. und 24. August 1956; *ausgestrahlt* von CBS am 30. September 1956, als 40. Folge der Serie *Alfred Hitchcock Presents)*
D: Marian Cockrell, nach einer Geschichte von John Collier. *CK:* John L. Russell. *A:* Martin Obzina. *FD:* James S. Redd. *M:* Stanley Wilson. *C:* Richard G. Wray, Edward W. Williams. *K:* Vincent Dee. *RA:* Jack Corrick. *MP:* Joan Harrison. *Darsteller:* Sir Cedric Hardwicke, John Williams, Kathryn Givney, Tita Purdom, Jerry Barclay, Irene Lang.

Mr. Blanchard's Secret (*Produziert* zwischen 18. und 22. Oktober 1956; *ausgestrahlt* von CBS am 23. Dezember 1956, als 52. Folge der Serie *Alfred Hitchcock Presents)*
D: Sarett Rudley, nach einer Geschichte von Emily Neff. *CK:* John L. Russell. *A:* John Lloyd. *FD:* James Walters. *M:* Stanley Wilson. *C:* Richard G. Wray, Edward W. Williams. *K:* Vincent Dee. *RA:* Richard Birnie. *MP:* Joan Harrison. *Darsteller:* Mary Scott, Robert Horton, Dayton Lummis, Meg Mundy, Eloise Hardt.

One More Mile to Go (*Produziert* zwischen 9. und 11. Januar 1957; *ausgestrahlt* von CBS am 7. April 1957, als 67. Folge der Serie *Alfred Hitchcock Presents)*
D: James P. Cavanagh, nach einer Geschichte von F. J. Smith. *CK:* John L. Russell. *A:* John Lloyd. *FD:* Ralph Sylos. *M:* Stanley Wilson. *C:* Richard G. Wray, Edward W. Williams. *K:* Vincent Dee. *RA:* Hilton Green. *MP:* Joan Harrison. *Darsteller:* David Wayne, Louise Larrabee, Steve Brodie, Norman Leavitt.

The Perfect Crime (*Produziert* zwischen 17. und 19. Juli 1957; *ausgestrahlt* von CBS am 20. Oktober 1957, als 81. Folge der Serie *Alfred Hitchcock Presents)*
D: Stirling Silliphant, nach einer Geschichte von Ben Ray Redman. *CK:* John L. Russell. *A:* John Lloyd. *FD:* James S. Redd. *M:* Stanley Wilson. *C:* Richard G. Wray, Edward W. Williams. *K:* Vincent Dee. *RA:* Hilton Green. *MP:* Joan Harrison. *Darsteller:* Vincent Price, James Gregory, John Zaremba, Marianne Stewart, Gavin Gordon.

Four O'Clock (*Produziert* zwischen 29. Juli und 2. August 1957; *ausgestrahlt* von NBC am 30. September 1957, als erste Folge der Serie *Suspicion)*
D: Francis Cockrell, nach einer Geschichte von Cornell Woolrich. *CK:* John L. Russell. *A:* John Lloyd. *FD:* James S. Redd. *M:* Stanley Wilson. *C:* Richard G. Wray, Edward W. Williams. *K:* Vincent Dee. *RA:* Hilton Green. *MP:* Joan Harrison. *Darsteller:* E. G. Marshall, Nancy Kelly, Richard Long, Jesslyn Fax.

Lamb to the Slaughter (*Produziert* zwischen 18. und 19. Februar 1958; *ausgestrahlt* von CBS am 13. April 1958, als 106. Folge der Serie *Alfred Hitchcock Presents)*
D: Roald Dahl, nach seiner eigenen Geschichte. *CK:* John L. Russell. *A:* John Lloyd. *FD:* James S. Redd. *C:* Richard G. Wray, Edward W. Williams. *K:* Vincent Dee. *RA:* Hilton Green. *P:* Joan Harrison. *MP:* Norman Lloyd. *Darsteller:* Barbara Bel Geddes, Harold J. Stone, Allan Lane, Ken Clark, Robert C. Ross.

Dip in the Pool (*Produziert* zwischen 15. und 16. April 1958; *ausgestrahlt* von CBS am 14. September 1958, als 113. Folge der Serie *Alfred Hitchcock Presents)*
D: Robert C. Dennis und Francis Cockrell, nach einer Geschichte von Roald Dahl. *CK:* John F. Warren. *A:* John Lloyd. *FD:* James S. Redd. *C:* Richard G. Wray, Edward W. Williams. *K:* Vincent Dee. *M:* Stanley Wilson. *RA:* Hilton Green. *P:* Joan Harrison. *MP:* Norman Lloyd. *Darsteller:* Keenan Wynn, Louise Platt, Philip Bourneuf, Fay Wray, Doreen Lang, Doris Lloyd, Ralph Clanton.

Poison (*Produziert* zwischen 21. und 22. August 1958; *ausgestrahlt* von CBS am 5. Oktober 1958, als 118. Folge der Serie *Alfred Hitchcock Presents)*
D: Casey Robinson, nach einer Geschichte von Roald Dahl. *CK:* John L. Russell. *A:* John Lloyd. *FD:* James S. Redd. *C:* Richard G. Wray, Edward W. Williams. *K:* Vincent Dee. *RA:* Hilton Green. *P:* Joan Harrison. *MP:* Norman Lloyd. *Darsteller:* Wendell Corey, James Donald, Arnold Moss, Weaver Levy.

Banquo's Chair (*Produziert* zwischen 25. und 26. März 1959; *ausgestrahlt* von CBS am 3. Mai 1959, als 146. Folge der Serie *Alfred Hitchcock Presents)*
D: Francis Cockrell, nach einer Geschichte von Rupert Croft-Cooke. *CK:* John L. Russell. *A:* John Lloyd. *FD:* George Milo. *M:* Frederick Herbert. *C:* Richard G. Wray, Edward W. Williams. *K:* Vincent Dee. *RA:* Hilton Green. *P:* Joan Harrison. *MP:* Norman Lloyd. *Darsteller:* John Williams, Kenneth Haigh, Reginald Gardiner, Max Adrian, George Pelling, Hilda Plowright.

Arthur (*Produziert* zwischen 7. und 9. Juli 1959; *ausgestrahlt* von CBS am 27. September 1959, als 154. Folge der Serie *Alfred Hitchcock Presents)*
D: James P. Cavanagh, nach einer Geschichte von Arthur Williams. *CK:* John L. Russell. *A:* John Lloyd. *FD:* James S. Redd. *M:* Frederick Herbert. *C:* Richard G. Wray, Edward W. Williams. *K:* Vincent Dee. *RA:* Hilton Green. *P:* Joan Harrison. *MP:* Norman Lloyd. *Darsteller:* Laurence Harvey, Hazel Court, Robert Douglas, Patrick Macnee.

The Crystal Trench (*Produziert* zwischen 25. und 27. August 1959; *ausgestrahlt* von CBS am 4. Oktober 1959, als 155. Folge der Serie *Alfred Hitchcock Presents)*
D: Stirling Silliphant, nach einer Geschichte von A. E. W. Mason. *CK:* John F. Warren. *A:* John Lloyd. *FD:* Julia Heron. *M:* Frederick Herbert. *C:* Richard G. Wray, Edward W. Williams. *K:* Vincent Dee. *RA:* Hilton Green. *P:* Joan Harrison. *MP:* Norman Lloyd. *Darsteller:* James Donald, Patricia Owens, Ben Astar, Werner Klemperer.

Incident at the Corner (*Produziert* zwischen 8. und 17. Februar 1960; *ausgestrahlt* von NBC am 5. April 1960, als 27. Folge der Serie *Ford Startime)*
D: Charlotte Armstrong, nach ihrer eigenen Geschichte. *CK:* John L. Russell. *A:* John Lloyd. *FD:* George Milo. *M:* Frederick Herbert. *C:* Richard G. Wray, Edward W. Williams. *RA:* Hilton Green. *P:* Joan Harrison. *MP:* Norman Lloyd. *FF.* *Darsteller:* Paul Hartman, Vera Miles, George Peppard, Bob Sweeney, Leora Dana, Philip Ober, Jack Albertson.

Mrs. Bixby and the Colonel's Coat (*Produziert* zwischen 17. und 19. August 1960; *ausgestrahlt* von NBC am 27. September 1960, als 191. Folge der Serie *Alfred Hitchcock Presents)*
D: Halsted Welles, nach einer Geschichte von Roald Dahl. *CK:* John L. Russell. *A:* Martin Obzina. *FD:* James S. Redd. *M:* Frederick Herbert. *C:* David O'Connell, Edward W. Williams. *K:* Vincent Dee. *RA:* James H. Brown. *P:* Joan Harrison. *MP:* Norman Lloyd. *Darsteller:* Audrey Meadows, Les Tremayne, Stephen Chase, Sally Hughes, Bernie Hamilton.

The Horseplayer (*Produziert* zwischen 4. und 6. Januar 1961; *ausgestrahlt* von NBC am 14. März 1961, als 212. Folge der Serie *Alfred Hitchcock Presents)*
D: Henry Slesar, nach seiner eigenen Geschichte. *CK:* John L. Russell. *A:* Martin Obzina. *FD:* John McCarthy, Julia Heron. *M:* Joseph Romero. *C:* David O'Connell, Edward W. Williams. *K:* Vincent Dee. *RA:* James H. Brown. *MP:* Joan Harrison. *Darsteller:* Claude Rains, Ed Gardner, Percy Helton, Kenneth MacKenna.

Bang! You're Dead (*Produziert* zwischen 25. und 27. Juli 1961; *ausgestrahlt* von NBC am 17. Oktober 1961, als 230. Folge der Serie *Alfred Hitchcock Presents)*
D: Harold Swanton, nach einer Geschichte von Margery Vosper. *CK:* John L. Russell. *A:* Martin Obzina. *FD:* John McCarthy, Julia Heron. *M:* Joseph Romero. *C:* David O'Connell, Edward W. Williams. *K:* Vincent Dee. *RA:* Wallace Worsley. *P:* Joan Harrison. *MP:* Norman Lloyd. *Darsteller:* Biff Elliott, Lucy Prentiss, Billy Mumy, Steven Dunne, Kelly Flynn.

I Saw the Whole Thing (*Produziert* zwischen 23. und 27. Juli 1962; *ausgestrahlt* von NBC am 11. Oktober 1962, als 4. Folge der Serie *Alfred Hitchcock Hour)*
D: Henry Slesar, nach einer Geschichte von Henry Cecil. *CK:* Benjamin H. Kline. *A:* Martin Obzina. *FD:* John McCarthy, Glen Daniels. *M:* Lyn Murray, Stanley Wilson. *C:* David O'Connell, Edward W. Williams. *K:* Vincent Dee. *RA:* Ronnie Rondell. *P:* Joan Harrison. *MP:* Gordon Hessler. *Darsteller:* John Forsythe, Kent Smith, Evans Evans, John Fiedler, Philip Ober, Claire Griswold.

Personenregister